한국사
능력검정시험

심화 1·2·3급

한권으로 끝내기

시대에듀

이 책이 꼭 필요하신 분!

"한국사 완전 노베이스!"
나 역알못...

"두꺼운 책은 쳐다보기가 싫다!"
두 권짜리? 절레절레

"단기간에 합격하고 싶다!"
시간이 벌써? 바쁘다 바빠!

전부 내 얘기라면?
한 권으로 끝내자!

**한국사 노베이스도
단 한 권으로 합격 가능!**

❶ 자주 출제되는 핵심 개념만 공부하고
❷ 단골 키워드 + 자료 + 선지만 뽑아서
❸ 기출문제로 반복 학습한다면?

머리말

선사 시대부터 현대까지의 한국사를 파악·이해하고, 우리의 전통 문화를 지키는 것은 한국인의 당연한 의무이자 권리라고 할 수 있다. 하지만 끊이지 않는 주변 국가들의 한국사 왜곡과 우리의 무관심이 한국사의 위상을 흔들리게 하여 한국사에 대한 올바른 인식이 시급한 상황이다. 이에 국사편찬위원회는 한국사 교육의 올바른 방향을 제시하고 자발적 역사 학습을 통해 고차원적 사고력과 문제해결능력을 배양한다는 취지에서 한국사능력검정시험을 시행하고 있다. 한국사능력검정시험은 한국사에 대한 필수 지식을 평가하는 '기본', 한국사의 통합적 이해력을 종합적으로 평가하는 '심화'로 구분된다.

최근에는 각종 시험에서 한국사가 필수 과목이 되면서 한국사에 대한 관심이 높아지기 시작하였고, 이와 함께 수험생들의 역사의식도 성장하고 있다. 또한, 한국사능력검정시험은 여러 시험의 응시 자격 및 공사·공단 입사 조건, 기업체 채용·승진, 대학 입학의 가산 요건이 되어 많은 사람들이 한국사능력검정시험에 도전하는 추세이다.

저자는 한국사능력검정시험의 출제 방식 변화에 따라 본인만의 노하우를 담아 본 책을 출간하였다.

❶ 한국사능력검정시험의 주요 문제 유형을 분류하고, 문제 풀이 비법을 소개하여 수험생에게 도움이 되도록 노력하였다.

❷ 핵심 개념과 중요 기출문제를 시대별, 주제별로 구성하여 수험생이 출제 경향을 쉽게 파악할 수 있도록 하였다.

❸ 최근 기출 사료와 출제 예상 사료를 최대한 빠짐없이 수록하여 수험생이 보충하며 학습할 수 있도록 하였다.

❹ 학습 능률을 높이기 위하여 필수 암기 항목은 형광펜으로 표시하였고, 중요 출제 빈도는 별표(★★★)로 정리하였다.

❺ 저자만의 노하우인 '암기법'을 수록하여 효율적으로 학습할 수 있도록 하였으며, 반드시 익혀야 할 주제는 단원 도입부의 'check! 필수 암기!' 코너에서 확인할 수 있도록 하였다.

❻ 수험생이 단원별로 문제를 풀며 마무리 정리할 수 있도록 어렵게 느낄 수 있는 긴 제시문, 빈출 사료 그리고 헷갈리기 쉬운 선지들을 엄선하여 '多빈출-多선지 자료 문제'를 구성하였다.

❼ 특정 시대에 국한되지 않고 꾸준히 출제되는 세시 풍속, 유네스코 세계 유산 및 지역사 그리고 주요 궁궐 등을 한눈에 파악할 수 있도록 별도의 부록으로 구성하였다.

저자는 수험생들이 이 책을 통해 좀 더 쉽게 역사에 접근하고, 자격을 취득하였으면 하는 바람을 담아 이 책을 집필하였다. 마지막으로 시험을 준비하는 수험생 모두가 시험에 합격하기를 바라며, 본 책이 수험생들이 목표를 찾아 나아가는 데 길을 밝혀 줄 등불이 되었으면 한다.

연구소에서 저자 **황의방**

한국사능력검정시험 알아보기

❋ 한국사능력검정시험이란?

한국사능력검정시험은 한 나라의 국민으로서 가져야 하는 기본적인 역사적 소양을 측정하고, 역사에 대한 전 국민적 공감대를 형성하기 위한 시험입니다. 한국사능력검정시험은 한국사에 관한 유일한 국가자격 시험으로, 국가기관인 교육부 직속 국사편찬위원회에서 직접 주관·시행하고 있습니다. 국사편찬위원회에서는 우리 역사에 대한 관심을 제고하고, 한국사 전반에 걸쳐 역사적 사고력을 평가하는 다양한 유형의 문항을 개발하고 있으며, 이를 통해 한국사 교육의 올바른 방향을 제공하고 있습니다. 특히, 한국사능력검정시험은 관공서나 기업체의 신규 채용, 승진 시험 등에 다양하게 활용되면서 많은 사람들의 주목을 받고 있습니다.

❋ 한국사능력검정시험의 특징

❶ 응시자의 계층이 매우 다양합니다.
한국사능력검정시험은 입시생이나 각종 채용 시험 준비생과 같은 동일한 집단이 아니라, 다양한 연령층과 직업군을 가진 사람들이 응시하고 있습니다. 한국사에 대한 관심과 애정만 있다면 응시자의 학력 수준이나 연령 등은 더욱 다양해질 것입니다.

❷ 국가기관인 국사편찬위원회가 주관합니다.
국사편찬위원회는 우리 역사에 대한 자료를 관장하고 있는 교육부 직속 기관입니다. 한국사능력검정시험은 우리나라 역사에 관한 자료를 조사·연구·편찬하는 국사편찬위원회가 주관·시행하여 문항의 수준이 높고 참신하며, 공신력 있는 관리를 통해 안정적으로 운영되고 있습니다.

❸ 참신한 문항 개발에 노력하고 있습니다.
매회 시험마다 단순 암기 위주의 보편적인 문항보다는, 다양한 영역에서 여러 접근 방법을 통해 풀 수 있는 참신한 문항을 새로 개발하고 있습니다. 또한, 탐구력을 증진할 수 있는 문항 개발을 통해 기존 시험의 틀을 탈피하려고 노력하고 있습니다.

❹ '선발 시험'이 아니라 '인증 시험'입니다.
합격의 당락을 결정하는 선발 시험의 성격이 아니라, 한국사의 학습 능력을 인증하는 시험입니다. 제시된 문제의 성격과 목적을 고려하여 절차와 방법에 따라 역사 탐구를 설계하고 수행할 수 있는 능력이 있는가를 묻고 있습니다.

❋ 한국사능력검정시험의 목적

1	우리 역사에 대한 관심을 확산·심화시키는 계기를 마련함	2	균형 잡힌 역사의식을 갖도록 함
3	역사 교육의 올바른 방향을 제시함	4	고차원적 사고력과 문제해결능력을 육성함

한국사능력검정시험 종류 및 인증 등급

시험 종류	인증 등급	평가 수준	문항 수
심화	1급(80점 이상) / 2급(70~79점) / 3급(60~69점)	고등학교 심화 수준, 대학교 교양 및 전공 학습	50문항(5지 택1형)
기본	4급(80점 이상) / 5급(70~79점) / 6급(60~69점)	초등학교 심화 수준, 중·고등학교 학습	50문항(4지 택1형)

※ 배점: 100점 만점(문항별 1~3점 차등 배점)

한국사능력검정시험 시간

시험 종류	시간	내용	소요 시간
심화	10:00~10:10	오리엔테이션(시험 시 주의 사항)	10분
	10:10~10:15	신분증 확인(감독관)	5분
	10:15~10:20	문제지 배부	5분
	10:20~11:40	시험 실시(50문항)	80분
기본	10:00~10:10	오리엔테이션(시험 시 주의 사항)	10분
	10:10~10:15	신분증 확인(감독관)	5분
	10:15~10:20	문제지 배부	5분
	10:20~11:30	시험 실시(50문항)	70분

※ 시험 당일 시험장(시험실이 위치한 건물)은 08:30부터 10:00까지 입장 가능합니다.
※ 10:20(시험 시작) 이후에는 시험실에 들어갈 수 없습니다.

한국사능력검정시험 활용 및 특전

1. 3급 이상 합격자에 한해 교원임용시험 응시 자격 부여
2. 2급 이상 합격자에 한해 인사 혁신처 시행 5급 공무원 공개경쟁채용시험 및 외교관 후보자 선발 시험 응시 자격 부여
3. 2급 이상 합격자에 한해 인사 혁신처 시행 지역인재 7급 수습직원 선발 시험 추천 자격 요건 부여
4. 공무원 경력경쟁채용시험에 가산점 부여
5. 군무원 공개경쟁채용시험에서 한국사 과목을 한국사능력검정시험으로 대체
6. 국가직·지방직 공무원 7급 공개경쟁채용시험에서 한국사 과목을 한국사능력검정시험으로 대체
7. 국비 유학생, 해외파견 공무원, 이공계 전문연구요원(병역) 선발 시 한국사 시험을 한국사능력검정시험으로 대체
8. 2022년부터 경찰 공개경쟁채용시험에서 한국사 과목을 한국사능력검정시험으로 대체
9. 2023년부터 소방공무원, 소방간부후보생 공개경쟁채용시험에서 한국사 과목을 한국사능력검정시험으로 대체
10. 2024년부터 우정9급 우정서기보(계리) 공무원 공개경쟁채용시험에서 한국사 과목을 한국사능력검정시험으로 대체
11. 2025년부터 국회8급 공무원 공개경쟁채용시험에서 한국사 과목을 한국사능력검정시험으로 대체
12. 2027년부터 국가직·지방직 공무원 9급 공개경쟁채용시험에서 한국사 과목을 한국사능력검정시험으로 대체
13. 일부 대학의 수시모집 및 육군·해군·공군·국군간호사관학교 입시 가산점 부여
14. 일부 공기업 및 민간기업의 직원 채용이나 승진 시 반영

※ 인증서 유효 기간은 인증서를 요구하는 각 기관에서 별도로 정함
※ 인사 혁신처·교육청·경찰청·소방청·각 사관학교에서 시행하는 시험의 성적 인정 기간 폐지(단, 제1차 시험 시행 예정일 전날까지 등급이 발표되어야 함)

이 책의 구성과 특징

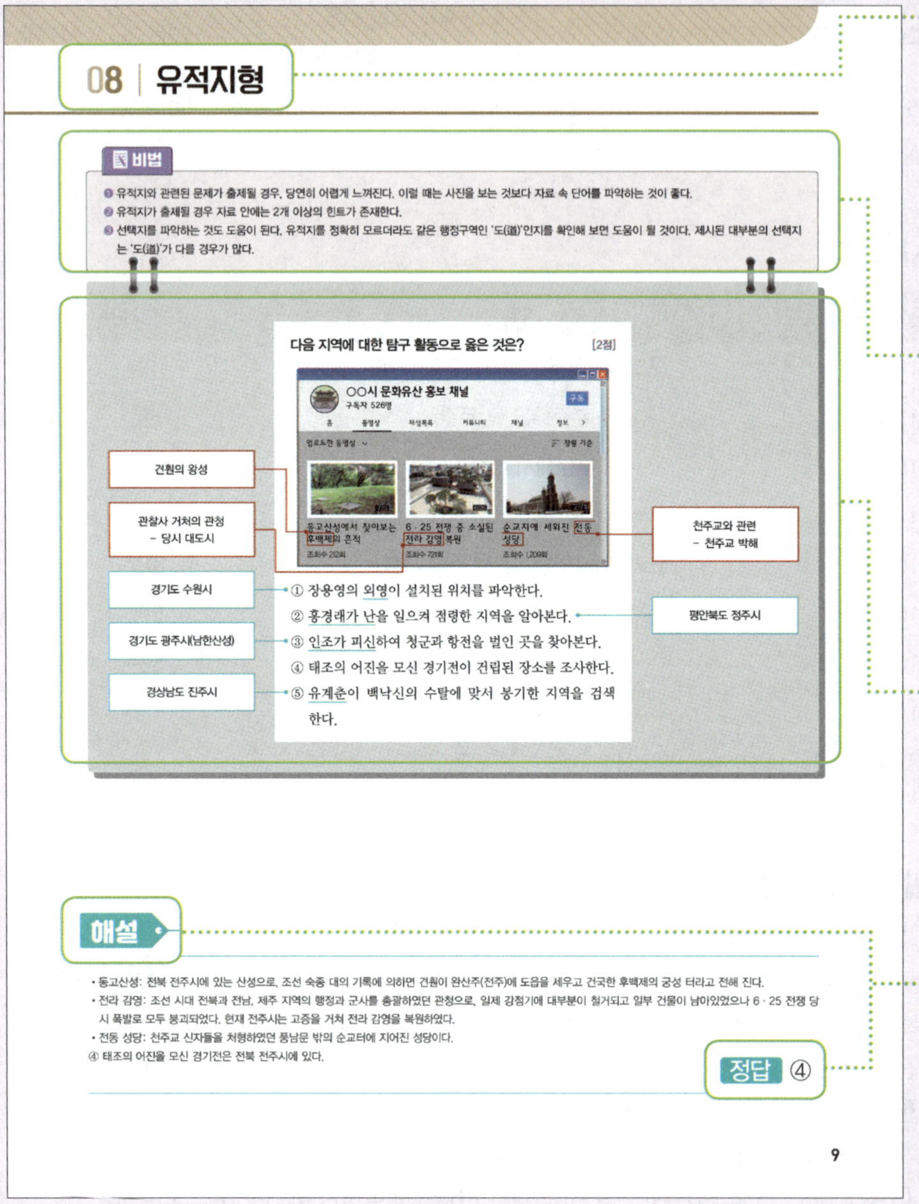

"한능검 정복하는 20유형 문제 풀이 스킬!"

1단계
문제 유형 구분

기출문제에서 반복적으로 출제되는 20가지 문제 유형을 확인해 보세요.

2단계
유형별 문제 풀이 비법

문제 유형에 따라 달라지는 문제 풀이 비법과 주의해야 할 점들을 파악해 보세요.

3단계
기출문제에 비법 적용

앞에서 익힌 문제 풀이 비법을 적용하여 기출문제를 풀어 보세요.

4단계
정답 및 해설 확인

문제 풀이 비법을 적용하여 풀이한 것이 맞는지 해설을 통해 확인해 보세요.

➕ 저자 특강 제공

20유형 문제 풀이 스킬을 저자의 강의와 함께 더욱 쉽게 학습해 보세요.

◀ 저자 특강 바로가기

"대단원별 단골 키워드 & 미리보기"

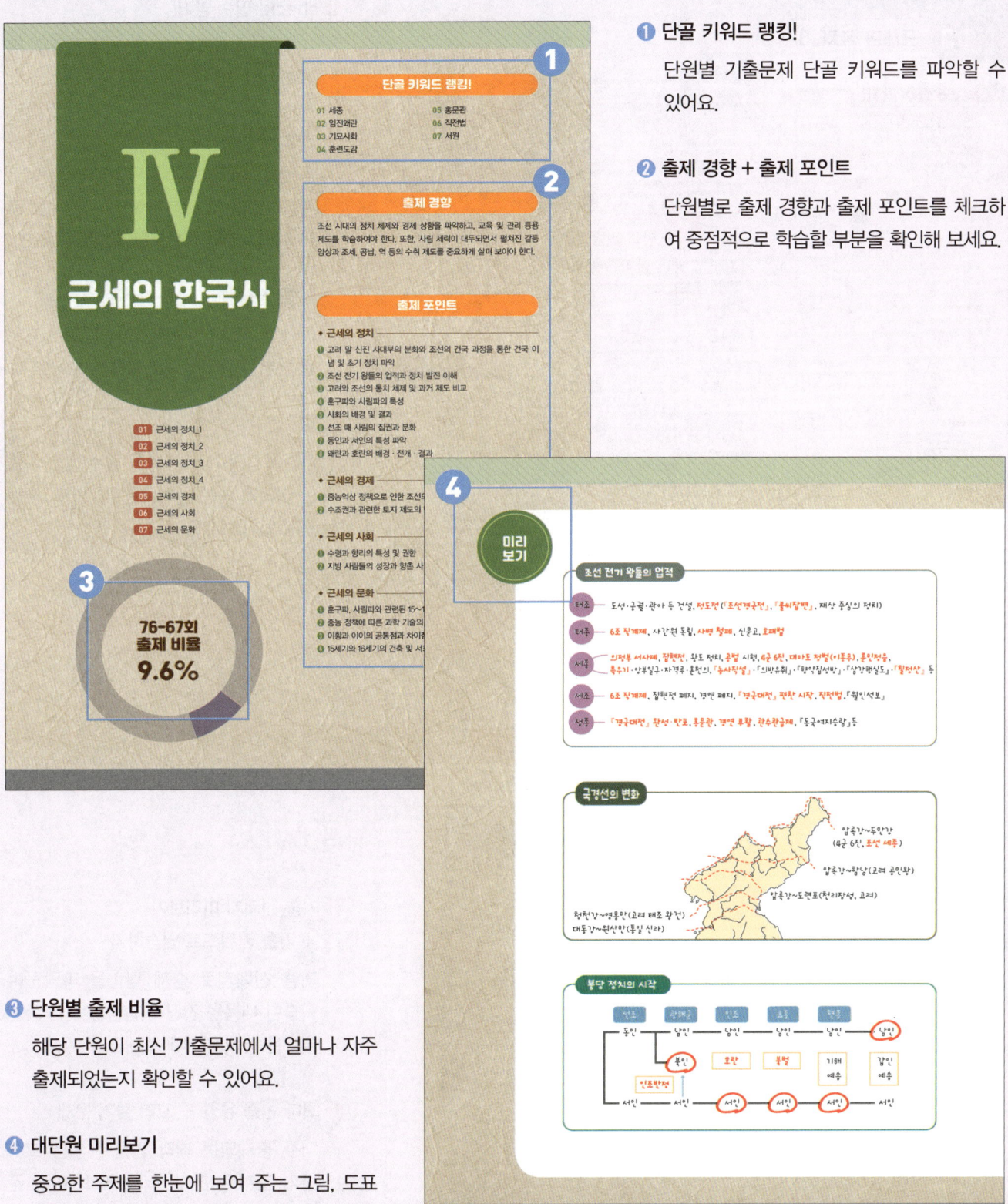

❶ 단골 키워드 랭킹!
단원별 기출문제 단골 키워드를 파악할 수 있어요.

❷ 출제 경향 + 출제 포인트
단원별로 출제 경향과 출제 포인트를 체크하여 중점적으로 학습할 부분을 확인해 보세요.

❸ 단원별 출제 비율
해당 단원이 최신 기출문제에서 얼마나 자주 출제되었는지 확인할 수 있어요.

❹ 대단원 미리보기
중요한 주제를 한눈에 보여 주는 그림, 도표 등을 통해 전체적인 흐름을 파악할 수 있어요.

이 책의 구성과 특징

"알짜만 모은 핵심 개념"

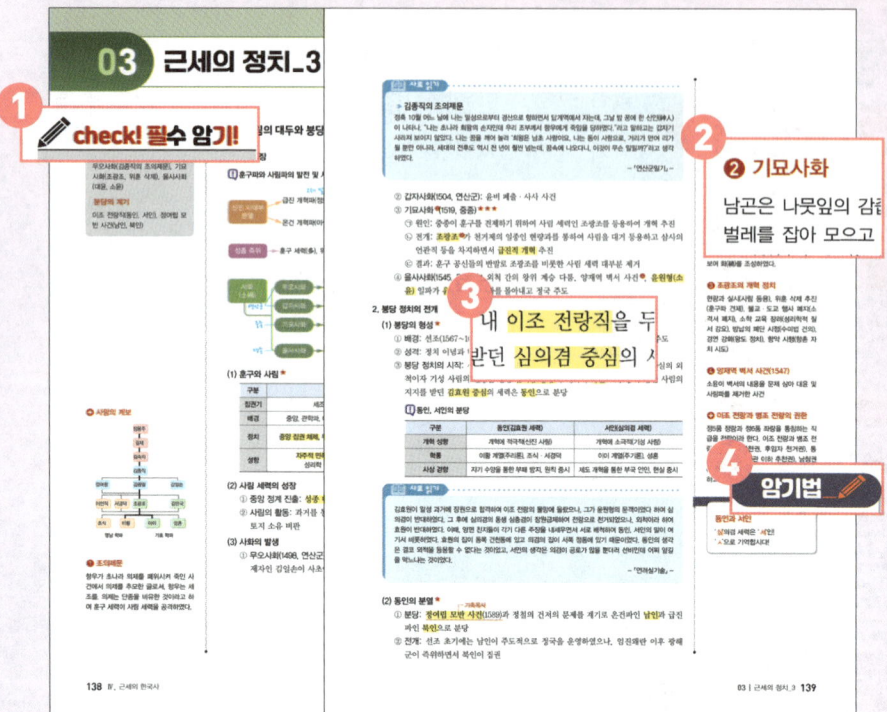

❶ check! 필수 암기!

시험에 출제되는 주요 키워드들은 꼭 정리하고 암기해 두세요.

❷ 내용 더 보기

콕 집어 설명이 더 필요한 부분은 따로 표시하였습니다. 본문에 표시된 번호를 책날개에서 찾아 자세히 학습해 보세요.

❸ 집중! 형광펜

여러 번 복습할 때에는 형광펜으로 표시된 부분을 중점적으로 학습해 보세요.

❹ 암기법

사건의 내용이나 순서 등 필수 암기 사항은 머리에 쏙쏙 들어오는 암기법을 통해 쉽게 외워 보세요.

"시험에 자주 등장하는 단골 키워드 문제"

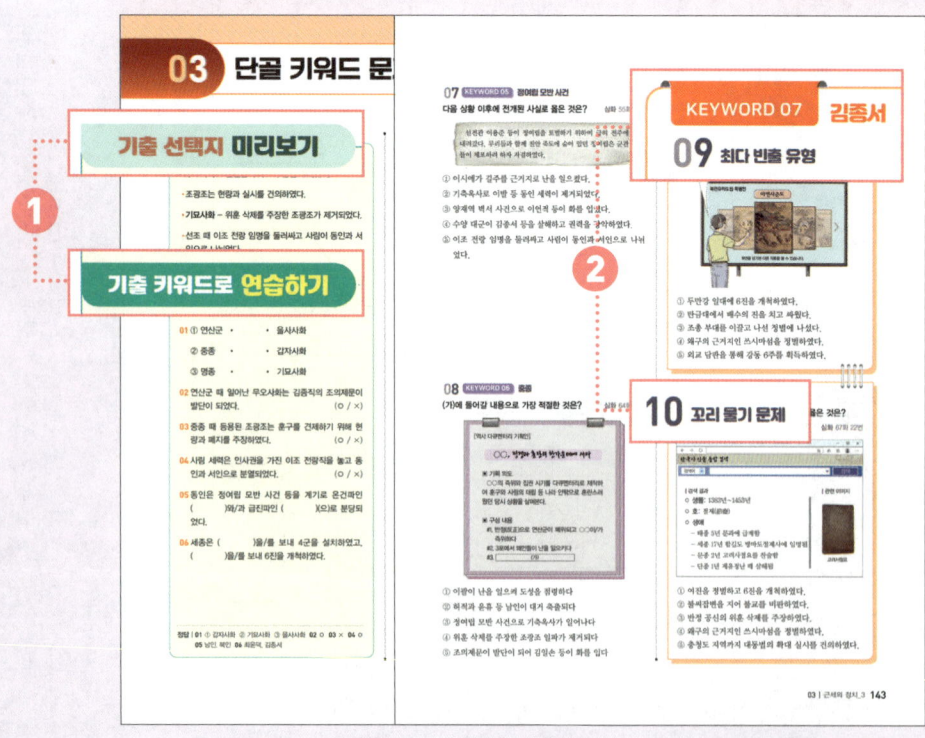

❶ 기출 선택지 미리보기 + 기출 키워드로 연습하기

기출 선택지로 출제 경향을 파악하며 학습한 내용을 간단히 점검한 후 부족한 부분은 다시 암기해 보세요.

❷ 최다 빈출 유형 – 꼬리 물기 문제

자주 출제되는 최다 빈출 유형은 꼬리 물기 문제로 한 번 더 풀어 보고, 단골 키워드도 체크해 두세요.

합격의 공식 Formula of pass | 시대에듀 www.sdedu.co.kr

"완벽한 1급 굳히기 마무리 학습!"

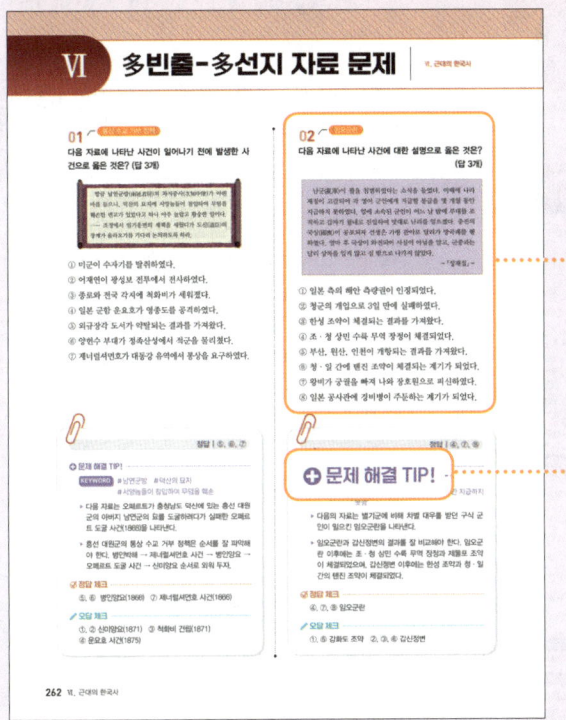

- **多빈출-多선지 자료 문제**

  단원별로 多빈출되는 주제만 모아 5개 이상의 多선지로 문제를 풀어 볼 수 있도록 재구성하였습니다. 한 문제를 푸는 것만으로도 여러 문제를 해결하는 듯한 효과를 느껴 보세요.

- **문제 해결 TIP!**
  - 제시문 속 주요 키워드를 통해 자료가 나타내는 주제를 확인해 보세요.
  - 문제를 풀기 위해 꼭 알아 두어야 할 내용과 헷갈릴 수 있는 부분을 짚어 주는 문제 해결 TIP을 수록하였어요. 고득점을 위해 완벽하게 마무리해 보세요.

"정답부터 오답까지, 상세한 해설!"

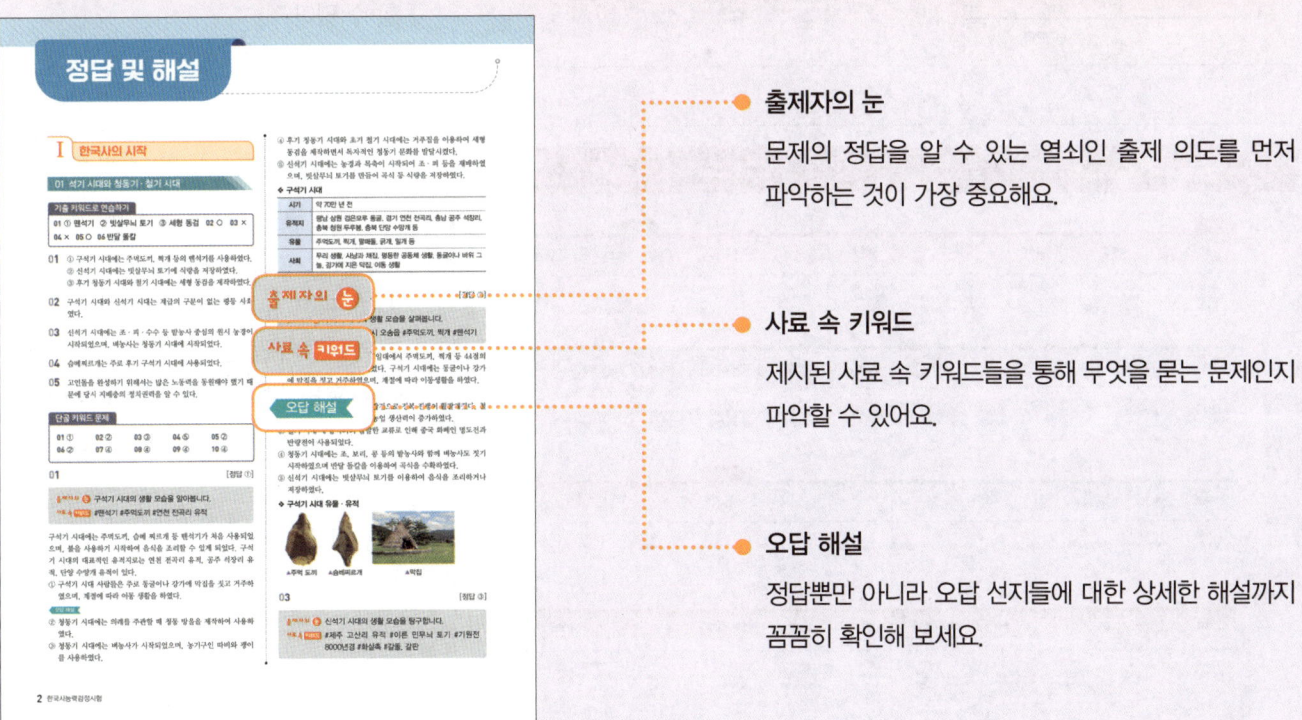

- **출제자의 눈**

  문제의 정답을 알 수 있는 열쇠인 출제 의도를 먼저 파악하는 것이 가장 중요해요.

- **사료 속 키워드**

  제시된 사료 속 키워드들을 통해 무엇을 묻는 문제인지 파악할 수 있어요.

- **오답 해설**

  정답뿐만 아니라 오답 선지들에 대한 상세한 해설까지 꼼꼼히 확인해 보세요.

시대에듀가 제공하는 **특별한 혜택**

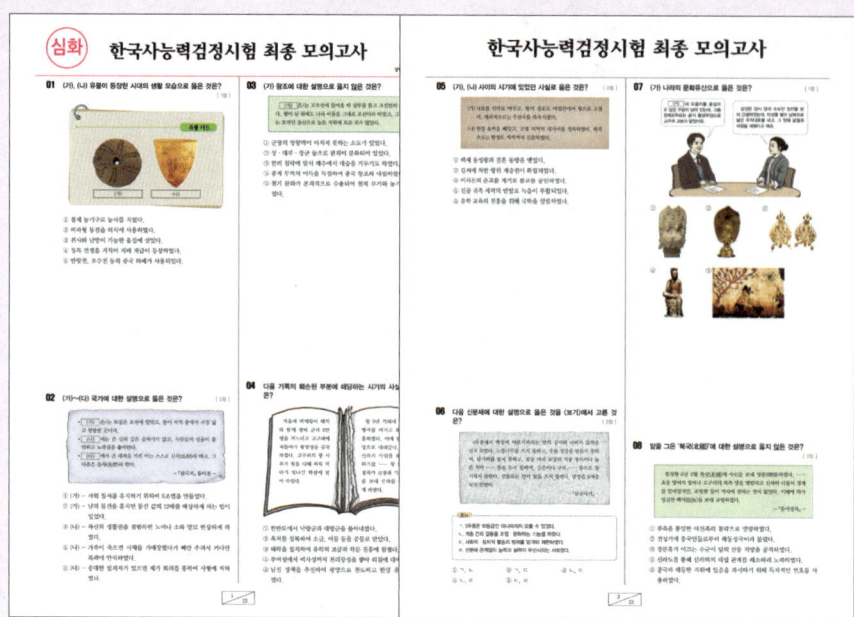

실전 대비 "최종 모의고사"

최종 모의고사를 통해 공부한 내용을 확인하고, 내 실력을 점검할 수 있어요!

❖ 정답 및 해설 온라인 제공 경로

경로 1 QR코드 스캔
경로 2 sdedu.co.kr ➡
학습자료 ➡ 도서업데이트 ➡
"한권으로 끝내기 심화" 검색

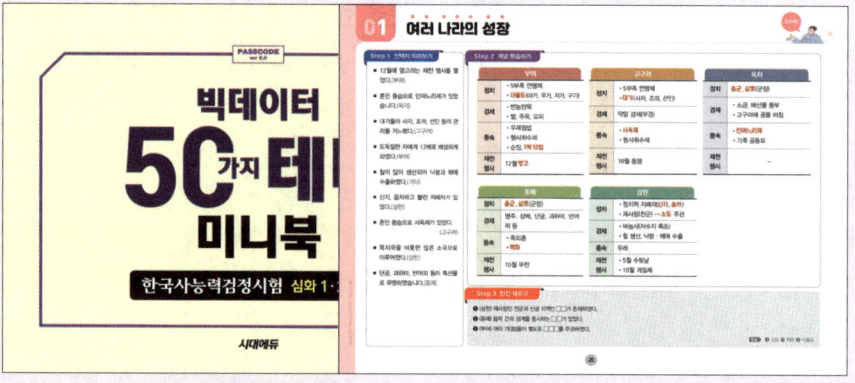

미니북
"PASSCODE 빅데이터 50가지 테마"

시대편, 인물편, 주제편으로 정리된 미니북을 통해 학습 포인트를 한 번 더 정리할 수 있어요!

한국사의 흐름을 읽는 "시대별 연표"

시대 관련 문제에서 다빈출되는 중요 키워드로 구성된 연표를 통해 한국사 시대 흐름을 한눈에 파악할 수 있어요!

2주 만에 끝내는 합격 로드맵!

한능검, 본격적으로 정복해 볼까요?

더 여유 있게 공부하고 싶다면?
다운받아 보세요!
3주·4주용 플래너 ▶

1주차

1일차 (월 일) 체크 ☐	2일차 (월 일) 체크 ☐	3일차 (월 일) 체크 ☐	4일차 (월 일) 체크 ☐	5일차 (월 일) 체크 ☐	6일차 (월 일) 체크 ☐	7일차 (월 일) 체크 ☐
석기 시대와 청동기·철기 시대 ~고대의 정치_1	고대의 정치_2~ 고대의 문화	중세의 정치_1~ 중세의 정치_3	중세의 경제~ 중세의 문화_2	근세의 정치_1~ 근세의 정치_4	근세의 경제~ 근세의 문화	근대 태동기의 정치~ 근대 태동기의 사회
페이지	페이지	페이지	페이지	페이지	페이지	페이지
오답 노트	**오답 노트**	**오답 노트**	**오답 노트**	**오답 노트**	**오답 노트**	**오답 노트**
잘 외워지지 않는 내용이나 틀린 문제 의 키워드를 기록해 두세요!						

2주차

8일차 (월 일) 체크 ☐	9일차 (월 일) 체크 ☐	10일차 (월 일) 체크 ☐	11일차 (월 일) 체크 ☐	12일차 (월 일) 체크 ☐	13일차 (월 일) 체크 ☐	14일차 (월 일) 체크 ☐
근대 태동기의 문화_1 ~근대 사회로의 진전	개화 운동의 추진~ 주권 수호 운동의 전개	개항 이후 경제·사회·문화~ 국권 피탈과 항일 운동_2	일제의 침략과 민족의 수난~ 민족 문화 수호 운동	무장 독립 투쟁~ 대한민국 정부 수립과 6·25 전쟁	대한민국 민주주의의 발전~ 경제 성장과 사회 변화	• 빈출 주제로 보는 한국사 • 최종 모의고사 • 시대별 연표 • PASSCODE 빅데이터 50가지 테마 미니북
페이지	페이지	페이지	페이지	페이지	페이지	페이지
오답 노트	**오답 노트**	**오답 노트**	**오답 노트**	**오답 노트**	**오답 노트**	**오답 노트**

이 책의 차례

| 부록 | 한국사능력검정시험 정복하는 20유형 문제 풀이 스킬 |

I 한국사의 시작
- 01 석기 시대와 청동기·철기 시대 — 024
- 02 고조선과 연맹 국가 — 030
- 단원 마무리 多빈출─多선지 자료 문제 — 036

II 고대의 한국사
- 01 고대의 정치_1 — 040
- 02 고대의 정치_2 — 046
- 03 고대의 정치_3 — 052
- 04 고대의 경제와 사회 — 058
- 05 고대의 문화 — 066
- 단원 마무리 多빈출─多선지 자료 문제 — 074

III 중세의 한국사
- 01 중세의 정치_1 — 078
- 02 중세의 정치_2 — 084
- 03 중세의 정치_3 — 092
- 04 중세의 경제 — 100
- 05 중세의 사회 — 106
- 06 중세의 문화_1 — 112
- 07 중세의 문화_2 — 118
- 단원 마무리 多빈출─多선지 자료 문제 — 124

IV 근세의 한국사
- 01 근세의 정치_1 — 128
- 02 근세의 정치_2 — 132
- 03 근세의 정치_3 — 138
- 04 근세의 정치_4 — 144
- 05 근세의 경제 — 150
- 06 근세의 사회 — 156
- 07 근세의 문화 — 162
- 단원 마무리 多빈출─多선지 자료 문제 — 170

V 근대 태동기의 한국사
- 01 근대 태동기의 정치 — 174
- 02 근대 태동기의 경제 — 182
- 03 근대 태동기의 사회 — 190
- 04 근대 태동기의 문화_1 — 196
- 05 근대 태동기의 문화_2 — 202
- 단원 마무리 多빈출─多선지 자료 문제 — 208

VI 근대의 한국사
- 01 근대 사회로의 진전 — 212
- 02 개화 운동의 추진 — 220
- 03 동학 농민 운동과 갑오·을미개혁 — 228
- 04 주권 수호 운동의 전개 — 236
- 05 개항 이후의 경제·사회·문화 — 242
- 06 국권 피탈과 항일 운동_1 — 250
- 07 국권 피탈과 항일 운동_2 — 256
- 단원 마무리 多빈출─多선지 자료 문제 — 262

VII 일제 강점기의 한국사
- 01 일제의 침략과 민족의 수난 — 266
- 02 3·1 운동과 대한민국 임시 정부 — 274
- 03 국내 항일 운동의 전개 — 280
- 04 민족 문화 수호 운동 — 288
- 05 무장 독립 투쟁 — 294
- 단원 마무리 多빈출─多선지 자료 문제 — 304

VIII 현대의 한국사
- 01 광복 직후의 정세 — 308
- 02 대한민국 정부 수립과 6·25 전쟁 — 314
- 03 대한민국 민주주의의 발전 — 322
- 04 북한 정권과 통일 정책 — 330
- 05 경제 성장과 사회 변화 — 336
- 단원 마무리 多빈출─多선지 자료 문제 — 341

부록 빈출 주제로 보는 한국사
- 01 세시 풍속 및 유네스코 세계 유산 — 344
- 02 주요 지역 — 348
- 03 주요 궁 — 354
- 단원 마무리 多빈출─多선지 자료 문제 — 356

책 속의 책
정답 및 해설

특별 부록
최종 모의고사 1회분
시대별 연표
PASSCODE 빅데이터 50가지 테마 미니북

한국사
능력
검정시험

정복하는
20유형

문제 풀이 스킬!

▲ 저자 특강 바로가기

01 | 사료형(괄호형)

비법

❶ 수험생들은 사료와 그림(사진)이 제시되면 그림(사진)으로 먼저 시선이 가게 되지만 이는 올바른 대처 요령이 아니다. 처음 문제를 접할 때 출제자가 요구하는 것이 무엇인지를 파악하는 것이 가장 중요하다.
❷ 자료와 선지를 훑어보면서 (가)를 찾아 적용하는 것이 좋은 해결 방법이다.
❸ 제시문에서 힌트를 찾아라! 수험생들은 긴 제시문이 출제되면 당황하기 쉽지만 길면 길수록 힌트가 많은 법이다.

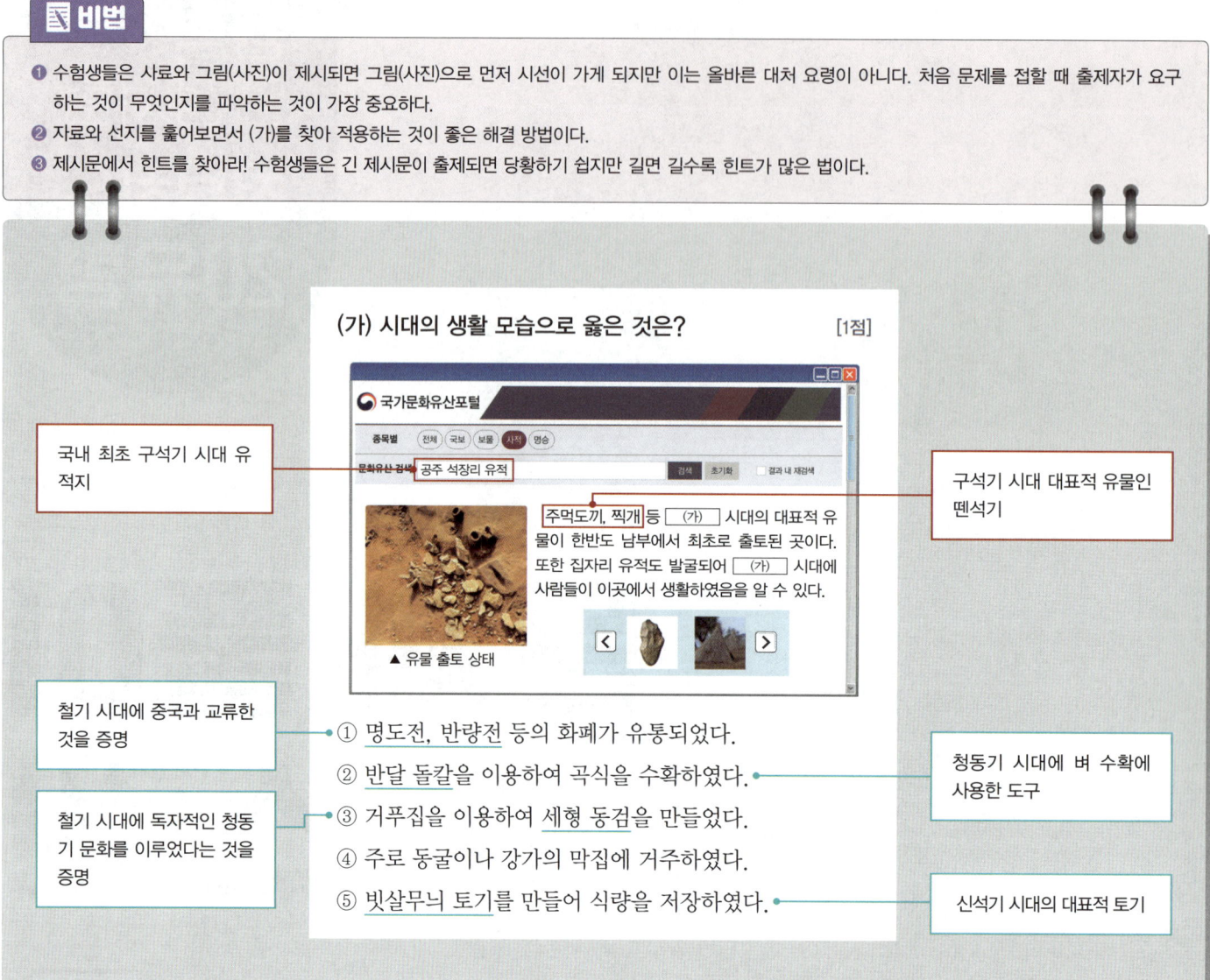

해설

공주 석장리 유적은 국내 최초 구석기 시대 유적지이다. 5개의 기둥자리와 불을 땐 흔적이 남아 있는 집자리가 발견되었고, 주먹도끼, 찍개 등의 유물이 출토되었다.
④ 구석기 시대에는 동굴이나 강가에 막집을 짓고 거주하였으며, 계절에 따라 이동 생활을 하였다.

정답 ④

02 사료형(출처 제시형)

> **비법**
> ① 사료를 발췌한 문헌이 제시되어 있는 경우, 이를 먼저 파악하는 것이 더욱 중요하다.
> ② 사료를 전체적으로 속독하고 그곳에서 눈에 띠는 몇 가지 키워드를 바로 표시하는 것이 좋다.
> ③ 사료에서 힌트를 찾았다면 선지를 읽으면서 해당되는 힌트를 옆에 바로 써 놓는 것을 습관화하여야 사료를 두 번 보지 않는다.

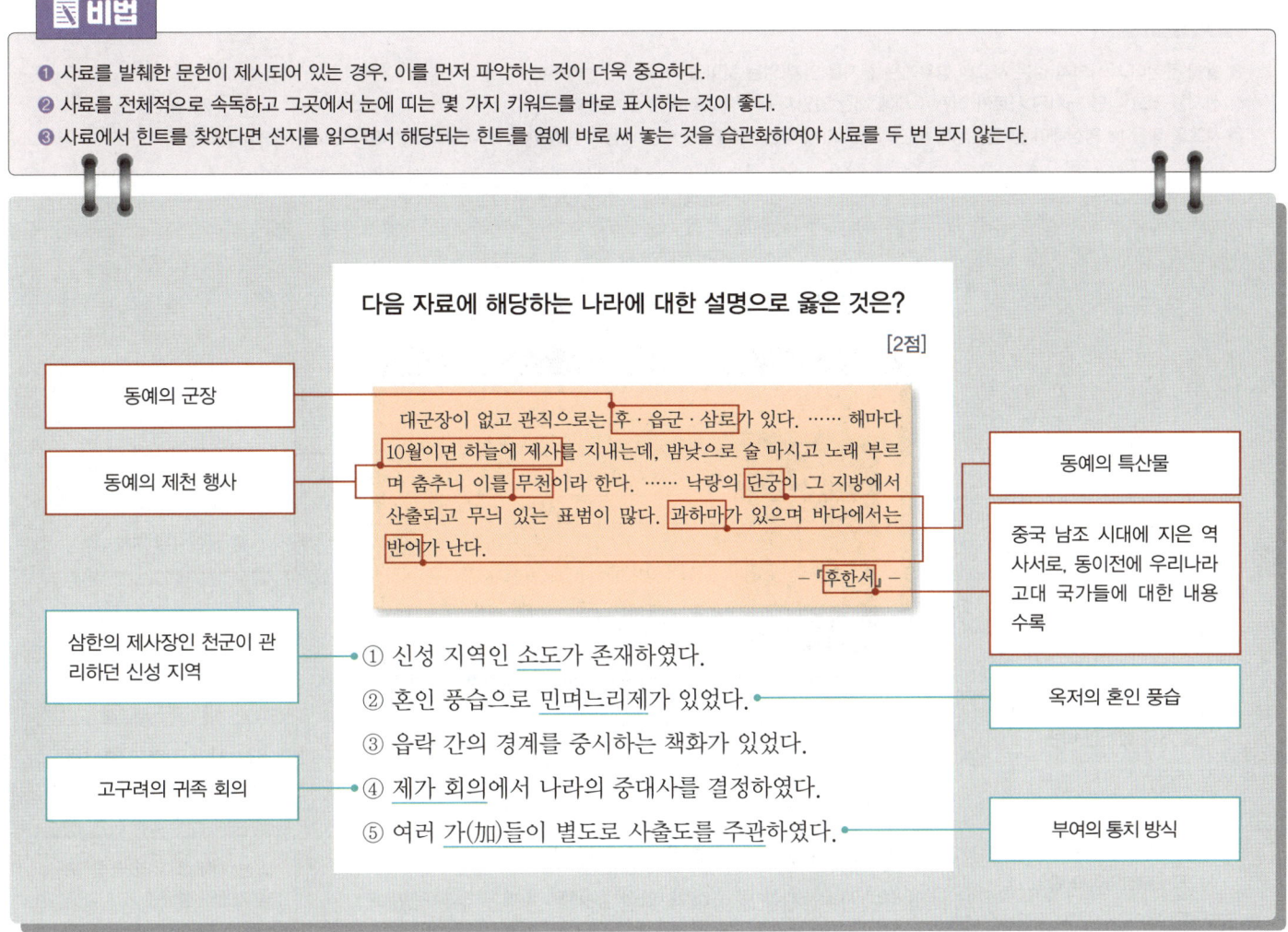

해설

동예는 후·읍군·삼로라는 군장들이 부족을 다스렸다. 매년 10월에는 제천 행사인 무천을 열었으며, 단궁, 과하마, 반어피 등의 특산물이 유명하여 이를 낙랑과 왜에 수출하기도 하였다.
③ 동예에는 읍락 간의 영역을 중요시하여 다른 부족의 경계를 침범하는 경우 노비와 소, 말로 변상하게 하는 책화 제도가 있었다.

정답 ③

03 | 사료형(출처 미제시형)

📝 비법

❶ 발췌 문헌이 제시되지 않은 사료의 경우에는 선지를 먼저 읽는 것이 좋다.
❷ 선지를 읽고 나면 제시된 사료가 어떤 주제에 대한 것인지 대략적으로 감이 오게 된다.
❸ 사료를 읽을 때 명심해야 할 점은 (가) 부근에 힌트가 있다는 것이다. 모르는 내용의 문장이 앞에 나와도 현혹되지 않도록 주의하여야 한다.

(가) 기구에 대한 설명으로 옳은 것은? [2점]

> **이달의 책** 
>
> 내각일력은 (가) 에서 있었던 일과 업무를 기록한 책이다. (가) 은/는 정조의 명에 의해 설치된 왕실 도서관이자 학술 연구 및 정책 자문 기관으로, 이 책은 어제(御製)의 봉안, 검서 등의 소관 업무뿐만 아니라 일반 정사나 왕의 동정, 소속 관원의 근무 상황까지 수록하고 있다.

- 정조 때 규장각 설치
- 규장각의 역할

① 을묘왜변을 계기로 상설화되었다. ← 삼포왜란 때(중종) 임시 기구로 처음 설치된 비변사
② 은대(銀臺), 후원(喉院)이라고도 불리었다. → 조선 시대 왕명의 출납을 관장하던 승정원
③ 5품 이하 관리 임명에 서경권을 행사하였다. ← 조선의 사헌부와 사간원(양사 또는 대간이라고 불림)
④ 대사성을 중심으로 좨주, 직강 등의 관직을 두었다. → 조선 시대 최고의 국립 교육 기관인 성균관
⑤ 유능한 인재를 양성하기 위한 초계문신제를 주관하였다.

해설

『내각일력』은 정조가 창덕궁 후원에 설치한 왕실 도서관인 규장각의 업무에 관해 1779년부터 1883년(고종 20)까지 기록한 책이다. 초기 규장각은 어제(국왕의 글이나 글씨)를 보관하고 각종 서적을 수집·편찬하는 작업을 수행하였으며, 점차 학술 및 정책을 연구하는 기관으로서의 기능도 담당하게 되었다. 정조는 탕평 정치와 고른 인재 등용을 위해 관직 진출이 막혀 있던 서얼 출신을 규장각 검서관으로 등용하기도 하였다.

⑤ 정조는 인재 양성을 위해 새롭게 관직에 오르거나 기존 관리들 중 능력 있는 문신들을 규장각에서 재교육시키는 초계문신제를 실시하였다.

 ⑤

04 | 대화형

> **비법**
> ❶ 대화형 문제에서는 선지를 통해 힌트를 파악하는 것도 나쁘지 않은 방법이다. 다섯 개의 선지들에는 공통점이 존재한다. 역사적 시기를 파악할 수도 있고, 정치·경제·사회·문화 중에서 어떤 주제를 묻고 있는지 감을 잡게 해 줄 수도 있다.
> ❷ 선지를 통독할 때 눈에 띄는 내용들은 보이는 대로 표시해 두어야 대화 내용을 읽으면서 답을 골라낼 수 있다.
> ❸ ❶과 ❷를 거친 후 대화의 내용을 본다면 역사적 시기나 먼저 통독했던 선지에서의 주제가 바로 보이게 된다.

밑줄 그은 '사건'에 대한 설명으로 옳은 것은? [1점]

- 진주의 난민들이 경상 우병사 백낙신을 협박하고 사람을 참혹하게 죽이는 사건이 일어났다고 합니다. 〔임술 농민 봉기 발발 / 철종 때 경상 우병사 백낙신의 극심한 농민 수탈〕
- 난민들이 이렇게 극도에 이른 경우는 없었는데, 평소에 잘 위무했다면 어찌 이런 일이 있었겠는가? 박규수를 경상도 안핵사로 내려 보내 사태를 수습토록 하라. 〔봉기를 수습하기 위해 안핵사로 박규수 파견〕

① 청의 군대에 의해 진압되었다. 〔임오군란(1882)과 갑신정변(1884)〕
② 삼정이정청이 설치되는 계기가 되었다.
③ 서북인에 대한 차별에 반발하여 일어났다. 〔순조 때 발생한 홍경래의 난〕
④ 남접과 북접이 연합하여 조직적으로 전개되었다. 〔동학 농민군의 2차 봉기 때 남접의 전봉준과 북접의 손병희가 연합〕
⑤ 함경도와 황해도에 방곡령이 선포되는 결과를 가져왔다. 〔조·일 통상 장정(1883)〕

> **해설**
> 철종 때 삼정의 문란과 경상 우병사 백낙신의 가혹한 수탈에 견디다 못한 진주 지역의 농민들이 몰락 양반 유계춘을 중심으로 임술 농민 봉기를 일으켜 진주성을 점령하였다(1862).
> ② 봉기를 수습하기 위해 안핵사로 파견된 박규수는 민란의 원인이 삼정에 있다고 보고 삼정이정청 설치를 건의하여 시행하였으나 근본적인 문제를 해결하지는 못하였다.

정답 ②

05 | 사진형_1

비법

1. 정보를 제시하고 사진이 나타내는 것을 각각 찾는 사진형 문제가 출제될 경우 사진 옆에 생각나는 것들을 적어 놓는 것이 좋다. 만약 모른다거나 헷갈리는 사진은 일단 넘어간다.
2. 적어 둔 사진의 정보들을 보면 각 시기나 특징 등이 나타날 것이다. 고려와 조선, 조선 전기와 조선 후기 등 각각 분류가 가능한 경우가 많다.
3. 〈보기〉에서 연관된 내용을 찾는 문제라면 우선 〈보기〉의 선지를 먼저 읽고 힌트를 표시한 후, (가)와 (나)에 각각 적용시키는 것이 두 번 이상 보지 않는 방법이다.

(가), (나) 인물에 대한 설명으로 옳은 것을 〈보기〉에서 고른 것은? [3점]

한국의 독립을 도운 외국인

(가) 
- 미국인
- 세계지리 교과서인 『사민필지』를 한글로 저술함
- 을사늑약 직후 고종의 친서를 미국 정부에 전달함
- 1950년 건국훈장 독립장 추서

(나) 
- 아일랜드계 영국인
- 김구 등이 상하이로 갈 수 있도록 도움
- 독립운동을 지원하다가 일제에 의해 내란죄로 체포됨
- 1963년 건국훈장 독립장 추서

메모:
- (가) 헐버트, 육영 공원의 외국인 교사 / 양반 자제를 대상으로 근대 교육 실시
- (나) 조지 루이스 쇼, 이륭양행 설립 / 대한민국 임시 정부의 비밀 교통국

• 보기 •
ㄱ. (가) - 육영 공원에서 학생들에게 영어를 가르쳤다.
ㄴ. (가) - 최초의 서양식 병원인 광혜원 설립을 주관하였다. → 알렌의 건의로 우리나라 최초의 서양식 병원 설립
ㄷ. (나) - 중국 안동에서 무역 회사인 이륭양행을 운영하였다.
ㄹ. (나) - 이화 학당을 설립하여 근대적 여성 교육에 기여하였다. → 미국 선교사 스크랜턴 부인이 설립한 최초의 근대적 여성 교육 기관

① ㄱ, ㄴ
② ㄱ, ㄷ
③ ㄴ, ㄷ
④ ㄴ, ㄹ
⑤ ㄷ, ㄹ

해설

(가) 헐버트는 길모어 등과 함께 최초의 근대식 공립 학교인 육영 공원의 외국인 교사로 초빙되어 양반 자제들에게 영어 교육과 근대 교육을 실시하였다(ㄱ).
(나) 조지 루이스 쇼가 1919년 중국 안동에 설립한 무역 선박 회사인 이륭양행은 비밀리에 대한민국 임시 정부의 교통국 역할을 수행하였다(ㄷ).

정답 ②

06 | 사진형_2

비법

1. 두 개 이상의 사진이 정보로 제시되고 공통적인 설명을 찾는 사진형 문제에는 두 가지 이상의 힌트가 등장하는 경우가 많다. 사진과 제시된 내용을 보고 머릿속에 떠오르는 것을 사진 옆에 적어 두는 습관을 길러야 시간을 줄일 수 있다.
2. 적어 둔 사진의 정보를 다시 보면 시기와 특징 등의 공통점이 생각날 것이다. 두 가지 사진이 단순하게 제시되었다면 공통점을 묻는 문제일 확률이 높다.
3. 사진의 공통점을 묻는 문제의 선지는 간단하고 확실하게 구분되는 것으로 출제되는 경우가 많다.

다음 답사 지역에 대한 탐구 활동으로 가장 적절한 것은?

[2점]

[답사 자료집 / 우리 고장 역사 탐방]

우리가 살펴볼 문화유산

[동고산성] - 견훤이 세운 후백제와의 관련성을 짐작하게 해주는 수막새 등이 출토되었다.

[경기전] - 태조 이성계의 어진을 모셨던 곳이며, 그 옆에는 실록을 보관하던 사고가 있었다.

- 견훤이 세운 후백제의 도읍 (완산주)
- 전주 사고(史庫)

① 김헌창이 반란을 일으킨 근거지를 검색한다. — 웅천주(현재 충남 공주)
② 성왕이 새롭게 도읍지로 삼은 지역을 파악한다. — 사비(현재 충남 부여)
③ 동학 농민군이 정부와 화약을 체결한 장소를 알아본다.
④ 강우규가 총독 사이토에게 폭탄을 투척한 곳을 찾아본다. — 서울
⑤ 신립이 배수의 진을 치고 왜군과 맞선 격전지를 조사한다. — 충주 탄금대

해설

- **동고산성**: 전북 전주시에 있는 산성으로, 조선 숙종 대의 기록에 의하면 견훤이 완산주(전주)에 도읍을 세우고 건국한 후백제의 궁성 터라고 전해진다.
- **경기전**: 전북 전주시에 있는 경기전은 조선 태조의 어진을 모신 사당으로, 태종 때 어용전이라는 이름으로 창건되었으며, 세종 때 경기전으로 이름이 바뀌었다. 이곳에는 전주 사고(史庫)가 설치되어 실록을 보관하기도 하였다.
③ 동학 농민 운동 당시 농민군은 황토현 전투에서 관군에 승리하고 전주성을 점령하면서 전라도 일대를 장악하였다.

정답 ③

07 | 사진형_3

비법

❶ 제시된 사진이 세 개 이상이라면 공통적으로 해당하는 사건 · 시대 등에 대해 물어보는 경우가 많으므로 사진만 보아도 주제를 대략적으로 짐작할 수 있다.
❷ 얼핏 사진을 보았을 때 공통점이 보이지 않는다면 선지를 먼저 보는 것도 좋다. 선지에는 반드시 답이 있다. 다시 말하자면, 사진을 보고 바로 생각이 나지 않고 알쏭달쏭할 경우 선지에서 답을 보여 주는 경우가 있다.
❸ 사진과 선지에 힌트가 직접적으로 제시되지 않았을 경우 선지를 ①부터 ⑤까지 하나씩 대입하여 본다. ① 선지를 보고 사진을 보고, 다시 ② 선지를 보고 사진을 보는 식으로 ⑤ 선지까지 대입해 본다면 하나는 적용될 것이다.

(가) 민주화 운동에 대한 설명으로 옳은 것은? [1점]

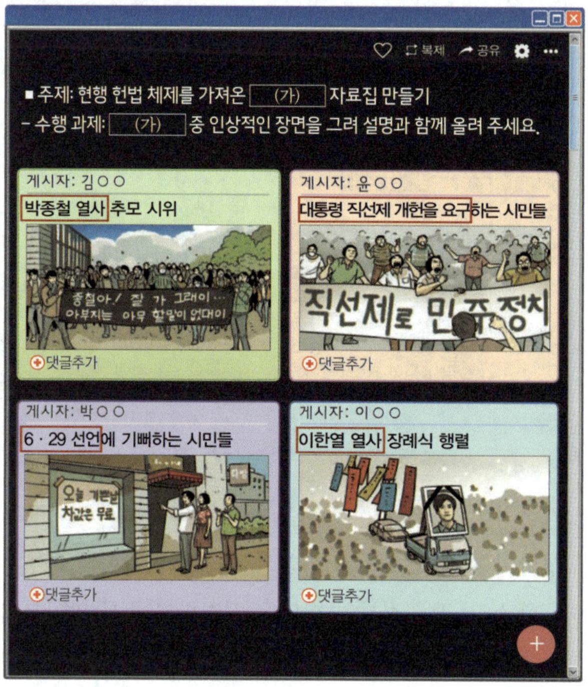

복제
공유
■ 주제: 현행 헌법 체제를 가져온 (가) 자료집 만들기
- 수행 과제: (가) 중 인상적인 장면을 그려 설명과 함께 올려 주세요.
게시자: 김○○
박종철 열사 추모 시위
종철아! 잘 가 그래이… 아부지는 아무 할말이 없데이
댓글추가
게시자: 윤○○
대통령 직선제 개헌을 요구하는 시민들
직선제로 민주정치
댓글추가
게시자: 박○○
6 · 29 선언에 기뻐하는 시민들
오늘 기분남 차값은 무료
댓글추가
게시자: 이○○
이한열 열사 장례식 행렬
댓글추가

6월 민주 항쟁 전개 과정

① 유신 체제가 붕괴되는 계기가 되었다. — 부 · 마 민주 항쟁, 박정희 피살(1979)
② 굴욕적인 한 · 일 국교 정상화에 반대하였다. — 6 · 3 시위(1964)
③ 양원제 국회가 출현하는 결과를 가져왔다. — 4 · 19 혁명(1960)
④ 신군부의 비상계엄 확대가 원인이 되었다. — 5 · 18 민주화 운동(1980)
⑤ 호헌 철폐와 독재 타도 등의 구호를 내세웠다.

해설

전두환 정부 때 박종철 고문치사 사건과 4 · 13 호헌 조치에 반발하여 대통령 직선제 개헌과 민주 헌법 제정을 요구하는 시위가 전개되었다. 시위 도중 경찰의 최루탄에 맞아 연세대 재학생 이한열이 사망하자 시위는 더욱 격화되었고(1987), 그 결과 정부는 6 · 29 민주화 선언을 발표하여 5년 단임의 대통령 직선제를 골자로 하는 개헌을 단행하였다.

⑤ 6월 민주 항쟁 당시 시민들은 호헌 철폐와 독재 타도 등의 구호를 내세워 민주적인 헌법 개정을 요구하였다.

정답 ⑤

08 유적지형

비법

❶ 유적지와 관련된 문제가 출제될 경우, 당연히 어렵게 느껴진다. 이럴 때는 사진을 보는 것보다 자료 속 단어를 파악하는 것이 좋다.
❷ 유적지가 출제될 경우 자료 안에는 2개 이상의 힌트가 존재한다.
❸ 선택지를 파악하는 것도 도움이 된다. 유적지를 정확히 모르더라도 같은 행정구역인 '도(道)'인지를 확인해 보면 도움이 될 것이다. 제시된 대부분의 선택지는 '도(道)'가 다를 경우가 많다.

다음 지역에 대한 탐구 활동으로 옳은 것은? [2점]

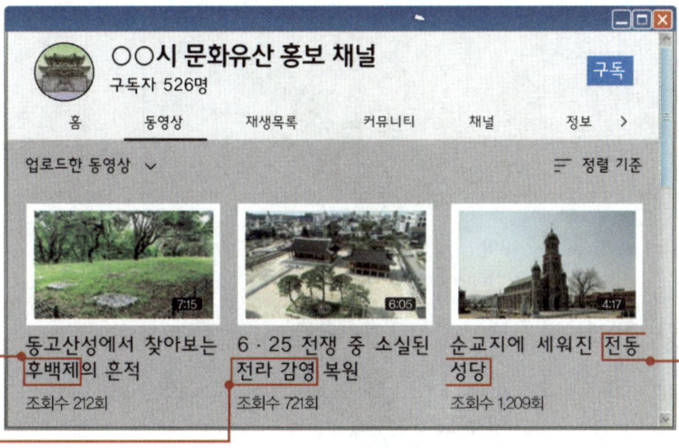

OO시 문화유산 홍보 채널
구독자 526명
구독
홈
동영상
재생목록
커뮤니티
채널
정보
업로드한 동영상
정렬 기준
7:15
6:05
4:17
동고산성에서 찾아보는 후백제의 흔적
조회수 212회
6 · 25 전쟁 중 소실된 전라 감영 복원
조회수 721회
순교지에 세워진 전동 성당
조회수 1,209회

견훤의 왕성

관찰사 거처의 관청 – 당시 대도시

천주교와 관련 – 천주교 박해

① 장용영의 외영이 설치된 위치를 파악한다. — 경기도 수원시
② 홍경래가 난을 일으켜 점령한 지역을 알아본다. — 평안북도 정주시
③ 인조가 피신하여 청군과 항전을 벌인 곳을 찾아본다. — 경기도 광주시(남한산성)
④ 태조의 어진을 모신 경기전이 건립된 장소를 조사한다.
⑤ 유계춘이 백낙신의 수탈에 맞서 봉기한 지역을 검색한다. — 경상남도 진주시

해설

• 동고산성: 전북 전주시에 있는 산성으로, 조선 숙종 대의 기록에 의하면 견훤이 완산주(전주)에 도읍을 세우고 건국한 후백제의 궁성 터라고 전해 진다.
• 전라 감영: 조선 시대 전북과 전남, 제주 지역의 행정과 군사를 총괄하였던 관청으로, 일제 강점기에 대부분이 철거되고 일부 건물이 남아있었으나 6 · 25 전쟁 당시 폭발로 모두 붕괴되었다. 현재 전주시는 고증을 거쳐 전라 감영을 복원하였다.
• 전동 성당: 천주교 신자들을 처형하였던 풍남문 밖의 순교터에 지어진 성당이다.
④ 태조의 어진을 모신 경기전은 전북 전주시에 있다.

정답 ④

09 지도형

> **비법**
> ① 지도에 지역명만 제시된 문제가 출제되었을 때는 선지를 먼저 보아야 한다.
> ② 선지에 제시된 내용을 읽고 해당 지역이 떠오르면 메모해 둔다. 본책 부록으로 수록되어 있는 지역사를 학습한다면 많은 도움이 될 것이다.
> ③ 다섯 개의 선지에서 설명하는 지역과 지도에 표시된 지역을 맞추어 보면 정답을 찾을 수 있다.

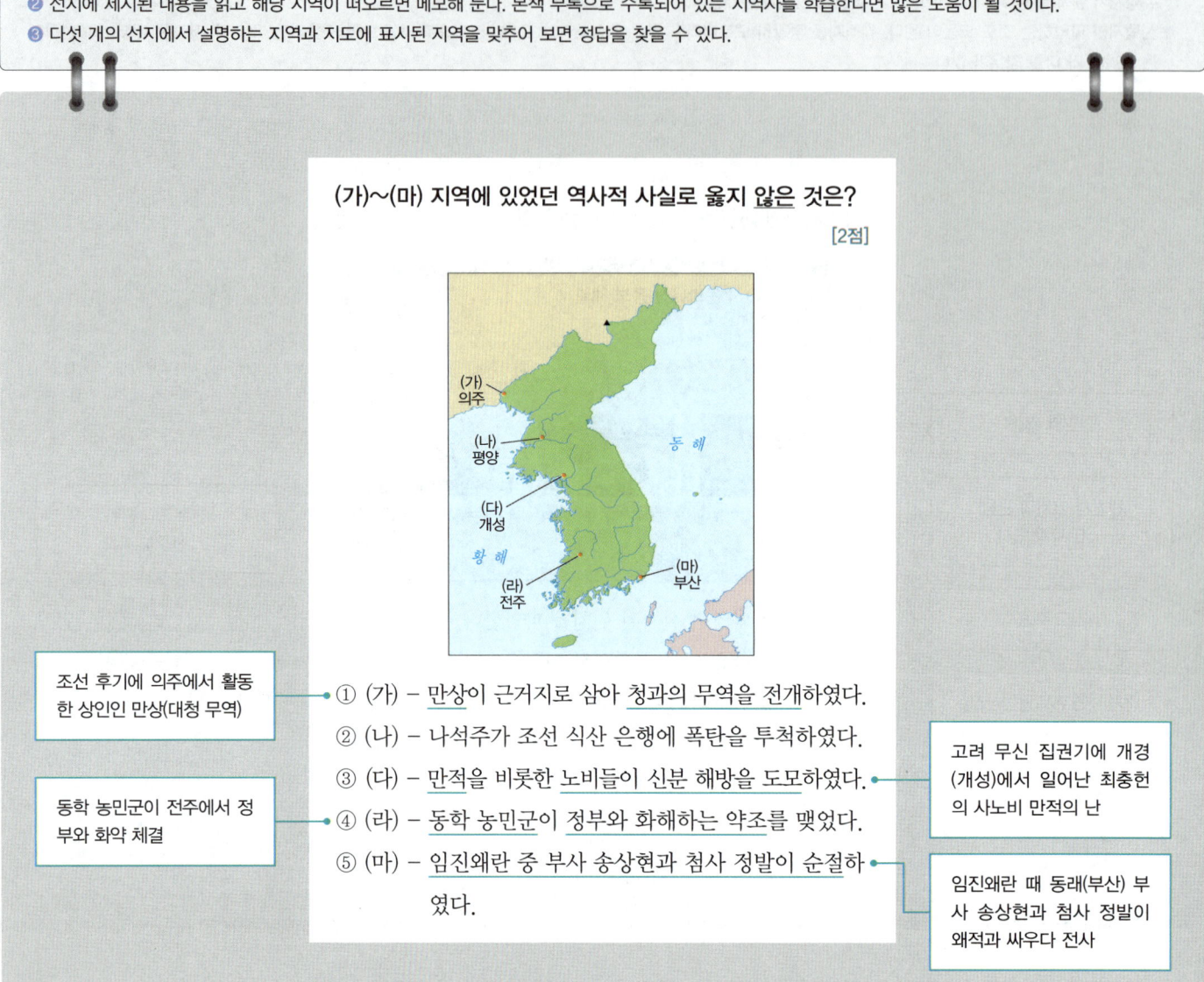

(가)~(마) 지역에 있었던 역사적 사실로 옳지 않은 것은? [2점]

① (가) - 만상이 근거지로 삼아 청과의 무역을 전개하였다.
② (나) - 나석주가 조선 식산 은행에 폭탄을 투척하였다.
③ (다) - 만적을 비롯한 노비들이 신분 해방을 도모하였다.
④ (라) - 동학 농민군이 정부와 화해하는 약조를 맺었다.
⑤ (마) - 임진왜란 중 부사 송상현과 첨사 정발이 순절하였다.

- 조선 후기에 의주에서 활동한 상인인 만상(대청 무역)
- 동학 농민군이 전주에서 정부와 화약 체결
- 고려 무신 집권기에 개경(개성)에서 일어난 최충헌의 사노비 만적의 난
- 임진왜란 때 동래(부산) 부사 송상현과 첨사 정발이 왜적과 싸우다 전사

> **해설**
> ② 일제 강점기 의열단원으로서 항일 투쟁을 전개하던 나석주는 서울 남대문의 조선 식산 은행에 폭탄을 투척하였으나 불발하였고, 곧바로 동양 척식 주식회사에도 폭탄을 투척하였다.
>
> **정답** ②

10 궁궐형

비법

1. 수험생들은 궁과 관련된 문제가 출제되면 당황하게 된다. 궁궐 문제가 출제될 경우 90% 이상은 조선과 관련이 있다.
2. 자료가 출제될 경우 자료 안에는 힌트가 많이 존재한다. 최대한 키워드를 많이 찾아야 한다.
3. 정답은 기존에 출제된 기출문제와 같을 확률이 높다.

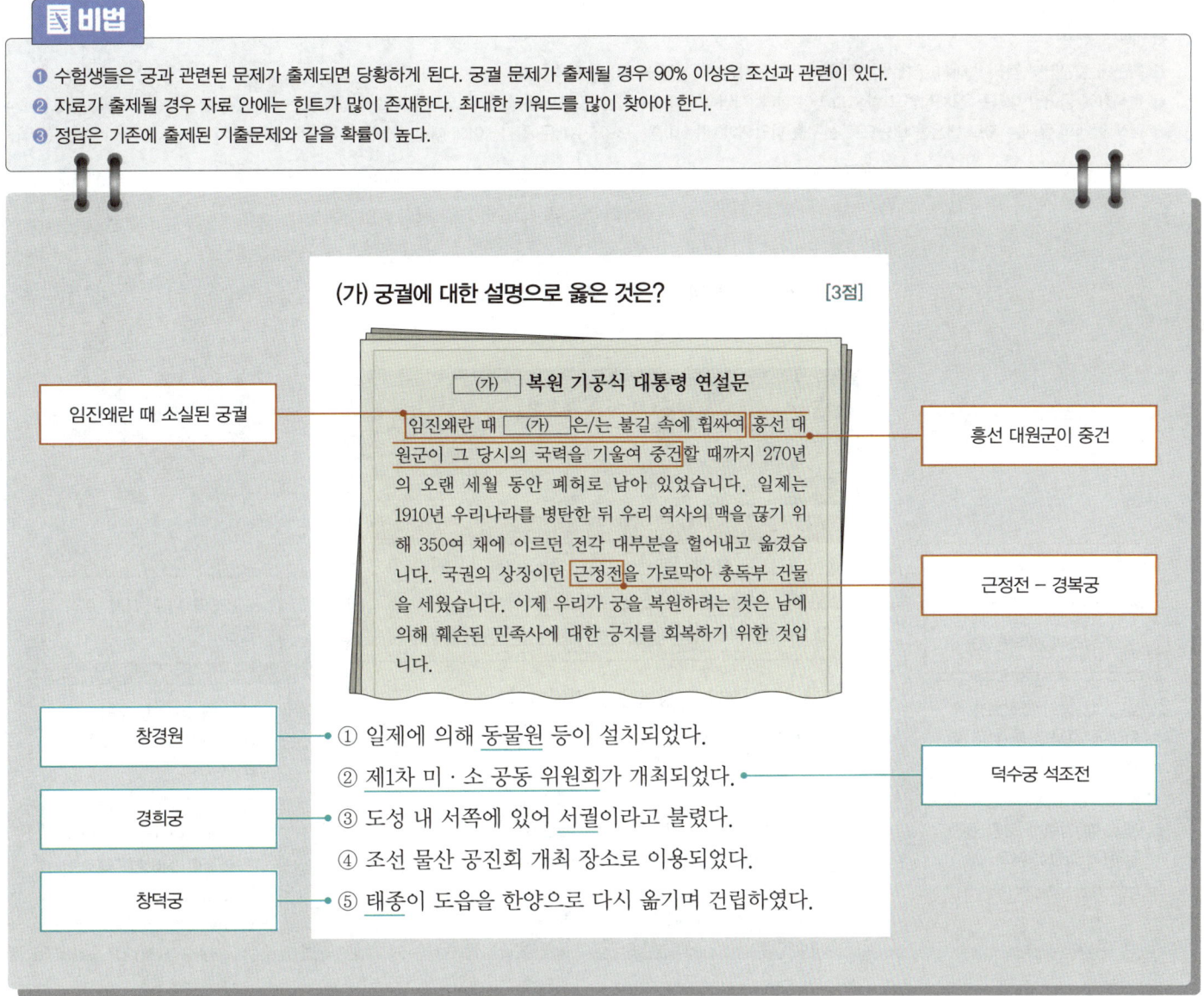

해설

자료는 조선의 법궁인 경복궁에 대한 내용이다.
④ 일제 강점기 조선 총독부가 대한 제국 황실의 위엄을 실추시키기 위하여 전국 물품 수집 박람회인 조선 물산 공진회의 개최 장소로 경복궁을 이용하였다.

정답 ④

11 | 검색형

> **비법**
> ① 최근에는 인터넷 검색 형태의 문제가 자주 출제되는데 사건이나 인물을 묻는 경우가 많다.
> ② 검색창에 들어갈 내용은 전체적인 그림을 그려야 한다. 지엽적인 내용보다는 큰 테마를 찾은 후 세부적으로 확인해 보는 것이 좋다.
> ③ 검색 형태의 문제는 자료 내용을 바탕으로 선지를 파악해야 하는 이중 구조이기 때문에 검색어에 대한 것들은 대개 간단한 경우가 많다.

다음 검색창에 들어갈 왕이 추진한 정책으로 옳은 것은? [2점]

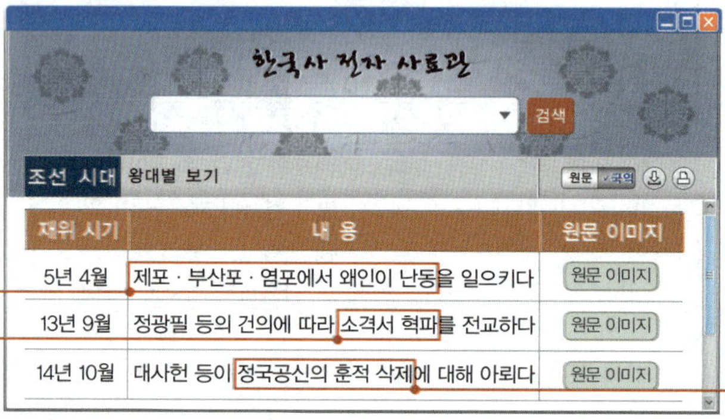

한국사 전자 사료관

조선 시대 왕대별 보기

재위 시기	내용	원문 이미지
5년 4월	제포·부산포·염포에서 왜인이 난동을 일으키다	원문 이미지
13년 9월	정광필 등의 건의에 따라 소격서 혁파를 전교하다	원문 이미지
14년 10월	대사헌 등이 정국공신의 훈적 삭제에 대해 아뢰다	원문 이미지

- 삼포왜란(중종)
- 조광조의 개혁(중종)
- 조광조의 위훈 삭제 주장 (중종)

① 조총 부대를 나선 정벌에 파견하였다. — 효종 때 청의 요청으로 두 차례에 걸쳐 조총 부대 파견
② 4군 6진을 설치하여 북방 영토를 개척하였다. — 세종 때 여진을 토벌하고 4군(최윤덕)과 6진(김종서)을 개척
③ 단종 복위 운동을 계기로 집현전을 폐지하였다. — 세조 때 강력한 왕권 행사를 위해 집현전 폐지
④ 국가의 의례를 정비한 국조오례의를 편찬하였다. — 성종 때 국가 행사에 필요한 의례를 정비한 『국조오례의』 편찬
⑤ 신진 인사를 등용하기 위한 현량과를 실시하였다.

> **해설**
> - 조선은 건국 초기부터 제포·부산포·염포 3곳의 포구를 개항하고 일본 무역선의 왕래를 허용하였으나 중종 때 왜인들이 이곳을 공격하며 삼포왜란을 일으키자 비변사를 설치하고 3포를 폐쇄하였다.
> - 중종반정 이후 훈구 세력의 견제를 위해 등용된 조광조를 비롯한 사림파가 도교의 초제를 주관하는 소격서 폐지를 건의하자 중종이 이를 받아들여 소격서를 혁파하였다.
> - 중종 때 조광조가 개혁 정치를 위해 위훈 삭제를 주장하여 훈구파의 강력한 반발을 사게 되었다.
> ⑤ 중종 때 조광조는 과거 제도의 폐단을 지적하며 천거제의 일종인 현량과를 실시하여 사림이 대거 등용될 수 있는 발판을 마련하였다.

정답

12 | 신문형

> **비법**
> ① 신문 형태로 출제되는 문제는 주제·배경·결과 및 영향 등을 묻는 경우가 많다. 가상의 신문을 읽으며 힌트가 될 만한 것들은 바로 표시해 놓는 것이 좋다.
> ② 경우에 따라서 쉬운 문제는 작성 연도가 제시되어 큰 힌트가 될 수 있으니 절대 놓치면 안 된다.
> ③ 신문 기사의 내용이 어렵다면 선지가 쉬울 것이고, 신문 기사의 내용이 쉽다면 선지는 어려울 수 있으니 기사를 읽으면서 선지 파악에 대비해 둔다.

다음 기사에 보도된 민족 운동에 대한 설명으로 옳은 것은?

[2점]

역사 신문
제△△호 　　　　　　　　○○○○년 ○○월 ○○일

민대총회(民大總會) 개최, 460여 명의 대표 참석

조선 민립 대학 기성회 발기 총회(민대총회)가 오후 1시부터 종로 중앙청년회관에서 열렸다. 총회에서는 사업 계획을 확정하고 '이제 우리 조선인도 생존을 위해서는 대학의 설립을 빼고는 다른 길이 없도다. 만천하 동포에게 민립 대학의 설립을 제창하노니, 자매형제는 모두 와서 성원하라.'라는 요지의 발기 취지서를 발표하였다.

▲ 조선 민립 대학 기성회 발기 총회

- 1920년대 민립 대학 설립 운동 → 조선 민립 대학 기성회 / 대학의 설립
- 고종의 인산일을 계기로 일어난 3·1 운동(1919) → ① 중국의 5·4 운동에 영향을 주었다.
- ② 사립 학교령 공포의 계기가 되었다. ← 1900년대 사립 학교 설립을 통제하기 위해 일제가 공포(1908)
- ③ 이상재 등이 모금 활동을 주도하였다.
- 김광제, 서상돈 등이 대구에서 전개한 국채 보상 운동(1907) → ④ 통감부의 방해와 탄압으로 실패하였다.
- ⑤ 여성 교육의 중요성을 강조한 여권통문을 발표하였다. ← 서울 북촌의 양반 여성들이 모여 한국 최초의 여성 인권 선언서인 여권통문 발표(1898)

해설

③ 1920년대 한국인을 위한 고등 교육 기관인 민립 대학 설립 운동이 시작되면서 이상재, 한규설 등이 조선 민립 대학 기성회를 조직하고(1923), 대학 설립을 위한 모금 활동을 전개하였다. 일제는 이를 방해하기 위해 경성 제국 대학을 설립하였다(1924).

정답 ③

13 시나리오형

> **비법**
>
> ❶ 시나리오 형태로 출제되는 문제는 주제·배경·결과 및 영향 등을 묻는 경우가 많다. 읽으면서 힌트가 될 만한 것들은 바로 표시해 놓고 관련된 정보는 메모해 두는 것이 좋다.
> ❷ 시나리오는 하나의 특정 사건에 대한 정보가 제시되므로 비교적 힌트가 많다.
> ❸ 시나리오의 내용이 어렵다면 선지가 쉬울 것이고, 시나리오의 내용이 쉽다면 선지는 어려울 수 있으니 시나리오를 읽으면서 선지 파악에 대비해 둔다.

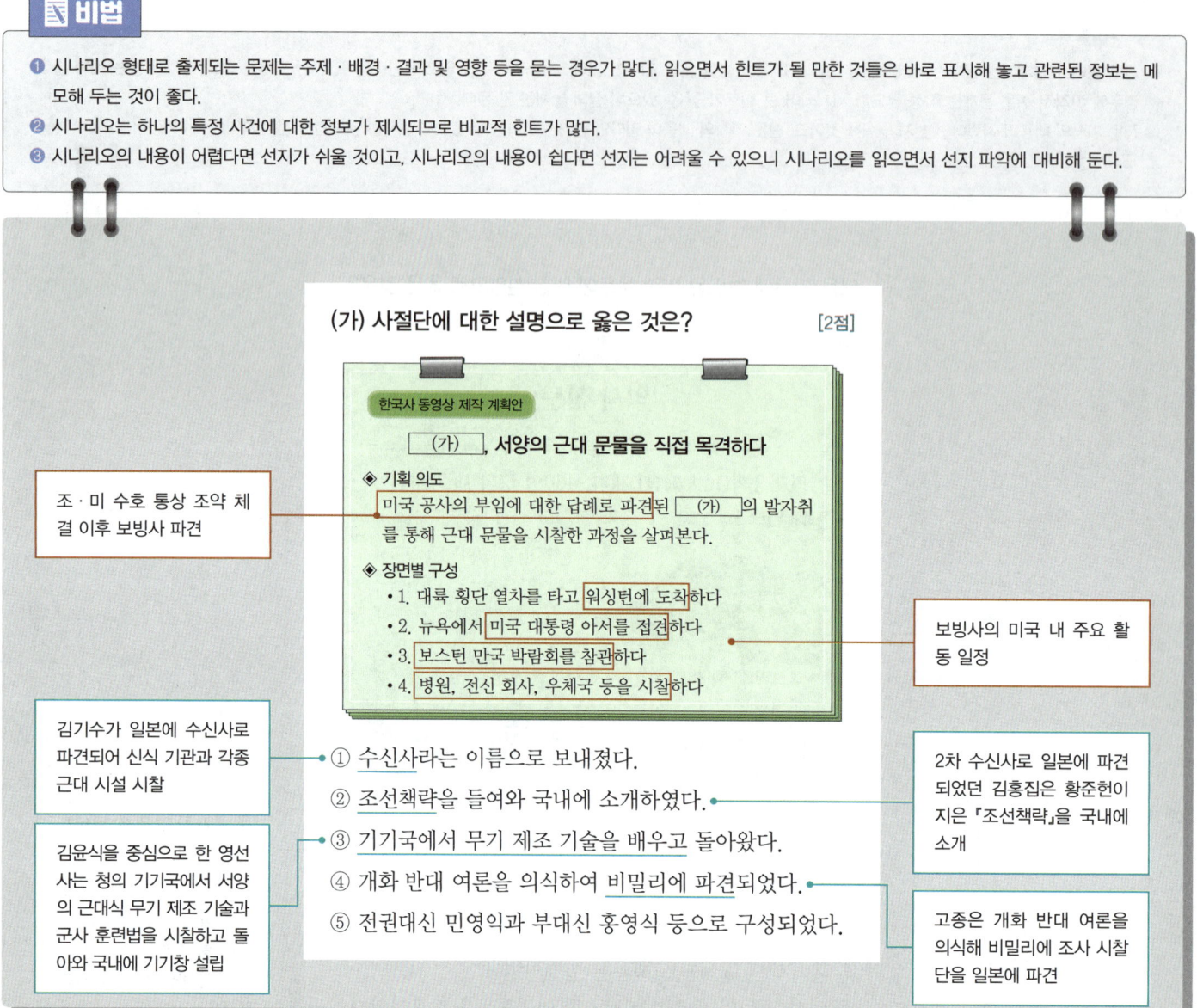

해설

보빙사는 서양 국가에 파견된 최초의 사절단으로, 워싱턴에 도착하여 미국 아서 대통령을 접견하였다. 그 후 40여 일간 외국 박람회, 공업 제조 회관, 병원, 신문사, 육군사관학교 등을 방문·시찰하였다.
⑤ 조·미 수호 통상 조약이 체결된 후 조선 주재 미국 공사가 파견되면서 조선 정부는 민영익, 홍영식, 서광범 등을 중심으로 한 보빙사를 미국에 파견하였다.

정답 ⑤

14 | 포스터형

> **비법**
> ① 포스터 형태를 통해 빈칸에 해당하는 주제·내용·활동 등 여러 가지를 묻는 문제가 자주 출제된다. 이러한 형태의 문제는 사료형 문제와 비슷한 방법으로 풀면 된다.
> ② 제시된 포스터 자료에는 사료형과 마찬가지로 여러 힌트가 제시되는데, 사료형과 달리 번호를 매기는 등 간단하게 요약되어 있으니 키워드를 찾기 쉽다.
> ③ 포스터 자료에서 이미 정답과 관련된 키워드가 많이 제시되기 때문에 선지에서는 연관 내용이 비교적 단순하게 제시된다.

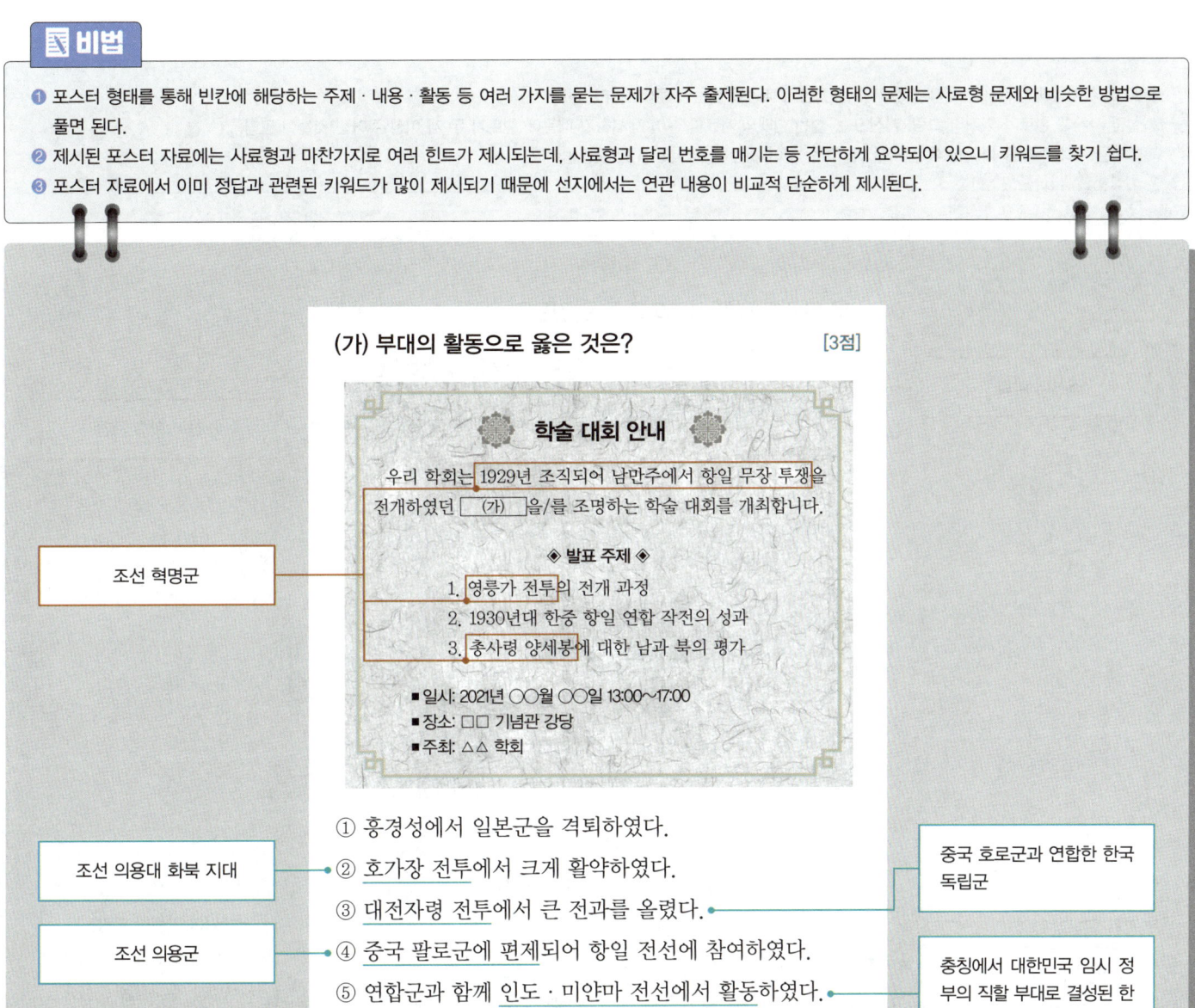

(가) 부대의 활동으로 옳은 것은? [3점]

◆ 학술 대회 안내 ◆
우리 학회는 1929년 조직되어 남만주에서 항일 무장 투쟁을 전개하였던 (가) 을/를 조명하는 학술 대회를 개최합니다.

◆ 발표 주제 ◆
1. 영릉가 전투의 전개 과정
2. 1930년대 한중 항일 연합 작전의 성과
3. 총사령 양세봉에 대한 남과 북의 평가

■ 일시: 2021년 ○○월 ○○일 13:00~17:00
■ 장소: □□ 기념관 강당
■ 주최: △△ 학회

- 조선 혁명군
- 조선 의용대 화북 지대
- 조선 의용군
- 중국 호로군과 연합한 한국 독립군
- 충칭에서 대한민국 임시 정부의 직할 부대로 결성된 한국 광복군

① 흥경성에서 일본군을 격퇴하였다.
② 호가장 전투에서 크게 활약하였다.
③ 대전자령 전투에서 큰 전과를 올렸다.
④ 중국 팔로군에 편제되어 항일 전선에 참여하였다.
⑤ 연합군과 함께 인도·미얀마 전선에서 활동하였다.

> **해설**
> ① 양세봉을 총사령관으로 한 조선 혁명군은 중국 의용군과 연합하여 영릉가 전투, 흥경성 전투를 승리로 이끌었다.

정답 ①

15 | 설명 제시형

> **비법**
> ① 설명 제시 형태의 문제는 주제를 찾거나 괄호 안의 내용을 찾는 것들이 대부분이다.
> ② 설명 자체에 힌트가 있거나 그림, 사진 또는 칠판 형태의 자료를 같이 제시하기 때문에 힌트가 두 개 이상 주어진 것들이 많다.
> ③ 설명을 통해 주제를 파악한 후 선지에 대입하는 것이 시간을 절약할 수 있는 방법이다.

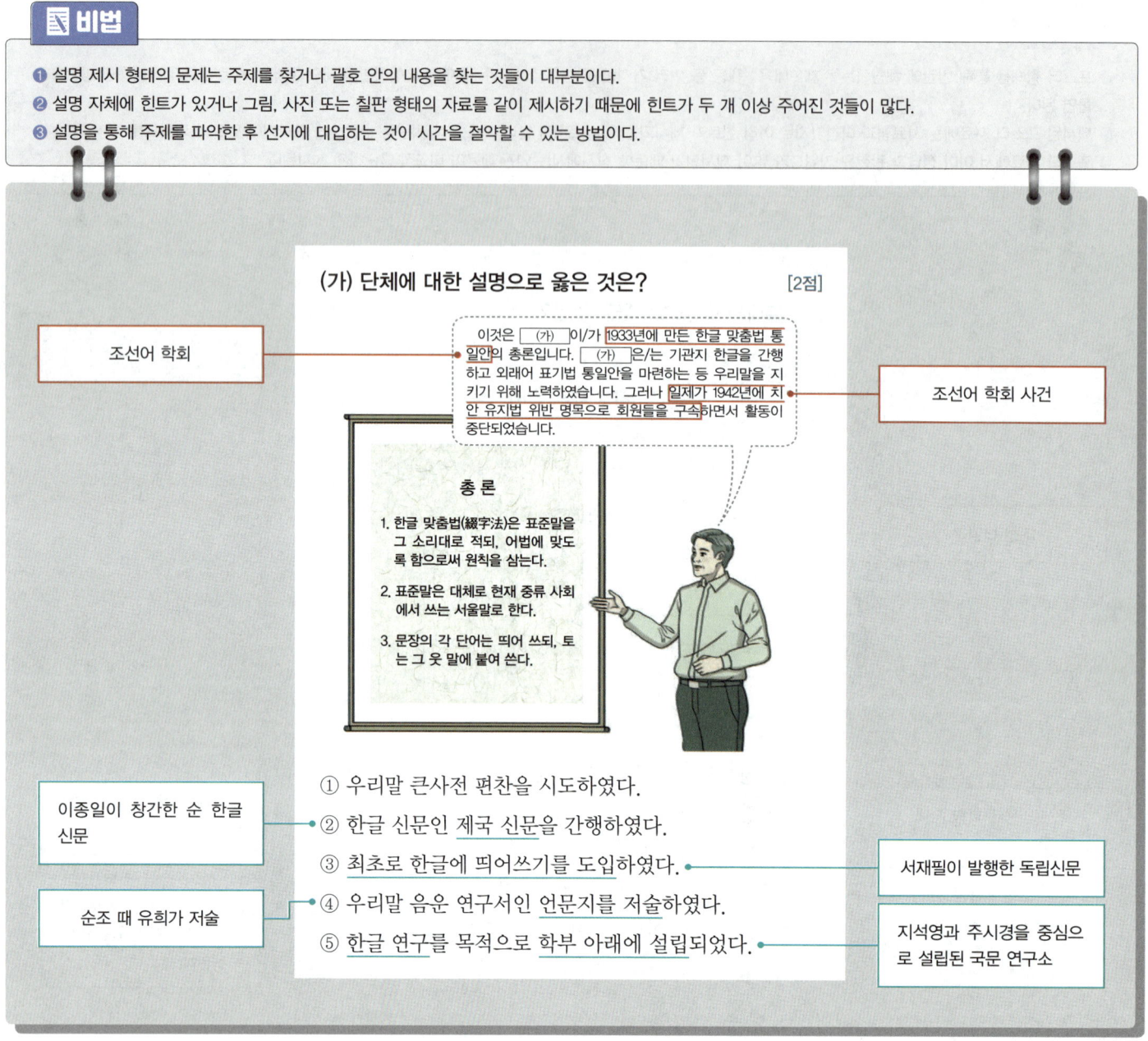

해설

① 조선어 학회는 한글 맞춤법 통일안과 외국어 표기법 통일안을 제정하는 등 우리말의 체계화를 위해 노력하였으며, 우리나라 최초의 국어학 학술지인 『한글』을 발행하였다. 이후 『우리말 큰사전』의 편찬을 시작하였으나 일제는 조선어 학회를 독립운동 단체로 간주하여 학회를 강제 해산시켰고(조선어 학회 사건, 1942), 중단된 『우리말 큰사전』의 편찬은 해방 이후 완성되었다.

정답 ①

16 | 순서형

> **비법**
>
> ① 순서 형태의 문제는 단순한 선후 관계 나열 유형과 순서의 세부적 내용을 묻는 유형으로 나뉜다. 순서 형태의 문제는 읽는 순간 바로 연도를 비롯한 주요 내용을 메모해 둔다.
> ② 단순 나열 유형의 문제는 사건의 선후만 파악하면 되지만 세부적인 내용을 묻는 유형의 문제는 정확한 연도를 알아야 하고, 연도 사이에 발생한 사건을 파악하여야 해결할 수 있다.
> ③ 자료에 제시된 사건의 연도를 파악하여 적은 후 일어난 사건을 기록한다. 적어 놓은 사건들 사이에 발생한 사건을 선지에서 찾으면 시간을 절약할 수 있다.

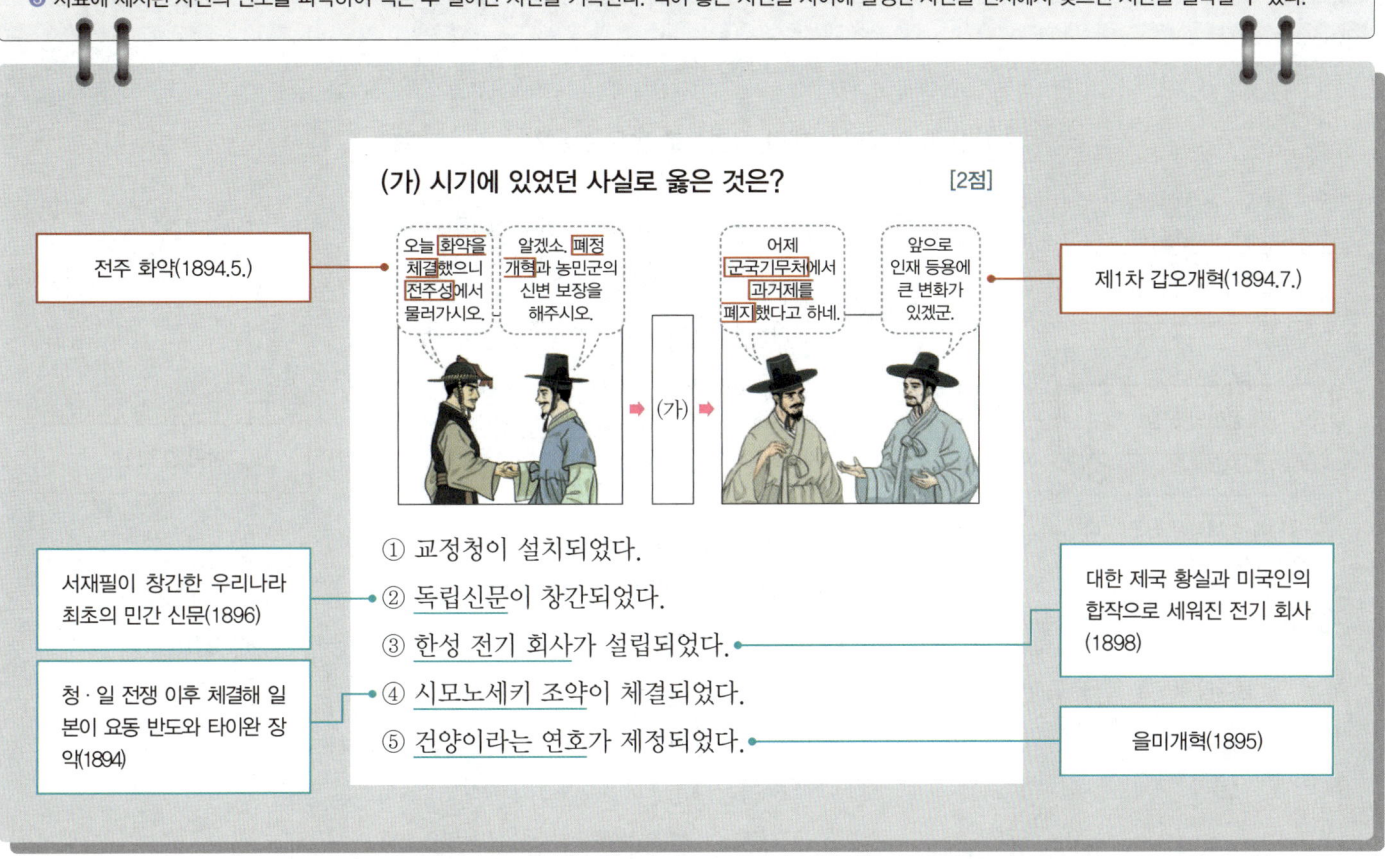

해설

- 전라도 고부 군수 조병갑의 횡포에 견디다 못한 농민들은 동학교도 전봉준을 중심으로 동학 농민 운동을 일으켰다(1894.1.). 농민군은 전주성을 점령하면서 전라도 일대를 장악하였고, 정부와 전주 화약을 맺어 자치 개혁 기구인 집강소를 통해 폐정 개혁을 실시하였다(1894.5.).
- 군국기무처를 중심으로 제1차 갑오개혁이 실시되었다(1894.7.). 청의 연호를 폐지하면서 개국 연호를 사용하였으며, '건양'이라는 연호를 제정하였다. 또한, 재능에 따라 인재를 등용하기 위해 과거제를 폐지하였다.
① 동학 농민군과 전주 화약을 체결한 후 조선 정부에서는 교정청을 설치하여 자주적인 내정 개혁을 시도하였다(1894.6.).

정답 ①

17 | 짝 맞추기형

> **비법**
>
> ❶ 짝 맞추기 형태의 문제는 수험생들이 가장 싫어하는 유형의 문제이다. 하지만 풀이 비법은 비교적 간단하기 때문에 성실하게 학습한 수험생들에게는 오히려 고득점에 유리하다.
> ❷ 자료에서는 (가), (나)를 제시하는데, 보는 즉시 내용을 파악할 수 있는 힌트들이 주어지므로 표시해 둔다.
> ❸ (가), (나)에 표시해 둔 힌트와 메모해 둔 것들을 선지에 대입하여 푸는 것이 시간을 절약할 수 있는 가장 좋은 방법이다.

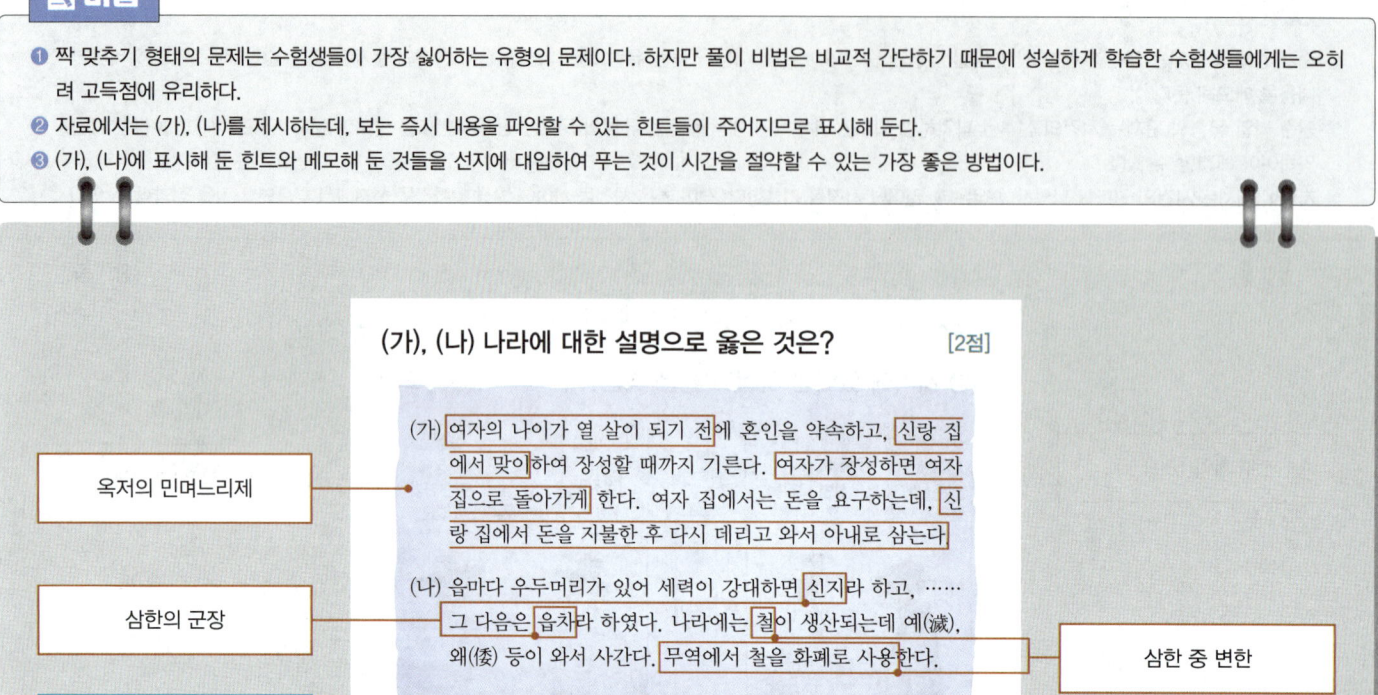

해설

(가) 옥저: 여자가 어렸을 때 혼인할 남자의 집에서 생활하다가 성인이 된 후에 혼인하는 민며느리제가 있었다.
(나) 삼한: 마한, 진한, 변한으로 구성된 연맹 왕국으로 신지, 견지, 읍차와 같은 정치적 지배자가 있었다. 변한 지역은 철 생산이 매우 활발하여 낙랑과 왜에 수출하였으며, 철을 화폐로 이용하기도 하였다.
② 옥저는 읍군이나 삼로와 같은 군장들이 부족을 다스렸다.

정답 ②

18 뉴스형

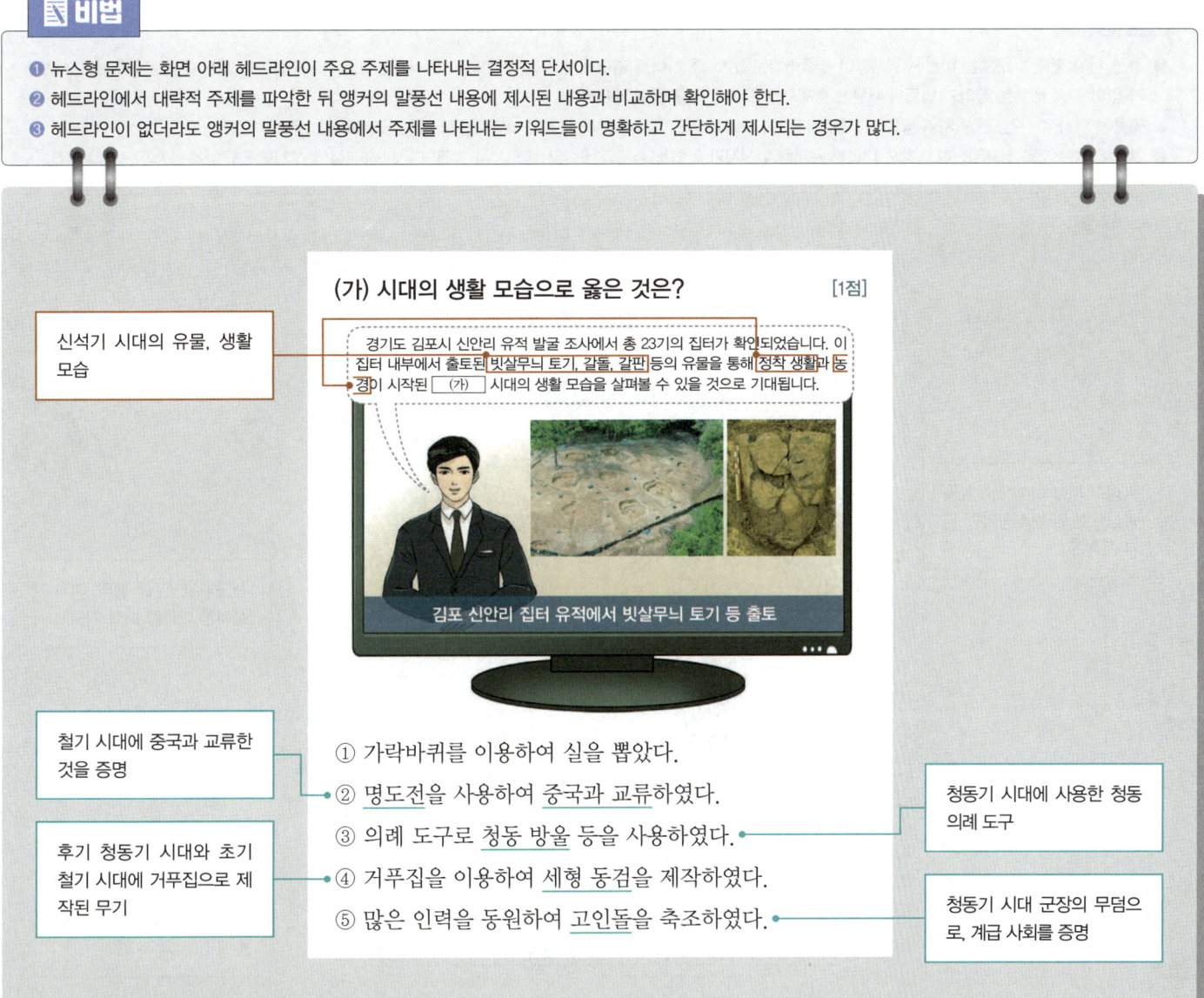

19 | 시사형

> **비법**
> ❶ 최근 시사 형태의 문제는 바쁜 수험생들이 힘들어하는 문제 중 하나로 출제된다. 이러한 형태의 문제에는 힌트가 산재되어 있다. 수험생들은 시간적 여유가 없어 각종 매체를 접하기 힘들기 때문에 출제자들 또한 힌트를 많이 제시한다.
> ❷ 곳곳에 역사적 사건, 관련 지역 등을 제시하기 때문에 자료를 읽으면서 사건과 지역이 나타나는지 파악하고 표시해 두어야 한다.
> ❸ 만약 간단한 자료가 제시된다고 해도 대화형 문제처럼 선지가 어렵게 출제되지는 않는다. 시사 형태의 문제 대부분은 선지도 간단하게 출제되는 경향이 있다.

(가) 민주화 운동에 대한 설명으로 옳은 것은? [1점]

□□신문
제△△호   2020년 ○○월 ○○일

경찰관 부당 징계 취소

경찰청은 (가) 40주기를 맞아 신군부의 명령을 거부하고 시민들을 보호했다는 이유 등으로 부당하게 징계를 받은 퇴직 경찰관 21명의 징계 처분을 직권 취소했다고 밝혔다. 당시 경찰관에 대한 징계는 국가 보위 비상 대책 위원회의 문책 지시에 따라 이루어졌다.

경찰청은 징계 처분이 재량권을 남용한 하자가 있는 행정 처분이라고 판단하였고, 중앙 징계 위원회를 개최하여 심의·의결을 거쳐 징계 처분을 직권 취소하게 되었다.

- 박정희 피살 이후 전두환을 중심으로 권력을 장악한 군부 세력
- 신군부가 권력 장악 이후 설치한 대통령 보좌 기구

① 박종철과 이한열의 희생으로 확산되었다.
② 호헌 철폐와 독재 타도 등의 구호를 내세웠다.
③ 관련 기록물이 유네스코 세계 기록 유산으로 등재되었다.
④ 대통령 중심제에서 의원 내각제로 바뀌는 계기가 되었다.
⑤ 대통령 하야를 요구하며 대학 교수단이 시위행진을 벌였다.

- 전두환 독재에 항거한 6월 민주 항쟁(1987)
- 이승만의 독재에 항거한 4·19 혁명(1960)

해설

③ 12·12 쿠데타에 저항하여 '서울의 봄'이라는 대규모 민주화 운동이 일어나자 5월 17일 신군부는 비상계엄 조치를 전국적으로 확대하였다. 5월 18일, 비상계엄 해제와 신군부 퇴진, 김대중 석방 등을 요구하는 광주 시민들의 항거가 이어지자 신군부는 공수 부대를 동원한 무력 진압을 강행하였고, 학생과 시민들이 시민군을 결성하여 이에 대항하면서 시위가 격화되었다(1980). 5·18 민주화 운동은 1980년대 우리나라 민주화 운동의 밑거름이 되었고, 2011년에는 관련 기록물이 유네스코 세계 기록 유산으로 등재되었다.

정답 ③

20 복합사형

> **비법**
> ❶ 여러 시대가 통합되어 출제되는 복합사는 시간이 많이 할애되기 때문에 50번까지 풀고 난 이후에 풀어내는 것이 시간을 줄일 수 있는 좋은 방법이다.
> ❷ 자료가 많이 출제되기 때문에, 지문 속 키워드를 바로 찾아내어 시대를 파악할 수 있어야 한다.
> ❸ 자료 속 키워드를 찾아낸 이후에는 역순으로 풀어내는 것이 도움이 된다. 보기를 먼저 보고 자료를 대입하는 것이 좋다.

(가)~(라) 지방 통치 체제에 대한 설명으로 옳은 것을 <보기>에서 고른 것은? [3점]

(가) 완산주를 다시 설치하고 용원을 총관으로 삼았다. 거열주를 빼서 청주(菁州)를 두니 처음으로 **9주**가 되었다. 대아찬 복세를 총관으로 삼았다. ── 통일 신라 신문왕 때 정비

(나) 현종 초에 절도사를 폐지하고, 5도호와 75도 안무사를 두었으나, 얼마 후 안무사를 폐지하고, 4도호와 8목을 두었다. 그 이후로 **5도 · 양계**를 정하니, 양광 · 경상 · 전라 · 교주 · 서해 · 동계 · 북계가 그것이다. ── 고려 현종 때 정비

조선 태종 때 정비 ── (다) 각 **도** 각 고을의 이름을 고쳤다. …… 드디어 완산을 다시 '전주'라고 칭하고, 계림을 다시 '경주'라고 칭하고, 서북면을 '평안도'로 하고, 동북면을 '영길로'로 하였으니, 평양 · 안주 · 영흥 · 길주가 계수관이기 때문이다.

제2차 갑오개혁 때 정비 ── (라) 전국을 **23부**의 행정 구역으로 나누어 아래에 열거하는 각 부를 둔다. …… 앞 조항 외에는 종래의 목, 부, 군, 현의 명칭과 부윤, 목사, 부사, 군수, 서윤, 판관, 현령, 현감의 관명을 다 없애고 읍의 명칭을 군이라고 하며 읍 장관의 관명을 군수라고 한다.

보기

- ㄱ. (가) – 신문왕 재위 시기에 정비되었다. ── 신라 9주 5소경
- ㄴ. (나) – 지방 장관으로 욕살, 처려근지 등이 있었다. ── 고구려
- ㄷ. (다) – 도에는 관찰사가 임명되어 수령을 감독하였다. ── 조선 8도
- ㄹ. (라) – 광무 개혁의 일환으로 실시되었다. ── 대한 제국

① ㄱ, ㄴ ② ㄱ, ㄷ ③ ㄴ, ㄷ ④ ㄴ, ㄹ ⑤ ㄷ, ㄹ

해설

(가) 통일 신라 신문왕은 전국을 9주 5소경으로 나누어 지방 행정 구역을 정비하였다(ㄱ).
(다) 조선은 태종 때 전국을 8도로 나누었고, 모든 군현에 지방관을 파견하였다(ㄷ).

정답 ②

I. 한국사의 시작

01 석기 시대와 청동기 · 철기 시대
02 고조선과 연맹 국가

단골 키워드 랭킹!
01 고인돌
02 주먹도끼
03 빗살무늬 토기
04 위만 조선
05 부여, 고구려

출제 경향
선사 시대와 관련된 문제는 당시 생활 모습이나 풍습과 관련된 유물과 유적을 잘 파악하는 것이 중요하다. 또한, 고조선의 특징과 더불어 각 연맹 국가의 위치와 사회 풍습을 연결시킬 수 있어야 한다.

출제 포인트

◆ **석기 시대와 청동기 · 철기 시대**
1. 구석기 · 신석기 · 청동기 · 철기 시대의 유물 및 유적의 공통점과 차이점

◆ **고조선과 연맹 국가**
1. 단군 신화로부터 도출한 고조선의 건국과 특징
2. 고조선의 세력 범위와 고인돌 · 비파형 동검 출토 지역의 관계
3. 8조법으로 사회상 도출
4. 경제 발전으로 인한 중국 세력과의 관계 파악
5. 각 연맹 국가의 위치 및 풍습을 통해 중앙 집권 체제로 발전한 국가 구분

76-67회 출제 비율 4.2%

미리보기

구석기 시대

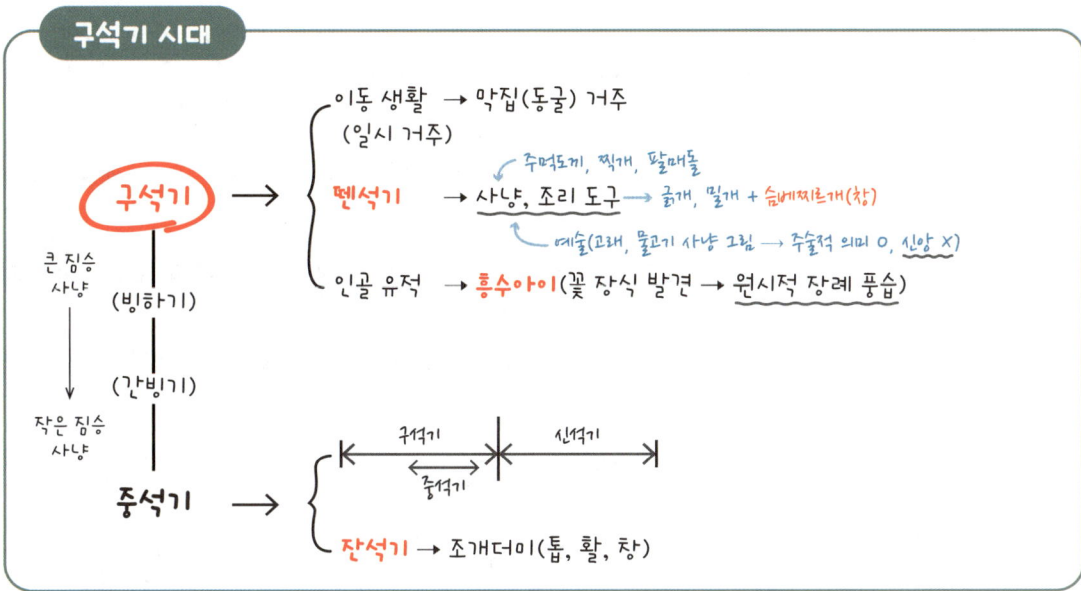

신석기 시대

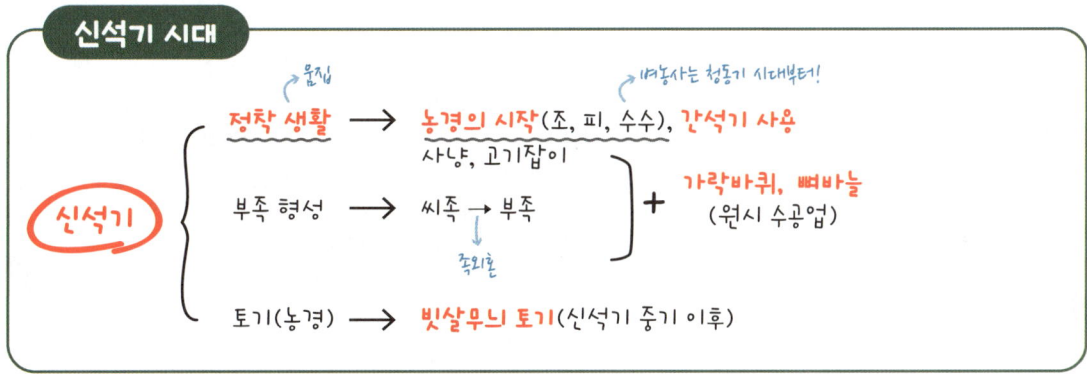

고조선

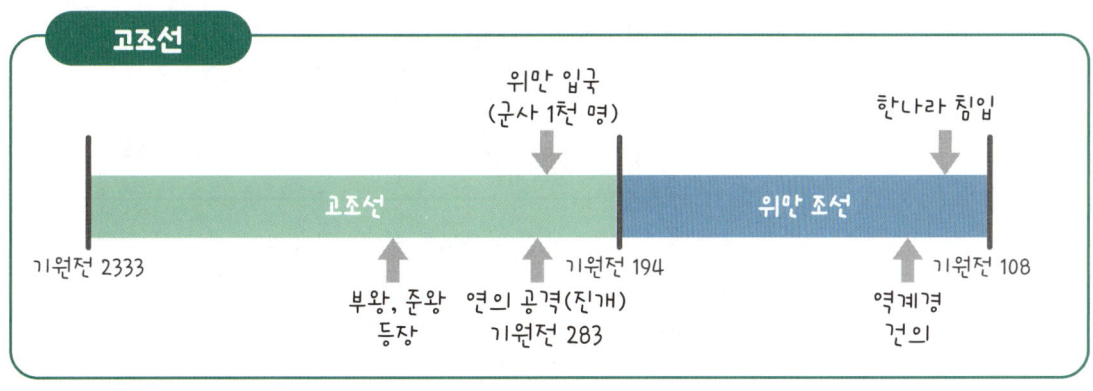

01 석기 시대와 청동기·철기 시대

01 역사의 의미

1. **사실로서의 역사:** 과거에 있었던 사실을 객관적으로 서술, 객관적 의미의 역사(L. V. Ranke)
   └ 실증주의 사관
2. **기록으로서의 역사:** 역사가의 가치관과 같은 주관적 요소가 개입되어 재구성한 것으로 조사되어 기록된 역사(B. Croce)
   └ 상대주의 사관
* E. H. Carr – "역사란 현재와 과거의 끊임없는 대화이다."
   └ 중도주의 입장

02 구석기 · 신석기 시대

1. **우리 민족의 기원:** 만주와 한반도를 중심으로 동북아시아에 분포
2. **구석기 시대(약 70만 년 전)** ← 사람 거주(구석기), 우리 민족의 기틀 (신석기~청동기)

   (1) 생활★

   ① 도구: 뗀석기(주먹도끼, 찍개, 팔매돌, 긁개, 밀개)와 동물의 뼈를 이용한 뼈도구, 슴베찌르개

   ▲주먹도끼 ▲슴베찌르개

   ② 경제: 사냥, 고기잡이, 채집 생활
   ③ 주거: 동굴이나 바위 그늘, 후기에는 강가의 막집에 일시 거주(담자리, 불땐자리)
   ④ 예술: 고래와 물고기 등을 새긴 조각품(단양 수양개, 공주 석장리) → 주술적 의미
      └ 신앙은 아님을 주의! 원시 신앙(애니미즘, 토테미즘, 샤머니즘)은 신석기 시대부터 시작 └ 사냥감의 번성을 기원
   ⑤ 사회 : 무리를 이루어 이동 생활, 평등 사회
      └ 모든 사람이 평등한 공동체 생활
   ⑥ 장례 풍습: 인골 발견 → 덕천 승리산(승리산인), 평양 만달리(만달인), 청원 흥수굴(흥수아이), 평양 역포구역(역포아이)   └ 두루봉 동굴 유적
      └ 주변의 꽃가루 장식 → 장례 풍습 추측

   구석기 시대 구분(석기 다듬는 법)

시기	특징	종류
전기	한 개의 큰 석기를 여러 가지 용도로 사용	주먹도끼, 찍개
중기	여러 격지들을 잔손질을 하여 각기 다른 용도로 사용 └ 한 개의 석기를 하나의 용도로 사용	밀개, 긁개, 찌르개
후기	쐐기 같은 것을 대고 형태가 같은 여러 개의 돌날격지를 만들어 사용	슴베찌르개

   (2) 유적: 평양 상원 검은모루 동굴, 평남 덕천 승리산 동굴, 경기 연천 전곡리, 충남 공주 석장리

   (3) 중석기 ← 따뜻한 기후로 동식물 번성
   ① 시기: 구석기에서 신석기로 넘어가는 전환기
   ② 도구: 잔석기❶(톱·활·창·작살)의 이음 도구를 제작하여 토끼·여우·새 등 작고 날랜 짐승 사냥
   ③ 유적·유물: 조개더미(패총), 잔석기(활·창) 발견(통영 상노대도, 웅기 부포리, 평양 만달리)

---

check! 필수 암기!

구석기: 뗀석기(주먹도끼, 찍개), 슴베찌르개
중석기: 잔석기, 조개더미

❶ 잔석기
중석기 시대와 신석기 시대 초기의 자잘한 석기이며 주로 작살, 화살촉 등에 사용하였다.

3. 신석기 시대(기원전 8000년경)

(1) 도구
① 간석기: 돌을 갈아서 여러 가지 형태로 만든 간석기(갈돌과 갈판) 사용
② 토기★★★: 이른민무늬 토기, 덧무늬 토기, 눌러찍기 무늬 토기, 빗살무늬 토기❷ 등이 있으며 대부분 강가나 바닷가에서 출토(제주 한경 고산리, 서울 암사동, 김해 수가리, 부산 동삼동 조개더미)

▲ 갈돌과 갈판

▲ 가락바퀴

(2) 생활★★★
① 사냥, 고기잡이: 주로 활이나 창으로 동물 사냥, 그물·작살·돌이나 뼈로 만든 도구로 낚시
② 원시적 수공업: 가락바퀴와 뼈바늘을 사용하여 의복 및 그물 제작
③ 농경의 시작: 조, 피, 수수 등 밭농사 중심(탄화된 좁쌀 발견)
④ 사회상: 혈연을 바탕으로 한 씨족 사회, 족외혼을 통해 부족 사회로 발전, 모계 사회, 평등 사회, 공동 사회
⑤ 주거: 움집에서 거주 → 반지하, 원형이나 모서리가 둥근 네모 바닥, 중앙 화덕, 4~5명 정도 거주
⑥ 종교(원시 신앙)
  ㉠ 농경이 시작되고 정착 생활을 하게 되면서 발생(애니미즘, 샤머니즘, 토테미즘 등)
    └태양·물┘ └무당┘ └동·식물┘
  ㉡ 영혼 숭배, 조상 숭배
  ㉢ 토묘: 흙을 파고 관 없이 매장(태양 숭배 및 내세 사상)
⑦ 예술: 토우(흙 인형), 동물의 모양을 새긴 조각품, 짐승의 뼈나 이빨로 만든 장신구, 조개를 활용한 조개껍데기 가면, 치레걸이 등

▲ 조개껍데기 가면

03 청동기·철기 시대

1. 청동기·철기 시대

(1) 청동기·철기의 시대 구분★★
① 청동기 시대(기원전 2000년경): 문자를 사용하기 시작한 역사 시대의 개막
  ㉠ 계급 발생: 생산 경제 발달로 인한 사유 재산·계급 발생(빈부격차)
  ㉡ 유적: 중국의 요령성·길림성 지방을 포함하는 만주 지역과 한반도
  ㉢ 유물: 집터·고인돌·돌널무덤·돌무지무덤❸ 등지에서 반달 돌칼, 바퀴날 도끼, 홈자귀, 비파형 동검, 거친무늬거울, 민무늬 토기, 미송리식·붉은간토기 등 발견

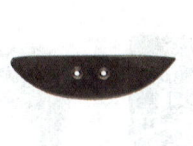
▲반달 돌칼
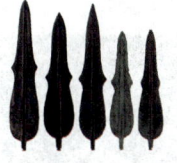
▲비파형 동검

▲민무늬 토기

▲미송리식 토기

---

check! 필수 암기!

신석기: 간석기, 가락바퀴, 뼈바늘, 빗살무늬 토기, 움집

❷ 빗살무늬 토기

나무나 뼈로 만든 빗살 모양의 무늬 새기개로 그릇 바깥 면에 짤막한 줄을 촘촘하게 누르거나 그어서 새겨 만든 신석기 시대 후기의 대표적인 토기로 강가나 바닷가에서 출토되었다.

➕ 신석기 시대 집터

---

check! 필수 암기!

청동기: 반달 돌칼, 비파형 동검, 민무늬 토기, 미송리식 토기, 고인돌

❸ 돌무지무덤

지면에 구덩이를 파거나 구덩이 없이 시체를 놓고 그 위에 돌을 쌓아 만든 무덤 양식이다.

➕ 독자적 청동기 문화의 형성
한반도 지역에서 발견된 세형 동검(한국식 동검), 잔무늬거울, 거푸집(청동기를 제작하는 틀) 등은 철기 시대에 우리 민족의 독자적 청동기 문화가 형성되었음을 증명하는 것이다.

➕ 청동기 시대의 농기구
당시 청동은 무겁고 약했으며 귀했기 때문에 농기구로 사용하지 못하였고, 철제 농기구가 사용되기 시작하였다.

❹ 배산임수(背山臨水)
청동기 시대의 집터는 단순한 배산임수의 형태를 나타낸 것일 뿐 풍수지리가 아님을 유의하여야 한다. 풍수지리는 신라 말의 승려 도선에 의하여 국내에 유입되었다.

➕ 청동기·철기 시대 유물 비교

청동기 시대	철기 시대
비파형 동검, 거친무늬거울	세형 동검, 거푸집, 잔무늬거울
돌널무덤, 고인돌	널무덤, 독무덤
민무늬·미송리식·붉은간토기	민무늬·덧띠·검은간토기
돌·나무 농기구 (반달 돌칼, 바퀴날 도끼, 홈자귀)	철제 농기구
-	명도전, 오수전, 반량전, 붓

➕ 주거(움집) 형태의 변화

신석기 시대	청동기·철기 시대
반지하	지상, 주춧돌
중앙 화덕	벽쪽 화덕
원형 바닥	네모 바닥
내부 저장	외부 저장

---

② 철기 시대(기원전 4세기경)
  ㉠ 철제 도구: 철제 농기구 사용, 철제 무기 발전으로 정복 전쟁 활발(청동기 의기화)
  ㉡ 유물: 집터·널무덤·독무덤 등에서 세형 동검, 잔무늬거울, 거푸집, 덧띠토기, 검은간토기 등 발견
  └ 구덩이를 파고 관을 넣어 묻는 가장 보편적 무덤 양식(토광묘)

▲독무덤　▲세형 동검　▲거푸집

  ㉢ 중국과 교류: 화폐 사용(명도전, 오수전, 반량전, 화천), 한자 사용(경남 창원 다호리 유적의 붓)

(2) 청동기·철기 시대의 생활 ★★
① 경제
  ㉠ 농경: 돌도끼나 홈자귀, 괭이 등 돌이나 나무로 만든 농기구 사용
  ㉡ 밭농사 중심: 조·보리·콩·수수 등 재배, 반달 돌칼로 추수 → 일부 저습지에서 벼농사 시작
  ㉢ 수렵·어로의 비중이 감소하고 돼지·소·말 등의 가축 사육 증가
② 사회
  ㉠ 계급의 발생: 생산력 증가 → 잉여 생산물 축적 → 사유 재산·계급 발생 및 분화, 족장(군장)의 등장
  ㉡ 고인돌: 당시 지배층의 정치 권력과 경제력 반영
  ㉢ 남녀 역할 분화: 사회의 복잡화·조직화
  ㉣ 선민 사상, 제정일치, 거석 숭배(선돌, 신성 지역이나 부족 경계 표시)

▲고인돌

③ 주거(집터 유적)
  ㉠ 한반도 전역에서 집터 유적 발견, 배산임수❹의 형태 → 우리나라 전통적인 취락 여건
  ㉡ 대체로 직사각형 움집의 지상 가옥으로 발전 → 주춧돌 사용, 화덕은 벽쪽으로 이동, 저장 구덩이도 따로 설치하거나 한쪽 벽면을 밖으로 돌출
  ㉢ 점차 집단 취락 형태로 변화(약 4~8명 거주)
  ㉣ 방어 시설: 목책(말뚝을 박아 만든 울타리), 환호(취락 주변에 시설한 도랑)

▲청동기 시대 집터

④ 예술: 청동제 도구의 모양이나 장식, 토우, 울주 반구대 바위그림(고래, 사냥과 고기잡이), 고령 장기리 암각화(동심원, 풍요로운 생산 기원), 농경문 청동기

구(舊) 고령 양전동 바위　태양 장치

▲울주 반구대 바위그림　▲고령 장기리(양전동) 암각화　▲농경문 청동기

01 단골 키워드 문제

I. 한국사의 시작
01 석기 시대와 청동기·철기 시대

정답 및 해설 2쪽

기출 선택지 미리보기

- **구석기 시대** – 주로 동굴이나 막집에 거주하였다.
- **신석기 시대** – 가락바퀴를 이용하여 실을 뽑았다.
- **청동기 시대** – 지배층의 무덤으로 고인돌을 축조하였다.
- **청동기 시대** – 반달 돌칼을 사용하여 곡물을 수확하였다.
- **철기 시대** – 거푸집을 사용해 세형 동검을 만들었다.

기출 키워드로 연습하기

01
① 구석기 시대 · · 빗살무늬 토기
② 신석기 시대 · · 뗀석기
③ 철기 시대 · · 세형 동검

02 구석기 시대와 신석기 시대는 원시 공동체의 평등한 사회였다. (O / X)

03 신석기 시대에 벼농사가 시작되었다. (O / X)

04 신석기 시대에 창의 기능을 한 슴베찌르개를 사용하기 시작하였다. (O / X)

05 고인돌은 청동기 시대에 각 부족의 권력을 나타냈다. (O / X)

06 청동기 시대에는 (　　　)을/를 사용하여 이삭을 잘라 추수를 하는 농경 생활을 하였다.

정답 | 01 ① 뗀석기 ② 빗살무늬 토기 ③ 세형 동검 02 O 03 × 04 × 05 O 06 반달 돌칼

KEYWORD 01 구석기 시대(생활)

01 최다 빈출 유형

(가) 시대의 생활 모습으로 옳은 것은? 　심화 71회 1번

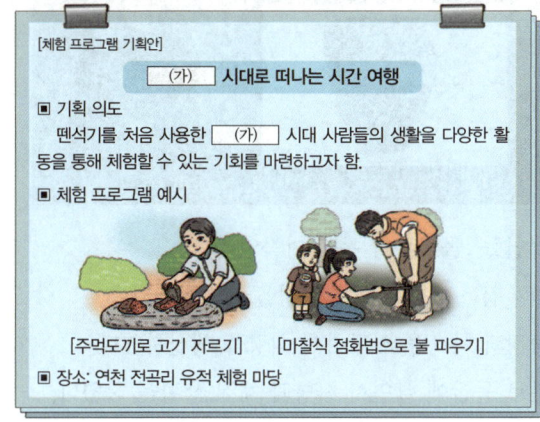

① 주로 동굴이나 바위 그늘에서 살았다.
② 청동 방울 등을 의례 도구로 사용하였다.
③ 따비와 괭이로 땅을 갈아 농사를 지었다.
④ 거푸집을 이용하여 세형 동검을 제작하였다.
⑤ 빗살무늬 토기를 만들어 식량을 저장하였다.

02 꼬리 물기 문제

밑줄 그은 '이 시대'의 생활 모습으로 옳은 것은? 　심화 59회 1번

① 철제 무기로 정복 활동을 벌였다.
② 주로 동굴이나 막집에서 거주하였다.
③ 명도전을 이용하여 중국과 교역하였다.
④ 반달 돌칼을 사용하여 벼를 수확하였다.
⑤ 빗살무늬 토기를 제작하여 식량을 저장하였다.

KEYWORD 02 신석기 시대(유물)

03 최다 빈출 유형

(가) 시대의 생활 모습으로 옳은 것은?   심화 56회 1번

① 고인돌, 돌널무덤 등을 만들었다.
② 거푸집을 이용하여 청동검을 제작하였다.
③ 농경과 목축을 시작하여 식량을 생산하였다.
④ 주로 동굴에 살면서 사냥과 채집 생활을 하였다.
⑤ 쟁기, 쇠스랑 등의 철제 농기구를 써서 농사를 지었다.

04 꼬리 물기 문제

밑줄 그은 '이 시대'의 생활 모습으로 옳은 것은?   심화 64회 1번

① 소를 이용하여 깊이갈이를 하였다.
② 반량전, 명도전 등의 화폐를 사용하였다.
③ 청동 방울 등을 의례 도구로 이용하였다.
④ 거푸집을 이용하여 세형 동검을 제작하였다.
⑤ 가락바퀴와 뼈바늘을 이용하여 옷을 만들었다.

KEYWORD 03 청동기 시대(유물)

05

밑줄 그은 '이 시대'의 생활 모습으로 옳은 것은?   심화 65회 1번

① 소를 이용한 깊이갈이가 일반화되었다.
② 많은 인력을 동원하여 고인돌을 축조하였다.
③ 실을 뽑기 위해 가락바퀴를 처음 사용하였다.
④ 쟁기, 쇠스랑 등의 철제 농기구가 이용되었다.
⑤ 주로 동굴이나 강가에 막집을 짓고 거주하였다.

06 꼬리 물기 문제

(가) 시대의 생활 모습으로 옳은 것은?   심화 72회 1번

① 주로 동굴이나 강가의 막집에서 살았다.
② 지배층의 무덤으로 고인돌을 축조하였다.
③ 농경과 목축을 시작하여 식량을 생산하였다.
④ 호미, 쇠스랑 등의 철제 농기구를 제작하였다.
⑤ 주먹도끼, 찍개 등의 뗀석기를 처음 제작하였다.

07 KEYWORD 04 신석기 시대(집터)

(가) 시대의 생활 모습으로 옳은 것은? 심화 61회 1번

강원도 양양군 오산리에서 (가) 시대 마을 유적이 발굴되었습니다. 약 8천 년 전에 형성된 집터에서는 (가) 시대를 대표하는 유물인 빗살무늬 토기와 덧무늬 토기를 비롯하여 이음낚시, 그물추 등이 출토되었습니다.

① 주로 동굴이나 막집에 거주하였다.
② 고인돌, 돌널무덤 등을 축조하였다.
③ 명도전을 이용하여 중국과 교역하였다.
④ 농경과 목축을 통하여 식량을 생산하였다.
⑤ 비파형 동검과 거친무늬 거울 등을 제작하였다.

08 KEYWORD 05 청동기 시대(방어 시설)

(가) 시대의 생활 모습으로 옳은 것은? 심화 67회 1번

계급이 출현한 (가) 시대의 생활상을 엿볼 수 있는 환호, 고인돌, 민무늬 토기 등이 울주 검단리 유적에서 발굴되었습니다. 특히 마을의 방어시설로 보이는 환호는 우리나라의 (가) 시대 유적에서 처음 확인된 것으로, 둘레가 약 300미터에 달합니다.

① 철제 무기로 정복 활동을 벌였다.
② 주로 동굴이나 막집에서 거주하였다.
③ 소를 이용한 깊이갈이가 일반화되었다.
④ 비파형 동검과 청동 거울 등을 제작하였다.
⑤ 빗살무늬 토기에 음식을 저장하기 시작하였다.

09 KEYWORD 06 구석기·신석기·청동기 시대

(가)~(다) 시대의 생활 모습으로 옳지 않은 것은? 고급 19회 1번

시대별 대표 유물
주먹도끼 (가) 시대 / 빗살무늬 토기 (나) 시대 / 비파형 동검 (다) 시대

① (가) – 막집이나 동굴에서 생활하였다.
② (나) – 가락바퀴를 이용하여 옷을 지어 입었다.
③ (다) – 구릉 지대에 취락을 이루며 생활하였다.
④ (가), (나) – 지배자와 피지배자가 존재하는 계급 사회였다.
⑤ (나), (다) – 간석기를 이용하여 농경 생활을 하였다.

10 KEYWORD 07 신석기·청동기 시대

(가), (나) 유물이 처음 사용된 시대에 나타난 사회 모습으로 옳은 것은? 고급 22회 1번

(가) 겉면에는 도구로 찍거나 기하학적인 무늬가 있습니다.
(나) 평안북도 의주 미송리 동굴에서 처음 발굴되었습니다.

① (가) – 널무덤과 독무덤을 만들었다.
② (가) – 거푸집을 사용해 세형 동검을 만들었다.
③ (나) – 소를 이용하여 밭을 갈았다.
④ (나) – 많은 인력을 동원하여 고인돌을 만들었다.
⑤ (가), (나) – 권력을 가진 군장이 백성을 다스렸다.

02 고조선과 연맹 국가

01 고조선

1. 고조선의 건국

(1) 단군의 고조선 건국
① 건국: 기원전 2333년에 단군왕검이 건국(『삼국유사』), 우리 민족 최초의 국가
② 세력 범위: 요령 지방을 중심으로 성장하여 한반도 대동강 유역까지 발전 → 비파형 동검 및 고인돌 출토 지역과 일치
③ 단군 신화: 고조선 건국 과정과 사회 모습 반영

사료 읽기

단군 이야기

▲ 고조선 세력 범위

① 옛날 환인의 아들 환웅이 천부인 3개와 3,000의 무리를 이끌고 ② 태백산 신단수 밑에 내려왔는데 이곳을 신시라 하였다. 그는 ③ 풍백, 우사, 운사로 하여금 인간의 360여 가지의 일을 주관하게 하였는데 그중에서 곡식, 생명, 질병, 형벌, 선악 등 다섯 가지 일이 가장 중요한 것이었다. 이로써 인간 세상을 교화시키고 ④ 인간을 널리 이롭게 하였다. 이때 ⑤ 곰과 호랑이가 사람이 되기를 원하므로 환웅은 쑥과 마늘을 주고 이것을 먹으면서 100일간 햇빛을 보지 않는다면 사람이 될 것이라고 하였다. 곰은 금기를 지켜 21일 만에 여자로 태어났고 ⑥ 환웅과 혼인하여 아들을 낳았다. 이가 곧 ⑦ 단군왕검이었다.
– 『삼국유사』 –

키워드 뽑아내기!
① 선민 사상, 천신 사상 ② 구릉지대 거주 ③ 농경 사회, 계급 분화 ④ 홍익인간(弘益人間) ⑤ 부족 연합국가 ⑥ 토템 사상 ⑦ 제정일치(祭政一致)
단군(제사장) + 왕검(정치적 지도자인 군장)

(2) 고조선의 성장★
① 기원전 4세기경: 요서 지방을 경계로 하여 연과 대립할 만큼 강성
② 기원전 3세기경
  ㉠ 부왕, 준왕과 같은 강력한 왕이 등장하여 왕위를 세습(기원전 3세기 말)
  ㉡ 연(燕)나라 장수 진개의 공격으로 요동 지역을 상실하고 세력 위축(기원전 3세기 초)
③ 정치 체제: 왕 밑에 상·대부·장군 등의 관직이 존재

2. 고조선의 발전

(1) 위만 조선★★
① 성립: 전국 시대 이후 혼란기에 연(燕)으로부터 군사 1,000여 명과 함께 위만이 고조선으로 입국, 준왕의 신임을 얻어 고조선 서쪽 변경을 수비, 이후 준왕❶을 몰아내고 왕이 됨(기원전 194)
② 사회적·경제적 발전
  ㉠ 철기 문화의 본격적 수용: 농업과 무기 생산을 중심으로 한 수공업의 발달, 상업과 무역의 발달

---

check! 필수 암기!
고조선(『삼국유사』, 상·대부·장군), 위만 조선(철기 수용, 중계 무역), 8조법

➕ 단군 신화 수록 문헌
『삼국유사』(일연), 『제왕운기』(이승휴), 『세종실록지리지』(실록청), 『동국여지승람』(노사신)

➕ 부족 연합을 통한 고조선의 형성
고조선은 선진적인 청동기 문화를 가진 이주 세력(환웅 부족)과 후진적인 신석기 문화를 가진 토착 세력(곰 부족)의 연합을 통해 성립되었다. 이처럼 당시는 부족들이 연합하여 세력을 형성하였다.

➕ 위만 조선의 의미
위만은 고조선으로 들어올 때에 상투를 틀고 조선인의 옷을 입고 있었다. 또한, 왕이 된 뒤에도 나라 이름을 그대로 조선이라 하였고, 그의 정권에는 토착민 출신으로 높은 지위에 오른 자가 많았다. 따라서 위만의 고조선은 단군의 고조선을 계승한 것으로 볼 수 있다.

❶ 준왕
준왕은 위만에게 쫓겨 진(辰)국으로 남하하여 세력을 형성하고 한왕(韓王)이 되었다.

➕ 철기 문화의 본격적 수용
고조선은 초기 철기 시대였고, 철기로 무장한 위만이 입국하여 위만 조선을 건국하고 철기를 보편화시켰기 때문에 '철기 문화의 본격적인 수용'이라는 표현을 사용한다.

ⓒ 강력한 국가로 성장: 중앙 정치 조직 정비, 활발한 정복 사업을 통한 영토 확장 ─ 진번, 임둔 복속(2C 전반)
ⓒ **중계 무역**을 통한 경제적 이득: 동방의 예나 남방의 진이 직접 중국의 한과 교역하는 것을 차단 → 지리적 이점을 이용한 중계 무역의 이득을 독점하려 함

③ 멸망
  ㉠ 고조선과 한의 대립: 중계 무역을 통해 경제적·군사적 발전을 이룬 위만 조선은 **한과 대립** ─ 1차 패수 전투에서는 대승하였으나 이후 패배(기원전 109)
  ㉡ 한나라의 침입: 한 무제의 공격과 지배층의 내분으로 우거왕이 피살되고 왕검성 함락(기원전 108) → 한 군현❷ 설치
  ㉢ 탄압: 한나라는 한 군현 설치 이후 8개의 법 조항을 60여 개로 증가시키는 등 가혹하게 지배

> 📖 **사료 읽기**
>
> ▶ **고조선의 8조법**
> …… (고조선에서는) 백성들에게 금하는 법 8조를 만들었다. 그것은 대개 ① 사람을 죽인 자는 즉시 죽이고, ② 남에게 상처를 입힌 자는 곡식으로 갚는다. ③ 도둑질을 한 자는 노비로 삼는다. ④ 용서받고자 하는 자는 한 사람마다 50만 전을 내야 한다. 비록 용서를 받아 보통 백성이 되어도 풍속에 역시 그들은 부끄러움을 씻지 못하여 결혼을 하고자 해도 짝을 구할 수 없다. 이러해서 백성들은 도둑질을 하지 않아 대문을 닫고 사는 일이 없었다. ⑤ 여자들은 모두 정조를 지키고 신용이 있어 음란하고 편벽된 짓을 하지 않았다. 농민들은 대나무 그릇에 음식을 먹고, 도시에서는 관리나 장사꾼들을 본받아서 술잔 같은 그릇에 음식을 먹는다.
> – 『한서』 –
>
> **키워드 뽑아내기!**
> ① 노동력 중시, 생명 존중(살인 → 사형) ② 농업 사회(상해 → 곡식 배상) ③ 계급 사회[절도 → 노비(계급 발생)] ④ 사유 재산 제도 ⑤ 가부장적 가족 제도

02 여러 나라의 성장

1. 부여★★

(1) 건국 및 발전
① 건국: 만주 길림시 일대를 중심으로 한 송화강 유역의 평야 지대에서 건국(기원전 2세기경)
② 발전 과정
  ㉠ 1세기 초 왕호 사용, 중국과 외교 관계 체결
  ㉡ 3세기 말 선비족의 침입으로 세력이 크게 쇠퇴, 4세기 말 연의 침입
  ㉢ 494년 고구려 문자왕에 의하여 편입되면서 멸망

> 📖 **사료 읽기**
>
> 부여에는 구릉과 넓은 못이 많아서 동이 지역 가운데서 가장 넓고 평탄한 곳이다. 토질은 오곡을 가꾸기에는 알맞지만 과일은 생산되지 않았다. 사람들 체격이 매우 크고 성품이 강직 용맹하며 근엄하고 후덕하여 다른 나라를 노략질하지 않았다.
> – 『삼국지』 위서 동이전 –

➕ **고조선의 상(대신) 역계경**
역계경은 고조선의 대신으로, 위만의 손자 우거왕이 한 무제의 침략을 받기 전 모종의 건의를 하였으나 무시당하자 진국으로 망명하였다.

❷ **한 군현**
고조선 멸망 직후 한은 고조선의 일부 지역에 낙랑·진번·임둔·현도군 등의 한 군현을 설치하였다(기원전 108). 이후 한 군현은 낙랑군과 대방군으로 병합되었고, 4세기 초 고구려 미천왕에 의해 축출당하면서 소멸되었다.

✏️ **check! 필수 암기!**
- **부여**: 사출도, 영고(12월), 순장, 1책 12법, 우제점법
- **고구려**: 제가 회의, 동맹(10월), 서옥제
- **옥저**: 가족 공동묘, 민며느리제
- **동예**: 단궁, 과하마, 반어피, 책화, 무천(10월)
- **삼한**: 신지, 천군, 소도, 벼농사, 철, 중계 무역, 계절제(5월, 10월)

➕ **여러 나라의 성장**

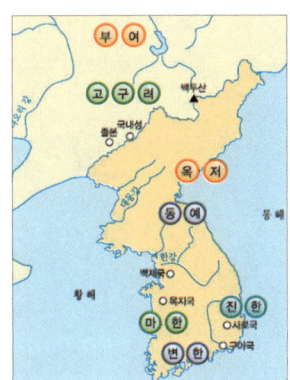

✏️ **암기법**

여러 나라의 위치 파악
부여 → 고구려 → 옥저 → 동예 → 마한 → 변한 → 진한
➡ 부여, 고구려, 옥.동.자, 마.변.진.

❸ **사출도**
지방을 네 곳으로 나누어 관할하였던 행정구획으로 마가·우가·구가·저가가 각각 관리하였다.

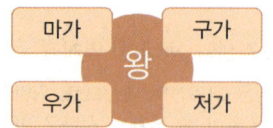

❹ **제천 행사**
제천 행사는 하늘을 숭배하고 제사를 지내는 의식으로, 대부분 농사의 풍요와 성공적인 수렵 활동을 기원하는 것이었다.

❺ **고구려의 5부족 연맹체**
소노부, 계루부, 절노부, 순노부, 관노부 5부족이 중심이 되었다. 계루부는 왕족, 절노부는 왕비족, 소노부는 계루부 이전의 왕족이었다.

❻ **국동대혈**
고구려인들이 하늘에 제사를 지낸 곳으로, 중국 길림성 집안 지역(국내성 동쪽)에 위치하였다.

(2) 정치
① 5부족 연맹체: 왕 아래에 가축의 이름을 딴 마가·우가·구가·저가를 두고, 각 가(加)들이 저마다의 행정 구획인 사출도❸를 지배
② 왕의 권한: 왕권은 미약했으나, 왕이 배출된 부족의 세력은 매우 강하여 궁궐, 성책, 감옥, 창고 등의 시설을 보유
→ 왕에게 자연재해 및 패전의 책임을 물었음

(3) 경제 및 사회
① 경제: 기후적 요인으로 반농반목, 말·주옥·모피 등의 특산물
② 사회 풍속: 순장, 우제점법, 형사취수제, 제천 행사❹ 영고(12월)
→ 사냥이 시작되는 12월에 열린 제천 행사로, 백성들은 춤과 노래를 즐겼으며 죄수를 풀어주기도 함
③ 4조목의 법: 살인자는 사형에 처하고 그 가족은 노비로 삼음(연좌제), 절도범은 물건 값의 12배를 배상(1책 12법), 간음한 자와 투기가 심한 부인은 사형
→ 생명과 재산 보호
→ 가부장적 사회 모습과 일부다처제 사회의 특징

2. **고구려★★**
(1) 건국: 부여 계통의 이주민인 주몽이 동가강 유역의 졸본(환인) 지방에 건국(기원전 37), 유리왕의 국내성 천도(기원후 3) 이후 주변 소국을 통합하여 연맹 왕국으로 성장

(2) 정치
① 5부족 연맹체❺: 왕 밑의 상가·고추가 등 대가(독립족장)들이 사자·조의·선인 등 관리를 거느림
② 옥저를 복속하여 소금과 어물 등의 공납을 받음

(3) 경제: 대부분 산악 지대, 식량 부족으로 약탈 경제 발달, 부경, 특산물 맥궁
→ 집집마다 있는 작은 창고

(4) 사회: 엄격한 법률(1책 12법), 서옥제(데릴사위제) 존속, 조상신(건국 시조 주몽과 유화 부인), 제가 회의(국가 중대사), 제천 행사 동맹(10월, 국동대혈❻에 모여 제사)

> **사료 읽기**
> • 고구려에는 큰 산과 깊은 골짜기가 많고 평원과 연못이 없어서 계곡을 따라 살며 골짜기 물을 식수로 마셨다. 좋은 밭이 없어서 힘들여 일구어도 배를 채우기는 부족하였다. 사람들의 성품은 흉악하고 급해서 노략질하기를 좋아하였다.
> → 활발한 정복 활동
> → 고구려의 혼인 풍습인 서옥제
> • 혼인하는 풍속을 보면, 구두로 약속이 정해지면 신부 집에서 큰 본채 뒤에 작은 별채를 짓는데 이를 서옥이라 한다. 해가 저물 무렵 신랑이 신부 집 문 밖에 와서 이름을 밝히고 꿇어앉아 절하며 안에 들어가서 신부와 잘 수 있도록 요청한다. 이렇게 두세 번 청하면 신부의 부모가 별채에 들어가 자도록 허락한다. …… 자식을 낳아 장성하면 신부를 데리고 자기 집으로 간다.
> – 『삼국지』 위서 동이전 –

3. **옥저와 동예**
(1) 옥저와 동예의 정치
① 발전: 함경도 및 강원도 북부의 동해안 지방에 위치, 고구려의 압박과 수탈로 정치적 발전 미비
→ 변방에 치우친 지리적 조건으로 인해 선진문화의 수용이 늦음
② 군장 국가: 옥저와 동예의 읍락은 읍군이나 삼로 등 군장이 지배, 큰 정치 세력을 형성하지 못함
→ 연맹 왕국으로 성장하지 못함

(2) 옥저의 사회상★★
① 경제: 토지가 비옥하여 농경 발달, 어물과 소금 등 해산물 풍부, 고구려에 공납
→ 소금, 어물 등
② 사회 풍속
㉠ 가족 공동묘: 가족이 죽으면 가매장한 후, 나중에 뼈를 추려 커다란 목곽에 매장하는 장례 풍습

ⓒ 민며느리제: 여자가 어렸을 때 남자 집에 가서 성장한 후, 남자가 여자 집에 예물을 치르고 혼인하는 풍습

(3) 동예의 사회상 ★★★
① 경제
  ㉠ 어물과 소금 등의 해산물 풍부, 토지 비옥으로 농경 발달, 방직 기술 발달
  ㉡ 특산품: 단궁, 과하마, 반어피
       └짧은 활 └키가 작은 말 └바다표범 가죽
② 사회 풍속
  ㉠ 제천 행사: 무천(10월)
  ㉡ 책화: 각 부족의 영역을 침범하지 못하게 하는 제도로 다른 부족이 침범하게 되면 노비 또는 소나 말로 변상함
  ㉢ 엄격한 족외혼 존재
③ 집터: 철(凸)자와 여(呂)자 바닥 형태의 가옥에서 생활

> **암기법**
>
> **동예의 특산품**
> 단궁, 과하마, 반어피
> → 단.과.반! 동예-단궁 둘 다 ㄷ이 들어가네요!

📖 사료 읽기

옥저는 큰 나라 사이에서 시달리고 괴롭힘을 당하다가 마침내 고구려에게 복속되었다. …… 동예는 대군장이 없고, 한 대 이후로 후·읍군·삼로 등의 관직이 있어서 하호를 통치하였다. 동예의 풍속은 산천을 중요시하여 산과 내마다 구분이 있어 함부로 들어가지 않는다.
— 『삼국지』 위서 동이전 —

➕ **철(凸)자형과 여(呂)자형 집터(동예)**

4. 삼한 ★

(1) 삼한의 형성 및 발전
① 철기 수용: 한반도 남쪽의 진(辰)은 철기 문화가 발전, 마한·변한·진한의 연맹체 국가들이 출현, 마한이 삼한 전체의 주도 세력으로 발전
   └ 마한의 소국인 목지국의 지배자가 삼한 전체를 주도함
② 마한: 경기·충청·전라도 지방 중심, 54개의 소국 연맹체 → 백제로 발전
③ 진한: 대구·경주 지역 중심, 12개의 소국 연맹체 → 신라로 발전
④ 변한: 김해·마산 지역 중심, 12개의 소국 연맹체 → 가야 연맹으로 발전

➕ **토실(마한)**

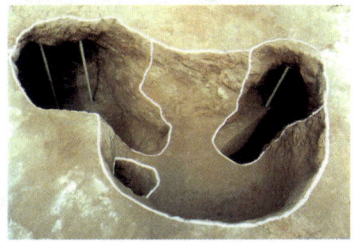

(2) 통치 체제 및 사회
① 정치 체제: 정치 지배자는 대족장인 신지와 견지, 작은 지역을 다스렸던 소족장인 읍차와 부례
② 제정분리 사회: 제사장인 천군이 군장 세력이 미치지 못하는 신성 지역인 소도❼ 지배
     └ 소도에서 농경과 종교에 관한 의례 주관
③ 삼한의 경제 활동
  ㉠ 농경 사회: 철기를 바탕으로 하는 벼농사 중심의 농경 사회, 저수지의 축조
  ㉡ 철의 생산: 변한은 철이 많이 생산되어 낙랑이나 왜에 수출(중계 무역), 무역에서 철은 화폐처럼 사용
④ 사회 풍속: 해마다 씨를 뿌리고 난 5월(수릿날)과 추수 시기인 10월에 상달제(계절제)를 열어 하늘에 제사를 지내는 풍습
⑤ 삼한의 생활: 초가지붕의 반움집이나 귀틀집❽에서 생활, 공동체 단체인 두레 조직
     └ 농사를 공동으로 짓는 공동체적 전통 유지

❼ **소도**
군장 세력이 미치지 못하는 신성 지역으로 종교의식을 주관하였으며 신·구 문화의 완충 지대 역할을 하였던 곳이다. 소도는 죄인이라도 이곳에 도망 와서 숨게 되면 체포할 수 없었는데 이를 통해 당시가 제정분리 사회였음을 짐작할 수 있다.

❽ **귀틀집**
큰 통나무로 정(井)자 모양으로 귀를 맞추어 층층이 얹고 틈을 흙으로 발라 지은 집을 말한다.

📖 사료 읽기

삼한은 5월에 파종하고 난 후 제사를 올린다. 이때 사람들이 모여 노래하고 춤추고 밤낮을 쉬지 않고 놀았다. 10월에 농사가 끝나면 이와 같이 제사를 지내고 즐긴다.
— 『삼국지』 위서 동이전 —

02 단골 키워드 문제

I. 한국사의 시작
02 고조선과 연맹 국가

정답 및 해설 5쪽

기출 선택지 미리보기

- 부여 – 여러 가(加)들이 별도로 사출도를 다스렸다.
- 고구려 – 서옥제라는 혼인 풍습이 있었다.
- 옥저 – 읍군, 삼로 등의 군장이 있었다.
- 동예 – 단궁, 과하마, 반어피 등의 특산물이 유명하였다.
- 삼한 – 제사장인 천군과 신성 지역인 소도가 있었다.

기출 키워드로 연습하기

01
① 부여 • • 책화
② 옥저 • • 영고
③ 동예 • • 민며느리제

02 고조선은 사회 질서를 유지하기 위해 범금 8조를 두었다. (O / X)

03 고조선은 왕 밑에 사자, 조의, 선인 등의 관료를 거느리고 있었다. (O / X)

04 고구려는 매년 10월 무천이라는 제천 행사를 열었다. (O / X)

05 동예에는 남의 물건을 훔쳤을 때 12배로 갚게 하는 1책 12법이 있었다. (O / X)

06 삼한에는 천군이 제사를 주관하는 (　　　)이/가 있었는데, 이곳은 신성 지역으로 군장의 세력이 미치지 못하였다.

정답 | 01 ① 영고 ② 민며느리제 ③ 책화　02 O　03 ×　04 ×　05 ×　06 소도

KEYWORD 01 고조선

01 최다 빈출 유형

밑줄 그은 '이 나라'에 대한 설명으로 옳은 것은?

심화 74회 2번

> 이곳 강화 참성단은 단군왕검이 하늘에 제사를 올리던 제단이라고 전합니다. 우리 역사상 최초의 국가인 이 나라를 세운 것을 기념하는 개천절 행사가 매년 열리며, 전국체육대회 성화 채화식도 이곳에서 거행됩니다.

① 여러 가(加)들이 사출도를 다스렸다.
② 동맹이라는 제천 행사를 개최하였다.
③ 민며느리제라는 혼인 풍습이 있었다.
④ 읍락 간의 경계를 중시하는 책화가 있었다.
⑤ 왕 아래 상, 대부, 장군 등의 관직을 두었다.

02 꼬리 물기 문제

(가) 나라에 대한 설명으로 옳은 것은?

심화 49회 2번

> 위만이 망명하여 호복을 하고 동쪽의 패수를 건너 준왕에게 투항하였다. 위만은 서쪽 변경에 거주하도록 해 주면, 중국의 망명자를 거두어 (가)의 번병(藩屛)*이 되겠다고 준왕을 설득하였다. 준왕은 그를 믿고 총애하여 박사로 삼고 …… 백 리의 땅을 봉해 주어 서쪽 변경을 지키게 하였다.
> – 『삼국지』 동이전 –
>
> *번병: 변경의 울타리

① 국가 중대사를 정사암에서 논의하였다.
② 마립간이라는 왕의 칭호를 사용하였다.
③ 여러 가(加)들이 다스리는 사출도가 있었다.
④ 빈민을 구제하기 위해 진대법을 시행하였다.
⑤ 사회 질서를 유지하기 위해 범금 8조를 두었다.

03 KEYWORD 02　위만 조선

(가) 국가에 대한 설명으로 옳은 것은?　심화 65회 2번

> 니계상 참이 사람을 시켜 (가) 의 왕 우거를 죽이고 와서 항복하였다. 그러나 왕검성은 끝내 함락되지 않았기에 우거왕의 대신(大臣) 성기가 한(漢)에 반기를 들고 공격하였다. 좌장군은 우거왕의 아들 장과 항복한 상 노인의 아들 최로 하여금 그 백성을 달래고 성기를 주살하도록 하였다. 드디어 (가) 을/를 평정하고 진번·임둔·낙랑·현도군을 설치하였다.
> ― 『한서』 ―

① 동맹이라는 제천 행사를 열었다.
② 신성 지역인 소도가 존재하였다.
③ 읍락 간의 경계를 중시하는 책화가 있었다.
④ 여러 가(加)들이 별도로 사출도를 다스렸다.
⑤ 사회 질서를 유지하기 위해 범금 8조를 두었다.

05 KEYWORD 04　동예

(가) 나라에 대한 설명으로 옳은 것은?　심화 70회 2번

<학습 내용 정리>
<철기 문화를 바탕으로 성장한 여러 나라>
1. 경제 활동

나라	사료에 나타난 특징
부여	관직명에 가축 이름 사용, 명마·담비 가죽 생산
(가)	삼베·명주 생산, 특산물: 단궁·과하마·반어피
삼한	벼농사 발달, 철이 많아 낙랑·왜에 수출

① 신지, 읍차 등의 지배자가 있었다.
② 혼인 풍습으로 민며느리제가 있었다.
③ 10월에 무천이라는 제천 행사를 열었다.
④ 여러 가(加)들이 각각 사출도를 주관하였다.
⑤ 제가 회의에서 나라의 중대사를 결정하였다.

04 KEYWORD 03　부여

밑줄 그은 '이 나라'에 대한 설명으로 옳은 것은?　심화 60회 2번

> 이것은 송화강 유역에 위치했던 이 나라의 유물로 고대인의 얼굴을 추정해 볼 수 있는 귀중한 자료입니다. 이 나라에는 영고라는 제천 행사와 형사취수제라는 풍속이 있었다고 전해집니다.

금동 얼굴 모양 장식

① 신성 구역인 소도를 두었다.
② 읍락 간의 경계를 중시하는 책화가 있었다.
③ 여러 가(加)들이 각각 사출도를 주관하였다.
④ 정사암 회의에서 국가의 중대사를 결정하였다.
⑤ 사회 질서를 유지하기 위해 범금 8조를 만들었다.

06 KEYWORD 05　옥저, 삼한

(가), (나) 나라에 대한 설명으로 옳은 것은?　심화 73회 4번

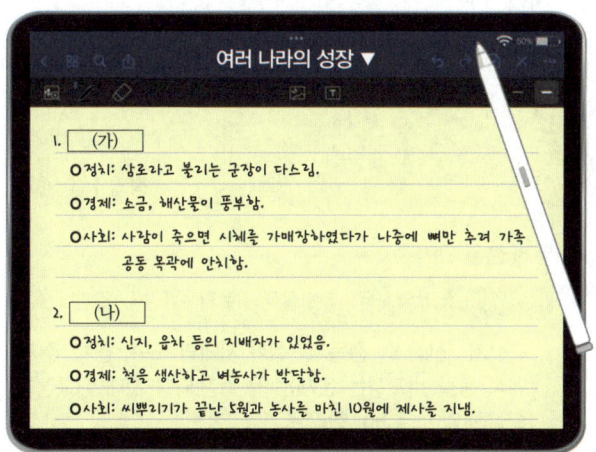

① (가) ― 영고라는 제천 행사를 열었다.
② (가) ― 사회 질서를 유지하기 위해 범금 8조를 만들었다.
③ (나) ― 신성 지역인 소도가 존재하였다.
④ (나) ― 제가 회의에서 나라의 중대사를 결정하였다.
⑤ (가), (나) ― 도둑질한 자에게 12배로 배상하게 하였다.

I 多빈출-多선지 자료 문제

I. 한국사의 시작

01 신석기 시대

(가) 시대의 생활 모습으로 적절한 것은? (정답 2개)

올해는 서울 암사동 유적 발견 100주년입니다. 1925년 을축년 대홍수로 우연히 모습이 드러난 이 유적은 수차례 발굴 과정에서 (가) 시대의 대표적 유물인 빗살무늬 토기와 갈돌, 갈판이 출토되고, 유구인 집터가 발견되었습니다.

서울 암사동 유적 발견 100주년 맞아

① 청동 방울 등을 의례 도구로 사용하였다.
② 거푸집을 이용하여 세형동검을 제작하였다.
③ 비파형 동검과 청동 거울 등을 제작하였다.
④ 농경과 목축을 시작하여 식량을 생산하였다.
⑤ 명도전, 오수전 등의 중국 화폐로 교역하였다.
⑥ 호미, 쇠스랑 등의 철제 농기구를 제작하였다.
⑦ 주먹도끼, 찍개 등의 뗀석기를 처음 제작하였다.
⑧ 가락바퀴와 뼈바늘을 이용하여 옷을 만들기 시작하였다.

정답 | ④, ⑧

➕ 문제 해결 TIP!

KEYWORD #암사동 #빗살무늬 토기 #갈돌, 갈판

▶ 구석기·신석기·청동기·철기 시대의 도구, 경제, 주거, 유적 등을 비교하는 문제는 꼭 출제되니 시대별 특징을 확실히 알아 두어야 한다.

✅ 정답 체크
④, ⑧ 신석기

✏️ 오답 체크
①, ③ 청동기 ② 청동기~초기 철기 ⑤, ⑥ 철기
⑦ 구석기

02 청동기 시대

(가) 시대의 생활 모습으로 옳은 것은? (정답 2개)

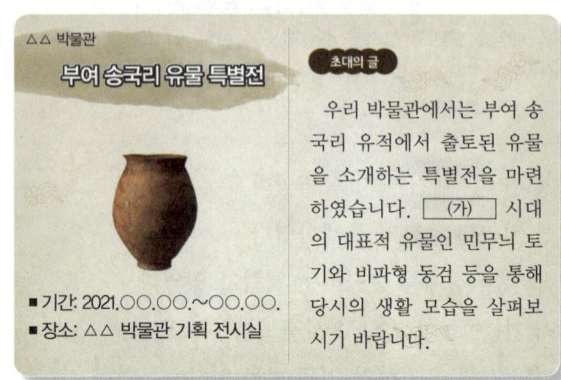

△△ 박물관
부여 송국리 유물 특별전

■ 기간: 2021.○○.○○.~○○.○○.
■ 장소: △△ 박물관 기획 전시실

초대의 글
우리 박물관에서는 부여 송국리 유적에서 출토된 유물을 소개하는 특별전을 마련하였습니다. (가) 시대의 대표적 유물인 민무늬 토기와 비파형 동검 등을 통해 당시의 생활 모습을 살펴보시기 바랍니다.

① 철제 무기로 정복 활동을 벌였다.
② 소를 이용한 깊이갈이가 일반화되었다.
③ 주로 동굴이나 강가의 막집에서 살았다.
④ 갈돌과 갈판 등의 간석기를 사용하였다.
⑤ 반달 돌칼을 사용하여 벼를 수확하였다.
⑥ 빗살무늬 토기를 만들어 식량을 저장하였다.
⑦ 많은 인력을 동원하여 고인돌을 축조하였다.
⑧ 주먹도끼, 찍개 등의 뗀석기를 처음 제작하였다.

정답 | ⑤, ⑦

➕ 문제 해결 TIP!

KEYWORD #부여 송국리 유적 #민무늬 토기
#비파형 동검

▶ 간혹 ②와 같이 고려 시대의 생활 모습을 출제하여 청동기·철기 시대와 헷갈리게 만드니 유의해야 한다.

✅ 정답 체크
⑤, ⑦ 청동기

✏️ 오답 체크
① 철기 ② 고려 ③, ⑧ 구석기 ④, ⑥ 신석기

03 고조선

밑줄 그은 '이 나라'에 대한 탐구 활동으로 옳지 <u>않은</u> 것은? (정답 3개)

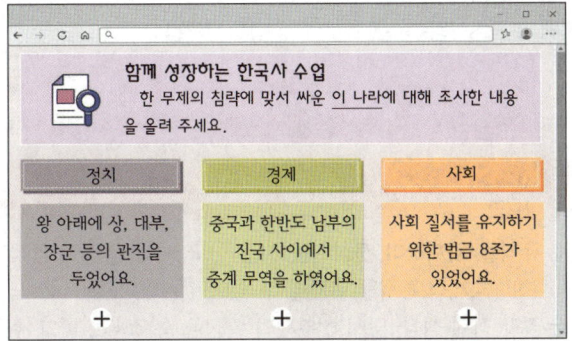

① 칠지도에 새겨진 명문을 해석한다.
② 서옥제가 실시된 목적을 파악한다.
③ 한 무제가 공격한 배경을 알아본다.
④ 위만이 왕위를 찬탈한 과정을 살펴본다.
⑤ 연의 장수 진개가 공격한 원인을 파악한다.
⑥ 삼국유사에 기록된 건국 이야기를 알아본다.
⑦ 정사암 회의를 주관하게 된 배경을 알아본다.
⑧ 수도 왕검성의 위치에 대한 자료를 검색한다.

04 연맹 국가

(가), (나) 나라에 대한 설명으로 옳은 것은? (정답 2개)

> (가) 대군장이 없고, 그 관직으로는 후(侯)와 읍군과 삼로가 있다. …… 해마다 10월이면 하늘에 제사를 지내는데, 밤낮으로 술 마시며 노래 부르고 춤추니, 이를 무천이라 한다. 또 호랑이를 신으로 여겨 제사 지낸다.
> ―『후한서』 동이열전 ―
>
> (나) 해마다 5월이면 씨뿌리기를 마치고 귀신에게 제사를 지낸다. 떼를 지어 모여서 노래와 춤을 즐기며 술 마시고 노는데 밤낮으로 쉬지 않는다. …… 국읍에 각각 한 사람씩 세워서 천신의 제사를 주관하게 하는데, 이를 천군이라 부른다.
> ―『삼국지』 위서 동이전 ―

① (가) – 영고라는 제천 행사를 열었다.
② (가) – 혼인 풍습으로 민며느리제가 있었다.
③ (가) – 여러 가(加)들이 각각 사출도를 주관하였다.
④ (가) – 특산물로 단궁, 과하마, 반어피가 유명하였다.
⑤ (나) – 신지, 읍차 등의 지배자가 있었다.
⑥ (나) – 대가들이 사자, 조의, 선인을 거느렸다.
⑦ (나) – 도둑질한 자에게 12배로 배상하게 하였다.
⑧ (나) – 제가 회의에서 나라의 중대사를 결정하였다.

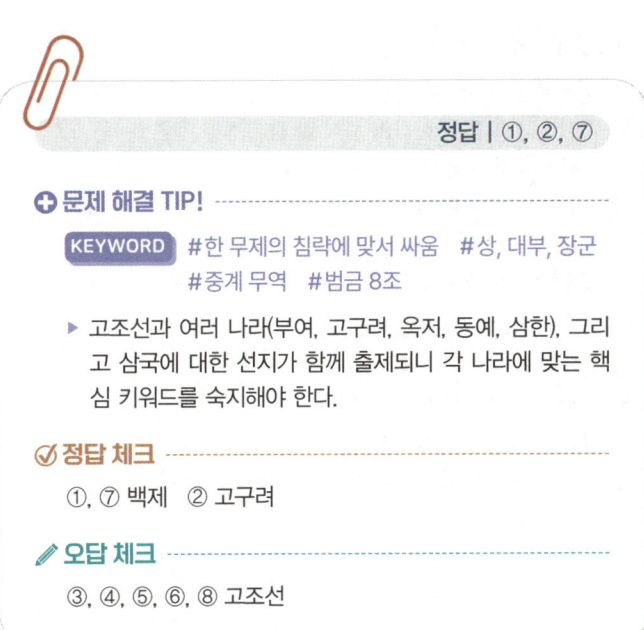

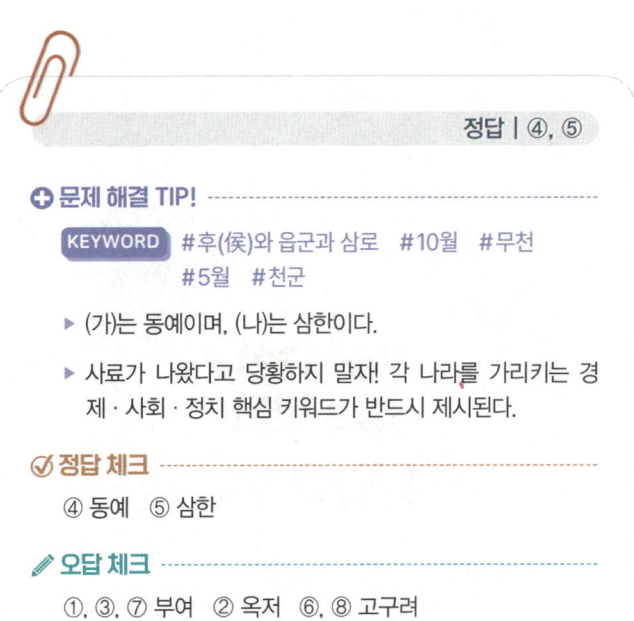

Ⅱ 고대의 한국사

01 고대의 정치_1
02 고대의 정치_2
03 고대의 정치_3
04 고대의 경제와 사회
05 고대의 문화

76-67회 출제 비율 15.2%

단골 키워드 랭킹!

01 고구려 광개토 대왕
02 고구려 장수왕
03 백제 성왕
04 신라 진흥왕
05 백제 근초고왕
06 발해 무왕
07 후삼국의 통일 과정
08 익산 미륵사지 석탑
09 금동 미륵보살 반가사유상
10 진대법

출제 경향

한강 유역을 차지하며 전성기를 이룬 삼국 시대 왕들의 업적과 정치·사회·경제적 특징을 구분할 수 있어야 한다. 또한, 남북국 시대의 무역과 경제 성장, 당시 신분제의 특징을 숙지하고, 불교 수용 이후 변화된 문화와 건축 및 예술품을 파악하여야 한다.

출제 포인트

◆ **고대의 정치**
❶ 삼국의 전성기
❷ 삼국의 항쟁 과정에서의 친교·견제 관계
❸ 외세 침략에 대한 삼국의 대응
❹ 고구려와 백제의 천도 배경 및 결과
❺ 고구려와 수·당의 항쟁
❻ 나·당 전쟁의 배경 및 결과
❼ 통일 직후 신라의 왕권 강화·정치 변화
❽ 발해의 건국 이념과 대외 관계·항쟁
❾ 신라·발해와 당의 중앙 통치 체제의 공통점 및 차이점
❿ 신라 말 사회 변화

◆ **고대의 경제와 사회**
❶ 녹읍, 식읍, 관료전 지급과 권력의 상관 관계
❷ 민정 문서를 통한 신라의 사회 및 경제 상황 추론
❸ 신라 골품제로 인한 새로운 세력의 성장
❹ 고대 국가의 사회 풍속

◆ **고대의 문화**
❶ 중국에 있는 고구려의 문화유산
❷ 백제의 천도에 따른 문화유산
❸ 각국 고분 양식의 특징 및 변화
❹ 불교, 도교, 유교 사상 관련 문화유산
❺ 당과 고구려의 영향을 받은 발해의 유물 및 유적

미리 보기

1세기~3세기 고구려와 백제

	고구려(기원전 37)	백제(기원전 18)
1세기	유리왕: 국내성 천도(3) 태조왕: **옥저 복속**(56)	
2세기	고국천왕: 왕위 부자 상속, **진대법**	
3세기	동천왕: 위의 침입, 요하강 동쪽 위축	고이왕: 한강 장악, **율령**, **관제 정비**, **관복제 도입**

4세기~5세기 삼국의 항쟁

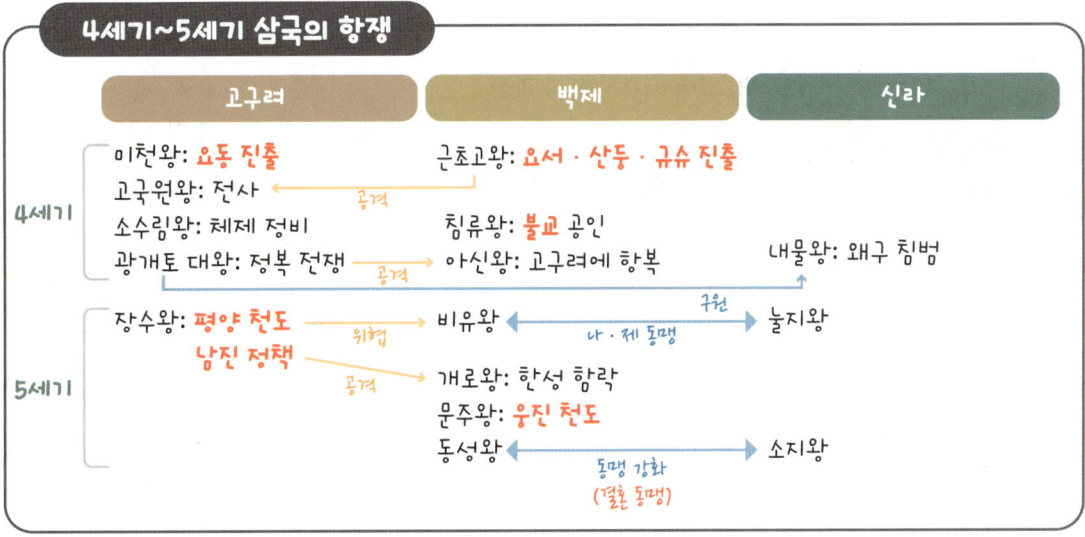

6세기~7세기 백제와 신라

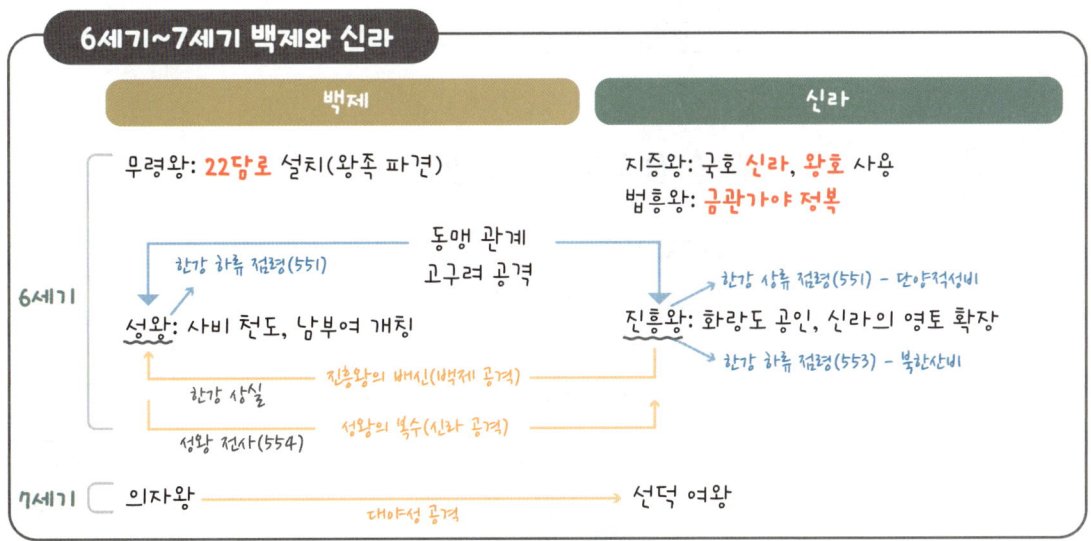

01 고대의 정치_1

01 고대 국가의 성립

1. 세계의 고대사

(1) **중국**: 진(최초의 통일 국가) → 한(중국 문화의 기틀) → 삼국 시대, 5호 16국 시대, 남북조 시대 → 수 → 당
　└→ 서역과 교역 확대, 유교주의적 중국 문화의 기틀 확립

(2) **서양**　┌→ 아테네와 스파르타 중심으로 발전
① 그리스: 민주 정치, 인간 중심의 문화(그리스 문화 + 오리엔트 문화 → 헬레니즘 문화)
② 로마: 현실적·실용적 문화 발전(로마법, 건축), 크리스트교 성장
　└→ 서양 고대 문화 완성
③ 게르만족의 대이동: 4세기부터 6세기 사이에 게르만 민족이 서유럽으로 이동하여 각지에 국가를 세우고 정착

2. 고대 국가의 형성 과정

소국 → 연맹 왕국 → 중앙 집권 고대 국가(왕권 강화, 율령 반포, 불교 수용, 영토 확장)
　　　　　　　　　　　　　　　　　　　└→ 왕위 세습

> 💬 **고대 삼국과 중국 ★**

구분	1세기	2세기	3세기	4세기		4~5세기
고구려	태조왕	고국천왕	동천왕	미천왕	고국원왕	소수림왕	광개토 대왕
백제			고이왕		근초고왕	침류왕	아신왕
신라							내물왕
중국		후한	삼국		5호 16국		

구분	5세기	6세기				7세기
고구려	장수왕		문자명왕			보장왕
백제	비유왕	개로왕	문주왕	동성왕	무령왕	성왕	의자왕
신라	눌지왕		소지왕	지증왕	법흥왕	진흥왕	문무왕
중국	남북조					수	당

> **check! 필수 암기!**
> 1세기~3세기 삼국의 정세
> 고구려: 고국천왕(진대법)
> 백제: 고이왕(율령 반포)

02 삼국의 성립 및 발전

1. 삼국의 성립

(1) **고구려(국내성 시대)**
① 성립(기원전 37): 부여의 유이민 세력 + 압록강 유역의 토착민 집단
　└→ 부여 유이민 주몽(동명성왕)이 토착 세력과 융합하여 졸본성에 건국

> 💬 **고구려의 시대 구분 ★**

구분	고구려 왕
졸본성 시대	동명성왕(기원전 37)~유리왕(기원후 3)
국내성 시대	유리왕(기원후 3)~장수왕(427)
평양성 시대	장수왕(427)~보장왕(668)

② 유리왕(기원전 19~기원후 18): 졸본성에서 국내성으로 천도(기원후 3)
③ 태조왕(53~146): 활발한 정복 활동, 계루부 고씨의 왕위 독점 세습, 옥저 복속(56)
④ 고국천왕(179~197)★: 행정적 성격의 5부로 개편, 왕위 부자 상속, 진대법❶(194, 을파소)
   └ 부족적 성격에서 변화함

📖 사료 읽기

▶ 고구려의 진대법
겨울에 왕(고국천왕)이 어째서 우느냐고 물으니 대답하되, "신은 가난하여 품팔이로 어머니를 봉양하였는데, 올해는 흉년이 들어 품팔이를 할 수 없고 한 되, 한 말의 양식도 얻어 쓸 수 없어 웁니다."라고 하였다. … 이에 왕은 소속 관리에게 명하여 매년 봄 3월로부터 가을 7월까지 관청의 곡식을 내어 백성의 식구가 많고 적음에 따라 등급을 정하여 꾸어 주고 겨울 10월에 갚게 하는 상설 규정을 만드니 내외가 크게 기뻐하였다.
— 「삼국사기」 —

⑤ 동천왕❷(227~248): 서안평 공격, 중국 위나라의 침입을 받아 요하강 동쪽으로 세력 위축
   └ 관구검 침입(환도산성 공격)

(2) 백제(한성 시대)
① 성립(기원전 18): 한강 유역의 토착 세력 + 고구려 계통의 유이민(온조) 세력, 한성❸을 수도로 정함

❗ 백제의 시대 구분 ★★★

3세기	4세기		5세기			6세기	
고이왕	근초고왕	침류왕	비유왕	개로왕	문주왕	동성왕	무령왕	성왕
위례성(한성) 시대				웅진성 시대			사비성 시대

② 고이왕(234~286): 한강 유역 완전 장악, 율령 반포, 6좌평 16관등의 관제 정비, 관복제 도입

(3) 신라(기원전 57 성립): 경주의 토착 세력 + 유이민 집단 → 박·석·김씨가 교대로 왕위 차지

2. 삼국의 발전
(1) 고구려(국내성 시대~평양성 시대)
① 미천왕(300~331)★: 서안평 점령(311)❹, 요동 진출, 낙랑군(313)과 대방군(314) 축출
② 고국원왕(331~371)★: 전진과 외교 수립(370), 치양[白川] 전투에서 백제 태자 근구수의 군대에 패배, 평양성 전투 중 전사(371)

📖 사료 읽기

▶ 평양성 전투
고구려가 군사를 동원하여 공격해 왔다. 왕(근초고왕)이 이를 듣고 패하(浿河) 강가에 군사를 매복시키고 그들이 오기를 기다려 급히 치니 고구려 군사가 패하였다. 그해 겨울, 왕(근초고왕)이 태자와 함께 정병 3만 명을 거느리고 고구려에 침입하여 평양성을 공격하였다. 고구려왕 사유(고국원왕)가 힘을 다해 싸우다가 화살에 맞아 사망하였다.
— 「삼국사기」 —

③ 소수림왕(371~384) ★★★: 불교 공인(372), 태학 설립(372), 율령 반포(373)
   └ 왕즉불 사상과 윤회설 등의 교리를 담고 있는 └ 국가 조직 정비
     불교를 적극적으로 수용(중국 전진)

---

❶ 진대법
고구려 농민들은 생활이 불안정하여 흉년으로 인해 빚을 갚지 못하면 노비로 전락하기도 하였다. 고국천왕은 이러한 폐해를 막기 위한 방책으로 국상인 을파소가 건의한 진대법을 통해 봄에 곡식을 빌려주고 추수 이후인 가을에 곡식을 갚도록 하여 빈민을 구제하였다.

❷ 동천왕
고구려는 중국의 위나라를 경계하고 낙랑과의 연결을 차단하기 위하여 서안평을 공격하였으나 위나라 관구검의 침입을 받아 수도가 함락되는 등 세력이 위축되었다.

❸ 한성(위례성)
백제의 첫 수도로서 위치는 서울의 몽촌토성, 풍납토성, 하남시 등으로 추정되고 있다. 최근 풍납토성에서 벽돌, 기와와 함께 건물의 터가 발견되어 이곳이 위례성일 가능성이 높아졌다.

✏ check! 필수 암기!

3~5세기 삼국의 정세

고구려: 미천왕(낙랑·대방 축출), 소수림왕(불교, 태학, 율령), 광개토 대왕(왜구 격퇴, 영락), 장수왕(평양 천도, 한강 장악)

백제: 근초고왕(요서·산동·규슈 진출, 평양성 전투), 비유왕(나·제 동맹), 동성왕(결혼 동맹)

신라: 내물왕(왜구 격퇴), 소지왕(결혼 동맹)

❹ 서안평
의주에서 압록강 맞은편에 있었던 랴오둥군의 속현이 있었던 곳으로 태조왕과 동천왕 때 이곳을 공격하였으며, 미천왕 때 완전히 장악하였다.

❺ **광개토 대왕의 정복 사업**
숙신(여진)과 비려(거란)를 정벌하여 만주 일대를 장악하고 후연(선비)을 공격하여 요동을 확보하였으며, 동부여를 정복하고 동예를 통합하였다.

암기법

4세기 고구려 왕
미천왕, 고국원왕, 소수림왕, 광개토대왕, 장수왕
→ 미.원.소.광.장.

❻ **칠지도**
글이 새겨진 일곱 개의 날을 가진 칼로 당시 백제와 왜가 긴밀한 관계였음을 알 수 있다. 일본의 이소노카미 신궁(石上神宮)에 보관되어 있다.

❼ **개로왕의 전사**
고구려의 남진 정책을 견제하기 위해 중국 북조의 북위에 국서를 보내 원병을 요청하기도 하였으나(472), 장수왕의 공격으로 아차산성에서 전사하였다(475).

④ 광개토 대왕(391~413)★★★: 요동 및 만주 지역의 대규모 정복 사업 단행❺, 백제 굴복(396, 아신왕, 한강 이북 확보), 신라에 침입한 왜 격퇴(광개토 대왕릉비), 영락이라는 연호와 태왕의 호칭 사용

사료 읽기

(영락) 9년 기해(399)에 신라가 사신을 보내 왕에게 말하기를, '왜인이 그 국경에 가득차 성을 부수었으니, 노객은 백성된 자로서 왕에게 귀의하여 분부를 청한다.'고 하였다. … 10년 경자(400)에 보병과 기병 5만을 보내, 신라를 구원하게 하였다.
— 광개토 대왕릉비문 —

※ "왜가 신묘년에 바다를 건너와 백제, 가야, 신라를 격파하고 신민으로 삼았다." → 임나일본부설의 근거로 이용

▲ 고구려의 전성기

⑤ 장수왕(413~491)★★★: 중국 남조·북조와 각각 교류, 평양으로 천도(427)하여 남진 정책 추진, 백제 한성 함락(475, 개로왕 전사), 한강 장악(충주 고구려비), 경당 건립(지방)
 - 결과: 나·제 동맹(433)
 - 남북조 시대(439~589): 중국 한족의 남조와 북방 민족의 북조가 대립했던 시기
 - 우리나라에 남아있는 유일한 고구려비 → 삼국의 관계를 밝혀주는 귀중한 자료

(2) 백제(한성 시대~웅진성 시대)

① 근초고왕(346~375)★★★: 마한 통합(369), 요서·산둥·규슈 진출(왜의 왕에게 칠지도❻ 하사), 황해도 지역을 놓고 고구려와 대결(371, 고국원왕 전사), 왕위 부자 상속, 『서기』 편찬(고흥)

사료 읽기

백제국은 본래 고려(고구려)와 함께 요동의 동쪽 1,000여 리에 있었다. 그 후 고려가 요동을 차지하니 백제는 요서를 차지하였다. 백제가 통치한 곳을 진평군(진평현)이라 한다.
— 『송서』 —

그 나라(백제)는 본래 고구려와 함께 요동의 동쪽에 있었다. 진(晉)대에 고구려가 이미 요동을 차지하니 백제 역시 요서·진평의 두 군의 땅을 차지하여 스스로 백제군을 두었다.
— 『양서』 —

▲ 백제의 전성기

② 침류왕(384~385): 동진의 마라난타로부터 불교를 수용한 후 공인(384)
③ 아신왕(392~405): 고구려 광개토 대왕에게 항복(396), 고구려를 견제하기 위하여 태자 전지를 일본에 보내 우호 관계 체결(397)
④ 비유왕(427~455)★: 고구려의 평양 천도(427) 직후 신라 눌지왕과 동맹 체결(433, 나·제 동맹)
⑤ 개로왕(455~475): 고구려 장수왕의 공격으로 전사❼, 한성 함락(475)
⑥ 문주왕(475~477): 웅진(공주)으로 천도(475), 대외 팽창 위축, 무역 침체, 왕권 약화
⑦ 동성왕(479~501)★: 신라와 결혼 동맹(493), 탐라 복속(498)
 - 소지왕 때 이찬 비지의 딸과 결혼 동맹, 신라와의 동맹 강화

(3) 신라(마립간 시대)

① **내물마립간(356~402)**★★★: 김씨의 왕위 독점(마립간 왕호 사용), 고구려 광개토 대왕에게 원병을 요청하여 왜구 격퇴(광개토 대왕릉비), 이후 고구려군이 신라 영토 내에 주둔(호우총 청동 그릇❽, 고구려의 내정 간섭), 고구려를 통하여 중국 문물 수용

> **❗ 신라 왕호 변천**
>
> 신라는 정치적 군장과 제사장의 기능이 분리되면서 거서간과 차차웅으로 그 칭호가 나누어지게 되었다. 또한, 박·석·김의 3부족이 연맹하여 그 연맹장을 3부족에서 교대로 선출하게 될 때에 연맹장이란 의미에서 이사금을 칭하였다. 이후 김씨가 왕위 세습권을 독점하게 되면서 왕권의 강화를 표시하기 위해 이사금은 대수장(군장)이란 의미의 마립간(4세기 내물왕 이후)으로 바뀌었다.
>
> | 구분 | 거서간 | 차차웅 | 이사금 | 마립간 | 왕 |
> |---|---|---|---|---|---|
> | 『삼국사기』 | 박혁거세 | 남해왕 | 유리왕~실성왕 (제18대왕) | 눌지왕~지증왕 | 지증왕~경순왕 |
> | 『삼국유사』 | 박혁거세 | 남해왕 | 유리왕~흘해왕 (제16대왕) | 내물왕~지증왕 | 지증왕~경순왕 |

② **눌지마립간(417~458)**: 백제의 비유왕과 동맹 체결(433, 나·제 동맹), 고구려가 백제를 공격할 당시 백제 지원(455), 왕위 부자 상속, 불교 전래(457) ― 고구려의 묵호자

③ **소지마립간(479~500)**★: 행정적 성격의 6부로 개편, 백제 동성왕과 결혼 동맹(493), 경주에 최초의 시장 개설(490)

> **📖 사료 읽기**
>
> - 소지마립간 16년(494) 7월에 고구려군이 견아성을 포위하였는데, 백제왕 모대가 군사를 보내 고구려군의 포위를 풀게 하였다.
> - 소지마립간 17년(465) 8월에 고구려가 백제 치양성을 포위하였다. 백제가 구원을 청하자, 왕이 장군 덕지를 보내 구원하게 하니, 고구려 군대가 무너져 달아났다.
>
> ― 『삼국사기』 ―

❗ 삼국의 정치 조직

구분	수도/지방	수상	관등	합의 제도	특수 행정 조직
고구려	5부/5부 (욕살)	대대로 (막리지)	10여 관등	제가 회의	3경
백제	5부/5방 (방령)	상좌평 ―6좌평 가운데 으뜸	16관등	정사암 회의	22담로
신라	6부/5주 (군주)	상대등	17관등	화백 회의	2소경

---

❽ 호우총 청동 그릇

경주의 호우총에서 발굴된 것으로서 그릇 바닥에 "廣開土地好太王(광개토지호태왕)"이라는 글씨가 새겨져 있어 당시 긴밀하였던 신라와 고구려의 관계를 보여준다.

01 단골 키워드 문제

Ⅱ. 고대의 한국사
01 고대의 정치_1

정답 및 해설 7쪽

기출 선택지 미리보기

- 고구려 미천왕 – 낙랑군을 축출하였다.
- 백제 근초고왕 – 평양성을 공격하여 고국원왕을 전사시켰다.
- 백제 근초고왕 – 고흥이 『서기』를 편찬하였다.
- 소수림왕이 태학을 설립하고 율령을 반포하였다.
- 고구려 장수왕 – 국내성에서 평양성으로 천도하였다.

기출 키워드로 연습하기

01
① 고구려 미천왕 · · 태학 설립
② 백제 근초고왕 · · 서안평 점령
③ 고구려 소수림왕 · · 왜왕에게 칠지도 하사

02 고구려 고국천왕 때 사상의 통합을 위하여 불교를 수용하였다. (O / ×)

03 백제 근초고왕은 남진 정책을 추진하기 위하여 국내성에서 평양성으로 천도하였다. (O / ×)

04 고구려 광개토 대왕은 연호 (   )와/과 태왕의 호칭을 사용하였다.

05 신라 (   )은 왜구의 침입을 받자 광개토 대왕에게 지원병을 요청하였다.

06 백제 비유왕과 신라 눌지왕은 (   )을/를 맺어 고구려의 남진 정책에 대항하였다.

정답 | 01 ① 서안평 점령 ② 왜왕에게 칠지도 하사 ③ 태학 설립
02 × 03 × 04 영락 05 내물왕 06 나·제 동맹

01 KEYWORD 01 고구려 소수림왕

(가) 왕의 재위 시기에 있었던 사실로 옳은 것은? 심화 70회 4번

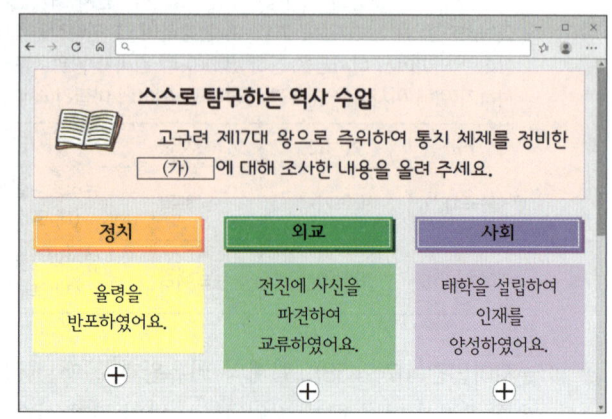

① 승려 순도를 통해 불교를 수용하였다.
② 낙랑군을 축출하여 영토를 확장하였다.
③ 영락이라는 독자적인 연호를 사용하였다.
④ 을지문덕이 살수에서 수의 군대를 물리쳤다.
⑤ 이문진이 유기를 간추린 신집 5권을 편찬하였다.

02 KEYWORD 02 고구려 장수왕

다음 자료에 나타난 사건의 영향으로 가장 적절한 것은?

심화 70회 3번

> 왕이 문주에게 일러 말하기를, "내가 어리석고 밝지 못하여 간사한 사람[도림]의 말을 믿어 이 지경이 되었다. …… 나는 마땅히 사직에서 죽겠지만, 네가 이곳에서 함께 죽는 것은 이로울 게 없다. 어찌 난을 피하여 나라의 계통을 잇지 않겠는가?"라고 하였다. …… 고구려의 대로 제우·재증걸루·고이만년 등이 북성을 공격하여 7일 만에 빼앗았다. 이동하여 남성을 공격하니 성 안 사람들이 두려워하였다. 왕이 성을 나와 도망하자, 고구려 장수 재증걸루 등이 왕을 보고 말에서 내려 절한 다음 그 얼굴을 향해 세 번 침을 뱉고는 죄를 나열한 다음 포박하여 아차성 아래로 보내 죽였다.

① 고구려가 평양으로 천도하였다.
② 동성왕이 나·제 동맹을 강화하였다.
③ 고국원왕이 근초고왕의 공격을 받아 전사하였다.
④ 백제가 고구려를 견제하고자 북위에 국서를 보냈다.
⑤ 신라가 왜를 격퇴하기 위해 고구려에 군사를 청하였다.

KEYWORD 03 삼국의 발전

03 최다 빈출 유형

다음 검색창에 들어갈 왕에 대한 설명으로 옳은 것은?

심화 61회 4번

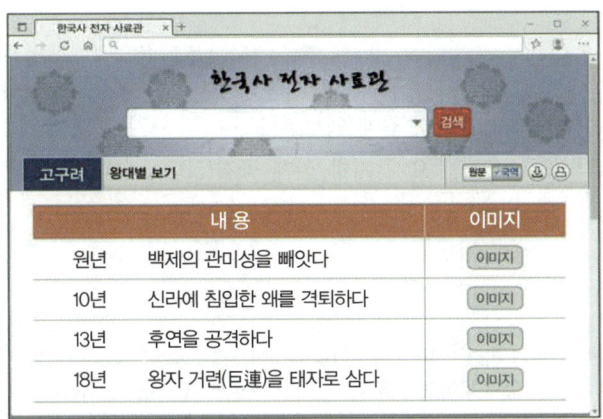

① 영락이라는 연호를 사용하였다.
② 태학을 설립하여 인재를 양성하였다.
③ 낙랑군을 축출하여 영토를 확장하였다.
④ 을파소를 등용하고 진대법을 시행하였다.
⑤ 당의 침입에 대비하여 천리장성을 축조하였다.

04 꼬리 물기 문제

(가)~(다)를 일어난 순서대로 옳게 나열한 것은?

심화 47회 3번

① (가) - (나) - (다)   ② (가) - (다) - (나)
③ (나) - (가) - (다)   ④ (나) - (다) - (가)
⑤ (다) - (나) - (가)

KEYWORD 04 백제의 중흥

05 최다 빈출 유형

(가) 지역에 대한 탐구 활동으로 가장 적절한 것은?

심화 65회 3번

① 무왕이 미륵사를 창건한 곳을 살펴본다.
② 무령왕과 왕비의 무덤이 발굴된 곳을 답사한다.
③ 성왕이 신라와의 전투에서 전사한 곳을 검색한다.
④ 윤충이 의자왕의 명을 받아 함락시킨 곳을 지도에 표시한다.
⑤ 계백이 이끄는 결사대가 신라군에 맞서 싸운 곳을 조사한다.

06 꼬리 물기 문제

다음 자료에 해당하는 왕에 대한 설명으로 옳은 것은?

심화 67회 3번

① 국호를 남부여로 개칭하였다.
② 금마저에 미륵사를 창건하였다.
③ 고흥에게 서기를 편찬하게 하였다.
④ 윤충을 보내 대야성을 함락하였다.
⑤ 동진에서 온 마라난타를 통해 불교를 수용하였다.

02 고대의 정치_2

01 삼국 간의 항쟁과 가야 연맹

1. 삼국의 항쟁 과정

(1) 고구려(평양성 시대)

① 문자왕(491~519): 부여 복속(494) → 고구려 최대 영토 확보

② 영양왕(590~618): 신라 공격(590, 온달), 요서 지방 선제 공격(598), 수나라의 침입(612, 살수 대첩)

> **사료 읽기**
>
> ▶ 아차산성 전투
> 왕(영양왕)이 즉위하자 온달이 아뢰기를 "신라가 한강 이북의 우리 땅을 빼앗아 군현으로 삼았습니다. 그곳 백성들이 안타까워하며 여전히 부모의 나라를 잊지 못하고 있습니다. 원컨대 대왕께서는 저를 어리석다 마시고 군사를 주신다면 반드시 우리 땅을 도로 찾아오겠습니다." 하니 왕(영양왕)이 이를 허락하였다.
> ― 『삼국사기』―

③ 영류왕(618~642): 친당 정책, 연개소문의 정변❶(영류왕 폐위)

④ 보장왕(642~668): 대당 강경책, 당나라의 침입(645, 안시성 전투), 나·당 연합군의 공격(668, 고구려 멸망)

(2) 백제(웅진성 시대~사비성 시대)

① 무령왕(501~523)★★: 지방에 22담로를 설치하고 왕족을 파견하여 지방 통제 강화, 중국 양나라와 교류, 백제 중흥의 발판 마련 ─ 벽돌무덤 양식, 지석 발견(무령왕·왕비 무덤 표식), 당시 중국 남조와 교류 사실 증명

② 성왕(523~554)★★★: 사비(부여)로 천도하며 국호를 남부여로 개칭(538), 5부(수도)와 5방(지방)의 행정 구역 정비, 22부의 실무 관청 설치, 중국 남조와 교류, 일본에 노리사치계를 보내 불교 전파, 나·제 동맹 결렬(553)❷, 관산성 전투에서 전사(554) ─ 신라 김무력 활약

③ 무왕(600~641): 익산 천도 추진·실패, 익산 미륵사지 석탑 건립(왕궁리 유적)

④ 의자왕(641~660): 고구려 군사와 연합해 신라의 교통 요충지인 당항성 공격, 이후 대야성 등 40여 개의 성을 정복(642)❸, 나·당 연합군의 공격으로 백제 멸망(660) ─ 덕업일신 망라사방(德業日新 網羅四方, 덕업을 새롭게 하고 사방의 영역을 망라한다) → 관련 정책: 순장제 폐지, 우경 실시, 주군현제 실시 등

(3) 신라

① 지증왕(500~514)★★: 국호를 사로국에서 신라로 개칭, 왕의 칭호 사용, 순장 금지(502), 우산국(울릉도) 복속(512) ─ 이사부, 우경 실시, 동시전 설치(509) ─ 시장 감독 관청

② 법흥왕(514~540)★★: 병부 설치, 율령 반포, 17관등 및 공복 제정, 골품 제도 정비, 불교 공인(527) ─ 이차돈의 순교, 연호(건원), 김해 금관가야 복속(532) ─ 울진 봉평비(524)

---

check! 필수 암기!

6세기~7세기 삼국의 정세

- **고구려**: 보장왕(안시성 전투)
- **백제**: 무령왕(22담로, 중국 교류), 성왕(사비, 남부여, 22부, 관산성 전투), 의자왕(대야성 공격)
- **신라**: 지증왕(신라, 왕, 우산국), 법흥왕(율령, 불교, 금관가야 정복), 진흥왕(화랑도, 관산성 전투, 한강, 대가야 정복)

❶ **연개소문의 정변**
천리장성의 축조를 감독하면서 요동 지방의 군사력을 장악한 연개소문은 친당 성향의 영류왕을 폐위시키고 보장왕을 옹립한 후 대막리지에 올랐다.

❷ **나·제 동맹의 성립과 결렬**

구분	신라	백제
성립(433)	눌지왕	비유왕
강화(493) [결혼 동맹]	소지왕	동성왕
결렬(553)	진흥왕	성왕

➕ 나·제 동맹 결렬의 배경
백제의 성왕과 신라의 진흥왕은 고구려의 내정 불안을 틈타 나·제 동맹을 바탕으로 고구려가 차지하고 있던 한강 유역을 차지하였다. 그러나 진흥왕이 나·제 동맹을 깨고 백제가 차지한 지역을 점령하자 이에 분노한 성왕이 신라를 공격하였지만, 관산성 전투에서 전사하면서 양국의 동맹은 완전히 끝이 나게 되었다.

❸ **의자왕의 신라 공격**
의자왕은 집권 초 신라를 공격하여 미후성을 비롯한 40여 개의 성을 빼앗았고, 윤충을 보내 신라 대야성을 공격하여 성주인 김품석을 죽이고 성을 함락시켰다(642).

▲ 신라의 전성기

③ 진흥왕(540~576)★★★: 화랑도 공인, 연호(개국), 한강 장악, 품주 설치, 무역 번성
  (당항성을 통해 중국과 직접 교역), 대가야 정복(562), 함경도 진출, 순수비❹ 건립
  - 국가적 조직으로 개편
  - 조세 관장
④ 진평왕(579~632): 고구려 온달 격퇴(590, 아차산성 전투)
⑤ 선덕 여왕(632~647)★★: 분황사(634)와 황룡사 구층 목탑 건립(643), 첨성대 축조
  - 자장의 건의
⑥ 진덕 여왕(647~654): 친당 외교, 나·당 연합 결성(648)
  - 고구려 원병 요청 실패 후 김춘추의 활약
⑦ 무열왕(654~661): 나·당 연합군의 공격으로 백제 멸망(660)
⑧ 문무왕(661~681): 나·당 연합군의 공격으로 고구려 멸망(668), 나·당 전쟁(676)
  - 매소성·기벌포 전투에서 승리 → 실질적 삼국 통일

2. 가야 연맹

(1) 전기 가야 연맹
  ① 성립: 김수로에 의해 금관가야 건국(44), 낙동강 유역 일대에서 발전

  > **가야의 김수로왕 설화**
  > 김수로(金首露)는 42년, 다른 다섯 명의 아이와 함께 알에서 태어났다. 아직 나라의 이름이 있지 않았고 임금과 신하의 호칭 또한 없었던 곳에서 44년 가야를 세웠다. 수로왕비 허황옥(許黃玉)은 멀리 아유타국(阿踰陀國)에서 왔는데, 부부가 합심하여 나라를 다스리고 백성의 사랑을 듬뿍 받았다. 신라와 백제 그리고 일본인까지 드나드는 요충지 김해를 중심으로 한 가야의 역사는 지금 자세히 전해지지 않으나, 김수로를 시조로 하는 김해 김(金)씨는 현재 전국적으로 400만의 인구를 헤아린다.

  ② 2세기: 낙동강 하류 변한 지역에서 철기 문화를 토대로 여러 정치 집단 등장
  ③ 3세기★: 김해 금관가야 중심의 연맹 왕국으로 발전, 벼농사 발달, 철 생산 풍부, 중계 무역 발달(낙랑과 왜의 규슈 연결)
  ④ 4세기~5세기 초: 고구려 미천왕의 낙랑·대방군 축출로 중계 무역 타격, 백제와 신라의 팽창, 고구려군의 공격 등으로 낙동강 서쪽 연안으로 세력 축소

(2) 후기 가야 연맹
  ① 5세기 말: 고령 지방을 중심으로 발전한 대가야가 새로운 가야의 맹주로 부상
  ② 6세기 초: 백제·신라와 대등하게 세력 다툼, 신라(법흥왕)와 결혼 동맹을 맺어 국제적 고립 탈피 노력
  - 대가야 이뇌왕과 결혼 동맹(522)

(3) 멸망★★★: 금관가야는 신라 법흥왕(532), 대가야는 신라 진흥왕에게 멸망(562)

(4) 한계★: 중앙 집권 국가로의 발전을 이룩하지 못하고 해체됨

▲ 가야 연맹의 발전

---

❹ **단양적성비와 순수비**

한강 유역 장악[상류 – 단양적성비(551), 하류 – 북한산 순수비(555)], 고령의 대가야 정복[창녕비(561)], 함경도 진출[황초령비(568), 마운령비(568)]

암기법

6세기 신라 왕
지증왕, 법흥왕, 진흥왕
➔ 지.법.진.

➕ 주요 왕들의 업적

구분	고구려	백제	신라
중앙 집권	소수림왕	근초고왕	법흥왕
한강 차지	장수왕	고이왕	진흥왕
전성기	광개토 대왕, 장수왕	근초고왕	진흥왕
율령	소수림왕	고이왕	법흥왕
불교 공인	소수림왕	침류왕	법흥왕
연호	광개토 대왕 (영락)	–	법흥왕 (건원), 진흥왕 (개국)

✏ check! 필수 암기!

금관가야: 김수로, 벼, 철, 중계 무역, 신라 법흥왕에 의해 멸망

암기법

가야의 멸망
금관가야는 법흥왕, 대가야는 진흥왕에게 멸망
➔ 금.법.대.진.

02 삼국의 대외 항쟁과 신라의 삼국 통일

1. 고구려와 수·당의 전쟁

(1) 수와의 전쟁

① 배경: 수나라❺에 대한 위기감 고조, 고구려가 요서 지방을 선제 공격(598, 영양왕)
   └ 동북쪽으로 세력 확대

② 전개
   ㉠ 침입: 수 문제가 30만의 병력을 이끌고 침입(598), 고구려군에 대패
   ㉡ 살수 대첩★★: 수 양제는 113만의 대군을 이끌고 침략해 왔으나 을지문덕이 살수(청천강)에서 격파(612)

> **📖 사료 읽기**
>
> ▶ **살수 대첩**
> 神策究天文(신기한 계책은 천문에 통달했고) / 妙算窮地理(묘한 계략은 땅의 이치를 알았도다)
> 戰勝功旣高(전투마다 이겨 공이 이미 높았으니) / 知足願云止(만족한 줄 알았으면 돌아가는 것이 어떠하리)
> – 을지문덕, 「여수장우중문」 –
>
> 군사가 반쯤 강을 건너려 할 때 아군이 뒤에서 후군을 공격하자, … 처음 우문술 등의 구군(九軍)이 요동에 왔을 때에는 무릇 30만 5천이었는데 지금 요동성에 돌아올 때에는 오직 2천 7백인이었다.
> – 『삼국사기』 –
>
> ▶ **안시성 전투**
> 여러 장수가 급히 안시성을 공격하였다. …… 밤낮으로 쉬지 않고 무릇 60일에 50만 인을 동원하여 토산을 쌓았다. …… 아군 수백 명이 성이 무너진 곳으로 나가 싸워서 마침내 토산을 빼앗아 차지하고 주위를 깎아 이를 지켰다. …… (황제가) 군사를 돌리도록 명하였다.
> – 『삼국사기』 –

③ 수의 멸망: 고구려 원정 패배로 인한 국력 소모와 내란으로 멸망(618)

(2) 당과의 전쟁

① 대당 강경책
   ㉠ 국경에 천리장성❻을 축조하여 당 침략 대비
   ㉡ 연개소문: 정변을 일으켜 영류왕을 폐위한 후 보장왕을 옹립(642)하고 정권 장악, 이후 당에 대한 강경책 추진

② 안시성 전투★★: 당 태종이 침략하여 요동성·비사성 등을 함락하자 안시성 전투에서 격퇴(645)

(3) 의의: 한반도에 대한 중국의 침략을 저지하여 민족의 방파제 역할을 함

2. 백제와 고구려의 멸망

(1) 나·당 동맹의 결성(648, 진덕 여왕)

① 고구려와 교섭 실패: 신라 김춘추는 고구려와의 동맹을 시도하였으나 실패
② 당과의 연합: 김춘추는 고구려와의 교섭 실패 이후 당과 연합하여 소정방과 함께 백제를 공격
   └ 진덕 여왕 때 김춘추는 당 태종에게 군사 원조를 약조

✏ check! 필수 암기!

고구려 대외 항쟁
- 살수 대첩: 수 양제, 을지문덕
- 안시성 전투: 당 태종, 양만춘

❺ 수(隋, 581~618)
후한이 멸망한 이후 위진 남북조로 분열되어 있던 중국을 수나라가 다시 통일하였다(589).

❻ 고구려의 천리장성
고구려가 당의 침략에 대비하여 631년 (영류왕)에 착공하여 647년(보장왕)에 완성한 성곽으로 북쪽으로는 부여성(농안), 남쪽으로는 비사성(대련)까지 이른다. 연개소문은 천리장성의 축조를 감독하면서 요동 지방의 군사력을 장악하여 정권을 잡을 수 있었다.

✏ check! 필수 암기!

삼국 통일의 과정
- 백제 멸망: 황산벌 전투
- 고구려 멸망: 평양성 함락
- 나·당 전쟁: 매소성 전투(675), 기벌포 전투(676)

(2) 백제 멸망(660, 신라 무열왕)★

① 원인: 지배층 부패, 정치 문란, 신라의 김유신❼이 황산벌 전투에서 백제의 계백을 격파하고 사비성을 함락시킴(660)

② 부흥 운동(660~663): 흑치상지(임존성), 복신·도침(주류성) 등이 왕자 풍을 왕으로 추대, 왜가 지원했으나 실패

(3) 고구려 멸망(668, 신라 문무왕)★

① 원인: 수·당과의 전쟁으로 국력 소모, 연개소문 사후 권력 쟁탈전, 나·당 연합군의 공격으로 평양성이 함락되면서 멸망(668)

② 부흥 운동(670~674)
　㉠ 검모잠(한성), 고연무(오골성)가 보장왕의 서자 안승을 왕으로 추대
　㉡ 실패: 안승은 당나라 군대와의 대처 방안에 대한 의견 갈등으로 검모잠을 죽이고 신라로 망명(670), 신라 문무왕은 금마저(익산)에 보덕국을 세워 안승을 왕으로 임명(674)

▲ 고구려와 백제의 부흥 운동

3. 신라의 삼국 통일

(1) 나·당 전쟁(670~676)★

① 원인: 당의 한반도 지배 야욕, 당은 웅진 도독부(660, 공주), 안동 도호부(668, 평양), 계림 도독부(663, 경주) 등 설치

② 전개: 설인귀가 이끄는 당의 20만 대군을 매소성에서 격파(675), 금강 하구의 기벌포 전투에서 승리하여 실질적인 통일 완성(676)

▲ 나·당 전쟁의 전개

📖 사료 읽기

➡ 매소성·기벌포 전투
- 당의 이근행이 군사 20만 명을 거느리고 매소성에 주둔하였다. 우리 군사가 이를 쳐서 쫓아 버리고 군마 3만여 필과 병장기를 노획하였다.
- 사찬 시득이 수군을 거느리고 소부리주 기벌포에서 당의 설인귀와 스물 두 번의 크고 작은 전투를 벌여 이기고 4천여 명의 목을 베었다.

　　　　　　　　　　　　　　　　　　　- 『삼국사기』 -

(2) 삼국 통일(676, 문무왕)

① 한계: 외세를 이용한 삼국 통일, 대동강에서 원산만 이남을 경계로 국경 설정

② 의의: 당의 세력을 무력으로 축출한 자주적 통일, 고구려와 백제 문화의 전통을 수용하고 민족 문화 발전의 토대를 마련

---

❼ 김유신

금관가야의 마지막 왕인 구해왕의 후손이며 가야 멸망 후 신라에 통합된 가야계 진골 귀족이다. 김춘추를 왕으로 추대하고, 백제 사비성을 함락시켜 삼국 통일에 기여하였다. 이후 김유신은 흥덕왕 때 흥무대왕으로 추봉되었다.

➕ 백강 전투

백제 부흥 운동이 한창일 무렵 4만여 명의 왜 수군이 백제 부흥 운동을 지원하기 위해 백강 입구까지 왔으나 나·당 연합군이 왜선 4백여 척을 격퇴하면서 패배하였다(663).

📝 암기법

부흥 운동
고구려: 안승, 검모잠, 고연무
백제: 흑치상지, 도침, 복신, 풍
➡ 고구려 안.검.고.
　 백제 흑.도.복.풍.

나·당 전쟁
매소성 전투 → 기벌포 전투 → 통일 신라
➡ 매.기.통신!

➕ 삼국 통일의 과정

나·당 동맹(648) → 백제 멸망(660) → 백제 부흥 운동(660~663) → 고구려 멸망(668) → 당의 도독부 설치 → 고구려 부흥 운동(670~674) → 나·당 전쟁 → 삼국 통일(676)

02 단골 키워드 문제

Ⅱ. 고대의 한국사
02 고대의 정치_2

정답 및 해설 9쪽

기출 선택지 미리보기

- 백제 무령왕 – 22담로에 왕족을 파견하였다.
- 백제 성왕 – 국호를 남부여로 바꾸었다.
- 신라 진흥왕 – 대가야를 병합하였다.
- 고구려 – 살수에서 수의 대군을 격파하였다.
- 신라 진덕 여왕 – 나·당 연합군이 결성되었다.

기출 키워드로 연습하기

01
① 신라 법흥왕   •   • 나·당 전쟁
② 신라 진흥왕   •   • 병부 설치
③ 신라 문무왕   •   • 화랑도 공인

02 고구려는 소수림왕 때 요동 및 만주 지역까지 대규모 정복 사업을 단행하면서 최대 영토를 확보하였다. (O / ×)

03 신라 지증왕은 이사부를 보내 대마도를 복속시켜 세력을 확장하였다. (O / ×)

04 백제 성왕은 관산성 전투에서 신라 (　　　)에게 패배하여 전사하였다.

05 수 양제가 113만의 대군을 이끌고 침략하였으나 고구려의 (　　　)이/가 살수에서 대항하여 대승을 이끌었다.

06 신라가 당의 군대에 맞서 (　　　) 전투와 (　　　) 전투에서 승리하였다.

정답 | 01 ① 병부 설치 ② 화랑도 공인 ③ 나·당 전쟁 02 × 03 ×
04 진흥왕 05 을지문덕 06 매소성, 기벌포

01 KEYWORD 01 백제 성왕

밑줄 그은 '왕'의 활동으로 옳은 것은? 심화 59회 5번

> 왕 31년 7월에 신라가 동북쪽 변경을 빼앗아 신주(新州)를 설치하였다. …… [이듬해] 7월에 왕이 신라를 습격하려고 몸소 보병과 기병 50명을 거느리고 밤에 구천(狗川)에 이르렀다. 신라의 복병이 일어나 더불어 싸웠으나 [적의] 병사들에게 살해되었다.
> – 『삼국사기』 –

① 익산에 미륵사를 창건하였다.
② 평양성 전투에서 고국원왕을 전사시켰다.
③ 사비로 천도하고 국호를 남부여로 고쳤다.
④ 북위에 사신을 보내 고구려 공격을 요청하였다.
⑤ 동진에서 온 마라난타를 통해 불교를 수용하였다.

02 KEYWORD 02 대가야

(가) 나라에 대한 설명으로 옳은 것은? 심화 75회 4번

① 신라 진흥왕에 의해 복속되었다.
② 광평성 등의 정치 기구를 마련하였다.
③ 화백 회의를 통해 국정을 운영하였다.
④ 대가들이 사자, 조의, 선인을 거느렸다.
⑤ 박, 석, 김의 3성이 교대로 왕위를 계승하였다.

03 KEYWORD 03 연개소문

다음 자료에 나타난 상황 이후에 있었던 사실로 옳은 것은?

심화 75회 7번

> 당(唐)이 광주사마 장손사를 보내 수(隋) 병사의 해골을 묻은 곳에 와서 제사를 지내고, 당시에 [고구려가] 세운 경관(京觀)*을 허물었다. 봄 2월에 왕이 많은 사람을 동원하여 동북의 부여성에서 동남의 바다에 이르기까지 천 리 남짓에 걸쳐 장성을 쌓았다.
> — 『삼국사기』 —
> *경관: 승전을 기념하기 위해 적의 유해를 한곳에 모아 만든 무덤

① 을지문덕이 살수에서 대승을 거두었다.
② 고구려가 신라에 침입한 왜를 물리쳤다.
③ 김무력이 관산성에서 백제군을 격파하였다.
④ 연개소문이 정변을 일으켜 권력을 장악하였다.
⑤ 백제가 평양성을 공격하여 고구려 왕이 전사하였다.

04 KEYWORD 04 살수 대첩, 안시성 전투

(가), (나) 사이의 시기에 있었던 사실로 옳은 것은?

심화 69회 5번

> (가) 을지문덕이 우중문에게 시를 보내 이르기를, "신묘한 계책은 천문을 다 헤아렸고 기묘한 계획은 지리를 모두 통달하였도다. 싸움에 이겨 이미 공로가 드높으니 만족할 줄 알고 그치기를 바라노라."라고 하였다.
>
> (나) 안시성 사람들이 황제의 깃발과 일산을 멀리서 바라보고, 곧 장 성에 올라가 북을 치고 소리를 질렀다. 황제가 화를 내자, 이세적은 성을 함락한 날에 남자를 모두 구덩이에 묻어 죽이자고 청하였다. 안시성 사람들이 이를 듣고 더욱 굳게 지키니, 오래도록 공격하여도 함락되지 않았다.

① 관구검이 환도성을 공격하여 함락하였다.
② 계백이 이끄는 군대가 황산벌에서 항전하였다.
③ 연개소문이 정변을 일으켜 권력을 장악하였다.
④ 광개토 대왕이 신라에 침입한 왜를 격퇴하였다.
⑤ 미천왕이 낙랑군을 축출하여 영토를 확장하였다.

KEYWORD 05 삼국 통일 과정

05 최다 빈출 유형

(가), (나) 사이의 시기에 있었던 사실로 옳은 것은?

심화 54회 6번

> (가) 잔치를 크게 열어 장수와 병사들을 위로하였다. 왕과 [소]정방 및 여러 장수들은 당상(堂上)에 앉고, 의자와 그 아들 융은 당하(堂下)에 앉혔다. 때로 의자에게 술을 따르게 하니 백제의 좌평 등 여러 신하는 모두 목이 메어 울었다.
>
> (나) 사찬 시득이 수군을 거느리고 설인귀와 소부리주 기벌포에서 싸웠으나 잇달아 패배하였다. [시득은] 다시 진군하여 크고 작은 22번의 싸움에서 승리하고 4천여 명의 목을 베었다.
> — 『삼국사기』 —

① 고국원왕이 평양성에서 전사하였다.
② 성왕이 관산성 전투에서 피살되었다.
③ 김춘추가 당과의 군사 동맹을 성사시켰다.
④ 을지문덕이 살수에서 수의 군대를 물리쳤다.
⑤ 안승이 신라에 의해 보덕왕으로 임명되었다.

06 꼬리 물기 문제

(가), (나) 사이의 시기에 있었던 사실로 옳은 것은?

심화 52회 7번

> (가) 정관 16년에 …… 여러 대신들과 건무가 의논하여 개소문을 죽이고자 하였다. 일이 누설되자 개소문은 부병을 모두 불러 모아 군병을 사열한다고 말하고 …… 왕궁으로 달려 들어가 건무를 죽인 다음 대양의 아들 장을 왕으로 세우고 스스로 막리지가 되었다.
> — 『구당서』 동이전 —
>
> (나) 건봉 원년에 …… 개소문이 죽고 아들 남생이 막리지가 되었다. 남생은 아우 남건·남산과 화목하지 못하여 각자 붕당을 만들어 서로 공격하였다. 남생은 두 아우에게 쫓겨 국내성으로 달아났다.
> — 『구당서』 동이전 —

① 을지문덕이 살수에서 대승을 거두었다.
② 당이 안동 도호부를 평양에 설치하였다.
③ 신라군이 매소성에서 당군을 격파하였다.
④ 복신과 도침이 부여풍을 왕으로 추대하였다.
⑤ 안승이 신라에 의해 보덕국 왕으로 임명되었다.

03 고대의 정치_3

01 남북국 시대의 성립 및 발전과 통치 체제

1. 통일 신라의 성립과 발전

(1) **통일 이후 신라의 상황:** 영토 확대, 인구 증가, 생산력 증대, 정치적 안정

> 신라의 시대 구분

구분	박혁거세~지증왕	법흥왕~진덕 여왕	무열왕~혜공왕	선덕왕~경순왕
『삼국사기』	상대		중대	하대
집권 세력 기준	성골(내물계)		진골(무열계)	진골(내물계)
『삼국유사』	상고	중고	하고	
왕호 기준	고유 왕호	불교식 왕호	중국식 시호	

(2) **왕권의 전제화:** 통일 전후 왕권 강화, 진골 세력 약화
  ① 태종 **무열왕(654~661):** **최초의 진골 출신 왕**으로 이후 무열왕계의 직계 자손만이 왕위 세습, 집사부의 장관인 시중의 기능을 강화하여 상대등 세력을 억제하고 왕권을 강화
   └ 부석사 창건(의상)
  ② **문무왕(661~681):** 고구려 멸망, 나·당 전쟁 등을 통하여 **삼국 통일** 완성, 외사정 파견
   └ 지방관 감찰
  ③ **신문왕(681~692)** ★★★
   ㉠ 왕권 강화: 김흠돌의 난❶을 계기로 왕권 전제화
        └ 지방 행정 조직   └ 군사 조직
   ㉡ 통치 체제 정비: **9주 5소경** 정비, 9서당 10정 편성, **국학** 설치(682), 상수리 제도
   ㉢ 관료전 지급: 문무 관리에게 **관료전 지급**(687), **녹읍 폐지**(689)

> 통일 신라의 토지 제도 변화

신라 초기(식읍·녹읍 지급) → 신문왕(689, 녹읍 폐지) → 성덕왕(722, 정전 지급) → 경덕왕(757, 녹읍 부활)

- 식읍: 국가에서 왕족, 공신 등에게 지급하는 토지와 가호(조세 수취권 + 노동력 징발권)
- 녹읍: 국가에서 관료 귀족에게 지급하는 일정 지역의 토지(조세 수취권 + 노동력 징발권)
- 관료전: 국가에서 관료에게 관직 복무의 대가로 수조권을 지급하는 토지(조세 수취권만 지급)
- 정전: 국가에서 백성에게 지급하는 토지(국가의 토지 지배권 강화)

(3) **전제 왕권의 동요:** 혜공왕 이후 왕위 쟁탈전 심화
  ① **경덕왕(742~765): 녹읍 부활**(757), 국학을 태학감으로 개편(박사와 조교), 귀족들의 향락과 사치 심화, 불국사와 석굴암 축조(김대성), 성덕 대왕 신종 주조
  ② **원성왕(785~798): 독서삼품과**(788)❷ 추진(관료 귀족들의 반대로 실패)
   └ 유교 경전의 이해 수준에 따라 관리 채용
  ③ **헌덕왕(809~826):**
   └ 국호-장안, 연호-경운
   ㉠ 김헌창의 난(822): 아버지 김주원이 원성왕에 밀려 왕위에 오르지 못하자 웅천주(공주)에서 난을 일으킴
   ㉡ 김범문의 난(825): 김헌창의 아들 김범문이 고달주(여주)에서 난을 일으킴

✏️ check! 필수 암기!

통일 신라 주요 사건
- 무열왕: 최초의 진골 출신 왕
- 문무왕: 삼국 통일
- 신문왕: 김흠돌의 난, 관료전 지급, 녹읍 폐지
- 원성왕: 독서삼품과
- 흥덕왕: 장보고(청해진, 완도 법화원)
- 진성 여왕: 원종과 애노의 난

➕ 만파식적 설화(신문왕)

용이 대답하기를 "이 대나무로 피리를 만들어 불면 천하가 화평해질 것입니다. 지금 왕(신문왕)의 아버님(문무왕)께서 바다 가운데 큰 용이 되셨고, 김유신도 천신이 되셨습니다. 두 분 성인이 마음을 합하여 이같이 값으로 헤아릴 수 없는 큰 보물을 만들어 저를 시켜 바치는 것입니다." … 이 피리를 불면 적병이 물러가고 병이 나았다. 가뭄에는 비가 오고 장마가 개고 바람이 자고 파도가 그쳤다. 이 피리를 만파식적이라 부르고 국보로 삼았다.
— 『삼국유사』 —

❶ 김흠돌의 난

신문왕이 즉위하던 해에 왕(신문왕)의 장인 김흠돌이 모역 사건을 일으키자, 이를 계기로 귀족들을 대대적으로 숙청하고 왕권을 강화하였다.

❷ 독서삼품과

국학의 졸업생을 성적에 따라 3등급으로 나누어 관리를 채용하는 제도이다. 골품제의 한계와 귀족들의 반발로 제대로 시행되지 못했으나 학문과 유학을 널리 보급시키는 데에 이바지하였다.

④ 흥덕왕(826~836)
  ㉠ 장보고의 활동★

구분	내용
해적 소탕	완도에 청해진을 설치하여 해적을 소탕하고 남해와 황해의 해상 무역권을 장악(828)
법화원 건립	중국 산둥성 적산촌에 법화원❸이라는 사찰 건립(적산 법화원)
장보고의 난	자신의 딸을 왕비로 삼으려다 실패하자 청해진을 중심으로 반란, 중앙 귀족들이 장보고 암살·청해진 해체(846, 문성왕)

  ㉡ 진골 귀족들의 사치 금지령: 귀족들의 금입택 등 호화로운 생활 금지
  └ 금을 입힌 집

2. 발해의 건국과 발전

(1) 발해의 건국
  ① 발해 건국 배경
    ㉠ 고구려 유민 탄압: 당의 안동 도호부(668, 평양 대동강 이북과 요동 지방) 지배
    ㉡ 당의 민족 분열 정책: 보장왕을 요동 도독으로 임명, 고구려 유민들의 반발 → 동족 의식 강화
  ② 발해의 건국과 의의★★
    ㉠ 건국: 대조영을 중심으로 한 소수의 고구려 유민(지배층)과 다수의 말갈 집단(피지배층)이 길림성의 동모산에서 건국(698), 국호는 진(震), 연호(천통)
      └ 진(震, 698) → 발해(渤海, 713)
    ㉡ 의의: 남쪽에는 신라, 북쪽에는 발해가 공존하는 남북국의 역사가 진행
    ㉢ 고구려 계승❹: 일본에 보낸 국서에 고려 또는 고려국왕 명칭 사용, 문화의 유사성❺
      └ 유득공의 『발해고』에서 최초로 남북국 시대 주장

▲ 발해의 영역

(2) 발해의 발전★★★
  ① 고왕(698~719, 대조영): 길림성 동모산에서 건국(698), 연호 사용(천통)
  ② 무왕(719~737, 대무예)   발해 무왕 때 말갈의 전체 통합은 이룩하지 못하였고, 선왕 때 흡수
    ㉠ 대외 정책: 북만주 일대 장악, 연호 사용(인안), 당과 적대(흑수부 말갈을 통해 발해 견제), 요서·산둥 지방 공격(732, 장문휴의 수군)
    ㉡ 동북아시아의 세력 균형: 돌궐·일본 등과 연결하고 당과 신라를 견제하며 세력 균형 유지
  ③ 문왕(737~793, 대흠무)
    ㉠ 체제 정비: 당과 친선 관계, 3성 6부 정비, 주자감 설치, 중경에서 상경으로 천도
      └ 국립 대학   └ 이후 다시 동경으로 천도
    ㉡ 대외 정책: 연호 사용(대흥), 신라와 상설 교통로(신라도❻) 개설
    ㉢ 대국 의식: 일본에 보낸 국서에서 자신을 천손(天孫)으로 표현, 황상(皇上)·성인(聖人)·대왕(大王) 등으로 왕을 표현
  ④ 선왕(818~830, 대인수): 대부분의 말갈족 복속, 요동 진출, 연호 사용(건흥), 5경 15부 62주 정비, 중국에서 전성기의 발해를 해동성국이라고 칭송
      └ 광대한 영토 확장   └ 지방 제도 정비

(3) 발해와 신라와의 관계: 무왕 때는 당의 요청을 받은 신라(성덕왕)가 발해를 공격(732)하기도 하는 등 대립 관계였으나, 문왕 때는 신라도를 통하여 사신을 교환하는 등 친선 관계로 변화

(4) 멸망: 귀족들의 권력 투쟁으로 국력 쇠퇴, 거란의 침략으로 멸망(926)

➕ 장보고의 난

문성왕 8년(846) 봄에 청해진 대사 궁복(장보고)이 자신의 딸을 왕비로 맞지 않는 것을 원망하고 청해진을 근거로 반란을 일으켰다. 13년(851) 2월에 청해진을 파하고 그곳 백성들을 벽골군으로 옮겼다.
— 『삼국사기』 —

❸ 엔닌과 적산 법화원(신라원)

장보고는 일본 승려 '엔닌'이 당에서 위험에 처했을 때(당나라 무종의 승려 환속 정책) 법화원에 은신하게 하였다. 이후 장보고의 도움으로 귀국(846)한 엔닌은 일본 최초의 대사(大師)가 되었다(864).

✏ check! 필수 암기!

발해의 국왕별 주요 사건
- **고왕**: 대조영, 천통
- **무왕**: 요서·산둥 공격(장문휴), 인안
- **문왕**: 상경 천도, 신라도, 대흥
- **선왕**: 요동, 15부 62주, 해동성국, 건흥

➕ 발해사의 이해

발해 말갈의 대조영은 본래 고구려의 별종(후예)이다. 고구려가 망하자 대조영은 그 무리를 이끌고 영주로 이사하였다. … 대조영은 드디어 그 무리를 이끌고 동쪽 계루의 옛 땅으로 들어가 동모산을 거점으로 하여 성을 쌓고 거주하였다. 대조영은 용맹하고 병사 다루기를 잘하였으므로 말갈의 무리와 고구려의 남은 무리가 점차 그에게 들어갔다.
— 『구당서』 —

❹ 고구려 계승 표방(일본에 보낸 국서)

무왕 때에는 '고구려의 옛 땅을 회복하고, 전통을 이어 받았다.', 문왕 때에는 '고려국왕' 등으로 표현하였다.

❺ 고구려와 발해의 문화적 유사성

발해 유적에서 고구려 문화의 전통을 이어받은 온돌이나 기와가 발견되고 있으며, 굴식 돌방무덤 양식인 정혜 공주 무덤(모줄임 천장 구조) 또한 고구려의 고분 양식이다.

❻ 신라도(新羅道)

발해의 상경에서 출발하여 동경과 남경을 거쳐 동해안을 따라 신라에 이르는 교통로로서 8세기 전반에 개설되어 8세기 후반과 9세기 전반 사이에 주로 이용된 것으로 추정하고 있다.

❼ **5소경**

군사·행정의 요지에는 5소경을 설치함으로써 수도 금성(경주)이 지역적으로 치우친 것을 보완하고, 지방의 균형 있는 발전을 도모하였다. 5소경에는 백제, 고구려, 가야의 지배층을 거주하도록 하여 이들을 통합하였으며 지방 세력을 견제하고자 하였다.

❽ **상수리 제도**

지방 세력을 일정 기간 서울에 와서 거주하게 하던 지방 세력 견제책이다. 이는 고려 시대의 기인 제도로 계승되었다.

❾ **9서당의 편성**

고구려인, 백제인, 신라인, 보덕국인, 말갈인을 각각 서당에 편성하여 중앙군을 구성하였다. 9서당은 반(反)신라 세력을 억제하는 동시에 민족 융합의 성격을 내포하였다.

✏️ **check! 필수 암기!**

신라 말 반정부 봉기

- **혜공왕**: 대공의 난, 96 각간의 난, 김지정의 난
- **헌덕왕**: 김헌창의 난, 김범문의 난
- **흥덕왕**: 장보고의 난
- **진성 여왕**: 원종과 애노의 난, 적고적의 난

---

3. **남북국 시대의 통치 체제**

(1) **통일 신라의 통치 체제**

① 중앙 통치: 집사부(시중) 아래 13부, 사정부(감찰 기구), 국학(국립 대학) 설치

② 지방 통치
  ㉠ 행정 구역: 9주, 5소경❼(수도의 지역적 편향성 보완), 향·부곡 설치
  ㉡ 지방 제도: 외사정 파견(지방관 감찰), 상수리 제도❽

③ 군사제도: 9서당❾(중앙군, 민족 융합 도모), 10정(지방군, 9주에 배치)

▲9주 5소경

(2) **발해의 통치 체제**★

① 중앙: 당의 3성 6부를 모방하였으나 명칭과 구성은 독자적으로 편성하여 운영(정당성 아래 이원적 통치 구조), 중정대(감찰 기구), 주자감(최고 교육 기관), 문적원(서적 관리)

② 지방: 5경(전략적 요충지), 15부, 62주, 현, 촌락(주로 말갈족) — 지방 제도 정비(선왕)

③ 군사 제도: 10위(중앙군, 왕궁과 수도 경비)

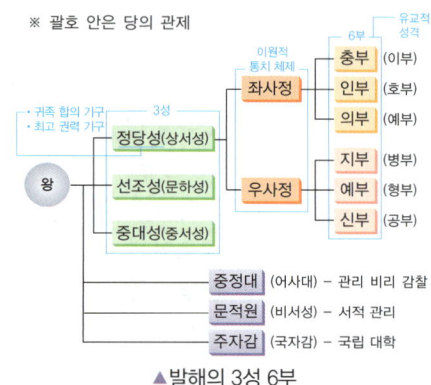
▲발해의 3성 6부

---

02 신라 말기의 사회상과 후삼국의 성립

1. **신라 말 사회 변화**★★★

(1) **신라 말기의 동요**: 상대등의 권력 강화, 지방에 대한 중앙 정부의 통제력 약화

① 농민 몰락: 귀족들의 재산 증식, 농민 수탈, 자연 재해, 반란 증가

② 원종과 애노의 난(889, 진성 여왕): 신라 말 사벌주(상주)에서 일어난 농민 항쟁

(2) **호족 세력의 성장**

① 지방 호족: 성주·장군 자칭, 지방의 행정·군사·경제권 행사, 6두품·당 유학생 및 선종 승려와 결탁

② 호족의 유형: 권력 투쟁에서 밀려나 지방에서 세력을 키운 몰락 중앙 귀족, 무역에 종사하면서 재력과 무력을 축적한 세력, 군진 세력, 지방 토착 세력인 촌주 출신, 초적(몰락 농민) 등

(3) **6두품**: 골품 제도 비판, 새로운 정치 이념 제시, 호족과 연계

❗ 신라 말 세력 변화

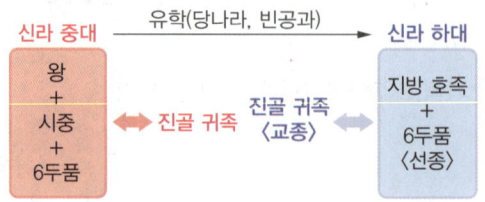

▲신라 말의 농민 반란

📖 **사료 읽기**

▶ 원종과 애노의 난

진성 여왕 3년(889) 나라 안의 여러 주·군에서 공부(貢賦)를 바치지 않으니 창고가 비고 나라의 쓰임이 궁핍해졌다. 왕이 사신을 보내어 독촉하자 도적이 벌 떼 같이 일어났다. 이에 원종·애노 등이 사벌주(상주)에 의거하여 반란을 일으키니 왕이 나마 벼슬의 영기에게 명하여 잡게 하였다. 영기가 적진을 쳐다보고는 두려워하여 나아가지 못하였다.

— 『삼국사기』 —

2. 후삼국의 성립

(1) 후백제(900~936, 견훤)★
① 발전: <mark>완산주(전주)</mark>에 도읍, 충청도·전라도 일대 장악, 군사적 우위 확보, <mark>중국과 외교 관계 수립</mark>❿
② 한계: <mark>반신라 정책</mark>, 지나친 조세 수취·호족 포섭 실패
↳ 신라 경애왕 살해(927)

(2) 후고구려(901~918, 궁예)★
① 발전: <mark>송악(개성)</mark>에 도읍, 강원도·황해도·경기도 일대 장악, 국호 변경(마진), 새로운 신분 제도 모색, 왕건의 활약⓫ ↳ 후고구려(901, 철원) → 마진(904) → 태봉(911)
② 정치 기구: 광평성 설치
③ 한계: 궁예의 실정⓬(지나친 조세 수취, 미륵 신앙을 이용한 전제 정치) → 궁예 축출

▲ 후삼국의 세력 범위

📖 **사료 읽기**

견훤은 상주 가은현(경북 문경 가은) 사람으로 본래의 성은 이씨였는데 후에 견으로 성씨를 삼았다. 아버지는 아자개이니 농사로 자활하다가 후에 가업을 일으켜 장군이 되었다. …… 드디어 후백제 왕이라 스스로 칭하고 관부를 설치하여 직책을 나누었다.

— 『삼국사기』 —

궁예는 신라 사람으로, 성은 김씨이고, 아버지는 제47대 헌안왕 의정이며, 어머니는 헌안왕의 후궁이었다. …… 머리를 깎고 승려가 되어 스스로 선종이라 이름 하였다. …… 선종이 왕이라 자칭하고 사람들에게 이르기를 "옛날에 신라가 당에 군사를 청하여 고구려를 멸망시켰기 때문에 옛 서울(평양)이 황폐해져서 풀만 무성하니 내가 반드시 그 원수를 갚으리라." 하였다.

— 『삼국사기』 —

(3) 고려의 성립(918, 왕건)
① 건국: 왕건의 궁예 축출, 고려 건국
② 발전: 송악(개성)에 도읍, 고구려 계승 표방, 민생 안정 추진

💡 **고려의 성립**

왕건은 후삼국 시대에 송악(松岳)을 본거지로 하였고, 예성강을 기점으로 수군 근거지로 삼았다. 예성강은 안북하(安北河) 또는 북하(北河)라고도 불렸으며, 예성강의 벽란도(碧瀾渡)는 고려 송도의 배후 관문 구실을 담당하여 번영을 누렸다.

✏️ **check! 필수 암기!**

후삼국 시대
- 반(反)신라 세력: 지방 호족, 6두품, 선종
- 후백제: 완산주, 중국과 외교, 반신라 정책
- 후고구려: 송악, 철원, 태봉, 광평성 체제

❿ **후백제의 외교 활동**

후백제는 중국의 오월(吳越), 거란, 후당(後唐), 일본 등 각국에 외교 사절을 파견하여 국제적으로 지위를 인정받고자 하였다.

⓫ **왕건의 활약**

궁예의 수하로 들어간 왕건은 한강 유역을 점령한 후 수군을 이용하여 금성(나주) 등을 점령하고(903) 시중의 자리에 올랐다(913).

➕ **태봉의 정치 체제(광평성 체제)**

태봉의 최고 중앙 관서로 광평성(廣評省)을 설치하여 내정을 총괄하게 하였고, 장관으로 광치나(匡治奈)를 두었다. 광평성은 태봉 멸망 후에 고려의 정치 기구로 이어졌다.

⓬ **궁예의 실정**

궁예는 부석사에 있던 신라왕의 화상을 칼로 훼손하면서 반신라 감정을 드러냈고, 정권 말기에는 미륵불의 화신임을 내세우면서 백성들을 현혹하였다.

03 단골 키워드 문제

Ⅱ. 고대의 한국사
03 고대의 정치_3

정답 및 해설 11쪽

기출 선택지 미리보기

- 통일 신라 신문왕 – 김흠돌이 반란을 일으켰다.
- 통일 신라 신문왕 – 관료전을 지급하고 녹읍을 폐지하였다.
- 발해 무왕 – 장문휴가 등주를 공격하였다.
- 발해 선왕 – 중국이 해동성국이라고 칭송하였다.
- 후백제 견훤 – 경주를 습격하여 경애왕을 죽게 하였다.

기출 키워드로 연습하기

01 ① 통일 신라 무열왕 • • 해동성국
   ② 통일 신라 원성왕 • • 독서삼품과
   ③ 발해 선왕 • • 최초의 진골 출신 왕

02 통일 신라 신문왕 때 지방을 5경 15부 62주로 나누어 통치하였다. (O / X)

03 발해는 다수의 고구려 유민이 소수의 말갈인을 지배하였다. (O / X)

04 발해 무왕 때 대흥이라는 연호를 사용하였다. (O / X)

05 통일 신라 원성왕 때 태학 안에 유교 경전의 이해 수준을 시험하여 관리를 채용하는 ( )을/를 마련하였다.

06 통일 신라 때 ( )이/가 왕에게 시무 10여 조를 건의하였다.

정답 | 01 ① 최초의 진골 출신 왕 ② 독서삼품과 ③ 해동성국 02 ×
03 × 04 × 05 독서삼품과 06 최치원

01 KEYWORD 01 통일 신라 신문왕

다음 대화에 나타난 왕에 대한 설명으로 옳은 것은?

심화 76회 6번

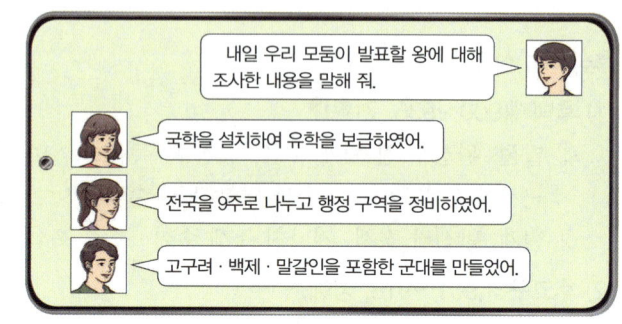

① 병부를 설치하고 율령을 반포하였다.
② 관료전을 지급하고 녹읍을 폐지하였다.
③ 화랑도를 국가적인 조직으로 개편하였다.
④ 관리 선발을 위해 독서삼품과를 시행하였다.
⑤ 국호를 마진으로 바꾸고 도읍을 철원으로 옮겼다.

02 KEYWORD 02 발해 무왕

다음 시나리오에 등장하는 왕의 업적으로 옳은 것은?

심화 61회 10번

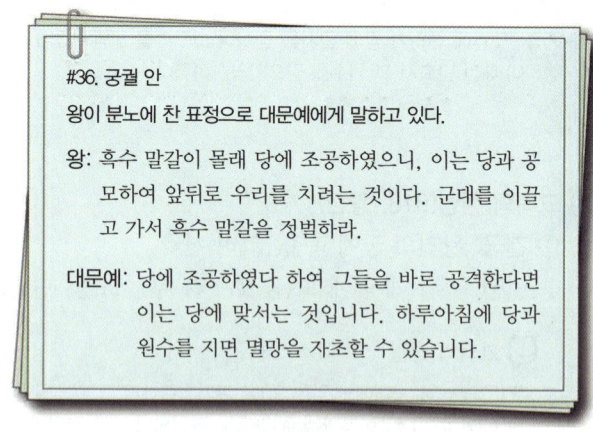

① 장문휴를 보내 등주를 공격하였다.
② 9서당 10정의 군사 조직을 갖추었다.
③ 사비로 천도하고 국호를 남부여로 고쳤다.
④ 지방관을 감찰하고자 외사정을 파견하였다.
⑤ 고구려 유민을 모아 동모산에서 나라를 세웠다.

03 KEYWORD 03 통일 신라 말 사회 모습

(가), (나) 사이의 시기에 볼 수 있는 모습으로 가장 적절한 것은?

심화 66회 7번

> (가) 선덕왕이 죽었는데 아들이 없자, 여러 신하들이 회의를 한 후에 왕의 조카인 김주원을 옹립하고자 하였다. 주원의 집은 왕경에서 북쪽으로 20리 떨어진 곳에 있었는데, 마침 큰 비가 와서 알천의 물이 넘쳐 주원이 건너 오지 못하였. …… 여러 사람들의 뜻이 모아져 김경신이 왕위를 계승하도록 하였다.
> – 『삼국사기』 –
>
> (나) 나라 안의 모든 주군에서 공물과 부세를 보내지 않아, 창고가 텅텅 비어 나라 재정이 궁핍해졌다. 왕이 사신을 보내 독촉하니 곳곳에서 도적이 벌 떼처럼 일어났다. 이때 원종과 애노 등이 사벌주에 근거하여 반란을 일으켰다.
> – 『삼국사기』 –

① 계백료서를 읽는 관리
② 녹읍 폐지를 명하는 국왕
③ 성균관에서 공부하는 학생
④ 초조대장경을 조판하는 장인
⑤ 김헌창의 난을 진압하는 군인

04 KEYWORD 04 궁예

다음 검색창에 들어갈 인물에 대한 설명으로 옳은 것은?

심화 64회 10번

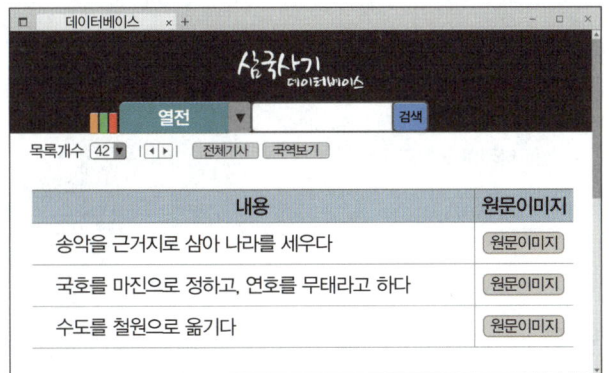

① 후당, 오월에 사신을 파견하였다.
② 이사부를 보내 우산국을 복속하였다.
③ 폐정 개혁을 목표로 정치도감을 설치하였다.
④ 광평성을 비롯한 각종 정치 기구를 마련하였다.
⑤ 정계와 계백료서를 지어 관리가 지켜야 할 규범을 제시하였다.

05 KEYWORD 05 견훤

(가) 인물에 대한 설명으로 옳은 것은?

심화 72회 9번

① 훈요 10조를 남겼다.
② 경주의 사심관으로 임명되었다.
③ 금마저에 미륵사를 창건하였다.
④ 완산주를 도읍으로 삼아 나라를 세웠다.
⑤ 광평성을 비롯한 정치 기구를 마련하였다.

06 KEYWORD 06 후삼국의 통일 과정

(가), (나) 사이의 시기에 있었던 사실로 옳은 것은?

심화 75회 10번

> (가) 견훤이 신라의 수도로 들어갔다. 포석정에서 연회를 벌이고 있던 신라 왕은 적의 병사들이 이르렀다는 말을 듣고 부인과 함께 달아나 성의 남쪽에 있는 별궁에 숨었다. 견훤은 신라 왕을 찾아내고 핍박하여 자결하게 하였다.
>
> (나) 견훤이 고창군을 포위하자 유금필이 왕에게 아뢰기를, "싸워 보지도 않고 먼저 패배를 걱정하는 것은 어째서입니까? 신은 군대를 진격해 서둘러 공격하기를 바랍니다."라고 하니 왕이 허락하였다.

① 신숭겸이 공산 전투에서 전사하였다.
② 안승이 보덕국의 왕으로 책봉되었다.
③ 흑치상지가 임존성에서 군사를 일으켰다.
④ 최치원이 왕에게 시무 10여 조를 건의하였다.
⑤ 왕건이 일리천 전투에서 신검에게 승리하였다.

04 고대의 경제와 사회

01 삼국 시대의 경제

1. **삼국의 경제 정책**
   (1) **기본 경제**
     ① 정복 정책: 정복지의 공물 수취, 전쟁 포로, 식읍
     ② 수취 제도: 조세, 공물, 역 ─ 농업 생산력을 늘릴 수 있는 정책 시행
     ③ 민생 안정책: 황무지 개간 권장, 저수지 건설 및 증축·보수, <mark>진대법</mark>(고구려 고국천왕)
   (2) **상업**: 5세기경 도시 중심으로 시장 형성, 6세기 초 시장 감독 관청 설치(<mark>동시전</mark>), 수출(금·은·세공품)과 수입(비단·서적·약재) 활발 ─ 신라 지증왕 때
   (3) **수공업**: 초기에는 노비들이 국가 수요품 생산, 후기에는 관청을 두고 수공업자를 배정하여 물품 생산

2. **귀족과 농민의 경제 생활**
   (1) **귀족 경제 생활**
     ① 경제 기반: 국가에서 지급받은 녹읍·식읍으로 생활, 개인 소유의 토지와 노비
     ② 농민 지배: 농민을 동원하여 토지 경작, 과도한 수취와 고리대(농민의 노비화)
     ③ 주거 생활: 기와집·창고·마구간·우물·주방 등을 갖춤, 비단옷과 금·은으로 치장
   (2) **농민의 경제 생활**
     ① 농업 기술: 휴경 농법❶, 철제 농기구 보급, <mark>우경</mark>❷ 장려 ─ 6세기 보편화
     ② 국가에 대한 의무: 곡물·삼베·과실 납부, 노동력 동원, 전쟁 물자 부담 → 경제적 부담 증가(귀족의 농민 수탈과 자연 재해 등) → 농민의 몰락(노비·유랑민·도적으로 전락)

> **사료 읽기**
>
> ▶ **고구려의 귀족과 평민**
> 그 나라는 3만 호인데 …… 그 중에 대가들은 밭갈이하지 않고 먹는 자가 1만 명이나 되며, 하호는 먼 곳에서 쌀, 낟알, 물고기, 소금 등을 져서 날라다 대가에 공급하였다.
> ─ 『삼국지』 ─
>
> 대가들은 밭갈이를 하지 않고 하호들은 부세를 바치며 노비와 같다.
> ─ 『위략』 ─

check! 필수 암기!
삼국의 경제
고구려: 진대법(고국천왕, 을파소)
신라: 동시전(6세기 초 시장 감독 관청)

➕ 삼국의 정복 정책
삼국은 고대 국가로 성장하는 과정에서 주변의 소국과 전쟁을 벌이고 정복한 지역에는 그 지역의 지배자를 내세워 토산물을 공물로 수취하였다. 또 삼국은 전쟁 포로를 귀족이나 병사에게 노비로 나누어 주기도 하고, 군공을 세운 사람에게 일정 지역의 토지와 농민을 식읍으로 주었다.

❶ 휴경 농법
고대 사회는 시비법이 발달하지 못하여 1년 또는 수년 동안 묵혀 두는 땅이 있었다.

❷ 우경 실시
『삼국사기』의 기록에 따르면 6세기 신라 지증왕 때 처음 실시하였다.

02 남북국 시대의 경제적 변화

1. **통일 신라**
   (1) **토지 제도의 변화★★★**
     ① 신라 중대: 통일 이후 <mark>신문왕 때 녹읍을 폐지하고 관료전 지급, 성덕왕 때 백성에게 정전 지급</mark>
     ─ 천하의 토지는 모두 왕의 영토이며 왕의 지배를 받아야 한다는 왕토 사상에 근거

check! 필수 암기!
남북국의 경제 관련 주요 사항
민정 문서: 서원경(청주) 재산, 촌주 기록, 세금 징수 자료
무역항: 당항성, 울산항
발해: 솔빈부 말, 모피, 인삼, 불상, 자기, 신라도

❓ 식읍, 녹읍, 관료전

구분	조세 수취권	노동력 징발권	대상
식읍	○	○	왕족, 공신
녹읍	○	○	관료, 귀족
관료전	○	×	관료

58 Ⅱ. 고대의 한국사

② 신라 하대: 귀족 세력의 강화로 인하여 경덕왕 때 관료전을 폐지하고 녹읍 부활(757)

(2) 신라 민정 문서 ★
① 발견: 1933년 일본 도다이사 쇼소인(正倉院)에서 통일 신라 시기 서원경(청주)의 4개 촌 장적 발견
② 작성: 지역 촌주가 매년 변동 사항을 조사하여 3년마다 작성
③ 내용: 토지 크기, 인구 수, 소와 말의 수, 토산물 파악, 사람의 많고 적음에 따라 9등급, 연령·성별에 따라 구분하면서 나이에 따라 6등급으로 구분
④ 목적: 국가의 조세, 공물, 부역 징수를 위한 자료로 활용 → 16세에서 60세 남자의 연령을 기준으로 구분

> **신라 민정 문서**
> 토지는 논·밭·연수유전답(烟受有田畓)·촌주위답(村主位畓)·관모전답(官謨田畓)·내시령답(內視令畓)❸ 등 토지의 종류와 면적을 기록하고, 사람들은 인구·가호·노비의 수와 3년 동안의 사망·이동 등 변동 내용을 기록하였다. 그 밖에 소와 말의 수, 뽕나무·잣나무·호두나무의 수까지 기록하였다. 특히, 사람은 남녀별로 구분하고, 16세에서 60세의 남자의 연령을 기준으로 나이에 따라 6등급으로 구분하여 기록하였다. 호(가구)는 사람의 많고 적음에 따라 상상호(上上戶)에서 하하호(下下戶)까지 9등급으로 나누어 파악하였다.

(3) 경제 활동
① 상업 활동: 통일 이후 인구와 상품 생산 증가, 동시 외에 서시·남시 설치
② 대외 무역❹: 통일 이후 당과의 무역 번성, 공무역 및 사무역 발달(당항성), 이슬람 상인이 울산에서 무역(울산항)
③ 해외 기관: 산둥 반도와 양쯔 강 하류에 신라방, 신라촌, 신라소, 신라관, 신라원 설치
④ 청해진: 흥덕왕 때 장보고가 완도에 설치

2. 발해

(1) 수취 제도: 조세(조·콩·보리), 공물(베·명주·가죽), 부역(건축 동원)
└ 궁궐, 관청 등

(2) 산업 ★
① 농업과 목축: 기후 조건의 한계로 밭농사 중심(콩·조·보리·기장 등 재배), 목축(솔빈부의 말)과 수렵(모피·녹용·사향 등) → 수도인 상경 용천부 등
② 상업과 수공업: 도시와 교통 요충지에서 상품 매매 활발, 현물 화폐 중심, 외국 화폐 겸용, 금속 가공업(철·구리·금·은), 직물업(삼베·명주·비단), 도자기업 발달, 철 생산 풍부, 구리 제련술 발달
③ 어업: 고기잡이 도구 개량, 숭어·문어·대게·고래 포획

(3) 무역
① 당: 발해관 설치, 교관선 왕래, 수출(모피, 인삼, 불상, 자기)과 수입(귀족들의 수요품인 비단, 책) 활발
② 기타: 국제 교류 활발, 신라(신라도)와 일본(일본도) 및 거란과 무역

---

❸ **신라 민정 문서의 토지 종류**
- **연수유전답**: 국가가 농민에게 수여한 토지
- **촌주위답**: 국가의 역을 수행한 대가로 촌주에게 지급한 토지
- **관모전답**: 관청에 지급된 토지
- **내시령답**: 관료인 내시령에게 주어진 토지

❹ **남북국 시대의 대외 무역**

➕ **발해의 교통로**
- **일본도**: 상경 → 동경 → 일본
- **신라도**: 상경 → 동경(→ 남경) → 신라

check! 필수 암기!

삼국의 풍습
- 고구려: 제가 회의, 서옥제
- 백제: 정사암 회의
- 신라: 화백 회의, 골품제, 화랑도

⊕ 신분제의 확립
중앙 집권 국가로 변화하는 과정에서 골품제와 같은 강력한 구속력을 가진 신분제가 확립되었다.

❺ 서옥제
남녀가 혼인을 하면 신부 집 뒤꼍에 서옥이라는 집을 짓고 살다가, 자식을 낳아 장성하면 신부를 데리고 자기 집으로 갔다.

❻ 「양직공도」(웅진 시대)

중국 양나라의 원제가 526~536년 무렵에 그린 그림으로, 백제 사신의 모습을 통해 삼국의 대외 교류 사실을 알 수 있다. 당시는 백제 성왕(523~554)이 사비로 천도(538)하기 전이다.

---

03 삼국 시대의 사회

1. 초기 국가의 신분제 성립

(1) 연맹 왕국 초기의 신분 구조
  ① 신분의 형성: 정복 전쟁 → 부족 통합 → 지배층 서열 형성 → 신분제 성립
  ② 지배 계급(가·대가): 읍락 지배, 관리와 군사력 소유, 정치 참여
  ③ 피지배 계급
    ㉠ 호민(경제적 부유층), 하호(평민으로 농업에 종사)
    ㉡ 노비: 주인에게 예속된 최하층 천민

(2) 고대 국가의 신분 구조(중앙 집권 국가)
  ① 일반적 특징: 율령 제정(지배층의 특권 유지 장치), 별도의 신분제 운영
  ② 지배 계급(귀족): 왕족과 옛 부족장 세력, 정치 권력과 사회·경제적 특권 향유
  ③ 피지배 계급
    ㉠ 평민: 대부분 농민, 자유민, 정치·사회적 제약, 조세 및 역의 의무
    ㉡ 천민: 비자유민, 집단 예속민(왕실·귀족·관청 예속), 노비(신분, 전쟁 노비, 채무 노비)

2. 삼국의 사회 모습 ★

(1) 고구려의 사회 모습
  ① 일반적 특징: 척박한 지형, 정복 활동 → 씩씩한 사회 기풍 형성
  ② 지배층: 왕족인 고씨와 5부 출신의 귀족들이 정치 주도 → 귀족 회의(<mark>제가 회의</mark>)
    └ 욕살(5부 지방관), 처려근지(중간 관리층)
  ③ 사회 풍속
    ㉠ 혼인 풍습: 일종의 데릴사위 제도였던 서옥제❺와 형사취수제 존재
    ㉡ 엄격한 법률 적용(뇌옥 없음), 반역·반란한 자는 사형 후 그 가족들을 노비로 삼음, 항복하거나 패한 자는 사형
  ④ 부경: 집집마다 각기 소유한 작은 창고

(2) 백제의 사회 모습
  ① 일반적 특징: 언어와 풍속, 의복 등이 고구려와 비슷, 세련된 문화(「양직공도」❻)
  ② 지배층: 왕족인 부여씨와 8성의 귀족, 능숙한 관청 실무 → 귀족 회의(<u>정사암 회의</u>)
    └ 사씨·연씨(정치 주도), 해씨·진씨(왕비 배출), 국씨, 목씨, 백씨, 협씨 등
  ③ 사회 풍속
    ㉠ 문화: 투호·바둑·장기 등, 씩씩한 상무적 기풍(말타기, 활쏘기 등)
    ㉡ 법률: 반역·패전자는 사형, 절도자는 귀양과 동시에 2배 배상, 뇌물·횡령한 관리는 3배를 배상하고 종신 금고형

> 📖 **사료 읽기**
>
> ▶ **정사암 회의**
> 호암사에 정사암이란 바위가 있다. 국가에서 재상을 뽑을 때 후보자 3~4명의 이름을 써서 상자에 넣어 바위 위에 두었다. 얼마 뒤에 열어 보아 이름 위에 도장이 찍혀 있는 자를 재상으로 삼았다. 이 때문에 정사암이란 이름이 생기게 되었다.
>
> — 「삼국유사」 —

(3) 신라의 사회 모습
　① 일반적 특징: 고구려와 백제에 비하여 늦은 중앙 집권화
　② 지배층: 왕족인 성골과 진골 및 6두품 → 귀족 회의인 화백 회의❼는 만장일치제로 운영된 신라의 합의 제도로 귀족의 단결과 국왕과 귀족 간의 권력을 조절하는 기능 담당, 상대등이 주관
　③ 골품제★★
　　└─ 폐쇄적 신분제
　　㉠ 신라의 신분 제도: 혈연으로 인한 사회적 제약(관등 상한선), 일상생활까지 규제

> **📖 사료 읽기**
>
> ▶ **골품제의 생활 규제**
> 4두품에서 백성에 이르기까지는 방의 길이와 너비가 15척을 넘지 못한다. 느릅나무를 쓰지 못하고, 우물천장을 만들지 못하며, 당기와를 덮지 못하고, 짐승 머리 모양의 지붕 장식이나 높은 처마 …… 등을 두지 못하며, 금은이나 구리 …… 등으로 장식하지 못한다. 섬돌로는 산의 돌을 쓰지 못한다. 담장은 6척을 넘지 못하고, 또 보를 가설하지 않으며 석회를 칠하지 못한다. 대문과 사방문을 만들지 못하고 마구간에는 말 2마리를 둘 수 있다.
> 　　　　　　　　　　　　　　　　　　　　　　　　　　　- 『삼국사기』 -

　　㉡ 신분의 특징
　　　• 성골: 전통 왕족 출신으로 최고의 신분, 진덕 여왕 이후 단절
　　　• 진골: 무열왕 이후 왕족, 신라 중대 이후 최고의 신분
　　　• 6두품: 대족장 출신, 득난(得難), 행정·학문·종교 분야에서 활약, 6등급 아찬까지만 승진이 가능
　　　• 5두품 이하: 소족장 출신, 5두품은 10관등인 대나마까지, 4두품은 12관등인 대사까지만 승진이 가능, 3두품 이하는 통일 이후 평민화
　　　• 중위제(重位制): 특정 관등을 더 세분화한 일종의 특진 제도로 제6등급 아찬은 사중아찬까지, 제10등급 대나마는 구중대나마까지, 제11등급 나마는 칠중나마까지 승진 가능
　④ 화랑도★❽
　　└─ 계급 갈등을 완화시킨다는 측면에서 화백 회의와 정반대의 성격
　　㉠ 기원: 원시 사회의 청소년 집단에서 기원
　　㉡ 구성: 화랑(지도자)과 낭도(귀족~평민)로 구성, 계층 간의 대립과 갈등을 조절·완화
　　㉢ 발전: 진흥왕 때 조직 확대, 진평왕 때 화랑도의 규율 제시(원광의 세속 5계)
　　　　　　└─ 국가 조직으로 개편

> **📖 사료 읽기**
>
> ▶ **원광의 세속 5계**
> 여기 세속 5계가 있으니, 하나는 충으로써 임금을 섬기고(사군이충), 둘은 효로써 부모를 섬기는 것이며(사친이효), 셋은 믿음으로써 친구를 사귀고(교우이신), 넷은 전장에서 나아가 물러서지 않으며(임전무퇴), 다섯은 생명 있는 것을 가려서 죽인다는 것이다(살생유택). 너희는 실행에 옮기되 소홀히 하지 말라.
> 　　　　　　　　　　　　　　　　　　　　　　　　　　　- 『삼국사기』 -

❼ **화백 회의**
화백 회의는 귀족을 대표하는 상대등이 주관하였다. 귀족들이 국왕(진지왕)을 폐위시키거나 새 국왕을 추대할 때 영향력을 발휘하는 등 왕권을 견제하는 기능도 하였다.

➕ 신라의 골품제

등급	관등명	공복	진골	6두품	5두품	4두품
1	이벌찬	자색				
2	이찬	자색				
3	잡찬	자색				
4	파진찬	자색				
5	대아찬	자색				
6	아찬	비색				
7	일길찬	비색				
8	사찬	비색				
9	급벌찬	비색				
10	대나마	청색				
11	나마	청색				
12	대사	황색				
13	사지	황색				
14	길사	황색				
15	대오	황색				
16	소오	황색				
17	조위	황색				

❽ **화랑도의 기원**
신라의 여단장인 두 미녀(원화) 남모와 준정을 따르던 무리가 화랑도의 시초이며, 이들은 무리를 지어 명산대천을 즐겼다. 준정이 남모를 살해하자, 조정에서 준정을 사형시켰고, 이후 품행이 곧고 외모가 고운 남자를 뽑아 국선으로 삼았다. 최치원의 낭랑비서에는 화랑도를 풍류도, 풍월도라고 나타내기도 하였다.

> check! 필수 암기!

발해의 사회 구성

고구려인(지배층), 말갈인(피지배층)

04 남북국 시대의 사회

1. 통일 신라의 사회 변화

(1) **통일 직후:** 민족 문화가 하나의 국가 아래 발전하는 계기
  ① **정치 · 사회 안정:** 영토와 인구 증가, 경제력 증대, 왕권 전제화
  ② **민족 통합:** 고구려 · 백제의 옛 지배층에게 신라 관등 부여, 각국의 유민들을 9서당에 편성

(2) **신라 중대의 사회**
  ① **진골 귀족:** 중앙 · 지방 관청의 장관직 독점, 합의를 통한 국가 중대사 결정(화백 회의)
  ② **골품 변화:** 6두품은 국왕을 보좌하여 정치적 · 사회적 진출, 3두품에서 1두품은 평민화
  ③ **도시 발달:** 금성(중앙 정치 · 문화의 중심지), 5소경(지방 문화의 중심지) 번성
  ④ **귀족 생활:** 금입택에서 호화 생활, 대토지와 목장 소유, 고리대업, 사치품 선호 ❾
  ⑤ **평민 생활:** 자작농, 소작농, 고리대로 인한 노비 전락, 유랑민 전락

(3) **신라 말의 사회 모순★**
  ① **사회 모순:** 중앙의 통제력 약화, 지방 세력(호족) 성장, 자영농 몰락
  ② **민란 발생:** 중앙 정부의 기강 문란(귀족들의 정권 다툼), 강압적인 조세 징수, 원종과 애노의 난(상주) 등 각지에서 농민 봉기 발생

2. 발해의 사회 구조적 특징

(1) **계급의 분화**
  ① **지배층:** 소수의 고구려인(대씨─왕족, 고씨─귀족), 주요 관직 차지, 노비와 예속민 소유
  ② **피지배층:** 다수의 말갈인, 국가 행정 보조(촌주로 임명)

(2) **지식인:** 당의 빈공과에 응시, 당의 제도와 문화 수용

(3) **사회 풍습:** 고구려나 말갈 사회의 전통적인 생활 모습 유지

3. 신라와 발해의 관계

(1) **대립 관계:** 발해 무왕 때 신라가 발해 공격, 쟁장 사건, 등제 서열 사건 등
  ① **쟁장 사건:** 발해 왕자 대봉예가 당에 사신으로 파견되었을 때 사신의 위치를 두고 신라와 다투었던 사건(897)
  ② **등제 서열 사건:** 신라 최언위가 발해 오광찬보다 빈공과 순위가 높아 명단 위에 등재되자 오광찬의 아버지 오소도가 순위를 바꾸어 달라고 하여 충돌한 사건(906)

(2) **친선 관계:** 신라도(발해 문왕), 발해가 거란의 침입을 받았을 때 신라가 발해를 지원하기도 함

---

❾ **신라 귀족들의 사치**

신라 귀족들의 사치가 심하여 흥덕왕이 사치 금지령을 내렸으나 실효를 거두지는 못하였다.

04 단골 키워드 문제

Ⅱ. 고대의 한국사
04 고대의 경제와 사회

정답 및 해설 13쪽

기출 선택지 미리보기

- 고구려 고국천왕 – 진대법을 실시하여 빈민을 구제하였다.
- 장보고 – 청해진을 설치하여 해상 무역을 전개하였다.
- 신라 – 골품에 따라 관등 승진에 제한이 있었다.
- 신라 – 세속 5계를 규범으로 삼는 화랑도를 운영하였다.
- 발해 – 담비 가죽과 인삼, 자기 등을 수출하였다.

기출 키워드로 연습하기

01 ① 고구려 •   • 화백 회의
   ② 백제 •   • 제가 회의
   ③ 신라 •   • 정사암 회의

02 고구려 고국원왕은 을파소의 건의로 진대법을 시행하였다. (O / ×)

03 발해는 솔빈부의 말을 특산물로 거래하였다. (O / ×)

04 신라 진흥왕은 청소년 집단이었던 (   )을/를 국가적인 조직으로 개편하였다.

05 신라 (   ) 때 우경이 시행되어 경제가 발전하게 되었다.

06 통일 신라 신문왕은 관리들에게 조세 수취권인 (   )을/를 지급하였다.

정답 | 01 ① 제가 회의 ② 정사암 회의 ③ 화백 회의 02 × 03 ○
04 화랑도 05 지증왕 06 관료전

01 KEYWORD 01 고구려와 백제

(가), (나) 국가의 사회 모습에 대한 설명으로 옳은 것은?

심화 63회 3번

> (가) 왕의 성은 부여씨이고, [왕을] '어라하'라고 하며 백성들은 '건길지'라고 부른다. 모두 중국 말로 왕이라는 뜻이다. …… 도성에는 1만 가(家)가 거주하며 5부로 나뉘는데 상부·전부·중부·하부·후부라고 하며, 각각 5백 명의 군사를 거느린다. [지방의] 5방에는 각기 방령 1인을 두는데 달솔로 임명하고, 군에는 군장(郡將) 3인이 있으니 덕솔로 임명한다.
> – 『주서』 –
>
> (나) 60개의 주현이 있으며, 큰 성에는 녹살 1인을 두는데 도독과 비슷하다. 나머지 성에는 처려근지를 두는데 도사라고도 하며, 자사와 비슷하다. …… [수도는] 5부로 나뉘어 있다.
> – 『신당서』 –

① (가) – 사회 질서를 유지하기 위해 범금 8조를 두었다.
② (가) – 거란도, 일본도 등을 통해 주변 국가와 교류하였다.
③ (나) – 태학과 경당을 두어 인재를 양성하였다.
④ (나) – 정사암 회의에서 국가 중대사를 논의하였다.
⑤ (가), (나) – 골품에 따라 관등 승진에 제한이 있었다.

02 KEYWORD 02 고구려의 사회

(가)에 들어갈 내용으로 가장 적절한 것은?

심화 64회 3번

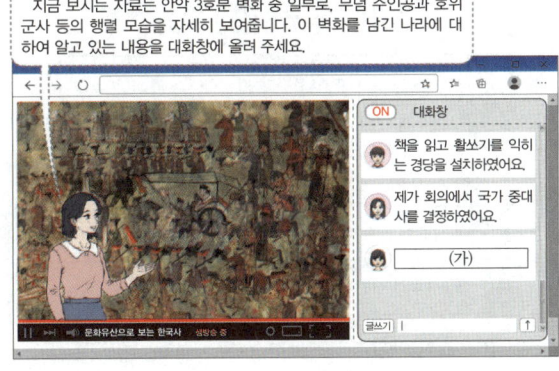

① 연의 장수 진개의 공격을 받았어요.
② 골품에 따른 신분 차별이 엄격하였어요.
③ 빈민을 구제하기 위해 진대법을 실시하였어요.
④ 사회 질서를 유지하기 위한 범금 8조가 있었어요.
⑤ 왕족인 부여씨와 8성의 귀족이 지배층을 이루었어요.

03 KEYWORD 03 민정 문서

(가) 국가의 경제 상황으로 옳은 것은? 심화 63회 5번

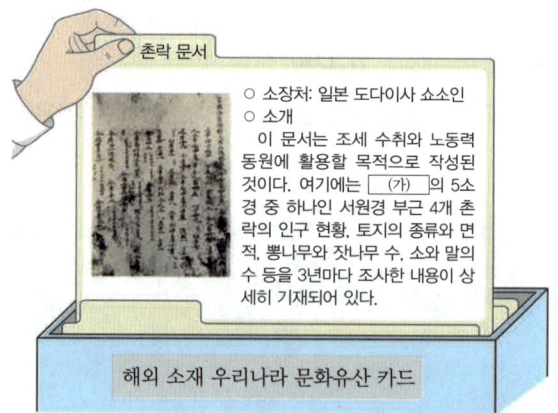

① 낙랑군과 왜에 철을 수출하였다.
② 집집마다 부경이라는 창고가 있었다.
③ 활구라고 불리는 은병이 유통되었다.
④ 특산품으로 솔빈부의 말이 유명하였다.
⑤ 울산항, 당항성이 무역항으로 번성하였다.

04 KEYWORD 04 신라의 토지 제도

(가)에 들어갈 내용으로 옳은 것은? 심화 62회 8번

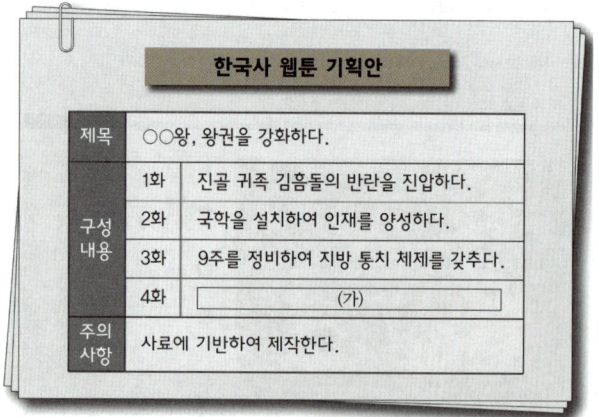

① 관료전을 지급하고 녹읍을 폐지하다.
② 마립간이라는 칭호를 처음 사용하다.
③ 이사부를 보내 우산국을 복속시키다.
④ 화랑도를 국가적 조직으로 개편하다.
⑤ 이차돈의 순교를 계기로 불교를 공인하다.

05 KEYWORD 05 백제의 사회

다음 자료에 해당하는 국가에 대한 설명으로 옳은 것은? 심화 61회 3번

○ 벼슬은 16품계가 있다. 좌평은 5명으로 1품, 달솔은 30명으로 2품, 은솔은 3품, 덕솔은 4품, 한솔은 5품, 나솔은 6품이다. 6품 이상은 관(冠)을 은으로 만든 꽃으로 장식하였다.
○ 그 나라의 지방에는 5방이 있다. 중방은 고사성, 동방은 득안성, 남방은 구지하성, 서방은 도선성, 북방은 웅진성이라 한다.
- 『주서』 -

① 골품에 따라 관등 승진에 제한을 두었다.
② 제가 회의에서 국가 중대사를 결정하였다.
③ 지방 장관으로 욕살, 처려근지 등이 있었다.
④ 위화부, 영객부 등의 중앙 관서를 설치하였다.
⑤ 왕족인 부여씨와 8성 귀족이 지배층을 이루었다.

06 KEYWORD 06 화랑도

밑줄 그은 '왕'의 업적으로 옳은 것은? 심화 63회 7번

○ 담당 관청에 명하여 월성의 동쪽에 새 궁궐을 짓게 하였는데, 그곳에서 황룡이 나타났다. 왕이 이것을 기이하게 여기고는 [계획을] 바꾸어 사찰을 짓고, '황룡'이라는 이름을 내려 주었다.
○ [거칠부가] 왕의 명령을 받들어 여러 문사(文士)를 모아 국사를 편찬하였다.
- 『삼국사기』 -

① 이사부를 보내 우산국을 복속시켰다.
② 예성강 이북에 패강진을 설치하였다.
③ 관료전을 지급하고 녹읍을 폐지하였다.
④ 국가적인 조직으로 화랑도를 개편하였다.
⑤ 이차돈의 순교를 계기로 불교를 공인하였다.

07 KEYWORD 07 골품제

밑줄 그은 '이 제도'에 대한 설명으로 옳은 것은? 심화 55회 5번

① 원화(源花)에 기원을 두고 있다.
② 을파소의 건의로 처음 마련되었다.
③ 서얼의 관직 진출을 법으로 제한하였다.
④ 집과 수레의 크기 등 일상생활을 규제하였다.
⑤ 문무 5품 이상 관리의 자손을 대상으로 하였다.

08 KEYWORD 08 장보고의 활동

밑줄 그은 '이 인물'에 대한 설명으로 옳은 것은? 심화 62회 9번

① 구법 순례기인 왕오천축국전을 지었다.
② 진성 여왕에게 시무책 10여 조를 올렸다.
③ 청해진을 중심으로 해상 무역을 전개하였다.
④ 9산 선문 중 하나인 가지산문을 개창하였다.
⑤ 한자의 음과 훈을 차용한 이두를 체계적으로 정리하였다.

09 KEYWORD 09 발해의 국제 관계

(가) 국가의 경제 상황으로 옳은 것은? 심화 64회 8번

① 벽란도를 통해 아라비아 상인과 무역하였다.
② 구황 작물로 감자, 고구마를 널리 재배하였다.
③ 해동통보를 발행하여 화폐 유통을 추진하였다.
④ 시장을 관리하는 관청인 동시전을 설치하였다.
⑤ 거란도, 영주도 등을 통해 주변국과 교역하였다.

10 KEYWORD 10 통일 신라의 경제

(가)에 들어갈 내용으로 가장 적절한 것은? 심화 72회 6번

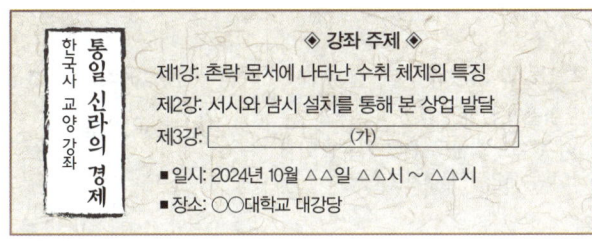

① 상평창과 물가 조절
② 은병이 화폐 유통에 미친 영향
③ 진대법으로 알아보는 빈민 구제
④ 덩이쇠 수출을 통해 본 낙랑과의 교역
⑤ 울산항을 통한 아라비아 상인들과의 교류

05 고대의 문화

> **check! 필수 암기!**
>
> **교육 기관**
> 고구려(태학, 경당), 통일 신라(국학, 독서삼품과), 발해(주자감)

01 학문과 사상·종교

1. 역사 편찬과 유학의 보급

(1) **한자의 보급과 교육**: 철기 시대부터 지배층이 한자 사용, 삼국 시대에 이두·향찰 사용
   - 한문의 토착화를 위한 독자적 노력
   - 한자를 우리말의 순서로 쓴 글
   - 우리말을 한자의 음과 뜻으로 쓴 글

(2) **역사 편찬 및 문학**
   ① 삼국 시대: 고구려 이문진의 『신집』 5권(영양왕), 백제 고흥의 『서기』(근초고왕), 신라 거칠부의 『국사』(진흥왕)
   ② 통일 신라: 김대문의 『화랑세기』(화랑들의 전기), 『고승전』(유명 승려들의 전기)

(3) **유학**
   ① 유학 교육 ★
      ㉠ 고구려: 수도에는 **태학**(소수림왕, 유교 경전·역사서 교육), 지방에는 **경당**(장수왕, 한학·무술 교육)을 건립
      ㉡ 백제: 박사 제도(유교 경전·기술학 교육), 한문 문장(개로왕의 북위 국서), 사택지적비문❶
      ㉢ 신라: 임신서기석(청소년들의 유교 학습 기록)
      ㉣ 통일 신라: 국학 설치[**국학**(신문왕) → 태학감(경덕왕) → 국학(혜공왕)], **독서삼품과**(원성왕)
         - 귀족들의 반대로 시행되지 못한 관리 등용 제도
      ㉤ 발해: **주자감** 설립(문왕, 유교 경전 교육)
   ② 유학의 보급
      ㉠ 통일 신라: **강수**(외교 문서, 「답설인귀서」)와 설총(이두·「화왕계」) 등 6두품 지식인, 김운경과 **최치원**(빈공과 급제, 『**계원필경**』, 「토황소격문」(「격황소서」), 「사산비문」, 「묘길상탑기」) 등 도당 유학생, 최치원의 시무 10여 조(유교 이념, 과거 제도)
         - 유교 도덕 정치를 강조하여 신문왕에게 바침
         - 골품제로 인해 채택되지 못함(진성 여왕)
      ㉡ 발해: 당에 유학생 파견, 당의 빈공과 급제

2. 불교와 기타 신앙

(1) **불교 수용**: 왕권 강화의 과정에서 왕실이 수용, 귀족에 의해 공인(귀족 불교)
   ① 불교 공인: 고구려(**소수림왕**, 전진의 순도), 백제(**침류왕**, 동진의 마라난타), 신라(**법흥왕**, 이차돈의 순교❷)
      - 예) 백제 왕흥사, 미륵사, 신라 황룡사 구층 목탑, 세속 5계
   ② 특징: **왕권 강화**(신라의 불교식 왕명, 선진 문화 수용), 호국 불교
   ③ 교리: 업설(왕즉불 사상, 지배층 특권 인정), 미륵불 신앙❸(이상적인 불국토 건설)

(2) **불교의 발전**
   ① 통일 신라의 대표적 승려
      ㉠ 원효(617~686, 소성거사) ★★★
         - **일체유심조**(一切唯心造): 당나라로 유학을 가던 중 '모든 것이 마음에서 만들어 내는 것'이라는 깨달음을 얻음
         - 화쟁 사상: 불교의 사상적 이해 기준 확립(『대승기신론소』, 『**금강삼매경론**』), **일심 사상(화쟁 사상)**을 바탕으로 종파 간의 사상적 대립·분파 의식 극복(『**십문화쟁론**』)

> **❶ 사택지적비문**
> 의자왕 14년(654)에 나지성(奈祗城)의 사택지적이란 사람이 늙어가는 것을 탄식하여, 불교에 귀의하고 사찰을 건립하였다는 내용의 비문이다.

> **check! 필수 암기!**
>
> **통일 신라의 대표적 승려**
> **원효**: 화쟁 사상(『십문화쟁론』, 『금강삼매경론』, 아미타)
> **의상**: 화엄 사상(『화엄일승법계도』, 일즉다 다즉일, 부석사)
> **혜초**: 『왕오천축국전』

> **❷ 이차돈의 순교**
> 이차돈 또는 거차돈은 불교의 승려이자 신라 법흥왕의 근신이다. 이차돈은 순교를 자청하여 "부처가 있다면 내가 죽은 뒤 반드시 이적(異蹟)이 있을 것이다."라고 예언했는데, 그의 목을 베니 피가 흰 젖빛으로 변하여 솟구치고, 꽃비가 내렸다고 한다. 이를 계기로 528년 불교를 공인하였다고 전해진다.

> **❸ 미륵불 신앙과 화랑도**
> 신라에서는 화랑이 선화와 같은 미륵불의 화신으로 여겨졌고, 화랑도 집단 자체를 미륵을 숭배하는 무리로 일컫기도 하였다.

- 불교의 대중화: 아미타 신앙(정토종 보급), 「무애가」❹, 법성종 개창
- ⓒ 의상★★★: 화엄 사상 정립(『화엄일승법계도』, 일즉다다즉일), 관음 신앙(현세에서 고난 구제), 부석사 건립
- ⓒ 기타★: 혜초(『왕오천축국전』❺), 자장(선덕 여왕에게 황룡사 구층 목탑 건립 건의)
- ② 발해의 불교: 고구려 불교 계승, 왕실과 귀족 중심, 상경에 사원 건립

(3) 선종과 풍수지리설
① 선종의 확산★★: 통일 전후 전래, 신라 말기에 유행, 실천적인 경향, 조형 미술 쇠퇴, 6두품과 연계, 9산 선문 성립(호족 세력의 후원), 지방 문화의 역량 증대, 고려 사회 건설의 사상적 바탕

💬 교종과 선종

구분	성격	종파	자치 세력	발전 시기	영향
교종	불경 · 교리 중시	5교	중앙 귀족	신라 중대	조형 미술 발달, 중앙 집권 강화
선종	참선 · 수행 중시	9산	지방 호족	신라 하대	조형 미술 쇠퇴, 승탑 · 탑비의 발달

② 풍수지리설❻: 신라 말 선종 승려 도선이 전래, 인문지리적 학설, 도참 신앙과 결합

(4) 도교의 전래★★
① 특징: 산천 숭배, 불로장생, 신선 사상, 귀족 사회 유행
  └ 사후 세계를 수호하기 위한 방위신 [청룡(동), 백호(서), 주작(남), 현무(북)]
② 전래: 고구려(연개소문❼이 수용, 을지문덕의 오언시, 사신도), 신라(화랑도, 12지 신상), 백제(산수무늬 벽돌, 금동대향로, 무령왕릉 지석, 사택지적비), 발해(정효 공주 무덤)

▲ 사신도(현무도)

▲ 산수무늬 벽돌

▲ 금동대향로

❹ 「무애가」(無㝵歌)
화엄경의 이치를 담은 것으로, '모든 것에 거리낌이 없는 사람이라야 생사의 평안함을 얻는다'라는 노랫가락을 지어 유포시켰다.

❺ 「왕오천축국전」
혜초가 당을 거쳐 인도와 여러 나라를 순례하고 그 행적을 기록한 기행문으로 1908년 프랑스 학자 펠리오가 중국 둔황의 천불동에서 발견하여 프랑스로 가져가 현재 파리 국립 도서관에 소장되어 있다.

❻ 풍수지리설
신라 말 선종 승려 도선은 땅의 기운이 쇠퇴할 때 그곳에 자리 잡은 인간이나 국가는 쇠망하게 마련이며, 이를 막기 위해서 인위적으로 사찰(비보사찰)이나 탑(비보사탑)을 건립해 기운을 보완하여야 한다고 주장하였다.

❼ 연개소문의 도교 장려
연개소문은 당나라 태종으로부터 숙달(叔達) 등 도사 8인과 『도덕경』을 얻어와 도교를 국가의 종교로 삼아 불교보다 우위를 차지하게 하였다(643, 보장왕). 이는 왕실을 견제할 목적으로 불교를 억압한 정책이었다.

02 고대의 문화유산

1. 고대 국가의 고분

(1) 고구려★★★
① 돌무지무덤 ← 돌로 쌓아 만든 무덤(청동기 시대~삼국 시대)
  ㉠ 특징: 돌을 계단식으로 정밀하게 7층까지 쌓아 올린 형태, 만주 길림성 집안(지안) 일대에 1만 2000여 기 존재
  ㉡ 대표적 유적지: 장군총(장수왕릉으로 추정)

▲ 장군총(길림성 집안)

② 굴식 돌방무덤
  ㉠ 특징: 돌로 널방을 짜고 그 위에 흙으로 덮어 봉분을 만든 형태, 벽화 존재, 모줄임 천장 구조, 도굴이 용이

✏️ check! 필수 암기!

대표적인 고대 고분
- **고구려**: 돌무지(장군총), 굴식 돌방(강서 고분)
- **백제**: 돌무지(서울 석촌동), 벽돌(무령왕릉)
- **신라**: 돌무지덧널(천마총, 호우총)
- **가야**: 대성동(금관가야), 지산동(대가야)
- **통일 신라**: 굴식 돌방(김유신묘)
- **발해**: 굴식 돌방(정혜 공주 무덤), 벽돌(정효 공주 무덤)

ⓒ 대표적 유적지: 강서 고분(사신도), 무용총(무용도, 수렵도), 각저총(씨름도, 서역과 교류)

> 💡 고구려 굴식 돌방무덤

고분	지역	벽화
안악 3호분	황해도	지배층의 모습과 가옥 그림
무용총	만주 집안	무용도 및 수렵도
각저총	만주 집안	씨름도 및 별자리 그림
쌍영총	평안도 용강	기사도 및 풍속도
강서 고분	평안도 강서	청룡, 백호, 주작, 현무 등의 사신도

▲접객도(무용총)

▲시녀도(수산리벽화)

▲씨름도(각저총)

(2) 백제★★★
  ① 한성 시대(돌무지무덤)
    ㉠ 특징: 백제 건국의 주도 세력이 고구려와 같은 계통이었다는 건국 이야기의 내용을 증명
    ㉡ 대표적 유적지: 서울 석촌동 고분❽
  ② 웅진 시대(굴식 돌방무덤, 벽돌무덤)
    ㉠ 굴식 돌방무덤: 공주 송산리 고분(큰 규모의 고분, 사신도 발견)
    ㉡ 벽돌무덤: 무령왕릉❾[남조(양)와의 교류 사실 증명, 지석(매지권) 발견]
  ③ 사비 시대(굴식 돌방무덤): 부여의 능산리 고분(사신도 발견)

(3) 신라★★★
  ① 돌무지덧널무덤: 나무널을 만든 후 큰 덧널을 만들고, 그 위에 돌을 쌓은 다음 봉분을 덮어 완성, 도굴이 어려워 많은 껴묻거리가 그대로 보존
  ② 대표적 유적지: 천마총(천마도), 호우총(호우총 청동 그릇), 미추왕릉(경주 계림로 보검, 서역과 교류)

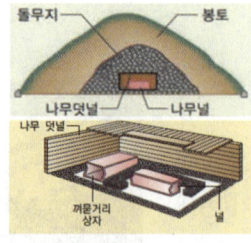
▲돌무지덧널무덤

▲천마도

▲경주 계림로 보검(황금보검)

(4) 가야★
  ① 대성동 고분(김해): 금관가야 고분, 널무덤, 덧널무덤 등 다양
  ② 지산동 고분(고령): 대가야 고분, 돌덧널무덤
  ③ 유물: 금동관, 철제 무기와 갑옷, 수레형 토기, 철 장식 등 출토

❽ 서울 석촌동 고분

❾ 무령왕릉: 영동대장군 백제 사마왕

무령왕릉은 1971년 송산리 고분군의 배수로 공사 중에 우연히 발견되었다. 중국 남조의 영향을 크게 받아 연꽃 등 우아하고 화려한 백제 특유의 무늬를 새긴 벽돌로 무덤 내부를 쌓았다. 도굴되지 않은 완전한 형태로 보존되어 지석·금관·석수 등의 유물이 출토되었다. 무덤의 주인공이 무령왕과 왕비임을 알리는 지석이 발견되어 연대를 확실히 알 수 있는 무덤이다.

(5) 통일 신라 ★
① 굴식 돌방무덤
  ㉠ 대표적 유적지: 경주 김유신묘(흥덕왕 때 흥무대왕으로 추존됨)
  ㉡ 특징: 봉토 주위를 둘레돌로 두르고 12지 신상을 조각하는 독특한 양식
    — 얼굴은 동물이고 몸은 사람인 신상
    (쥐,소,범,토끼,용,뱀,말,양,원숭이,닭,개,돼지)
② 화장법: 불교의 영향으로 화장법 유행(경주 문무 대왕릉❿)

(6) 발해 ★★
① 굴식 돌방무덤(정혜 공주 무덤): 고구려 영향, 모줄임 천장 구조, 돌사자상(당 영향)
② 벽돌무덤(정효 공주 무덤): 당 영향, 묘지(墓誌, 불로장생 사상) 발견
   — 죽은 자의 생애와 가족 관계 등을
   돌에 기록하여 매장한 표식

2. 고대의 건축과 탑
(1) 건축
① 삼국 시대: 고구려의 안학궁(장수왕, 고구려 남진 정책의 기상), 백제의 미륵사(무왕, 백제의 중흥 반영), 신라의 황룡사(진흥왕, 팽창 의지 반영)
② 남북국 시대: 통일 신라의 불국사(불국토의 이상 표현)·석굴암(비례와 균형의 조화미)·안압지(조경술, 귀족들의 화려한 생활), 발해의 상경 궁궐 터(당의 장안성 모방, 주작대로, 온돌 흔적)

▲ 발해 상경 용천부 평면도

(2) 탑 ★★★
① 고구려: 주로 목탑 건립, 현존하는 것 없음
② 백제
  ㉠ 익산 미륵사지 석탑: 7세기 백제 무왕 때 건립, 서탑만 일부 현존, 목탑 양식, 사리 봉안기 발견
  ㉡ 부여 정림사지 오층 석탑: 7세기 백제 무왕 때 건립한 것으로 추정, 익산 미륵사지 석탑을 계승한 백제의 대표적인 석탑, 안정적인 구조
③ 신라
  ㉠ 경주 황룡사 구층 목탑: 호국 불교, 선덕 여왕 때 자장의 건의, 13세기 몽골의 침입으로 소실
  ㉡ 경주 분황사 모전 석탑: 신라에서 가장 오래된 탑(634, 선덕 여왕 때 건립), 전탑 형식(벽돌 모양), 9층으로 추정되나 3층만 현존

▲ 분황사 모전 석탑

▲ 미륵사지 석탑

▲ 정림사지 오층 석탑

④ 통일 신라
  ㉠ 특징: 이중 기단 위에 삼층 석탑 형식 유행
  ㉡ 경주 감은사지 삼층 석탑: 신라 중대 신문왕 때 건립된 것으로 추정
  ㉢ 경주 불국사 삼층 석탑(석가탑, 무영탑): 통일 신라의 전형적인 탑 형식, 『무구정광대다라니경』, 금동 불상, 사리 보관함 발견

---

❿ 경주 문무 대왕릉(대왕암)
문무왕은 화장한 뒤 동해에 묻을 것을 유언하며 해룡(海龍)이 되어 외침을 막겠다고 하였다.

암기법
발해 공주 무덤
정혜 공주 무덤 → 고구려 영향,
정효 공주 무덤 → 당 영향
➔ 혜(고)~휴(당)~

➕ 불국사와 석굴암
불국사와 석굴암은 경덕왕 때 김대성의 발원으로 건립하였고(751), 1995년 유네스코 세계 문화유산으로 등재되었다.

check! 필수 암기!
고대의 주요 탑
백제: 미륵사지 석탑, 정림사지 오층 석탑
신라: 황룡사 구층 목탑, 분황사 모전 석탑
통일 신라: 감은사지 삼층 석탑, 불국사 삼층 석탑

➕ 다보탑

다보탑은 다보여래의 사리를 모셔 세운 탑이다. 『법화경(法華經)』에 의하면 "부처가 영취산에서 이 경을 설파할 때 다보여래의 사리를 모셔둔 탑이 땅 밑에서 솟아 나오고, 그 탑 속에서 소리를 내어 부처의 설법을 찬탄하고 증명하였다."고 하였는데, 이를 근원으로 세워진 탑이 다보탑이다.

⑪ 팔부중상

고대 인도의 신들로 석가에게 교화된 뒤 불법을 수호하는 선신이 되었다고 한다. 우리나라에는 석굴암에 조각되어 있는데, 석탑에 조각되어진 팔부중상은 보통 기단부에 조각되어 있으며, 탑신부에는 사천왕상이 조각되어 있다. 양양의 진전사지 삼층 석탑이 이러한 양식의 대표적 석탑이다.

⑫ 화순 쌍봉사 철감선사탑

✏️ check! 필수 암기!

고대 주요 불상

금동 미륵보살 반가 사유상, 금동 연가 칠년명 여래 입상, 서산 마애 여래 삼존상, 석굴암 본존불, 이불 병좌상

⑬ 가야금

『삼국사기』의 기록에 의하면 가실왕이 당나라의 '쟁'을 보고 12월을 본떠 12줄의 악기를 만들었다고 하여 '가야고'라고도 한다.

ⓔ 경주 불국사 다보탑: 복잡하고 화려함, 통일 신라 탑의 균형감과 신라의 아름다움 표현
ⓜ 양양 진전사지 삼층 석탑: 기단과 탑신에 팔부중상⑪을 새김
ⓑ 구례 화엄사 사사자 삼층 석탑: 네 마리의 사자가 탑을 이고 있는 형태의 석탑
ⓢ 승탑·탑비: 선종의 유행과 관련, ==화순 쌍봉사 철감선사탑⑫==(팔각원당형)

⑤ 발해: 승탑, 영광탑

→중국 길림성, 전탑(당 영향)

→8각의 탑신과 둥근 옥개석의 지붕이 덮힌 양식

▲감은사지 삼층 석탑 　▲불국사 삼층 석탑(석가탑) 　▲진전사지 삼층 석탑 　▲화엄사 사사자 삼층 석탑 　▲영광탑

3. 불상 및 기타 문화와 과학 기술

(1) 불상 및 기타 문화

① 불상 및 공예 ★★★
　㉠ 삼국 시대: 삼국 공통의 ==금동 미륵보살 반가 사유상==, 고구려의 ==금동 연가 칠년명 여래 입상==(북조 영향, 강인한 인상과 은은한 미소), 백제의 서산 용현리 마애여래 삼존상(백제의 미소), 신라의 경주 배동 석조여래 삼존입상(은은한 미소)
　㉡ 통일 신라: ==석굴암 본존불==과 보살상(사실적인 조각, 불교의 이상 세계 구현), 보은 법주사 쌍사자 석등, 무열왕릉비 받침돌(귀부), 범종(상원사 동종, 성덕 대왕 신종)
　㉢ 발해: 상경의 석등, 돌사자상(정혜 공주 무덤), ==이불 병좌상==(동경 절터에서 발견, 고구려 양식 계승, 흙을 구워 만든 불상), 자기 공예도 발전

▲금동 미륵보살 반가 사유상 　▲금동 연가 칠년명 여래 입상 　▲서산 용현리 마애 여래 삼존상 　▲이불 병좌상 　▲발해 석등(상경)

② 글씨, 그림과 음악
　㉠ 서예: 광개토 대왕릉 비문(웅건한 서체), 신라의 김생(질박하면서도 굳센 신라의 독자적인 서체)
　　→종교 및 노동과 밀접한 관련
　㉡ 그림: 경주 황남동 천마총의 천마도, 신라 솔거의 황룡사 노송도(사실적 묘사)
　㉢ 음악과 무용: 고구려 고분 벽화의 춤추는 모습, 화랑도들도 춤과 노래를 즐김, 신라 백결 선생(방아타령), 고구려 왕산악(거문고), 대가야의 우륵(가야금⑬, 12악곡)
　㉣ 향가: 진성여왕 때 각간 위홍과 대구화상이 왕명을 받아 『삼대목』 편찬(888)

(2) 기타 과학 기술

① **천문학**: 고구려 천문도, 신라 첨성대(7세기 선덕 여왕)에서 천체 관측
  └─ 중시 이유: 천문 현상이 농경과 밀접한 관련, 왕의 권위를 하늘과 연결

② **수학**: 고구려 고분(석실, 모줄임 천장 구조), 통일 신라 문화(석굴암의 석굴 구조, 불국사 삼층 석탑, 다보탑)

③ **금속 기술**: 백제 칠지도와 금동대향로, 신라의 금관과 성덕 대왕 신종❶

④ **목판 인쇄술과 제지술**: 『무구정광대다라니경』(불국사 삼층 석탑에서 발견, 세계에서 가장 오래된 목판 인쇄물), 통일 신라의 기록 문화 발전에 크게 기여

▲첨성대 ▲칠지도

❶ 성덕 대왕 신종
신라 경덕왕은 자신의 아버지인 성덕왕을 추모하기 위하여 성덕 대왕 신종을 주조하기 시작하였고, 그의 아들 혜공왕이 완성하였다(771). 성덕 대왕 신종은 아연이 첨가된 청동으로 만들어 맑고 장중한 소리와 경쾌하고 아름다운 비천상으로 유명하다.

03 일본으로 건너간 우리 문화

1. 삼국 시대의 문화 전파

(1) **백제**★
  ① 의의: 삼국 중 일본 문화 전파에 가장 큰 기여
  ② 전파
    ㉠ 4세기: 아직기(일본 태자에게 한자를 가르침), 왕인(천자문, 논어 전달)
    ㉡ 6세기: 노리사치계의 불경과 불상 전달, 고류사의 미륵보살 반가 사유상과 호류사의 백제 관음상 제작에 영향
  ③ 특징: 5경 박사, 의박사, 역박사, 화가, 공예가 활약 – 목탑, 백제 가람 양식

(2) **고구려**★: 담징(종이와 먹의 제작 방법 전달, 호류사의 금당 벽화), 혜관(불교 전파), 혜자(쇼토쿠 태자의 스승), 다카마쓰 고분 벽화(수산리 벽화와 흡사)

(3) **신라**: 축제술(한인의 연못), 조선술, 아스카 문화 형성에 영향

2. 일본의 문화 발전

(1) **스에키 문화**: 가야 토기의 영향을 받아 발달
(2) **아스카 문화**: 삼국 시대의 영향을 받아 발달
(3) **하쿠호 문화**: 통일 신라 문화의 영향을 받아 발달

▲호류사 벽화   ▲다카마쓰 고분 벽화

❶ 삼국 문화의 일본 전파

가야 토기는 일본 스에키 문화에 영향을 주었고, 삼국 시대에는 아스카 문화 형성에 큰 기여를 하였다.

05 단골 키워드 문제

Ⅱ. 고대의 한국사
05 고대의 문화

정답 및 해설 16쪽

기출 선택지 미리보기

- **백제 무왕** – 익산에 미륵사를 창건하였다.
- **자장** – 황룡사 구층 목탑의 건립을 건의하였다.
- **원효** – 「무애가」를 지어 불교 대중화에 노력하였다.
- **의상** – 영주에 부석사를 창건하였다.
- **백제 무령왕릉** – 중국 남조의 영향을 받았다.

기출 키워드로 연습하기

01 ① 백제 무왕 • • 화엄 사상
　　② 의상 • • 이불 병좌상
　　③ 발해 • • 익산 미륵사지 석탑

02 돌무지무덤의 내부는 모줄임 천장 구조로 되어 있다. (O / ×)

03 자장은 화쟁 사상을 통해 종파 간의 사상적 대립을 조화하려 노력하였다. (O / ×)

04 백제 무왕 때 건립된 익산 미륵사지 석탑은 (　　) 양식으로 건립되었다.

05 경주 분황사 모전 석탑은 신라 (　　) 때 건립되었다.

06 일본의 (　　) 문화는 가야 토기의 영향을 받아 발달하였다.

정답 | **01** ① 익산 미륵사지 석탑 ② 화엄 사상 ③ 이불 병좌상 **02** × **03** × **04** 목탑 **05** 선덕 여왕 **06** 스에키

01 KEYWORD 01 최치원

(가) 인물에 대한 설명으로 옳은 것은? 심화 70회 8번

[역사 다큐멘터리 기획안]

도당 유학생, 서로 다른 길을 걷다

■ 기획 의도
　당에 건너가 유학했던 6두품들이 신라로 돌아온 이후의 행보를 알아본다.

■ 구성 내용
1. (가) , 진성 여왕에게 시무책 10여 조를 올리다
2. 최승우, 견훤의 신하로 왕건에게 보내는 격문을 짓다
3. 최언위, 고려에 투항하여 문한관으로 문명을 떨치다

① 향가 모음집인 삼대목을 편찬하였다.
② 외교 문서인 청방인문표를 작성하였다.
③ 격황소서를 지어 문장가로서 이름을 떨쳤다.
④ 유식의 교의를 담은 해심밀경소를 저술하였다.
⑤ 국왕에게 조언하는 내용의 화왕계를 저술하였다.

02 KEYWORD 02 원효

(가) 인물의 활동으로 옳은 것은? 심화 61회 5번

이곳은 (가) 의 생애와 활동을 주제로 한 전시실입니다. 그는 금강삼매경론, 대승기신론소 등을 저술하여 불교 교리 연구에 힘썼으며, 무애가를 짓고 정토 신앙을 전파하여 불교 대중화에 앞장섰습니다.

① 일심 사상과 화쟁 사상을 주장하였다.
② 구법 순례기인 왕오천축국전을 남겼다.
③ 황룡사 구층 목탑의 건립을 건의하였다.
④ 왕명으로 수에 군사를 청하는 걸사표를 지었다.
⑤ 승려들의 전기를 정리한 해동고승전을 편찬하였다.

72　Ⅱ. 고대의 한국사

03 KEYWORD 03 의상

다음 자료에 해당하는 인물에 대한 설명으로 옳은 것은?

심화 76회 7번

① 보현십원가를 지었다.
② 세속 5계를 제시하였다.
③ 대승기신론소를 저술하였다.
④ 화엄일승법계도를 작성하였다.
⑤ 신편제종교장총록을 편찬하였다.

04 KEYWORD 04 발해의 문화유산

(가) 국가에 대한 설명으로 옳은 것은?

심화 55회 7번

① 왜에 칠지도를 만들어 보냈다.
② 2군 6위의 군사 조직을 운영하였다.
③ 신라도를 통하여 신라와 교류하였다.
④ 광평성 등의 정치 기구를 마련하였다.
⑤ 9주 5소경의 지방 행정 제도를 갖추었다.

05 KEYWORD 05 고대의 불상

밑줄 그은 '이 불상'으로 옳은 것은?

심화 52회 6번

①  ②  ③

④  ⑤

06 KEYWORD 06 고대의 탑

(가)에 해당하는 문화유산으로 옳은 것은?

심화 67회 4번

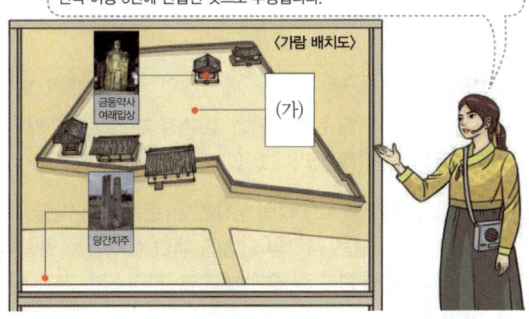

①  ②  ③

④  ⑤

II 多빈출-多선지 자료 문제

II. 고대의 한국사

01 4C 삼국의 정세

다음 자료의 사건이 발생하기 이전의 사실로 옳은 것은?
(정답 3개)

> 겨울에 백제왕이 태자와 함께 정병 3만 명을 거느리고 고구려를 침입하여 평양성을 공격하였다. 고구려왕 사유가 힘껏 싸우며 막다가 날아오는 화살을 맞고 죽었다.

① 졸본에서 국내성으로 천도하였다.
② 국내성에서 평양으로 천도하였다.
③ 태학을 설립하여 인재를 양성하였다.
④ 을지문덕이 살수에서 대승을 거두었다.
⑤ 을파소를 등용하고 진대법을 시행하였다.
⑥ 영락이라는 독자적인 연호를 사용하였다.
⑦ 관구검이 환도성을 공격하여 함락하였다.
⑧ 안시성의 군사와 백성들이 당군을 물리쳤다.

정답 | ①, ⑤, ⑦

➕ 문제 해결 TIP!

KEYWORD #평양성 #고구려왕 사유 #화살을 맞고 죽음

▶ 다음 자료는 백제 근초고왕과 고구려 고국원왕이 겨룬 평양성 전투(371)를 나타내고 있다.

▶ 선지를 분석하며 고구려의 왕대사를 한눈에 파악할 수 있는 문제이다. 같은 나라의 왕들에 대한 선지들을 헷갈리지 않도록 왕별 특징을 잘 숙지해야 한다.

☑ 정답 체크
① 고구려 유리왕(3) ⑤ 고구려 고국천왕(194)
⑦ 고구려 동천왕(244~246)

✏ 오답 체크
② 고구려 장수왕(427) ③ 고구려 소수림왕(372)
④ 고구려 영양왕(612) ⑥ 고구려 광개토 대왕
⑧ 고구려 보장왕(645)

02 6~7C 삼국의 정세

(가), (나) 사이의 시기에 있었던 사실로 옳은 것은?

> (가) 백제왕 명농이 가야와 함께 와서 관산성을 공격하였다. [신라의] 군주(軍主)인 각간 우덕과 이찬 탐지 등이 맞서 싸웠으나 불리하였다. …… 고간 도도가 급히 쳐서 백제왕을 죽였다.
>
> (나) 8월에 [백제왕이] 장군 윤충을 보내 군사 1만을 거느리고 신라 대야성을 공격하였다. 성주 품석이 처자와 함께 나와 항복하자 윤충이 모두 죽이고 그 머리를 베어 왕도로 보냈다.

① 대가야를 공격하여 복속시켰다.
② 동성왕과 나·제 동맹을 강화하였다.
③ 이사부를 보내 우산국을 복속시켰다.
④ 사비로 천도하고 국호를 남부여로 고쳤다.
⑤ 평양성을 공격하여 고국원왕을 전사시켰다.
⑥ 이차돈의 순교를 계기로 불교가 공인되었다.
⑦ 시장을 감독하기 위해 동시전을 설치하였다.
⑧ 관리 선발을 위해 독서삼품과를 시행하였다.

정답 | ①

➕ 문제 해결 TIP!

KEYWORD #백제왕 명농 #관산성 #신라 대야성을 공격

▶ (가)는 백제 성왕과 신라 진흥왕의 관산성 전투(554)이며, (나)는 백제 의자왕과 신라 선덕 여왕의 대야성 전투(642)이다.

▶ 자료와 선지 모두 백제, 신라와 관련된 것이다. 따라서 자료의 사건에 해당되는 백제·신라 왕을 파악한 뒤 문제를 풀어 나가야 한다.

☑ 정답 체크
① 신라 진흥왕(562)

✏ 오답 체크
② 신라 소지 마립간(493) ③ 신라 지증왕(512)
④ 백제 성왕(538) ⑤ 백제 근초고왕(371)
⑥ 신라 법흥왕(527) ⑦ 신라 지증왕(509)
⑧ 통일 신라 원성왕(788)

03 (통일) 신라 문무왕

밑줄 그은 '이 왕'에 대한 설명으로 옳은 것은?

(정답 2개)

좋아요 74개　　　　　　　　　　1시간 전

history_♡ 감은사지, 나홀로 역사 답사 #감은사는 삼국 통일의 위업을 달성한 이 왕이 부처의 힘을 빌어 왜구의 침입을 막고자 짓기 시작한 절이야. 그 뜻을 이어받은 아들 신문왕이 완공했고, 절의 이름을 #감은사라고 지었다고 해. 나는 이제 이 왕의 수중릉인 #대왕암으로 이동!

① 백성에게 정전을 지급하였다.
② 기벌포에서 당군을 격파하였다.
③ 불국사와 석굴암을 건립하였다.
④ 전국에 9주 5소경을 설치하였다.
⑤ 관료전을 지급하고 녹읍을 폐지하였다.
⑥ 건원이라는 독자적 연호를 사용하였다.
⑦ 지방관을 감찰하기 위해 외사정을 파견하였다.

정답 | ②, ⑦

＋ 문제 해결 TIP!

KEYWORD #감은사지　#삼국 통일의 위업 달성
　　　　　　#아들 신문왕　#대왕암

▶ 신라의 삼국 통일은 무열왕 때 시작하여 문무왕 때 완성되었다. 문무왕과 신문왕의 업적은 충분히 혼동될 수 있으니 주의하자.

☑ 정답 체크
②, ⑦ 신라 문무왕

✎ 오답 체크
① 통일 신라 성덕왕　③ 통일 신라 경덕왕
④, ⑤ 통일 신라 신문왕　⑥ 신라 법흥왕

04 신라 하대 정세

밑줄 그은 '시기'에 있었던 사실로 옳지 않은 것은?

(정답 4개)

이것은 보령 성주사지 대낭혜화상탑비로, 진성 여왕의 명을 받아 최치원이 비문을 작성했습니다. 혜공왕 피살 이후 왕위 쟁탈전이 치열했던 시기에 당에서 수행하고 돌아와 9산 선문 중 하나인 성주산문을 개창한 낭혜화상의 행적이 기록되어 있습니다.

① 김흠돌의 난이 발생하였다.
② 최치원이 시무책 10여 조를 올렸다.
③ 장보고가 왕위 쟁탈전에 가담하였다.
④ 원종과 애노가 사벌주에서 봉기하였다.
⑤ 김헌창이 웅천주에서 반란을 일으켰다.
⑥ 군사 조직으로 9서당 10정을 편성하였다.
⑦ 상수리 제도를 통해 지방 세력을 견제하였다.
⑧ 국왕에게 조언하는 내용의 화왕계를 저술하였다.

정답 | ①, ⑥, ⑦, ⑧

＋ 문제 해결 TIP!

KEYWORD #진성 여왕　#최치원　#혜공왕 피살
　　　　　　#왕위 쟁탈전이 치열　#9산 선문

▶ 키워드를 통해 제시문에서 설명하는 시기가 혜공왕 사후 왕위 쟁탈전이 치열하게 전개되었던 신라 하대임을 알 수 있다.

▶ 신라 하대는 왕별로 시기를 구분하는 것이 어렵다. 신라 하대 왕은 진성 여왕 위주로 기억하고, 나머지 왕 때 일어난 일은 혜공왕 사후의 사건들로 기억하자.

☑ 정답 체크
①, ⑥, ⑦, ⑧ 통일 신라 신문왕

✎ 오답 체크
②, ④ 통일 신라 진성 여왕　③ 통일 신라 문성왕
⑤ 통일 신라 헌덕왕

III 중세의 한국사

단골 키워드 랭킹!

01 공민왕
02 광종
03 성종
04 대몽 항쟁
05 『삼국사기』
06 서희의 외교 담판
07 묘청의 서경 천도 운동
08 경천사지 십층 석탑
09 월정사 팔각 구층 석탑
10 태조
11 관촉사 석조 미륵보살 입상
12 지눌

출제 경향

주요 왕들의 정책과 새로운 통치 질서를 중점적으로 학습하고, 특수 행정 구역 및 생활 모습 등 사회 정책도 알아 두어야 한다. 또한, 고려는 외침이 많았으므로 대외 항쟁을 자세하게 숙지하여야 하며, 농업 정책 및 토지·수취 제도를 확실히 학습하여야 한다.

출제 포인트

◆ **중세의 정치**
1. 고려 건국 과정 및 건국 이념과 초기 왕들의 업적
2. 성종의 유교 정책
3. 통치 체제와 각 정치 기구의 특징
4. 집권 세력의 변화 및 특징
5. 거란·여진·몽골·홍건적·왜구 등 이민족의 침입
6. 집권 세력 변화에 따른 반정부 봉기
7. 공민왕의 개혁 정책

◆ **중세의 경제·사회**
1. 정치 변화에 따른 경제 및 무역(항)의 변화
2. 토지 제도와 민전
3. 화폐 발행 및 변천
4. 신분 제도를 통한 고려 사회 이해
5. 일반 행정 구역과 특수 행정 구역의 차이점
6. 공노비와 사노비의 법적 신분과 생활

◆ **중세의 문화**
1. 최충의 9재 학당과 고려 정부의 관학 진흥책
2. 『삼국유사』, 『제왕운기』 등 자주적 역사서의 특징
3. 불교의 타락과 지눌, 요세, 혜심 등의 불교 통합 운동
4. 고려의 건축물, 불상, 활판 인쇄물

01 중세의 정치_1
02 중세의 정치_2
03 중세의 정치_3
04 중세의 경제
05 중세의 사회
06 중세의 문화_1
07 중세의 문화_2

76-67회
출제 비율
16.2%

미리 보기

고려 초 주요 국왕의 업적

- **태조**
  - 민생 안정: 취민유도, **흑창**
  - 왕권 강화: 『**정계**』·『**계백료서**』, 훈요 10조
  - 호족 통합: **역분전** 지급, 혼인 정책, 사성 정책, **사심관, 기인 제도**
  - 북진 정책: **서경(평양)** 중시, **청천강**에서 **영흥만**까지 국경선 확보

- **광종**
  - **노비안검법**(956), 과거제(958), 칭제건원(**황제, 광덕·준풍**), 백관공복제, 제위보(963)

- **성종**
  - **최승로의 시무 28조**: 유교 정치 시행, 향리 제도, 연등회·팔관회 폐지
  - 통치 체제: **2성 6부**, 목사 파견, **경학박사·의학박사 파견, 국자감**, 강동 6주 설치
  - **의창, 상평창**, 건원중보

- **현종**
  - **5도 양계** 정비, **초조대장경**, 연등회·팔관회 부활, 귀주 대첩

집권 세력의 변화

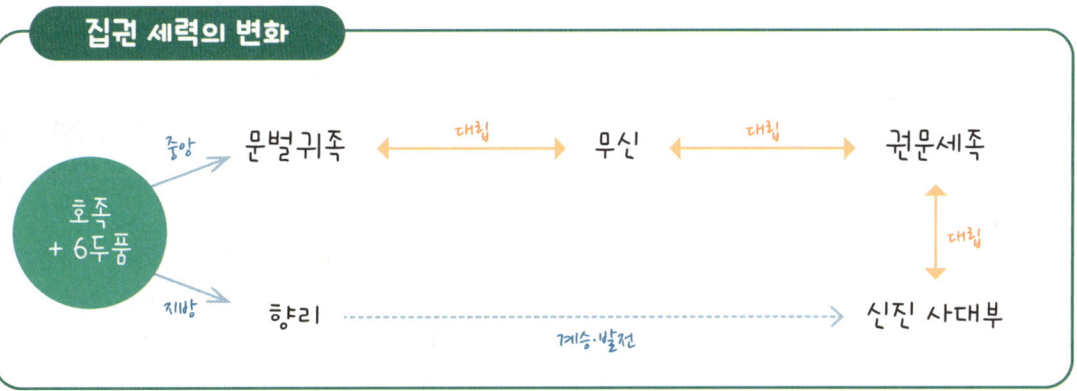

	호족＋6두품	문벌귀족	무신	권문세족	신진 사대부
집권 시기	건국 초기	고려 중기		원 간섭기	고려 후기
특징	문벌의 형성	음서 등의 혜택	중방, 교정도감	친원파, 대농장	친명파, 성리학
진출	과거·음서	과거·음서	무력	음서	과거
경제 기반	공음전	공음전	대농장	대농장	지방, 중소지주
성향	개혁적	보수적, 금에 사대	-	보수적	진취적

01 중세의 정치_1

01 중세 국가의 성립

1. 세계의 중세사

(1) **중국**: 당 멸망 → 5대 10국 → 10세기 송(문치주의, 고려와 친교) → 12세기 여진의 성장, 남송(주희의 성리학) → 13세기 원(동서 문화 교류)
  - 5대 10국: 사대부 성장
  - 송: 중앙 집권적 황제 독재 체제
  - 남송: 여진족의 침입으로 강남으로 이동
  - 원: 아시아부터 러시아 남부 지역까지 장악

(2) **서양**: 서유럽 문화권(봉건 제도, 로마 카톨릭), 비잔티움 문화권(그리스 정교, 동유럽 문화의 바탕), 이슬람 문화권(이슬람교)
  - 이슬람 문화권: 이베리아 반도와 북아프리카에 걸친 지역

2. 고려의 성립과 민족의 재통일

(1) **고려의 건국**: 고구려 계승 표방, 철원에서 송악(송도=개성=개경)으로 천도(919), 민심 수습, 호족 세력 회유·포섭

(2) **민족의 재통일 과정**

① 전개: 후백제 건국(900, 견훤) → 후고구려 건국(901, 궁예) → **고려 건국(918, 왕건)** → 발해 멸망(926, 지배층 분열과 거란 침략) → 공산 전투(927) → 고창 전투(930) → 견훤 투항(395) → 신라 투항(935, 경순왕) → 후백제 멸망(936, 일리천 전투)❶

② 발해 유민 포용: 발해 멸망(926) 직후 고려로 망명한 유민들을 왕건이 적재적소에 임명
  - 대광현 망명(943)

③ 신라의 투항
  - ㉠ **공산 전투(927, 대구)**: 후백제 견훤이 신라를 침공하여 경애왕을 살해한 뒤 철수할 때 고려가 후백제를 공격하였던 전투(고려군 패배), 이 전투로 왕건은 신라인들의 신망을 얻음
  - ㉡ **고창 전투**(930, 안동): 고려가 후백제와의 전투에서 승리
  - ㉢ 견훤 투항(935.6.): 신검의 반란으로 금산사에 유폐, 탈출 후 고려에 투항
  - ㉣ 신라 통합(935.11.): 신라 경순왕의 항복으로 전쟁 없이 통합

④ 후백제 멸망: 후백제의 내분으로 견훤이 고려에 귀순하자 왕건이 후백제를 정벌(936, **일리천 전투**)
  - 경북 구미 지방에서 있었던 고려 왕건과 후백제 신검 사이의 전투

02 중세 사회의 성립과 전개

1. 태조의 정책(918~943) ★★

(1) **왕권의 확립**

① 민생 안정: **취민유도**의 원칙으로 호족들의 지나친 세금 수취 금지, 조세 제도 합리화(세율 1/10로 경감), **흑창** 설치(빈민 구제)
  - 취민유도: 백성을 취할 때는 법도가 있어야 한다는 유교적 민본 이념

② 왕권 강화: **『정계』·『계백료서』** 등의 관리 지침서 제시, 후대의 왕들에게 **훈요 10조** 제시
  - 태조가 임금에 대한 신하들의 도리를 강조하기 위해 지은 책(현존 ×)
  - 숭불 정책, 북진 정책, 민생 안정책, 풍수지리 등의 10가지 지침

✚ 고려의 민족 재통일

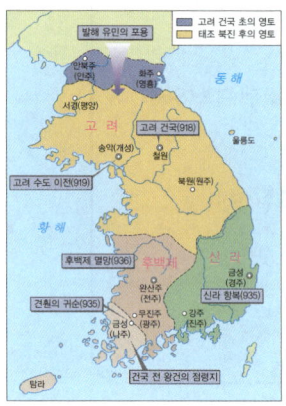

❶ 후백제의 멸망
후백제의 견훤이 왕위를 넷째 아들 금강에게 물려주려 하자 첫째 아들 신검이 반란을 일으켜 금강을 죽였다. 이후 견훤은 신검에 의해 금산사에 3달간 유폐되었다가 탈출하여 왕건에 투항하였고(935), 이듬해 후백제는 멸망하였다(936).

✏ check! 필수 암기!

고려 전기 왕들의 업적
- **태조**: 『정계』·『계백료서』, 훈요 10조, 혼인 정책, 서경(평양) 중시
- **광종**: 노비안검법, 과거제, 연호 광덕·준풍
- **성종**: 최승로의 시무 28조, 2성 6부, 목사 파견, 국자감, 의창, 건원중보
- **현종**: 5도 양계

> **사료 읽기**
>
> ▶ **훈요 10조**
> - 3조 왕위 계승은 적자적손 원칙이며, 형편이 안 되면 형제 상속도 가능하게 하라.
> - 4조 거란은 금수(짐승)의 나라이니 그 풍속을 따르지 말라.
> - 5조 서경의 수덕은 순조로워 우리나라 지맥의 근본을 이루고 있어 길이 대업을 누릴 만한 곳이니, 100일을 머물러 안녕(태평)을 이루게 하라.
> - 6조 연등은 부처를 제사하고, 팔관은 하늘과 5악·명산·대천·용신 등을 봉사하는 것이니, 후세의 간신이 의식절차의 가감(加減)을 건의하지 못하게 하라.
>
> – 「고려사」 –
>
> **키워드 뽑아내기!**
> 3조: 왕위 부자 상속   4조: 거란 적대시   5조: 서경 중시, 북진 정책   6조: 숭불 정책

(2) 호족 통합 정책

① **회유책**: 개국 공신과 지방 호족을 관리로 등용, **역분전(940)** 지급(공신들에게 지급한 논공행상적 성격의 토지), 유력한 지방 호족과 **혼인 정책**, 왕씨 성을 하사하여 친족으로 포섭(**사성 정책**), 호족의 자치권 인정

② 견제책
- ㉠ **사심관 제도**: 중앙의 고관을 자신의 출신지에 임명, 불미스러운 일 발생 시 연대 책임
- ㉡ **기인 제도**: 호족의 자제를 일정 기간 수도(개경)에 머물게 한 제도(통일 신라의 상수리 제도와 유사)

(3) 북진 정책

① 거란에 대한 적대 정책: 거란이 친교 관계의 징표로 고려에 사신과 낙타 50필을 보내었다. 이에 태조는 발해를 멸망시킨 나라와 친할 수 없다며 사신은 섬으로 유배 보내고, 낙타를 만부교 밑에 가두어 굶어 죽게 하였다(만부교 사건, 942).

② **서경(평양) 중시**: 청천강에서 영흥만까지의 국경선 확보 등을 통해 영토 회복

2. 혜종·정종의 정치
광군(사) 설치(청천강 유역): 거란 견제
왕자와 외척들의 왕위 계승 다툼 심화, 왕규의 난(945)❷ 등 왕권 불안정

3. 광종의 개혁 정치(949~975) ★★★

(1) 왕권 강화

① **노비안검법(956)**: 불법적으로 노비가 된 자를 양인으로 해방시켜 주는 **노비안검법**을 시행하여 호족 세력의 약화와 국가의 수입 기반 확대

② **과거제(958)**: 후주에서 귀화한 쌍기의 건의를 수용하여 문반 관리를 선발하는 **과거제** 시행, 신구 세력의 교체 도모 (무과 시행 없음)

③ **칭제건원**: **황제**의 칭호와 **광덕·준풍**과 같은 독자적인 연호를 사용 (국왕의 권위를 높이기 위해)

(2) 통치 체제의 정비

① **백관공복제**: 지배층의 위계질서 확립(자색, 단색, 비색, 녹색)

② 기타: 왕권 강화(공신·호족 세력 숙청), 주현공부법(949)❸, 제위보 설치(963), 승과 제도 (왕사(탄문)·국사(혜거) 제도)

4. 경종의 정치(975~981)
중앙 집권 체제 확립을 위한 **시정 전시과** 제도 시행(976)

---

❶ 왕건의 혼인 정책

왕건은 정략적인 혼인을 하여 6명의 왕후와 23명의 부인을 맞이하였는데 이들 대부분은 전국 각지의 유력한 호족의 딸이었다. 왕건이 왕위에 오르기 전에 만난 정주(貞州) 출신의 신혜왕후 유씨(柳氏), 나주인(羅州人) 장화왕후 오씨(吳氏)를 제외한 나머지 왕비들은 전국 각 지방의 유력한 호족들의 딸이었다. 왕건은 자녀들을 혼인시키는 데 있어서도 대부분 이복 남매들끼리 혼인시키는 극단적인 근친혼을 실시하였는데 이 역시 왕실 세력을 공고히 하기 위한 정책의 일환으로 볼 수 있다.

❷ 왕규의 난(945)

광주의 호족 왕규는 자신의 외손자 광주원군을 왕위에 올리려다 실패하였다.

❸ 주현공부법

주와 현 단위로 공물을 부과하는 제도이다.

5. 성종의 유교 정치(981~997) ★★★

(1) 유학의 진흥

① 최승로의 5대 왕 평가(5조 치적평): 태조에서 경종까지 역대 5대 왕의 치적 평가, 태조는 높이 평가하고 광종은 평가절하함

> **📖 사료 읽기**
>
> ▶ **5대 왕의 평가**
>
> 광종이 쌍기를 등용하여 과거를 시행한 후로부터 문사(文士)를 존중하고 대우하는 것이 지나치게 후하였습니다. 이런 까닭에 재주 없는 자가 부당하게 등용되고, 차례도 없이 벼슬을 뛰어올라 1년이 못 되어도 문득 재상이 되곤 하였습니다. 한편, 광종은 노비안검을 실시하여 스스로 화근을 만들었고 말년에 가서 신하들을 많이 죽였습니다. 광종의 실수가 컸습니다.
>
> - 『고려사』 -

② 최승로의 시무 28조❹를 채택하여 유교 정치 시행

> **📖 사료 읽기**
>
> ▶ **최승로의 시무 28조**
>
> 7조 태조께서 나라를 통일한 후에 외관(外官)을 두고자 하였으나 … 청컨대 외관을 두소서
> 13조 봄에는 연등을 설치하고 겨울에는 팔관(八關)을 베푸는데, 사람을 많이 동원하고 노역이 심히 번다하니, 원컨대 이를 더 덜어서 백성의 힘을 펴주소서.
> 20조 불교를 행하는 것은 수신의 근본이며, 유교를 행하는 것은 치국의 근원이니, 수신은 내세를 위한 것이며, 치국은 곧 현세의 일입니다.
>
> **키워드 뽑아내기!**
>
> 7조: 중앙의 지방관 파견   13조: 불교의 폐단 비판   20조: 현실에 도움이 되는 유교의 중요성 강조

③ 유교 진흥 정책: 불교 행사(연등회·팔관회) 폐지, 국자감 정비(992), 경학박사·의학박사를 파견하여 교육

(2) 통치 체제의 정비

① 정치 체제 정비: 2성 6부❺의 중앙 관제 정비, 지방 중요 지역인 12목에 목사(지방관) 파견, 향리 제도, 강동 6주 설치(서희의 외교 담판)

② 사회 시설 정비: 의창(흑창을 확대·개편), 상평창(물가 조절), 화폐 발행(건원중보), 노비환천법
　　　　　　　　　　　　　　　　　　└ 개경, 서경, 12목

6. 목종~문종의 유교 정치

(1) **목종:** 전시과 제도를 정비하여 개정 전시과 시행(998)

(2) **현종**
　　　　　　　　안찰사 파견┐　　┌병마사 파견　　　┌태조~목종(현존 ×)
① 제도 정비: 전국을 5도, 양계, 경기로 나눔, 『7대 실록』 편찬
② 불교 진흥: 현화사 창건, 연등회와 팔관회 부활(1010)
③ 거란 격퇴: 양규의 활약(2차 침입), 강감찬의 귀주 대첩(1019, 3차 침입), 나성 축조(개경) 및 천리장성 축조, 초조대장경 조판
　　　　　　　　　　　　　　　　　　└ 덕종~정종

(3) **문종**

① 공음전: 5품 이상 관리에게 지급하는 공음전 완비(1049)
② 경정 전시과 시행(1076), 녹봉제 정비
③ 9재 학당(사학 12도), 불교 장려, 삼복제(삼심제) 실시, 한양을 남경으로 승격
　　└ 최충의 문헌공도　　　　└ 흥왕사 창건

---

❹ **최승로의 시무 28조**

신라 6두품 출신의 유학자인 최승로가 유교 사상에 입각한 28조의 개혁안을 성종에게 건의하였는데, 그중 22개조가 전해진다.

❺ **2성 6부**

고려는 성종 때에 당의 3성 6부 제도를 수용하였으나, 고려의 실정에 맞게 중앙 관제를 새로이 2성 6부 제도로 정비하고, 도병마사와 식목도감을 설치하는 등 독자적으로 운영하였다(982).

✚ **고려의 지방 행정 조직**

지방의 행정 조직은 성종 초부터 정비되기 시작하여 현종 때 마무리되었다. 전국을 크게 5도와 양계, 경기로 나누고, 그 안에 3경, 4도호부, 8목을 비롯하여 군·현·진 등을 설치하였다. 5도는 상설 행정 기관이 없는 일반 행정 단위로 안찰사가 파견되었고 도에는 주와 군·현이 설치되고 지방관이 파견되었다. 북방의 국경 지대에는 동계·북계의 양계를 설치하여 병마사를 파견하고, 국방상의 요충지에는 군사적 특수 지역인 진을 설치하였다. 중앙에서 지방관이 직접 파견되는 것은 군·현과 진까지였으며 지방관이 파견되는 주현보다 파견되지 않는 속현이 더 많았다. 속현과 향·부곡·소 등 특수 행정 구역은 주현을 통하여 간접적으로 중앙 정부의 통제를 받고 있었고 조세나 공물의 징수와 노역 징발 등 실제적인 행정 사무는 향리가 담당하였다.

✚ **전시과**

전시과는 경종 때 운용하기 시작하였고, 문종 때 5품 이상 관리에게 지급한 공음 전시과의 체제를 완비하였다.

01 단골 키워드 문제

Ⅲ. 중세의 한국사
01 중세의 정치_1

정답 및 해설 18쪽

기출 선택지 미리보기

- 태조 – 『정계』와 『계백료서』를 지어 관리의 규범을 제시하였다.
- 태조 – 기인 제도와 사심관 제도를 시행하였다.
- 광종 – 노비안검법을 실시하여 왕권을 강화하였다.
- 광종 – 쌍기의 건의를 받아들여 과거제를 실시하였다.
- 성종 – 12목을 설치하고 지방관을 파견하였다.

기출 키워드로 연습하기

01
① 태조 •　　• 훈요 10조
② 광종 •　　• 노비안검법
③ 성종 •　　• 최승로의 시무 28조

02 성종은 『정계』와 『계백료서』를 지어 관리가 지켜야 할 규범을 제시하였다. (○ / ×)

03 성종은 전국 12목에 지방관을 파견하였다. (○ / ×)

04 태조는 호족 자제를 일정 기간 수도인 개경에 머물게 한 제도인 (　　)을/를 시행하였다.

05 광종은 불법적으로 노비가 된 자를 양인으로 해방시켜 주는 (　　)을/를 시행하여 호족 세력을 약화시키고 국가의 수입 기반을 확대하였다.

06 성종은 지방 제도를 정비하기 위하여 전국의 주요 지역에 (　　)을/를 설치하고 목사를 파견하였다.

정답 | 01 ① 훈요 10조 ② 노비안검법 ③ 최승로의 시무 28조 02 ×
03 ○ 04 기인 제도 05 노비안검법 06 12목

KEYWORD 01 태조

01 최다 빈출 유형

(가) 왕에 대한 설명으로 옳은 것은? 심화 69회 10번

① 관학 진흥을 위해 양현고를 설치하였다.
② 쌍기의 건의를 받아들여 과거제를 시행하였다.
③ 전국에 12목을 설치하고 지방관을 파견하였다.
④ 전시과 제도를 처음 마련하여 관리에게 토지를 지급하였다.
⑤ 후대 왕들이 지켜야 할 정책 방향을 담은 훈요 10조를 남겼다.

02 꼬리 물기 문제

다음 가상 인터뷰의 왕이 추진한 정책으로 옳은 것은? 심화 49회 11번

① 흑창을 설치하여 빈민을 구제하였다.
② 양현고를 두어 장학 기금을 마련하였다.
③ 노비안검법을 시행하여 재정을 확충하였다.
④ 전국에 12목을 설치하고 지방관을 파견하였다.
⑤ 전시과 제도를 마련하여 관리에게 토지를 지급하였다.

03 KEYWORD 02 태조의 호족 통합 정책

(가) 왕의 재위 시기에 있었던 사실로 옳은 것은? 심화 65회 10번

〈탐구 활동 보고서〉
○학년 ○반 이름: △△△

1. 주제: (가) , 안정과 통합을 꾀하다
2. 방법: 『고려사』 사료 검색 및 분석
3. 사료 내용과 분석

사료 내용	분석
명주의 순식이 투항하자 왕씨 성을 내리다.	지방 호족 포섭
『정계』와 『계백료서』를 지어 반포하다.	관리의 규범 제시
흑창을 두어 가난한 백성에게 곡식을 빌려주다.	민생 안정

① 개국 공신에게 역분전을 지급하였다.
② 외침에 대비하여 광군을 조직하였다.
③ 광덕, 준풍 등의 독자적 연호를 사용하였다.
④ 관학 진흥을 목적으로 양현고를 운영하였다.
⑤ 주전도감을 설치하여 해동통보를 발행하였다.

04 KEYWORD 03 고려 초기 정치

(가)~(다)를 일어난 순서대로 옳게 나열한 것은? 심화 55회 11번

(가) 왕규가 광주원군을 옹립하려고 도모하였다. 왕이 깊이 잠든 틈을 타서 그의 무리로 하여금 침실에 잠입시켜 왕을 해하려 하였다.

(나) 왕이 교서를 내려 말하기를, "경전에 통하고 전적(典籍)을 널리 읽은 자들을 선발하여 경학박사와 의학박사로 삼아, 12목에 각 1명씩 파견하여 돈독하게 가르치고 깨우치게 하라."라고 하였다.

(다) 왕이 한림학사 쌍기를 지공거로 임명하고, 시(詩)·부(賦)·송(頌)과 시무책을 시험하여 진사를 뽑게 하였다. 위봉루에 친히 나가 급제자를 발표하여, 갑과에 최섬 등 2명, 명경에 3명, 복업에 2명을 합격시켰다.

① (가) – (나) – (다)
② (가) – (다) – (나)
③ (나) – (가) – (다)
④ (나) – (다) – (가)
⑤ (다) – (나) – (가)

KEYWORD 04 성종

05 최다 빈출 유형
밑줄 그은 '교서'를 내린 왕의 재위 기간에 볼 수 있는 모습으로 가장 적절한 것은? 심화 68회 9번

상평창을 양경(兩京)과 12목에 설치하고 교서를 내렸다. "『한서』 식화지에 '그해가 풍년인지 흉년인지에 따라 곡식을 풀거나 거두어들이는 것을 행한다.'라고 하였다. …… 경시서에 맡겨 곡식을 풀거나 거두어들이도록 하라."

① 서적포에서 책을 인쇄하는 관리
② 국자감 학생들을 가르치는 박사
③ 양현고에서 재정을 관리하는 관원
④ 9재 학당에서 유교 경전을 읽는 학생
⑤ 청연각의 소장 도서를 분류하는 학사

06 꼬리 물기 문제
다음 상황이 나타난 시기를 연표에서 옳게 고른 것은? 심화 65회 11번

처음으로 12목을 설치하고 조서를 내려 말하기를, "부지런히 정사를 돌보면서 매번 신하들의 충고를 구하고 있다. 낮은 곳의 이야기를 듣고 멀리 보고자 어질고 현명한 이들의 힘을 빌리려고 한다. 이에 수령들의 공로에 의지해 백성들의 바람에 부합하고자 한다. 『우서(虞書)』의 12목 제도를 본받아 시행하니, 주나라가 8백 년간 지속하였듯이 우리의 국운도 길이 이어질 것이다."라고 하였다.

(가)	(나)	(다)	(라)	(마)
918 고려 건국	945 왕규의 난	1009 강조의 정변	1196 최충헌의 집권	1270 개경 환도	1351 공민왕 즉위

① (가) ② (나) ③ (다) ④ (라) ⑤ (마)

07 KEYWORD 05 최승로의 시무 28조

밑줄 그은 '왕'의 업적으로 옳은 것은?   고급 41회 12번

> 왕이 교서를 내려 말하기를, "…… 이제 경서에 통달하고 책을 두루 읽은 선비와 온고지신하는 무리를 가려서, 12목에 각각 경학박사 1명과 의학박사 1명을 뽑아 보낼 것이다. …… 여러 주·군·현의 장리(長吏)와 백성 가운데 가르치고 배울 만한 재주 있는 아이를 둔 자들은 이에 응해 마땅히 선생으로부터 열심히 수업을 받도록 훈계해야 한다."라고 하였다.
> — 『고려사』 —

① 관학 진흥을 위해 양현고를 설치하였다.
② 노비안검법을 실시하여 왕권을 강화하였다.
③ 권문세족을 견제하기 위해 전민변정도감을 설치하였다.
④ 최승로의 시무 28조를 받아들여 통치 체제를 정비하였다.
⑤ 정계와 계백료서를 지어 관리가 지켜야 할 규범을 제시하였다.

08 KEYWORD 06 광군(사) 설치

(가) 국가에 대한 고려의 대응으로 옳은 것은?   고급 41회 14번

> (가) 에서 사신을 파견하여 낙타 50필을 보냈다. 왕은 (가) 이/가 일찍이 발해와 화목하다가 갑자기 의심하여 맹약을 어기고 멸망시켰으니, 매우 무도하여 친선 관계를 맺어 이웃으로 삼을 수는 없다고 생각하였다. 드디어 교빙을 끊고 사신 30인을 섬으로 유배 보냈으며, 낙타는 만부교 아래에 매어 두니 모두 굶어 죽었다.
> — 『고려사』 —

① 침입에 대비하여 광군을 창설하였다.
② 화통도감을 설치하여 화포를 제작하였다.
③ 진관 체제를 실시하여 국방을 강화하였다.
④ 상비군으로 구성된 훈련도감을 설치하였다.
⑤ 좌·우별초와 신의군으로 삼별초를 조직하였다.

KEYWORD 07 광종

09 최다 빈출 유형

(가) 시기에 있었던 사실로 옳은 것은?   심화 47회 11번

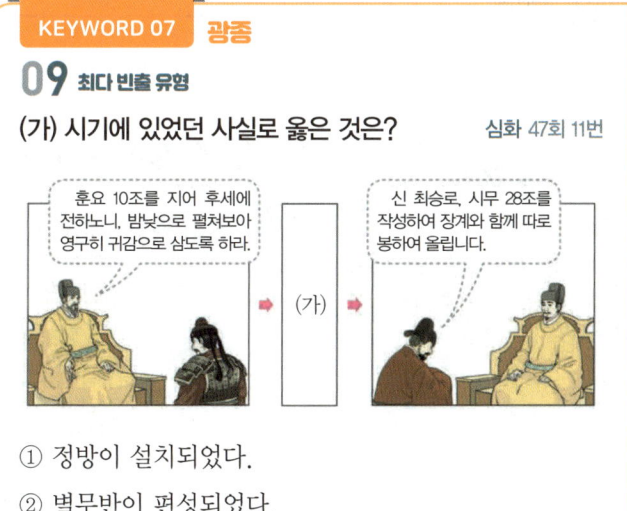

① 정방이 설치되었다.
② 별무반이 편성되었다.
③ 노비안검법이 실시되었다.
④ 독서삼품과가 시행되었다.
⑤ 정동행성 이문소가 폐지되었다.

10 꼬리 물기 문제

밑줄 그은 '이 왕'이 추진한 정책으로 옳은 것은?   심화 74회 11번

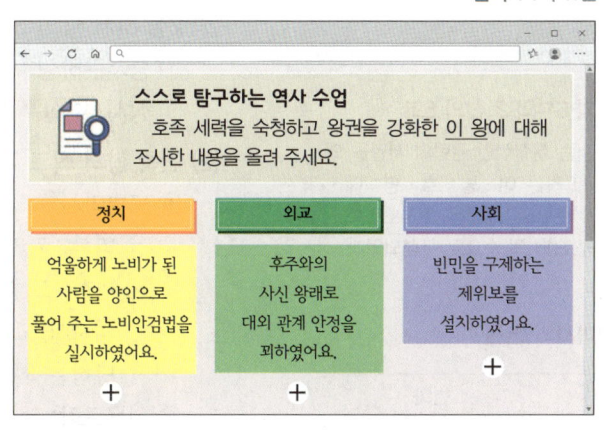

① 폐정 개혁을 목표로 정치도감을 설치하였다.
② 광덕, 준풍이라는 독자적 연호를 사용하였다.
③ 예의상정소에서 상정고금예문을 편찬하였다.
④ 전국에 12목을 설치하고 지방관을 파견하였다.
⑤ 관리에게 등급에 따라 전지와 시지를 지급하였다.

02 중세의 정치_2

check! 필수 암기!

고려의 통치 체제
2성 6부: 재추 기구, 대간 제도, 삼사
지방: 5도 양계, 향·부곡·소
음서: 5품 이상

01 통치 체제의 정비

1. 중앙 행정 조직 ★★★

고려의 중앙 행정 조직

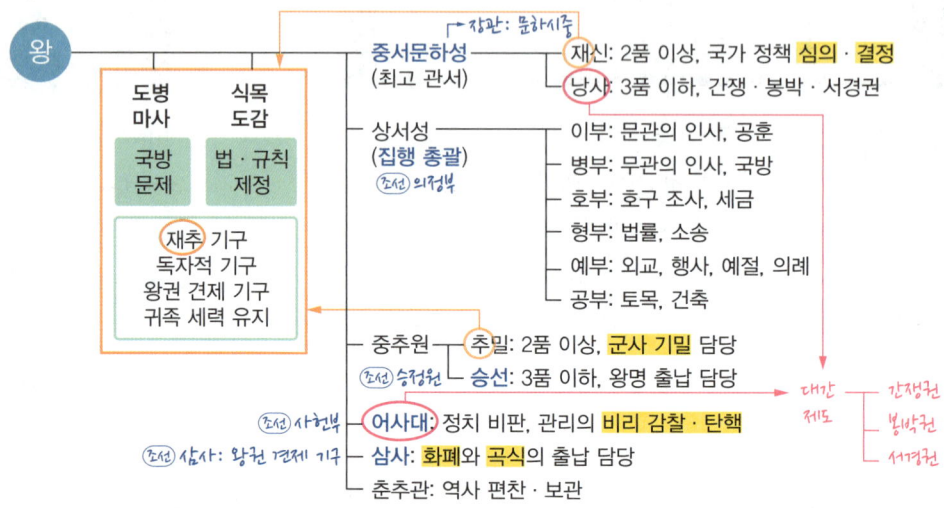

(1) **2성 6부**: 당의 3성 6부 제도 수용, 2성 6부 제도로 정비하여 독자적으로 운영(982)
  ① 중서문하성: 장관인 문하시중이 국정 총괄, 재신과 낭사로 구성
  ② 상서성: 실무 담당 기관인 6부❶를 두고 정책의 집행을 총괄

(2) **귀족 합의 최고 기구(재신과 추밀이 참여)**
  ① 도병마사❷ ─ 중서문하성과 중추원의 고관
    ㉠ 역할: 고려의 국방 문제를 담당하는 국가 최고 회의 기구
    ㉡ 변화: 도병마사는 임시적인 회의 기구로 구성되었으나 원 간섭기 충렬왕 때 도평의사사(도당)로 개편되면서 구성원이 확대되고 국정 전반에 걸친 주요 사항을 담당하는 최고 정무 기관으로 발전
  ② 식목도감: 법의 제정이나 국가 의례의 규정을 다루던 최고 회의 기구
    ─ 고려만의 독특한 기관 → 고려 귀족 정치의 특징을 보여 줌

(3) **기타**
  ① 중추원: 2품 이상의 추밀(군사 기밀)과 3품 이하의 승선(왕명 출납)으로 구성
  ② 삼사: 화폐와 곡식의 출납·회계 담당
  ③ 어사대: 정치의 잘잘못을 논하고 관리의 비리를 감찰하고 탄핵하는 기구
  ④ 대간 제도 ─ 왕이나 고위 관리의 활동 제약 → 정치 권력의 균형 유지
    ㉠ 구성: 어사대의 관원(대관)과 중서문하성의 낭사(간관)로 구성
    ㉡ 권한: 간쟁(왕의 잘못을 비판), 봉박(잘못된 왕명은 시행하지 않고 돌려보냄), 서경(관리 임명과 법령의 개정이나 폐지 등에 동의하거나 거부하는 권한)

---

❶ **고려의 6부와 조선의 6조**

6부의 순서는 실질적인 권력의 서열을 의미하는데 고려는 이·병·호·형·예·공부(部)의 순으로, 조선은 이·호·예·병·형·공조(曹)의 순으로 구성되었다.

❷ **도병마사의 변천**

시기	변화
성종	성립
고종	도당(都堂)
원 간섭기 (충렬왕)	도평의사사(최고 기구)
공민왕	권한 축소
조선 태종	폐지(1400)

2. 지방 행정 조직★

고려의 지방 행정 조직

▲ 고려의 5도 양계

- 양계 (군사 행정 구역)
  - 군사 구역: 군사적 특수 지역, 동계·북계, 양계 아래 진 설치
  - 지방관: 병마사
- 5도 (일반 행정 구역)
  - 행정 구역: 전국 5도 아래 주·군·현 설치
  - 지방관: 안찰사, 전국에 지방관 파견 안 됨
  - 행정 실무: 조세, 공물, 노역 등 향리가 실무 담당
- 특수 행정 구역: 향·부곡·소민 등 거주, 양민에 비하여 차별 대우

(1) 일반 행정 구역
① 행정 구역: 전국 5도❸로 획정, 5도(안찰사 파견) 아래 주·군·현(지방관 파견) 설치 ┌ 각 주현의 수령을 감찰하는 역할
② 지방관 파견: 지방관이 파견된 주현보다 지방관이 파견되지 않은 속현이 더 많음
③ 행정 실무: 조세, 공물, 노역 징수 등 실제 행정은 향리가 담당
    └ 지방에서 지방관이 직접 파견되는 것은 군·현과 진까지였음

(2) 군사 행정 구역
① 군사 구역: 군사적 특수 지역으로 북방의 국경 지역에 동계와 북계의 양계 설치, 국방상 요지로서 양계 아래 진을 설치
② 지방관 파견: 병마사를 파견
    └ 군사적 기능과 민사적 기능을 포괄하여 담당

(3) 특수 행정 구역과 향리
① 특수 행정 구역❹: 향·부곡(농업)·소(수공업, 광공업)민은 과중한 세금 부담, 교육·거주 이전의 자유 제한, 과거 응시 금지 등 일반 양민에 비하여 차별 대우를 받음
② 향리❺: 지방 호족 출신으로 지방의 행정 실무를 담당, 토착 세력으로서 향촌 사회의 지배층

3. 군사 조직

(1) 중앙군
① 구성: 국왕의 친위 부대인 2군과 수도·국경을 방위하는 6위로 구성
    ┌ 응양군, 용호군
② 특징: 중앙군은 직업 군인으로 군적에 등록되어 군인전을 지급받았으며 역은 자손에게 세습

(2) 지방군과 특수군
① 지방군
  ㉠ 구성: 의무군(16세 이상 장정), 주진군(양계, 상비군), 주현군(5도, 예비군)
  ㉡ 특징: 군적에 오르지 못한 농민 중 16세 이상의 장정으로 구성, 토지 미지급
② 특수군: 광군(정종, 거란), 별무반(숙종, 여진), 삼별초(고종 때 최우, 몽골), 연호군(공민왕, 왜구)

4. 관리 임용 제도

(1) 과거 제도: 광종 때 쌍기의 건의로 과거 시행(958)
① 원칙: 법적으로 양인 이상이면 응시 가능, 식년시(3년마다 정기 시험) 원칙, 무과는 실시하지 않음
② 문과
  ㉠ 제술과: 문신 등용(한문학·정책 시험), 실제는 귀족·향리 자제가 응시
  ㉡ 명경과: 문신 등용(유교 경전 시험), 실제는 귀족·향리 자제가 응시

---

❸ 5도
상설 행정 기관이 없는 일반 행정 구역으로 현종 때 거란의 재침입에 대비하여 경기 외에 전국을 5도(서해도, 교주도, 양광도, 경상도, 전라도)로 획정하였다.

❹ 향·부곡·소민
일반적인 양민과 달리 그 신분이 노비처럼 천민과 유사한 특수 계급이었고, 일반 군·현민에 비해 차별 대우를 받았다. 이는 조선 전기에 모두 소멸되었다.

❺ 향리
향리는 신라 말, 고려 초의 중소 호족 출신으로서, 집권적 지배 체제의 정비 과정을 통하여 주민과 직접 접촉하는 행정 실무자가 되었다. 고려 시대의 향리는 토착 세력으로서 향촌 사회의 지배층으로 굳어져 갔으며, 일시적으로 파견되었던 지방관보다 실질적인 영향력이 컸다.

③ 잡과: 법률 · 회계 · 지리 등 실용 기술학 시험, 신분상의 한계로 실제는 백정 농민이 응시

④ 승과: 교종시 · 선종시로 승려에게 법계 지급

(2) 음서 제도: 공신 · 종실 자손, 5품 이상 고위 관료 자손(외손자 포함)은 과거 없이 관리로 등용
  └ 고려는 5품 이상, 조선은 2품 이상

(3) 천거 제도: 학식과 재능 있는 인물을 추천하여 관리로 등용

02 문벌귀족 사회의 성립과 동요

❗ 고려 시대 집권 세력의 변화

건국 초기	고려 중기		원 간섭기	고려 후기
호족 + 6두품	문벌귀족	무신	권문세족	신진 사대부
문벌의 형성	음서 등의 혜택	중방, 교정도감	친원파, 대농장	친명파, 성리학

└ 과거 · 음서를 통한 관직 독점

1. 문벌귀족 사회의 성립

(1) 문벌귀족 사회

① 문벌의 형성: 건국 초 지방 호족과 신라 6두품 계통의 유학자들이 성종 이후 문벌 형성

② 문벌귀족 사회의 특징: 왕실 및 귀족 상호 간의 혼인으로 왕실의 외척이 되어 정권 장악, 고관 배출, 과거와 음서를 통한 관직 독점, 공음전의 혜택, 불법적인 토지 소유

(2) 문벌귀족 사회의 전개

① 숙종(1095~1105): 활구(은병)와 해동통보 · 삼한통보 · 동국통보 등 주조, 서적포 설치, 속장경(교장) 완성, 별무반 편성(윤관의 건의)

② 예종(1105~1122): 동북 9성 축조(1107), 구제도감 설치, 국학 7재 · 청연각 · 보문각 · 양현고 등 설치
  └ 관학의 재정 기반을 마련하기 위한 장학 재단   └ 관학 진흥   └ 도서관 및 학문 연구소

③ 인종(1122~1146): 금과 사대 관계 체결, 이자겸의 난과 묘청의 서경 천도 운동 등 발생

④ 의종(1146~1170): 보현원 사건❻을 발단으로 무신 정변 발생

(3) 정치 세력 간의 갈등: 과거를 통한 지방 출신의 관리들 중 일부가 왕에게 밀착하여 왕권을 강화하고 왕을 보좌하기 시작하면서 문벌귀족과의 대립과 갈등이 심화

2. 문벌귀족 사회의 동요

(1) 문벌귀족의 부패

① 금의 사대 요구 수락: 북방의 유목민인 여진족이 금을 건국하고[1115, 아구타(아골타)] 고려에 사대 관계를 요구하자 이자겸이 정권 유지를 위하여 이를 수락(1125)

② 이자겸의 난(1126)

㉠ 원인: 금에 타협적인 이자겸 세력(외척 · 문벌귀족)과 왕의 측근 세력 간의 대립

㉡ 과정: 이자겸 · 척준경의 반란[십팔자위왕(十八子爲王)설❼ 유포] → 이자겸 · 척준경의 불화 → 척준경이 이자겸 제거 → 척준경은 탄핵으로 제거

㉢ 결과: 왕궁 소실, 중앙 지배층의 분열

㉣ 의의: 문벌귀족 사회의 붕괴를 촉진하는 계기

✏️ check! 필수 암기!

문벌귀족 사회의 동요
인종: 이자겸의 난, 묘청의 서경 천도 운동

❻ 보현원 사건(1170)
의종은 보현원(普賢院)에 못을 만들고 놀이하는 곳으로 삼아 자주 거동하여 향락을 일삼았다. 1170년 8월 정중부 등이 이곳에서 문신을 살해한 후 개경으로 이동하여 문신을 죽이고 정권을 장악하였다.

❼ 십팔자위왕(十八子爲王)설
중국 남북조 시기에 당의 건국을 예언했던 참설을 고려에서 인용하여 '이씨가 왕이 된다.'는 내용의 예언을 유행시켰다.

(2) 묘청의 서경 천도 운동(1135년)★★: 국호 '대위국', 연호 '천개'
① 배경: 중앙 귀족의 보수 세력(개경파)과 지방의 신진 개혁 세력(서경파) 사이의 대립
② 서경파: 묘청은 풍수지리설을 통한 서경 천도 주장, 서경에 궁(대화궁)을 짓고 황제를 칭하며 연호를 사용하는 등의 자주적인 개혁과 금 정벌을 주장
③ 전개: 김부식의 사대적 유교 정치사상을 중시하는 세력과의 갈등, 묘청은 서경에서 국호를 대위국, 연호를 천개, 군대를 천견충의군이라고 칭하며 봉기

💡 **개경파와 서경파**

개경파	서경파
김부식 중심, 보수적 관리	묘청·정지상 중심, 개혁적 관리
사대적 유교 정치사상	풍수지리설, 자주적 전통 사상
금에 대한 사대 정책	서경 천도, 금국 정벌, 칭제건원
신라 계승 의식	고구려 계승 의식
유교 이념 충실, 사회 질서 확립	왕권 강화, 혁신적 제도 개혁

④ 결과: 김부식의 관군에 의해 약 1년 만에 진압, 숭문천무 현상 강화, 서경의 지위 하락
⑤ 평가: 신채호는『조선사연구초』에서 묘청의 서경 천도 운동을 '조선역사상 일천년래 제일대사건'으로 평가
→ 무신 정변의 발생 배경

📖 **사료 읽기**

▶ **서경 천도 운동**
이들이 글을 올려 말하기를, "서경에 궁궐을 세워 옮기고, 위로는 천심에 응하고 아래로는 백성들의 바람에 따르시어 금나라를 타도하소서."라고 하였다. …… 서경을 거점으로 난을 일으키고 왕의 명령이라 속여 여러 성의 수령을 체포해서 창고에 가두었다. 그리고 국호를 대위라 하고, 연호를 천개라 하며, 군대의 칭호를 천견충의군이라 하여 난을 일으켰다.
— 『고려사』 —

03 고려 전기의 대외 관계

1. 10세기 국제 정세
(1) **동아시아의 정세**: 10세기 초 동북아시아에는 고려와 송·거란(요)이 존재
(2) **국제 정세의 변화**
① 중국과의 교류: 송과 고려는 경제·문화·군사·외교적으로 밀접한 친교 관계 형성
② 북방의 변화: 북방의 거란이 세력을 규합하여 요를 건국한 후 송과 대치함

▲10세기 동아시아 정세

2. 거란(요)의 침입(10세기) - 광군(사)
(1) **원인**: 고려의 친송·북진 정책과 거란에 대한 강경책
(2) **전개**
① 1차 침입(993)★★★
㉠ 배경: 거란의 소손녕은 고려가 송과의 교류를 끊을 것과 아울러 고려가 차지하고 있는 옛 고구려의 영토를 요구하며 80만 대군을 이끌고 침략

✏️ **check! 필수 암기!**

고려 전기 외세의 침입
거란 침입: 1차(소손녕, 서희, 강동 6주), 3차(귀주 대첩, 강감찬)
여진 침입: 별무반(윤관, 숙종), 동북 9성(예종)

❽ **강동 6주**

강동 6주는 흥화진(의주), 용주(용천), 통주(선주), 철주(철산), 귀주(구성), 곽주(곽산)이다.

❾ **강조의 정변**

서북면 도순검사 강조가 김치양의 반란을 진압한 후 목종을 폐위시키고 대량원군(현종)을 왕으로 옹립한 사건이다(1009).

➕ **초조대장경**

현종 때 거란의 침입을 격퇴하기 위해 초조대장경을 간행하였다.

❿ **여진족의 변천**

숙신 → 읍루 → 물길 → 말갈 → 여진 → 금 → 후금 → 청

⓫ **동북 9성**

동북 9성의 위치가 함흥이라는 설과 두만강 일대라는 설이 있다. 설치 이후 여진족의 침입이 계속되었고, 거란과의 대치 상황을 고려하여 여진에게 해마다 조공을 바치겠다는 약속을 받고 예종 때 돌려주었다.

ⓒ 전개: 서희는 소손녕과의 외교 담판으로 고려가 고구려의 후예임을 인정받음과 동시에 압록강 동쪽의 강동 6주❽를 획득하여 영토를 확장(성종)

📖 **사료 읽기**

▶ **서희의 외교 담판**

소손녕: 고려는 신라의 땅에서 일어났는데도 우리가 소유하고 있는 고구려 땅을 침식하고 있으니 고려가 차지한 고구려의 옛 땅을 내놓아라. 또한, 고려는 우리나라와 땅을 연접하고 있으면서도 바다를 건너 송을 섬기고 있으니 송과 단교한 뒤 요와 통교하라.

서 희: 우리나라가 바로 고구려의 옛 땅이기 때문에 국호를 고려라 하고 평양에 도읍하였으니, …… 어찌 침식하였다고 할 수 있느냐? 또한, 압록강 내외도 우리의 경내인데, 지금 여진족이 할거하여 그대 나라와 조빙을 통하지 못하고 있으니, 만약에 여진을 내쫓고 우리 땅을 되찾아 성보를 쌓고 도로가 통한다면 어찌 교빙하지 않겠는가?

― 『고려사』 ―

② 거란의 2차 침입(1010): 거란의 성종은 강조의 정변❾을 구실로 40만 대군을 이끌고 침략, 양규의 선전으로 흥화진 전투에서 승리하였으나 개경이 함락되어 현종이 나주로 피난, 현종의 친교 약속을 받고 거란이 퇴각

③ 거란의 3차 침입(1018)★: 고려의 친교 약속 불이행에 대한 불만으로 소배압의 10만 군사가 침략, 강감찬이 흥화진 전투(1018), 귀주 대첩(1019)에서 승리

(3) **결과**: 고려·송·요의 세력 균형, 개경에 나성 축조로 도성 수비 강화, 천리장성 축조로 거란과 여진의 침략에 대비

1009~1029   1033~1044, 압록강 – 도련포

3. 여진(금)의 침입(12세기) - 별무반

(1) **전개**★★

① 배경: 12세기 초 여진족❿은 부족을 통합한 뒤 고려로 남하하여 자주 충돌
② 별무반 조직: 여진과의 1차 접촉에서 패한 뒤 윤관이 숙종에게 건의하여 별무반 편성, 기병인 신기군, 승병인 항마군, 보병인 신보군으로 편성된 특수 부대
③ 동북 9성⓫: 여진족을 북방으로 몰아내고 동북 9성을 쌓았으나(1107, 예종) 방비의 어려움으로 반환(1109, 예종)

(2) **국제 정세의 변화**

① 여진의 성장: 여진족 아구타(아골타)가 금나라 건국(1115) 후 군신 관계 요구, 이자겸이 정권 유지를 위해 금의 사대 요구 수용(1125)
② 영향: 북진 정책은 사실상 좌절, 문벌귀족의 부패로 인한 이자겸의 난(1126)과 묘청의 서경 천도 운동(1135) 등 사회적 혼란 발생

02 단골 키워드 문제

Ⅲ. 중세의 한국사
02 중세의 정치_2

정답 및 해설 21쪽

기출 선택지 미리보기

- 중서문하성 – 국정을 총괄하고 정책을 결정하였다.
- 중추원 – 군사 기밀과 왕명의 출납을 담당하였다.
- 성종 – 서희의 활약으로 강동 6주를 획득하였다.
- 예종 – 별무반을 이끌고 동북 지방에 9개의 성을 쌓았다.
- 인종 – 묘청이 서경에서 난을 일으켰다.

기출 키워드로 연습하기

01 ① 도병마사 •　　　　• 중앙군
　　② 삼사　　•　　　　• 국방 문제 논의
　　③ 2군 6위 •　　　　• 화폐·곡식의 출납

02 고려의 어사대는 관리 감찰 등을 맡아 조선의 사헌부와 비슷한 역할을 하였다.　　　　　　(O / ×)

03 묘청의 서경파는 정변을 일으켜 중방을 장악하려 하였다.　　　　　　　　　　　　　　(O / ×)

04 광종 때부터 시행된 (　　　)은/는 법적으로 양인 이상 응시가 가능하였다.

05 서희는 거란의 소손녕과의 외교 담판으로 압록강 동쪽의 (　　　)을/를 획득하였다.

06 거란의 3차 침입 이후 강감찬은 압록강에서 도련포까지의 (　　　)을/를 축조하였다.

정답 | 01 ① 국방 문제 논의 ② 화폐·곡식의 출납 ③ 중앙군 02 ○
03 × 04 과거 제도 05 강동 6주 06 천리장성

KEYWORD 01 고려의 중앙 행정 기구

01 최다 빈출 유형

㉠~㉣ 기구에 대한 설명으로 옳은 것을 <보기>에서 고른 것은?　　　　　　　　　　　심화 67회 18번

> **역사 돋보기 왕실과의 혼인을 통한 이자겸의 출세**
>
> 음서로 관직에 진출한 이자겸은 1108년 둘째 딸이 예종의 비가 되면서 빠른 속도로 출세하였다.
> 1109년 ㉠ 추밀원(중추원) 부사, 1111년 ㉡ 어사대의 대부가 된다. 1113년에는 ㉢ 상서성의 좌복야에 임명되었고, 1118년 재신으로서 판이부사를 맡았으며, 1122년 ㉣ 중서문하성 중서령에 오른다.

• 보기 •
ㄱ. ㉠ – 군사 기밀과 왕명 출납을 담당하였다.
ㄴ. ㉡ – 소속 관원이 낭사와 함께 서경권을 행사하였다.
ㄷ. ㉢ – 화폐·곡식의 출납과 회계를 담당하였다.
ㄹ. ㉣ – 원 간섭기에 도평의사사로 개편되었다.

① ㄱ, ㄴ　　② ㄱ, ㄷ　　③ ㄴ, ㄷ
④ ㄴ, ㄹ　　⑤ ㄷ, ㄹ

02 꼬리 물기 문제

(가) 기구에 대한 설명으로 옳은 것은?　　심화 53회 11번

> 시정(時政)을 논박하고 풍속을 교정하며 규찰과 탄핵 업무를 담당하였다. 국초에는 사헌대(司憲臺)라 불렸다. 성종 14년에 (가) (으)로 고쳤으며 [관원으로] 대부, 중승, 시어사, 전중(殿中)시어사, 감찰어사가 있었다.
> －『고려사』－

① 국정을 총괄하는 중앙 관서였다.
② 무신 집권기 최고 권력 기구였다.
③ 사간원, 홍문관과 함께 삼사로 불렸다.
④ 원 간섭기에 도평의사사로 명칭이 바뀌었다.
⑤ 소속 관원이 낭사와 함께 서경권을 행사하였다.

KEYWORD 02 묘청의 서경 천도 운동

03 최다 빈출 유형

밑줄 그은 '이 사건'이 일어난 시기를 연표에서 옳게 고른 것은?

심화 61회 12번

문학으로 만나는 한국사

비 개인 긴 언덕에는 풀빛이 푸른데
남포에서 님 보내며 슬픈 노래 부르네
대동강 물은 그 언제 다할 것인가
이별의 눈물 해마다 푸른 물결에 더하는 것을

이 시의 제목은 '송인(送人)'으로, 고려 시대의 문인 정지상이 서경을 배경으로 지은 작품이다. 서경 출신인 그는 묘청 등과 함께 수도를 서경으로 옮길 것을 주장하였다. 이로 인해 개경 세력과 정치적으로 대립하던 중 이 사건이 일어나자 김부식에 의해 죽임을 당하였다.

918	1019	1126	1270	1351	1392
	(가)	(나)	(다)	(라)	(마)
고려 건국	귀주 대첩	이자겸의 난	개경 환도	공민왕 즉위	고려 멸망

① (가) ② (나) ③ (다) ④ (라) ⑤ (마)

04 꼬리 물기 문제

다음 검색창에 들어갈 지역에서 있었던 사실로 옳은 것은?

심화 69회 11번

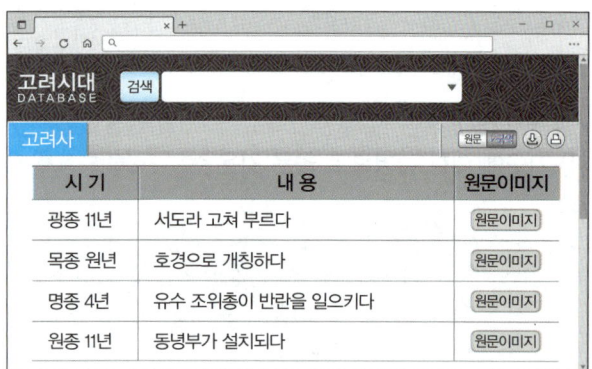

① 정몽주가 이방원 세력에게 피살되었다.
② 묘청이 반란을 일으키고 국호를 대위라 하였다.
③ 몽골의 침략으로 황룡사 구층 목탑이 소실되었다.
④ 흥덕사에서 금속 활자로 직지심체요절이 간행되었다.
⑤ 정서가 유배 중에 정과정이라는 고려 가요를 지었다.

05 KEYWORD 03 고려 시대 대외 관계

(가), (나) 사이의 시기에 있었던 사실로 옳은 것은?

심화 67회 14번

(가) 윤관이 포로 346구와 말 96필, 소 300여 마리를 바쳤다. 의주와 통태진·평융진에 성을 쌓고, 함주·영주·웅주·길주·복주, 공험진과 함께 북계 9성이라 하였다.

(나) 그해 12월 16일에 처인부곡의 작은 성에서 적과 싸우던 중 화살로 적의 괴수인 살리타를 쏘아 죽였습니다. 사로잡은 자들이 많았으며 나머지 무리는 무너져 흩어졌습니다.

① 외침에 대비하여 광군을 조직하였다.
② 서희의 활약으로 강동 6주를 획득하였다.
③ 이제현이 만권당에서 유학자들과 교유하였다.
④ 묘청 등이 칭제 건원과 금 정벌을 주장하였다.
⑤ 압록강에서 도련포까지 천리장성을 축조하였다.

06 KEYWORD 04 여진의 침입

(가)~(다)를 일어난 순서대로 옳게 나열한 것은? 심화 68회 13번

(가) 금의 군주 아구다가 국서를 보내 이르기를, "형인 금 황제가 아우인 고려 국왕에게 문서를 보낸다. …… 이제는 거란을 섬멸하였으니, 고려는 우리와 형제의 관계를 맺어 대대로 무궁한 우호 관계를 이루기 바란다."라고 하였다.

(나) 윤관이 여진인 포로 346명과 말, 소 등을 조정에 바치고 영주·복주·웅주·길주·함주 및 공험진에 성을 쌓았다. 공험진에 비(碑)를 세워 경계로 삼고 변경 남쪽의 백성을 옮겨와 살게 하였다.

(다) 정지상 등이 왕에게 아뢰기를, "대동강에 상서로운 기운이 있으니 신령스러운 용이 침을 토하는 형국으로, 천 년에 한 번 만나기 어려운 일입니다. 천심에 응답하고 백성들의 뜻에 따르시어 금을 제압하소서."라고 하였다.

① (가) - (나) - (다)   ② (가) - (다) - (나)
③ (나) - (가) - (다)   ④ (나) - (다) - (가)
⑤ (다) - (나) - (가)

07 KEYWORD 05 초조대장경, 나성

(가) 국가에 대한 고려의 대응으로 옳은 것은? 심화 65회 12번

이곳은 전라남도 나주시에 있는 심향사입니다. (가) 의 침입으로 나주로 피난한 고려 현종이 나라의 평안을 위해 이곳에서 기도를 올렸다고 전해집니다. 이 왕 때 부처의 힘으로 국난을 극복하고자 초조대장경의 조성이 시작되었습니다.

① 박위를 보내 근거지를 토벌하였다.
② 조총 부대를 나선 정벌에 파견하였다.
③ 개경을 방어하기 위해 나성을 축조하였다.
④ 압록강 상류 지역을 개척하여 4군을 설치하였다.
⑤ 국방 문제를 논의하기 위해 비변사를 신설하였다.

08 KEYWORD 06 이자겸의 난

(가)~(다)를 일어난 순서대로 옳게 나열한 것은? 심화 65회 14번

(가) 왕이 보현원 문에 들어서자 …… 이고 등이 왕을 모시던 문관 및 대소 신료, 환관들을 모두 살해하였다. …… 정중부 등이 왕을 모시고 환궁하였다.

(나) 이자겸과 척준경이 왕을 위협하여 남궁(南宮)으로 거처를 옮기게 하고 안보린, 최탁 등 17인을 죽였다. 이 외에도 죽인 군사가 헤아릴 수 없을 정도였다.

(다) 묘청이 서경을 근거지로 삼고 반란을 일으켰다. …… 국호를 대위, 연호를 천개, 그 군대를 천견충의군이라 불렀다.

① (가) - (나) - (다)　② (가) - (다) - (나)
③ (나) - (가) - (다)　④ (나) - (다) - (가)
⑤ (다) - (가) - (나)

09 KEYWORD 07 거란의 침입

(가)에 대한 고려의 대응으로 옳은 것은? 심화 72회 12번

이 자료는 초조대장경의 일부입니다. (가) 의 침입으로 현종이 피란을 가고 개경이 함락되자 부처의 힘으로 나라를 지키려는 마음을 담아 조판하기 시작하였습니다.

① 윤관을 보내 동북 9성을 개척하였다.
② 화통도감을 두어 화포를 제작하였다.
③ 광군을 조직하여 침입에 대비하였다.
④ 박위를 파견하여 근거지를 토벌하였다.
⑤ 철령위 설치에 반발해 요동 정벌을 추진하였다.

10 KEYWORD 08 별무반

(가) 부대에 대한 설명으로 옳은 것은? 심화 54회 12번

이곳은 오연총 장군을 모신 덕산사입니다. 원래 함경도 경성에 있던 사당을 지금의 전라남도 곡성으로 옮겨 왔습니다. 그는 신기군, 신보군, 항마군으로 편성된 (가) 의 부원수로 활약하였습니다.

① 4군 6진을 개척하여 영토를 확장하였다.
② 원의 요청으로 일본 원정에 참여하였다.
③ 여진을 정벌하여 동북 9성을 축조하였다.
④ 처인성에서 몽골 장수 살리타를 사살하였다.
⑤ 최씨 무신 정권의 군사적 기반 역할을 하였다.

03 중세의 정치_3

✏️ check! 필수 암기!

무신 정권의 집권자와 주요 봉기
- 무신 정권: 정중부(중방), 최충헌(교정도감, 도방), 최우(정방, 삼별초)
- 봉기: 망이·망소이(공주 명학소)의 난, 만적의 난

➕ 무신 정권 시기 집권자별 주요 권력 기구
- **정중부**: 중방
- **경대승**: 도방
- **이의민**: 중방
- **최충헌**: 도방, 교정도감
- **최우**: 삼별초, 정방, 서방

❶ 교정도감
최씨 정권의 반대 세력을 제거하고 국정을 총괄하는 최고 정치 기구였다.

❷ 도방
경대승이 신변 보호를 위해 처음 실시한 것으로 최씨 정권은 이를 계승·확대하여 사병 관리에 활용하였다.

➕ 삼별초

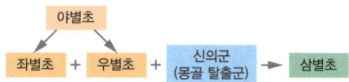

최우는 강화도 천도 이후 도둑을 단속하기 위해 야별초를 구성하였다. 이후 군사의 수가 많아져 좌별초와 우별초로 나누어 구성하였고, 몽골의 포로로 잡혀 있다 탈출한 자들로 구성된 신의군과 함께 삼별초라 하였다. 삼별초는 공적 임무를 띤 최씨 정권의 사병 조직이었다.

➕ 무신 정권 시기 고려 왕
명종(1170~1197) → 신종(1197~1204) → 희종(1204~1211) → 강종(1212~1213) → 고종(1213~1259) → 원종(1259~1274)

01 무신 정권의 성립

1. 무신 정변의 발생

(1) **원인**: 의종의 실정, 군사 지휘권은 문관이 독점, 무신 천시 (군인전 미지급, 무과 시행 없음)

(2) **전개 과정**: 이의방·정중부의 무신 정변(1170, 보현원 사건) → 중방(최고위층 무신들로 구성된 최고 권력 회의 기구) 중심의 권력 행사, 권력 쟁탈전 전개 → 지방 통제력 약화 → 농민과 천민의 대규모 봉기

(3) **무신 집권자의 변화**: 정중부(1170~1179) → 경대승(1179~1183) → 이의민(1183~1196) → 최충헌(1196~1219) → 최우 → 최항 → 최의 → 김준 → 임연 → 임유무

(4) **무신 정권의 한계**: 권력 유지와 이를 위한 체제 정비에 집착, 민생 안정에는 소홀

2. 최씨 무신 정권 시기 ★

(1) **최씨 정권(1196~1258)**: 최충헌 이후 4대가 60여 년간 집권
 ① **최충헌**: 교정도감❶(최고 집정부) 설치, 봉사 10조의 사회 개혁안 제시(개혁 미비), 사병 육성
 ② **최우**: 교정도감을 통하여 정치 권력 행사, 정방을 설치하여 인사권 장악, 서방을 설치하여 문신 등용, 몽골과의 장기 항쟁을 위해 강화도로 천도하여(1232) 삼별초 조직

(2) **권력 기반**
 ① **최충헌**: 교정도감(최고 집정부), 도방❷(신변 경호)
 ② **최우**: 정방(문무 인사 기구), 서방(문신 등용), 삼별초(군사 기구)

3. 무신 정권 시기의 봉기 ★★

(1) **배경**: 신분 제도의 동요, 무신들의 농장 확대로 농민 수탈 강화

(2) **봉기**
 ① **지배층의 난**: 김보당의 난(1173, 동북면 병마사), 조위총의 난(1174, 서경유수)
 ② **양민들의 난**: 망이·망소이의 난(1176, 공주 명학소), 김사미·효심의 봉기(1193, 운문·초전), 이연년 형제의 난(1237, 담양)
 ③ **천민·노비들의 난**: 최충헌의 사노비였던 만적의 난(1198, 천민의 신분 해방 운동)

> 📖 **사료 읽기**
>
> ▶ **공주 명학소(망이·망소이)의 난**
> 이미 우리 고을(공주 명학소)을 현으로 승격시키고 수령을 두어 (백성의 사정을 살펴) 위로하다가, 다시 군사를 보내 우리 어머니와 처를 붙잡아 가두니 그 뜻이 어디에 있는가. 차라리 창칼 아래 죽을지언정 항복하여 포로는 되지 않을 것이며, 반드시 왕경(개경)에 쳐들어가고야 말 것이다.
> – 『고려사』 –
>
> ▶ **만적의 난**
> 사노비인 만적이 공·사의 노비들을 불러 모아 말하기를 "경계의 난 이래로 고관이 천한 노예들 가운데서 많이 나왔다. 장수와 재상의 씨가 따로 있는 것이 아니다. 때가 오면 누구나 할 수 있는 것이다. 우리들 노비만이 어찌 채찍질 밑에서 고생하라는 법이 있는가."라고 하였다. 이에 노비들이 모두 찬성하였다.
> – 『고려사』 –

02 원 간섭기

1. 원(몽골)의 침입(13세기)

(1) 배경

① 13세기 초 몽골족이 통일된 국가를 형성하자 몽골에 쫓긴 거란이 고려에 다시 침입

▲남송 시대   ▲몽골 제국의 성장   ▲강동의 역

② **강동의 역(1219)**: 고려군과 몽골군이 강동성에서 거란을 격퇴한 이후에 몽골은 거란을 격퇴해 준 은인임을 자처하며 고려에 지나친 공물을 요구
　└ 몽골과 고려의 첫 접촉

(2) 전개

① **1차 침입(1231)**: 몽골 사신 저고여가 피살된 사건(1225)을 구실로 고려 침략, ==귀주성 전투(박서)==의 저항에도 불구하고 몽골과 강화 성립

② **2차 침입(1232)**★★: 최우는 ==강화도==로 ==천도==하여 몽골과의 항전을 대비하였고 몽골은 재침입, ==김윤후의 처인성(용인) 전투==에서 몽골 장수 ==살리타가 사살==되자 퇴각

> **사료 읽기**
>
> ▶ 김윤후의 활약
> 김윤후는 일찍이 중이 되어 백현원에 있었다. 몽골병이 이르자, 윤후가 처인성으로 난을 피하였는데, 몽골의 장수 살리타가 와서 성을 치매 윤후가 이를 사살하였다. 왕은 그 공을 가상히 여겨 상장군의 벼슬을 주었으나 이를 사양하고 받지 않았다.
> ― 「고려사」 ―

③ **3~6차 침입**: 대구 부인사 대장경과 경주 황룡사 구층 목탑 등의 문화유산 소실(3차), ==팔만대장경 조판(1236~1251)==, 충주성 전투에서 김윤후의 승리(1253, 5차), 충주 다인철소의 주민들도 몽골에 항전(1254, 6차)
　　　　　　　　　　　└ 충주산성 방호별감

2. 원 간섭기의 영향

(1) 원 간섭기의 시작

① **개경 환도**: 고려 정부는 몽골과 강화를 맺고(1259, 고종) ==개경으로 환도==(1270, 최씨 무신 정권의 몰락)
　　　　　　　　　　　　　　　　　　　└ 원종

② **부마국**❸ **지위**: 몽골은 고려의 왕을 자신들의 부마(사위)로 삼음

✏ check! 필수 암기!

몽골의 침입과 고려의 항쟁
- **2차 침입**: 강화도 천도, 김윤후의 처인성 전투, 살리타 사살
- **삼별초 항쟁**: 강화도, 진도, 제주도

⊕ 몽골과의 전쟁

❸ 부마국
충렬왕이 원의 쿠빌라이 칸의 부마(사위)가 된 후 고려의 세자는 원나라 수도에 머물며 교육을 받았고 원의 공주와 혼인하여 고려에 돌아와 왕위를 계승하였다.

④ 고려첩장불심조조(高麗牒狀不審條條)

1270년 몽골과 강화한 고려 정부에 반대한 삼별초의 진도 정부가 일본에 국서를 보내 대몽 연합을 구축할 것을 제의하였다(1271). 이에 대해 일본이 3년 전에 원종이 보낸 국서와 비교하여 이해가 안 되거나 불확실한 부분을 정리한 것이다. 몽골이 일본을 공격할 가능성과 연대의 필요성, 군사적 지원 요청을 담고 있다.

✏️ check! 필수 암기!
원 간섭기와 공민왕의 개혁
- **원 간섭기의 정치**: 쌍성총관부, 도평의사사, 충렬왕, 결혼도감, 응방, 몽골풍
- **공민왕**: 관제 복구, 쌍성총관부 탈환, 정방 폐지, 전민변정도감(신돈)

⑤ 정동행성

정동행성은 일본 정벌을 위해 원이 고려에 설치한 관서로 일본 원정 실패 이후에도 계속 유지하여 내정 간섭 기구로 삼았고, 정동행성의 부속 관서로 이문소를 설치하였다. 이문소는 본래 범죄를 단속하는 사법 기관이었으나 반원 세력을 억압하고 부원 세력을 대변하는 기구로 변질되었다.

⑥ 심양왕

고려를 분열시키기 위하여 남만주 일대 고려인의 통치를 구실로 고려 왕족을 심양왕에 임명함으로써 훗날 심양왕과 고려왕 사이의 갈등을 유발하였다.

➕ 원 간섭기 고려 왕

충렬왕(1274~1308) → 충선왕(1308~1313) → 충숙왕(1313~1330, 1332~1339) → 충혜왕(1330~1332, 1339~1344) → 충목왕(1344~1348) → 충정왕(1348~1351) → 공민왕(1351~1374)

⑦ 사림원

충선왕이 즉위한 1298년 초에 설치되었다가 원나라에 의하여 강제로 퇴위를 당하던 그해 8월까지 약 3개월간 존속하였다. 주요 임무는 인사 행정, 왕명 출납과 정치 고문 역할 등이었다.

---

(2) 삼별초의 항쟁(1270~1273) ★★
① 배경: 개경 환도 이후 삼별초의 지도자인 배중손은 왕족인 승화후(왕온)를 왕으로 추대하고 항전
② 전개 과정: 강화도(1270, 배중손) → 진도 용장성(1270~1271, 배중손) → 제주도(1271~1273, 김통정, 항파두리성) → 여·몽 연합군에 의해 진압
③ 일본과 연합 시도: 진도에서 삼별초는 일본에 국서(1271, 고려첩장불심조조④)를 보내 대몽 연합 구축을 제의

(3) 결과: 대장경판 및 황룡사 구층 목탑 등의 문화유산 손실, 원의 내정 간섭 심화

3. 원의 내정 간섭

(1) 영토 상실: 철령 이북의 쌍성총관부(1258~1356, 화주) [공민왕 때 탈환], 자비령 이북의 동녕부(1270~1290, 서경), 탐라총관부(1273~1301, 제주도) 설치 [충렬왕 때 수복]

(2) 고려의 관제 변화 ★
① 배경: 원의 부마국(사위의 나라)이 되면서 왕실의 호칭과 관제 격하
② 중앙 관제의 변화
  ㉠ 2성(중서문하성, 상서성)은 첨의부, 6부는 4사 [이부·예부 → 전리사 / 호부 → 판도사 / 병부 → 군법사 / 형부 → 전법사 / 공부 → 폐지]
  ㉡ 권력 기구의 변화: 도병마사는 도평의사사, 중추원은 밀직사로 권한과 기능 변화
③ 정치적 간섭
  ㉠ 용어 격하: 짐 → 고 / 폐하 → 전하 / 태자 → 세자 / '~조', '~종' → 왕
  ㉡ 내정 간섭 기구: 정동행성⑤(개경, 일본 원정 기구 명목), 이문소(정동행성의 부속 관서, 사법 기관), 순마소(몽골군의 경찰), 다루가치(감찰관), 만호부(군사 간섭), 심양왕⑥

(3) 영향 ★
① 경제적 수탈: 공녀(결혼도감, 조혼 풍속), 응방(매), 특산물(금, 은, 베, 인삼, 약재) 징발
② 문화적 교류
  ㉠ 몽골풍: 몽골어, 몽골식 의복·머리(변발)·이름 등이 유행 [자주성의 손상]
  ㉡ 고려양: 고려의 유이민, 강압적으로 끌려간 고려인들에 의해 고려의 풍습이 전해짐
  ㉢ 새로운 문물의 도입: 『농상집요』 소개(이암), 목화를 들여와 의생활 혁신, 화약 제조 기술 습득, 수시력 등 과학 기술 수입, 성리학과 라마교 등의 사상과 종교 유입 → 다양하고 개방적인 사회로 발전
③ 친원 세력의 등장: 전공을 세운 자, 몽골의 귀족과 혼인한 자, 능숙한 몽골어를 구사하는 자 등

03 고려 후기 정치 변동

1. 고려 후기의 개혁 정치

(1) 국내외 정세
① 권문세족: 원과 친분 관계를 통하여 성장한 가문이 점차 발전하여 권문세족이라는 새로운 지배층 형성
② 충선왕의 개혁: 정방을 폐지하여 관료 인사 개혁을 시도하고 사림원⑦을 설치하였으나 원과 친원 세력의 압력으로 실패, 만권당 설치 [충숙왕 때 충선왕이 연경에 설치]

(2) 공민왕(1351~1374)의 개혁 정치 ★★★

① 반원 정책: 기철❽ 등 친원 세력 숙청, 정동행성 이문소 폐지, 2성 6부의 관제 복구, 쌍성총관부를 공격❾하여 철령 이북의 땅을 수복(1356, 유인우), 요동 지방 공략, 몽골풍 폐지

② 왕권 강화: 정방을 폐지하여 인사권 회복, 권문세족이 부당하게 빼앗은 토지와 노비를 몰수하기 위하여 전민변정도감(신돈) 설치

③ 결과 및 한계: 권문세족의 반발로 신돈 제거·공민왕 시해, 개혁 중단 → 홍건적❿과 왜구의 침입으로 사회 혼란 가중, 왕권을 뒷받침하였던 신진 사대부 세력의 미약

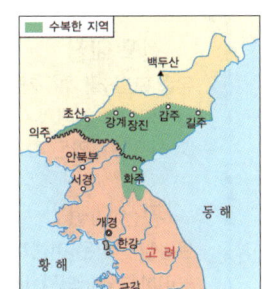
▲ 공민왕의 영토 수복

사료 읽기

▶ 전민변정도감

신돈이 전민변정도감 두기를 청하여 …… "대대로 지어 내려오는 땅을 힘 있는 집안이 빼앗고, 또는 이미 땅 주인에게 주라고 판결을 내린 것도 그대로 가지며, 또는 백성들을 노예로 삼았다. …… 그 잘못을 알고 스스로 고치는 자는 죄를 묻지 않을 것이며, 기한을 지나 일이 발각되는 자는 조사하여 다스리되 거짓으로 호소한 자는 도리어 죄를 물을 것이다."라고 하였다.
- 「고려사」 -

2. 고려 말 사회 변동

(1) 신진 사대부의 성장

① 출신: 무신 정권 시기 이래 과거를 통해 중앙의 관리로 진출한 지방의 향리 출신, 성리학적 교양과 실무 능력을 갖춘 학자적 관료

② 성장 배경: 성리학 수용, 불교 비판, 권문세족 비판, 공민왕 때 성장

③ 한계: 권문세족의 인사권 독점으로 관직 진출에 제한, 왕권과 결탁하여 고려 후기 개혁 정치에 적극 참여하였으나 역부족

권문세족과 신진 사대부의 비교

구분	근거지	중앙 진출	경제력	사상	불교	성향
권문세족	중앙	음서로 진출	대지주	훈고학	숭불	친원
신진 사대부	지방	과거로 진출	중소지주	성리학	억불	친명

(2) 홍건적·왜구 침입(14세기) ★

① 홍건적: 이승경과 이방실(서경) 등이 홍건적 1차 격퇴(1359), 정세운·안우·이방실·이성계(개경)가 2차 격퇴(1361)

② 왜구: 왜구가 침략하자 최영은 홍산(1376, 부여), 이성계는 황산(1380, 남원) → 왜의 장수 아지발도 사살, 박위는 대마도(1389)에서 격퇴, 최무선⓫은 화통도감을 설치하여(1377) 진포 대첩에서 승리(1380, 나세·최무선) → 최초의 화포 사용

---

❽ **기철**
기철은 누이동생이 원나라 순제의 황후가 되어 태자를 낳자, 기황후와 원의 세력을 등에 업고 친원 세력을 결집하여 백성들의 토지를 수탈하는 등 권세를 부렸다.

❾ **쌍성총관부 공격**
1356년 공민왕이 반원 개혁 정책을 전개하면서 쌍성총관부를 수복하기 위해 군사를 파견하였는데 총관 조소생과 천호 탁도경의 저항에 부딪히게 되었다. 그러나 이 지역의 토착 세력인 이자춘의 협력으로 쌍성총관부를 폐지하고 이 지역을 회복할 수 있었다. 이자춘은 이후 동북면병마사(東北面兵馬使)로 임명되어 이 일대에서 세력을 확장하였고 그가 사망한 뒤 아들 이성계가 관직을 계승하여 권력을 구축하면서 조선 건국의 기반을 마련하였다.

❿ **홍건적**
원 말기에 백련교도가 중심이 되어 봉기한 한족의 농민 반란군으로 머리에 붉은 수건을 두른다고 하여 홍건적이라 불렀다. 1차 침입(1359), 2차 침입(1361, 공민왕의 안동 피신)이 있었다.

✏ check! 필수 암기!

고려 말 사회 격동
홍건적·왜구 침입: 이성계, 최영
고려의 멸망: 위화도 회군, 과전법

⓫ **최무선**
최무선은 벽란도에 왕래하는 중국 상인 이원으로부터 화약 제조법을 터득하였다.

> **사료 읽기**
>
> ▶ **진포 대첩**
> 우왕 6년 8월 추수가 거의 끝나갈 무렵 왜구는 500여 척의 함선을 이끌고 진포로 쳐들어와 충청·전라·경상도의 3도 연해의 주군을 돌며 약탈과 살육을 일삼았다. 고려 조정에서는 나세, 최무선, 심덕부 등이 나서서 최무선이 만든 화포로 왜선을 모두 불태워 버렸다.
> ― 『고려사』 ―
>
> ▶ **황산 대첩**
> 운봉을 넘어온 이성계는 적장 가운데 나이가 어리고 용맹한 아지발도를 사살하는 등 선두에 나서서 전투를 독려하여 아군보다 10배나 많은 적군을 섬멸케 하였다. 이 싸움에서 아군은 1,600여 필의 군마와 여러 병기를 노획하였다고 하며 살아 도망간 왜구는 70여 명밖에 없었다고 한다.
> ― 『고려사』 ―

⓬ 요동 정벌
- **팔도도통사**: 최영
- **좌군도통사**: 조민수
- **우군도통사**: 이성계

(3) 요동 정벌 ⓬ ★
① 배경: 우왕 때 최영과 이성계가 이인임⓭ 일파 축출, 개혁 방법을 두고 갈등
② 전개: 명은 철령 이북 땅을 요구(1388, 철령위 설치 통보), 우왕은 최영과 이성계를 시켜 요동 정벌 단행
③ 결과: 이성계는 위화도에서 회군하여(1388) 최영 제거, 군사적 실권 장악

⓭ 이인임(권문세족)
공민왕 때 동녕부를 정벌하였고, 공민왕 사후에 우왕을 추대하여 집권하였다. 이후 친원 정책을 추진하였고 최영과 이성계에 의하여 제거되었다.

> **사료 읽기**
>
> ▶ **이성계의 4불가론**
> 우왕이 …… 이르기를, "과인이 요양(遼陽)을 공격하고자 하니 경 등은 마땅히 힘을 다하도록 하시오."라고 하였다. 태조(이성계)가 이르기를, "지금 출병하는 것은 4가지 불가한 것이 있습니다. 작은 것으로 큰 것을 거스르니 1가지 불가한 것이오, 여름에 군사를 내니 2가지 불가한 것입니다. 거국적으로 멀리 공격을 나가니 왜구가 그 빈틈을 틈탈 것이니 3가지 불가한 것입니다. 마침 장마철이어서 활과 쇠뇌의 아교가 느슨하고 대군이 질병을 앓을 것이니 4가지 불가한 것입니다."라고 하였다.
> ― 『고려사』 ―

(4) 고려의 멸망
① 사회 혼란: 권문세족의 횡포, 홍건적·왜구의 침입 등 사회 혼란
② 멸망: 고려군의 요동 정벌 단행 → 이성계의 위화도 회군(1388) → 우왕·창왕 폐위, 공양왕 옹립 → 과전법 실시(1391) → 조선 건국(1392)

PASSCODE ver 6.0

빅데이터 50가지 테마 미니북

한국사능력검정시험 심화 1·2·3급

시대에듀

기출 빅데이터 분석을 통해 탄생한 미니북

FEATURES

① 시대별 빈출 테마 분석 - 고대

구분	76회	75회	74회	73회	72회	…	67회	합계
정치	3	4	2	3	2		3	28
경제	1	1	1	0	1		−	6
사회	2	2	3	4	3		1	22
문화	2	2	1	1	2		2	18

↳ 고대 최다 출제 파트: 정치, 사회, 문화

구분	테마	출제 횟수	비고
정치	고구려, 백제, 신라 왕의 업적	9	시대편 수록
	발해, 통일 신라 왕의 업적	3	
	가야	3	−
	삼국의 대외 항쟁과 부흥 운동★★	12	주제편 수록
	후삼국	4	
사회	신라 말 사회 변화	10	

↳ 고대 최다 빈출 테마: 삼국의 대외 항쟁과 부흥 운동

- ◆ 최신 기출 10회분 분석
- ◆ 빈출 테마 총 50개(시대편 10, 인물편 6, 주제편 34) 선정!
- ◆ 인물편은 최다 빈출순 나열, 주제편은 시대순 나열 및 빈출 주제 TOP 5 선정!

② 테마별 빈출 선택지 산출

- 을지문덕이 살수에서 수의 군대를 물리치다. (75, 73, 71, 70, 67, 65, 64회)
- 문무왕이 안승을 보덕국왕으로 봉하였다. (75, 74, 71, 68, 67, 61, 60회)
- 김춘추가 당과의 군사 동맹을 성사시켰다. (76, 74, 73, 72, 71, 64, 62, 61회)
- 계백이 이끄는 군대가 황산벌에서 항전하였다. (74, 72, 69, 68, 61, 60회)
  ⋮

↳ 한능검은 비슷하거나 동일한 선택지가 반복 출제

- ◆ Step1에 최다 빈출순으로 나열
- ◆ 중요 선택지를 뽑아 Step3 빈칸 채우기로 구성

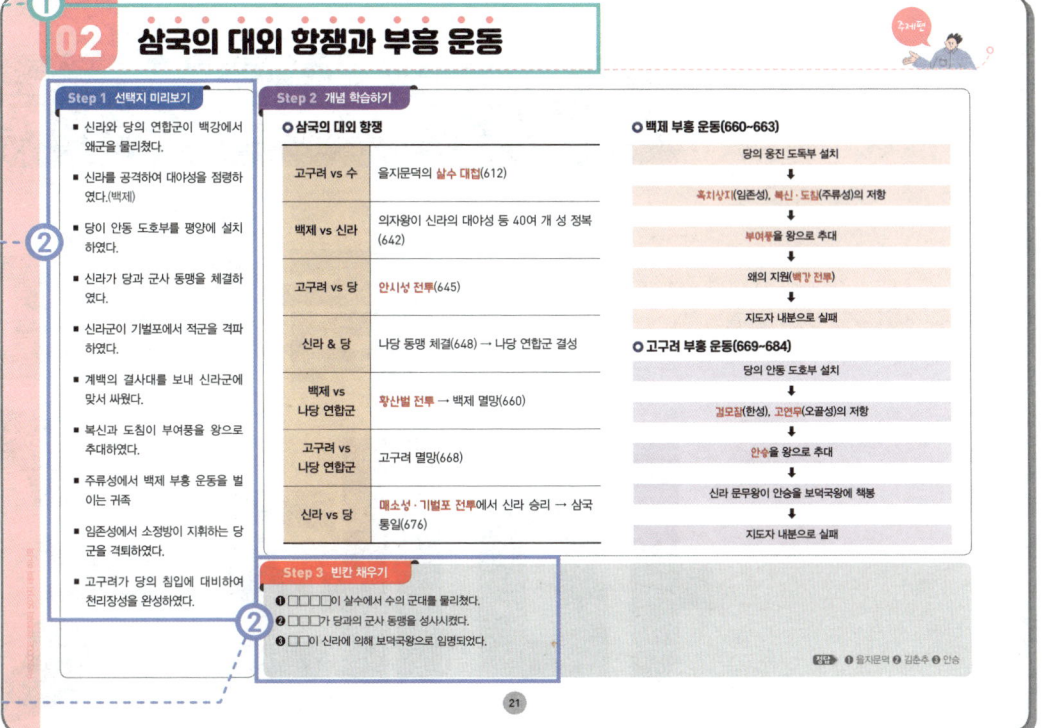

Step 1·2·3 공부법!

Step 1 선택지 미리보기
테마별로 자주 출제되는 선택지를 확인하자!

Step 2 개념 학습하기
핵심 개념을 통해 중요 내용을 학습하자!

Step 3 빈칸 채우기
핵심 키워드를 잘 기억하는지 확인하고 정답을 빠르게 찾아내자!

이 책의 차례

시대편

01 선사 시대_구석기, 신석기, 청동기   4
02 선사 시대_철기, 고조선   5
03 고대_고구려, 백제, 신라   6
04 고대_통일 신라, 발해   7
05 고려 시대   8
06 조선 시대_전기   9
07 조선 시대_후기   10
08 근대   11
09 일제 강점기   12
10 현대   13

인물편

01 관리, 유학자   14
02 독립운동가   15
03 실학자   16
04 근대의 인물   17
05 현대의 인물   18
06 승려   19

주제편

01 여러 나라의 성장   20
02 삼국의 대외 항쟁과 부흥 운동   21
03 신라 말 사회 변화와 후삼국의 통일 과정   22
04 고려의 대외 관계   23
05 사화와 붕당 형성   24
06 임진왜란과 정묘·병자호란 (Top 3)   25
07 예송 논쟁과 환국   26
08 고려와 조선의 중앙 정치 기구   27
09 고려와 조선 후기의 경제, 사회·문화   28
10 고려와 조선의 토지·수취 제도의 변화   29
11 홍경래의 난과 임술 농민 봉기   30
12 흥선 대원군의 정책   31
13 임오군란과 갑신정변   32
14 동학 농민 운동 (Top 2)   33
15 갑오개혁과 을미개혁   34
16 독립 협회와 대한 제국 (Top 4)   35
17 항일 의병 운동과 애국 계몽 운동   36
18 근대 언론·문물   37
19 1910년대 국내외 독립운동   38
20 3·1 운동과 대한민국 임시 정부   39
21 일제 강점기 무장 독립운동과 의열 투쟁 (Top 5)   40
22 일제 강점기 민족 운동   41
23 대한민국 정부 수립 과정   42
24 6·25 전쟁   43
25 민주화 운동   44
26 현대 정부의 정책 (Top 1)   45
27 불상   46
28 불교 건축   47
29 탑   48
30 회화   49
31 지역사   50
32 궁궐   51
33 주요 유네스코 세계 유산·기록 유산   52
34 세시 풍속   53

01 선사 시대_구석기, 신석기, 청동기

시대편

	구석기 (약 70만 년 전)		신석기 (기원전 8,000년 전)		청동기 (기원전 2,000~1,500년 전)
도구	뗀석기(**주먹도끼**, 찍개, 슴베찌르개)	도구	• 간석기 ・ 갈돌과 갈판 • **가락바퀴**, 뼈바늘 ・ **빗살무늬 토기**	도구	• **반달 돌칼** • 비파형 동검, 거친무늬 거울 • 미송리식 토기, 민무늬 토기
경제	사냥, 고기잡이, 채집 생활	경제	농경(조・피)과 목축 시작	경제	벼농사 시작, 밭농사 중심
주거	**동굴**이나 바위 그늘, **막집**(강가)	주거	**움집**(강가나 바닷가): 반지하 형태	주거	**움집**: 지상 가옥화
사회	평등 사회, 이동 생활, 무리 생활	사회	평등 사회, 씨족 사회(족외혼)	사회	• 생산력 증대로 사유 재산 발생 • 계급 사회: 족장(군장) 출현
				무덤	**고인돌**: 지배층의 무덤
유적지	연천 전곡리, 공주 석장리	유적지	서울 암사동, 양양 오산리, 제주 고산리	유적지	부여 송국리, 울주 검단리, 창원 덕천리
유물	▲ 주먹도끼　▲ 슴베찌르개	유물	▲ 가락바퀴　▲ 빗살무늬 토기	유물	▲ 반달 돌칼　▲ 미송리식 토기

02 선사 시대 _ 철기, 고조선

철기 (기원전 300년 전)

도구	• 세형 동검, 잔무늬 거울 • 검은 간토기
경제	• 벼농사 확대 → 농업 생산량 증가, **철제 농기구** 사용 • 중국과 교류(**명도전**, 오수전, 반량전)
주거	지상 가옥, 여(呂)자형·철(凸)자형 주거 형태
사회	계급 사회
무덤	널무덤, 독무덤
유적지	창원 다호리, 제주 삼양동, 동해 송정동
유물	▲ 독무덤 ▲ 세형 동검

고조선 (기원전 2,333~108년 전)

성립	• 청동기 문화를 바탕으로 건국 • 제정일치 사회: 단군(제사장) + 왕검(정치적 지도자인 군장)
성장	• 부왕, 준왕 때 왕권 강화(왕위 세습) • 연(진개)과 대립할 만큼 강성 • 정치 체제: 왕 밑에 **상·대부·장군** 등의 관직 존재
위만 조선	• 준왕을 몰아내고 **위만**이 고조선 계승 • 철기 문화 본격적 수용
발전	• 중계 무역 • **범금 8조**를 통해 사회 질서 유지
멸망	한 무제의 공격으로 왕검성 함락 → 멸망(기원전 108년)
유물	▲ 고인돌 ▲ 비파형 동검

03 고대_고구려, 백제, 신라

시대편

~4C   5C   6C   7C

고구려

고국천왕
- **진대법** 실시(국상 을파소)
- 왕위 부자 상속

소수림왕
- 불교 공인
- 태학 설립
- 율령 반포

광개토 대왕
- **'영락'** 연호 사용
- 신라에 침입한 왜 격퇴 → 금관가야 공격
- 후연 공격, 요동 진출

장수왕
- 평양 천도(남진 정책)
- 백제 한성 함락
- **광개토 대왕릉비**, 충주 고구려비(한강 유역 진출) 건립

영양왕
- 수 양제의 침입 → 살수 대첩

영류왕
- 천리장성 축조 시작(부여성~비사성)

보장왕
- 연개소문 집권
- 고구려 멸망(668) ↔ 신라 문무왕

백제

근초고왕
- 마한 정복, 해외 진출(요서, 산둥, 규슈)
- 고구려 평양성 공격 → 고국원왕 전사
- 『**서기**』 편찬(고흥)

침류왕
- 불교 수용 및 공인

비유왕
- 눌지왕과 **나제 동맹** 체결

문주왕
- **웅진**(공주) 천도

동성왕
- 신라와 결혼 동맹(나제 동맹 강화)

무령왕
- **22담로** 설치 → 왕족 파견

성왕
- **사비**(부여) 천도, 국호 **남부여**
- 한강 유역 일시 회복(신라 진흥왕과 연합)
- 나제 동맹 결렬 → **관산성 전투**에서 전사

무왕
- 익산 미륵사 건립

의자왕
- 대야성 등 신라 40여 개 성 점령
- 백제 멸망(660) ↔ 신라 무열왕

신라

내물왕
- **마립간** 칭호 사용
- 광개토 대왕에게 원군 요청 → 왜의 침략 격퇴(호우총 청동 그릇)

눌지왕
- 비유왕과 나제 동맹 체결

지증왕
- 우경 실시
- 국호 신라
- **동시전** 설치
- 순장 금지
- 왕 칭호 사용
- **우산국 정벌**(이사부)

법흥왕
- **'건원'** 연호 사용
- 병부 설치
- 불교 공인(이차돈 순교)
- 금관가야 정복
- 율령 반포

진흥왕
- 한강 유역 진출
- 대가야 정복
- 황룡사 건립
- **북한산 순수비** 건립
- 화랑도 국가 조직으로 정비
- 『**국사**』 편찬(거칠부)

선덕 여왕
- 황룡사 구층 목탑 건립

문무왕
- **외사정** 파견
- 나당 전쟁 승리 → **삼국 통일**(676)

04 고대_통일 신라, 발해

	7C	8C	9C	10C
통일 신라	**신문왕** • 김흠돌의 난 진압 → 진골 귀족 숙청 • 국학 설립 • 지방 행정 조직: 9주 5소경 • **관료전 지급, 녹읍 폐지** • 중앙군 9서당, 지방군 10정 편성	**성덕왕** • 백성에게 정전 지급 **원성왕** • **독서삼품과** 설치	**헌덕왕** • 김헌창의 난 **진성 여왕** • **원종·애노의 난** • 최치원 **시무 10여 조** 건의 • 적고적의 난 • 『삼대목』 편찬	**경순왕(김부)** • 고려에 항복, 신라 멸망(935)
발해	**고왕(대조영)** • 발해 건국(698) • '천통' 연호 사용	**무왕** • '인안' 연호 사용 • **당의 등주 공격**(장문휴) • 일본과 교류 **문왕** • '대흥' 연호 사용 • 당과 친선 관계 유지 • 3성 6부제 실시 • **주자감** 설치 • 신라도 개설 • 일본과 외교 문서 교류(고려국왕 자처) • 천도: 중경 → 상경 → 동경	**선왕** • '건흥' 연호 사용 • 5경 15부 62주 설치 • **'해동성국'**으로 불림	**대인선** • 발해 멸망(926)

05 고려 시대

시대편

918~943
1대 태조(왕건)
- 고려 건국(918)
- **흑창** 설치
- 기인 제도, 사심관 제도, 사성 정책 → 지방 호족 통제·회유
- 역분전 지급
- 훈요 10조
- 『정계』, 『계백료서』 편찬

949~975
4대 광종
- '광덕, 준풍' 연호 사용
- **노비안검법** 시행
- **과거제** 시행(쌍기 건의)
- 관리의 공복 제정

981~997
6대 성종
- 최승로 **시무 28조** 건의
- **12목** 설치 → 지방관 파견
- 향리 제도 실시
- 지방에 경학박사·의학박사 파견
- 국자감 설치
- 상평창 설치
- 건원중보 주조
- 거란의 침입(1차)

1009~1031
8대 현종
- 강조의 정변
- 5도 양계 확립
- 안찰사 파견
- 거란의 침입(2·3차)
- 초조대장경 제작

1095~1105
15대 숙종
- 주전도감 설치 → **은병**(활구)·삼한통보·해동통보·해동중보 주조
- **별무반** 편성(윤관)

1105~1122
16대 예종
- 관학 진흥 정책: 7재, **양현고** 설치
- 동북 9성 설치

1122~1146
17대 인종
- 이자겸의 난
- **묘청의 서경 천도 운동**
- 『**삼국사기**』 편찬(김부식)

1170~1197
19대 명종
- 망이·망소이의 난
- 최씨 **무신 정권** 수립(최충헌)
- 최충헌 봉사 10조 건의
- 교정도감 설치(교정별감 최충헌)

1213~1259
23대 고종
- 최우 집권
- 정방 설치, 삼별초 조직(최우)
- 몽골의 침입 → 강화도 천도
- 팔만대장경 제작

1259~1274
24대 원종
- 개경 환도
- 삼별초의 대몽 항쟁

1308~1313
26대 충선왕
- 원의 연경에 **만권당** 설치

1351~1374
31대 공민왕
- 정방 폐지
- 기철 등 친원 세력 제거
- 관제 복구(중서문하성과 상서성, 6부제 환원)
- 정동행성 이문소 폐지
- **쌍성총관부 탈환**
- 신돈 등용
- **전민변정도감** 설치

1374~1388
32대 우왕
- 『**직지심체요절**』 간행
- 권문세족 이인임 일파 축출
- 이성계의 **위화도 회군** → 우왕 폐위, 창왕 즉위, 최영 제거

1389~1392
34대 공양왕
- **과전법** 실시
- 공양왕 폐위 → 조선 건국(이성계, 1392)

● 고려 초기　● 문벌 귀족 집권기　● 무신 집권기　● 원 간섭기　● 고려 말기

06 조선 시대 _전기

1392~1398 · 1대 태조(이성계)
- 조선 건국(1392)
- 한양 천도
- **경복궁 창건**
- 제1차 왕자의 난(이방원)

1398~1400 · 2대 정종
- 제2차 왕자의 난(이방간)

1400~1418 · 3대 태종(이방원)
- **한양 시전** 설치
- 사병 혁파
- 신문고 설치
- 호패법 시행
- **6조 직계제** 시행
- 사간원 독립
- 주자소 설치 → 계미자 주조
- 혼일강리역대국도지도 제작

1418~1450 · 4대 세종
- **의정부 서사제** 시행
- **집현전 설치**
- 대마도 정벌(이종무)
- 3포 개항, 계해약조
- 4군 6진 개척(최윤덕, 김종서)
- 측우기, 자격루 등 개발(장영실)
- 훈민정음 창제
- 편찬 사업
  - 의례서 『삼강행실도』
  - 역법서 『칠정산』
  - 농서 『농사직설』
  - 의서 『향약집성방』, 『의방유취』

1450~1452 · 5대 문종
- 『고려사』, 『고려사절요』 완성

1455~1468 · 7대 세조
- **직전법** 시행
- 6조 직계제 부활
- 이시애의 난 → 유향소 폐지

1469~1494 · 9대 성종
- 관수 관급제 시행
- 홍문관 설치
- **『경국대전』** 완성·반포
- 편찬 사업
  - 악서 『악학궤범』
  - 관찬 지리지 『동국여지승람』
  - 역사서 『동국통감』

1494~1506 · 10대 연산군
- **무오사화**
- **갑자사화**
- 중종반정

1506~1544 · 11대 중종
- 삼포 왜란
- 비변사 설치
- 사림 등용(조광조 등)
- **기묘사화**

1567~1608 · 14대 선조
- 붕당 정치 시작 → 사림의 동서분당
- 정여립 모반 사건(기축옥사)
- **임진왜란**
- 훈련도감 설치(유성룡)

07 조선 시대-후기

1608~1623 15대 광해군
- 명과 후금 사이의 중립 외교 실시
- 대동법 실시 → 경기도에 한해 실시
- 기유약조 체결
- 인조반정

1623~1649 16대 인조
- 이괄의 난, 정묘호란(후금 청과의 대립)
- 어영청, 총융청, 수어청 등 설치
- 병자호란

1649~1659 17대 효종
- 북벌 추진
- 시헌력 시행
- 제1, 2차 나선 정벌

1659~1674 18대 현종
- 기해예송(1차 예송 논쟁)
- 경신대기근(2차 예송 논쟁)

1674~1720 19대 숙종
- 경신, 기사, 갑술 · 환국정치
- 대동법 전국 실시
- 금위영 설치
- 5군영 체제 정립
- 상평통보 주조
- 백두산정계비 건립

1724~1776 21대 영조
- 탕평책 실시 → 탕평비 건립
- 균역법 실시
- 신문고 부활
- 청계천 준설 사업 → 준천사 설치
- 사형수 3심제 시행
- 『속대전』 편찬
- 『속오례의』 시행
- 『동국문헌비고』 편찬

1776~1800 22대 정조
- 탕평책 실시 → 사상적 붕당을 넘어 진붕과 위붕의 구별 강조
- 초계문신제 시행
- 신해통공 실시(육의전 제외)
- 공장안 폐지 → 사장인의 자유로운 활동 보장
- 장용영 설치
- 수원 화성 축조
- 『대전통편』 편찬

1800~1834 23대 순조
- 세도 정치(안동 조씨)
- 공노비 해방
- 홍경래의 난
- 신유박해 → 신시성의 백서 사건

1834~1849 24대 헌종
- 세도 정치(풍양 조씨)
- 기해박해
- 병오박해 → 김대건 신부 순교

1849~1863 25대 철종
- 세도 정치(안동 김씨)
- 임술 농민 봉기

08 근대

1863~1880

26대 고종

- **흥선 대원군 섭정** 시작(1863)
- 병인박해(1866)
- 제너럴 셔먼호 사건(1866)
- 병인양요(1866)
- 오페르트 도굴 사건(1868)
- 신미양요(1871)
- 척화비 건립(1871)
- 고종 친정 시작(1873)

- 운요호 사건(1875)
- **강화도 조약**(조일 수호 조규, 1876)
  - 외국과 맺은 최초의 근대적 조약
  - 부산, 원산, 인천 개항
  - 해안 측량권 허용
  - 치외 법권
- 1차 수신사 파견(1876) → 김기수
- 조일 수호 조규 부속 조약
  → 조일 수호 조규 부록(1876)
  - 거류지 설정(10리 이내)
  - 일본 화폐 유통 허용
  - 일본 외교관 여행의 자유 허용
  → 조일 무역 규칙(1876)
  - 선박 무항세·상품 무관세
  - 양곡 무제한 유출

- 2차 수신사 파견(1880) → 김홍집, 『조선책략』 국내에 소개
- 통리기무아문 설치(1880) → 아래 12사

1881~1890

- **영남 만인소**(1881)
- 조사 시찰단 파견(1881)
- 별기군 창설(1881)
- 영선사 파견(1881) → 기기창 설치(1883)
- **조미 수호 통상 조약**(1882)
  - 서양과 맺은 최초의 근대적 조약
  - 최혜국 대우 인정, 거중조정, 치외 법권
  - 보빙사 파견(1883)

- **임오군란**(1882)
  → 조청 상민 수륙 무역 장정(1882)
    - 청 상인의 특권 허용(내지 통상)
    - 치외 법권
  → 제물포 조약(1882)
    - 일본 경비병의 주둔 허용
    - 배상금 지불
- 조일 통상 장정(1883)
  - 조일 무역 규칙(1876) 개정
  - 방곡령 선포 규정
  - 일본 상품에 관세 규정
  - 최혜국 대우 인정

- **갑신정변**(1884)
  → 한성 조약(조선-일본)
    - 사망 일본인에 대한 배상, 일본 공사관 신축 부지 제공 및 신축비 지불
  → 텐진 조약(청-일본)
    - 청일 양군의 동일한 파병권

- 거문도 사건(1885)
- 조불 수호 조약(1886)
  - 천주교 선교 허용

1891~1900

- **동학 농민 운동**(1894)
- 청일 전쟁(1894)
- 제1차 갑오개혁(1894)
- 제2차 갑오개혁(1894~1895)
  - 교육 입국 조서 반포(1895): 소학교, 중학교, 한성 사범 학교 설립

- 삼국 간섭(1895)
- 을미사변(1895)
- 을미개혁(1895)
- **아관 파천**(1896)

- **대한 제국 선포**(1897)
- 광무개혁(1897)
  - 대한국 국제 선포(1899)

1901~1910

- 러일 전쟁(1904)
- 한일 의정서(1904)
  - 군사 기지 사용권 규정
  - 국외 중립 선언 무효

- 제1차 한일 협약(1904)
  - 재정 고문 메가타, 외교 고문 스티븐스 임명
- 화폐 정리 사업(1905)

- **을사늑약**(제2차 한일 협약, 1905)
  - 대한 제국 외교권 박탈
  - 통감부 설치 → 초대 통감 이토 히로부미

- **국채 보상 운동**(1907)
- **헤이그 특사 파견**(1907)
  → 고종 강제 퇴위
- 한일 신협약(정미 7조약, 1907)
  - 일본인 차관 파견
  - 군대 해산

27대 순종

- 순종 즉위, '융희' 연호 사용
- 기유각서(1909)
  - 사법권 박탈
- 한일 병합 조약(1910)
  - 조선 총독부 설치

일제 강점기

시대편

통치

무단 통치기 (1910년대)
- 조선 총독부 설치(1910)
  - 초대 총독으로 데라우치 마사타케
- 회사령 공포
- 제1차 조선 교육령(1911)
- 조선 태형령・경찰범 처벌령(1912)

문화 통치기 (1920년대)
- 보통 경찰제
- 경성 제국 대학 설립(1924)
- 치안 유지법 제정(1925)

민족 말살 통치기 (1930~1940년대)
- 조선 사상범 보호 관찰령(1936)
- 황국 신민 서사 암송(1937)
- 신사 참배 강요
- 국가 총동원법(1938)
- 창씨개명(1939)
- 국민학교령(1941)
- 조선 사상범 예방 구금령(1941)
- 징병제(1944)
- 여자 정신 근로령(1944)

경제

무단 통치기 (1910년대)
- 회사령(1910)
  - → 허가제
- 조선 어업령・삼림령(1911)
- 토지 조사 사업(1912)
- 임야령(1915)
- 임야 조사령(1918)

문화 통치기 (1920년대)
- 회사령 폐지(1920)
- 산미 증식 계획(1920)
- 관세 철폐(1923)
- 신은행령(1928)

민족 말살 통치기 (1930~1940년대)
- 농촌 진흥 운동 전개
- 남면북양 정책
- 농공 병진 정책(1932)
- 조선 농지령(1934)
- 식량 배급제, 미곡 공출제(1939)
- 공출과 징수의 강화(1941)

사회 운동

무단 통치기 (1910년대)
- 105인 사건, 신민회 해체(1911)
- 조선 물산 공진회 개최(1915)
- 2・8 독립 선언서, 3・1 운동(1919)
- 대한민국 임시 정부 수립(1919)

문화 통치기 (1920년대)
- 봉오동・청산리 전투(1920)
- 물산 장려 운동(1923)
- 암태도 소작 쟁의(1923)
- 6・10 만세 운동(1926)
- 원산 노동자 총파업(1929)
- 광주 학생 항일 운동(1929)

민족 말살 통치기 (1930~1940년대)
- 이봉창, 윤봉길 의거(1932)
- 임시정부 낙양 사관 학교 설치(1936)
- 중일 전쟁(1937)
- 태평양 전쟁(1941)
- 조선어 학회 사건(1942)

10 현대

제헌 헌법(1948)
- 우리나라 최초의 헌법
- 배경: 5·10 총선거, 정부 수립 준비
- 내용
  - 대통령 간선제(국회)
  - 단원제 국회
- 결과: 대한민국 정부 수립, 이승만 정부 출범

제1차 개헌(1952)
- **발췌 개헌**
- 배경: 6·25 전쟁 중 이승만 집권 연장
- 내용
  - 대통령 직선제
  - 양원제 국회(민의원·참의원)
  - 국회의 국무위원 불신임제
- 결과: 이승만 재선

제2차 개헌(1954)
- **사사오입 개헌**
- 배경: 이승만 종신 집권
- 내용
  - 의원 내각제
  - 초대 대통령에 한해 중임 제한 철폐
- 결과: 이승만 3선

제3차 개헌(1960.6.)
- 내각 책임제 개헌
- 배경: 4·19 혁명
- 내용
  - 대통령 간선제(국회)
  - 의원 내각제
  - 양원제 국회(민의원·참의원)
- 결과: 민주당 장면 내각 출범, 대통령 윤보선

제4차 개헌(1960.11.)
- 소급 입법 개헌
- 배경: 3·15 부정 선거 관련자 및 부정 축재자 처벌
- 내용
  - 특별 재판소 및 특별 검찰부 설치
- 결과: 5·16 군사 정변

제5차 개헌(1962)
- 3공 개헌
- 배경: 5·16 군사 정변
- 내용
  - 대통령 중심제(1차 중임 가능)
  - 대통령 직선제
  - 단원제 국회
- 결과: 공화당 박정희 정부 출범

제6차 개헌(1969)
- **3선 개헌**
- 배경: 박정희 집권 연장
- 내용
  - 대통령 **3선 연임 제한 철폐**
  - 대통령에 대한 탄핵 소추 요건 강화 등 대통령 권한 강화
- 결과: 박정희 3선

제7차 개헌(1972)
- **유신 헌법**
- 배경: 박정희 종신 집권
- 내용
  - **임기 6년**의 대통령 간선제(**통일 주체 국민 회의**)
  - 중임 및 연임 제한 규정 철폐
  - 대통령에 국회의원 1/3 추천권, 긴급 조치권 부여
- 결과: 박정희 장기 집권

제8차 개헌(1980)
- 5공 개헌
- 배경: 12·12 사태, 5·17 비상 조치
- 내용
  - **7년 단임**의 대통령 간선제(**선거인단**)
- 결과: 전두환 정부 출범

제9차 개헌(1987)
- 6공 개헌
- 배경: 6월 민주 항쟁
- 내용
  - **5년 단임**의 대통령 직선제
  - 여야의 합의 개헌
- 결과: 노태우 정부 출범

● 제헌 헌법　● 제1공화국　● 제2공화국　● 제3공화국　● 제4공화국　● 제5공화국　● 제6공화국

01 관리, 유학자

인물편

Step 1 선택지 미리보기

- 삼수병으로 구성된 훈련도감을 창설하였다.(유성룡)
- 소학의 보급과 공납의 개선을 주장하였다.(조광조)
- 반정 공신의 위훈 삭제를 주장하였다.(조광조)
- 묘청 일파가 김부식이 이끄는 관군에 의해 토벌되었다.
- 불씨잡변을 지어 불교를 비판하였다.(정도전)
- 동호문답을 통해 다양한 개혁 방안을 제시하였다.(이이)
- 최초의 서원인 백운동 서원을 건립하였다.(주세붕)
- 예안 향약을 시행하여 향촌 교화를 위해 노력하였다.(이황)
- 충청도 지역까지 대동법의 확대 실시를 건의하였다.(김육)
- 노론의 영수로 북벌론을 주장하였다.(송시열)

Step 2 개념 학습하기

김부식(1075~1151)
- 고려 전기 문신
- **활동**: 묘청의 서경 천도 운동 진압
- **저서**: 『삼국사기』, 『예종실록』

정도전(1342~1398)
- 조선 건국 공신, 신진 사대부
- **활동**: 요동 정벌 계획
- **저서**: 『조선경국전』, 『불씨잡변』, 『삼봉집』, 『경제문감』, 『고려국사』

조광조(1482~1519)
- 조선의 문신, 사림
- **활동**: 현량과 실시 건의, 소격서 폐지 주장, 위훈 삭제, 『소학』 보급, 향약 시행

이황(1501~1570)
- 조선의 성리학자
- **활동**: 예안 향약, 백운동 서원의 사액 청원
- **저서**: 『성학십도』

이이(1536~1584)
- 조선의 성리학자
- **활동**: 해주 향약
- **저서**: 『성학집요』, 『동호문답』

유성룡(1542~1607)
- 조선의 문신
- **활동**: 권율·이순신 천거, 훈련도감 설치, 수미법 건의
- **저서**: 『징비록』

Step 3 빈칸 채우기

❶ □□□이 서경의 반란군을 진압하기 위해 출정하였다.

❷ (정도전) 재상 중심의 정치를 강조한 □□□□□을 편찬하였다.

❸ (이황) 군주의 도를 도식으로 설명한 □□□□를 지었다.

정답 ❶ 김부식 ❷ 조선경국전 ❸ 성학십도

02 독립운동가

Step 1 선택지 미리보기

- 독립 투쟁 과정을 서술한 한국독립운동지혈사를 저술하였다.(박은식)
- 샌프란시스코에서 흥사단을 창립하였다.(안창호)
- 양기탁 등과 함께 신민회를 조직하였다.(안창호)
- 진단 학회를 설립하여 실증주의 사학을 발전시켰다.(이병도)
- 독사신론을 발표하여 민족을 역사 서술의 중심에 두었다.(신채호)
- 한인 자치 단체인 권업회를 조직하였다.(최재형)
- 네덜란드 헤이그에서 열린 만국 평화 회의에 특사로 파견되었다. (이상설)
- 조선불교유신론을 저술하였습니다. (한용운)
- 저항시 광야, 절정 등을 발표하였다.(이육사)

Step 2 개념 학습하기

박은식(1859~1925)
- 활동: 유교 구신론 주장, 혼(魂) 강조
- 저서: 「**한국통사**」, 「한국독립운동지혈사」

이상설(1870~1917)
- 활동: 을사늑약 반대 상소, **서전서숙** 설립, 헤이그 특사로 파견, 권업신문 발행, 대한 광복군 정부 수립

안창호(1878~1938)
- 활동: 신민회 조직 참여, **대성 학교**·오산 학교 설립, 미국에서 대한인 국민회, **흥사단** 조직

한용운(1879~1944)
- 활동: 3·1 운동 민족 대표 33인, 독립 선언문 공약 3장 작성
- 저서: 「**조선불교유신론**」, 「님의 침묵」

안중근(1879~1910)
- 활동: 만주 하얼빈역에서 **이토 히로부미 사살**
- 저서: 「**동양 평화론**」

이육사(1904~1944)
- 활동: 조선 혁명 군사 정치 간부 학교 입학, 의열단 단원, 조선은행 대구 지점 폭탄 투척 사건에 연루되어 구속
- 저서: 「**광야**」, 「청포도」, 「절정」

Step 3 빈칸 채우기

❶ □□□가 민족 교육을 위해 대성 학교를 설립하였다.
❷ (박은식) 조선 국혼을 강조하는 □□□□를 저술하였다.
❸ (안중근) 하얼빈역에서 □□ □□□□를 사살하였다.

정답 ❶ 안창호 ❷ 한국통사 ❸ 이토 히로부미

03 식욕기

Step 1 소재 미리보기

- 기르고 탐닉하여 가졌기를 갖고자 하는 적극성을 내비쳤다.(장욱영)
- 우리에서 사육당하여 자기의 본능을 잃은 동물들 중에 갖고자 하는 욕구가 있다.(유수진)
- 이마트랜드에서 속도를 채워나가는 등 과 개혁을 받아들였다.(유수진)
- 그렇게 시간을 보내던 사람이 가장 강한 감수성에 감정을 가장 진솔하게 드러낸다.(박지민)
- 남자들로 이끌리어 우리도 이별한 개체들을 만남에 끌리고 개척을 수용한다.(장욱영)
- 갑자기 불현듯이 먹기에 매혹을 자극하는 사물들이 있다.(이이)
- 동물은 이별감기에 수육감을 자극하는 음식이 되기도 한다.(박지민)
- 사람도 옥심이 강해 먹기에 매혹을 자극한다.(장욱영)
- 나중에 가는 매력 따라 옥심과 같이 원기를 자극하였다.(유수진)
- 그 모든 단단히 마음 속에 옥심을 자극하였다.(장욱영)

Step 2 개념 활용하기

○ 동학하교

유형인	• 근거: 농경지를 내고서 농정 정부의 기능 설치 • 예시: 「경재가속」
동대용	• 근거: 기본 운동 해결과 변화 정보, 정치의 불균형, 자본주의 운영 등 • 예시: 「의산문답」, 「임하경륜」
박지원	• 근거: 수레·선박 이용, 화폐의 용도에 대한 비판 정신 피력 • 예시: 「열하일기」, 「양반전」, 「호질」, 「허생전」 등
박제가	• 근거: 수리·선박 이용, 정보의 공정 장려 등 • 예시: 「북학의」

○ 동양학파

유형원	• 근거: 균전론 → 신분에 따라 토지 차등 분배 • 예시: 「반계수록」 제도 개혁
이이	• 근거: 여전론 → 영업경영을 개혁하여 다시 토지 • 예시: 6등분 토지(주민, 고기잡이, 공업, 수공, 상업등에 종사, 배분지론, 기술지원 장점) • 예시: 「여유당전서」, 「목민심서」
박지원	• 근거: 한전론 → 마을 단위 토지의 공동 소유 또 경영 매매, 공동 개입기 등의 사용 관리 • 예시: 「경세유표」, 「제서남남필기」, 「대학」
박제가	• 근거: 한전론 • 예시: 「북학의」

Step 3 개념 체크하기

① 이○○○이 토지개혁을 주장하였다.
② 이이 유배 중에 경세남남표를 저술하였다.
③ (박지원) 육학파에서 자원의 유한하여 미각에서 경전성을 □□□를 주장하였다.

정답 ① 유형원 ② 정약용 ③ 절제

04 근대의 인물

Step 1 선택지 미리보기

- 을사늑약에 반대하여 항일 의병을 이끌다.(최익현)
- 개화 반대 여론으로 인해 비밀리에 출국하였다.(박정양)
- 서유견문을 집필하여 서양 근대 문물을 소개하였다.(유길준)
- 동학의 2대 교주로 교조 신원 운동을 주도하였다.(최시형)
- 초대 주미 공사로 임명되어 미국에 파견되었다.(박정양)
- 동경대전과 용담유사를 경전으로 삼았다.(최시형)
- 해국도지, 영환지략을 들여와 국내에 소개하였다.(오경석)

Step 2 개념 학습하기

최시형(1827~1898)
- 동학 2대 교주
- 활동: 동학 교단 정비, 보은 집회 주도

최익현(1833~1906)
- 위정척사파
- 활동: 강화도 조약 반대, 왜양일체론 주장, 을사의병
- 저서: 『면암집』

박정양(1841~1905)
- 조선 말 외교가, 정치인
- 활동: 조사 시찰단 파견, 초대 주미 공사 부임, 갑오개혁·을미개혁 추진, 박정양 내각 (중추원 관제 개편 추진)

김홍집(1842~1896)
- 조선 말 외교가, 정치인
- 활동: 2차 수신사 파견, 『조선책략』 소개, 갑오개혁·을미개혁 추진

유길준(1856~1914)
- 개화 사상가, 정치인
- 활동: 조사 시찰단·보빙사 파견, 을미개혁 추진, 조선 중립화론 주장
- 저서: 『서유견문』, 『대한문전』

양기탁(1871~1938)
- 언론인, 독립운동가
- 활동: 대한매일신보 창간, 독립 협회 만민 공동회 간부, 국채 보상 운동 주도, 신민회 조직 참여

Step 3 빈칸 채우기

1. (김홍집) 황준헌이 쓴 □□□□을 국내에 들여왔다.
2. (양기탁) 영국인 베델과 제휴하여 □□□□□□를 창간하였다.
3. □□□이 동학의 2대 교주가 되다.

정답 ① 조선책략 ② 대한매일신보 ③ 최시형

05 현대의 인물

Step 1 선택지 미리보기

- 일제의 패망과 건국에 대비하여 조선 건국 동맹을 결성하였다.
  (여운형)

- 신한 청년당을 결성하고 파리 강화 회의에 참석하였다.(김규식)

- 민족 자주 연맹을 이끌고 남북 협상에 참여하였다.(김구)

- 조선사회경제사에서 식민 사학의 정체성 이론을 반박하였다.(백남운)

- 삼균주의를 제창하여 정치·경제·교육의 균등을 강조하였다.
  (조소앙)

- 좌우 합작 운동을 전개하였다.
  (김규식, 여운형)

- 김구, 이시영 등이 항저우에서 한국 국민당을 창당하였다.

- 조선 건국 준비 위원회의 활동을 주도하였다.(여운형)

Step 2 개념 학습하기

김구(1876~1949)

- **활동**: 대한민국 임시 정부 주도, **한인 애국단** 조직, 김규식과 함께 **남북 협상** 참여

김규식(1881~1950)

- **활동**: 신한 청년단 대표로 **파리 강화 회의 파견**, 좌우 합작 위원회 조직, 남북 협상 참여

여운형(1886~1947)

- **활동**: 신한 청년당 조직, 조선 건국 동맹 결성, **조선 건국 준비 위원회 결성**, 좌우 합작 위원회 조직

조소앙(1887~1958)

- **활동**: 한국 독립당 창당, **삼균주의** 제창(건국 강령 기초), 남북 협상 참여

백남운(1895~1979)

- **활동**: 유물론을 바탕으로 식민 사관의 정체성론 비판
- **저서**: 『**조선사회경제사**』, 『조선봉건사회경제사』

Step 3 빈칸 채우기

❶ □□, 김규식 등이 남북 협상에 참석하였다.

❷ □□□이 파리 강화 회의에 대표로 파견되었다.

❸ □□□이 중심이 되어 조선 건국 준비 위원회를 조직하였다.

정답 ❶ 김구 ❷ 김규식 ❸ 여운형

06 승려

Step 1 선택지 미리보기

- 무애가를 지어 불교 대중화에 힘썼다.(원효)
- 인도와 중앙아시아를 다녀와서 왕오천축국전을 남겼다.(혜초)
- 화엄일승법계도를 지어 화엄 사상을 정리하였다.(의상)
- 당에서 귀국하여 황룡사 구층 목탑의 건립을 건의하였다.(자장)
- 심성의 도야를 강조한 유불 일치설을 제창하였다.(혜심)
- 대승기신론소, 십문화쟁론을 저술하였다.(원효)
- 화랑도의 규범으로 세속 5계를 제시하였다.(원광)
- 불교 개혁을 주장하며 수선사 결사를 조직하였다.(지눌)
- 국청사를 중심으로 해동 천태종을 창시하였다.(의천)

Step 2 개념 학습하기

○ 신라

원광	• 활동: 화랑도 행동 규범인 **세속 5계** 제시, 걸사표 작성 • 저서: 『여래장경사기』
자장	활동: 선덕 여왕에게 **황룡사 구층 목탑 건립 건의**
원효	• 활동: **일심 사상** 주장, 종파 간의 사상적 대립 극복·조화, 불교의 대중화(나무아미타불, 「**무애가**」) • 저서: 『**십문화쟁론**』, 『금강삼매경론』, 『대승기신론소』
의상	• 활동: 화엄 사상 정립, 관음 신앙, **부석사** 건립 • 저서: 『**화엄일승법계도**』
혜초	• 활동: 인도와 중앙아시아 순례 • 저서: 『**왕오천축국전**』

○ 고려

의천	• 활동: 화엄종 중심의 교종 통합 운동, **교관겸수** 주장, 국청사 건립, 해동 **천태종** 창시, 시호 대각국사 • 저서: 『신편제종교장총록』
지눌	• 활동: **수선사 결사**(조계종), **정혜쌍수·돈오점수** 주장 • 저서: 『원돈성불론』, 『간화결의론』
요세	• 활동: **백련사 결사**(천태종), 법화 신앙 강조 • 저서: 『삼대부절요』
혜심	• 활동: 결사 운동(조계종), **유불 일치설** 주장 • 저서: 『선문염송집』, 『심요』, 『금강경찬』

Step 3 빈칸 채우기

❶ (의천) 이론 연마와 수행을 함께 강조하는 □□□□를 제시하였다.
❷ □□이 정혜쌍수와 돈오점수를 내세웠습니다.
❸ □□가 법화 신앙을 바탕으로 백련 결사를 이끌었습니다.

정답 ❶ 교관겸수 ❷ 지눌 ❸ 요세

01 여러 나라의 성장

주제편

Step 1 선택지 미리보기

- 12월에 영고라는 제천 행사를 열었다.(부여)
- 혼인 풍습으로 민며느리제가 있었습니다.(옥저)
- 대가들이 사자, 조의, 선인 등의 관리를 거느렸다.(고구려)
- 도둑질한 자에게 12배로 배상하게 하였다.(부여)
- 철이 많이 생산되어 낙랑과 왜에 수출하였다.(가야)
- 신지, 읍차라고 불린 지배자가 있었다.(삼한)
- 혼인 풍습으로 서옥제가 있었다. (고구려)
- 목지국을 비롯한 많은 소국으로 이루어졌다.(삼한)
- 단궁, 과하마, 반어피 등이 특산물로 유명하였습니다.(동예)

Step 2 개념 학습하기

부여

정치	• 5부족 연맹체 • 사출도(마가, 우가, 저가, 구가)
경제	• 반농반목 • 말, 주옥, 모피
풍속	• 우제점법 • 형사취수제 • 순장, 1책 12법
제천 행사	12월 영고

고구려

정치	• 5부족 연맹체 • 대가(사자, 조의, 선인)
경제	약탈 경제(부경)
풍속	• 서옥제 • 형사취수제
제천 행사	10월 동맹

옥저

정치	읍군, 삼로(군장)
경제	• 소금, 해산물 풍부 • 고구려에 공물 바침
풍속	• 민며느리제 • 가족 공동묘
제천 행사	–

동예

정치	읍군, 삼로(군장)
경제	명주, 삼베, 단궁, 과하마, 반어피 등
풍속	• 족외혼 • 책화
제천 행사	10월 무천

삼한

정치	• 정치적 지배자(신지, 읍차) • 제사장(천군) → 소도 주관
경제	• 벼농사(저수지 축조) • 철 생산, 낙랑 · 왜에 수출
풍속	두레
제천 행사	• 5월 수릿날 • 10월 계절제

Step 3 빈칸 채우기

❶ (삼한) 제사장인 천군과 신성 지역인 □□가 존재하였다.

❷ (동예) 읍락 간의 경계를 중시하는 □□가 있었다.

❸ (부여) 여러 가(加)들이 별도로 □□□를 주관하였다.

정답 ❶ 소도 ❷ 책화 ❸ 사출도

02 삼국의 대외 항쟁과 부흥 운동

Step 1 선택지 미리보기

- 신라와 당의 연합군이 백강에서 왜군을 물리쳤다.
- 신라를 공격하여 대야성을 점령하였다.(백제)
- 당이 안동 도호부를 평양에 설치하였다.
- 신라가 당과 군사 동맹을 체결하였다.
- 신라군이 기벌포에서 적군을 격파하였다.
- 계백의 결사대를 보내 신라군에 맞서 싸웠다.
- 복신과 도침이 부여풍을 왕으로 추대하였다.
- 주류성에서 백제 부흥 운동을 벌이는 귀족
- 임존성에서 소정방이 지휘하는 당군을 격퇴하였다.
- 고구려가 당의 침입에 대비하여 천리장성을 완성하였다.

Step 2 개념 학습하기

○ 삼국의 대외 항쟁

고구려 vs 수	을지문덕의 **살수 대첩**(612)
백제 vs 신라	의자왕이 신라의 대야성 등 40여 개 성 정복 (642)
고구려 vs 당	**안시성 전투**(645)
신라 & 당	나당 동맹 체결(648) → 나당 연합군 결성
백제 vs 나당 연합군	**황산벌 전투** → 백제 멸망(660)
고구려 vs 나당 연합군	고구려 멸망(668)
신라 vs 당	**매소성·기벌포 전투**에서 신라 승리 → 삼국 통일(676)

○ 백제 부흥 운동(660~663)

당의 웅진 도독부 설치
↓
흑치상지(임존성), **복신·도침**(주류성)의 저항
↓
부여풍을 왕으로 추대
↓
왜의 지원(**백강 전투**)
↓
지도자 내분으로 실패

○ 고구려 부흥 운동(669~684)

당의 안동 도호부 설치
↓
검모잠(한성), **고연무**(오골성)의 저항
↓
안승을 왕으로 추대
↓
신라 문무왕이 안승을 보덕국왕에 책봉
↓
지도자 내분으로 실패

Step 3 빈칸 채우기

❶ □□□□이 살수에서 수의 군대를 물리쳤다.
❷ □□□가 당과의 군사 동맹을 성사시켰다.
❸ □□이 신라에 의해 보덕국왕으로 임명되었다.

정답 ❶ 을지문덕 ❷ 김춘추 ❸ 안승

03 신라 말 사회 변화와 후삼국의 통일 과정

Step 1 핵심지 미리보기

- 호족은 지방으로 내려간 중앙의 귀족, 무역을 통해 성장한 해상 세력 등이다. (중예)
- 궁예와 견훤 등의 호족이 후삼국을 수립하였다. (중예)
- 호족이 6두품 세력과 결합하여 정치적인 영향력을 높여 갔다. (중예)
- 최치원이 왕에게 시무 10여 조를 건의하였다.
- 원종과 애노가 사벌주에서 봉기 (원종·애노의 난)를 일으켰다.
- 진성 여왕 때부터 신라에서 농민 봉기가 중가하였다.
- 신문왕 이후 신라에서 진골 귀족의 왕위 쟁탈전이 심해졌다.
- 신라 말 지방에서 호족이 등장하기 시작하였다.
- 후삼국을 통일한 고려는 6두품을 중용 하였다.

Step 2 개념 확장하기

◎ 신라 말 사회 변화

왕위 쟁탈전	· 진골 귀족들 사이 아들 혜공왕 피살 → 진골 귀족들의 왕위 쟁탈전 심화 · 김헌창의 난: 아버지 김주원이 왕위 쟁탈전에서 패배하자 웅주에서 봉기
농민 봉기	· 원종 ·애노의 난 · 적고적 등
새로운 사상	· 최치원: 왕에게 시무 10여 조 건의 · 6두품 상승(반신라적 성격) · 선종: 참선을 통한 깨달음, 해통 세력 지지 · 새로운 세력: 호족 등장
새로운 사상	· 풍수지리설 수용(→ 신라 수도) 성수기지, 고려

◎ 후삼국의 통일 과정

후백제 건국(900)	· 권훤이 건국 · 오월·후당 등과 교류
후고구려 건국(901)	· 궁예 · 국호(고려→마진→태봉) · 도읍(송악→철원) · 광평성 설치
고려 건국(918)	· 왕건 · 송악 천도
공산 전투(927)	· 후백제가 고려 격파 · 견훤이 신라 침공, 신숭겸 등 전사
고창 전투(930)	· 고려가 후백제 격파 · 호족들의 고려에 대한 지지 이동
신라 항복(935)	· 경순왕(김부)이 고려에 항복, 신라 멸망
후백제 멸망(936)	· 고려의 일리천 전투 승리 · 후백제 멸망 → 후삼국 통일

Step 3 빈칸 채우기

① □□□가 중앙에서 지방으로 내려가 호족으로 성장하였다.
② 김□□의 난이 공주에서 공공하였다.
③ 이 고려 건국자에서 후백제로부터 신라로 항복을 받아내었다.

정답 ① 호족 ② 헌창 ③ 왕건

04 고려의 대외 관계

Step 1 선택지 미리보기

- 화통도감을 설치하여 화약과 화포를 제작하였다.
- 광군을 조직하여 침입에 대비하였다.
- 대장도감을 설치하여 팔만대장경을 간행하였다.
- 윤관이 동북 9성을 쌓았어요.
- 김윤후가 처인성 전투에서 활약하였다.
- 중서문하성과 상서성이 첨의부로 개편되었다.
- 배중손이 삼별초를 이끌고 진도에서 항전하였다.
- 최무선이 진포에서 왜구를 격퇴하였다.

Step 2 개념 학습하기

거란(요)의 침입 (10C 말~11C)

원인	• 고구려 계승의식에 의한 친송·북진 정책 • 만부교 사건, 강조의 정변
전개	• 1차 침입(993): 서희의 외교 담판(vs 소손녕), 강동 6주 획득 • 2차 침입(1010): 양규의 활약 • 3차 침입(1018): 강감찬의 귀주 대첩(1019)
결과	• 고려·송·거란의 세력 균형 유지 • 개경에 나성 축조, 강감찬의 건의로 천리장성 축조(압록강~동해안 도련포)

여진(금)의 침입 (12C)

원인	여진족의 부족 통일
전개	윤관의 별무반 편성(신기군, 신보군, 항마군) → 동북 9성 축조 → 여진의 금 건국 → 고려에 사대(군신 관계) 요구
결과	인종 때 이자겸이 금의 사대 요구 수용

몽골(원)의 침입 (13C)

원인	몽골 사신 저고여 피살 사건
전개	• 1차 침입: 박서의 항전(vs 살리타) → 강화 수락, 강화도 천도(최우) • 2차 침입: 김윤후의 처인성 전투 승리(살리타 전사) • 3차 침입: 대장도감 설치 → 팔만대장경 제작 • 5차 침입: 김윤후의 충주성 전투 승리
결과	• 문화재 소실: 초조대장경·황룡사 구층 목탑 • 개경 환도, 무신 정권 몰락 → 삼별초 항쟁(강화도, 진도, 제주도) → 원 간섭기(변발과 호복 유행, 정동행성 설치)

홍건적·왜구의 침입 (14C 후반)

원인	• 원 쇠퇴(원·명 교체기) • 원 간섭기에 약화된 고려의 군사력
전개	• 홍건적: 1차 침입(서경 함락) → 2차 침입(공민왕의 안동 피난, 개경 함락) • 왜구: 홍산 대첩(최영) → 화통도감 설치, 진포 대첩(최무선) → 황산 대첩(이성계) → 대마도 정벌(박위)
결과	이성계 등 신진 세력 성장

Step 3 빈칸 채우기

❶ □□가 외교 담판으로 강동 6주를 확보하였다.
❷ (윤관) 신기군, 신보군, 항마군 등으로 구성된 □□□을 조직하였다.
❸ □□□를 이끌고 진도로 이동하여 대몽 항쟁을 펼쳤다.

정답 ❶ 서희 ❷ 별무반 ❸ 삼별초

05 사회적 동물 인간

Step 1 살펴보기

- 조사자들이 말한이 여러 정답을 말하면 이의 정답이 답이 된다. (동조사례)
- 혼자 답할 때보다 조사자들 안에 있을 때 답의 정답률이 낮아졌다. (동조사례)
- 낯선 사람들 무리에 있을 때 소속감 대한 욕구가 발생하였다.(동조사례)
- 앞의 사람에 대한 존중 사실이 영향을 주었다.(기사사례)
- 같은 사회적 대상의 의견을 갈라서 대립한 정보가 영향을 주었다.
- 앞선 사람에 대한 정보가 이유로 받아서 답이 정해지는 등 자발적,(동조사례)
- 매체 등에 사람 사람의 정보가 많아질 수 있다.
- 사람이 동조하는 사이에서 나타났다.

이 둘 모두

- 사람과 같이 동의 정보가 원인이 되었다.

Step 2 개념 정리하기

O 사회(혹고) vs 사람
O 동조 정상(사람 vs 사람)

소수사람 (위신적)	동조 압력 (정조)
원인: 소수사람의 권위적인 조사자들 사람에 기초 → 옳음 이들이 말을 걸 결과: 정보를 바탕으로 사람에 대한 결정	원인: 이도 정당성과 (사회성)과 (개방성)으로 동의 결과: 사인이 (사회성)과 (개방성)으로 동의

↑ ↑

정보사회 (사회적)	정보 압력 (정조)
원인: 사회적 사람이 대한 결정 및 표준과 원리를 아미까지 피해 결과: 이의 정보	원인: 사인이 많고 말로 사인 사 (기초사회)

↑ ↑

기사사회 (중요)	소수 동조 (중요)
원인: 조정자의 중요한 결과 개방한 마음과 사람과 결과: 결과 개방(동의)이 대응하고 중요하는 사인 하위 사회 → 양상의 받아 사인	원인: 정보사회 때 사람들이 대한 사회들의 통한 사인 결과: 사인이 그래으로 숙도로 방임

Step 3 마침 해보기

① (중요시) 보수사회가 많이 있다면 된 □□□을 자발했다.
② (기사사회) 이는 사회를 자랑□□□ 가장된다.
③ 이로 정정 일상을 동부되고 사람이 동의가 □으로 나타났다.

정답 ① 조사자들 ② 조성도 ③ 사인

06 임진왜란과 정묘·병자호란

Step 1 선택지 미리보기

- 임진왜란을 거치면서 국정 최고 기구로 성장하였다.(비변사)
- 권율이 행주산성에서 적군을 격퇴하였다.(임진왜란)
- 신립이 탄금대에서 배수의 진을 치고 왜군에 항전하였다.(임진왜란)
- 청의 요청으로 나선 정벌에 조총 부대를 파견하였다.
- 이순신이 명량에서 왜의 수군을 대파하였다.(임진왜란)
- 김상용이 강화도에서 순절하였다.(정묘호란)
- 명의 요청으로 강홍립의 부대가 파견되었다.(정묘호란)
- 어영청을 중심으로 북벌이 추진되었다.
- 이순신이 한산도 대첩에서 승리하였다.(임진왜란)

Step 2 개념 학습하기

◯ 임진왜란

초기	왜군의 조선 침략(1592) → 부산진성·**동래성(송상현)** 함락 → **충주 탄금대 전투** 패배(신립) → 선조의 의주 피란 → 한양 함락 → 명에 원군 요청
전개	• 수군의 활약: 옥포·사천포 해전 승리(이순신) • 의병의 활약: 곽재우, 고경명, 조헌 등의 의병장 주도 • 3대 대첩: **한산도 대첩**(이순신), **진주 대첩**(김시민), **행주 대첩**(권율) • 조명 연합군: 평양성 탈환 • 군제 개편: **훈련도감** 설치, 속오군 편성 • 정유재란(1597): 명량 해전 승리 → 노량 해전 승리(이순신 전사) → 왜군 철수
결과	• 국내: 신분제 동요(공명첩 발급), 비변사 강화 • 국외: 일본(에도 막부 성립), 명(국력 쇠퇴), 여진(후금 건국)

◯ 정묘·병자호란

배경	• **광해군의 중립 외교**
	  – 명과 후금 사이에서 실리를 추구하는 중립 외교 정책 추진
	  – 강홍립 부대 후금에 항복
	• 인조반정: 서인 집권, 친명배금 정책 추진

정묘호란(1627)	• 배경: 조선의 친명배금 정책, 이괄의 난 • 전개: 후금의 침입 → 인조의 강화도 피란 → 정봉수·이립의 활약 → 후금과 강화 체결(형제 관계)
병자호란(1636)	• 배경: 후금이 국호를 청으로 고친 뒤 조선에 사대 요구(군신 관계) • 전개: 청 태종의 침입 → 인조의 남한산성 피란 → 주화파와 척화파의 대립 → 조선 항복(**삼전도의 굴욕**) → 청과 군신 관계
결과	• **북벌 운동**: 효종 즉위 → 북벌 준비 → **나선 정벌** → 효종의 죽음으로 좌절 • 북학 운동: 18세기 이후 중상학파 실학자들을 중심으로 전개

Step 3 빈칸 채우기

❶ (임진왜란) □□이 탄금대에서 배수의 진을 치고 싸웠다.
❷ (임진왜란) 포수·사수·살수의 삼수병으로 편제된 □□□□이 신설되었다.
❸ (정묘호란) □□□와 이립이 용골산성에서 항전하였다.

정답 ❶ 신립 ❷ 훈련도감 ❸ 정봉수

07 예송과 환국 정국

Step 1 선택지 미리보기

- 붕당이 공존하는 형태의 탕평 정치가 자리 잡았다. (기사환국)
- 기해예송에서 서인 대 남인 기년복 등을 주장하였다. (시기)
- 상복착용으로 왕실의 예법을 논쟁하였다. (기사환국)
- 사림과 붕당 사이에 활발한 교류가 진행되었다. (사인)
- 외척간의 대립으로 정치 집단 간의 다툼이 있었다. (예송, 환국)
- 인물 성장기 붕당이 고와되고 붕당 간의 대립 자정되었다. (기사환국)

Step 2 개념 정리하기

○ 예송 논쟁

구분	기해예송(1659)	갑인예송(1674)
시기	효종 사후	효종비 사후
내용	자의 대비의 복상 기간	
서인	1년복	9개월복
	• 효종은 장자가 아니다. • 왕과 사대부에게 적용되는 예가 다르다 → 신권 강화	
남인	3년복	1년복
	• 효종은 장자가 될 수 있다. • 왕과 사대부에게 적용되는 예가 다르다 → 왕권 강화	
결과	서인 승리	남인 승리

○ 환국

경신환국 (1680)	남인의 영수인 허적이 군용물자를 사용한 사건 등을 계기로 하여 서인이 정권을 잡음 → 허적의 서자 허견의 역모 사건 → 남인 몰락, 서인 집권
기사환국 (1689)	희빈 장씨 소생의 원자 책봉 문제에 대한 서인의 반대 → 서인 세력의 약화 → 남인 집권, 서인 몰락, 남인 집권, 송시열(노론, 소론), '남인 집권'
갑술환국 (1694)	남인이 인현 왕후 등의 진정운동이나 숙종의 분노를 사게 됨 → 남인 몰락, 서인 집권, 인현 왕후 복위, 장씨는 다시 희빈으로 강등 등

Step 3 타인 채우기

① 자의 대비의 복상 문제로 □□이 전개되었다.
② 희빈 장씨 소생의 원자 책봉 문제로 □□이 발생하였다.
③ (경신환국) 허적의 공격 등 □□들이 대거 축출되었다.

정답 ① 예송 ② 환국 ③ 남인

08 고려와 조선의 중앙 정치 기구

Step 1 선택지 미리보기

- 수도의 치안과 행정을 담당하였다. (조선 한성부)
- 원 간섭기에 도평의사사로 개편되었다. (고려 도병마사)
- 화폐와 곡식의 출납 회계를 담당하였다. (고려 삼사)
- 왕에게 경서와 사서를 강론하는 경연을 주관하였다. (조선 홍문관)
- 간관으로서 간쟁과 봉박을 담당하였다. (조선 사간원)
- 왕의 비서 기관으로 왕명 출납을 담당하였다. (고려 중추원, 조선 승정원)
- 사헌부, 사간원과 함께 3사로 불렸다. (조선 홍문관)
- 국왕 직속 사법 기구로 반역죄, 강상죄 등을 처결하였다. (조선 의금부)

Step 2 개념 학습하기

○ 고려

2성 6부	· 당의 제도 모방 · 2성: 중서문하성(국정 총괄, 수상은 문하시중)과 상서성(6부 관리)	
중추원	· 송의 제도 모방 · 왕의 비서 기구: 군사 기밀(추밀)과 왕명 출납(승선) 담당	
도병마사	· 국방 및 군사 문제 논의 · 원 간섭기에 도평의사사로 개편	재신(중서문하성)과 추밀(중추원)의 합의로 운영 → 귀족 합의제
식목도감	법률·제도 제정	
어사대	감찰 기구, 풍속 교정	
삼사	화폐·곡식의 출납, 회계	
대간	· 어사대의 관원(대관) + 중서문하성의 낭사 · 간쟁, 봉박, 서경권	

○ 조선

의정부		최고 국정 총괄 기관, 재상 합의제	
6조		· 정책 집행 기관 · 직능에 따라 행정 분담(이, 호, 예, 병, 형, 공)	
승정원		왕명 출납	
삼사	사헌부	관리의 비리 감찰	권력 독점과 부정 방지
	사간원	간쟁(정사 비판), 서경권	
	홍문관	왕의 자문 역할, 경연 주관	
의금부		· 왕명에 의한 특별 사법 기구(국왕 직속) · 중대 범죄 담당	
한성부		수도의 행정·치안 담당	
춘추관		역사서 편찬 및 보관	

Step 3 빈칸 채우기

❶ (조선) 5품 이하의 관원에 대한 □□□을 가졌다.
❷ (고려) 고관들의 합좌 기구인 □□□□를 설치하였다.
❸ (조선) □□ 직계제의 실시로 권한이 약화되었다.

정답 ❶ 서경권 ❷ 도병마사 ❸ 6조

09 고려와 조선 후기의 경제, 사회 · 문화

Step 1 선택지 미리보기

- 면화, 담배 등이 상품 작물로 재배되었다.(조선 후기)
- 국경 지대에서 개시 무역과 후시 무역이 이루어졌다.(조선 후기)
- 경시서의 관리들이 수도의 시전을 감독하였다.(고려)
- 활구라고 불리는 은병이 유통되었다.(고려)
- 현존 최고(最古)의 금속 활자본인 직지심체요절이 간행되었다.(고려)
- 국자감에 7재라는 전문 강좌를 개설하였다.(고려)
- 기금을 모아 그 이자로 빈민을 구휼하는 제위보를 운영하였다.(고려)
- 설점수세제의 시행으로 민간 광산 개발이 허용되었다.(조선 후기)
- 조선 후기 시사(詩社)를 조직해 위항 문학 활동을 하였다.(조선 후기)

Step 2 개념 학습하기

○ 고려

경제	
농업	• 소를 이용한 깊이갈이 일반화 • 시비법 발달 • 문익점의 목화씨 전래 • 농서: 원의 농법을 소개한 『농상집요』(이암)
상업	• 개경에 시전, 경시서 설치, 대도시에 관영 상점 운영 • 국제 무역 번성 → 벽란도 • 화폐: 건원중보, 삼한통보, 해동통보, 은병(활구) → 유통 부진

사회 · 문화	
신분 제도	• 귀족: 왕족, 공신 5품 이상 고위 관료 → 음서, 공음전 혜택 • 중류층: 서리, 향리, 역리 등으로 구성
사회 제도	• 의창, 상평창(물가 조절 기관) • 의료 기관: 동서 대비원, 혜민국 • 빈민 구휼: 구제도감, 구급도감, 제위보
유학 발달	• 관학: 국자감(중앙), 향교(지방) • 사학: 사학 12도 → 최충의 문헌공도(9재 학당) • 관학 진흥책: 7재, 양현고
기술 · 공예	• 인쇄술: 초조대장경, 팔만대장경, 상정고금예문, 직지심체요절 • 고려청자: 순수 청자(11C) → 상감 청자(12C)

○ 조선 후기

경제	
농업	• 모내기법 전국으로 확대 → 이모작 일반화 • 구황 작물(감자, 고구마 등), 상품 작물(인삼, 면화, 담배 등) 재배 • 농서: 조선 전기 농서 『농사직설』, 『구황촬요』 등을 요약 · 정리한 『농가집성』(신속)
상업	• 개시 무역(공무역)과 후시 무역(사무역) 발달 • 시전 상인: 금난전권(정조 때 신해통공으로 폐지) • 사상: 경강상인(서울, 경기), 송상(개성), 만상(의주), 내상(동래), 유상(평양), 도고(도매 상인) • 상품 화폐 경제 발달, 상평통보 발행 · 유통 → 전황 발생
광업	• 설점수세제: 민간 광산 개발 허용, 세금 징수 • 덕대: 전문 광산 경영자

사회 · 문화	
신분제 동요	• 부농층의 양반화 • 서얼들의 통청 운동(청요직 진출 요구) • 공노비 해방(순조, 1801)
서민 문화 발달	• 판소리와 탈놀이, 산대놀이 성행, 한글 소설 · 사설시조 유행, 전기수 활동 • 중인층의 시사 조직
회화 · 공예	• 진경산수화 · 풍속화 · 민화 발달 • 청화백자 유행

Step 3 빈칸 채우기

❶ 예성강 하구의 □□□가 국제 무역항으로 번성하였다.

❷ □□, 만상이 대청 무역으로 부를 축적하였다.

❸ 광산을 전문적으로 경영하는 □□가 나타났다.

정답 ❶ 벽란도 ❷ 송상 ❸ 덕대

10 고려와 조선의 토지·수취 제도의 변화

Step 1 선택지 미리보기

- 수신전, 휼양전 등의 명목으로 세습되는 토지를 폐지하였다.(직전법)
- 관청에 물품을 조달하는 공인이 등장하는 배경이 되었다.(대동법)
- 조준 등의 건의로 과전법을 제정하였다.(공양왕)
- 부족한 재정을 보충하기 위해 선무군관포를 징수하였다.(균역법)
- 개국 공신에게 인품, 공로를 기준으로 역분전을 지급하였다. (고려 태조)
- 관등에 따라 관리에게 전지와 시지를 차등 지급하였다.(전시과)
- 어장세, 염세 등을 국가 재정으로 귀속하였다.(균역법)
- 토지의 비옥도에 따라 6등급으로 나누어 전세를 거두었다. (전분 6등법)
- 전세를 1결당 4~6두로 고정하는 영정법을 제정하였다.(인조)
- 특산물 대신 쌀, 베, 동전 등으로 납부하게 하였다.(대동법)

Step 2 개념 학습하기

토지 제도의 변화

고려

역분전 (태조 왕건)		고려 태조 때 후삼국 통일 공신에게 지급
전시과	시정 전시과 (경종)	• 전시과 처음 시행(**전지, 시지** 지급) • 관등과 인품에 따라 지급
	개정 전시과 (목종)	18과로 구분한 관등에 따라 지급
	경정 전시과 (문종)	• 현직 관리에게만 지급 • 토지 지급액 감소, 무신 차별 완화

조선

과전법 (공양왕)	• 고려 말 신진 사대부의 토지 개혁 → 조선 시대 관리의 경제적 기반 • **경기 지역** 토지에 한정 • 전·현직 관리에게 수조권 지급 • 수신전과 휼양전 지급
직전법 (세조)	• 현직 관리에게만 수조권 지급 • 세습 가능한 수신전과 휼양전 폐지
관수 관급제 (성종)	국가가 수조권 행사
직전법 폐지 (명종)	수조권 폐지, 녹봉만 지급

수취 제도의 변화

조선 전기

전세	• **연분 9등법**(세종): 풍흉에 따라 토지 1결당 쌀 4~20두 • 전분 6등법(세종): 토지의 비옥도에 따라 6등급으로 구분
군역	• 양인 개병제 • 방군 수포제, 군적 수포제 폐단 발생
공납	가호별 수취, 현물 부과 → 방납의 폐단 발생

조선 후기

전세	**영정법**(인조): 풍흉에 관계없이 토지 1결당 쌀 4~6두
군역	**균역법**(영조): 1년에 군포 2필 → 1필, 상류층에 선무군관포, 결작 징수
공납	**대동법**(광해군): 토지 1결당 쌀 12두, 공납의 전세화(공물 대신 쌀로 납부), **공인** 등장

Step 3 빈칸 채우기

❶ 공납의 폐단을 시정하기 위해 □□□이 시행되었다.
❷ □□□을 실시하여 현직 관리에게만 수조권을 지급하였다.
❸ 1년에 2필씩 걷던 군포를 1필로 줄이는 □□□을 시행하였다.

정답 ❶ 대동법 ❷ 직전법 ❸ 균역법

11 동학농민 운동과 갑오 개혁 운동

Step 1 산택지 미리보기

- 사족인의 대립 자연에 반발하여 동학농민 운동이 일어났다. (동학농민 운동)
- 동학농민 등의 동학농민 운동이 민중 수탈에 반발하여 일어났다. (동학농민 운동)
- 수성, 경상 등의 동학농민 이용 아래 경장을 정당하였다. (동학농민 운동)
- 동학농민의 민중 죽이기 재개를 주장하였다. (동학농민 운동)
- 돌발 농민군이 관군에 주도하였다. (동학농민 운동)
- 백제신의 탈환이 바탕이 되어 일 어났다. (갑오 동민 운동)
- 수신사 조사의 수출 것이 주장이 된 된 것이다.

Step 2 개념 확장하기

○ 세도 정치

전개	정조 사후 순조~철종 재위 기간인 60여 년 간 동안 정잘 인동 김씨, 풍양 조씨)이 권력 독점
	· 비상식적 6조의 기능 축소
특징	· 비변사 권한 강화 : 붕당 기반 몰락 정잘 가문의 권력 유지 집단화
	· 왕실의 수신사 강화, 매관매직, 삼정의 문란
	· 비기 · 도참 등 예언사상 유행 → "정감록"

○ 홍경래의 난 (순조, 1811)

배경	· 세도 정치로 인한 정잘의 문란
	· 평안도(서북 지역)에 대한 차별 대우
전개	몰락 양반인 홍경래를 중심으로, 농민, 사상가, 광산 이부 등 등이 봉기(가산) → 정장산 이북 8군을 장악(청주성)
결과	정주성에서 관군에 의해 진압

○ 임술 농민 봉기 (철종, 1862)

배경	· 세도 정치로 인한 정잘의 문란
	· 경상 우병사 백낙신의 수탈
전개	목락 양반인 유계춘 중심으로 농민들이 봉기 → 진주성 점령 → 농민 봉기 전국적 확산
결과	· 박규수 등 안핵사 파견, 암행어사 파견
	· 삼정이정청 → 삼정의 문란 시정 시도 실패

Step 3 틀리기 채우기

① (임술 농민 봉기) 사건 수습을 위해 □□□□가 안핵사로 파견되었다.
② (임술 농민 봉기) 정잘의 문란을 해결하기 위해 □□□□□을 두었다.
③ (홍경래의 난) 지역 차별에 반발한 □□□가 주도하여 일어났다.

정답 ① 박규수 ② 삼정이정청 ③ 홍경래

12 흥선 대원군의 정책

Step 1 선택지 미리보기

- 평양 관민이 제너럴 셔먼호를 불태웠다.
- 종로와 전국 각지에 척화비가 세워졌다.
- 궁궐 중건 비용을 마련하기 위해 당백전을 발행하였다.(흥선 대원군)
- 양반에게도 군포를 부과하였다. (흥선 대원군)
- 병인박해로 천주교 선교사와 신자들이 처형되었다.
- 프랑스군이 의궤를 약탈하였다. (병인양요)
- 제너럴 셔먼호 사건을 구실로 미군이 강화도를 침략하였다.(신미양요)
- 어재연 부대가 광성보에서 항전하였다.(신미양요)
- 흥선 대원군에 의해 47개소를 제외하고 철폐되었다.(서원)
- 통치 체제를 정비하기 위해 대전회통이 편찬되었다.(흥선 대원군)
- 로즈 제독의 함대가 양화진을 침입하였다.(병인양요)

Step 2 개념 학습하기

○ 대내적 개혁 정책

왕권 강화	• 세도 가문 축출, 능력에 따른 인재 등용 • 비변사 폐지: 의정부, 삼군부 부활 • 경복궁 중건: 원납전 징수, **당백전** 남발 • 법전 정비:『**대전회통**』,『육전조례』
민생 안정	• 삼정의 문란 시정 – 전정: 양전 사업 – 군정: **호포제** → 양반에게도 군포 징수 – 환정: 사창제 • **서원 정리** – 배경: 면세 혜택으로 국가 재정 악화, 백성 수탈 심화 – 전개: 47개의 서원을 제외하고 모두 철폐(만동묘 철폐) – 결과: 붕당의 근거지를 없애 왕권 강화, 민생 안정, 국가 재정 확보

○ 통상 수교 거부 정책

병인박해 (1866.1.)	프랑스의 천주교 선교사 9명과 신도 8천여 명 처형
제너럴 셔먼호 사건(1866.7.)	미국 상선 **제너럴 셔먼호**의 통상 요구 → 평양 관민들의 저항(평안도 감사 박규수)
병인양요 (1866.9.)	병인박해를 구실로 프랑스군이 강화도 양화진 침략 → **정족산성**에서 **양헌수** 부대 활약 → 외규장각 의궤 등 약탈
오페르트 도굴 사건(1868)	독일 상인 오페르트가 충남 예산의 남연군 묘 도굴 시도
신미양요 (1871)	• 전개: 미군의 강화도 초지진, 덕진진 침략 → **광성보**의 **어재연** 부대 활약 → 수(帥)자기 약탈 • 결과: 전국에 **척화비 건립**

Step 3 빈칸 채우기

❶ □□□□가 남연군 묘 도굴을 시도하였다.
❷ 환곡의 폐단을 시정하기 위해 □□□를 전국적으로 시행하였다.
❸ (병인양요) □□□ 부대가 정족산성에서 프랑스군을 격퇴하였다.

정답 ❶ 오페르트 ❷ 사창제 ❸ 양헌수

13 임오군란과 갑신정변

주제편

Step 1 선택지 미리보기

- 구식 군대가 난을 일으켜 일본 공사관을 습격하였다.(임오군란)

- 선혜청과 일본 공사관을 공격하였다.(갑신정변)

- 우정총국 개국 축하연에서 정변이 일어났다.(갑신정변)

- 정부가 청군의 출병을 요청하는 계기가 되었다.
  (임오군란, 갑신정변)

- 한성 조약이 체결되는 결과를 가져왔다.(갑신정변)

- 조청 상민 수륙 무역 장정을 체결하였다.(임오군란)

- 일본 공사관에 경비병이 주둔하는 계기가 되었다.(임오군란)

- 청의 군사 개입으로 실패하였다.
  (임오군란, 갑신정변)

- 입헌 군주제를 꿈꾸며 갑신정변을 일으키다.

- 흥선 대원군이 다시 집권하는 결과를 가져왔다.(임오군란)

Step 2 개념 학습하기

⬤ 임오군란(1882)

배경	신식 군대인 별기군과 **구식 군대에 대한 차별 대우**
전개	선혜청 습격 → 일본 공사관 습격, 일본인 교관 살해 → 민씨 세력 축출 → 흥선 대원군 재집권(군란 수습 목적) → 청군 개입(민씨의 요청) 후 군란 진압 → 흥선 대원군 청으로 압송

결과	• 민씨 세력 재집권 → 청에 대한 의존 심화
	• 청의 내정 간섭
	  – 마젠창(정치 고문), 묄렌도르프(외교 고문) 파견
	• **조청 상민 수륙 무역 장정** 체결(1882)
	  – 청 상인의 내지 통상권 허용
	• **제물포 조약** 체결(1882)
	  – 일본 공사관에 경비병 주둔, 배상금 지불

⬤ 갑신정변(1884)

배경	• 임오군란 이후 청의 내정 간섭 심화, 친청 세력의 개화당 탄압 • 청불 전쟁으로 조선 내 청군 철수 • 일본 공사의 군사적 · 재정적 지원 약속
전개	**우정총국 개국 축하연**에서 급진 개화파의 정변 → 고종과 명성 황후를 경우궁으로 이동시킴 → **14개 조 개혁 정강** 발표(청 사대 관계 폐지, 입헌 군주제, 능력에 따른 인재 등용 등) → 청군 개입 → 김옥균, 박영효, 서재필 등 일본으로 망명

결과	• **한성 조약** 체결(1884)
	  – 일본 공사관 신축 부지 제공 및 비용 지불
	• 톈진 조약 체결(1885)
	  – 청 · 일본 군대 동시 철수, 추후 조선에 군대 파병 시 상대국에 사전 통보
	• 청과 일본의 대립 · 견제 구도 격화
	• 조선 중립화론 대두: 부들러, 유길준

Step 3 빈칸 채우기

❶ 구식 군인들이 □□□□을 일으켰다.

❷ (갑신정변) □□□ 등 개화 세력이 정변을 일으켰다.

❸ (갑신정변) 청 · 일 간 □□ 조약 체결의 계기가 되었다.

정답 ❶ 임오군란 ❷ 김옥균 ❸ 톈진

14 동학 농민 운동

Step 1 선택지 미리보기

- 정부와 농민군 사이에 전주 화약이 체결되었다.
- 농민군이 황토현 전투에서 관군에게 승리하였다.
- 조병갑의 탐학에 저항해 고부에서 농민 봉기가 일어났다.
- 남접과 북접이 연합하여 조직적으로 전개되었다.
- 보은에서 교조 신원을 요구하는 집회가 열렸다.
- 농민군이 백산에서 4대 강령을 발표하였다.
- 일본이 경복궁을 점령하고 내정 개혁을 요구하였다.
- 보국안민, 제폭구민을 기치로 내걸었다.
- 사태 수습을 위해 이용태가 안핵사로 파견되었다.
- 척왜양창의를 기치로 내걸었다.
- 개혁 추진 기구로 교정청을 설치하였다.

Step 2 개념 학습하기

고부 봉기(1894.1.)	배경	고부 군수 **조병갑**의 횡포
	전개	전봉준의 고부 관아 점령
	결과	정부의 폐정 시정 약속, 전봉준 자진 해산, 안핵사 파견

↓

1차 봉기(1894.3.)	배경	안핵사 이용태의 농민 봉기 주모자 및 동학교도 탄압
	전개	백산 봉기(보국안민, 제폭구민) → **4대 강령** 발표 → **황토현·황룡촌 전투** 승리
	결과	**전주성 점령**(1894.4.)

↓

전주 화약 체결(1894.5.)	배경	정부의 요청에 따라 청군 파견 → 톈진 조약에 의해 일본군도 파견
	전개	농민군의 외국 군대 철수 요청, **폐정 개혁안 12개조** 제시
	결과	농민군의 **집강소** 설치, 정부의 교정청 설치

↓

2차 봉기(1894.9.)	배경	일본군의 경복궁 점령 → 청일 전쟁 발발
	전개	남접과 북접의 연합 부대 논산 집결 → **공주 우금치 전투** 패배(1894.11.)
	결과	전봉준 등 주모자 체포·처형

Step 3 빈칸 채우기

❶ 폐정 개혁안 실천을 위해 □□□ 설치를 요구하였다.
❷ □□□에서 일본군 및 관군에 맞서 싸웠다.
❸ □□□이 농민들을 이끌고 고부 관아를 습격하였다.

정답 ❶ 집강소 ❷ 우금치 ❸ 전봉준

15 갑오개혁과 을미개혁

Step 1 선택지 미리보기

- 태양력을 채택하고 건양이라는 연호를 제정하였다.(을미개혁)

- 홍범 14조를 개혁의 기본 방향으로 제시하였다.(제2차 갑오개혁)

- 지방 행정 구역을 8도에서 23부로 개편하였다.(제2차 갑오개혁)

- 공사 노비법을 혁파하였다.
  (제1차 갑오개혁)

- 과부의 재가를 허용하였다.
  (제1차 갑오개혁)

- 과거제를 폐지하였다.
  (제1차 갑오개혁)

- 행정 기구를 6조에서 8아문으로 개편하였다.(제1차 갑오개혁)

- 청의 연호를 쓰지 않고 개국 기년을 사용하였다.(제1차 갑오개혁)

- 교육 입국 조서를 반포하고 외국어 학교 관제를 마련하였다.
  (제2차 갑오개혁)

- 연좌제를 금지하였다.
  (제1차 갑오개혁)

Step 2 개념 학습하기

○ 제1차 갑오개혁(군국기무처 주도)

정치	개국 기원 사용, 왕실 사무와 국정 사무 분리, **6조를 8아문**으로 개편, **과거제 폐지**, 경무청 설치
경제	재정의 일원화(**탁지아문**), 은 본위 화폐제 채택, 조세의 금납화
사회	공사 노비법 혁파(**신분제 폐지**), 조혼 금지, 과부 재가 허용, 고문 및 연좌제 폐지

○ 제2차 갑오개혁(김홍집 · 박영효 연립 내각)

홍범 14조	제1차 갑오개혁의 내용을 재확인하고 제2차 갑오개혁의 방향 제시
정치	**8아문을 7부**로 개편, 지방 행정 구역을 **8도에서 23부**로 개편, 사법권을 행정권에서 분리(근대적 재판소 설치)
군사	훈련대와 시위대 설치
사회	**교육 입국 조서** 반포 → 근대적 교육 제도 마련(한성 사범 학교 설립)

○ 을미개혁

정치	**'건양'** 연호 사용
군사	친위대(중앙), 진위대(지방), 시위대(왕실 호위) 설치
사회	**태양력** 사용, **단발령** 실시, 소학교 설치, 우체사 설치(우편 사무 재개), 종두법 실시

Step 3 빈칸 채우기

❶ (을미개혁) □□이라는 독자적인 연호를 사용하였다.

❷ (제1차 갑오개혁) 근대적 개혁 추진을 위해 □□□□□가 설치되었다.

❸ (제2차 갑오개혁) 교육의 기본 방향을 제시한 □□ 입국 조서를 반포하였다.

정답 ❶ 건양 ❷ 군국기무처 ❸ 교육

16 독립 협회와 대한 제국

Step 1 선택지 미리보기

- 황제 직속의 원수부를 설치하였다.
- 독립 협회가 중심이 되어 독립문을 건립하였다.
- 만민 공동회를 열어 민권 신장을 추구하였다.(독립 협회)
- 러시아의 절영도 조차 요구에 반대하였다.(독립 협회)
- 구본신참에 입각하여 개혁이 추진되었다.
- 관민 공동회에서 연설하는 백정
- 대한국 국제가 반포되었다.
- 관립 실업 학교인 상공 학교가 개교되었다.

Step 2 개념 학습하기

○ 독립 협회(1896)

자주 국권 운동	• 고종 환궁 및 칭제 건원 요구 • **독립문 건립**, 독립신문 창간 • **만민 공동회** 개최: 민중 참여 • **러시아 절영도 조차 요구 저지**, 러시아의 군사 교련단과 재정 고문단 철수, 한러 은행 폐쇄
민권 신장 운동	• 신체·재산권 보호 운동 • 언론·집회의 자유권 쟁취 운동 • 국민 참정권 운동
자강 개혁 운동	• **관민 공동회** 개최: 박정양 진보 내각 참여 → **헌의 6조** 채택 • 의회 설립 운동: **중추원 관제** 반포(근대적 입법 기관 형태)

○ 대한 제국(1897)

수립	• 배경: 고종 환궁(경운궁) • '대한 제국' 국호, '**광무**' 연호 • 환구단에서 황제 즉위식 거행
광무개혁	• 성격: **구본신참**(복고주의적) • **대한국 국제** 반포(1899) • **원수부** 설치: 황제가 모든 군대 통솔 • 간도 관리사 이범윤 파견 • 지방 제도 개편(23부 → 13도) • 양전 사업: 토지 조사 • **지계아문**에서 **지계** 발급 • 백동화 발행 • 교정소 설치

Step 3 빈칸 채우기

❶ □□ □□□를 개최하여 헌의 6조를 결의하였다.
❷ □□□ 개편을 통해 의회 설립을 추진하였다.
❸ 양전 사업을 실시하여 □□를 발급하였다.

정답 ❶ 관민 공동회 ❷ 중추원 ❸ 지계

17 항일 의병 운동과 애국 계몽 운동

Step 1 선택지 미리보기

- 단발령 시행에 반발하여 의병을 일으켰다. (을미의병)
- 고종의 강제 퇴위에 반대하여 봉기하였다. (정미의병)
- 유생 출신 유인석이 이끄는 부대가 활약하였다. (을미의병)
- 민영환 등의 자결 순국을 계기로 일어났다. (을사의병)
- 평민 의병장 신돌석이 유격전을 벌였다. (을사의병)
- 태인 등지에서 의병을 이끌고 시위를 주도하였다. (대한 자강회)
- 의병 부대들이 연합하여 서울 진공 작전을 전개하였다. (정미의병)
- 대한매일신보 등의 지원을 받았다. (국채 보상 운동)
- 러시아가 조차를 요구한 절영도에서 집회를 열었다. (독립 협회)
- 일제가 조작한 105인 사건으로 와해되었다. (신민회)
- 고종의 강제 퇴위에 반발하여 봉기하였다. (정미의병)
- 태극 서관을 설립하여 계몽 서적을 보급하였다. (신민회)
- 남만주 삼원보에 이주하여 독립운동 기지를 건설하였다. (신민회)

Step 2 개념 정착하기

○ 항일 의병 운동

을미의병 (1895)	• 배경: 을미사변, 단발령 • 단발령 철회와 유생 출신의 주도(유인석, 이소응 등) • 고종의 해산 권고 조칙으로 자진 해산
을사의병 (1905)	• 배경: 을사늑약 • 유생 의병장 민종식, 최익현(쓰시마에서 순국) • 평민 의병장 신돌석
정미의병 (1907)	• 배경: 고종의 강제 퇴위, 군대 해산 이후 대한 제국 군인 합류, 의병 전쟁으로 발전 • 13도 창의군 결성(1907) → 서울 진공 작전 (1908), 각국 공사관에 국제법상 교전 단체 승인 요구 → 일제의 남한 대토벌 작전으로 위축

○ 애국 계몽 운동

보안회 (1904)	• 일제의 황무지 개간권 요구 반대 운동 전개
헌정 연구회 (1905)	• 독립 협회의 정신 계승 → 입헌 군주제 수립 추구
대한 자강회 (1906)	• 고종 강제 퇴위 반대 운동 등 전개
신민회 (1907)	• 안창호, 양기탁 등이 이회영 등이 조직한 비밀 결사 • 대성 학교 · 오산 학교 설립, 자기 회사 · 태극 서관 운영 • 실력 양성과 독립운동 기지 건설 → 남만주 삼원보에 신흥 강습소(신흥 무관 학교) 설립 • 일제가 조작한 105인 사건으로 해체(1911)

Step 3 빈칸 채우기

① 13도 창의군이 결성되어 □□ □□ 작전을 전개하였다.
② 일제가 □□□ 개간권 요구를 저지하였다.
③ 만주 □□□ 지역에 독립운동 기지를 건설하였다.

정답 ① 서울 진공 ② 황무지 ③ 삼원보

18 근대 언론·문물

근대 언론

한성순보 (1883)	• 순 한문, 박문국에서 10일마다 발간 • **최초의 근대적 신문** • 관보 역할: 개화 정책의 취지 설명, 국내외 정세 소개
독립신문 (1896)	• 한글판과 영문판, 일간지 • **서재필** 창간 • 최초의 민간 신문
황성신문 (1898)	• 국한문 혼용 • 을사늑약에 대한 항일 논설 「**시일야방성대곡**」(장지연) 게재
제국신문 (1898)	• 순 한글 • 일반 서민층과 부녀자 대상
대한매일신보 (1904)	• 순 한글, 국한문, 영문판 • **양기탁**과 **베델** 창간 • **국채 보상 운동 지원** • 을사조약 무효화 선언 게재
만세보 (1906)	• 국한문 혼용 • **천도교 기관지**

근대 문물

통신	• 우편: **우정총국**(1884) → 우체사(1895) • 전화: 경운궁에 가설(1898)
교통	• 전차: 한성 전기 회사가 서대문~청량리에 가설(1899) • 철도 – **경인선**(1899): 부설권 미국 → 일본 – 경부선(1905): 부설권 일본 – 경의선(1906): 부설권 프랑스 → 일본
의료	• **광혜원**(제중원, 1885): 알렌, 최초의 근대식 병원 • 광제원(1900) → 대한의원(1907) • 세브란스 병원(제중원 인수, 1904)
기관 및 건축	• **박문국**(1883), 전환국(1883), **기기창**(1883) • 명동 성당(1898) • 원각사(1908) • 덕수궁 석조전(1910)

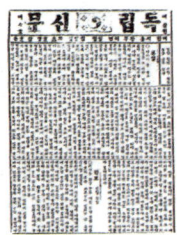
▲ 독립신문

▲ 대한매일신보

▲ 광혜원(제중원)

▲ 덕수궁 석조전

19 1910년대 국내외 독립운동

주제편

Step 1 선택지 미리보기

- 박상진 등이 대한 광복회를 결성하였다.

- 중광단을 조직하여 무장 투쟁을 전개하였다.

- 대한인 국민회를 조직하여 외교 활동을 펼쳤다.

- 대조선 국민 군단을 조직하여 무장 투쟁을 준비하였다.

- 이상설, 이동휘를 정·부통령에 선임하였다.(대한 광복군 정부)

- 권업신문을 발행하여 민족의식을 고취하였다.(권업회)

- 공화 정체의 국가 건설을 지향하였다.(대한 광복회)

- 샌프란시스코에 중앙 총회를 두었다.(대한인 국민회)

- 한인 자치 기구인 경학사를 설립하였다.

Step 2 개념 학습하기

국내: 항일 비밀 결사 조직

독립 의군부 (1912)	• 임병찬이 고종의 밀명을 받아 조직한 비밀 결사 • 복벽주의, 의병 전쟁 준비 • 일본에 국권 반환 요구서 발송
대한 광복회 (1915)	• 박상진이 대구에서 조직한 비밀 결사 • 공화주의 • 군자금 모집, 독립군 양성

국외: 독립운동 기지 건설, 민족 교육

만주	중광단 (1911)	• 대종교 계열 • 무오 독립 선언서 발표 • 북로 군정서로 개편
	경학사 (1911)	• 신민회의 이상룡, 이회영 등 • 신흥 강습소(신흥 무관 학교) 설립
연해주	권업회 (1911)	• 기관지 권업신문 발행 • 대한 광복군 정부 조직
	대한 광복군 정부(1914)	• 권업회에서 조직한 정부 형태의 독립군 단체: 이상설(정통령), 이동휘(부통령) • 무장 항일 운동 • 공화정 목표
미주	대한인 국민회 (1909)	• 샌프란시스코 한인 조직(이승만 주도) • 외교 활동, 의연금, 신한민보
	대조선 국민 군단(1914)	• 박용만이 하와이에서 조직 • 무장 투쟁 주장 → 독립군 사관 양성

Step 3 빈칸 채우기

❶ 고종의 밀지를 받아 □□ □□□를 조직하였다.

❷ (연해주) □□□를 조직하여 기관지를 발행하였다.

❸ 박용만이 □□□ □□ □□을 결성하였어요.

정답 ❶ 독립 의군부 ❷ 권업회 ❸ 대조선 국민 군단

20 3·1 운동과 대한민국 임시 정부

Step 1 선택지 미리보기

- 대한민국 임시 정부 수립의 계기가 되었다.(3·1 운동)
- 독립운동의 방략을 논의하기 위하여 국민 대표 회의가 개최되었다.
- 유학생들이 중심이 되어 2·8 독립 선언서를 발표하였다.
- 전개 과정에서 일제가 제암리 학살 등을 자행하였다.(3·1 운동)
- 독립운동 자금 마련을 위해 독립 공채를 발행하였다. (대한민국 임시 정부)
- 구미 위원부를 설치하여 외교 활동을 전개하였다. (대한민국 임시 정부)
- 연통제를 통해 독립운동 자금을 모았다.(대한민국 임시 정부)
- 미국 대통령 윌슨이 민족 자결주의를 제창하였다.
- 대한민국 임시 정부가 대일 선전 성명서를 공표하였다.

Step 2 개념 학습하기

○ 3·1 운동(1919)

배경	· 미국 대통령 윌슨의 민족 자결주의 · 고종 승하 · 도쿄에서 **2·8 독립 선언**(조선 청년 독립단)
전개	기미 독립 선언서 준비 → 고종 인산일에 만세 운동 계획 → 태화관에서 민족 대표 33인의 독립 선언서 낭독 → 전국으로 확산
탄압	· 유관순 순국 · **화성 제암리 학살 사건**
영향	· 만주, 연해주, 미주 등지로 확산 · **대한민국 임시 정부 수립** · 일제의 식민 통치 방식 변화: 무단 통치 → 문화 통치

○ 대한민국 임시 정부(1919)

수립	· 최초의 민주 공화정 · 대통령 이승만, 국무총리 이동휘 · 3·1 운동 이후 독립을 체계적으로 준비
초기 활동	· 군자금 모집: **연통제**와 **교통국**(비밀 행정 조직), **독립 공채**, 이륭양행, 백산 상회 · 외교 활동: 파리 강화 회의에 대표(김규식) 파견, **구미 위원부** 설치 · 문화 활동: 독립신문, 임시 사료 편찬 위원회 설치 → 『**한일 관계 사료집**』 간행
분열 및 변화	· **국민 대표 회의** 개최(1923): 창조파와 개조파 대립 · 개헌(2차, 1925): 이승만 탄핵, 제2대 대통령 박은식 선출, 의원 내각제 채택
1930년대 이후 활동	· **한인 애국단** 조직(1931) · 충칭으로 근거지 이동(1940) · **한국 광복군** 창설(1940) · 건국 강령 발표(1941): 조소앙의 삼균주의

Step 3 빈칸 채우기

❶ (3·1 운동) 일제가 이른바 □□ □□를 실시하는 결과를 가져왔다.
❷ (대한민국 임시 정부) □□□□를 기초로 하는 건국 강령을 공포하였어요.
❸ (대한민국 임시 정부) 임시 사료 편찬회를 두어 □□ □□ □□□을 간행하였다.

정답 ❶ 문화 통치 ❷ 삼균주의 ❸ 한일 관계 사료집

21 일제 강점기 무장 독립운동과 의열 투쟁

Step 1 자료 보며 미리보기

- 독립군 연합 부대가 봉오동에서 일본군 추격대를 격파하였다. (봉오동 전투)
- 청산리 일대에서 독립군 부대와 일본군이 전투를 벌였다. (청산리 대첩)
- 일본군의 보복으로 독립군 근거지가 파괴되었다. (간도 참변)
- 독립군이 이동하여 자유시로 이동하였다.
- 독립군 재정비를 위해 3부를 결성하였다.
- 만주(滿洲)에서 3부 통합 운동이 전개되었다.
- (조선 이용대)
- 의열단이 조선 혁명 간부 학교를 세워 독립군 간부를 양성하였다.
- 한국 광복군이 창설되고 인도·미얀마 전선에 파견되었다. (한국 광복군)
- 중국군과 연합하여 봉오동에서 일본군을 격파하였다. (조선 의용대)
- 지청천이 한국 광복군 사이에 독립 전쟁을 선포하였다. (김원봉)

Step 2 개념 확장하기

○ 1920년대 만주 독립

봉오동 전투 (1920)	홍범도의 대한 독립군, 안무의 대한 국민회, 최진동의 군무 도독부의 연합 부대가 봉오동에서 일본군 격파
청산리 대첩 (1920)	김좌진의 북로 군정서와 홍범도의 대한 독립군이 청산리 일대에서 대규모 일본군을 격파
간도 참변 (1920)	봉오동·청산리 전투 패배에 대한 보복으로 일본군이 간도 지역 한인을 무차별 학살
자유시 참변 (1921)	간도 참변 이후 자유시(러시아)로 이동한 독립군이 러시아 적색군에 의해 희생된 사건
3부 성립 (1924~1925)	참의부, 정의부, 신민부 성립
미쓰야 협정 (1925)	일제가 만주 군벌과 체결하여 만주 지역의 한인 독립군 탄압 강화

○ 1930년대 이후 만주 독립

한국 독립군 (1929)	• 지청천 지휘로 결성, 중국 호로군과 연합 • 쌍성보 전투(1932), 동경성 전투(1933) 승리
조선 혁명군 (1931)	• 양세봉 지휘로 결성, 중국 의용군과 연합 • 영릉가 전투(1932), 흥경성 전투(1933) 승리
조선 의용대 (1938)	• 김원봉이 주도로 결성 • 중국 관내 최초의 한인 무장 부대
한국 광복군 (1940)	• 대한민국 임시 정부 산하 부대로 결성 • 인도·미얀마 전선에 파견, 국내 진공 작전 준비
조선 의용군 (1942)	• 조선 독립 동맹 산하 부대로 중국 공산당 팔로군과 함께 항일 전쟁 수행

○ 의열 투쟁

| 의열단 (1919) | • 김원봉이 만주에서 결성, 신채호의 '조선 혁명 선언'을 활동 지침으로 삼음
• 의거: 박재혁(부산 경찰서), 나석주(동양 척식 주식회사), 김익상(조선 총독부), 김상옥(종로 경찰서) |
| 한인 애국단 (1931) | • 김구가 상하이에서 조직
• 의거: 이봉창(도쿄에서 일왕에게 폭탄 투척), 윤봉길(상하이 훙커우 공원에서 폭탄 투척) |

Step 3 빈칸 채우기

1. (봉오동 전투) 대한 독립군 등 독립군 연합 부대가 간도에서 일본군을 추격하여 승리하였다.
2. 청산리에서 김좌진의 북로 군정서를 중심으로 한 ○○○○이 승리하였다.
3. (의열단) 김원봉이 만주 지린에서 결성한 무장 투쟁 단체로 조직되었다.

정답 ① 봉오동 ② 청산리 대첩 ③ 의열단

22 일제 강점기 민족 운동

Step 1 선택지 미리보기

- 진상 조사단을 파견하여 광주 학생 항일 운동을 지원하였다.(신간회)
- 사회주의 세력의 활동 방향을 밝힌 정우회 선언이 발표되었다.
- 한국인 학생과 일본인 학생 간의 충돌에서 비롯되었다. (광주 학생 항일 운동)
- 강주룡이 을밀대 지붕에서 고공 농성을 전개하였다.
- 이상재 등의 주도로 민립 대학 설립 운동을 전개하였다.
- 어린이 등의 잡지를 발간하여 소년 운동을 주도하였다. (천도교 소년회)
- 고액 소작료에 반발하여 암태도 소작 쟁의가 발생하였다.
- 백정에 대한 사회적 차별 철폐를 목표로 하였다.(형평 운동)
- 민족주의 계열과 사회주의 계열의 여성들이 연합하였다.(근우회)
- 조만식 등의 주도로 평양에서 시작되었다.(물산 장려 운동)
- 자작회, 토산 애용 부인회 등의 단체가 활동하였다.

Step 2 개념 학습하기

○ 각계각층의 민족 운동

민족 유일당 운동	• 민족주의 계열과 사회주의 계열이 연합하여 민족 유일당을 결성할 수 있다는 공감대 형성 • **정우회 선언**(1926) • **신간회** 조직(1927): 좌우 합작 조직, 광주 학생 항일 운동에 **진상 조사단** 파견
농민 운동	• **암태도 소작 쟁의**(1923) • 재령의 동양 척식 주식회사 농장 소작 쟁의(1924)
노동 운동	• **원산 노동자 총파업**(1929) • 평원 고무 공장 쟁의(1931)
학생 운동	• **6·10 만세 운동**(1926) • **광주 학생 항일 운동**(1929)
소년 운동	• 천도교 소년회 조직 • 어린이날 제정, 잡지 『어린이』 간행
여성 운동	여성 단체 조직: 조선 여자 교육회, 조선 여성 동우회, 근우회(신간회 자매단체)
형평 운동	• **조선 형평사** 조직(1923) • 백정에 대한 사회적 차별 철폐 주장

○ 민족 실력 양성 운동

물산 장려 운동	• 배경: 일본 자본의 한국 진출 확대, 1920년대 회사령 폐지 이후 민족 자립 경제 추구 • 전개: **평양**에서 **조만식**의 주도로 **조선 물산 장려회** 발족(1920) → 전국으로 확산 • 활동: '조선 사람 조선 것, 내 살림 내 것으로', 국산품 애용
민립 대학 설립 운동	• 배경: 한국 내 고등 교육 기관 부재, 총독부의 사립 학교 설립 불허 • 전개: 이상재 등이 **조선 민립 대학 기성회** 조직(1923) → 국내외 모금 운동 전개 • 일제의 방해: 경성 제국 대학 설립(1924)
농촌 계몽 운동	• 배경: 일제의 식민지 차별화 교육, 문맹 퇴치 운동 • 전개 – 문자 보급 운동(1929): 조선일보 – **브나로드 운동**(1931): 동아일보

Step 3 빈칸 채우기

❶ □□□ 중앙 본부가 진상 조사단을 파견하여 지원하였다.
❷ 노동 조건 개선을 요구하는 □□ 노동자 총파업이 전개되었다.
❸ (브나로드 운동) 배우자 가르치자 다 함께 □□□□를 구호로 내세웠다.

정답 ❶ 신간회 ❷ 원산 ❸ 브나로드

23 대한민국 정부 수립 과정

주제편

Step 1 선택지 미리보기

- 제1차 미·소 공동 위원회가 결렬되었다.
- 모스크바 삼국 외상 회의가 개최되었다.
- 여운형이 중심이 되어 조선 건국 준비 위원회를 조직하였다.
- 우리나라 최초의 보통 선거인 5·10 총선거가 실시되었다.
- 유엔 소총회에서 남한만의 단독 총선거가 결의되었다.
- 일제의 패망과 건국에 대비하여 조선 건국 동맹을 결성하였다.
- 유엔 한국 임시 위원단이 설치되었다.
- 여수·순천 10·19 사건이 일어났다.
- 4·3 사건으로 많은 주민이 희생되었다.
- 임시 민주 정부 수립을 위한 협의에 참여할 단체의 범위를 두고 논쟁하였다.

Step 2 개념 학습하기

모스크바 삼국 외상 회의 (1945.12.)
- **미소 공동 위원회** 설치
- 최대 5년간의 **신탁 통치**
- 영향: 국내에서 찬탁·반탁 운동 전개 → 좌우 대립 격화

→

제1차 미소 공동 위원회 결렬 (1946.3.)
- 임시 정부 수립에 참여할 단체의 범위를 놓고 의견 차이
- 미국(자유원칙에 입각) vs 소련(모스크바 삼국 외상 회의에 찬성하는 단체만 참여)

→

정읍 발언 (1946.6.)
이승만이 전북 정읍에서 남한만의 **단독 정부 수립 주장**

→

좌우 합작 위원회 결성 (1946.7.)
- 중도 세력을 중심으로 결성 (**여운형**, 김규식)
- **좌우 합작 7원칙** 제정(1946.10.) → 좌우 합작 운동

→

미국, 한반도 문제를 유엔에 상정(1947.9.)
- 배경: 제2차 미소 공동 위원회 결렬(1947.5.)
- 유엔 총회: 인구 비례에 따른 남북 총선 지지
- 유엔 한국 임시 위원단 파견(1948.1.) → 소련, 입북 거절
- **실시 가능한 남한 단독 선거 지시**

→

제주 4·3 사건 (1948.4.3.)
- 남한만의 단독 정부 수립에 반대한 남로당 제주도당의 무장 봉기
- 미군정과 경찰이 봉기를 강경 진압하면서 양민 학살 발생
- 여수·순천 10·19 사건: 여수에 주둔한 군인들이 제주 4·3 사건 진압을 거부하면서 여수와 순천을 장악

→

남북 협상 (1948.4.)
- **김구, 김규식**이 평양에서 김일성을 만나 **남북 협상** 개최
- 미소 양군 철수, 단독 정부 수립 반대 결의 → 성과를 거두지 못함

→

5·10 총선거 실시 (1948.5.10.)
- 최초의 민주적 보통선거 (남한 단독 선거)
- **제헌 국회** 성립
  - 국회의원 임기 2년
  - 대통령 중심제, 대통령 국회 간선·연임 제한
- **대한민국 정부 수립**(1948.8.15.)
  - 대통령 이승만, 부통령 이시영

Step 3 빈칸 채우기

❶ 남한만의 단독 정부 수립을 주장한 □□ 발언이 제기되었다.

❷ □□ □□ 위원회에서 좌우 합작 7원칙을 발표하였다.

❸ 김구, 김규식 등이 □□ □□에 참석하였다.

정답 ❶ 정읍 ❷ 좌우 합작 ❸ 남북 협상

24. 6·25 전쟁

Step 1 선택지 미리보기

- 한미 상호 방위 조약이 체결되었다.
- 미국의 극동 방위선을 조정한 애치슨 선언에 영향을 주었다.
- 흥남 철수 작전이 전개되었다.
- 국회에서 국민 방위군 사건이 폭로되었다.
- 북한의 전면적인 남침으로 6·25 전쟁이 발발하였다.
- 포로 송환 문제로 인해 체결이 지연되었다.
- 군사 분계선을 확정하고 비무장 지대를 설정하였다.
- 학도병이 낙동강 전선에서 혈전을 치렀다.

Step 2 개념 학습하기

▲ 6·25 전쟁의 전개

배경	• 북한의 무력 통일 정책, 소련과 중국의 지원, 미군 철수(1949.6.) • **애치슨 선언**(1950.1.): 한반도를 미국 극동 방위선에서 제외
1950.6.25.	북한의 무력 남침
1950.6.28.	• 유엔 안전 보장 이사회 한국 군사 지원 결의안 채택 • 서울 함락 • 한강 철교·인도교 폭파
1950.7.	• 유엔군 부산 상륙(7.1.) • 국군 작전 지휘권 이양(7.14.)
1950.9.15.	**인천 상륙 작전** → 서울 수복, 평양 탈환
1950.10.25.	중국군 개입
1950.12.15.	원산·흥남 철수 작전
1951.1.4.	**1·4 후퇴** → 서울 재함락(유엔군 서울 철수)
1951.6.	소련이 유엔에 휴전 제의
1953.6.18.	이승만 정부의 반공 포로 석방
1953.7.27.	유엔·공산군 휴전 협정 체결
결과	• 사회 시설 파괴, 이산가족과 전쟁고아 발생 • **한미 상호 방위 조약 체결**(1953.10.)

Step 3 빈칸 채우기

❶ 판문점에서 6·25 전쟁 □□ 협정이 조인되었다.
❷ 국군과 유엔군이 □□ 상륙 작전에 성공하였다.
❸ □□□의 개입으로 서울을 다시 빼앗겼다.

정답 ❶ 정전 ❷ 인천 ❸ 중국군

25 민주화 운동

Step 1 선택지 미리보기

- 5년 단임의 대통령 직선제 개헌이 이루어지는 계기가 되었다.
  (6월 민주 항쟁)

- 장면 내각이 출범하는 계기가 되었다.(4·19혁명)

- 대학 교수단이 대통령 퇴진을 요구하며 시위 행진을 벌였다.
  (4·19혁명)

- 대통령 중심제에서 의원 내각제로 바뀌는 계기가 되었다.(4·19혁명)

- 허정을 수반으로 하는 과도 정부가 수립되었다.(4·19혁명)

- 시민군을 조직하여 계엄군에 대항하였다.(5·18 민주화 운동)

- 관련 기록물이 유네스코 세계 기록 유산으로 등재되었다.
  (5·18 민주화 운동)

- 시위 도중 대학생 이한열이 희생되었다.(6월 민주 항쟁)

- 호헌 철폐 등을 내세운 시위로 6·29 민주화 선언이 발표되었다.
  (6월 민주 항쟁)

Step 2 개념 학습하기

4·19 혁명 (1960)	• 배경: **3·15 부정 선거**, 이승만 독재 • 전개: 김주열 학생 시신 발견 → 대학 교수단의 시국 선언, 대통령 하야 요구 행진 → 시위 전국 확산 • 결과: **이승만 하야**, 허정 과도 정부 수립, 장면 내각 출범
부마 민주 항쟁 (1979)	• 배경: **YH 무역 사건** • 전개: 야당 총재 김영삼 국회의원 제명 → 부산, 마산에서 시위 전개 • 결과: 10·26 사태(박정희 피살), 유신 체제 붕괴
5·18 민주화 운동 (1980)	• 배경: 12·12 쿠데타로 전두환 등 신군부 집권 • 전개: 신군부 반대 민주화 운동 → 비상계엄 전국 확대, 계엄군 투입 무력 진압 → 광주에서 신군부 퇴진, 민주화 요구 시위 → 공수 부대 동원 무력 진압 • 영향: 관련 기록물이 유네스코 세계 기록 유산 등재, 6월 민주 항쟁에 영향
6월 민주 항쟁 (1987)	• 배경: **박종철 고문치사 사건** 및 **4·13 호헌 조치** • 전개: 직선제 개헌, 민주화 요구 시위 → 연세대 재학생 이한열 시위 도중 사망 → 시위 전국 확산('호헌 철폐, 독재 타도' 구호) • 결과: 6·29 민주화 선언으로 **5년 단임의 대통령 직선제** 개헌

Step 3 빈칸 채우기

❶ (4·19혁명) 3·15 □□ □□에 항의하는 시위가 전국으로 확산되었다.

❷ (5·18 민주화 운동) 신군부의 □□□□ 확대가 원인이 되어 일어났다.

❸ (6월 민주 항쟁) □□ 철폐와 독재 타도 등의 구호를 내세웠다.

정답 ▶ ❶ 부정 선거 ❷ 비상계엄 ❸ 호헌

26 현대 정부의 정책

Step 1 선택지 미리보기

- 남북한이 한반도 비핵화 공동 선언에 서명하였다.(노태우 정부)
- 최초의 이산가족 고향 방문과 예술 공연단 교환을 실현하였다. (전두환 정부)
- 경제 협력 개발 기구(OECD)에 가입하였다.(김영삼 정부)
- 제2차 남북 정상 회담을 개최하고 10·4 남북 공동 선언을 발표하였다.(노무현 정부)
- 남북한이 유엔에 동시 가입하였다. (노태우 정부)
- 금강산 관광 사업을 시작하였다. (김대중 정부)
- 한미 자유 무역 협정(FTA)이 체결되었다.(노무현 정부)
- 유상 매수, 유상 분배 원칙의 농지 개혁법이 제정되었다.(이승만 정부)
- 제1차 경제 개발 5개년 계획을 추진하였다.(박정희 정부)
- 저유가, 저금리, 저달러의 3저 호황이 있었다.(전두환 정부)

Step 2 개념 학습하기

○ 경제 정책

이승만 정부	• 농지 개혁 시행(유상 매수, 유상 분배) • 미국의 원조: 삼백 산업 발달(면화, 설탕, 밀가루)
박정희 정부	• 제1·2차 경제 개발 5개년 계획: 경공업 중심, 수출 주도형 • 제3·4차 경제 개발 5개년 계획: 중화학 공업 중심 • 자본 확보를 위한 한일 협정, 한일 국교 정상화 → 6·3 시위 • 브라운 각서: 베트남 파병, 미국의 차관 제공 • 경부 고속 도로 건설 • 수출 100억 달러 달성
전두환 정부	3저 호황(저유가, 저달러, 저금리)
김영삼 정부	• 금융 실명제 도입 • 경제 협력 개발 기구(OECD) 가입 • 외환 위기: 국제 통화 기금(IMF)의 구제 금융
김대중 정부	노사정 위원회 설치, 외환 위기 극복
노무현 정부	• 아시아·태평양 경제 협력체(APEC) 정상 회의 개최 • 한·칠레, 한미 자유 무역 협정(FTA) 체결

○ 통일 정책

이승만 정부	북진 통일론, 반공 정책
박정희 정부	• 남북 적십자 회담 • 7·4 남북 공동 성명: 자주·평화·민족 대단결의 3대 통일 원칙 합의, 남북 조절 위원회 설치
전두환 정부	이산가족 최초 상봉, 예술 공연단 교환 방문
노태우 정부	• 북방 외교 추진, 남북 유엔 동시 가입 • 남북 기본 합의서 • 한반도 비핵화 공동 선언

김대중 정부	• 햇볕 정책: 금강산 관광 사업 전개
	• 제1차 남북 정상 회담 개최
	  – 6·15 남북 공동 선언
	  – 개성 공단 조성 합의, 금강산 육로 관광 추진

노무현 정부	• 제2차 남북 정상 회담 개최
	  – 10·4 남북 공동 선언
	  – 개성 공단 착공식

문재인 정부	• 제3차 남북 정상 회담 개최 – 4·27 남북 공동 선언(판문점 선언)

Step 3 빈칸 채우기

❶ (김영삼 정부) 대통령 긴급 명령으로 □□ □□□가 실시되었다.
❷ (박정희 정부) 7·4 남북 공동 성명을 실천하기 위한 □□ □□ □□□를 구성하였다.
❸ (노무현 정부) 남북한의 교류 협력을 위한 □□ 공업 지구 건설에 착수하였다.

정답 ❶ 금융 실명제 ❷ 남북 조절 위원회 ❸ 개성

27 불상

고구려

▲ 금동 연가 칠년명 여래 입상
#경남 의령에서 출토

백제

▲ 서산 용현리 마애여래 삼존상
#백제의 미소 #화강암 #암벽에 조각

▲ 태안 동문리 마애삼존불 입상
#1보살 #2여래 #중국 북제 양식

신라

▲ 경주 배동 석조 여래 삼존 입상
#신라 불상의 새로운 양식 #북주 또는 수의 불상과 유사한 양식

삼국

▲ 금동 미륵보살 반가 사유상
#우리나라에서 가장 큰 금동 반가 사유상
#삼신 반가 사유상

통일 신라

▲ 경주 구황동 금제여래 좌상
#경주 황복사지 삼층 석탑에서 발견

▲ 경주 석굴암 본존불
#화강암 #인공 석굴 #좌우 대칭 #김대성

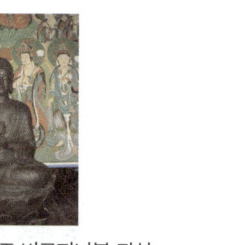

▲ 철원 도피안사 철조 비로자나불 좌상
#철 #경문왕

발해

▲ 이불 병좌상
#동경 용원부에서 발견 #고구려 양식 계승

고려

▲ 하남 하사창동 철조 석가여래 좌상
#철 #통일 신라 양식 계승

▲ 영주 부석사 소조여래 좌상
#통일 신라 양식 계승 #우리나라에서 가장 크고 오래된 소조 불상

▲ 논산 관촉사 석조 미륵보살 입상
#은진 미륵 #토속적 #향토적 #지방화 #우리나라에서 가장 큰 석불 #광종 #승려 혜명

▲ 안동 이천동 마애여래 입상
#자연암벽 #토속적 #향토적 #지방화

▲ 파주 용미리 마애이불 입상
#자연암벽 #토속적 #향토적 #지방화

28 불교 건축

고려

▲ 안동 봉정사 극락전
#우리나라 목조 건물 중 가장 오래된 건물 #맞배지붕 #배흘림기둥 #주심포 양식 #통일 신라 건축 양식

▲ 영주 부석사 무량수전
#아미타 여래 불상 봉안 #팔작지붕 #배흘림기둥 #주심포 양식 #공민왕

▲ 예산 수덕사 대웅전
#석가모니 불상 봉안 #맞배지붕 #배흘림기둥 #주심포 양식 #백제 건축 양식 #충렬왕

▲ 봉산 성불사 응진전
#황해도 봉산 #맞배지붕 #배흘림기둥 #다포 양식 #충숙왕

조선

▲ 김제 금산사 미륵전
#팔작지붕 #다포 양식 #3층 전체가 하나로 트인 통층 구조 #정유재란 때 불탔다가 인조 때 다시 지음

▲ 구례 화엄사 각황전
#3여래 불상 #4보살 불상 #팔작지붕 #다포 양식 #숙종

▲ 보은 법주사 팔상전
#우리나라에서 가장 높은 목조탑 #사모지붕 #주심포 양식(1~4층) #다포 양식(5층) #팔상도

▲ 논산 쌍계사 대웅전
#석가여래 삼존불상 봉안 #팔작지붕 #다포 양식

29 탑

백제

▲ 익산 미륵사지 석탑

#우리나라에서 가장 크고 오래된 석탑 #사리 장엄
구와 금제 봉안기 발견 #3탑 중 서탑

▲ 부여 정림사지 오층 석탑

#목탑 양식 #백제의 대표적인 석탑

신라

▲ 경주 분황사 모전 석탑

#신라에서 가장 오래된 석탑
#전탑 형식(벽돌 모양) #선덕 여왕

통일 신라

▲ 경주 감은사지 (동서) 삼층 석탑

#동서로 나란히 세워진 같은 규모와 양식을 갖춘
쌍탑 #신문왕

▲ 경주 불국사 삼층 석탑(석가탑)

#무구정광대다라니경 #불국사 내 서쪽 위치
#무영탑 #경덕왕

▲ 경주 불국사 다보탑

#불국사 내 동쪽 위치 #경덕왕

▲ 양양 진전사지 삼층 석탑

#기단과 탑신에 팔부신중을 새김

▲ 구례 화엄사 사사자 삼층 석탑

#신라의 유일한 사자 석탑

발해

▲ 영광탑(발해 오층 전탑)

#중국 지린성 위치 #당의 영향을 받음

고려

▲ 평창 월정사 팔각 구층 석탑

#고려 초기의 대표적인 석탑 #다각 다층 석탑

▲ 개성 경천사지 십층 석탑

#아(亞)자형 기단 #대리석 #원의 영향을 받음
#국립 중앙 박물관 #충목왕

조선

▲ 서울 원각사지 십층 석탑

#아(亞)자형 기단 #대리석 #탑골 공원 #세조

30 회화

조선 전기

▲ 몽유도원도(안견)

▲ 고사관수도(강희안)

▲ 초충도(신사임당)

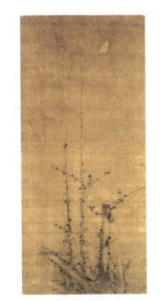
▲ 묵죽도(이정)

▲ 송하보월도(이상좌)

▲ 월매도(어몽룡)

조선 후기

▲ 인왕제색도(정선)

▲ 금강전도(정선)

▲ 씨름도(김홍도)

▲ 월하정인(신윤복)

▲ 단오풍정(신윤복)

▲ 파적도(김득신)

31 지역사

독도
역사	조선 숙종 때 안용복이 일본으로 건너가 울릉도와 독도가 우리 영토임을 확인받음
근대	대한 제국 칙령 제41호

강원
| 고대 | • 인골발견: 고인돌 유적 • 고조선: 고조선의 아홉장수가 피신해 온 곳 • 선사시대: 구석기 유적 |
| 선사 | • 단양이: 구석기 유적 |

충북
선사	청동기 시대 거푸집 발견
고대	미륵사지 석탑 고려 때 미륵불
근대	공주에 따라 개항(항구, 경시, 인정) 2014년 아시안 경기 대회

경북
선사	구석기 유적지(검단리)
고대	• 다인공 포함처럼 석탑에 대한 의식(이전통) • 거북 해방
근대	• 공주 해방 • 일제강점기 때 중수왕의 동상이이 중건 • 6·25 전쟁 중 임시 수도
현대	• 2002년 아시안 경기 대회

울릉도
(중앙)

전북
| 고대 | 통일 신라 상경에 대립 근거지 • 한·당: 고려 태조 왕건의 동상이 있는 곳 • 관식사: 후삼국 최대의 미륵 신앙의 중심 • 문학 사상: 조선 시대 예수의 대표 설법 남기는 사상 |

전남
고대	융출문 토기
근대	강화도조약: 배재이 부산으로, 일제강점기 공식 활동장
현대	동아 동일 상곡가 진전

32 궁궐

경복궁

- **태조 이성계 창건**, 북궐이자 법궁, 정도전이 이름을 지음
- 임진왜란 때 소실 → 흥선 대원군 때 중건
- 을미사변 발생(옥호루), 조선 물산 공진회 개최, 총독부 청사 건립
- 주요 건물: 근정전, 경회루, 향원정

창덕궁

- 태종 창건, 왕의 피서·요양 목적의 동궐이자 이궁
- 임진왜란 이후 광해군 때 중건 → 경복궁 중건 전까지 법궁 역할
- 인정전에서 한일 병합 조약 체결
- **유네스코 세계 문화유산 등재**
- 주요 건물: 돈화문, 인정전, 낙선재, 연경당, 주합루, 후원

창경궁

- 창덕궁과 함께 동궐로 불림
- 성종 때 3명의 대비를 위해 수강궁 확장 공사(창경궁 개칭)
- **일제가 동물원과 식물원 설치** → 창경원으로 격하
- 주요 건물: 홍화문, 명정전, 함인정

덕수궁

- 월산 대군의 집 → 임진왜란 이후 선조의 임시 거처(광해군 때 **경운궁** 개칭)
- **고종이 아관 파천 이후 환궁**하면서 대한 제국의 정궁 역할(순종 때 덕수궁 개칭)
- 중명전에서 을사늑약 체결
- 석조전에서 **미소 공동 위원회 개최**
- 주요 건물: 중화전, 석조전, 정관헌

33 주요 유네스코 세계 유산·기록 유산

유네스코 세계 유산

석굴암 및 불국사	통일 신라 때 경주에 만들어진 불상을 모신 석굴과 사찰 건축물
해인사 장경판전	고려 때 팔만대장경을 봉안하기 위해 지어진 목판 보관용 건축물
종묘	조선의 역대 왕과 왕비의 신위를 봉안한 사당
창덕궁	건축과 조경이 잘 조화된 조선의 궁궐
화성	조선 정조 때 수원에 만들어진 성곽
경주 역사 유적 지구	신라의 수도였던 경주와 52개의 지정 문화재
고창·화순·강화 고인돌 유적	청동기 시대의 대표적인 무덤
제주 화산섬과 용암동굴	한라산, 성산일출봉, 거문오름 용암동굴계
조선왕릉	조선의 왕과 왕비 등의 무덤(40기)
하회·양동마을	안동과 경주에 위치한 조선의 대표적인 씨족마을
남한산성	동아시아 국가들 간에 축성술을 상호 교류한 증거이며, 조선 왕조의 비상시 임시 수도로서 축조된 산성 도시
백제 역사 유적 지구	공산성, 송산리 고분군, 관북리 유적, 부소산성, 능산리 고분군, 정림사지, 부여 나성, 왕궁리 유적, 미륵사지
한국의 서원	소수서원, 도산서원, 병산서원, 옥산서원, 도동서원, 남계서원, 필암서원, 무성서원, 돈암서원
가야 고분군	전북 남원 유곡리와 두락리 고분군, 경북 고령 지산동 고분군, 경남 김해 대성동 고분군, 경남 함안 말이산 고분군, 경남 창녕 교동과 송현동 고분군, 경남 고성 송학동 고분군, 경남 합천 옥전 고분군

유네스코 세계 기록 유산

훈민정음	조선 세종 때인 1446년에 간행된 『훈민정음(해례본)』
조선왕조실록	조선 태조부터 철종까지 25대 472년(1392~1863)의 역사를 편년체로 기록한 책
직지심체요절	고려 말인 1377년 백운화상이 청주 흥덕사에서 금속 활자로 인쇄한 책
조선왕조의궤	조선 시대 유교적 원리에 입각한 국가 의례를 중심으로 중요 행사 등을 정해진 격식에 의해 정리·작성한 책
해인사 대장경판 및 제경판	고려 몽골 침입기에 대장도감에서 제작한 대장경판
동의보감	허준이 조선 선조 때 우리나라와 중국의 의학 서적을 하나로 모아 편집하여 광해군 때 완성한 책
일성록	조선 영조부터 순종까지 151년(1760~1910) 동안 국정 운영 내용을 일기체로 정리한 국왕의 일기
5·18 민주화 운동 기록물	1980년 5월 18일부터 27일까지 광주에서 전개된 민주화 운동 관련 문건, 사진, 영상 등의 자료
난중일기	이순신이 1592년 1월 1일부터 1598년 11월 17일까지 7년간의 군중 생활을 직접 기록한 일기
국채 보상 운동 기록물	국가가 진 빚을 국민이 갚기 위해 1907년부터 1910년까지 일어난 국채 보상 운동의 과정을 보여주는 기록물
동학 농민 혁명 기록물	1894~1895년까지 조선에서 일어난 동학 농민 혁명과 관련한 공문서, 재판기록, 일기 등의 기록물
4·19 혁명 기록물	1960년대에 일어난 4·19 혁명을 비롯한 학생 주도의 민주화 운동에 대한 영상, 사진, 공문서 등의 기록물
제주 4·3 기록물	제주 4·3 사건 당시 이해당사자들이 생산한 기록물과 희생자와 유족의 구술증언, 진상규명과정 기록 등의 자료

34 세시 풍속

구분	시기	풍속	음식
설날(구정)	음력 1월 1일	차례, 세배, 설빔, 덕담, 복조리 걸기, 윷놀이, 널뛰기, 연날리기, 머리카락 태우기	떡국, 식혜, 시루떡
정월 대보름	음력 1월 15일	줄다리기, 지신밟기, 놋다리밟기, 차전놀이, 쥐불놀이, 석전, 부럼 깨기, 달집 태우기, 달맞이	부럼, 나물, 약밥, 오곡밥
삼짇날	음력 3월 3일	화전놀이, 각시놀음, 활쏘기	쑥떡, 진달래 화채, 화전, 화면
단오(수릿날)	음력 5월 5일	창포물에 머리 감기, 그네뛰기, 씨름, 봉산 탈춤, 송파 산대놀이, 수박희	수리취떡, 앵두화채, 쑥떡, 대추, 창포주
유두	음력 6월 15일	동쪽으로 흐르는 물에 머리 감기, 탁족놀이	밀전병, 밀국수, 호박전, 시루떡
칠석	음력 7월 7일	걸교(견우와 직녀 두 별에게 바느질과 길쌈을 잘하게 하여 달라고 비는 일), 칠석놀이, 햇볕에 옷과 책을 말림	밀전병, 밀국수, 호박전
추석(한가위)	음력 8월 15일	차례, 성묘, 강강술래, 소싸움, 줄다리기, 씨름, 고사리 꺾기	송편, 토란국, 화양적, 닭찜, 누름적
동지	양력 12월 22일경	관상감에서 새해 달력을 만들어 벼슬아치에게 나누어 줌, 왕이 신하들에게 부채를 나누어 줌	팥죽, 팥시루떡, 전약
섣달그믐	음력 12월 30일경	수세(집안 곳곳에 불을 밝히고 잠을 자지 않는 풍속), 묵은세배, 만두차례, 약 태우기	만둣국, 동치미, 골동반(비빔밥)
한식	양력 4월 5일경	일정 기간 동안 불의 사용을 금함, 성묘, 개사초, 제기차기, 그네 타기	찬 음식

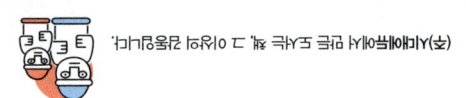

(주)시대북스에서 만든 책, 그 이상의 감동입니다.

03 단골 키워드 문제

Ⅲ. 중세의 한국사
03 중세의 정치_3

정답 및 해설 24쪽

기출 선택지 미리보기

- 만적이 개경에서 신분 해방을 도모하였다.
- 김윤후가 처인성에서 몽골군을 물리쳤다.
- 원 간섭기 – 변발과 호복이 유행하였다.
- 공민왕 – 왕권을 제약하던 기구인 정방을 폐지하였다.
- 최무선 – 화약과 화포 제작을 위한 화통도감 설치를 건의하였다.

기출 키워드로 연습하기

01 ① 최충헌 ・   ・ 전민변정도감
    ② 김윤후 ・   ・ 교정도감
    ③ 공민왕 ・   ・ 살리타 사살

02 원 간섭기에 도평의사사가 강화되어 정방이 폐지되었다. (O / X)

03 몽골은 자신들의 사신이 피살되자 이를 구실로 침략하였다. (O / X)

04 최우는 강화도 천도 이후에 사병인 (   )을/를 조직하여 치안을 유지하려 하였다.

05 공민왕은 유인우 등을 출병시켜 (   )을/를 공격하였다.

06 고려 말 최무선은 (   )을/를 설치하였으며 진포 대첩에서 최초로 화포를 사용하였다.

정답 | 01 ① 교정도감 ② 살리타 사살 ③ 전민변정도감 02 × 03 O 04 삼별초 05 쌍성총관부 06 화통도감

---

01 KEYWORD 01 무신 정변

(가) 사건에 대한 탐구 활동으로 가장 적절한 것은? 심화 70회 14번

정중부 등이 일으킨 (가) (으)로 폐위된 의종이 이곳에서 머물렀다고 전해지고 있습니다. 이후 김보당은 의종을 경주로 피신시켜 복위를 시도하였습니다.

① 정동행성이 설치되는 배경을 살펴본다.
② 철령위 설치에 대한 최영의 대응을 검색한다.
③ 칭제 건원과 금국 정벌을 주장한 인물을 찾아본다.
④ 서경유수 조위총이 반란을 일으킨 이유를 알아본다.
⑤ 이성계 등 신흥 무인 세력이 성장하는 과정을 조사한다.

02 KEYWORD 02 최우

다음 상황 이후에 전개된 사실로 옳은 것은? 심화 60회 15번

백관이 최우의 집에 나아가 정년도목(政年都目)을 올리니, 최우가 청사에 앉아 받았다. 6품 이하는 당하(堂下)에서 두 번 절하고 땅에 엎드려 감히 고개를 들지 못하였다. 이때부터 최우는 정방을 자기 집에 두고 백관의 인사 행정을 처리하였다.
— 『고려사절요』 —

① 삼별초가 용장성에서 항전하였다.
② 정중부 등이 김보당의 반란을 진압하였다.
③ 빈민 구제를 위한 흑창을 처음 설치하였다.
④ 공주 명학소에서 망이・망소이가 봉기하였다.
⑤ 최충헌이 교정별감이 되어 국정을 총괄하였다.

KEYWORD 03 몽골의 침략

03 최다 빈출 유형

(가)에 대한 고려의 대응으로 옳은 것은? 심화 76회 16번

이 탑은 방호별감 김윤후가 군인과 백성들을 이끌고 (가) 을/를 상대로 충주산성에서 승리한 것을 기념하여 세운 것이야.

당시 군인과 백성이 결사 항전하는 모습이 표현되어 있어. 탑 윗 부분의 1253은 승전 연도를 의미해.

① 강화도로 도읍을 옮겨 항전하였다.
② 광군을 조직하여 침입에 대비하였다.
③ 삼수병으로 구성된 훈련도감을 신설하였다.
④ 별무반을 편성하고 동북 9성을 축조하였다.
⑤ 철령위 설치에 반발하여 요동 정벌을 추진하였다.

04 꼬리 물기 문제

(가)의 침입에 대한 고려의 대응으로 옳은 것을 〈보기〉에서 고른 것은? 심화 66회 13번

강화중성은 (가) 의 침략에 맞서 고려가 강화도로 천도한 이후 건립한 내성, 중성, 외성 중 하나입니다. 강화중성은 당시 수도를 둘러싼 토성(土城)으로, 이번 발굴 조사에서 방어를 위해 성벽의 바깥에 돌출시킨 대규모 치성(雉城)이 확인되었습니다.

• 보기 •
ㄱ. 양규가 무로대에서 적군을 물리쳤다.
ㄴ. 김윤후가 충주성 전투에서 활약하였다.
ㄷ. 송문주가 죽주성에서 적군을 격퇴하였다.
ㄹ. 윤관이 별무반을 이끌고 동북 9성을 쌓았다.

① ㄱ, ㄴ   ② ㄱ, ㄷ   ③ ㄴ, ㄷ   ④ ㄴ, ㄹ   ⑤ ㄷ, ㄹ

---

05 KEYWORD 04 원 간섭기

다음 상황이 나타난 시기의 사회 모습으로 옳은 것은? 심화 62회 15번

> 제국 대장 공주가 일찍이 잣과 인삼을 [원의] 강남 지역으로 보내 많은 이익을 얻었다. 나중에는 환관을 각지에 파견하여 잣과 인삼을 구하게 하였다. 비록 나오지 않는 땅이라 하더라도 강제로 거두니 백성들이 매우 괴로워하였다.

① 원종과 애노가 사벌주에서 봉기하였다.
② 대각국사 의천이 해동 천태종을 개창하였다.
③ 지배층을 중심으로 변발과 호복이 유행하였다.
④ 기근에 대비하기 위해 구황촬요가 간행되었다.
⑤ 국난 극복을 기원하며 초조대장경이 조판되었다.

06 KEYWORD 05 삼별초의 항쟁

(가) 군사 조직에 대한 설명으로 옳은 것은? 심화 73회 15번

항파두리성은 개경 환도 결정에 반발하여 강화도에서 봉기한 (가) 이/가 진도를 거쳐 제주도로 옮겨와 항쟁했던 곳인데요, 최근 발굴 조사에 대해 알려주세요.

이번 조사로 성문의 규모와 주요 건물지 등이 처음으로 확인되었습니다. 이 항파두리성 외에 제주도의 환해장성도 (가) 와/과 관련된 기록이 남아 있어, 앞으로 발굴 조사를 통한 연구가 기대됩니다.

〈제주 항파두리성 발굴 현장〉

① 거란의 침입에 대비하여 설치되었다.
② 최씨 무신 정권의 군사적 기반이었다.
③ 원의 요청으로 일본 원정에 참여하였다.
④ 신기군, 신보군, 항마군으로 편성되었다.
⑤ 최영의 지휘 아래 홍산에서 왜구를 격퇴하였다.

07 KEYWORD 06 공민왕

다음 사건이 일어난 시기를 연표에서 옳게 고른 것은?

심화 69회 15번

> 조일신이 전 찬성사 정천기 등과 함께 기철·기륜·기원·고용보 등을 제거할 것을 모의하고 그들을 체포하게 하였는데, 기원은 잡아서 목을 베고 나머지는 모두 도망갔다. 조일신이 그 무리를 거느리고 나아가서 왕이 있던 궁궐을 포위하고, 숙직하고 있던 판밀직사사 최덕림, 상호군 정환 등 여러 사람을 죽였다.

918	1009	1126	1198	1270	1392
	(가)	(나)	(다)	(라)	(마)	
고려 건국	강조의 정변	이자겸의 난	만적의 난	개경 환도	고려 멸망

① (가)   ② (나)   ③ (다)   ④ (라)   ⑤ (마)

08 KEYWORD 07 최무선

(가)에 대한 고려의 대응으로 옳은 것은?

심화 73회 18번

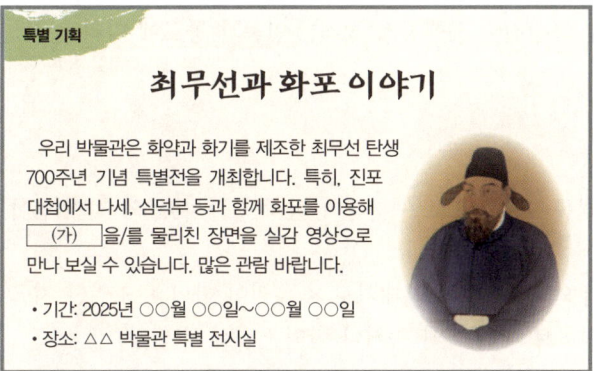

① 광군을 조직하여 침입에 대비하였다.
② 경성과 경원에 무역소를 설치하였다.
③ 박위를 파견하여 근거지를 토벌하였다.
④ 어영청을 중심으로 북벌을 추진하였다.
⑤ 대장도감을 설치하여 팔만대장경을 간행하였다.

09 KEYWORD 08 위화도 회군

(가) 인물의 활동으로 옳은 것은?

심화 56회 18번

① 북방에 4군과 6진을 설치하였다.
② 의종 복위를 도모하여 군사를 일으켰다.
③ 위화도에서 회군하여 정권을 장악하였다.
④ 여진을 정벌한 후 동북 9성을 축조하였다.
⑤ 좌·우별초와 신의군으로 삼별초를 조직하였다.

10 KEYWORD 09 최영

(가) 인물의 활동으로 옳은 것은?

심화 69회 18번

① 홍산 전투에서 왜구를 물리쳤다.
② 화통도감의 설치를 건의하였다.
③ 정변을 일으켜 목종을 폐위하였다.
④ 의종 복위를 도모하여 군사를 일으켰다.
⑤ 교정별감이 되어 국정 전반을 장악하였다.

04 중세의 경제

01 고려의 경제 정책

1. 농업 중심의 산업 발전

(1) 농민의 생활 안정
  ① 농업 진흥: 중농 정책 추진, 개간한 땅에 대해서는 일정 기간 면세
  　→ 방치되어 황폐해진 토지인 진전을 개간할 때, 주인이 있으면 소작료를 감면, 주인이 없으면 개간한 사람의 토지로 인정
  ② 민생 안정: 농번기 잡역 동원 금지, 재해 시 세금 감면, 의창제 실시
  ③ 상업 장려: 개경에 시전 설치, 국영 점포 운영, 금속 화폐 유통
  ④ 수공업: 무기, 비단 등 왕실과 국가에서 필요로 하는 물품을 생산하는 관영 수공업과 먹, 종이, 금, 은 등의 제품을 생산하는 소 수공업 발전
  ⑤ 한계: 자급자족적인 농업 경제를 기반으로 하여 상업과 수공업의 발달 부진

(2) 국가 재정
  ① 재정 정비: 토지와 호구를 조사하여 경작지의 소유와 크기를 적은 토지 대장인 양안(20년 주기)과 호구 장부인 호적❶(3년 주기)을 작성
  ② 재정 관리: 호부(호적·양안 작성, 인구와 토지 관리), 삼사(재정 관련 사무 담당)
  　　→ 곡식의 출납과 회계 관련 사무

2. 수취 제도의 정비

(1) 조세: 논과 밭을 비옥도에 따라 3등급으로 구분, 생산량의 1/10 납부, 조운 제도❷
  　→ 어민에게 어염세, 상인에게 상세 등을 거둠

(2) 공물
  ① 원칙: 중앙 관청에서 필요한 공물의 종류와 액수를 나누어 주현에 부과(주현공부법)하면, 주현은 속현과 향·부곡·소에 이를 할당하고, 각 고을에서는 향리들이 집집마다 나누어 공물을 징수
  ② 종류: 매년 내야 하는 상공, 필요에 따라 수시로 거두는 별공

(3) 역: 16~60세까지의 정남에게 부과, 군역과 요역 부과

3. 토지 제도

(1) 역분전(940): 태조 때 지급한 공신전(논공행상적 성격), 인품과 공로에 따라 경기 지역에 한해 지급
  　→ 관직의 고하와 관계 ×

(2) 전시과 ★★
  ① 전시과의 특징
    ㉠ 전지와 시지: 문무 관리를 18등급으로 구분하여 전지(곡물 수취)와 시지(임야, 땔감 조달) 지급
    ㉡ 토지의 성격: 관직 복무와 직역에 대한 대가로 소유권이 아닌 수조권만 지급, 전국의 토지 대상, 원칙적으로 세습 불가(죽거나 반역·퇴직 시 반납)

---

❶ 호적
부부를 중심으로 이루어진 가족을 등재하되, 때에 따라서는 여러 세대의 가족이 한 호적에 기록되기도 하였다.

❷ 조운 제도
거둔 조세는 각 군·현의 농민을 동원하여 조창까지 옮긴 다음, 조운을 통해 경창(개경)으로 다시 운반하여 보관하였다.

✏ check! 필수 암기!

고려의 토지 제도
- 과전법: 전·현직 관리, 신진 사대부의 경제적 기반
- 전시과: 구분전, 외역전, 한인전, 민전

📖 **사료 읽기**

▶ **전시과**

문무백관으로부터 군인, 한인에 이르기까지 일정한 등급에 따라 모두 토지를 주고 또 땔나무를 베어 낼 땅을 주었는데, 이를 전시과(田柴科)라고 하였다. 한편 부병(府兵)은 나이 20세가 되면 토지를 받고 60세가 되면 다시 바쳤다. 또 공음전시와 공해전시도 있었다. 고려 후기에는 관리들의 녹봉이 적다고 하여 경기 각 고을의 토지를 나누어 주었다.

— 『고려사』 —

② 전시과의 종류
  ㉠ 과전: 문무 관리에게 관등에 따라 차등 지급
  ㉡ 한인전: 6품 이하 하급 관료의 자제로서 관직에 오르지 못한 사람에게 지급
  ㉢ 구분전: 하급 관료와 군인의 유가족에게 지급
  ㉣ 공음전: 5품 이상의 관료에게 지급, 세습 가능, 음서제와 함께 고려 귀족 사회의 경제적 기반
  ㉤ 군인전: 군역의 대가로 지급, 세습 가능 ┌군역과 함께 세습
  ㉥ 내장전: 왕실 운영 경비 충당을 위해 지급, 세습 가능
  ㉦ 공해전: 지방 관청 운영을 위해 지급
  ㉧ 사원전: 사원 운영을 위해 지급
  ㉨ 외역전: 향리에게 지급
  ㉩ 공신전: 공신에게 지급

③ 전시과 제도의 변화 ┌공복 제도와 역분전 제도를 토대로 함
  ㉠ 변화 과정: 시정 전시과(976, 경종) → 개정 전시과(998, 목종) → 경정 전시과(1076, 문종)
    └관료에게 지급할 토지 부족
  ㉡ 문제점: 귀족들의 토지 독점 및 세습 → 무신 정변 이후 무신들의 개인 농장 확대로 국가 재정 악화 → 개경 환도 이후 일시적으로 녹과전 지급(경기 8현의 토지를 대상으로 수조권 지급), 녹봉 대신 과전 지급 → 원 간섭기 권문세족의 토지 겸병으로 대다수의 농민 몰락 → 전시과 붕괴

➕ **토지 세습 가능성의 유무**
- ㉠~㉢: 세습 불가
- ㉣~㉩: 세습 가능

💬 **고려 토지 제도 정리**

구분	역분전	전시과		
		시정(976, 경종)	개정(998, 목종)	경정(1076, 문종)
지급 대상	전·현직 관리	전·현직 관리	전·현직 관리	현직 관리
지급 기준	인품 + 품계	인품 + 품계	인품 X, 품계 O	품계

└사람의 됨됨이(성인, 대현, 군자, 선인, 속인, 소인)

(3) **민전**: 매매, 상속, 기증, 임대 등이 가능한 농민의 사유지, 소유권 보장
  └수조권 측면에서는 공전(公田)이지만, 소유권 측면에서는 사전(私田)으로 파악됨

(4) **과전법**: 공양왕 때(1391) 신진 사대부 세력과 급진 개혁파의 주도로 실시한 토지 개혁, 경기 지역 토지의 수조권 재분배

check! 필수 암기!

고려의 경제 발전
- **농업**: 우경 + 깊이갈이, 2년 3작, 이앙법 보급, 『농상집요』
- **화폐**: 건원중보(성종), 삼한통보·해동통보·활구(숙종)
- **무역**: 벽란도

---

02 고려의 경제 발전

1. 귀족과 농민의 경제 생활

(1) 귀족의 생활
  ① 경제 기반
    ㉠ 과전: 관직에 대한 반대급부, 수확량의 1/10을 조세로 징수, 사유지인 공음전·공신전은 수확량의 1/2 징수
    ㉡ 녹봉: 현직 관리에게 쌀·보리, 베·비단을 지급, 1년에 두 번 녹패라는 문서를 창고에 제시하고 받음
  ② 소유지: 노비 경작이나 소작, 외거 노비에게 신공으로 매년 베·곡식 징수, 대농장 소유(농민 수탈) ─ 노비가 주인에게 제공하는 노동력이나 물품
  ③ 생활: 화려하고 사치스러운 생활, 누각·별장 소유, 시종을 거느림, 비단·고운 모시 옷

(2) 농민의 생활 ★★
  ① 농민 경제 생활의 특징
    ㉠ 생계 유지를 위해 민전 또는 소작지 경작, 품팔이, 가내 수공업 등
    ㉡ 소득을 늘리기 위해 황무지를 개간하고 새로운 농업 기술 습득
  ② 농민의 몰락: 고려 후기 권문세족들의 과도한 수취로 인해 소작농·노비로 전락

2. 농업의 발달

(1) 고려 전기의 농업
  ① 농기구와 종자 개량 및 시비법❸의 발달: **소를 이용한 깊이갈이가 일반화**되어 농업 생산량 증가, **시비법이 발달**하기 시작하면서 휴경 기간 단축
  ② 농업 기술의 발전: 밭농사에서 **2년 3작 윤작법**이 점차 보급되면서, 2년 동안 보리, 조, 콩을 돌려짓기(윤작)하는 방식이 발달, 남부 지방 일부에 **모내기법(이앙법) 보급**
  ③ 수리 시설의 발달: 김제의 벽골제와 밀양의 수산제가 개축, 소규모 저수지도 확충

(2) 고려 후기의 농업
  ─ 강화도 피난 시기 이후 강화도 지방을 중심으로 한 간척 사업 추진
  ① 12세기 이후 연해안의 저습지와 간척지도 개간되어 경작지 확대
  ② **이암**이 중국(원)의 농서인 『**농상집요**』 소개, 공민왕 때 **문익점**은 **목화씨**를 가져와 목화 재배(1363) 시작 ─ 목화 재배와 양잠 등 중국 화북 지방의 농법 소개

3. 산업의 발달

(1) 상업
  ① 고려 전기
    ─ 관청과 귀족이 주로 이용
    ㉠ 도시: 개경에 시전, 대도시에 **관영 상점** 설치, 도시민은 비정기 시장 이용(일용품 매매), **경시서**(상행위 감독) 설치 ─ 관청의 수공업장에서 생산한 물품 판매
    ㉡ 지방: 관아 근처의 임시 시장에서 일용품 거래, 행상의 물품 조달, 사원에서 생산한 곡물과 수공업 제품의 민간 판매 ─ 베나 곡식을 받고 소금, 일용품 등 판매
  ② 고려 후기
    ㉠ 도시와 지방의 상업 활동 활발: 시전의 규모 확대, 업종별 전문화, 도성 밖으로 상권 확대, 항구들이 교통로와 산업의 중심지로 발달 ─ 예성강 하구의 벽란도 등
    ㉡ 지방 상업에서 행상의 활동 부각: 조운로를 따라 미곡, 생선, 소금, 도자기 등이 교역됨, 새로운 육상로가 개척됨에 따라 여관인 원이 발달하면서 상업 활동의 중심지가 됨

---

❸ **시비법**
들의 풀이나 갈대를 베어 와 태우거나, 갈아엎은 녹비에 동물의 똥오줌을 풀이나 갈대와 함께 사용하는 퇴비를 주는 농작법이다.

➕ **고려 전기 지방 장시의 특징**
고려 전기 지방 장시는 교통의 중심지보다는 지방 관아 중심의 행정 도심지 중심으로 개설되었다.

ⓒ 국가 재정 수입 확충을 위한 소금 전매제 시행
ⓔ 농민의 유통 경제 참여 유도: 관청, 관리, 사원 등은 농민에게 물건을 판매하거나 구입하도록 하고 조세를 대납하는 등 농민을 유통 경제에 참여시킴

(2) **수공업**
① 고려 전기
  ㉠ 관영 수공업: 중앙과 지방에 있던 관청에서는 그곳에서 일할 기술자를 공장안에 올려 물품을 생산 — 국가에서 필요한 물품 생산에 동원할 수 있는 기술자를 조사하여 기록한 장부
  ㉡ 소 수공업: 소에서는 금·은·철·구리, 실 등 각종 옷감, 종이, 먹, 차, 생강 등을 생산하여 공물로 납부 — 베·모시, 기와, 술, 소금
② 고려 후기: 민영 수공업과 사원(寺院) 수공업 발달 — 가내 수공업 중심(삼베, 모시, 명주 등)

(3) **화폐와 고리대**
① 화폐의 유통★★
  ㉠ 종류

화폐	건원중보	삼한통보	해동통보	은병(활구)❹	쇄은	저화(지폐)
발행	성종		숙종		충렬왕	공양왕

  ㉡ 한계: 자급자족의 경제 활동으로 화폐의 필요성을 느끼지 못해 유통 부진
② 고리대와 보
  ㉠ 고리대: 왕실·귀족·사원 등의 재산 증식 방법으로 이용
  ㉡ 보(寶)❺의 출현: 제위보·학보·경보·팔관보

4. 무역 활동

(1) **국제 무역의 번성**: 고려 전기에는 공무역을 중심으로 송·요·일본 등과 무역 성행, 벽란도에는 이슬람 상인이 왕래하는 등 교통로와 산업의 중심지로 발전

(2) **여러 나라와의 무역 활동**
① 대송 무역: 고려의 대외 무역에서 가장 큰 비중을 차지, 송에서 왕실과 귀족의 수요품인 비단, 서적, 자기 등을 수입, 종이, 인삼 등 수공업품과 토산물을 수출
② 거란·여진·일본과의 무역: 거란과 여진은 은을 가지고 와서 농기구, 식량 등과 교환, 일본은 11세기 후반부터 내왕하면서 수은, 황 등을 가지고 와 식량, 인삼, 서적 등과 교환
③ 아라비아와의 무역: 서역과의 교류도 활발하여 아라비아 상인들이 고려에 들어와서 수은, 향료, 산호 등을 판매, 이들을 통하여 고려(Corea)의 이름이 서방에 알려짐

(3) **원 간섭기의 무역 활동**: 공무역과 사무역 활발, 금·은, 소·말 등의 지나친 유출

▲ 고려 전기의 대외 무역

❹ **활구**
의천의 주장으로 우리나라 지형을 본떠서 은 1근으로 만든 고가의 화폐로, 은병 하나의 값은 포 100여 필이나 되었다.

❺ **보(寶)**
일정한 기금을 만들어 그 이자를 공적인 사업의 경비로 사용하는 제위보, 학보, 경보 등이 있다.

➕ **대송 무역로**
- 북로: 벽란도 → 옹진 → 산둥 반도의 덩저우
- 남로: 벽란도 → 흑산도 → 밍저우

04 단골 키워드 문제

Ⅲ. 중세의 한국사
04 중세의 경제

정답 및 해설 27쪽

기출 선택지 미리보기

- 벽란도가 국제 무역항으로 번성하였다.
- **전시과** – 관등에 따라 관리에게 전지와 시지를 차등 지급하였다.
- **성종** – 건원중보가 발행되어 금속 화폐의 통용이 추진되었다.
- **숙종** – 해동통보가 주조되어 유통되었다.
- 서적점, 다점 등의 관영 상점이 운영되었다.

기출 키워드로 연습하기

01 ① 경시서 • • 국제 무역항
② 벽란도 • • 『농상집요』 소개
③ 이암 • • 수도의 시전 감독

02 고려 정부는 전시과 제도에 따라 국가에 봉사하는 대가로 관료에게 토지 소유권을 지급하였다. (O / ×)

03 민전은 국가 소유의 토지이므로 소유자는 국가에 일정한 세금을 내야만 하였다. (O / ×)

04 (   )은/는 공양왕 때 이성계가 신진 사대부의 경제적 기반을 마련하기 위해 시행하였다.

05 (   ) 때 삼한통보, 해동통보, 해동중보, 활구 등의 화폐를 발행하였다.

06 예성강 하구의 국제 무역항인 (   )을/를 비롯한 항구들이 교통로와 산업의 중심지로 발달하였다.

정답 | 01 ① 수도의 시전 감독 ② 국제 무역항 ③ 『농상집요』 소개
02 × 03 × 04 과전법 05 숙종 06 벽란도

KEYWORD 01 토지 제도

01 최다 빈출 유형

밑줄 그은 '토지 제도'가 시행된 국가의 경제 상황으로 옳은 것은?

심화 54회 15번

① 초량 왜관을 통해 일본과 무역하였다.
② 독점적 도매상인인 도고가 활동하였다.
③ 시장을 관리하는 관청인 동시전이 설치되었다.
④ 국가 주도로 삼한통보, 해동통보가 발행되었다.
⑤ 민간의 광산 개발을 허용하는 설점수세제를 시행하였다.

02 꼬리 물기 문제

(가)~(다)를 일어난 순서대로 옳게 나열한 것은?

심화 63회 17번

(가) 우왕이 요동을 공격하는 일을 최영과 은밀하게 의논하였다. …… 마침내 8도의 군사를 징발하고 최영이 동교에서 군사를 사열하였다.

(나) 대군이 압록강을 건너서 위화도에 머물렀다. …… 이성계가 회군한다는 소식을 듣고 앞다투어 모여든 사람이 천여 명이나 되었다.

(다) 도평의사사에서 글을 올려 과전을 지급하는 법을 정할 것을 청하니, 그 의견을 따랐다. …… 경기는 사방의 근본이므로 마땅히 과전을 설치하여 사대부를 우대하여야 한다. 무릇 수도에 거주하며 왕실을 지키는 자는 현직, 산직(散職)을 불문하고 각각 과(科)에 따라 받게 한다.

① (가) – (나) – (다)   ② (가) – (다) – (나)
③ (나) – (가) – (다)   ④ (나) – (다) – (가)
⑤ (다) – (나) – (가)

KEYWORD 02 화폐

03 최다 빈출 유형
교사의 질문에 대한 학생의 답변으로 가장 적절한 것은?

심화 64회 13번

① 집집마다 부경이라는 창고가 있었어요.
② 관료전이 폐지되고 녹읍이 지급되었어요.
③ 상평통보가 발행되어 법화로 사용되었어요.
④ 당항성, 영암이 국제 무역항으로 번성하였어요.
⑤ 경시서의 관리들이 시전의 상행위를 감독하였어요.

04 꼬리 물기 문제
다음 자료에 나타난 시기의 경제 상황으로 옳은 것은?

심화 52회 15번

○ 주전도감에서 아뢰기를, "백성들이 비로소 동전 사용의 이로움을 알아 편리하게 여기고 있습니다."라고 하였다. 또한 이 해에 은병을 화폐로 삼았다. 은 1근으로 만들되 우리나라 지형을 본떠 만들었으며 속칭 활구라 하였다.

○ 저포, 은병으로 가치를 표준하여 교역하고 작은 일용품은 쌀로 가격을 계산하여 거래한다. 백성들은 그런 풍속에 익숙하여 편하게 여긴다.

① 책문 후시를 통한 교역이 활발하였다.
② 송상이 전국 각지에 송방을 설치하였다.
③ 감자, 고구마 등이 구황 작물로 재배되었다.
④ 경시서의 관리들이 수도의 시전을 감독하였다.
⑤ 광산을 전문적으로 경영하는 덕대가 나타났다.

KEYWORD 03 고려의 경제 상황

05 최다 빈출 유형
다음 상황이 나타난 국가의 경제 모습으로 옳은 것은?

심화 73회 12번

무릇 장마·가뭄·병충해·서리 피해로 작황이 부실한 경작지를 촌전(村典)*이 수령에게 보고하면 수령이 직접 검사하여 호부에 신고하고, 호부에서는 다시 삼사에 보낸다. 삼사에서는 넘겨받은 문서를 조사한 뒤에 다시 그 지역 안찰사로 하여금 따로 사람을 보내 자세히 살펴 조사하게 하여 재해로 피해를 입었다면 조세를 감면한다.

*촌전: 촌의 대표

① 벽란도가 국제 무역항으로 번성하였다.
② 고추, 담배 등이 상품 작물로 재배되었다.
③ 시장을 감독하는 관청인 동시전이 설치되었다.
④ 광산을 전문적으로 경영하는 덕대가 활동하였다.
⑤ 삼남 지방의 농법을 소개한 농사직설이 보급되었다.

06 꼬리 물기 문제
(가) 국가의 경제 상황으로 옳은 것은?

심화 61회 16번

이 작품은 이규보가 예성강 하구의 정경을 묘사한 시입니다. 이곳에 있던 벽란도는 (가) 의 국제 무역항으로 송과 아라비아 상인들이 왕래할 정도로 번성했습니다.

조수가 들고나니
오고 가는 배의 꼬리가 이어졌구나
아침에 이 누각 밑을 떠나면
한낮이 되지 않아
돛대는 남만(南蠻)에 이르도다
사람들은 배를 보고
물 위의 역마라고 하지만
바람처럼 달리는 준마도
이보다 빠르지는 못하리

① 송상이 전국 각지에 송방을 두었다.
② 활구라고 불리는 은병을 주조하였다.
③ 동시전을 설치하여 시장을 감독하였다.
④ 담배, 면화, 생강 등 상품 작물을 널리 재배하였다.
⑤ 일본과 교역을 위해 부산포, 염포, 제포를 개항하였다.

05 중세의 사회

> **check! 필수 암기!**
> 고려의 신분 제도의 중요 사항
> 고려와 조선의 향리 비교, 향·부곡·소민과 노비의 특징

01 고려의 신분 제도

1. 귀족 ★★

(1) 문벌귀족
  ① 문벌귀족의 형성
    ㉠ 고려 초기의 지배층: 초기의 귀족 세력은 <mark>호족과 6두품 계열</mark> 등으로 개국 공신이 다수, 점차 왕족을 비롯한 5품 이상의 고위 관료가 주류를 형성
    ㉡ 문벌의 형성: 성종 이후 새로운 문벌 형성, 문벌귀족은 <mark>음서나 공음전의 혜택을 받는 특권층</mark>으로 대대로 고위 관직 차지
  ② 특권 유지 수단: 왕실 또는 유력한 가문과 <mark>중첩된 혼인 관계</mark>를 맺어 특권층을 유지
    └ 경원 이씨(이자겸), 해주 최씨(최충), 경주 김씨(김부식), 파평 윤씨(윤관) 등

(2) 권문세족
  ① 권문세족의 형성: 무신 정권이 붕괴되고 몽골이 성장하자 <mark>친원적 성향</mark>을 보이는 새로운 지배층 등장
  ② 특권 유지 수단: 도평의사사를 장악하여 특권 향유, <mark>음서</mark>로 관직 독점을 통한 신분 세습, 대농장❶ 소유(면세), 농민을 노비처럼 부리며 부를 축적

(3) 신진 사대부
  ① 형성: 중소 지주층으로 <mark>과거</mark>를 통하여 <mark>중앙으로 진출한 향리 출신</mark>, <mark>성리학을 신봉</mark>하였던 개혁적인 세력
  ② 신진 사대부의 성장: 대부분 하급 관료의 자제, 원·명 교체기에 성장

2. 중류층과 양민 ★

(1) 중류층
  ① 유형: 중앙 관청의 말단 서리(<mark>잡류</mark>), 궁중 실무 관리(<mark>남반</mark>), 지방 행정의 실무 담당(<mark>향리</mark>), <mark>하급 장교(군반)</mark>, 지방의 역을 담당(<mark>역리</mark>) 등
  ② 역할: 통치 체제의 하부 구조 담당, 중간 역할 담당
  ③ 향리층의 분화: 지방 호족 출신의 향리들은 호장층 형성 → 지방의 실질적 지배자, 통혼 관계나 과거 응시에서 하위 향리와 구별

  ❗ 향리

구분	고려	조선
정의	• 상층 향리: 향촌의 지배 세력, 중앙 진출(과거) • 하층 향리: 행정 실무 담당, 말단 행정직	행정 실무 담당, 말단 행정직
특색	외역전 지급, 직역 세습, 농민 사적 지배 가능	외역전 지급 ×, 직역 세습, 농민 사적 지배 금지, 과거 응시 제한
군사	군사 지휘권 행사(일품군 지휘)	지휘권 행사 ×(잡색군 편입)

---

❶ 대농장
귀족은 권력이나 고리대를 이용하여 농민의 토지를 수탈하기도 하고, 헐값에 사들이거나 개간을 하여 토지를 늘렸다.

⊕ 동반, 서반, 남반
보통 문관을 동반, 무관은 서반이라 하였고, 그 아래 위치한 하급 관리를 남반이라 하였다.

⊕ 호장
향리직의 우두머리로 부호장과 함께 해당 고을의 모든 향리가 수행하던 말단 실무 행정을 총괄하였다.

⊕ 고려와 조선의 향리

구분	고려	조선
토지	O	×
세습	O	O
농민 지배	O	×
문과 제한	×	O

(2) 양민
- ① **백정**[2]: 조세·공납·부역의 의무를 부담하는 농민으로 민전 경작 또는 귀족의 토지 소작, 과거 응시 자격(법제화)
- ② 특수 집단: 향·부곡(농업)·소(수공업)에 거주, 양인에 비해 많은 세금 부담, 거주 이전의 자유 없음(원칙적으로 소속 집단 내 지역으로 거주지 제한), 역(육로 교통), 진(수로 교통)

❷ 백정
고려의 농민들은 농업 이외에 국가에서 지정한 특수 임무를 수행하지 않았으므로, '별도의 의무가 없는 사람'이라는 의미로 백정이라 하였다.

3. 천민

(1) 유형: 최하층 신분, 고려 시대 천민의 대다수는 노비

(2) 노비의 종류
- ① 공노비
  - ㉠ 입역 노비: 궁중이나 중앙 관청 및 지방 관아에서 잡역에 종사하여 급료를 받고 생활하는 노비
  - ㉡ 외거 노비: 지방에 거주하면서 농업에 종사하는 노비, 규정된 액수를 관청에 납부
- ② 사노비
  - ㉠ 솔거 노비: 귀족의 집이나 사원에서 직접 부리는 노비, 주로 주인의 집에 살면서 잡일을 보았던 노비
  - ㉡ 외거 노비: 주인과 따로 사는 노비, 농업 종사, 신공 납부, 소작 및 토지 소유 가능, 양민 백정과 비슷한 독립된 경제 생활 향유

💡 노비의 생활

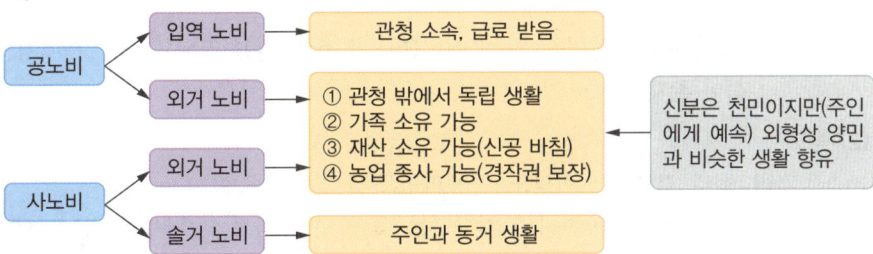

(3) 노비의 특징
- ① 노비의 지위: 매매·증여·상속의 대상, 부모 중 한쪽이 노비이면 그 자식도 노비(일천즉천) └ 재산으로 간주 → 국가에서 엄격히 관리
- ② 노비 귀속 분쟁의 해결: 노비를 부모로 둔 자식은 어머니 쪽의 소유주에게 귀속(천자수모법)

02 고려의 사회 제도

1. 사회 정책과 제도

(1) **국가 정책**: 농번기 잡역 면제, 자연 재해 피해 정도에 따라 조세·부역 감면, 고리대 이자율의 법적 제한, 권농 정책 등 농민 생활의 안정 도모

(2) **사회 제도**★★
- ① 흑창: 태조가 빈민 구제를 위하여 설치
- ② 제위보(963, 광종): 기금을 마련한 뒤 이자로 빈민을 구제

✏️ check! 필수 암기!

고려 사회의 특징
빈민 구제책(의창, 상평창, 동서 대비원, 혜민국), 향도, 남녀 평등

③ **의창**(989, 성종): 평시에 곡물을 비치하였다가 **흉년에 빈민 구제**, 고구려의 진대법과 유사

> 📖 **사료 읽기**
>
> ▶ **의창**
> 유비창의 쌀 5백 석을 풀어 굶주린 사람들에게 죽을 먹이도록 하였다. …… 전라도의 창고에 있는 쌀 1만 2천 석을 방출하여 굶주린 백성을 구하도록 하였다.
> — 『고려사절요』 —

④ **상평창**(993, 성종): **물가 안정**을 위해 개경·서경·12목에 설치
⑤ 의료 구제: 가난한 백성이 의료 혜택을 받도록 개경에 **동서 대비원**(문종)을 설치하여 환자 진료 및 빈민 구휼을 담당하게 하였으며, **혜민국**(예종)을 두어 의약을 전담
⑥ 재난 구제: 각종 재해가 발생하였을 때, **구제도감**(예종)이나 **구급도감**(고종)을 임시 기관으로 설치하여 구제

2. 법률과 풍속

(1) 법률
① 법률의 특징: 중국의 **당률** 참작, 대부분은 **관습법**에 따름
② 심판 및 형벌
  ㉠ 심판: 지방관의 재량권 행사, 반역죄·불효죄는 엄중 처벌, 형벌의 면제 규정 존재, 사형은 삼심제 시행
  ㉡ 형벌의 종류: 볼기를 치는 매질(태), 곤장형(장), 징역형(도), 유배형(유), 사형(사)이 존재

(2) 향도 ★★
① 기원: 신라 김유신의 화랑도인 '용화향도'를 기원으로 함
② 의미: 불교 신앙 중 하나인 매향 활동을 하던 무리로, 향나무를 바닷가에 매장하고 위기가 닥쳤을 때 매장한 향나무에서 나오는 향을 통하여 미륵을 만나 구원받을 것을 염원하였다.
③ 역할: 불상·석탑·사찰 건립 때 주도적 역할, 후기에 이르러 마을 노역, 혼례와 상장례, 마을 제사 등 공동체 생활을 주도하는 **농민 조직으로 발전**

(3) 혼인과 여성의 지위 ★★★
① 혼인: **일부일처제**, 고려 초기 왕실 내에서 친족 간의 혼인 성행
② 여성의 지위: **자녀 균분 재산 상속**, **연령순 호적 기재**, 양자 없이 **딸이 제사**, 여성 호주 가능, 친가와 외가의 동등 대우, **사위·외손자**에게까지 **음서** 혜택, 사위가 처가의 호적에 입적, **여성의 재가 허용**

> 📖 **사료 읽기**
>
> ▶ **고려 시대 여성의 지위**
> (박유가) "청컨대 여러 신하, 관료들로 하여금 여러 처를 두게 하되 품위에 따라 그 수를 점차 줄이도록 하여 보통 사람에 이르러서는 1인 1첩을 둘 수 있도록 하며 여러 처에서 낳은 아들들도 역시 본처가 낳은 아들처럼 벼슬을 할 수 있게 하기를 원합니다. ……"라고 하였다. 연등회 날 저녁 박유가 왕의 행차를 호위하며 따라갔는데 어떤 노파가 그를 손가락질하면서 "첩을 두고자 요청한 자가 저 놈의 늙은이다."라고 하니, 듣는 사람들이 서로 전하여 서로 가리키니 거리마다 여자들이 무더기로 손가락질하였다.
> — 『고려사』 —

이승장은 어려서 아버지를 여의었는데, 의붓아버지가 집이 가난하다며 공부를 시키려 하지 않았다. 하지만 어머니가 이를 반대하면서 "제가 먹고 사는 것 때문에 수절하지 못했음을 부끄럽게 여겼습니다. 그러나 아이가 다행히 학문에 뜻을 두고 있으니, 아이 아버지의 뒤를 따르게 하는 것이 마땅할 것입니다. 만약 그렇게 못한다면 제가 무슨 얼굴로 지하에서 ① 전 남편을 다시 보겠습니까?"라고 말하여, 공을 솔성재에 입학시켰다. …… 봄에 ② 과거에 응시하여 김돈중의 문생으로 진사시에 2등으로 합격하였다.
- 이승장 묘지명 -

키워드 뽑아내기!

① 여성의 재가 허용   ② 재가한 여성의 자손에 대한 차별 없음

❗ 가족 제도의 변화

고려~조선 전기 (남녀 평등 사회)	여성 호주 가능, 자녀 균분 재산 상속, 연령순 호적 등재, 여성 재혼 가능, 사위·외손자의 음서 혜택, 여성 제사 가능
↓ 예학·보학의 발달	
조선 중기 이후 (가부장적 사회)	여성 호주 금지, 장자 중심 상속, 여성 재가 금지, 호적에 남녀순 등재, 부계 위주의 족보, 시집살이(친영 제도), 남자만 제사(아들이 없을 시 양자 입양 보편화)

05 단골 키워드 문제

III. 중세의 한국사
05 중세의 사회

정답 및 해설 29쪽

기출 선택지 미리보기

- 사위와 외손자에게도 음서의 혜택이 주어졌다.
- 물가 조절을 위해 상평창을 설치하였다.
- 빈민을 구휼할 목적으로 제위보를 조성하였다.
- 병자에게 의약품을 제공하는 혜민국이 있었다.
- 환자 치료와 빈민 구제를 위해 동서 대비원을 두었다.

기출 키워드로 연습하기

01 문벌귀족은 음서와 공음전의 혜택을 받는 특권층이었다. (O / ×)

02 특수 행정 구역인 향·부곡·소에 거주하는 사람들은 거주 이전의 자유는 없었지만 양인에 비해 세금을 적게 냈다. (O / ×)

03 고려 태조는 빈민을 구제하기 위해 흑창을 처음 설치하였다. (O / ×)

04 고려에는 흉년에 곡식을 빌려주는 혜민국이 있었다. (O / ×)

05 당의 법률을 참고해 만든 법률을 시행하였으나, 대부분의 경우 (　　)을/를 따랐다.

06 (　　)은/는 불교의 신앙적인 성격에서 마을 노역, 혼례와 상장례, 민속 신앙과 관련된 마을 제사 등 공동체 생활을 주도하는 농민 조직으로 발전하였다.

07 고려 시대의 여성은 (　　)(으)로 호적에 기재되었으며, 재혼이 가능하였다.

정답 | 01 O 02 × 03 O 04 × 05 관습법 06 향도 07 연령순

01 KEYWORD 01 문벌귀족

다음은 고려 시대 정치 세력의 변천을 도식화한 것이다. (가) 세력에 대한 설명으로 옳은 것은?

기출 예상 문제

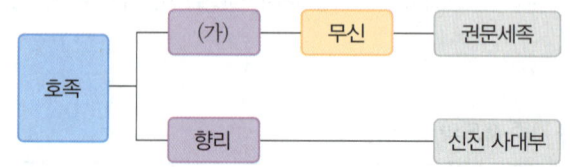

① 중소 지주 출신으로 신진 사대부의 뿌리가 되었다.
② 성리학을 수용하고 불교의 폐단을 시정하려 하였다.
③ 중방을 중심으로 관직을 독차지하고 권력 투쟁을 하였다.
④ 막대한 농장과 노비를 소유하고 도평의사사를 장악하였다.
⑤ 과거와 음서를 통해 관직을 독점하고 공음전의 혜택을 받았다.

02 KEYWORD 02 중류층

다음의 신분층에 대한 설명으로 옳지 <u>않은</u> 것은?

기출 예상 문제

> 고려 시대에는 귀족·양반과 일반 양민 사이에 '중간 계층' 또는 '중류층'이라 불리는 신분층이 존재하였다. 중류층으로는 잡류, 남반, 향리, 군반, 역리 등이 있었다.

① 잡과를 응시하여 역관이나 의관 등으로 활동할 수 있었다.
② 하급 장교들도 이 신분층에 포함되는 것으로 분류되고 있다.
③ 서리는 중앙의 각 사에서 기록이나 문부의 관장 등 실무에 종사하였다.
④ 향리에게는 양반으로 신분을 상승시킬 수 있는 길을 열어 놓지 않았다.
⑤ 향리와 귀족의 신분적 차이를 나타내기 위하여 향리의 공복을 제정하였다.

KEYWORD 03   고려의 빈민 구제 기구

03 최다 빈출 유형

다음 자료에 나타난 시기의 사회 모습으로 적절한 것은?

심화 74회 15번

> ○ 7재를 설치하였다. 주역을 [공부하는 곳은] 이택재, 상서는 대빙재, 모시(毛詩)는 경덕재, 주례는 구인재, 대례는 복응재, 춘추는 양정재, 무학은 강예재라고 하였다.
> ○ 왕이 결정하시기를 "…… 무학이 점차 번성하여 장차 문학하는 사람들과 각을 세워 불화하게 되면 매우 편치 못하게 될 것이다. …… 무학으로 무사를 선발하는 일과 무학재의 호칭은 모두 혁파하겠다."라고 하였다.

① 서얼이 통청 운동을 전개하였다.
② 사창절목에 따라 사창제가 시행되었다.
③ 왕조 교체를 예언하는 정감록이 유포되었다.
④ 병자에게 약을 지급하는 혜민국이 설치되었다.
⑤ 국산 약재와 치료 방법을 정리한 향약집성방이 간행되었다.

04 꼬리 물기 문제

(가) 시대의 정책으로 옳은 것을 〈보기〉에서 고른 것은?

심화 52회 12번

> **역사 용어 해설**
>
> **구제도감**
>
> 1. 기능
>   시대에 재해가 발생했을 때 설치한 임시 기구로서 전염병 퇴치, 병자 치료 등의 임무를 수행하며 백성을 구호하였다.
>
> 2. 관련 사료
>   왕이 명하기를, "도성 내의 백성들이 역질에 걸렸으니 구제도감을 설치하여 이들을 치료하고, 시신과 유골은 거두어 비바람에 드러나지 않게 매장하라."라고 하였다.

• 보기 •
ㄱ. 기근에 대비하기 위하여 구황촬요를 간행하였다.
ㄴ. 개경에 국립 의료기관인 동서 대비원을 설치하였다.
ㄷ. 호조에서 정한 사창절목에 따라 사창제를 시행하였다.
ㄹ. 기금을 모아 그 이자로 빈민을 구휼하는 제위보를 운영하였다.

① ㄱ, ㄴ   ② ㄱ, ㄷ   ③ ㄴ, ㄷ
④ ㄴ, ㄹ   ⑤ ㄷ, ㄹ

KEYWORD 04   사회 제도

05 최다 빈출 유형

다음 상황이 나타난 시기의 사회 시책으로 옳은 것은?

심화 58회 12번

> ○ 왕이 명하였다. "도성 안의 백성들이 역질에 걸렸으니 구제도감을 설치하여 치료하고, 시신과 유골은 거두어 비바람에 드러나지 않게 매장하라."
> ○ 중서성에서 아뢰었다. "지난해 관내 서도의 주현에 흉년이 들어 백성이 굶주리고 있습니다. 사창과 공해(公廨)의 곡식을 내어 경작을 원조하고, 가난하여 스스로 살아갈 수 없는 자는 의창을 열어 진휼하십시오."

① 유랑민을 구휼하는 활인서를 두었다.
② 백성들에게 곡식을 빌려주는 진대법을 실시하였다.
③ 국산 약재와 치료법을 소개한 향약집성방을 편찬하였다.
④ 기근에 대비하기 위해 구황촬요를 간행하여 보급하였다.
⑤ 기금을 모아 그 이자로 빈민을 구제하는 제위보를 운영하였다.

06 꼬리 물기 문제

다음 교서를 내린 왕의 정책으로 옳은 것은?

심화 56회 15번

> 우리 태조께서 흑창을 두어 가난한 백성에게 진대(賑貸)하게 하셨다. 지금 백성들이 점차 늘어나고 있는데 저축한 바는 늘어나지 않았으니, 미(米) 1만 석을 더하고 이름을 의창(義倉)으로 고친다. 또한 모든 주와 부에도 각각 의창을 설치하도록 하라.

① 한양을 남경으로 승격시켰다.
② 국자감에 서적포를 설치하였다.
③ 12목을 설치하고 지방관을 파견하였다.
④ 인사 행정을 담당하던 정방을 폐지하였다.
⑤ 개경에 귀법사를 세우고 균여를 주지로 삼았다.

06 중세의 문화_1

> **check! 필수 암기!**
>
> **고려의 역사와 유학**
> 역사서: 『삼국사기』, 『동명왕편』, 『삼국유사』, 『제왕운기』
> 유학: 최충(9재 학당), 김부식
> 교육: 국자감(성종)
> 관학 진흥: 숙종(서적포), 예종(7재, 양현고), 인종(경사 6학)
> 성리학: 안향

01 역사 인식과 유학의 성장

1. 역사서

(1) 역사서의 편찬

① 고려 전기
  ㉠ 특징: 6두품 · 호족 집권기에 자주적 사관 등장
  ㉡ 역사서: 『왕조실록』 · 『7대 실록』(태조~목종, 황주량, 편년체 사서 편찬), 모두 현존하지 않음
    └ 현종 때 편찬 시작, 덕종 때 완성

② 고려 중기★★★
  ㉠ 특징: 문벌귀족 집권기에 <mark>사대적 유교 사관</mark> 등장
  ㉡ 역사서: 김부식의 <mark>『삼국사기』</mark>(현존 최고 역사서, 유교적 합리주의, 기전체, 신라 계승 의식)

③ 무신 정권 시기 · 원 간섭기★★★
  ㉠ 특징: 무신 정권 시기와 권문세족 집권기에 <mark>자주적 사관</mark>❶ 등장
  ㉡ 무신 집권기: <mark>『동명왕편』</mark>(1193), <mark>『해동고승전』</mark>(1215)

구분	저자	내용	특징
『동명왕편』	이규보	동명왕의 업적을 칭송한 영웅 서사시	고구려 계승 의식 반영
『해동고승전』	각훈	삼국 시대의 승려 30여 명의 전기 수록	화엄종 중심의 불교사 정리

  ㉢ 원 간섭기: <mark>『삼국유사』</mark>❷(1281), <mark>『제왕운기』</mark>(1287)

구분	저자	내용	특징
『삼국유사』	일연	불교사를 중심으로 고대의 민간 설화나 전래 기록 수록	고조선 계승
『제왕운기』	이승휴	우리 역사를 단군에서부터 서술, 한국사(하권)를 중국사(상권)와 대등하게 파악	고조선 계승

> **📖 사료 읽기**
>
> 제왕들이 일어날 때는 반드시 보통 사람과 다른 것이 있은 뒤에 기회를 타서 대업을 이루는 것이다. …… 그러니 삼국의 시조들이 모두 신기한 일로 태어났음이 어찌 괴이하겠는가. 이것이 신이(神異)로써 다른 편보다 먼저 놓는 까닭이다.
> ― 『삼국유사』 ―
>
> 요동에 또 하나의 천하가 있으니, 중국의 왕조와 뚜렷이 구분된다. 큰 파도가 출렁이며 3면을 둘러쌌고, 북으로는 대륙으로 면면히 이어졌다. 가운데에 사방 천리 땅 여기가 조선이니, 강산의 형승은 천하에 이름났도다.
> ― 『제왕운기』 ―

④ 고려 말
  ㉠ 특징: 신진 사대부 집권기에 사대적 유교 사관 등장
  ㉡ 역사서: 이제현의 『사략』(성리학적 유교 사관)

---

❶ 자주적 사관
- 『동명왕편』(이규보): 고구려 계승 의식
- 『삼국유사』(일연): 고조선 계승 의식
- 『제왕운기』(이승휴): 고조선 계승 의식

❷ 『삼국유사』
자주적 역사 의식이 나타나는 『삼국유사』는 왕력(王歷)과 기이(紀異), 흥법(興法), 탑상(塔像), 의해(義解) 등으로 구성되어 있다. 우리의 고유 문화와 전통을 중시하였으며, 단군을 우리 민족의 시조로 여겨 단군의 건국 이야기를 수록하였다.

(2) 역사 서술 방법 ❸★★
① 기전체: 인물을 중심으로 본기, 열전, 세가, 지, 표 등으로 구분(『삼국사기』) ┌왕의 업적 기록 ┌제도나 풍속 등 소개 └뛰어난 위인들의 전기
② 편년체: 연월(연도)을 중심으로 편찬
③ 기사본말체: 원인과 결과를 구분하여 편찬(『삼국유사』)

2. 유학

(1) 유학의 발달
① 고려 전기: 태조 때 신라 6두품 계통 유학자들의 활약, 광종 때 과거 제도를 실시하여 유학 발달, 성종 때 유교 정치사상을 확고하게 정립하고 국자감 정비 ┌자주적·주체적 특성, 유교주의적 정치와 교육의 기틀 마련 ┌최언위, 최응, 최지몽 등은 유교주의에 입각한 국가 경영을 건의
② 고려 중기: 문종 때 활약한 최충(해동공자)은 관직에서 물러난 후 유학 교육 기관인 9재 학당❹ 설립, 인종 때 활약한 김부식은 고려 중기의 보수적·현실적 성격의 유학 발전 주도 ┌대표적 유학자 최승로 └문벌귀족 사회의 발달과 유교 사상의 보수적 성격
③ 무신 정권 이후: 무신 정변으로 문벌귀족 세력이 몰락함에 따라 한동안 크게 위축

(2) 유학 교육 기관★★★
① 관학의 발전
  ㉠ 중앙: 국립 대학인 국자감(국학)❺이 설립되어 학부(유학부·기술학부)에 따라 신분별로 입학 ┌7품 이상 관리의 자제 입학 └8품 이하 관리나 서민의 자제
  ㉡ 지방: 향교가 설치되어 지방 관리와 서민 자제의 교육 담당
② 사학의 융성: 고려 중기에는 최충의 9재 학당(문헌공도)❻을 비롯한 사학 12도❼가 융성하여 국자감의 관학 교육 위축

> **사료 읽기**
> ▶ **사학의 융성**
> 현종 이후, 최충은 후진들을 가르치는 일에 정력을 바쳤으므로 학도들이 많이 모여들었다. 그래서 최충은 낙성(樂聖), 대중(大中), 성명(誠明), 경업(敬業), 조도(造道), 솔성(率性), 진덕(進德), 대화(大和), 대빙(待聘) 등 9개의 서재(書齋)로 나누어 교육하니, 세상에서 그들을 시중 최공의 학도[(侍中崔公徒)]라고 불렀다. 그래서 일체 과거를 보려는 자제들은 반드시 먼저 그의 학도로 입학하여 공부하는 것이 상례로 되었으며, …….
> — 『고려사』 —

③ 관학 진흥책: 숙종(서적포), 예종(국학 7재·양현고·청연각·보문각), 인종(경사 6학 정비), 충렬왕(국학을 성균관으로 개칭, 문묘 건립, 섬학전 설치), 공민왕(성균관을 유교 교육 기관으로 개편) ┌국자감 재정비 ┌장학재단 ┌학문 연구소 └기술 교육은 해당 관청에서 담당

(3) 성리학의 전래
① 성격: 인간의 심성과 우주의 원리 문제를 철학적으로 탐구하는 신유학
② 전래: 충렬왕 때 안향의 소개 → 백이정 → 이제현의 심화 → 이색 → 정몽주(동방 이학의 시조)·정도전·권근
③ 영향
  ㉠ 주장: 신진 사대부의 개혁 사상, 일상생활에 관계되는 실천 강조(『소학』, 『주자가례』) ┌유교적인 생활 관습 시행
  ㉡ 역할: 권문세족과 불교의 폐단을 비판하고 새로운 국가 지도 이념으로 발전

---

❸ **역사 서술 방법에 따른 역사서 구분**
- 기전체: 『삼국사기』, 『고려사』
- 편년체: 『고려사절요』, 『동국통감』, 『조선왕조실록』
- 기사본말체: 『삼국유사』, 『연려실기술』

➕ 최승로
최승로는 시무 28조의 개혁안을 올리고, 유교 사상을 치국의 근본으로 삼아 사회 개혁과 새로운 문화의 창조를 추구하였다. 그의 유교 사상은 자주적이고 주체적인 특성을 지녔다.

❹ **9재 학당**
학과는 9경(九經)·3사(三史)와 제술(製述)을 주로 하고, 매년 여름에는 하과(夏課)를 개설하였다.

❺ **국자감(신분별 입학)**

학부	경사 6학	입학
유학부 (문과)	국자학	3품 이상 자제
	태학	5품 이상 자제
	사문학	7품 이상 자제
기술학부 (잡과)	율학·서학·산학	8품 이하 자제
	그 외 학문	(해당 관청 교육)

❻ **문헌공도**
사학 12도 중 가장 번성하여 명성이 높았던 최충의 9재 학당은 최충이 사망한 후 그의 시호인 문헌을 이름으로 붙였다.

❼ **사학 12도**
문헌공도(최충), 문충공도(은정), 서시랑도(서석), 서원도(김무체), 정헌공도(문정), 남산도(김상빈), 충평공도(유감), 광헌공도(노단), 정경공도(황영), 홍문공도(정배걸), 양신공도(김의진), 귀산도(미상)

02 불교와 기타 신앙

1. 불교

> 📌 check! 필수 암기!
>
> **고려 대표적 승려**
>
> 의천(교관겸수, 흥왕사, 천태종, 교장), 지눌(수선사 결사, 정혜쌍수, 돈오점수), 요세(백련 결사, 법화 신앙), 혜심(유불 일치설)

고려 불교의 발전

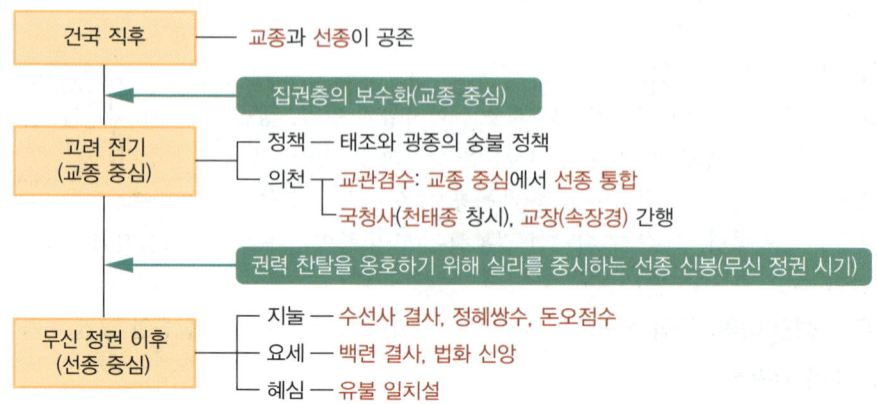

(1) 고려 전기의 불교 정책

① 태조와 광종의 정책 ─ 불교를 적극 지원, 개경에 여러 사원 건립
  ㉠ 태조: 훈요 10조를 통해 연등회와 팔관회 중시
  ㉡ 광종: 승과 실시, 국사(혜거)·왕사(탄문) 제도 실시, 사원에 토지 지급, 승려는 면역 혜택, 귀법사 창건
    └ 덕이 높아 국가나 왕의 스승이 될 만한 승려에게 내린 최고의 승직
    └ 주지 균여(「보현십원가」)

② 고려 전기 불교의 특징
  ㉠ 귀족들은 정치 이념인 유교와 신앙인 불교가 서로 배치된다고 보지 않아 불교에 호의적, 일반 백성도 현세적인 기복 신앙으로 불교 신봉
  ㉡ 지방의 신앙 공동체였던 향도에는 불교와 함께 토속 신앙의 면모도 보이며, 불교와 풍수지리설이 융합된 모습도 보임
  ㉢ 고려 전기의 교종과 선종: 왕실(화엄종)과 문벌귀족(법상종)의 지원을 받는 교종과 선종 존재

(2) 불교 통합 운동(의천) ★★★

① 교종 통합: 화엄종 중심의 교종 통합(**흥왕사**), 선종을 통합하기 위해 **국청사**를 창건하고 **천태종** 창시
② 선종 통합 노력: 교종 중심에서 선종 통합 노력, 이론의 연마와 실천의 양면 모두를 강조하는 **교관겸수** 제창

> 📖 **사료 읽기**
>
> ➤ **의천의 교단 통합 운동**
>
> 정원 법사는 "관(觀)을 배우지 않고 경(經)만 배우면 오주(五周)의 인과를 들었더라도 삼중의 성덕을 통하지 못하며, 경을 배우지 않고 관만 배우면 삼중(三重)의 성덕을 깨쳐도 오주의 인과는 분별하지 못한다. 그러므로 관도 배우지 않을 수 없고, 경도 배우지 않을 수 없다."고 하였다. 내가 교와 관에 마음을 오로지 두는 까닭은 그의 가르침에 감복하였기 때문이다.
>
> ─ 「대각국사 문집」 ─

③ 교장(속장경) 간행: 대장경의 보완을 위하여 송·요·일본의 주석서를 모아 흥왕사에 **교장도감**을 설치하고 **속장경(교장)** 간행
④ 한계: 의천 사후 교단 분열, 귀족 중심 불교 지속

(3) 무신 정권 시기 신앙 결사 운동의 전개 ★★★

① **배경**: 무신 정권 이후 불교의 타락에 비판하는 움직임, 새로운 종교 운동인 결사 운동 등장

② **지눌**(1158~1210)의 결사 운동
  ㉠ **수선사 결사**(1204): 승려 본연의 자세로 돌아가 **독경과 선 수행**, **노동**에 고루 힘 쓰자는 개혁 운동 제창
  ㉡ **정혜쌍수 · 돈오점수**❽: **정혜쌍수**는 선종을 중심으로 교종을 포용하자는 이론(선교일치)이며, **돈오점수**는 단번에 깨닫고 꾸준히 실천하자는 주장으로 내가 곧 부처라는 깨달음을 위한 노력과 함께 꾸준한 수행을 강조

> **📖 사료 읽기**
>
> ▶ **지눌의 정혜결사문**
> 마땅히 명예와 이익을 버리고 산림에 은둔하여 같은 모임을 맺자. 항상 선을 익히고 지혜를 고르는 데 힘쓰고, 예불하고 경전을 읽으며 힘들여 일하는 것에 이르기까지 각자 맡은 바 임무에 따라 경영한다. 인연에 따라 성품을 수양하고 평생을 호방하게 고귀한 이들의 드높은 행동을 쫓아 따른다면 어찌 통쾌하지 않겠는가?
> – 『권수정혜결사문(勸修定慧結社文)』 –

③ **요세**(1163~1245)의 결사 운동
  ㉠ **백련 결사**(1208): 불교의 폐단과 사회 개혁을 강조하여 강진 만덕사(백련사)에서 백련 결사 제창
  ㉡ **내용**: 자신의 행동에 대한 진정한 참회를 강요하는 **법화 신앙** 강조, 수선사와 양립

④ **혜심**(1178~1234)의 결사 운동: 유교와 불교가 다르지 않다는 **유불 일치설**을 주장, 심성의 도야를 강조하여 장차 성리학을 수용할 수 있는 사상적 토대 마련, **『선문염송집』** 편찬

❗ 고려의 불교 개혁 운동

구분	지눌	요세	혜심
결사 운동	수선사 결사(조계종)	백련사 결사(천태종)	결사 운동(조계종)
내용	정혜쌍수 · 돈오점수(선교일치)	법화신앙, 자신의 행동 참회	유불 일치설, 심성도야 강조
특징	대몽 항쟁에 기여	사회 교화 노력	성리학 수용의 사상적 토대

(4) 원 간섭기 이후
개혁 운동 좌절, 사원의 타락(막대한 토지 소유, 상업 관여), 교단 정비 노력 실패(보우❾), 신진 사대부의 불교 비판

2. 도교와 풍수지리설

(1) 도교
① **특징**: 불로장생과 현세 구복 추구
② **행사**: 국가와 왕실의 번영을 기원하는 초제 성행, 팔관회(도교 · 민간 신앙 · 불교 융합) 진행
  └ 하늘의 성신(星辰)에게 지내는 제사로 초례(醮禮)라고도 함

(2) 풍수지리설의 변화
① **서경 길지설**: 고려 초기 북진 정책의 이론적 근거, 묘청의 서경 천도 운동
② **남경 길지설**: 고려 중기 이후 북진 정책 퇴조, 한양 명당설 대두, 보수적 · 사대적

---

❽ 정혜쌍수와 돈오점수

정혜쌍수는 선과 교학을 나란히 수행하되 선을 중심으로 교학을 포용하자는 이론이며, 돈오점수는 단번에 깨닫고 꾸준히 실천하자는 주장이다. 지눌은 '돈오'를 지향처로 삼으면서도 사람들이 오래 익혀 온 잘못된 습관을 고치려면 깨달음의 꾸준한 실천이 필요하다는 뜻에서 '점수'를 아울러 강조하였다.

❾ 보우(1301~1382)

보우는 공민왕의 왕사로서 교단을 통합 · 정리하는 것이 불교계의 폐단을 바로잡는 우선 과제라고 생각하였다. 그러나 교단과 정치적 상황이 얽혀 이런 개혁을 지속적으로 추진할 수 없었다.

06 단골 키워드 문제

Ⅲ. 중세의 한국사
06 중세의 문화_1

정답 및 해설 31쪽

기출 선택지 미리보기

- 『삼국사기』 – 기전체 형식으로 서술되었다.
- 최충이 9재 학당을 세워 유학 교육을 실시하였다.
- 이제현이 만권당에서 유학자들과 교류하였다.
- 의천 – 불교 교단 통합을 위해 천태종을 개창하였다.
- 지눌은 돈오점수를 주장하며 수행 방법으로 정혜쌍수를 내세웠다.

기출 키워드로 연습하기

01 ① 김부식   •   • 9재 학당
   ② 최충   •   • 교관겸수
   ③ 의천   •   • 『삼국사기』

02 『제왕운기』는 고구려 계승 의식이 반영되어 있다. (O / ×)

03 예종 때 관학 진흥책으로 국자감을 재정비하여 7재라는 전문 강좌를 설치하였다. (O / ×)

04 숙종 때에는 관학 진흥을 위하여 (　　)을/를 두고 서적 간행을 활성화하였다.

05 승려 (　　)은/는 교종을 중심으로 선종을 통합하려 하였다.

06 승려 (　　)은/는 정혜쌍수, 돈오점수를 바탕으로 철저한 수행을 강조하였다.

정답 | 01 ① 『삼국사기』 ② 9재 학당 ③ 교관겸수 02 × 03 O
04 서적포 05 의천 06 지눌

01 KEYWORD 01 『삼국유사』

밑줄 그은 '역사서'에 대한 설명으로 옳은 것은? 심화 59회 18번

이곳은 경상북도 군위군에 위치한 인각사로 승려 일연이 마지막 여생을 보낸 곳입니다. 그는 불교사를 중심으로 민간 설화 등을 수록한 역사서를 저술하였습니다.

① 편년체 형식으로 기술되었다.
② 고조선의 건국 이야기가 서술되었다.
③ 남북국이라는 용어가 처음 사용되었다.
④ 왕명에 의해 고승들의 전기가 기록되었다.
⑤ 고구려 시조의 일대기가 서사시로 표현되었다.

02 KEYWORD 02 『삼국사기』

밑줄 그은 '역사서'에 대한 설명으로 옳은 것은? 심화 54회 13번

이번에 왕명을 받아 편찬한 역사서에 대해 설명해 주세요.

이 책은 묘청의 난을 진압한 뒤, 우리나라의 역사를 좀 더 잘 알아야 한다는 폐하의 말씀에 따라 유교 사관을 바탕으로 삼국의 역사를 충실히 기록하였습니다.

① 남북국이라는 용어를 처음 사용하였다.
② 사초, 시정기 등을 바탕으로 편찬되었다.
③ 단군의 고조선 건국 이야기를 수록하였다.
④ 본기, 열전 등 기전체 형식으로 서술되었다.
⑤ 고구려 건국 시조의 일대기를 서사시로 표현하였다.

03 KEYWORD 03 고려의 관학 진흥책

(가)에 들어갈 내용으로 옳은 것은?   심화 63회 13번

① 독서삼품과를 통해 인재를 등용하였어요.
② 사액 서원에 서적과 노비를 지급하였어요.
③ 중등 교육 기관으로 4부 학당을 설립하였어요.
④ 양현고를 설치하여 장학 기금을 마련하였어요.
⑤ 초계문신제를 시행하여 문신을 재교육하였어요.

05 KEYWORD 05 의천

(가)에 들어갈 내용으로 옳은 것은?   심화 65회 13번

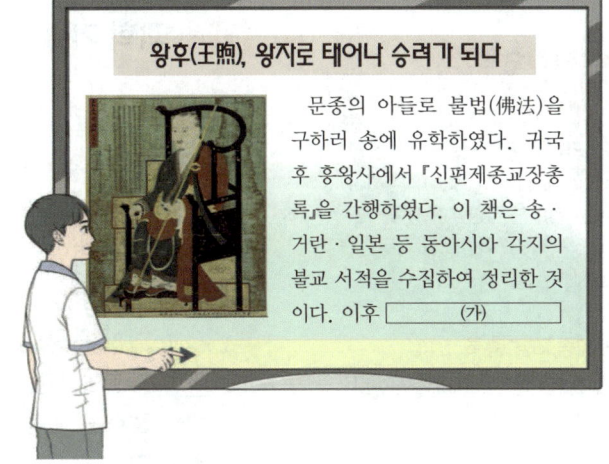

① 국청사의 주지가 되어 해동 천태종을 개창하였다.
② 불교 개혁을 주장하며 수선사 결사를 조직하였다.
③ 선문염송집을 편찬하고 유불 일치설을 주장하였다.
④ 불교 관련 자료를 중심으로 삼국유사를 집필하였다.
⑤ 인도와 중앙아시아를 순례하고 왕오천축국전을 남겼다.

04 KEYWORD 04 지눌

(가) 인물에 대한 설명으로 옳은 것은?   심화 63회 16번

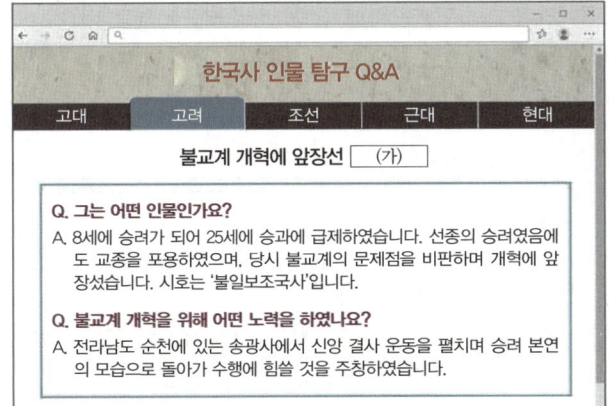

① 참선을 강조하고 돈오점수를 주장하였다.
② 불교 교단 통합을 위해 해동 천태종을 개창하였다.
③ 선문염송집을 편찬하고 유불 일치설을 제창하였다.
④ 승려들의 전기를 정리하여 해동고승전을 편찬하였다.
⑤ 보현십원가를 지어 불교 교리를 대중에게 전파하였다.

06 KEYWORD 06 혜심

(가) 인물에 대한 설명으로 옳은 것은?   심화 66회 16번

① 화엄일승법계도를 지어 화엄 사상을 정리하였다.
② 해동 천태종을 개창하여 불교 교단 통합에 힘썼다.
③ 선문염송집을 편찬하고 유불 일치설을 주장하였다.
④ 권수정혜결사문을 작성하여 정혜쌍수를 강조하였다.
⑤ 보현십원가를 지어 불교 교리를 대중에게 전파하였다.

07 중세의 문화_2

check! 필수 암기!

고려 시대 과학 기술의 발달

속장경(의천, 교장도감), 팔만대장경(재조대장경, 강화도, 몽골), 『직지심체요절』, 『향약구급방』, 수시력, 『농상집요』, 목화씨, 화통도감(최무선), 상감청자

❶ **신편제종교장 총록**

속장경의 목록으로 의천이 간행하였다.

01 과학 기술의 발달

1. 인쇄술의 발달

(1) 목판 인쇄술 ★★

① 초조대장경(1011~1087): 현종 때 거란의 침입을 격퇴하기 위하여 간행, 교리 정리, 몽골 침입으로 소실(1232), 인쇄본 일부 현존 ─ 판목은 분실, 인쇄본 현존 (박물관, 개인, 일본 등 보관, 약 2천여 권 추정)

② 속장경❶(교장, 1073~1096): 의천이 고려·송·요의 주석서를 모아 간행, 교장도감 설치(흥왕사), 몽골 침입 때 소실, 10여 년에 걸쳐 4,700여 권 간행, 인쇄본 일부 현존

③ 재조대장경(팔만대장경, 1236~1251): 고종 때 몽골의 침략을 막아 내기 위하여 강화도에서 조판(대장도감)

> 📖 **사료 읽기**
>
> ▶ **팔만대장경(재조대장경)**
> 팔만대장경(재조대장경)은 고려가 몽골의 침입을 부처의 힘으로 막아내고자 수기 승통의 총괄하에 진행되었다. 고려 고종 23년(1236) 강화에서 조판에 착수하여 고종 38년(1251) 완성한 고려의 대장경은 2007년 세계 기록 유산으로 지정되어 현재는 합천 해인사에 보관되어 있다.

(2) 금속 인쇄술

① 『상정고금예문』(1234)
  ㉠ 관련 기록: 『동국이상국집』에 12세기 인종 때 강화도에서 금속 활자로 인쇄하였다는 기록이 존재
  ㉡ 한계: 서양에서 금속 활자 인쇄가 시작된 것보다 200여 년이나 앞서 이루어진 것이지만 오늘날 전해지지 않기 때문에 세계 최초의 활판 인쇄술로 공인받지 못함

❷ **『직지심체요절』**

직지심체는 '직지인심견성성불(直指人心見性成佛)'이라는 오도(悟道)의 명구에서 따온 것으로 자기의 마음을 올바로 가지면서 참선하여 도를 깨친다면 자기의 마음이 바로 부처가 됨을 뜻한다.

② 『직지심체요절』❷[1377, 현존 최고(最古)의 금속 활자본] ★★★
  ㉠ 간행: 청주 흥덕사에서 백운 화상(경한)에 의해 간행, 공민왕 때 저술(1372), 우왕 때 금속 활자로 인쇄(1377)
  ㉡ 유출: 1887년 프랑스 대리 공사 콜랭드 플랑시가 프랑스로 유출[현(現) 프랑스 국립 도서관 소장]

2. 기타 과학 기술의 발달

(1) 기술 교육
  ① 국자감: 잡학(율학·서학·산학) 교육, 과거 시험에서 잡과 실시
  ② 의학 ★★: 태의감에서 의학 교육 실시, 우리나라 최고(最古)의 의학 서적인 『향약구급방』(1236)에서 각종 질병에 대한 처방과 국산 약재 180여 종 소개

➕ **고려의 천문 기록**

『고려사』 천문지에 실린 일식 기록은 130여 회나 되고, 혜성 관측 기록도 87회에 이른다.

(2) 천문과 역법
  ① 천문: 천문과 역법을 맡은 관청인 사천대(서운관) 설치, 이곳의 관리는 첨성대에서 관측 업무 수행
  ② 역법: 고려 초기 당의 선명력을 사용하였으나 후기 충선왕 때에는 원의 수시력을, 공민왕 때에는 명의 대통력을 사용
  ─ 1년을 365.2425일로 계산하는 것, 16세기 말 서양의 그레고리우스력과 같음

(3) 화약 무기 제조와 조선 기술의 발달
① 화약 무기 제조: 고려 말 최무선, 왜구 침입 격퇴를 위해 화약 무기 사용의 필요성을 절감, 중국에서 화약 제조 기술의 습득 노력 → 화통도감 설치, 최무선을 중심으로 화약과 화포 제작, 진포(금강 하구) 전투(1380)에서 왜구 격퇴
② 조선 기술의 발달
  ㉠ 송과 해상 무역이 활발해짐에 따라 길이가 96척이나 되는 대형 범선 제조
  ㉡ 각 지방에서 징수한 조세미를 개경으로 운송하는 조운 체계가 확립되면서 1,000석의 곡물을 실을 수 있는 대형 조운선도 등장, 주로 해안 지방의 조창에 배치
  ㉢ 고려 말 배에 화포를 설치하여 왜구 격퇴에 활용
(4) 농업 기술의 발달: 권농 정책, 토지 개간, 수리 시설 축조, 간척 사업, 농기구 보급 등, 이암이 원의 『농상집요』 소개, 공민왕 때 목화씨(문익점) 유입, 목화 재배 시작

02 귀족 문화의 발달

> **check! 필수 암기!**
> **고려 시대 건축과 조각**
> 건축: 주심포(부석사 무량수전, 수덕사 대웅전), 다포(성불사 응진전)
> 탑: 월정사 팔각 구층 석탑, 경천사지 십층 석탑(원의 양식)
> 불상: 부석사 소조여래 좌상, 관촉사 석조 미륵보살 입상

1. 건축과 석탑
(1) 건축★★
① 중심: 궁궐과 사원 중심(개성 만월대의 궁궐터, 현화사, 흥왕사)
② 주심포 양식(고려 전기)
  ㉠ 형태: 지붕의 무게를 기둥에 전달하고 건물을 치장하는 장치인 공포가 기둥 위에만 짜여져 있는 양식으로 대개 기둥이 굵고 배흘림 양식
  ㉡ 대표적 건물: 안동 봉정사 극락전, 영주 부석사 무량수전, 예산 수덕사 대웅전
③ 다포 양식(고려 후기) — 고려 후기로 갈수록 사원의 폐단과 원나라의 영향으로 다포 양식으로 변화
  ㉠ 형태: 고려 후기에는 원의 영향을 받아 건물이 웅장해짐에 따라 지붕의 무게를 분산시킬 공포가 기둥 사이에 짜여져 있는 다포 양식으로 발전
  ㉡ 대표적 건물: 황주 성불사 응진전(조선 시대 건축 양식에 영향)

▲ 부석사 무량수전(경북 영주)

▲ 수덕사 대웅전(충남 예산)

▲ 성불사 응진전(황해 황주)

(2) 석탑★★
① 특징: 신라 양식 계승, 독자적인 조형 감각 가미, 다각 다층탑, 안정감 부족
② 유적: 개성 불일사 오층 석탑, 평창 월정사 팔각 구층 석탑, 개성 경천사지 십층 석탑(원의 양식)

▲ 불일사 오층 석탑(개성)

▲ 월정사 팔각 구층 석탑(평창)

▲ 경천사지 십층 석탑(개성)

> 고려 시대 석탑의 변화
>
> | 고려 전기 | 고려 중기 | 고려 후기 |
> |---|---|---|
> | 기단의 보편화
(대부분 오층 석탑) | 송의 영향
(평창 월정사 팔각 구층 석탑) | 원의 영향, 목조 양식
(개성 경천사지 십층 석탑) |

2. 승탑과 불상

(1) 승탑

① **특징**: 신라 말 선종 유행과 관련하여 발달한 승탑은 고려 시대 조형 예술의 중요한 부분을 차지

② **유적**: 여주 고달사지 승탑(팔각원당형), 충주 정토사지 홍법국사탑(1017), 원주 법천사지 지광국사탑

▲고달사지 승탑(여주)　▲법천사지 지광국사탑(원주)

(2) 불상★★★

① **특징**: 대형 철불 다수 조성, 시기와 지역에 따라 독특한 양식, 대체로 조형미는 부족

② **유적**: 하남 하사창동 철조 석가여래 좌상(광주 춘궁리 철불, 대형 철불), 영주 부석사 소조여래 좌상(신라 양식), 논산 관촉사 석조 미륵보살 입상, 안동 이천동 마애여래 입상, 파주 용미리 마애이불 입상(거대 불상, 지역적 특색)

▲하사창동 철조 석가여래 좌상(하남)　▲부석사 소조여래 좌상(영주)　▲관촉사 석조 미륵보살 입상(논산)

▲이천동 마애여래 입상(안동)　▲용미리 마애이불 입상(파주)

3. 청자와 공예

(1) **배경**: 귀족의 사치 생활과 불교 의식에 필요한 물품 중심으로 발전, 특히 자기 공예 발전

(2) **자기 공예**★
  ① 고려청자의 발전
    ㉠ 순수 청자: 순수 비취색이 나는 고려청자로 귀족 사회의 전성기인 11세기에 발전
    ㉡ 상감 청자: 12세기 중엽에 고려의 독창적 기법인 상감법❸ 개발, 무늬를 훨씬 다양하고 화려하게 넣을 수 있었던 고려청자의 새로운 경지
  ② 고려청자의 변천
    ㉠ 기술의 퇴보: 원 간섭기 이후 원으로부터 북방 가마의 기술이 도입되어 청자의 빛깔은 점차 퇴조
    ㉡ 변천 과정: 순수 청자(11세기) → 상감 청자(12~13세기) → 청자 퇴조(원 간섭기) → 분청사기(15세기) → 백자 유행(16세기)
  ③ 고려청자의 생산: 전라도 강진과 부안
    → 발달 이유: 자기를 만들 수 있는 흙이 생산되고 연료가 풍부한 지역
    → 최고급 청자 생산 → 중앙에 공급

(3) **기타 공예의 발전**
  ① 금속 공예: 불교 도구 중심으로 발전, 청동기 표면을 파내고 실처럼 만든 은을 채워 넣어 무늬를 장식하는 은입사 기술 발달 → 은입사로 무늬를 새긴 청동 향로와 버드나무와 동물 무늬를 새긴 청동 정병이 대표적
  ② 나전 칠기 공예: 옻칠한 바탕에 자개를 붙여 무늬를 나타내는 나전 칠기 공예 발달 → 불경을 넣는 경함, 화장품갑, 문방구 등 현존

4. 서예 및 그림과 음악

(1) **서예**
  ① 고려 전기: 구양순체, 신품 4현(유신, 탄연, 최우, 김생)
  ② 고려 후기: 송설체 유행(이암)
    → '조맹부체'라고도 함

(2) **그림**
  ① 고려 전기: 도화원에 소속된 전문 화원 중심, 이령(「예성강도」), 이광필
  ② 고려 후기: 사군자 중심의 문인화 유행, 공민왕(「천산대렵도」❹), 불화(왕실과 권문세족의 구복적 요구, 혜허의 「관음보살도」), 사경화
    → 불교 경전을 필사하거나 인쇄할 때 맨 앞장에 그 경전의 내용을 알기 쉽게 그림으로 설명

(3) **음악**
  ① 아악: 송에서 수입된 대성악이 궁중 음악으로 발전한 것으로 현재까지 계승
  ② 향악(속악): 우리의 고유 음악 + 당악의 영향(동동, 한림별곡, 대동강 등)
  ③ 향가: 균여의 「보현십원가」

❸ **상감법**
나전칠기나 은입사 공예에서 응용된 것으로 그릇 표면을 파낸 자리에 백토, 흑토를 메워 무늬를 내는 방법

➕ **청자 상감운학문 매병**

❹ **「천산대렵도」(공민왕)**

07 단골 키워드 문제

Ⅲ. 중세의 한국사
07 중세의 문화_2

정답 및 해설 33쪽

기출 선택지 미리보기

- **초조대장경** – 거란의 침입을 격퇴하기 위하여 간행하였다.
- **『직지심체요절』** – 청주 흥덕사에서 금속 활자로 간행되었다.
- 고려의 독창적 기법인 상감법이 개발되었다.

기출 키워드로 연습하기

01
①  · · 평창 월정사 팔각 구층 석탑

② · · 논산 관촉사 석조 미륵보살 입상

③ · · 개성 경천사지 십층 석탑

02 고종 때 대장도감을 설치하여 강화도에서 초조대장경을 조판하였다. (O / X)

03 『직지심체요절』은 현존하는 세계 최고(最古)의 금속 활자본으로 공인받고 있다. (O / X)

04 고려의 대표적 건축물인 영주 부석사 무량수전에는 다포 양식이 사용되었다. (O / X)

정답 | 01 ① 개성 경천사지 십층 석탑 ② 평창 월정사 팔각 구층 석탑 ③ 논산 관촉사 석조 미륵보살 입상 02 X 03 O 04 X

01 KEYWORD 01 『직지심체요절』

(가) 문화유산에 대한 설명으로 옳은 것은? 심화 68회 17번

① 신미양요 때 미군이 탈취하였다.
② 현존하는 최고(最古)의 금속 활자본이다.
③ 거란의 침입을 물리치기 위해 제작하였다.
④ 장영실, 이천 등이 제작한 활자로 인쇄하였다.
⑤ 불국사 삼층 석탑을 보수하는 과정에서 발견되었다.

02 KEYWORD 02 고려의 자기

다음 기획전에 전시될 문화유산으로 적절한 것은? 심화 58회 16번

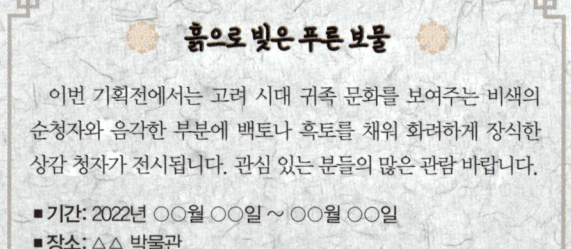

흙으로 빚은 푸른 보물

이번 기획전에서는 고려 시대 귀족 문화를 보여주는 비색의 순청자와 음각한 부분에 백토나 흑토를 채워 화려하게 장식한 상감 청자가 전시됩니다. 관심 있는 분들의 많은 관람 바랍니다.

■ 기간: 2022년 ○○월 ○○일 ~ ○○월 ○○일
■ 장소: △△ 박물관

① 　② 　③

④ 　⑤

03 KEYWORD 03 고려 시대 건축물

다음 대화에 해당하는 문화유산으로 옳은 것은? 심화 57회 15번

①  안동 봉정사 극락전
②  보은 법주사 팔상전
③ 구례 화엄사 각황전
④ 예산 수덕사 대웅전
⑤ 영주 부석사 무량수전

04 KEYWORD 04 월정사 팔각 구층 석탑

(가)에 해당하는 문화유산으로 옳은 것은? 심화 66회 17번

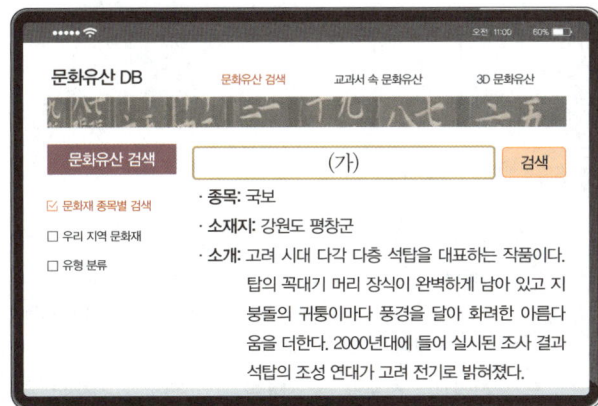

- 종목: 국보
- 소재지: 강원도 평창군
- 소개: 고려 시대 다각 다층 석탑을 대표하는 작품이다. 탑의 꼭대기 머리 장식이 완벽하게 남아 있고 지붕돌의 귀퉁이마다 풍경을 달아 화려한 아름다움을 더한다. 2000년대에 들어 실시된 조사 결과 석탑의 조성 연대가 고려 전기로 밝혀졌다.

KEYWORD 05 고려의 불상

05 최다 빈출 유형

(가)에 해당하는 문화유산으로 옳은 것은? 심화 55회 17번

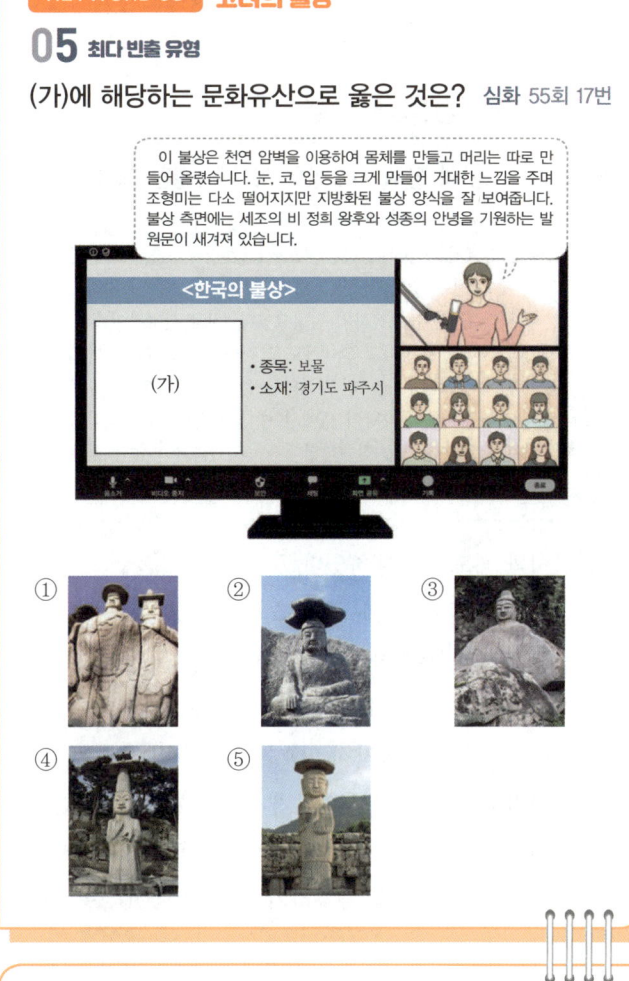

06 꼬리 물기 문제

밑줄 그은 '불상'에 해당하는 문화유산으로 옳은 것은? 심화 67회 16번

①
②
③
④
⑤

Ⅲ 多빈출-多선지 자료 문제

Ⅲ. 중세의 한국사

01 [고려 초기 왕들의 업적]

밑줄 그은 '왕'의 정책으로 옳은 것은? (정답 3개)

> 왕이 천덕전에 거둥하여 백관을 모아놓고 말하기를, "내가 신라와 굳게 동맹을 맺은 것은 두 나라가 같이 우호를 유지하고 각자의 사직(社稷)을 보전하기 위해서였다. 지금 신라왕이 굳이 신하로 있겠다고 요청하고 그대들도 그것이 옳다고 하니, 나의 마음이 매우 부끄러우나 여러 사람의 뜻을 거스르기가 어렵다."라고 하였다. 이에 신라왕이 뜰에서 예를 올리니 여러 신하가 하례하여 함성이 궁궐을 진동하였다. …… 신라국을 없애 경주라 하고, 그 지역을 김부의 식읍으로 하사하였다.

① 전시과 제도를 시행하였다.
② 금속 화폐인 건원중보가 주조되었다.
③ 광군을 조직하여 침입에 대비하였다.
④ 빈민 구제를 위해 흑창이 설치되었다.
⑤ 광덕, 준풍 등의 독자적 연호를 사용하였다.
⑥ 쌍기의 건의를 받아들여 과거제를 시행하였다.
⑦ 정계와 계백료서를 지어 관리의 규범을 제시하였다.
⑧ 후세의 정책 방향을 제시하기 위해 훈요 10조를 남겼다.

정답 | ④, ⑦, ⑧

➕ 문제 해결 TIP!

KEYWORD #신라국을 없애 경주라 함
#김부의 식읍으로 하사

▶ 다음 자료는 후삼국 통일 시기에 신라 왕 김부의 항복을 받고, 그를 사심관으로 임명한 고려 태조를 나타내고 있다.
▶ 고려 태조는 나라의 기틀을 세우기 위해 관리의 규범을 정립하고, 후대 왕들을 위한 정책 방향을 제시하였다는 점을 기억하자.

☑ 정답 체크
④, ⑦, ⑧ 고려 태조

✏ 오답 체크
① 고려 경종, 목종, 문종 ② 고려 성종 ③ 고려 정종
⑤, ⑥ 고려 광종

02 [무신 정권]

다음 사건이 발생한 이후의 사실로 옳지 <u>않은</u> 것은? (정답 2개)

> 조위총이 군사를 일으키자, 이의방이 이의민을 정동 대장군 지병마사로 임명하였다. 이의민이 군사를 거느리고 전투에 나섰다가 날아오는 화살에 눈을 맞았으나, 철령으로 진군하여 사방에서 북을 치고 고함을 지르면서 급습하여 크게 격파하였다.

① 보현원 사건이 발생하였다.
② 봉사 10조를 국왕에게 올렸다.
③ 원종과 애노가 사벌주에서 봉기하였다.
④ 만적이 노비를 모아 반란을 모의하였다.
⑤ 인사 행정 담당 기구로 정방을 설치하였다.
⑥ 교정도감을 두어 국가의 중요한 사무를 처리하였다.

정답 | ①, ③

➕ 문제 해결 TIP!

KEYWORD #조위총이 군사를 일으킴 #이의민

▶ 다음 자료는 고려 무신 정권 시기 서경유수 조위총이 정중부 등의 무신 집권자들을 제거하기 위해 일으켰던 조위총의 난(1174)을 나타내고 있다.
▶ 무신 집권자는 정중부 → 경대승 → 이의민 → 최충헌 → 최우로 변화하였음을 암기하자. 정중부 집권 때는 김보당의 난(1173)과 조위총의 난(1174), 망이·망소이의 난(1176), 최충헌 집권 때는 만적의 난(1198)이 발생하였다는 것도 알아 두자.

☑ 정답 체크
① 무신 정변(1170)
③ 원종과 애노의 난(889, 통일 신라 진성 여왕)

✏ 오답 체크
②, ⑥ 최충헌 ④ 만적의 난(1198, 최충헌) ⑤ 최우

03 고려의 대외 관계

(가)에 대한 고려의 대응으로 옳은 것은? (정답 2개)

> 김윤후가 충주산성 방호별감이 되었는데 [(가)]의 군대가 쳐들어 와 충주성을 70여 일간 포위하였다. 군량이 거의 바닥나자 김윤후가 군사들에게 "만약 힘내 싸운다면 귀천을 가리지 않고 모두 관작을 내리겠다."라고 하였다. 마침에 관노비의 문서를 불태우고 노획한 소와 말을 나누어 주었다. 사람들이 모두 죽음을 무릅쓰고 싸우니 적의 기세가 꺾여 남쪽으로 침략하는 것을 막을 수 있었다.

① 윤관이 동북 9성을 개척하였다.
② 처인성에서 살리타를 사살하였다.
③ 양규가 곽주성을 급습하여 탈환하였다.
④ 강감찬이 흥화진 전투에서 승리하였다.
⑤ 최영이 홍산 전투에서 크게 승리하였다.
⑥ 최우가 강화도로 도읍을 옮겨 항전하였다.
⑦ 나세, 심덕부 등이 진포에서 크게 물리쳤다.
⑧ 신기군, 신보군, 항마군으로 편성된 군대를 조직하였다.

정답 | ②, ⑥

➕ 문제 해결 TIP!

KEYWORD #김윤후 #충주성
#관노비의 문서를 불태움

▶ 다음 자료는 관노들과 함께 몽골에 맞서 싸운 충주산성 방호별감 김윤후의 충주성 전투를 나타내고 있다.
▶ 고려 때는 여진, 거란, 몽골, 왜구 등 여러 나라가 침략하였다. 따라서 선지들이 어떤 나라와 관련 있는지 잘 파악하는 것이 중요하다.

✅ 정답 체크
②, ⑥ 몽골

✏️ 오답 체크
①, ⑧ 여진 ③, ④ 거란 ⑤, ⑦ 왜구

04 『제왕운기』

다음 검색창에 들어갈 역사서에 대한 설명으로 옳은 것은?

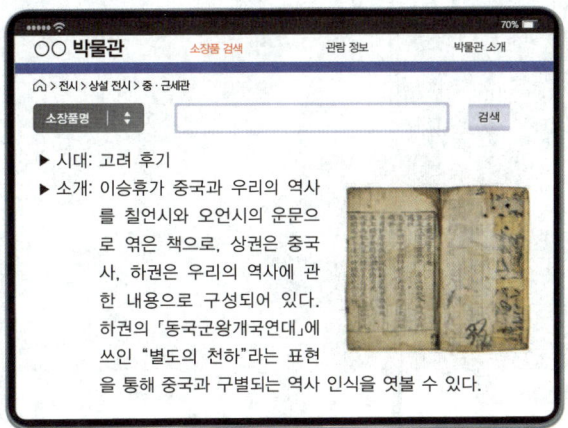

- 시대: 고려 후기
- 소개: 이승휴가 중국과 우리의 역사를 칠언시와 오언시의 운문으로 엮은 책으로, 상권은 중국사, 하권은 우리의 역사에 관한 내용으로 구성되어 있다. 하권의 「동국군왕개국연대」에 쓰인 "별도의 천하"라는 표현을 통해 중국과 구별되는 역사 인식을 엿볼 수 있다.

① 남북국이라는 용어가 처음 사용되었다.
② 불교사를 중심으로 민간 설화를 담았다.
③ 국왕의 비서 기관에서 발행한 관보이다.
④ 단군의 고조선 건국 이야기가 수록되었다.
⑤ 왕명에 의해 고승들의 전기가 기록되었다.
⑥ 고구려 시조의 일대기를 서사시로 표현하였다.
⑦ 본기, 열전 등으로 구성된 기전체 형식으로 서술되었다.

정답 | ④

➕ 문제 해결 TIP!

KEYWORD #이승휴 #칠언시와 오언시
#중국과 구별되는 역사 인식

▶ 다음 자료는 고려 충렬왕 때 이승휴가 단군부터 충렬왕까지의 역사를 칠언시와 오언시의 역사시로 서술한 『제왕운기』를 나타내고 있다.
▶ 고조선의 건국 이야기를 담은 책은 헷갈릴 수 있다. 『제왕운기』를 포함해 『삼국유사』, 『세종실록지리지』, 『동국여지승람』에 단군 신화가 수록되어 있음을 기억해야 한다.

✅ 정답 체크
④ 『제왕운기』(이승휴)

✏️ 오답 체크
① 『발해고』(유득공) ② 『삼국유사』(일연) ③ 『승정원 일기』
⑤ 『해동고승전』(각훈) ⑥ 『동명왕편』(이규보)
⑦ 『삼국사기』(김부식)

IV 근세의 한국사

단골 키워드 랭킹!
01 세종
02 임진왜란
03 기묘사화
04 훈련도감
05 홍문관
06 직전법
07 서원

출제 경향
조선 시대의 정치 체제와 경제 상황을 파악하고, 교육 및 관리 등용 제도를 학습하여야 한다. 또한, 사림 세력이 대두되면서 펼쳐진 갈등 양상과 조세, 공납, 역 등의 수취 제도를 중요하게 살펴 보아야 한다.

출제 포인트

◆ 근세의 정치
1. 고려 말 신진 사대부의 분화와 조선의 건국 과정을 통한 건국 이념 및 초기 정치 파악
2. 조선 전기 왕들의 업적과 정치 발전 이해
3. 고려와 조선의 통치 체제 및 과거 제도 비교
4. 훈구파와 사림파의 특성
5. 사화의 배경 및 결과
6. 선조 때 사림의 집권과 분화
7. 동인과 서인의 특성 파악
8. 왜란과 호란의 배경·전개·결과

◆ 근세의 경제
1. 중농억상 정책으로 인한 조선의 경제 상황
2. 수조권과 관련한 토지 제도의 변화활

◆ 근세의 사회
1. 수령과 향리의 특성 및 권한
2. 지방 사림들의 성장과 향촌 사회의 변화

◆ 근세의 문화
1. 훈구파, 사림파와 관련된 15~16세기의 문화 동향
2. 중농 정책에 따른 과학 기술의 변화
3. 이황과 이이의 공통점과 차이점
4. 15세기와 16세기의 건축 및 서화의 특징 변화

---

01 근세의 정치_1
02 근세의 정치_2
03 근세의 정치_3
04 근세의 정치_4
05 근세의 경제
06 근세의 사회
07 근세의 문화

76-67회 출제 비율 9.6%

미리보기

조선 전기 왕들의 업적

- **태조** — 도성·궁궐·관아 등 건설, **정도전**(『조선경국전』, 『불씨잡변』, 재상 중심의 정치)
- **태종** — **6조 직계제**, 사간원 독립, **사병 철폐**, 신문고, **호패법**
- **세종** — **의정부 서사제**, **집현전**, 왕도 정치, 공법 시행, 4군 6진, 대마도 정벌(이종무), 훈민정음, 측우기·앙부일구·자격루·혼천의, 『농사직설』·『의방유취』·『향약집성방』·『삼강행실도』·『칠정산』 등
- **세조** — **6조 직계제**, 집현전 폐지, 경연 폐지, 『경국대전』 편찬 시작, 직전법, 『월인석보』
- **성종** — 『경국대전』 완성·반포, 홍문관, 경연 부활, 관수관급제, 『동국여지승람』 등

국경선의 변화

압록강~두만강 (4군 6진, **조선 세종**)
압록강~함남 (고려 공민왕)
압록강~도련포 (천리장성, 고려)
청천강~영흥만 (고려 태조 왕건)
대동강~원산만 (통일 신라)

붕당 정치의 시작

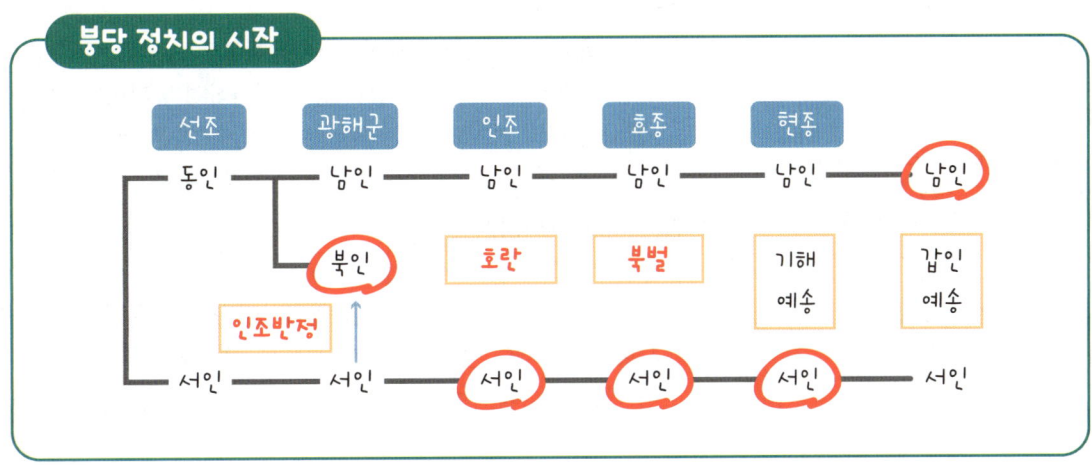

01 근세의 정치_1

01 근세 사회의 성립과 전개

1. 세계의 근세사

(1) **동양의 근세**: 14세기 말 명(서민 문화 발전)·17세기 청[강력한 전제 황권], 서남아시아의 오스만 제국(이슬람)[서아시아, 아프리카, 유럽의 3대륙에 걸친 제국], 중앙아시아의 티무르 제국과 아란 지방의 사파비 왕조, 인도의 무굴 제국(인도, 이슬람 문화권), 동남아시아에 이슬람 세력 진출, 15세기 일본 전국 시대·에도 막부(집권적 봉건 제도) 형성

(2) **서양의 근세**: 르네상스[인문주의 운동], 신항로 개척[무역 발달 → 유럽 경제의 비약적 발전 → 상업 혁명, 자본주의 발전], 종교 개혁

2. 조선의 건국

(1) **건국 과정**: 명의 철령위 설치 통보 → 요동 정벌 단행 → 이성계의 위화도 회군(1388)[4불가론 주장] → 신진 사대부의 분열 → 과전법 시행(1391) → 혁명파의 온건 개혁파 제거, 도평의사사 장악 → 조선 왕조 건국(1392) → 한양 천도(1394)

(2) **신진 사대부의 분화(고려 말)**
  ① 온건 개혁파: 이색·정몽주·길재 등, 사학파 계승(16세기 사림), 고려 왕조의 틀 안에서 **점진적 개혁** 주장, 왕조 질서 파괴나 전면적 토지 개혁은 반대, 불교에 대한 온건적 비판, 우세한 경제력, 미약한 군사력
  ② 급진 개혁파: 정도전, 조준 등, 관학파 계승(15세기 훈구), 고려 왕조를 부정하는 **역성 혁명** 주장, 전면적 토지 개혁 주장

3. 조선 초기 정치의 전개

(1) **태조(1392~1398)** ★
  ① 제도 개편: 한양 천도(1394), 도성, 궁궐, 종묘, 사직, 관아, 학교, 시장, 도로 등을 건설하여 도읍의 기틀을 다짐, 불교를 억압하고 유교를 숭상
  ② 정도전의 개혁: 『**조선경국전**』과 『**경제문감**』을 저술하여 민본적 통치 규범 마련, 재상 중심의 정치 주장, 『**불씨잡변**』을 통하여 불교를 비판, 성리학을 통치 이념으로 확립

(2) **정종(1398~1400)**
  ① 제1차 왕자의 난(1398): 방석의 세자 책봉으로 인해 방원이 군사를 일으켜 방석·방번을 살해하고, 정도전과 남은 등을 제거하여 방과(정종)가 즉위
  ② 제2차 왕자의 난(1400): 논공행상에 불만을 품은 박포는 방간과 함께 군사를 일으켰으나 방원에 의해 실패, 정종은 방원을 왕세자로 삼고 양위(1400.11.)

(3) **태종(1400~1418)** ★★ [국왕 중심의 통치 체제 정비]
  ① 왕권 강화: 도평의사사❶를 없애고 의정부를 설치(**6조 직계제** 시행), **사간원 독립**(대신 견제), 사원전 몰수, **사병을 철폐**하여 군사 지휘권 장악, 처남 숙청
  ② 사회·문화 제도 정비: 양전 사업 실시, **호패법**❷ 실시(1413), 신문고 설치, 억울한 노비 해방, 서얼차대법(서얼의 관직 진출 제한)과 재가금지법 제정 [민무구, 민무질]

✏ check! 필수 암기!

조선 초기 왕들의 업적

- **태조**: 한양 천도, 정도전의 재상 정치(『조선경국전』, 『불씨잡변』)
- **태종**: 6조 직계제, 호패법
- **세종**: 집현전, 의정부 서사제, 공법, 4군 6진, 훈민정음, 측우기, 『농사직설』, 『칠정산』
- **세조**: 6조 직계제, 『경국대전』 편찬 시작, 직전법
- **성종**: 『경국대전』 완성, 홍문관, 관수관급제

➕ 정도전의 재상 중심 정치
정도전은 훌륭한 재상에게 정치의 실권을 부여하여 위로는 임금을 받들어 올바르게 인도하고, 아래로는 백관을 통괄하고 만민을 다스리는 중책을 부여하자고 주장하였다.

❶ 도평의사사의 개혁
세자 시절 이방원이 1400년 4월, 도평의사사를 의정부로 개편하여 재신들을 정치에 참여시켰다.

❷ 호패법
태종 13년(1413)에 처음 실시된 호패법은 조선의 16세 이상 양반에서 천민까지의 모든 남자에게 적용하였다. 이들이 차고 다닌 호패는 신분에 따라 사용되는 재료와 기재 내용이 달랐으며, 오늘날 주민등록증과 같은 것이었다. 호패법의 시행은 왕권의 강화를 꾀함과 동시에 농민의 향촌 이탈을 방지하여 국가 재정을 확보하는 데 궁극적인 목적이 있었다.

(4) 세종(1418~1450)★★
① 왕권과 신권의 조화: 정책 연구 기관인 집현전❸ 설치(1420), 의정부 서사제 시행(재상 합의제), 인사·군사권은 왕이 직접 행사
② 유교 정치: 국가 행사를 유교식으로 거행, 『주자가례』 시행 장려, 왕도 정치를 내세워 유교적 민본 사상 추구, 유능한 인재 발굴, 청백리 재상 등용, 여론 존중 ─ 깨끗한 정치 실현
③ 민생 안정: 토지 비옥도와 풍흉에 따른 조세 부과 기준을 만들어 전분6등법과 연분9등법 시행(1444, 공법)
④ 국방 강화: 4군(최윤덕)·6진(김종서) 개척, 대마도 정벌(이종무) ─ 1443년 창제, 1446년 반포
⑤ 민족 문화의 발달과 편찬 작업: 훈민정음 창제, 측우기·앙부일구·자격루·간의·혼천의 등의 과학 기구 발명, 아악 정리, 사고의 정비, 『농사직설』·『의방유취』·『향약집성방』·『용비어천가』·『삼강행실도』·『총통등록』·『칠정산』 내·외편 등 편찬

(5) 단종(1452~1455)
수양 대군이 계유정난을 일으켜 김종서, 황보인 등을 제거하고 정권 장악(1453) → 세조 즉위(1455), 이징옥의 난(1453, 反 계유정난)

(6) 세조(1455~1468)★★
① 왕권 강화: 6조 직계제 부활, 집현전 폐지, 경연 폐지, 종친 등용, 유향소 폐지 ─ 유교 경전, 역사 등의 교육, 왕과 신하들이 정책 토론
② 단종 복위 운동(1456): 단종 복위 운동을 일으킨 사육신을 비롯한 반대파에 집현전 학자 출신이 다수 참여 ─ 이시애의 난(1467)
③ 정치적 안정의 노력: 『경국대전』 편찬 시작, 경제 안정을 위해 현직 관료에게만 토지를 지급하는 직전법 시행, 보법 제정, 5위제 및 진관 체제 실시 ─ 정군(현역) + 보인(정군 비용 담당)

📖 사료 읽기

▶ 의정부 서사제
6조는 각기 모든 직무를 먼저 의정부에 품의하고, 의정부는 가부를 헤아린 뒤에 왕에게 아뢰어 (왕의) 전지를 받아 6조에 내려 보내어 시행한다. 다만 이조·병조의 제수, 병조의 군사 업무, 형조의 사형수를 제외한 판결 등은 종래와 같이 각 조에서 직접 아뢰어 시행하고 곧바로 의정부에 보고한다. 만약 타당하지 않으면 의정부가 맡아 심의 논박하고 다시 아뢰어 시행토록 한다.
― 『세종실록』 ―

▶ 6조 직계제
상왕(단종)이 어려서 무릇 조치하는 바는 모두 대신에게 맡겨 논의 시행하였다. 지금 내(세조)가 명을 받아 왕통을 계승하여 군국 서무를 아울러 모두 처리하며 조종의 옛 제도를 모두 복구한다. 지금부터 형조의 사형수를 제외한 모든 서무는 6조가 각각 그 직무를 담당하여 직계한다.
― 『세조실록』 ―

(7) 성종(1469~1494)★
① 통치 체제 확립: 『경국대전』 완성·반포(1485), 조선의 통치 방향과 이념 제시
② 홍문관 설치: 집현전을 계승한 홍문관❹ 설치(1478), 왕의 정치적 자문 역할 담당, 경연을 부활시켜 왕과 신하가 함께 모여 정책 토론·심의
③ 관수관급제: 국가가 직접 수조권을 행사하여 관리에게 녹봉을 지급하는 방식, 국가의 토지 지배권 강화
④ 편찬 사업: 『동국여지승람』, 『동국통감』, 『삼국사절요』, 『동문선』, 『악학궤범』, 『국조오례』, 『해동제국기』❺ 등의 서적 편찬

---

❸ **집현전 학사의 역할**
집현전 학사는 학문 연구와 아울러 경연에 참여하여 국왕의 통치를 자문하였다. 이 기능은 이후 홍문관으로 이어졌다.

➕ **6조 직계제와 의정부 서사제**
• 6조 직계제: 태종과 세조 때 시행

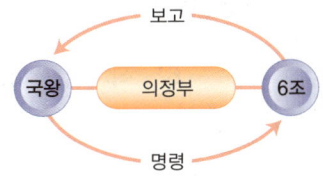

• 의정부 서사제: 세종 때 시행

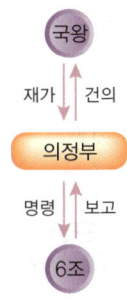

➕ **사육신과 생육신**
• 사육신: 성삼문, 박팽년, 하위지, 유응부, 유성원, 이개
• 생육신: 김시습, 이맹전, 성담수, 조여, 원호, 권절

❹ **홍문관**
홍문관은 성종 때 집현전을 대체하여 설치된 기구로 옥당, 옥서, 영각 등으로 불리었고, 사헌부, 사간원과 함께 삼사로 일컬어졌다.

❺ **『해동제국기』(1471)**
신숙주가 성종의 명을 받아 일본과 유구국의 지리·국정·풍속·사회 외에도 외교의 연혁이나 통상에 관한 규정을 종합적으로 정리하여 기록한 책이다. 계해약조(1443, 세종) 이후 완화되는 일본에 대한 통제를 다시 강화하기 위하여 편찬하였다.

01 단골 키워드 문제

IV. 근세의 한국사
01 근세의 정치_1

정답 및 해설 36쪽

기출 선택지 미리보기

- **정도전** – 『조선경국전』을 저술하여 통치 제도 정비에 기여하였다.
- **태종** – 6조 직계제를 시행하여 왕권을 강화하였다.
- **세종** – 한양을 기준으로 한 역법서인 『칠정산』 내편을 편찬하였다.
- **세조** – 수양 대군이 정권을 장악하는 과정을 정리한다.
- **성종** – 『경국대전』을 반포하여 국가 통치 규범을 마련하였다.

기출 키워드로 연습하기

01
① 태종 • • 경연 폐지
② 세종 • • 호패법
③ 세조 • • 의정부 서사제

02 이방원은 『조선경국전』과 『경제문감』을 저술하여 민본적 통치 규범을 마련하고, 재상 중심의 정치를 주장하였다. (O / ×)

03 태종은 6조 직계제를 시행하여 의정부를 폐지하였다. (O / ×)

04 세종 때 왜구의 약탈이 계속되자 이를 강력히 응징하기 위하여 (   )을/를 보내 왜구의 소굴인 대마도를 토벌하였다.

05 (   ) 때 성삼문 등이 단종 복위 운동을 일으키다 처형되었다.

06 (   ) 때 국가의 통치 체제를 확립하기 위하여 편찬하기 시작한 『경국대전』이 완성되었다.

정답 | **01** ① 호패법 ② 의정부 서사제 ③ 경연 폐지 **02** × **03** ×
04 이종무 **05** 세조 **06** 성종

---

01 KEYWORD 01 정도전

밑줄 그은 '인물'에 대한 설명으로 옳은 것은?   심화 68회 18번

① 최초의 서원인 백운동 서원을 건립하였다.
② 일본에 다녀와서 해동제국기를 편찬하였다.
③ 성학십도를 지어 군주의 도를 도식으로 설명하였다.
④ 조선경국전을 저술하여 통치 제도 정비에 기여하였다.
⑤ 경세유표를 집필하여 국가 제도의 개혁 방향을 제시하였다.

02 KEYWORD 02 태종

밑줄 그은 '임금'의 재위 시기에 있었던 사실로 옳은 것은?   심화 59회 19번

① 명의 신종을 제사하는 대보단이 설치되었다.
② 백과사전류 의서인 의방유취가 편찬되었다.
③ 왕권 강화를 위해 6조 직계제가 실시되었다.
④ 조선의 기본 법전인 경국대전이 반포되었다.
⑤ 역대 문물 제도를 정리한 동국문헌비고가 간행되었다.

03 KEYWORD 03 세종(과학 기술)

밑줄 그은 '왕'의 업적으로 옳은 것은? 심화 66회 19번

> 이전에 주조한 활자가 크고 고르지 않았다. 이에 왕께서 경자년에 다시 주조하셨다. 그리하여 그 모양이 작고 바르게 되었으니, 이것으로 인쇄하지 않은 책이 없었다. 이를 경자자라고 하였다. 갑인년에 다시 『위선음즐(爲善陰騭)』의 글자 모양을 본떠 갑인자를 주조하니, 경자자에 비하여 조금 크고 활자 모양이 매우 좋았다.

① 조선의 기본 법전인 경국대전을 반포하였다.
② 역대 문물을 정리한 동국문헌비고를 간행하였다.
③ 삼남 지방의 농법을 소개한 농사직설을 편찬하였다.
④ 전세를 1결당 4~6두로 고정하는 영정법을 제정하였다.
⑤ 삼정의 문란을 시정하기 위해 삼정이정청을 설치하였다.

04 KEYWORD 04 집현전

(가) 기구에 대한 설명으로 옳은 것은? 심화 72회 19번

> **도로명으로 보는 역사: 만리재로**
>
> 이 도로명은 만리재에서 유래한 것이다. 만리재는 조선의 문신 최만리가 살았다고 하여 붙여진 지명이다. 세자의 스승이기도 하였던 최만리는 세종이 학문 연구, 편찬 사업 등을 수행하도록 설치한 (가) 의 부제학으로 활약하였다. 그러나 훈민정음 창제를 반대하는 상소를 올려 세종과 갈등을 빚기도 하였다.

① 은대(銀臺)라고도 불렸다.
② 전문 강좌인 7재를 운영하였다.
③ 고려의 삼사와 같은 기능을 수행하였다.
④ 단종 복위 운동을 계기로 세조에 의해 폐지되었다.
⑤ 대사성을 수장으로 좨주, 직강 등의 관직을 두었다.

05 KEYWORD 05 세조

밑줄 그은 '왕'의 재위 기간에 있었던 사실로 옳은 것은? 심화 51회 19번

> **역사 신문**
> 제△△호   ○○○○년 ○○월 ○○일
> **육조 직계제 부활하다**
> 계유년에 황보인 등을 제거하고 권력을 장악한 이후 즉위한 왕은 강력한 왕권을 행사하고자 육조 직계제를 부활시켰다. 이번 조치는 형조의 사형수 판결을 제외한 육조의 서무를 직접 왕에게 보고하도록 한 것이다. 따라서 이전보다 더욱 강력한 육조 직계제가 시행될 것으로 예상된다.

① 주자소가 설치되어 계미자가 주조되었다.
② 조의제문이 발단이 되어 무오사화가 일어났다.
③ 통치 체제를 정비하기 위해 대전회통이 편찬되었다.
④ 제한된 범위의 무역을 허용한 계해약조가 체결되었다.
⑤ 현직 관리에게만 수조지를 지급하는 직전법이 시행되었다.

06 KEYWORD 06 성종

밑줄 그은 '전하'의 재위 시기에 있었던 사실로 옳은 것은? 심화 70회 19번

며칠 전 전하께서 예문관에서 옛 집현전의 직제를 분리하여 홍문관으로 이관하는 것을 명하셨다고 하네. 이제 홍문관이 옛 집현전의 기능을 대신한다는 것이지.

홍문관원들이 경연관을 겸한다고 하니 앞으로 경연이 더욱 활성화되겠군.

① 국왕의 친위 부대인 장용영이 설치되었다.
② 백운동 서원이 사액을 받아 소수 서원이 되었다.
③ 국가의 의례를 정비한 국조오례의가 완성되었다.
④ 통치 체제를 정비하기 위해 속대전이 편찬되었다.
⑤ 수조권이 세습되던 수신전과 휼양전이 폐지되었다.

02 근세의 정치_2

✏️ check! 필수 암기!

조선의 통치 체제
- **중앙**: 승정원, 삼사
- **지방**: 관찰사, 수령, 유향소, 향약

➕ 고려와 조선의 통치 체제 비교

구분	고려	조선
총괄	상서성	의정부
비서	중추원(승선)	승정원
감찰	어사대	사헌부
대간	낭사 + 어사대	삼사

※ 고려의 삼사는 단순 회계 기구

➕ 승정원
은대, 후원, 정원, 대언사라고도 하였다.

01 통치 체제의 정비(1)

1. 중앙 행정 조직

『경국대전』으로 법제화

(1) **관리 조직**: 문반과 무반의 양반으로 구성 (30등급, 18품 30계)
  - 9등급 × 2계급(정·종) = 18품
  - 6품 이상: 6등급 × 4계급(정·종·상·하) = 24계
  - 7품 이하: 3등급 × 2계급(정·종) = 6계

(2) **관직 체제**: 경관직(중앙 관직)과 외관직(지방 관직)으로 구성

(3) **정치 기구**★★★

❗ 조선의 중앙 행정 조직

① <mark>의정부</mark>: 국정 총괄, 최고 관부로서 재상(3정승)들의 합의를 통해 정책을 결정·심의하는 기구
② **6조**(집행·실무 담당): 이조, 호조, 예조, 병조, 형조, 공조
③ 왕권 견제 기구(삼사): <mark>사헌부</mark>, <mark>사간원</mark>, <mark>홍문관</mark> — 관리의 비리 감찰, 정사 비판, 문필 활동 등의 연출 가능
④ 왕권 강화 기구: <mark>의금부</mark>, <mark>승정원</mark> — 국왕 직속의 상설 사법 기관, 대역·모반죄 등 중죄 처결
⑤ 기타: <mark>춘추관</mark>, <mark>한성부</mark>, <mark>성균관</mark>

2. 지방 행정 조직

(1) **특징**
① 8도 정비: <mark>태종</mark> 때 전국을 <mark>8도</mark>로 획정(1413)
② 지방 행정 구역: 8도 아래 부·목·군·현을 설치하고 현 아래에 면·리·통을 설치, 전국에 약 330여 개의 군현 존재, 속현을 폐지하여 <mark>모든 군현(전국)에 지방관이 파견</mark>

(2) 행정 조직★

ℹ️ 조선의 지방 행정 조직

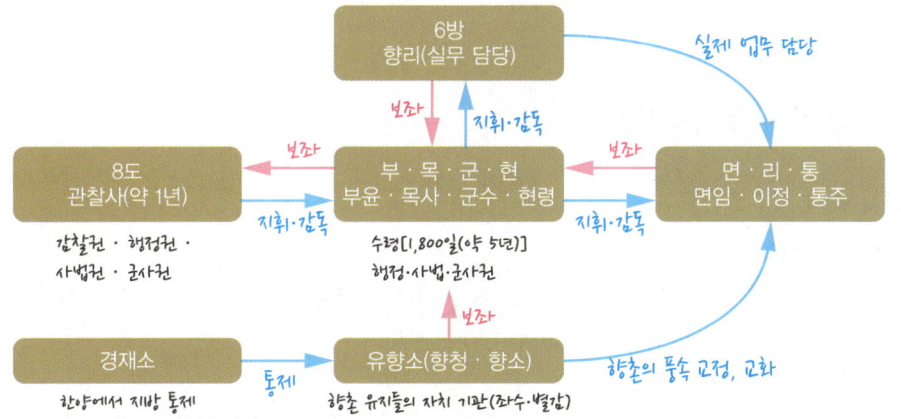

① 구조: 8도(관찰사 파견) – 부·목·군·현(수령 파견) – 면·리·통(면임, 이정, 통주 선임)

② 지방관 파견의 원칙: 지방관을 출신 지역으로 임명하지 않는 상피제 시행, 관찰사는 1년, 수령은 5년으로 그 임기를 제한

③ 관찰사: 전국 8도에 파견, 감찰권·행정권·사법권·군사권 행사, 수령을 지휘·감독

④ 수령
  ㉠ 권한: 부·목·군·현에 파견, 왕의 대리인으로 지방의 행정·사법·군사권 장악
  ㉡ 의무: 수령의 업무를 평가[수령 7사 – 농상성(農桑盛), 사송간(詞訟簡), 간활식(奸猾息), 호구증(戶口增), 학교흥(學校興), 군정수(軍政修), 부역균(賦役均)]

⑤ 향리: 지역의 토착 세력으로 수령의 행정 실무를 보좌하는 세습적 아전으로 격하
  └ 공물 납부 및 지방관의 공적·사적 부탁 수행 등

(3) 향촌 사회★★★

① 향촌: 향은 행정 구역상 군현의 단위를 말하며, 촌은 촌락이나 마을을 의미

② 유향소(향청)
  ㉠ 향촌 자치: 향촌의 유지(전직 관료)들로 구성된 자치 기구, 수령 보좌, 향리 감찰, 향안에 등재된 양반들로 구성되며, 장(長)인 좌수(향정)와 2명의 별감을 선출하여 운영
  ㉡ 역할: 자율적 규약(향약)을 만들고 백성을 교화하며 사회 풍속 교정

📖 **사료 읽기**

➤ **유향소**
지금까지 고을에서 백성을 예속(禮俗)으로 이끈 사람이 몇이나 되는가. 수령은 장부 처리에 바빠서 그럴 틈이 없었고, 선비들은 풍속을 교화시킬 방법은 있었으나 지위가 없어서 사람들이 따르지 않았다. 이제 우리 전하께서 전에 폐지되었던 유향소를 다시 두게 하셨으니, 나이와 덕망이 높은 자를 추대하여 좌수(座首)라고 일컫고, 그 다음을 별감(別監)이라고 일컬었다.
— 『퇴계선생문집』 —

➕ **관찰사와 수령**

• **관찰사**: 관찰사는 전국 8도에 각각 파견되었으며 감찰권, 행정권, 사법권, 군사권을 가진 중요한 직책으로서 종2품 이상의 현직 및 퇴직 관료 중에서 임명하였다.

• **수령**: 수령은 문무 양반 중에서 임명하였고 임명 품계는 종2품 당상관에서 종6품 참상관까지에 걸쳐 있었으며, 문과·무과·잡과 중 하나를 통과해야 하였다.

⊕ 지방 통제 기구

시기	제도
통일 신라	상수리 제도
고려	기인 제도
조선	경재소

③ **경재소**: 중앙 정부가 현직 관료로 하여금 연고지의 유향소를 통제하게 하는 제도, 중앙과 지방의 연락 업무 담당
④ **변천**: 선조 때 경재소가 폐지되면서 유향소의 명칭을 향청(향소)으로 변경

02 통치 체제의 정비(2)

1. 군사 조직

(1) 군역 제도
  ① **원칙**: 양인개병제, 농병일치제, 태종 이후 사병을 모두 폐지하고 <mark>16세 이상 60세 이하의 모든 양인</mark> 남자에게 군역의 의무 부과
  ② 정군과 보인
     ㉠ <mark>정군</mark>: 서울에서 근무하거나 국경 요충지에 배속되어 <mark>현역</mark>으로 복무, 일정 기간 교대로 복무, 복무 기간에 따라 품계 지급
     ㉡ <mark>보인</mark>: 정군이 군역을 지는 동안의 필요한 식량·의복 등의 <mark>경비 부담</mark>
  ③ **특권**: 현직 관료와 학생·향리 등은 군역 면제, 종친·외척·공신이나 고급 관료의 자제는 고급 특수군에 편입되어 군역을 대신함

❶ 진관 체제
세조 이후에 실시된 지역 단위의 방위 체제로, 각 도에 한두 개의 병영을 두어 병사가 관할 지역 군대를 장악하고 병영 아래에 몇 개의 거진을 설치하여 거진의 수령이 그 지역 군대를 통제하는 체제였다. 수군도 육군과 같은 방식으로 편제되었다.

(2) 군사 제도
  ① **중앙군**: <mark>5위</mark>(궁궐과 서울 수비), <mark>갑사</mark>(간단한 무예 시험), 특수병(왕실·공신·고급 관료의 자제)
  ② **지방군**: 육군과 수군, 영진군[국방상 요지인 영(營)이나 진(鎭)에 소속] ← 세조 이후 진관 체제❶
  ③ **잡색군**: 일종의 <mark>예비군</mark>, 서리, 잡학인, 신량역천인, 노비 등으로 구성
(3) **교통·통신 제도**: 봉수 제도 정비, 물자 수송과 통신을 위한 역참 설치

✎ check! 필수 암기!
관리 등용 제도
과거: 문과·무과·잡과, 양인 이상, 문과 응시 제한 有
기타: 음서(2품 이상), 상피제, 서경제

2. 관리 등용 제도

(1) 과거 제도★★

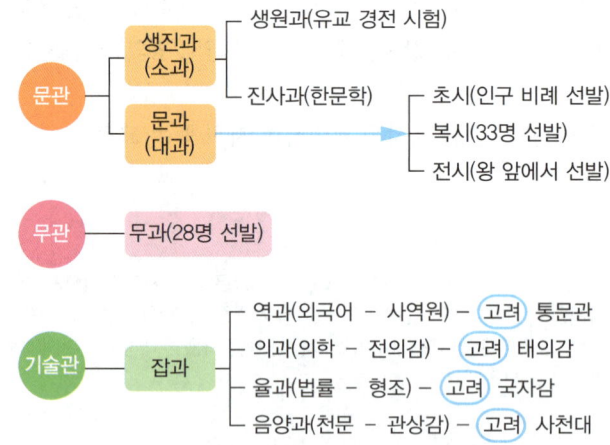

⊕ **조선 시대 과거 제도의 특징**
• 무과를 시행하여 문무 양반 체제 확립
• 기술관은 별도의 기술 학부 없이 각 해당 관청에서 교육
※ 고려는 국자감에서 기술 학부를 설치하여 교육

① 절차
  ㉠ **원칙**: <mark>문과(문관)·무과(무관)·잡과(기술관)</mark>로 구성, 천민을 제외하고는 법적으로 특별한 제한 없음

- ⓒ 응시 제한: 문과의 경우 탐관오리의 아들, 재가한 여자의 자손, 서얼에게는 응시 제한
- ⓒ 시험 시기: 식년시(3년마다 실시하는 정기 시험), 별시(부정기 시험, 증광시 · 알성시)
  - 국가적 경사가 있을 때 보는 부정기 시험
- ② 종류 ─ 왕이 문묘에 제례를 올릴 때 성균관 유생들을 대상으로 보는 부정기 시험
  - ㉠ 문과(대과): 소과에 합격한 생원 · 진사(성균관 입학 가능, 문과 응시 가능)나 성균관 학생이 응시 가능, 초시(각 도의 인구 비례) · 복시(33명) · 전시(왕 앞에서 시험)로 시행
  - ㉡ 무과: 고려에 비해 문무 양반 제도의 확립, 28명 선발
  - ㉢ 잡과: 3년마다 실시(역과 · 의과 · 음양과 · 율과), 각 해당 관청에서 기술 교육
- ③ 합격 처우
  - ㉠ 소과: 백패 수여, 성균관에 입학하거나 문과에 응시, 하급 관리로 임명
  - ㉡ 문과(대과): 홍패 수여, 장원은 참상관(종6품)에 제수
  - ㉢ 무과: 홍패 수여, 선달의 칭호 수여
  - ㉣ 잡과: 백패 수여, 기술관 임명

(2) **특별 채용 제도**: 천거❷, 취재(하급 관리 선발), 음서(2품 이상 고관 자제)

(3) **인사 관리 제도**
  - ① 상피제: 고관을 출신지에 임명하지 않는 제도
  - ② 서경제: 5품 이하 관리 등용 시 양사(사간원, 사헌부)에 관리 임명 동의를 받는 제도

❷ 천거
기존 고관(3품 이상)의 추천을 받아 간단한 시험을 치른 후 관직에 등용되었던 제도로 대개 기존의 관리를 대상으로 하였고, 벼슬하지 않은 사람이 천거되는 경우는 드물었다.

02 단골 키워드 문제

IV. 근세의 한국사
02 근세의 정치_2

정답 및 해설 38쪽

기출 선택지 미리보기

- 홍문관은 경서와 사서를 강론하는 경연을 주관하였다.
- 의금부는 국왕 직속 사법 기구로 반역죄, 강상죄를 처결하였다.
- 한성부는 수도의 행정과 치안을 담당하였다.
- 수령은 지방의 행정, 사법, 군사권을 행사하였다.
- 유향소는 좌수와 별감 등의 향임직을 두었다.

기출 키워드로 연습하기

01 ① 승정원 • • 감찰 기구
　　② 사헌부 • • 왕명 출납
　　③ 사간원 • • 간쟁, 서경

02 이조의 업무는 문관과 무관의 인사를 담당하는 것이었다. (○ / ✕)

03 조선 시대에는 서얼도 문과에 응시할 수 있었다. (○ / ✕)

04 원칙적으로 (　　) 이상의 신분이면 과거에 응시할 수 있었다.

05 (　　)은/는 전국 부·목·군·현의 지방관으로 관찰사의 지휘와 감독을 받았다.

06 (　　)은/는 향촌의 유지(전직 관료)들로 구성된 자치 기구로 수령을 보좌하고 향리를 감찰하며 향촌 사회의 풍속을 바로잡는 역할을 하였다.

정답 | 01 ① 왕명 출납 ② 감찰 기구 ③ 간쟁, 서경 02 ✕ 03 ✕
04 양인(평민) 05 수령 06 유향소

01 KEYWORD 01 의금부

(가) 기구에 대한 설명으로 옳은 것은?   심화 58회 20번

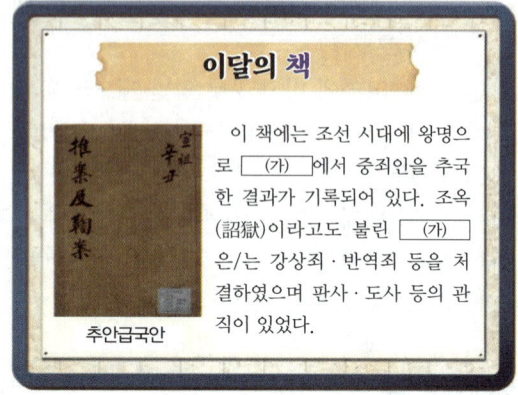

① 국왕 직속의 특별 사법 기구였다.
② 사림의 건의로 중종 때 폐지되었다.
③ 사헌부, 사간원과 함께 삼사로 불리었다.
④ 5품 이하의 관원에 대한 서경권을 행사하였다.
⑤ 서얼 출신의 학자들이 검서관으로 기용되었다.

02 KEYWORD 02 사헌부

(가) 기구에 대한 설명으로 옳은 것은?   심화 69회 20번

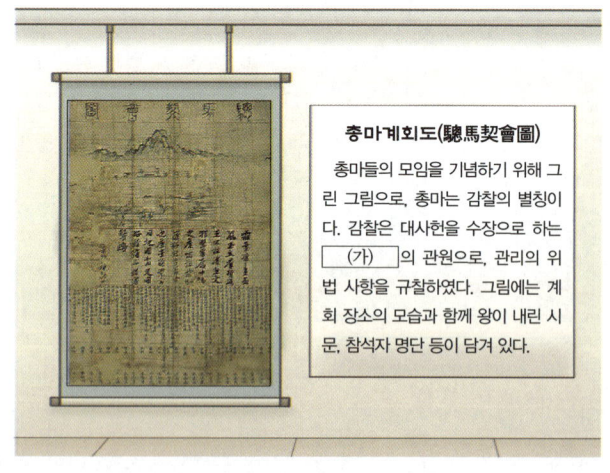

① 수도의 행정과 치안을 담당하였다.
② 왕명 출납을 맡은 왕의 비서 기관이었다.
③ 왕에게 경서 등을 강론하는 경연을 주관하였다.
④ 역사서를 편찬하고 사고에 보관하는 일을 맡았다.
⑤ 5품 이하 관리의 임명 과정에서 서경권을 행사하였다.

KEYWORD 03 승정원

03 최다 빈출 유형
밑줄 그은 '이 기구'에 대한 설명으로 옳은 것은?

심화 62회 20번

이 책은 1870년에 편찬된 은대조례입니다. 서문에서 흥선 대원군은 은대라고 불린 이 기구의 업무 처리 규정을 일목요연하게 정리하였으니 앞으로 승지들의 사무에 나침반이 될 것이라고 밝혔습니다.

① 왕명의 출납을 관장하였다.
② 사간원, 사헌부와 함께 3사로 불렸다.
③ 천문 연구, 기상 관측 등의 일을 맡았다.
④ 실록을 보관하고 관리하는 업무를 담당하였다.
⑤ 국왕 직속 사법 기구로 강상죄, 반역죄 등을 처결하였다.

04 꼬리 물기 문제
(가) 기구에 대한 설명으로 옳은 것은?

심화 60회 21번

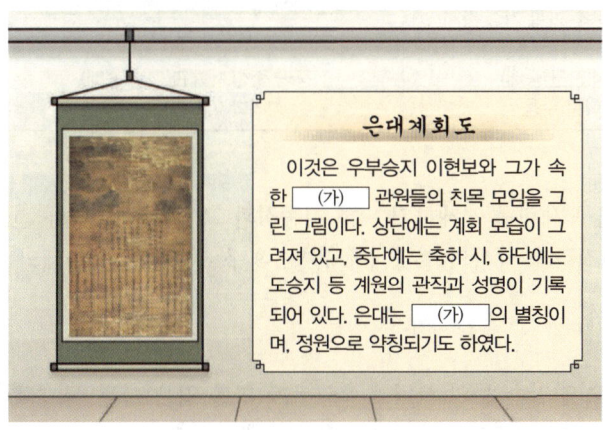

은대계회도
이것은 우부승지 이현보와 그가 속한 (가) 관원들의 친목 모임을 그린 그림입니다. 상단에는 계회 모습이 그려져 있고, 중단에는 축하 시, 하단에는 도승지 등 계원의 관직과 성명이 기록되어 있다. 은대는 (가) 의 별칭이며, 정원으로 약칭되기도 하였다.

① 사간원, 홍문관과 함께 삼사로 불렸다.
② 외국으로 가는 사신의 통역을 전담하였다.
③ 천문, 지리, 기후 등에 관한 사무를 맡았다.
④ 왕명 출납을 담당하는 왕의 비서 기관이었다.
⑤ 국왕 직속 사법 기구로 반역죄 등을 처결하였다.

05 KEYWORD 04 홍문관
(가)에 대한 설명으로 옳은 것은?

심화 76회 22번

이것은 옥당이라고도 불린 (가) 에 걸려있던 현판으로, '십팔학사들의 서책이 있는 관부'라는 뜻의 글이 있습니다. 이 관청이 궁중의 도서를 관리하고 문한(文翰)과 왕의 자문을 담당하였기에 당나라 황제를 보좌했던 십팔학사의 고사에 빗대어 표현한 것입니다.

① 수도의 행정과 치안을 담당하였다.
② 사헌부, 사간원과 함께 3사로 불렸다.
③ 대사성, 좨주, 직강 등의 관직이 있었다.
④ 왕명 출납을 맡은 왕의 비서 기관이었다.
⑤ 사초와 시정기를 바탕으로 실록을 편찬하였다.

06 KEYWORD 05 유향소
(가) 기구에 대한 설명으로 옳은 것은?

심화 67회 21번

우부승지 김종직이 아뢰기를, "고려 태조는 여러 고을에 영을 내려 공변되고 청렴한 선비를 뽑아서 향리들의 불법을 규찰하게 하였으므로 간사한 향리가 저절로 없어져 5백 년간 풍화를 유지할 수 있었습니다. 우리 조정에서는 이시애의 난 이후 (가) 이/가 혁파되자 간악한 향리들이 불의를 자행하여서 건국한 지 1백 년도 못 되어 풍속이 쇠퇴해졌습니다. …… 청컨대 (가) 을/를 다시 설립하여 향풍(鄕風)을 규찰하게 하소서."라고 하였다.

— 『성종실록』 —

① 조광조 일파의 건의로 폐지되었다.
② 좌수와 별감을 중심으로 운영되었다.
③ 풍기 군수 주세붕이 처음 설립하였다.
④ 대사성 이하 좨주, 직강 등의 관직을 두었다.
⑤ 매향(埋香) 활동 등 각종 불교 행사를 주관하였다.

03 근세의 정치_3

✏️ check! 필수 암기!

사화
무오사화(김종직의 조의제문), 기묘사화(조광조, 위훈 삭제), 을사사화(대윤, 소윤)

붕당의 계기
이조 전랑직(동인, 서인), 정여립 모반 사건(남인, 북인)

➕ 사림의 계보

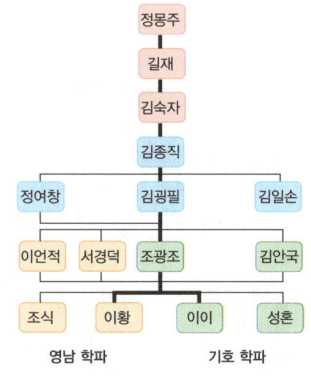

❶ 조의제문

항우가 초나라 의제를 폐위시켜 죽인 사건에서 의제를 추모한 글로서, 항우는 세조를, 의제는 단종을 비유한 것이라고 하여 훈구 세력이 사림 세력을 공격하였다.

01 사림의 대두와 붕당 정치

1. 사림의 성장

❗ 훈구파와 사림파의 발전 및 사화

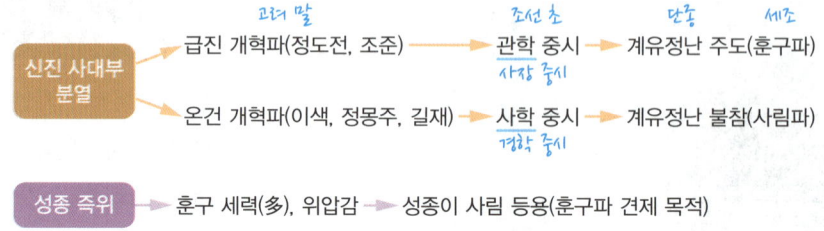

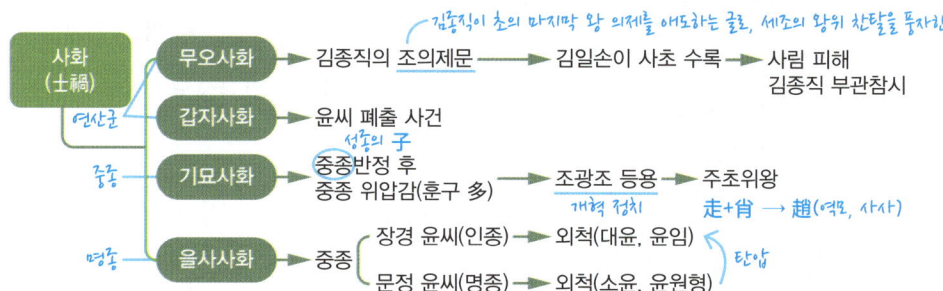

(1) 훈구와 사림 ★

구분	훈구파	사림파
집권기	세조 대, 15세기	성종 대, 16세기
배경	중앙, 관학파, 대지주, 계유정난 참여	지방, 사학파, 중소지주
정치	중앙 집권 체제, 부국강병, 과학 기술 중시	향촌 자치, 왕도 정치(도덕·의리 숭상), 과학 기술 천시
성향	자주적 민족 의식(단군 숭배), 성리학 이외 학문 수용	중국 중심 세계관(기자 숭배), 성리학 이외 학문 배척

(2) 사림 세력의 성장
① 중앙 정계 진출: 성종 때 훈구 세력을 견제하기 위해 김종직과 그 문인이 중앙에 진출
② 사림의 활동: 과거를 통해 전랑과 삼사의 언관직에 등용, 훈구 세력의 부정부패와 대토지 소유 비판

(3) 사화의 발생
① 무오사화(1498, 연산군) ★★: 김일손 등의 사림이 훈구에게 화를 입은 사건, 김종직의 제자인 김일손이 사초에 삽입한 김종직의 조의제문❶이 발단

> **사료 읽기**
>
> ▶ **김종직의 조의제문**
> 정축 10월 어느 날에 나는 밀성으로부터 경산으로 향하면서 답계역에서 자는데, 그날 밤 꿈에 한 신인(神人)이 나타나, "나는 초나라 회왕의 손자인데 우리 조부께서 항우에게 죽임을 당하였다."라고 말하고는 갑자기 사라져 보이지 않았다. 나는 꿈을 깨어 놀라 '회왕은 남초 사람이요, 나는 동이 사람으로, 거리가 만여 리가 될 뿐만 아니라, 세대의 전후도 역시 천 년이 훨씬 넘는데, 꿈속에 나오다니, 이것이 무슨 일일까?'라고 생각하였다.
> — 『연산군일기』 —

② 갑자사화(1504, 연산군): 윤비 폐출·사사 사건
③ 기묘사화❷(1519, 중종)★★★
  ㉠ 원인: 중종이 훈구를 견제하기 위하여 사림 세력인 조광조를 등용하여 개혁 추진
  ㉡ 전개: 조광조❸가 천거제의 일종인 현량과를 통하여 사림을 대거 등용하고 삼사의 언관직 등을 차지하면서 급진적 개혁 추진
  ㉢ 결과: 훈구 공신들의 반발로 조광조를 비롯한 사림 세력 대부분 제거
④ 을사사화(1545, 명종)★: 외척 간의 왕위 계승 다툼, 양재역 벽서 사건❹, 윤원형(소윤) 일파가 윤임(대윤) 일파를 몰아내고 정국 주도

2. 붕당 정치의 전개

(1) 붕당의 형성★
① 배경: 선조(1567~1608) 즉위 이후 사림이 중앙 정계에 대거 진출하여 정국 주도
② 성격: 정치 이념과 학문적 경향에 따라 결집 → 16세기 왕권 약화
③ 붕당 정치의 시작: 사림 세력 내 이조 전랑직을 두고 대립과 갈등 심화 → 왕실의 외척이자 기성 사림의 신망을 받던 심의겸 중심의 세력이 서인으로, 당시 신진 사림의 지지를 받던 김효원 중심의 세력은 동인으로 분당

> **동인, 서인의 분당**
>
> | 구분 | 동인(김효원 세력) | 서인(심의겸 세력) |
> |---|---|---|
> | 개혁 성향 | 개혁에 적극적(신진 사림) | 개혁에 소극적(기성 사림) |
> | 학통 | 이황 계열(주리론), 조식·서경덕 | 이이 계열(주기론), 성혼 |
> | 사상 경향 | 자기 수양을 통한 부패 방지, 원칙 중시 | 제도 개혁을 통한 부국 안민, 현실 중시 |

> **사료 읽기**
>
> 김효원이 알성 과거에 장원으로 합격하여 이조 전랑의 물망에 올랐으나, 그가 윤원형의 문객이었다 하여 심의겸이 반대하였다. 그 후에 심의겸의 동생 심충겸이 장원급제하여 전랑으로 천거되었으나, 외척이라 하여 효원이 반대하였다. 이때, 양편 친지들이 각기 다른 주장을 내세우면서 서로 배척하여 동인, 서인의 말이 여기서 비롯하였다. 효원의 집이 동쪽 건천동에 있고 의겸의 집이 서쪽 정동에 있기 때문이었다. 동인의 생각은 결코 외척을 등용할 수 없다는 것이었고, 서인의 생각은 의겸이 공로가 많을 뿐더러 선비인데 어찌 앞길을 막느냐는 것이었다.
> — 『연려실기술』 —

(2) 동인의 분열★
① 분당: 정여립 모반 사건(1589) ┌기축옥사┐ 과 정철의 건저의 문제를 계기로 온건파인 남인과 급진파인 북인으로 분당
② 전개: 선조 초기에는 남인이 주도적으로 정국을 운영하였으나, 임진왜란 이후 광해군이 즉위하면서 북인이 집권

---

❷ **기묘사화**
남곤은 나뭇잎의 감즙(甘汁)을 갉아 먹는 벌레를 잡아 모으고 꿀로 나뭇잎에다 '주초위왕(走肖爲王)' 네 글자를 쓰고서 벌레를 놓아 갉아먹게 하였다. …… 중종에게 보여 화(禍)를 조성하였다.

❸ **조광조의 개혁 정치**
현량과 실시(사림 등용), 위훈 삭제 추진(훈구파 견제), 불교·도교 행사 폐지(소격서 폐지), 소학 교육 장려(성리학적 질서 강요), 방납의 폐단 시정(수미법 건의), 경연 강화(왕도 정치), 향약 시행(향촌 자치 시도)

❹ **양재역 벽서 사건(1547)**
소윤이 벽서의 내용을 문제 삼아 대윤 및 사림파를 제거한 사건

❺ **이조 전랑과 병조 전랑의 권한**
정5품 정랑과 정6품 좌랑을 통칭하는 직급을 전랑이라 한다. 이조 전랑과 병조 전랑은 자대권(자천권, 후임자 천거권), 통청권(삼사의 당하관 이하 추천권), 낭청권(재야 사림 추천권)의 막강한 권한을 소유하고 있었다.

> **암기법**
>
> **동인과 서인**
> '심'의겸 세력은 '서'인!
> 'ㅅ'으로 기억합시다!

check! 필수 암기!

세종의 외교 정책
이종무(대마도 정벌), 계해약조, 4군(최윤덕) 6진(김종서), 사민 정책, 토관 제도

➕ 조선의 사절단
- 정기 사절: 정조사(새해맞이), 성절사(황제·황후 생일), 동지사(동지)
- 부정기 사절: 주청사(정치·외교 부탁), 사은사(중국이 은혜를 베풀었을 때 답례), 진하사(황제 칠순·팔순), 진향사(황제·황태자의 상), 진위사(황실의 상) 등
- 조천사: 명나라에 파견한 조선 사신
- 연행사: 청나라에 파견한 조선 사신

➕ 4군 6진과 국경선의 변화

➕ 동평관
태종 때 일본 사신을 접대한 장소로 한성에 설치하였다.

❺ 세사미두
세종 이후 해마다 쓰시마 도주에게 하사하던 쌀·콩으로 세종 때 계해약조로 200석을 하사하였으나, 중종 때 삼포왜란 이후 100석으로 감하였다.

---

02 조선 초기의 대외 관계

1. 사대 정책 – 명(明)

(1) 전개

① 태조
  ㉠ 표전 문제: 조선 초 명나라에 보낸 표전문(외교 문서)의 글귀가 예의에 어긋났다며 명에서 트집을 잡은 사건
  ㉡ 요동 정벌 준비: 정도전이 중심이 되어 추진한 요동 정벌 준비와 여진과의 관계를 둘러싸고 명과의 불편한 관계 유지

② 태종 이후: 태종 때 조선 왕조의 정통성을 인정받기 위해 친명 정책을 추진하여 활발히 교류, 세종 때는 대명(對明) 사대 관계를 원만히 수행하는 데 필요한 인재 양성과 자주적 외교 추진

(2) **자주적 실리 외교**: 조선은 명에 대해 표면적으로 사대 정책 유지, 명의 구체적인 내정 간섭은 없음, 선진 문물 수용과 왕권 안정 및 국제적 지위 확보를 위한 자주적 실리 외교

2. 교린 정책

(1) 여진★

① 4군 6진 개척: 세종 때에는 김종서와 최윤덕을 보내 여진을 토벌하여 4군 6진을 개척, 압록강과 두만강을 경계로 하는 오늘날과 같은 국경선 확정

② 양면 정책
  ㉠ 회유책: 여진족의 귀순을 장려하기 위하여 관직을 주거나 정착을 위한 토지와 주택을 주어 우리 주민으로 동화, 사절의 왕래를 통한 무역 허용, 국경 지방인 경성과 경원에 무역소를 두고 북평관(여진 사신 접대, 서울)을 설치하는 등 국경 무역 허락
  ㉡ 강경책: 여러 회유 정책에도 불구하고 자주 국경을 침입하여 약탈을 자행하자 조선에서 군대를 동원하여 정벌

③ 사민 정책
  ㉠ 이주 정책 실시: 삼남 지방의 일부 주민을 대거 북방으로 이주시켜 압록강과 두만강 이남 지역을 개발
  ㉡ 토관 제도: 민심 수습을 위하여 국경 지대 일부 군·현에는 수령을 파견하지 않고, 토착민을 토관으로 임명

(2) 일본

① 대마도 정벌(1419, 세종): 왜구의 잦은 약탈로 인해 이종무는 병선 227척, 병사 1만 7,000명을 이끌고 대마도를 정벌

② 3포 개항(1426, 세종): 조선은 대마도주의 간청을 받아들여 남해안의 부산포, 제포(진해), 염포(울산) 등 3포를 개방하여 무역 허용, 제한된 범위 내에서 교역 허락

③ 계해약조(1443, 세종): 3포 개항 후 무역량 제한, 세견선은 1년에 50척, 조선에서 왜인에게 주는 세사미두❺는 쌀과 콩을 합하여 200석으로 제한 ―대마도 도주에게 내왕을 허락한 무역선

(3) 동남아시아: 류큐, 시암, 자바 등의 국가와 조공 또는 진상의 형식으로 교류

03 단골 키워드 문제

IV. 근세의 한국사
03 근세의 정치_3

정답 및 해설 40쪽

기출 선택지 미리보기

- **무오사화** – 김일손의 사초가 발단이 되었다.
- 조광조는 현량과 실시를 건의하였다.
- **기묘사화** – 위훈 삭제를 주장한 조광조가 제거되었다.
- 선조 때 이조 전랑 임명을 둘러싸고 사림이 동인과 서인으로 나뉘었다.
- 세종 때 4군 6진을 설치하여 북방 영토를 개척하였다.

기출 키워드로 연습하기

01
① 연산군 • • 을사사화
② 중종 • • 갑자사화
③ 명종 • • 기묘사화

02 연산군 때 일어난 무오사화는 김종직의 조의제문이 발단이 되었다. (O / ×)

03 중종 때 등용된 조광조는 훈구를 견제하기 위해 현량과 폐지를 주장하였다. (O / ×)

04 사림 세력은 인사권을 가진 이조 전랑직을 놓고 동인과 서인으로 분열되었다. (O / ×)

05 동인은 정여립 모반 사건 등을 계기로 온건파인 ( )와/과 급진파인 ( )(으)로 분당되었다.

06 세종은 ( )을/를 보내 4군을 설치하였고, ( )을/를 보내 6진을 개척하였다.

정답 | 01 ① 갑자사화 ② 기묘사화 ③ 을사사화 02 O 03 × 04 O
05 남인, 북인 06 최윤덕, 김종서

---

01 KEYWORD 01 무오사화

다음 상황이 나타난 시기를 연표에서 옳게 고른 것은?

심화 63회 20번

> 왕이 전지하기를, "김종직은 보잘것없는 시골의 미천한 선비였는데, 선왕께서 발탁하여 경연에 두었으니 은혜와 총애가 더 없이 컸다고 하겠다. 그런데 지금 그의 제자 김일손이 사초에 부도덕한 말로써 선왕 대의 일을 거짓으로 기록하고, 또 스승인 김종직의 조의제문을 싣고서 그 글을 찬양하였으니, 형명(刑名)을 의논하여 아뢰어라."라고 하였다.

1468	1494	1506	1518	1545	1589
	(가)	(나)	(다)	(라)	(마)
남이의 옥사	연산군 즉위	중종 반정	소격서 폐지	명종 즉위	기축 옥사

① (가) ② (나) ③ (다) ④ (라) ⑤ (마)

02 KEYWORD 02 을사사화

㉠~㉤에 대한 탐구 활동으로 가장 적절한 것은? 심화 65회 20번

> ㉠왕이 어려서 즉위하여 모후(母后)가 수렴청정을 하고, 사림 간에 큰 옥사가 연달아 일어난 데다가 ㉡요승(妖僧)을 높이고 사랑하여 불교를 숭상했으나 모두 왕의 뜻은 아니었다. …… ㉢부세는 무겁고 부역은 번거로웠으며 흉년으로 백성들이 고달프고 도적이 성행하여 국내의 재력이 고갈되었다. 그래서 왕이 비록 성덕(盛德)을 품었어도 끝내 하나도 펴지 못했으니 참으로 애석하다. 그러다가 ㉣문정 왕후가 돌아가신 후에 국정을 주관하게 되자 …… ㉤을사사화 때 화를 당한 사람들을 풀어 주고 먼 곳으로 쫓겨난 사람들을 모두 내지로 옮겼다.

① ㉠ – 1차 왕자의 난이 일어난 이유를 찾아본다.
② ㉡ – 황사영 백서 사건이 가져온 결과를 살펴본다.
③ ㉢ – 예송 논쟁의 발생 배경을 파악한다.
④ ㉣ – 갑술환국의 전개 양상을 정리한다.
⑤ ㉤ – 윤임 일파가 축출되는 과정을 조사한다.

KEYWORD 03 기묘사화

03 최다 빈출 유형

다음 자료에 대한 탐구 활동으로 가장 적절한 것은?

심화 70회 20번

> ○ 조광조 등이 아뢰기를, "소격서가 요사하고 허탄함은 이미 경연에서 다 아뢰었고 전하께서도 그것이 허탄함을 환히 아시니 지금 다시 말할 것이 없습니다.……"라고 하였다.
>
> ○ 신광한이 아뢰기를, "지난번에 조광조가 아뢰었던 천거로 인재를 뽑는 일은 여럿이 의논한 일입니다. 각별히 천거하는 것은 한(漢)에서 시행한 현량과와 효렴과를 따르는 것이 가합니다. 이것은 자주 할 수는 없으나 지금은 이를 시행할 만한 기회입니다.……"라고 하였다.

① 호포제를 실시한 배경을 조사한다.
② 기해예송의 전개 과정과 결과를 파악한다.
③ 중종 때 사림과 언관들이 제기한 주장을 검색한다.
④ 정여립 모반 사건을 계기로 동인이 입은 피해를 찾아본다.
⑤ 인현 왕후가 폐위되고 남인이 권력을 차지한 사건을 알아본다.

04 꼬리 물기 문제

(가)에 들어갈 내용으로 가장 적절한 것은? 심화 69회 21번

> 이곳은 경기도 용인시에 있는 심곡 서원입니다. 반정 공신의 위훈 삭제 등 개혁을 추진하다가 사사된 인물의 학문과 덕행을 추모하기 위해 세워졌습니다. 이 인물에 대해 알고 있는 내용을 대화창에 올려주세요.

> 호는 정암으로, 소격서 폐지에 앞장섰어요.
>
> (가)

① 성학집요를 지어서 임금에게 바쳤어요.
② 김종직의 조의제문을 사초에 포함시켰어요.
③ 최초의 서원인 백운동 서원을 건립하였어요.
④ 소학의 보급과 현량과 실시를 주장하였어요.
⑤ 재상 중심의 정치를 강조한 조선경국전을 저술하였어요.

KEYWORD 04 조선의 사화

05 최다 빈출 유형

(가), (나) 사이의 시기에 있었던 사실로 옳은 것은?

심화 54회 21번

> (가) 항과 봉은 정씨의 소생이다. 왕은 어머니 윤씨가 폐위되고 죽은 것이 엄씨, 정씨의 참소 때문이라 여기고, 밤에 엄씨, 정씨를 대궐 뜰에 결박하여 놓고 손수 마구 치고 짓밟다가 항과 봉을 불러 엄씨, 정씨를 가리키며 "이 죄인을 치라."라고 하였다. …… 왕은 대비에게 "어찌하여 내 어머니를 죽였습니까?"라고 하며 불손한 말을 많이 하였다.
>
> (나) 이덕응이 진술하였다. "윤임과는 항상 대윤, 소윤이라는 말 때문에 화가 미칠까 우려하여 서로 경계하였을 뿐이었고, 모략에 대해서는 모르겠습니다. …… 윤임이 신에게 '주상이 전혀 소생할 기미가 없으니 만약 대군이 왕위를 계승하여 윤원로가 뜻을 얻게 되면 우리 집안은 멸족당할 것이다.'라고 하였습니다."

① 허적과 윤휴 등 남인이 대거 축출되었다.
② 정여립 모반 사건으로 기축옥사가 일어났다.
③ 신진 인사를 등용하기 위해 현량과가 시행되었다.
④ 조의제문이 발단이 되어 김일손 등이 처형되었다.
⑤ 붕당의 폐해를 경계하기 위해 탕평비가 건립되었다.

06 꼬리 물기 문제

(가), (나) 사이의 시기에 있었던 사실로 옳은 것은?

심화 59회 21번

> (가) 유자광이 김종직의 조의제문을 구절마다 풀이해서 아뢰기를, "감히 이와 같은 부도한 말을 했으니, 청컨대 법에 의하여 죄를 다스리시옵소서. 이 문집 및 판본을 다 불태워버리고 간행한 사람까지 아울러 죄를 다스리시기를 청합니다."라고 하였다.
>
> (나) 박원종 등이 궐문 밖에 진군하여 대비(大妃)에게 아뢰기를, "지금 임금이 도리를 잃어 정치가 혼란하고, 민생은 도탄에 빠지고, 종사는 위태롭습니다. 진성대군은 대소 신민의 촉망을 받은 지 이미 오래이므로, 이제 추대하고자 하오니 감히 대비의 분부를 여쭙니다."라고 하였다.

① 서인이 반정을 일으켜 정권을 장악하였다.
② 위훈 삭제를 주장한 조광조 일파가 제거되었다.
③ 이인좌를 중심으로 한 일부 소론 세력이 난을 일으켰다.
④ 폐비 윤씨 사사 사건을 빌미로 김굉필 등이 처형되었다.
⑤ 희빈 장씨 소생의 원자 책봉 문제로 환국이 발생하였다.

07 KEYWORD 05 정여립 모반 사건

다음 상황 이후에 전개된 사실로 옳은 것은? 심화 55회 20번

> 선전관 이용준 등이 정여립을 토벌하기 위하여 급히 전주에 내려갔다. 무리들과 함께 진안 죽도에 숨어 있던 정여립은 군관들이 체포하려 하자 자결하였다.

① 이시애가 길주를 근거지로 난을 일으켰다.
② 기축옥사로 이발 등 동인 세력이 제거되었다.
③ 양재역 벽서 사건으로 이언적 등이 화를 입었다.
④ 수양 대군이 김종서 등을 살해하고 권력을 장악하였다.
⑤ 이조 전랑 임명을 둘러싸고 사림이 동인과 서인으로 나뉘었다.

08 KEYWORD 06 중종

(가)에 들어갈 내용으로 가장 적절한 것은? 심화 64회 23번

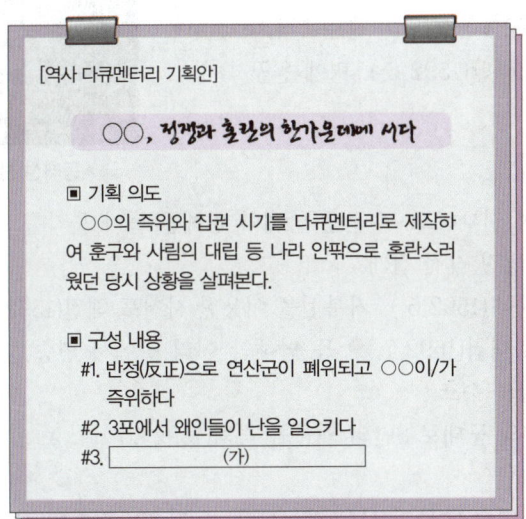

① 이괄이 난을 일으켜 도성을 점령하다
② 허적과 윤휴 등 남인이 대거 축출되다
③ 정여립 모반 사건으로 기축옥사가 일어나다
④ 위훈 삭제를 주장한 조광조 일파가 제거되다
⑤ 조의제문이 발단이 되어 김일손 등이 화를 입다

KEYWORD 07 김종서

09 최다 빈출 유형

(가) 인물에 대한 설명으로 옳은 것은? 심화 70회 18번

이것은 (가) 이/가 함길도에 있을 때 화살이 날아왔는데도 놀라지 않고 태연히 연회를 계속 즐겼다는 고사를 담은 야연사준도입니다. 세종 대 함길도 병마도절제사로 활약했던 그는 문종 대 고려사절요 편찬을 총괄하였고, 단종 대 좌의정의 자리에 올랐으나 계유정난 때 살해되었습니다.

① 두만강 일대에 6진을 개척하였다.
② 탄금대에서 배수의 진을 치고 싸웠다.
③ 조총 부대를 이끌고 나선 정벌에 나섰다.
④ 왜구의 근거지인 쓰시마섬을 정벌하였다.
⑤ 외교 담판을 통해 강동 6주를 획득하였다.

10 꼬리 물기 문제

다음 검색창에 들어갈 인물의 활동으로 옳은 것은? 심화 67회 22번

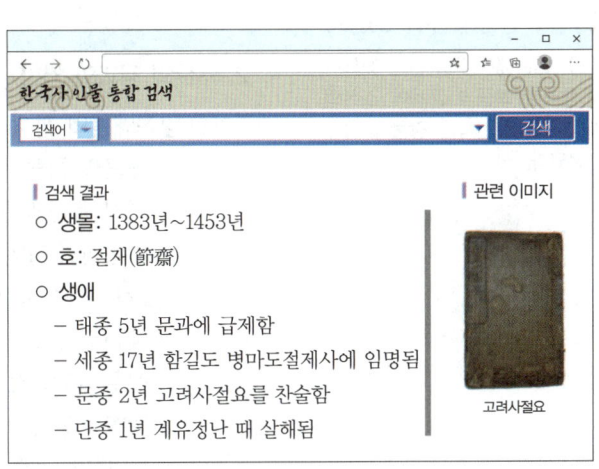

① 여진을 정벌하고 6진을 개척하였다.
② 불씨잡변을 지어 불교를 비판하였다.
③ 반정 공신의 위훈 삭제를 주장하였다.
④ 왜구의 근거지인 쓰시마섬을 정벌하였다.
⑤ 충청도 지역까지 대동법의 확대 실시를 건의하였다.

04 근세의 정치_4

✏️ check! 필수 암기!

임진왜란
- 발발: 부산진(정발)·동래성(송상현), 충주(신립), 의주 파천(선조)
- 이순신: 한산도 대첩
- 의병장: 곽재우, 정문부
- 역전: 평양성 탈환(유성룡), 진주 대첩
- 휴전: 훈련도감, 속오법
- 정유재란: 명량·노량 해전

❶ 임꺽정의 난(1559, 명종)
16세기 중반 황해도 지방을 중심으로 일어난 대표적인 농민 무장대의 활동으로 노비를 비롯해 양인층도 참여하였다. 이들은 황해도뿐 아니라 경기도·강원도 일대에 걸쳐서 활약하였다.

❷ 비변사(비국, 묘당, 주사)
북쪽으로 여진, 남쪽으로 왜구의 침략이 증가하고 삼포왜란(1510, 중종)이 발발하자 국방을 담당하는 임시 기구로 창설되었다. 임진왜란 이후 두 번의 호란을 겪으면서 국가의 최고 기구로 격상되었다. 그러나 조선 후기에 이르러 국가 기강의 문란 등 부작용이 심화되면서 여러 폐단이 발생하였다.

❸ 신립의 충주 탄금대 전투(1592.4.)
신립은 충주 탄금대에 배수진을 쳤으나 충주성을 장악한 왜군의 공세에 조선의 관군은 대패하였고 신립은 강물에 몸을 던져 자결하였다.

❹ 한산도 대첩(1592.7.)
적을 한산도 앞바다로 유인하여 학익진 전법으로 100여 척의 적선을 격파하였다.

01 전란의 극복

1. 왜군의 침략

(1) 16세기 일본과의 대립
① 16세기 국내 정세: 수취 체제의 문란으로 농민 생활 악화, 유민·도적 증가, 임꺽정의 난❶
② 16세기 국제 정세
   ㉠ 왜구 침입 증가

구분	내용
3포 개항(1426, 세종 8)	부산포·제포·염포 개항, 제한된 무역
계해약조(1443, 세종 25)	무역량 제한, 세견선 1년에 50척, 세사미두 200석 제한
삼포왜란(1510, 중종)	비변사 설치(임시 기구), 3포 폐쇄
임신약조(1512, 중종)	세견선 25척, 세사미두 100석, 제포 개항
을묘왜변(1555, 명종)	일본과 교류 일시 단절
임진왜란(1592, 선조)	비변사 기능 강화

㉡ 조선의 대응: 비변사❷를 설치하여 군사 문제를 전담하게 하는 등 대책 강구

(2) 임진왜란의 발발(1592) ★★   ┌ 15~16세기 일본에서 대규모 독립 영지를 가진 다이묘들이 권력 다툼을 전개하던 시대
① 발발: 일본의 전국 시대를 통일한 도요토미 히데요시[豊臣秀吉]는 철저한 준비 끝에 16만 대군으로 조선 침략
② 조선의 대응: 침략 직후 부산진의 정발(1592.4.), 동래성의 송상현이 분전하였으나 패배(1592.4.), 신립이 충주 탄금대 전투❸에서 패배하자 선조는 의주로 피난(1592.6.), 명에 원군 요청

2. 왜란의 경과와 영향

(1) 임진왜란의 전개
① 왜군의 침투: 육군은 북상하여 전투하고, 수군은 남해와 황해를 돌아 물자를 조달하면서 육군과 합세하려는 수륙병진 작전 전개
② 이순신의 활약: 옥포에서 첫 승리(1592.5.), 거북선을 이용한 사천포 해전(1592.5.)·당포 해전(1592.6.)과 한산도 대첩(1592.7.)❹ 등 남해안 여러 곳에서 연승, 남해의 제해권장악, 곡창 지대인 전라도 수호
③ 진주 대첩: 김시민이 3천여 명의 군대로 3만의 왜군을 격퇴(1592.10.)
④ 의병의 항전
   ㉠ 활약: 향토 조건에 알맞은 전술과 무기 사용(왜군에게 큰 타격), 전란의 장기화로 관군에 편입·조직화(관군의 전투 능력 강화)
   ㉡ 대표적 의병장: 고경명(전라도 장흥, 금산), 곽재우(경상도 의령, 홍의장군), 김천일(전라도 나주), 서산대사 휴정(묘향산), 사명대사 유정(금강산), 정문부(함경도 길주, 회령), 정인홍(경상도 합천, 함안), 조헌(충청도 옥천, 금산)

▲동래성 전투

⑤ 전세의 변화★
  ㉠ 명의 참전: 수군·의병의 활약과 명 원군의 참전으로 전세 역전
  ㉡ 조·명 연합군의 활약: 평양성❺ 탈환(1593.1., 유성룡), 관군과 백성이 합심하여 행주 대첩(1593.2., 권율) 등에서 적의 대규모 공격 격퇴

💬 임진왜란 3대 대첩

3대 대첩		내용
한산도 대첩(1592.7.)		이순신 장군이 이끄는 연합 함대가 적을 한산도 앞바다로 유인하여 학익진 전법을 펼쳐 100여 척의 적선을 격파, 왜의 수군에 큰 타격을 주어 제해권 장악
행주 대첩(1593.2.)		전라 순찰사 권율이 서울 수복을 위해 북상하다가 행주산성에서 왜적을 크게 쳐부수어 승리하였고, 재차 북상하려는 왜군을 저지
진주 대첩	1차(1592.10.)	3만의 왜군 연합 부대가 진주성을 공격하였고 진주 목사 김시민이 끝까지 이를 고수
	2차(1593.6.)	5만의 왜군이 진주성을 공격하여 양국군의 피해가 6만에 달할 정도로 치열한 전투 양상

(2) 휴전 협상
  ① 배경: 경상도 해안으로 후퇴한 왜군은 경상도 일대에서 장기전에 대비하는 한편, 명에 휴전을 제의(1593.4.~1597)
  ② 조선군 정비★★
    ┗ 조선은 전열을 정비하여 왜군의 완전 축출을 준비
    ㉠ 중앙군: 유성룡의 건의로 훈련도감❻ 설치(삼수병 편제), 훈련 방법 변화
    ㉡ 지방군: 속오법❼을 실시하여 지방군 편제를 개편 ┈ 제승방략 체제의 문제점으로 개편
    ㉢ 무기 정비: 화포 개량 및 조총 제작으로 무기의 약점 보완

(3) 정유재란(1597)
  ① 배경: 명과 일본 사이의 휴전 회담이 결렬되자 왜군이 재차 침입
  ② 전쟁의 승리★★
    ㉠ 정유재란의 경과: 조·명 연합군이 왜군을 직산에서 격퇴, 이순신은 왜군의 적선을 명량 해전(1597.9.)에서 대파한 후 노량 해전(1598.11.)을 승리로 이끌고 전사
    ㉡ 왜군 철수: 전세가 불리해진 왜군은 도요토미 히데요시가 죽자 본국으로 철수
    ┗ 우리 군함 13척으로 적선 330척을 대파한 전투

(4) 왜란의 결과
  ① 국내 상황
    ㉠ 피해: 인명 손실, 토지 대장과 호적의 소실로 국가 재정 궁핍(신분제 동요, 공명첩 발급), 문화유산(경복궁·불국사·사고) 손실, 비변사 강화, 민란 발생(이몽학의 난)
    ㉡ 군사 정비: 유성룡의 건의로 훈련도감 및 속오군 구축, 비격진천뢰·화차·천자총통 등 무기 개발
    ㉢ 사대 의식 강화: 명의 도움을 잊지 말고 명과의 의리를 지켜야 한다는 의식 강화
  ② 국외 상황: 일본의 에도 막부 성립(도쿠가와 이에야스), 일본의 문화 발전(성리학, 도자기), 명의 쇠퇴와 여진족 성장(명·청 교체기)
    ┗ 이삼평 등 도자기 기술자들이 일본에 끌려가 일본 도자기의 발달에 결정적으로 기여

3. 광해군의 정책
  ┗ 북인 집권
(1) 광해군의 전후 복구 사업
  ① 전후 복구 정책: 성곽 수리, 무기 보완 등 전후 복구 사업 추진
  ② 체제 정비: 양전 사업·호적 정리, 『동의보감』(허준) 편찬, 5대 사고 정비

❺ 평양성 전투
5월, 7월, 8월, 12월 명나라 군 5만여 명과 관군이 참전하였던 4차례의 전투

➕ 관군과 의병의 활약

❻ 훈련도감
임진왜란 때 왜군의 조총에 대항하기 위하여 기존의 활과 창으로 무장한 부대 외에 조총으로 무장한 부대로서 포수, 사수, 살수의 삼수병으로 편제되었다.

❼ 속오법
진관 체제를 기본으로 하였고, 위로는 양반에서부터 아래로는 천민인 노비까지 편제되었다(양천혼성군). 그동안 중앙에서 받았던 군사 훈련을 지방에서 받게 하여 향토 방위 군사력의 공백 상태를 없애고, 평상시 생업에 종사하면서 지역을 지키다가 적이 침입해 오면 동원되는 방어 체제였다.

➕ 임진왜란 이후
정부는 전쟁 이후 국가의 재정 문제를 해결하기 위하여 납속책과 공명첩을 시행함으로써 조선 후기 신분제의 동요를 가져오게 되었다.

(2) **북인 정권의 실정:** 광해군과 북인 정권은 왕권의 안정을 위하여 영창 대군 살해(1614), 인목 대비를 폐위(1618)하여 서궁(현(現) 덕수궁)에 유폐[폐모살제(廢母殺弟)]
  └ 계축옥사의 결과(1613)

(3) **대외 정책★★**
   ① 북방 정세: 여진족의 누르하치가 후금 건국(1616) 후 명에 전쟁 선포, 명은 조선에 원군 요청
   ② 광해군의 중립 외교❽: 명과 후금 사이에서 <mark>중립 외교</mark> 정책 실시 → 명의 요청으로 <mark>사르후 전투</mark>(1619)에 파병된 조선군 사령관 강홍립이 광해군의 밀명으로 <mark>후금에 항복</mark> → 계속된 명의 지원 요청 거절, <mark>후금과 친선</mark> 관계 추구

(4) **인조반정(1623):** 광해군의 정책에 대한 일부 사림 세력의 불만 → 서인의 반정 → <mark>인조</mark> 즉위 및 <mark>서인 정권</mark> 수립

02 호란과 북벌 운동

1. 호란의 발발과 전개

(1) **이괄의 난(1624):** 이괄이 2등 공신 책봉에 불만을 가지고 난을 일으킴 → 인조의 공산성 피난

(2) **정묘호란(1627, 후금)**
   ① 배경: 서인과 인조가 광해군의 정책을 비판하고, <mark>친명배금</mark> 정책을 추진하여 후금 자극
   ② 전개: 광해군을 위해 보복한다는 명분으로 후금 침입(1627), 평안도 의주를 거쳐 황해도 평산까지 진격, 인조의 강화도 피난, 의주의 <mark>이립</mark>과 철산(용골산성)의 <mark>정봉수</mark>가 활약
   ③ 결과: 보급로가 끊어지자 후금에서 강화 제의, 조선과 후금의 <mark>형제 관계</mark> 체결

(3) **병자호란(1636, 청)★★**
   ① 배경: 후금은 국호를 청이라 고치고, 조선에 군신 관계 체결을 요구, 조선이 응하지 않자 12만 대군을 이끌고 침입(1636)
   ② 전개
      ┌ 왕족은 강화도로 피난(김상용의 순절, 1637) ┌ 누르하치의 사위(백양고리) 사살
      ㉠ 항전: 백마산성 전투(1636, 임경업), 광교산 전투(1637, 김준룡)
      ㉡ 인조는 <mark>남한산성</mark>으로 피난하여 청군에 대항, 청의 12만 대군이 남한산성 포위
      ㉢ 주화론과 척화론❾: 조정은 외교적 교섭을 통해 문제를 해결하자는 <mark>주화파</mark>와 청과의 전쟁을 치르자는 <mark>척화파</mark>로 나뉘어 대립·갈등

> **사료 읽기**
>
> …… 오랑캐들의 노여움을 도발, 마침내는 백성이 도탄에 빠지고 종묘와 사직에 제사를 지내지 못하게 된다면 그 허물이 이보다 클 수 있겠습니까 …… 군량을 저축하여 방어를 더욱 든든하게 하되 군사를 집합시켜 일사분란하게 하여 적의 허점을 노리는 것이 우리로서는 최상의 계책일 것입니다.
> – 최명길, 주화론의 입장 –
>
> 중국(명)은 우리나라에 있어서 곧 부모요, 오랑캐(청)는 우리나라에 있어서 곧 부모의 원수입니다. …… 차라리 나라가 없어질지라도 의리는 저버릴 수가 없습니다. …… 어찌 차마 화의를 주장하는 것입니까?
> – 윤집, 척화론의 입장 –

   ③ 결과: 인조는 청 태종에게 항복(1637, <mark>삼전도의 굴욕</mark>❿). <mark>청과 군신 관계</mark>를 맺고 명과의 관계 단절, 소현세자와 봉림대군을 비롯한 많은 신하와 백성들이 포로로 끌려감
   ④ 호란의 영향: 청에 대한 적개심 심화, 효종 이후 청에 복수하자는 북벌 운동 대두
      └ 귀국 후 효종 즉위

---

❽ **광해군의 중립 외교**

광해군은 강홍립을 도원수로 삼아 1만 3,000명의 군대를 이끌고 명을 지원하게 하되, 적극적으로 나서지 말고 상황에 따라 대처하도록 명령하였다. 결국 사르후 전투에서 조·명 연합군은 후금에게 패하였고, 광해군의 밀명을 받은 조선군 사령관 강홍립은 후금에 항복하였다. 이후에도 명의 원군 요청은 계속되었지만, 광해군은 이를 적절히 거절하면서 후금과 친선을 꾀하는 중립 정책을 취하였다.

✏️ **check! 필수 암기!**

호란의 발생 및 결과
- 광해군: 중립 외교(강홍립)
- 인조: 정묘호란(후금, 형제 관계), 병자호란(남한산성, 군신 관계)

➕ **정묘호란의 배경**

후금이 차지한 요동 지역을 빼앗기 위해 명나라 장수 모문룡이 평안도 앞바다에 군사를 주둔하기도 하였고(1622, 가도 사건), 인조반정 이후 서인 사이에서 논공행상에 불만을 품은 이괄이 난을 일으켜(1624) 후금을 자극하기도 하였다.

❾ **주화파와 척화파**

구분	척화파	주화파
주장	척화론(주전론)	주화론(강화론)
성향	대의명분	실리
사상	성리학	양명학
인물	윤집	최명길

❿ **삼전도의 굴욕**

인조는 1637년 1월 삼전도로 나아가 청 태종 앞에서 세 번 절하고, 한 번 절할 때마다 세 번 머리를 조아리는 항복 의식인 삼배구고두례(三拜九叩頭禮)를 행하였다.

2. 대북방 정책

(1) 북벌 운동★
① 내용: 문화 수준이 높은 조선이 오랑캐에게 당한 수치를 씻고, 임진왜란 때 조선을 도와준 명에 대한 의리를 지켜 청을 정벌하자는 주장
② 효종: 송시열, 송준길, 이완 등을 등용하여 군대 양성, 어영청을 중심으로 병력 확보, 성곽 수리, 하멜을 훈련도감에 배치하여 신식 무기 제조
③ 숙종: 청의 정세 변화를 이용하여 윤휴를 중심으로 북벌 움직임이 제기되었으나 현실적으로 실천에 옮기지는 못함
④ 한계: 서인들이 정권 유지 수단으로 군사력을 장악하면서 북벌 운동 좌절

(2) 나선 정벌★
① 배경: 러시아가 흑룡강 일대에 진출하여 청나라와 충돌 → 계속된 패배로 청이 조선에 원군 요청 → 조선의 조총 부대 출병
② 전개
  ㉠ 1차 원정(1654, 효종 5): 조총군 100명과 초관 50여 명을 이끌고 변급 파견, 혼동강에서 러시아군을 만나 교전하여 7일 만에 적군 격파
  ㉡ 2차 원정(1658, 효종 9): 신유에게 조총군 200명과 초관 60여 명을 주어 다시 파견, 러시아군에 총과 화전(火箭)으로 맞서 싸워 대승, 러시아는 270여 명이 전사하였고 잔당이 모두 전멸

(3) 북학 운동: 북벌 실패 이후 조선 사신들에 의한 청의 선진 문물 수용 주장

3. 붕당 정치의 대두

(1) 붕당 정치의 의의
① 개념: 복수의 붕당이 상호 견제와 협력을 통하여 정치를 운영하는 형태
② 특징: 공론 중시(합좌 기구인 비변사를 통해 여론 수렴), 상대 세력 견제와 자기 세력 확대 추구(삼사 언관·이조 전랑의 정치적 비중 강화), 서원·향교 중시(지방 사족의 의견을 모으는 수단)
③ 한계: 붕당의 공론은 지배층 의견 수렴에 그침(백성 의견 미반영)

(2) 붕당 정치의 변화: 동인 주도 → 동인의 분열(남인·북인) → 남인 주도 → 왜란 이후 북인 집권 → 예송 논쟁 후 남인 집권 → 환국 이후 서인 집권

(3) 왜란 이후 붕당 정치★★★
① 광해군(1608~1623): 북인 집권, 중립 외교, 전후 복구 사업, 영창 대군 살해, 인목 대비 유폐, 서인의 인조반정(1623)
② 인조(1623~1649): 서인의 우세 속에 남인의 상호 비판적인 공존 체제 유지, 두 차례의 호란 발생
③ 효종(1649~1659): 명에 대한 의리를 지켜 청에 복수하자는 북벌론 제기
④ 현종(1659~1674)
  ㉠ 예송 논쟁⓫: 현종 때 효종의 왕위 계승에 대한 정통성과 관련하여 예송 논쟁 발생
  ㉡ 기해예송(1659): 효종 상 때 자의 대비(장렬 왕후)의 복상 문제, 서인(1년)과 남인(3년)의 대립
  ㉢ 갑인예송(1674): 효종비(인선 왕후) 상 때 자의 대비의 복상 문제, 서인(9개월)과 남인(1년)의 대립

⊕ 기축봉사(1649)
송시열이 북벌의 합당함을 주장하였다.

check! 필수 암기!

붕당 정치
효종: 북벌, 나선 정벌
현종: 기해·갑인예송
숙종: 경신환국(허적, 서인 집권), 기사환국(인현 왕후 폐출 후 남인 집권), 갑술환국(인현 왕후 복위, 서인 집권)

⓫ 예송 논쟁

구분	기해예송 (1659)	갑인예송 (1674)
원인	효종 상	효종비 상
남인	3년복	1년복
서인	1년복	9개월복
채택	서인	남인

04 단골 키워드 문제

Ⅳ. 근세의 한국사
04 근세의 정치_4

정답 및 해설 43쪽

기출 선택지 미리보기

- 이순신이 한산도 대첩에서 승리하였다.
- 임진왜란 중 포수 · 살수 · 사수의 삼수병으로 구성된 훈련도감이 설치되었다.
- 비변사는 임진왜란 이후 조직과 기능이 확대되었다.
- 명의 요청으로 강홍립의 부대가 파견되었다.
- 현종 때 자의 대비의 복상 문제로 예송이 전개되었다.

기출 키워드로 연습하기

01
① 행주 대첩 · · 김시민
② 진주 대첩 · · 효종
③ 나선 정벌 · · 권율

02 이순신은 노량 해전에서 학익진을 전개하여 왜선을 격파하였다. (O / ×)

03 포수 · 살수 · 사수의 삼수병으로 편제된 훈련도감은 임진왜란 도중 김시민의 건의로 설치되었다. (O / ×)

04 북인은 광해군의 중립 외교 정책에 반대하면서 반정을 일으켰다. (O / ×)

05 비변사는 임진왜란 이후 그 기능이 크게 강화되면서 국정 전반을 장악하였다. (O / ×)

06 효종 때 발생한 예송 논쟁은 서인과 남인의 대립이었다. (O / ×)

정답 | 01 ① 권율 ② 김시민 ③ 효종 02 × 03 × 04 × 05 O
06 ×

KEYWORD 01 임진왜란

01 최다 빈출 유형

밑줄 그은 '이 전란' 이후에 있었던 사실로 옳은 것은?

심화 74회 21번

> 이것은 강화 교섭 결렬 이후 일본의 재침으로 시작된 이 전란 당시 흥양(현재 고흥군) 현감 최희량이 작성한 전과 보고서의 일부입니다. 여기에는 흥양에 침입한 일본군을 격퇴한 사실과 새로 제작한 전선(戰船)에 대한 내용 등이 자세히 기록되어 있으며, 삼도수군통제사 이순신의 서명도 있습니다.

① 신숙주가 일본에 다녀와 해동제국기를 저술하였다.
② 나세 등이 화포를 사용하여 진포에서 왜구를 격퇴하였다.
③ 포로 송환을 목적으로 회답 겸 쇄환사가 일본에 파견되었다.
④ 조선 정부의 교역 제한에 반발하여 사량진 왜변이 일어났다.
⑤ 국방 문제를 논의하기 위한 임시 기구로 비변사가 설치되었다.

02 꼬리 물기 문제

다음 전투 이후에 전개된 사실로 옳은 것은? 심화 62회 25번

> 권율이 정병 4천 명을 뽑아 행주산 위에 진을 치고는 책(柵)을 설치하여 방비하였다. …… 적은 올려다보고 공격하는 처지가 되어 탄환도 맞히지 못하는데 반해 호남의 씩씩한 군사들은 모두 활쏘기를 잘하여 쏘는 대로 적중시켰다. …… 적이 결국 패해 후퇴하였다.
> —『선조수정실록』—

① 최영이 홍산에서 대승을 거두었다.
② 이순신이 한산도 대첩에서 승리하였다.
③ 휴전 회담의 결렬로 정유재란이 시작되었다.
④ 이종무가 왜구의 근거지인 쓰시마를 정벌하였다.
⑤ 신립이 탄금대에서 배수의 진을 치고 왜군에 항전하였다.

03 KEYWORD 02 훈련도감

(가) 전쟁 중에 있었던 사실로 옳은 것은?   심화 70회 21번

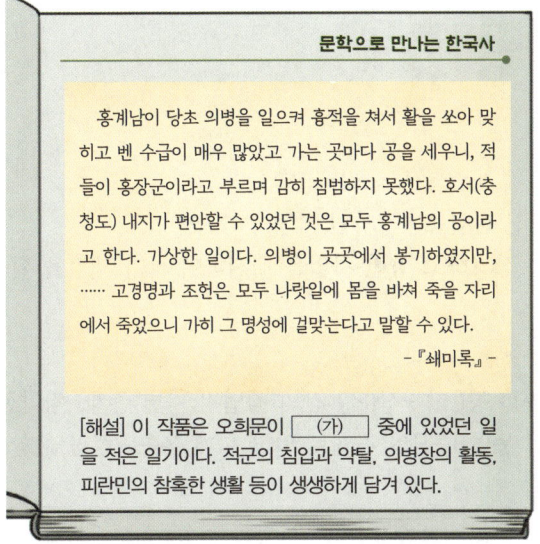

문학으로 만나는 한국사

홍계남이 당초 의병을 일으켜 흉적을 쳐서 활을 쏘아 맞히고 벤 수급이 매우 많았고 가는 곳마다 공을 세우니, 적들이 홍장군이라고 부르며 감히 침범하지 못했다. 호서(충청도) 내지가 편안할 수 있었던 것은 모두 홍계남의 공이라고 한다. 가상한 일이다. 의병이 곳곳에서 봉기하였지만, …… 고경명과 조헌은 모두 나랏일에 몸을 바쳐 죽을 자리에서 죽었으니 가히 그 명성에 걸맞는다고 말할 수 있다.
- 『쇄미록』 -

[해설] 이 작품은 오희문이 (가) 중에 있었던 일을 적은 일기이다. 적군의 침입과 약탈, 의병장의 활동, 피란민의 참혹한 생활 등이 생생하게 담겨 있다.

① 삼수병으로 구성된 훈련도감이 설치되었다.
② 왕이 도성을 떠나 남한산성으로 피란하였다.
③ 송시열, 이완 등을 중심으로 북벌이 추진되었다.
④ 국방 문제를 논의하기 위해 비변사가 신설되었다.
⑤ 제한된 범위의 무역을 허용한 계해약조가 체결되었다.

04 KEYWORD 03 인조반정

(가), (나) 사이의 시기에 있었던 사실로 옳은 것은?   심화 51회 24번

(가) 양사(兩司)가 합계하기를, "영창 대군 이의(李㼁)를 왕으로 옹립하기로 했다는 설이 이미 역적의 입에서 나왔는데 이에 대해 자복(自服)한 역적만도 한두 명에 그치지 않습니다. …… 왕법은 지극히 엄한 만큼 결코 용서해주기 어려우니 유사로 하여금 법대로 적용하여 처리하게 하소서."라고 하였다.

(나) 앞서 왕에게 이괄 부자가 역적의 우두머리라고 고해바친 자가 있었다. 하지만 임금은 "필시 반역은 아닐 것이다."라고 하면서도, 이괄의 아들인 이전을 잡아오라고 명하였다. 이전은 그때 이괄의 군영에 있었고 이괄은 결국 금부도사 등을 죽이고 여러 장수들을 위협하여 난을 일으켰다.

① 국왕의 친위 부대인 장용영이 조직되었다.
② 서인이 반정을 일으켜 정권을 장악하였다.
③ 정여립 모반 사건으로 옥사가 발생하였다.
④ 허적과 윤휴 등 남인들이 대거 축출되었다.
⑤ 자의 대비의 복상 문제로 예송이 전개되었다.

05 KEYWORD 04 정묘호란

(가) 시기에 있었던 사실로 옳은 것은?   심화 53회 22번

① 나선 정벌에 조총 부대가 동원되었다.
② 권율이 행주산성에서 적군을 격퇴하였다.
③ 정봉수와 이립이 용골산성에서 항쟁하였다.
④ 소현 세자와 봉림 대군 등이 청에 인질로 끌려갔다.
⑤ 외적의 침입에 대비하고자 비변사가 처음 설치되었다.

06 KEYWORD 05 병자호란

(가) 전쟁 중에 있었던 사실로 옳은 것은?   심화 75회 23번

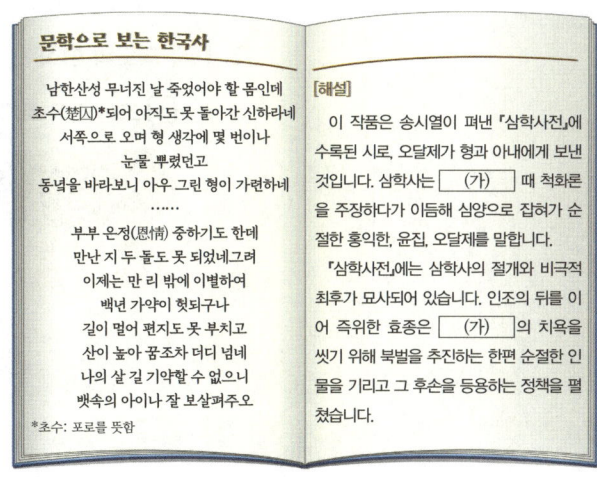

① 송상현이 동래성에서 항전하였다.
② 김준룡이 광교산 전투에서 승리하였다.
③ 이괄의 반란 세력이 도성을 장악하였다.
④ 강홍립 부대가 사르후 전투에 참전하였다.
⑤ 신류가 조총 부대를 이끌고 흑룡강에서 전투를 벌였다.

05 근세의 경제

check! 필수 암기!

토지 제도의 변천
- 과전법: 전·현직 관리, 수신전·휼양전
- 직전법: 현직 관리, 수신전·휼양전 폐지
- 관수관급제: 국가 지배권 강화
- 직전법 폐지: 지주전호제, 병작반수제

01 조선 전기의 경제 정책

1. 농본주의 경제 정책

(1) 농업 정책
① 기본 수취 정책: 20년마다 양전 사업 실시, 양안 작성
② 농업 장려 정책: 토지 개간을 장려하고 양전 사업을 실시하여 국가 재정을 확충하고 민생을 안정시킴

(2) 상공업 정책
① 유교적 경제관: 사(士)·농(農)·공(工)·상(商) 간의 <mark>직업적 차별</mark> 존재, 검약한 생활 강조, 소비 억제, 자급자족적 농업 중심의 경제로 인한 화폐 유통·상공업 활동·무역 등 부진

> **📖 사료 읽기**
>
> ▶ **성리학적 경제관(유교적 경제관)**
> - 검소한 것은 덕(德)이 함께 하는 것이며, 사치는 악(惡)의 큰 것이니 사치스럽게 사는 것보다는 차라리 검소해야 할 것이다.
> - 우리나라에는 이전에 공상(工商)에 관한 제도가 없어, 백성들이 게으르고 놀기 좋아하는 자들이 수공업과 상업에 종사하였기 때문에 농사를 짓는 백성이 줄어들었으며, 말작(상업)이 발달하고 본실(농업)이 피폐하였다. 이것을 염려하지 않을 수 없다.
> — 「조선경국전」 —

② 상공업 통제(억상 정책): 상공업자가 허가 없이 마음대로 영업하는 것을 규제, 물화의 수량과 종류를 국가가 통제
③ 상공업 발전: 16세기 이후 국가의 농민 통제력 약화, 국내 상공업과 무역 발달

2. 토지 제도의 변화

조선 전기 토지 제도의 변화

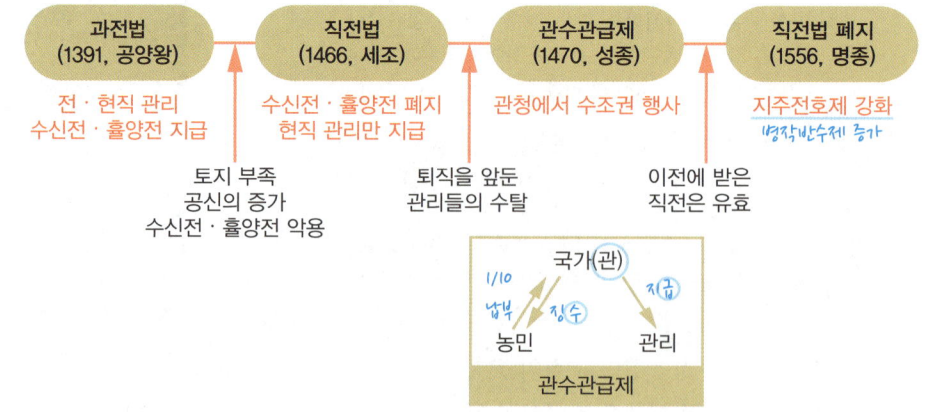

과전법 (1391, 공양왕) — 전·현직 관리 수신전·휼양전 지급
→ 토지 부족, 공신의 증가, 수신전·휼양전 악용
직전법 (1466, 세조) — 수신전·휼양전 폐지, 현직 관리만 지급
→ 퇴직을 앞둔 관리들의 수탈
관수관급제 (1470, 성종) — 관청에서 수조권 행사
→ 이전에 받은 직전은 유효
직전법 폐지 (1556, 명종) — 지주전호제 강화, 병작반수제 증가

관수관급제: 농민 1/10 납부 → 국가(관) 징수 → 관리 지급

(1) 과전법(1391, 공양왕)★
  ① 배경: 국가의 재정 기반 확보와 신진 사대부의 경제적 기반 마련을 목적으로 시행
  ② 운영: 전직 관리와 현직 관리에게 관등에 따라 경기 지역 토지에 한하여 수조권 지급, 원칙적 세습 금지
  ③ 예외: 수신전, 휼양전 지급, 공신전 등은 세습 가능 ─ 관리가 죽은 후 부인에게 수절을 조건으로 지급되었던 토지 / 어린 자녀가 성장할 때까지 한시적으로 지급되었던 토지
  ④ 한계: 토지 세습으로 인하여 새로운 관리에게 지급할 토지 부족

(2) 직전법(1466, 세조)★★★
  ① 배경: 관리의 토지 세습 등으로 지급할 토지가 부족하게 됨
  ② 운영: 수신전·휼양전·군전·공해전을 몰수(폐지)하고, 현직 관리에게만 토지 지급
  ③ 한계: 현직 관리들 중에서 퇴직 이후를 염려하는 관리들의 수탈 증가(수조권 남용)

(3) 관수관급제(1470, 성종)★★★
  ① 배경: 수조권을 가진 양반 관료가 이를 남용하여 과다하게 세금 수취
  ② 운영: 지방 관청에서 그 해의 생산량을 조사하여 직접 세를 거두고, 관리에게 다시 나누어 주는 방식
  ③ 결과: 양반 관료들이 수조권을 빌미로 토지와 농민을 지배하는 방식이 사라지고 국가의 토지 지배권 강화

(4) 직전법 폐지(1556, 명종)★
  ① 원칙: 수조권 완전 폐지, 관리는 녹봉만 지급받음
  ② 결과: 양반들은 공전을 통한 수입이 원천적으로 봉쇄되자 사유지를 늘려 소작인을 증가시켰고 결국 병작반수제가 증가되어 지주전호제 확산

3. 수취 체제의 변화
  (1) 수취 제도
    ① 조세
      ㉠ 과전법: 수확량의 1/10 징수, 매년 풍흉과 수확량에 따라 납부액 조정
      ㉡ 전분6등법·연분9등법(세종): 토지 비옥도와 풍흉에 따라 1결당 최고 20두에서 최하 4두 부과
      ㉢ 조세 운송: 군현에서 거둔 쌀, 콩 등의 조세를 조창으로 운반, 조운을 통해 경창으로 운반
      ㉣ 잉류 지역: 평안도와 함경도는 국경에 가깝고 사신의 왕래가 잦은 곳이었기 때문에 조세를 군사비와 사신 접대비로 사용하였고 제주도는 육지와 거리가 멀어 자체 소비함
    ② 공납(특산품, 현물 납부)
      ㉠ 징수 방법: 중앙 관청에서 군현에 물품과 액수 할당, 군현은 가호에 할당, 호를 대상으로 토산물 징수

▲ 조선 시대의 조운로

      ㉡ 종류: 상공(정기적), 별공(별도의 공납), 진상(관찰사·지방관 등이 왕에게 바치는 공납)
      ㉢ 문제점: 납부 기준에 맞는 품질과 수량을 맞추기 어려우면 다른 곳에서 구입하여 납부, 전세보다 납부의 부담이 더 큼, 방납의 폐단 발생

③ 역
  ㉠ 군역: 정군과 보인❶ 편성
  ㉡ 요역: 가호를 기준으로 노동력 동원, 성종 때에는 경작하는 토지 8결을 기준으로 한 사람씩 동원하고, 1년 중에 동원할 수 있는 날도 6일 이내로 제한하도록 규정 (실제로는 임의 징발)
  ㉢ 면역: 양반·서리·향리·성균관 유생 등은 면역의 특권 ─ 관청에서 일하기 때문에 면제
④ 기타: 염전, 광산, 산림, 어장, 상인, 수공업자에게 세금 징수

(2) 세금의 용도: 군량미·구휼미 비축, 왕실 경비, 공공 행사비, 관리의 녹봉, 빈민 구제비, 의료비 등으로 지출

❶ 정군과 보인
• 정군: 일정 기간 군사 복무를 교대로 근무(현역 복무)
• 보인: 정군이 복무하는 데 드는 비용을 보조(대체 복무)

02 조선 전기의 경제 발전

1. 양반과 농민의 생활

(1) 양반 지주의 생활
  ① 경제 기반: 과전, 녹봉, 자신 소유의 토지와 노비 등 ─ 주 수입원(양반 대부분이 지주였으므로)
  ② 농장 경영: 노비를 통하여 자신의 토지를 경작하거나 소작인을 통하여 **병작반수** 형태로 소작시킴
     └ 대략 200마지기(4만 평)~300마지기(4만~6만 평) 정도,
        2,000마지기(40만 평) 이상의 소유자도 있었음
  ③ 노비 소유: 재산의 한 형태, 솔거 노비를 통하여 가사일·농경·옷감을 제조하게 하고 외거 노비를 통해 땅을 경작하거나 관리하게 함, 매년 노비가 바치는 신공(포, 돈)으로 재산 증가

(2) 농민의 생활 ★★
  ① 국가의 민생 안정책: 세력가의 토지 약탈 규제, 국가의 농업 권장, 개간 장려, 수리 시설 확충, 농서(『농사직설』·『사시찬요』·『금양잡록』) 간행

농서 간행(중농 정책)

구분	내용
『농사직설』(1429)	우리나라 풍토에 맞는 씨앗의 저장법, 토질 개량법, 모내기법 등 농민의 실제 경험을 종합하여 세종 때 정초·변효문 등이 편찬
『사시찬요』	사시의 농사와 농산물에 대한 주의를 기록한 책으로 세조 때 강희맹이 편찬
『금양잡록』(1492)	금양(경기도 시흥)을 중심으로 경기 지방의 농사법을 정리한 책으로 성종 때 강희맹이 편찬

② 농업 기술의 발달
  ㉠ 조, 보리, 콩의 윤작법(2년 3작) 일반화, 모내기(남부 일부 지역 제한) 확대로 벼와 보리의 이모작 가능
  ㉡ 밑거름과 덧거름 등을 주는 시비법의 발달로 휴경지는 거의 소멸
  ㉢ 기타: 쟁기, 낫, 호미 등 농기구의 개량, 목화 재배의 확대로 면방직 기술의 발달, 약초와 과수 재배 등이 확대

check! 필수 암기!

조선 전기 농민의 경제 생활
농업: 『농사직설』, 윤작법 일반화, 모내기법 보급
통제: 호패법, 오가작통법
상업: 시전 상인(관상, 6의전 독점, 금난전권), 보부상, 경시서(감독)

③ 농민 이탈 방지책 ─ 흉년(가뭄)에 대비하여 명종 때(1554) 간행
  ㉠ 『구황촬요』를 보급하여 잡곡, 도토리, 나무껍질 등을 가공하여 먹을 수 있는 구황 방법을 제시
  ㉡ 법적 통제: 호패법, 오가작통법❷ 등을 강화하여 농민의 유망을 막고 통제를 더욱 강화

2. 기타 산업의 발전

(1) 수공업
  ① 관영 수공업❸
    ㉠ 운영: 기술자를 공장안에 등록, 관청에서 필요한 물품 제작·공급, 16세기 상업이 발전하면서 쇠퇴
    ㉡ 예외적 사익 추구: 자신의 책임량을 초과한 생산품에 대해서는 세금을 내고 판매, 부역으로 동원되는 기간 이외에는 사적으로 물건을 만들어 팔아 이윤 취득
  ② 기타 수공업: 양반 사치품과 농기구를 생산하는 민영 수공업과 자급자족(무명, 모시, 명주, 삼베) 형태의 생필품을 생산하는 가내 수공업 발달

(2) 상업 ─ 고려 시대보다 상업 활동에 대한 통제 강화
  ① 시전 상인
    ㉠ 관상: 왕실이나 관청에 물품 공급, 독점 판매권(육의전) 부여
    ㉡ 육의전: 시전 상인 중에서 명주, 종이, 어물, 모시, 삼베, 무명을 파는 점포가 가장 번성
    ㉢ 경시서: 불법적인 상행위를 통제하기 위한 관청
  ② 장시: 15세기 후반부터 등장, 16세기 중엽 전국적으로 확대, 보부상❹이 판매와 유통 확대

📖 사료 읽기

▶ 조선 전기의 상업

장사꾼이 의복 등속을 판매하며, 심지어는 신·갓끈·빗·바늘·분(粉) 같은 물품을 가지고, 백성에게 교묘하게 말하여 미리 그 값을 정하고 주었다가 가을이 되면 그 값을 독촉해서 받는다.
― 『세종실록』 ―

임진왜란 이후 백성들은 정해진 곳 없이 교역으로 생활하는 것이 마침내 풍속이 되었다. 한 고을에 열리는 시장은 적어도 3~4곳이 되어 …… 한 달 30일 이내에 시장이 열리지 않는 날이 없다.
― 『선조실록』 ―

  ③ 화폐: 저화(1402, 태종)·조선통보(1423, 세종) 등을 발행했으나 유통 부진, 쌀과 무명을 화폐로 사용

(3) 대외 무역 ─ 원칙적으로 주변 국가와의 무역 통제
  ① 명: 명의 사신이 왕래할 때에 공무역과 사무역 허용
  ② 여진(무역소) 및 일본(왜관): 국경 지대의 사무역 엄격히 통제, 주로 무명과 식량 거래

---

❷ 오가작통법
조선은 군·현 아래에 면·리·통을 두고 다섯 집을 하나의 통으로 편성하였다. 이는 농민의 유망을 막고 통제를 더욱 강화하기 위한 농촌 이탈 방지의 성격을 가지고 있었다.

❸ 관영 수공업
조선 초 공장(수공업자)의 수는 경공장(서울 관청 소속)에 2,800여 명, 외공장(지방 관청 소속)에 3,500여 명 정도였다. 조선은 수공업자의 도주를 방지하기 위한 방책으로 공장안을 작성하였다.

❹ 보부상
보부상이란 봇짐장수와 등짐장수를 말한다. 그들은 자신들의 이익을 지키고 단결을 굳게 하기 위하여 보부상단이라는 조합을 이루고 있었다(보부상단 → 혜상공국 → 황국 협회).

05 단골 키워드 문제

IV. 근세의 한국사
05 근세의 경제

정답 및 해설 46쪽

기출 선택지 미리보기

- 세조 – 직전법을 실시하여 현직 관리에게만 수조지를 지급하였다.
- 세조 – 수신전, 휼양전 등의 명목으로 세습되는 토지를 폐지하였다.
- 시전 상인은 시전에서 영업하며 금난전권을 행사하였다.

기출 키워드로 연습하기

01 과전법으로 지급된 토지는 매매, 기증, 임대 등이 가능하였다. (O / X)

02 직전법은 신진 사대부의 경제적 기반을 마련하기 위해 시행되었다. (O / X)

03 성종 때 관청에서 직접 세금을 거두고 관리에게 지급하는 관수관급제가 시행되었다. (O / X)

04 직전법이 폐지되면서 관리는 녹봉만 받게 되었고 양반과 농민의 지주전호제가 강화되었다. (O / X)

05 세종 때 조세 수취를 토지 비옥도 기준으로 하는 전분6등법과 풍흉을 기준으로 하는 (   )을/를 시행하였다.

06 세종 때 정초 등이 왕명을 받아 우리나라 풍토에 맞는 씨앗 저장법, 토질 개량법, 모내기법 등 농민의 실제 경험을 종합한 『(   )』을/를 편찬하였다.

07 명종 때 잡곡, 도토리, 나무껍질 등을 가공하여 먹을 수 있는 구황 방법을 제시한 『(   )』을/를 간행하여 보급하였다.

08 시전 상인 중 (   )은/는 국가로부터 독점적 판매권을 부여받아 물품을 조달하였다.

정답 | 01 X 02 X 03 O 04 O 05 연분9등법 06 농사직설
07 구황촬요 08 육의전

---

01 KEYWORD 01 과전법

(가), (나)에 해당하는 토지 제도에 대한 설명으로 옳은 것은?

심화 60회 16번

(가) 문종 30년 양반 전시과를 다시 개정하였다. 제1과는 전지 100결, 시지 50결(중서령·상서령·문하시중) …… 제18과는 전지 17결(한인·잡류)로 한다.

(나) 공양왕 3년 도평의사사에서 글을 올려 과전의 지급에 관한 법 제정을 건의하니 왕이 허락하였다. …… 1품부터 9품의 산직까지 나누어 18과로 하였다.

① (가) – 조준 등의 건의로 제정되었다.
② (가) – 관등과 인품을 기준으로 수조권을 주었다.
③ (나) – 개국 공신에게 역분전을 지급하였다.
④ (나) – 지급 대상 토지를 원칙적으로 경기 지역에 한정하였다.
⑤ (가), (나) – 수조권 외에 노동력을 징발할 수 있는 권한을 주었다.

02 KEYWORD 02 『농사직설』

(가)~(마)에 들어갈 내용으로 옳은 것은?

심화 50회 24번

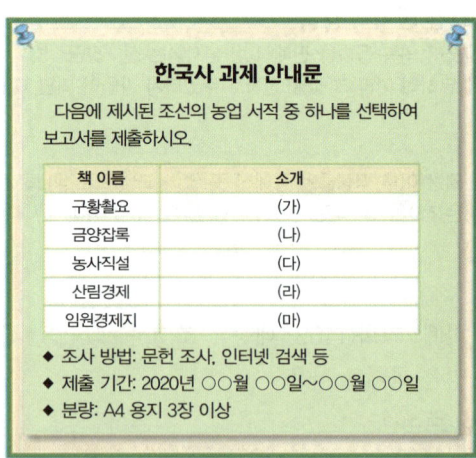

① (가) – 목화 재배와 양잠 등 중국 화북 지방의 농법 소개
② (나) – 인삼, 고추 등의 상품 작물 재배법과 원예 기술 수록
③ (다) – 정초, 변효문 등이 우리 풍토에 맞는 농법을 종합하여 편찬
④ (라) – 농촌 생활을 위한 백과사전으로 서유구가 저술
⑤ (마) – 강희맹이 손수 농사를 지은 경험과 견문을 종합하여 서술

KEYWORD 03 공법

03 최다 빈출 유형

밑줄 그은 '왕'의 재위 기간에 있었던 사실로 옳은 것은?

심화 68회 22번

> 〈역사 다큐멘터리 제작 기획안〉
> **조선, 전국적인 규모의 여론 조사를 실시하다!**
>
> ■ 기획 의도
> 여론 조사를 통해 정책을 추진하려는 왕의 모습에서 '민본'의 의미를 생각해 본다.
>
> ■ 장면별 주요 내용
> #1. 왕은 관리와 백성을 대상으로 공법 시행에 대한 전국적인 찬반 조사를 명하다.
> #2. 호조에서 찬성 98,657명, 반대 74,149명이라는 결과를 보고하다.
> #3. 여러 차례 보완을 거쳐 토지의 비옥도와 풍흉에 따라 조세를 차등 징수하는 내용의 공법을 확정하다.

① 세계 지도인 혼일강리역대국도지도가 제작되었다.
② 각지의 농법을 작물별로 정리한 농사직설이 간행되었다.
③ 유능한 인재를 양성하기 위해 초계문신제가 시행되었다.
④ 우리나라와 중국의 의서를 망라한 동의보감이 완성되었다.
⑤ 전국의 지리, 풍속 등이 수록된 동국여지승람이 편찬되었다.

04 꼬리 물기 문제

밑줄 그은 '왕'의 재위 시기에 있었던 사실로 옳은 것은?

심화 55회 18번

① 음악 이론 등을 집대성한 악학궤범이 완성되었다.
② 민간의 광산 개발을 허용하는 설점수세제가 시행되었다.
③ 우리 풍토에 맞는 농법을 소개한 농사직설이 편찬되었다.
④ 현직 관리에게만 수조권을 지급하는 직전법이 제정되었다.
⑤ 우리나라와 중국의 의서를 망라한 동의보감이 간행되었다.

KEYWORD 04 직전법

05 최다 빈출 유형

(가) 왕의 재위 시기에 있었던 사실로 옳은 것은?

심화 69회 24번

> 만약 그 자신이 죽고 아내에게 전지가 전해지면 수신전이라 하였고, 부부가 모두 죽고 아들에게 전해지면 휼양전이라 일컬었으며, 만약 그 아들이 관직에 제수된다면 그대로 그 전지를 주고 과전이라 하였다. …… (가) 이/가 이 제도를 폐지하고 현직 관리에게 전지를 주고 직전이라 하였다.

① 불교 경전을 간행하는 간경도감이 설치되었다.
② 음악 이론 등을 집대성한 악학궤범이 완성되었다.
③ 세계 지도인 혼일강리역대국도지도가 제작되었다.
④ 신하를 재교육하기 위한 초계문신제가 실시되었다.
⑤ 삼남 지방의 농법을 소개한 농사직설이 편찬되었다.

06 꼬리 물기 문제

밑줄 그은 '이 제도'에 대한 설명으로 옳은 것은?

심화 53회 19번

> #3. 궁궐 안
> 성종이 경연에서 신하들과 토지 제도 개혁을 논의하고 있다.
>
> 성종: 그대들의 의견을 말해 보도록 하라.
> 김유: 우리나라의 수신전, 휼양전 등은 진실로 아름다운 것이지만 오히려 일이 없는 자가 앉아서 그 이익을 누린다고 하여 세조께서 과전을 없애고 이 제도를 만드셨습니다.

① 전지와 시지를 등급에 따라 지급하였다.
② 풍흉에 관계없이 전세 부담액을 고정하였다.
③ 현직 관리에게만 토지의 수조권을 지급하였다.
④ 관리에게 녹봉을 지급하고 수조권을 폐지하였다.
⑤ 개국 공신에게 인성, 공로를 기준으로 토지를 지급하였다.

06 근세의 사회

check! 필수 암기!

조선 전기의 신분 제도
양천 제도(15세기), 반상 제도(16세기), 양반 분화, 노비(일천즉천, 노비종모법)

01 양반 관료 중심의 사회

1. 양천 제도와 반상 제도

신분 구조의 변화

15세기 양천 제도(법제상)	→	16세기 반상 제도(실제상)
양인: 양반(문·무반) 과거 응시, 조세·국역 의무	→	양반: 문·무반 + 가족·가문, 고관 독점, 국역 면제 중인: 향리, 서리, 기술관, 군교, 역관, 의관, 서얼 상민: 농민, 수공업자, 상인, 신량역천
천민: 비자유민, 천역 담당	→	천민: 노비, 백정, 무당, 광대, 창기 등

(1) 15세기 양천 제도(법제상)
  ① 신분을 <mark>양인</mark>과 <mark>천민</mark>으로 구분하는 <mark>양천 제도를 법제화</mark>하여 신분 제도의 기틀을 마련
  ② 양인: 과거에 응시하고 벼슬길에 오를 수 있는 자유민으로 조세, 국역 등 의무 부과
  ③ 천민: 비자유민으로 개인이나 국가에 소속되어 천역을 담당

(2) 16세기 반상 제도(실제상) ★★
  ① 신분 제도의 변화: 지배층인 양반과 피지배층인 상민 사이에 차별을 두는 <mark>반상 제도 일반화</mark>
  ② 구성: 양반, 중인, 상민, 천민
  ③ 신분 이동: 양인이면 누구나 과거로 관직 진출이 가능하였고 양반도 죄를 짓거나 경제적으로 몰락하게 되면 신분이 강등되기도 함

2. 신분 구조

(1) 양반
  ① 개념: 문반과 무반(15세기) → 문·무반 관료와 그 가족까지 포함(16세기)
  ② 신분화: 문무 양반만 사족으로 인정하여 특권층 형성, 향리·서리·기술관·군교·역리들은 중인으로 격하, 서얼의 관직 진출 제한 〔생산에 종사 ×, 유학자로서의 소양과 자질 함양에 주력〕
  ③ 특권: 정치적 관료층, 고위 관직 독점〔과거, 음서, 천거 등〕, 경제적 지주층〔많은 토지와 노비 소유〕, 각종 <mark>국역 면제</mark>

(2) 중인 ★
  ① 개념: 양반과 상민의 중간 계층으로 조선 후기에 이르러 형성된 독립된 신분층
  ② 구성: <mark>서리와 향리</mark>❶(수령 보좌) 및 <mark>기술관</mark>은 직역 세습, 군교, <mark>서얼</mark>(중서, 문과 응시 금지, 무반직에 등용), 역관(사신 수행, 무역 관여, 사역원 교육)
  ③ 생활 및 특전: 같은 신분 안에서 혼인, 관청 주변에 거주, 전문 <mark>기술</mark>이나 행정 <mark>실무</mark> 담당, <mark>군역 의무 없음</mark>

(3) 상민(평민, 양인)
  ① 구성: 농민(조세·공납·부역의 의무), 수공업자(관영·민영), 상인(국가의 통제 아래 상거래 종사, 상인세 납부, 농민보다 낮은 지위), 신량역천❷(천역 담당)
  ② 지위: 과거 응시 자격은 있으나 현실상 어려움, 전쟁 시 군공을 세워 신분 상승 가능

---

❶ **향리(호장, 기관, 장교, 통인)**
• 고려 초: 지방 호족 세력에서 유래, 왕실의 극진한 대접(사심관·기인 제도 적용)
• 고려 중기~조선 전기: 지방 행정 실무 담당
• 조선: 지방 행정 실무 담당, 세습적 아전으로 전락하여 농민 수탈

❷ **신량역천**
신분은 양인이지만 천한 역을 담당했던 신분으로 칠반천역(칠반천인)이라고도 한다. 수군(해군), 조례(관청의 잡역 담당), 나장(형사 업무 담당), 일수(지방 고을 잡역), 봉수군(봉수 업무), 역졸(역에 근무), 조졸(조운 업무) 등 힘든 일에 종사한 7가지 부류를 말한다.

(4) 천민
① 구성: 백정, 무당, 창기, 공노비(국가에 신공 바침, 관청에 노동력 제공), 사노비(솔거 노비, 외거 노비) 등
② 노비의 지위: 비자유민, 교육과 벼슬 금지, 재산으로 취급(매매·상속·증여의 대상)

➕ 노비 자녀의 신분에 대한 제도
- 조선 전기: 일천즉천(부모 중 한쪽이 노비이면 자녀도 노비)
- 조선 후기: 노비종모법(어머니의 신분을 따름, 아버지가 노비라도 어머니가 양인이면 자녀는 양인)

02 조선 전기의 사회와 제도

1. 사회 정책과 사회 시설
(1) 중농 정책: 민생 안정을 위한 농본 정책 실시(국가 안정, 재정 확보)
  → 국가는 양반 지주들의 토지 겸병 억제, 농번기에 안정적으로 농사에 전념하도록 함
(2) 사회 정책★
  → 고구려(진대법) → 고려(흑창 → 의창) → 조선[환곡제(의창 → 상평창 → 사창제)]
  ① 빈민 구제책
    ㉠ 환곡제: 의창(무이자곡), 상평창❸(1/10의 이자곡) 등을 설치하여 환곡제 시행
    ㉡ 사창제❹: 향촌 사회에서 자치적으로 실시된 환곡 제도
      → 양반 중심의 향촌 질서 유지 목적
  ② 의료 시설
    → (고려 예종: 혜민국 → 조선 세조 때 개칭)
    ㉠ 중앙: 혜민서(약재), 동서 대비원(서민 환자 구제)
    ㉡ 지방: 제생원(지방민 구호·진료), 동서 활인서(유랑자 수용·구휼)

✏️ check! 필수 암기!

조선 전기 사회 제도
- 정책: 의창, 상평창, 혜민국, 동서 대비원
- 향약: 중종, 조광조
- 서원: 주세붕, 백운동 서원, 선현 제사 + 후진 양성

❸ 상평창
16세기에 의창이 기능을 수행하지 못하자 물가 조절 기구인 상평창에서 일시적으로 환곡제를 실시하였다.

❹ 사창
사창은 조선 시대 각 지방 군현의 촌락에 설치된 곡물 대여 기관으로, 촌락을 기반으로 한 민간 자치적 구호 시설의 하나였다. 의창곡의 부실로 인하여 1461년(세조 7)에 사창제가 전국적으로 실시되었으나 고리대로 변질되면서 1470년(성종 1) 혁파되었다.

2. 사법 제도
(1) 법률
  ① 형법: 『경국대전』·대명률 적용, 반역죄·강상죄는 중죄로 연좌제 적용, 태·장·도·유·사의 형벌
    → 명나라 때 형벌에 관한 기본 법전
    → 삼강오륜과 같은 유교 윤리를 어긴 죄
  ② 민법: 관습법에 의해 지방관이 처리, 초기에는 노비 관련 소송, 16세기 이후 산송(山訟), 상속(종법❺ 적용)이 많았음
(2) 사법 기관
  ① 중앙: 사헌부, 의금부, 형조(관리 잘못이나 중대 사건 재판), 한성부(수도 치안), 장례원(노비 관련)
  ② 지방: 관찰사·수령이 각각의 관할 구역 내 사법권 행사
  ③ 불복 수단: 재판에 불만이 있을 때는 상부 관청이나 다른 관청에 소 제기 가능, 신문고 활용 → 일반적으로 시행되지 않음

❺ 종법
가부장제를 바탕으로 적·서를 구분하고 장자 상속, 동성불혼 등을 규정하는 유교적 가족 제도이다.

3. 향촌 사회의 조직과 운영
(1) 향촌 사회의 모습
  ① 편제: 향(군현의 단위), 촌(촌락이나 마을)
  ② 변화: 경재소 혁파(1603), 유향소는 향소·향청으로 개칭, 사족이 향안 작성·향규 제정
(2) 촌락의 구성과 운영
  ① 촌락: 농민 생활 및 향촌 구성의 기본 단위, 자연촌(동·이로 편제)
  ② 정부 지배: 초기에 면리제, 17세기 중엽 이후 오가작통제(『경국대전』에 법제화)
  ③ 촌락 분화
    ㉠ 반촌: 양반 거주, 동성 거주, 친족·처족·외족의 동족으로 구성 → 18세기 이후 동성 촌락으로 발전
    ㉡ 민촌: 평민 거주, 소작농 생활

➕ 조선의 향촌
군·현 아래 면·이(里) 등을 설치하였는데, 이는 몇 개의 자연 촌락으로 구성되었다. 면·이에는 중앙에서 관리를 파견하지 않았다.

④ 농민 조직: 두레(공동 노동의 작업 공동체), 향도❻, 향도계와 동린계(자생적 조직)

(3) 향약과 유교 윤리의 보급

① 향약❼★★★: 향촌의 자치 규약
  ㉠ 형성: 전통적 공동 조직과 미풍양속 계승(삼강오륜 중심, 유교 윤리 가미, 백성들의 교화 및 질서 유지), 중종 때 조광조가 처음 시행
  ㉡ 운영: 학교, 서원, 유향소 등에서 운영, 유력한 양반이 향약 간부인 약정에 임명

> **향약의 4대 덕목**
> 첫째, 아버지·형·윗사람을 잘 섬기며, 밖에 나가서는 벗들과 화목하고, 법령을 준수하고, 조세를 정성껏 부담해야 한다(덕업상권).
> 둘째, 술주정·도박·싸움·언행 불손 등을 제재한다(과실상규).
> 셋째, 윗사람과 아랫사람 사이에 예의범절을 지켜야 한다(예속상교).
> 넷째, 수재·화재·도적을 맞은 경우 등 어려움을 당한 사람을 즉시 협조하여 도와주어야 한다(환난상휼).

  ㉢ 기능: 조선 사회의 풍속 교화, 향촌 사회의 질서 유지와 치안 담당, 사림들의 농민 통제와 사회적 지위 강화
  ㉣ 부작용: 토호와 향반이 지방민을 수탈하는 배경, 향약 간부들의 대립으로 풍속과 질서를 해침

② 서원★
  ㉠ 최초의 서원: 1543년(중종 38) 풍기군수 주세붕이 세운 백운동 서원이며, 명종 때 이황의 건의로 소수 서원으로 사액되어 국가로부터 토지, 노비, 면세 특권을 받음
  ㉡ 역할
    • 향촌 교화: 유생들이 한 자리에 모여 학문을 닦고 연구함으로써 향촌 사회의 교화에 공헌하여 국가에서 설립을 장려
    • 향음주례: 향촌의 선비나 유생들이 학덕과 연륜이 높은 이를 주가 되는 손님으로 모시고 술을 마시며 잔치를 하는 의례의 하나로, 어진 이를 존중하고 노인을 봉양하는 의미
    • 후진 양성 및 선현 추모: 사림들의 후진 양성을 위한 교육, 이름난 선비나 공신을 숭배하며 그 덕행을 추모

③ 예학과 보학의 발달
  ㉠ 예학(종족 내부의 의례 규정) ┌ 김장생(『가례집람』)
    • 역할: 성리학적 도덕 윤리 강조, 삼강오륜 강조, 가부장적 종법 질서 구현
    • 영향: 향촌의 지배력 강화, 사림의 정쟁 이용(예송 논쟁), 양반의 우월적 신분 강조
  ㉡ 보학(종족의 내력과 관계 기록)
    • 족보 편찬: 종족의 내력 기록·암기(양반 문벌 제도 강화)
    • 역할: 친족 공동체 유대, 신분적 우위 확보, 혼인 상대자 구분
  ㉢ 예학과 보학의 영향: 양반 문벌 제도 강화, 상하 관계 중시, 성리학 중심의 신분제 사회 질서 유지

---

❻ **향도**
향도는 불교와 민간 신앙 등의 신앙적 기반과 동계 조직 같은 공동체 조직의 성격을 모두 띠었다. 주로 상을 당하였을 때에나 어려운 일이 생겼을 때에 서로 돕는 역할을 하였는데, 상여를 메는 사람인 상두꾼도 향도에서 유래하였다.

❼ **향약**
조광조가 중국의 '여씨 향약'을 번역하여 도입한 것으로 우리 실정에 맞는 향약을 만들어 군·현이나 마을 단위로 시행하였다.

➕ **사액 서원**
국왕으로부터 현판을 직접 하사받은 서원으로 국가로부터 토지, 노비, 면세 등의 많은 특혜를 받았다.

➕ **향음주례와 향사례**
향음주례는 연륜이 높고 덕과 재주가 있는 자를 앞세우는 반면, 향사례에서는 효제충신(孝悌忠信)하며 예법을 어지럽히지 않는 자를 앞세워 예를 행하였다.

06 단골 키워드 문제

Ⅳ. 근세의 한국사
06 근세의 사회

정답 및 해설 47쪽

기출 선택지 미리보기

- 역관 – 사신을 수행하면서 통역을 담당하였다.
- 향리 – 토착 세력으로 지방에서 행정 실무를 맡았다.
- 노비 – 소속 관청에 신공(身貢)을 바쳤다.
- 향약 – 풍속 교화와 향촌 자치의 기능이 있었다.
- 서원 – 국왕으로부터 편액과 함께 서적을 받기도 하였다.
- 향교 – 중앙에서 교수와 훈도를 파견하기도 하였다.

기출 키워드로 연습하기

01 조선 시대에는 법적으로 양반과 상민의 두 계급만 존재하였다. (O / ×)

02 향촌의 자치 규약인 향약은 전통적 미풍양속에 유교 윤리를 가미하여 향촌의 교화와 질서 유지에 기여하였다. (O / ×)

03 중인 신분의 서얼들은 문과에 급제하여 양반이 되기도 하였다. (O / ×)

04 서리와 향리 및 기술관은 직역을 세습하였으며 (　　) 신분에 속하였다.

05 지방의 토착 세력인 이방과 형방 등의 (　　)은/는 실질적인 향촌의 지배 세력이었다.

06 (　　)은/는 좌수와 별감을 선발하여 운영되었다.

07 중종 때 (　　)의 건의로 세워진 백운동 서원은 최초의 서원이며, 이황의 건의로 소수 서원으로 사액되었다.

정답 | 01 × 02 O 03 × 04 중인 05 향리 06 유향소 07 주세붕

01 KEYWORD 01 향리

(가)에 들어갈 내용으로 옳은 것은? 심화 58회 25번

① 상피제의 적용을 받았다.
② 잡과를 통해 선발되었다.
③ 감사 또는 방백이라 불렸다.
④ 이방, 호방 등 6방에 소속되었다.
⑤ 공음전을 경제적 기반으로 삼았다.

02 KEYWORD 02 서원

(가) 교육 기관에 대한 설명으로 옳은 것은? 심화 56회 25번

조사 보고서

1. 주제: 조선의 교육 기관 (가) 을/를 찾아서
2. 개관
　중종 38년(1543) 풍기 군수 주세붕이 처음 건립하였다. 국왕으로부터 현판과 토지, 노비 등을 받기도 하였다. 흥선대원군에 의해 정리되어 47곳이 남았는데, 이 중 대표적인 9곳이 유네스코 세계 유산으로 등재되었다.
3. 주요 건물 배치도

① 전국의 모든 군현에 하나씩 설치되었다.
② 선현의 제사와 유학 교육을 담당하였다.
③ 전문 강좌인 7재가 설치되어 운영되었다.
④ 중앙에서 교수나 훈도를 교관으로 파견하였다.
⑤ 소과에 합격한 생원, 진사에게 입학 자격이 부여되었다.

KEYWORD 03 향약

03 최다 빈출 유형

(가)에 대한 설명으로 옳은 것은? 심화 64회 19번

> 1. 처음 [(가)]을/를 정할 때 약문(約文)을 동지에게 두루 보이고 그 마음을 바로잡고, 몸가짐을 단속하고, 착하게 살고, 허물을 고치기 위해 약계(約契)에 참례하기를 원하는 자 몇 사람을 가려 서원에 모아 놓고 약법(約法)을 의논하여 정한 다음 도약정(都約正), 부약정 및 직월(直月)·사화(司貨)를 선출한다. ……
> 1. 물건으로 부조할 때는 약원이 사망하였다면 초상 치를 때 사화가 약정에게 고하여 삼베 세 필을 보내고, 같은 약원들은 각각 쌀 다섯되와 빈 거적때기 세 닢씩 내어서 상을 치르는 것을 돕는다.
> ― 『율곡전서』 ―

① 7재라는 전문 강좌를 두었다.
② 옥당이라고 불리며 경연을 담당하였다.
③ 중앙에서 파견된 교수나 훈도가 지도하였다.
④ 풍속 교화와 향촌 자치 등의 역할을 하였다.
⑤ 매향(埋香) 활동 등 각종 불교 행사를 주관하였다.

04 꼬리 물기 문제

(가) 인물에 대한 설명으로 옳은 것은? 심화 52회 20번

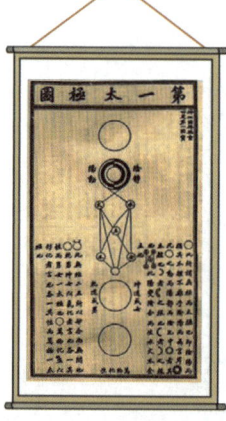 

이 자료는 [(가)]이/가 지어 왕에게 바친 성학십도의 일부입니다. 그는 성리학에 대한 체계적 이해를 바탕으로 군주가 스스로 인격과 학문을 수양하기 위해 노력해야 함을 강조하였습니다.

① 양명학을 연구하여 강화학파를 형성하였다.
② 일본에 다녀와서 해동제국기를 편찬하였다.
③ 예안 향약을 시행하여 향촌 교화를 위해 노력하였다.
④ 유학 경전을 주자와 달리 해석한 사변록을 저술하였다.
⑤ 가례집람을 저술하여 예학을 조선의 현실에 맞게 정리하였다.

KEYWORD 04 유향소

05 최다 빈출 유형

(가) 기구에 대한 설명으로 옳은 것은? 심화 57회 19번

> ○ 각 지역 출신 가운데 서울에 살며 벼슬하는 자들의 모임을 경재소라고 합니다. 경재소에서는 고향에 사는 유력자 중에서 강직하고 명석한 자들을 선택하여 [(가)]에 두고 향리의 범법 행위를 규찰하고 풍속을 유지하였습니다.
> ○ [(가)]을/를 설치하고 향임을 둔 것은 맡은 바를 중히 여긴 것이다. 수령은 임기가 정해져 있어 늘 바뀌니, 백성의 일에 뜻을 둔다 하여도 먼 곳까지 상세히 살필 겨를이 없다. 그러므로 각 지역에서 충성스럽고 부지런한 사람을 뽑아 그 지역의 기강을 맡도록 하여 수령의 눈과 귀로 삼았다.

① 주세붕이 처음 설립하였다.
② 좌수와 별감을 선발하여 운영하였다.
③ 중앙에서 교수와 훈도를 파견하였다.
④ 대성전을 세워 성현에 제사를 지냈다.
⑤ 흥선 대원군에 의해 대부분 철폐되었다.

06 꼬리 물기 문제

(가) 기구에 대한 설명으로 옳은 것은? 심화 51회 21번

> 교활한 아전이 여러 가지로 폐단을 일으키는 것은 수령이 듣고 보는 것으로써 다 감찰할 수가 없습니다. 그러나 중앙의 경재소와 지방의 [(가)]이/가 서로 들은 대로 규찰하여 교활한 아전을 억제시키고 향촌의 풍속을 유지시킨다면 풍속을 좋은 방향으로 개선하는 데 도움이 될 것입니다.
> ― 『성종실록』 ―

① 좌수와 별감을 선발하여 운영되었다.
② 지방의 행정·사법·군사권을 행사하였다.
③ 5품 이하의 관원에 대한 서경권을 가졌다.
④ 조광조를 비롯한 사림의 건의로 혁파되었다.
⑤ 중앙에서 교관인 교수나 훈도가 파견되었다.

KEYWORD 05 향교

07 최다 빈출 유형
다음 검색창에 들어갈 교육 기관에 대한 설명으로 옳은 것은?   심화 47회 20번

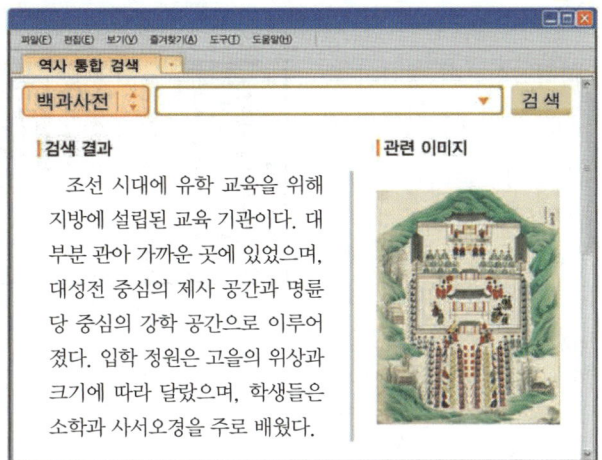

역사 통합 검색 / 백과사전 / 검색
검색 결과: 조선 시대에 유학 교육을 위해 지방에 설립된 교육 기관이다. 대부분 관아 가까운 곳에 있었으며, 대성전 중심의 제사 공간과 명륜당 중심의 강학 공간으로 이루어졌다. 입학 정원은 고을의 위상과 크기에 따라 달랐으며, 학생들은 소학과 사서오경을 주로 배웠다.

① 좌수와 별감을 두고 운영하였다.
② 지방의 사림 세력이 주로 설립하였다.
③ 소과에 합격해야 입학 자격이 주어졌다.
④ 흥선 대원군에 의해 대부분 철폐되었다.
⑤ 중앙에서 교수와 훈도를 파견하기도 하였다.

08 꼬리 물기 문제
(가) 교육 기관에 대한 설명으로 옳은 것은?   심화 54회 20번

이곳은 경기도 수원시에 위치한 조선 시대 지방 교육 기관인 (가) 입니다. 대부분 지방 관아 가까운 곳에 위치하였으며 제향 공간인 대성전, 강학 공간인 명륜당, 기숙사인 동재와 서재 등으로 이루어져 있습니다.

① 전문 강좌인 7재를 운영하였다.
② 풍기 군수 주세붕이 처음 세웠다.
③ 생원과 진사에게 입학 자격을 부여하였다.
④ 중앙에서 교수나 훈도를 파견하기도 하였다.
⑤ 유학을 비롯하여 율학, 서학, 산학을 교육하였다.

09 KEYWORD 06 조선의 신분 제도

조선 시대의 신분 제도의 변화를 나타낸 것이다. ㉠~㉤ 신분에 관한 설명으로 옳지 않은 것은?   기출 예상 문제

15세기		16세기 이후
		㉢ 양반
㉠ 양인	⇒	㉣ 중인
		상민
㉡ 천민		㉤ 천민

[신분제의 변화]

① ㉠ – 양인 중 양반은 문·무반을 지칭하는 성취 신분이었다.
② ㉡ – 조선 전기까지 노비는 일천즉천에 의하여 신분이 확정되었다.
③ ㉢ – 문·무반뿐만 아니라 점차 그 가족까지도 포함되었다.
④ ㉣ – 기술관·역리·서리 등은 군역을 부담하였다.
⑤ ㉤ – 노비는 재산으로 취급되어 매매, 상속, 증여의 대상이었다.

10 KEYWORD 07 중인

(가)에 들어갈 대답으로 가장 적절한 것은?   심화 68회 28번

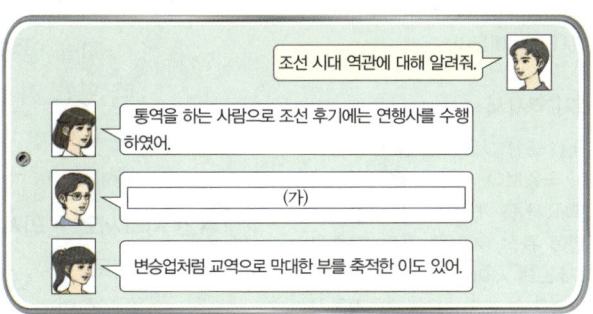

조선 시대 역관에 대해 알려줘.
- 통역을 하는 사람으로 조선 후기에는 연행사를 수행하였어.
- (가)
- 변승업처럼 교역으로 막대한 부를 축적한 이도 있어.

① 사간원에서 간쟁을 담당하였어.
② 매매, 상속, 증여의 대상이었어.
③ 수군, 봉수 등 천역에 종사하였어.
④ 수령을 보좌하면서 향촌 실무를 담당하였어.
⑤ 사역원에서 노걸대언해 같은 교재로 교육받았어.

07 근세의 문화

check! 필수 암기!

조선 전기 역사 및 교육
- 역사서: 『조선왕조실록』, 『고려사』, 『고려사절요』, 『동국통감』
- 지도: 혼일강리역대국도지도(15세기, 태종)
- 윤리서: 『삼강행실도』(세종), 『국조오례의』(성종)
- 교육 기관: 성균관(대학), 4학·향교·서원(중등), 서당(초등)

01 민족 문화의 융성

1. 조선 전기 문화의 특징

(1) **자주적 민족 문화**: 자주적·민족적·실용적 성격의 학문 발달 → 당시 집권층은 민생 안정과 부국강병을 위하여 과학 기술과 실용적 학문 중시

(2) **한글 창제** → 정음청 설치, 창제(1443), 반포(1446)

① **훈민정음**(1446, 세종): 피지배층의 도덕적 교화, 양반 중심 사회 유지, 백성들도 문자 생활 가능, 문화 민족으로서의 긍지, 유네스코 지정 세계 기록 유산(1997)
<small>글자 창제 원리가 과학적인 문자</small>

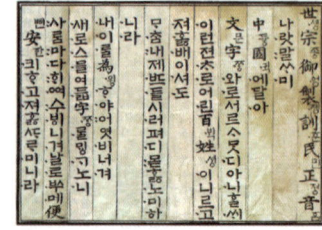
▲ 훈민정음

② 보급: 『용비어천가』·『월인천강지곡』·불경·농서·윤리서·병서 간행, 서리 채용 시 훈민정음으로 시험 시행
<small>목조(穆祖, 이성계 고조부)~태종의 행적을 노래한 서사시(1445)</small>

2. 편찬 사업

(1) **역사서** → 왕조의 정통성에 대한 명분 확립과 성리학적 통치 규범 정책을 위해 국가적 차원에서 주력

① **『조선왕조실록』**(태조~철종) ★★

㉠ 실록: 국왕이 죽으면 다음 국왕 때 춘추관을 중심으로 **실록청**을 설치하여 편찬

㉡ 편찬: 사관이 국왕 앞에서 기록한 사초❶와 각 관청의 문서를 모아 만든 시정기를 중심으로, 『승정원일기』·『의정부등록』·『비변사등록』·『일성록』(정조 이후) 등을 보조 자료로 종합·정리하여 **편년체**로 편찬
<small>승정원에서 기록한 왕과 신하 간의 문서와 국왕의 일과를 기록한 사서</small>

㉢ 1997년 유네스코 세계 기록 유산으로 지정

② 조선왕조의궤: 국가 주요 행사의 기록을 그림과 함께 상세하게 기록한 것으로 임진왜란 때 모두 소실되어 이후의 의궤만 현존, 2007년 유네스코 세계 기록 유산으로 지정

③ 건국 초기: 태조 때 **정도전**이 『고려국사』를 편찬하여 조선 건국의 정당성 확보, 성리학적 통치 규범 정착

④ 15세기 중엽 ★★

㉠ 의의: 사회 안정과 국력 성장의 바탕 위에서 성리학적 대의명분보다는 민족적 자각을 일깨우고 왕실과 국가 위신을 높이기 위한 목적으로 역사 편찬

㉡ 편찬 사서: **『고려사』**(1451, 기전체), **『고려사절요』**(1452, 편년체), **『동국통감』**(1485, 고조선~고려 말까지의 역사 정리, 서거정)

⑤ 16세기: 『동국사략』(박상), 『기자실기』(이이) 등이 편찬되어 사림의 존화주의적 사상을 반영

(2) **지리서와 윤리서**

① 지도 <small>중앙 집권과 국방 강화 목적</small>

㉠ **혼일강리역대국도지도** ★★: **15세기 태종** 때 제작(1402), 현존하는 세계 지도 중 **동양에서 가장 오래된 지도**
<small>중국에서 만든 세계 지도에 우리나라를 상세하게 그려 넣어 완성</small>
<small>※ 주의: 세종 때 정척의 팔도도와 구분</small>

㉡ 기타: 팔도도(태종, 전국지도), 동국지도(세조, 양성지의 실측지도), 조선방역지도(명종, 만주와 대마도 표기)

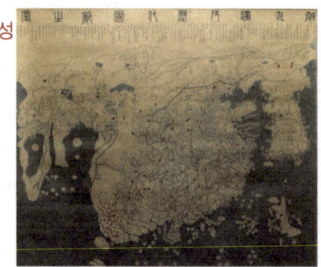
▲ 혼일강리역대국도지도

---

❶ 사초
사초는 사관들이 국가의 모든 회의에 빠짐없이 참가하여 왕과 신하들이 국사를 논의하고 처리하는 것을 사실대로 기록하는 동시에 그 잘잘못 및 인물에 대한 비평, 기밀 사무 등을 직필하였다.

⊕ 『조선왕조실록』의 범위
『고종실록』과 『순종실록』은 일제 강점기 이왕직(李王職)에서 일본인들의 지시를 받으며 편찬되었기 때문에 사실 왜곡이 심하였다. 그러므로 일반적인 견해에 따라 『조선왕조실록』은 『태조실록』부터 『철종실록』까지를 의미한다.

⊕ 15세기 역사서
- **『고려사』(1451)**: 세종 때 김종서, 정인지 등이 국왕보다 재상의 역할을 강조한 『고려국사』를 개찬하기 시작하여 문종 원년에 완성, 기전체 형식, 자주적 입장에서 고려 시대 서술
- **『고려사절요』(1452)**: 문종 때 김종서 등이 정도전의 『고려국사』 보완, 편년체 형식
- **『동국통감』(1485)**: 성종 때 서거정 등이 왕명으로 고조선부터 고려 말까지의 역사를 편찬, 『삼국사절요』와 『고려사절요』 참고, 최초의 관찬 통서, 단군을 민족 시조로 파악

② 지리지: 『신찬팔도지리지』(세종), 『세종실록지리지』(단종), 『동국여지승람』❷(성종), 『신증동국여지승람』(중종)
③ 윤리서 ←강희맹, 지방의 연혁, 산천, 풍속
  ㉠ 『삼강행실도』(세종): 모범이 될 만한 충신, 효자, 열녀 등의 행적을 그림으로 그리고 설명
  ㉡ 『국조오례의』(성종): 국가 행사에 필요한 5가지 의례(길례·가례·빈례·군례·흉례)
  ㉢ 『이륜행실도』(중종): 연장자와 연소자, 친구 사이에서 지켜야 할 윤리
  ㉣ 『동몽수지』(중종): 어린이가 지켜야 할 예절

(3) 법전
 ① 조선 초기: 『조선경국전』(정도전, 조례 정리), 『경제문감』(정도전, 정치 조직), 『경제육전』(조준, 여말선초 조례 정리)
 ② 『경국대전』(세조~성종): 조선의 기본 법전, 이전·호전·예전·병전·형전·공전의 육전으로 구성 ←유교적 통치 질서와 문물 제도의 완성

3. 교육 기관 ★

❗ 조선의 교육 기관 →각각의 독립된 교육 기관

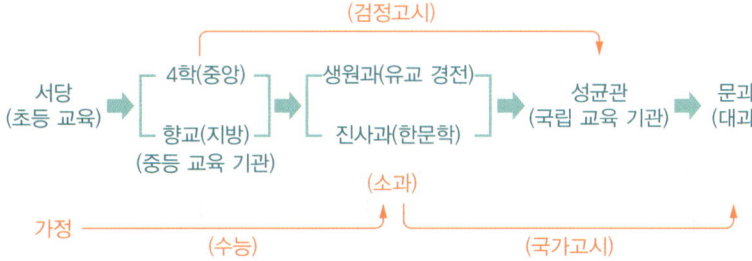

(1) **교육 제도의 특징**: 유교 교육 중시, 무술 교육 기관 부족, 잡학 천시
(2) **성균관(고등 교육)** →장관 대사성
 ① 최고 학부 기관: 서울에 국립 유학 교육 기관인 성균관 설치, 조선 최고 학부
 ② 입학 및 교육: 소과(생원시, 진사시) 합격자 입학, 대과 준비
 ③ 권리: 비정기 시험인 알성시, 성적 우수자 문과 초시 면제, 집단 상소·공관(등교 거부)·권당(단식 투쟁) 등의 활동 보장
 ④ 구성: 문묘(성현 사당), 명륜당(강의실), 재(기숙사), 존경각(도서관), 비천당(과거 시험장) 등 ←대성전(공자 사당)

(3) **4부 학당(중앙 중등 교육)**
 ① 설립: 서울의 각 부에 중학, 동학, 남학, 서학 설치(각각 정원 100명)
 ② 입학 및 교육: 8세 이상의 양인이 입학, 교수(종6품)와 훈도(정9품) 파견
 ③ 구성: 기숙사[재(齋)]가 존재하였으며, 향교와 달리 문묘(공자 사당)는 없음

(4) **향교**❸**(지방 중등 교육)**
 ① 설립: 성현 제사와 유생 교육, 지방민의 교화를 위하여 부·목·군·현에 하나씩 설립
 ② 입학 및 교육: 8세 이상의 양인 남성, 교관인 교수(종6품)와 훈도(정9품) 파견
 ③ 구성: 대성·문묘·명륜당·재(齋)

(5) **기타**
 ① 서당❹: 초등 교육 기관, 4학이나 향교에 입학하지 못한 선비와 평민의 자제가 입학
 ② 서원: 선현 제사, 성리학을 연구하여 후학 양성, 향촌의 사립 교육 기관, 주세붕의 백운동 서원이 시초

---

❷ 『동국여지승람』(1481)
명의 『대명일통지』와 조선의 『신찬팔도지리지』 등을 참고하여 노사신, 강희맹 등이 저술한 최대의 인문 지리서로, 군현의 연혁·지세·인물·풍속·성씨·고적·산물·교통 등을 자세히 수록하였고, 단군 신화를 수록하였다.

✚ 조선 전기 윤리·의례서

시기	서적
15세기	• 『삼강행실도』(세종) • 『국조오례의』(성종)
16세기	• 『이륜행실도』(중종) • 『동몽수지』(중종) • 『가례집람』(선조, 김장생)

❸ 서원과 향교

구분	성격	교수(종6품), 훈도(정9품)
서원	사립	파견 ×
향교	관립	파견 ○

❹ 서당
교육받는 자의 연령은 대개 8, 9세부터 15, 16세 정도로 천자문을 통하여 글을 익히고 『동몽선습』, 『격몽요결』, 『명심보감』 등을 통해 학습하였다.

③ 기술 교육(잡학): 기술학은 각각의 해당 관청에서 교육, 주로 중인 자제가 교육받음
└ 전의감(의학), 사역원(역학), 장악원(악학), 호조(산학), 형조(율학), 소격서(도학), 관상감(천문학), 도화서(화학) 등에서 교육

02 성리학과 기타 사상의 발달

1. 성리학의 정착

(1) 관학파(훈구파)

① 형성: 조선 초기 새로운 문물 제도 정비, 부국강병 추진, 건국 초부터 집권하여 세조 때 훈구파로 계승 → 정도전, 권근 등

② 성향: 성리학에만 국한하지 않고 유학, 불교, 도교, 풍수지리 사상, 민간 신앙 등 다양한 사상을 포용하여 개혁 추진

(2) 사학파(사림파)

① 형성: 조선의 건국에 참여하지 않고 재야로 물러난 세력, 사학파의 학문적 전통은 성종 때에 본격적으로 중앙 정계에 진출한 사림이 계승 → 길재 등

② 성향: 형벌보다는 교화에 의한 통치 강조, 공신과 외척의 비리와 횡포를 비판하고 성리학적 이념과 제도의 실천으로 개혁 추진

2. 성리학의 융성(이기론)

(1) 이기(理氣) 철학

① 발달 배경: 16세기 서경덕과 이언적은 각각 조선 성리학에서 주기론과 주리론의 선구자적 위치를 차지

② 서경덕과 조식: 서경덕은 이보다는 기를 중심으로 세계를 이해, 불교와 노장 사상에 대해서 개방적인 태도, 노장 사상에 포용적이었던 조식은 학문의 실천성을 강조

③ 이언적: 기보다는 이를 중심으로 이론을 전개하여 주리 철학의 선구자적 역할

(2) 성리학의 확립★★★

💬 이황과 이이

구분	이황(1501~1570)	이이(1536~1584)
주장	주리론(主理論) / 영남 학파(동인)	주기론(主氣論) / 기호 학파(서인)
학문	관념적 도덕 세계 중시, 근본적·이상적	경험적 현실 세계 중시, 현실적·개혁적
논쟁	기대승과 사단칠정 논쟁	성혼과의 인심도심 논쟁
영향	위정척사 사상, 일본 성리학	실학 사상, 개화 사상
저서	『주자서절요』, 『성학십도』, 『전습록변』	『동호문답』, 『성학집요』, 『만언봉사』
칭송	동방의 주자	동방의 공자

(3) 학파의 형성과 대립

① 학파의 형성: 16세기 중반부터 학설·지역적 차이에 따라 서원을 중심으로 형성, 동인(서경덕, 이황, 조식)과 서인(이이, 성혼) 형성

② 학파의 대립★: 학설과 지역적 차이에 따라 학파 형성

㉠ 선조 때: 서경덕 학파와 이황 학파, 조식 학파가 동인 형성, 이이 학파와 성혼 학파가 서인 형성

㉡ 광해군 때: 북인은 성리학적 의리 명분론에 구애받지 않고 중립 외교 → 서인과 남인의 반발

---

check! 필수 암기!

성리학의 확립
이황(『성학십도』)과 이이(『성학집요』)

암기법

이기 철학

학자	주장
서경덕	주기 철학
이언적	주리 철학

→ 경.기.도 언.니.!!

➕ 이황과 이이의 저서

• 『성학십도』(이황): 군주 스스로 성학을 따라야 함을 강조하였다.
• 『성학집요』(이이): 현명한 신하가 군주에게 성학을 가르쳐 그 기질을 변화시켜야 한다는 것을 강조하였다.

암기법

『성학십도』와 『성학집요』

• 이황이 이이보다 먼저 태어났으므로, 자음 순(ㅅ-ㅈ)이 먼저!
→ 이황-『성학십도』, 이이-『성학집요』
• 『성학집요』
→ 현명한 신하가 군주를 집요하게 가르쳐야 한다!

ⓒ 인조반정 이후: 서인이 정국 주도, 서경덕과 조식의 사상, 양명학, 노장 사상 등 배척, 이황과 이이의 주자 중심 성리학이 확고한 우위 차지 → 서인과 남인은 명에 대한 의리 명분론을 강화하고 반청 정책을 추진하여 병자호란 초래, 이후 주화론과 척화론 대립 → 인조 말엽부터 송시열 등 서인 산림의 정국 주도, 척화론과 의리 명분론이 대세

💬 **학파의 대립**

붕당	동인(선조 이후, 영남 학파)		서인(인조반정 이후, 기호 학파)	
사상	주리론(이기이원론), 도덕적 원리, 실천 중시, 도덕적 규범 확립		주기론(일원론적 이기이원론), 경험적 현실 세계, 현실 개혁	
출신	안정된 중소지주 출신		산림 출신	
분열	북인	남인	노론	소론
학파	서경덕·조식 (남명 학파)	이황 (퇴계 학파)	이이 (율곡 학파)	성혼 (우계 학파)
성향	절의 중시, 부국강병, 의병장 배출, 개혁적 성향	수취 체제 완화, 갑인예송·기사환국 때 집권	정통 성리학 강조, 대의명분 중시, 호락 논쟁으로 발전	실리 추구, 양명학과 노장 사상에 호의적, 북방 개척

3. 불교와 기타 사상

(1) 불교 정책★
① 억불 정책: 태조(사원의 토지·노비 몰수, <u>도첩제 실시</u> ─ 승려가 되기 위해 곡식을 납부하거나 노역에 종사하여 허가를 받게 한 제도), 태종(사원 정리·토지·노비 몰수), <mark>세종(선·교 양종의 36개 사원만 인정)</mark>, 성종(도첩제 폐지 ─ 출가 억제 제도), 중종(승과 폐지)
② 보호 정책: 세종(『월인천강지곡』, 『석보상절』 간행 ─ 『월인천강지곡』과 『석보상절』을 합편), <mark>세조(간경도감 설치, 『월인석보』 간행, 원각사·원각사지 십층 석탑 건립)</mark>, 명종(승과 부활 ─ 문정 왕후의 지원(보우)), 임란 이후(승병들의 활약으로 억불 정책 중단)
   ─ 수양 대군이 세종의 명을 받아 한글로 석가모니의 일대기를 풀이한 책
③ 예학의 영향: 양 난 이후 유교적 질서 회복이 강조되면서 17세기 예학 발달, 각 학파 간 예학의 차이는 전례 논쟁을 통해 표출되어 예송 논쟁 발생

(2) 다양한 사상의 발달
① 도교: 건국 초기 <mark>소격서</mark>를 설치하고 참성단에서 일월성신에 제사 지내는 <mark>초제</mark> 시행, 16세기 사림 집권 이후 도교 행사 폐지
② 풍수지리설: 한양 천도에 반영, 16세기 이후 <mark>묘지</mark>에 대한 <mark>산송 문제</mark> 발생 ─ 명당 선호 경향
③ 기타 신앙: 무격 신앙, 산신 신앙, 촌락제, 계절에 따른 세시 풍속은 유교 이념과 융합되면서 조상 숭배 의식과 촌락의 안정을 기원하는 의식으로 발전

03 과학 기술의 발달

1. 조선 전기의 과학 기술

(1) 기술의 발전
① 배경: 세종 전후 부국강병과 민생 안정을 위해 과학 기술의 중요성 인식
② 특징: 자주적인 전통 문화를 계승하고 서역과 중국의 과학 기술을 수용하면서 발전

(2) 과학 기술의 쇠퇴: 16세기 이후 사림의 과학 기술 경시 풍조로 침체

> ✏️ **check! 필수 암기!**
> **조선 전기 과학 기술**
> 태조: 천상열차분야지도(천문도)
> 세종: 혼의·간의·혼천의, 자격루·앙부일구, 측우기, 『칠정산』, 『농사직설』, 『향약집성방』, 『의방유취』

2. 과학 기술의 발전

(1) 천문(농업 진흥)★★★

① 천문 기구의 제작
- ㉠ 세종: 천체 관측 기구인 **혼의** · **간의** · **혼천의** 제작, 물시계인 **자격루**(1434) · 해시계인 **앙부일구** 제작, 세계 최초의 강우량 측정 기구인 **측우기** 제작(1442)
- ㉡ 세조: 토지 측량 기구인 **인지의**(원근)와 **규형**(고저)을 제작하여 토지 측량, 동국지도 등의 지도 제작에 활용

② 천문도: **태조** 때 제작한 **천상열차분야지도**는 고구려의 천문도를 바탕으로 제작

▲천상열차분야지도　▲자격루　▲측우기　▲앙부일구

③ 『칠정산』❺(1442)
- ㉠ 세종 때 제작, 중국의 수시력(내편)과 아라비아의 회회력(외편)을 참고로 하여 만든 역법서
- ㉡ 의의: 우리나라 역사상 **최초**로 **서울**을 **기준**으로 천체 운동을 정확하게 계산

(2) 농서★★★: 『**농사직설**』(세종, 우리 실정에 맞는 최초의 농서), 『사시찬요』(세조, 강희맹), 『금양잡록』(강희맹)

(3) 기타 과학 기술의 발전

① 의학★: 『**향약집성방**』(세종, 우리 약재와 치료 방법), 『**의방유취**』(세종, 의학 백과사전)
② 활자 인쇄술과 제지술: 태종(주자소 설치, **계미자** 주조), 세종(**갑인자** 주조, 식자판 조립, 조지서 설치) ─ 종이를 전문적으로 생산하는 관청(대량 생산)
③ 병서: 『**총통등록**』(세종), 『동국병감』(문종) ─ 고조선에서 고려 말까지의 전쟁사
④ 무기: 화약 무기 제조(태종, 최해산), 거북선(태종), 비거도선(세종), 신기전 · 화차❻, 비격진천뢰(선조, 이장손), 불랑기포(선조)
─ 화약 무기의 제작과 사용법 정리

---

❺ 『칠정산』 내외편

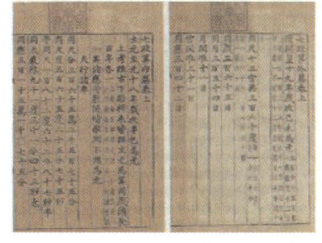

해, 달, 화성, 수성, 목성, 금성, 토성의 7개의 운동하는 천체의 위치를 계산하는 방법을 서술한 역법서이다.

➕ **의학 · 약학 서적**
- 『**향약집성방**』: 세종 때 편찬(1433), 7백여 종의 국산 약재를 소개하였고, 1천여 종의 병에 대한 치료 예방법을 소개하였다.
- 『**의방유취**』(의학 서적): 세종 때 편찬(1445), 동양 의학을 집대성한 동양 최고(最古)의 의서이다.

❻ **신기전과 화차**

신기전은 화살대의 윗부분에 약통을 부착하여 로켓처럼 날아갈 수 있도록 한 로켓 추진 화살로, 세종 때 제작되었으며(1448) 대신기전 · 산화신기전 · 중신기전 · 소신기전 등이 있다. 화차는 바퀴가 달린 수레 위에 화살을 장전하여 100개를 연속 발사하는 것으로, 태종 때 최초로 제작하였고(1409) 문종 때 신기전을 활용한 화차로 개발하였다(1451).

---

04 건축과 예술

1. 건축

(1) 15세기

① 특징: 왕권 강화와 신분 질서 확립을 위한 궁궐, 관아, 성문, 학교 등이 건축의 중심이 됨
─ 건물주의 신분에 따라 크기와 상식에 일정한 제한

② 건축물: **궁궐**(경복궁, 창덕궁, 창경궁), 사원(합천 해인사 장경판전), 성문(숭례문, 개성 남대문, 평양의 보통문), 탑(서울 원각사지 십층 석탑), 종묘, 사직

▲보통문　▲원각사지 십층 석탑

(2) 16세기
① 특징: 서원 건축 발전(가람 배치 양식과 주택 양식이 실용적으로 결합된 독특한 양식)
② 건축물: 옥산 서원(경주)·도산 서원(안동)
  — '중원'이라는 뜻으로 승려들이 한곳에 모여 불도를 닦는 곳을 말함

2. 공예와 기타 예술

(1) 조선 전기 자기와 공예
① 특징: 실용적·검소함, 생활필수품과 문방구 중심
② 자기의 발전★
  ㉠ 분청사기(15세기): 청자에 백토의 분을 칠한 것, 16세기부터 세련된 백자가 생산되면서 생산 감소 — 안정된 그릇 모양과 소박하고 천진스런 무늬
  ㉡ 백자(16세기): 청자보다 깨끗하고 담백하며 순백의 고상함을 풍겨 선비의 취향과 어울렸기 때문에 널리 유행
③ 기타 공예의 발달: 목공예, 돗자리, 화각, 자개, 수와 매듭

(2) 그림과 서예★★★
① 15세기 그림 — 훈구(진취적)
  ㉠ 특징: 15세기 우리의 독자적인 화풍 개발, 일본 무로마치 시대 미술에 영향을 줌, 도화서에 소속된 화원의 그림과 관료·선비의 그림 등이 유행
  ㉡ 작품: 「몽유도원도」(안견)❼, 「고사관수도」(강희안)❽
② 16세기 그림 — 사림(서정적)
  ㉠ 특징: 16세기에는 다양한 화풍 유행, 산수화 및 선비의 정신세계를 나타낸 사군자가 주류를 이룸
  ㉡ 작품: 「송하보월도」(이상좌), 「모견도」(이암), 「초충도」(신사임당), 「묵포도」(황집중), 「묵죽도」(이정), 「월매도」(어몽룡)
③ 서예: 송설체(안평 대군), 초서체(양사언), 석봉체(한호)

▲「송하보월도」(이상좌)　▲「묵죽도」(이정)　▲「초충도」(신사임당)　▲「월매도」(어몽룡)

(3) 음악 및 무용
① 음악
  ㉠ 백성 교화 수단, 국가 의례 관련
  ㉡ 세종의 음악 발전: 박연에게 악기를 개량하게 함, 악곡과 악보 정리, 아악❾을 체계화하여 궁중 음악으로 발전시킴, 여민락 등 스스로 악곡을 지음, 정간보 창안(소리의 장단과 높낮이를 표현)
  ㉢ 기타: 성종 때 성현이 『악학궤범』❿ 편찬, 16세기 중엽 이후 민간에서도 당악과 향악을 속악으로 발달시켜 가사, 시조, 가곡 등 우리말로 된 노래를 연주하는 음악이나 민요에 활용
② 무용: 처용무, 농악무, 무당춤, 승무, 산대놀이(탈춤), 꼭두각시놀이(인형극), 탈춤, 민속무 등 발전

✏️ check! 필수 암기!

조선 전기 예술
- 15세기: 「몽유도원도」(안견), 「고사관수도」(강희안)
- 16세기: 산수화 및 사군자
- 자기: 분청사기(15세기), 백자(16세기)

➕ 분청사기 음각어문 편병

❼ 안견의 「몽유도원도」

15세기 도화서 화원 출신인 안견은 역대 화가들의 기법을 체득하여 독자적인 경지를 개척하였다. 안평 대군의 꿈을 구현한 그의 대표작 「몽유도원도」(1447)는 자연스러운 현실 세계와 환상적인 이상 세계를 능숙하게 나타냈다. 이는 현재 일본 덴리(天理) 대학 중앙도서관에 소장되어 있다.

❽ 「고사관수도」

❾ 아악

고려 때 송나라에서 수입된 궁중 음악으로 주로 제사에 쓰였으며, 고려와 조선의 문묘 제례악이 이에 해당한다.

❿ 『악학궤범』(1493)

음악의 원리와 역사, 악기, 무용, 의상 및 소도구까지 망라하여 정리함으로써 전통 음악을 유지하고 발전시키는 데 큰 기여를 하였다.

07 단골 키워드 문제

Ⅳ. 근세의 한국사
07 근세의 문화

정답 및 해설 51쪽

기출 선택지 미리보기

- 『조선왕조실록』 – 사초, 시정기를 바탕으로 실록청에서 편찬
- 혼일강리역대국도지도 – 우리나라에서 제작된 현존 최고(最古)의 지도이다.
- 이황은 군주 스스로 성학을 따를 것을 주장하였다.
- 이황의 사상은 일본 성리학 발전에 영향을 끼쳤다.
- 이이는 『성학집요』를 저술하여 군주가 수양해야 할 덕목을 제시하였다.

기출 키워드로 연습하기

01 ① 이이 • • 「고사관수도」
② 안견 • • 「몽유도원도」
③ 강희안 • • 「동호문답」

02 『조선왕조실록』은 태조부터 철종까지 각 왕대별로 기록한 역사서로, 유네스코 세계 기록 유산으로 지정되었다. (O / ×)

03 세조는 『삼강행실도』를 편찬하여 유교 윤리를 강조하였다. (O / ×)

04 세종은 서울을 기준으로 천체 운동을 계산한 역법서 『(   )』을/를 만들었다.

05 이황은 『(   )』을/를 저술하여 군주가 나아갈 길을 제시하였으며 일본 성리학 발전에 큰 영향을 끼쳤다.

06 (   )은/는 소박하고 천진한 무늬로 15세기에 유행하였으나 백자가 등장하면서 16세기부터는 생산이 감소되었다.

정답 | 01 ①「동호문답」 ②「몽유도원도」 ③「고사관수도」 **02** O
03 × **04** 칠정산 **05** 성학십도 **06** 분청사기

01 KEYWORD 01 조선 전기의 과학 기술

(가)에 들어갈 내용으로 옳지 <u>않은</u> 것은? 심화 53회 18번

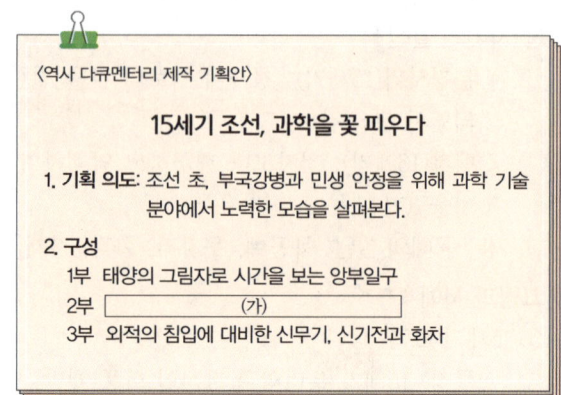

① 기기도설을 참고하여 설계한 거중기
② 국산 약재와 치료법을 소개한 향약집성방
③ 한양을 기준으로 한 역법서인 칠정산 내편
④ 활판 인쇄술의 발달을 가져온 계미자와 갑인자
⑤ 우리나라 실정에 맞는 농법을 소개한 농사직설

02 KEYWORD 02 이황

(가) 인물에 대한 설명으로 옳은 것은? 심화 60회 23번

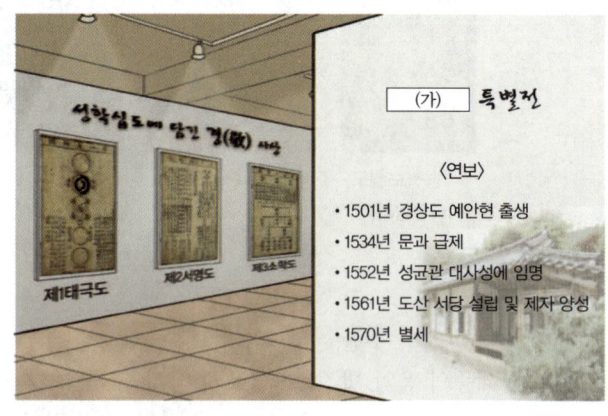

① 기대승과 사단칠정 논쟁을 전개하였다.
② 일본에 다녀와서 해동제국기를 편찬하였다.
③ 양명학을 연구하여 강화학파를 형성하였다.
④ 기축봉사를 올려 명에 대한 의리를 내세웠다.
⑤ 무오사화의 발단이 된 조의제문을 작성하였다.

168 Ⅳ. 근세의 한국사

03 KEYWORD 03 분청사기

(가)에 해당하는 문화유산으로 옳은 것은?   심화 53회 21번

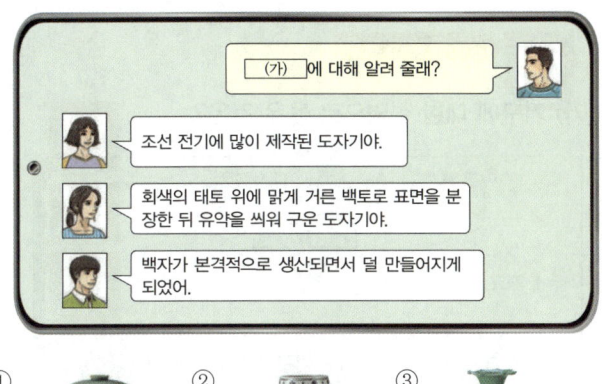

- (가)에 대해 알려 줄래?
- 조선 전기에 많이 제작된 도자기야.
- 회색의 태토 위에 맑게 거른 백토로 표면을 분장한 뒤 유약을 씌워 구운 도자기야.
- 백자가 본격적으로 생산되면서 덜 만들어지게 되었어.

①    ②    ③

④    ⑤

04 KEYWORD 04 이이

밑줄 그은 '이 인물'에 대한 설명으로 옳은 것은?   심화 63회 22번

- 해주 향약을 시행하여 향촌 교화에 힘썼던 이 인물에 대해 말해 보자.
- 동호문답에서 수취 제도 개편 등 다양한 개혁 방안을 제시하였어.
- 격몽요결을 저술하여 체계적인 성리학 교육에 힘썼어.

① 명에 대한 의리를 내세운 기축봉사를 올렸다.
② 청으로부터 시헌력을 도입하자고 건의하였다.
③ 양반의 허례와 무능을 풍자한 양반전을 저술하였다.
④ 예학을 조선의 현실에 맞게 정리한 가례집람을 지었다.
⑤ 군주가 수양해야 할 덕목과 지식을 담은 성학집요를 집필하였다.

05 KEYWORD 05 원각사지 십층 석탑

(가)에 해당하는 문화유산으로 옳은 것은?   심화 57회 20번

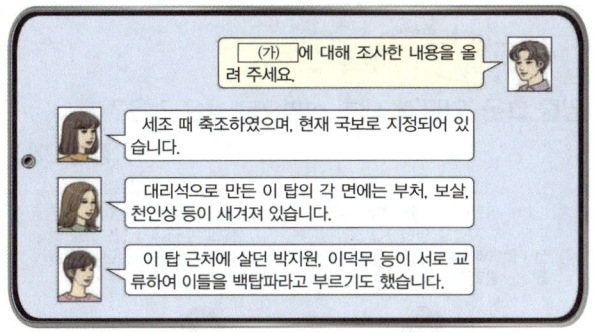

- (가)에 대해 조사한 내용을 올려 주세요.
- 세조 때 축조하였으며, 현재 국보로 지정되어 있습니다.
- 대리석으로 만든 이 탑의 각 면에는 부처, 보살, 천인상 등이 새겨져 있습니다.
- 이 탑 근처에 살던 박지원, 이덕무 등이 서로 교류하여 이들을 백탑파라고 부르기도 했습니다.

①    ②    ③

④    ⑤

06 KEYWORD 06 「몽유도원도」

(가)에 해당하는 작품으로 옳은 것은?   심화 65회 22번

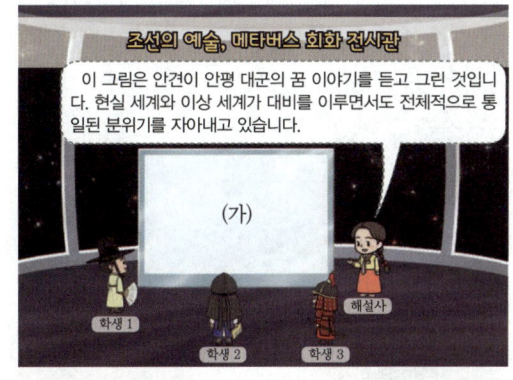

조선의 예술, 메타버스 회화 전시관

이 그림은 안견이 안평 대군의 꿈 이야기를 듣고 그린 것입니다. 현실 세계와 이상 세계가 대비를 이루면서도 전체적으로 통일된 분위기를 자아내고 있습니다.

①    ②

③    ④

⑤

Ⅳ 多빈출-多선지 자료 문제

Ⅳ. 근세의 한국사

01 조선 태종

밑줄 그은 '임금'에 대한 설명으로 옳은 것은?

(정답 2개)

자네 들었는가? 임금께서 민무구, 민무질에게 자결을 명하셨다더군. 몇 해 전 어린 세자를 이용해 권세를 잡으려 했다는 죄로 귀양을 보내셨었지.

나도 들었네. 중전마마의 동생으로 임금께서 정도전을 숙청할 때 공을 세웠던 사람들이었지.

① 6조 직계제를 시행하였다.
② 공신들에게 역분전을 지급하였다.
③ 주자소를 두어 계미자를 주조하였다.
④ 정치도감을 설치하여 개혁을 추진하였다.
⑤ 구황촬요를 간행하여 기근에 대비하였다.
⑥ 관학을 진흥하고자 양현고를 설치하였다.
⑦ 유자광의 고변을 계기로 남이를 처형하였다.
⑧ 주전도감을 설치하여 해동통보를 발행하였다.

정답 | ①, ③

⊕ 문제 해결 TIP!

KEYWORD #임금께서 정도전을 숙청

▶ 다음 자료는 두 차례에 걸친 왕자의 난 과정에서 조선의 개국공신 정도전을 죽인 조선 태종 이방원을 나타낸다.
▶ 유자광의 고변이 태종 때의 일인지 아닌지 헷갈릴 수 있다. 남이는 세조 때 이시애의 난을 진압한 공을 세웠으나 예종 즉위 이후 유자광의 고변으로 처형당하였다.

✓ 정답 체크

①, ③ 조선 태종

✎ 오답 체크

② 고려 태조 ④ 고려 충목왕 ⑤ 조선 명종 ⑥ 고려 예종
⑦ 조선 예종 ⑧ 고려 숙종

02 조선의 통치 제도

(가) 기구에 대한 설명으로 옳은 것은?

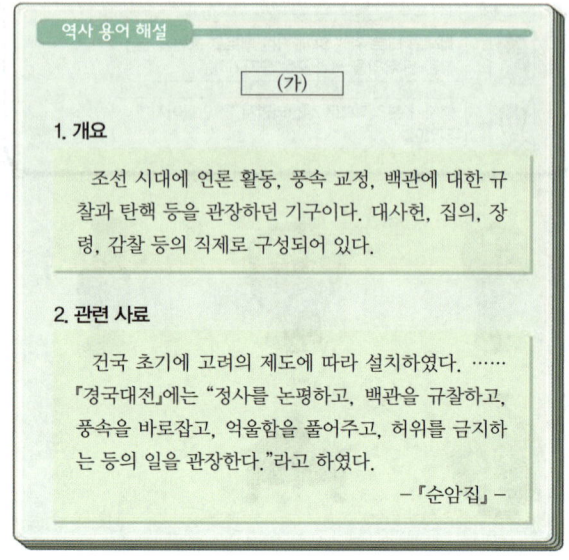

역사 용어 해설

(가)

1. 개요

조선 시대에 언론 활동, 풍속 교정, 백관에 대한 규찰과 탄핵 등을 관장하던 기구이다. 대사헌, 집의, 장령, 감찰 등의 직제로 구성되어 있다.

2. 관련 사료

건국 초기에 고려의 제도에 따라 설치하였다. …… 『경국대전』에는 "정사를 논평하고, 백관을 규찰하고, 풍속을 바로잡고, 억울함을 풀어주고, 허위를 금지하는 등의 일을 관장한다."라고 하였다.

- 『순암집』 -

① 수도의 행정과 치안을 맡아보았다.
② 재상들이 합의하여 국정을 총괄하였다.
③ 을묘왜변을 계기로 상설 기구화되었다.
④ 반역죄, 강상죄를 범한 중죄인을 다스렸다.
⑤ 왕의 비서 기관으로 왕명의 출납을 담당하였다.
⑥ 5품 이하의 관리 임명에 대한 서경권을 행사하였다.

정답 | ⑥

⊕ 문제 해결 TIP!

KEYWORD #조선 시대 #규찰과 탄핵 등을 관장 #대사헌

▶ 다음 자료는 사간원, 홍문관과 함께 삼사라 불리며 서경권을 행사하였던 사헌부를 나타내고 있다.
▶ 조선 시대의 의금부와 사헌부의 역할이 헷갈릴 수 있다. 사헌부는 관리 감찰, 의금부는 중죄 수사로 기억하자.

✓ 정답 체크

⑥ 사헌부

✎ 오답 체크

① 한성부 ② 의정부 ③ 비변사 ④ 의금부 ⑤ 승정원

03 갑자사화

다음 사건과 관련한 설명으로 옳은 것은?

> 윤필상, 유순 등이 폐비(廢妃) 윤씨의 시호를 의논하며 "시호와 휘호를 함께 의논하겠습니까?"라고 아뢰니, "시호만 정하는 것이 합당하겠다."라고 하였다. …… 승정원에 전교하기를 "폐비할 때 의논에 참여한 재상, 궁궐에서 나갈 때 시위한 재상, 사약을 내릴 때 나가 참여한 재상 등을 승정원일기에서 조사하여 아뢰라."라고 하였다.

① 연산군 때 김굉필 등이 처형되었다.
② 두 차례의 예송 논쟁이 전개되었다.
③ 김종직의 조의제문이 발단이 되었다.
④ 반정 공신의 위훈 삭제를 주장하였다.
⑤ 조광조의 건의로 소격서가 폐지되었다.
⑥ 왕실 외척 간의 권력 다툼으로 일어났다.
⑦ 양재역 벽서 사건으로 이언적 등이 화를 입었다.
⑧ 신진 인사를 등용하기 위해 현량과가 시행되었다.

04 임진왜란

다음 기사에 보도된 전투 이후의 사실로 옳은 것은?
(정답 4개)

역사 신문
제△△호　　○○○○년 ○○월 ○○일

조 · 명 연합군, 평양성 탈환

평안도 도체찰사 류성룡, 도원수 김명원이 이끄는 관군이 명 제독 이여송 부대에 합세하여 평양성을 되찾았다. 이번 전투에서 아군은 불랑기포를 비롯한 화포가 위력을 발휘하여 일본군은 크게 패하고 남쪽으로 내려갔다. 이 전투의 승리는 향후 전쟁의 판도를 바꿀 것으로 기대된다.

① 송상현이 동래성에서 항전하였다.
② 이순신이 명량 해전에서 승리하였다.
③ 권율이 행주산성에서 적군을 격퇴하였다.
④ 강홍립 부대가 사르후 전투에 참전하였다.
⑤ 김시민이 진주성에서 적군을 크게 물리쳤다.
⑥ 휴전 회담의 결렬로 정유재란이 시작되었다.
⑦ 압록강에서 도련포까지 천리장성을 축조하였다.
⑧ 신립이 탄금대에서 배수의 진을 치고 전투를 벌였다.

정답 | ①

➕ 문제 해결 TIP!

KEYWORD #폐비(廢妃) 윤씨
#사약을 내릴 때 나가 참여한 재상 등을 조사

▶ 다음 자료는 연산군이 생모인 폐비 윤씨 사사 사건의 전말을 알게 되면서 일으킨 갑자사화를 나타낸다.
▶ 무오사화(김종직의 조의제문), 갑자사화(폐비 윤씨 사사 사건), 기묘사화(조광조 사사), 을사사화(대윤 vs 소윤)의 특징을 잘 기억하자.

✅ 정답 체크
① 갑자사화

✏️ 오답 체크
② 예송 논쟁　③ 무오사화　④, ⑤, ⑧ 기묘사화
⑥ 을사사화　⑦ 양재역 벽서 사건

정답 | ②, ③, ④, ⑥

➕ 문제 해결 TIP!

KEYWORD #조 · 명 연합군　#평양성 탈환　#류성룡
#일본군

▶ 다음 자료는 임진왜란 당시 결성된 조 · 명 연합군의 평양성 탈환(1593.1.)을 나타내고 있다.
▶ 임진왜란은 전쟁 과정 속 사건들의 순서를 암기해야 한다. 초기 패전 → 수군 · 의병의 활약 → 조 · 명 연합군의 활약 → 정유재란 순으로 전쟁이 진행되었음을 파악하자.

✅ 정답 체크
② 명량 해전(1597.9.)　③ 행주 대첩(1593.2.)
④ 사르후 전투(1619)　⑥ 정유재란(1597)

✏️ 오답 체크
① 동래성 전투(1952.4.)　⑤ 진주 대첩(1592.10.)
⑦ 천리장성 축조(1033~1044)
⑧ 충주 탄금대 전투(1592.4.)

V. 근대 태동기의 한국사

단골 키워드 랭킹!

- 01 대동법
- 02 환국
- 03 영조
- 04 김홍도
- 05 정조
- 06 홍대용
- 07 정약용
- 08 상품 작물
- 09 보은 법주사 팔상전
- 10 정선
- 11 신윤복
- 12 동학

출제 경향

조선 후기의 정치와 경제, 사회의 변동과 문화 부분은 출제 비중이 골고루 높다. 붕당 정치의 변화와 탕평책, 세도 정치기의 모순 등을 학습하여야 한다. 또한, 조선 후기의 수취 체제와 신분제의 변동, 서학 및 서양 문화의 유입으로 인한 사회·문화의 변동 등이 다양하게 출제되고 있다.

출제 포인트

◆ **근대 태동기의 정치**
1. 붕당 정치의 발전 과정
2. 숙종, 영조, 정조의 정책을 통한 탕평 정치의 발전 및 변화 파악
3. 세도 정치기 삼정의 문란과 민란
4. 홍경래의 난과 임술 농민 봉기의 공통점과 차이점

◆ **근대 태동기의 경제**
1. 영정법·균역법·대동법의 시행 배경과 과정 및 결과
2. 대동법과 관련한 상업·상인의 발달과 화폐 유통 과정

◆ **근대 태동기의 사회**
1. 조선 후기 신분제 동요에 따른 양반·농민의 분화 및 향촌 사회의 변화

◆ **근대 태동기의 문화**
1. 양명학, 실학 등 성리학에 대한 비판적 경향
2. 중농주의 실학자와 중상주의 실학자의 특징 비교
3. 서양 과학 수용으로 인한 과학 기술의 발전 및 성리학적 세계관의 변화
4. 서민 문화의 발전에 따른 문학, 서화 등의 변화

- 01 근대 태동기의 정치
- 02 근대 태동기의 경제
- 03 근대 태동기의 사회
- 04 근대 태동기의 문화_1
- 05 근대 태동기의 문화_2

76-67회 출제 비율 **8.6%**

미리보기

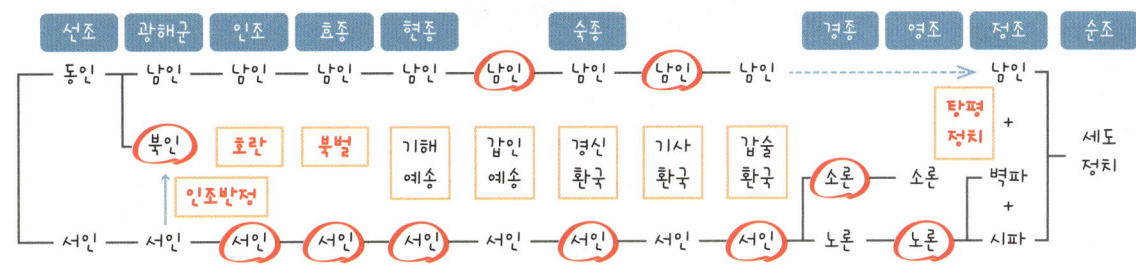

대표적 실학자

1. 중농주의 실학(18세기 전반)

유형원 (1622~1673)	『반계수록』, 균전론, 신분제 비판(직업적 차별)
이익 (1681~1763)	『성호사설』, 『곽우록』, 한전론, 나라를 좀먹는 여섯 가지 폐단, 폐전론
정약용 (1762~1836)	강진 유배(신유박해), 여전론, 정전제, 『여유당전서』

2. 중상주의 실학(18세기 후반)

유수원 (1694~1755)	『우서』, 상공업 강조, 사농공상의 직업적 평등화·전문화
홍대용 (1731~1783)	『임하경륜』, 『의산문답』, 『담헌서』, 중화사상 비판(지전설)
박지원 (1737~1805)	『열하일기』, 수레와 선박의 이용, 화폐 유통, 양반 비판
박제가 (1750~1805)	『북학의』, 청 문물 수용, 수레와 선박의 이용, 소비 권장

01 근대 태동기의 정치

✏️ check! 필수 암기!

군사 체제
5군영: 훈련도감(포수·사수·살수), 어영청·총융청·수어청(인조), 금위영(숙종)

탕평 정치와 세도 정치
영조: 완론탕평, 탕평교서, 탕평비, 천거권 ×, 『속대전』, 균역법
정조: 준론탕평, 규장각, 장용영, 초계문신제, 화성, 신해통공
세도 정치: 홍경래의 난, 임술 농민 봉기

❶ 비변사의 변천

시기	변화
중종	임시 기구(1510, 삼포왜란)
명종	상설 기구(1555, 을묘왜변)
선조	중요 핵심 기구(1592, 임진왜란)
19세기	최고 권력 기구(세도 정치기)
고종	폐지(1865, 흥선 대원군)

❷ 5군영의 완비

시기	5군영
선조	훈련도감(1593)
인조	어영청(1623)·총융청(1624)·수어청(1626)
숙종	금위영(1682)

01 통치 체제의 변화

1. 정치 구조의 변화

(1) 정치 구조의 변화 ★

① 비변사❶의 기능 강화: 임진왜란 이후 군사 문제뿐 아니라 외교·재정·사회·인사 문제 등 거의 모든 정무를 총괄할 정도로 기능 강화

② 결과: 비변사의 기능이 강화되자 왕권이 약화되고 의정부와 6조 중심의 행정 체계는 유명무실화

> 📖 **사료 읽기**
>
> ▶ **비변사의 변질**
> 효종 5년 11월 임인, 김익희가 상소하였다. "요즈음 여기에서 큰 일이건 작은 일이건 모두 취급합니다. 의정부는 한갓 헛이름만 지니고 6조는 할 일을 모두 빼앗기고 말았습니다. 이름은 '변방 방비를 담당하는 것'이라고 하면서 과거에 대한 판정이나 비빈 간택까지도 모두 여기서 합니다."
> — 『효종실록』 —

(2) 권력 기구의 변질

① 삼사: 조선 후기 삼사는 공론을 반영하기보다는 상대 세력에 대한 비판을 통하여 자기 세력을 유지하는 기구로 변질

② 이조와 병조 전랑: 중하급 관원들에 대한 인사권과 자기 후임자를 스스로 추천할 수 있는 권한을 행사하면서 자기 세력을 확대

2. 군사 제도의 변화

(1) 중앙 군사 제도의 변화

① 중앙군의 변화: 5위(전기) → 5군영❷(숙종 때 완성) — 17세기 말

② 5군영의 변질: 조선 후기 서인들은 군사적·정치적 안정을 유지하기 위하여 5군영을 자신들의 군사적 기반으로 변질시킴

(2) 지방 군사 제도의 변화: 진관 체제(15세기, 세조) → 제승방략 체제(16세기, 명종) → 속오군 체제(17세기, 선조)

구분	진관 체제(세조)	제승방략 체제(명종)	속오군 체제(선조)★★
기본	군·현 단위 자체 방어, 중앙에서 군사 훈련	일정 방어처 집결	진관 체제 + 병력 증강(양반~노비), 지방에서 군사 훈련
지휘권	수령	중앙에서 파견한 장수	영장
단점	연쇄적 패배	신속 대처 취약, 패배 시 무방비	실질적으로 상민·노비만 참여

02 붕당 정치의 변질

1. 탕평론의 대두

(1) 숙종(1674~1720)의 탕평책★
① 탕평책: 숙종은 인사 관리를 통하여 세력 균형을 유지하려는 탕평론 제시
② 결과: 상황에 따라 한 당파를 일거에 내몰고 상대 당파에게 정권을 모두 위임하는 편당적인 인사 관리로 환국의 빌미를 제공

(2) 환국의 발생★★★
① 경신환국(1680, 숙종 6): 영의정 허적(남인)이 군사용 천막을 허락 없이 사용한 사건이 발단, 서인은 허적의 서자 허견 등이 복창군을 왕으로 옹립하려 한다고 모함하여 남인이 몰락하고 서인이 집권, 이후 서인은 노론과 소론으로 나뉨
② 기사환국(1689, 숙종 15): 장희빈의 소생인 윤(경종)의 세자 책봉을 둘러싸고 서인인 송시열 등이 반대하다 쫓겨나고(민씨 폐출) 남인이 집권
③ 갑술환국(1694, 숙종 20): 남인이 인현 왕후 민씨의 복위 문제로 서인을 무고하다 도리어 축출되어 서인(노론)이 집권

> **📖 사료 읽기**
>
> ▶ **붕당 정치의 폐해**
> 신축·임인(1721·1722) 이래로 조정에서 노론, 소론, 남인의 삼색(三色)이 날이 갈수록 더욱 사이가 나빠져 서로 역적이란 이름으로 모함하니 이 영향이 시골에까지 미치게 되어 하나의 싸움터를 만들었다. 그리하여 서로 혼인을 하지 않을 뿐만 아니라 다른 당색(黨色)끼리는 서로 용납하지 않는 지경에까지 이르렀다.
> – 『택리지』 –

2. 경종(1720~1724)
왕세제(연잉군)가 왕을 대신하여 정무를 처리(대리청정)하는 문제로 노론(찬성)과 소론(반대) 사이의 대립 격화

3. 영조(1724~1776)의 탕평책

(1) 영조의 탕평 정치(완론탕평❸)★★
(소론 강경파와 남인 일부가 경종의 죽음에 영조와 노론이 관계되었다며 영조의 탕평책에 반대해 일으킨 반란)
① 초기의 탕평책: 탕평 교서 발표, 탕평비 건립(1742), 이인좌의 난(1728) 발생
② 왕권 강화: 붕당을 없애자는 논리에 동의하는 탕평파를 중심으로 정국을 운영, 서원 대폭 정리, 이조 전랑의 권한을 약화시키기 위해 후임자를 천거하는 권한과 삼사의 관리를 선발할 수 있게 해 주던 관행을 폐지 (정조 때 완전 폐지)

(2) 영조의 개혁 정치★★★
① 체제 정비: 『속대전』 편찬, 가혹한 형벌 폐지, 사형수에 대한 삼심제를 엄격하게 시행
② 민생 안정: 군포 부담을 2필에서 1필로 경감시키는 균역법 실시(1750), 신문고 부활, 준천사 설치 (청계천 복원)

(3) 한계: 강력한 왕권을 바탕으로 한 일시적인 탕평책
(붕당 정치의 폐해에 대한 근본적 해결 ×)

4. 정조(1776~1800)의 탕평책

(1) 정조의 탕평 정치(준론탕평❹)
① 배경: 사도세자의 죽음(1762)과 시파·벽파의 갈등 경험 후 강한 탕평책 추진
② 적극적 탕평책: 척신과 환관 제거, 권력에서 소외되었던 소론 일부와 남인 계열도 중용

➕ **노론과 소론**
노론은 송시열을 중심으로 결집하여 대의 명분을 존중하고 민생 안정을 강조하는 경향을 보였다. 반면, 소론은 윤증을 중심으로 결집하여 실리를 중시하고, 적극적인 북방 개척을 주장하는 경향을 보였다.

➕ **신임사화**
경종의 왕위 계승을 둘러싼 당파 싸움에서 노론이 소론에 의해 화를 입은 사건으로, 노론이 숙종 말년부터 경종을 제거할 음모를 계획하였다고 주장하여 김창집·이이명·이건명·조태채 등 4대신을 비롯한 노론의 대다수 인물을 처형한 사건이다. 이러한 사화는 붕당 정치의 폐해를 단적으로 보여 주고 있다.

❸ **영조의 완론탕평**
당파와 상관없이 온건하고 타협적인 인물을 등용하여 왕권에 복종시키려는 탕평책으로, '탕평채'라는 음식을 만들어 신하들에게 하사하며 그 뜻을 관철시켰다.

❹ **정조의 준론탕평**
옳고 그름을 명백히 가리는 탕평책이다.

➕ **시파와 벽파**
영조 때 사도세자의 폐위와 사사를 둘러싸고 당파가 분열되었다.

시파	사도세자의 잘못은 인정하면서도 죽음 자체는 지나치다는 입장 → 사도세자의 신원을 통해 정조의 권위를 높이려는 입장
벽파	사도세자의 죽음이 당연하다는 입장 → 선왕인 영조의 정치 원칙을 준수해야 한다는 입장

❺ 규장각

정조는 붕당의 비대화를 막고 자신의 권력과 정책을 뒷받침하기 위하여 규장각을 창덕궁 후원에 설치하고(1776) 강력한 정치 기구로 육성시켰다. 규장각은 본래 역대 왕의 글과 책을 수집·보관하기 위한 왕실 도서관의 기능을 가지는 기구로 설치되었으나 정조는 여기에 비서실의 기능과 문한 기능을 통합적으로 부여하고, 과거 시험의 주관과 문신 교육의 임무까지 부여하였다.

❻ 초계문신제

37세 이하의 당하관 중에 재능 있는 문신들을 뽑아 재교육시키는 제도이다. 인물 선정은 의정부에서 하였고, 이들을 대상으로 규장각에서 교육하여 정기적으로 시험을 실시하였다.

(2) 정조의 개혁 정치★★★

① 왕권 강화

ㄱ. 규장각❺ 설치(왕권과 정책을 뒷받침하는 기구), 장용영(국왕 친위 부대), 초계문신제❻(1781, 유능한 중·하급 관리 재교육), 수원 화성 건설(정치·군사적 기능 부여, 상공인 육성) — 사도세자의 묘를 옮긴 곳

▲ 수원 화성

▲ 김홍도의 「규장각도」(규장각 주합루 전경)

— 문서로 작성하여 국왕에게 호소하는 방식

ㄴ. 민의 수렴: 왕의 행차 공간을 적극적 소통의 장소로 만드는 방식을 통해 백성들의 의견(상언·격쟁)을 듣고 정치에 반영 — 국왕의 행차 시에 징, 꽹과리, 북 등을 쳐서 억울한 사정을 왕에게 말로써 호소하는 것

ㄷ. 지방 통치: 유향소에서 담당했던 향약을 수령이 직접 주관하게 하여 지방 사림의 영향력을 줄이고 수령의 권한 강화

② 민생의 안정: 서얼과 노비에 대한 차별 완화, 육의전을 제외한 시전의 금난전권을 폐지하고 사상(私商)들의 자유로운 상업 활동을 허가하여 상업 발전에 기여(1791, 신해통공)하는 등 개혁 정책 시행

③ 문화 부흥

ㄱ. 전통 문화를 계승하면서 중국과 서양의 과학 기술 수용, 중국의 고금도서집성을 수입하여 학문 정치의 기초를 다짐

ㄴ. 『대전통편』(법전), 『동문휘고』(외교 문서), 『탁지지』(국가 기관의 기능 정리), 『무예도보통지』(병법서), 『추관지』(형조의 사례집), 『국조보감』(역대 왕들의 치적) 등

03 세도 정치의 전개

1. 세도 정치❼

(1) 정의: 정조 사후 3대 60여 년 동안 안동 김씨나 풍양 조씨 같은 왕의 외척 세력이 권력을 독점한 정치 형태

(2) 전개

① 초기의 세도 정치: 순조(1800~1834)가 11세의 어린 나이로 즉위하자 영조의 계비인 정순 왕후가 수렴청정을 하면서 노론 벽파 세력이 정국을 주도

② 세도 정치의 순환: 헌종(1834~1849) 즉위 이후 외척 풍양 조씨 가문 → 철종(1849~1863, 강화도령) 즉위 이후 안동 김씨 가문
— 8세에 즉위 / 19세에 즉위

(3) 폐단

① 붕당 정치의 붕괴: 세도 정치기에는 붕당은 물론 정치 집단 사이의 대립적 구도도 없어지고, 중앙 정치를 주도하던 정치 집단은 소수의 가문 출신으로 좁아지면서 그 기반이 축소

❼ 세도 정치

국왕의 위임을 받아 정권을 잡은 특정인과 그 추종 세력에 의하여 이루어지는 정치 형태를 지칭한다. 조선 후기에는 척신 또는 종친이 권세를 잡고 전권을 휘두르는 부정적인 정치 형태를 지칭하는 말로 더 많이 쓰이고 있다.

✚ 조선 시대 수렴청정

조선 시대에는 새로 즉위한 국왕의 나이가 너무 어려 국정을 제대로 처리할 수 없을 경우 왕실의 어른이 국왕을 대신하여 정사를 처리하였다. 성종 대의 정희 왕후(세조비), 명종 대의 문정 왕후(중종비), 선조 대의 인순 왕후(명종비), 순조 대의 정순 왕후(영조비), 헌종 대의 순원 왕후(순조비), 철종 대의 순원 왕후(순조비), 고종 대의 신정 왕후(익종비)가 수렴청정을 하였다. 이 중 순원 왕후는 헌종과 철종의 즉위 초에 두 차례에 걸쳐 수렴청정을 실시하였다.

② 권력 구조 변화★
- ㉠ 의정부와 6조의 유명무실화: 정2품 이상의 고위직만 정치적 기능 발휘, 그 아래의 관리는 언론 활동 같은 정치적 기능을 거의 잃은 채 행정 실무만 담당
- ㉡ 비변사의 권한 강화: 비변사가 핵심적인 정치 기구로 변화, 유력한 가문 출신의 몇몇이 실질적 권력을 행사 → 사회 통합의 실패
- ㉢ 향촌의 수령권 강화: 수령의 견제 세력이 없어 관리들의 부정과 비리가 성행(매관매직), 농민의 부담 증가

사료 읽기

▶ 세도 정치의 폐단

가을에 한 늙은 아전이 대궐에서 돌아와서 처와 자식에게 "요즘 이름 있는 관리들이 모여서 하루 종일 이야기를 하여도 나랏일에 대한 계획이나 백성을 위한 걱정은 전혀 하지 않는다. …… 이름 있는 관리들이 말하는 것이 이러하다면 지방에서 거둬들이는 것이 반드시 늘어날 것이다. 나라가 어찌 망하지 않겠는가." 하고 한탄하면서 눈물을 흘려 마지않았다.

– 박제형, 『근세조선정감』 –

2. 세도 정치기의 농민 봉기

(1) 배경
- ① 삼정의 문란이 극도에 달한 수령의 부정, 농민들의 조세 부담 과중 ─ 전정(전세 수취 제도), 군정(군포 징수 제도), 환곡(구휼 제도)의 문란
- ② 농민의 항거: 초기에는 소청 운동, 벽서·괘서 사건 등으로 저항, 점차 농민 봉기 형태로 확대
  ─ 남을 비방하거나 민심을 선동하기 위해 여러 사람이 볼 수 있는 곳에 몰래 붙이는 게시물

(2) 농민 봉기
- ① 홍경래의 난(1811, 순조)★★★
  - ㉠ 배경: 세도 정치의 폐해, 매관매직 성행, 서북민에 대한 차별 대우 등이 원인이 되어 몰락 양반인 홍경래의 지휘하에 영세 농민·중소 상인·광산 노동자 등이 합세하여 일으킨 봉기
  - ㉡ 경과: 가산·선천·정주 등을 점거하였고 한때는 청천강 이북 지역을 거의 장악하였으나 5개월 만에 평정

사료 읽기

▶ 홍경래의 격문

평서대원수는 급히 격문을 띄우노니 …… 그러나 조정에서는 관서를 버림이 분토와 다름없다. 심지어 권문의 노비들도 서토의 사람을 보면 반드시 평안도 놈이라 한다. 서토에 있는 자 어찌 억울하고 원통하지 않은 자 있겠는가. …… 지금, 임금이 나이가 어려 권세 있는 간신배가 그 세를 날로 떨치고 김조순·박종경의 무리가 국가 권력을 오로지 갖고 노니 어진 하늘이 재앙을 내린다.

– 『순조실록』 –

- ② 임술 농민 봉기(1862, 철종, 진주 농민 봉기)★★★
  - ㉠ 원인: 경상 우병사 백낙신의 수탈에 항거하여 농민들이 몰락 양반 출신의 유계춘 등을 중심으로 봉기
  - ㉡ 경과: 진주를 중심으로 전개된 농민 봉기는 한때 진주성을 점령하였고 북쪽의 함흥으로부터 남쪽의 제주에 이르기까지 전국적으로 확대
  - ㉢ 결과: 정부는 민심을 회유하기 위해 안핵사(박규수)를 파견하고 삼정이정청을 설치(1862), 암행어사를 파견하여 지방관의 부정 조사 → 큰 성과를 거두지 못함

➕ 19세기의 농민 봉기

➕ 홍경래의 난과 임술 농민 봉기의 공통점
- 세도 정치기의 봉기
- 농민 의식의 성장(양반 중심의 사회 약화)
- 삼정의 문란에 대한 봉기

04 청·일본과의 대외 관계

1. 청과의 대외 관계

(1) 병자호란 이후

① 북벌 준비: 표면상 사대 관계, 사신 왕래 등 활발한 교역과 동시에 북벌 정책 추진
 → <mark>효종</mark>의 <mark>북벌 준비</mark>

② 북학 운동

  ㉠ 청은 중국 대륙을 장악한 뒤 국력이 크게 신장되고, 전통 문화를 보호·장려하며 서양의 문물까지 받아들여 문화 국가로서의 면모를 갖춤

  ㉡ 조선 사신들의 기행문이나 보고서를 통해 청의 새로운 문물 소개 → 청을 무조건 배척하지 말고 우리에게 이로운 것은 적극적으로 수용하자는 북학론 대두

③ 청과의 국경 분쟁: 조선과 청의 대표가 백두산 일대를 답사하고 국경을 확정하여 정계비를 세움(1712) ─ 서쪽으로는 압록강, 동쪽으로는 토문강을 양국의 경계로 하기로 함

2. 일본과의 대외 관계

(1) 임진왜란 이후의 교섭

① 국교 재개

  ㉠ 임진왜란 직후: 일본과의 외교 관계를 단절하였으나 일본의 에도 막부는 대마도 도주를 통하여 조선에 국교를 재개하자고 요청

  ㉡ 포로 교환: 조정은 유정(사명대사)을 파견하여 일본과 강화하고 전쟁 때 잡혀간 조선인 포로 3,500여 명을 귀환

  ㉢ 기유약조★: <mark>광해군</mark> 때 일본과 <mark>기유약조</mark>를 맺어 동래부의 부산포에 다시 왜관을 설치, 제한된 범위 내에서 교섭 허용(1609, 세견선 20척, 세사미두 100석)

② 사절의 파견★

  ㉠ 배경: 일본은 조선의 선진 문화를 받아들이고, 에도 막부의 쇼군(將軍)이 바뀔 때마다 그 권위를 국제적으로 인정받기 위하여 조선에 사절의 파견을 요청

  ㉡ 통신사의 파견: 조선에서는 <mark>선조 때부터 순조 때까지(1607~1811) 12회에 걸쳐 통신사 파견</mark>, 통신사 일행은 적을 때에는 300여 명, 많을 때에는 400~500명, 일본에서 국빈으로 예우

▲조선통신사

  ㉢ 영향: 통신사는 외교 사절일 뿐만 아니라 조선의 선진 문화를 일본에 전파하는 역할

(2) 독도 문제

① 영토 침범: 울릉도와 독도는 삼국 시대 이래 우리의 영토였으나, 일본 어민이 자주 이곳을 침범하여 충돌 발생

② 조선의 대응 ─ 안용복의 호패에는 42세 울릉도 어민인 점과 서울에 주인의 존재(사노비)가 기록되어 있었음

  ㉠ 안용복: <mark>숙종 때</mark> 안용복은 울릉도에 출몰하는 일본 어민들을 쫓아내고, 일본에 건너가 울릉도와 독도가 조선의 영토임을 확인받고 귀국(1693)

  ㉡ 정부의 통치 강화: 일본 어민의 침범이 계속되자 19세기 말에 조선 정부에서는 적극적으로 울릉도 경영에 나서 주민의 이주를 장려하였고, 울릉도에 군을 설치하여 관리를 파견하고 독도까지 관할

01 단골 키워드 문제

V. 근대 태동기의 한국사
01 근대 태동기의 정치

정답 및 해설 53쪽

기출 선택지 미리보기

- **숙종** – 희빈 장씨 소생의 원자 책봉 문제로 환국이 발생되었다.
- **숙종** – 금위영을 설치하여 5군영 체제를 확립하였다.
- **영조** – 군역의 부담을 줄이고자 균역법을 제정하였다.
- **정조** – 초계문신제를 실시하여 문신들을 재교육하였다.
- **철종** – 삼정의 문란을 해결하기 위해 삼정이정청을 설치하였다.

기출 키워드로 연습하기

01
① 숙종 · · 임술 농민 봉기
② 정조 · · 장용영
③ 철종 · · 갑술환국

02 정조는 탕평 정책에 따라 탕평 교서를 발표하고 성균관에 탕평비를 건립하였다. (O / X)

03 영조는 법전을 정비하여 『대전회통』을 편찬하였다. (O / X)

04 정조는 유능한 인재를 재교육하는 (　　　)을/를 실시하였다.

05 정조 때 박지원, 유득공 등 (　　　)이/가 규장각 검서관으로 등용되었다.

06 삼정의 문란을 원인으로 홍경래의 난이 일어나자 정부는 (　　　)을/를 설치하였다.

정답 | 01 ① 갑술환국 ② 장용영 ③ 임술 농민 봉기 02 × 03 ×
04 초계문신제 05 서얼 06 삼정이정청

KEYWORD 01 환국

01 최다 빈출 유형

(가) 시기에 있었던 사실로 옳은 것은? 심화 69회 26번

며칠 전 주상께서 희빈 장씨가 낳은 왕자를 원자로 삼으셨다고 하네. / 중전께서 아직 젊으신데 너무 성급한 결정은 아닌지 우려스럽네. → (가) → 장씨에게 내렸던 왕후의 지위를 거두고 옛 작호인 희빈을 내려주도록 하라.

① 무신 이징옥이 반란을 일으켰다.
② 송시열이 유배된 후 사사되었다.
③ 자의 대비의 복상 문제로 예송이 일어났다.
④ 정여립 모반 사건을 빌미로 기축옥사가 발생하였다.
⑤ 붕당 정치의 폐해를 막기 위해 탕평비가 건립되었다.

02 꼬리 물기 문제

(가)~(다)를 일어난 순서대로 옳게 나열한 것은? 심화 61회 23번

(가) 임금이 궐내에 있던 기름 먹인 장막을 허적이 벌써 가져갔음을 듣고 노하여 이르기를, "궐내에서 쓰는 것을 마음대로 가져가는 것은 한명회도 못하던 짓이다."라고 하였다. …… 임금이 허적의 당파가 많아 기세가 당당하다는 말을 듣고 그들을 제거하고자 결심하였다.

(나) 비망기를 내려, "국운이 안정되어 왕비가 복위하였으니, 백성에게 두 임금이 없는 것은 고금을 통한 의리이다. 장씨의 왕후 지위를 거두고 옛 작호인 희빈을 내려 주되, 세자가 조석으로 문안하는 예는 폐하지 않도록 하라."라고 하였다.

(다) 임금이 말하기를, "송시열은 산림의 영수로서 나라의 형세가 험난한 때에 감히 원자(元子)의 명호를 정한 것이 너무 이르다고 하였으니, 삭탈 관작하고 성문 밖으로 내쳐라. 반드시 송시열을 구하려는 자가 있겠지만, 그런 자는 비록 대신이라 하더라도 용서하지 않을 것이다."라고 하였다.

① (가) – (나) – (다)   ② (가) – (다) – (나)
③ (나) – (가) – (다)   ④ (나) – (다) – (가)
⑤ (다) – (나) – (가)

03 KEYWORD 02 비변사

(가) 기구에 대한 설명으로 옳은 것은? 심화 63회 26번

> 오늘에 와서는 큰일이건 작은 일이건 중요한 것으로 취급되지 않는 것이 없어, 의정부는 한갓 헛이름만 지니고 6조는 모두 그 직임을 상실하였습니다. 명칭은 '변방의 방비를 담당하는 것'이라고 하면서 과거 시험에 대한 판하(判下)*나 비빈 간택 등의 일까지도 모두 (가) 을/를 경유하여 나옵니다. 명분이 바르지 못하고 말이 이치에 맞지 않음이 이보다 심할 수가 없습니다. 신의 어리석은 소견으로는 (가) 을/를 고쳐 정당(政堂)으로 칭하는 것이 상책이라 생각합니다.
> *판하(判下): 안건을 임금이 허가하는 것

① 사헌부, 사간원과 함께 3사로 불렸다.
② 서얼 출신 학자들이 검서관에 등용되었다.
③ 흥선 대원군이 집권한 시기에 혁파되었다.
④ 서울과 수원에 설치되어 국왕의 호위를 맡았다.
⑤ 대사성을 수장으로 좨주, 직강 등의 관직을 두었다.

04 KEYWORD 03 수원 화성

(가) 문화유산에 대한 설명으로 옳은 것을 <보기>에서 고른 것은? 심화 62회 27번

정조가 정치적 이상을 담아 축조한 (가) 안의 모습이 참 예쁘네!

정조가 행차할 때 머물렀던 행궁과 장용영 군사를 지휘했던 서장대도 보여.

• 보기 •
ㄱ. 고종이 아관 파천 이후 환궁한 곳이다.
ㄴ. 포루, 공심돈 등 방어 시설을 갖추었다.
ㄷ. 당백전을 발행하여 건설 비용에 충당하였다.
ㄹ. 정약용이 고안한 거중기 등을 이용하여 축조되었다.

① ㄱ, ㄴ ② ㄱ, ㄷ ③ ㄴ, ㄷ
④ ㄴ, ㄹ ⑤ ㄷ, ㄹ

KEYWORD 04 정조

05 최다 빈출 유형

(가) 왕의 재위 기간에 있었던 사실로 옳은 것은? 심화 67회 27번

이 그림은 화성능행도 8폭 중 일부로, (가) 이/가 혜경궁 홍씨를 모시고 현륭원에 다녀오는 모습을 그린 것입니다. 위엄을 갖춘 행렬의 장대함과 구경꾼들의 생동감 넘치는 표정이 잘 드러나 있습니다.

① 자의 대비의 복상 문제로 예송이 전개되었다.
② 명의 신종을 제사 지내는 만동묘가 설치되었다.
③ 문신을 재교육하기 위한 초계문신제가 실시되었다.
④ 붕당의 폐해를 경계하는 탕평비가 성균관에 건립되었다.
⑤ 비변사의 혁파로 의정부와 삼군부의 기능이 정상화되었다.

06 꼬리 물기 문제

검색창에 들어갈 왕에 대한 설명으로 옳은 것은? 심화 53회 26번

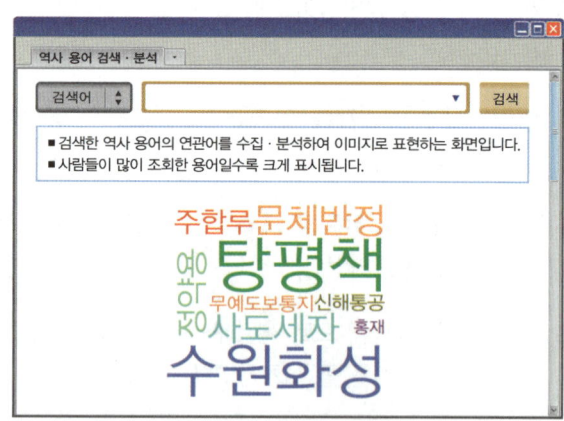

① 어영청을 중심으로 북벌을 추진하였다.
② 국왕의 친위 부대인 장용영을 설치하였다.
③ 조선의 기본 법전인 경국대전을 완성하였다.
④ 청과의 경계를 정한 백두산 정계비를 세웠다.
⑤ 군역의 부담을 줄이기 위해 균역법을 제정하였다.

07 KEYWORD 05 영조

다음 왕에 대한 설명으로 옳은 것은?
심화 68회 24번

초상과 어진으로 만나는 조선의 왕

왼편은 연잉군 시절인 20대의 초상이며 오른편은 50대의 어진이다. 그는 즉위 후 탕평 교서를 반포하고 탕평비를 건립하였다. 준천사를 신설하여 홍수에 대비하였으며, 신문고를 다시 설치하여 백성들의 억울함을 듣고자 하였다.

① 통치 체제를 정비하기 위해 대전회통을 편찬하였다.
② 왕권 강화를 위해 친위 부대인 장용영을 설치하였다.
③ 각 궁방과 중앙 관서의 공노비 6만여 명을 해방하였다.
④ 어영청을 중심으로 국방력을 강화하고 북벌을 추진하였다.
⑤ 균역법을 시행하여 백성들의 군역 부담을 줄여주고자 하였다.

08 KEYWORD 06 임술 농민 봉기

다음 자료에 나타난 사건에 대한 설명으로 옳은 것은?
심화 61회 27번

진주 안핵사 박규수에게 하교하기를, "얼마 전에 있었던 진주의 일은 전에 없던 변괴였다. 관원은 백성을 달래지 못하였고, 백성은 패악한 습관을 버리지 못하였다. 누가 그 허물을 책임져야 하겠는가. 신중을 기하여 혹시 한 사람이라도 억울하게 처벌 받는 일이 없게 하라. 그리고 포리(逋吏)*를 법에 따라 처벌할 경우 죄인을 심리하여 처단할 방법을 상세히 구별하라."라고 하였다.

*포리(逋吏): 관아의 물건을 사사로이 써버린 아전

① 홍경래, 우군칙 등이 주도하였다.
② 남접과 북접이 연합하여 전개되었다.
③ 삼정이정청이 설치되는 계기가 되었다.
④ 우정총국 개국 축하연을 이용하여 일어났다.
⑤ 윤원형 일파가 정국을 주도한 시기에 발생하였다.

KEYWORD 07 세도 정치

09 최다 빈출 유형

(가) 왕의 재위 시기에 있었던 사실로 옳은 것은?
심화 75회 27번

이 그림은 세도 정치의 주요 인물이자 (가) 의 장인인 김조순의 별저 옥호정과 그 일대를 그린 옥호정도입니다. 삼청동 북악산 백련봉 일대에 위치한 별저의 모습을 통해 당시 세도가였던 안동 김씨의 위세를 짐작할 수 있습니다.

① 오페르트가 남연군 묘 도굴을 시도하였다.
② 이만손이 주도하여 영남 만인소를 올렸다.
③ 이시애가 길주를 근거지로 난을 일으켰다.
④ 홍경래 등이 봉기하여 정주성을 점령하였다.
⑤ 곽재우, 고경명 등이 의병장으로 활약하였다.

10 꼬리 물기 문제

(가) 왕의 재위 시기에 있었던 사실로 옳은 것은?
심화 73회 27번

(가) 어진

이 그림은 (가) 의 초상화로, 조선 시대에 그려진 현존하는 어진 가운데 군복을 입고 있는 유일한 사례이다. 강화도령으로 불렸던 그는 안동 김씨인 순원 왕후의 명으로 왕위에 올랐지만, 임술 농민 봉기가 일어나는 등 혼란한 상황 속에서 승하하였다. 6·25 전쟁 때 화재로 어진의 일부가 소실되었다.

① 윤지충 등이 처형된 신해박해가 일어났다.
② 오페르트가 남연군 묘 도굴을 시도하였다.
③ 국왕의 친위 부대인 장용영이 창설되었다.
④ 경신환국 등 여러 차례 환국이 발생하였다.
⑤ 박규수의 건의로 삼정이정청이 설치되었다.

02 근대 태동기의 경제

01 수취 체제의 개편

1. 수취 체제 개편의 필요성

(1) 농촌 사회의 동요
   ① 양 난 이후 농촌 사회: 인구 감소, 토지 황폐화, 기근과 질병 만연, 농민 생활 피폐
   ② 정부의 무능: 양반 지배층은 정치적 다툼에 몰두하여 민생 문제에 무관심

(2) 정부의 대책: 국가는 전세·공납·군역 제도를 개편하여 농촌 사회를 안정시키고 재정 기반을 확대하고자 함

2. 수취 제도의 개편

(1) 전세: 영정법(1635, 인조) ★

> 전세의 변화

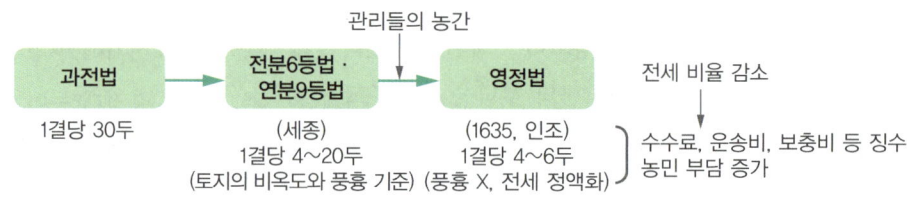

※ 본인 소유의 땅이 없는 농민은 혜택을 받을 수 없었음

① 배경: 정부는 전세를 확보하기 위하여 토지 대장인 양안에서 빠진 은결을 색출
② 내용: 풍흉에 관계없이 전세를 토지 1결당 미곡 4~6두로 고정하여 징수(전세의 정액화)
③ 결과: 전세 비율이 일시적으로 감소하였으나 여러 명목의 수수료, 운송비, 자연 소모에 대한 보충비 등이 함께 부과되어 농민들의 부담이 더욱 가중

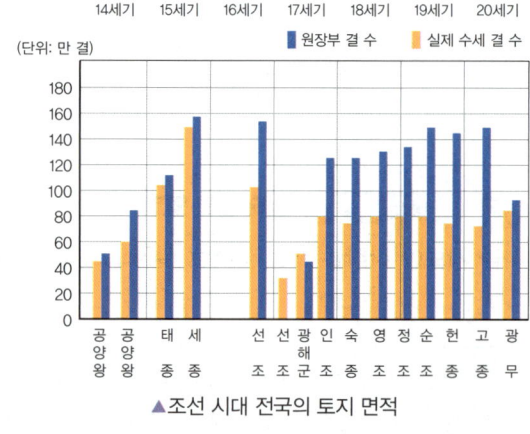

▲조선 시대 전국의 토지 면적

(2) 공납: 대동법(1608~1708, 광해군~숙종) ★★★

> 공납의 변화

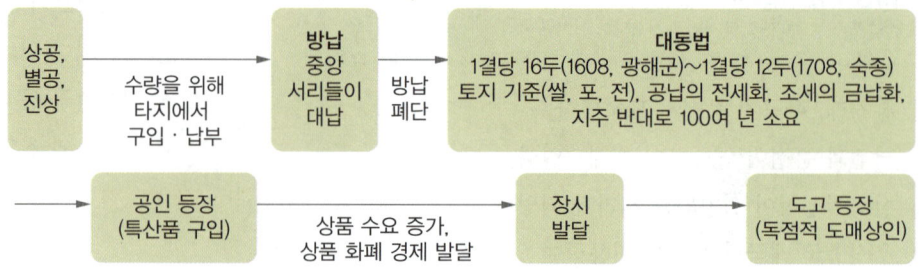

---

check! 필수 암기!

수취 체제의 개편
- 영정법: 인조, 미곡 4두, 수수료·운송비
- 대동법: 광해군~숙종, 방납 폐단, 미곡 12두, 전국 시행(100년), 공인, 도고
- 균역법: 영조, 군포 1필, 결작, 선무군관포, 어장세, 선박세

● 정부의 노력

양전 사업의 결과로 광해군 때 약 50만 결 토지가 정조 때 약 140만 결까지 증가하였지만, 대부분이 황폐화된 농경지였고 여전히 은결이 많아 국가의 수입은 증가하지 못하였다.

● 대동법의 시행

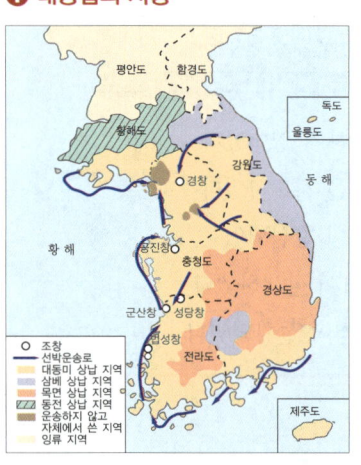

① 배경: 방납의 폐단, 농민의 향촌 이탈
② 대동법의 전개 ←공물을 대신 납부하고 이자를 받는 상행위
　㉠ 시행 과정: 광해군 때 선혜청❶을 설치하여 경기도에서 시험적으로 시행, 점차 전국으로 확대되어 숙종 때 함경도와 평안도를 제외한 전국에서 실시
　㉡ 시행 내용: 토지의 결수에 따라 쌀, 삼베나 무명, 동전 등으로 대납(조세의 금납화), 대체로 토지 1결당 미곡 12두만 납부(숙종, 공납의 전세화)
　㉢ 당시 양반 지주들의 반대가 심해 대동법이 함경도와 평안도를 제외한 전국적으로 실시되는 데 100여 년의 기간 소요
③ 영향: 국가에서 현물이 필요할 때 관청에서 공가를 미리 받아 필요한 물품을 사서 납부하는 공인 등장, 상품 수요가 증가함에 따라 지방의 장시 발달, 도고 등장
④ 한계: 진상과 별공은 계속 부담, 지방 관아의 토산물 징수 지속

❶ 선혜청
대동법의 실시에 따라 설치한 기관으로 대동미·대동포·대동전의 출납을 관장하였다. 지정된 공인에게 공물가를 지급하고 필요한 물품을 받아 각 궁방과 관청에 공급하는 역할을 하였다(공납제의 일원화).

(3) 군역: 균역법(1750, 영조)★★

💡 군역의 변화

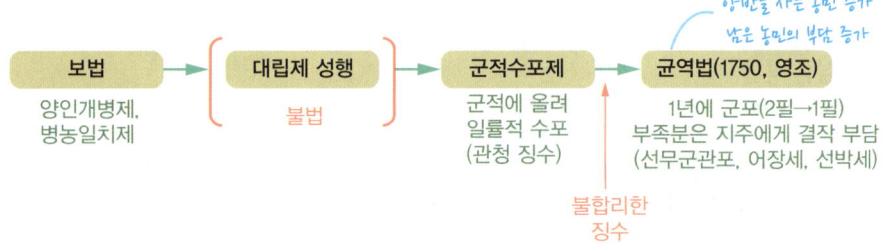

① 배경: 양 난 이후 불합리한 군포의 차별 징수, 군역의 문란(백골징포·황구첨정·인징·족징 등)
② 내용
　㉠ 원칙: 농민에게 1년에 군포 1필만 징수
　㉡ 부족분의 보충: 균역법 시행으로 감소된 재정은 지주에게 결작이라고 하여 토지 1결당 미곡 2두를 부담시켜 징수, 일부 상류층에게 선무군관❷이라는 칭호를 주어 군포 1필을 납부하게 하였으며, 어장세, 선박세 등 잡세 수입으로 보충
③ 결과: 농민들의 부담은 일시적으로 경감되었으나 토지에 부과되는 결작의 부담이 소작 농민에게 돌아가고 군적 문란이 심화되면서 농민의 부담은 다시 가중

❷ 선무군관
균역법이 시행되면서 부족해진 재원을 보급하기 위해 선무군관에게 군포 1필을 납부하게 하였다. 이들은 양반층은 아니지만 양반 행세를 하는 일부 상류층으로 지방의 토호나 부유한 집안의 자제들이었다.

02 농업 경제의 발전

1. 농촌(농업)의 변화

(1) 농업 생산력의 발전과 상품 작물의 재배
① 농민의 노력: 황무지 개간, 수리 시설 복구, 농기구와 시비법 개량
② 농업 기술의 발전★★
　㉠ 모내기법(이앙법) 확대: 조선 후기 정부의 모내기법 금지령에도 불구하고 전국적으로 확대, 수확량 증대
　　└17세기 정부는 가뭄에 취약한 이앙법의 보급에 반대하여 금지령을 내리기도 함
　㉡ 이모작: 벼와 보리의 이모작 확대, 저수지 확충
　㉢ 견종법: 밭고랑에 씨를 뿌리는 견종법 보급
　　└저수지 증대를 위해 수리 행정을 담당하는 제언사(1662) 설치, 저수지 관리 등을 담은 제언절목(1778) 반포

✏️ check! 필수 암기!
조선 후기 농업의 발전
모내기법 확대, 광작, 상품 작물

농업 기술의 변화 ★★★

구분	고려	조선 전기	조선 후기
심경법	깊이갈이(심경법)의 일반화	–	저수지 축조 광작 → 농민 계층 분화 상업 작물·구황 작물
윤작법	2년 3작 윤작법 시작	윤작법의 일반화	
시비법	시비법 실시 → 휴경지 감소	시비법 발달 → 휴경지 소멸	
확대	이앙법(옮겨 심기) 일부 실시	이모작 일부 실시	이앙법·이모작 전국 시행
농서	「농상집요」(이암이 소개)	「농사직설」, 「금양잡록」	「농가집성」, 「색경」, 「산림경제」, 「해동농서」, 「임원경제지」

③ **광작의 성행**: 1인당 경작지를 확대하여 <mark>농가 소득 증가</mark>, 부농 성장

④ **상품 작물과 구황 작물의 재배** ★★
  ㉠ <mark>상품 작물</mark>: 농민들은 시장에 팔기 위한 작물(<mark>인삼</mark>과 <mark>담배</mark>, <mark>목화</mark>, 채소, 약초 등)을 재배하여 수입 증가
  — 18세기부터 개성을 중심으로 삼남 지역에서 재배
  — 17세기 일본에서 전래된 후로 전라도 지방을 중심으로 전국에서 재배
  ㉡ <mark>쌀의 상품화</mark>: 조선 후기에는 쌀의 수요가 증가하여 밭을 논으로 바꾸는 현상 발생

> **📖 사료 읽기**
>
> **▶ 상품 작물**
> 농민들이 밭에 심는 것은 곡물만이 아니다. 모시, 오이, 배추, 도라지 등의 농사도 잘 지으면 그 이익이 헤아릴 수 없이 크다. 도회지 주변에는 파 밭, 마늘 밭, 배추 밭, 오이 밭 등이 많다. 특히 서도 지방의 담배 밭, 북도 지방의 삼 밭, 한산의 모시 밭, 전주의 생강 밭, 강진의 고구마 밭, 황주의 지황 밭에서의 수확은 무도 상상등전(上上等田)의 논에서 나는 수확보다 그 이익이 10배에 이른다.
> – 「경세유표」 –

  ㉢ 구황 작물: 고구마(18세기 영조, 일본), 감자(19세기 헌종, 청) 전래

(2) 농민의 몰락
  ① **토지 상실**: 일부 농민은 소득을 증대시켜 부농이 되는 경우도 있었지만 토지를 잃고 몰락해 가는 농민도 증가
  ② **소작지 상실**: 광작이 가능해지자 지주들은 노비를 늘리거나 머슴을 고용하여 직접 농토를 경영하게 되었고 새로운 소작지를 구하기가 힘들어짐
  ③ **농민의 이탈**: 다수 농민들이 상공업자·임노동자로 전락하였고 농촌을 떠난 농민들이 광산·포구 등에 새로운 도시 형성

2. 소작제의 변화

(1) 타조법과 도조법

구분	타조법(조선 전기~후기, 일반적)	도조법(조선 후기, 도지권 소유자만 해당)
지대	정율 지대(당해 수확량 1/2)	정액 지대(일정 소작료, 평균 수확량 1/3)
특징	소작인 불리, 지주 간섭 있음 전세·종자·농기구 소작인 부담	소작인 유리, 지주 간섭 없음 도지권은 매매·양도·전매 가능
관계	지주와 전호의 신분적 예속 관계	지주와 전호의 경제적 계약 관계

(2) 영향: 도조법의 등장으로 인하여 소작농이라도 상품 작물을 재배하거나 일정 액수의 소작료를 지불하고 경작하여 소득 증가 가능

➕ 광작의 부작용
광작 농업으로 농가 소득이 늘어나 부농이 증가하는 한편, 노동력이 절감하여 소작농민들은 새로운 소작지를 얻기가 어려워졌으며 소작지를 잃기도 하였다.

✏️ 암기법
구황 작물 전래
고구마(일본), 감자(청)
➡ 고.일.감.청.

03 상품 화폐 경제와 수공업 등의 발전

1. 상업의 발달과 화폐의 사용

(1) 시장의 번성

① 장시의 발달: 개설(15세기) → 전국 확대(16세기) → 전국 1,000여 개소 개설(18세기)

② 사상의 증가
- ㉠ 장시의 형성: 18세기 이후 이현(동대문), 칠패(남대문), 송파 등 도성 주변과 개성, 평양, 의주, 동래 등 지방 도시에서 활동
- ㉡ 신해통공: 정부는 신해통공을 실시하여 <mark>자유로운 상행위</mark> 형성(1791, 정조)
  └ 조선 후기 지방의 장시 연결, 각지에 지점을 두어 상권이 확장됨

(2) 상인의 종류 ★★★

① 관상
- ㉠ 시전 상인(한양): 특정 품목 독점 판매, <mark>육의전</mark> 중심, <mark>금난전권</mark> 소유(신해통공 이전)
- ㉡ 공인(한양): <mark>대동법 시행</mark> 이후 등장, 국가 수요품 조달 역할, 도고❸로 성장
- ㉢ 보부상(지방): 농촌의 장시를 하나의 유통망으로 연계, 대개 장시를 거점으로 활동(장돌뱅이)

② 사상
- ㉠ 한양(난전): 시전 장부에 등록되지 않은 <mark>무허가 상인</mark>(이현, 칠패)
- ㉡ 기타 사상: 만상(의주), 유상(평양), 송상(개성), 경강 상인(한양), 내상(동래 상인)
  └ 사개치부법❹

💡 사상의 종류

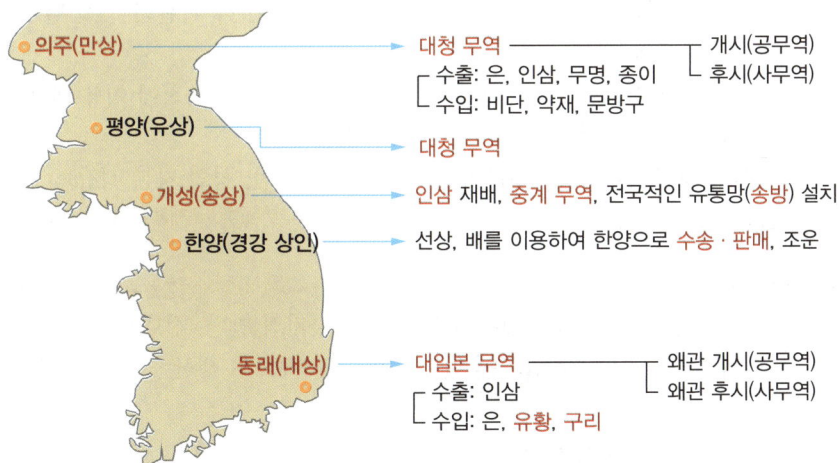

✏️ check! 필수 암기!

조선 후기의 상업 발전
- **관상**: 시전 상인(육의전, 금난전권), 공인, 보부상
- **사상**: 난전(이현, 칠패), 만상(의주), 유상(평양), 송상(개성), 경강 상인(한양), 내상(동래), 포구 상권 형성(객주·여각)
- **화폐**: 상평통보(숙종 때 전국 유통)

❸ 도고
공인은 특정 물품을 대량으로 취급하여 경제적 이득을 취할 수 있었기 때문에 수도와 전국을 대상으로 하는 독점적 도매 상인인 도고로 성장하였다. 또한, 상품 화폐 경제의 발달에 따라 사상들 중 일부는 도고로 성장하기도 하였다.

❹ 사개치부법
고려의 개성 상인들이 상품 거래와 현금 흐름 등 거래 사항을 관리하기 위해 사용한 독특한 회계 정리 방식이다.

❺ **포구 상업의 발달**

종래의 포구는 세곡이나 소작료를 운송하는 기지의 역할을 했으나, 18세기에 이르러 강경포, 원산포 등이 상업의 중심지로 성장하였다. 이에 따라 포구를 거점으로 선상, 객주, 여각 등이 활발한 상행위를 하였다.

➕ **화폐의 발달**

시기	화폐
세종	조선통보(1423)
세조	팔방통화(1464)
숙종	상평통보(1678, 전국)
고종	당백전(1866), 백동전(1891)

➕ **조선 후기 광산의 발전**

17세기 말에는 약 70개소의 은광이 개발되었고, 18세기 말에는 채굴과 제련이 쉬운 사금 채굴에 상업 자본이 몰리면서 금광의 개발도 활발해졌다.

(3) 상업의 변화★★
① 포구 상업❺ 형성: 18세기에 포구가 상업의 중심지로 성장, 인근 포구 및 장시와 연결되어 전국적인 유통권 형성
② 선상: 선박을 이용한 상행위, 운송업에 종사하다가 거상으로 성장(경강 상인)
③ 객주·여각: 각 지방의 선상이 물화를 싣고 포구에 들어오면 그 상품의 매매를 중개하고, 부수적으로 운송·보관·숙박·금융 등의 영업에 종사

📖 **사료 읽기**

▶ **포구 상업**

우리나라는 동·서·남의 3면이 모두 바다이므로 배가 통하지 않는 곳이 거의 없다. 배에 물건을 싣고 오가면서 장사하는 장사꾼은 반드시 강과 바다가 이어지는 곳에서 이득을 얻는다. 전라도 나주의 영산포, 영광의 법성포, 흥덕의 사진포, 전주의 사탄은 비록 작은 강이나 모두 바닷물이 통하므로 장삿배가 모인다. 충청도 은진의 강경포는 육지와 바다 사이에 위치하여 바닷가 사람들과 내륙 사람들이 모두 여기에서 서로의 물건을 교역한다. 매년 봄, 여름 생선을 잡고 해초를 뜯을 때는 비린내가 마을에 넘치고, 큰 배와 작은 배가 밤낮으로 포구에 줄을 서고 있다.

— 『택리지』 —

(4) 대외 무역의 발달
① 청과의 무역: 국경 지대를 중심으로 하여 공적으로 허용된 무역인 개시와 사적인 무역인 후시 발달, 비단·약재·문방구 등을 수입하고 은·종이·무명·인삼 등을 수출
② 일본과의 무역: 왜관(개시·후시)을 통한 무역 발달, 은·구리·황·후추 등을 수입하고, 인삼·쌀·무명 등을 수출

(5) 화폐 사용★
① 보급: 상공업의 보급에 따라 동전이 전국적으로 유통, 18세기 후반 세금과 소작료도 동전으로 대납 가능
② 동전 유통: 상평통보 유통(숙종 때 전국적 유통), 각 기관의 동전 발행 권장, 동광에서 구리 공급 증가
③ 전황의 발생: 지주·대상인이 화폐를 고리대나 재산 축적에 이용(화폐 유통의 부진), 물가 하락(화폐 가치 상승), 폐전론 주장(이익)
④ 신용 화폐의 등장: 환·어음(상품 화폐 경제 진전, 상업 자본 성장)

└→ 이익이 화폐의 부정적인 문제를 제기하며 전황 문제의 대책으로 주장함

2. 수공업과 광업

(1) 수공업 ┌→ 민간 수공업자의 작업장을 흔히 점(店)이라고 부름
① 민영 수공업의 발달: 장인세 부담, 철점·사기점 발달, 선대제 성행
② 18세기 후반 이후: 독립 수공업자 출현, 독자적으로 생산·판매, 가내 수공업 발전

(2) 광업
① 변화 과정: 정부 독점(조선 전기) → 설점수세제(17세기) → 민간인에 의한 광업의 활기(18세기 후반)
② 개발 증가: 광물·은 수요 급증(민영 수공업 발달)
　㉠ 설점수세제(1651, 효종): 17세기 중엽부터 민간인에게 광산 채굴을 허용하고 세금을 받는 정책 실시
　㉡ 잠채 성행: 정부가 설점수세제를 폐지하자 상인 물주들이 정부에 신고하지 않고 덕대를 고용하여 몰래 광산을 개발
③ 광산 운영의 변화: 덕대(경영 전문가)가 상인 물주에게 자본을 조달 받아 운영, 분업에 토대를 둔 협업으로 진행

02 단골 키워드 문제

V. 근대 태동기의 한국사
02 근대 태동기의 경제

정답 및 해설 56쪽

기출 선택지 미리보기

- **영정법** – 1결당 쌀 4~6두로 납부액을 고정하였다.
- **대동법** – 방납의 폐단을 해결하고자 실시하였다.
- **균역법** – 부족한 재정을 보충하기 위해 결작을 부과하였다.
- **조선 후기** – 담배와 면화 등이 상품 작물로 재배되었다.
- **송상** – 전국에 송방이라는 지점을 설치하였다.

기출 키워드로 연습하기

01
① 경강 상인 • • 의주
② 만상 • • 개성
③ 송상 • • 한양

02 대동법은 숙종 때 선혜청을 설치하여 경기도에서 시험적으로 실시하다가 전국으로 확대하였다. (O / X)

03 대동법 시행 이후 국가는 (　　)에게 대가를 주고 관청에서 필요한 물품을 납품하도록 하였다.

04 인조 때 시행한 (　　)은/는 전세에 대한 개혁 정책으로 토지 1결당 미곡 4~6두씩을 납부하게 하였다.

05 영조 때 (　　) 시행 이후 지주에게 토지 1결당 미곡 2두의 결작을 부담시켰다.

06 정조는 (　　)을/를 시행하여 육의전을 제외한 시전 상인의 금난전권을 폐지하였다.

정답 | 01 ① 한양 ② 의주 ③ 개성 **02** X **03** 공인 **04** 영정법
05 균역법 **06** 신해통공

KEYWORD 01 대동법

01 최다 빈출 유형

밑줄 그은 '제도'에 대한 설명으로 옳은 것을 〈보기〉에서 고른 것은?

심화 70회 23번

이원익의 건의로 경기도에서 시행되는 수취 제도에 대해 설명해 주세요.

이번에 시행되는 제도는 지방의 특산물을 징수하면서 나타난 방납의 폐단을 막아 백성들의 부담을 줄여주기 위한 것입니다. 공물을 현물 대신 토지의 결 수에 따라 쌀로 납부합니다.

• 보기 •
ㄱ. 선혜청에서 관련 업무를 담당하였다.
ㄴ. 재정을 보충하기 위해 지주에게 결작을 부과하였다.
ㄷ. 관청에 물품을 조달하는 공인이 등장하는 배경이 되었다.
ㄹ. 어장세, 선박세 등이 국가 재정으로 귀속되는 결과를 가져왔다.

① ㄱ, ㄴ　② ㄱ, ㄷ　③ ㄴ, ㄷ　④ ㄴ, ㄹ　⑤ ㄷ, ㄹ

02 꼬리 물기 문제

(가)에 대한 탐구 활동으로 가장 적절한 것은? 심화 76회 23번

서울에 있는 간사한 무리가 경주인(京主人)이라고 하며 각 도의 공물을 방납하면서 그 값을 두 배에서 수십 배까지 징수하였다. …… 영의정 김육이 [(가)]을/를 충청도에서 먼저 시험할 것을 청하였다. 왕이 여러 차례 신하들에게 의견을 물었으나 서로 엇갈렸다. 이때에 왕이 다시 김육 등 여러 신하들을 불러 그것이 편리한지 여부에 대한 의견들을 듣고 비로소 호서(湖西)에 먼저 행하기로 정하였다.

① 전시과에서 전지 지급 기준의 변화를 찾아본다.
② 일부 상류층에게 선무군관포를 거둔 목적을 알아본다.
③ 과전 지급 대상을 현직 관리로 제한한 까닭을 검색한다.
④ 풍흉에 관계없이 전세 부담액을 고정한 이유를 분석한다.
⑤ 관청에 물품을 조달하는 공인이 등장한 배경을 조사한다.

KEYWORD 02 균역법

03 최다 빈출 유형
다음 자료를 활용한 탐구 주제로 가장 적절한 것은?

심화 73회 28번

> 무군관 직책을 특별히 설치하고 서북을 제외한 6도에서 벼슬이 없는 자들 중 선정한다. 사족이 아니거나 음서를 받지 않은 자들, 군보(軍保) 역할에 그치기에는 아까운 자들을 대상으로 한다. 평시에는 입번(立番)과 훈련을 면해주고 다만 베 1필을 받는데, 유사시에는 관할 수령이 지도하여 방비에 임하도록 한다.

① 토산물을 쌀, 동전 등으로 납부하게 한 원인
② 균역법 실시로 인한 세입 감소분의 보충 방안
③ 시전 상인의 특권을 축소한 신해통공 단행 배경
④ 전세를 풍흉에 따라 9등급으로 차등 부과한 이유
⑤ 설점수세제를 시행하여 민간의 광산 개발을 허용한 목적

04 꼬리 물기 문제
밑줄 그은 '이 왕'에 대한 설명으로 옳은 것은?

심화 55회 24번

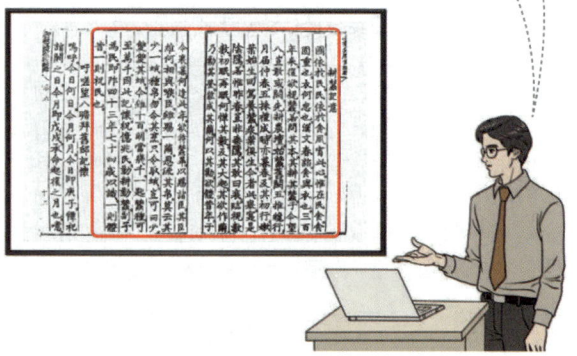

이것은 이 왕이 농경을 장려하기 위해 세손과 더불어 친경(親耕)과 친잠(親蠶)을 거행하고 그 기쁨을 표현한 경잠기의입니다. 그는 균역법을 제정하여 백성의 군역 부담을 줄여주는 등 민생 안정에 많은 노력을 기울였습니다.

① 조선의 기본 법전인 경국대전을 완성하였다.
② 붕당의 폐해를 경계하기 위한 탕평비를 건립하였다.
③ 시전 상인의 특권을 축소한 신해통공을 실시하였다.
④ 전세를 1결당 4~6두로 고정하는 영정법을 제정하였다.
⑤ 각 궁방과 중앙 관서의 공노비 6만여 명을 해방하였다.

KEYWORD 03 조선 후기 사회·경제

05 최다 빈출 유형
다음 상황이 나타난 시기에 볼 수 있는 모습으로 적절하지 <u>않은</u> 것은?

심화 68회 23번

① 벽란도에서 인삼을 사는 송의 상인
② 호랑이를 소재로 민화를 그리는 화가
③ 광산 노동자에게 품삯을 나눠주는 덕대
④ 여러 장시를 돌며 물품을 판매하는 보부상
⑤ 저잣거리에서 영웅 소설을 읽어주는 전기수

06 꼬리 물기 문제
다음 기사에 나타난 시기의 경제 상황으로 옳은 것은?

심화 61회 25번

역사 신문

제△△호 ○○○○년 ○○월 ○○일

거상(巨商) 임상옥, 북경에서 인삼 무역으로 큰 수익

연행사의 수행원으로 북경에 간 만상(灣商) 임상옥이 인삼 무역으로 큰 수익을 거두었다. 북경 상인들이 불매 동맹을 통해 인삼을 헐값에 사려 하자, 그는 가져간 인삼 보따리를 태우는 기지를 발휘해 북경 상인에게 인삼을 높은 가격에 매각하여 막대한 이익을 얻은 것이다.

① 삼한통보, 해동통보가 발행되었다.
② 솔빈부의 말이 특산물로 수출되었다.
③ 초량 왜관을 통해 일본과 교역하였다.
④ 당항성, 영암이 국제 무역항으로 번성하였다.
⑤ 경시서의 관리들이 수도의 시전을 감독하였다.

07 KEYWORD 04 신해통공

다음 자료를 활용한 탐구 활동으로 가장 적절한 것은?

심화 71회 23번

> 좌의정 채제공이 왕에게 아뢰었다. "빈둥거리는 무뢰배가 삼삼오오 떼를 지어 스스로 상점을 개설하고 일용품을 거래하는 일이 많아졌습니다. 그들은 큰 물건에서 작은 물건까지 싼값에 억지로 사들이기 일쑤입니다. 혹 물건 주인이 말을 듣지 않으면 난전(亂廛)으로 몰아서 결박하여 형조와 한성부로 끌고 가 혹독한 형벌을 당하도록 합니다. 이 때문에 물건 주인은 본전에서 밑지더라도 어쩔 수 없이 팔고 갑니다. 그리고 무뢰배들은 제각기 가게를 벌여놓고 배나 되는 값을 받습니다. 어쩔 수 없이 사야 하는 사람은 그 가게 외에서는 물건을 구할 수 없기 때문에, 물건 값이 날마다 치솟고 있습니다."

① 계해약조의 체결 과정을 확인한다.
② 오가작통법의 실시 목적을 파악한다.
③ 신해통공을 단행하게 된 배경을 조사한다.
④ 토지 소유자에게 결작을 부과한 이유를 살펴본다.
⑤ 풍흉에 따라 전세를 차등 부과하는 기준을 알아본다.

08 KEYWORD 05 사상의 발전

다음 상황이 나타난 시기에 볼 수 있는 모습으로 적절하지 않은 것은?

심화 70회 25번

> 김화진 등이 아뢰기를, "…… 만상과 송상이 함께 수많은 가죽을 마음대로 밀무역을 합니다. 수달 가죽은 금지 품목 가운데 하나인데 변경을 지키는 관리들이 대수롭지 않게 여겨 1년, 2년이 되면 곧 일상적인 물건과 같아지니 …… 이후로는 한결같이 법전에 의거하여 금지 조항을 거듭 자세히 밝혀서 송상과 만상에게 법을 범해서는 안 되며, 범하는 사람이 있으면 일일이 적발하여 법에 따라 엄격하게 처벌한다는 것을 분명히 알게 해야 합니다. 아울러 살피지 못한 변방의 관리들도 드러나는 대로 무겁게 다스린다는 뜻을 분명히 알게 해야 합니다. ……"라고 하니, 임금이 그리하라 하였다.

① 채굴 노동자를 고용하는 덕대
② 벽란도에서 교역하는 송의 상인
③ 상평통보로 물건을 거래하는 보부상
④ 포구에서 물품의 매매를 중개하는 여각
⑤ 담배, 인삼 등 상품 작물을 재배하는 농민

KEYWORD 06 조선 후기 경제

09 최다 빈출 유형

다음 자료의 상황이 나타난 시기에 볼 수 있는 모습으로 적절하지 않은 것은?

심화 50회 28번

> 김상철이 말하기를, "도성 백성들의 생계는 점포를 벌여 놓고 사고파는 데 달려 있습니다. 그런데 근래 기강이 엄하지 않아서 어물과 약재 등 온갖 물건의 이익을 중간에서 독점하는 도고(都庫)의 폐단이 한둘이 아닙니다. 대조(大朝)께서 여러 차례 엄하게 다스렸으나, 점차 해이해져 많은 물건의 가격이 폭등한 것은 오로지 이 때문이라고 합니다. 평시서(平市署) 등에서 적발하여 강하게 다스렸다면 어찌 이런 일이 있었겠습니까?"라고 하였다.

① 청요직 통청을 요구하는 서얼
② 한글 소설을 읽고 있는 부녀자
③ 동국문헌비고를 열람하는 관리
④ 염포의 왜관에서 교역하는 상인
⑤ 장시에서 판소리를 구경하는 농민

10 꼬리 물기 문제

다음 상황이 나타난 시기의 경제 모습으로 옳지 않은 것은?

심화 75회 26번

> 비가 내리자 왕이 특별히 화성부에 이르기를, "흉년이 들었을 때 기근을 구제하는 데 서쪽 지방의 토란이나 남쪽 지방의 고구마보다 월등히 나은 것은 메밀이다. 내가 이 때문에 모내기의 시기를 놓치게 되면 반드시 메밀을 대신 파종하도록 권장하는 것이다."라고 하였다.

① 염포의 왜관을 통해 일본과 교역하였다.
② 상평통보를 발행하여 화폐로 사용하였다.
③ 관청에 물품을 조달하는 공인이 활동하였다.
④ 송상, 만상이 대청 무역으로 부를 축적하였다.
⑤ 덕대가 물주에게 자금을 받아 광산을 경영하였다.

03 근대 태동기의 사회

✏️ check! 필수 암기!

조선 후기 사회의 변동
- **양반 분화**: 구향(권반, 향반, 잔반)과 신향
- **구향의 노력**: 동약, 동족(동성) 마을, 청금록, 향안
- **중인**: 상소 운동, 정조 때 등용, 신해허통(철종)
- **노비**: 공노비 해방(순조), 신분제 폐지(갑오개혁)

➕ 조선 후기 양반 사회의 분화

조선 후기에는 양반의 수가 크게 증가하면서 양반층 내에서도 계층 분화 현상이 나타났다. 양반층 내에서 위로는 대가(大家)·명가(名家) 등 문벌 가문, 그 밑으로는 향반(鄕班)·잔반(殘班) 등의 계층이 존재하였다. 향촌 사회에서도 구향(舊鄕)과 신향(新鄕)의 계층 분화가 나타났다. 생산력 발전과 상품 화폐 경제 발달에 따른 신분제 동요 등도 양반층의 분화를 초래하는 요인이 되었다.

01 사회 구조의 변동

1. 신분제의 동요

(1) 배경
  ① 양반층의 부패: 양반층의 자기 도태 현상 심화, 권반·향반·잔반으로 분화
  ② 양반 신분 획득: 족보의 매입·위조, <mark>납속책</mark>, <mark>공명첩</mark> 등
    ↳ 돈이나 곡식을 받고 팔았던 명예직 임명장
    ↳ 재물을 납부한 사람에게 관직, 면천, 면역 등의 특혜를 준 정책

(2) 양반의 분화 ★★

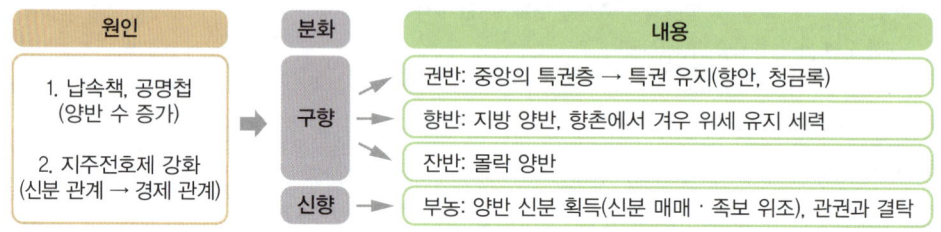

① 배경: 임진왜란 이후에는 납속책과 공명첩의 발급으로 양반의 수는 증가하고 상민과 노비의 수는 갈수록 감소하여 양반 중심의 <mark>신분 체제 동요</mark>
② 구향
  ㉠ <mark>권반</mark>: 조선 후기까지 중앙의 정권을 차지하고 사회적·경제적 특권을 독차지하고 있던 일부 양반
  ㉡ <mark>향반</mark>: 정권에서 밀려나 관직에 등용될 기회를 얻지 못한 채 향촌 사회에서 위세를 유지하는 양반
  ㉢ <mark>잔반</mark>: 완전히 몰락한 양반, 전호나 임노동자로 전락하기도 함
③ 신향: 부농들이 족보를 위조하거나 돈으로 양반 신분 획득, 관권과 결탁하여 구향에게 도전
    ↳ 향권을 놓고 전개된 구향과 신향의 대립

(3) 신향의 성장(향전) ★
  ① 배경: 양반 중 토지를 잃고 몰락하여 전호가 되거나 심한 경우에는 임노동자로 전락하는 경우가 발생, 향촌에서 새로 성장한 <mark>부농층(신향)이 구향에게 도전</mark>

> **📖 사료 읽기**
>
> ▶ **조선 후기 신분제의 동요(양반의 사회적 지위 격하)**
> 근래 아전의 풍속이 나날이 변하여 하찮은 아전이 길에서 양반을 만나도 절을 하지 않으려 한다. 아전의 아들·손자로서 아전의 역을 맡지 않은 자가 고을 안의 양반을 대할 때 맞먹듯이 너 나 하며 자(字)를 부르고 예의를 차리지 않는다.
> — 『목민심서』 —

  ② 향촌에서의 지위: 경제력을 통해 양반이 된 부농층(신향)은 수령을 중심으로 한 <mark>관권과 결탁</mark>하여 향안에 이름을 올리고 향회를 장악하여 향촌 사회에서 영향력을 행사

(4) 구향들의 향촌 지배 노력★
① 동약 실시: 촌락 단위인 거주지를 중심으로 자치 조직 형성 → 군현 단위의 농민 지배 불가능
② 가문 내부의 족적 결합 강화: 동족 마을(동성 촌락) 형성, 문중을 중심으로 서원과 사우 건립
　└ 사우: 가문에 이름난 선조나 훌륭한 인물을 모셔 제사지내는 곳

2. 중간 계층의 신분 상승 운동
(1) 중간 계층의 불만
① 중인: 전문직으로서의 중요한 역할 부각, 사회적 역할에 비하여 고급 관료로의 진출 제한
② 서얼: 성리학적 질서(적서 차별)에 의한 문과 응시 금지 등 여러 사회 활동의 제약

(2) 신분 상승 추구
① 서얼의 활동★ → 서얼도 과거에 응시하여 높은 벼슬에 오를 수 있도록 허락해 달라는 운동
　㉠ 허통 운동: 대규모 소청 운동을 전개하였으나 실패
　㉡ 관직 진출: 납속책을 이용한 관직 진출, 정조 때 규장각 검서관으로 등용(유득공, 이덕무, 박제가)
　㉢ 신해허통(1851, 철종): 문과 급제자에 대한 서얼 차별 폐지
② 역관의 활동: 청과의 외교 업무에 종사, 서학 등 외래 문화 수용 주도, 성리학적 가치 체계에 도전하는 새로운 사회 수립 추구

3. 농민 계층의 분화
(1) 농민 분화❶★

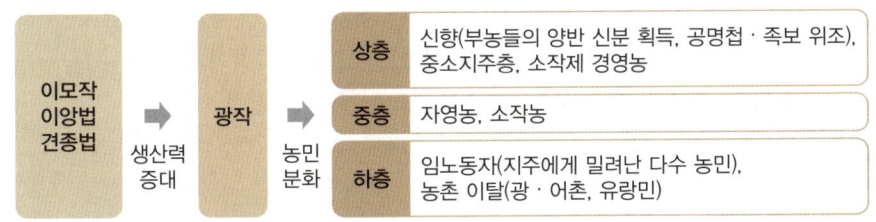

(2) 부농층의 양반화
① 신분 상승: 부를 축적하여 매입을 통한 양반 신분 획득(공명첩, 족보 위조) → 양반의 수 증가, 상민과 노비의 수 감소
② 자신은 물론 후손까지 군역 면제, 양반 지배층의 수탈 회피, 경제 활동에서 각종 편의 제공, 향촌 사회에서 자신들의 영향력 행사
(3) 임노동자: 지주에게 밀려난 다수의 농민, 부농층의 임노동자 고용

4. 노비 제도의 변화
(1) 노비의 신분 상승
① 신분 상승 노력: 군공이나 납속을 통해 신분 상승, 공노비를 입역 노비에서 신공을 바치는 납공 노비로 전환
② 도망 노비 증가: 도망 노비들은 임노동자나 머슴, 행상이 되거나 화전을 일구며 살아감, 도망한 노비의 신공이 남아 있는 노비에게 부과되면서 남아 있는 노비의 부담은 더욱 증가
③ 노비종모법: 노비의 어머니가 양민이면 양민으로 삼는 법, 노비 수 감소 정책(국가 재정 확보책)
④ 공노비 해방: 순조 때 중앙 관청의 노비 6만 6천여 명의 해방(1801, 국가 재정 해결책)

➕ 청금록과 향안
서원 및 향교에 출입하는 명단인 청금록과 지방 사족의 명부인 향안은 신분적 권위를 뒷받침하는 역할을 하였다. 조선 후기 일부 부농층이 신향으로 성장하면서 향촌 사회의 지배권에 도전하기 시작하였고 이들은 향안에 이름을 올려 향회를 장악하고자 하였다.

❶ 농민 분화
조선 후기 조세·공납·역에 대한 부담 증가로 농민 생활이 궁핍해지고, 양 난 이후 사회 체제가 동요하여 농민 계층이 분화되었다.

➕ 고려~조선 시대 노비 제도

시기		제도
고려	광종	노비안검법(956)
	성종	노비환천법(987)
고려~조선 전기		일천즉천
조선	영조	노비종모법(1731)
	순조	공노비 해방(1801)
	고종	노비 세습제 폐지(1886), 공·사노비제 폐지 (1894, 갑오개혁)

❷ 삼종의 의(삼종지도)
여자는 어려서는 아버지를, 결혼해서는 남편을, 남편이 죽은 뒤에는 아들을 따라야 한다는 도리이다.

✏️ check! 필수 암기!

조선 후기 사상
천주교: 서학(17세기), 신해박해(정조, 진산 사건), 신유박해(순조, 남인 탄압, 황사영 백서 사건)
동학: 최제우, 시천주, 인내천

❸ 도참설
세상의 변화나 사람의 운수에 대한 예언을 믿는 사상으로 음양오행설이나 풍수지리설 등과 결합되기도 하며, 비유를 통해 미래를 예언하는 경우가 많았다.

---

(2) 평등 사회로의 이행
① 노비 세습제 폐지: 1886년(고종 23)에 노비 세습제 폐지 공포
② 갑오개혁(1894): 신분제가 법적으로 폐지되면서 사노비 해방(노비제 폐지)

💡 **노비 제도의 변천**

고려~조선 전기	조선 후기(영조)	순조	고종
일천즉천 노비 수 증가 (국가 재정 감소)	노비종모법 노비 수 감소 (국가 재정 증가)	공노비 해방 (국가 재정 확충)	갑오개혁 사노비 해방 (평등 사회)

02 사회의 변혁

1. 가족 제도의 변화(부계 중심)

(1) 가족 제도
① 조선 전기~조선 중기: 혼인 후 남자가 여자 집에서 생활하는 경우가 있음, 자녀 균분 상속, 집안에 대를 잇는 자식에게 1/5의 상속분을 더 지급, 형제가 돌아가면서 제사 지내거나 책임 분담
② 조선 후기: ==부계 중심==의 가족 제도 강화, 장자 중심의 제사와 상속제 확산, ==친영 제도== 정착, 아들이 없을 경우 ==양자 입양 일반화==, 부계 위주의 ==족보== 편찬, ==동성 마을== 형성, 종중 의식 확산
  ↳ 여자를 남자의 집으로 데리고 와서 혼인 후에 남자 집에서 생활하는 혼인 풍습(시집살이)
  ↳ 개인을 친족 집단의 일원으로 인식

(2) 사회 풍습
① 사회 윤리 강조: 효와 정절 강조, ==과부의 재가 금지==, 효자나 열녀 표창
② 혼인 관련 정책: 일부일처제 기본(첩 가능), 부인과 첩의 엄격한 구분, ==서얼 문과 응시 제한==, 차별적 재산 상속, 집안의 가장이 혼인을 결정
  ↳ 법적으로 혼인할 수 있는 나이는 남자 15세, 여자 14세

📖 **사료 읽기**

▶ **여성의 재가 금지**
경전에 이르기를 '믿음은 부인의 덕이다. 한 번 남편과 결혼하면 종신토록 고치지 않는다.' 하였다. 이 때문에 삼종의 의❷가 있고 한 번이라도 어기는 예가 없는 것이다. … 만일 엄하게 금령을 세우지 않으면 음란한 행동을 막기 어렵다. 이제부터는 재가한 여자의 자손들은 관료가 되지 못하게 풍속을 바르게 하라.
―『성종실록』―

2. 사회 변혁의 움직임

(1) 사회 동요
① 배경: 신분제 동요, 지배층과 농민층의 갈등 심화, 농민 경제 파탄, 농민 의식의 성장과 적극적 항거, 탐관오리의 탐학과 횡포 심화, 재난과 질병, 이양선의 출몰
  ↳ 1820년의 전국적인 수해와 이듬해 콜레라의 만연으로 많은 백성이 목숨을 잃음
② 예언 사상: 비기·도참❸, 『정감록』, 말세 도래, 왕조 교체, 변란 예고 등 낭설이 만연, 무격 신앙과 미륵 신앙 유행

💡 **예언 사상의 유행**
• 불교에서는 '석가의 시대가 다하고 미륵의 시대가 온다.'는 미륵 신앙이 확산되었다.
• '정씨 성과 최씨 성의 두 진인(眞人)을 얻어, 먼저 우리나라를 평정하여 정씨 성의 사람을 임금으로 세운 뒤에 중국을 공격하여 최씨 성의 사람을 황제로 세울 것이다.'라는 내용이 담긴 정감록이 유행하였다.

(2) 천주교의 전래 ★
① 수용: 천주교는 17세기에 중국을 방문한 우리나라 사신들에 의하여 서학으로 처음 소개, 18세기 후반에 신앙으로 받아들여 형성
② 발전: 남인 계열의 일부 실학자들의 천주교 신앙 생활, 이승훈이 베이징에서 영세를 받고 귀국한 후 신앙 활동 더욱 활발
③ 탄압: 천주교가 평등 사상을 주장하고 조상에 대한 유교의 제사 의식을 거부하자 양반 중심의 신분 질서 부정과 국왕의 권위에 대한 도전으로 받아들여 사교로 규정하여 탄압
④ 천주교 박해
　┌ 정조는 당시의 정학(正學)인 유교에 의하여 천주교가 자멸할 것으로 믿었음
　㉠ 신해박해(1791, 정조, 진산 사건): 최초의 천주교도 박해 사건, 전라도 진산의 윤지충 집안에서 제사를 폐하고 신주를 불태워 버린 일이 조정에 알려지면서 처형된 사건
　　　　　　　　　　　　　　　└ 서인이 남인을 공격하는 빌미 제공
　㉡ 신유박해(1801, 순조): 노론 벽파 세력이 남인 시파를 탄압하기 위하여 천주교 신자를 박해한 사건, 황사영 백서 사건 등으로 탄압 더욱 강화
　　　　정약전(흑산도)·정약용(강진) 형제 유배, 이가환·권철신·이승훈·최필공·홍낙민·정약종·홍교만 등 사형

> **황사영 백서 사건(1801)**
> 충북 제천군에서 포교 활동을 하던 황사영이 신유박해가 일어나자 박해의 전말을 비단에 적어 베이징 주재 주교에 보고하려다 발각된 사건이다. 구체적으로 신유박해에 대한 내용과 조선 교회의 재건을 위해 서양의 여러 나라로 하여금 재원(財源)을 지원해 주도록 요청하는 내용을 담고 있었다. 또한, 천주교 포교의 자유를 얻기 위한 방책으로 조선을 청나라의 한 성(省)으로 편입시켜 감독하게 할 것과 서양의 배 수백 척과 군대 5~6만 명을 조선에 보내어 무력으로 조정을 굴복하게 하여 천주교를 공인하게 하는 방안 등을 제시하였다.

　㉢ 기해박해(1839, 헌종): 척사윤음(천주교 배척) 발표, 정하상 등 많은 신도들과 서양인 신부들을 처형한 사건
　㉣ 병인박해(1866, 고종): 흥선 대원군이 정치와 연관시켜 프랑스 선교사 등을 이용하여 교섭하려다 실패한 사건, 9명의 프랑스 선교사와 8천 명의 교도를 처형
　　└ 병인양요 발생의 계기

(3) 동학의 발생 ★★
① 창시: 동학은 1860년에 경주 출신인 최제우가 창시, 기존의 부패한 불교와 성리학 등을 부정, 천주교도 배척
② 사상: 유·불·선의 내용에 민간 신앙의 요소 결합, 모든 사람이 평등하다는 시천주(侍天主)와 인내천(人乃天) 사상 강조
　　　　　　　　　　　　　　└ 절대자인 한울님(천주)을 모신다는 사상
③ 동학의 탄압: 조정은 신분 질서를 부정하는 동학을 위험하게 생각하여 세상을 어지럽히고 백성을 현혹한다(혹세무민)는 죄로 교주 최제우를 처형(1864)
④ 교단 정비: 제2대 교주 최시형의 교세 확대, 『동경대전』과 『용담유사』를 펴내어 교리를 정리, 교단 조직 정비

➕ 조선 후기 천주교의 교세 확장
천주교의 교세가 커진 것은 세도 정치로 말미암은 사회 불안과 어려운 현실에 대한 불만, 신 앞에 모든 인간은 평등하다는 논리, 내세 신앙 등의 교리가 일부 백성에게 공감을 얻었기 때문이었다.

암기법
천주교 박해
신해박해 → 신유박해 → 기해박해 → 병인박해
➡ 해.유.기.병.

03 단골 키워드 문제

V. 근대 태동기의 한국사
03 근대 태동기의 사회

정답 및 해설 59쪽

기출 선택지 미리보기

- 서얼 출신의 학자들이 규장각 검서관에 기용되었다.
- 중인 – 청요직 진출을 요구하는 상소를 집단으로 올렸다.
- 순조 – 각 궁방과 중앙 관서의 공노비 6만여 명을 해방하였다.
- 천주교 – 서학이라 불리는 학문으로 소개되었다.
- 동학 – 유불선을 바탕으로 민간 신앙의 요소까지 포함하였다.

기출 키워드로 연습하기

01 조선 후기 양반은 촌락 단위의 동약을 실시하였다.
(O / ×)

02 조선 후기에는 노비들이 대규모 신분 상승 운동인 소청 운동을 전개하였다.
(O / ×)

03 조선 후기 상민층이 납속과 공명첩을 활용하여 신분 상승을 꾀하였다.
(O / ×)

04 철종 때 중앙 관청의 공노비를 해방하였다.
(O / ×)

05 17세기 우리나라 사신들에 의하여 (　　　)(으)로 소개된 천주교가 신앙으로 받아들여진 것은 18세기 후반이었다.

06 순조 때 노론 벽파 세력이 남인 시파를 탄압하기 위하여 (　　　)을/를 일으켰다.

07 (　　　)이/가 창시한 동학은 유·불·선과 민간 신앙을 결합하여 모든 사람이 평등하다는 시천주 사상을 강조하였다.

정답 | 01 O 02 × 03 O 04 × 05 서학 06 신유박해 07 최제우

KEYWORD 01 조선 후기의 사회

01 최다 빈출 유형
다음 가상 대화가 이루어진 시기에 볼 수 있는 모습으로 적절하지 않은 것은?
심화 71회 26번

며칠 전 주상께서 각 궁방과 중앙 관청에 소속된 노비를 모두 양민으로 삼고, 노비 문서를 거두어 불태우라고 명하셨다는군.

나도 들었네. 선왕께서 노비 추쇄관을 혁파하셨는데, 그 뜻을 이어받으신 것 아니겠는가.

① 담배 농사를 짓는 농민
② 염포 왜관에서 교역하는 상인
③ 세책가에서 춘향전을 빌리는 부녀자
④ 관청에 필요한 물품을 납품하는 공인
⑤ 송파장에서 산대놀이 공연을 벌이는 광대

02 꼬리 물기 문제
다음 상황이 나타난 시기에 볼 수 있는 모습으로 적절한 것을 〈보기〉에서 고른 것은?
심화 47회 25번

> 경상도 영덕의 오래되고 유력한 가문은 모두 남인이고, 이른바 신향(新鄕)은 서인이라고 자칭하는 자들입니다. 요즘 서인이 향교를 장악하면서 구향(舊鄕)과 마찰을 빚고 있던 중, 주자의 초상화가 비에 젖자 신향은 자신들이 비난을 받을까 봐 책임을 전가시킬 계획을 꾸몄습니다. 그래서 주자의 초상화와 함께 송시열의 초상화도 숨기고 남인이 훔쳐 갔다는 말을 퍼뜨렸습니다.

• 보기 •
ㄱ. 염포의 왜관에서 교역하는 상인
ㄴ. 시사(詩社)에서 문예 활동을 하는 역관
ㄷ. 시전의 상행위를 감독하는 경시서의 관리
ㄹ. 장시에서 상평통보로 물건값을 치르는 농민

① ㄱ, ㄴ ② ㄱ, ㄷ ③ ㄴ, ㄷ ④ ㄴ, ㄹ ⑤ ㄷ, ㄹ

03 KEYWORD 02 서얼

다음 시나리오에 등장하는 왕의 재위 시기에 있었던 사실로 옳은 것은?

심화 70회 24번

#5. 궁궐 안
왕과 신하들이 대화하는 장면

신하1: 전하, 우리나라의 습속은 예로부터 신분에 따라 등용하는 것이 원칙이었습니다. 서얼들을 적자와 똑같이 대우한다면, 서얼이 적자를 능멸하는 폐단이 열리게 될 것입니다.

왕: 수많은 서얼들도 나의 신하인데 그들이 제자리를 얻지 못하고 포부도 펴지 못한다면 이 또한 과인의 허물일 것이오. 규장각에 검서관을 두어 이덕무, 박제가, 유득공, 서이수를 등용하려는 내 결심은 변함이 없을 것이니 그리 알고 물러들 가시오.

① 왕권 강화를 위해 6조 직계제가 시행되었다.
② 거중기 등을 활용하여 수원 화성이 축조되었다.
③ 청과 국경을 정하는 백두산정계비가 건립되었다.
④ 통치 체제를 정비하기 위해 대전회통이 편찬되었다.
⑤ 삼정의 문란을 시정하기 위한 삼정이정청이 설치되었다.

04 KEYWORD 03 동학

(가) 종교에 대한 설명으로 옳은 것은?

심화 66회 32번

역사 돋보기 (가) 의 교세를 확장한 해월 최시형

해월 선생은 제자들에게 '최보따리'라고도 불렸다. 포교를 위해 잠행을 하면서 보따리를 자주 쌌기 때문에 붙여진 별명이다. 교조 최제우의 처형으로 위축되었던 (가) 의 교세는 2대 교주였던 그의 노력으로 크게 확장되었다. 그는 1897년 손병희에게 도통을 전수하였고 1898년 체포되어 재판을 받고 처형되었다. 그에게 사형을 선고한 판사 중에는 고부 학정의 원흉 조병갑이 있었다.

① 동경대전을 경전으로 삼았다.
② 항일 무장 단체인 중광단을 결성하였다.
③ 박중빈을 중심으로 새생활 운동을 펼쳤다.
④ 배재 학당을 세워 신학문 보급에 앞장섰다.
⑤ 프랑스와의 조약을 통해 포교가 허용되었다.

KEYWORD 04 천주교 박해

05 최다 빈출 유형

다음 상황이 나타난 시기를 연표에서 옳게 고른 것은?

심화 67회 28번

사학(邪學) 죄인 황사영은 사족으로서 사술(邪術)에 미혹됨이 가장 심한 자였다. [그는] 의금부에서 체포하려는 것을 미리 알고 피신하였는데, 상복을 입고 성명을 바꾸거나 토굴에 숨어서 종적을 감춘 지 반년이 지났다. 포청에서 은밀히 염탐하여 지금에야 제천 땅에서 붙잡았다. 그의 문서를 수색하던 중 백서를 찾았는데, 장차 북경의 천주당에 전하려고 한 것이었다.

(가)	(나)	(다)	(라)	(마)
1728 이인좌의 난	1746 속대전 편찬	1791 신해박해	1811 홍경래의 난	1834 헌종 즉위	1862 임술 농민 봉기

① (가) ② (나) ③ (다) ④ (라) ⑤ (마)

06 꼬리 물기 문제

(가) 사건에 대한 설명으로 옳은 것은?

심화 74회 25번

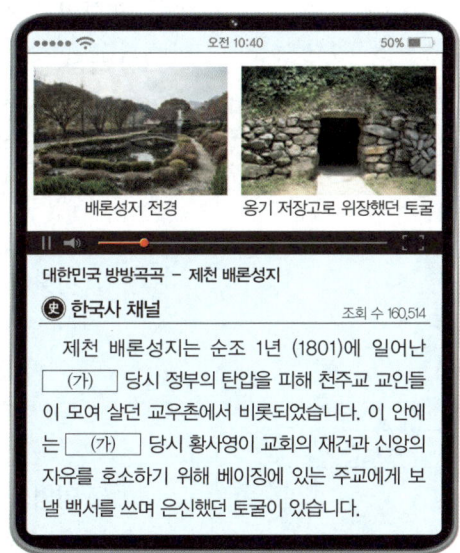

대한민국 방방곡곡 – 제천 배론성지
한국사 채널 조회 수 160,514

제천 배론성지는 순조 1년 (1801)에 일어난 (가) 당시 정부의 탄압을 피해 천주교 교인들이 모여 살던 교우촌에서 비롯되었습니다. 이 안에는 (가) 당시 황사영이 교회의 재건과 신앙의 자유를 호소하기 위해 베이징에 있는 주교에게 보낼 백서를 쓰며 은신했던 토굴이 있습니다.

① 한성 조약이 체결되는 결과를 가져왔다.
② 정부의 요청으로 출병한 청군이 진압하였다.
③ 사태의 수습을 위해 박규수가 안핵사로 파견되었다.
④ 이필제가 영해 지역에서 난을 일으키는 계기가 되었다.
⑤ 전개 과정에서 이승훈, 정약용 등이 연루되어 처벌되었다.

04 근대 태동기의 문화_1

01 성리학과 양명학

1. 성리학의 변화

(1) **성리학의 절대화**: 인조반정 이후 서인(송시열)은 명분론을 강화하고 성리학을 절대화

(2) **호락 논쟁(18세기 후반)★★**: 충청도 지방의 노론과 서울 지방의 노론 사이에서 벌어진 인간과 사물의 본성에 대한 논쟁(심성론)

구분	주장	학자	계승
호론(충청도)	인물성이론	한원진 등	위정척사 사상
낙론(서울)	인물성동론	이간 등	북학 사상(개화 사상)

(3) **성리학 비판★**

① 대표적 학자: 윤휴(경전에 대한 독자적 해석), 박세당(『사변록』, 주자의 학설 비판), 정약용(『여유당전서』), 이익(『성호사설』), 안정복(『동사강목』), 정제두·최한기(『명남루총서』) 등이 성리학 비판

② 결과: 윤휴와 박세당은 주자의 학문 체계와 다른 모습을 보였기 때문에 당시 서인(노론)의 공격을 받아 사문난적으로 몰림
   └ 유교에서 교리를 어지럽히고 사상에 어긋나는 행동을 하는 사람

2. 양명학의 수용

(1) **특징**

① 수용: 성리학의 절대화와 형식화를 비판하며 실천성을 강조, 중종 때 조선에 전래

② 비판: 양명학은 정통 주자학 사상과 어긋난다며 이단으로 간주되었지만, 17세기 후반 소론 학자들을 통하여 본격적으로 수용

(2) **양명학의 발전★★**

① 강화학파❶
   ㉠ 형성: 18세기 초 정제두가 강화도에서 양명학을 체계적으로 연구하고, 후진 양성에 힘써 강화학파 형성
   ㉡ 가학(家學): 양명학은 정제두 집안의 후손과 인척을 중심으로 하여 가학의 형태로 계승

② 양명학의 내용
   ㉠ 심즉리(心卽理): '인간의 마음이 곧 이(理)'라는 사상
   ㉡ 지행합일(知行合一): 앎과 행함은 분리되어 있는 것이 아니라 앎은 행함을 통하여 성립한다는 사상
   ㉢ 치양지설(致良知說): 인간은 상하 존비의 차별이 없다는 사상

(3) **양명학의 영향**

① 한계: 정제두는 양반 신분제를 폐지하자고 주장하기도 하였으나 제자들이 정권에서 소외된 소론이었기 때문에 정계에 반영되지 못함

② 의의: 강화학파는 실학자들과도 영향을 주고받았고 한말 이후에는 국학자인 박은식, 정인보 등에 의해 계승되어 민족 운동 전개

---

check! 필수 암기!

양명학: 정제두, 강화학파, 가학(家學), 심즉리, 지행합일, 소론

암기법

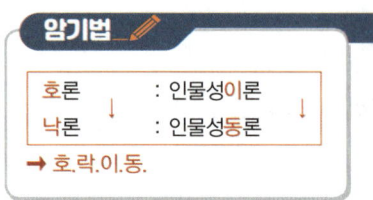

○ **성리학에 대한 윤휴의 독자적 해석**

천하의 많은 이치를 어찌하여 주자만 알고 나는 모른단 말인가, 주자는 다시 태어나도 내 학설은 인정하지 않겠지만, 공자나 맹자가 다시 태어난다면 내 학설이 승리할 것이다.

❶ 강화학파

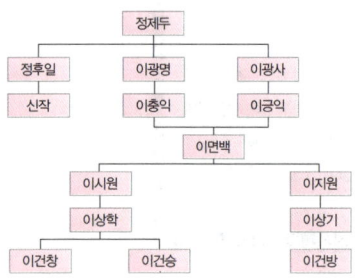

02 실학의 발달

1. 실학의 등장

(1) 실학❷
- ① 대두: 실학은 17~18세기 사회·경제적 변동에 따른 사회 모순을 해결하려는 과정에서 대두한 사회 개혁론적 학문, 이수광의 『지봉유설』과 한백겸의 『동국지리지』에서 실학 주장
- ② 확대: 실학은 농업 및 상공업 중심의 개혁론, 국학 연구 등을 중심으로 확산, 대부분의 실학자는 민생 안정과 부국강병을 목표로 하여 비판적·실증적인 논리로 사회 개혁론 제시

> ❷ **실학의 등장 배경**
> - 신분제의 붕괴
> - 성리학의 한계
> - 조선 후기 서학의 영향
> - 청나라 고증학의 영향

(2) 중농학파와 중상학파의 등장

구분	중농주의(18세기 전반)	중상주의(18세기 후반)
학파	경세치용학파	이용후생학파, 북학파
목표	농민 생활의 안정(토지 제도 개혁)	적극적 부국강병
계보	유형원 → 이익 → 정약용	유수원 → 홍대용 → 박지원 → 박제가
문제점	대토지 소유의 증가 → 자영농 몰락	국가의 소극적 경제 발전 → 상업 발전 미약
해결책	토지의 균등 분배, 자영농 육성, 지주제 부정적, 화폐 사용 부정적	청과 교역 증가, 수레와 선박의 이용, 지주제 긍정적, 화폐 사용 긍정적, 국가 통제하의 상공업 육성
공통점	부국강병, 민생 안정, 자유 상공업 비판, 농업 진흥	

2. 중농주의 실학(18세기 전반)

(1) 중농학파: 18세기 전반에 농업 중심의 개혁론을 제시, 경기 지방에서 활동한 남인 출신, 경세치용, 농민 생활의 안정을 위한 토지 제도 개혁, 애국 계몽 운동, 국학자로 발전·계승

(2) 중농학파 실학자 ★★★
- ① 유형원(호: 반계, 1622~1673)
  - ㉠ 균전: 『반계수록』에서 균전론을 내세워 신분에 따라 차등 있게 토지를 재분배하고 자영농을 육성하는 토지 제도 개혁 주장
  - ㉡ 신분제 비판: 조선 사회의 양반 문벌 제도, 과거 제도, 노비 제도의 모순을 비판, 사·농·공·상의 직업적 우열과 상민과 노비의 차별을 전제로 하여 유교적 한계성을 보임
- ② 이익(호: 성호, 1681~1763)
  - ㉠ 농업 중심 개혁론의 발전: 유형원의 실학 사상을 계승·발전, 『성호사설』과 『곽우록』 등 저술, 안정복, 이긍익, 이중환, 정약용 등의 제자 양성(성호학파)
  - ㉡ 한전론: 자영농 육성의 토지 개혁론, 한 가정의 생활을 유지하는 데 필요한 규모의 토지를 영업전으로 정하여 법으로 매매를 금지하고, 나머지 토지만 매매를 허용하자는 주장
  - ㉢ 나라를 좀먹는 여섯 가지의 폐단: 노비 제도, 과거 제도, 양반 문벌 제도, 사치와 미신, 승려, 게으름을 지적
  - ㉣ 기타: 화폐의 폐단을 지적하며 폐전론 주장

> ✏️ **check! 필수 암기!**
>
> **중농학파**
> - 유형원: 『반계수록』, 균전론
> - 이익: 『성호사설』, 한전론
> - 정약용: 『목민심서』, 『경세유표』, 여전론, 정전제

사료 읽기

▶ 유형원의 균전론
옛날의 정전법은 아주 이상적인 제도이다. 진실로 현재의 적절하고 마땅한 점을 바탕으로 하여 옛 정전 제도의 취지를 살려 행한다면 할 수 있는 방법도 있으니 반드시 넓지 않고, 공전을 주지 않아도 1/10세를 확립할 수 있을 것이다.
— 「반계수록」 —

▶ 이익의 한전론
농토 몇 부(負)를 한 집의 영업전으로 만들어 주어 농토가 많은 사람도 빼앗지 않고, 모자라는 사람도 더 주지 아니하며, 돈이 없어 사려는 사람은 얼마든지 허락하고, 농토가 있어서 팔려고 하는 사람은 영업전 몇 부를 제외하고 역시 허락한다.
— 「성호집」 —

③ 정약용❸(호: 다산, 1762~1836) ┌ 당호 – 여유당
  ㉠ 실학의 집대성: <mark>신유박해</mark> 때 연루되어 <mark>강진으로 유배</mark>, 500여 권의 「<mark>여유당전서</mark>」 편찬
  ㉡ 정전제(井田制): <mark>여전론</mark>(공동 농장 제도)을 처음 내세웠다가 후에 <mark>정전제</mark>❹를 현실에 맞게 실시할 것을 주장(일종의 토지 국유제)
    └ 마을의 토지를 공동 소유, 공동 경작하고 수확량에 따라 분배

3. 중상주의 실학(18세기 후반)

(1) 중상학파: 18세기 후반에 상공업의 진흥과 기술의 혁신을 주장, 서울의 일부 노론 계열 출신, 북학파, 선진 문물을 적극적으로 수용하여 부국강병과 이용후생에 힘쓰자고 주장, 개화 사상가로 발전·계승

(2) 중상학파 실학자★★★
① 유수원(호: 농암, 1694~1755)
  ㉠ 주요 주장 및 저서: 「<mark>우서</mark>」를 저술하여 상공업의 진흥과 기술의 혁신 강조, <mark>사농공상의 직업적 평등화·전문화</mark> 주장

사료 읽기

▶ 사농공상의 직업적 평등화
지금 양반이 명분상으로는 상공업에 종사하는 것을 부끄러워하지만 그들의 비루한 행동은 상공업자보다 심하다. 상공업은 말업이라 하지만 본래 부정하거나 비루한 일은 아니다. 상공업은 재간 없고 덕망 없음을 안 사람이 관직에 나가지 않고 스스로의 노력으로 물품 교역에 종사하며 남에게서 얻지 않고 자기 힘으로 먹고 사는 것인데 어찌 천하거나 더러운 일이겠는가?
— 「우서」 —

  ㉡ 선대제 수공업: 상민이 생산자를 고용하여 생산과 판매를 주관하고 효율성을 높일 것을 주장
② 홍대용(호: 담헌, 1731~1783)
  ㉠ 주요 주장 및 저서: 청에 왕래하면서 「<mark>임하경륜</mark>」, 「<mark>의산문답</mark>」 등을 저술하였고, 성리학 극복·기술 혁신·문벌 제도 철폐 등을 주장
  ㉡ 중화사상 비판: 성리학의 극복이 부국강병의 근본이라고 강조, 「의산문답」을 통해 <mark>지전설</mark>을 주장하여 중국이 세계의 중심이라는 생각을 비판
③ 박지원(호: 연암, 1737~1805)
  ㉠ 상공업 진흥: 청에 다녀와 「<mark>열하일기</mark>」 저술, 상공업의 진흥 강조, <mark>수레와 선박의 이용</mark>, 화폐 유통의 필요성 등을 주장

---

❸ **정약용의 저서**
- 「목민심서」: 지방관(목민)의 정치적 도리 저술
- 「경세유표」: 중앙 정치 제도의 폐단 지적, 개혁 내용 저술
- 「흠흠신서」: 형사법과 관련한 형옥의 관리들에 대한 법률 지침서
- 「기예론」: 인간이 동물과 다른 것은 기술임을 강조, 과학 기술의 혁신과 교육을 실생활에 활용할 것을 주장, 거중기와 배다리 창안
- 「마과회통」: 홍역에 대한 연구를 담은 의서, 종두법 연구, 천연두 치료법 수록

❹ **정전제**
사전(私田) 8구역을 지급받은 농민이 공전(公田) 1구역을 공동으로 경작하고 그 경작분을 세금으로 지급하자는 주장으로, 일종의 토지 국유제를 기본으로 한다.

✏️ check! 필수 암기!

중상 학파
- 유수원: 「우서」, 사농공상의 직업적 평등화
- 홍대용: 「임하경륜」, 「의산문답」, 지전설
- 박지원: 「열하일기」, 수레·선박 이용, 「양반전」·「허생전」·「호질」
- 박제가: 「북학의」, 소비 권장

㉡ 양반 문벌 제도 비판: 「양반전」・「허생전」・「호질」 등을 저술하여 양반 문벌 제도의 비생산성 비판
    └→ 중국 농법의 도입 및 재래 농사 기술의 개량 주장
㉢ 농업 장려: 『과농소초』, 『한민명전의』 등의 농서 편찬
④ 박제가(호: 초정 1750~1805) └→ 토지 소유를 제한하는 한전론 제안 → 심각한 토지 소유 불균형 해소
    ㉠ 주요 주장 및 저서: 박지원의 제자, 청에 다녀온 후 『북학의』를 저술하여 청의 문물을 적극적으로 수용할 것을 주장
    ㉡ 상공업 진흥: 상공업의 발달・수레와 선박의 이용 등을 주장
    ㉢ 소비 권장: 생산과 소비와의 관계를 우물물에 비유하면서 절약보다 소비를 권장해야 한다고 주장

사료 읽기

▶ 박제가의 소비 권장

비유하건대 재물은 대체로 샘과 같은 것이다. 퍼내면 차고, 버려두면 말라 버린다. 그러므로 비단옷을 입지 않아서 나라에 비단 짜는 사람이 없게 되면 여공이 쇠퇴하고, 쭈그러진 그릇을 싫어하지 않고 기교를 숭상하지 않아서 공장(수공업자)이 도야(기술을 익힘)하는 일이 없게 되면 기예가 망하게 되며, 농사가 황폐해져서 그 법을 잃게 되므로 사농공상의 사민이 모두 곤궁하여 서로 구제할 수 없게 된다.

— 『북학의』 —

4. 국학 연구의 확대

(1) **배경**: 실학의 발달로 민족의 역사, 지리, 국어 등 민족의 전통과 현실에 대한 관심 고조

(2) **역사 연구**★

시기	역사서(저자)	내용
18세기	『동사강목』(안정복)	고조선에서 고려 말까지 역사, 삼한정통론, 고증 사학의 토대 마련, 편년체
	『발해고』(유득공)	발해사 연구(남북국 시대), 연구 시야를 만주 지방까지 확대, 한반도 중심의 협소한 사관 극복(영토 의식)
	『동사』(이종휘)	고구려와 발해 역사 수록(고조선~고려), 기전체, 한반도 중심의 협소한 사관 극복, 기전체
	『연려실기술』(이긍익)	조선의 정치와 문화 정리, 실증적・객관적 정리, 기사본말체
19세기	『해동역사』(한치윤)	고조선에서 고려 말까지의 역사, 외국 자료(중국・일본사) 인용, 민족사 인식의 폭 확대, 기전체
	『금석과안록』(김정희)	무학대사비로 알려진 북한산비가 진흥왕 순수비임을 밝힘, 금석학 연구

(3) **지리 연구**
① 역사 지리서: 한백겸의 『동국지리지』, 정약용의 『아방강역고』
② 인문 지리서: 이중환의 『택리지』, 김정호의 『대동지지』, 최한기의 『지구전요』

(4) **지도**
① 정상기의 동국지도(영조): 최초로 100리 척 사용, 과학적인 지도 제작에 공헌
② 김정호의 대동여지도(철종): 10리마다 눈금 표시, 산맥・하천・포구・도로망 표시, 목판으로 인쇄

(5) **국어**: 신경준의 『훈민정음운해』, 유희의 『언문지』, 이의봉의 『고금석림』
    └→ 우리의 방언과 해외 언어 정리

(6) **백과사전**: 이수광의 『지봉유설』, 이익의 『성호사설』, 이덕무의 『청장관전서』, 서유구의 『임원경제지』, 이규경의 『오주연문장전산고』, 홍봉한의 『동국문헌비고』
    └→ 영조 때 국가적 사업으로 편찬

---

check! 필수 암기!

국학 연구
- **역사**: 『동사강목』(안정복, 삼한정통론), 『발해고』(유득공, 남북국 시대), 『금석과안록』(김정희, 진흥왕 순수비)
- **지도**: 동국지도(정상기, 100리 척), 대동여지도(김정호, 10리 척)

04 단골 키워드 문제

V. 근대 태동기의 한국사
04 근대 태동기의 문화_1

정답 및 해설 61쪽

기출 선택지 미리보기

- **정약용** – 『목민심서』에서 지방 행정의 개혁안을 제시하였다.
- **유수원** – 『우서』에서 사농공상의 직업적 평등과 전문화를 주장하였다.
- **박지원** – 『양반전』을 지어 양반의 허례와 무능을 풍자하였다.
- **박제가** – 『북학의』에서 절약보다 적절한 소비를 강조하였다.
- **홍대용** – 『의산문답』에서 중국 중심의 세계관을 비판하였다.

기출 키워드로 연습하기

01 ① 정제두 • • 한전론
　　② 이익 • • 균전론
　　③ 유형원 • • 양명학

02 정약용은 농지의 공동 소유, 공동 경작, 공동 분배를 주장하였다. (O / X)

03 유형원은 나라를 좀 먹는 여섯 가지 폐단으로 노비 제도, 과거 제도, 양반 문벌 제도, 사치와 미신, 승려, 게으름이 있다고 지적하였다. (O / X)

04 (　　　)은/는 「양반전」, 「허생전」, 「호질」 등의 한문 소설을 저술하여 양반 사회의 허구성을 지적하였다.

05 (　　　)은/는 『의산문답』을 통해 지전설을 주장하여 중국이 세계의 중심이라는 생각을 비판하였다.

06 김정희는 『(　　　)』을/를 저술하여 북한산비가 진흥왕 순수비임을 밝혔다.

정답 | 01 ① 양명학 ② 한전론 ③ 균전론　02 O　03 X　04 박지원
05 홍대용　06 금석과안록

---

01 KEYWORD 01 유득공

(가) 인물에 대한 설명으로 옳은 것은?　심화 59회 27번

> (가) 은/는 널리 배워 시를 잘 짓고 전고(典故)에도 밝았다. …… 발해고를 지어 인물과 군현, 왕실 계보의 연혁 등을 상세하게 잘 엮어서 두루 모아놓으니 기뻐할 만하다. 그런데 그의 말에 왕씨가 고구려의 옛 강역을 회복하지 못하였음을 탄식한 부분이 있다. 왕씨가 옛 강역을 회복하지 못하니 계림과 낙랑의 옛터가 마침내 어두워져 스스로 천하와 단절되었다는 것이다.

① 규장각의 검서관으로 활동하였다.
② 양명학을 연구해 강화학파를 형성하였다.
③ 의산문답에서 중국 중심의 세계관을 비판하였다.
④ 북한산비가 진흥왕 순수비임을 처음으로 밝혀냈다.
⑤ 체질에 따라 치료를 달리하는 사상 의학을 확립하였다.

02 KEYWORD 02 이익

다음 가상 인터뷰의 주인공에 대한 설명으로 옳은 것은?　심화 65회 27번

> 성호사설에서 6가지 좀의 하나로 과업을 말씀하셨는데요, 어떤 점이 문제인가요?

> 요즘음 과거를 준비하는 유생들은 부모 형제와 생업도 팽개치고 종일토록 글공부만 하고 있으니, 이는 인간의 본성을 망치는 재주일 뿐입니다. 다행히 급제라도 하면 교만하고 사치스러워져, 끝없이 백성의 것을 빼앗아 그 욕심을 채웁니다. 때문에 나라를 좀먹는 존재로 표현했습니다.

① 마과회통에서 홍역에 대한 지식을 정리하였다.
② 의산문답에서 중국 중심의 세계관을 비판하였다.
③ 발해고에서 남북국이라는 용어를 처음 사용하였다.
④ 곽우록에서 토지 매매를 제한하는 한전론을 제시하였다.
⑤ 금석과안록에서 북한산비가 진흥왕 순수비임을 고증하였다.

03 KEYWORD 03 정약용

다음 가상 인터뷰의 주인공에 대한 설명으로 옳은 것은?

심화 49회 26번

① 북학의에서 절약보다 소비를 권장하였다.
② 의산문답에서 중국 중심의 세계관을 비판하였다.
③ 우서에서 사농공상의 직업적 평등을 주장하였다.
④ 마과회통에서 홍역에 대한 의학 지식을 정리하였다.
⑤ 금석과안록에서 북한산비가 진흥왕 순수비임을 고증하였다.

04 KEYWORD 04 박제가

밑줄 그은 '그'에 대한 설명으로 옳은 것은?

심화 54회 27번

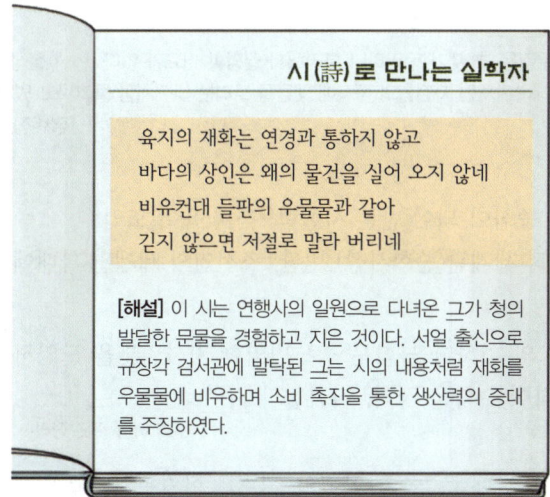

① 기기도설을 참고하여 거중기를 설계하였다.
② 양명학을 연구하여 강화학파를 형성하였다.
③ 북학의에서 수레와 배의 이용을 권장하였다.
④ 열하일기에서 화폐 유통의 필요성을 강조하였다.
⑤ 우서에서 사농공상의 직업적 평등을 주장하였다.

05 KEYWORD 05 박지원

(가) 인물에 대한 설명으로 옳은 것은?

심화 70회 26번

① 북한산비가 진흥왕 순수비임을 고증하였다.
② 청으로부터 시헌력을 도입하자고 건의하였다.
③ 우서에서 사농공상의 직업적 평등을 주장하였다.
④ 양반전을 지어 양반의 허례와 무능을 풍자하였다.
⑤ 10리마다 눈금을 표시한 대동여지도를 완성하였다.

06 KEYWORD 06 홍대용

다음 인물에 대한 설명으로 옳은 것은?

심화 66회 24번

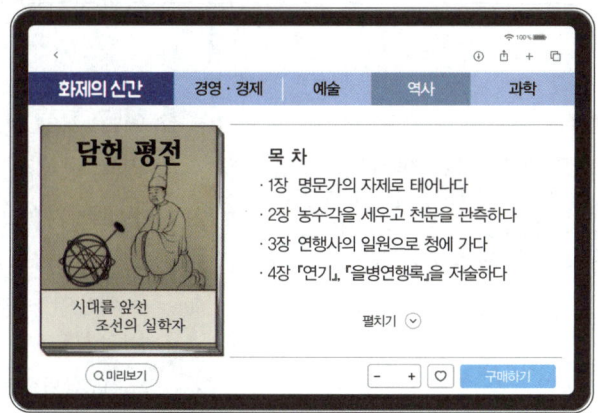

① 지봉유설에서 천주실의를 소개하였다.
② 의산문답에서 무한 우주론을 주장하였다.
③ 양반전을 지어 양반의 허례와 무능을 풍자하였다.
④ 북학의를 저술하여 청의 문물 수용을 강조하였다.
⑤ 동의수세보원을 편찬하여 사상 의학을 정립하였다.

05 근대 태동기의 문화_2

check! 필수 암기!

의서와 농서
의서: 『동의보감』(광해군, 허준), 『침구경험방』(허임, 침구술), 『마과회통』(정약용, 종두법), 『동의수세보원』(이제마, 사상 의학)
농서: 『농가집성』(효종 때 신속), 『임원경제지』(서유구)

❶ 곤여만국전도

➕ 혼천의(홍대용)

➕ 양산 통도사 금동천문도(효종)

❷ 시헌력
태음력에 태양력의 원리를 부합시켜 24절기의 시각과 하루의 시각을 정밀히 계산하여 만든 역법서로, 인조 때 건의하였으나(1644) 효종 때부터 시행하였다(1653).

01 조선 후기 과학 기술의 발달

1. 서양 문물의 수용

(1) **경로**: 17세기경 베이징의 서양 선교사와 접촉한 중국 왕래 사신을 통하여 국내에 유입

(2) **서양 문물의 유입**
① 국내 학자: 선조 때 이광정은 세계 지도인 **곤여만국전도**❶를 전하였고, 인조 때 정두원은 화포·천리경·자명종 등을 전파
② 서양인의 표류: 17세기 **벨테브레이**와 **하멜** 일행이 우리나라 제주도에 표류
  ㉠ 벨테브레이: 무과에 급제하고 **훈련도감**에 소속되어 서양식 대포의 제조법과 조종법 교육
  └ 박연, 인조 때 제주도에 표류하여 귀화(1627), 조선 여성과 혼인하여 1남 1녀를 두었음
  ㉡ 하멜: 하멜 일행은 15년 동안 억류되었다가 네덜란드로 돌아가 『**하멜표류기**』를 지어 조선의 사정을 서양에 전파
  └ 일본 나가사키로 가던 도중 일행 36명과 함께 제주도에 표류(1653, 효종)

2. 과학 기술의 발전

(1) **천문학과 역법** ★
① 천문학
  ㉠ 이익과 김석문: 이익은 서양 천문학을 연구하였고 김석문은 『역학도해』를 저술하여 지전설을 최초로 주장
  ㉡ 홍대용: 지구가 우주의 중심이 아니라는 **무한 우주론** 주장, **지전설** 주장(성리학적 세계관 비판)

> 📖 **사료 읽기**
>
> ▶ **홍대용의 지전설**
> 천체가 운행하는 것이나 지구가 자전하는 것은 그 세가 동일하니 분리해서 설명할 필요가 없다. …… 칠정(태양, 달, 화성, 수성, 목성, 금성, 토성)이 수레바퀴처럼 자전함과 동시에 맷돌을 돌리는 나귀처럼 둘러싸고 있다.
> – 『담헌집』 –

② 역법: 서양 선교사 아담 샬이 중심이 되어 만든 시헌력❷을 김육이 도입
③ 영향: 근대적 우주관, **성리학적 세계관(중화사상) 비판**, 조선인의 **세계관 확대**에 기여

(2) **기타 과학 기술의 발전**
① 수학: 마테오리치가 유클리드의 기하학을 학문으로 번역한 기하원본을 도입하였고, 홍대용이 『주해수용』을 저술하여 수학을 정리, 최석정의 「**구수략**」
  └ 주역 바탕 수론 정리
② 의학 ★★
  ㉠ 17세기: 허준의 『**동의보감**』(광해군, 전통 한의학 정리), 허임의 『**침구경험방**』(인조, 침구술 집대성)
  └ 박제가와 함께 종두법 연구
  ㉡ 18세기: 정약용의 『**마과회통**』(영조, 종두법 소개)
  ㉢ 19세기: 이제마의 『**동의수세보원**』(사상 의학 확립)

③ 농서의 편찬
  ㉠ 이앙법 보급: 신속의 『농가집성』(효종) → 벼농사 중심의 농법 소개, 이앙법 보급에 기여
  ㉡ 상업적 농업 기술 소개: 박세당의 『색경』(숙종), 홍만선의 『산림경제』❸(숙종, 홍만선), 서호수의 해동농서
  ㉢ 서유구의 『임원경제지』(순조): 농촌 생활 백과사전 편찬
④ 건축 기술: 정약용이 만든 거중기는 수원 화성을 쌓을 때에 사용되어 공사 기간을 단축하고 공사비를 줄이는 데 크게 공헌, 정조의 수원 행차 시 한강을 안전하게 건너도록 배다리(주교)❹ 설계

02 문학의 새 경향

1. 새로운 문화의 형성
  (1) 서민 문화의 대두
    ① 배경: 상공업의 발달과 농업 생산력의 증대를 배경으로 서민의 경제적·신분적 지위가 향상됨에 따라 서민 문화 대두
    ② 특징: 인간의 감정을 적나라하게 표현하려는 경향은 당시 양반의 위선적인 모습을 비판하고 사회의 부정과 비리를 풍자·고발하는 경향으로 발전
    ③ 향유층: 중인층(역관, 서리) 및 서민층의 문예 활동이 활발
  (2) 사회 비판(현실 풍자) 문화★★
    ① 판소리: 조선 후기 서민 문화의 중심, 19세기 후반 신재효가 판소리 사설 창작·정리 (열두 마당 중 다섯 마당만 전해짐(춘향가, 심청가, 흥보가, 적벽가, 수궁가)) (감정 표현이 직접적이고 솔직) (관중이 추임새로 참여 가능)
    ② 탈놀이와 산대놀이: 탈놀이는 향촌에서 마을굿의 일부로 공연, 산대놀이는 산대라는 무대에서 공연되던 가면극이 민중 오락으로 정착되어 도시의 상인이나 중간층의 지원으로 성행 (지배층과 그들에게 의지하여 살아가는 승려의 부패와 위선을 풍자)
    ③ 한글 소설: 「홍길동전」(허균), 「춘향전」, 「별주부전」, 「심청전」, 「장화홍련전」 (전기수 등장) (서얼에 대한 차별 철폐, 탐관오리 응징 → 이상 사회의 건설 묘사) (신분 차별의 비합리성)
    ④ 사설 시조: 서민들의 솔직한 감정 표현, 남녀 간의 사랑, 현실 비판
    ⑤ 한문학: 정약용(삼정 문란을 비판하는 한시, 애절양), 박지원의 한문 소설(「양반전」·「허생전」·「호질」, 양반 사회 풍자), 시사❺ 조직(중인·서민층), 김삿갓(김병연), 정수동 등 풍자 시인 등장

2. 서화 및 서예
  (1) 진경산수화(18세기 전반): 우리 고유의 자연을 사실적으로 그려 회화의 토착화 → 정선 (「인왕제색도」, 「금강전도」)
  (2) 풍속화(18세기 후반): 서민들의 일상적 모습을 생동감 있게 표현하여 회화의 폭을 확대 → 김홍도(서민의 생활을 익살스럽게 묘사, 「씨름도」, 「대장간」 등), 신윤복(양반의 생활과 유흥 및 남녀 간의 애정, 「단오풍정」, 「월하정인」, 「미인도」 등), 김득신(「파적도」)
  (3) 서양화(18세기 후반) 및 기타(19세기)
    ① 「영통동구도」: 김홍도의 스승 강세황은 서양화 기법 사용
    ② 기타(19세기): 장승업은 강렬한 필법과 채색법으로 뛰어난 기량 발휘, 진경산수화와 풍속화는 문인화(김정희 등)의 부활로 침체되었다가 구한말에 새롭게 나타남

---

❸ 『산림경제』
홍만선이 인삼, 고추 등의 상품 작물의 재배법과 원예 기술을 수록하였다.

❹ 「화성능행도」(한강을 배다리로 건너는 장면을 그림)

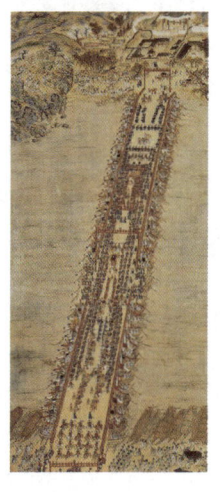

❺ 시사
중인층의 시인들이 서울 주변 지역에서 시사를 조직하여 문학 활동을 전개하면서 자신들의 사회적 지위를 높였고, 역대 시인의 시를 모아 시집을 간행하기도 하였다.

⊕ 조선 시대의 서화

구분	내용
15세기	독자적 화풍(「고사관수도」, 「몽유도원도」)
16세기	사군자 관련(「묵죽도」, 「월매도」, 「초충도」)
18세기 전반	진경산수화(정선, 「인왕제색도」, 「금강전도」)
18세기 후반	풍속화(「씨름도」, 「단오풍정」 등), 서양화 기법(「영통동구도」)
19세기	민화(「까치와 호랑이」)

▲「인왕제색도」(정선)　　▲「금강전도」(정선)　　▲「씨름도」(김홍도)

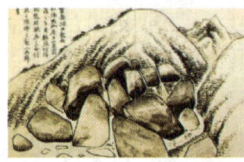

▲「월하정인」(신윤복)　▲「단오풍정」(신윤복)　▲「파적도」(김득신)　▲「영통동구도」(강세황)

(4) **민화**: 민중의 미적 감각을 잘 나타낸 민화의 유행, 해·달·나무·꽃·동물·물고기 등을 소재로 삼아 소원을 기원하고 생활 공간을 장식

(5) **서예**: 단아한 글씨의 동국진체가 이광사에 의하여 완성, 김정희는 고금의 필법을 두루 연구하여 굳센 기운과 다양한 조형성을 가진 추사체 창안

3. 건축과 기타 예술

(1) 건축

① 17세기
　㉠ 특징: 불교의 사회적 지위 향상과 양반의 경제적 성장 반영 → 규모가 큰 다층 건물, 내부는 하나로 통하는 구조
　㉡ 대표적 건축물: 김제 금산사 미륵전(1636, 3층), 보은 법주사 팔상전(1625, 우리나라의 유일한 오층 목조탑), 구례 화엄사 각황전(1697, 2층) 등 —현존하는 우리나라 탑 중에서 가장 높은 건축물

② 18세기
　㉠ 특징: 사회적으로 크게 부상한 부농과 상인의 지원을 받아 사원이 많이 축조
　㉡ 대표적 건축물: 논산 쌍계사 대웅전, 부안 개암사 대웅보전, 안성 성남사 등
　㉢ 수원 화성❻: 18세기에 정조 때 공격과 방어를 겸한 성곽 축조

③ 19세기: 흥선 대원군이 왕권 강화를 목적으로 재건한 경복궁의 근정전과 경회루

▲법주사 팔상전(보은)　　▲금산사 미륵전(김제)　　▲쌍계사 대웅전

(2) 공예 및 음악

① 공예
　㉠ 자기 공예: 조선 후기에는 백자가 민간에까지 널리 사용, 청화백자 유행
　㉡ 목공예 및 화각공예: 장롱, 책상, 문갑, 소반, 의자, 필통 등 나무의 재질을 살리면서 기능을 갖춘 목공예 작품, 독특한 우리의 멋을 풍기는 화각공예 작품이 많아짐

② 음악의 향유층 확대: 양반층(가곡, 시조), 서민(민요), 광대·기생(판소리, 산조, 잡가)
　- 관현악의 반주가 따르는 전통 성악곡, 선율로 연결되는 27곡의 노래 모음, 노랫말은 짧은 시
　- 느린 장단부터 빠른 장단으로 연주하는 민속 음악, 장구 반주, 무속 음악과 시나위에 기교가 확대되어 19세기경 탄생
　- 조선 후기에 평민이 지어 부르던 노래의 총칭

➕ 「세한도」(김정희)

❻ 수원 화성
정조 때의 수원 화성은 이전의 성곽과는 달리 방어뿐만 아니라 공격 기능을 겸한 시설로서, 주위의 경치와 조화를 이루며 평상시의 생활과 경제적 터전까지 조화시킨 종합적인ㅍ 도시 계획 아래 건설되었다. 수원 화성 축조에 대한 경위와 제도 및 의식 등을 수록한 화성성역 의궤는 2007년 유네스코 세계 기록 유산으로 등재되었다.

➕ 백자 청화 '홍치 2년'명 송죽문 항아리

204　V. 근대 태동기의 한국사

05 단골 키워드 문제

V. 근대 태동기의 한국사
05 근대 태동기의 문화_2

정답 및 해설 63쪽

기출 선택지 미리보기

- 곤여만국전도를 열람하는 학자
- 김육 – 청으로부터 시헌력 도입을 건의했다.
- 『동의보감』 – 허준의 주도로 편찬되었다.
- 「홍길동전」과 같은 한글 소설이 읽혀졌다.
- 김정희는 추사체를 창안하였다.

기출 키워드로 연습하기

01 ① 강세황 • • 거중기

② 정약용 • • 「양반전」

③ 박지원 • • 「영통동구도」

02 정약용은 인조 때 시헌력의 도입을 건의하였으나 효종 때부터 시행되었다. (O / ×)

03 ( )을/를 개척한 정선은 「인왕제색도」와 「금강전도」에서 바위산을 선으로 묘사하였다.

04 ( )은/는 밭갈이, 추수, 씨름, 서당 등의 풍속화를 통해 서민 생활상의 특징을 소탈하게 묘사하였다.

05 김정희는 역대 명필을 연구하여 ( )을/를 창안하였다.

06 충북 보은에 있는 ( )은/는 우리나라의 유일한 오층 목조탑이다.

정답 | 01 ① 「영통동구도」 ② 거중기 ③ 「양반전」 02 × 03 진경산수화 04 김홍도 05 추사체 06 법주사 팔상전

01 KEYWORD 01 정선

(가) 인물의 작품으로 옳은 것은? 심화 73회 26번

이곳 철원 삼부연 폭포는 겸재 (가) 이/가 그린 그림으로도 유명합니다. 우리 산천의 아름다움을 사실적으로 표현한 진경산수화를 실제 모습과 함께 감상해 보세요.

①    ②

③    ④

⑤

02 KEYWORD 02 김홍도

(가) 인물의 작품으로 옳은 것은? 심화 70회 27번

이 작품은 조선 후기 대표적 풍속 화가인 단원 (가) 이/가 나귀를 타고 유람하는 나그네의 시점으로 그린 행려풍속도병입니다. 8폭 병풍에는 계절에 따라 변해가는 산수와 대장간, 나루터 등 다양한 세상살이의 모습이 생동감 있게 표현되어 있습니다. 각 폭의 그림 위쪽에는 그의 스승인 강세황의 그림 평이 적혀 있습니다.

①
②
③
④
⑤

03 KEYWORD 03 보은 법주사 팔상전

(가)에 해당하는 문화유산으로 옳은 것은? 심화 55회 27번

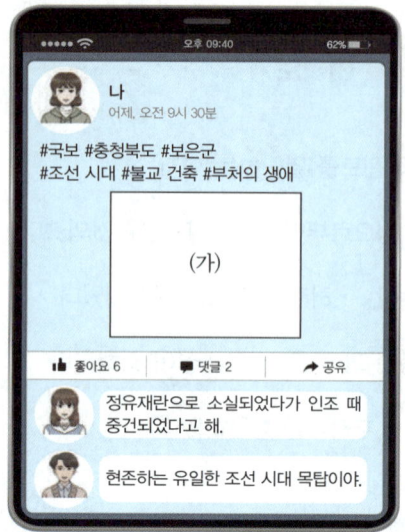

#국보 #충청북도 #보은군 #조선 시대 #불교 건축 #부처의 생애

정유재란으로 소실되었다가 인조 때 중건되었다고 해.

현존하는 유일한 조선 시대 목탑이야.

①  법주사 팔상전
② 화엄사 각황전
③ 금산사 미륵전
④ 무량사 극락전
⑤  마곡사 대웅보전

04 KEYWORD 04 김정희

(가) 인물에 대한 설명으로 옳은 것은? 심화 63회 27번

① 남북국이라는 용어를 처음 사용하였다.
② 기기도설을 참고하여 거중기를 설계하였다.
③ 북한산비가 진흥왕 순수비임을 고증하였다.
④ 양명학을 연구하여 강화학파를 형성하였다.
⑤ 안평 대군의 꿈을 소재로 몽유도원도를 그렸다.

05 KEYWORD 05 정약용

다음 검색창에 들어갈 인물의 활동으로 옳은 것은? 심화 60회 24번

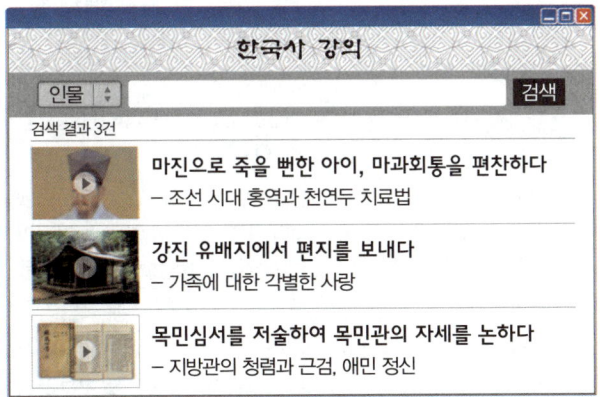

① 지봉유설에서 천주실의를 조선에 소개하였다.
② 의산문답에서 중국 중심의 세계관을 비판하였다.
③ 양반전을 지어 양반의 허례와 무능을 풍자하였다.
④ 경세유표를 집필하여 국가 제도의 개혁 방향을 제시하였다.
⑤ 금석과안록에서 북한산비가 진흥왕 순수비임을 고증였다.

KEYWORD 06 조선 후기 문화

06 최다 빈출 유형

밑줄 그은 '이 시기'에 볼 수 있는 모습으로 적절하지 않은 것은? 심화 74회 26번

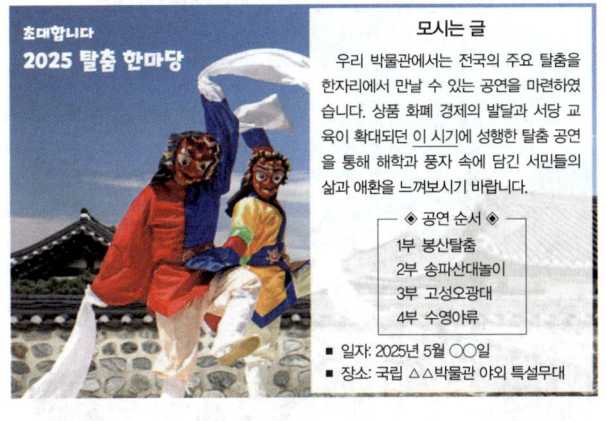

① 판소리 흥보가를 구경하는 농민
② 주자소에서 계미자를 만드는 장인
③ 옥계 시사에서 시를 낭송하는 중인
④ 세책가에서 춘향전을 빌리는 부녀자
⑤ 호랑이를 소재로 민화를 그리는 화가

07 꼬리 물기 문제

밑줄 그은 '이 시기'에 볼 수 있는 모습으로 적절하지 않은 것은? 심화 65회 28번

① 주자소에서 계미자를 만드는 장인
② 송파장에서 산대놀이를 공연하는 광대
③ 대규모 자본으로 물품을 구매하는 도고
④ 시사를 조직하여 작품 활동을 하는 중인
⑤ 인삼, 담배 등을 상품 작물로 재배하는 농민

Ⅴ 多빈출-多선지 자료 문제

Ⅴ. 근대 태동기의 한국사

01 조선 정조

(가) 왕에 대한 설명으로 옳은 것은? (정답 3개)

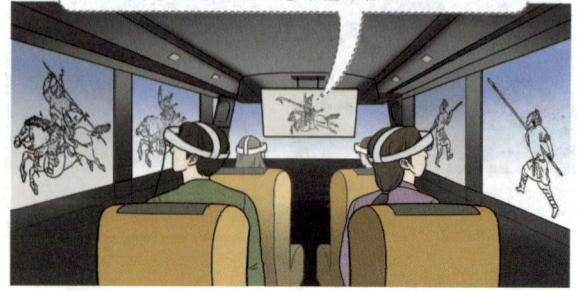

가상 현실 버스에 오신 여러분 환영합니다. 지금 창문 스크린으로 보고 계신 것은 무예도보통지에 실린 무예 동작입니다. (가) 의 명으로 이덕무, 박제가, 백동수 등이 편찬한 무예도보통지에는 기존의 무예신보에 마상 무예가 추가되어 총 24개의 무예가 실려있습니다. 이 책은 장용영의 훈련 교재로 사용되었습니다.

① 양반에게도 군포를 거두었다.
② 법전인 대전통편을 편찬하였다.
③ 백두산 정계비를 세워 청과의 국경을 정하였다.
④ 통치 체제를 정비하기 위해 속대전을 편찬하였다.
⑤ 삼군부를 부활시켜 군사 업무를 담당하게 하였다.
⑥ 문신을 재교육하기 위한 초계문신제를 실시하였다.
⑦ 규장각에 검서관을 두어 서얼 출신 학자들을 기용하였다.
⑧ 한양을 기준으로 역법을 정리한 칠정산 내편을 제작하였다.

정답 | ②, ⑥, ⑦

➕ 문제 해결 TIP!

KEYWORD #『무예도보통지』 #이덕무, 박제가 #장용영

▶ 조선 영조는 『속대전』, 정조는 『대전통편』, 흥선 대원군은 『대전회통』을 편찬하였다. 헷갈리기 쉬우니 구분하여 알아두도록 하자.

✅ 정답 체크
②, ⑥, ⑦ 조선 정조

✏️ 오답 체크
①, ⑤ 조선 고종(흥선 대원군) ③ 조선 숙종 ④ 조선 영조
⑧ 조선 세종

02 임술 농민 봉기

다음 자료에 나타난 사건에 대한 설명으로 옳은 것은?

> 경상도 안핵사 박규수는 "이번 진주의 백성들이 난을 일으킨 것은 오로지 전 우병사 백낙신이 탐욕을 부려 포학스럽게 행동한 까닭에서 연유한 것이었습니다."라고 임금께 보고하였다.

① 원종과 애노가 사벌주에서 봉기하였다.
② 김헌창이 웅천주에서 반란을 일으켰다.
③ 이괄의 반란 세력이 도성을 장악하였다.
④ 홍경래 등이 봉기하여 정주성을 점령하였다.
⑤ 공주 명학소에서 망이·망소이가 봉기하였다.
⑥ 서북민에 대한 차별 대우에 반항하여 봉기하였다.
⑦ 농민들이 조병갑의 탐학에 맞서 만석보를 파괴하였다.
⑧ 삼정의 문란을 시정하고자 삼정이정청을 설치하였다.

정답 | ⑧

➕ 문제 해결 TIP!

KEYWORD #안핵사 박규수 #진주의 백성들이 난을 일으킴
#우병사 백낙신이 탐욕을 부림

▶ 다음 자료는 조선 철종 때 삼정의 문란과 경상 우병사 백낙신의 가혹한 수탈에 견디다 못한 진주 지역의 농민들이 몰락 양반 유계춘을 중심으로 일으킨 임술 농민 봉기를 나타낸다.

▶ 농민 봉기인 원종과 애노의 난(통일 신라 말), 홍경래의 난(조선 후기), 동학 농민 운동(근대)의 특징을 잘 구분하여 학습해야 한다.

✅ 정답 체크
⑧ 임술 농민 봉기

✏️ 오답 체크
① 원종과 애노의 난 ② 김헌창의 난 ③ 이괄의 난
④, ⑥ 홍경래의 난 ⑤ 망이·망소이의 난
⑦ 동학 농민 운동

03 대동법

(가) 제도에 대한 설명으로 옳은 것은? (정답 3개)

> 광해군 때 이원익이 방납의 폐단을 혁파하고자 선혜청을 두고 (가) 을/를 실시할 것을 청하였다. …… 맨 먼저 경기도 내에 시범적으로 실시하니 백성들은 대부분 편리하게 여겼다. 다만 권세가와 부호들은 방납의 이익을 잃기 때문에 온갖 방법으로 반대하였다.
> — 『국조보감』 —

① 토지 1결당 쌀 2두의 결작을 부과하였다.
② 토산물을 쌀, 동전 등으로 납부하게 하였다.
③ 전세를 풍흉에 따라 9등급으로 차등 과세하였다.
④ 부족한 재정 보충을 위해 선무군관포를 징수하였다.
⑤ 관청에 물품을 조달하는 공인이 등장하는 배경이 되었다.
⑥ 이 제도로 인하여 독점적 도매상인인 도고가 출현하게 되었다.
⑦ 어장세, 선박세 등이 국가 재정으로 귀속되는 결과를 가져왔다.

정답 | ②, ⑤, ⑥

➕ 문제 해결 TIP!

KEYWORD #광해군 #이원익 #방납의 폐단을 혁파 #선혜청 #경기도 내에 시범적 실시

▶ 다음 자료는 조선 광해군 때 국가의 재정 악화와 농민의 부담을 해결하기 위해 실시한 대동법을 나타낸다.
▶ 수취 제도는 시대 통합 문제로 출제될 수 있으니, 각 제도별 특징을 확실히 파악해야 한다. 세종 때의 공법(전분6등법, 연분9등법), 인조 때의 영정법(토지 1결당 4~6두), 광해군 때의 대동법(현물 대신 쌀 납부, 공인 등장), 영조 때의 균역법, 흥선 대원군 때의 호포제(양반에게도 군포 수취)로 정리하자.

✅ 정답 체크
②, ⑤, ⑥ 대동법

✏️ 오답 체크
①, ④, ⑦ 균역법 ③ 연분9등법(공법)

04 조선 후기 문화

다음 상황이 나타난 시기에 볼 수 있는 모습으로 적절하지 않은 것은? (정답 3개)

> ○ 집집마다 인삼을 심어서 돈을 물 쓰듯이 한다고 하는데, 재산을 만드는 방법으로는 이보다 나은 것이 없다고 한다.
> ○ 어제 울타리 밖의 몇 되지기 밭에 담배를 파종하였다.
> ○ 금년에는 목화가 풍년이 들었는데, 어제는 시장에서 25근에 100전이었다고 한다.
> — 『노상추일기』 —

① 상평통보로 음식을 사는 농민
② 한글 소설을 읽어주는 전기수
③ 시장을 감독하는 동시전의 관리
④ 장시에서 판소리를 하고 있는 상민
⑤ 도평의사사에서 근무하는 권문세족
⑥ 시사(詩社)에서 시를 낭송하는 중인
⑦ 빈민 구제를 하고 있는 흑창의 관원
⑧ 송파장에서 산대놀이 공연을 벌이는 광대

정답 | ③, ⑤, ⑦

➕ 문제 해결 TIP!

KEYWORD #인삼 #담배 #목화

▶ 다음 자료는 인삼, 담배, 목화 등 상품 작물이 재배되었던 조선 후기의 상황을 나타낸다.
▶ 신라 지증왕은 동시(시장)를 감독하는 관청으로 동시전을 세웠고, 고려와 조선은 경시서를 설치하였다.

✅ 정답 체크
③ 신라 ⑤ 고려 원 간섭기 ⑦ 고려

✏️ 오답 체크
①, ②, ④, ⑥, ⑧ 조선 후기

VI 근대의 한국사

단골 키워드 랭킹!

01 흥선 대원군
02 신민회
03 강화도 조약
04 『조선책략』
05 제1차 갑오개혁
06 신미양요
07 독도
08 정미의병
09 집강소
10 을사늑약
11 광무개혁
12 국채 보상 운동
13 대한매일신보
14 사절단

출제 경향

세도 정치기의 상황과 흥선 대원군의 정책 및 근대화 추진 과정, 임오군란·갑신정변의 배경과 결과를 중요하게 학습하여야 한다. 또한, 자주 출제되는 동학 농민 운동의 전개 과정과 독립 협회의 활동, 대한 제국의 성립 과정도 숙지하여야 한다.

출제 포인트

◆ 근대 사회로의 진전
1. 흥선 대원군의 왕권 강화 정책 및 통상 수교 거부 정책
2. 1860년대 통상 수교 요구에 대한 우리 민족의 대응
3. 강화도 조약, 조·일 수호 조규 부록, 조·일 통상 장정, 조·미 수호 통상 조약의 내용

◆ 개화 운동의 추진
1. 1860~1890년대의 위정척사 운동의 전개 과정
2. 1880년대 개화 정책
3. 『조선책략』 유입으로 인한 국내 개화파와 위정척사파의 대립
4. 임오군란과 갑신정변의 발생 배경, 과정 및 결과
5. 조·청 상민 수륙 무역 장정 체결 이후 청과 일본 상인의 경쟁적 상권 침탈 과정
6. 방곡령 사건의 배경, 과정 및 결과

◆ 동학 농민 운동과 갑오·을미개혁
1. 동학 농민 운동의 배경, 과정 및 결과
2. 갑오·을미개혁의 시행 배경 및 내용
3. 갑신정변, 동학 농민 운동, 갑오개혁에서 나타난 개혁안의 공통점과 차이점
4. 을미사변, 을미개혁, 을미의병

01 근대 사회로의 진전
02 개화 운동의 추진
03 동학 농민 운동과 갑오·을미개혁
04 주권 수호 운동의 전개
05 개항 이후의 경제·사회·문화
06 국권 피탈과 항일 운동_1
07 국권 피탈과 항일 운동_2

76-67회 출제 비율 13.6%

◆ 주권 수호 운동의 전개
1. 독립 협회의 민권 신장 운동, 열강의 이권 침탈 저지 활동
2. 광무개혁의 시행 배경 및 내용

◆ 개항 이후의 경제·사회·문화
1. 국채 보상 운동의 배경 및 영향
2. 우리 민족 신문의 활동과 일제의 언론 탄압
3. 우리 민족의 종교 활동과 민족 교육 노력
4. 개항 이후 서양 문물 유입과 그로 인한 사회적·문화적 변화

◆ 국권 피탈과 항일 운동
1. 일본과의 불평등 조약 체결과 국권 피탈 과정
2. 을사늑약 체결과 이에 대한 대응
3. 고종 강제 퇴위의 배경 및 영향
4. 을미의병, 을사의병, 정미의병의 배경, 전개 과정 및 영향
5. 애국 계몽 운동 및 항일 의거 활동

미리보기

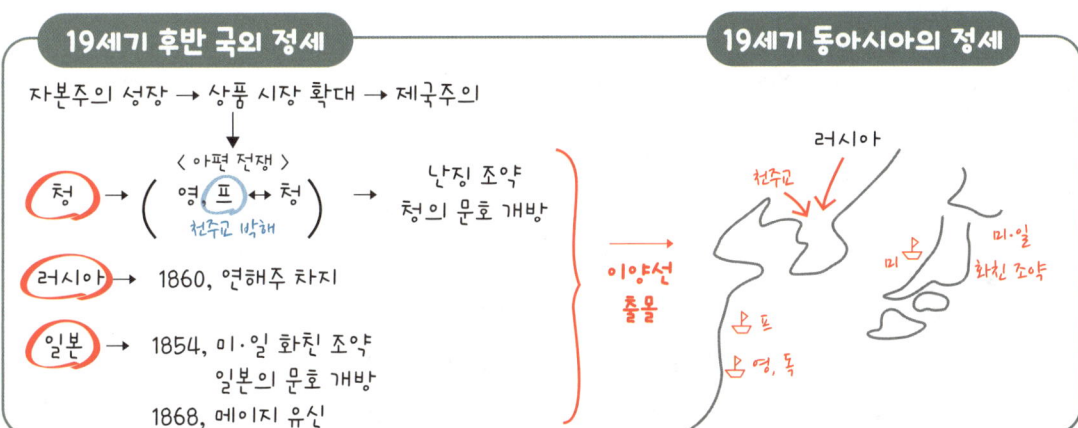

01 근대 사회로의 진전

01 제국주의 시대의 세계

1. 19세기 제국주의 열강의 침략

(1) **제국주의(帝國主義)**: 19세기 말 자본을 투자할 해외 시장 확보를 위해 경쟁적인 대외 팽창 정책

(2) **아프리카의 분할**: 영국과 프랑스, 독일, 이탈리아 등이 아프리카 대부분의 지역을 분할 점령하면서 식민지 확대

(3) **열강의 아시아 침략**: 영국은 인도와 주변국, 프랑스는 인도차이나 반도, 네덜란드는 인도네시아, 미국은 필리핀을 점령, 중국 대륙 또한 영국, 프랑스, 일본, 러시아 등에 의하여 분할 점령 확대

2. 동아시아의 근대화

(1) **양무운동(청, 중체서용)**: 청·일 전쟁의 패배로 한계 노출

(2) **메이지 유신(1868, 일본)**: 미국의 강압으로 개방하여 근대화에 성공

> ➕ **열강의 아시아 침략**
> - 러시아: 연해주 획득(1860)
> - 미국: 미·일 화친 조약(1854) → 일본의 메이지 유신(1868)

02 개화와 자주 운동

1. 19세기 후반의 국내외 정세

(1) **국내**: 세도 정치로 인한 정치 기강 문란, 삼정의 문란, 농촌 경제 파탄, 농민 봉기

(2) **국외**: 이양선 출몰(위기의식 고조), 청·일의 문호 개방(난징 조약, 미·일 화친 조약), 러시아 연해주 차지, 천주교 확산, 서양 상품의 유입

2. 흥선 대원군의 정치(1863~1873)

(1) **집권**: 고종이 12세의 어린 나이로 즉위 → 아버지 흥선 대원군의 섭정

(2) **정치 개혁**★★★
  ① 세도 정치 타파: 세도 가문 축출, 능력에 따른 인재 등용
  ② 법전 편찬: 『대전회통』, 『육전조례』 간행
  ③ 비변사 폐지: 의정부(정치)와 삼군부(군사)의 기능 부활
  ④ 서원 정리: 전국 600여 개의 서원 중 47개만 남기고 철폐(서원의 토지·노비를 몰수하여 국가 재정 확충), 만동묘 철폐 → 유생들의 반발 ─임진왜란 때 도와준 명나라 신종을 제사 지내던 사당
  ⑤ 경복궁 중건: 왕실 권위 회복(원납전 징수, 당백전 남발), 노동력 강제 동원·묘지림 벌목(양반·백성의 원성) ─상평통보의 100배 가치를 가진 화폐 / '스스로 원하는 만큼 납부하라'는 의미였으나, 실제로는 강제로 징수함
  ⑥ 군제 개혁: 훈련도감과 수군 강화

> ✏️ **check! 필수 암기!**
> **흥선 대원군**
> **개혁**: 『대전회통』, 비변사 폐지, 서원 정리, 경복궁 중건(당백전), 호포제
> **대외 관계**: 병인박해(프) 선교사 처형), 제너럴셔먼호 사건(미) 평양), 병인양요(프) 강화도, 외규장각 약탈), 오페르트 도굴 사건(독) 남연군 묘), 신미양요(미) 강화도, 어재연, 광성보), 척화비

📖 사료 읽기

▶ 흥선 대원군의 개혁 의지

나는 천리를 끌어다 지척으로 삼고, 태산을 깎아 평지를 만들 것이며, 남대문을 3층으로 높이려 한다.
└ 종친 등용 의지   └ 노론 억압   └ 남인 등용 의지   – 『매천야록』 –

대원군이 크게 노하여 "백성을 해치는 자는 공자가 다시 살아난다 하여도 내가 용서 못한다. 하물며 서원은 우리나라의 선유(先儒)를 제사 지내는 곳인데 어찌 이런 곳이 도적이 숨는 곳이 되겠느냐?" 하면서 …… 유생들을 해산시키고 …….

– 정교, 『대한계년사』 –

⑦ 삼정의 문란 개혁 ★★
  ㉠ 전정: 양전 사업, 은결 색출, 토지 겸병 금지
  ㉡ 군정: 양반에게 군포 징수, 호포제(= 동포제)
  ㉢ 환곡: 환곡제를 사창제로 개편

(3) 통상 수교 거부 정책

① 병인박해(1866.1.)
  ㉠ 배경: 프랑스 선교사들의 국내 선교 활동
  ㉡ 대응: 초기에는 프랑스 선교사들을 이용하여 러시아 남하를 견제하려는 목적 → 프랑스와의 교섭❶ 실패, 양반 유생들의 반발 → 탄압 정책(9명의 프랑스 신부와 8천여 명의 천주교도 처형)

② 제너럴셔먼호 사건(1866.7.): 미국 상선 제너럴셔먼호가 대동강을 통해 들어와 평양에서 통상을 요구하며 약탈 자행, 평안도 관찰사 박규수와 평양 관민들에 의해 제너럴셔먼호가 소각되어 침몰

③ 병인양요(1866.9.)
  ㉠ 배경: 병인박해를 구실로 로즈 제독의 프랑스 군함 7척이 강화도 침략
  ㉡ 전개: 프랑스군의 양화진 점령 → 문수산성의 한성근 부대, 정족산성의 양헌수 부대 활약
  ㉢ 결과: 외규장각의 조선왕조의궤 등 문화유산 약탈

> **❓ 외규장각 도서**
> 프랑스는 병인박해의 구실로 병인양요(1866)를 일으켰는데, 이 시기에 프랑스 군인들이 강화도의 외규장각 문화재를 비롯하여 서적과 병기들을 약탈해 갔다. 2010년 G20 서울 정상 회의 기간에 이명박 전 대통령과 니콜라스 사르코지 프랑스 대통령이 5년 단위 갱신이 가능한 대여 방식의 반환에 합의함으로써 2011년 4월 임대 형식으로 국내로 반환되었다[현(現) 프랑스 도서관 소장 우리 문화재 – 『직지심체요절』, 『왕오천축국전』].

④ 오페르트 도굴 사건(1868)
  ㉠ 배경: 독일 상인 오페르트의 통상 요구를 조선에서 거절
  ㉡ 결과: 오페르트가 충남 예산군 덕산면의 남연군 묘 도굴 시도 → 덕산 주민들에게 발각되어 실패 → 흥선 대원군의 통상 수교 거부 의지 강화, 서양 세력에 대한 조선인의 반감 고조
  └ 흥선 대원군의 아버지
  └ 존화양이 인식 확산

📝 암기법

통상 수교 거부
병인박해 → 제너럴셔먼호 사건(미) → 병인양요 → 오페르트 도굴 사건 → 신미양요 → 척화비 건립
➡ 병미.병오.신척

❶ 교섭 당시 프랑스의 상황
당시 프랑스는 청을 사이에 두고 독일과 대치하고 있었기 때문에 독일을 견제하기 위하여 러시아와 대립을 유지할 수 없었다.

📝 암기법

병인양요
한성근(문수산성), 정족산성(양헌수)
➡ 한.문.은 정.양.이 최고!

➕ 외규장각 도서

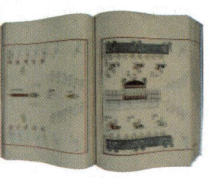

📝 암기법

오페르트 도굴 사건
➡ 오페르트 독일 사건

❷ 어재연의 '수'자기

2007년 미국으로부터 반환받아 10년 넘게 대여 형태로 강화박물관에 보관되어 있던 '수'자기는 미국으로 돌아 갔다.

암기법

신미양요
광성보, 어재연, 미국
→ 광.어.미.

check! 필수 암기!

개항

운요호 사건, 강화도 조약(3개 항구 개방, 치외 법권, 해안 측량권, 부속 조약(10리, 일본 화폐, 양곡 유출, 무항세, 무관세), 조·미 수호 통상 조약(『조선책략』, 치외 법권, 최혜국 대우)

➕ 흥선 대원군의 정책에 대한 양반 유생들의 반발

- 경복궁 중건(1865~1868) 반대
- 서원 철폐 반대 → 상소 운동 전개 (1864~1870)
- 호포법(1871) 반대

❸ 정한론

메이지 유신을 단행한 일본은 조선에 교섭을 요청하였으나 조선이 이를 거부하였고, 일본 내에서는 '조선에 군대를 파견하여 정벌하자'는 정한론이 고조되었다.

⑤ 신미양요(1871)
  ㉠ 배경: 제너럴셔먼호 사건을 구실로 로저스의 미국 군함 5척이 통상을 요구하며 침략
  ㉡ 전개: 강화도 초지진, 덕진진 침략 → 어재연 부대가 광성보(진)에서 미군 격퇴 → 미군이 철수 과정에서 '수'자기❷ 등 약탈
  ㉢ 결과: 신미양요 직후 전국에 척화비 건립(1871), 통상 수교 거부 정책 강화, 위정척사파의 지지

사료 읽기

척화비

'洋夷侵犯 非戰則和 主和賣國'
서양 오랑캐가 침범하는데 싸우지 않으면 화친하는 것이요, 화친을 주장하는 것은 곧 나라를 파는 것이다.

⑥ 통상 수교 거부 정책의 의의와 한계: 외세 침략을 일시적으로 저지, 조선의 근대화 지연

03 개항과 불평등 조약

1. 강화도 조약과 개항

(1) 개항의 배경
① 흥선 대원군의 하야(1873): 양반과 유생들의 반발(경복궁 중건 공사, 서원 철폐 등), 고종의 국왕 친정 선언
  └ 만동묘를 비롯한 서원의 대거 철폐 단행

사료 읽기

최익현의 상소

최익현이 상소하기를 "지금의 국사를 보건대 만동묘를 철거한 것은 임금님과 신하의 윤리가 무너진 것이요, 서원의 혁파는 스승과 제자 간의 의리가 끊어진 것이며, …… 거기에다 토목 공사와 원납전 따위까지 덧붙여 서로 안과 밖이 되어서 백성의 재앙이 되고 나라의 환란이 되는 근본이 된 지 지금 몇 해가 되었으니, ……" 라고 하였다.

— 최익현, 「계유상소(癸酉上疏)」 —

② 고종의 친정(민씨 정권)
  ㉠ 대내 정책: 서원 복구 등 구제도 복원, 민심 수습에 노력
  ㉡ 대외 정책: 청과의 친교 관계 유지, 일본에 유화 정책 등 개방 정책 추진
③ 통상 개화론의 대두: 통상 개화파(박규수·오경석·유홍기 등)는 열강의 침략을 피하기 위해 문호 개방을 주장
④ 운요호 사건(1875.9.)
  ㉠ 배경: 일본이 조선에 국교 수립 요청, 일본 내 정한론❸ 고조
  ㉡ 전개: 고종의 친정이 시작되자 일본이 군함 운요호를 강화 해역에 보내 군사 도발, 강화도의 초지진 포대가 운요호에 경고 사격
  ㉢ 결과: 포함의 위협하에 수교 조약을 체결(1876, 포함 외교), 문호 개방
      └ 신헌(『심행일기』)

(2) 일본과의 통상 수교★★★
  ① 강화도 조약(1876.2., 조·일 수호 조규)
    ㉠ 의미: 최초의 근대적 조약, 불평등 조약, 일본의 정치·경제·군사적 침략 발판 마련
    ㉡ 주요 내용: 3개 항구 개방(부산, 인천, 원산), 개항장에서의 치외 법권, 일본의 해안 측량권 허가

조항	조약 내용	일본의 목적
1관	조선국은 자주의 나라이며 일본국과 평등한 권리를 가진다.	청의 간섭 배제, 일본의 영향력 확대 의도
2관	일본국 정부는 15개월 뒤에 수시로 사신을 조선국 서울에 파견하여 교제 사무를 협의한다.	수신사 파견 (개항장이 아닌 수도에 외교 사절 상주 가능)
4관	조선국은 부산 외에 두 곳(인천, 원산)의 항구를 개항하고 일본인이 와서 통상을 하도록 허가한다.	경제(부산)·정치(인천)·군사(원산)적 거점 확보 ┌서울 장악 의도 ┌러시아 남하 견제
7관	조선국 연해의 도서와 암초는 조사하지 않아 위험하므로 일본국의 항해자가 자유롭게 해안을 측량하도록 허가한다.	영토 주권 침해
10관	일본국 국민이 조선이 지정한 각 항구에 머무르는 동안 죄를 범한 것이 조선국 국민에게 관계되는 사건일 때는 모두 일본국 관원이 심판한다.	일본인에 대한 치외 법권 보장, 불평등 조항 ┌조선의 사법 주권 침해

  ② 조·일 수호 조규 부록(1876.8.): 일본 외교관의 국내 여행 자유, 거류지 설정(10리), 개항장 내 일본 화폐 유통 허용
  ③ 조·일 무역 규칙(1876.8., 통상 장정): 일본 상품 무관세, 일본 상선 무항세, 양곡의 무제한 유출 허용
      └부산 두모포 사건❹
  ④ 조·일 통상 장정(1883): 일본 상품에 대한 관세 조항 삽입, 방곡령❺ 시행 규정 추가, 최혜국 대우 조항 삽입

2. 서양 열강과의 통상 수교
  (1) 조·미 수호 통상 조약(1882)★★
    ① 배경: 일본 주재 청국 외교관 황준헌(황쭌셴)의 『조선책략』을 2차 수신사 김홍집이 국내에 유포 → 미국과의 수교 필요성 대두

> **사료 읽기**
>
> 조선의 땅은 실로 아시아의 요충을 차지하고 있어 …… 러시아가 영토를 넓히려고 한다면 반드시 조선으로부터 시작할 것이다. …… 러시아를 막는 책략은 무엇인가? 중국과 친하고[親中國], 일본과 맺고[結日本], 미국과 이어짐[聯美邦]으로써 자강을 도모해야 한다. …… 미국을 끌어들여 우방으로 하면 도움을 얻고 화를 풀 수 있을 것이다. 이것이 바로 미국과 이어져야 하는 까닭이다.
> – 황준헌, 『조선책략』 –

    ② 과정: 러시아를 견제하기 위한 대미 수교의 분위기 형성, 청의 알선으로 조약 체결, 서양과 맺은 최초의 불평등 조약
       └청이 조선에서의 위치를 확고하게 하기 위한 것(러시아와 일본 세력의 견제)
    ③ 주요 내용: 치외 법권, 최혜국 대우, 거중 조정❻, 관세 협정
    ④ 영향: 미국은 공사 푸트 파견, 조선은 미국에 보빙사 파견(1883)
       └미국 이후에 맺은 조약에 의해 상대 국가에 이권을 준다면, 미국에도 동등한 조건을 부여하는 대우

---

❹ **부산 두모포 사건(1878)**

조선 정부는 일본과 강화도 조약을 체결한 후 관세권의 중요성을 인식하여 부산 두모포에 해관을 설치하고 수출입 품목에 관세를 부과하였다. 그러나 일본이 조일 수호 조규의 무관세 규정에 따라 이를 철폐해야 한다며 무력시위를 벌였고, 조선 정부는 3개월 만에 관세를 철회하였다.

❺ **방곡령**

1876년 체결한 조·일 무역 규칙을 조선 정부의 항의로 1883년 개정하게 되었는데, 국내 사정이 있을 때는 1개월 전에 지방관이 일본 영사관에게 미리 통보하여 양곡의 유출을 막을 수 있는 '방곡령' 규정을 신설하였다.

❻ **거중 조정**

국제 분쟁 시에 제3국이 개입하여 해결한다는 규정이다.

(2) 서양과 맺은 통상 조약

조약	의의	내용
조·영 통상 조약(1883, 영국)	서양과의 통상 요구	최혜국 대우, 청 알선
조·독 통상 조약(1883, 독일)	서양과의 통상	치외 법권, 최혜국 대우, 청 알선
조·이 통상 조약(1884, 이탈리아)	서양과의 통상	치외 법권, 최혜국 대우
조·러 통상 조약(1884, 러시아)	조선이 직접 수교	최혜국 대우, 민씨 정권 직접 수교
조·프 통상 조약(1886, 프랑스)	천주교 선교 인정 문제로 지연	천주교 선교 자유 허용

(3) 조·청 상민 수륙 무역 장정(1882)
① 배경: 임오군란 이후 민씨 정권에 대한 내정 간섭을 강화한 청이 조선에 대한 경제적 영향력을 더욱 확보하기 위해 체결
② 주요 내용: 청 상인의 내륙 진출 허용, 조선이 청의 속국임을 명시

01 단골 키워드 문제

Ⅵ. 근대의 한국사
01 근대 사회로의 진전

정답 및 해설 65쪽

기출 선택지 미리보기

- **흥선 대원군** – 전국의 서원을 47개소만 남기고 모두 철폐하였다.
- **강화도 조약** – 부산, 원산, 인천에 개항장이 설치되는 결과를 가져왔다.
- **병인양요** – 양헌수 부대가 정족산성에서 프랑스군을 물리쳤다.
- **신미양요** – 어재연 부대가 광성보에서 결사 항전하였다.
- **조·미 수호 통상 조약** – 제너럴셔먼호 사건을 구실로 미군이 강화도를 침략하였다.

기출 키워드로 연습하기

01 ① 비변사 폐지   •   • 만동묘 철폐

② 서원 정리   •   • 당백전 발행

③ 경복궁 중건   •   • 의정부, 삼군부 부활

02 흥선 대원군은 삼정의 문란 개혁을 위해 양반에게도 군포를 부담하게 하였다.   (○ / ×)

03 1871년 어재연 부대는 광성보에서 프랑스군을 격퇴시켰다.   (○ / ×)

04 미국은 병인박해를 구실로 통상을 요구하며 강화도를 침략하였다.   (○ / ×)

05 조선은 일본과 강화도 조약을 체결하여 (   ), 인천, 원산 세 곳의 항구를 개항하게 되었다.

06 (   )은/는 청의 알선으로 체결되었으며, 서양 국가와 맺은 최초의 조약이다.

> 정답 | 01 ① 의정부, 삼군부 부활 ② 만동묘 철폐 ③ 당백전 발행 02 ○
> 03 × 04 × 05 부산 06 조·미 수호 통상 조약

KEYWORD 01 흥선 대원군

01 최다 빈출 유형

(가), (나) 사이의 시기에 있었던 사실로 옳은 것은?

심화 65회 29번

> (가) 대왕대비전이 전교하기를, "익성군이 이제 입궁하였으니, 흥선 대원군과 부대부인의 봉작을 내리는 것을 오늘 중으로 거행하도록 하라."라고 하였다.
>
> (나) 종로에 비석을 세웠다. 그 비에서 이르기를, '서양 오랑캐가 침범하는데 싸우지 않으면 즉 화친하는 것이요, 화친을 주장함은 나라를 팔아먹는 것이다.'고 하였다.

① 영국이 거문도를 불법으로 점령하였다.
② 일본의 운요호가 영종도를 공격하였다.
③ 러시아가 용암포에 대한 조차를 요구하였다.
④ 독일 상인 오페르트가 남연군 묘 도굴을 시도하였다.
⑤ 미국이 조미 수호 통상 조약 체결 후 푸트 공사를 파견하였다.

02 꼬리 물기 문제

밑줄 그은 '중건' 시기에 있었던 사실로 옳은 것을 <보기>에서 고른 것은?

심화 55회 29번

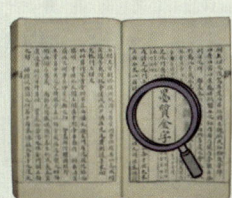

경복궁 영건일기는 한성부 주부 원세철이 경복궁 중건의 시작부터 끝날 때까지의 상황을 매일 기록한 것이다. 이 일기에 광화문 현판이 검은색 바탕에 금색 글자였음을 알려주는 '묵질금자(墨質金字)'가 적혀 있어 광화문 현판의 옛 모습을 고증하는 근거가 되었다.

• 보기 •

ㄱ. 비변사가 설치되었다.
ㄴ. 사창제가 실시되었다.
ㄷ. 원납전이 징수되었다.
ㄹ. 대전통편이 편찬되었다.

① ㄱ, ㄴ   ② ㄱ, ㄷ   ③ ㄴ, ㄷ
④ ㄴ, ㄹ   ⑤ ㄷ, ㄹ

KEYWORD 02 강화도 조약

03 최다 빈출 유형

다음 대화가 오갔던 회담 결과 체결된 조약에 대한 설명으로 옳은 것은?

심화 68회 30번

① 천주교 포교가 허용되었다.
② 갑신정변의 영향으로 체결되었다.
③ 일본 측의 해안 측량권이 인정되었다.
④ 통신사가 처음 파견되는 계기가 되었다.
⑤ 외국 상인의 내지 통상권을 최초로 규정하였다.

04 꼬리 물기 문제

다음 검색창에 들어갈 조약에 대한 설명으로 옳은 것은?

심화 59회 31번

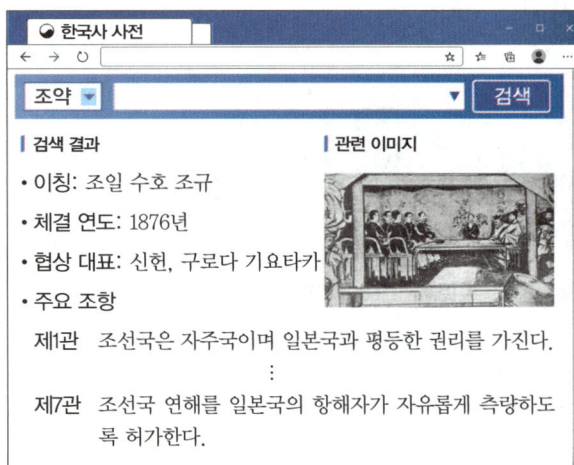

① 최혜국 대우를 최초로 규정하였다.
② 통감부가 설치되는 계기가 되었다.
③ 천주교 포교 허용의 근거가 되었다.
④ 일본 경비병의 공사관 주둔을 명시하였다.
⑤ 부산 외 2곳에 개항장이 설치되는 결과를 가져왔다.

05 KEYWORD 03 제너럴셔먼호 사건

다음 장면에 나타난 사건이 끼친 영향으로 가장 적절한 것은?

심화 66회 28번

① 이용태가 안핵사로 파견되었다.
② 이원익이 대동법 시행을 건의하였다.
③ 정약종 등이 희생된 신유박해가 일어났다.
④ 로저스 제독이 이끄는 미군이 강화도에 침입하였다.
⑤ 황사영이 외국 군대의 출병을 요청하는 백서를 작성하였다.

06 KEYWORD 04 병인양요

(가) 사건에 대한 설명으로 옳은 것은?

심화 69회 29번

① 운요호 사건을 빌미로 일어났다.
② 왕이 공산성으로 피란하는 계기가 되었다.
③ 전개 과정에서 외규장각 도서가 약탈당하였다.
④ 사태 수습을 위해 이용태가 안핵사로 파견되었다.
⑤ 황사영이 외국 군대의 출병을 요청하는 원인이 되었다.

07 KEYWORD 05 신미양요

(가) 사건 이후에 전개된 사실로 옳은 것은? 심화 61회 31번

이곳은 어재연 장군과 그의 군사를 기리기 위해 조성된 충장사입니다. 어재연 장군의 부대는 (가) 때 광성보에서 로저스 제독이 이끄는 미군에 맞서 결사 항전하였지만 끝내 함락을 막지 못하였습니다.

① 종로와 전국 각지에 척화비가 세워졌다.
② 평양 관민이 제너럴셔먼호를 불태웠다.
③ 한성근 부대가 문수산성에서 항전하였다.
④ 신유박해로 많은 천주교도가 처형되었다.
⑤ 오페르트가 남연군 묘 도굴을 시도하였다.

08 KEYWORD 06 통상 수교 거부 정책

(가), (나) 사이의 시기에 있었던 사실로 옳은 것은? 심화 70회 28번

(가) 순무영에서 정족산성 수성장 양헌수가 보내온 보고에 의하면, "…… 우리 군사가 잠입한 사실을 적들이 알지 못하였습니다. 오늘 저들은 우리가 지키고 있는 성을 점령할 계획으로 그 우두머리가 말을 타고 나귀를 끌고 짐바리와 술과 음식을 가지고 동문과 남문으로 나누어 들어왔습니다. 이때 우리 군사들이 좌우에 매복하였다가 일제히 총탄을 퍼부었습니다. ……"라고 하였습니다.

(나) 4월 24일에 계속해서 올린 강화 진무사 정기원의 치계에, "미국 배가 다시 항구로 들어와서 광성진을 습격하여 함락하였는데, 중군 어재연이 힘껏 싸우다가 목숨을 바쳤고, 사망한 군사가 매우 많습니다. 적병은 초지포 부근에 주둔하였습니다. 장수 이렴이 밤을 이용하여 습격해서야 그들을 퇴각시켰습니다."라고 하였습니다.

① 일본 군함 운요호가 영종도를 공격하였다.
② 오페르트가 남연군 묘의 도굴을 시도하였다.
③ 마젠창과 묄렌도르프가 고문으로 파견되었다.
④ 영국군이 러시아를 견제하기 위해 거문도를 점령하였다.
⑤ 황사영이 외국 군대의 출병을 요청하는 백서를 작성하였다.

09 KEYWORD 07 조·미 수호 통상 조약

다음 자료에 대한 탐구 활동으로 가장 적절한 것은? 심화 74회 28번

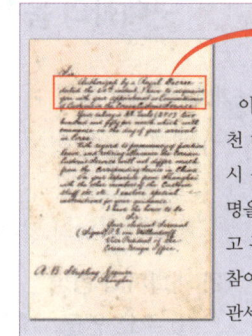

왕명에 따라, 귀하가 조선 해관의 세무사로 임명되었음을 알려 드립니다.

이 자료는 조선 정부가 영국인 스트리플링을 인천 해관의 초대 세무사로 임명한다는 문서로, 당시 통리교섭통상사무아문 협판 묄렌도르프가 왕명을 받아 발송하였다. 스트리플링은 임명을 받고 두 달 뒤 제물포로 입국하여 인천 해관 창설에 참여하였다. 조선 정부는 인천 해관 창설을 통해 관세 부과 업무를 공식적으로 시작하였다.

① 한·일 의정서의 체결 과정을 파악한다.
② 미쓰야 협정이 끼친 영향을 조사한다.
③ 강화도 조약이 체결된 계기를 알아본다.
④ 조미 수호 통상 조약의 내용을 분석한다.
⑤ 헤이그 특사가 파견되는 원인을 살펴본다.

10 KEYWORD 08 조·청 상민 수륙 무역 장정, 조·일 통상 장정

(가), (나) 조약에 대한 설명으로 옳은 것은? 심화 67회 30번

(가) 제4조 ……조선 상인이 북경에서 규정에 따라 교역하고, 중국 상인이 조선의 양화진과 서울에 들어가 영업소를 개설한 경우를 제외하고 각종 화물을 내지로 운반하여 상점을 차리고 파는 것을 허가하지 않는다. ……

(나) 제37관 조선국에서 가뭄과 홍수, 전쟁 등의 일로 국내에 양식이 부족할 것을 우려하여 일시 쌀 수출을 금지하려고 할 때에는 1개월 전에 지방관이 일본 영사관에 통지하고, 미리 그 기간을 항구에 있는 일본 상인들에게 전달하여 일률적으로 준수하는 데 편리하게 한다.

① (가) - 통감부가 설치되는 계기가 되었다.
② (가) - 조선의 관세 자주권을 최초로 인정하였다.
③ (나) - 최혜국 대우를 규정한 조항을 담고 있다.
④ (나) - 일본 공사관의 경비병 주둔을 명시하였다.
⑤ (가), (나) - 갑신정변의 영향으로 체결되었다.

02 개화 운동의 추진

check! 필수 암기!

근대화 운동
- 개화 정책: 통리기무아문, 별기군, 수신사(김홍집, 『조선책략』), 조사 시찰단(일), 영선사(청) 김윤식, 보빙사(미) 민영익
- 위정척사: 1860년대(통상 X), 1870년대(개항 X), 1880년대(개화 X), 1890년대(항일 의병)

➕ 근대 민족 운동의 기원과 발전
- 주리 철학 → 성리학 → 위정척사 사상 → 의병 운동
- 주기 철학 → 북학파, 실학 → 개화사상 → 애국 계몽 운동

➕ 개화파 인물
- 박규수: 양반 출신, 제너럴셔먼호 사건 당시 평양 관찰사, 청의 양무운동 견학, 개화사상의 선각자
- 오경석: 중인(역관) 출신, 『해국도지』, 『영환지략』
- 유홍기(유대치): 중인(의관) 출신

❶ 동도서기론
1880년대 우리나라가 내세웠던 서구 문명 수용 논리로 우리의 정신세계는 유지하고 서양의 과학 기술만 받아들이자는 주장으로, 중국의 중체서용론(中體西用論)과 비슷하다.

암기법

해외 시찰단
조사 시찰단(1881, 일, 전환국)
➡ 조.일.전.
영선사(1881, 청, 김윤식)
➡ 청.식.이 형(영).
보빙사(1883, 미, 민영익)
➡ 민.보.미.

01 근대화의 움직임

1. 개화 정책의 추진

(1) 개화사상의 형성
① 국내: 북학파 실학사상의 발전적인 계승
② 국외: 청의 양무운동(중체서용), 일본의 메이지 유신(문명 개화론)의 영향

(2) 개화파의 형성
  — '서양의 기술을 부분적으로 수용하자'는 입장
  — '서양의 기술과 문화까지 수용하자'는 입장

① 주요 인물: 개화사상의 선각자 박규수의 영향을 받은 김홍집, 어윤중, 김윤식, 김옥균, 박영효, 홍영식, 서광범 등
② 개화파의 분화

1870년대 개화 세력 형성[박규수(양반), 오경석(역관), 유홍기(의관)]
⇩ 1880년대 개화 세력 성장

구분	온건 개화파(수구당, 사대당)	급진 개화파(개화당, 독립당)
인물	김홍집, 어윤중, 김윤식	김옥균, 홍영식, 서광범, 박영효
성향	친청 성향, 청에 사대	반청 성향, 청에 사대 반대
사상	동도서기론❶, 점진적 개혁, 소극적 개혁	급진적 개혁, 적극적 개혁
모델	청의 양무운동(전제 군주제)	일본의 메이지 유신(입헌 군주제)

(3) 개항 후 추진된 정부의 개화 정책
① 개혁 기구: 통리기무아문 설치(1880, 개화 정책 추진 핵심 기구), 그 아래 12사 설치(외교·군사·산업 등 업무 분담)
② 군제 개편: 5군영을 2영(무위영, 장어영)으로 통합, 신식 군대인 별기군 창설(1881, 일본인 교관 채용, 사관생도 양성)
③ 해외 시찰단 파견★★
  ㉠ 수신사: 강화도 조약 체결 이후 일본의 개화 상황과 근대 문물 시찰, 김기수(1876, 1차, 『일동기유』를 저술하여 근대 문물 소개), 김홍집(1880, 2차, 황준헌의 『조선책략』을 국내에 들여옴), 박영효(1882, 3차, 임오군란 후 사과, 사절단으로 파견)
  ㉡ 조사 시찰단(1881, 신사 유람단): 고종이 비밀리에 파견, 일본의 정부·산업·군사 시설 시찰, 귀국 후 박문국·전환국 설치
  ㉢ 영선사(1881): 청 톈진에 김윤식 등 파견, 근대식 무기 제조법, 군사 훈련법 습득, 재정 부족으로 1년 만에 귀국, 귀국 후 근대식 무기 제조 공장 기기창 설치(1883)
  ㉣ 보빙사(1883): 조·미 수호 통상 조약 체결 후 미국 공사 파견에 대한 답례(최초의 구미 사절단), 민영익·홍영식 등, 유길준은 남아서 유학(『서유견문』 집필)

▲ 보빙사

220 Ⅵ. 근대의 한국사

2. 개화 정책에 대한 반발

(1) 위정척사 운동 ❷
① 배경: 외세의 침략적 접근, 일본에 의한 개항, 천주교 유포, 정부의 개화 정책 등에 대한 양반 유생들의 반발
② 주장: 정학(正學)인 성리학을 수호하고 성리학 이외의 모든 종교와 사상을 사학(邪學)으로 규정하여 배척
— 위정(衛正) — 척사(斥邪)

(2) 전개 과정 ★★
① **통상 반대 운동**(1860년대, 이항로, 기정진): 흥선 대원군의 통상 수교 거부 정책 지지 (**척화주전론**)

> 📖 **사료 읽기**
>
> ▶ **척화주전론(斥和主戰論)**
> 서양 오랑캐의 화가 오늘날에 이르러서는 홍수나 맹수의 해보다 더 심합니다. 전하께서는 부지런히 힘쓰시고 경계하시어 안으로는 관리들로 하여금 사학의 무리를 잡아 베게 하시고 밖으로는 장병으로 하여금 바다를 건너오는 적을 정벌케 하소서.
> – 이항로 –

② **개항 반대 운동**(1870년대, **최익현**): **왜양일체론**(일본과 서양은 같으므로 개항할 수 없음)

> 📖 **사료 읽기**
>
> ▶ **왜양일체론(倭洋一體論)**
> 일단 강화를 맺고 나면 저들은 물화를 교역하는 데 욕심을 낼 것입니다. 저들의 물화는 모두 지나치게 사치스럽고 기이한 노리개로, 손으로 만든 것이어서 그 양이 무궁합니다. 우리의 물화는 모두가 백성의 생명이 달린 것이고 땅에서 나는 것이므로 한정이 있습니다. …… 저들이 비록 왜인이라고 하나 실은 양적입니다.
> – 최익현 –

③ **개화 반대 운동**(1880년대, **이만손**, 홍재학): 정부의 개화 정책과 『조선책략』의 내용에 반발, 유생들의 **집단적 상소 운동** 발발, 척사 상소(홍재학), **영남 만인소(이만손)**

> 📖 **사료 읽기**
>
> ▶ **영남 만인소**
> 러시아, 미국, 일본은 같은 오랑캐입니다. 그들 사이에 누구는 후하게 대하고, 누구는 박하게 대하기는 어려운 일입니다. …… 더욱이 세계에는 미국, 일본 같은 나라가 헤아릴 수 없이 많았습니다. 만일 저마다 불쾌해 하며, 이익을 추구하여 땅이나 물품을 요구하기를 마치 일본과 같이 한다면, 전하께서는 어떻게 이를 막아내시겠습니까?
> – 이만손 –

④ **항일 의병 운동**(1890년대, 유인석, 이소응): 을미사변·을미개혁 등 일본 침략이 심화되자 반침략·반외세 운동 전개(**을미의병**)

(3) 의의
외세의 침략에 강력히 저항, 열강으로부터 우리 경제와 전통을 수호, 일부는 서양 문물과 전통 문화의 발전적 계승 주장

(4) 한계
봉건적 사회 유지, 근대 사회로의 발전 저해
— 조선 왕조의 전제적 정치 체제와 양반 중심의 성리학적 질서를 유지하려는 한계

---

❷ **위정척사 운동의 전개**

시기	내용
1860년대	통상 반대 운동 (척화주전론)
1870년대	개항 반대 운동 (왜양일체론)
1880년대	개화 반대 운동 (상소 운동)
1890년대	항일 의병 운동 (반침략·반외세)

✏️ check! 필수 암기!

임오군란과 갑신정변
- 임오군란: 제물포 조약(일) 경비병), 조·청 상민 수륙 무역 장정(청) 특권)
- 갑신정변: 14개조 정강, 톈진 조약

➊ 민씨 정권의 구식 군대 차별

민씨 정권이 5군영을 2영으로 개편하면서 실직자가 속출하였고, 구식 군인의 급료를 체불하였다. 13개월치의 월급을 지급하지 않는 상황에서 한 달 분의 급료를 먼저 지급하였는데, 지급한 쌀에 모래와 겨가 섞여 있는 것에 분노한 구식 군대가 대대적으로 봉기하였다.

➌ 제물포 조약

제5조 '일본 공사관에 군인 약간을 두어 경비한다. 그 비용은 조선국이 부담한다.'에 의거해 일본 경비병의 주둔이 허용되었고 이로써 일본은 조선에 공식적으로 군대를 주둔시킬 기회를 얻게 되었다.

02 임오군란(1882)

1. 임오군란의 전개

(1) 배경
① 군제 개혁, **구식 군인에 대한 차별 대우**, 민씨 정권과 개화 정책에 대한 반발
② 일본으로의 곡물 유출로 인한 가격 폭등, 서민 생활 궁핍화

(2) 전개 과정
① 구식 군대의 봉기(1882): 도시 빈민층 합세, 일본 공사관 공격(일본 교관 살해), 흥선 대원군에 도움 요청, 경복궁 장악(명성 황후 피신)
② 흥선 대원군 재집권: 별기군과 통리기무아문 폐지, 5군영 및 삼군부 복구 → 개화 정책 중단
③ 청군 개입: 민씨 정권의 요청으로 개입한 청군이 군란 진압 → 흥선 대원군을 군란의 책임자로 압송

(3) 결과★★
① **청의 내정 간섭 심화**: 위안스카이의 청군 파견, **마젠창(정치 고문)**, **묄렌도르프(외교 고문)** 파견
② **조·청 상민 수륙 무역 장정**(1882) 체결: **청 상인의 내지 통상권 허용** → 청·일의 경쟁적 경제 침탈 심화
③ **제물포 조약** 체결(1882): 일본 공사관의 **일본 경비병 주둔**➌, 일본에 배상금 지불 → 일본의 영향력 확대
    └ 우리나라에 최초로 외국(일본) 군대 주둔

03 갑신정변(1884)

1. 급진 개화파의 활동

(1) 근대적 개혁 추진: 박문국 설치(한성순보 간행), 우정총국 설치(근대적 우편 제도 마련), 일본에 유학생 파견 등

(2) 민씨 정권과의 갈등: 개화 정책 추진에 필요한 재정난을 해결하려는 방안을 놓고 민씨 정권과 갈등, 일본으로부터 차관 도입 실패 → 급진 개화파의 활동 위축

2. 갑신정변의 배경

(1) 국내 정세 변화: 임오군란 이후 청의 내정 간섭으로 개화 정책 후퇴, 급진 개화파의 활동 위축

(2) 국외 정세 변화: 청군의 대부분이 철수(1884, 청·프 전쟁), 일본 다케조에 공사의 지원 약속
    └ 일본 공사관의 병력 150명과 일화 3백만 엔의 차관을 약속

3. 갑신정변의 전개★★

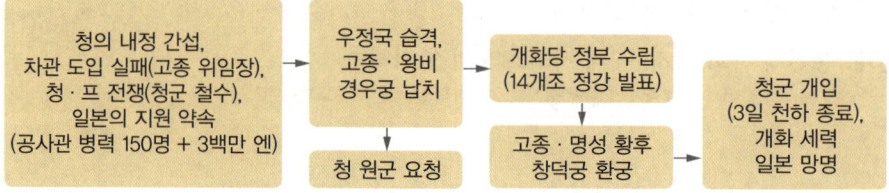

➕ 갑신정변의 전개 과정

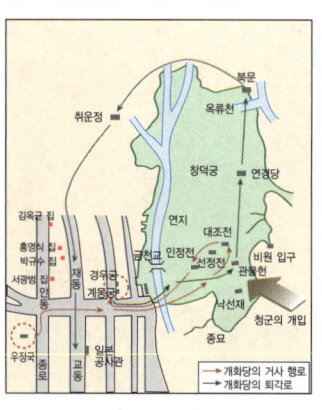

(1) 전개 ┌ 1884년 설치된 최초의 근대 우편 사무 기구(총판 홍영식),
　　　　　└ 갑신정변으로 폐쇄, 을미개혁(1895) 때 업무 재개
　① 정변: 우정국 개국 축하연을 계기로 김옥균 등 급진 개화파의 정변, 민씨 정권의 요인 살해 → 민씨 정권이 청에 원군 요청
　② 개화당 정부 수립: 14개조 개혁 정강 발표
　③ 종료: 청군 개입으로 3일 만에 끝남 → 개화 주도 세력 일본 망명

(2) 갑신정변의 14개조 개혁 정강

조항		내용
1	흥선 대원군을 즉시 귀국시키고 청에 대한 조공의 허례를 폐지한다.	청과의 사대 관계 폐지, 자주 독립
2	문벌을 폐지하고 인민 평등권을 제정하여 능력에 따라 관리를 임명한다.	문벌 타파, 과거제 폐지, 인민 평등
3	지조법(地租法)❹을 개혁하여 관리의 부정을 막고, 국가 재정을 확충한다.	국가 재정 확보, 지주 전호제 인정
4	내시부를 없애고 재능 있는 자만을 등용한다.	왕권의 견제와 약화 의도
5	탐관오리 중에서 그 죄가 심한 자는 처벌한다.	국가 기강 확립, 민생 안정
6	각 도의 환상(환곡)을 영구히 받지 않는다.	환곡제 폐지, 민생 안정
7	규장각을 폐지한다.	국왕 보좌 기관인 규장각 폐지, 왕권의 견제와 약화 의도
8	급히 순사를 두어 도둑을 방지한다.	근대적 경찰 제도 도입
9	혜상공국(보부상 보호 관청)을 혁파한다.	특권상인 폐지, 자유 상업 발전
10	귀양살이를 하거나 옥에 갇혀 있는 자는 다시 조사하여 형을 감한다.	민심 확보
11	4영을 1영으로 합하되, 영 가운데에서 장정을 뽑아 근위대를 설치한다.	군사 제도 개혁
12	모든 재정은 호조에서 관할한다.	국가 재정의 일원화, 왕권 견제
13	대신과 참찬은 의정부에 모여 정령을 의결하고 반포한다.	입헌 군주제
14	의정부와 6조 외에 필요 없는 관청을 없앤다.	내각 제도 수립

❹ 지조법(地租法)
생산량 기준이 아닌 토지 가격에 따라 토지에 세금을 부과하는 방식이다. 이는 종래의 삼정 문란을 해결하려는 방안으로서 일본에서 실시한 것을 수용한 것이었다.

4. 갑신정변의 영향
　(1) 결과 ★★
　　① 한성 조약 체결(1884, 조선 - 일): 일본에 배상금 지불, 공사관 신축 비용 부담
　　② 톈진 조약 체결(1885, 청 - 일): 양국 군대의 동시 철수, 조선에 군대 파병 시 상대국에 사전 통보(훗날 청·일 전쟁의 빌미)
　(2) 의의: 입헌 군주제 추구, 봉건적 신분 제도 폐지 등의 근대적 사회 지향
　(3) 한계: 위로부터의 개혁(민중의 지지 부족), 일본에 의존적 태도, 토지 개혁 소홀

암기법

갑신정변의 결과
갑신정변, 한성 조약, 톈진 조약
→ 갑.한.톈

04 갑신정변 이후 국내외 정세의 변화

1. 배경 ★

(1) **국제 정세:** 열강의 침략 경쟁은 갑신정변 이후 더욱 가속화, 청국과 일본 간의 대립 격화, 러시아와 영국 가담

(2) **전개:** 정부의 친러 경향(→ 청의 지나친 내정 간섭에서 벗어나려는 의도) → 조·러 통상 조약(1884, 베베르) → 영국의 거문도 사건(1885~1887, 러시아 견제 구실) → 조·러 비밀 협정 추진(1886, 제3국의 분쟁 시 러시아 함대가 출동한다는 내용의 밀약, 청의 압력으로 체결 실패, 러시아 공사 베베르의 주도) → 조·러 육로 통상 조약(1888, 두만강 운항권)

2. 중립론 ★

(1) **부들러:** 독일 부영사관, 조선의 영세 중립화를 건의(1885. 2.)

> **사료 읽기**
>
> ▶ **중립론**
> 서양에 2, 3의 소국이 있는데 대국들이 상호 보호함으로써 그 소국이 받는 이익은 실로 크다. …… 서양에서 실시하는 법에 따라 청, 러시아, 일본 3국이 서로 입약하여 영원히 조선을 보호하는 것이다. 해양 세력인 일본과 대륙 세력인 청 사이의 충돌을 방지하기 위하여 조선은 중립을 선택해야 한다.
> – 부들러 –

(2) **유길준** ⑤: 열강의 침략으로부터 조선의 안전을 보장받기 위한 중립화론 제기, 민씨 정권이 반대

(3) **한계:** 당시의 급박한 국제 정세와 민씨 정권의 반대 등으로 실현되지 못함

05 개항 이후 국내의 사회·경제적 변화

1. 일본의 경제적 침략 → 정치 면에서는 임오군란과 갑신정변 이후 약화, 경제 면에서는 청국보다 강세

(1) **일본 상인:** 치외 법권, 무관세 무역, 양곡의 무제한 유출 가능(1876, 조·일 무역 규칙)

(2) **개항 초기(일본 상인의 무역 독점):** 개항장 10리 이내로 활동 범위 제한 → 조선 상인(객주, 여객, 보부상 등)을 매개로 무역 활동

2. 청·일 상인의 경쟁 ★★

(1) **조·청 상민 수륙 무역 장정(1882):** 청 상인의 내륙 진출 허용, 치외 법권, 청·일 상인의 경쟁 심화

(2) **조·일 통상 장정(1883):** 최혜국 대우, 방곡령, 관세 추가

(3) **조·일 수호 조규 속약의 개정:** 10리(1876) → 50리(1882) → 100리로 개정(1884)

✏ check! 필수 암기!

갑신정변 직후
거문도 사건(영) 불법 점령), 한반도 중립화론(독) 부영사관 부들러, 유길준)

➕ 영국의 거문도 불법 점령
조선과 러시아의 비밀 협약 소문을 빌미로 영국이 거문도를 해밀턴 항이라 명명하고 불법으로 점령하였다(1885~1887).

⑤ 유길준
갑신정변 이후 보빙사로 파견되어 미국 보스턴대학교에서 유학하였다. 이후 영국, 포르투갈 등 유럽을 시찰하고 싱가포르, 홍콩, 일본 등을 거쳐 귀국하여 중립론을 주장하였으며, 「서유견문」을 저술하였다.

(4) 조선의 경제 사정 악화: <mark>일본 상인의 조선 무역 독점</mark>, 일본의 영국산 면직물 판매(국내 수공업자 타격), 일본의 개항장을 통한 약탈적 무역 활동, 일본이 쌀·콩 등 대량 구매 (국내 식량 부족)

> 개항 이후 국내 상권 변화

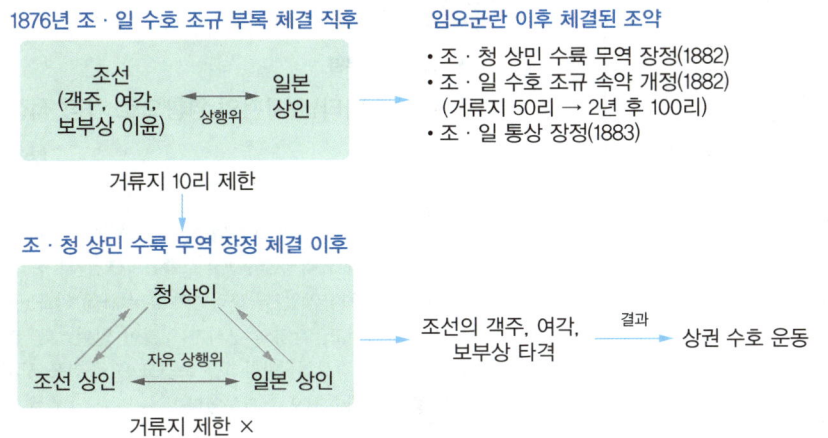

● 청·일 상인 거류지

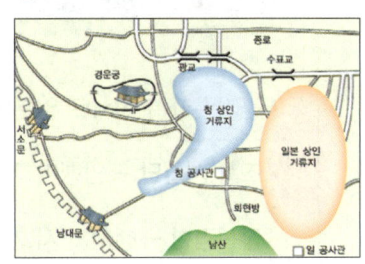

3. 조선의 대응

(1) 국내 산업
① 1870년대: 거류지 무역을 중개하면서 객주, 여각 등 일부 상인이 자본 축적에 성공
② 1880년대: 외국 상인의 내륙 진출로 타격
③ 1890년대: 각종 상회사 및 회사 설립 운동, 운수업, 금융업, 농·수산업 부문에 두드러짐

(2) 조선 상인들의 대응
① 상회사: 동업조합(객주회), 대동 상회, 장통 회사 등
② 해운 회사: 이운사(세곡 운반, 화물 승객 운송)
③ 동맹 철시: 시전 상인을 중심으로 외국 상인의 점포 철수를 요구하는 시위 전개
④ 유기 공장: 납청 유기 제조 공장, 안성 유기 제조 공장

(3) 방곡령 사건(1889)
① 근거: 조·일 통상 장정(1883)에 규정된 방곡령의 규정을 근거로 흉년이 들면 지방관이 직권으로 상대국에 통보한 후 1개월 뒤 시행 가능
② 배경: 개항 이후 곡물의 일본 유출이 늘어나면서 곡물 가격의 폭등 현상이 나타났고 여기에 흉년이 겹쳐 도시 빈민과 영세 농민의 생활이 악화
③ 전개: 함경도(1889), 황해도(1890), 충청도 등지의 지방관이 방곡령 선포 → 조·일 통상 장정(1883)의 규정을 구실로 일본의 철회 요구
④ 결과: 일본 상인들은 방곡령으로 인하여 손해를 입었다며 거액의 배상금을 요구하였고, 결국 조선 정부는 일본에 배상금을 지불하고 방곡령을 철회

02 단골 키워드 문제

Ⅵ. 근대의 한국사
02 개화 운동의 추진

정답 및 해설 69쪽

기출 선택지 미리보기

- 김기수가 수신사로 일본에 파견되었다.
- **조사 시찰단** – 암행어사 형태로 비밀리에 파견되었다.
- **갑신정변** – 청의 군사 개입으로 실패하였다.
- 영국이 거문도를 불법으로 점령하였다.
- 유길준이 조선 중립화론을 주장하였다.

기출 키워드로 연습하기

01 ① 김홍집 • • 기기창

　　② 영선사 • • 『조선책략』

　　③ 유길준 • • 『서유견문』

02 1880년대 온건 개화파는 입헌 군주제를 지향하였다.
　　(O / ×)

03 조선은 개화 정책 추진의 핵심 기구로 (　　)을/를 설치하고 그 아래에 12사를 두어 외교, 군사, 산업 등의 업무를 분담시켰다.

04 임오군란 이후 조선은 일본 정부에 배상금을 물고, 일본 공사관의 경비병 주둔을 인정하는 (　　)을/를 체결하였다.

05 김옥균, 박영효 등을 중심으로 (　　)을/를 일으킨 급진 개화파는 개화당 정부를 수립한 뒤 14개조의 개혁 정책을 발표하였다.

06 조·청 상민 수륙 무역 장정 체결 이후 (　　) 상인과 (　　) 상인의 상권 다툼이 치열하게 전개되었다.

정답 | 01 ①『조선책략』 ② 기기창 ③『서유견문』 **02** × **03** 통리기무아문 **04** 제물포 조약 **05** 갑신정변 **06** 일본, 청

KEYWORD 01 임오군란

01 최다 빈출 유형

다음 자료에 나타난 사건의 영향으로 가장 적절한 것은?

심화 69회 30번

> 이때 세금을 부과하는 직책의 신하들이 재물을 거두어들여 자기 배만 채우면서 각영(各營)에 소속된 군인들의 봉급은 몇 달 동안 나누어 주지 않았다. 그리하여 훈국(訓局)의 군사가 맨 먼저 난을 일으키고, 각영의 군사가 잇달아 일어났다. 이들은 이최응, 민겸호, 김보현, 민창식을 죽였고 또 중전을 시해하려 하였다. 중전은 장호원으로 피하였다.

① 강화도 조약이 체결되었다.
② 김기수가 수신사로 일본에 파견되었다.
③ 종로와 전국 각지에 척화비가 세워졌다.
④ 일본 공사관 경비 명목으로 일본군이 주둔하였다.
⑤ 통리기무아문을 설치하고 그 아래에 12사를 두었다.

02 꼬리 물기 문제

(가)에 대한 설명으로 옳은 것은?

심화 65회 30번

① 입헌 군주제 수립을 목표로 하였다.
② 조선 총독부의 방해와 탄압으로 실패하였다.
③ 우정총국 개국 축하연을 이용하여 일어났다.
④ 홍범 14조를 기본 개혁 방향으로 제시하였다.
⑤ 일본 공사관에 경비병이 주둔하는 계기가 되었다.

KEYWORD 02 갑신정변

03 최다 빈출 유형

(가)에 대한 설명으로 옳은 것은?   심화 70회 30번

① 전개 과정에서 집강소가 설치되었다.
② 수신사가 파견되는 데 영향을 주었다.
③ 한성 조약이 체결되는 결과를 가져왔다.
④ 사태 수습을 위해 박규수가 안핵사로 파견되었다.
⑤ 구식 군인에 대한 차별 대우가 발단이 되어 일어났다.

04 꼬리 물기 문제

다음 사건 이후에 전개된 사실로 옳은 것은?   심화 66회 29번

> 홍영식이 우정국에서 개업식을 명목으로 연회를 열어 세인들이 독립당이라고 칭하는 사람들과 각국 사관(使官) 등을 초대하였다. 연회가 끝날 무렵에 우정국 옆에서 불이 일어났다. …… 마침내 어젯밤의 사변에 따라 독립당이 정권을 획득하였다. 조보(朝報)에서는 새롭게 관리를 임명하겠다는 취지를 포고하였다. 박영효, 김옥균, 서광범은 승지가 되었고, 김옥균은 혜상공국 당상을 겸하였다.
> — 「조난기사」 —

① 한성 조약이 체결되었다.
② 신식 군대인 별기군이 창설되었다.
③ 김윤식이 청에 영선사로 파견되었다.
④ 일본 군함 운요호가 영종도를 공격하였다.
⑤ 개화 정책을 총괄하는 통리기무아문이 설치되었다.

05 KEYWORD 03 보빙사

(가) 사절단에 대한 설명으로 옳은 것은?   심화 68회 33번

① 에도 막부의 요청으로 파견되었다.
② 별기군(교련병대) 창설을 건의하였다.
③ 조선책략을 들여와 국내에 소개하였다.
④ 기기국에서 무기 제조 기술을 습득하고 돌아왔다.
⑤ 전권대신 민영익과 홍영식, 서광범 등으로 구성되었다.

06 KEYWORD 04 거문도 사건

다음 가상 대화의 상황이 나타난 시기를 연표에서 옳게 고른 것은?   심화 55회 32번

① (가)   ② (나)   ③ (다)   ④ (라)   ⑤ (마)

03 동학 농민 운동과 갑오·을미개혁

01 동학의 성장

1. 배경

(1) 농민의 부담 증가
① 정치 기강의 문란: 임오군란 이후 외세의 간섭과 관리의 수탈 증가
② 농민의 부담 증가: 임오군란과 갑신정변 등으로 막대한 배상금 지불, 근대화 비용 지출로 재정 악화, 지배층의 수탈 → 농민 부담 증가

(2) 잦은 농민 봉기: 지배층의 수탈, 일본의 경제적 침탈 → 농민의 정치·사회의식 성장, 반일 감정 고조, 사회 변혁 요구의 증대, 잦은 농민 봉기(일회성, 전국적 연계는 안 됨)

2. 동학의 교세 확장 ★

(1) 동학의 창시(1860, 최제우): **인내천**(인간 존중, 평등사상), 사회 개혁 사상(후천개벽), 삼남 지방을 중심으로 확산, 정부는 혹세무민을 이유로 **최제우 처형**(1864) ─ 시천주(侍天主)

(2) 최시형의 활동(제2대 교주): **『동경대전』**과 **『용담유사』**를 편찬, 포접제❶를 활용한 동학 조직(충청·전라에 교세 확장)

(3) 교조 신원 운동
① 목적: 교조 최제우의 명예 회복, 정부의 탄압 중지 요청
② 전개: **삼례** 집회(1892.11., 1차 신원 운동) → 한양 복합 **상소**(1893.2., 2차 신원 운동, 왕에게 직접 상소) → **보은** 집회(1893.3., 탐관오리와 서양 세력의 축출을 요구, 반봉건·반외세 주장)
③ 발전: 교조 신원 운동이었던 종교 운동에서 정치·사회적 농민 운동으로 변화(보은 집회)

❶ 포접제
교주를 중심으로 포(包)와 접(接)마다 포주(包主)와 접주(接主)를 두고 일부에서는 대접주(大接主)를 따로 두는 경우도 있었다. 포와 접의 운영은 여섯 가지 직임(職任)으로 나누어 교화와 조직 관리 등을 맡게 하였다.

check! 필수 암기!
동학 농민 운동
전봉준, 고부 점령, 4대 강령(백산), 황토현·황룡촌 전투, 전주성, 전주 화약, 집강소, 경복궁 장악(일), 갑오개혁, 우금치 전투

02 동학 농민 운동의 전개

1. 동학 농민 운동의 전개

(1) 제1차 봉기
① 제1기 - 고부 민란기(1894.1.) ★
㉠ 배경: **고부** 군수 조병갑❷이 수세를 강제로 징수하는 등 횡포 → **전봉준**이 1천여 명의 농민군을 이끌고 봉기하여 **관아 습격**

❷ 조병갑
1892년에 고부 군수로 파견되었다. 이후 백성을 동원하여 만석보를 쌓게 하고, 수세를 강제로 징수하는 등의 횡포를 일삼았다.

📖 **사료 읽기**

▶ 고부 민란
우리가 의를 들어 여기에 이르렀음은 그 본의가 결코 다른 데 있지 아니하고, 창생을 도탄 중에서 건지고 국가를 반석 위에다 두자 함이라. 안으로는 탐학한 관리의 머리를 베고, 밖으로는 횡포한 강적의 무리를 쫓아 내몰고자 함이라.
- 사발통문 -

- ⓒ 결과: 정부는 폐정을 시정하겠다는 약속을 하고 신임군수 박원명 임명, 농민군은 10여 일 만에 자진 해산
- ② 제2기 - 제1차 봉기(1894.3., 동학 농민 운동 절정기)★★★
  - ㉠ 배경: 안핵사 이용태가 농민 봉기의 참가자와 주모자를 역적으로 몰아 탄압하고 농민 수탈
  - ㉡ 전개: 전봉준, 손화중, 김개남 등 남접 부대인 동학 농민군이 3월 하순 <mark>백산</mark>에 모여 농민 봉기를 알리는 격문과 <mark>4대 강령</mark>❸ 발표
  - ㉢ 주장: 탐관오리의 제거, 조세 수탈의 시정 등을 주장 → 보국안민, 제폭구민 구호
  - ㉣ 주요 전투: 고부와 태인 점령 이후 <mark>황토현 전투</mark>(1894.4.7.), <mark>황룡촌 전투</mark>(1894.4.23.)에서 승리, <mark>전주성 점령</mark>(1894.4.27.)
- ③ 제3기 - 폐정 개혁안을 실천에 옮긴 시기★★★
  - ㉠ 청·일 군대의 파병: 정부의 요청으로 <mark>청군</mark>이 아산만에 상륙(1894.5.5.), <mark>일본군</mark>도 톈진 조약을 구실로 인천에 상륙(1894.5.6.)
  - ㉡ 전주 화약(1894.5.8.): 동학 농민군과 정부는 외국 군대 철수와 폐정 개혁을 조건으로 <mark>전주 화약</mark> 체결 → <mark>폐정 개혁안 12개조</mark> 제시 후 자진 해산
  - ㉢ 개혁의 실천: 동학 농민군은 폐정 개혁안을 스스로 실천하기 위하여 전라도 일대에 자치 기구인 <mark>집강소</mark>❹ 설치, 정부는 자주적 개혁 추진을 위하여 교정청 설치

  폐정 개혁안 12개조

	조항	개혁 내용
1	동학 교도는 정부와의 원한을 씻고 서정에 협력한다.	조선 왕조 체제 유지
2	탐관 오리는 그 죄상을 조사하여 엄징한다.	부패한 봉건 지배 세력 타도
3	횡포한 부호를 엄징한다.	
4	불량한 유림과 양반의 무리를 징벌한다.	
5	노비 문서를 불태운다.	봉건적 신분 질서 폐지, 봉건적 폐습 개선 ※갑오개혁에 반영된 부분
6	칠반천인의 대우를 개선하고 백정이 쓰는 평량갓을 없앤다.	
7	청상 과부의 재혼을 허가한다.	
8	무명의 잡세는 일절 폐지한다.	
9	관리 채용에는 지벌을 타파하고 인재를 등용한다.	
10	왜와 통하는 자는 엄하게 징벌한다.	반침략·반외세 성격
11	공사채를 물론하고 기왕의 것을 무효로 한다.	조세 제도 개혁, 농가 부채 탕감, 토지 평균 분작(토지 개혁)
12	토지는 균등히 나누어 경작한다.	

  - ㉣ 결과: <mark>일본</mark>은 조선의 철병 요구를 묵살하고 <mark>경복궁 장악</mark>(1894.6.21.) → 친청 성향의 민씨 정부 붕괴(반청 성향의 흥선 대원군 정권 수립) → <mark>청·일 전쟁</mark> 발발(1894.6.23) → 군국기무처 설치(1894.6.25.) → <mark>갑오개혁</mark> 단행(1894.7.)
    - 초정부적 심의 기구, 이곳에서 심의·통과시킨 의안을 국왕이 재가하면 국법으로 시행
- (2) 제2차 봉기(1894.9., 제4기, 반외세)★★
  - ① 배경: 일본군의 철군 거부, 경복궁 점령(내정 간섭), 조·일 연합군의 농민군 진압
  - ② 전개: 남접(전봉준)과 북접(손병희·최시형)의 연합 부대 <mark>논산 집결</mark> → 영동과 옥천에서 공주로 진격 → <mark>우금치 전투</mark>에서 조·일 연합군에게 <mark>패배</mark>(1894.11.10.)
  - ③ 결과: 우금치 전투 이후 전봉준, 손화중, 김개남 등 농민군 지도자 처형(1894.12.)

● 1차 봉기의 전개

'보국안민, 제폭구민'(사발통문) → 전봉준, 손화중, 김개남 등 백산 봉기 → 농민군의 4대 강령 격문 발표 → 황토현, 황룡촌 전투에서 관군 격퇴 → 전주성 점령(1894.4.)

❸ 동학 농민군의 4대 강령

1. 사람을 죽이지 말고 가축을 잡아먹지 마라.
2. 충효를 다하여 세상을 구하고 백성을 편안하게 하라.
3. 왜놈을 몰아내어 없애고 나라의 정치를 바로 잡는다.
4. 군대를 몰아 서울로 들어가 권세가와 귀족을 모두 없앤다.

❹ 집강소(1894.5.)

동학 농민군이 전주성을 점령한 뒤 폐정 개혁안을 실천하기 위하여 전라도 지방 각 고을에 설치하였던 자치 기구로 치안을 담당하기도 하였다. 전주에 총본부인 대도소를 설치하고, 전라도 53개소에 집강소를 두었는데, 집강소에는 1인의 집강과 서기, 집사, 성찰, 동몽 등의 임원을 두어 민정을 처리하였다.

● 동학 농민 운동의 전개

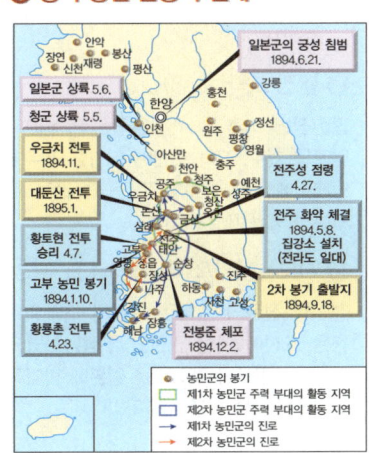

동학 농민 운동의 전개 ★★★

시기		전개
제1기 고부 봉기	배경	고부 군수 조병갑의 횡포
	전개	전봉준이 1천여 명의 농민을 이끌고 고부 관아 점령 → 정부의 폐정 시정 약속 → 안핵사 파견 → 10여 일 만에 농민군 해산
제2기 제1차 봉기	배경	안핵사 이용태가 봉기 참가자와 주모자를 역적으로 몰아 탄압, 농민 수탈 심화
	전개	사발통문(보국안민, 제폭구민) → 전봉준, 손화중, 김개남 등 백산 봉기 → 농민군의 4대 강령 발표 → 황토현 전투(1894.4.7.)·황룡촌 전투(1894.4.23.)에서 관군 격퇴 → 전주성 점령(1894.4.27.)
제3기 폐정 개혁	전주 화약	정부의 요청에 따라 청군 파견(1894.5.5., 아산만) → 톈진 조약 위반을 명분으로 일본 군대 파병(1894.5.6., 인천) → 전주 화약 체결(1894.5.8., 동학 농민군은 외국 군대 철수와 폐정 개혁을 조건으로 정부와 화친) → 집강소 설치(농민 자치 기구) → 교정청 설치(1894.6.11., 정부의 개혁 기구)
	결과	일본군이 정부의 철수 요구 거부 → 일본의 경복궁 장악(1894.6.21.) → 친청(민씨) 정부 붕괴 → 대원군의 섭정(반청 정부) → 청·일 전쟁(1894.6.23.) → 군국기무처의 설치(1894.6.25.) → 갑오개혁(1894.7.)
제4기 제2차 봉기	전개	남접(전봉준)과 북접(손병희, 최시형)의 연합 부대 논산 집결 → 영동과 옥천에서 공주로 진격 → 조·일 연합군에 대항하여 우금치 전투에서 패배(1894.11.10.)
	결과	전봉준, 손화중, 김개남 등 농민군 지도자 처형(1894.12.)

2. 동학 농민 운동의 의의와 한계

(1) 의의
  ① 농민 전쟁의 성격: 가장 규모가 큰 조직적 농민 운동
  ② 반봉건 운동: 탐관오리 축출, 신분 차별 철폐, 노비 문서 소각, 토지의 평균 분작 요구, 갑오개혁에 영향, 봉건 질서의 붕괴 촉진(아래로부터의 개혁)
  ③ 반침략·반외세 운동: 잔여 세력이 을미의병에 가담, 활빈당·영학당 등 농민 무장 투쟁의 활성화

(2) 한계
  ① 근대 국가 건설을 위한 구체적 방안을 제시하지 못함
  ② 각 지역의 농민군이 긴밀한 연대를 형성하지 못함
  ③ 농민층 이외의 넓은 지지 기반을 확보하지 못함

3. 청·일 전쟁(1894.6.23.)

(1) 배경
  ① 청·일 상인의 대립: 조선에서 청과 일본의 대립 격화
  ② 톈진 조약: 동학 농민 운동 당시 톈진 조약(1885)❺에 의한 청·일 양국 군대 조선 파병

(2) 전개: 조선에서의 철병을 거부한 일본군이 청 함대 기습, 일본의 제해권 장악, 산둥 반도의 청 해군 기지 공격

(3) 결과
  ① 시모노세키 조약❻(1895): 청·일 전쟁의 결과로 일본은 청으로부터 요동 반도, 타이완 할양
  ② 삼국 간섭(1895): 러시아, 프랑스, 독일 삼국의 간섭으로 일본은 청·일 전쟁의 승리로 얻은 요동 반도를 청에 반환

---

❺ 톈진 조약(1885)
갑신정변 이후 청·일 양국은 조선에서 양군의 철수, 장차 조선에 파병할 경우에 상대국에 사전 통보할 것 등을 내용으로 하는 조약을 체결하였다.

❻ 시모노세키 조약(1895.4.)
청·일 전쟁의 결과로 체결된 조약으로 청은 조선에 대한 권한을 부정당하였으며, 요동 반도와 타이완을 일본에 할양하고 배상금 2억 냥을 지불하였다.

03 갑오개혁과 을미개혁

1. 갑오개혁과 을미개혁의 추진

(1) 갑오개혁과 을미개혁의 배경
  ① 자주적 개혁의 요구: 동학 농민군의 개혁 요구, 개화 세력의 개화 필요성 절감, 국왕의 명을 받아 교정청 설치
  ② 외세의 개입: 일본이 경복궁을 점령하고 개혁 강요, 1차 김홍집 내각 수립, 군국기무처 설치(1894.6.)

(2) 개혁의 전개
  ① 제1차 갑오개혁(1894.7.~1894.12., 군국기무처 주도) ★★★
    ㉠ 전개: 일본이 개혁 강요, 민씨 정권 붕괴, 대원군의 섭정, 김홍집 내각 수립
    ㉡ 정치: 왕실 사무(궁내부)와 국정 사무(의정부) 분리, 6조를 8아문❼으로 변경, 개국 기원❽ 사용, 경무청 신설(근대적 경찰 업무), 과거제 폐지
    ㉢ 경제: 재정 일원화(탁지아문), 은본위제, 조세의 금납화, 도량형(길이, 부피, 무게 등 측정 단위) 통일
    ㉣ 사회: 신분제 철폐(평등 사회), 공·사 노비 제도 폐지, 인신 매매 금지, 조혼 금지, 과부 재가 허용, 고문·연좌제 폐지
  ② 제2차 갑오개혁(1894.12.~1895.7., 홍범 14조) ★★
    ㉠ 전개: 청·일 전쟁에서 일본 우세, 김홍집·박영효 연립 친일 내각 수립(제2차 김홍집 내각, 군국기무처 폐지) → 홍범 14조 → 삼국 간섭(일본 세력 약화) 이후 제2차 개혁 중단

> **홍범 14조**

	조항	내용
1	청에 의존하는 생각을 버리고 자주 독립의 기초를 세운다.	자주 독립 선포, 청 연호 폐지
2	왕실 전범(典範)을 제정하여 왕위 계승의 법칙과 종친과 외척과의 구별을 명확히 한다.	왕실 권위 강화
3	임금은 각 대신과 의논하여 정사를 행하고, 종실, 외척의 내정 간섭을 용납하지 않는다.	국정 사무와 왕실 사무의 분리
4	왕실 사무와 국정 사무를 나누어 서로 혼동하지 않는다.	국정 사무와 왕실 사무의 분리
5	의정부(議政府) 및 각 아문(衙門)의 직무, 권한을 명백히 한다.	국정 사무와 왕실 사무의 분리
6	납세는 법으로 정하고 함부로 세금을 거두지 않는다.	조세 징수의 합리화
7	조세의 징수와 경비 지출은 모두 탁지아문(度支衙門)의 관할에 속한다.	재정의 일원화
8	왕실 경비는 절약하고, 각 아문과 지방관의 모범이 되게 한다.	국정 사무와 왕실 사무의 분리
9	왕실과 관부(官府)의 1년 회계를 예정하여 재정의 기초를 확립한다.	예산 제도
10	지방 제도를 개정하여 지방 관리의 직권을 제한한다.	지방관 권한 제한
11	총명한 젊은이들을 파견하여 외국의 학술, 기예를 견습시킨다.	선진 문물 수용, 근대 학교 설립
12	장교를 교육하고 징병을 실시하여 군제의 근본을 확립한다.	개병제의 실시
13	민법, 형법을 제정하여 국민의 생명과 재산을 보전한다.	법치주의
14	문벌을 가리지 않고 인재 등용의 길을 넓힌다.	문벌 폐지, 능력 중시

   ㉡ 정치: 중앙(8아문 → 7부)·지방(8도 → 23부 337군), 사법권 독립, 지방관의 권한 축소(행정권만 유지)

---

check! 필수 암기!

갑오개혁: 제1차(군국기무처, 궁내부·의정부 분리, 신분제×), 제2차(홍범 14조, 교육 입국 조서)
을미개혁: 개혁(태양력, 건양, 단발령, 종두법), 을미의병(을미사변, 단발령, 고종 해산 권고)

❼ **8아문**
내무아문(내정), 외무아문(외교), 탁지아문(조세·출납·회계), 군무아문(군사), 법무아문(법률), 학무아문(교육), 공무아문(공업), 농상아문(농업)

❽ **개국 기원**
이성계의 조선 건립 연도인 1392년을 기준으로 세운 연호로, 1894년은 개국 기원 503년이다.

➕ **시기별 행정 구역의 변화**

시기	행정 구역
고구려	5부 5부
백제	5부 5방
신라	6부 5주
통일 신라	9주 5소경
발해	5경 15부 62주
고려 현종	5도 양계
조선 태종	8도
조선 고종	23부 337군
대한 제국	13도

❾ 삼국간섭(1895)
청·일 전쟁의 결과 요동과 타이완을 할양받은 일본에 대하여 러시아는 프랑스, 독일과 함께 일본에 요동 반도의 반환을 요구하였고, 일본은 이에 응하였다.

❿ 을미사변(1895.8.20.)
명성 황후가 경복궁에서 조선 주재 일본 공사 미우라가 지휘하는 일본 낭인들에게 살해된 사건이다.

➕ 근대화 운동의 주장 비교

개혁 내용	갑신 정변	동학 운동	갑오 개혁
평등사상	○	○	○
관리 채용	○	○	○
입헌 군주제	○	×	○
재정 일원화	○	×	○
여성 재가	×	○	○
토지 개혁	×	○	×

ⓒ 경제: 탁지부 산하에 관세사, 징세사를 설치하고 업무 강화
ⓓ 군사: 훈련대와 시위대만 설치(군사 개혁 미비)
ⓔ 교육: 교육 입국 조서 발표(1895, 한성 사범 학교 설립)
ⓕ 중단: 온건 개화파와 친러파의 연립 내각 수립(제3차 김홍집 내각)

③ 을미개혁(1895.8.~1896.2.)★★★
  ㉠ 배경: 청·일 전쟁 종결 → 시모노세키 조약 → 삼국간섭❾(1895, 러·프·독) → 친러파 득세 → 제2차 개혁 중단 → 을미사변❿ → 김홍집 내각이 친일 개편(제3차 개혁, 제4차 김홍집 내각)
  ㉡ 내용: 태양력 사용, 연호 제정(건양), 소학교 설치, 친위대(중앙군)·진위대(지방군) 설치, 단발령 실시, 우편 사무 재개, 종두법 실시
  ㉢ 중단: 을미의병과 아관 파천으로 인하여 개혁 중단
  └ 을미사변 등으로 신변에 위협을 느낀 고종은 러시아 공사관으로 거처를 옮김

(3) 개혁의 영향
  ① 긍정적인 면: 집권층과 농민층의 개혁 의지 반영(갑신정변, 동학 농민 운동), 사실상 자주적 개혁(자율성), 봉건적 질서를 타파하는 근대적 개혁
  ② 부정적인 면: 일본 세력에 의해 강요된 개혁(타율성), 민중과 유리된 개혁(토지 개혁 미실시), 상공업과 국방 개혁에 소홀

2. 을미의병의 전개

(1) 을미의병의 활동(1895)★
  ① 배경: 을미사변, 단발령

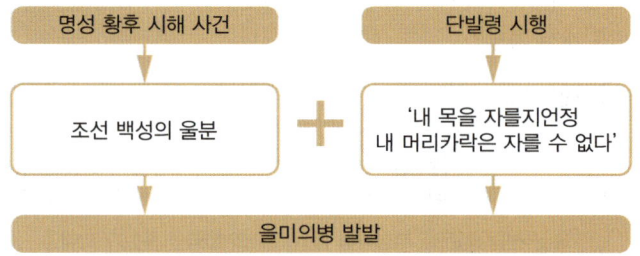

  ② 세력: 위정척사 사상의 유생들이 주도(유인석, 이소응, 문석봉), 일반 농민·동학 농민군의 잔여 세력 가담
  ③ 해산: 아관 파천(1896) 이후 단발령 철회, 고종의 의병 해산 권고 조칙으로 자진 해산

(2) 활빈당 조직(1900~1905)
  ① 조직: 을미의병에서 활동하다가 해산한 농민군이나 행상, 유민, 노동자, 걸인 등 민중들이 참여하여 활빈당 조직, 충청도와 경기도 지방을 중심으로 활동
  ② 활동: 의적(義賊) 활동을 한 무장 조직, 총·칼로 무장하여 말을 타고 40~50명씩 무리 지어 반봉건·반침략 운동을 전개, 관리와 부호, 외국 상인 및 외국 자본가를 공격하여 재물을 빼앗아 빈민, 소상공인에게 나누어 줌
  ③ 개혁 요구: 시급한 국정과 민원을 해결하기 위해 대한 사민 논설 게재

03 단골 키워드 문제

Ⅵ. 근대의 한국사
03 동학 농민 운동과 갑오·을미개혁

정답 및 해설 71쪽

기출 선택지 미리보기

- **동학 농민 운동** – 보국안민, 제폭구민을 기치로 내걸 었다.
- **제1차 갑오개혁** – 군국기무처를 설치하여 근대적 개혁을 추진하였다.
- **제2차 갑오개혁** – 홍범 14조를 개혁의 기본 방향으로 제시하였다.
- **을미사변** – 일본 낭인들이 명성 황후를 시해하였다.
- **을미개혁** – 건양이라는 독자적인 연호를 사용하였다.

기출 키워드로 연습하기

01
① 제1차 갑오개혁 • • 홍범 14조
② 제2차 갑오개혁 • • 건양 연호
③ 을미개혁 • • 군국기무처

02 갑오개혁 때 군국기무처를 설치하여 의회를 설립하려 하였다. (O / ×)

03 제물포 조약에 의해 동학 농민 운동 당시 청과 일본 모두 조선에 군대를 파병하였다. (O / ×)

04 동학 농민군은 정부와 전주 화약을 맺은 후 자치 개혁 기구인 (　　　)을/를 설치하였다.

05 (　　　)은/는 태양력 사용, 연호 제정, 단발령 시행 등의 내용을 포함하였다.

06 을미의병은 (　　　)와/과 (　　　)을/를 계기로 발발하였다.

정답 | 01 ① 군국기무처 ② 홍범 14조 ③ 건양 연호 02 × 03 ×
04 집강소 05 을미개혁 06 을미사변, 단발령

KEYWORD 01 동학 농민 운동

01 최다 빈출 유형
(가)~(다)를 일어난 순서대로 옳게 나열한 것은?

심화 68회 31번

> (가) 고부에서 민란이 다시 일어났다는 소문이 자자합니다. …… 장흥 부사 이용태를 고부군 안핵사로 임명하여 밤새 달려가 엄격히 조사하여 등급을 나누고 구별하여 보고하게 하소서.
>
> (나) 전봉준은 무주 집강소에 다음과 같은 통문을 보냈다. "최근 일본이 경복궁을 침범하였다. 국왕이 욕을 당했으니, 우리들은 마땅히 달려가 목숨을 걸고 의로써 싸워야 한다."
>
> (다) 청국의 간섭을 끊어버리고 우리 대조선국의 고유한 독립 기초를 굳건히 하였는데, 이번에 마관(馬關, 시모노세키) 조약으로 말미암아 세계에 드러나는 빛이 더욱 빛나게 되었다.

① (가) – (나) – (다) ② (가) – (다) – (나)
③ (나) – (가) – (다) ④ (나) – (다) – (가)
⑤ (다) – (나) – (가)

02 꼬리 물기 문제
(가), (나) 사이의 시기에 있었던 사실로 옳은 것은?

심화 65회 31번

> (가) 복합 상소 이후에도 "물러나면 원하는 바를 시행할 것이다"라던 국왕의 약속과 달리 관리들의 침학이 날로 심해졌다. …… 최시형은 도탄에 빠진 교도들을 구하고 최제우의 억울함을 씻기 위해 보은 집회를 개최하였다.
>
> (나) 동학 농민군은 거짓으로 패한 것처럼 꾸며 황토현에 진을 쳤다. 관군은 밀고 들어가 그 아래에 진을 쳤다. …… 농민군이 삼면을 포위한 채 한쪽 모퉁이만 빼고 크게 함성을 지르며 압박하자 관군은 일시에 무너졌다.

① 논산으로 남접과 북접이 집결하였다.
② 개혁을 추진하기 위해 교정청이 설치되었다.
③ 일본이 군대를 동원하여 경복궁을 점령하였다.
④ 고부 농민들이 조병갑의 탐학에 맞서 만석보를 파괴하였다.
⑤ 공주 우금치에서 농민군이 관군과 일본군에게 패배하였다.

KEYWORD 02 동학 농민 운동의 전개 과정

03 최다 빈출 유형

(가) 시기에 전개된 동학 농민군의 활동으로 옳은 것은?

심화 56회 32번

백산 봉기 → (가) → 전주성 점령

① 황토현에서 관군에 승리하였다.
② 남접과 북접이 논산에서 연합하였다.
③ 우금치에서 일본군과 관군에 맞서 싸웠다.
④ 집강소를 중심으로 폐정 개혁안을 실천하였다.
⑤ 조병갑의 탐학에 저항하여 고부 관아를 습격하였다.

04 꼬리 물기 문제

(가), (나) 사이의 시기에 있었던 사실로 옳은 것은?

심화 73회 31번

(가) 통문으로 장터에 모이라는 기별이 왔다. 저녁 먹은 후 여러 마을에서 징 소리며 나팔 소리, 고함 소리가 천지에 뒤끓더니 수천 명 군중들이 우리 마을 앞길로 몰려와 군수 조병갑을 죽인다며 소요를 일으켰다. 군중이 사방으로 포위하고 몰아갈 때 조병갑은 서울로 도망갔다.

(나) 우두머리는 선화당을 점거하고 다른 동학 도당들은 나누어 사대문을 막으니 성 안의 백성과 아전, 군교 등이 미처 나오지 못하고 화염 속에 빠진 자가 많아 그 수를 알지 못하였습니다. 전주성이 삽시간에 함락된 것은 감영이나 전주부의 관속 무리 중 내응하는 자가 많았기 때문입니다.

① 남접과 북접이 논산에서 연합하였다.
② 최제우가 혹세무민의 죄로 처형되었다.
③ 일본이 군대를 동원하여 경복궁을 점령하였다.
④ 농민군이 황룡촌 전투에서 관군에 승리하였다.
⑤ 우금치에서 농민군이 관군과 일본군에 맞서 싸웠다.

KEYWORD 03 제1차 갑오개혁

05 최다 빈출 유형

(가)에 들어갈 내용으로 적절한 것은?

심화 69회 31번

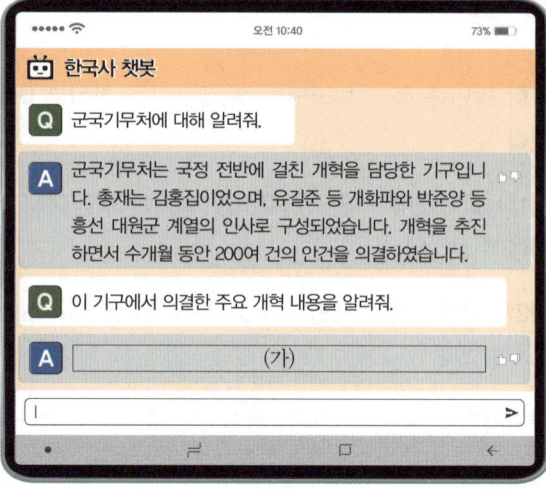

① 공사 노비법을 혁파하였습니다.
② 5군영을 2영으로 통합하였습니다.
③ 건양이라는 연호를 제정하였습니다.
④ 한성 사범 학교 관제를 반포하였습니다.
⑤ 지계아문을 설치하여 지계를 발급하였습니다.

06 꼬리 물기 문제

밑줄 그은 '개혁안'의 내용으로 옳은 것을 <보기>에서 고른 것은?

심화 64회 31번

파리의 외무부 장관 아노토 각하께

전임 일본 공사는 국왕에게서 사실상 거의 모든 권력을 빼앗고, 개혁 위원회[군국기무처]가 내린 결정을 확인하는 권한만 남겨 놓았습니다. …… 이후 개혁 위원회[군국기무처]는 매우 혁신적인 개혁안을 발표했습니다. 그런데 일부 위원들이 몇몇 조치에 대해 시의적절하지 않다고 판단하더니 이에 대해 동의하기를 거부했습니다. …… 게다가 조선인들은 이 기구가 왕권을 빼앗고 일본에 매수되었다고 비난하면서, …… 어떤 지방에서는 왕권 수호를 위해 봉기했다고 합니다.

주 조선 공사 르페브르 올림

─ 보기 ─
ㄱ. 건양이라는 연호를 제정하였다.
ㄴ. 탁지아문으로 재정을 일원화하였다.
ㄷ. 양전 사업을 실시하여 지계를 발급하였다.
ㄹ. 조혼을 금지하고 과부의 재가를 허용하였다.

① ㄱ, ㄴ ② ㄱ, ㄷ ③ ㄴ, ㄷ ④ ㄴ, ㄹ ⑤ ㄷ, ㄹ

KEYWORD 04 아관 파천

07 최다 빈출 유형

다음 상황의 배경으로 가장 적절한 것은? 심화 66회 34번

> 근일에 의병을 일으킨 이들이 각처에 글을 보내어 말하기를, "정부에 변란이 자주 나고 각처에 도적이 일어나며 대군주 폐하께서 외국 공사관에 파천하여 환궁하실 기약이 없고 일본 사람들이 조선 인민을 어지럽게 하는 고로, 의병을 일으켜 서울에 올라와 궁궐을 지키고 대군주 폐하를 환궁하시게 한다."라고 하였다.

① 을미사변이 일어났다.
② 을사늑약이 체결되었다.
③ 용암포 사건이 발생하였다.
④ 헤이그에 특사가 파견되었다.
⑤ 대한 제국의 군대가 해산되었다.

08 꼬리 물기 문제

다음 자료에 나타난 사건이 발생한 배경으로 옳은 것은? 심화 53회 34번

> 발신: 고무라(일본국 변리공사)
> 수신: 사이온지(일본국 외무대신)
>
> 지난 11일 새벽, 대군주는 급히 외국 공사관에 피신해야 한다는 거짓 밀고를 받았음. 대군주는 몹시 두려워하여 마침내 왕태자와 함께 궁녀들이 타는 가마를 타고 경계의 허술함을 틈타 밖으로 나와 러시아 공사관으로 이어하였으나, 조금도 이를 저지하는 사람이 없었음.

① 을미사변이 일어났다.
② 원수부가 설치되었다.
③ 러·일 전쟁이 발발하였다.
④ 한·일 신협약이 체결되었다.
⑤ 용암포 사건이 발생하였다.

KEYWORD 05 을미개혁

09 최다 빈출 유형

밑줄 그은 '개혁'의 내용으로 옳은 것은? 심화 71회 31번

① 양전 사업을 실시하여 지계를 발급하였다.
② 지방 행정 구역을 8도에서 23부로 개편하였다.
③ 군제를 개편하여 친위대와 진위대를 설치하였다.
④ 공사 노비법을 혁파하고 과부의 재가를 허용하였다.
⑤ 교육의 기본 방향을 제시한 교육 입국 조서를 반포하였다.

10 꼬리 물기 문제

밑줄 그은 '이 개혁'의 내용으로 옳은 것은? 심화 58회 32번

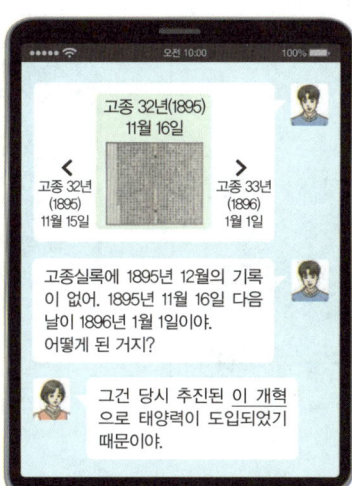

① 지계아문을 설립하였다.
② 대한국 국제를 반포하였다.
③ 건양이라는 연호를 제정하였다.
④ 개혁 추진 기구로 교정청을 설치하였다.
⑤ 군제를 개편하여 5군영을 2영으로 통합하였다.

04 주권 수호 운동의 전개

check! 필수 암기!

독립 협회: 독립신문, 독립 협회, 독립문, 고종 환궁 요구, 절영도 조차 요구 저지, 만민·관민 공동회(헌의 6조), 중추원 관제(의회 설립 운동)

대한 제국: 광무, 환구단, 구본신참, 대한국 국제, 지계, 원수부

➕ 독립 협회의 변화
독립 협회와 독립신문이 정부의 외세 의존적인 자세를 비판하자 독립 협회에 참여하였던 관료들 대부분이 이탈하였지만, 독립 협회는 오히려 민중에 기반을 둔 사회단체로 성장·발전해 갔다.

➕ 윤치호
- 1898년 서재필 추방 직후 독립 협회의 회장, 헌의 6조 결의
- 1906년 대한 자강회 참여
- 1907년 신민회 참여, 평양 대성 학교 교장
- 1911년 105인 사건(3년 수감 후 출소)
- 1920년대 이후 친일화

➕ 독립문

❶ 관민 공동회
관민 공동회에서는 만민 공동회의 의장으로 시전 상인이 선출되기도 하였고, 백정이 연사로 나서 연설을 하기도 하였다(백정 박성춘의 연설).

01 독립 협회와 대한 제국

1. 아관 파천(1896.2.~1897.2.)
(1) **배경:** 삼국 간섭(1895) 이후 러시아를 등에 업은 친러파와 러시아 공사 베베르 등에 의해 신변 보호 명목으로 고종의 거처를 러시아 공사관으로 이동

(2) **결과:** 김홍집의 친일 내각 붕괴, 을미개혁 중단, 러시아 등 열강의 이권 침탈 심화, 국가의 자주성 손상

> 내정 간섭: 아관 파천 이후 영향력 증대(재정 고문: 알렉세프)

2. 독립 협회
(1) **독립 협회의 창립(1896)**
① 배경: 아관 파천 이후 국가 위신 추락, 근대 문물 수용의 필요성, 열강의 이권 침탈 심화, 민중 의식 성장
② 주도 세력: **서재필, 윤치호, 이상재, 남궁억** 등 개혁적 정부 관료와 개화 지식인들이 주도하여 도시 시민·학생·노동자·여성·천민 등 각계각층의 인사들이 참여
③ 창립 과정: **독립신문** 발간(1896.4.) → **독립 협회** 창립(1896.7.) → 강연회·토론회 개최, 민중의 입장을 대변하는 정치·사회단체로 발전

(2) **독립 협회의 활동**
① 자주 국권 운동★
   ㉠ 청 사신이 왕래하던 영은문을 헐고 자주 독립의 상징인 **독립문 건립**(1896)
   ㉡ **고종의 환궁 요구** → 고종 환궁(1897.2., 경운궁) → 대한 제국 선포(1897.10.)
   ㉢ 구국 운동 상소문(1898.2.): 러시아의 **절영도 조차 요구 저지**(자주 독립 수호)
   ㉣ 만민 공동회 개최(1898.3.): 최초의 근대적 민중 대회, 러시아의 군사 교련단과 재정 **고문단 철수, 한·러 은행 폐쇄**

> **📖 사료 읽기**
>
> **▶ 자주 국권 운동의 전개**
> 서재필이 정교에게 비밀히 청하여 러시아 사관의 고용 기한이 찬 것을 가지고 종가에서 만민 공동회를 열 것을 의논하여 정하고, 정부 및 외부의 서한을 보내 탁지부 고문관 알렉세프와 군부 교련 사관을 해고할 것을 청하였다. 9일 종가에서 만민 공동회를 열어, 이승만, 홍정후 등이 재정·병권은 타국에게 맡겨질 수 없는 것이라고 연설을 하니 민중이 박수를 아끼지 않으며 옳소라고 소리쳤다.
>
> – 『대한계년사』 –

② 자유 민권 운동★
   ㉠ **기본권 운동**(1898.3.): 국민의 재산권, 신체·언론·출판·집회·결사의 자유 확보 주장(민권 보호 운동)
   ㉡ 국민 참정권 운동: 민의를 국정에 반영하려는 운동으로 **의회 설립 운동** 추진

> 수구파 정부와 러시아, 일본에 의해 추방됨(1898.5.), 이후 윤치호가 회장으로 취임

③ 자강 개혁 운동
   ㉠ 박정양 내각 수립(1898.10.): 서재필 실각 이후 진보 내각 설립, 의회 설립 운동 전개
   ㉡ 관민 공동회❶ 개최(1898.10.): **헌의 6조** 결의, 정부 관료·학생·시민 등 여러 단체의 참여(국권 수호, 민권 보장, 국정 개혁 주장)

Ⅵ. 근대의 한국사

> **헌의 6조**

조항		내용
1	외국인에게 의지하지 말고 관민이 합심하여 황제권을 공고히 할 것	자주 국권 수호
2	외국과의 이권에 관한 계약과 조약은 해당 부처의 대신과 중추원 의장이 함께 날인하여 시행할 것	국정 개혁 주장
3	재정은 탁지부에서 전담하여 맡고, 예산과 결산을 국민에게 공포할 것	국정 개혁 주장
4	중대한 범죄는 공판하고, 피고의 인권을 존중할 것	민권 보장
5	칙임관(2품 이상 고관)은 정부에 그 뜻을 물어 과반수가 동의하면 임명할 것	국정 개혁 주장
6	정해진 규정을 실천할 것	개혁 의지

　　　ⓒ 중추원 관제 반포(1898.11.): 관선 25명, 민선 25명으로 구성된 근대식 의회 형태, 의회 설립 운동
　(3) **해산(1898.12.)**: 독립 협회가 공화정을 추진하려 한다는 보수파의 모함, 정부에서 황국 협회❷와 군대를 동원하여 강제 해산
　(4) **독립 협회 활동의 의의 및 한계**
　　① 의의
　　　㉠ 자주 국권 운동: 열강의 내정 간섭과 이권 침탈을 저지하기 위한 활동 전개
　　　㉡ 민권 신장: 민중에 바탕을 둔 자주적 근대화 운동, 만민 공동회 등을 통해 민권 신장 추구
　　　㉢ 의식의 성장: 근대적 민족주의 사상, 자유 민권의 민주주의 이념 확산 → 애국 계몽 운동의 밑거름
　　② 한계: 배척의 대상이 주로 러시아에 한정(미·영·일에 대해서는 비교적 우호적), 외세 열강의 침략 의도 간파 못함 (외세에 대한 편중된 인식 / 근대 제도와 문물의 도입에 중점)

3. 대한 제국(1897.10.12.~1910.8.29.)

　(1) **대한 제국의 성립**
　　① 배경: 아관 파천 이후 독립 협회의 고종 환궁 요구와 이에 대한 여론의 뒷받침, 고종의 경운궁 환궁[1897.2., 현(現) 덕수궁]
　　② 성립: 국호 대한 제국, 연호 광무, 환구단에서 황제라 칭하고 황제 즉위식 거행(1897.10.12.)

▲ 환구단

　(2) **개혁의 추진(광무개혁)**★★
　　① 성향: 구본신참(舊本新參)❸의 원칙에 바탕을 둔 점진적 개혁, 전제 황권의 강화 추구, 황제 직속 입법 기구인 교정소 설치, 군통수권·입법권·사법권을 황제에게 집중 (법률과 칙령의 개정안을 마련하기 위해 설치한 황제 직속 입법 기구)
　　② 내용
　　　㉠ 정치: 대한국 국제❹ 반포(1899, 최초 헌법, 전제 황권 강화), 지방 제도 개편(23부 → 13도), 중추원을 황제 자문 기구로 설정
　　　㉡ 경제: 양전 사업(1901, 지계아문에서 지계 발급 - 최초의 토지 소유권 증명서), 황실 중심의 상공업 진흥(근대적 공장·회사 설립), 백동화 발행, 도량형 개정, 전화 가설, 전차와 철도 부설 (양지아문)
　　　㉢ 사회: 각종 학교 설립(소학교·중학교·사범 학교·실업 학교), 유학생 파견, 근대 시설 확충(광제원·혜민원)
　　　㉣ 사법: 고등 재판소를 평리원으로 개칭(1899~1907), 순회 재판소 설치(1895~1907)

⊕ 만민 공동회와 관민 공동회의 주장
- 만민 공동회 계열(박영효·서재필 중심): 군주권 제한·민권 신장 주장
- 관민 공동회 계열(윤치호·남궁억 중심): 정부에 협조(왕정 지지), 국권 수호, 민권 신장 주장, 헌의 6조 발표, 의회식 중추원 관제 반포

⊕ 재정의 일원화
갑신정변(호조), 갑오개혁(탁지아문), 독립 협회(탁지부)

❷ 황국 협회
전국의 보부상들을 중심으로 수구 세력들이 1898년 조직한 어용 단체로, 만민 공동회가 열리는 곳에서 소란을 피우는 등 모함하여 독립 협회를 해산시켰다.

❸ 구본신참
'옛것을 근본으로 하면서 새로운 것은 참고한다.'는 뜻으로 황제권을 강화(구본)하면서 경제적·사회적 근대화를 추구(신참)하려는 개량주의적 성격을 말한다. 동도서기론과 유사한 입장(↔ 독립 협회: 입헌 군주제, 의회 정치)이다.

❹ 대한국 국제(國制)
제1조 대한국은 세계 만국이 공인한 자주 독립 제국이다.
제3조 대한국의 대황제는 무한한 군권을 누린다.
제5조 대한국 대황제는 육·해군을 통솔하고 군대의 편제를 정하며 계엄을 명한다.

- 대한 제국의 군사 개혁

  황제의 군권 장악을 위해 원수부를 설치하여 황제가 육·해군을 통솔하였고, 중앙의 시위대와 지방의 진위대 군사 수를 대폭 증강하였다.

          ⑩ 군사: <mark>원수부</mark> 설치(황제가 군권 장악), 무관 학교 설립(장교 양성)
          ⑪ 외교: <mark>간도 관리사</mark> 파견(1903, <mark>이범윤</mark>), 한·청 통상 조약(1899, 청과 대등한 관계), <mark>울릉도를 군으로 승격</mark>(대한 제국 칙령, 독도를 관할 구역에 포함)
                                                                            └ 간도 시찰원(1902)
      ③ 의의 및 한계
          ㉠ 의의: 근대 주권 국가 지향, 국방·산업·교육 등의 분야에 성과
          ㉡ 한계: 전제 군주제 확립(복고주의), 독립 협회의 민권 운동 탄압, 집권층의 보수적 성향, 열강의 간섭
                                                          └ 개혁에 필요한 재정 부족으로 차관 도입

02 간도와 독도

1. 간도 귀속 문제

  (1) 백두산 정계비의 설치

      ① 백두산 정계비(1712, 숙종): 청의 요구에 의해 조선의 박권과 청의 목극등이 간도를 둘러싼 국경 설정에 협의

  (2) 간도 귀속 문제★

      ① 문제 제기: 만주 지역에서 국경 문제 발생, <mark>백두산 정계비</mark>❺의 국경 설정 기준 해석 문제(서쪽으로는 압록강, 동쪽으로는 토문강을 경계로 함)
      ② 간도 관련 외교 전개
          ㉠ 조선 후기: 어윤중을 서북 경략사로 임명(1883), 이중하를 토문 감계사로 임명(1885)하여 백두산 정계비의 <mark>토문강은 송화강 상류</mark>이며 조선의 영토임을 주장
          ㉡ 간도 관리사 파견(1902, 이범윤): 대한 제국 때 간도를 <mark>함경도 행정 구역</mark>에 편입
          ㉢ 을사늑약(1905): 외교권이 일제에 의해 박탈
          ㉣ 간도 파출소 설치(1907): 지역 치안 유지를 빌미로 일본이 용정에 간도 파출소를 설치하여 관할(독립운동 탄압 목적)
          ㉤ <mark>간도 협약</mark>(1909, 청-일본): 일제는 <mark>만주(안봉선)의 철도 부설권</mark>과 푸순 탄광 채굴권을 획득하고, 간도를 청의 영토로 불법적으로 귀속시킴(불법 협약이므로 원천적 무효)

> **📖 사료 읽기**
>
> ▶ 간도 협약
> 제1조 청·일 양국 정부는 토문강을 청국과 한국의 국경으로 하고 강 원천지에 있는 정계비를 기점으로 하여 석을수를 두 나라의 경계로 함을 성명한다.
> 제3조 청국 정부는 이전과 같이 토문강 이북의 개간지에 한국 국민이 거주하는 것을 승인한다. 그 지역의 경계는 별도로 표시한다.
> 제6조 청국 정부는 앞으로 길장 철도를 연길 이남으로 연장하여 한국의 회령에서 한국의 철도와 연결할 수 있다.

2. 독도 문제★★★

  (1) **영토 침범**: 울릉도와 독도는 삼국 시대 이래 우리의 영토였으나, 일본 어민이 자주 이곳을 침범하여 충돌 발생

✏️ **check! 필수 암기!**

간도: 숙종, 백두산 정계비, 간도 협약
독도: 『삼국사기』, 『세종실록지리지』, 안용복(숙종), 대한 제국 칙령, 불법 편입

❺ 백두산 정계비

西爲鴨綠, 東爲土門, 故於分水嶺上 勒石爲記(康熙 五十一年 五月十五日)
서쪽은 압록강, 동쪽은 토문강으로 조선과 청의 경계를 정한다는 내용을 기록하였다.

- 간도의 위치

(2) 조선의 대응
① **안용복의 활약**: 숙종 때 안용복은 울릉도에 출몰하는 일본 어민들을 쫓아내고, 일본에 건너가 울릉도와 독도가 조선의 영토임을 확인받고 귀국(1693)
② **정부의 통치 강화**: 일본 어민의 침범이 계속되자 19세기 말 조선 정부에서는 적극적으로 울릉도 경영에 나서 주민의 이주를 장려, 울릉도에 군을 설치하여 관리를 파견하고 독도까지 관할
③ **대한 제국의 독도 관할**: 칙령❻을 반포하는 등 울릉도와 독도에 대한 관리 강화

(3) 일본의 독도 편입 시도
① **러·일 전쟁 이후 일본의 독도 편입 시도**
  ㉠ 독도 편입 반대 의견: 1904년 일본 내무성 이노우에 서기관은 '한국 땅이라는 의혹이 있는 쓸모없는 암초를 편입할 경우 우리를 주목하고 있는 외국 여러 나라들에 일본이 한국을 병탄하려고 한다는 의심을 크게 갖게 한다'고 하여 독도 편입을 반대
  ㉡ 독도 편입 추진: 일본 외무성 야마자 엔지로 정무국장은 독도에 망루를 설치하고 무선·해저전선을 설치하여 군사적으로 이용하기 위해 독도 편입을 적극 추진
  ㉢ 한국 영토의 증거: 일본은 1905년 시마네 현 고시에 의한 독도 편입 시도 이전까지 독도를 자국의 영토가 아니라고 인식하였음을 증명함
② **일본의 불법적 독도 편입**
  ㉠ 전개: 러·일 전쟁 중 군사적 목적을 위해 조선 정부 몰래 시마네 현에 불법 편입(1905.1., 을사늑약 후 우리 정부에 알림)
  ㉡ 주권 침탈: 1905년 일본의 독도 편입 시도는 오랜 기간에 걸쳐 확고히 확립된 우리 영토 주권을 침해한 불법 행위로서 국제법상 무효

> **❻ 대한 제국 칙령 제41호(1900.10.25.)**
> 황제의 재가를 받아 울릉도를 울도로 개칭하고 도감을 군수로 승격하였으며, 울릉도의 관할 구역을 '울릉전도 및 죽도, 석도(石島)'로 명시하였다.

> **➕ 러·일 전쟁 이전 일본의 독도 인식**
> - 19세기 말 메이지 정부의 조선국교제시말내탐서(1870), 태정관지시문인 태정관지령(1877) 등 독도가 조선의 영토임을 인정
> - **태정관의 지시**: 일본 메이지 시대 최고 행정 기관인 태정관은 울릉도와 독도는 일본과 관계없다는 사실을 명심할 것이라고 내무성에 지시(1877)

🔍 독도
① 『삼국사기』: 신라 지증왕 13년 이사부가 울릉도를 흡수하였다고 기록(512)
② 『세종실록지리지』: 강원도 울진현, 무릉도(울릉도)와 별도로 우산도(독도)의 존재를 섬으로 처음 기록
③ 『동국여지승람』(1481), 『신증동국여지승람』(1531): 독도와 울릉도는 행정 구역상 강원도 울진현에 속한다고 명시하고 『신증동국여지승람』의 팔도총도에서 울릉도와 우산도를 별개의 두 섬으로 구성되었다고 기록
④ 안용복(1693, 숙종 19년): 울릉도 부근에서 조업 중 일본 어부의 불법 어로 발견, 스스로 울릉·우산도 감세관이라고 가칭, 일본에 건너가 호끼주 태수에게 일본 어선의 범경 사실을 항의하여 정식으로 사과를 받고 귀국
⑤ 『동국문헌비고』 여지고(1770): 울릉(울릉도)과 우산(독도)은 모두 우산국의 땅이며, 우산(독도)은 일본이 말하는 송도(松島)라고 기술
⑥ 『만기요람』(1808): 조선 시대 관찬 문서, 독도가 울릉도와 함께 우산국의 영토였다는 기록
⑦ 메이지 유신 초기: 울릉도를 마쓰시마, 독도를 다케시마라 칭함 → 일본은 이 시기부터 독도에 관심을 둠
⑧ 대한 제국: 황제의 재가를 받아 울릉도를 울릉군으로 승격하고 도감을 군수로 승격, 대한 제국 칙령 제41호 2조에서 울릉도의 관할 구역을 '울릉전도 및 죽도, 석도(石島)'로 명시
⑨ 러·일 전쟁 중(1905.1.): 군사적 목적을 위해 조선 정부 몰래 시마네 현에 불법 편입(을사늑약 후 알림)
⑩ 러·일 전쟁 직후: 일본이 군사적으로 이용하기 위해 불법적으로 망루를 설치
⑪ 광복 이후(1946.1.): 연합국 총사령부는 훈령(SCAPIN) 제677호에서 울릉도와 독도가 일본 영역에서 제외된다고 규정
⑫ 샌프란시스코 강화 조약(1951) 제2조(평화 협정): '일본은 한국의 독립을 인정하고, 제주도, 거문도 및 울릉도를 포함한 한국에 대한 모든 권리, 권원 및 청구를 포기한다.'
⑬ 독도 의용 수비대: 1953년 4월부터 1956년 12월까지 독도를 수호하기 위해 조직한 민간 단체, 일본 어선 및 순시선으로부터 독도를 수비 — 1966, 홍순칠 대장 및 대원들 훈장

04 단골 키워드 문제

VI. 근대의 한국사
04 주권 수호 운동의 전개

정답 및 해설 74쪽

기출 선택지 미리보기

- **독립 협회** – 러시아의 절영도 조차 요구에 반대하였다.
- **독립 협회** – 중추원 개편을 통한 의회 설립을 추진하였다.
- **광무개혁** – 황제의 군사권을 강화하기 위하여 원수부를 설치하였다.
- **광무개혁** – 지계아문을 설치하여 지계를 발급하였다.
- 고종이 이범윤을 간도 관리사로 임명하였다.

기출 키워드로 연습하기

01
① 독립 협회 • • 구본신참
② 광무개혁 • • 이범윤
③ 간도 관리사 • • 독립문

02 독립 협회는 중추원 관제를 반포하여 의회 설립을 준비하였다. (O / ×)

03 고종은 대한국 국제를 반포하여 황제권을 제한하는 입헌 군주제를 추구하였다. (O / ×)

04 고종은 대한 제국 시기 교육 입국 조서를 발표하여 신교육을 육성하려 하였다. (O / ×)

05 대한 제국은 근대적 토지 소유권 제도를 확립하고 국가 재정을 확충하고자 최초의 토지 소유권 증명서인 (　　)을/를 발급하였다.

06 일본은 러·일 전쟁 중 (　　)을/를 불법으로 자국 영토에 편입하였다.

정답 | 01 ① 독립문 ② 구본신참 ③ 이범윤 02 O 03 × 04 ×
05 지계 06 독도

KEYWORD 01   독립 협회

01 최다 빈출 유형

(가) 단체의 활동으로 옳은 것은?   심화 71회 34번

> 독립문 주춧돌 놓는 예식을 독립 공원 부지에서 열었다. …… 회장 안경수 씨가 연설하기를, "(가) 이/가 처음에 시작할 때 단지 회원이 네다섯 명이더니 오늘날 회원은 수천 명이다. 조선 인민들이 나라가 독립되는 것을 좋아하기에 심지어 궁벽한 시골에 사는 인민 중에서 독립문 세우는 데 돈을 보조하는 사람들이 있으며, 외국 사람 중에서도 돈 낸 사람들이 많이 있었다. 이것을 보면 조선 사람들도 오늘부터 조선에서 모든 일을 (가) 하듯이 시작하여 모두 합심하기를 바란다."라고 하였다.

① 고종 강제 퇴위 반대 운동을 전개하였다.
② 일제의 황무지 개간권 요구를 저지시켰다.
③ 중추원 개편을 통한 의회 설립을 추진하였다.
④ 대성 학교를 설립하여 민족 교육을 실시하였다.
⑤ 독립운동 자금 마련을 위해 독립 공채를 발행하였다.

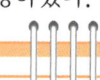

02 꼬리 물기 문제

(가) 단체에 대한 설명으로 옳은 것은?   심화 64회 32번

> (가) 은/는 독립관에서 경축 모임을 열었다. 회장은 모임을 여는 큰 뜻을 설명하였다. "오늘은 황제 폐하께서 대황제라는 존귀한 칭호를 갖게 되신 계천(繼天) 경축일이니, 대한의 신민은 이를 크게 경축드립니다. 우리는 관민 공동회에서 황실을 공고히 하고 인민을 문명 개화시키며 영토를 보존하고자 여섯 개 조항의 의견안을 바쳤습니다."라고 말하였다. …… 이어 회원들은 조칙 5조와 헌의 6조 10만 장을 인쇄하여 온 나라에 널리 배포하고 학생들에게 그것을 배우고 익히도록 하였다. 경축연을 마친 회원들은 울긋불긋한 종이꽃을 머리에 꽂은 채 국기와 (가) 의 깃발을 세우고 경축가를 부르며 인화문 앞으로 가서 만세를 외치고 종로의 만민 공동회로 갔다.

① 일제의 황무지 개간권 요구를 저지시켰다.
② 러시아의 절영도 조차 요구에 반대하였다.
③ 태극 서관을 설립하여 계몽 서적을 보급하였다.
④ 민립 대학 설립을 위한 모금 운동을 전개하였다.
⑤ 조소앙의 삼균주의를 기초로 건국 강령을 발표하였다.

240 VI. 근대의 한국사

03 KEYWORD 02 절영도 조차

(가) 단체에 대한 설명으로 옳은 것은?   65회 36번

① 정우회 선언의 영향으로 결성되었다.
② 만세보를 발행하여 민족의식을 고취하였다.
③ 중추원 개편을 통해 의회 설립을 추진하였다.
④ 어린이날을 제정하고 소년 운동을 전개하였다.
⑤ 태극 서관을 운영하여 계몽 서적 등을 보급하였다.

05 KEYWORD 04 광무개혁

다음 관제가 반포된 이후의 사실로 옳은 것은?   심화 66회 35번

① 지계아문이 설치되었다.
② 군국기무처가 창설되었다.
③ 5군영이 2영으로 통합되었다.
④ 한성 사범 학교가 설립되었다.
⑤ 건양이라는 연호가 제정되었다.

04 KEYWORD 03 대한 제국

(가)에 들어갈 내용으로 가장 적절한 것은?   심화 67회 35번

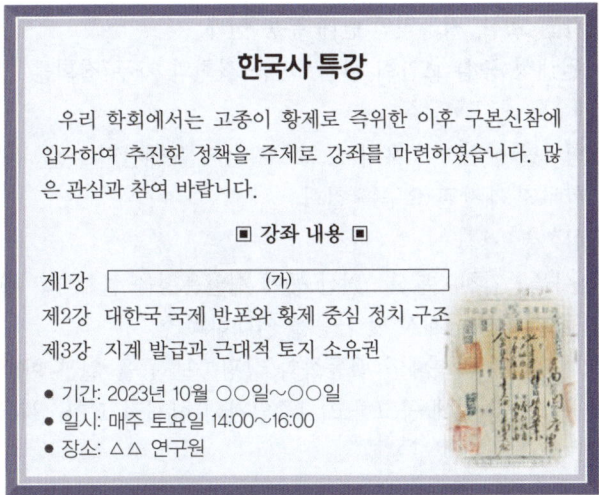

① 통역관 양성을 위한 동문학 설립
② 개혁 방향을 제시한 홍범 14조 반포
③ 통리기무아문 설치와 개화 정책 추진
④ 원수부 창설과 황제의 군 통수권 강화
⑤ 23부로의 지방 제도 개편과 지방관 권한 축소

06 KEYWORD 05 독도

(가) 섬에 대한 설명으로 옳지 않은 것은?   심화 58회 50번

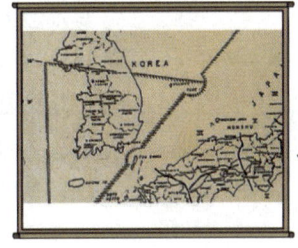 

① 안용복이 일본에 건너가 우리 영토임을 주장하였다.
② 영국군이 러시아를 견제하기 위해 불법 점령하였다.
③ 러일 전쟁 때 일본이 불법으로 자국 영토로 편입하였다.
④ 대한 제국이 칙령을 통해 울릉 군수가 관할하도록 하였다.
⑤ 1877년 태정관 문서에 일본과는 무관한 지역임이 명시되었다.

05 개항 이후의 경제·사회·문화

✏ check! 필수 암기!

개항 이후 경제
- 보안회: 일본의 황무지 개간 반대
- 국채 보상 운동: 대구 시작(서상돈), 전국 확대, 대한매일신보, 황성신문, 제국신문
- 상권 수호: 시전 상인(1898, 황국 중앙 총상회)

➕ 열강의 이권 침탈

➕ 화폐 정리 사업(1905)

```
화폐 정리 사업
       ↓
  대한 제국 화폐
       │ 3일 전 공고
       ↓ 한시적 교환
    일본 화폐
       ↓
교환 원칙(탁지부 집행)
1. 소액 교환 ✕
2. 차별 교환(상태별)

  갑종 → 100%
  을종 → 40%
  병종 → 교환 ✕
       ↓
      결과
  상공업자 몰락
 화폐 부족(금융 공황)
   국가 채무 급증
```

01 개항 이후 경제의 변화

1. 제국주의 열강의 경제 침탈

(1) 열강의 이권 침탈: 청·일 전쟁과 아관 파천(1896) 이후 본격화, 러·일·미·프·독 등의 열강은 최혜국 대우 조항을 근거로 하여 철도 부설권·광산 채굴권·삼림 채벌권 등의 각종 이권 침탈

국가	내용
러시아	경원·종성 광산 채굴권(1896), 압록강·두만강·울릉도 산림 채벌권(1896)
미국	운산 광산 채굴권(1896), 한양 전등·전차 부설권(1896), 경인선 철도 부설권(1896) ─ 일본에 양도
일본	직산 광산 채굴권(1900), 경부선 부설권(1898), 경인선 부설권(1897), 경의선 부설권(1904), 경원선 부설권(1904) ─ 미국에서 인수 / 프랑스에서 인수
독일	강원도 당현 광산 채굴권(1897)
프랑스	경의선 철도 부설권(1896) ─ 일본에 양도
영국	평안도 은산 광산 채굴권(1900)

(2) 일본의 경제 침탈

① 일제의 약탈
  ㉠ 토지 약탈: 1880년대부터 고리대 등을 이용하여 점차 토지 소유 확대, 러·일 전쟁(1904) 이후 토지 약탈 본격화, 토지 회사를 통한 토지 약탈(대규모 농장 경영)
  ㉡ 동양 척식 주식회사(1908): 대한 제국을 경제적으로 약탈하기 위하여 동양 척식 주식회사를 설립하여 일본인에게 헐값으로 불하

② 일제의 황무지 개간권에 대한 반대 운동
  ㉠ 배경: 일제의 황무지 개간권 요구, 적극적인 반대 운동 전개
  ㉡ 보안회(1904): 송수만, 원세성 중심 보안회 설립, 민중 집회와 가두 집회를 통한 거족적인 반대 운동 전개
  ㉢ 농광 회사(1904): 농광 회사를 설립하여 우리 손으로 황무지를 개간할 것을 주장
  ㉣ 결과: 국민적 호응으로 황무지 개간권 요구를 철회

③ 화폐 정리 사업(1905, 메가타)★★
  ㉠ 일본 은행 설립: 일본은 서울·인천·부산·원산 등에 제일은행을 설치하고 대한 제국의 중앙은행으로 만들어 조선의 재정 및 금융을 지배하려 함
  ㉡ 화폐 정리 사업의 내용: 대한 제국 화폐인 백동화와 상평통보 등을 일본 화폐로 교환, 일본은 이러한 내용을 3일 전에 공고하고, 1주일간의 한시적 교환 실시(탁지부에서 집행)
  ㉢ 교환 원칙: 소액 화폐 교환 거부, 백동화의 상태에 따라 차별 교환, 양호한 상태를 갑·을·병종으로 구분하여 각각 100%·40%·0%로 교환
  ㉣ 결과: 구화폐를 가진 조선인들은 제대로 보상받지 못함, 자본이 유통되지 않아 국내의 상공업자와 금융 기관에 큰 타격, 화폐 부족 현상(금융 공황) 발생

242 Ⅵ. 근대의 한국사

> **사료 읽기**
>
> ▶ **화폐 정리 사업**
> 상태가 매우 양호한 갑종 백동화는 개당 2전 5리의 가격으로 새 돈과 교환하여 주고, 상태가 좋지 않은 을종 백동화는 개당 1전의 가격으로 정부에서 매수하며, …… 단, 형질이 조악하여 화폐로 인정하기 어려운 병종 백동화는 매수하지 않는다.
> — 탁지부령 제1호(1905.6.) —

    ⓒ 차관 제공: 러·일 전쟁(1904) 이후 화폐 정리 사업으로 인한 국내 자본 부족을 해결하기 위하여 일본에 차관을 제공받아 거액의 국채 발생
  ④ 국채 보상 운동(1907)★★★ ┌ 근대 시설 개선 명목으로 차관 강요, 대한 제국을 재정적으로 예속시키려 함
    ㉠ 배경: 일제의 차관 제공(1907년까지 차관 총액은 1,300만 원) → 정부의 상환 곤란
    ㉡ 목적: 국민의 힘으로 국채를 상환하여 경제적 자주권을 지키려 한 운동
    ㉢ 전개: <mark>대구</mark>에서 시작(<mark>서상돈</mark>, 김광제) → <mark>국채 보상 기성회</mark> 조직(서울), <mark>전국 확대</mark>, 모금 운동 전개(금주·금연 운동, 여성들의 패물 납부), 언론 기관 참여(<mark>대한매일신보</mark>, <mark>황성신문</mark>, <mark>제국신문</mark> 등)
    ㉣ 결과: 양기탁 구속(1908, 횡령 누명), 통감부의 탄압(2,000만 원 차관의 강제 공급) 등으로 좌절 └ 국채 보상금 3만 원을 횡령하였다는 누명 조작(1908), 공판 결과 증거 불충분으로 무죄 선고

> **암기법**
>
> **국채 보상 운동**
> 대한매일신보, 황성신문, 제국신문
> → 대.황.제. 참여

> **사료 읽기**
>
> ▶ **국채 보상 운동 취지서**
> 국채 1,300만 원은 우리 대한의 존망에 관계가 있는 것이다. 갚아 버리면 나라가 존재하고 갚지 못하면 나라가 망하는 것은 대세가 반드시 그렇게 이르는 것이다. …… 우리 2천만 동포 중에 애국 사상을 가진 이는 기어이 이를 실시해서 삼천리 강토를 유지하게 되기를 간절히 바라는 바이다.
> — 대한매일신보(1907.2.22.) —

2. 근대적 상업·산업·금융 자본의 성장

(1) 상업 자본의 성장
 ① 시전 상인: <mark>황국 중앙 총상회</mark>❶ 조직(1898), 상권 수호 운동 전개
 ② 경강 상인: 일본인 증기선이 정부의 세곡 운반을 독점, 증기선을 도입하여 운송권 회복 노력(실패)
 ③ 개성 상인: 인삼 재배업이 일본인의 약탈적 상업에 의해 침해
 ④ 토착 상인: 개항 초 객주·여각·보부상 등 성장, 상인들은 큰 타격(외국 상인의 내륙 진출 허용), 일부는 <mark>상회사</mark>를 설립하여 성장
 ⑤ 상회사의 설립: 평양에 <mark>대동 상회</mark>, 서울에 <mark>장통 회사</mark> 설립, 종삼 회사 설립(인삼 관련, 개성 상인), 호상 상회 설립(미곡 무역, 군산), 1890년대의 전국 회사 수는 40여 개

(2) 금융 자본의 성장
 ① 은행의 설립 배경: 일본 금융 기관의 침투, 일본 상인의 고리대금업 성행
 ② <mark>민간 은행</mark>의 설립: <mark>조선 은행</mark>(1896~1901, 최초 민간 은행), <mark>한성 은행</mark>(1897), 대한 <mark>천일 은행</mark>(1899) 등
 ③ 결과: 자금 부족, 외국 상인의 상권 장악, 일본의 화폐 정리 사업(1905)으로 민간 은행 몰락

❶ **황국 중앙 총상회**
1898년 서울에서 창립된 시전 상인 단체인 황국 중앙 총상회는 1898년 독립 협회와 함께 외국 상인의 침투를 저지하는 상권 수호 운동을 전개하였다.

check! 필수 암기!

- 근대 시설: 경인선(1899, 일본, 노량진~인천), 전차(서대문~청량리, 미 콜브란과 황실), 광혜원(1885, 제중원)
- 근대 건축: 덕수궁 석조전(르네상스 양식), 명동 성당(고딕 양식)

02 개항 이후 사회적 변화

1. 개항 이후의 사회 변화

(1) 사회 제도와 의식의 변화
  ① 신분 의식의 변화: 갑오개혁과 을미개혁을 통해 신분제 폐지, 독립 협회의 민중 계몽 운동을 통한 민중의 민권 의식과 평등 의식 성장, 전국 각지의 의병의 활약에 따른 신분 의식 극복
  ② 여성의 사회적 지위: 개항 이후 남녀평등 의식 확장, 많은 여성 교육 기관 및 여성 단체 설립, 다양한 분야 진출

(2) 의식주 생활의 변화
  ① 의복: 의복의 서양화·간소화 → 양복 소개, 단발, 개량 한복 등장(남성은 저고리 위 마고자와 조끼 착용, 여성은 두루마기와 통치마, 장옷과 쓰개치마 대신 양산 등)
  ② 식생활: 외국의 새로운 음식 보급 → 상류층을 중심으로 서양 음식 유행(커피, 홍차), 중국과 일본 요리 등이 일반 서민 음식에도 영향
  ③ 주거: 신분제 철폐에 따른 가옥 규모에 따른 제한 사라짐, 다양한 양식 → 개항장과 서울 등지에 서양식 건물 유행, 1890년대 이후 민간에서 한옥과 양옥의 절충식 건물 등장

(3) 동포들의 국외 이주
  ① 만주·연해주: 경제난 탈피, 독립운동 목적 → 무장 독립 전쟁의 기반 마련
  ② 기타: 일본 이주(유학 목적), 미주(하와이나 멕시코 등) 이주(노동자)

2. 근대 문물의 도입

(1) 근대 시설의 양면성: 편리함의 이면에는 열강의 이권 침탈 및 침략 목적(통신·철도)

(2) 대표적 근대 시설 ★★

각종 시설		연도	내용
통신	전신	1884, 일본	해저 전신 연결, 일본~부산
		1885, 청	서울~인천, 서울~의주
	우편	1884	갑신정변으로 중단 후 을미개혁 때 재개(1895), 만국 우편 연합 가입(1900)
	전화	1898	경운궁에 최초로 가설 → 서울, 시내 민가로 확대(1902)
철도			경인선(1899, 일본), 경부선(1905, 일본), 경의선(1906, 일본) 개통
전기	전등	1887	경복궁 건청궁에 처음 가설, 서울에 가로등 설치(1900, 한성 전기 회사)
	전차	1898 (1899 운행)	한성 전기 회사가 발전소를 설립하여 전차 운행(서대문~청량리) └ 미국인 콜브란과 황실이 합작
의료	광혜원	1885.2.	알렌과 조선 정부와의 공동 출자로 개원(최초의 근대식 병원), 제중원 개칭
	광제원	1900	정부 출자 신식 의료기관, 지석영(종두법), 대한의원으로 개편, 의료 요원 양성(1907)
	자혜 의원	1909	진주, 청주, 함흥 등 10여 곳에 세운 도립 병원
	세브란스 병원	1904	미국인 에비슨이 건립(제중원 인수), 경성 의학교와 더불어 의료 요원을 양성
건축	독립문	1897	프랑스의 개선문을 모방
	석조전	1910	덕수궁 석조전, 르네상스식 건축 양식
	명동 성당	1887~1898	중세 고딕 양식
기타	박문국	1883	출판, 근대적 인쇄술 도입, 한성순보 발행
	전환국	1883	화폐 주조, 당오전 주조
	기기창	1883	영선사의 건의로 세운 최초의 근대식 무기 제조 공장

● 경인선

● 전차

03 자주적 민족 문화

1. 언론 기관의 발달 ★★

(1) 각종 신문의 발전

신문의 종류	내용
한성순보 (1883~1884)	• 최초의 근대적 신문, 박문국에서 10일에 1회(순보) 발행, 순 한문 • 관보적 성격 → 개화 정책의 취지 설명, 국내외 정세 소개
한성주보 (1886~1888)	• 한성순보 계승, 박문국에서 매주 1회(주보) 간행, 국한문 혼용 (→ 최초 띄어쓰기 도입) • 최초 상업 광고 게재
독립신문 (1896~1899)	• 서재필 창간, 최초의 민간 신문, 일간지, 한글판과 영문판 발행 • 독립 협회에서 발간 → 국민의 근대적 민권 의식 고취, 외국인에게 국내 사정 소개
제국신문 (1898~1910)	• 이종일 발행, 순 한글 • 서민층과 부녀자 대상, 민중 계몽, 자주 독립 의식 고취, 교육과 실업의 발달 강조
황성신문 (1898~1910)	• 남궁억 발행, 국한문 혼용 • 지식층, 유생 대상, 민족주의 신문 • 일제의 침략과 매국노 규탄, 을사조약에 대한 항일 논설(장지연의 「시일야방성대곡」) 게재 → 80일간 정간 조치 • 보안회 지원 → 황무지 개간권 요구의 부당성 지적 • 여권통문(1898, 한국 최초의 여성 인권 선언문) 게재(독립신문에도 게재, 찬양회 설립(1919))
대한매일신보 (1904~1910)	• 영국인 베델과 양기탁의 운영, 순 한글, 국한문, 영문판 • 을사조약 무효의 고종 친서 • 황성신문·제국신문과 함께 국채 보상 운동 지원 • 의병 운동에 대해 호의적, 일본인 출입 금지 간판 설치, 13도 창의군 기사 게재
기타	만세보(1906~1907), 천도교 기관지, 오세창, 여권 신장에 관심, 일진회 공격), 경향신문 (1906~1910, 천주교 기관지, 프랑스 신부 드망즈, 민족성 강조), 해조신문(1908, 연해주)

(2) 일제의 언론 탄압: 1907년에 신문지법을 제정하여 사전 검열 등 자주 독립을 요구하던 민족 언론 탄압

2. 근대 교육과 국학 연구

(1) 근대 교육

① 근대 교육의 시작 ★★★
  ㉠ 원산 학사(1883): 덕원 주민들이 개화파 인물들의 권유에 따라 설립한 우리나라 최초의 근대적 사립 학교, 외국어, 자연과학, 국제법 등 근대 학문과 무술 교육
  ㉡ 동문학(1883): 정부의 지원을 받아 묄렌도르프가 설립한 외국어 교육 기관, 통역관 양성
  ㉢ 육영 공원(1886): 정부가 세운 최초의 근대식 관립 학교, 미국인 교사 헐버트❷와 길모어 초빙, 상류층 자제들에게 영어, 수학, 지리, 정치 등 근대 학문 교육 ┌사민필지 (1889)

② 교육 입국 조서 반포(1895, 고종): 근대식 교원 양성 학교인 한성 사범 학교 설립

③ 기타 학교 및 학회
  ㉠ 민족주의 계통 학교: 애국 계몽 운동의 일환으로 민족 운동가들이 근대 학문 교육을 위한 사립 학교 설립, 서전서숙(1906, 이상설)[북간도], 오산 학교(1907, 이승훈)[정주], 신흥 학교(1907, 이시영)[남만주], 대성 학교(1908, 안창호)[평양]
  ㉡ 학회 설립: 지방 출신 인사들이 주축이 되어 국권 수호를 위한 민중 교육과 신교육의 필요성을 절감하고 많은 학회를 설립(서북 학회❸, 호남 학회, 기호 흥학회, 교남교육회, 관동 학회 등) ─ 표면적으로는 교육 단체였으나 실제로는 국권 회복을 위해 정치와 교육을 결합한 교육 구국의 밑거름 역할 수행

✏️ check! 필수 암기!

민족 언론: 한성순보(1883, 최초 관보, 박문국), 독립신문(최초 민간 신문, 한영문), 제국신문(女 대상), 황성신문(시일야방성대곡), 대한매일신보(영) 베델, 양기탁, 고종 친서)

근대 교육: 원산 학사(1883, 최초 근대 사립), 동문학(1883, 통역관 양성), 육영 공원(1886, 최초 관립, ㉤ 헐버트)

민족 종교: 천도교(만세보), 대종교(나철·오기호, 단군 신앙), 불교(한용운, 『조선 불교 유신론』), 유교(박은식, 『유교 구신론』)

➕ 개신교 개통 사립 학교

• 경신 학교(1866): 언더우드
• 이화 학당(1886): 스크랜튼, 최초의 여자 사립 학교
• 정신 여학교(1887): 앨러스, 정동 여학당
• 배재 학당(1896): 아펜젤러, 근대식 중등 교육 기관
• 숭실 학교(1897): 베어드, 평양

📝 암기법

근대 학교
원산 학사(사립) → 원.사립.
육영 공원(관립) → 육.공립.
동문학(역관) → 동(통).역.

❷ 헐버트

• 1886년 육영 공원에서 외국어 교습
• 1905년 고종의 밀서를 가지고 미국에 특사로 파견(미국의 루스벨트 대통령이 면담 거절)
• 1906년 일제가 경천사지 십층 석탑을 일본으로 밀반출한 사건을 베델에게 알려 대한매일신보를 통해 보도
• 1907년 헤이그 특사 파견 건의
• 1949년 국빈으로 초대되어 왔다가 서울에서 사망

❸ 서북 학회(1908~1910)

이동휘, 안창호, 박은식 등이 국권 회복, 민권 신장을 주장하며 설립하였다. 서북 학회는 입헌 공화정을 추구하던 애국 계몽 단체로 서북 학회 월보도 발간하였다.

➕ 국학

조선 후기 실학의 전통에서 비롯된 국학 연구는 대한 제국 말기인 애국 계몽 운동 시기에 더욱 발전하였다. 특히 국어와 국사를 연구하여 민족 의식을 높이고, 제국주의 침략에 맞서 민족 문화를 지키려 하였다. 국어 분야에서는 갑오개혁 이후 공문서가 국한문 혼용으로 제도화되고, 학교 교육에서 국한문체 교과서가 사용되면서 언문일치의 문자 생활이 가능해졌다.

❹ 「서유견문」

유길준이 서양의 여러 나라를 돌아보면서 보고 들은 역사, 지리, 산업, 정치, 풍속 등을 기록한 책으로, 1895년 간행하였으며 24편으로 이루어졌다.

➕ 근대 문학의 새로운 경향

19세기 후반에서 1910년까지의 문학은 근대화와 국권 수호의 요구가 절실했던 당시의 시대 정신을 반영해 새로운 근대 사상을 소개하거나 사회적 자각을 촉구하는 내용을 담고 있었다.

❺ 백암(白巖) 박은식(1859~1925)

활동	내용
구한말	「유교 구신론」 주장, 대동교 창설
일제 강점기	조선 광문회, 동제사, 대동보국단, 무오 독립 선언서, 국민 대표 회의
임정 활동	임시 정부 제2대 대통령
저서	「한국통사」, 「한국독립운동지혈사」 등 다수

➕ 한용운의 조선 불교 유신론

불교의 유신은 마땅히 파괴를 해야 한다. 유신이란 무엇인가, 파괴의 자손이요, 파괴란 무엇인가, 유신의 어머니다. …… 그러나 파괴라고 해서 모두를 무너뜨려 없애 버리는 것을 뜻을 하지는 않는다. 다만 구습 중에서 시대에 맞지 않는 것을 고쳐서 이를 새로운 방향으로 나아가게 한다는 것뿐이다.

---

(2) 국학 연구

① 국사 ★
  ㉠ 근대 계몽 사학 성립: 애국 계몽 운동 시기에 신채호, 박은식 등의 활약, 민족 의식과 애국심을 키우고, 민족의 주체성을 세우고자 역사 연구를 활발히 전개 → 나라를 구한 위인 전기 보급, 외국의 건국과 흥망의 역사서를 번역하여 민족의 독립 의지와 역사의식 함양 ─ 신채호(「을지문덕전」, 「이순신전」), 박은식(「동명성왕실기」, 「천개소문전」) ─ 「미국독립사」, 「월남망국사」, 「이태리 건국 삼걸전」
  ㉡ 민족주의 사학 등장: 신채호는 대한매일신보에 「독사신론」을 연재하여 일본의 식민 사관에 대항할 수 있는 민족주의 사학의 발판 마련
  ㉢ 조선 광문회: 최남선, 박은식 등이 조선 광문회를 조직하여 실학자의 저서를 비롯한 민족 고전을 정리하여 보급

② 국어 ★
  ㉠ 국어 연구의 발전: 국한문 혼용체 보급(한성주보, 「서유견문」❹, 국가 공문서), 순한글체 보급(독립신문, 제국신문, 대한매일신보)
  ㉡ 국문 연구소 설립(1907): 주시경과 지석영 등이 국어 문법 정리와 연구를 통해 국문의 정리와 국어의 이해 체계 확립 ─ 학부에 설치

③ 일제의 탄압: 출판법(1909) 제정으로 교과서 및 일반 서적 발행과 내용 검열

(3) 문학과 기타 활동

① 문학의 변화
  ㉠ 신소설: 이인직의 「혈의 누」(1906), 안국선의 「금수회의록」(1908), 이해조의 「자유종」(1910) 등(자주 독립·여권 신장·신분 타파 등 주장) ─ 근대 의식과 사회 변화 반영 ─ 동물들을 통해 민간 세상을 풍자, 일본이 압수함
  ㉡ 신체시: 최남선의 「해에게서 소년에게」 발표(1908, 최초의 근대시)
  ㉢ 외국 문학: 성경, 「천로역정」, 「빌헬름텔」, 「이솝이야기」, 「로빈슨 표류기」, 「걸리버 여행기」 등 번역 ─ 외국 문화에 대한 동경을 초래, 근대 문학 발전에 이바지

② 예술의 변화: 서양 음악의 도입, 창가(애국가, 권학가, 학도가, 독립가 등), 창극(신재효의 판소리 여섯 마당 정리), 원각사(1908, 최초의 서양식 극장, 「은세계」, 「치악산」 등 공연), 미술(고희동, 장승업, 안중식), 건축(명동 성당, 정동 교회, 덕수궁 석조전) ─ 신극 운동 ─ 서양 유화 소개, 전통 회화 주종, 서민층 민화 유행

(4) 종교 활동

① 천주교: 1886년 조·프 수호 통상 조약을 통하여 포교의 자유 획득, 사회 사업 전개(고아원·양로원 설립) ─ 1880년대 선교사 입국을 계기로 교세 확장
② 개신교: 서양 의술 보급, 학교 설립, 한글 보급, 미신 타파
③ 천도교(동학): 동학의 제3대 교주 손병희가 천도교로 개칭(1906), 만세보 발간, 3·1 운동에 중심적인 역할
④ 대종교: 나철, 오기호 등이 단군 신앙을 기반으로 대종교 창시(1909), 만주와 연해주 등지에서 항일 운동(1911, 중광단 조직 → 1919, 북로 군정서)
⑤ 유교: 시대의 흐름에 역행한다는 비판, 박은식❺의 「유교 구신론」(주자학 중심의 유학 비판, 대동교 창설)
⑥ 불교: 한용운의 「조선 불교 유신론」(불교의 자주성 회복과 근대화 운동)

📖 **사료 읽기**

나는 감히 외람됨을 무릅쓰고 3대 문제를 들어서 개량 구신의 의견을 바치노라. …… 첫째는, 유교파의 정신이 오로지 제왕의 편에 있고, 인민 사회에 보급할 정신이 부족한 것이다. 둘째는, 여러 나라를 돌면서 천하의 주의들을 강구하려 하지 않고, 내가 어린이를 구하는 것이 아니라 어린이가 나를 구한다는 주의만을 지키는 것이다. 셋째는, 우리 대한의 유가에서는 쉽고 정확한 법문(양명학)을 구하지 아니하고 질질 끌고 되어가는 대로 내버려 두는 공부(주자학)를 전적으로 숭상하는 것이다.

— 박은식, 「유교 구신론」 —

05 단골 키워드 문제

Ⅵ. 근대의 한국사
05 개항 이후의 경제 · 사회 · 문화

정답 및 해설 76쪽

기출 선택지 미리보기

- 보안회 – 황무지 개간권 요구를 저지하였다.
- 화폐 정리 사업 – 재정 고문 메가타의 주도로 시행되었다.
- 국채 보상 운동 – 대한매일신보 등 당시 언론이 적극적으로 참여하였다.
- 만세보 – 천도교의 기관지로 발행되었다.
- 육영 공원 – 헐버트, 길모어 등 외국인이 교사로 초빙되었다.

기출 키워드로 연습하기

01
① 원산 학사 • • 주시경
② 육영 공원 • • 최초의 근대적 사립 학교
③ 국문 연구소 • • 최초의 근대적 관립 학교

02 고종이 추진한 화폐 정리 사업은 대한 제국의 국내 경제 활성화에 기여하였다. (O / X)

03 국채 보상 운동은 대구에서 시작되어 전국적으로 확산되었다. (O / X)

04 객주, 여각, 보부상 등은 개항 이후 꾸준히 이익을 누렸다. (O / X)

05 우리나라 최초 철도인 경인선은 미국에 의해 처음으로 착공되었으나 (　　)이/가 완성하였다.

06 관보 성격의 (　　)은/는 최초의 근대적 신문으로 순 한문으로 발행되었다.

정답 | 01 ① 최초의 근대적 사립 학교 ② 최초의 근대적 관립 학교 ③ 주시경 02 X 03 O 04 X 05 일본 06 한성순보

01 KEYWORD 01 화폐 정리 사업

밑줄 그은 '사업'에 대한 탐구 활동으로 가장 적절한 것은?

심화 71회 35번

> **화폐로 보는 한국사**
>
>
> 백동화(白銅貨)는 전환국에서 발행한 액면가 2전 5푼의 동전이다. 당시 재정 궁핍으로 본위 화폐인 은화는 거의 주조되지 않았고, 보조 화폐인 백동화가 주로 제조되어 사용되었다. 러일 전쟁 중에 재정 고문으로 임명된 메가타 다네타로의 주도하에 전환국을 폐지하고 백동화와 엽전을 일본 제일은행권으로 교환하는 사업을 추진하면서, 백동화의 발행이 중단되었다.

① 군국기무처의 활동을 조사한다.
② 당오전이 발행된 배경을 파악한다.
③ 삼국 간섭이 발생한 원인을 분석한다.
④ 대한 광복회가 결성된 목적을 살펴본다.
⑤ 제1차 한 · 일 협약 체결의 영향을 알아본다.

02 KEYWORD 02 국채 보상 운동

(가) 운동에 대한 설명으로 옳은 것은?

심화 73회 33번

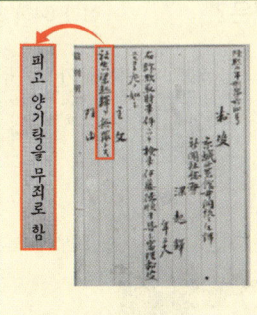

이 자료는 (가) 에 참여한 양기탁에 대한 판결문의 일부이다. 양기탁은 일본에서 들여온 차관을 갚기 위해 일어난 (가) 의 의연금을 횡령하였다는 이유로 기소되었다. 판결문에는 피고인 양기탁이 증거 불충분으로 무죄를 선고 받은 내용이 담겨 있다.

① 대한매일신보의 지원을 받아 확산되었다.
② 조선 총독부의 탄압과 방해로 실패하였다.
③ 백정에 대한 사회적 차별 철폐를 요구하였다.
④ 조선 민립 대학 기성회에서 모금 활동을 주도하였다.
⑤ 일본, 프랑스 등의 노동 단체로부터 격려 전문을 받았다.

03 KEYWORD 03 독립신문

(가)에 해당하는 신문으로 옳은 것은? 심화 56회 35번

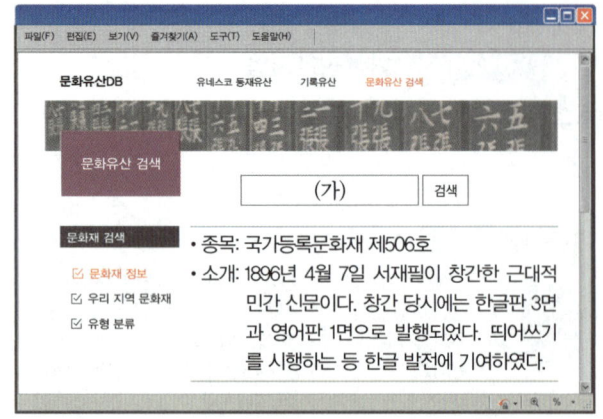

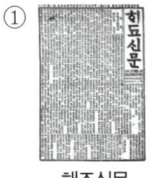 ① 해조신문　③ 제국신문　③ 한성순보

 ④ 독립신문　⑤ 황성신문

04 KEYWORD 04 대한매일신보

(가) 신문에 대한 설명으로 옳은 것은? 심화 64회 34번

① 상업 광고를 처음으로 실었다.
② 천도교의 기관지로 발행되었다.
③ 국채 보상 운동의 확산에 기여하였다.
④ 일장기를 삭제한 손기정 사진을 게재하였다.
⑤ 순 한문 신문으로 열흘마다 발행하는 것이 원칙이었다.

05 KEYWORD 05 한성순보

다음 검색창에 들어갈 신문에 대한 설명으로 옳은 것은? 심화 67회 31번

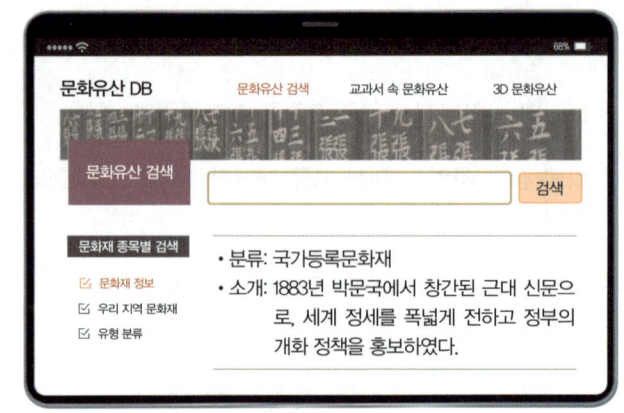

① 여권통문을 처음 보도하였다.
② 국채 보상 운동의 확산에 기여하였다.
③ 의병 투쟁에 호의적인 기사를 게재하였다.
④ 외국인이 읽을 수 있도록 영문으로도 발행되었다.
⑤ 순 한문 신문으로 열흘마다 발행하는 것이 원칙이었다.

06 KEYWORD 06 육영 공원

다음 대화에 해당하는 교육 기관에 대한 설명으로 옳은 것은? 심화 67회 33번

① 7재라는 전문 강좌가 개설되었다.
② 조선 총독부의 탄압으로 폐교되었다.
③ 교육 입국 조서에 근거하여 세워졌다.
④ 주요 건물로 대성전과 명륜당을 두었다.
⑤ 헐버트, 길모어 등이 교사로 초빙되었다.

07 KEYWORD 07 대종교

(가) 종교에 대한 설명으로 옳은 것은?   심화 70회 37번

① 개벽, 신여성 등의 잡지를 발간하였다.
② 한용운 등이 사찰령 폐지를 주장하였다.
③ 박중빈을 중심으로 새생활 운동을 펼쳤다.
④ 김창숙의 주도로 파리 장서 운동을 전개하였다.
⑤ 무장 투쟁을 전개하기 위해 중광단을 조직하였다.

08 KEYWORD 08 경인선

㉠ 시기에 볼 수 있는 모습으로 가장 적절한 것은?   심화 70회 33번

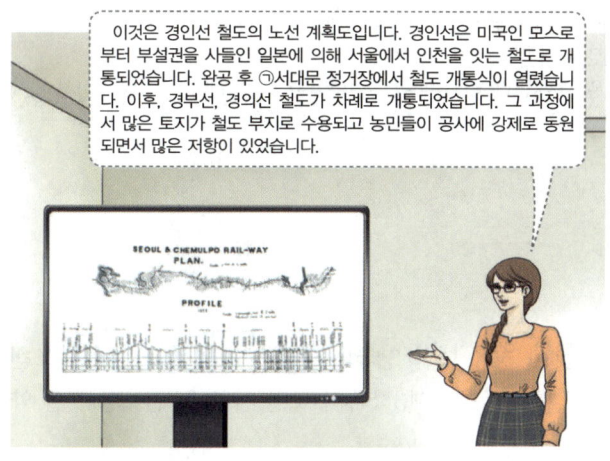

① 학도 지원병을 독려하는 지식인
② 금난전권 폐지에 반대하는 시전 상인
③ 근우회가 주최하는 강연에 참여하는 여성
④ 두모포에서 무력시위를 벌이는 일본 군인
⑤ 근대 학문을 가르치는 한성 사범 학교 교사

09 KEYWORD 09 주시경

(가) 인물에 대한 설명으로 옳은 것은?   심화 61회 34번

① 국문 연구소의 연구위원으로 활동하였다.
② 조선어 학회 사건으로 구속되어 옥고를 치렀다.
③ 국권 피탈 과정을 정리한 한국통사를 집필하였다.
④ 세계지리 교과서인 사민필지를 한글로 저술하였다.
⑤ 여유당전서를 간행하고 조선학 운동을 전개하였다.

10 KEYWORD 10 근대 기관

(가)~(마)에 대한 설명으로 옳은 것은?   심화 65회 37번

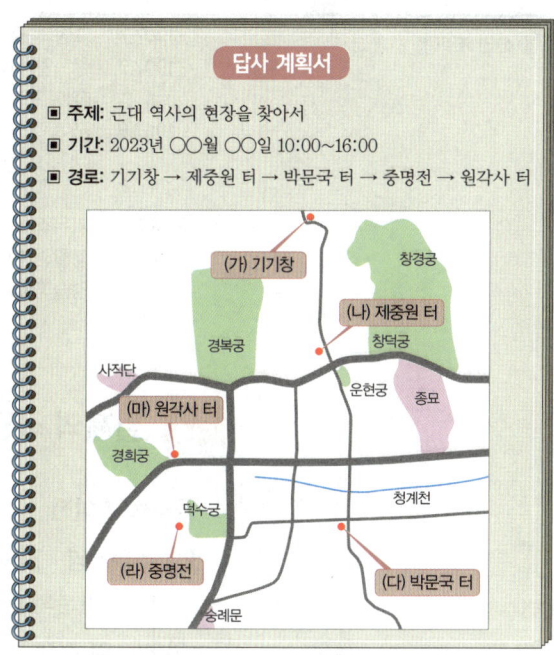

① (가) - 우리나라 최초의 근대 신문이 간행되었다.
② (나) - 고종의 황제 즉위식이 거행된 장소이다.
③ (다) - 백동화가 주조되었다.
④ (라) - 을사늑약이 체결되었다.
⑤ (마) - 나운규의 아리랑이 처음 상영된 곳이다.

06 국권 피탈과 항일 운동_1

✏ check! 필수 암기!

- 1904: 한·일 의정서(군사 요충지), 한·일 협정서(고문)
- 1905: 가쓰라·태프트 밀약, 제2차 영·일 동맹, 포츠머스 강화 조약, 을사늑약(외교권 박탈, 통감부)
- 1907: 헤이그 특사, 고종 강제 퇴위, 한·일 신협약(차관), 군대 해산(정미의병)
- 1910: 경술국치(국권 피탈, 총독부)

➕ 러시아와 일본의 한반도 분할 논의

한반도의 38도선 이남과 이북을 두고 일본과 러시아가 자신들의 이권을 확보하려 하였으며, 제1차 영·일 동맹 이후 러시아가 일본에 분할을 제의하였으나 일본이 거절하였다.

➕ 대한 제국의 중립 선언(1904.1.)

대한 제국은 전쟁에 휘말리지 않기 위하여 국외 중립을 선언하였다.

❶ 발틱 함대

흑해 함대, 동양 함대와 함께 러시아의 3대 함대 중 하나였다. 러·일 전쟁 때 일본 원정의 임무를 띠고 1904년 10월 15일 리예파야 항을 출항하였다가 1905년 5월, 일본 함대와의 전투에서 전멸하였다.

01 일제의 국권 침탈 과정 개관

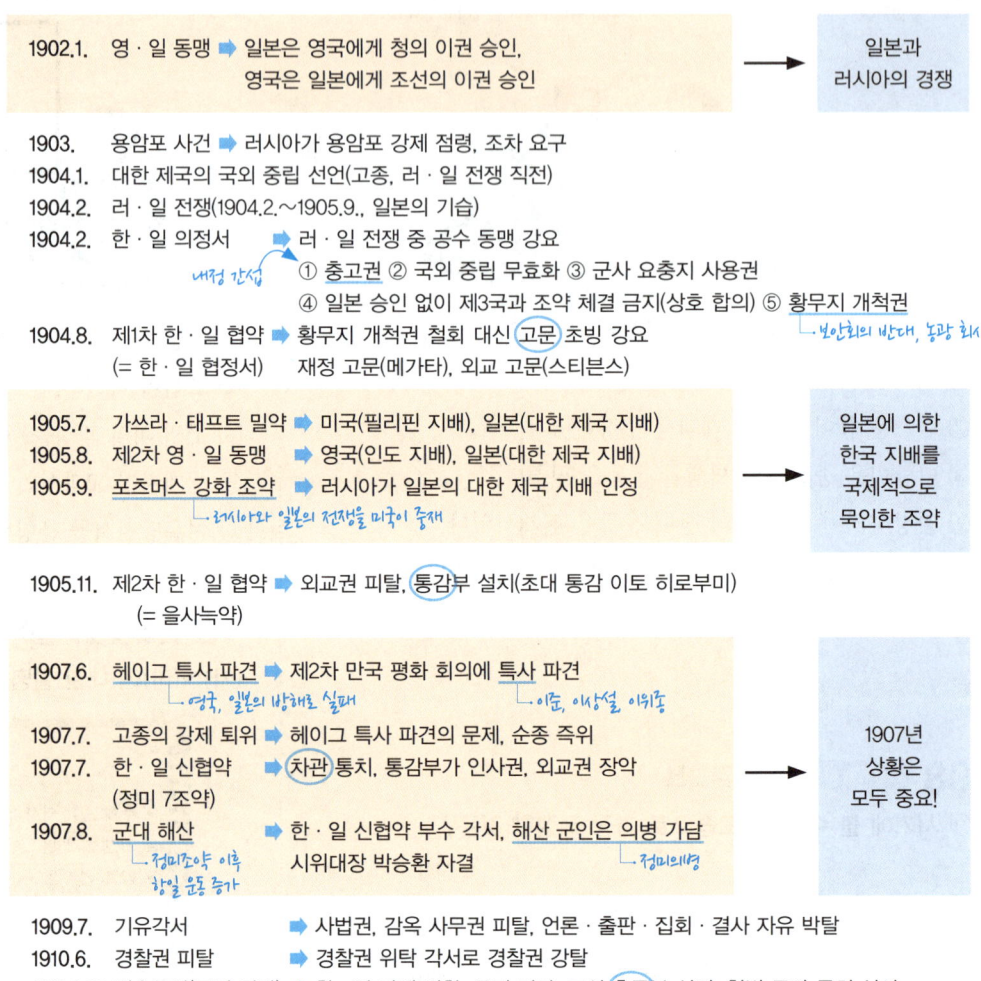

02 일제의 국권 침탈

1. 을사늑약 이전

(1) **제1차 영·일 동맹(1902.1.)**: 일본이 청에 대한 영국의 이권을 승인하고 영국은 조선에 대한 일본의 특수 이익을 승인한다는 것으로 제3국과의 교전 시 상호 원조할 것을 약속

(2) **러·일 전쟁 발발(1904~1905)**
① 배경: 삼국 간섭 이후 러시아와 일본의 대립 심화, 용암포 사건(1903, 러시아가 용암포를 강제 점령), 대한 제국의 국외 중립 선언
② 전개: 일본이 러시아 선제 공격, 일본이 러시아의 발틱 함대❶를 격파하며 승리

(3) 한·일 의정서(1904.2.)★
  ① 체결 과정: 러·일 전쟁 중 일본이 한반도의 군사적 요충지 등을 확보하기 위하여 강제로 체결
  ② 결과: 국외 중립 무효화, 일본의 군사 요충지 사용권 획득, 일본의 충고권, 황무지 개간권 요구

  📖 **사료 읽기**
  ▶ **한·일 의정서**
  제1조 한·일 양국 사이에 항구적으로 변함없는 친교 유지와 동양의 평화 확립을 위해 한국 정부는 일본을 신임하고 일본의 시정 개선에 관한 충고를 받아들여야 한다.
  제2조 일본 정부는 한국 황실을 친의로써 안전하고 편하게 한다.
  제4조 일본 정부는 제3국이나 내란에 의하여 한국 황제와 영토에 안녕이 위험해질 경우 일본은 이에 필요한 조치를 취하고, 이 목적을 위해 군사 전략상 필요한 요충지를 사용할 수 있다.
  제5조 한국 정부는 일본의 승인 없이는 제3국과 자유로이 조약을 체결할 수 없다.

(4) 제1차 한·일 협약(1904.8., 고문 통치)★★ ┌─ 한·일 협정서
  ① 체결 과정: 러·일 전쟁이 일본에 유리하게 전개되자 일본은 한국 식민지화 계획안을 확정하고 강제로 체결, 고문 통치 시작

  📖 **사료 읽기**
  ▶ **제1차 한·일 협약(한·일 협정서)**
  • 한국 정부는 일본 정부가 추천하는 일본인 1명을 재정 고문으로 하여 한국 정부에 용빙하고, 재무에 관한 사항은 일체 그 의견을 물어 시행할 것
  • 한국 정부는 일본 정부가 추천하는 외국인 1명을 외교 고문으로 하여 외부에 용빙하고 외교에 관한 요무(要務)는 일체 그 의견을 물어 시행할 것

  ② 결과: 재정 고문 일본인 메가타 파견, 외교 고문 미국인 스티븐스 파견, 군사·경찰·학부·궁내부 등에 일본인 고문 파견, 대한 제국의 내정과 외교 간섭 시작

(5) 제2차 한·일 협약(1905.11.17., 을사늑약❷, 통감 통치)★★★
  ① 을사늑약 체결 과정
    ㉠ 강요: 강력한 식민지화 정책을 추진하기 위하여 이토 히로부미(초대 통감)가 궁궐을 포위하고 통감 통치를 강요
    ㉡ 체결: 고종과 내각은 절대 반대하였으나 수상 한규설을 감금하고 이완용, 박제순 등 을사오적을 위협하여 조약에 서명하도록 하고 이를 공포

  📖 **사료 읽기**
  ▶ **제2차 한·일 협약(을사늑약)**
  제2조 일본국 정부는 한국과 타국 간에 현존하는 조약의 실행을 완수하는 임무를 담당하고 한국 정부는 지금부터 일본국 정부의 중개를 거치지 않고서는 국제적 성질을 가진 어떤 조약이나 약속을 맺지 않을 것을 서로 약속한다.
  제3조 일본국 정부는 그 대표자로 한국 황제 폐하 밑에 1명의 통감을 두되 통감은 오로지 외교에 관한 사항을 관리하기 위하여 경성에 주재하고 친히 황제 폐하를 알현할 수 있는 권리를 가진다.

  ② 결과: 대한 제국의 외교권 박탈, 통감부 설치, 외교뿐만 아니라 내정까지도 간섭
  └─ 초대 통감: 이토 히로부미

➕ **일본의 한국 지배를 묵인한 국제 조약**
• 가쓰라·태프트 밀약(1905.7.): 일본과 미국의 밀약, 필리핀에 대한 미국의 권리와 한국에 대한 일본의 권리를 서로 인정
• 제2차 영·일 동맹(1905.8.): 러·일 전쟁 중에 체결, 한국에 대한 일본의 지배와 인도에 대한 영국의 지배를 서로 인정
• 포츠머스 강화 조약(1905.9.): 러·일 전쟁을 일본의 승리로 마무리하는 조약, 러시아가 일본의 한국 지배 인정

❷ **을사늑약**
일본의 무력적인 강압 속에서 이에 동조한 을사오적이 찬성하여 체결된 것으로 전해지고 있으나, 조약 과정이 강제적으로 이루어졌고, 결정권자인 고종이 끝까지 서명하지 않았다. 따라서 일제의 강압에 의한 법적 형식이 결여된 불법적인 조약이므로 늑약이라 불러야 한다.

❸ 헤이그 특사

1906년 대한 제국은 제2회 만국 평화 회의에 정식으로 초대 받았으나 일본의 방해로 초대가 취소되었고, 고종은 국내 사정을 알리고자 1907년 이준·이상설·이위종을 헤이그에 특사로 파견하였다.

2. 을사늑약 이후

(1) 헤이그 특사 파견❸(1907.6.)★★★
  ① 배경: 고종은 을사늑약의 불법성과 침략 행위의 부당성을 전 세계에 호소하여 국제적인 압력으로 이를 파기하기 위하여 이준, 이상설, 이위종을 헤이그에서 개최되는 제2회 만국 평화 회의에 특사로 파견 → 열강의 반대로 회의에 참여하지 못함
  ② 결과: 일제는 이를 빌미로 고종을 강제로 퇴위(1907.7.)시키고, 한·일 신협약(정미 7조약)을 강요

(2) 한·일 신협약(1907.7., 정미 7조약, 차관 통치)★
  ① 체결 과정: 순종 즉위 직후 일제는 한·일 신협약을 강제로 체결, 차관 통치 시행

  📖 사료 읽기

  ≫ 한·일 신협약(정미 7조약)
  제1조 한국 정부는 시정 개선에 관하여 통감의 지도를 받을 것
  제2조 한국 정부의 법령 제정 및 중요한 행정상의 처분은 미리 통감의 승인을 거칠 것
  제3조 한국의 사법사무는 보통 행정사무와 이를 구분할 것
  제4조 한국 고등 관리의 임면은 통감의 동의로써 이를 행할 것
  제5조 한국 정부는 통감이 추천하는 일본인을 한국 관리에 임명할 것
  제6조 한국 정부는 통감의 동의 없이 외국인을 한국 관리에 임명하지 말 것

  ② 결과: 일본인 차관이 대한 제국의 행정부 장악, 고종 황제의 강제 퇴위와 정미 7조약에 대한 민족 항일 운동이 거세지자 통감 이토 히로부미는 대한 제국의 군대 해산(1907.8.)

(3) 국권 강탈(1910.8.29., 경술국치, 한·일 강제 병합)★★★
  ① 체결 과정: 일제는 기유각서(1909.7.)로 사법권 및 감옥 사무권 강탈, 경찰권 강탈(1910.6.) 이후 국권 강탈

  📖 사료 읽기

  ≫ 한·일 병합 조약
  일본국 황제 폐하 및 한국 황제 폐하는 양국 간에 특수하고도 친밀한 관계를 고려하여 상호의 행복을 증진하며 동양 평화를 영구히 확보하고자 하며 이 목적을 달성하기 위하여 한국을 일본 제국에 병합함이 선책이라고 확신하고 …… 아래의 조항을 협정한다.
  제1조 한국 황제 폐하는 한국 전부에 관한 모든 통치권을 완전 또는 영구히 일본 황제 폐하에게 양여한다.
  제2조 일본국 황제 폐하는 전조에 기재한 양여를 수락하고 완전히 한국을 일본 제국에 병합함을 승낙한다.
  제3조 일본국 황제 폐하는 한국 황제 폐하·황태자 전하 및 그 후비와 후예가 각기의 지위에 적응하여 상당한 존칭 위엄 및 명예를 향유하게 하며 또 이것을 유지하는 데 충분한 세비를 공급할 것을 약속한다.
  제5조 일본국 황제 폐하는 훈공 있는 한국인으로서 특히 표창에 적당하다고 인정된 자에게 영작을 수여하고 또 은급을 부여한다.

  ② 결과: 조선 총독부 설치(총독 통치), 헌병 무단 통치의 식민 통치 시행

06 단골 키워드 문제

Ⅵ. 근대의 한국사
06 국권 피탈과 항일 운동_1

정답 및 해설 80쪽

기출 선택지 미리보기

- 제1차 한·일 협약 – 일본인 메가타가 대한 제국의 재정 고문으로 초빙되었다.
- 을사늑약 – 통감부가 설치되는 계기가 되었다.
- 을사늑약 – 대한 제국의 외교권이 박탈되었다.
- 헤이그에서 열린 만국 평화 회의에 특사가 파견되었다.
- 한·일 신협약 – 대한 제국의 군대가 해산되었다.

기출 키워드로 연습하기

01
① 제1차 한·일 협약 • • 국권 강탈
② 을사늑약 • • 통감 통치
③ 한·일 병합 조약 • • 고문 통치

02 일본은 한·일 신협약을 체결하여 고문 통치를 시행하였다. (O / ×)

03 미국은 일본과 가쓰라·태프트 밀약을 체결하여 필리핀의 지배를 인정받았다. (O / ×)

04 러·일 전쟁에서 승리한 일본은 미국에 중재를 요청하여 러시아와 일본의 독점적 지배 인정을 골자로 한 (　　　)을/를 체결하였다.

05 고종은 을사늑약의 불법성과 침략 행위의 부당성을 전 세계에 호소하기 위하여 이준, 이상설, 이위종을 (　　　)에서 개최되는 제2회 만국 평화 회의에 특사로 파견하였다.

06 일제는 1910년 한·일 병합 조약을 체결하여 (　　　)을/를 설치하고 총독에 의한 무자비한 헌병 무단 통치를 시행하였다.

정답 | 01 ① 고문 통치 ② 통감 통치 ③ 국권 강탈 02 × 03 O 04 포츠머스 강화 조약 05 헤이그 06 조선 총독부

---

01 KEYWORD 01 포츠머스 강화 조약 이후 정세

다음 조약이 체결된 이후의 사실로 옳은 것은?   심화 54회 37번

> 제2조 러시아 제국 정부는 일본국이 한국에서 정치·군사·경제상의 탁월한 이익을 갖는다는 것을 인정하고 일본 제국 정부가 한국에서 필요하다고 인정하는 지도·보호·감리의 조치를 함에 있어 이를 방해하거나 간섭하지 않을 것을 약정한다.

① 영국이 거문도를 불법 점거하였다.
② 헤이그 만국 평화 회의에 특사가 파견되었다.
③ 상권 수호를 위해 황국 중앙 총상회가 조직되었다.
④ 유생 출신 유인석이 이끄는 의병이 충주성을 점령하였다.
⑤ 일본 군함이 관세 문제로 두모포에서 무력시위를 벌였다.

02 KEYWORD 02 러·일 전쟁

밑줄 그은 '전쟁' 중에 있었던 사실로 옳지 <u>않은</u> 것은?

심화 64회 35번

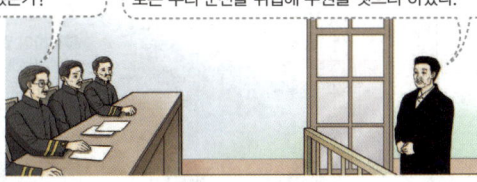

① 일본이 독도를 불법적으로 편입하였다.
② 일본과 미국이 가쓰라·태프트 밀약을 맺었다.
③ 일본인 메가타가 대한 제국의 재정 고문으로 초빙되었다.
④ 대한 제국이 기유각서를 통해 일제에 사법권을 박탈당하였다.
⑤ 군사 전략상 필요한 지역을 일본에 제공하는 한·일 의정서가 강요되었다.

03 KEYWORD 03 제1차 한·일 협약
다음 기사를 활용한 탐구 활동으로 가장 적절한 것은?

심화 63회 34번

① 제1차 한일 협약의 내용을 알아본다.
② 삼국 간섭이 발생한 원인을 분석한다.
③ 일제가 조작한 105인 사건의 영향을 파악한다.
④ 영국이 거문도를 불법 점령한 과정을 조사한다.
⑤ 고종이 러시아 공사관으로 피신한 이유를 찾아본다.

04 KEYWORD 04 제1차 한·일 협약, 한·일 의정서
(가), (나) 사이의 시기에 있었던 사실로 옳은 것은?

심화 67회 36번

① 데라우치가 초대 총독으로 부임하였다.
② 13도 창의군이 서울 진공 작전을 전개하였다.
③ 기유각서를 통해 일제에 사법권을 박탈당하였다.
④ 상권 수호를 위해 황국 중앙 총상회가 조직되었다.
⑤ 헤이그에서 열린 만국 평화 회의에 특사가 파견되었다.

05 KEYWORD 05 을사늑약
다음 자료에 나타난 상황 이후의 사실로 옳은 것은?

심화 59회 38번

> 오늘 신문에 강화(講和) 조약 전문이 공개되었다. 러시아는 일본이 조선에서 갖고 있는 막대한 정치적·군사적·경제적 이익을 인정하고, 일본이 조선의 내정을 지도·보호 및 감리(監理)하는 데 필요하다고 여기는 어떠한 조치도 방해하거나 간섭하지 않을 것을 약속하였다. …… 러시아는 전쟁으로 교훈을 얻었다. 일본은 전쟁으로 영예를 얻었다. 조선은 전쟁으로 최악의 것을 얻었다.
> ― 『윤치호 일기』 ―

① 메가타가 재정 고문으로 부임하였다.
② 고종이 러시아 공사관으로 거처를 옮겼다.
③ 베델과 양기탁이 대한매일신보를 창간하였다.
④ 관민 공동회가 개최되어 헌의 6조를 결의하였다.
⑤ 민종식이 이끄는 의병 부대가 홍주성을 점령하였다.

06 KEYWORD 06 을사늑약, 한·일 신협약
(가), (나) 조약 사이의 시기에 있었던 사실로 옳은 것은?

심화 53회 37번

> (가) 제2조 일본국 정부는 한국과 타국 사이에 현존하는 조약의 실행을 완수하는 책임을 지며 한국 정부는 금후 일본국 정부의 중개를 거치지 않고서는 국제적 성질을 가진 어떤 조약이나 약속을 맺지 않을 것을 약속한다.
> 제3조 일본국 정부는 그 대표자로서 한국 황제 폐하의 아래에 1명의 통감을 두되, 통감은 오로지 외교에 관한 사항을 관리하기 위하여 서울에 주재하고 직접 한국 황제 폐하를 궁중에서 알현할 권리를 가진다.
>
> (나) 제2조 한국 정부의 법령 제정 및 중요한 행정상의 처분은 미리 통감의 승인을 거친다.
> 제4조 한국 고등 관리를 임명하고 해임시키는 것은 통감의 동의에 의하여 집행한다.
> 제5조 한국 정부는 통감이 추천한 일본인을 한국 관리로 임명한다.

① 13도 창의군이 서울 진공 작전을 전개하였다.
② 관민 공동회가 개최되어 헌의 6조를 결의하였다.
③ 동학 농민군이 우금치에서 관군 및 일본군에 맞서 싸웠다.
④ 영국이 러시아를 견제하기 위해 거문도를 불법 점령하였다.
⑤ 고종이 헤이그에서 열린 만국 평화 회의에 특사를 파견하였다.

KEYWORD 07 헤이그 특사

07 최다 빈출 유형

다음 글이 작성된 시기를 연표에서 옳게 고른 것은?

심화 65회 32번

> 전보 제○○○호
> 발신인: 외무대신 하야시
> 수신인: 통감 이토
>
> 네덜란드에 파견된 전권 대사 쓰즈키가 보낸 전보 내용임. 한국인 3명이 이곳에 머물면서 평화 회의의 위원 대우를 받고자 진력하고 있다고 함. 그들은 오늘 아침 러시아 수석 위원 넬리도프를 방문하려 했는데, 넬리도프는 네덜란드 정부로부터 평화 회의 위원으로 확인되지 않는 자는 만나지 않겠다고 함. 이들은 일본이 한국에 시행한 정책에 대해 항의서를 인쇄하여 각국 수석 위원(단, 영국 위원은 제외한 것으로 보임)에게도 보냈다고 함.

```
1866      1884      1904
병인양요   한성 조약   러·일 전쟁
   (가)   (나)   (다)   (라)   (마)
      1876      1894      1910
     강화도 조약  청·일 전쟁  국권 피탈
```

① (가) ② (나) ③ (다) ④ (라) ⑤ (마)

---

08 꼬리 물기 문제

밑줄 그은 '특사'가 파견된 배경으로 적절한 것은?

심화 52회 36번

① 고종이 강제로 퇴위되었다.
② 초대 총독으로 데라우치가 부임하였다.
③ 외교권이 강탈되고 통감부가 설치되었다.
④ 기유각서를 통해 일제에 사법권을 박탈당하였다.
⑤ 미국 대통령 윌슨이 민족 자결주의를 제창하였다.

---

09 KEYWORD 08 고종의 강제 퇴위

다음 대화에 나타난 사건 이후의 사실로 옳은 것은?

심화 69회 34번

① 신식 군대인 별기군이 창설되었다.
② 묄렌도르프가 외교 고문으로 파견되었다.
③ 초대 통감으로 이토 히로부미가 부임하였다.
④ 기유각서가 체결되어 사법권을 박탈당하였다.
⑤ 관민 공동회가 개최되어 헌의 6조를 결의하였다.

---

10 KEYWORD 09 군대 해산

다음 가상 대화 이후에 전개된 사실로 옳은 것은?

심화 74회 32번

① 최익현이 태인에서 의병을 일으켰다.
② 일본이 독도를 불법적으로 편입하였다.
③ 스티븐스가 외교 고문으로 부임하였다.
④ 13도 창의군이 서울 진공 작전을 전개하였다.
⑤ 유인석이 이끄는 부대가 충주성을 점령하였다.

07 국권 피탈과 항일 운동_2

check! 필수 암기!

- **항일 의병**: 을사의병(최익현, 신돌석), 정미의병(서울 진공 작전, 이인영, 허위)
- **민족 저항**: 민영환, 5적 암살단(나철, 오기호), 장인환·전명운(스티븐스 저격), 안중근(이토 히로부미 저격), 이재명(이완용 습격)

01 항일 의병 운동의 전개

1. 을사늑약과 민족의 저항

(1) **을사늑약**(1905): 일제의 강제적인 을사늑약 체결 → 대한 제국의 외교권 박탈에 대한 저항 운동 전개

(2) 반대 운동(을사늑약 폐기 운동) ★★
  ① 상소 운동: <mark>조병세</mark>, <mark>이상설</mark>, 안병찬, 최익현 등은 을사늑약 폐기를 황제에게 상소
  ② 순국: <mark>민영환</mark>, 조병세, 송병선 등은 자결로써 항거
  ③ 5적 암살단(자신회): <mark>나철</mark>, <mark>오기호</mark> 등은 을사오적 및 일진회를 습격하는 등 매국노 처단 활동 전개
   └ 이지용(내부대신), 박제순(외부대신), 이근택(군부대신), 권중현(농상공부대신), 이완용(학부대신)
  ④ 항일 언론: 황성신문의 주필 <mark>장지연</mark>은 「<mark>시일야방성대곡</mark>」 게재

> **📖 사료 읽기**
>
> ➤「시일야방성대곡」
> 그러나 슬프도다. 저 개돼지만도 못한 소위 우리 정부의 대신이란 자들은 자기 일신의 영달과 이익이나 바라면서 위협에 겁먹어 머뭇대거나 벌벌 떨며 나라를 팔아먹는 도적이 되기를 감수했던 것이다. …… 아! 분한지고. 우리 2천만 동포여, 노예된 동포여! 살았는가, 죽었는가? 단군, 기자 이래 4천 년 국민정신이 하룻밤 사이에 홀연 망하고 말 것인가. 원통하고 원통하다. 동포여! 동포여.
> - 장지연 -

  ⑤ 고종의 무효 선언: <mark>고종</mark>은 을사늑약이 무효임을 선언하고 <mark>대한매일신보</mark>에 <mark>친서</mark> 발표

2. 을사의병(1905~1906) ★★

(1) 배경: 러·일 전쟁 이후 을사늑약 체결에 대한 무장 항쟁
(2) 특징: 무장 투쟁 전개, 국권 회복을 전면에 제기, <mark>평민 의병장의 등장</mark>, 반침략 운동의 성격
(3) 대표적 의병장의 활동
  ① 민종식: 전직 관리, 충남 홍주성 점령
  ② <mark>최익현</mark>❶: 유생, 전북 태인에서 거병·순창에서 투항, <mark>쓰시마 섬에 유배·순국</mark>, 전라도 지역 의병 투쟁에 자극
  ③ <mark>신돌석</mark>(태백산 호랑이): <mark>평민 출신 의병장</mark>, 경북·강원도 일대(평해·울진)에서 활약, 의병의 수가 3천 명에 달함

3. 정미의병❷(1907, 의병의 전쟁화) ★★★

(1) 배경: <mark>고종의 강제 퇴위</mark>, <mark>군대 해산</mark>을 계기로 발생
(2) 확산: 해산 군인의 의병 가담으로 전투력 향상, 전국으로 확산, 의병 전쟁의 양상

---

❶ **최익현**
태인에서 의병을 이끌고 순창에 입성하여 관군과 대치하게 되었을 때, "왜적이 아닌 동족을 죽이는 일은 차마 못하겠다."라고 하여 싸움을 중단하고 포로가 되어 쓰시마 섬에 유배되었다. 최익현은 쓰시마 섬에서 왜적이 주는 음식을 거절하고 단식을 계속하다가 1906년에 순국(아사)하였다.

❷ **정미의병**

- **의병장**: 민긍호(강원), 허위(경기), 이강년(경북), 이범윤(북간도), 안중근(간도)
- **평민 출신 의병장**: 신돌석(경상도), 홍범도(함경도), 차도선(함경도)

(3) 전개
① 서울 진공 작전(1908.1.): 이인영(총대장), 허위(부대장) 등 유생 의병장의 주도로 13도 창의군 결성(1907.12., 경기도 양주에 1만여 명 집결) → 부친상으로 이인영 낙향, 허위 체포, 일본의 반격으로 실패
② 일본의 남한 대토벌 작전(1909.9.): 일본의 탄압으로 의병 투쟁 위축, 일본의 남한 대토벌 작전 이후 많은 의병들은 만주와 연해주로 이동하여 독립운동 기지 마련

(4) 특징
서울 주재 각 영사관에 의병을 국제법상 교전 단체로 승인해 줄 것을 요구하는 서신을 발송하여 스스로를 '독립군'이라 천명

4. 의병 전쟁의 의의 및 한계
(1) 의의: 가장 적극적인 항일 투쟁 방식, 민족의 독립 정신 표출, 항일 무장 독립 투쟁의 기반마련, 국권 상실 이후 독립군 가담
(2) 한계: 봉건적 유생층의 지도 노선으로 결속력 약화, 일본군에 비해 조직과 화력 열세, 국제적 고립 상태에서 진행(외교권 피탈)

> **⊕ 13도 창의군의 한계**
> 당시 13도 창의군의 주도층은 양반 유생들이었기 때문에 봉건적 지배 질서 유지를 이유로 평민 의병장을 인정하지 않았다. 따라서 신돌석, 홍범도 등의 평민 의병장이 지휘하는 부대는 합류할 수 없었다.

5. 의사들의 활동
(1) 장인환, 전명운★★
통감부의 한국 통치를 찬양한 미국인 외교 고문 스티븐스를 샌프란시스코에서 처단(1908.3.)

> **❗ 장인환·전명운 의거**
> 스티븐스는 3월 21일 기자 회견을 갖고, "일본이 한국을 보호국으로 삼은 뒤 한국에 유익한 바가 많다." 또는 "한국 국민은 일본의 보호 정치를 환영하고 있다."라는 등의 망언을 일삼았다. 장인환과 전명운은 3월 23일 샌프란시스코 페리부두에서 스티븐스를 처단하기로 계획하고 전명운이 권총으로 저격하였으나 불발로 실패하였고 직후 장인환이 스티븐스를 저격하여 처단하였다.
> ▲장인환

(2) 안중근★★★
① 단지동맹: 12명의 독립운동가들이 러시아에서 모여 결성(1909.2.)

> **❗ 단지동맹 결의**
> 안중근은 11명의 동지들과 함께 단지동맹(斷指同盟)을 결성하고 왼손 넷째 손가락(무명지) 첫 관절을 잘라 혈서로 '大韓獨立(대한독립)'이라 쓰며, 독립운동에의 헌신을 다졌다. 이들은 이토 히로부미와 매국노 이완용에 대한 암살 계획을 세우고, 3년 이내에 이를 성사시키지 못하면 자살로써 국민에게 속죄하겠다는 맹세를 하였다. 이후 러시아 연해주 블라디보스토크에 이를 기념하는 단지동맹 기념비가 세워졌다.
> ▲안중근

② 하얼빈 의거: 만주 하얼빈 역에서 초대 통감 이토 히로부미를 저격하여 처단(1909.10.)
③ 안중근 유묵: 옥중 논책인 「동양 평화론」 저술, 「위국헌신군인본분」 등의 유묵을 남김

> **❗ 「동양 평화론」**
> 안중근의 「동양 평화론」은 1909년 사형 선고를 받은 후 동양의 평화 실현을 위하여 옥중에서 쓴 미완성의 논책이다. 한국·중국·일본의 관계를 '대등한 국가 관계'로 보면서, 이웃 국가에 대한 침략과 영토 확장을 비판하고 평화적 공존을 주장한 내용을 담고 있다.

(3) 이재명★
┌ 벨기에 황제 추도식
명동 성당에서 이완용의 복부와 어깨에 중상을 입히고 체포(1909.12.)

> **⊕ 「위국헌신군인본분」(爲國獻身軍人本分)**
> 안중근이 1910년 3월 뤼순 감옥에서 남긴 유묵 중 하나로, 수감 당시 간수로 복무한 지바 도시치에게 주었다. 평소 안중근의 인품에 감복을 받은 지바 도시치는 안중근의 사형 집행 이후 위패를 사찰에 모시고 넋을 기렸으며, 1980년 유묵을 우리나라에 기증하였다.

02 애국 계몽 운동

1. 애국 계몽 운동의 특징
(1) **성격**: 교육·언론 종교 등의 문화 활동과 산업 진흥을 통해 민족의 근대적 역량을 배양함으로써 국권을 회복하려는 운동(실력 양성) → 사회 진화론과 문명 개화론 기반

(2) **주도**: 개화 지식인, 독립 협회 운동의 전통을 계승한 지식인, 도시 시민층

2. 애국 계몽 운동 단체의 활동
(1) **보안회(1904)**★★: 유생과 관료 중심, 일본의 황무지 개간권 요구 반대 운동 → 요구를 철회시킴, 일제 탄압으로 해산

(2) **헌정 연구회(1905)**★: 을사늑약 체결 후 독립 협회를 계승하여 조직, 의회 설립을 통한 입헌적 정치 체제의 수립과 민권 확대 주장, 반민족적 친일 행각을 하던 일진회❸에 대항하다 해산

(3) **대한 자강회(1906)**★: 헌정 연구회 계승, 교육과 산업의 진흥을 통한 실력 양성 운동 전개, 고종의 강제 퇴위 반대 운동을 전개하다가 일제의 탄압으로 해산 → 대한 자강회 계승, 친일 단체로 변화

(4) **신민회(1907~1911)**★★★
① 성립: 안창호, 양기탁 등이 중심, 항일 비밀 결사 단체
② 목표: 실력 양성을 통한 국권 회복과 공화 정체의 근대 국민 국가 건설

▲대한 자강회 원본

> **📖 사료 읽기**
>
> ▶ **신민회 취지서**
>
> 신민회는 무엇을 위하여 일어남이뇨? …… 문화의 쇠퇴에 신학술이 시급하며, …… 실업의 초췌에 신모범이 시급하며, 정치의 부패에 신개혁이 시급이라, 천만 가지 일에 신(新)을 기다리지 않는 것이 없도다. …… 무릇 대한인은 내외를 막론하고 통일 연합으로써 그 진로를 정하고 독립 자유로써 그 목적을 세우니 …… 오직 신정신을 불러 깨우쳐서 신단체를 조직한 후에 신국가를 건설할 뿐이다.
>
> – 주한 일본 공사관 기록 –

③ 국내 활동: 공개적으로 실력 양성 운동 전개 → 민족주의 교육❹ 실시(평양의 대성 학교, 정주의 오산 학교 설립), 민족 산업 육성(자기 회사, 태극 서관 설립)
④ 국외 활동: 장기적인 항일 투쟁을 위해 무장 투쟁 준비 → 독립운동 기지 건설(남만주의 삼원보), 신흥 강습소❺ 설립
⑤ 해산: 105인 사건❻(1911)

3. 교육 운동 및 언론 활동
(1) **교육 운동**: 신교육 보급 및 민족의식 고취와 민중 계몽에 주력 → 사립 학교 설립, 학회 설립(서북 학회, 기호 흥학회)

(2) **언론 활동**: 신문과 여러 출판물을 통해 근대 의식과 애국심 고취 → 황성신문(「시일야방성대곡」), 대한매일신보(을사늑약의 불법성 폭로, 의병 투쟁에 호의적, 국채 보상 운동 지원), 국외 교민 단체들의 신문 발행(신한민보, 해조신문 등)

4. 애국 계몽 운동의 의의와 한계
(1) **의의**: 국권 회복과 근대 국민 국가 건설을 동시에 추구, 실력 양성 운동으로 계승
(2) **한계**: 일본의 방해와 탄압으로 실질적인 성과를 거두지 못함

✏️ check! 필수 암기!

애국 계몽 운동 단체
헌정 연구회(입헌 체제, 일진회 규탄), 대한 자강회(고종 강제 퇴위 반대), 신민회(안창호, 양기탁, 신흥 강습소, 105인 사건)

❸ **일진회(1904~1910)**
1904년 송병준과 이용구가 조직한 대표적인 친일 매국 단체로 1905년 일본에 외교권을 넘길 것을 주장하였다. 일진회는 이토 히로부미가 하얼빈에서 처단(1909)된 이후부터 더욱 매국 행위를 강화하여 순종에게 국권 피탈안을 몇 번씩 상주하기도 하였으며, 을사늑약 직전에는 '한국의 외교권을 일본에게 위임함으로써 국가 독립을 유지할 수 있고 복을 누릴 수 있다'고 주장하였다.

❹ **신민회의 민족주의 교육 기관**
• 오산 학교(1907): 정주, 이승훈
• 대성 학교(1908): 평양, 안창호

❺ **신흥 강습소와 신흥 무관 학교**
신흥 강습소(1911)는 서간도에 설립되었고, 신흥 무관 학교의 명칭은 1919년 이후부터 사용하였다.

❻ **105인 사건(1911)**
안중근의 사촌 동생 안명근이 황해도 일원에서 독립 자금을 모금하다가 적발되자 일제는 이를 빌미로 항일 기독교 세력과 신민회를 탄압하기 위해 데라우치 총독 암살 미수 사건을 날조하여 안악군을 중심으로 황해도 일대의 지식인·재산가·유력 인사 600여 명의 민족 지도자를 검거하였다(안악 사건). 안악 사건으로 체포된 민족 지도자 중 105명이 유죄 판결을 받았는데 대부분 신민회의 회원이었다(105인 사건). 1913년 항소하여 105명 중 99명은 무죄로 석방되었다.

07 단골 키워드 문제

VI. 근대의 한국사
07 국권 피탈과 항일 운동_2

정답 및 해설 83쪽

기출 선택지 미리보기

- **을사늑약** – 민영환, 조병세 등이 자결로써 항거하였다.
- **을사의병** – 최익현, 신돌석 등이 의병을 일으켰다.
- **정미의병** – 13도 창의군이 서울 진공 작전을 전개하였다.
- 신민회는 대성 학교와 오산 학교를 세워 민족 교육을 실시하였다.
- 안중근이 하얼빈에서 이토 히로부미를 사살하였다.

기출 키워드로 연습하기

01
① 5적 암살단 • • 황무지 개간권 요구 반대 운동
② 보안회 • • 고종 강제 퇴위 반대 운동
③ 대한 자강회 • • 나철, 오기호

02 을사의병 당시 평민 출신 의병장이 처음으로 등장하였다. (O / X)

03 1907년 총대장 이인영, 군사장 허위 등을 중심으로 1만여 명의 전국 의병 연합 부대인 (　　)을/를 편성하였다.

04 (　　)은/는 안창호, 양기탁 등이 중심이 되어 설립한 비밀 결사 조직으로, 실력 양성을 통한 국권 회복과 공화 정체의 국민 국가 수립을 목표로 하였다.

05 장인환, 전명운 의사는 (　　)에서 스티븐스를 처단하였다.

06 안중근은 (　　)역에서 초대 통감 이토 히로부미를 저격하여 처단하였다.

정답 | 01 ① 나철, 오기호 ② 황무지 개간권 요구 반대 운동 ③ 고종 강제 퇴위 반대 운동 02 O 03 13도 창의군 04 신민회 05 샌프란시스코 06 하얼빈

01 KEYWORD 01 안중근

다음 자료를 작성한 인물에 대한 설명으로 옳은 것은?

심화 75회 33번

> '동양 평화'와 '한국 독립'에 대한 문제는 이미 세계 모든 나라 사람들이 다 아는 사실이며 당연한 일로 굳게 믿었고, 한국과 청국 사람들의 마음에 깊게 새겨졌다. …… 만일 일본이 지금의 정책을 바꾸지 않고 이웃 나라들을 나날이 억누른다면, 차라리 다른 인종에게 망할지언정 같은 인종에게 욕을 당하지는 않겠다는 생각이 한국과 청국 사람들의 마음에서 용솟음칠 것이다. …… 동양 평화를 위한 의로운 싸움을 하얼빈에서 시작하고, 옳고 그름을 가리는 자리는 뤼순으로 정하였다.

① 샌프란시스코에서 흥사단을 창립하였다.
② 황준헌이 쓴 조선책략을 국내에 들여왔다.
③ 초대 통감이었던 이토 히로부미를 사살하였다.
④ 유만수 등과 함께 부민관 폭파 의거를 일으켰다.
⑤ 국권 피탈 과정을 정리한 한국통사를 저술하였다.

02 KEYWORD 02 의병 운동

(가)~(다) 학생이 발표한 내용을 순서대로 옳게 나열한 것은?

심화 55회 35번

① (가) - (나) - (다)
② (가) - (다) - (나)
③ (나) - (가) - (다)
④ (나) - (다) - (가)
⑤ (다) - (나) - (가)

KEYWORD 03 정미의병

03 최다 빈출 유형

(가) 의병에 대한 설명으로 옳은 것은? 심화 70회 32번

> **이달의 독립운동가**
>
> **최초의 여성 의병 지도자 윤희순(尹熙順)**
>
>
>
> · 생몰년: 1860~1935
> · 생애 및 활동
>
> 경기도 구리 출신으로 명성 황후 시해 사건이 일어나자 '안사람 의병가'를 창작하여 여성의 의병 참여를 독려하는 데 앞장섰다. 고종의 강제 퇴위와 군대 해산에 반발하여 일어난 [(가)] 당시 30여 명의 여성으로 의병대를 조직하여 최초의 여성 의병장으로 활약하였다. 일제에 나라를 뺏긴 이후에는 만주로 망명하여 항일 인재 양성과 무장 투쟁을 이어 나갔다. 1990년 건국훈장 애족장이 추서되었다.

① 최익현이 태인에서 궐기하였다.
② 고종의 해산 권고 조칙에 따라 해산하였다.
③ 민종식이 이끄는 부대가 홍주성을 점령하였다.
④ 일본에 국권 반환 요구서를 제출하고자 하였다.
⑤ 의병 부대가 연합하여 서울 진공 작전을 전개하였다.

04 꼬리 물기 문제

다음 의병 부대에 대한 설명으로 옳은 것은?

심화 65회 33번

> 이인영을 총대장으로 추대하고, 허위를 군사장으로 삼아 …… 각 도에 격문을 전하니 전국에서 불철주야 달려온 지원자들이 만여 명이더라. 이에 서울로 진군하여 국권을 회복하고자 …… 먼저 이인영은 심복을 보내 각국 영사에게 진군의 이유를 상세히 알리며 도움을 요청하고, 각 도의 의병으로 하여금 일제히 진군하게 하였다.

① 조선 혁명 선언을 지침으로 삼았다.
② 이만손이 주도하여 영남 만인소를 올렸다.
③ 상덕태상회를 통하여 군자금을 모집하였다.
④ 일본에 국권 반환 요구서를 제출하고자 하였다.
⑤ 고종의 강제 퇴위와 군대 해산에 반발하여 결성되었다.

KEYWORD 04 신민회

05 최다 빈출 유형

(가) 단체에 대한 설명으로 옳은 것은? 심화 68회 36번

> 이 자료는 [(가)]의 활동 목적이 잘 드러나 있는 통용장정의 일부입니다. [(가)]은/는 안창호와 양기탁 등이 중심이 된 비밀 결사로 태극 서관을 설립하여 회원들의 연락 장소로 사용하였습니다.
>
> 이 자료에 대해 말씀해 주시겠습니까?
>
> 본회의 목적은……
> 쇠퇴한 교육과 산업을 개량하고
> 사업을 유신시켜
> 유신된 국민이 통일 연합해서
> 유신이 된 자유 문명국을 성립시킨다.

① 복벽주의를 표방하였다.
② 13도 창의군을 결성하였다.
③ 일제의 황무지 개간권 요구를 저지하였다.
④ 근대 교육을 위해 배재 학당을 설립하였다.
⑤ 일제가 조작한 105인 사건으로 해체되었다.

06 꼬리 물기 문제

밑줄 그은 '이 단체'에 대한 설명으로 옳은 것은?

심화 61회 36번

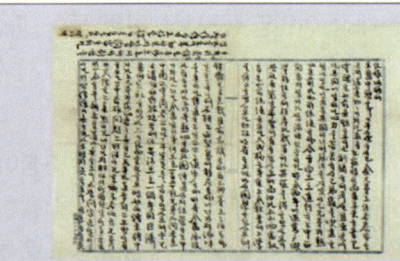

> 이 편지는 비밀 결사인 이 단체의 재무를 총괄한 전덕기가 안창호에게 보낸 것이다. 105인 사건으로 이 단체의 주요 회원인 양기탁, 이승훈 등이 형을 선고받은 사실과 대성 학교가 재정적으로 어려움을 겪고 있는 상황 등을 전하고 있다.

① 정우회 선언의 영향으로 결성되었다.
② 조선 혁명 선언을 활동 지침으로 삼았다.
③ 일제의 황무지 개간권 요구를 저지하였다.
④ 중추원 개편을 통해 의회 설립을 추진하였다.
⑤ 계몽 서적의 보급을 위해 태극 서관을 운영하였다.

07 KEYWORD 05 보안회

다음 자료를 활용한 탐구 활동으로 가장 적절한 것은?

심화 66회 33번

각국 공관에 보내는 호소문

지금 일본 공사가 우리 외부(外部)에 공문을 보내어 산림, 천택(川澤), 들판, 황무지에 대한 권리를 청구하였습니다. 우리나라 사람들을 이를 이용해 2~3년에 걸려 윤작을 해야만 먹고 살 수 있습니다. 그런데 만일 이를 외국인에게 주어버린다면 전국의 강토를 모두 빼앗기게 되며 수많은 사람이 참혹한 빈곤에 빠져 구제할 수 없게 될 것입니다. 일본인들의 침략을 막고 우리 강토를 보전하도록 힘써 주십시오.

1904년 ○○월 ○○일

① 독립문의 건립 과정을 알아본다.
② 보안회의 활동 내용을 파악한다.
③ 조·일 통상 장정의 조항을 검토한다.
④ 화폐 정리 사업이 끼친 영향을 살펴본다.
⑤ 황국 중앙 총상회가 조직된 목적을 분석한다.

08 KEYWORD 06 경제적 구국 운동

(가)~(다)를 일어난 순서대로 옳게 나열한 것은? 심화 65회 35번

① (가) - (나) - (다)
② (가) - (다) - (나)
③ (나) - (가) - (다)
④ (나) - (다) - (가)
⑤ (다) - (가) - (나)

09 KEYWORD 07 나철

밑줄 그은 '그'의 활동으로 옳은 것은?

심화 59회 34번

저는 지금 전라남도 보성군에 와 있습니다. 이 기념관은 오기호 등과 함께 대종교를 창시하고 일생을 독립운동에 바친 그를 기리기 위해 조성되었습니다. 이곳에는 그의 호를 딴 홍암사라는 사당이 있습니다.

① 5적 처단을 위해 자신회를 조직하였다.
② 명동 성당 앞에서 이완용을 습격하였다.
③ 하얼빈에서 이토 히로부미를 사살하였다.
④ 타이완에서 일본 육군 대장을 저격하였다.
⑤ 동양 척식 주식회사에 폭탄을 투척하였다.

10 KEYWORD 08 최익현

(가) 인물에 대한 설명으로 옳은 것은?

심화 64회 29번

월간 역사 2023년 4월호

특집 (가) 의 상소, 조선의 정치를 뒤흔들다!
- 흥선 대원군의 하야를 요구하는 상소를 올리다
- 지부복궐척화의소를 올려 왜양일체론을 주장하다
- 단발령에 반대하는 상소를 올리다

① 대한 광복회를 조직하여 친일파를 처단하였다.
② 국권 피탈 과정을 정리한 한국통사를 집필하였다.
③ 을사늑약 체결에 반대하여 태인에서 의병을 일으켰다.
④ 13도 창의군을 지휘하여 서울 진공 작전을 전개하였다.
⑤ 보국안민을 기치로 우금치에서 일본군 및 관군에 맞서 싸웠다.

Ⅵ 多빈출-多선지 자료 문제

Ⅵ. 근대의 한국사

01 통상 수교 거부 정책

다음 자료에 나타난 사건이 일어나기 전에 발생한 사건으로 옳은 것은? (정답 3개)

> 방금 남연군방(南延君房)의 차지중사(次知中使)가 아뢴 바를 들으니, 덕산의 묘지에 서양놈들이 침입하여 무덤을 훼손한 변고가 있었다고 하니 아주 놀랍고 황송한 일이다. …… 조정에서 임기응변의 계책을 세웠다가 도신(道臣)의 장계가 올라오기를 기다려 논의하도록 하라.

① 미군이 수자기를 탈취하였다.
② 어재연이 광성보 전투에서 전사하였다.
③ 종로와 전국 각지에 척화비가 세워졌다.
④ 일본 군함 운요호가 영종도를 공격하였다.
⑤ 외규장각 도서가 약탈되는 결과를 가져왔다.
⑥ 양헌수 부대가 정족산성에서 적군을 물리쳤다.
⑦ 제너럴셔먼호가 대동강 유역에서 통상을 요구하였다.

정답 | ⑤, ⑥, ⑦

문제 해결 TIP!

KEYWORD #남연군방 #덕산의 묘지
#서양놈들이 침입하여 무덤을 훼손

▶ 다음 자료는 오페르트가 충청남도 덕산에 있는 흥선 대원군의 아버지 남연군의 묘를 도굴하려다가 실패한 오페르트 도굴 사건(1868)을 나타낸다.

▶ 흥선 대원군의 통상 수교 거부 정책은 순서를 잘 파악해야 한다. 병인박해 → 제너럴셔먼호 사건 → 병인양요 → 오페르트 도굴 사건 → 신미양요 순서로 외워 두자.

정답 체크
⑤, ⑥ 병인양요(1866) ⑦ 제너럴셔먼호 사건(1866)

오답 체크
①, ② 신미양요(1871) ③ 척화비 건립(1871)
④ 운요호 사건(1875)

02 임오군란

다음 자료에 나타난 사건에 대한 설명으로 옳은 것은? (정답 3개)

> 난군(亂軍)이 궐을 침범하였다는 소식을 들었다. 이때에 나라 재정이 고갈되어 각 영이 군인에게 지급할 봉급을 몇 개월 동안 지급하지 못하였다. 영에 소속된 군인이 어느 날 밤에 부대를 조직하고 갑자기 궐내로 진입하여 멋대로 난리를 일으켰다. 중전의 국상(國喪)이 공포되자 선생은 가평 관아로 달려가 망곡례를 행하였다. 얼마 후 국상이 와전되어 사실이 아님을 알고, 군중과는 달리 상복을 입지 않고 집 밖으로 나가지 않았다.
> ─ 『성재집』 ─

① 일본 측의 해안 측량권이 인정되었다.
② 청군의 개입으로 3일 만에 실패하였다.
③ 한성 조약이 체결되는 결과를 가져왔다.
④ 조·청 상민 수륙 무역 장정이 체결되었다.
⑤ 부산, 원산, 인천이 개항되는 결과를 가져왔다.
⑥ 청·일 간에 톈진 조약이 체결되는 계기가 되었다.
⑦ 왕비가 궁궐을 빠져 나와 장호원으로 피신하였다.
⑧ 일본 공사관에 경비병이 주둔하는 계기가 되었다.

정답 | ④, ⑦, ⑧

문제 해결 TIP!

KEYWORD #난군이 궐을 침범
#군인에게 지급할 봉급을 몇 개월 동안 지급하지 못함

▶ 다음의 자료는 별기군에 비해 차별 대우를 받던 구식 군인이 일으킨 임오군란을 나타낸다.

▶ 임오군란과 갑신정변의 결과를 잘 비교해야 한다. 임오군란 이후에는 조·청 상민 수륙 무역 장정과 제물포 조약이 체결되었으며, 갑신정변 이후에는 한성 조약과 청·일 간의 톈진 조약이 체결되었다.

정답 체크
④, ⑦, ⑧ 임오군란

오답 체크
①, ⑤ 강화도 조약 ②, ③, ⑥ 갑신정변

03 독립 협회

(가) 단체의 활동으로 옳은 것은? (정답 2개)

역사 신문

제△△호　　　　　　　　　　1897년 ○○월 ○○일

독립관에서 토론의 장이 열리다

지난 일요일 오후 독립관에서 (가) 의 첫 토론회가 '조선의 급선무는 인민의 교육이다.'라는 주제로 개최되었다. 이날 토론회에는 찬반 양측의 열띤 논의가 있었고, 법부대신 한규설 등 정부 고위 인사들도 참석해 교육 문제에 대한 다양한 의견을 제시하였다. 다음 토론회에서는 '도로를 개선하는 것이 위생을 위한 최고의 방법'이라는 주제로 (가) 의 위원 이상재 씨를 포함한 4인이 열띤 토론을 벌일 예정이다.

① 고종 강제 퇴위 반대 운동을 주도하였다.
② 일제의 황무지 개간권 요구를 저지시켰다.
③ 만세보를 발행하여 민족의식을 고취하였다.
④ 중추원 개편을 위한 의회 설립을 추진하였다.
⑤ 파리 강화 회의에 독립 청원서를 제출하였다.
⑥ 관민 공동회를 개최하여 헌의 6조를 결의하였다.
⑦ 독립운동 자금 마련을 위해 독립 공채를 발행하였다.
⑧ 계몽 서적을 보급하기 위해 태극 서관을 운영하였다.

정답 | ④, ⑥

➕ 문제 해결 TIP!

KEYWORD #독립관　#토론회　#정부 고위 인사들도 참석

▶ 대한민국 임시 정부와 독립 협회 그리고 신민회 활동에 대한 선지들이 섞여 혼동을 줄 수 있다. 연통제, 교통국, 독립 공채, 이륭양행은 대한민국 임시 정부, 독립문, 독립신문, 관민·만민 공동회, 헌의 6조는 독립 협회, 자기회사, 태극 서관은 신민회를 뜻하는 키워드임을 알아 두어야 한다.

☑ 정답 체크
④, ⑥ 독립 협회

✏ 오답 체크
① 대한 자강회 ② 보안회 ③ 천도교
⑤, ⑦ 대한민국 임시 정부 ⑧ 신민회

04 국권 피탈 과정

(가) 조약이 체결된 이후의 상황으로 옳지 않은 것은? (정답 2개)

저는 지금 워싱턴에 있는 옛 주미대한제국공사관 건물 앞에 나와 있습니다. 이곳은 1889년부터 외교 공관으로 사용되었으나, (가) 으로 외교권을 박탈당하여 그 기능을 상실하였습니다. 현재 이 건물을 대한민국 정부가 매입하여 전시관으로 활용하고 있습니다.

① 대한 제국의 군대가 해산되었다.
② 통감부가 설치되는 계기가 되었다.
③ 스티븐스가 외교 고문으로 부임하였다.
④ 초대 통감으로 이토 히로부미가 부임하였다.
⑤ 13도 창의군이 서울 진공 작전을 전개하였다.
⑥ 군사 전략상 필요한 지역을 일본에 제공하는 한·일 의정서가 강요되었다.

정답 | ③, ⑥

➕ 문제 해결 TIP!

KEYWORD #외교권 박탈

▶ 다음 자료는 일본이 대한 제국의 외교권을 박탈하기 위해 체결을 강요한 을사늑약(1905)을 나타내고 있다.

▶ 국권 피탈 과정을 잘 파악하여야 한다. 러·일 전쟁 → 한·일 의정서 → 제1차 한·일 협약 → 제2차 한·일 협약(을사늑약) → 한·일 신협약(정미 7조약) → 한·일 병합 조약 순서를 암기해야 한다.

☑ 정답 체크
③ 제1차 한·일 협약(1904.8.)　⑥ 한·일 의정서(1904.2.)

✏ 오답 체크
① 한·일 신협약(정미 7조약, 1907)
②, ④ 제2차 한·일 협약(을사늑약, 1905)
⑤ 정미의병(1907)

VII. 일제 강점기의 한국사

단골 키워드 랭킹!

- 01 토지 조사 사업
- 02 조선 태형령
- 03 민족 말살 통치
- 04 한국 광복군
- 05 6·10 만세 운동, 광주 학생 항일 운동
- 06 신간회·근우회
- 07 의열단
- 08 박은식·신채호
- 09 봉오동·청산리 전투
- 10 사회·경제 사학
- 11 형평 운동

출제 경향

일제의 침략 과정을 시대별로 구분하고 일제 강점기에 국내외에서 전개된 항일 운동의 전개를 시기 순으로 파악할 수 있어야 한다.

출제 포인트

◆ 일제의 침략과 민족의 수난
1. 1910년대 헌병 무단 통치와 토지 조사 사업을 통한 경제 침탈
2. 1920년대 기만적 문화 통치의 내용과 산미 증식 계획을 통한 경제 침탈
3. 1930년대 이후 민족 말살 통치와 병참 기지화 정책을 통한 인적·물적 침탈
4. 중·일 전쟁 이후 일제 식민 통치 방법의 변화

◆ 3·1 운동과 대한민국 임시 정부
1. 1910년대 국내외 독립운동 단체의 활동
2. 3·1 운동의 배경과 전개 과정 및 영향
3. 대한민국 임시 정부의 창설 배경과 활동

◆ 국내 항일 운동의 전개
1. 1920년대 학생 주도 민족 운동과 민족 유일당 운동
2. 사회주의의 유입으로 인한 민족 독립운동의 활성화
3. 물산 장려 운동, 농촌 계몽 운동, 노동·소작 쟁의

◆ 민족 문화 수호 운동
1. 일제의 대항한 민족주의 사학, 사회·경제 사학, 실증 사학 등 민족 사학자들의 활동
2. 종교 지도자들의 독립 활동

◆ 무장 독립 투쟁
1. 의열단, 한인 애국단의 항일 투쟁
2. 1920년대 이후 독립 전쟁의 변화 양상
3. 한국 광복군의 독립 전쟁

---

01 일제의 침략과 민족의 수난
02 3·1 운동과 대한민국 임시 정부
03 국내 항일 운동의 전개
04 민족 문화 수호 운동
05 무장 독립 투쟁

76-67회 출제 비율 15%

시기별 일제 식민 통치 방식

시기 구분		식민 통치 내용
무단 통치 (1910~1919)	정치	총독이 행정·입법·사법·군통수권 등 전권 장악, 헌병 경찰제, 조선 태형령·즉결심판권, 언론 집회의 자유 박탈, 관리·교사들도 제복 착용·착검
	경제	토지 조사 사업을 통한 토지 약탈, 회사령(허가제)을 통한 민족 기업 성장 억제, 산업 각 부분에 대한 침탈
	교육	일본어 학습, 조선어 수업 축소, 중등 교육 제한, 역사·지리 교육 금지
문화 통치 (1919~1931)	정치	기만적 문화 통치(가혹한 식민 통치 은폐), 친일파 양성을 통한 민족 분열책, 보통 경찰제, 교육 기회의 확대 표방
	경제	산미 증식 계획(농민층 몰락, 빈곤층 크게 증가, 식량 사정 악화), 회사령 폐지(신고제), 일본 자본 진출, 관세 철폐
	교육	조선어·역사 지리 교육 허용(표면상 일시적 회유), 경성 제국 대학 설립 (민족 교육 억압)
민족 말살 통치 (1931~1945)	정치	황국 신민화 정책, 황국 신민 서사 암송 강요, 신사 참배·궁성 요배·일본식 성명 강요, 학술 언론 단체 해산
	경제	병참 기지화 정책, 인적 수탈(국가 총동원법, 지원병제, 징병제, 징용제, 정신대), 물적 수탈(전쟁 물자·식량 공출, 식량 배급제), 산미 증식 계획 재개, 가축 증식 계획
	교육	우리말 사용 금지, 학도 군사 훈련, 조선어·역사·지리 과목 폐지

무단 통치(1910~1919)

국권 강탈 직후 일본 헌병이 경찰 업무까지 담당하였던 강압적이고 비인도적인 통치였다.

문화 통치(1919~1931)

3·1 운동 이후 일제가 변경한 외형상의 유화 정책으로 친일파 양성 등 민족 분열을 위한 고도의 기만 통치였다.

민족 말살 통치(1931~1945)

일제가 만주 사변(1931)을 기점으로 대륙 침략을 본격화하면서 추진한 무자비한 식민 통치로 우리 민족의 전통과 문화의 뿌리를 말살하려 하였다.

01 일제의 침략과 민족의 수난

01 20세기 초의 세계

1. 제1차 세계 대전

(1) **전개**: 삼국 동맹 결성 → 삼국 협상 결성 → 사라예보 사건 → 무제한 잠수함 사건 → 미국 참전 → 러시아 전쟁 이탈 → 오스트리아 항복 → 동맹국 항복

- 독일, 오스트리아·헝가리 제국, 이탈리아(1882)
- 프랑스, 영국, 러시아(1907)
- 러시아 혁명 발생으로 인해 이탈

(2) **결과**

① 파리 강화 회의(1919): 윌슨의 14개조 평화 원칙(비밀 외교 폐지, 군비 축소, 민족 자결주의❶ 제창)

> **사료 읽기**
>
> ▶ **14개조 평화 원칙**
> 제5조 식민지 주권 문제를 결정함에 있어서 이 문제와 관련된 주민들의 이해관계가 장래에 그 주권을 결정하게 될 정부의 정당한 주장과 같은 비중으로 고려되어야 한다. 이 원칙을 엄격히 준수하는 기반 위에서 모든 식민지 문제는 자유롭고 열린 자세로, 절대적으로 공평하게 조정해야 한다.
> 제14조 강대국과 약소국을 막론하고 여러 국가 상호 간에 정치적 독립, 영토의 상호 보장을 목적으로 한 국가 간의 연합 조직이 특별한 규약 밑에 형성되어야 한다.

② 베르사유 체제: 베르사유 조약, 패전국의 식민지 독립
③ 국제 연맹 창설(1920): 평화 체제의 구축을 목적으로 함, 미국의 불참과 독일·소련의 배제, 군사력(무력 제재 수단) 부재

2. 사회주의 대두

(1) **러시아 혁명**: 피의 일요일(1905) → 2월 혁명(1917, 자유주의 임시 정부 수립) → 10월 혁명(1917, 레닌이 볼셰비키를 이끌고 소비에트 정부 수립)

- 노동자와 군인들이 제정 붕괴
- 1917.11.7. 발생 (볼셰비키 혁명)

(2) **소련의 변화**: 레닌의 사회주의 개혁 → 신경제 정책 추진 → 소비에트 사회주의 공화국 연방 수립(1922) → 스탈린의 독재 강화

(3) **사회주의 세력 확대**: 소련은 코민테른(1919, 국제 공산당 기구)을 결성하여 반제국주의 민족 운동 및 약소 민족의 독립운동 지원을 약속

3. 중국의 민족 운동

(1) **신해 혁명(1911)**: 청조의 붕괴, 중화민국 수립(1912, 쑨원)
(2) **5·4 운동(1919)**: 반제국주의, 국권 회복을 위한 민족 운동 전개
(3) **국민당과 공산당의 결성**: 쑨원이 중국 국민당 결성, 천두슈 등이 중국 공산당 결성
(4) **제1차 국·공 합작(1924)**: 쑨원의 국민당은 제국주의와 베이징 군벌을 타도하기 위해 중국 공산당과 연합 → 쑨원 사후 중국 국민당을 장악한 장제스는 중국 공산당과 결별하고 북벌을 개시하여 군벌 타도
(5) **공산당의 대장정**: 마오쩌둥의 중국 공산당은 옌안으로 본거지를 옮겨 국민당에 대항
(6) **제2차 국·공 합작(1937)**: 중·일 전쟁 이후 일제에 대항하기 위해 다시 합작

4. 인도의 민족 운동
간디(완전 자치 주장, 비폭력·불복종 운동), 네루(완전 독립 주장)

---

❶ 민족 자결주의
각 민족은 정치적 운명을 스스로 결정할 권리가 있으며, 다른 민족의 간섭을 받을 수 없다는 주장이다. 이는 패전국의 식민지나 러시아의 식민지에만 적용되었고, 전승국의 식민지에는 적용되지 않았다.

✚ 중국의 5·4 운동(1919)
제1차 세계 대전 중이던 1915년 일본은 산둥 반도를 점령하고 중국 위안스카이 정부에게 남만주 일대의 기존 이권을 연장하고 산둥 지역의 새로운 이권을 요구하는 '21개조'를 제출하여 관철시켰다. 1919년 중국은 승전국으로서 파리 평화 회의에 참석하여 산둥 지역의 이권 회수 및 21개조 폐기를 기대했으나 성과를 거두지 못하였다. 이에 격분한 중국인들은 베이징 대학생들을 중심으로 격렬한 시위를 전개하며 산둥 지역의 이권 회수, 21개조 요구 폐기, 매국노 파면, 군벌 타도 등을 주장하였고 이후 전국적인 반군벌·반제국주의 운동으로 확산되었다.

02 민족의 수난

1. 1910년대 무단 통치

(1) 무단 통치 시기의 중심 기구 ★
  ① **조선 총독부**: 일제 식민 통치의 중추적 기구, 조선 총독(일본군 현역 대장)이 행정·입법·사법·군사권 장악, **강력한 헌병 경찰 제도** 실시

  > ❗ 조선 총독부 청사
  >
  > 일제가 1907년 남산 왜성대에 건립한 통감부 건물을 1910년 총독부로 개칭하여 사용하였다. 이후 1916년 경복궁 내에 조선 총독부 신청사를 건립하기 시작하여 1926년에 완성하였다. 1995년 김영삼 정부 때 '역사 바로 세우기'의 일환으로 조선 총독부 건물을 철거하였다.

  ② **동양 척식 주식회사**: **토지 조사 사업**, 토지 관련 분배 업무, 농업 이민 주선, 공업 건설, 회사 설립 등을 담당
  ③ **중추원**❷: 총독부의 자문 기구, 한국인의 정치 참여 위장, 친일파로 구성
    └ 3·1 운동 이전까지 단 한 번의 정식 소집도 없었음

(2) 헌병 무단 통치의 시행 ★★★: 헌병 경찰을 앞세운 일제의 **폭력적 통치** 방식
  ① 헌병 경찰 제도: 재판 없이 **즉결 처분권**(**태형**·징역·구류), 헌병이 경찰·행정 업무 모두 관여, 한국인의 정치 활동 금지, 관리와 교사들까지도 **칼을 차고 제복 착용**
    └ 조선 태형령(1912)
  ② 기본권 제한과 식민지 교육
    ㉠ 기본권 제한: 언론·출판·집회·결사의 자유 박탈(보안법, 신문지법, 출판법)
    ㉡ 교육: 일본어 중심의 교과목, 초등 교육과 실무 내용만 교육하는 등 고등 교육의 기회 제한(제1차 조선 교육령 공포)

(3) 토지 침탈(1910~1918, 토지 조사 사업) ★★★

  > ❗ 토지 조사 사업
  >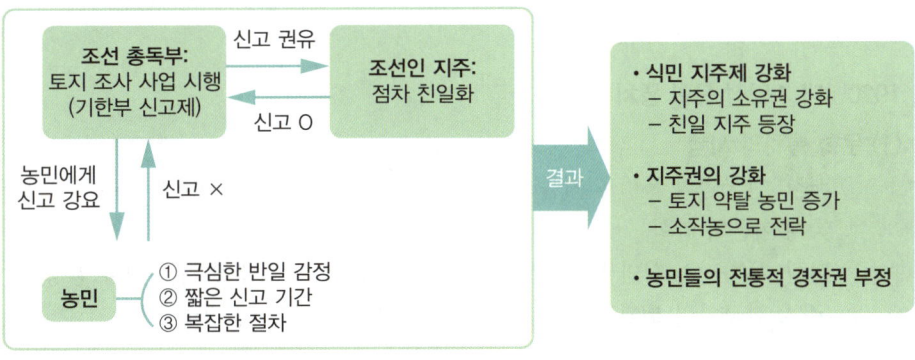

  ① 목적: 근대적 토지 소유 제도 확립의 명분, 소작인의 전통적 경작권 부정, 지세 수입 증대를 통한 식민지 지배의 경제적 기반 확보
  ② 시행 과정
    ㉠ **토지 조사령** 발표(1912), **기한부 신고제**
    ㉡ 극심한 반일 감정, 짧은 신고 기간, 복잡한 절차 → 미신고 토지가 많음
  ③ 결과
    ㉠ 총독부의 토지 약탈: 미신고 농토, 공공 기관 토지, 마을·문중 토지의 상당 부분을 총독부가 차지 → 동양 척식 주식회사 등의 토지 회사가 일본인에게 헐값으로 불하(일본인 대지주 증가)

✏️ **check! 필수 암기!**

헌병 무단 통치
정치: 조선 총독부(정치 침탈), 동양 척식 주식회사(경제 침탈), 중추원(기만 정책), 헌병 경찰, 즉결 처분권, 태형
경제: 토지 조사 사업, 회사령(허가제)

➕ 동양 척식 주식회사

❷ 중추원

시기	역할
고려	왕실 비서 기구
독립 협회	근대식 의회
대한 제국	황제 자문 기구
일제 강점기	총독부 자문 기구

➕ 조선 태형령(1912)
- 태형은 감옥 또는 즉결 관서에서 비밀리에 행한다.
- 조선인에 한하여 5대 이상의 태형에 처할 수 있다.
- 태는 길이 1척 8촌, 두께 2푼 5리, 넓이는 위가 7푼, 아래가 4푼 5리로 한다.
- 수형자를 형판 위에 엎드리게 하고 손과 발을 묶은 후 볼기를 노출시켜 태로 친다.

ⓒ 과세지 면적 증가: 총독부의 지세 수입 급증, 농민의 세금 부담 가중
— 토지 조사 사업의 결과로 세금 부과 대상 토지가 증가하여 총독부의 지세 수입이 2배 이상 증가

ⓒ 식민지 지주제의 확대: 지주의 권한 강화, 소작농의 권리 약화 → **소작농은 도지권 상실**, 기한부 계약제 소작농 및 도시 빈민으로 전락 → 몰락한 농민들이 만주, 연해주 등 국외로 이주

> **📖 사료 읽기**
>
> ▶ **토지 조사령(1912)**
> 제4조 토지의 소유자는 조선 총독이 정하는 기간 내에 그 주소, 성명·명칭 및 소유지의 소재, 지목, 지번호, 사표, 등급, 지적, 결수를 임시 토지 조사 국장에게 신고하여야 한다. 다만, 국유지는 보관 관청에서 임시 토지 조사 국장에게 통지하여야 한다.
> — 조선 총독부 관보(1912.8.13.) —

(4) 산업의 침탈

① 회사령(1910)★★: 회사 설립 시 **총독의 허가**, 허가 조건 위반 시 회사 해산권, 민족 기업의 성장 억압, 일제의 산업 독점, 한국인 기업은 경공업으로 한정

② 산업 통제
  ㉠ 조선 어업령(1911): 황실 및 개인 소유의 어장을 일본인이 소유, 한국인의 어업권 부정
  ㉡ 조선 삼림령(1911), 임야 조사령(1918): 전체 산림의 50% 이상 강탈 — 소유가 불분명한 상당수의 국유림과 공유림을 조선 총독부가 소유함
  ㉢ 조선 광업령(1915): 광업권에 대한 허가제(한국인의 광산 경영 억제), 전체 광산의 80% 이상 강탈

> **📖 사료 읽기**
>
> ▶ **회사령 (1910)**
> 제1조 회사의 설립은 조선 총독의 허가를 받아야 한다.
> 제5조 회사가 본령이나 본령에 의거하여 발하는 명령과 허가 조건에 위반하거나 또는 공공질서와 선량한 풍속에 반하는 행위를 할 때 조선 총독은 사업의 정지, 지점의 폐쇄, 회사의 해산을 명할 수 있다.
> — 조선 총독부 관보(1910.12.30.) —

2. 1920년대 기만적 문화 통치

(1) 문화 통치의 시행

① 배경: 한국인의 독립 의지를 표출한 3·1 운동의 영향, 무자비한 일제의 탄압에 대한 국제 여론의 악화

② 본질: 유화적인 식민 통치 방식을 제시한 **기만책**, **민족 분열책**(친일파 양성)

③ 목적: 한국인의 분열 유도, 친일파 양성, 독립운동의 역량 약화 시도

> **💡 기만 통치의 증거**
> 일제는 한국인의 정치 참여를 표방하였으나 실질적으로는 친일파만을 참여시키며 민족 분열을 야기하였다. 또한, 일본 관동 대지진이 발생(1923, 도쿄)하자 이를 선동한 것은 한국인이라고 몰아 한국인 8천여 명을 학살하였다.

④ 문화 통치의 내용★
  ㉠ 총독 임명 규정 제정: 현역 대장 중에서만 임명했던 조선 총독을 문관도 임명할 수 있도록 수정 → 광복 이전까지 **단 한명의 문관 총독도 임명되지 않음**

⊕ 경복궁 훼손
일제는 1915년 경복궁에서 조선 물산 공진회를 개최하였다. 이는 일제가 식민 통치를 미화하고, 경복궁의 지위를 격하시키기 위함이었다.

✏ check! 필수 암기!

기만적 문화 통치
정치: 기만책, 민족 분열책(친일파↑), 보통 경찰제(인원·예산↑), 감옥↑, 고등 경찰제, 치안 유지법 제정
경제: 산미 증식 계획, 회사령 X (허가제 → 신고제)

⊕ 총독 사이토의 문화 통치 관련 방침
• 귀족, 양반, 유생, 부호, 교육가, 종교가에 침투하여 계급과 사정을 참작하여 각종 친일 단체를 조직하게 할 것
• 친일적 민간 유지들에게 편의와 원조를 주고, 수재 교육의 이름 아래 우수한 조선 청년들을 친일 분자로 양성할 것

ⓒ 보통 경찰 통치: 헌병 경찰제를 보통 경찰제로 전환 → 경찰의 수와 장비 등이 이전보다 3배 이상 증가, 고등 경찰 제도❸ 실시, 감옥 증설
ⓓ 치안 유지법❹ 공포(1925): 국내 치안 유지를 빙자하여 독립운동가와 사회주의 세력을 탄압
ⓔ 언론 정책: 조선일보와 동아일보 등 민족 신문 발행 허가(1920) → 철저한 사전 검열, 기사 삭제, 정간, 압수, 폐간 등을 자행
ⓕ 교육 정책: 제2차 조선 교육령(1922), 일본어 교육 강조, 민립 대학 설립 운동 방해(1924, 경성 제국 대학 설립) ┌ 보통학교 수업 연한 6년으로 연장, 학교 증설
ⓖ 기타: 중추원의 확대·개편, 제복·착검·태형 폐지, 한국인 관리 임명, 식민 사관 정립 등 기만적 통치 시행
⑤ 결과: 민족 독립운동 내부의 분열과 혼선 발생, 타협적 세력(자치론) 대두

❸ 고등 경찰 제도
일제는 정당 및 사회단체, 비밀 결사, 정치 집회, 사상·정치 범죄 등을 감시하고 단속하는 고등 경찰을 만들어 독립운동가들을 탄압하였다.

❹ 치안 유지법(1925~1945)
'일본의 국체 및 정체의 변혁과 사유 재산을 부인하는 자는 징역 10년에 처한다.' 등 총독부가 식민 체제를 부인하는 반정부·반체제 운동 또는 사유 재산제를 부인하는 사회주의 단체의 조직과 활동을 금지하고 탄압하는 법이다. 일제는 이 법을 통해 사회주의 운동뿐만 아니라 농민·노동 운동, 항일 민족 운동을 탄압하였다.

(2) 산미 증식 계획(1920~1934)★★★

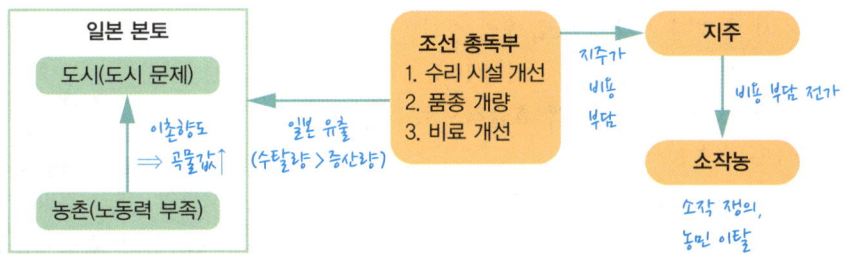

① 배경: 제1차 세계 대전 후 일본의 공업화 진전 → 이촌향도 현상 심화(일본) → 쌀 수요 증가, 쌀 값 폭등 → 산미 증식 계획 실시

> **📖 사료 읽기**
> ▶ 조선 산미 증식 계획 요강(1926)
> 일본 내에서의 쌀 소비는 연간 6,599만 석이다. 일본 내 생산고는 약 5,800만 석을 넘지 못한다. …… 따라서 지금 미곡 증식 계획을 수립하여 일본 제국의 식량 문제를 해결하는 데 도움을 주는 것은 진실로 국책상 급무라고 믿는다.

② 내용: 한국에 대규모 농업 투자, 개간과 간척 사업, 수리 시설 개선, 종자 개량 등으로 쌀 생산량 증대 추구
③ 1차 계획(1920~1925): 15년 동안 연간 920만 석을 증산하여, 그중 700만 석을 일본으로 실어 간다는 목표 설정, 무리한 계획으로 1925년에 중단
④ 2차 계획(1926~1934): 한국의 쌀 공급이 일본 쌀 값을 폭락시키는 요인으로 작용하여 일본 지주들이 한국 쌀 수입을 반대, 일본 내의 농민 보호를 위하여 1934년에 중단
⑤ 결과
ⓐ 식민지 지주제 강화: 수리 조합비, 품종 개량비, 비료 대금 등 증산 비용을 지주에게 부담시켰고, 지주는 이를 농민에게 전가
ⓑ 농민 몰락: 일제가 강제로 수탈해 간 미곡이 증산량보다 많아 식량 부족 심화
ⓒ 농촌의 변화: 소작 쟁의 전개, 쌀 중심의 단작형 농업 구조 변화, 국내의 쌀 값이 폭등하여 쌀 매매로 지주의 이익은 증대
ⓓ 잡곡 수입: 일제의 쌀 수탈로 인한 국내의 식량 문제를 만회하기 위하여 만주에서 조, 콩 등의 잡곡을 수입하여 충당
ⓔ 영향: 목포, 군산 등은 쌀의 대규모 유출을 위한 쌀 수탈항으로 이용

➕ 토지 조사 사업과 산미 증식 계획의 공통적 결과
• 식민지 지주제 강화(친일 지주 증가)
• 화전민·국외 이주 농민 증가

(3) 일본 자본의 조선 침투★
① 배경: 1차 세계 대전으로 일본 자본주의 급성장, 유럽 시장 축소, 한국에 자본 투자
② 회사령 폐지(1920): 신고제로 전환, 일본 자본의 조선 침투 용이
└ 1920년대에 한반도의 노동력과 자원을 착취하기 위해 회사 성립을 허가제에서 신고제로 변경

❗ 회사령 폐지 이후의 변화

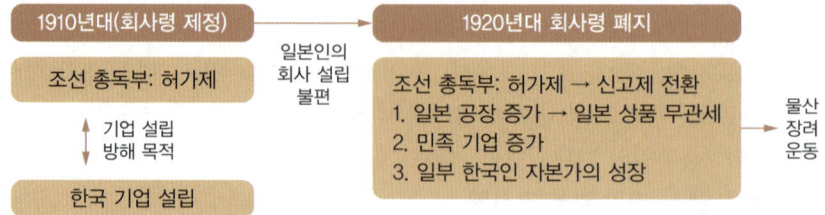

③ 일본 상품의 관세 철폐(1923): 일본 상품의 수출 증대(물산 장려 운동 전개)
└ 일본 상품의 소비 시장으로 전락

3. 1930년대 이후 민족 말살 통치

(1) 민족 말살 통치의 시행
① 배경: 세계 경제 공황 등으로 인한 경제 위기와 사회 불안, 일본 내 군국주의 체제 확립, 만주 사변(1931), 중·일 전쟁(1937), 태평양 전쟁(1941) 등 침략 전쟁 확대
② 목적: 한국인을 침략 전쟁에 효율적으로 동원하기 위한 정책 추진
③ 주요 내용★★★
  ㉠ 정책 변화: 민족 운동 봉쇄를 위한 각종 악법 제정, 언론 탄압, 군과 경찰력 증강
  ㉡ 황국 신민화: 내선일체·일선동조론, 신사 참배·황국 신민 서사❺ 암송·궁성요배 강요, 중·일 전쟁 이후 더욱 강화
  └ 일본인과 한국인은 하나라는 주장   └ 일본 궁성이 있는 방향으로 고개를 숙여 절을 하던 예법
  ㉢ 민족 말살 정책: 우리말·역사 교육 금지, 일본식 성명 강요❻(1938), 학술·언론 단체 해산
  └ 창씨개명   └ 조선어 학회, 진단 학회 해산   └ 조선일보, 동아일보 등 폐간
  ㉣ 기타: 집회·결사의 허가제, 조선 사상범 보호 관찰령(1936), 조선 사상범 예방 구금령(1941), 국민 정신 총동원 조선 연맹을 조직(1938)하여 10호 단위의 애국반 편성
  └ 조선인의 생활을 감시하기 위한 조직

(2) 1930년대 이후의 경제 침탈 정책★★★
① 병참 기지화 정책
  ㉠ 배경: 침략 전쟁 수행을 위한 병참 기지 필요
  ㉡ 정책
    • 침략 전쟁에 필요한 인적·물적 자원 수탈
    • 조선 공업화 정책: 군수품 생산에 필요한 중화학 공업·광공업 육성(북부 지방), 군수 공업 원료 생산
    └ 공업 제품의 원료 생산과 일본인 방직 자본가 보호 목적
    • 남면북양(南綿北羊) 정책(1934): 한국을 공업 원료 공급지로 삼아 남부 지방에는 면화, 북부 지방에는 양 사육을 강요
  ㉢ 영향: 공업 발전의 지역적 편차 심화, 농·공업의 불균형 심화, 한국인 노동자에 대한 가혹한 착취

📖 **사료 읽기**

▶ **병참 기지화 정책**
제국의 대륙 병참 기지로서 조선의 사명을 명확히 해야겠다. 이번 사변(중·일 전쟁)에 있어 우리 조선은 대중국 작전군에 대하여 식량, 잡화 등 상당량의 군수 물자를 공출하여 어느 정도 효과를 올렸다. …… 조선의 힘만으로 이를 보충할 수 있을 정도로 조선 산업 분야를 다각화하며 특히 군수 공업의 육성에 역점을 두어 만전을 기할 필요가 있는 것이다.
— 총독 미나미의 대륙 병참 기지에 관한 훈시(1938) —

✏️ **check! 필수 암기!**

민족 말살 통치
정치: 내선일체, 신사 참배·황국 신민 서사 암송, 창씨개명, 남면북양
경제: 병참 기지화, 국가 총동원법, 징용·징병제, 산미 증식 계획 재개, 식량 배급 제도, 쇠붙이 공출

❺ **황국 신민 서사**
우리들은 대일본 제국의 신민입니다. 충성으로서 군국에 보답하겠습니다. / 우리들의 마음을 합해 천황 폐하께 충의를 다하겠습니다. / 우리들은 인고 단련하여 훌륭하고 강한 국민이 되겠습니다.

❻ **일본식 성명 강요(1938)**
일본식 개명을 하지 않을 경우 일제는 상급 학교 진학 거부, 공직 채용 금지, 우선 징용 대상, 식량 배급 금지 등 불이익을 주었으며, 사적인 계약 관계에 있어서도 문서의 법적 효력을 인정하지 않았다.

② 인적 수탈
  ㉠ 배경: 중·일 전쟁(1937) 이후 인력 수탈 강화(1938, **국가 총동원법**)

> **사료 읽기**
>
> ▶ **국가 총동원령**
> **제4조** 정부는 국가 총동원상 필요할 때는 칙령이 정하는 바에 따라 제국 신민을 징용하여 총동원 업무에 종사하게 할 수 있다.
> **제8조** 정부는 전시에 국가 총동원상 필요할 때는 칙령이 정하는 바에 따라 물자의 생산·수리·배급·양도·기타의 처분, 사용·소비·소지 및 이동에 관하여 필요한 명령을 내릴 수 있다.
> – 조선 총독부, 『조선 법령 집람』 제13집(1938) –

  ㉡ 노동력: **국민 징용령**(1939), 100만여 명의 청년을 탄광, 철도 건설, 군수 공장 등에 동원
  ㉢ 병력: 지원병제(1938), 학도 지원병제(1943), **징병제**(1944)를 실시하여 총 20만 명 이상의 청년들을 전쟁에 동원
  ㉣ 여성 동원: 여자 정신 근로령 제정(1944) → 군수 공장에 노동력 동원, 일본군 위안부 강요

> **일본군 '위안부'(성노예)**
> 일제의 노동력 강제 동원과 착취에 대해 한·일 국교 정상화 과정에서 배상과 보상이 논의되지 않았으며(1965년 한·일 협정에서는 '일제 강점기에 대한 손해 배상금'이 아닌 '독립 축하금'으로 보상받음), 아직까지 일본 정부는 공식적인 사과를 하지 않고 있다. 한편, 2007년 미국 연방 의회는 일본군 위안부 사죄 결의안을 만장일치로 통과시켰고, 2013년 미국 뉴저지주에서는 위안부 기림비를 건립하여 주는 등 국제 사회의 여론이 활성화되고 있다.

③ 물적 수탈
  ㉠ 농촌 진흥 운동: 1929년 대공황 이후 악화된 조선의 농업 경제를 살리는 명목으로 조선 총독부가 시행하였지만, 농촌 통제와 식민 통치를 이어 나감
  ㉡ 식량 수탈: 식량 공출제(1942, 식량 관리법)와 **식량 배급제**(1939) 실시, **산미 증식 계획 재개**(1939), 가축 증식 계획 등
  ㉢ 전쟁 물자: 무기 생산에 필요한 **쇠붙이 공출**(농기구, 식기, 제기, 교회나 사원의 종까지 징발)
   └ 금속류 회수령(1941)

✚ 1930년대 인적 수탈

시기	내용
1938	지원병제(약 18,000명)
1939	국민 징용령(약 100만여 명)
1943	학도 지원병제(약 4,500명)
1944	징병제(약 20만 명)

✚ 강제 징병

✚ 일본군 '위안부'

✚ 몸뻬 바지

1930년대 후반부터 전시 동원 체제로 식민 정책을 전환하면서 일제가 여성들의 노동력 동원을 위하여 강제한 옷으로 여성들이 일할 때 입는 헐렁한 바지

✚ 놋그릇 공출

01 단골 키워드 문제

Ⅶ. 일제 강점기의 한국사
01 일제의 침략과 민족의 수난

정답 및 해설 87쪽

기출 선택지 미리보기

- 민족 자본의 성장을 억제하기 위해 회사령을 공포하였다.
- 한국인에 한해 적용되는 조선 태형령이 공포되었다.
- 기한 내에 토지를 신고하게 하는 토지 조사령이 제정되었다.
- 국가 총동원법을 실시하였다.
- 식량 배급 및 미곡 공출 제도를 시행하였다.

기출 키워드로 연습하기

01 ① 1910년대 • • 병참기지화 정책
   ② 1920년대 • • 치안 유지법
   ③ 1930년대 이후 • • 회사령

02 토지 조사 사업으로 지주는 소작농의 경작권을 빼앗을 수 없게 되었다. (O / X)

03 1920년 일제의 산미 증식 계획으로 인해 조선 내 경제가 활성화되었다. (O / X)

04 일제는 1920년대 문화 통치를 표방하고 한글 신문의 발간을 허가하였다. (O / X)

05 1930년대 일제는 (　　) 정책의 일환으로 신사 참배, 황국 신민 서사 암송 등을 강요하였다.

06 1930년대 후반 일제는 민족 말살 정책을 펼치며 일본식 성명을 강요하는 (　　)을/를 추진하였다.

정답 | 01 ① 회사령 ② 치안 유지법 ③ 병참기지화 정책 02 X 03 X
04 O 05 황국 신민화 06 창씨개명

KEYWORD 01 무단 통치

01 최다 빈출 유형

밑줄 그은 '시기'에 시행된 일제의 정책으로 옳은 것은?

심화 70회 36번

① 애국반을 조직하였다.
② 신문지법을 제정하였다.
③ 조선 태형령을 시행하였다.
④ 산미 증식 계획을 실시하였다.
⑤ 황국 신민 서사의 암송을 강요하였다.

02 꼬리 물기 문제

밑줄 그은 '법령'이 시행된 시기 일제의 정책으로 옳은 것은?

심화 66회 37번

□□신문

제△△호　　　　　　　　　○○○○년 ○○월 ○○일

어려움에 빠진 한인 회사

회사를 설립할 때 조선 총독의 허가를 받도록 하는 법령이 제정되었다. 이후 한인의 회사는 큰 영향을 받아 손해가 적지 않기에 실업계의 원성이 자자하다. 전국에 있는 회사를 헤아려보니 한국에 본점을 두고 설립한 회사가 171개인데 자본 총액이 5,021만여 원이요, 외국에 본점을 두고 지점을 한국에 설립한 회사가 52개인데 자본 총액이 1억 1,230만여 원이다. 그중에 일본인의 회사가 3분의 2 이상이고, 몇 개 되지 않는 한인의 회사는 상업 경쟁에 밀리고 회사 세납에 몰려 도무지 유지하기가 어렵다고 한다.

① 신문지법을 제정하였다.
② 미쓰야 협정을 체결하였다.
③ 토지 조사 사업을 실시하였다.
④ 경성 제국 대학을 설립하였다.
⑤ 조선 사상범 예방 구금령을 시행하였다.

03 KEYWORD 02 토지 조사 사업

다음 규정이 시행된 시기에 있었던 사실로 옳은 것은?

심화 64회 36번

```
          임시 토지 조사국 조사 규정
제1장  면과 동의 명칭 및 강계(疆界) 조사와 토지 신고서의 접수
제2장  지주 지목(地目) 및 강계 조사
제3장  분쟁지와 소유권에 부의(付疑)* 있는 토지 및 신고하지 않
      은 토지에 대한 재조사
제4장  지위(地位) 등급 조사
                                    - 조선 총독부 관보 -
*부의(付疑): 이의를 제기함
```

① 회사령이 실시되었다.
② 원산 총파업이 일어났다.
③ 국가 총동원법이 제정되었다.
④ 조선 노동 공제회가 조직되었다.
⑤ 조선 사상범 예방 구금령이 공포되었다.

04 KEYWORD 03 산미 증식 계획

밑줄 그은 '이 계획'에 대한 설명으로 옳은 것은? 심화 68회 39번

① 독립 협회 결성의 계기가 되었다.
② 국채 보상 운동의 배경이 되었다.
③ 재정 고문 메가타의 주도로 시행되었다.
④ 토지 조사 사업이 시행되는 배경이 되었다.
⑤ 일본의 쌀 부족 현상을 해결하기 위해 시행되었다.

KEYWORD 04 민족 말살 통치

05 최다 빈출 유형

밑줄 그은 '이 시기'에 시행된 일제의 정책으로 옳지 않은 것은?

심화 48회 44번

① 여자 정신 근로령을 공포하였다.
② 육군 특별 지원병제를 실시하였다.
③ 식량 배급 및 미곡 공출 제도를 시행하였다.
④ 조선 사상범 예방 구금령을 통해 독립운동을 탄압하였다.
⑤ 기한 내에 소유지를 신고하게 하는 토지 조사령을 제정하였다.

06 꼬리 물기 문제

밑줄 그은 '시기'에 있었던 사실로 옳은 것은? 심화 61회 41번

① 메가타의 주도로 화폐 정리 사업이 실시되었다.
② 만주 군벌과 일제 사이에 미쓰야 협정이 체결되었다.
③ 여자 정신 근로령으로 한국인 여성이 강제 동원되었다.
④ 지주 문재철의 횡포에 맞서 암태도 소작 쟁의가 전개되었다.
⑤ 회사 설립 시 총독의 허가를 받도록 하는 회사령이 공포되었다.

02 3·1 운동과 대한민국 임시 정부

✏️ check! 필수 암기!

1910년대 국내외 독립운동
- **국내**: 독립 의군부, 대한 광복회
- **서간도(삼원보)**: 경학사(이회영, 신흥 강습소)
- **북간도**: 중광단(대종교), 북로 군정서(김좌진)
- **연해주(신한촌)**: 대한 광복군 정부(이상설, 이동휘), 대한 국민 의회(손병희)
- **미주**: 대한인 국민회(안창호, 이승만), 대조선 국민 군단(박용만)

❶ 조선 국권 회복단(1915)
이시영, 서상일 등이 시회를 가장하여 조직한 비밀 결사로 공화주의를 표방하였다. 만주·연해주의 독립운동 단체와 연계 투쟁을 하였고 독립 청원서를 작성하였다.

➕ 1910년대 서간도 지역 독립 활동

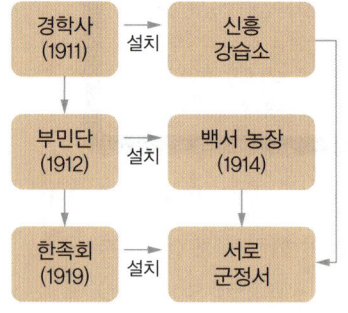

❷ 대동단결 선언(1917)
신한 혁명당(1915), 신한 청년당(1918) 중심으로 발표하였다(신규식, 박은식, 신채호, 박용만, 조소앙 등).

01 3·1 운동 이전의 민족 운동

1. 1910년대 국내 독립운동

(1) **의병**: 의병 부대가 만주·연해주로 이동, 지속적이고 활발한 항일 의병 투쟁 ← 마지막 의병장 채응언

(2) **항일 비밀 결사의 활동**: 군자금 모금, 친일파 처단, 독립 의식 고취(선언문·격문)
① **독립 의군부**(1912, 전라도)★★: 유생 의병장 출신의 임병찬이 고종의 밀명을 받아 조직한 비밀 결사 단체, 복벽주의, 일본에 국권 반환 요구서 발송
② **대한 광복회**(1915, 대구)★★★ ← 대한 제국의 회복(고종의 복위 목표)
  ㉠ 조직: 채기중의 대한 광복단(1913) 등을 개편하여 박상진이 대구에서 조직한 군대식 비밀 조직
  ㉡ 목표: 복벽주의를 반대하고 공화주의 주장
  ㉢ 활동: 김좌진이 가입하여 전국적인 조직으로 발전, 군자금 모집·친일파 처단

> 💡 **대한 광복회 강령**
> ① 부호의 의연(義捐) 및 일본인이 불법 징수하는 세금을 압수하여 무장을 준비한다.
> ② 만주에 사관 학교를 설치하여 독립 전사를 양성한다.
> ③ 중국·러시아 등에 의뢰하여 무기를 구입한다.
> ④ 무력이 준비되는 대로 일본인 섬멸전을 단행하여 최후 목적을 달성한다.

③ **기타**: 송죽회(1913) ← 평양 숭의 여학교 교사와 학생 중심, 여성 계몽 운동, 대한민국 임시 정부 수립 이후 후원 활동, 대한 광복단(1913, 채기중), 자립단(1915), 선명단(1915), 조선 국민회(1915, 장일환), 조선 국권 회복단❶(1915, 이시영)

2. 1910년대 국외 독립운동 기지 건설

(1) **목표**: 실력 양성론과 의병 전쟁론 결합, 만주·연해주 지역 독립운동 기지 건설, 민족 산업 육성, 민족 교육 실시, 군사력 양성, 무장 독립 전쟁 준비

(2) **대표적 국외 독립운동 기지**
① 만주 서간도★
  ㉠ 신민회 등 독립운동 단체들이 삼원보에 독립운동 기지 건설
  ㉡ **경학사**(1911): 이회영·이시영, 최초의 한인 자치 기구, 신흥 강습소(→ 신흥 무관 학교) 설치, 경학사 해체 이후 부민단 조직(1912), 백서 농장(1917)
  ㉢ **서로 군정서**(1919): 한족회가 상하이 임시 정부와 연합하여 서로 군정서로 개편
② 만주 북간도
  ㉠ **중광단**(1911): 대종교 계열, 무오 독립 선언서 발표, 북로 군정서 개편(1919, 김좌진)
  ㉡ 민족 교육 기관: 서전 서숙(이상설), 명동 학교(김약연) 등 건립
③ 상하이(중국 본토): **신한 청년당**❷(1918, 여운형·신채호, 파리 강화 회의에 김규식 파견)

▲ 1910년대 국외 독립운동 기지 건설

④ 연해주★★
  ㉠ 배경: 한인 집단촌 형성, 의병 운동의 중심지(블라디보스토크의 신한촌)
  ㉡ 권업회(1911): 유인석·이상설, 민족 교육 운동, 권업신문 발행
  ㉢ 대한 광복군 정부(1914): 이상설(정통령)·이동휘(부통령), 무장 항일 운동 단체
  ㉣ 대한 국민 의회(1919): 정부 수립(대통령 손병희), 파리 강화 회의에 고창일 파견
⑤ 미주
  ㉠ 하와이: 공식 이민(1903, 대한 제국 후원), 사탕수수 농장 노동, 사진 신부 — 사탕수수 농장에서 일하면서 임시 정부의 재정을 지원
  ㉡ 대한인 국민회(1910): 안창호·박용만·이승만, 외교 활동, 의연금, 신한민보
  ㉢ 흥사단(1913): 안창호, 샌프란시스코에서 기독교인 중심으로 조직
  ㉣ 대조선 국민 군단(1914): 박용만, 독립군 사관 양성을 위한 군사 조직
  ㉤ 구미 위원부(1919): 이승만, 대한민국 임시 정부의 외교 사무소(워싱턴 D.C.)

02 3·1 운동의 전개

1. 3·1 운동의 배경

(1) **의의**: 조국 광복에 대한 희망과 신념이 하나로 결집되어 폭발

(2) **3·1 운동의 태동**★
  ① 국제 정세의 변화: 파리 강화 회의에서 윌슨의 **민족 자결주의** 제창(1918), 소련의 소수 민족 해방 운동 지지 선언(1917) — 레닌의 식민지 민족 해방 운동 지원 선언
  ② **무오 독립 선언(1918)**: 중광단이 중심이 되어 발표한 독립 선언서, 무장 투쟁을 통한 완전한 독립을 주장 — 대한 독립 선언이라고도 함, 이상룡·안창호·박은식 등 길림의 민족 지도자 39인
  ③ 고종 황제 승하(1919.1.21.): 고종의 독살설 유포 — '일제가 고종의 커피(식혜)에 독을 탔다'는 독살설 유포
  ④ 신한 청년단의 활동(상하이): 독립 청원서를 작성하여 **파리 강화 회의에 김규식**을 대표로 파견하여 독립 주장(1919.2.)
  ⑤ 2·8 독립 선언(1919): **도쿄**에서 유학생들이 기독교 청년 회관에 모여 조선 청년 독립단의 이름으로 독립을 요구하는 선언서와 결의문 발표 → **만세 운동** 전개

2. 3·1 운동의 전개 과정

(1) **기미 독립 선언서 준비**: 최남선이 작성한 선언서를 기초로 한용운이 공약 3장을 붙임, 강력한 민족의 독립 의지를 대외적으로 표명, 대내적으로 비폭력 원칙을 표방

> **사료 읽기**
>
> ▶ **기미 독립 선언서**
> 우리는 이에 우리 조선이 독립한 나라임과 조선 사람이 자주적인 민족임을 선언한다. 이로써 세계 모든 나라에 알려 인류가 평등하다는 큰 뜻을 똑똑히 밝히며, …… 아아! 새 천지가 눈앞에 펼쳐지는 도다. 힘의 시대가 가고 도의의 시대가 오는 도다. …… 우리가 이에 떨쳐 일어선다.

(2) **독립 선언서 발표 및 만세 운동**
  ① 민족 대표: 천도교계 15명, 기독교계 16명, 불교계 2명으로 구성, 고종의 **인산일**(3.3.)을 기하여 만세 운동 준비, 3월 1일을 거사일로 준비 — 왕의 장례식
  ② 독립 선언: **태화관**에서 **독립 선언서를 낭독**하고 종로 경찰서에 체포
  ③ 만세 운동: **탑골 공원**에서 학생과 시민의 독립 선언서 낭독(정재용 낭독) 후 서울 시내로 만세 운동 확산

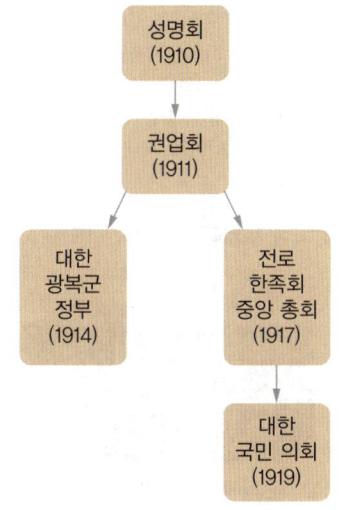

⊕ 1910년대 연해주 지역 독립 활동

성명회(1910) → 권업회(1911) → 대한 광복군 정부(1914) / 전로 한족회 중앙 총회(1917) → 대한 국민 의회(1919)

⊕ 한인 비행사 양성소(윌로우쓰)
대한민국 임시 정부 산하의 비행군단 창설을 위해 비행학교인 한인 비행사 양성소를 미국 캘리포니아에 설립하였다.

⊕ 멕시코 지역 독립 활동
1910년 이근영은 멕시코에서 한인 무장 투쟁을 전개하기 위해 숭무 학교를 설립하였다.

✎ check! 필수 암기

3·1 운동
- 배경: 민족 자결주의, 무오 독립 선언, 고종 황제 승하, 2·8 독립 선언
- 전개: 고종의 인산일
- 탄압: 유관순 순국, 제암리 학살
- 결과: 임시 정부 수립, 문화 통치 전환

⊕ 3·1 운동의 전개 과정

1단계	• 학생, 종교인 • 서울에서 시작	비폭력 만세 운동
2단계	• 학생, 종교인, 상인, 노동자 • 전국의 도시로 확대	상인 철시, 노동자 파업
3단계	• 농민층 합세 • 전국 농촌 지역까지 확산	무력 저항 운동

❸ 유관순

1919년 3·1 운동 중 일제에 의해 체포되어 1심에서 5년 징역형을 선고받고 항소심에서 3년형으로 감형되었다. 복역 중에도 만세를 외쳐 숱한 고문을 받았고, 19세의 어린 나이에 서대문 형무소에서 순국하였다.

❹ 화성 제암리 학살 사건(1919.4.)

화성 제암리에 파견된 일본군은 30여 명의 기독교도들을 교회에 모아 놓고 문을 잠근 뒤, 무차별 학살 후에 불을 질러 증거를 인멸하는 등 비인간적인 만행을 저질렀다.

✏️ check! 필수 암기!

대한민국 임시 정부
임시 정부: 민주 공화정, 3권 분립, 연통제·교통국, 독립 공채
국민 대표 회의: 창조파(무장 투쟁), 개조파(외교 독립)
개헌: 국무령제, 국무 위원 중심의 집단 지도 체제

➕ 임시 정부의 통합

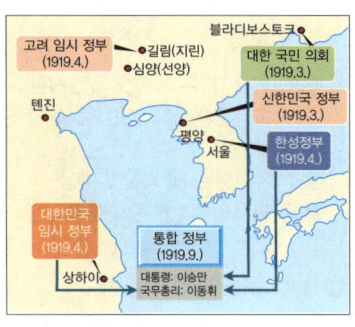

❺ 연통제

비밀 행정 조직망으로 전국의 도, 군, 면에 독판, 군감, 면감 등의 조직을 만들어 누구나 독립운동에 가담할 수 있었고, 군자금 조달과 정보 보고에 기여하였다.

(3) 일제의 탄압★★: 일본군의 탄압, 유관순❸ 순국, 화성 제암리 학살 사건(1919.4.)❹을 비롯하여 전국 각지에서 학살 만행

3. 3·1 운동의 의의와 영향

(1) 대한민국 임시 정부 수립★★★: 3·1 운동을 계기로 독립운동에 대한 조직화·체계화의 필요성이 대두되어 상하이에 대한민국 임시 정부 수립

(2) 독립운동의 확대
  ① 국외: 만주와 연해주 지역 동포들의 만세 운동, 미국 필라델피아에서 독립 선언식 거행, 일본 유학생들의 만세 운동 전개, 3·1 운동 이후 무장 투쟁의 활성화
  ② 국내: 실력 양성 운동의 적극 전개, 농민·노동 운동 활성화
  ③ 민주 공화정 수립 운동 확산: 기존의 복벽주의를 타파하고 공화 정체 주장 확산

(3) 반제국주의 민족 운동: 중국의 5·4 운동, 인도의 비폭력·불복종 운동에 영향

(4) 식민 통치 방식의 변화★: 기존의 억압적이었던 일제의 무단 통치 방식이 유화 정책을 표방하는 기만적인 문화 통치 방향으로 전환

03 대한민국 임시 정부

1. 임시 정부의 수립과 통합

(1) 3·1 운동 직후의 국내외 정부
  ① 대한 국민 의회(1919.3.17.): 연해주, 손병희를 대통령으로 하고 이승만을 국무총리로 선임하여 최초로 조직 → 전로 한족회 중앙 총회의 재편으로 형성
  ② 대한민국 임시 정부(1919.4.11.): 상하이, 민주 공화제를 바탕으로 수립, 이승만을 국무총리로 추대
  ③ 한성 정부(1919.4.23.): 국내(서울)에서 13도 국민 대표 명의로 이승만을 집정관 총재로 하고, 이동휘를 국무총리로 하여 수립

(2) 대한민국 임시 정부의 수립
  ① 수립: 한성 정부의 법통을 계승하고 위치를 상하이에 두어 각지의 임시 정부를 대한민국 임시 정부로 통합(1919.9.)
  ② 체제: 최초의 민주 공화정, 대한민국 임시 헌장 선포, 대통령 이승만, 국무총리 이동휘, 임시 의정원(입법)·법원(사법)·국무원(행정)의 3권 분립 체제

2. 대한민국 임시 정부의 활동

(1) 임시 정부의 초기 활동★★
  ① 군자금 모금 활동 ┌ 대한민국 임시 정부의 통신 기관으로 정보 수집, 분석, 교환, 연락 업무 관장
    ㉠ 연통제❺와 교통국: 국내외를 연결하는 비밀 행정망과 통신 기관 역할
    ㉡ 이륭양행(만주), 백산 상회(부산): 군자금, 각종 정보의 전달 경로
    ㉢ 독립 공채(애국 공채) 발행(1인당 1원씩 인구세), 국민 의연금 모금
      └ 조지 루이스 쇼, 1919 └ 안희제, 1914

📄 사료 읽기

> **독립 공채(애국 공채)**
> 제1조 기채 정액은 4천만 원으로 하며, 대한민국 원년 독립 공채로 함
> 제4조 상환 기간은 대한민국이 완전히 독립한 후 만 5개년부터 30개년 이내에 수시로 상환하는 것으로 하며, 그 방법은 재무 총장이 이를 정함
> 제17조 본 공채는 외국인도 응모할 수 있는 것으로 함
> — 「대한민국 원년 독립 공채 발행 조례」 —

② 외교 활동
  ㉠ 파리 강화 회의에 대표 파견(1919.2., 김규식, 독립 청원서 제출)
  ㉡ 미국 워싱턴에 구미 위원부 설치, 외교 활동 전개(이승만)
③ 문화 활동: 임시 사료 편찬회❻를 설립하여 독립운동 역사 정리 및 『한일 관계 사료집』 간행, 독립신문 간행
④ 군사 활동: 직할 부대 편성(광복군 사령부, 광복군 총영, 육군 주만 참의부)

(2) 국민 대표 회의 개최(1923)★★★
① 배경
  ㉠ 일제의 탄압으로 임시 정부의 연통제, 교통국 발각·붕괴(1921) → 자금난·인력난
  ㉡ 임시 정부 내부의 노선 갈등: 무장 투쟁론, 외교 독립론, 실력 양성론 등
  ㉢ 이승만의 위임 통치 청원서 제출 문제 → 독립운동의 새로운 활로 모색 필요
② 회의 내용
  ㉠ 창조파(무장 투쟁론): 임시 정부 해체, 연해주에 새로운 공화국 수립 주장, 신채호, 박은식, 박용만
  ㉡ 개조파(외교 독립론): 임시 정부 개편, 실력 양성론, 자치 운동, 안창호
  ㉢ 현상 유지파: 현재 임시 정부 조직 유지, 김구, 이동녕
③ 회의 결과
  ㉠ 결렬: 최종적인 합의를 찾지 못한 채 결렬되면서 임시 정부의 위상 크게 약화
  ㉡ 제2차 개헌: 이승만 탄핵(1925.3.) 이후 박은식이 제2대 대통령으로 추대, 국무령 중심의 의원 내각제로 개편(1925.4., 국무령 김구)
  ㉢ 제3차 개헌: 임시 정부의 안정화를 위하여 국무 위원 중심의 집단 지도 체제로 개편(1927)

💡 임시 정부의 헌정 변화

구분	체제	내용
임정 헌장(1919.4.)	임시 의정원 중심	의장(이동녕), 국무총리(이승만)
제1차 개헌(1919.9., 이승만)	대통령제, 3권 분립	민족 운동 통합, 외교 활동
국민 대표 회의(1923)	창조파 vs 개조파 vs 현상 유지파	
제2차 개헌(1925.4., 김구)	국무령 중심의 내각 책임제	임시 정부 내부 혼란 수습
제3차 개헌(1927.3.)	국무 위원 중심 집단 지도 체제	좌익과 우익의 대립 통합
제4차 개헌(1940.10., 김구)	주석 중심제	대일 항전
제5차 개헌(1944.4., 김구, 김규식)	주석·부주석 중심제	광복 대비

(3) 국민 대표 회의 이후 임시 정부 활동
① 한인 애국단(1931): 임시 정부의 침체 극복(이봉창·윤봉길 의거)
② 1940년대 충칭의 임시 정부(한국 독립당): 중·일 전쟁 이후 장제스의 국민당 정부를 따라 충칭으로 이동, 한국 광복군 창설(1940), 좌우 통합의 임시 정부 성립(1942)

---

❻ **임시 사료 편찬회**
안창호를 중심으로 독립운동과 관련한 역사를 정리하고 『한일 관계 사료집』을 간행하였다.

➕ **이승만의 위임 통치 청원서**
자유를 사랑하는 1천 5백만 한국인의 이름으로 우리는 당신에게 동봉한 청원서를 평화 회의에 제출할 것과 그리고 그 회의에 참석한 연합국들이 한국을 현재의 일본 지배로부터 자유롭게 해 주고 장래 한국의 완전 독립을 보장하면서 국제 연맹의 위임 통치하에 두어 줄 그러한 조치를 취하도록 평화 회의 석상에서 우리의 자유에 대한 청원을 내놓아 줄 것을 간절히 청원합니다. 이것들이 달성되면 한반도는 모든 국가들에게 이득이 될 중립 무역 지역으로 전환될 것입니다. 그것은 또한, 어떤 단일 세력에 의한 세력 확장을 방지하고 동양에서의 평화 유지에 도움이 될 극동 지역 내의 완충국을 창출하는 것이 됩니다.

— 「독립운동사 자료집」 —

➕ **국민 대표 회의(1923)**
대한민국 임시 정부는 여러 지역의 임시 정부를 통합하여 군자금 모집과 외교 활동 등을 하였으나 1920년대에 접어들면서 외교 노선의 한계와 재정난 등으로 인해 침체기를 겪었다. 이에 김구는 임시 정부의 활로를 모색하기 위한 국민 대표 회의를 소집하였으나 창조파, 개조파 등으로 나뉘어 합의점을 찾지 못한 채 해산되었다.

02 단골 키워드 문제

Ⅶ. 일제 강점기의 한국사
02 3·1 운동과 대한민국 임시 정부

정답 및 해설 89쪽

기출 선택지 미리보기

- 고종의 밀지를 받아 독립 의군부를 조직하였다.
- 독립 의군부 – 조선 총독부에 국권 반환 요구서를 발송하려 하였다.
- 3·1 운동 – 고종의 인산일을 기회로 삼아 시위를 전개하였다.
- 대한민국 임시 정부 – 독립운동 자금 마련을 위해 독립 공채를 발행하였다.
- 독립운동의 방략을 논의하기 위하여 국민 대표 회의가 개최되었다.

기출 키워드로 연습하기

01 ① 신한 청년당 • • 미주
　② 권업회　　 • • 연해주
　③ 대한인 국민회 • • 상하이

02 신한 청년당은 이회영, 이시영 등 신민회·대종교 인사가 중심이 되어 1911년 서간도에 설립한 최초의 자치 기구이다. (O / ×)

03 대한 광복군 정부는 이상설과 이동휘를 정·부통령으로 하여 1914년 연해주 블라디보스토크에서 수립되었다. (O / ×)

04 박용만은 1914년 하와이에서 경학사를 조직하여 군사 훈련을 실시하였다. (O / ×)

05 (　　　)을/를 계기로 독립운동의 구심체인 대한민국 임시 정부가 수립되었다.

06 1940년대 임시 정부는 직할 부대인 (　　　)을/를 창설하여 독립 전쟁을 추진하였다.

정답 | 01 ① 상하이 ② 연해주 ③ 미주 02 × 03 O 04 × 05 3·1 운동 06 한국 광복군

---

01 KEYWORD 01 대한 광복회

(가) 단체에 대한 설명으로 옳은 것은? 심화 66회 38번

> **판결문**
> 피고인: 박상진, 김한종
> 주　문: 피고 박상진, 김한종을 사형에 처한다.
> 이　유
> 　피고 박상진, 김한종은 한일 병합에 불평을 가지고 구한국의 국권 회복을 명분으로 (가) 을/를 조직하고 국권 회복을 위한 자금 조달을 위해 조선 각도의 자산가에게 공갈로 돈을 받아내기로 하고 …… 채기중 등을 교사하여 장승원의 집에 침입하여 자금을 강취하고 살해하도록 한 죄가 인정되므로 위와 같이 판결한다.

① 중·일 전쟁 발발 직후에 결성되었다.
② 군대식 조직을 갖춘 비밀 결사였다.
③ 파리 강화 회의에 대표를 파견하였다.
④ 일제가 꾸며낸 105인 사건으로 와해되었다.
⑤ 만민 공동회를 열어 열강의 이권 침탈을 비판하였다.

02 KEYWORD 02 독립 의군부

(가) 단체에 대한 설명으로 옳은 것은? 심화 59회 35번

이것은 고종이 임병찬에게 내린 밀지의 일부입니다. 그는 이 밀지를 받고 복벽주의를 내건 (가) 을/를 조직하였습니다.

애통하다! 일본 오랑캐가 배신하고 합병하니 종사가 폐허가 되고 국민은 노예가 되었다. …… 짐이 믿는 것은 너희들이니, 너희들은 힘써 광복하라.

① 일본 도쿄에서 독립 선언서를 발표하였다.
② 일제가 제정한 치안 유지법으로 탄압받았다.
③ 서간도에 신흥 강습소를 세워 독립군을 양성하였다.
④ 독립운동 자금을 모으기 위해 독립 공채를 발행하였다.
⑤ 조선 총독에게 제출하기 위해 국권 반환 요구서를 작성하였다.

03 KEYWORD 03 서간도

밑줄 그은 '이 지역'에서 있었던 민족 운동으로 옳은 것은?

심화 70회 34번

> □□신문
>
> 『원병상 회고록』으로 본 국외 민족 운동
>
> 한국 독립운동사의 일면을 살펴볼 수 있는 책이 발간되었다. 이 책은 신흥 무관 학교 졸업생이자 교관으로 독립군 양성에 헌신한 원병상의 회고록이다. 책에는 이 지역에 세워진 신흥 무관 학교의 변화 과정과 학생들의 생활상이 구체적으로 담겨 있을 뿐만 아니라, 국권 피탈 이후 망명해 온 독립지사들이 힘겹게 정착해 나가는 과정이 생생하게 기록되어 있어 독립운동사와 생활사 자료로서 가치가 크다.

① 한인 자치 기구인 경학사가 설립되었다.
② 권업회가 조직되어 기관지를 발행하였다.
③ 유학생들을 중심으로 2·8 독립 선언서가 발표되었다.
④ 대조선 국민 군단이 결성되어 군사 훈련을 실시하였다.
⑤ 흥사단이 창립되어 교민들에게 민족의식을 심어주고자 하였다.

04 KEYWORD 04 대한민국 임시 정부

(가) 정부의 활동에 대한 설명으로 옳은 것은?

심화 65회 41번

> 도내 관공서의 조선인 관리·기타 조선인 부호 등에게 빈번하게 불온 문서를 배부하는 자가 있어서 수사한 결과 이○○의 소행으로 판명되어 그의 체포에 노력하고 있다. …… 그는 (가) 의 교통부 차장과 재무부 총장 등으로부터 여러 가지 명령을 받았다. 조선에 돌아가서 인쇄물을 뿌리는 등 인심을 교란하는 동시에 (가) 이/가 발행한 독립 공채를 판매하는 한편, 조선 내부와의 연락 및 기타 기관을 충분히 갖추게 하는 것 등이었다.
>
> - 『고등 경찰 요사』 -

① 무장 투쟁을 위해 중광단을 결성하였다.
② 민족 교육을 위해 서전서숙을 설립하였다.
③ 독립군 양성을 위해 신흥 강습소를 세웠다.
④ 외교 활동을 위해 구미 위원부를 설치하였다.
⑤ 농촌 계몽을 위해 브나로드 운동을 전개하였다.

05 KEYWORD 05 국민 대표 회의

밑줄 그은 '회의'에 대한 설명으로 옳은 것은?

심화 68회 38번

> 본 회의는 2천만 민중의 공의(公意)를 지키는 국민적 대회합으로서, 최고의 권위에 의해 국민의 완전한 통일을 견고하게 하며 광복 대업의 근본 방침을 수립하고, 이로써 우리 민족의 자유를 만회하고 독립을 완성하기를 기도하며 이에 선언하노라. 삼일 운동으로써 우리 민족의 정신적 통일은 이미 표명되었다. …… 본 대표들은 국민이 위탁한 사명을 받아 국민적 대단결을 힘써 도모하며, 독립 전도의 대방책을 확립하여 통일적 기관 하에서 대업을 기성(期成)하려 한다.

① 창조파와 개조파가 대립하였다.
② 대일 선전 성명서를 공표하였다.
③ 삼균주의를 기초로 하는 건국 강령을 발표하였다.
④ 파리 강화 회의에 김규식을 파견할 것을 결정하였다.
⑤ 지청천을 사령관으로 하는 한국 광복군을 조직하였다.

06 KEYWORD 06 3·1운동

(가) 운동의 배경으로 가장 적절한 것은?

심화 75회 36번

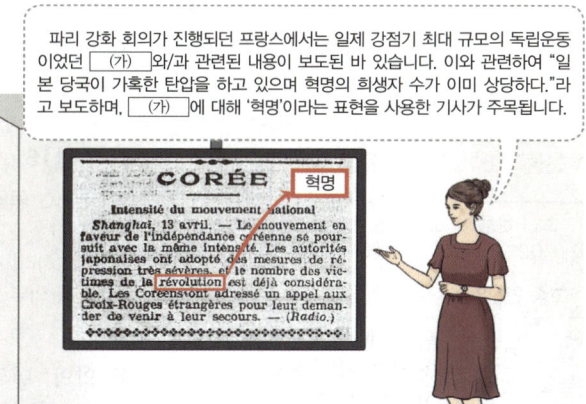

① 간도 참변으로 민간인이 학살되었다.
② 민영익을 대표로 한 보빙사가 파견되었다.
③ 대한 제국의 마지막 황제 순종이 서거하였다.
④ 언론사의 주도로 브나로드 운동이 전개되었다.
⑤ 미국 대통령 윌슨이 민족 자결주의를 제창하였다.

03 국내 항일 운동의 전개

✏️ check! 필수 암기!

학생 운동: 6·10 만세 운동(순종 인산일), 광주 학생 항일 운동(신간회 지원)
소년 운동: 어린이날 제정(방정환)
형평 운동: 백정의 신분 운동, 조선 형평사
민족 유일당: 정우회 선언(1926), 신간회(광주 학생 운동 지원), 근우회(신간회 자매 단체)
농민 운동: 암태도 소작 쟁의(1923~1924)
노동 운동: 원산 노동자 총파업

➕ 공산주의 세력의 확대

레닌은 러시아 내의 100여 소수 민족에게 민족 자결을 선언하고 세계 약소 민족의 해방 운동을 지원하겠다고 약속하였다. 이러한 약속은 우리 민족이 사회주의와 연결하여 독립운동을 추진하려는 생각을 갖도록 하였다.

➕ 3·1 운동과 6·10 만세 운동

구분	3·1 운동 (1919)	6·10 만세 운동 (1926)
계기	고종 인산일	순종 인산일
참여 세력	학생, 지식인, 농민, 상공업자 등	학생, 시민 등 (종교계, 사회 지도자 사전 체포)
영향	국내외 항일 투쟁 변화, 세계 평화 운동에 영향	민족 유일당 운동으로 발전, 농민·노동자층의 투쟁 전개

01 사회적 항일 운동

1. 사회주의와 민족 운동

(1) 사회주의 사상의 유입 과정

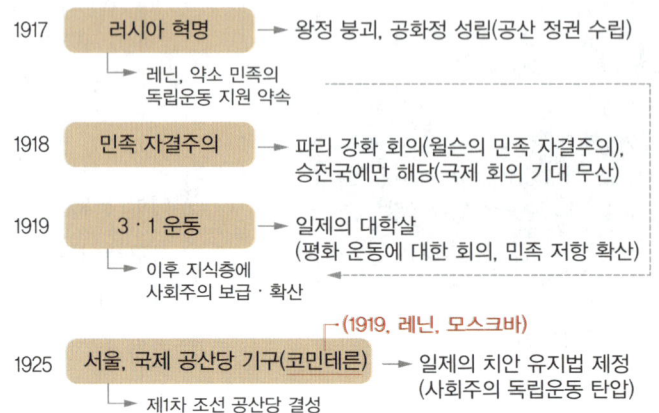

① 사회주의 사상의 수용
  ㉠ 수용: 3·1 운동 이후 국내 청년 지식층에 보급, <mark>조선 공산당</mark> 결성(1925, 서울)
  ㉡ 배경: 민족 자결주의에 걸었던 독립에 대한 기대 무산, 소련의 볼셰비키 정권이 약소 민족의 독립운동 지원을 약속
  ㉢ 영향: 청년·학생 운동, 농민·노동 운동 등 사회적·경제적 민족 운동 활성화
② 일제의 탄압★: <mark>치안 유지법</mark>을 제정하여 독립운동 탄압(1925)

(2) 학생 운동

① 6·10 만세 운동(1926)★
  ㉠ 배경: 일제의 식민지 교육 정책에 대한 반발, <mark>순종의 인산일</mark>을 계기로 민족 감정이 고조되어 만세 운동 준비
  → 일제에 의한 순종 독살설이 유포되어 민족 항일 감정이 다시 한 번 고조됨
  ㉡ 전개: 학생과 사회주의계의 추진, 사회주의계는 사전에 일제에 의해 발각, <mark>학생들의 주도</mark>로 순종의 장례 행렬에서 만세 운동 전개

> **❓ 6·10 만세 운동 당시의 격문**
> 대한 독립 만세! / 횡포한 총독의 정치의 지옥으로부터 벗어나자! / 대한 독립운동가여 단결하라! / 군대와 헌병을 철수하라! / 동양 척식 주식회사를 철폐하라! / 일본인 공장의 직공은 총파업하라! / 일본인 지주에게 소작료를 바치지 말자! / 조선인 교육은 조선인 본위로! / 보통 교육을 의무 교육으로!

  ㉢ 의의: 민족주의와 사회주의 계열의 연대 가능성 제시
  ㉣ 영향: 민족 유일당 운동과 <mark>신간회 결성에 영향</mark>, 학생 운동의 고양에 큰 영향을 미침, 학생이 국내 독립운동 세력의 중심적 위치로 부상
  ㉤ 동맹 휴학(맹휴) 투쟁: 주로 학내 문제 등에 국한된 비조직적 학생 운동이 6·10 만세 운동 이후 독서회 등의 학생 비밀 결사를 통한 조직적 항일 민족 운동으로 발전

② 광주 학생 항일 운동(1929)★★
- ㉠ 배경: 일제의 민족 차별과 식민지 교육, 6·10 만세 운동 이후 학생들의 항일 의식 고조, 학생 운동의 조직화(맹휴 투쟁)
- ㉡ 전개: 한·일 학생 간의 충돌(광주 – 나주 통학 열차에서 여학생 희롱 사건) → 일본의 편파적인 사법 처리 → 신간회(광주 지회)에서 진상 조사단 파견 → 학생과 시민의 전국적 투쟁으로 발전(1929. 11. 3.)
  └ 변호사 김병로, 허헌
- ㉢ 의의: 3·1 운동 이후 최대의 항일 민족 운동

2. 민족 유일당 운동

(1) 민족 유일당 운동의 배경
- ① 국외
  - ㉠ 중국의 제1차 국·공 합작(1924): 국외 민족 운동가들에게 영향(1926, 안창호, 북경 촉성회 개최)
  - ㉡ 만주의 3부 통합 운동: 3부(참의부, 정의부, 신민부) 통합 운동의 결과 국민부(1928)와 혁신 의회(1929) 결성
- ② 국내
  - ㉠ 민족주의의 분열: 이광수, 최린 등 일부 민족주의 계열에서 일제와 타협적인 경향(자치론) 증대
    └ 절대 독립이나 독립 투쟁 대신에 일제의 지배를 인정하는 범위에서 자치권을 획득하자는 주장

> **사료 읽기**
>
> ▶ 타협적 민족주의(기회주의, 자치론자)
> …… 지금까지 해 온 정치적 운동은 모두 일본을 적시하는 운동뿐이었다. 이런 종류의 정치 운동은 해외에서나 할 수 있는 일이고, 조선 내에서는 허용되는 범위 내에서 일대 정치적 결사를 조직해야 한다는 것이 우리의 주장이다.
> – 이광수, 「민족적 경륜」 –

- ③ 6·10 만세 운동의 영향: 민족주의 세력과 사회주의 세력의 연합 필요성 증대, 조선 민흥회❶ 조직(1926)

(2) 정우회 선언(1926): 사회주의 계열인 정우회와 비타협 민족주의 계열의 협동 전선(신간회 창립의 중요한 계기)

> **1920년대 국내 독립운동의 전개★★★**
>
>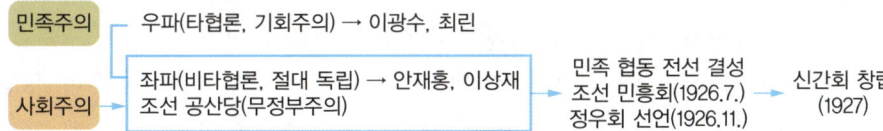

(3) 신간회(1927~1931)★★★
└ 반제국주의를 위해서는 어떤 단체와 제휴해도 무방하다는 코민테른의 지시
- ① 창립(1927): 민족 유일당 운동의 결실, 일제 강점기 최대의 합법 항일 운동 단체(전국 143개의 지회), 이상재(회장), 홍명희(부회장)
- ② 활동: 민중 대회 개최, 전국 순회 강연(농민·노동자층 확대), 노동·소작 쟁의, 맹휴 등 대중 운동 지원, 광주 학생 운동에 조사단 파견
- ③ 해체(1931)
  - ㉠ 내분: 민족주의자와 사회주의자들이 활동 노선면에서 갈등
  - ㉡ 코민테른의 노선 변화: 장제스의 쿠데타로 인해 중국의 국·공 합작이 깨지면서 코민테른(국제 공산당 기구)은 각국의 공산 진영에 민족 진영과 결별하도록 지시

❶ 조선 민흥회(1926)

사회주의자(서울 청년회)와 비타협적 민족주의계(조선 물산 장려회)의 제휴로 이루어진 한정된 규모의 민족 협동 전선이다.

➕ 신간회 강령
1. 우리는 정치·경제적 각성을 촉진함
2. 우리는 단결을 공고히 함
3. 우리는 기회주의를 일체 부인함

ⓒ 일제의 탄압: 신간회의 광주 학생 항일 운동 보고를 위한 민중 대회를 금지하고 간부들을 전원 체포·투옥하는 등의 탄압

④ 의의: 3·1 운동 이후 처음으로 민족 연합 전선 구축, 최대 규모의 반일 사회 운동 단체, 민족주의 세력과 사회주의 세력의 연합을 통한 국내 민족 운동 세력 역량을 결집

💡 **신간회의 해체(1931)**

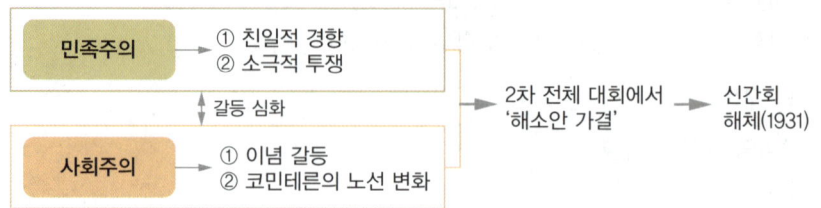

3. 다양한 사회 운동의 전개

(1) 농민 운동과 노동 운동 ★★

① 농민 운동(소작 쟁의)의 전개
  ㉠ 배경: 토지 조사 사업, 산미 증식 계획 등 일제의 수탈로 농민 몰락
  ㉡ 전개: 소작인 조합, 농민 조합 등 농민 단체를 중심으로 전개
   • 1920년대: 소작료 인하 반대 등 생존권 투쟁
   • 1920년대 후반: 조선 농민 총동맹 조직(1927), 전국적인 농민 조합, 조직적으로 쟁의
   • 1930년대: 사회주의와 연계하여 항일적 투쟁으로 발전
  ㉢ 소작 쟁의: 암태도 소작 쟁의❷(1923~1924), 황해도 재령 동양 척식 주식회사 농장의 소작 쟁의(1924)

② 노동 운동(노동 쟁의)의 전개
  ㉠ 배경: 노동자 수 증가, 값싼 임금, 차별 대우
  ㉡ 전개
   • 1920년대: 조선 노동 공제회(1920), 조선 노농 총동맹(1924) 등 노동 단체 결성, 생존권 투쟁(임금 인상·노동 시간 단축·작업 환경과 비인간적 대우 개선 요구)
   • 1920년대 후반: 조선 노동 총동맹 조직(1927), 전국적인 노동조합, 조직적으로 쟁의
   • 1930년대: 사회주의와 연계하여 항일적 투쟁으로 발전
  ㉢ 노동 쟁의: 원산 노동자 총파업❸(1929, 최대 규모의 조직적 노동 쟁의, 항일적 성격), 평남 평원 고무 공장 쟁의(1931, 강주룡의 을밀대 농성) ← 회사 측의 일방적 임금 인하 통고에 반발, 한국 최초의 여성 운동가 강주룡의 주도

💡 **농민·노동 단체의 변화**

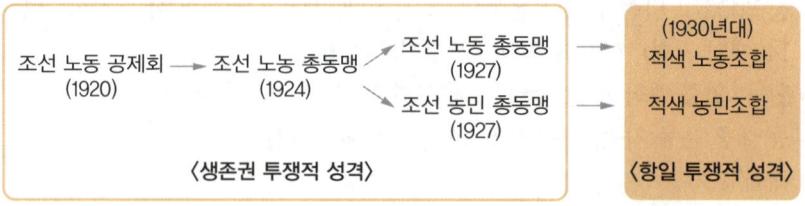

※ 생존권 투쟁적 성격으로 시작된 농민·노동 운동은 사회주의 사상의 영향을 받아 점차 비합법적이고 항일 투쟁적인 성격으로 변화하게 되었다.

---

❷ **암태도 소작 쟁의**
암태도 지역의 소작 운동으로 식민 지주 문재철과 이를 비호하는 일제에 대항하여 서태석을 중심으로 소작인들이 모여 소작료 인하를 요구하였고, 소작료를 40%로 인하하는 데 성공하였다.

❸ **원산 노동자 총파업**
원산의 '라이징 선' 석유 회사의 일본인 감독이 한국인 노동자를 구타한 사건을 계기로 3,000여 명이 참가한 노동 운동이다. 당시 일본, 프랑스 등 세계 각국의 노동자들이 격려 전문을 보내 응원하였다.

(2) 다양한 사회 운동의 활성화 ― 일제의 식민 교육에 저항, 노동·농민 운동에 적극 참여
① 청년 운동: 3·1 운동 이후 조선 청년 연합회(1920), 서울 청년회(1921), 조선 청년 총동맹(1924, 회원 수 3만 7천 명의 전국적 조직) 등 많은 청년 단체 조직
② 소년 운동: 방정환❹을 중심으로 활동, 어린이날 제정, 어린이 잡지 『어린이』 창간, 조선 소년 연합회 설립(1927)
③ 여성 운동
  ㉠ 배경: 여성 운동의 활성화(문맹 퇴치·구습 타파·생활 개선)
  ㉡ 여성 단체의 조직: 조선 여자 교육회(1920), 조선 여자 기독교 청년회(1922), 조선 여성 동우회(1924) 등 ― 최초의 사회주의 여성 단체
  ㉢ 근우회(1927)★★: 여성계의 민족 유일당, 신간회의 자매 단체, 기관지 『근우』 발간, 여성 단결, 남녀평등, 여성 교육 확대, 여성 노동자 권익 옹호, 새 생활 개선 운동
④ 형평 운동: 백정에 대한 사회적 차별에 대한 조직된 신분 해방 운동, 조선 형평사(1923, 진주), 민족 운동의 성격으로 변화하여 전국으로 확대(1928)
  ― 호적에 '도한(屠漢)'이라고 기록하거나 붉은 점을 찍어 표시, 보통학교 입학 통지서에도 신분 기재

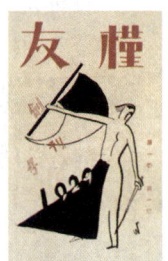
▲ 기관지 『근우』

❹ 방정환
동학의 3대 교주 손병희의 사위였던 방정환은 1921년 서울에 천도교 소년회를 조직하고, 색동회를 창립하였다(1923). 천도교 소년회는 어린이들에 대한 부모의 각성을 촉구하기 위하여 전국을 돌며 강연하였으며, 1923년 5월 1일 어린이날을 제정하고, 잡지 『어린이』를 창간하였다.

⊕ 근우회의 주요 행동 강령
1. 여성에 대한 사회적·법률적인 일체의 차별 철폐
3. 조혼 방지와 결혼의 자유
6. 부인 노동에 대한 임금 차별 철폐 및 산전 산후 임금 지불

📖 사료 읽기

▶ 형평 운동

▲ 형평사의 전국 대회 포스터

지금까지 조선의 백정은 어떠한 지위와 압박을 받아 왔는가? 과거를 회상하면 종일 통곡하고도 피눈물을 금할 수 없다. …… 직업의 구별이 있다고 한다면 금수의 생명을 빼앗는 자는 우리들만이 아니다.

― 조선 형평사 설립 취지문(1923) ―

02 민족 실력 양성 운동

1. 실력 양성 운동의 성격: 즉각 독립에 대한 회의, '선(先) 실력 양성, 후(後) 독립' 주장, 문화 통치에 대한 기대, 사회 진화론의 영향

2. 민족 기업과 물산 장려 운동
(1) 민족 기업의 설립: 회사령 철폐(신고제), 반사적 이익으로 민족 기업·공장 설립
  ① 활동: 경성 방직 주식회사(1919, 김성수), 평양 메리야스 공장(1920년대 전국 메리야스 생산량의 70% 차지), 고무신 공장 등 설립
  ② 한계: 일본 기업에 열세, 민족 자본 축적 곤란, 1930년대 이후 대부분의 민족 기업은 해체되거나 일본 기업에 흡수
  ― 산업 장려, 조선 상품 애용, 경제적 지도의 3가지 활동 방침
(2) 물산 장려 운동★★: 민족 경제의 자립 달성
  ① 배경: 일본 자본의 한국 진출 확대로 민족 자본의 위기 심화, 민족 자립 경제 추구
  ② 전개: 평양에서 조만식 주도로 조선 물산 장려회 발족(1920), 서울에서 조선 물산 장려회(1923) 조직, 전국으로 확산
  ③ 활동: '내 살림 내 것으로', 토산품(국산품) 애용·근검·저축·생활 개선·금주·금연 운동, 자작회(1922), 토산 애용 부인회(1923) 등이 활동

✏ check! 필수 암기!

물산 장려 운동
평양 시작(조만식), 서울 확대, 국산품 애용

민립 대학 설립 운동
민립 대학 기성회, 이상재

농촌 계몽 운동
브나로드(동아일보), 문자 보급(조선일보)

⊕ 실력 양성 운동
사회 진화론의 영향으로 대두되었으며 즉각 독립에 대한 회의감을 가지고 '선(先) 실력 양성, 후(後) 독립'을 주장하였고, 문화 통치에 대한 기대를 가졌다.

⊕ 국산품 선전 광고

④ 결과: 민족 기업의 생산력 부족, 일제의 방해 및 자본가들의 이기적인 이윤 추구, 자본가들을 위한 것이라는 사회주의 계열의 비난, 민중의 외면

3. 민립 대학 설립 운동과 농촌 계몽 운동

(1) 민립 대학 설립 운동 ❺ ★
① 배경: 한국 내 고등 교육 기관 부재, 총독부의 사립 학교 설립 불허
② 전개: 민립 대학 기성회 조직(1922, 이상재), 국내외에서 모금 운동 전개

> **사료 읽기**
>
> ▶ 민립 대학 설립 운동
> …… 오늘날 조선인이 세계 문화 민족의 일원으로 남과 어깨를 견주고 우리의 생존을 유지하며 문화의 창조와 향상을 기도하려면, 대학의 설립이 아니고는 다른 방도가 없도다.
> – 조선 민립 대학 설립 기성회 발기 취지서(1923) –

❺ 민립 대학 설립 운동

'한민족 일천만이 한사람 1원씩'의 구호를 내세워 각 지역의 유지들과 사회단체의 후원으로 한때 순조롭게 진행되었다.

③ 결과: 일제의 탄압, 자연 재해로 모금 곤란, 총독부 주도로 경성 제국 대학을 설립(1924)하여 교육열에 대한 열망을 무마시킴(극소수의 한국인 입학 허용 표방)

(2) 농촌 계몽 운동 ★★
┌ 심훈의 『상록수』(1935)

① 배경: 일제의 가혹한 식민지 차별화 교육 정책으로 문맹자 급증, 한글 보급을 통한 문맹 퇴치 운동과 언론사를 중심으로 한 농촌 계몽 운동 전개, 학생·지식인·문화 단체 등이 계몽 운동 시작
② 문자 보급 운동(1929~1934): 조선일보는 '아는 것이 힘, 배워야 산다'라는 표어 아래 민중 문화의 향상을 위한 문자 보급 운동 시작, 『한글원본』 등의 교재 배포
   └ '민중 속으로'라는 뜻의 러시아어
③ 브나로드 운동(1931~1934): 동아일보의 브나로드 운동 전개, 문맹자에게 우리글 교육, 미신 타파, 구습 제거, 근검절약 등 생활 개선을 위한 계몽 운동

▲『한글원본』

> **사료 읽기**
>
> 지금 조선인에게 가장 필요하고 긴급한 것은 도덕이나 지식 보급밖에 없을 것이다. 전 인구의 2%만 문자를 이해하고, 아동 학령의 30%만 취학할 수밖에 없는 지금 상태에서 간단하고 쉬운 문자의 보급은 민족의 최대 긴급사라 할 수 있다.
> – 조선일보 –
>
>
>
> 학생 여러분, 여러분의 고향에는 조선 문자도 모르고 숫자도 모르는 이가 얼마쯤 있는가. 그리고 여러분의 고향 사람들은 얼마나 비위생적 비보건적 상태에 있는가. 여러분은 이 상황을 그대로 보려는가.
> – 동아일보 –

④ 일제의 탄압: 조선 총독부의 농촌 진흥 운동 ❻(1932) 및 문맹 퇴치 운동 금지(1935)

❻ 농촌 진흥 운동

일제가 추진한 식민 농업 정책으로 '춘궁 퇴치', '차금 퇴치(借金退治)', '차금 예방'의 세 가지 목표를 내세우고 조선 농촌을 재편성하여 황국 농민으로 갱생시키려는 식민 정책의 하나였다.

03 단골 키워드 문제

VII. 일제 강점기의 한국사
03 국내 항일 운동의 전개

정답 및 해설 91쪽

기출 선택지 미리보기

- 6·10 만세 운동 – 민족 유일당 운동이 전개되는 계기가 되었다.
- 광주 항일 학생 운동 – 신간회에서 진상 조사단을 파견하였다.
- 물산 장려 운동 – 조선 사람 조선 것이라는 구호를 내세웠다.
- 조선 형평사 – 백정에 대한 사회적 차별 철폐를 목적으로 하였다.
- 신간회 – 민족 유일당 운동의 일환으로 결성되었다.

기출 키워드로 연습하기

01
① 여성 운동 · · 조선 형평사
② 형평 운동 · · 근우회
③ 브나로드 운동 · · 동아일보

02 김기전, 방정환 등이 주축이 된 서울 청년회는 어린이날을 제정하고 『어린이』라는 잡지를 간행하였다. (○ / ×)

03 평양에서 시작된 물산 장려 운동은 브나로드 운동과 병행하여 전개되었다. (○ / ×)

04 6·10 만세 운동은 민족주의와 사회주의가 연대하는 계기가 되었다. (○ / ×)

05 1926년 사회주의 계열의 단체인 (   )의 선언은 비타협적 민족주의 세력과 사회주의 세력 간의 협동체인 신간회 창립의 중요한 계기가 되었다.

06 일본 총독부는 이상재 등의 주도로 전개된 민립 대학 설립 운동을 방해하기 위해 (   )을/를 설립하였다.

정답 | 01 ① 근우회 ② 조선 형평사 ③ 동아일보 02 × 03 × 04 ○ 05 정우회 06 경성 제국 대학

---

01 KEYWORD 01 6·10 만세 운동

다음 자료에 나타난 사건의 영향으로 적절한 것은? 심화 57회 42번

> **판결문**
> 피고인: 이선호 외 10명
> 주 문: 피고인들을 각 징역 1년에 처한다.
> 이 유
>   피고인들은 이왕(李王) 전하 국장 의식을 거행할 즈음, 이를 봉송하기 위하여 지방에서 다수 조선인이 경성부로 모이는 기회를 이용하여 조선 독립운동을 선동하는 불온 문서를 비밀리에 인쇄하여 국장 당일 군중 가운데 살포하여 조선 독립 만세를 소리 높여 외쳐 조선 독립의 희망을 달성하고자 기도하였다.

① 13도 창의군이 서울 진공 작전을 전개하였다.
② 복벽주의를 내세운 독립 의군부가 조직되었다.
③ 김광제 등의 발의로 국채 보상 운동이 일어났다.
④ 통상 수교 거부 의지를 담은 척화비가 건립되었다.
⑤ 민족 유일당 운동의 일환으로 신간회가 창립되었다.

02 KEYWORD 02 광주 학생 항일 운동

밑줄 그은 '이 운동'에 대한 설명으로 옳은 것을 <보기>에서 고른 것은? 심화 67회 38번

이것은 1929년 11월 한일 학생 간의 충돌을 계기로 시작된 이 운동을 기념하는 탑입니다. 당시 민족 차별에 분노한 광주 지역 학생들이 대규모 시위를 전개하였고, 전국의 많은 학교가 동맹 휴학으로 동참하였습니다. 이 기념탑은 학생들의 단결된 의지를 타오르는 횃불로 형상화한 것입니다.

• 보기 •
ㄱ. 조선인 본위의 교육 제도 확립 등을 요구하였다.
ㄴ. 대한매일신보의 후원 속에 전국으로 확산하였다.
ㄷ. 신간회에서 진상 조사단을 파견하여 지원하였다.
ㄹ. 일제가 이른바 문화 통치를 실시하는 배경이 되었다.

① ㄱ, ㄴ   ② ㄱ, ㄷ   ③ ㄴ, ㄷ   ④ ㄴ, ㄹ   ⑤ ㄷ, ㄹ

03 KEYWORD 03 신간회

(가) 단체에 대한 설명으로 옳은 것은?   심화 64회 37번

> **역사 신문**
> 제△△호   ○○○○년 ○○월 ○○일
>
> **민중 대회 개최 모의로 지도부 대거 체포**
>
> 허헌, 홍명희 등 (가) 의 지도부는 광주 학생 항일 운동을 전국적 시위 운동으로 확산시키기 위한 민중 대회 개최를 추진하다가 경찰에 체포되었다. 이 단체는 사건 진상 보고를 위한 유인물 배포 및 연설회 개최를 계획하고, 각 지회에 행동 지침을 내리는 등 시위 확산을 도모하였다.

① 암태도 소작 쟁의를 지원하였다.
② 민족 협동 전선으로 결성되었다.
③ 부민관 폭파 사건을 주도하였다.
④ 조선 혁명 선언을 활동 지침으로 하였다.
⑤ 어린이날을 제정하고 잡지 어린이를 간행하였다.

04 KEYWORD 04 근우회

(가) 단체에 대한 설명으로 옳은 것은?   심화 76회 40번

나는 1927년에 결성된 여성 운동 단체 (가) 의 집행 위원으로 강령과 규약 작성에 참여한 박신우입니다. 이 강령에서 조선 여성의 공고한 단결과 정치·경제·사회 등 전반적인 이익 옹호가 이 단체의 목표임을 분명히 하였습니다.

(가) 강령 및 규약

① 개벽, 신여성 등의 잡지를 발행하였다.
② 여성 교육을 위해 이화 학당을 설립하였다.
③ 좌우를 아우르는 민족 협동 전선으로 결성되었다.
④ 조선학 운동을 전개하여 여유당전서를 간행하였다.
⑤ 최초의 여성 권리 선언문인 여권통문을 발표하였다.

KEYWORD 05 물산 장려 운동

05 최다 빈출 유형

밑줄 그은 '이 운동'에 대한 설명으로 옳은 것을 <보기>에서 고른 것은?   심화 69회 35번

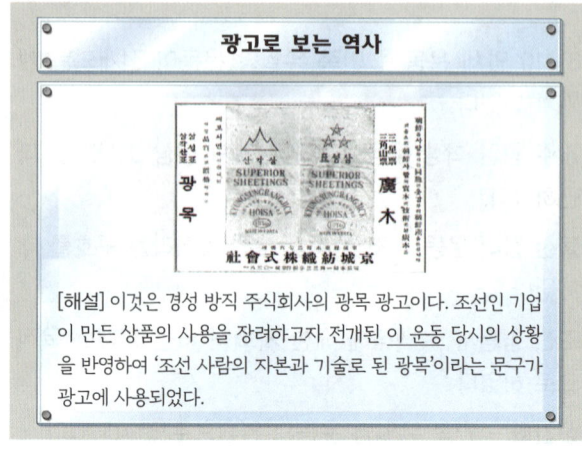

광고로 보는 역사

[해설] 이것은 경성 방직 주식회사의 광목 광고이다. 조선인 기업이 만든 상품의 사용을 장려하고자 전개된 이 운동 당시의 상황을 반영하여 '조선 사람의 자본과 기술로 된 광목'이라는 문구가 광고에 사용되었다.

• 보기 •
ㄱ. 회사령 폐지 등이 배경이 되었다.
ㄴ. 황국 중앙 총상회의 주도하에 전개되었다.
ㄷ. 평양에서 시작되어 전국적으로 확산되었다.
ㄹ. 대동 상회 등 근대적 상회사가 설립되는 계기가 되었다.

① ㄱ, ㄴ   ② ㄱ, ㄷ   ③ ㄴ, ㄷ   ④ ㄴ, ㄹ   ⑤ ㄷ, ㄹ

06 꼬리 물기 문제

밑줄 그은 '이 운동'에 대한 설명으로 옳은 것은?   심화 64회 38번

이것은 평양에서 조만식 등의 주도로 시작된 이 운동의 선전 행렬을 보여주는 사진이야.

이 운동은 '조선 사람 조선 것' 등의 구호를 내세웠지만, 자본가의 이익만을 추구하는 이기적인 운동이라고 비판받기도 했어.

① 통감부의 탄압과 방해로 중단되었다.
② 조선 관세령 폐지를 계기로 확산되었다.
③ 황국 중앙 총상회가 설립되는 결과를 가져왔다.
④ 한성 은행, 대한 천일 은행 설립에 영향을 끼쳤다.
⑤ 일본, 프랑스 등의 노동 단체로부터 격려 전문을 받았다.

07 KEYWORD 06 원산 노동자 총파업

(가) 사건 이후에 전개된 사실로 옳은 것은?   심화 71회 41번

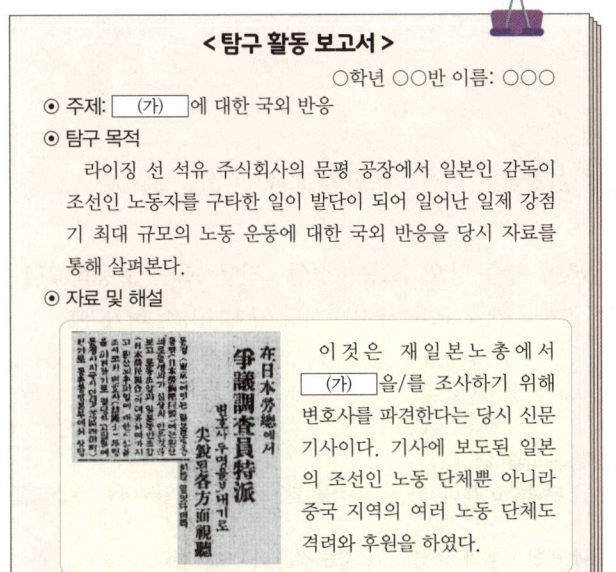

① 동양 척식 주식회사가 설립되었다.
② 강주룡이 을밀대 지붕에서 고공 농성을 벌였다.
③ 황실의 지원을 받아 대한 천일 은행이 창립되었다.
④ 전국 단위의 조직인 조선 노농 총동맹이 조직되었다.
⑤ 고율의 소작료에 반발하여 암태도 소작 쟁의가 발생하였다.

08 KEYWORD 07 형평 운동

(가) 운동에 대한 설명으로 옳은 것은?   심화 63회 37번

① 통감부의 탄압으로 중단되었다.
② 중국의 5·4 운동에 영향을 주었다.
③ 대한 자강회가 결성되는 배경이 되었다.
④ 백정에 대한 사회적 차별 철폐를 주장하였다.
⑤ 여성 교육의 중요성을 강조한 여권통문을 발표하였다.

09 KEYWORD 08 1920년대 국내 항일 운동

다음 가상 일기의 밑줄 그은 '운동'에 대한 설명으로 옳은 것은?   심화 68회 41번

① 조선 형평사의 주도로 전개되었다.
② 대한매일신보의 지원을 받아 확대되었다.
③ 평양에서 시작하여 전국적으로 확산되었다.
④ 순종의 인산일을 기한 대규모 시위를 계획하였다.
⑤ 라이징 선 석유 회사의 한국인 구타 사건을 계기로 시작되었다.

10 KEYWORD 09 소년 운동

(가) 종교에 대한 설명으로 옳은 것은?   심화 67회 41번

기획 전시
방정환이 꿈꾼 어린이를 위한 나라

우리 박물관에서는 『어린이』 창간 100주년을 기념하는 특별전을 준비하였습니다. 동학을 계승한 종교인 (가) 계열의 방정환 등이 어린이들에게 다양한 읽을거리를 제공하기 위해 발간한 잡지 『어린이』의 전시와 함께 여러 체험 행사를 준비하였으니 많은 관심 바랍니다.

• 기간: 2023. ○○. ○○.~○○. ○○.
• 장소: △△ 박물관 특별 전시실
• 전시 자료 소개

▲『어린이』 제7권 제3호

▲『어린이』 제9권 제1호

① 한용운 등이 사찰령 폐지를 주장하였다.
② 만세보를 발행하여 민중 계몽에 앞장섰다.
③ 박중빈을 중심으로 새생활 운동을 펼쳤다.
④ 배재 학당을 세워 신학문을 보급하고자 힘썼다.
⑤ 의민단을 조직하여 항일 무장 투쟁을 전개하였다.

04 민족 문화 수호 운동

01 민족 문화 수호 노력

1. 일제의 식민지 교육 정책

(1) **목표**: 일제에 순응하는 국민 양성(황국 신민화), 우민화 교육

(2) **식민 교육 정책**

① 제1차 조선 교육령(1911): 일본어 학습 강요, 보통·실업·전문 교육, 보통학교(4년), 사립학교 규칙(1911, 지리·역사·한글 교육 금지), 서당 규칙(1918, 허가제)
　　└ 개량 서당의 민족 교육을 탄압

> **사료 읽기**
>
> ▶ **제1차 조선 교육령**
> 제1조 조선에 있는 조선인의 교육은 본령에 따른다.
> 제5조 보통 교육은 보통의 지식, 기능을 부여하고 특히 국민된 성격을 함양하며, 국어(일본어)를 보급함을 목적으로 한다.
> 제6조 실업 교육은 농업, 상업, 공업 등에 관한 지식과 기능을 가르치는 것을 목적으로 한다.

② 제2차 조선 교육령(1922)★: 한국인 대학 입학 허용 표방(1924, 경성 제국 대학), 보통학교(4년 → 6년), 고등 보통학교(5년), 조선어·역사·지리 교육 허용
　　（수업 연한）

③ 제3차 조선 교육령(1938)★: 내선일체와 일선동조론 강요, 심상 소학교(보통학교·소학교 통합), 중학교(고등 보통학교 개편), 국민학교(1941, 4년제)

④ 제4차 조선 교육령(1943): 전시 비상 조치령, 학도 동원 본부, 학도 근로령, 조선어·역사 과목 폐지, 전시 교육 체제
　　└ 김영삼 정부 때(1996) '역사 바로 세우기'의 일환으로 초등학교로 개칭

(3) **한국사 왜곡**

① 목적: 한국사를 왜곡하여 식민 통치 합리화

② 국사 왜곡 단체
　㉠ 조선사 편수회(1925): 일제의 한국사 왜곡 단체, 민족 말살과 식민 통치 합리화, 『조선사』 편찬
　㉡ 청구 학회(1930): 조선사 편수회와 경성 제국 대학 교수 중심, 식민 사관❶ 보급에 앞장, 『청구학총』 간행

2. 민족 교육의 진흥

(1) **민족 교육 기관의 설립**

① 민족 교육 기관 설립: 사립 학교·개량 서당·야학 설립, 민족의식 고취, 근대적 지식 보급

② 조선 교육회 창설(1920): 교육 대중화에 노력 → 민립 대학 설립 운동 전개

(2) **과학 및 체육 활동**

① 과학 운동: 발명 학회, 과학 문명 보급회 창립(1924) → 잡지 『과학조선』 간행, 과학의 날 제정
　　└ 과학의 대중화와 과학 지식 보급에 노력

② 과학 및 체육 활동★: 전조선 자전차 경기 대회 우승(1913, 엄복동), 안창남의 고국 방문 비행(1922, 동아일보 후원), 손기정의 베를린 올림픽 마라톤 우승(1936)
　　└ 금메달 손기정, 동메달 남승룡

---

check! 필수 암기!

국학 운동의 전개

- **국어 연구**: 조선어 연구회(1921, 가갸날, 한글), 조선어 학회(1931, 한글 맞춤법, 표준어, 사전 편찬 착수)
- **민족 사학**: 박은식(혼, 『한국통사』, 『한국독립운동지혈사』), 신채호(『조선상고사』, 『조선사연구초』)
- **사회·경제 사학**: 백남운(사적 유물론, 식민 사관 비판, 『조선사회경제사』)

❶ **일제 식민 사관의 내용**
- **정체성론**: 한국은 봉건 사회 없이 개항하였다.
- **타율성론**: 한국사는 자주적이지 못하며 외세의 의해 이루어졌다(임나일본부설, 반도성론).
- **당파성론**: 한국 정치는 분열성이 강하여 공론이 아닌 이해관계의 싸움이었다.

➕ **안창남(1901~1930)**
1921년 일본에서 비행사를 취득하고 1922년 고국 방문 비행을 성공하였다. 이후 일본에서 탈출하여 상하이로 건너가 독립운동에 참여하였으며, 타이위완 비행학교의 교관으로 활동하였다.

➕ **동아일보의 일장기 말소 사건**
동아일보는 1936년 베를린 올림픽에서 손기정 선수 가슴에 달려 있는 일장기를 말소한 채 게재하여 정간되었다.

3. 국학 운동의 전개

(1) 국어 연구와 한글 보급★★

① 활동 단체의 변천: 국문 연구소(1907, 대한 제국) → 조선어 연구회(1921) → 조선어 학회(1931) → 한글 학회(1949)
　　└지석영, 주시경

② 활동 내용: 최현배, 이윤재 등이 중심
　ⓒ 조선어 연구회(1921): 한글 보급 운동과 대중화 노력, 가갸날(한글날) 제정, 잡지 『한글』 간행
　　└임경재, 장지영 등의 주도로 창립 → 국어 연구 본격화
　ⓒ 조선어 학회(1931): 조선어 연구회를 확대·개편하여 결성, '한글 맞춤법 통일안'❷과 '조선어 표준어' 제정, 『우리말 큰사전』 편찬 착수

③ 조선어 학회 사건(1942): 『우리말 큰사전』 편찬을 준비하던 회원 30명을 일제가 치안 유지법 위반으로 체포, 고문으로 인해 이윤재, 한징 등이 옥사하고 11명이 실형을 선고받음, 『우리말 큰사전』 편찬 사업 실패

(2) 민족 사학의 전개: 한국사를 왜곡하는 일제 식민 사관에 대항

① 민족주의 사학: 박은식·신채호·정인보·문일평·안재홍 등 역사 연구를 독립운동의 한 방법으로 인식, 민족사의 자주성과 주체성 강조
　ⓒ 박은식★★★: 민족 정신을 '조선 혼(魂)'으로 강조, 『한국통사』, 『한국독립운동지혈사』 저술, 『유교 구신론』(구한말)
　　└국혼
　ⓒ 신채호★★★: 낭가 사상, 『조선상고사』[아(我)와 비아(非我)의 투쟁], 『조선사연구초』 저술, 고대사 연구를 통해 민족의 고유한 문화적 전통·정신을 강조
　ⓒ 정인보★: '얼' 강조, 「5천년간 조선의 얼」(동아일보 연재) → 『조선사연구』
　ⓒ 문일평★: 심(心) 사상(조선심), 역사학의 대중화에 관심
　ⓒ 조선학 운동: 정인보·안재홍 등이 정약용의 저서를 모은 『여유당전서』의 간행을 계기로 전개(1934), 비타협적 민족주의 사학자들의 민족 운동, 실학에서 자주적 근대 사상과 주체성 파악

② 사회·경제 사학★★
　ⓒ 백남운: 사적 유물론을 바탕으로 한국사가 세계사적 발전 과정과 같다고 강조, 『조선사회경제사』·『조선봉건사회경제사』 저술

❗ 백남운의 사적 유물론

구분	원시	고대	중세	근대	미래
마르크스 역사관	공산제 ⇒	노예제 ⇒	봉건제 ⇒	자본주의 ⇒	공산주의
한국사 (사적 유물론)	공산제 ⇒	삼국 ⇒	신라 말~조선 ⇒	개항 이후 ⇒	공산주의

　ⓒ 영향: 일제의 식민 사관(정체성론) 비판

③ 실증 사학: 손진태, 이윤재 등 문헌 고증의 방법을 통해 한국사를 실증적으로 연구, 진단 학회 조직(1934), 『진단학보』 발행, 청구 학회(친일 단체)에 대항

---

❷ 한글 맞춤법 통일안
1. 한글 맞춤법은 표준말을 그 소리대로 적되, 어법에 맞도록 함을 원칙으로 삼는다.
2. 표준말은 대체로 현재 중류 사회에서 쓰는 서울말로 한다.
3. 문장의 각 단어는 띄어 쓰되, 토는 그 윗말에 붙여 쓴다.

📝 암기법

민족주의 사학
박은식(혼), 신채호(낭가), 정인보(얼), 문일평(심)
→ 은.혼.식, 신.랑, 인.얼, 일.심.

📖 사료 읽기

옛 사람들이 말하기를 나라는 가히 멸할 수 있으나, 역사는 가히 멸할 수 없으니, 대개 나라는 형(形)이나 역사는 신(神)이기 때문이다.
└혼(魂) 사상
－ 박은식, 『한국통사』 서문 －

▲박은식

> 역사란 무엇이뇨. …… 무릇 주체적 위치에 선 자를 아라 하고, 그 밖에는 비아라 하는데, 이를테면 조선 사람은 조선을 아라 하고, …… 그러므로 역사는 아(我)와 비아(非我)의 투쟁의 기록인 것이다. ─ 낭가 사상
>
> ─ 신채호, 『조선상고사』 총론 ─

▲ 신채호

> 어릿어릿하는 사람을 보면 얼이 빠졌다고 하고, 멍하니 앉은 사람을 보면 얼 하나 없다고 한다. …… 얼은 남이 빼앗아 가지 못한다. 얼을 잃었다면 스스로 잃은 것이지 누가 가져간 것이 아니다. ─ 얼 사상
>
> ─ 정인보, 「5천년간 조선의 얼」 ─

▲ 정인보

> 우리 조선의 역사적 발전의 전 과정은 …… 세계사적인 일원론적 역사 법칙에 이해 다른 민족과 거의 같은 궤도로 발전 과정을 거쳐 온 것이다. 그 발전 과정의 완만한 템포, 문화의 특수적인 농담(濃淡)은 결코 본질적인 특수성이 아니다. ─ 사적 유물론
>
> ─ 백남운, 『조선사회경제사』 ─

▲ 백남운

4. 종교 활동

(1) **대종교**★★: 나철·오기호가 단군 신앙으로 창설, 만주에 무장 독립 단체인 중광단(1911), 북로 군정서(1919, 김좌진) 조직

(2) **원불교**: 박중빈 창시, 새생활 운동, 실천 강조, 근면·절약·개간 사업·저축·금주·금연 운동 전개

(3) **불교**★★: 조선 불교 유신회 조직(1921, 한용운), 불교계 정화·사찰령 폐지 운동 ─ 『유심』(월간지, 1918)

(4) **천도교**: 동학 개창, 제2의 3·1 운동 계획(6·10 만세 운동), 기관지 『만세보』 간행, 『개벽』·『어린이』·『학생』 등의 잡지 간행

(5) **개신교**: 일제가 날조한 안악 사건·105인 사건에 연루, 신사 참배 거부 운동

(6) **천주교**★: 3·1 운동에 적극 참여, 의민단 조직(1919, 만주), 잡지 『경향』, 고아원·양로원 등 사회 사업

02 문학과 예술 활동

1. 문학 활동

(1) **1910년대**: 근대 문학의 기틀 마련, 계몽적 성격, 최남선의 「해에게서 소년에게」(1908), 이광수의 「무정」(1917)

(2) **1920년대 초반**: 동인지❸ 『창조』(1919, 김동인), 『폐허』(1920, 염상섭), 『백조』(1922, 이상화)·천도교계 잡지 『개벽』 간행(1920) ─ 예술성만 추구, 현실 문제에 소극적·도피적 경향

(3) **1920년대 중반**: 신경향파(사회주의 문학, KAPF 결성), 동반 문학(사회주의 동조), 민족 문학[김소월의 「진달래꽃」(1925), 한용운❹의 「님의 침묵」(1926), 이상화의 「빼앗긴 들에도 봄은 오는가」(1926)] ─ 식민지 현실 고발, 계급 의식 고취

(4) **1930년대 문학**: 순수 문학, 저항 문학
  ① 저항 문학: 심훈의 「그날이 오면」(1930), 이육사의 「청포도」(1939), 윤동주의 「서시」(1941)

✏️ check! 필수 암기!

민족 종교 활동
- 대종교: 나철·오기호, 중광단, 북로 군정서
- 불교: 한용운, 조선 불교 유신회
- 천도교: 『만세보』, 『개벽』, 『어린이』

❸ **동인지**
공통된 목적을 가진 사람들이 주체가 되어 집필·발행하는 것으로 1920년대 활발하였다. 김동인의 『창조』(1919), 염상섭의 『폐허』(1920), 이상화의 『백조』(1922) 등이 있다.

❹ **한용운(1879~1944)**
한용운은 『조선불교유신론』을 통해 불교 쇄신과 미신적 요소 배격을 주장하며 불교의 자주성 회복 운동과 근대화 운동을 추진하였고, 한국 불교를 일본 불교에 예속시키려는 총독부의 사찰령(1911)에 맞서 조선 불교 유신회를 조직하였다(1921). 또한, 「님의 침묵」을 통해 민족의 자주 독립 의식을 고취시켰다.

② 친일 활동: 1930년대 이후 이광수, 최남선, 노천명, 서정주 등 많은 문인들이 일제에 적극 협력

2. 예술 활동

(1) **영화**: 나운규의 「아리랑」(1926, 단성사 개봉)
    └ 3·1 운동 이후 근대 연극 도입   └ 민족적 비극을 무대 예술화

(2) **연극**: 신파극 유행, 토월회(1923), 극예술 연구회(1931, 서양 근대 연극 수용) → 중·일 전쟁 이후 일제의 탄압과 강요로 일제의 군국주의를 찬양하는 연극 외에는 공연할 수 없게 됨

▲「아리랑」

(3) **음악**: 홍난파, 현제명, 안익태(「코리아 환상곡」)

(4) **미술**: 고희동(최초의 서양화가), 나혜석(최초의 여류 서양화가), 이중섭❺(「소」)
    └ 전통 회화의 창조적 발전, 서양식 유화, 풍자화

(5) **문화재 수호**: 전형필, 일제의 문화재 약탈에 맞서 우리의 고문화재의 수집과 보존에 크게 기여[현(現) 성북동의 간송 미술관 보존·전시]

일제 강점기에 활동한 민족 문학인

▲ 윤동주

윤동주(1917~1945)는 명동소학교, 용정 대성 중학교, 연희 전문학교, 일본 릿쿄 대학, 도지샤 대학 등을 졸업하였다. 연희 전문학교에 진학 당시 송몽규 등과 함께 민족 정신과 조국의 독립에 대하여 토론하였다. 이후 1943년 조선인 유학생을 모아 놓고 조선의 독립과 민족 문화의 수호를 선동하였다는 죄목으로 체포되어 후쿠오카 형무소에서 옥고를 치르던 중 1945년 2월 순국하였다. 「서시」, 「자화상」, 「또 다른 고향」, 「별 헤는 밤」, 「쉽게 쓰여진 시」 등의 작품을 남겼으며, 일제 말기의 암흑기 시대를 살면서도 순수하게 살아가고자 하는 내면의 의지를 노래하였다.

▲ 김소월

김소월(1902~1934)은 민족적 정서를 대변하면서 아름다운 우리말과 민요적인 율조로 많은 시를 남긴 서정 시인으로, 시 문학사에 굵은 획을 그은 민족 시인이다. 「금잔디」, 「엄마야 누나야」, 「진달래꽃」, 「개여울」, 「강촌」, 「왕십리」, 「산유화」 등의 작품을 남겼는데 김소월의 아름다운 서정시는 지금까지도 많은 사람들에게 널리 낭송되고 있다.

▲ 이상화

이상화(1901~1943)는 1920~1930년대에 『백조』(1922) 등의 동인으로 활동하였던 시인으로 현실 타파와 현실 개조의 의지를 표현하였다. 「말세의 희탄」, 「단조」, 「가을의 풍경」, 「나의 침실로」, 「몽환병」, 「가상」, 「구루마꾼」, 「빼앗긴 들에도 봄은 오는가」 등의 작품을 남겼다.

▲ 이육사(이원록)

이육사(1904~1944)는 항일 독립운동가로서 1925년에 대구에서 의열단에 가입하였다. 1927년에 조선은행 대구 지점 폭파 사건, 1929년 광주 학생 항일 운동 등에 연루되어 모두 17차례에 걸쳐서 옥고를 치렀으며, 계속된 항일 독립운동으로 인하여 체포되어 1944년 북경 감옥에서 생을 마쳤다. 「황혼」, 「청포도」, 「절정」, 「광야」, 「꽃」 등의 작품을 남겼고, 잡지 『문장』(1939~1941)을 창간하였다.

➕ 문학가의 변질(친일 활동)
- **최남선**: '조선인의 일본화가 조선 문화의 당면 과제'
- **이광수**: '일장기가 날리는 곳이 내 자손의 일터'

❺ 이중섭(1916~1956)
이중섭은 민족 정서를 대변하는 「소」 등의 작품을 통해 독특한 화풍을 남겼다.

04 단골 키워드 문제

Ⅶ. 일제 강점기의 한국사
04 민족 문화 수호 운동

정답 및 해설 94쪽

기출 선택지 미리보기

- **조선어 학회** – 한글 맞춤법 통일안과 표준어를 제정하였다.
- **박은식** – 『한국독립운동지혈사』에서 독립 투쟁 과정을 정리하였다.
- **신채호** – 「독사신론」을 저술하여 민족주의 사학의 기반을 마련하였다.
- **백남운** – 식민사학을 반박하는 『조선봉건사회경제사』를 저술하였다.
- **조선학 운동** – 『여유당전서』 간행 사업을 계기로 시작되었다.

기출 키워드로 연습하기

01 ① 조선어 학회 · · 『조선사회경제사』
② 박은식 · · 『우리말 큰사전』
③ 백남운 · · 『한국통사』

02 천주교는 민중 계몽 운동에 주력하였으며, 만주에서 항일 운동 단체인 중광단을 조직하여 무장 투쟁 활동을 전개하였다. (O / ×)

03 신채호는 유교의 폐단을 비판하며 『유교 구신론』을 발표하였다. (O / ×)

04 ( )은/는 한국 불교를 일본 불교에 예속시키려는 총독부의 사찰령에 맞서 조선 불교 유신회를 조직하였다.

05 ( )은/는 조선 국혼을 강조하는 『한국통사』를 저술하였다.

06 ( )은/는 『조선사회경제사』, 『조선봉건사회경제사』 등을 저술하여 일제 식민 사관을 비판하였다.

정답 | 01 ① 『우리말 큰사전』 ② 『한국통사』 ③ 『조선사회경제사』
02 × **03** × **04** 한용운 **05** 박은식 **06** 백남운

KEYWORD 01 조선어 학회

01 최다 빈출 유형

(가) 단체에 대한 설명으로 옳은 것은? 심화 75회 41번

 자네 (가) 에서 발행한 잡지 '한글' 이번 호 보았는가? '한글 맞춤법 통일안' 개정 신판이 발매되었다는 소식이 실렸더군.

 읽었네. 최근 훈민정음 해례본의 발견으로 한글 창제일이 명확해졌다는군. 이제 (가) 에서는 한글날을 창제일에 맞춰 10월 9일로 시정한다고 하네.

① 최초로 한글에 띄어쓰기를 도입하였다.
② 국어 문법서인 대한문전을 편찬하였다.
③ 태극 서관을 설립하여 서적을 보급하였다.
④ 조선말(우리말) 큰사전 편찬을 추진하였다.
⑤ 국문 연구소를 두어 한글을 체계적으로 연구하였다.

02 꼬리 물기 문제

(가)에 들어갈 내용으로 적절한 것은? 심화 65회 44번

이달의 독립운동가

홈 > 나라사랑광장 > 이달의 독립운동가

최현배

🎖 훈격: 독립장
🏅 서훈 연도: 1962년

▷ 목차
- 주시경의 영향을 받아 국어 운동의 길로 들어서다
- (가)
- 광복 이후 국어 교재 편찬과 교사 양성에 힘쓰다
- 각종 한글 교과서를 편찬하다

① 조선어 학회 사건으로 옥고를 치르다
② 파리 강화 회의에서 독립 청원서를 제출하다
③ 복벽주의를 내세우며 독립 의군부를 조직하다
④ 국권 피탈 과정을 정리한 한국통사를 저술하다
⑤ 일제에 의해 조작된 105인 사건으로 재판을 받다

03 KEYWORD 02 제2차 조선 교육령

다음 법령이 발표된 이후에 있었던 사실로 옳은 것은?

심화 65회 40번

> 제1조 조선에서의 교육은 본령에 의한다.
> 제2조 국어[일본어]를 상용(常用)하는 자의 보통 교육은 소학교령, 중학교령 및 고등 여학교령에 의한다.
> 제3조 국어[일본어]를 상용하지 않는 자에게 보통 교육을 하는 학교는 보통학교, 고등 보통학교 및 여자 고등 보통학교로 한다.
> 제5조 보통학교의 수업 연한은 6년으로 한다. …… 보통학교에 입학할 수 있는 자는 연령 6세 이상으로 한다.

① 서당 규칙이 제정되었다.
② 2·8 독립 선언이 발표되었다.
③ 조선어 연구회가 결성되었다.
④ 조선 여자 교육회가 조직되었다.
⑤ 조선 민립 대학 설립 기성회가 창립되었다.

04 KEYWORD 03 신채호

㉠~㉤에 대한 설명으로 옳지 않은 것은?

심화 72회 42번

단재 신채호 연보

- 1880년 충청도 회덕에서 출생
- 1898년 성균관에 입학
- 1907년 ㉠ 신민회 활동에 참여하고 대한매일신보 필진으로 근무
- 1919년 상하이로 가서 ㉡ 대한민국 임시 정부 수립에 참여
- 1923년 ㉢ 조선 혁명 선언 작성
- 1927년 무정부주의 동방 연맹 창립 대회에 참가
- 1928년 타이완 지룽에서 체포됨
- 1931년 ㉣ 『조선상고사』가 조선일보에 연재됨
- 1936년 ㉤ 뤼순 감옥에서 사망

① ㉠ – 광주 학생 항일 운동에 진상 조사단을 파견하였다.
② ㉡ – 이륭양행에 교통국을 설치하여 국내와 연락을 취하였다.
③ ㉢ – 의열단이 활동 지침으로 삼았다.
④ ㉣ – 역사를 아와 비아의 투쟁으로 정의하였다.
⑤ ㉤ – 안중근 의사가 순국한 곳이다.

05 KEYWORD 04 백남운

다음 가상 인터뷰의 주인공에 대한 설명으로 옳은 것은?

심화 69회 40번

① 진단 학회를 조직하였다.
② 한국독립운동지혈사를 저술하였다.
③ 식민 사학의 정체성론을 반박하였다.
④ 우리말 큰사전 편찬 사업을 추진하였다.
⑤ 민족의 얼을 강조하고 조선학 운동을 주도하였다.

06 KEYWORD 05 아리랑

밑줄 그은 '시기'에 볼 수 있는 모습으로 가장 적절한 것은?

심화 70회 39번

① 관민 공동회에서 연설하는 백정
② 교육 입국 조서를 발표하는 관리
③ 원각사에서 은세계 공연을 보는 관객
④ 전차 개통식에 참여하는 한성 전기 회사 직원
⑤ 카프(KAPF)를 형성하여 활동하는 신경향파 작가

05 무장 독립 투쟁

check! 필수 암기!

의열단(1919)
김원봉, 신채호의 조선 혁명 선언, 조선 혁명 간부 학교, 민족 혁명당, 김익상(조선 총독부), 김상옥(종로 경찰서), 나석주(동양 척식 주식회사)

한인 애국단(1931)
김구, 상하이, 이봉창(도쿄, 일왕에 투탄), 윤봉길(훙커우 공원, 중국 지원)

⊕ 의열단 이외의 항일 투쟁
- 강우규(1919, 대한 노인단): 서울역에서 사이토 총독에게 투탄하였지만 실패
- 조명하(1928, 단독 의거): 타이완의 타이중에서 일본 왕의 장인인 육군 대장 구니노미야를 독검으로 처단
- 남자현(1924, 서로 군정서): 3대 총독 사이코 마코토 저격 실패

⊕ 1920년대 의열단의 대표적 활동

인물	시기	의열 투쟁 내용
박재혁	1920	부산 경찰서에 폭탄 투척
김익상	1921	조선 총독부에 폭탄 투척
김상옥	1923	종로 경찰서에 폭탄 투척 후 일경과 교전하여 일부 처단
김지섭	1924	일본 도쿄 왕궁(이중교)에 폭탄 투척
나석주	1926	동양 척식 주식회사와 조선 식산은행에 폭탄 투척 후 일본인 처단

⊕ 의열단의 활동 변화

1919년 – 만주 비밀 결사
⇩
1920년대 – 개별적 투쟁
⇩
1920년대 후반 – 조직화
⇩
1930년대 – 조선 혁명 간부 학교, 민족 혁명당

01 무장 독립 전쟁의 준비

1. 국내 무장 항일 투쟁
(1) **배경**: 3·1 운동의 무자비한 탄압, 자립적 독립의 필요성, 조직적인 무장 독립 전쟁의 필요성 절감, 독립군의 체계적·조직적 군사 훈련, 활발한 국내 진입 작전 전개

(2) 3·1 운동 직후 전개된 국내 무장 항일 투쟁
① 천마산대(1919): 평안북도 의주 천마산 중심, 만주의 광복군 사령부와 협조, 대한 통의부에 편입, 일본 군경과 교전, 식민 기관 파괴
② 보합단(1920): 평안북도 의주 동암산 중심, 군자금 모금 전개(임시 정부에 전달)
③ 구월산대(1920): 황해도 구월산 중심, 독립운동을 방해하는 은율 군수 처단

2. 애국지사들의 항일 의거
(1) 의열단(1919) ★★★
① 결성: 만주 길림에서 김원봉의 주도로 항일 비밀 결사 조직
② 의열단의 목표: 동포들의 애국심 고취, 민중의 직접 혁명을 통한 일제 타도, 조선 총독부·경찰서·동양 척식 주식회사 등 식민 지배 기구 파괴, 조선 총독부 고위 관리 및 친일파 처단
③ 행동 강령: 신채호는 김원봉의 요청을 받아 조선 혁명 선언 작성 (1923)
  - 5파괴: 조선 총독부, 동양 척식 주식회사, 매일신보사, 경찰서, 조선 식산은행
  - 7가살: 조선 총독 및 고관, 일본군 수뇌부, 타이완 총독, 매국노, 친일파 거두, 반민족 토호, 밀정

▲김원봉

> **조선 혁명 선언(1923, 의열단 선언)**
> 민중은 우리 혁명의 대본영(大本營)이다. / 폭력은 우리 혁명의 유일 무기이다. / 우리는 민중 속에 가서 민중과 손을 잡고 끊임없는 암살·파괴·폭동으로써, 강도 일본의 통치를 타도하고 / 우리 생활에 불합리한 일체 제도를 개조하여 / 인류로써 인류를 압박치 못하며 / 사회로써 사회를 수탈하지 못하는 이상적 조선을 건설할지니라.
> – 신채호 –

▲박재혁　▲김익상　▲김상옥　▲김지섭　▲나석주

④ 의열단의 변화: 1920년대 후반부터 조직적 활동으로 전환
㉠ 조직화: 일부 단원은 황푸 군관 학교(1926)에 입학하여 체계적이고 조직적인 군사·정치 훈련, 중국 국민당 정부의 지원 아래 조선 혁명 간부 학교(1932) 설립
㉡ 민족 혁명당(1935): 당 조직을 결성하여 대중적인 투쟁 시도

(2) 한인 애국단(1931) ★★★

한인 애국단의 활동

- 1931 만주 사변 → 일제의 대륙 침략, 만주국 수립, 중국인의 반일 감정 심화
- 1932 이봉창 의거
  - 일본 도쿄에서 일본 국왕에 투탄·실패
  - 중국 언론, '이봉창 거사가 아쉽게 실패로 돌아가 ……' → 상하이 사변 ❶
- 1932 윤봉길 의거
  - 홍커우 공원 상하이 점령 기념식장 투탄, 일본 장성·고관 처단
  - 장제스의 극찬 → 중국 국민당 정부의 지원 → 한국 광복군 창설(1940)

① 결성: <u>김구</u>가 중심이 되어 상하이에서 조직, 임시 정부의 위기 타개 목적
② <u>이봉창 의거</u>(1932.1.): <u>도쿄</u>에서 <u>일본 국왕</u>에게 폭탄 투척, 항일 민족 운동의 활력소, 일제는 이봉창 의거에 대한 중국 언론의 태도를 문제 삼아 <u>상하이 침략</u>(상하이 사변)
③ 윤봉길 의거(1932.4.) — 사쿠라다문 의거
  - ㉠ 전개: 상하이 점령 기념식장(<u>홍커우 공원</u>)에 폭탄을 던져 일본군 장성과 고관들 처단
  - ㉡ 영향: <u>중국 국민당</u> 정부가 중국 영토 내의 무장 독립 투쟁을 승인하는 등 <u>임시 정부를 적극 지원하는 계기</u>, 세계에 한국인의 독립 의지 천명, 한국 광복군 탄생의 계기 — 장제스, '중국의 1억 인구가 해내지 못한 일을 한국의 한 청년이 단행하였다.'

📖 **사료 읽기**

▶ **윤봉길 의거**

일본이 한국과 중국 두 민족을 이간질하기 위해 '만보산 사건❷'을 일으키자, 한·중 양 지역에서 한국인과 중국인의 충돌이 일어났다. 이후 중국 내에서 한국인에 대한 여론이 급속히 악화되었다. 이 악감정은 도쿄에서 일왕에게 폭탄을 던진 사건(이봉창 의거) 이후에도 좀처럼 사그라지지 않았다. 그러나 4·29 사건(윤봉길 의거)이 일어나자 한국인에 대한 중국인의 감정은 놀랄 만큼 좋아졌다.

— 『백범일지』 —

02 1920년대 국외 무장 독립 전쟁의 전개

1. 독립 전쟁의 시작

(1) 독립군 부대의 조직
  ① 서간도: 서로 군정서군(신흥 무관 학교 출신 중심), 대한 독립단(의병장 출신 중심)
  ② 북간도: <u>북로 군정서</u>(대종교 계통, <u>김좌진</u> 중심), <u>대한 독립군</u>(의병장 출신의 <u>홍범도</u> 중심)

(2) 독립 전쟁
  ① 봉오동 전투(1920.6.) ★
    - ㉠ 주도: <u>대한 독립군(홍범도)</u>, 군무도독부군(최진동), 국민회군(안무) 등의 연합 부대
    - ㉡ 전개: 활발한 국내 진입 작전 전개, 삼둔자❸에서 일본군 격파, 보복을 위해 독립군의 본거지인 봉오동을 기습해 온 일본군 대파

---

❶ 상하이 사변

만주 사변(1931)과 만주국의 수립을 비판하는 국제 여론이 거세지자, 일제가 세계의 이목을 돌리기 위한 술책으로 이봉창 의거에 대한 중국 언론의 태도를 문제 삼아 상하이를 침략한 사건이다. 상하이의 중국 신문들이 일제히 이봉창의 의거를 보도하면서 '일본 국왕이 불행히도 명중되지 않았다.'라고 표현하자 일본은 중국 정부에 공식적으로 항의하였고 이후 상하이까지 공격하였다.

➕ 이봉창

➕ 윤봉길

❷ 만보산 사건

1931년 7월 만주에서 일어난 한·중 농민 간의 사소한 수로 분쟁이 일제의 공작으로 민족 간 유혈 충돌로 발전한 사건이다. 이로 인해 중국인의 반한 감정이 확산되어 만주 지역의 동포들과 독립군이 큰 어려움을 겪었다.

✏️ check! 필수 암기!

1920년대 독립 전쟁
봉오동 전투(대한 독립군, 홍범도), 청산리 대첩(북로 군정서, 김좌진)

❸ 삼둔자 전투(1920.6.)

홍범도와 최진동의 독립군 부대는 두만강을 넘어 함경북도 종성군에 주둔하고 있던 일본군을 기습하였다. 일본군은 1개 대대 병력을 출동시켜 독립군을 추격하였으나 삼둔자에 매복해 있던 독립군에게 섬멸당하였다.

❹ 훈춘 사건

일제는 봉오동 전투 패배의 보복을 위해 만주로 군대를 파병할 구실이 필요하였다. 이에 마적을 매수하여 훈춘의 영사관을 습격하여 일본인을 사살하게 하였고, 일본 영사와 거류민의 보호를 위한 군대 파견의 구실을 얻었다.

➕ 1920년대 무장 독립 단체

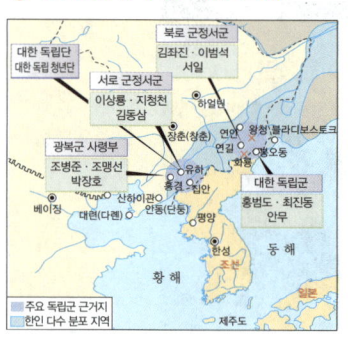

② 청산리 전투(1920.10.)★★: 독립 전쟁사에서 가장 큰 승리
  ㉠ 주도: 북로 군정서(김좌진), 대한 독립군(홍범도), 국민회군(안무), 의민단, 서로 군정서군 등의 연합 부대
  ㉡ 전개: 일제가 훈춘 사건❹을 조작하여 대부대를 만주로 보내 독립군 포위 → 6일간 10여 차례의 전투에서 일본군 대파
    └ 백운평·어랑촌·고동하 등지에서 전투

(3) 독립군의 시련★
  ① 간도 참변(1920, 경신 참변): 일본군의 봉오동·청산리 전투 패배에 대한 보복, 독립군 소탕을 핑계로 간도 지역 한인 무차별 학살(주민 10,000여 명 학살)
  ② 자유시 참변(1921): 독립군 부대의 재정비 및 지휘 체계 통일 목적으로 대한 독립 군단 결성(1920, 밀산부) → 러시아 혁명군인 적색군의 지원에 대한 기대로 자유시(스보보드니)로 이동 → 독립군 내부 지휘권을 둘러싼 갈등과 적색군에 의한 무장 해제 요구 과정에서 다수의 독립군 사상자 발생
  ③ 미쓰야 협정(1925): 독립군 탄압을 위해 일제(총독부 경무국장 미쓰야)와 만주 군벌(장쭤린) 간에 맺은 협정, 만주 일대의 독립군 토벌에 상호 협조 약속
    └ 강력한 군사력을 배경으로 정치적 특권을 장악한 군인 집단, 정부에 대하여 상대적 독립성을 띤 조직

💬 3·1 운동 이후 국외 무장 투쟁

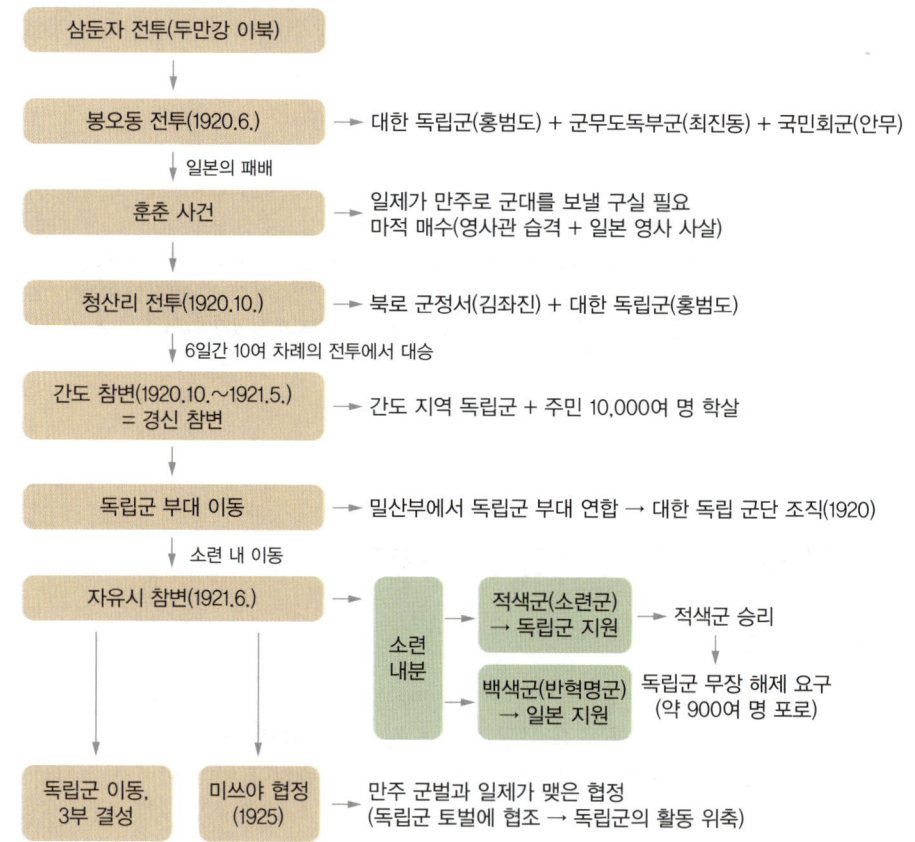

2. 독립군의 재정비와 통합 운동

(1) 3부의 성립(1923~1925)
  ① 3부의 결성: 만주 지역 독립군 세력의 진영 재정비, 3개의 자치 정부 성립
    ㉠ 참의부(1923): 압록강 연안, 임시 정부 직할 단체 표방
    ㉡ 정의부(1925): 하얼빈 이남 지린과 펑텐을 중심으로 한 남만주 일대, 3부 통합 운동 주도
    ㉢ 신민부(1925): 북만주 일대, 소련 영토에서 자유시 참변을 겪은 독립군 중심
  ② 3부의 성격과 의의: 만주 한인 사회를 통치하는 자치 조직으로서 민정 기관(자치 행정)과 군정 기관(독립군 훈련·작전)을 갖춤, 사실상 3개의 자치 정부

(2) 3부 통합 운동의 전개
  ① 배경: 민족 유일당 운동의 흐름에 따라 활발한 통합 운동 전개, 완전한 통합에 이르지 못하고 2개의 정부로 구성
  ② 통합 운동 결과 ┌ 전 민족 유일당 조직 협의회
    ㉠ 혁신 의회(1928, 북만주): 김좌진을 중심으로 하는 한족 총연합회를 구성, 김좌진 암살 이후 한국 독립당 조직, 산하 군사 조직으로 한국 독립군 결성
    ㉡ 국민부(1929, 남만주): 조선 혁명당 조직, 산하 군사 조직으로 조선 혁명군 결성
      └ 전 민족 유일당 조직 촉성회

03 1930년대 이후 독립 전쟁

1. 한·중 연합 작전

(1) 배경: 1931년 일제의 만주 침략과 만주국 수립으로 중국 내 반일 감정 고조

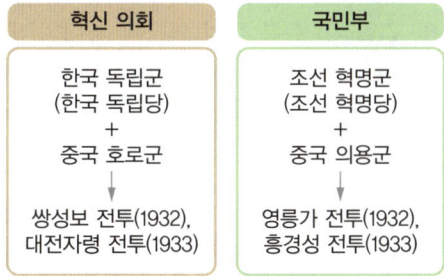

혁신 의회	국민부
한국 독립군 (한국 독립당) + 중국 호로군	조선 혁명군 (조선 혁명당) + 중국 의용군
↓	↓
쌍성보 전투(1932), 대전자령 전투(1933)	영릉가 전투(1932), 흥경성 전투(1933)

(2) 한국 독립군(총사령관 지청천❺)★★
  ① 활동: 혁신 의회 계열(한국 독립당), 북만주 일대에서 중국 호로군과 연합 작전
  ② 대표적 승리: 쌍성보 전투(1932), 경박호 전투, 사도하자 전투, 동경성 전투, 대전자령 전투(1933)

> **사료 읽기**
>
> ▶ **한국 독립군과 중국 호로군의 합의 내용(1931)**
> 1. 한·중 양군은 최악의 상황이 오는 경우에도 장기간 항전할 것을 맹세한다.
> 2. 중동 철도를 경계선으로 서부 전선은 중국이 맡고, 동부 전선은 한국이 맡는다.
> 3. 전시의 후방 전투 훈련은 한국 장교가 맡고, 한국군에 필요한 군수품 등은 중국군이 맡는다.

암기법

한·중 연합 작전

한국 **독립**군 + 중국 **호로**군
→ **쌍**성보 · **대**전자령 전투
➡ 독.호.군.쌍.대.

조선 **혁명**군 + 중국 **의용**군
→ **영릉**가 · **흥경**성 전투
➡ 혁.의.군.영.흥.

❺ 지청천

정부의 국비 유학생으로 일본 육군 사관 학교를 졸업하였고, 만주 신흥 무관 학교에서 독립군을 양성하였으며 서로 군정서군을 이끌었다. 이후 1940년 한국 광복군 총사령관이 되어 광복 때까지 항일 투쟁을 전개하였다.

⊕ 1930년대 무장 독립 전쟁

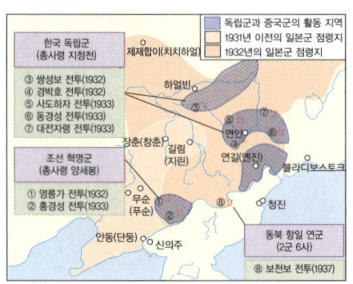

⊕ 동북 항일 연군

일제에 반대하는 사람은 사상이나 노선, 민족에 관계없이 모두 받아들여 단결하자는 주장에 따라 편성된 무장 부대이다. 한국인 사회주의자들이 속해 있던 중국 공산당 내에서 내부 분열을 극복하고 항일 전선을 강화하기 위해 동북 인민 혁명군을 동북 항일 연군으로 변경하고 참여의 폭을 넓혔다.

(3) 조선 혁명군(총사령관 **양세봉**)★★
① 활동: 국민부 계열(**조선 혁명당**), 남만주 일대에서 **중국 의용군**과 연합 작전 전개
② 대표적 승리: **영릉가 전투(1932)**, 홍경성 전투(1933)

📖 **사료 읽기**

▶ 조선 혁명군과 중국 의용군의 합의 내용(1932)

중국과 한국 양국의 군민은 한마음 한뜻으로 일제에 대항하여 싸우고, 인력과 물자는 서로 나누어 쓰며, 합작의 원칙하에 국적에 관계없이 그 능력에 따라 항일 공작을 나누어 맡는다.

― 한국 광복군 사령부, 「광복」 ―

(4) 한·중 연합 작전의 위축
① 일제의 탄압: 일본군의 북만주 초토화 작전, 중국군의 사기 저하
② 갈등: 항일전에 대한 중국 국민당과 공산당 간 의견 대립 발생
③ 한국 독립군과 조선 혁명군의 변화
  ㉠ 한국 독립군: 임시 정부의 요청에 따라 1933년 이후 중국 관내로 이동, 민족 혁명당과 임시 정부에 참여
  ㉡ 조선 혁명군: 양세봉이 일제에 의해 암살(1934)된 후 세력이 급속히 위축, 1930년대 중반까지 무장 투쟁 전개, 이후 중국 관내로 이동

2. 만주 지역 항일 투쟁
(1) 동북 항일 연군
  항일 세력의 규합과 노동자의 주도권 강화 강조
① 배경: 만주 사변 이후 공산주의자들의 주도로 항일 무장 투쟁 전개
② 결성: 한인 항일 유격대가 중국 공산당 소속의 동북 인민 혁명군(1933)으로 편성, **동북 항일 연군**으로 개편(1936) 일제에 반대하는 사람은 사상이나 노선, 민족에 관계없이 단결하자는 주장에 따라 편성된 무장 부대
③ 보천보 전투(1937.6., 김일성): 동북 항일 연군의 국내 침투 작전에 따라 함경남도 갑산의 보천보로 진출하여 경찰 주재소 파괴 및 일본 군경 전멸
④ 소련 영내로 이동: 일본군이 동북 항일 연군에 대한 대대적 공세, 대부분의 항일 연군은 소련 영내로 이동

(2) 조국 광복회(1936): 동북 항일 연군 내의 한인 유격대를 중심으로 결성, 위원장 김일성(1937), 보천보 전투 지원

3. 중국 관내의 민족 운동
(1) 민족 혁명당(1935)
① 결성: **한국 독립당(혁신 의회)**, **조선 혁명당(국민부)**, **의열단** 등 중국 본토의 항일 독립운동 세력이 단일 정당으로 통합하려는 목적으로 **민족 혁명당** 결성
② 분열: 사회주의 계통이 민족 혁명당 주도, 지청천과 조소앙 등 민족주의 계열은 탈퇴
③ 변화: 잔여 세력은 의열단 중심의 **조선 민족 혁명당**(1937)으로 개편 → 김원봉을 중심으로 조선 민족 전선 연맹 결성(1937) → **조선 의용대** 편성
  └ 김구를 중심으로 한 임시 정부 유지파도 참여하지 않음

(2) 조선 의용대(1938)
① 결성: **김원봉**이 중·일 전쟁 직후 중국 국민당 정부의 도움으로 **한커우**에서 조직, 중국 국민당 정부군과 항일 전쟁에 참가
② 특징: 중국 관내에서 조직된 **최초의 한인 무장 부대**
③ 활동: 정보 수집 및 후방 교란 등 중국군 작전을 보조하는 부대로 중국 여러 지역에서 항일 투쟁 전개

④ 분열(1941): 김원봉이 이끈 조선 의용대는 임시 정부의 한국 광복군에 합류(1942, 충칭), 김두봉이 이끈 잔여 세력은 중국 공산당 팔로군과 연합하여 화북 지방에서 조선 의용대 화북 지대(1941) 결성 → 조선 의용군(1942)
└ 호가장 전투(1941.12.)

(3) 전국 연합 진선 협회(1939)
① 조직: 한국 국민당(1935, 김구), 한국 광복 운동 단체 연합회(1937), 조선 민족 전선 연맹(1937, 김원봉)이 제휴하여 결성(1939)
② 결과: 정강을 채택하는 등의 활동을 하였으나 완전한 통합에는 이르지 못함

4. 대한민국 임시 정부의 정비와 1940년대 독립 전쟁

❗ 1930년대 후반 이후 독립운동 단체 조직

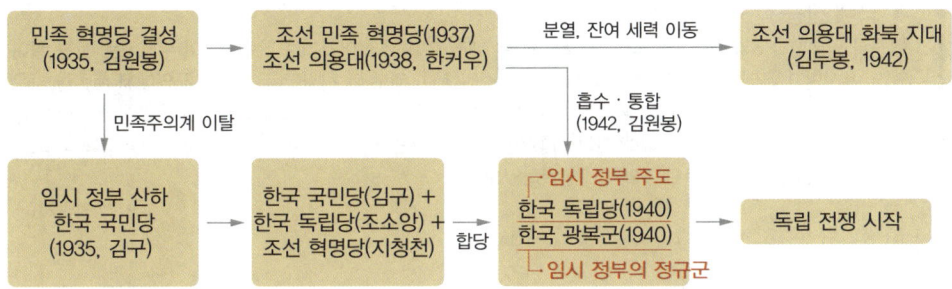

> **check! 필수 암기!**
>
> **1940년대 독립 전쟁**
> 대한민국 임시 정부(1940, 충칭, 주석제), 한국 광복군(지청천), 건국 강령(조소앙, 삼균주의), 대일·대독 선전 포고

(1) 임시 정부의 조직과 정비★
① 한국 독립당(1940)
  ㉠ 민족주의 계열의 한국 국민당(1935, 김구), 한국 독립당(1930, 조소앙), 조선 혁명당(1937, 지청천) 등 3개 정당이 한국 독립당으로 합당(1940, 위원장 김구)
  ㉡ 김구가 중심이 된 단체로서 대한민국 임시 정부의 집권 정당의 성격을 띰
② 임시 정부 체제 변경: 충칭에 정착 후 주석제로 정치 지도 체제 변경(1940) → 주석·부주석 중심제(1944)
③ 건국 강령 발표(1941): 삼균주의(조소앙❻)에 바탕을 둠

> ❗ **삼균주의**
> 삼균이란 개인과 개인, 민족과 민족, 국가와 국가 사이의 균등을 말하는 것으로, 개인과 개인 사이의 균등은 정치·경제·교육을 통하여, 민족과 민족 사이의 균등은 민족 자결을 통해 이룩되며, 국가와 국가 사이의 균등은 식민 정책과 자본 제국주의를 배격하고 침략 전쟁 행위를 금지해야 하며, 이에 따라 국가가 간섭하거나 침탈 행위를 하지 않아야 이룩된다는 것을 말한다.

④ 좌우 통합 임시 정부의 성립(1942): 사회주의 인사들의 임시 정부 참여(김원봉), 조선 독립 동맹과도 통일 전선 결성을 협의

❻ **소앙(素昻) 조용은(1887~1958)**

소앙(素昻)은 독립운동가 조용은(조소앙)의 호이다. 대한민국 임시 정부는 조소앙의 삼균주의에 바탕을 둔 건국 강령을 발표하고(1941), 보통 선거·의무 교육·토지 국유화·토지 분배·생산 기관의 국유화 등의 건국 목표를 세웠다.

(2) 한국 광복군의 활동★★★
① 한국 광복군의 창설(1940): 김구의 주도로 충칭에서 한국 광복군 창설(총사령관 지청천)

📖 **사료 읽기**

> ▶ **한국 광복군 선언(1940)**
> 대한민국 임시 정부는 대한민국 원년(1919)에 정부가 공포한 군사 조직법에 의거하여 중화민국 영토 내에 광복군을 조직하고 대한민국 22년(1940) 9월 17일 한국 광복군 총사령부를 창설함을 선언한다. …… 우리들은 한·중 연합 전선에서 우리 스스로의 부단한 투쟁을 감행하여 동아시아 및 아시아 인민들의 자유와 평등을 쟁취할 것을 약속하는 바이다.

➕ **한국 광복군(1940)**

② 군사력 보강: 김원봉의 조선 의용대 흡수·통합(1942), 신흥 무관 학교 출신의 독립군과 애국 청년 모집, 일본군을 탈출한 학도병 합류
③ 연합 작전 수행: 태평양 전쟁(1941.12.) 발발 직후 대일·대독 선전포고문 발표(1941), 연합군의 일원으로 미얀마와 인도 전선에 파견되어 영국군과 연합 작전(1943) → 포로 심문, 암호문 번역, 선전 전단 작성, 회유 방송 등 참여
④ 국내 진입 작전 계획: 총사령관 지청천, 부대장 이범석 등을 중심으로 편성한 한국 광복군은 중국에 주둔한 미군(OSS부대)과 연합하여 국내 정진군의 특수 훈련 실시, 비행대 편성 → 일본의 무조건 항복으로 무산

📖 **사료 읽기**

▶ **국내 진공 작전 계획 무산**

왜적이 항복한다 하였다. 아! 왜적이 항복! 이것은 내게 기쁜 소식이라기보다는 하늘이 무너지는 듯한 일이었다. 천신만고 끝에 수년 동안 애를 써서 참전할 준비를 한 것도 다 허사이다. 시안과 푸양에서 훈련을 받은 우리 청년들에게 여러 가지 비밀 무기를 주어 산둥에서 미국 잠수함에 태워 본국으로 들여보내어 국내의 중요한 곳을 파괴하거나 점령한 뒤에 미국 비행기로 무기를 운반할 계획까지도 미국 육군성과 다 약속이 되었던 것을 한 번 해 보지도 못하고 왜적이 항복하였으니…….

– 『백범일지』 –

(3) 조선 독립 동맹과 조선 의용군
① 조선 독립 동맹(1942, 김두봉): 대한민국 임시 정부에 편입되지 않은 조선 의용대 일부가 화북 지대로 이동한 후 조선 독립 동맹으로 확대·개편, 산하에 조선 의용군 조직(1942)
② 조선 의용군(1942, 옌안): 중국 공산당의 팔로군과 함께 항일전(호가장 전투) 참전 → 해방 후 북한 인민군에 편입

❗ 조선 의용대의 변화

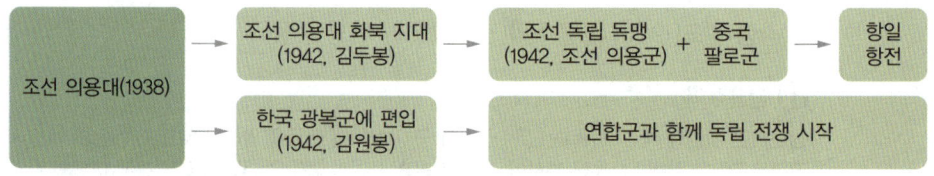

05 단골 키워드 문제

Ⅶ. 일제 강점기의 한국사
05 무장 독립 투쟁

정답 및 해설 97쪽

기출 선택지 미리보기

- 의열단 – 조선 혁명 선언을 활동 지침으로 삼았다.
- 조선 의용대 – 중국 관내에서 결성된 최초의 한인 군사 조직이었다.
- 한국 독립군 – 중국 호로군과 연합 작전을 통해 항일 전쟁을 전개하였다.
- 조소앙의 삼균주의를 기초로 기본 강령을 발표하였다.
- 한국 광복군 – 미국과 연계하여 국내 진공 작전을 계획하였다.

기출 키워드로 연습하기

01
① 대한 독립군 ·   · 윤봉길
② 한인 애국단 ·   · 영릉가 전투
③ 조선 혁명군 ·   · 홍범도

02 의열단 소속의 김상옥은 동양 척식 주식회사에 폭탄을 투척하였다. (O / X)

03 북로 군정서, 대한 독립군 등의 독립군 연합 부대는 청산리 전투에서 큰 승리를 거두었다. (O / X)

04 한인 애국단은 민중의 직접 혁명을 통해 일제를 타도할 것을 주장하였다. (O / X)

05 중·일 전쟁 직후 중국 국민당 정부의 도움을 받아 조선 민족 혁명당의 김원봉이 1938년 한커우에서 (　　　)을/를 결성하였다.

06 1940년 대한민국 임시 정부는 충칭에 정착한 뒤 한국 독립당으로 합당하고, 위원장은 (　　　)이/가 추대되어 주석 중심제로 개헌하였다.

정답 | 01 ① 홍범도 ② 윤봉길 ③ 영릉가 전투 02 × 03 O 04 ×
05 조선 의용대 06 김구

KEYWORD 01 의열단

01 최다 빈출 유형

(가) 단체에 대한 설명으로 옳은 것은? 69회 36번

이달의 독립운동가
황상규

경상남도 밀양 출생이다. 1918년 만주로 망명하였으며 김동삼, 김좌진, 안창호 등과 대한 독립 선언서를 발표하였다. 1919년 11월 김원봉 등과 (가) 을/를 조직하여 일제 기관의 파괴와 조선 총독 이하의 관리 및 매국노의 암살 등을 꾀하였다. 1920년에 국내로 폭탄을 들여와 의거를 준비하던 중 발각되어 7년의 징역형을 선고받았다. 1963년 건국 훈장 독립장이 추서되었다.

① 조선 혁명 선언을 활동 지침으로 삼았다.
② 삼균주의를 기초로 한 건국 강령을 발표하였다.
③ 잡지 개벽 등을 발행하여 민족 의식을 고취하였다.
④ 훙커우 공원에서 일어난 윤봉길 의거를 계획하였다.
⑤ 조선 총독부에 국권 반환 요구서를 제출하려 하였다.

02 꼬리 물기 문제

(가) 단체에 대한 설명으로 옳은 것은? 심화 67회 37번

판결문

피고: 오복영 외 1인
주문: 피고 두 명을 각 징역 7년에 처한다.
이유
제1. 피고 오복영은 이전부터 조선 독립을 희망하고 있었다.
1. 대정 11년(1922) 11월 중 김상옥, 안홍한 등이 조선 독립자금 강탈을 목적으로 권총, 불온문서 등을 가지고 조선에 오는 것을 알고 천진에서 여비 40원을 조달함으로써 동인 등으로 하여금 조선으로 들어오게 하고
2. 대정 12년(1923) 8월 초순 (가) 단원으로 활약할 목적으로 피고 이영주의 권유에 의해 동 단에 가입하고
3. 이어서 피고 이영주와 함께 (가) 단장 김원봉 및 단원 유우근의 지휘 하에 피고 두 명은 조선 내 관리를 암살하고 주요 관아, 공서를 폭파함으로 민심의 동요를 초래하고 ……

① 일제의 황무지 개간권 요구를 저지하였다.
② 일제가 조작한 105인 사건으로 큰 타격을 입었다.
③ 단원인 나석주가 동양 척식 주식회사에 폭탄을 던졌다.
④ 조선 총독부에 국권 반환 요구서를 제출하고자 하였다.
⑤ 이륭양행에 교통국을 설치하여 국내와 연락을 취하였다.

03 KEYWORD 02 조소앙

밑줄 그은 '나'에 대한 설명으로 옳은 것은? 심화 70회 41번

나는 1913년 상하이 망명 후 동제사에 참여하였소. 1917년에는 대동단결 선언을 작성했다오. 여기에서 나는 주권이 국민에게 있음을 밝혔는데, 이것이 공화정을 지향하는 정치사상으로 평가받고 있다오. 1930년에는 안창호 등과 함께 한국 독립당을 창당하였소. 이후 대한민국 임시 정부 건국 강령 초안도 작성하였다오.

① 조선 혁명 선언을 작성하였다.
② 한국독립운동지혈사를 저술하였다.
③ 극동 인민 대표 대회에서 의장단으로 선출되었다.
④ 헤이그에서 열린 만국 평화 회의에 특사로 파견되었다.
⑤ 새로운 국가 건설을 위한 이념으로 삼균주의를 주장하였다.

04 KEYWORD 03 한국 독립군

(가) 부대에 대한 설명으로 옳은 것은? 심화 74회 42번

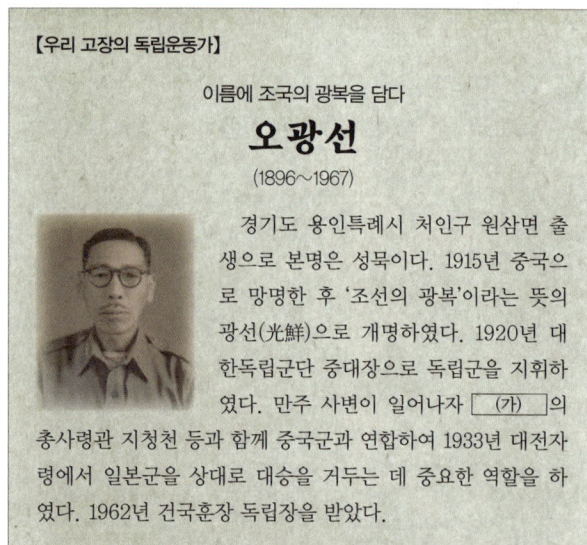

【우리 고장의 독립운동가】
이름에 조국의 광복을 담다
오광선 (1896~1967)

경기도 용인특례시 처인구 원삼면 출생으로 본명은 성묵이다. 1915년 중국으로 망명한 후 '조선의 광복'이라는 뜻의 광선(光鮮)으로 개명하였다. 1920년 대한독립군단 중대장으로 독립군을 지휘하였다. 만주 사변이 일어나자 (가) 의 총사령관 지청천 등과 함께 중국군과 연합하여 1933년 대전자령에서 일본군을 상대로 대승을 거두는 데 중요한 역할을 하였다. 1962년 건국훈장 독립장을 받았다.

① 봉오동 전투에서 일본군을 크게 격파하였다.
② 미국과 연계하여 국내 진공 작전을 계획하였다.
③ 중국 의용군과 연합하여 영릉가 전투에서 승리하였다.
④ 조선 민족 전선 연맹 산하의 군사 조직으로 결성되었다.
⑤ 한국 독립당의 군사 조직으로 북만주 지역에서 활약하였다.

05 KEYWORD 04 조선 혁명군

(가) 독립군 부대에 대한 설명으로 옳은 것은? 심화 47회 44번

이곳은 국립현충원 애국지사 묘역에 있는 양세봉의 묘입니다. 그의 묘는 북한 애국열사릉에도 있어 그가 남북 모두로부터 추앙받는 인물임을 알 수 있습니다. 그는 남만주 일대에서 조직된 (가) 의 총사령관으로 중국 의용군과 함께 항일 투쟁을 전개하였습니다.

① 영릉가 전투에서 승리하였다.
② 중광단을 중심으로 조직되었다.
③ 자유시 참변 이후 세력이 약화되었다.
④ 조선 혁명 간부 학교를 세워 군사력을 강화하였다.
⑤ 영국군의 요청으로 인도, 미얀마 전선에 투입되었다.

06 KEYWORD 05 조선 의용대

(가)에 대한 설명으로 옳은 것은? 심화 65회 43번

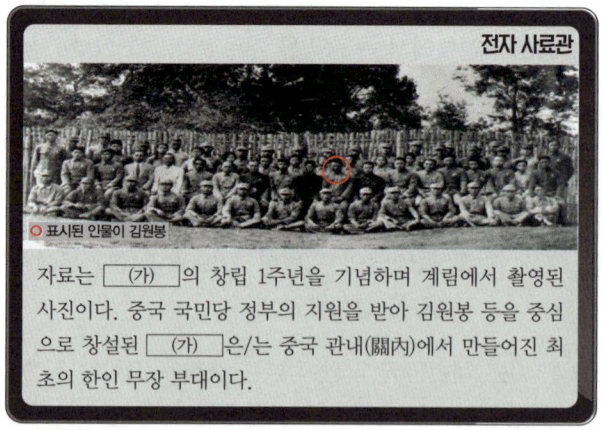

자료는 (가) 의 창립 1주년을 기념하며 계림에서 촬영된 사진이다. 중국 국민당 정부의 지원을 받아 김원봉 등을 중심으로 창설된 (가) 은/는 중국 관내(關內)에서 만들어진 최초의 한인 무장 부대이다.

① 자유시 참변으로 시련을 겪었다.
② 대원 일부가 한국 광복군에 합류하였다.
③ 쌍성보 전투에서 한중 연합 작전을 전개하였다.
④ 독립군 양성 기관인 한인 소년병 학교를 설립하였다.
⑤ 홍범도 부대와 연합하여 청산리에서 일본군과 교전하였다.

07 KEYWORD 06 한국 광복군

(가) 부대에 대한 설명으로 옳은 것은? 심화 64회 41번

① 미국과 연계하여 국내 진공 작전을 계획하였다.
② 쌍성보, 대전자령 전투에서 일본군을 격파하였다.
③ 조선 민족 전선 연맹의 무장 조직으로 결성되었다.
④ 중국 의용군과 연합하여 영릉가 전투에서 승리하였다.
⑤ 간도 참변 이후 조직을 정비하고 자유시로 이동하였다.

08 KEYWORD 07 북로 군정서

(가) 부대에 대한 설명으로 옳은 것은? 심화 68회 40번

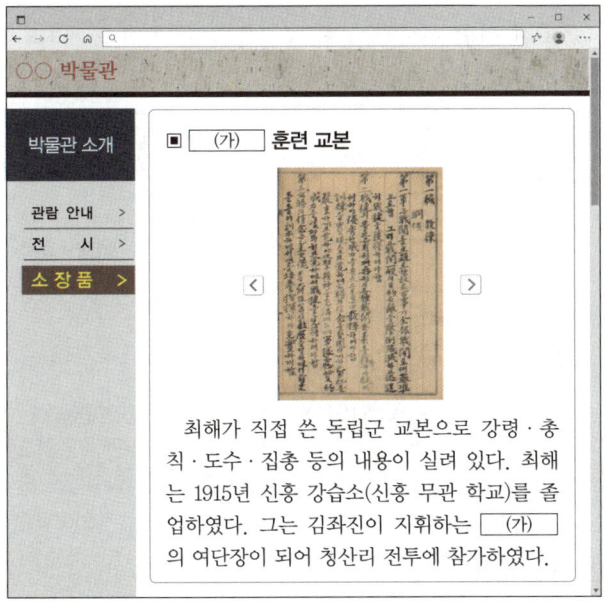

① 대전자령에서 일본군을 기습하였다.
② 영릉가에서 일본군에 승리를 거두었다.
③ 동북 항일 연군으로 개편되어 유격전을 전개하였다.
④ 중광단을 중심으로 조직되어 항일 독립 전쟁에 참여하였다.
⑤ 인도·미얀마 전선에 파견되어 영국군과 연합 작전을 펼쳤다.

09 KEYWORD 08 한국 광복군

(가) 부대에 대한 설명으로 옳은 것은? 심화 67회 39번

> 대전자령은 태평령이라고도 하는데, 일본군이 서남부의 왕칭현 쪽으로 가려면 반드시 지나가야 하는 지점이었다. 대전자령의 양쪽은 험준한 절벽과 울창한 산림 지대로 되어 있어 적을 공격하기에 알맞은 곳이었다. 이 전투에 (가) 의 주력 부대 500여 명, 차이시잉(柴世榮)이 거느리는 중국 의용군인 길림구국군 2,000여 명이 참가하였다. …… 한중 연합군은 계곡 양편 산기슭에 구축되어 있는 참호 속에 미리 매복·대기하여 일본군 습격 준비를 마쳤다.
> - 『청천장군의 혁명투쟁사』 -

① 영국군의 요청으로 인도·미얀마 전선에 투입되었다.
② 간도 참변 이후 조직을 정비하고 자유시로 이동하였다.
③ 중국 관내(關內)에서 결성된 최초의 한인 무장 부대였다.
④ 홍범도 부대와 연합하여 청산리에서 일본군과 교전하였다.
⑤ 한국 독립당의 군사 조직으로 북만주 지역에서 활약하였다.

10 KEYWORD 09 무장 항일 부대

(가), (나) 사이의 시기에 있었던 사실로 옳지 않은 것은? 심화 52회 44번

> (가) 북간도에 주둔한 아군 7백 명은 북로 사령부 소재지인 봉오동을 향해 행군하다가 적군 3백 명을 발견하였다. 아군을 지휘하는 홍범도, 최진동 두 장군은 즉시 적을 공격하여 120여 명을 살상하고 도주하는 적을 추격하였다.
> - 『독립신문』 -
>
> (나) 조선 혁명군 총사령 양세봉, 참모장 김학규 등은 병력을 이끌고 중국 의용군과 합세하였다. …… 아군은 승세를 몰아 적들을 30여 리 정도 추격한 끝에 영릉가성을 점령하였다.
> - 『광복』 -

① 자유시 참변 이후 3부가 조직되었다.
② 일본군의 보복으로 간도 참변이 발생하였다.
③ 독립군 연합 부대가 청산리에서 큰 승리를 거두었다.
④ 일제가 독립군을 탄압하고자 미쓰야 협정을 체결하였다.
⑤ 스탈린에 의해 많은 한인이 중앙아시아로 강제 이주되었다.

VII 多빈출-多선지 자료 문제

VII. 일제 강점기의 한국사

01 1910년대 무단 통치

밑줄 그은 '시기'에 있었던 사실로 옳은 것은?

(정답 3개)

개성에서 청년 두 명이 웃통을 벗고 일하다가 순사에게 발견되어 태형에 처해졌다는 신문 기사입니다. 일제가 조선 태형령을 시행한 시기에는 기사의 내용처럼 사소한 사안에도 태형이라는 가혹한 형벌이 집행되었습니다.

① 신문지법을 공포하였다.
② 치안 유지법을 제정하였다.
③ 국가 총동원법을 공포하였다.
④ 헌병 경찰 제도가 실시되었다.
⑤ 토지 조사 사업을 실시하였다.
⑥ 식량 배급 및 미곡 공출제를 시행하였다.
⑦ 국민 징용령에 의해 노동자를 강제로 동원하였다.
⑧ 회사 설립을 허가제로 하는 회사령이 공포되었다.

정답 | ④, ⑤, ⑧

➕ 문제 해결 TIP!

KEYWORD #순사   #조선 태형령

▶ 1910년대에 행해진 토지 조사 사업과 회사령 제정, 1920년대에 행해진 산미 증식 계획, 회사령 폐지는 시대가 헷갈릴 수 있으므로 구분하여 암기해야 한다.

☑ 정답 체크

④, ⑤, ⑧ 1910년대 무단 통치

✏ 오답 체크

① 신문지법(1907)   ② 1920년대 문화 통치
③, ⑥, ⑦ 1930년대 이후 민족 말살 통치

02 제2차 조선 교육령

다음 법령이 발표된 이후에 있었던 사실로 옳은 것은?

이 법령은 '내선공통(內鮮共通)'의 미명하에 보통학교의 수업 연한을 소학교와 동일하게 적용하였습니다. 그러나 입학 자격과 학교 운영 등에서 여전히 차별적인 요소를 담고 있습니다.

제1조 조선에서의 교육은 이 영에 따른다.
제2조 국어[일본어]를 상용하는 자의 보통교육은 소학교령, 중학교령, 고등여학교령을 따른다.
제3조 국어[일본어]를 상용하지 않는 자에게 보통교육을 하는 학교는 보통학교, 고등보통학교, 여자고등 보통학교로 한다.
제5조 보통학교의 수업 연한은 6년으로 한다. 단, 토지의 정황에 의하여 5년 또는 4년으로 할 수 있다.

① 서당 규칙이 제정되었다.
② 조선 여자 교육회가 조직되었다.
③ 국권 회복을 위해 해조신문이 창간되었다.
④ 메가타의 주도로 화폐 정리 사업이 실시되었다.
⑤ 회사 설립을 허가제로 하는 회사령이 공포되었다.
⑥ 조선 민립 대학 기성회 창립을 위한 총회가 개최되었다.

정답 | ⑥

➕ 문제 해결 TIP!

KEYWORD #내선공통   #보통학교의 수업 연한을 6년으로

▶ 제1차 조선 교육령(1911)은 보통학교의 수업 연한을 4년으로 단축하였으나, 제2차 조선 교육령(1922)은 보통학교의 수업 연한을 6년으로 연장하고 조선어를 필수 과목으로 지정하였음을 기억해야 한다.

☑ 정답 체크

⑥ 민립 대학 설립 기성회 조직(1923)

✏ 오답 체크

① 서당 규칙(1918)   ② 조선 여자 교육회(1920)
③ 해조신문(1908)   ④ 화폐 정리 사업(1905)
⑤ 회사령(1910)

03 물산 장려 운동

자료에 나타난 민족 운동에 대한 설명으로 옳은 것은? (정답 3개)

◇ 살자는 부르짖음 ◇

우리의 소유는 점점 줄어가고 살림살이는 나날이 가난해 간다. …… 형제들이여 자매들이여, 이제 뜨겁고 간절한 마음으로 그 살 길을 말하노니 아무쪼록 조선 물산을 몸에 걸고 조선 물산을 입에 넣고 조선 물산을 팔며 사고 조선 물산을 무엇에나 쓰라. 비싸도 그리하고 불편하여도 그리하며 곱지 못하여도 달지 아니하여도 아무렇든지 그리고 많이 만들기를 힘쓰라. 깨달은 동시에 실행하자.

① 회사령 폐지 등이 배경이 되었다.
② 평양에서 시작하여 전국적으로 확산되었다.
③ 김기전, 방정환 등이 주축이 되어 활동하였다.
④ 강주룡이 을밀대 지붕에서 고공 농성을 벌였다.
⑤ 신간회에서 진상 조사단을 파견하여 지원하였다.
⑥ 조선 민립 대학 기성회에서 모금 활동을 전개하였다.
⑦ 자작회, 토산 애용 부인회 등의 단체가 활동하였다.
⑧ 전국 단위의 조직인 조선 노농 총동맹이 조직되었다.

정답 | ①, ②, ⑦

⊕ **문제 해결 TIP!**

KEYWORD #조선 물산을 무엇에나 쓰라

▶ 1920년대 회사령 폐지 이후 한국인의 기업 활동이 증가하면서 물산 장려 운동이 전개되었고, 자작회와 토산 애용 부인회가 활동하였다는 사실은 놓치기 쉬우니 알아 두자.

✓ **정답 체크**
①, ②, ⑦ 물산 장려 운동

✎ **오답 체크**
③ 소년 운동 ④ 노동 운동 ⑤ 광주 학생 항일 운동
⑥ 민립 대학 설립 운동 ⑧ 노동·농민 운동

04 조선 의용대

(가) 부대에 대한 설명으로 옳은 것은? (정답 2개)

우리들은 군사 통일에 대한 구체적 의견으로 __(가)__ 와/과 한국 광복군을 합병하여 조선 민족 혁명군으로 편성하자는 방안을 제출하였다. …… 그러나 대한민국 임시 정부와 한국 광복군 측에서는 우리들의 주장을 종래 찬성하지 아니하였고, 결국 본대는 한국 광복군 제1지대로 개편하게 되었다. …… __(가)__ 은/는 1938년 10월 10일 우한(武漢)에서 성립된 이래로 김원봉 대장의 정확한 영도 하에서 가장 우수한 수백 청년 간부의 희생적 분투와 노력에 의하여 모든 험로와 난관을 충파하면서 전진하여 왔으며 또 이런 과정을 통하여 과거 43개월 간 광영한 역사를 창조하였다. …… 본대 전체 동지는 한국 광복군을 확대 발전시키기 위해 노력할 것을 언명한다.

① 중국 관내에서 결성된 최초의 한인 무장 부대였다.
② 독립군 양성 기관인 한인 소년병 학교를 설립하였다.
③ 간도 참변 이후 조직을 정비하고 자유시로 이동하였다.
④ 쌍성보, 대전자령 전투 등에서 일본군을 크게 물리쳤다.
⑤ 조선 민족 전선 연맹 산하의 군사 조직으로 결성되었다.
⑥ 홍범도 부대와 연합하여 청산리에서 일본군과 교전하였다.

정답 | ①, ⑤

⊕ **문제 해결 TIP!**

KEYWORD #한국 광복군 제1지대로 개편
#1938년 우한에서 성립 #김원봉 대장

▶ 조선 혁명군(양세봉, 중국 의용군과 연합, 영릉가·흥경성 전투), 한국 독립군(지청천, 중국 호로군과 연합, 쌍성보·대전자령 전투), 조선 의용대(김원봉, 중국 관내 최초 한인 무장 부대, 한국 광복군에 합류) 등 일제 강점기 항일 군대 조직은 헷갈리기 쉬우니 암기해야 한다.

✓ **정답 체크**
①, ⑤ 조선 의용대

✎ **오답 체크**
② 박용만 ③ 대한 독립 군단 ④ 한국 독립군
⑥ 북로 군정서

VIII 현대의 한국사

01 광복 직후의 정세
02 대한민국 정부 수립과 6·25 전쟁
03 대한민국 민주주의의 발전
04 북한 정권과 통일 정책
05 경제 성장과 사회 변화

76-67회 출제 비율 11%

단골 키워드 랭킹!

01 4·19 혁명
02 6월 민주 항쟁
03 7·4 남북 공동 성명
04 모스크바 3국 외상 회의
05 5·18 광주 민주화 운동
06 좌우 합작 운동
07 제1차 남북 정상 회담 (6·15 남북 공동 선언)
08 6·25 전쟁
09 5·10 총선거
10 남북 협상

출제 경향

대한민국 정부가 수립된 과정 속에서의 대립 양상을 파악하여야 한다. 또한, 독재 정권 시기의 민주화 운동과 각종 사건을 정부별로 구별할 수 있어야 한다.

출제 포인트

◆ **근대 사회로의 진전**
1. 광복 직전 국제 회담의 내용 및 광복 과정
2. 광복 직후 조선 건국 준비 위원회의 활동
3. 모스크바 3국 외상 회의의 배경 및 결과

◆ **대한민국 정부 수립과 6·25 전쟁**
1. 좌우 합작 운동의 배경, 과정 및 영향
2. 통일 정부를 수립을 위한 노력과 5·10 총선거
3. 제헌 국회의 반민족 행위자 처벌을 위한 노력과 정부의 소극적 태도
4. 농지 개혁의 시기와 내용
5. 6·25 전쟁의 발발 배경과 전개 과정

◆ **대한민국 민주주의의 발전**
1. 제1공화국 개헌 과정과 4·19 혁명
2. 박정희 정부의 발전 과정 및 내용
3. 유신 체제, 신군부의 민주주의 유린과 민주화 운동 전개 과정
4. 전두환 신군부와 5·18 광주 민주화 운동
5. 6월 민주 항쟁의 배경과 전개 및 영향
6. 노태우·김영삼·김대중·노무현 정부의 발전 과정

◆ **북한 정권과 통일 정책**
1. 7·4 남북 공동 성명의 배경 및 결과
2. 전두환 정부의 남북 이산가족 상봉
3. 노태우 정부의 북방 외교
4. 제1차·제2차 남북 정상 회담의 배경과 결과

◆ **경제 성장과 사회 변화**
1. 각 공화국의 경제 정책 및 발전 과정
2. 경제 개발 5개년 계획의 내용
3. 외환 위기와 극복

미리보기

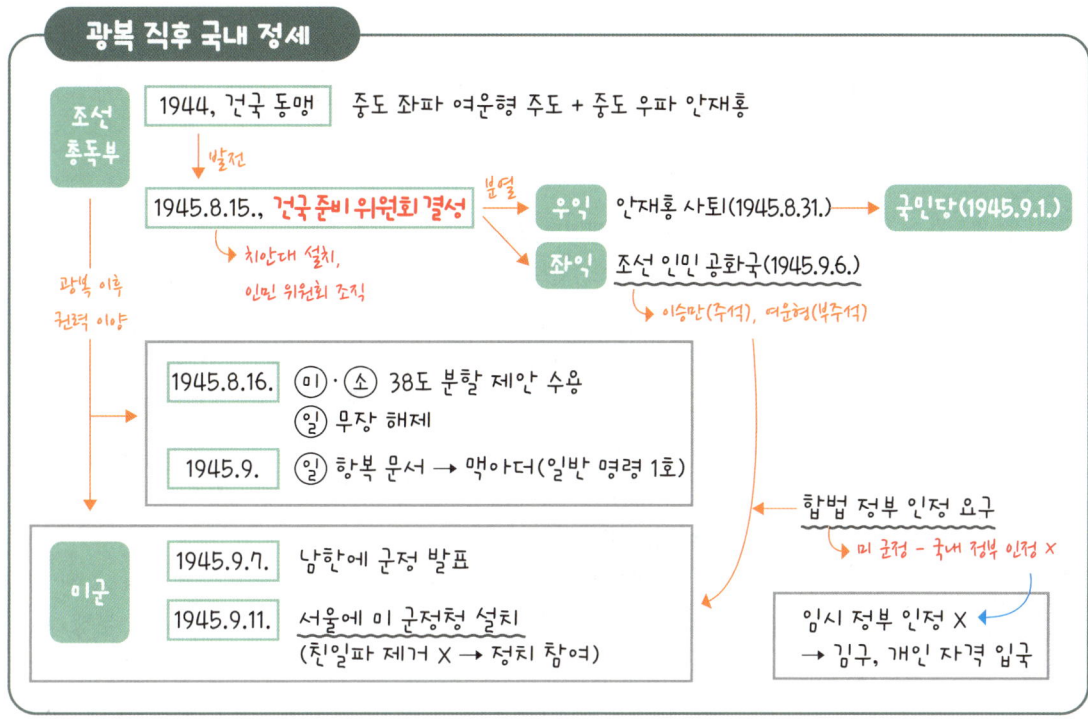

대한민국 개헌 과정

개헌	내용
제헌(1948)	대통령 간선제(임기 4년, 1회 중임 가능), 단원제 국회
제1차(1952)	발췌 개헌(대통령 중심제, 임기 4년 중임제, 직선제, 부통령제, 양원제 국회)
제2차(1954)	사사오입 개헌(초대 대통령의 중임 제한 철폐, 부통령의 대통령 승계, 직선제)
제3차(1960)	4·19 혁명(내각 책임제, 양원제, 사법권의 민주화, 경찰 중립화, 지방 자치의 민주화)
제4차(1960)	소급 특별법 제정(부정 선거 및 부정 축재자 처벌을 위한 소급 입법, 특별 재판소와 특별 검찰부 설치)
제5차(1962)	5·16 군사 정변(대통령 중심제, 임기 4년 중임제, 직선제, 단원제 국회)
제6차(1969)	3선 개헌(대통령 3선 연임 허용, 직선제, 국회의원의 국무위원 겸직 허용, 대통령 탄핵 소추 요건 강화)
제7차(1972)	유신 헌법(대통령 권한 강화, 임기 6년, 중임 제한 철폐, 간선제, 통일 주체 국민 회의 신설)
제8차(1980)	12·12 사태(연좌제 금지, 임기 7년 단임제, 간선제, 대통령 선거인단, 구속 적부심 부활)
제9차(1987)	6월 민주 항쟁(임기 5년 단임제, 직선제, 비상 조치권 및 국회 해산권 폐지)

01 광복 직후의 정세

01 제2차 세계 대전 이후의 냉전 체제

1. 냉전의 시대

(1) 냉전 체제의 성립
① 냉전의 시작: 세계 대전 이후 유럽 열강의 세력 약화, 미국의 자유민주주의 진영과 소련의 공산주의 진영으로 나뉘어 대립
② 냉전 체제의 형성: 그리스 내전을 계기로 미국의 반공 정책 강화(1947, 트루먼 독트린❶) → 소련의 베를린 봉쇄(1948) → 북대서양 조약 기구(NATO), 바르샤바 조약 기구(WTO) 결성 ┌대규모 유럽 원조 계획인 마셜 플랜도 발표
  └미국과 서유럽 국가들이 소련의 군사적 침략에 대비하기 위해 창설
  └소련과 동구권 국가들이 창설
③ 냉전의 심화: 6·25 전쟁, 쿠바(미사일) 위기, 베트남 전쟁

(2) 냉전 체제의 붕괴
① 냉전의 완화: 긴장 완화(데탕트), 흐루쇼프의 평화 공존 표방(냉전 다소 완화), 서유럽과 일본의 경제 발전, 유럽 공동체 결성, 중·소 분쟁, 이념보다 국익 중시, 미국의 외교 정책 변화(1969, 닉슨 독트린), 닉슨의 중국 방문(1972)

> **사료 읽기**
>
> ▶ **닉슨 독트린(1969, 냉전의 완화)**
> • 미국은 앞으로 베트남 전쟁과 같은 군사적 개입을 피한다.
> • 강대국의 핵에 의한 위협의 경우를 제외하고는 내란이나 침략에 대해 아시아 각국이 스스로 협력하여 대처한다.
> • 미국은 '태평양 국가'로서 중요한 역할을 계속하지만 직접적·군사적 또는 정치적인 과잉 개입은 하지 않는다.
> • 아시아 국가들에 대한 원조는 경제 중심으로 바꾸며 여러 국가의 상호 원조 방식을 강화하여 미국의 과중한 부담을 피한다.

┌정치 민주화와 시장 경제 도입 추진
② 냉전의 붕괴: 소련 고르바초프의 개혁·개방 정책(1985) → 동유럽의 민주화 운동으로 공산 정권 붕괴, 독일 통일(1990), 소련 해체(1992)
  └독립 국가 연합(CSI) 출범

(3) 제3세계의 형성
① 배경: 민족주의 발달, 반제국주의, 반식민주의 운동
② 콜롬보 회의(1955): 평화 5원칙 발표, 식민주의 청산, 세계 평화 주장
③ 반둥 회의(1955): 아시아, 아프리카 등 29개국 참여, 비동맹 중립 노선 표방(반식민주의, 민족주의, 평화 공존 등을 주요 내용으로 하는 평화 10원칙) → 제3세계 형성

2. 동아시아의 변화

(1) **중국 공산당의 변화:** 중화 인민 공화국 수립(1949) → 아시아의 냉전 격화(1950년대) → 중·소 분쟁(1960년대) → 미국과의 관계 개선, 국제 연합 가입(1970년대, 안전 보장 이사회 상임 이사국) → 덩샤오핑의 개혁·개방 정책 → 시장 경제 체제 도입으로 급속한 경제 성장[현(現) 사회주의 국가]

---

❶ 트루먼 독트린
미국의 트루먼 대통령이 공산주의가 확대되는 것을 막기 위해 반공 정책을 취하는 국가에 군사, 경제적 원조를 제공하겠다고 발표한 정책이다. 1946년 그리스에서 공산주의자들의 봉기가 일어나자 미국은 그리스와 터키의 반공 정부에 경제적·군사적 원조를 제공하였다.

⊕ 샌프란시스코 강화 조약
1951년 9월 미국을 비롯한 연합국과 일본이 제2차 세계 대전의 전후 처리 방안에 합의한 것으로 일본이 완전한 주권을 회복할 수 있게 된 조약이다. 그러나 전쟁 피해국인 한국의 참여를 배제하고 있으므로 전후 처리의 본질에서 벗어났다는 문제점을 내포한 조약이기도 하다.

(2) 일본의 변화 ─ 공산주의 세력이 확산되는 것을 막는 전초 기지로 일본을 활용하려 함
　① 미국의 원조: 미국은 샌프란시스코 강화 조약 체결을 주도하면서 일본의 주권 회복 및 경제적 부흥에 적극적 도움을 줌
　② 전쟁 특수: 6·25 전쟁, 베트남 전쟁 등의 전쟁 특수를 바탕으로 경제 대국으로 성장

02 8·15 광복과 분단

1. 광복 직전의 건국 준비 활동
(1) 대한민국 임시 정부(우익, 중국 충칭)
　① 활동: 민족주의 계열의 한국 독립당이 주도(김구), 삼균주의에 기초한 건국 강령 제정
　② 건국 강령(1941): 보통 선거를 통한 민주 공화국 수립, 삼균주의, 토지 국유화, 대기업 국유화, 의무 교육 주장

(2) 조선 독립 동맹(1942.7., 좌익, 중국 화북)
　① 활동: 화북 지방에서 활동하던 사회주의계 인사(위원장 김두봉)
　② 건국 강령: 보통 선거를 통한 민주 공화국 수립 주장

(3) 조선 건국 동맹(1944.9., 좌우 합작, 국내)
　① 활동: 여운형·안재홍 주도, 좌·우익이 참여하여 건국 준비 위원회 조직
　② 건국 강령: 일제 타도, 민주주의 원칙, 노동자·농민의 해방

2. 광복과 국내 정세의 변화
(1) 배경
　① 열강의 한국 문제 논의★
　　㉠ 카이로 회담(1943.11., 이집트): 미국(루즈벨트)·영국(처칠)·중국(장제스) 3국 참여, 적당한 절차를 거쳐 적절한 시기에 한국을 자유롭게 독립시킬 것을 결의, 최초로 한국의 독립을 약속
　　㉡ 얄타 회담(1945.2., 우크라이나): 미국(루즈벨트)·영국(처칠)·소련(스탈린) 3국 참여, 소련군의 대일 참전 약속, 한국의 신탁 통치 논의
　　㉢ 포츠담 선언(1945.7., 독일): 미국(트루먼)·영국(애틀리)·중국(장제스)·소련(스탈린) 4국 참여, 일본의 무조건 항복 요구, 카이로 회담(한국의 독립)을 재확인 ─ 1945.8.

> **사료 읽기**
>
> ▶ 카이로 회담
> 3대 동맹국의 목적은 …… 일본이 중국으로부터 탈취한 일체의 지역을 중화민국에 반환하게 함에 있고, …… 3대 동맹국은 한국 인민의 노예 상태에 유의하여 적당한 시기에 한국을 자주 독립케 할 것을 결정한다.
>
> ▶ 포츠담 선언
> 카이로 선언의 여러 조항은 이행되어야 하며, 또한, 일본국의 주권은 …… 연합국이 결정하는 여러 작은 섬들에 국한될 것이다.

　② 8·15 광복과 미·소 군정 실시★★ ─ 조선 총독부로부터 치안권을 이양받음
　　㉠ 광복(1945.8.15.): 제2차 세계 대전 결과와 국내외 독립운동의 결실
　　㉡ 조선 건국 준비 위원회(1945.8.15.~1945.9.7.): 여운형(중도 좌파)과 안재홍(중도 우파)이 결성(좌우 합작), 전국에 지부 설치, 치안 유지, 자주 독립 국가 건설, 민주주의 정권 수립 목표

---

check! 필수 암기!

광복 전후
카이로 회담: 적당한 절차·시기
얄타 회담: 소련 참전 약속
포츠담 선언: 카이로 회담 재확인
건국 준비 위원회: 좌우 합작(중도 좌파 여운형, 중도 우파 안재홍)
모스크바 3국 외상 회의: 한국 정부 수립, 미·소 공동 위원회, 한반도 신탁 통치

➕ 여운형

중국은 물론 국내에서도 독립운동에 앞장섰던 여운형은 일제의 패전과 민족의 독립에 대비하기 위해 조선 건국 동맹을 결성하였다(1944). 광복 이후 민주주의 국가 건설을 목표로 불문·불언·불명의 3대 원칙을 내세우고 활동을 전개하면서 일본인의 안전한 귀국을 보장하는 조건으로 조선 총독부로부터 행정권의 일부를 이양받아 조선 건국 준비 위원회를 결성하였다(1945). 광복 후 좌익과 우익의 대립이 심해지자 좌우 합작 운동을 이끌며 통일 정부 수립을 위해 노력하였으나 1947년 암살당하였다.

암기법

광복 이전 국제 회의
카이로 → 얄타 → 포츠담 → 광복
→ 카.얄.포.광.

> 📖 **사료 읽기**
>
> ▶ **조선 건국 준비 위원회**
> 본 준비 위원회는 조선의 완전한 독립 국가 조직을 실현하기 위하여 새 정권을 수립하는 한 개의 잠정적 임무를 다하려는 의도에서 아래와 같은 강령을 세운다.
> 1. 우리는 완전한 독립 국가의 건설을 기함
> 2. 우리는 전 민족의 정치, 경제, 사회적 기본 요구를 실현할 수 있는 민주주의 정권의 수립을 기함
> 3. 우리는 일시적 과도기에 있어서 국내 질서를 자주적으로 유지하여 대중 생활의 확보를 기함
> ─ 조선 건국 준비 위원회의 선언과 강령(1945.8.28.) ─

ⓒ 국토 분단: 원폭 투하(1945.8.6.) → 소련군의 참전(1945.8.9.) → 소련의 한반도 단독 점령을 막기 위한 미국의 38도선 분할 제의, 소련이 수용(1945.8.16.) → 미 육군 총사령관 맥아더의 일반 명령 1호❷(1945.9.2., 38도선 합의) → 38도선 이남과 이북에 각각 미·소 점령군 진주 → 국토 분단, 독립 국가 달성 지연

ⓔ 조선 인민 공화국(1945.9.6.): 주석 이승만·부주석 여운형으로 조선 인민 공화국 선포, 공산당 계열이 권력을 장악하자 우익 인사들의 이탈, 미 군정은 공화국을 부인

ⓜ 미 군정 설치(1945.9.9.): 미 군정 장관(아놀드)이 남한 군정 실시, 한국의 모든 과거 정부 부인

ⓑ 38도선 이북 지역 소련군 진주: 김일성 등 공산주의 세력을 중심으로 공산주의 정권 수립 추진

(2) 광복 직후의 정당

① 우익
  ㉠ 한국 독립당❸(1940.5.): 김구는 개인 자격으로 귀국, 남북한 통일 정부 수립 활동
  ㉡ 한국 민주당(1945.9.): 송진우·김성수 등 민족주의 계열, 미 군정과 긴밀한 관계 유지, 반공 노선
  ㉢ 독립 촉성 중앙 협의회(1945.10.): 이승만 중심, 우익 정당들을 잠정적으로 통합, 한국 민주당과 긴밀한 관계

② 중도
  ㉠ 국민당(1945.9., 중도 우파): 안재홍·김규식 등 중심, 신민족주의 표방, 임시 정부에 대한 지지
  ㉡ 조선 인민당(1945.11., 중도 좌파): 여운형 중심, 미국과 소련의 원조와 민족 국가 건설, 진보적 민주주의 표방, 좌우 합작 추진

③ 좌익(1946.11., 남조선 노동당): 박헌영 중심, 미 군정의 탄압, 조선 공산당을 개편

❗ **광복 직후 주요 세력**

좌익	중도		우익
박헌영(남조선 노동당)	여운형 (조선 인민당)	김규식, 안재홍 (국민당)	이승만(독립 촉성 중앙 협의회)
김일성(북조선 공산당)			송진우, 김성수(한국 민주당)
김두봉(조선 독립 동맹)			김구(한국 독립당)

3. 정부 수립을 위한 노력

(1) 모스크바 3국 외상 회의(1945.12., 미·영·소)★★
  ① 목적: 미국, 영국, 소련의 외무장관이 한반도 문제 논의
  ② 내용: 한국에 임시 민주 정부 수립, 미·소 공동 위원회 설치, 미·영·중·소에 의한 최고 5년간의 한반도 신탁 통치 실시

---

❷ **일반 명령 1호(1945.9.2.)**
'일본군 무장 해제는 북위 38도선 이남에서는 미국이, 이북에서는 소련이 맡는다.'라는 공포이다. 연합국은 한반도 전체를 상당 기간 군정이 통치하기로 밀약하였다.

➕ **미 군정 실시**
- 미 육군 총사령관 – 맥아더
- 한국의 미군 주둔 총괄 지휘 – 하지(중장)
- 미 주둔 군정 장관 – 아놀드(소장)

❸ **한국 독립당**
1930년 1월 조소앙의 한국 독립당이 창당된 후 1940년 5월 충칭에서 조선 혁명당·한국 국민당·한국 독립당이 통합되었고 김구가 위원장에 추대되었다.

📖 사료 읽기

▶ 모스크바 3국 외상 회의 결정서

▲ 모스크바 3국 외상 회의

1. 조선을 독립 국가로 재건설하며, …… 조선 인민의 민족 문화 발전에 필요한 모든 시설을 취할 임시 조선 민주주의 정부를 수립할 것이다.
2. 조선 임시 정부 구성을 위해 남조선 미합중국 관할구와 북조선 소련 관할구의 대표들이 공동 위원회를 설치한다.
3. …… 공동 위원회는 미·영·중·소 4국 정부가 최고 5년 기한의 4개국 통치 협약을 작성하는 데 공동으로 참작할 수 있는 제안을 조선 임시 정부와 협의하여 제출해야 한다.

③ 신탁 통치에 대한 국내 여론 ┌ 한국 독립당, 한국 민주당 등
  ㉠ **우익**: 신탁 통치 결정을 민주적 모독이라고 보고 **반탁 운동**❹ 전개(김구·이승만)
  ㉡ **좌익**: '모스크바 협정의 본질은 임시 정부 수립에 있다'고 파악하여 반탁에서 **찬탁**으로 태도 변경(박헌영) ┌ 조선 공산당 등
  ㉢ **중도**: 김규식, 여운형 등은 모스크바 3국 외상 회의의 결정을 지지하되, 신탁 통치 문제는 **정부 수립 후 결정**하자고 주장

(2) 미·소 공동 위원회(1946~1947)
  ① **제1차 회의(1946.3.)**: 임시 정부 수립 참가 단체 결정 문제를 두고 모스크바 3국 외상 회의에 반대하는 정당이나 단체를 제외하자는 주장(소련)과 모든 단체를 포함하자는 주장(미국)이 맞서 **결렬**
  ② **이승만의 정읍 발언(1946.6.)**: 남한만의 단독 정부 수립 주장, 한국 민주당 등 우익 세력의 지지
       └ 북한에서는 사실상의 정부 역할을 수행하는 북조선 임시 인민 위원회 출범(1946.2.)

📖 사료 읽기

▶ 이승만의 정읍 발언

이제 우리는 무기 휴회된 공위가 재개될 기색도 보이지 않으며 통일 정부를 고대하나 여의케 되지 않으니 남방만이라도 임시 정부 혹은 위원회 같은 것을 조직하여 38 이북에서 소련이 철퇴하도록 세계 공론에 호소하여야 될 것이니 여러분도 결심하여야 될 것이다.
— 서울신문(1946.6.4.) —

  ③ **제2차 회의(1947.5.)**: 자국에 우호적인 정부를 세우려는 미국과 소련의 정책으로 결렬 → 미국이 한반도 문제를 유엔 총회에 상정(1947.10.)

(3) 영향
  ① **대립의 격화**: 국내 세력이 좌·우익으로 양분하여 대립
  ② **결과**: 모스크바 3국 외상 회의 결정 사항(신탁 통치)은 실행하지 못함

4. 공산 세력의 변화

(1) 민주주의 민족 전선(1946.2.): 여운형, 박헌영, 김원봉, 백남운 중심, 남한 정부 수립에 참여 목적 → 친일파 처단, 미·소 공동 위원회 지지

(2) 조선 정판사 위조지폐 사건(1946.5.): 조선 공산당(민족주의 민족 전선)이 남한의 경제 혼란과 당비를 조달할 목적으로 1,300만 원의 위조지폐를 만든 사건 → 미 군정이 공산당에 강경책을 실시하게 된 계기, 공산당과 미 군정의 대립 심화(박헌영 월북), 미 군정에 대해 투쟁 노선으로 변경

❹ **반탁 운동**
김구는 신탁 통치 반대 국민 총동원 위원회를 결성하였고, 이승만은 대한 독립 촉성 국민회를 결성하는 등 우익 세력을 중심으로 전국적으로 신탁 통치 반대 운동이 치열하게 전개되었다.

➕ **미·소 공동 위원회 (덕수궁 석조전)**

01 단골 키워드 문제

Ⅷ. 현대의 한국사
01 광복 직후의 정세

정답 및 해설 100쪽

기출 선택지 미리보기

- 여운형이 중심이 되어 조선 건국 준비 위원회를 조직하였다.
- 조선 건국 준비 위원회 – 치안대를 조직하여 질서 유지 활동을 하였다.
- 모스크바 3국 외상 회의가 개최되었다.
- 제1차 미·소 공동 위원회가 결렬되었다.
- 이승만 – 남한만의 단독 정부 수립을 주장한 정읍 발언이 제기되었다.

기출 키워드로 연습하기

01
① 카이로 회담 • • 남한 단독 정부 수립 주장
② 미·소 공동 위원회 • • 한국 독립 약속
③ 이승만의 정읍 발언 • • 덕수궁 석조전 개최

02 광복 직전 여운형은 조선 건국 준비 위원회를 결성하여 국내 치안을 유지하였다. (O / ×)

03 포츠담 선언에서는 카이로 회담의 내용(한국의 독립)을 재확인하였다. (O / ×)

04 모스크바 3국 외상 회의에서는 한국에 임시 민주 정부를 수립하기 위하여 미·소 공동 위원회 설치를 결정하였다. (O / ×)

05 미·소 공동 위원회 회의에서 남한과 북한에 대한 미국과 소련의 신탁 통치가 결정되었다. (O / ×)

06 모스크바 3국 외상 회의의 결정 사항이 알려지자 김구, 이승만 등의 우익 세력을 중심으로 전국적인 ( ) 운동이 전개되었다.

정답 | 01 ① 한국 독립 약속 ② 덕수궁 석조전 개최 ③ 남한 단독 정부 수립 주장 02 × 03 O 04 O 05 × 06 신탁 통치 반대(반탁)

---

01 KEYWORD 01 모스크바 3국 외상 회의

다음 기자 회견의 배경으로 가장 적절한 것은? 심화 51회 46번

> 군정 장관 아놀드 소장은 12월 29일 오전 10시 30분 군정청 제1회의실에서 신문 기자단과 회견하고 신탁 통치에 관한 질문에 대략 다음과 같은 견해를 표명하고 일문일답을 하였다. "…… 신탁 통치는 조선 임시 민주 정부를 수립코자 함이 목적일 것이다. 우선 조선인이 당면한 경제 산업에 있어 유의하여 신탁 관리 문제로 모든 기관이 중지 상태로 들어가지 않기를 요망한다. 현 단계에 이르러 진실한 냉정이 필요할 것이다. 4개국을 믿고 있는 중에 직무에 충실하여야 한다."

① 좌우 합작 7원칙이 발표되었다.
② 제1차 미·소 공동 위원회가 결렬되었다.
③ 모스크바 3국 외상 회의가 개최되었다.
④ 반민족 행위 특별 조사 위원회가 구성되었다.
⑤ 유엔 소총회에서 남한만의 단독 총선거가 결의되었다.

02 KEYWORD 02 미 군정

다음 성명이 발표된 이후에 있었던 사실로 옳지 않은 것은? 심화 49회 46번

> 북위 38도 이남의 조선에는 오직 한 정부가 있을 뿐이다. …… 자천자임(自薦自任)한 관리라든가 경찰이라든가 국민 전체를 대표하였노라는 대소 회합이라든가 조선 인민 공화국이라든지 조선 인민 공화국 내각은 권위와 세력과 실재가 전혀 없는 것이다.
> – 미 군정 장관 육군 소장 아놀드 –

① 조선 건국 동맹이 결성되었다.
② 좌우 합작 7원칙이 발표되었다.
③ 유엔 한국 임시 위원단이 설치되었다.
④ 반민족 행위 특별 조사 위원회가 출범하였다.
⑤ 귀속 재산 처리를 위해 신한 공사가 설립되었다.

03 KEYWORD 03 여운형

(가) 인물에 대한 설명으로 옳은 것은?   심화 66회 44번

> 항복 전에 정무총감 엔도 등이 법과 질서를 유지하고 일본인들의 생명과 재산을 지키기 위하여 (가) 와/과 논의하였다. …… 일본인들은 그가 유혈 사태를 막아줄 수 있다고 믿었던 것 같다. …… 그런데 (가) 은/는 조선 총독부가 생각했던 바를 따르지 않았다. 일본이 원했던 것은 연합군이 올 때까지 질서를 유지하기 위한 평화 유지 위원회 정도였다. 그러나 그는 실질적인 정부로 여겨질 수 있는 조선 건국 준비 위원회를 만들었다.

① 샌프란시스코에서 흥사단을 결성하였다.
② 조선어 학회 사건으로 구속되어 옥고를 치렀다.
③ 김규식과 함께 좌우 합작 위원회를 조직하였다.
④ 반민족 행위 특별 조사 위원회에서 활동하였다.
⑤ 미국에서 귀국하여 독립 촉성 중앙 협의회를 이끌었다.

04 KEYWORD 04 김구, 여운형

(가), (나) 인물에 대한 설명으로 옳은 것을 〈보기〉에서 고른 것은?   심화 63회 40번

• 보기 •
ㄱ. (가) – 상하이에서 한인 애국단을 조직하였다.
ㄴ. (가) – 조선 혁명 간부 학교를 세워 독립군을 양성하였다.
ㄷ. (나) – 조선 건국 준비 위원회의 활동을 주도하였다.
ㄹ. (나) – 미국에서 귀국하여 독립 촉성 중앙 협의회를 이끌었다.

① ㄱ, ㄴ   ② ㄱ, ㄷ   ③ ㄴ, ㄷ
④ ㄴ, ㄹ   ⑤ ㄷ, ㄹ

KEYWORD 05 대한민국 정부 수립 과정

05 최다 빈출 유형

(가) 시기에 있었던 사실로 옳은 것은?   심화 64회 42번

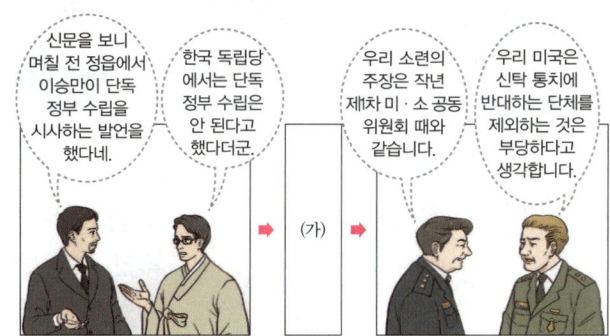

① 여수·순천 10·19 사건이 발생하였다.
② 유엔 한국 임시 위원단이 서울에 도착하였다.
③ 송진우, 김성수 등이 한국 민주당을 창당하였다.
④ 여운형 등의 주도로 좌우 합작 위원회가 발족되었다.
⑤ 조선 건국 준비 위원회에서 조선 인민 공화국을 선포하였다.

06 꼬리 물기 문제

(가), (나) 사이의 시기에 있었던 사실로 옳은 것은?   심화 60회 41번

(가)	(나)
□□일보 제△△호 ○○○○년 ○○월 ○○일	□□일보 제△△호 ○○○○년 ○○월 ○○일
하지 중장, 특별 성명 발표 오늘 오전 조선 주둔 미군 최고 사령관 하지 중장은 미·소 공동 위원회 무기 휴회에 관한 중대 성명서를 발표하였다. 이는 덕수궁 석조전에서의 역사적인 개막 이후 49일 만의 일이다.	**제2차 미·소 공동 위원회 개막** 미·소 공동 위원회는 제1차 회의가 무기 휴회된 지 만 1년 16일 만인 오늘 오후 2시 정각에 시내 덕수궁 석조전에서 고대하던 제2차 회의의 역사적 막을 열었다.

① 여수·순천 10·19 사건이 일어났다.
② 모스크바 3국 외상 회의가 개최되었다.
③ 반민족 행위 특별 조사 위원회가 출범하였다.
④ 좌우 합작 위원회가 좌우 합작 7원칙을 발표하였다.
⑤ 유엔 총회에서 인구 비례에 의한 남북 총선거가 의결되었다.

02 대한민국 정부 수립과 6·25 전쟁

01 대한민국 정부 수립 과정과 제헌 국회의 활동

1. 좌우 합작 운동(1946~1947) ★★

(1) 배경: 이승만의 정읍 발언 이후 남북 분단 방지의 필요성 제기
└ 남한 단독 정부 수립 주장, 미국과 한국 민주당 지지

(2) 전개
① 주도: 김규식(중도 우파)과 여운형(중도 좌파)의 주도로 좌우 합작 운동 시작
② 추진: 좌우 합작 위원회 결성(1946.7.), 좌우 합작 7원칙 발표(1946.10.) → 미 군정의 남조선 과도 입법 의원❶ 설치(1946.12.)

> **사료 읽기**
>
> ▶ 좌우 합작 7원칙
> 1. 모스크바 3국 외상 회의 결정에 의해 좌우 합작으로 민주주의 임시 정부를 수립할 것
> 2. 미·소 공동 위원회 속개를 요청하는 공동 성명 발표
>   ⋮
> 7. 전국적으로 언론, 집회, 결사, 출판, 교통, 투표 등의 자유를 절대 보장할 것
>
> – 독립신보(1946.10.8.) –

(3) 결과
① 좌우 합작 7원칙에 대한 반응: 한국 독립당(김구)은 찬성, 이승만은 조건부 찬성(사실상 반대), 한국 민주당과 조선 공산당은 토지 개혁에 대한 입장 차이로 반대
② 실패: 주도 세력들의 불참(좌우 대립 심화), 냉전이 격화되면서 미 군정이 지원 철회, 좌우 합작 운동의 중심 세력인 여운형 암살(1947.7.)

2. 대한민국 정부 수립

(1) 5·10 총선거의 전개 ★

1947.9.	한국 문제의 유엔 이관	→	제2차 미·소 공동 위원회 결렬, 미국이 한국 문제를 유엔에 상정
1947.11.	유엔 총회 결의	→	남북 인구 비례 총선거를 통한 정부 수립 가결(1947.11.), 소련은 이 제안에 반대, 유엔 한국 임시 위원단 구성
1948.1.	유엔 한국 임시 위원단 내한	→	8개국 대표, 총선거 감시 목적으로 내한, 북한은 입국 거부
1948.2.	유엔 소총회 결의 (남한만의 단독 선거)		찬성: 이승만과 한국 민주당 / 반대: 김구의 한국 독립당은 남북 협상에 의한 총선거 주장, 좌익은 반대 투쟁 전개(제주 4·3 사건)
1948.5.	5·10 총선거		한국 독립당(김구)·중도파(김규식)·사회주의계 선거 불참, 남한 국회의원 선출(198명)

① 5·10 총선거 결과(1948.5.10.): 이승만의 독립 촉성 계열과 한민당 계열 압승, 198명의 국회의원 선출(임기 2년, 초대 국회의원)
② 제헌 국회: 북한 의석인 100석을 제외한 채 제헌 국회❷ 소집(1948.5.31.)

---

check! 필수 암기!

통일 정부 수립 노력
- 좌우 합작 운동: 김규식, 여운형, 좌우 합작 7원칙
- 남북 협상: 김구, 김규식, 5·10 총선거 불참

❶ **미 군정의 남조선 과도 입법 의원 (1946.12.)**
- 구성: 4명의 민선 의원(한민당계와 이승만 계열)과 45명의 관선 의원(좌우 합작파 중심)으로 입법 의원(의장 김규식)이 설치되어 이것을 과도 정부라 부르며 형식상의 행정권을 한국인에 위임하였다.
- 과도 정부 발족: 미국인 군정 장관 아래 민정 장관 안재홍, 대법원장 김용무 등으로 구성되었다.

⊕ 5·10 총선거
21세 이상 모든 국민에게 투표권을 부여하였으며 보통·평등·직접·비밀 선거 원칙에 따라 치러진 우리나라 최초의 민주 선거였다.

❷ **제헌 국회**
초대 국회는 총 300석 중 북한의 100석과 제주도의 2석을 공석으로 두어 198명의 국회의원으로 구성되었다. 이중 제주도의 2석은 공석이었다가 1949년 5월 10일 재선거가 실시되어 총 의석수 200석이 완성되었다.

(2) 단독 정부 수립 반대 운동

① 남북 협상(1948.4., 남북 연석 회의)★ ─ 남한 단독 선거 반대, 미·소 양군의 철수 요구, 조선 정치 회의를 구성한 후 총선거를 통한 통일 정부 수립 주장
　㉠ 배경: 남북 총선거의 무산과 유엔의 남한 단독 선거 실시 결정
　㉡ 전개: 김구, 김규식 등이 평양을 방문하여 통일 정부 수립을 위한 남북 협상 개최 (1948.4.) → 남북 지도자 회의에서 결의문 채택
　㉢ 결과: 5·10 총선거에 불참하며 통일 정부 수립 운동을 전개하였으나 실패

● 남북 협상 참여

📖 **사료 읽기**

▶ **단독 정부 수립 반대**
우리가 기다리던 해방은 우리 국토를 양분하였으며, …… 마음속의 38도선이 무너지고야 땅 위의 38도선도 철폐될 수 있다. …… 나는 통일된 조국을 세우려다가 38도선을 베고 쓰러질지언정 일신의 구차한 안일을 취하여 단독 정부를 세우는 데는 협력하지 않겠다.
　　　　　　　　　　　　　　　　　　　　　　　　　　　　　　　　　- 김구, '삼천만 동포에게 읍고함'(1948.2.) -

② 제주 4·3 사건❸(1948.4.3.) ─ 3·1 사건
　㉠ 배경: 단독 선거 반대 시위(1947, 제주도), 민·관 합동 총파업, 미 군정이 경찰·우익단체(서북 청년회)를 동원하여 무력 탄압 ─ 북한에서 내려온 사람들로 구성된 청년 단체들이 모여 결성한 극우 반공 단체
　㉡ 경과: 제주도의 3개 선거구 중 2개 선거구 투표 무산
　㉢ 결과: 군경의 초토화 작전으로 2~3만여 명의 무고한 제주도 주민들이 희생됨

③ 여수·순천 사건(1948.10.19.)
　㉠ 배경: 제주 4·3 사건 잔여 세력 진압을 위해 여수 주둔 군부대에 출동 명령, 군부대 내의 좌익 세력이 제주도 출동 반대 ─ 여수 14연대
　㉡ 전개: 통일 정부 수립을 주장하며 봉기, 여수·순천 일대 점령
　㉢ 결과: 좌익 세력 진압 후 이승만 정부의 반공 정책 강화, 국가 보안법 제정·공포 (1948.12.)

❸ **제주 4·3 사건**
1947년 3월 1일을 기점으로 하여 1948년 4월 3일 발생한 소요 사태 및 1954년 9월 21일까지 지속된 무력 충돌과 진압 과정에서 주민들이 희생당한 사건이다. 7년여에 걸쳐 지속된 4·3 사건은 한국 현대사에서 6·25 전쟁 다음으로 인명 피해가 극심하였다. 2000년 '제주 4·3 사건 진상 규명 및 희생자 명예 회복에 관한 특별법'이 제정되어 정부 차원의 진상 조사가 진행되었고, 2003년 노무현 정부는 국가 권력에 의한 대규모 희생이 이루어진 점을 인정하고 공식 사과하였다.

(3) 대한민국 정부 수립★★

① 제헌 헌법 제정(1948.7.17.): 민주 공화국 체제의 헌법 제정(대통령 중심제의 단원제 국회, 임기 4년의 대통령 간선제) ─ 내각 책임제 요소 가미
② 대한민국 정부 수립(1948.8.15.): 대통령 이승만·부통령 이시영 선출, 대한민국 정부 수립 선포 ─ (1948.7.20.)
③ 유엔 총회 승인(1948.12.12.): 유엔 총회에서 대한민국을 민주적인 절차에 의해 한반도에서 수립된 유일한 합법 정부로 승인, 대외적 정통성 확보

● 대한민국 정부 수립(1948.8.15.)

(4) 북한 정권의 성립

① 북조선 임시 인민 위원회(1946.2.): 소련군의 지원 아래 공산주의 세력이 실권 장악, 김일성을 위원장으로 선출, 친일파 축출과 토지 개혁 및 각종 자원의 국유화를 통해 사회주의 체제의 기초 마련
② 조선 민주주의 인민 공화국(1948.9.9.): 총선거로 최고 인민 회의를 구성하고 조선 민주주의 인민 공화국 헌법을 채택하여 김일성 중심의 내각 구성

3. 제헌 국회의 개혁 추진

(1) **반민족 행위 처벌법(반민법) 제정(1948.9.):** 특별 소급법 적용(공소시효 2년), 반민족 행위 특별 조사 위원회(반민 특위) 구성(1948.10.)
　　　　─ 박흥식·노덕술·최린·최남선·이광수 등을 구속·수사

✏️ **check! 필수 암기!**

대한민국 정부 개혁
반민법, 반민 특위: 이승만 정부의 비협조
농지 개혁: 유상 매입, 유상 분배

① **입법 배경**: 친일파 청산을 통한 사회 정의와 민족정기 확립 요구 ┌ 미 군정의 친일 관료 유지 정책으로 즉각적인 친일파 청산이 어려운 상황
② **정부의 방해**: 이승만 정부의 비협조, 정부 및 경찰 요직에 자리 잡은 친일파의 방해 (총 680여 건 조사 중 실형 선고는 14명에 불과)
└ 집행 유예, 집행 정지, 감형 등으로 모두 석방

> **📖 사료 읽기**
>
> ▶ **반민 특위에 대한 이승만 정부의 비협조**
> 국회에서는 치안 혼란을 선봉하고 있다. 즉 경찰을 체포하여 경찰의 동요를 일으킴은 치안의 혼란을 조장하는 것이다. 우리가 공산당과 싸우는 것은 그들이 조국을 남의 나라에 예속시키려는 반역 행위를 하기 때문에 싸우는 것이다. …… 기나긴 군정 3년 동안에 못한 것을 지금에 와서 단행하면 앞으로 우리나라가 해나갈 일에 여러 가지 지장이 많을 것이다.
> – 이승만 대통령 담화(1949) –

③ **반민 특위 해체(1949.8.31.)**: 정부가 간첩 혐의로 반민 특위 위원 구속, 경찰의 반민 특위 습격(6·6 사건), 반민 특위 활동 기간 축소 등 → 공소기간 만료로 반민 특위가 해체되어 친일파 청산 실패 ┌ 국회 프락치 사건 조작(1949.3.)

(2) 농지 개혁법 제정(1949.6.)★
① **과정**: 농지 개혁법 공포(1949.6.) → 농지 개혁 일부 개정·시행(1950.3.)
② **내용**: 산림과 임야를 제외한 3정보 이상의 농지를 가진 지주의 농지를 국가에서 유상 매수, 영세 농민에게 3정보를 한도로 유상 분배, 농민은 수확량의 30%를 5년간 상환
③ **결과**: 자작농 증가, 미진한 개혁으로 영세농 몰락, 6·25 전쟁으로 중단

❗ 남북의 농지(토지) 개혁 비교

구분	북한의 토지 개혁(1946)	남한의 농지 개혁(1950)
내용	산림, 임야, 농경지	산림 및 임야를 제외한 농경지
원칙	무상 몰수, 무상 분배	유상 매수, 유상 분배
분배 총 면적	95만 정보(전체 경지 면적의 45%)	55만 정보(전체 소작지의 38%)
분배 농가 총 호수	68만	180만
토지 소유 상한선	5정보 ┌1정보 = 약 3천 평	3정보
분배 결과	호당 평균 4,500평 소유	호당 평균 1,000평 소유

(3) 귀속 재산 처리법 제정(1949)
① **광복 직후**: 신한 공사에서 동양 척식 주식회사의 재산과 일본인 및 일본 법인이 소유한 농지 관리(1946.2.) → 대한민국 정부와 미국 정부 간의 재정 및 재산에 관한 협정(1948.9.)에 따라 귀속 재산의 처분권을 한국 정부로 이관
② **시행**: 민간인 연고자들에게 매각, 6·25 전쟁으로 중단되었다가 전후 재개되어 1958년에 완료

➕ 반민 특위 활동

➕ 미진한 농지 개혁

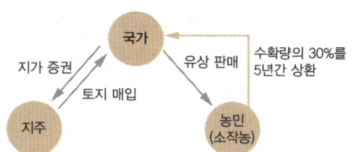

농지 개혁의 시행이 지연된 1년여 동안 지주는 농민에게 토지를 미리 매도하였으므로 개혁 대상의 토지가 절반 이하밖에 되지 않았다.

02 6·25 전쟁과 전후 상황

1. 6·25 전쟁의 전개

(1) 배경

① 광복 이후 한반도 내부의 불안정: 38도선의 설정과 미·소의 주둔, 좌우 대립과 남북 분단, 대한민국 정부 수립과 조선 민주주의 인민 공화국 성립

② 북한의 전쟁 준비
  - ㉠ 화전 양면(겉으로는 평화를 내세우고 속으로 전쟁을 준비하는 전술): 침략 의도를 은폐하기 위하여 표면적으로 평화 협상 제의, 통일 정부 수립 제안, **소련과 중국의 군사 지원 약속**
  - ㉡ 사회 혼란: 유격대 남파 등 사회 혼란 유도, 남한의 공산주의자들에게 무장 봉기 지시, 정부 수립 직후부터 38도선에서 **군사적 충돌 유도**, 38도선상에서 무력 충돌은 1949년에 가장 빈번하게 발생, 6·25 전쟁 발발 이전까지 지속
  - ㉢ 전력 증강: 소련에서 다량의 현대식 최신 무기(항공기, 전차 등) 도입, 중국 내전에서 활약한 **조선 의용군 수만 명이 인민군에 편입**

소련과 중국의 북한군 지원

시기	내용
1948.2.	인민군 창설, 소련이 탱크와 비행기 등 무기 원조
1949	소련 및 중국과 군사 협정 체결
1949.3.	김일성·박헌영 모스크바 방문, 스탈린과 회담
1949.7.~1950.4.	중국 내전에 참전하였던 의용군이 귀국하여 북한 인민군에 편입
1950.3.~1950.4.	김일성 – 스탈린 비밀 회담(북한의 전쟁에 동의)
1950.5.	마오쩌둥이 미국 참전 시 중국 공산군 파병 언급

※ 6·25 전쟁 개전 직전 북한은 지상군 20여 만 명 보유(남한 군사력의 약 2배에 해당), 소련과 중국의 지원으로 남한보다 우세한 장비 및 무기 체계 보유

③ 국제 정세 변화
  - ㉠ 공산 국가의 성장: 중국 대륙의 공산화(1949.10.), 소련의 핵무기 개발 성공(1949)
  - ㉡ 미국의 변화: 주한 미군 철수(1949.6.)와 **애치슨 선언**(1950.1.) — 미국의 태평양 지역 방어선에서 한국과 타이완을 제외하여 군사적 충돌이 일어날 경우 미국은 개입하지 않겠다는 선언

📖 사료 읽기

▶ **애치슨 선언**

"일본의 패배와 무장 해제에 의해 미국은 미국과 전 태평양 지역의 안전 보장을 위해 필요한 기간 동안 일본의 군사적 방위를 담당하게 되었다. …… 이 방위선은 알류산 열도로부터 일본의 오키나와를 거쳐 필리핀을 통과한다. 이 방위선 밖의 국가가 제3국의 침략을 받는다면, 침략을 받은 국가는 그 국가 자체의 방위력과 국제 연합 헌장의 발동으로 침략에 대항해야 한다."

▲ 애치슨 라인

---

check! 필수 암기!

6·25 전쟁
- 애치슨 선언(1950.1.)
- 전쟁 발발(1950.6.25.)
- 인천 상륙 작전(1950.9.15.)
- 중국군 개입(1950.10.25.)
- 1·4 후퇴(1951.1.4.)
- 휴전 협정 조인(1953.7.27.)

❹ 한강 철교·인도교 폭파

6·25 전쟁 당시 북한 인민군의 한강 이남 지역 진격을 막기 위해 국군 공병 부대가 한강 다리를 폭파시킨 사건으로, 미처 피난길에 오르지 못한 시민들과 한강 이북에서 교전 중이던 국군에게 큰 혼란과 충격을 안겨주었다.

➕ 6·25 전쟁 당시 유엔 참전국 (16개국)

6·25 전쟁 당시 군대 파견을 신청한 국가 21개국 중 실제로 파병을 한 16개 국가는 북미 2개국(미국, 캐나다), 남미 1개국(콜롬비아), 아시아 4개국(호주, 뉴질랜드, 필리핀, 태국), 아프리카 2개국(남아프리카 공화국, 에티오피아), 유럽 7개국(영국, 벨기에, 프랑스, 그리스, 룩셈부르크, 네덜란드, 터키)이었다. 참전국들은 유엔이 요구하는 최소 규모인 1개 대대 병력(약 1,200명) 이상을 파견하였으며, 1953년까지 전쟁에 참여한 연합군과 미국군은 총 34만 1천여 명에 이른다.

➕ 굳세어라 금순아

눈보라가 휘날리는 바람 찬 흥남 부두에 / 목을 놓아 불러봤다 찾아를 봤다 / 금순아 어디로 가고 길을 잃고 헤매었더냐 / 피눈물을 흘리면서 일사(1·4) 이후 나 홀로 왔다 ┗ 1·4 후퇴

➕ 휴전 제의

공산군 측은 소련의 유엔 대표인 말리크를 통해 휴전을 제의하였다. 개성에서 휴전 회담이 시작되었으며, 판문점으로 이동하여 진행되었다.

(2) 전개 과정 ★★★

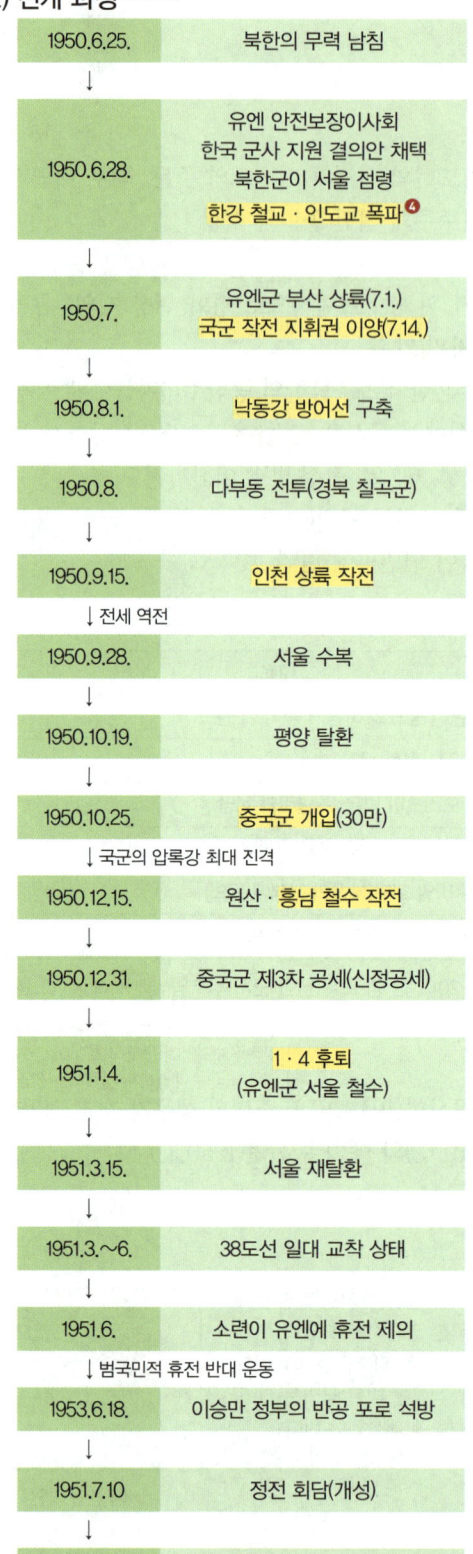

▲ 6·25 전쟁의 전개 과정

(3) 휴전 협정

① 휴전 협정 전개
  ㉠ 배경: 전선의 교착 상태 지속(1951~1953)
  ㉡ 휴전 협정 개최(1951.7.10., 개성): 군사 분계선 설정, 포로 송환 문제 등의 사안

을 둘러싸고 2년간 지속, 군사 분계선은 현(現) 접촉선 인정, 포로 송환은 개인의 자유의사 존중 등 합의

휴전 협정의 입장 차이

구분	유엔군	공산군
군사 분계선	현(現) 점령 경계선	38도선
휴전 방식	선 휴전 · 후 협상	선 협상 · 후 휴전
포로 송환	개별적 송환(자유 의사 존중)	전원 송환

ⓒ 휴전 협정 중 격전: 회담 기간 중 유리한 지역을 차지하기 위한 격전[백마고지 전투❺(1952.10.) 등]

④ 휴전 협정의 결과
  ㉠ 반공 포로 석방: 이승만의 휴전 반대 운동과 일방적인 반공 포로 석방(1953.6.18.)
  ㉡ 휴전 협정 조인(1953.7.27., 판문점): 유엔군과 공산군(중국군, 북한군) 대표만 서명
    └ 우리 정부는 휴전 협정에 조인하지 않았음   └ 클라크는 문산에서, 김일성은 평양에서 각각 서명

❺ 백마고지 전투
휴전 협정 기간 중 국군 9사단이 철원 백마고지에서 중국군의 공격을 수차례 격퇴하였다.

> **사료 읽기**
>
> ➤ **휴전 협정서 내용(일부)**
> 쌍방의 사령관들은 그들의 통제 아래에 있는 모든 군사력이 일체 적대 행위를 완전히 정지하도록 명령한다. …… 본 정전 협정의 효력을 발생하는 당시의 쌍방에서 수용하고 있는 모든 전쟁 포로의 석방과 송환은 본 정전 협정 조인 전에 쌍방이 합의한 바에 따라 집행한다.

2. 6·25 전쟁의 결과 및 영향

(1) 결과

① 피해 상황
  ㉠ 인적 피해: 수많은 사상자와 이산가족, 전쟁 고아 발생
  ㉡ 물적 피해: 한반도의 약 80%가 전장이 되어 도로·주택·철도·항만 등 대부분의 사회 간접 시설 파괴, 농토의 황폐화, 식량 및 주택 부족 현상 발생

② 한·미 상호 방위 조약 체결(1953.10.): 한국과 미국의 군사 동맹 강화 계기, 연합 방위 체제의 법적 근거, 주한 미군❻ 지휘 협정과 정부 간 또는 당사자 간 각종 안보 및 군사 관련 후속 협정의 기초 제공

❻ 주한 미군
한·미 상호 방위 조약 체결 이후 미군 2개 사단이 한국에 주둔하였고, 현재까지 조약의 효력이 지속되고 있다.

> **사료 읽기**
>
> ➤ **한·미 상호 방위 조약 (1953.10.)**
> 제2조 당사국 중 어느 1국의 정치적 독립 또는 안전이 외부로부터의 무력 공격에 의하여 위협을 받고 있다고 어느 당사국이든 인정할 때에는 언제든지 당사국은 서로 협의한다. 당사국은 단독적으로나 공동으로나 자조와 상호 원조에 의하여 무력 공격을 저지하기 위한 적절한 수단을 지속하여 강화시킬 것이며 본 조약을 이행하고 그 목적을 추진할 적절한 조치를 협의와 합의하에 취할 것이다.

(2) 영향

① 전후 남한의 상황: 자유 진영과 공산 진영의 냉전 격화, 산업 시설 파괴로 필수품 부족 및 실업자 증가, 서구 문화의 무분별한 유입 등

② 전후 남북 독재 체제의 강화
  ㉠ 남한: 이승만 정권은 전쟁 이후 정권 연장을 위해 반공을 이용, 미국의 원조 경제로 소비재 산업 원료에 집중(삼백 산업)
  ㉡ 북한: 8월 종파 사건(반대파 숙청)을 통해 김일성 1인 독재 체제 강화, 전후 복구와 사회주의 경제 체제 확립, 소련 등 사회주의 국가들의 원조(천리마 운동 등)

02 단골 키워드 문제

VIII. 현대의 한국사
02 대한민국 정부 수립과 6·25 전쟁

정답 및 해설 102쪽

기출 선택지 미리보기

- 좌우 합작 7원칙이 발표되었다.
- 우리나라 최초의 보통 선거인 5·10 총선거가 실시되었다.
- 반민족 행위 특별 조사 위원회가 구성되었다.
- 유상 매수, 유상 분배를 규정한 농지 개혁법이 제정되었다.
- 국군과 유엔군이 인천 상륙 작전을 전개하였다.

기출 키워드로 연습하기

01 김구와 여운형은 분단을 막기 위해 평양으로 건너가 남북 협상에 참여하였다. (O / ×)

02 5·10 총선거의 결과로 임기 4년의 대통령 이승만이 당선되었다. (O / ×)

03 제헌 국회는 1948년 9월 (　　　)을/를 제정·공포하고 반민족 행위 특별 조사 위원회를 구성하였다.

04 제헌 국회는 1949년 유상 매입, 유상 분배의 원칙에 따라 농지를 재분배하는 (　　　)을/를 제정하였다.

05 미국이 극동 방위선을 조정한 (　　　)을/를 발표하여 6·25 전쟁 발발에 영향을 주었다.

06 1950년 6·25 전쟁 발발 직후 국군은 낙동강 방어선까지 밀렸으나 유엔군 총사령관 맥아더의 주도로 (　　　) 작전 성공으로 전세를 반전시키고 서울을 수복하였다.

07 6·25 전쟁 결과 한국과 미국의 상호 군사 동맹을 강화하는 (　　　)이/가 체결되었다.

정답 | 01 × 02 × 03 반민족 행위 처벌법 04 농지 개혁법 05 애치슨 선언 06 인천 상륙 07 한·미 상호 방위 조약

---

01 KEYWORD 01 남북 협상

다음 편지가 작성된 시기를 연표에서 옳게 고른 것은?

심화 70회 42번

> 친애하는 메논 박사
>
> 남북 지도자 회담에 관하여 귀하와 귀 위원단에게 우리의 의견과 각서를 이미 제출한 바이어니와 우리는 가급적 우리 양인의 명의로 남에서 이에 찬동하는 제 정당의 대표 회담을 소집하여 이미 제출한 바에 제1차 보조를 하겠습니다. 이 회의에서 남쪽이 대표를 선출하면 북쪽에 연락할 인원과 방법에 대한 것을 결정하겠습니다. 귀 위원단이 이에 대하여 원만하고 적극적인 협조를 직접 간접으로 하여 주시면 대단히 감사하겠으며 우리 양방의 노력으로 하여금 우리가 공동으로 목적하는 바를 이루어지기를 믿습니다. 끝으로 우리의 심각한 경의를 표합니다.
>
> 김구, 김규식

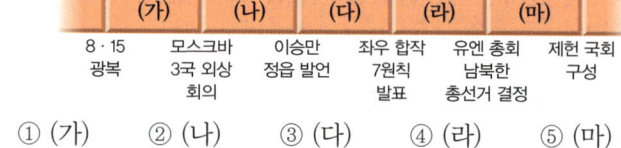

(가)	(나)	(다)	(라)	(마)
8·15 광복	모스크바 3국 외상 회의	이승만 정읍 발언	좌우 합작 7원칙 발표	유엔 총회 남북한 총선거 결정	제헌 국회 구성

① (가)　② (나)　③ (다)　④ (라)　⑤ (마)

02 KEYWORD 02 제헌 국회

밑줄 그은 '국회'에 대한 설명으로 옳지 않은 것은?

심화 63회 41번

> 이 우표는 우리나라 최초로 실시된 총선거를 기념하기 위해 발행되었습니다. 보통·직접·평등·비밀 선거 원칙에 따라 치른 이 선거를 통해 구성된 국회에서 활동한 의원의 임기는 2년이었습니다.

① 반민족 행위 처벌법을 제정하였다.
② 의원들의 선거로 대통령을 선출하였다.
③ 민의원과 참의원의 양원제로 운영되었다.
④ 일부 지역의 국회의원이 선출되지 못한 채 출범하였다.
⑤ 일제가 남긴 재산 처리를 위한 귀속 재산 처리법을 만들었다.

03 KEYWORD 03 5·10 총선거

(가), (나) 법령이 발표된 사이의 시기에 있었던 사실로 옳은 것은?
심화 69회 39번

> (가) 제1조 신한 공사를 조선 정부에서 독립한 기관으로써 창립함. 공사는 군정 장관 또는 그의 수임자가 후임자를 임명할 때까지 10명의 직무를 집행하는 취체역이 관리함.
> 제4조 …… 동양 척식 주식회사가 소유하던 조선 내 법인의 일본인 재산은 전부 신한 공사에 귀속됨.
>
> (나) 제4조 본법 시행에 관한 사무는 농림부 장관이 관장한다.
> 제12조 농지의 분배는 농지의 종목, 등급 및 농가의 능력 등에 기준한 점수제에 의거하되 1가당 총경영 면적 3정보를 초과하지 못한다.
> 제13조 분배받은 농지에 대한 상환액 및 상환 방법은 다음에 의한다.
> 1. 상환액은 해당 농지의 주생산물 생산량의 12할 5푼을 5년간 납입케 한다.

① 조선 건국 동맹이 결성되었다.
② 한미 상호 방위 조약이 체결되었다.
③ 조선 사상범 예방 구금령이 공포되었다.
④ 5·10 총선거로 제헌 국회가 구성되었다.
⑤ 정부에 비판적인 경향신문이 폐간되었다.

04 KEYWORD 04 제주 4·3 사건

(가) 사건에 대한 설명으로 가장 적절한 것은?
심화 74회 44번

> (가) 사건에 대한 기록물이 마침내 유네스코 세계 기록 유산으로 등재되었습니다. 이 사건은 당시 남한만의 단독 선거에 반대하는 무장대와 이를 진압하는 토벌대 간의 무력 충돌, 그 뒤 토벌대의 진압 과정에서 수많은 제주도민이 희생된 비극이었습니다. 기록물에는 수형인 명부와 희생자 유족 증언 등이 포함되어 있는데, 이번 등재로 국가 폭력에 맞서 진실을 밝히려는 노력과 함께 화해와 상생, 평화와 인권의 가치가 세계의 기억으로 인정받게 되었습니다.

14,673건의 (가) 기록물, 세계 기록 유산 등재

① 대통령이 하야하는 결과를 이끌어냈다.
② 호헌 철폐와 독재 타도 등의 구호를 내세웠다.
③ 통일 주체 국민 회의가 구성되는 배경이 되었다.
④ 6·3 시위의 전개와 비상계엄이 선포되는 계기가 되었다.
⑤ 진상규명 및 희생자 명예 회복에 관한 특별법이 제정되었다.

05 KEYWORD 05 6·25 전쟁

05 최다 빈출 유형

교사의 질문에 대한 학생의 답변으로 적절하지 않은 것은?
심화 68회 42번

이 우표는 6·25 전쟁이 발발하고 북한군에 점령당했던 서울을 되찾은 것을 기념해 만들어졌습니다. 9월 28일 서울 수복 이후에 벌어진 상황에 대해 말해 볼까요?

① 반공 포로가 석방되었어요.
② 한미 상호 방위 조약이 체결되었어요.
③ 흥남에서 대규모 철수가 이루어졌어요.
④ 유엔군이 인천 상륙 작전을 전개하였어요.
⑤ 비상계엄이 선포된 가운데 발췌 개헌안이 통과되었어요.

06 꼬리 물기 문제

밑줄 그은 '이 전쟁' 중에 있었던 사실로 옳은 것은?
심화 74회 45번

사진은 이 전쟁 당시 부산의 천막 교실 중 하나입니다. 임시 수도였던 부산에는 서울을 비롯한 각지의 학교가 피란해 와 천막 교실에서 수업이 진행되었습니다. 힘든 생활 중에서도 배움이 멈추지 않았다는 사실을 기억해 주세요.

① 발췌 개헌안이 통과되었다.
② 삼청 교육대가 설치되었다.
③ 한미 상호 방위 조약이 체결되었다.
④ 여수·순천 10·19 사건이 일어났다.
⑤ 국가 보위 비상 대책 위원회가 구성되었다.

03 대한민국 민주주의의 발전

✏️ check! 필수 암기!

제1공화국: 발췌 개헌(대통령 직선제), 사사오입 개헌(초대 대통령에 한해 중임 제한 철폐), 4·19 혁명(3·15 부정 선거)

제2공화국: 대통령 윤보선, 총리 장면[내각 책임제, 양원제(민의원·참의원) 국회]

➕ 부산 정치 파동과 제1차 개헌

6·25 전쟁에 대한 대처 능력 부족 등으로 국회의원들의 지지를 잃은 이승만은 간접 선거로 재선될 수 없다고 판단하여 국민 직선제를 골자로 하는 개헌안을 국회에 제출하였다. 1952년 1월 18일 개헌안을 부결시킨 국회는 4월 17일 내각 책임제 개헌안을 제출하여 이승만 대통령과 정면으로 대립하였다. 그러자 내각 책임제 개헌 반대 관제 데모가 잇따라 일어나고 백골단, 땃벌떼 등의 폭력단이 국회 해산을 요구하며 국회를 포위하기도 하였다. 이승만은 이를 구실로 5월 25일 비상계엄을 선포하였고, 국회는 소위 '부산 정치 파동'에 휩싸이게 되었다. 7월 4일 헌병 버스가 일부 야당 의원들을 국회로 실어 나르는 강압적인 분위기 속에서 국회와 정부의 개헌안을 종합한 발췌 개헌안이 의결되었다.

➕ 제3대 대통령 선거(1956) 후보

구분	정	부
자유당	이승만	이기붕
민주당	신익희	장면
무소속	조봉암	박기출

※ 신익희 급사, 장면 부통령 당선

➕ 제4대 대통령 선거(1960) 후보

구분	정	부
자유당	이승만	이기붕
민주당	조병옥	장면

※ 조병옥 급사, 부통령에 대한 부정 선거

01 제1·2공화국(이승만 정부~장면 정부)

1. 제1공화국

(1) 이승만 정부의 독재
  ① 반공 정책
    ㉠ 민심 이탈: 친일파 청산 소홀, 농지 개혁에 대한 소극적 태도
    ㉡ 권력 기반 약화: 제2대 국회의원 선거(1950)에서 정부에 비판적인 무소속 의원 대거 당선 → 총 210석 중 여당(24), 야당(26), 기타(34), 무소속(126)
    ㉢ 자유당 창당(1951): 반공을 구실로 반대파 탄압, 독재 기반 구축
  ② 발췌 개헌(1952.7.7., 제1차 개헌)★ ─ 대통령 직선제, 임기 4년 중임제, 양원제 국회
    ㉠ 배경: 제2대 국회의원 선거 결과 이승만 지지 세력 약화 → 간선제로는 이승만의 대통령 당선 불확실
    ㉡ 전개: 부산 지역 계엄령 선포(1952.5.) → 부산 정치 파동 → 공포 분위기 조성으로 발췌 개헌안 무력 통과(1952.7., 기립 표결, 찬성 163·기권 3) ─ 정치 깡패 동원
    ㉢ 결과: 이승만은 전쟁 중 부정 선거를 통해 대통령 재선(1952.8.), 제3대 국회의원 선거(1954, 자유당 114명 당선) ─ 자유당(114), 무소속(68), 기타(21) → 총 203석
  ③ 사사오입 개헌(1954, 제2차 개헌)★★ ─ 초대 대통령 중임 제한 철폐, 대통령 유고 시 부통령이 권한 승계
    ㉠ 배경: 초대 대통령에 한하여 중임 제한을 철폐하는 내용의 개헌안 제출
    ㉡ 경과: 1표가 부족하여 부결 → 자유당의 사사오입 논리로 개헌안 불법 통과

> **💡 사사오입 개헌**
>
> 국회의 의결 정족수는 재적의원의 2/3으로 당시 국회의원 총원 203명의 2/3는 135.333…이므로 136표 이상이 되어야 통과가 가능했으며, 초대 대통령 중임 제한 철폐에 대한 개헌안의 개표 결과 135표가 나와 부결되었다. 하지만 이틀 뒤 자유당은 '사사오입'이라는 수학적 논리를 들고 나와 소수점 아래의 수는 반올림 법에 의해 버려야 한다고 주장하며 따라서 135표는 가결된다하여 부정하게 통과시켰다.

    ㉢ 결과: 야당은 민주당을 창당(1955)하여 저항, 민주당 대통령 후보 신익희가 선거 도중 사망 → 대통령과 부통령에 각각 이승만, 장면 당선(1956, 제3대 대통령 선거)
  ④ 진보당 사건(1958)
    ㉠ 배경: 제3대 정·부통령 선거에서 30%의 득표를 한 조봉암이 진보당 창당(1956) 이후 평화 통일 주장, 정부는 간첩 혐의로 진보당 탄압(1958.1.)
    ㉡ 전개: 자유당 정권은 신국가 보안법을 여당 의원만으로 통과(2·4 파동), 간첩 혐의로 조봉암 처형(1959.7.), 정부에 비판적인 경향신문 폐간(1959.4.) ─ 1958.12.24.
    ─ 국가 통제 강화(반공 체제 강화)

(2) 4·19 혁명(1960)★★★
  ① 배경: 제4대 정·부통령 선거에게 민주당의 대선 후보 조병옥이 선거 도중 사망, 이승만 대통령 당선 확실시, 2·28 대구 민주 운동
  ② 3·15 부정 선거(1960): 부통령에 이기붕을 당선시키기 위한 대대적인 부정 선거 자행

③ 전개: 마산의 부정 선거 항의 시위(1960.3.15.) → 마산에서 최루탄이 눈에 박힌 김주열 학생의 시신 발견(4.11.) → <mark>시위 전국 확산</mark> → 고대생 습격 사건❶(4.18.) → 경무대 앞 시위(4.19., 경찰의 발포) → 계엄령 선포 → 대학 교수들의 시국 선언(4.25.)

→ 정부는 마산 의거를 공산주의 세력으로 몰아 사건을 수습하려 했음

> **사료 읽기**
>
> ▶ **4·25 시국 선언문 일부**
> 2. 이 데모를 공산당의 조종이나 야당의 사주로 보는 것은 고의의 왜곡이며, 학생들의 정의감에 대한 모독이다.
> 5. 3·15 선거는 부정 선거이다. 공명 선거에 의하여 정·부통령을 다시 실시하라.

④ 결과: 반대 시위가 계속되자 <mark>이승만</mark>은 <mark>하야</mark>의 뜻을 밝히고, 다음날 국회에 대통령 사임서 제출(4.27.), 자유당 정권은 무너지고 외무 장관 허정(대통령 권한 대행)을 수반으로 하는 과도 정부 수립

→ 1960.4.~1960.8.

⑤ 의의: 학생과 시민이 중심이 되어 독재 정권을 무너뜨린 민주주의 혁명, 민주주의 발전의 밑바탕

2. 제2공화국(1960.8.~1961.5.)

(1) 성립★

① 4·19 혁명 이후의 변화: 허정 과도 정부의 내각 책임제 개헌(1960.6., → 제3차 개헌) → 총선거에서 민주당 압승 → 장면을 행정 수반으로 하는 민주당 내각 성립(1960.8.~1961.5., 제2공화국) → 제4차 개헌(1960.11.)

② 구성: <mark>대통령 윤보선, 국무총리 장면[내각 책임제, 양원제(민의원·참의원) 국회]</mark>

③ 활동: 민주적 개혁 시도, 경제 개발 5개년 계획 수립, <mark>평화 통일 추진</mark>

(2) 한계

① 사회 혼란: 민주당 내의 세력 다툼, 3·15 부정 선거 관련자·부정 축재자 처벌에 소극적, 계속된 경기 침체, <mark>사회의 무질서와 혼란 지속</mark>, 국민들의 다양한 요구 수용에 어려움, 소극적 통일 정책

② 제2공화국의 붕괴: 5·16 군사 정변(1961)으로 인하여 제2공화국 붕괴

02 제3·4공화국(박정희 정부)

1. 제3공화국(1963~1972)

(1) 군사 정변(1961.5.16.)

① 과정: <mark>박정희</mark> 등 군부 세력의 <mark>군사 정변</mark>, 장면 정부 붕괴, 혁명 공약 제시, 즉각 헌정 중단, 약 2년간 군정 실시

> **사료 읽기**
>
> ▶ **군사 정부의 혁명 공약(1961.5.16.)**
> 1. 반공을 제1의 국시(國是)로 삼고, 반공 태세를 재정비·강화한다.
> 3. 이 나라, 사회의 부패와 구악을 일소하고 퇴폐한 국민 도의와 민족정기를 다시 바로잡기 위하여 청신한 기풍을 진작한다.
> 5. 민족적 숙원인 국토통일을 위해 공산주의와 대결할 수 있는 실력의 배양에 전력을 집중한다.
> 6. 이와 같은 과업이 성취되면 참신하고도 양심적인 정치인들에게 언제든지 정권을 이양하고 우리들 본연의 임무에 복귀할 준비를 갖춘다.

---

❶ **고대생 습격 사건(1960.4.18.)**
고려대학교 학생들이 시위를 한 후 귀가하는 길에 경찰과 모의한 반공 청년단이라는 정치 깡패들의 습격을 받아 10여 명이 부상을 입는 사태가 발생하였다. 학생들의 평화 시위마저 폭력으로 진압한 정권에 대해 국민들의 분노가 마침내 폭발하면서 이를 계기로 자유당 정권은 걷잡을 수 없는 국민의 저항에 직면하게 되었다.

➕ **4·19 혁명**

➕ **제3·4차 개헌의 내용**
- 제3차 개헌(1960.6.15.): 내각 책임제, 양원제 국회, 사법권의 민주화, 경찰의 중립화
- 제4차 개헌(1960.11.29.): 부정 축재자 처벌 등 소급법의 근거 마련

✏️ **check! 필수 암기!**

제3공화국: 서독에 광부·간호사 파견, 베트남 파병, 한·일 국교 정상화(무상 3억 달러, 유상 3억 달러)

제4공화국: 7·4 남북 공동 성명(자주·평화·민족 대단결), 유신 체제(대통령 권한 강화, 긴급 조치권, 대통령 간선제), YH 무역 사건, 부·마 민주 항쟁

② 군정 실시: 국가 재건 최고 회의 구성, 중앙정보부 창설(1961.6.), 반공 국시, 정치인들의 활동 금지, 국회·정당·사회단체 해산, 언론 탄압, 정치 활동 정화법(정치 깡패 소탕), 제1차 경제 개발 5개년 계획 시작(1962), 부정 축재자 처벌, 농어촌 부채 탕감
　↳ 헌정을 일시적으로 중단시키고 모든 권력을 장악하였던 초헌법적 최고 통치 기관

③ 헌법 개정(1962.12., 제5차 개헌): 대통령 중심제와 단원제 국회를 골자로 하는 헌법 개정 이후 민주 공화당 창당(1963.2.)

(2) 제3공화국(1963~1972)
① 성립
　㉠ 제5대 대통령 선거: 박정희가 민주 공화당으로 출마하여 당선(1963)
　㉡ 경제 제일주의: 경제 성장 우선 정책 추구, 경제는 급성장하였으나 민주주의 억압
② 서독에 광부와 간호사 파견(1963): 약 3천만 달러의 차관을 제공받음
③ 베트남 파병❷(1964~1973)★★
　㉠ 배경: 국군을 베트남에 파견하는 대가로 미국으로부터 한국군 현대화를 위한 장비와 경제 원조를 제공받음(1966, 브라운 각서), 약 5만 5천여 명 파병
　　↳ 한국군의 현대화, 한국인의 안전 보장, 경제 발전 지원의 선행 요구
　㉡ 성과 및 영향: 미국의 차관 제공, 파병 군인들의 송금과 군수품 수출 및 건설 업체의 베트남 진출 등으로 외화 획득, 한·미 동맹 관계 강화, 많은 사상자와 고엽제 피해 발생
　　　　　　　　　　　　　　　　　　　↳ 한·미 행정 협정 체결: 미국이 협상 체결 조건으로 한국군의 베트남 파병과 한·일 협정 체결 제시
④ 한·일 국교 정상화★★★
　㉠ 배경: 미국의 수교 요구, 경제 개발에 필요한 자본 확보(김종필 - 오히라 메모❸)
　　　　　↳ 미국의 한·미·일 3각 안보 체제 강화 추진
　㉡ 협정 체결: 학생들의 6·3 시위❹(1964)를 진압하고 계엄령을 선포한 후 한·일 협정 체결(1965.8.15.)
　㉢ 결과 및 영향: 경제 개발 자금 획득, 식민 지배에 대한 사과 등 과거사 문제 미해결
⑤ 3선 개헌(1969, 제6차 개헌) ─ 대통령의 3선 연임 허용, 대통령 탄핵 소추 요건 강화
　㉠ 배경: 제6대 대통령 선거에서 재선(1967)된 박정희가 장기 집권의 기반 마련
　㉡ 전개: 변칙적 3선 개헌을 통과시킨 후 국민 투표로 확정
　㉢ 제7대 대통령 선거(1971)에서 신민당 김대중 후보에게 승리하여 대통령 당선
　　↳ 1969년 9월 14일 새벽에 여당 의원만으로 통과시킴

2. 제4공화국(1972~1979, 유신 체제)
(1) 유신 체제
① 배경
　㉠ 국내: 경제 불황 등 국민들의 불만 → 박정희는 위기감을 극복하고 독재 기반을 강화하여 영구 집권 도모
　㉡ 국외: 닉슨 독트린 등 냉전 체제 완화(미·중 수교, 주한 미군 일부 철수)
② 유신 체제의 성립★
　㉠ 남북 관계 악화: 북한 무장 게릴라 31명이 청와대를 기습하기 위해 서울에 침투(1968, 1·21 사태)
　㉡ 대북 정책의 변경: 7·4 남북 공동 성명❺(1972)에서 자주·평화·민족 대단결의 3대 통일 원칙에 남과 북이 합의, 남북 조절 위원회 설치, 남북 대화 시작
　㉢ 유신 체제 성립 과정: 10월 유신 선포(비상계엄령, 국회 해산, 정당 활동 금지) → 유신 헌법(제7차 개헌) 의결 → 국민 투표로 확정(1972.11.)
③ 유신 헌법의 내용(1972.12., 제7차 개헌)★★
　㉠ 기본권의 약화: 개인의 자유와 민주주의 정치 활동 제약(권위주의 독재 체제), 구속 적부 심사 제도 폐지, 본질적 내용 침해 금지 조항 삭제

➕ **박정희 정부의 외화 획득**
- 서독에 광부와 간호사 파견(1963)
- 베트남 파병(1964~1973)
- 한·일 국교 정상화(1965)

❷ **베트남 파병**

비전투병(이동외과 병원, 태권도 교관 등)은 1964년부터 파견하였고, 전투병 파병은 1965년부터 본격화되었다. 우리군은 1973년에 철수하였다.

❸ **김종필 - 오히라(大平) 메모**
일제 35년간의 지배에 대한 보상으로 일본이 3억 달러를 10년간에 걸쳐 '독립 축하금' 명목으로 지불, 경제 협력 명분으로 차관 2억 달러를 3.5%, 7년 거치 20년 상환이라는 조건으로 10년간 제공, 민간 상업 차관으로 1억 달러 제공, 독도 문제의 국제 사법 재판소로 이관 등의 내용을 담고 있다.

❹ **6·3 시위**
학생들은 한·일 협정을 굴욕 외교라고 판단하여 '민족적 민주주의 장례식'을 거행하며 거세게 저항하였다. 시위가 전국적으로 확산되자 박정희는 6월 3일 계엄령을 선포하고 시위 학생들을 연행하였다.

❺ **7·4 남북 공동 성명**
1972년 7월 4일에 발표된 분단 이후 최초의 남북 간 합의 문서로, 이를 계기로 국내외적인 평화 분위기가 조성되는 듯하였으나, 곧 박정희 정부는 10월 유신을 선포하여 장기 집권을 꾀하였고, 북한도 사회주의 헌법을 개정하여 유일 지도 체제를 더욱 강화하였다.

- ⓒ 대통령의 권한 강화: 의회와 사법부 장악(3권 분립 무시), <mark>초법적인 긴급 조치권</mark>❻ 부여, <mark>대통령 임기 6년, 중임 제한 철폐, 통일 주체 국민 회의</mark>에서 대통령 선출 (대통령 간선제)
- ⓒ 기타: <mark>국회의원 1/3 추천권, 국회 해산권</mark>, 법관 인사권 부여, 정당 및 정치 활동 금지
- ④ 영향

  └ 유신 체제 이후 제8대 대통령(1972), 제9대 대통령(1978)으로 선출됨
  - ⓐ 장기 독재 체제: 통일 주체 국민 회의에서 단독 출마한 <u>박정희</u>를 대통령으로 선출, 긴급 조치 발표
  - ⓑ 인권 침해 및 언론 탄압: 김대중 납치 사건(1973), 제2차 인혁당 사건(1974), 두발 제한 규정, 유신 정권의 압박으로 동아일보 예약 광고 무더기 해약 사태
  - ⓒ <mark>민중 저항</mark>: 독재 체제에 대한 국민적 저항 발생, 1970년대 「아침이슬」 등의 금지곡이 대학가의 저항 가요로 발전, 국제 사회의 비판적 여론, 경제 불황으로 국민의 불만 고조, 야당의 득표율 증가 → <mark>개헌 청원 100만인 서명 운동</mark>(1973), <mark>3·1 민주 구국 선언</mark>❼ 등의 정권 퇴진 운동 전개(1976), YH 무역 사건(1979.8.), 부·마 민주 항쟁(1979.10.)

  > **부·마 민주 항쟁(1979.10.)**
  > 부산·마산에서 유신 정권 퇴진을 외치는 학생들의 시위에 시민들이 합세하여 대규모 시민 항쟁으로 발전한 사건으로 유신 체제의 종말을 앞당겼다. 박정희 정권은 부산·마산 지역에 계엄령을 선포하고 공수 부대를 동원하여 시위를 무자비하게 진압하였다.

(2) **유신 체제의 붕괴**: 제2차 석유 파동으로 인한 경제 위기(1978) → 제10대 총선(1978, 야당 득표율 ↑) → 반독재 운동 전개 → YH 무역 사건(1979.8.) → 김영삼의 국회 제명 → 부·마 민주 항쟁(1979.10.) → <u>10·26 사태(박정희 피살)</u>

└ 중앙정보부장 김재규가 대통령 박정희와 대통령 경호실장 차지철을 저격

03 제5·6공화국(전두환 정부·노태우 정부~현재 정부)

1. 제5공화국(1981~1988)

(1) **5·18 민주화 운동(1980)**
- ① 배경
  - ⓐ 신군부의 등장: 10·26 사태 → 계엄령 선포 → 통일 주체 국민 회의에서 대통령 최규하 선출 → 12·12 군사 정변(전두환·노태우 등 신군부 세력이 권력 장악)
  - ⓑ 서울의 봄(1979.12.~1980.5.): 계엄령 해제와 <mark>신군부 퇴진 요구</mark>, 대규모 민주화 운동(서울역 시위 절정)
  - ⓒ 계엄령 확대(1980.5.17.): 국회 폐쇄, 정치 활동 금지, 대학 폐쇄, 파업 금지, 언론 검열 강화 등 무력 진압
- ② **5·18 민주화 운동 전개**★★★: 광주 지역에서 비상계엄 철회·민주 헌정 체제 회복 요구 시위 → <mark>계엄군(공수 부대) 투입 무력 진압</mark>, 시민군의 형성, 민주 항쟁 시작, 전국적인 시위로 확대

▲ 5·18 민주화 운동

---

❻ **긴급 조치권**
대통령의 판단에 따라 국민의 자유와 권리에 대하여 무제한적 제한을 가할 수 있는 초법적 권한이었다.

➕ **장발 단속**

➕ **김대중 납치와 개헌 청원 운동**
중앙정보부가 일본에서 유신 반대 운동을 준비하던 김대중을 납치하자 이에 장준하, 백기완 등이 개헌을 요구하는 서명 운동을 전개하였다.

❼ **3·1 민주 구국 선언(1976)**
윤보선, 김대중, 문익환 등 재야 인사들이 명동 성당에서 긴급 조치의 철폐, 박정희 정권 퇴진 등을 요구하는 3·1 민주 구국 선언문을 발표하였다.

➕ **YH 무역 사건과 김영삼의 국회 제명**
YH 무역 폐업에 항의하며 신민당 당사에서 농성하던 여성 노동자들을 강제 진압한 사건으로 노동자 한 명이 사망하였는데 이와 관련해 신민당 총재 김영삼이 국회에서 제명되었다. 또한, 이로 인해 부·마 민주 항쟁이 촉발되었다.

✏️ check! 필수 암기!

제5공화국: 5·18 민주화 운동(신군부 퇴진 운동), 삼청교육대, 야간 통행금지 해제, 프로야구·축구, 3저 호황(원유가·달러 가치·금리 하락)

6월 민주 항쟁: 박종철 고문치사 사건, 4·13 호헌 조치, 6·29 선언

➕ **제10대 대통령(1979.12.~1980.8.)**
1979년 10월 26일 최규하 대통령 권한 대행으로 집권하였고, 그해 12월 6일 통일 주체 국민 회의에서 최규하를 대통령으로 선출하였다.

❽ **국가 보위 비상 대책 위원회 (1980.5.31.)**
5·18 민주화 운동을 무력으로 진압한 신군부가 대통령의 자문·보좌 기관이라는 구실로 조직한 초헌법적 기구이다.

❾ **제8차 개헌의 주요 내용**
전두환은 통일 주체 국민 회의에서 대통령으로 선출된 후 헌법 개정 심의 위원회에서 작성된 헌법 개정안을 국민 투표를 거쳐 공포하였다. 대통령 간선제는 유지하고, 국회의원 1/3 추천권을 삭제하며 임기는 7년 단임제로 하였다.

➕ **이한열**
1987년 6월 9일 연세대 학생 이한열이 최루탄에 맞아 병원으로 후송되는 사건이 발생하면서 항쟁은 더욱 확대되었고, 이한열은 7월 5일 사망하였다.

❿ **제9차 개헌의 주요 내용**
- **전문 개정**: 대한민국 임시 정부의 법통과 불의에 항거한 4·19 혁명 민주 이념 계승 및 조국 민주 개혁의 사명 명시
- **기본권 신설**: 적법 절차 조항 및 범죄 피해자에 대한 국가 구조제 신설, 체포·구속 시 고지 및 가족에의 통지 의무 명시, 형사 피의자 권리 확대
- **대통령제 개정**: 5년 단임제, 직선제
- **대통령 권한 약화**: 비상조치권 및 국회 해산권 폐지, 국무위원에 대한 해임 의결권을 해임 건의권으로 대체
- **국회 권한 강화**: 국정감사권 부활, 연간 회기 일수 제한 삭제, 정기회를 90일에서 100일로 연장

✏️ **check! 필수 암기!**

제6공화국
노태우 정부: 서울 올림픽, 북방 외교, 남북 유엔 동시 가입, 남북 기본 합의서, 비핵화 선언
김영삼 정부: 금융 실명제, 총독부 철거, 초등학교로 개칭, 외환 위기
김대중 정부: 외채 상환, 금강산 관광, 제1차 남북 정상 회담 (6·15 남북 공동 선언)
노무현 정부: FTA 체결, 제2차 남북 정상 회담 (10·4 남북 공동 선언)

---

③ 5·18 민주화 운동의 의의: 1980년대 이후 급격하게 발전한 반독재 민주화 운동의 밑거름, 군부 독재에 저항하는 민중 의식 표출, 5·18 민주화 운동 기록물이 2011년 유네스코 세계 기록 유산으로 등재

(2) 전두환 정부
① 제5공화국의 성립(1981.2.): 신군부가 국가 보위 비상 대책 위원회❽를 조직(1980)하여 권력 장악 → 통일 주체 국민 회의에서 대통령으로 전두환 선출(1980.8.) → 제8차 개헌❾(1980.10.), 민주 정의당 조직(1981.1.) → 대통령 선거인단에서 대통령으로 전두환 선출(1981.2.)
  └ 대통령 중심제, 연좌제 금지, 임기 7년 단임제, 간선제, 구속 적부심 부활, 개헌 절차 일원화

② 전두환 정부의 정책★
  ┌ 인권 유린   ┌ 언론기본법(1980~1987)
  ㉠ 강압 정치: 민주화 운동 억압, 삼청교육대(1980.8.), 언론 탄압(언론 통폐합)
  ㉡ 유화 정책: 민주화 인사 복권, 야간 통행금지 해제, 교복 자율화, 대입 본고사 폐지와 과외 금지, 해외 여행 자유화, 프로 스포츠 육성, 공직자 윤리법 제정(1981) 등
  ㉢ 경제 성장: 3저 호황(원유가·달러 가치·금리 하락)으로 경제 성장, 물가 안정, 수출 증대
    └ 1인당 국민 소득 5천 달러 달성, 수출액 300억 달러 돌파

(3) 6월 민주 항쟁과 민주주의의 발전
① 6월 민주 항쟁의 전개★★★
  ㉠ 배경: 박종철 고문치사 사건(1987.1.) 등 정부의 탄압에 대한 불만이 고조되면서 대통령 직선제 개헌 요구 → 정부의 4·13 호헌 조치 발표(1987.4.13.)로 대통령 직선제 개헌 거부
  ㉡ 전개: 야당과 재야 인사가 연합한 민주 헌법 쟁취 국민 운동 본부가 박종철 고문치사 사건 규탄과 호헌 철폐를 위한 국민 대회를 전국 주요 도시에서 개최(1987.6.10.), 이한열의 최루탄 피격 → 범국민적 반독재 민주화 투쟁으로 발전(호헌 철폐·독재 타도 등의 구호)

📖 **사료 읽기**

▶ **6·10 국민 대회 선언문**
오늘 우리는 전 세계 이목이 우리를 주시하는 가운데 40년 독재 정치를 청산하고 희망찬 민주 국가를 건설하기 위한 거보를 전 국민과 함께 내딛는다. 국가의 미래요 소망인 꽃다운 젊은이를 야만적인 고문으로 죽여 놓고 그것도 모자라서 뻔뻔스럽게 국민을 속이려 했던 현 정권에게 국민의 분노가 무엇인지를 분명히 보여 주고, 국민적 여망인 개헌을 일방적으로 파기한 4·13 폭거를 철회시키기 위한 민주 장정을 시작한다.

  ㉢ 6·29 민주화 선언: 민주 정의당의 차기 대통령 후보로 내정된 노태우의 발표 → 5년 단임의 대통령 직선제 개헌(1987.10., 제9차 개헌❿)

② 6월 민주 항쟁의 의의: 4·19 혁명 이후 가장 규모가 큰 민주화 운동, 국민의 힘으로 헌법을 개정하여 민주주의 발전의 기틀 형성
  └ 대통령 임기 5년 단임제, 직선제, 비상조치권 및 국회해산권 폐지

2. 제6공화국

(1) 노태우 정부(1988~1993)
① 수립: 야당 후보 단일화 실패 → 제13대 대통령 노태우 당선
② 여소야대 정국: 거대 여당(민주 정의당, 통일 민주당, 신민주 공화당의 3당 합당)
      ┌ 노태우   ┌ 김영삼   ┌ 김종필
③ 국내 정책
  ㉠ 청문회: 5공 비리 특별 위원회 개설(제5공화국 비리와 5·18 민주화 운동의 진상 규명)
  ㉡ 전 국민 의료 보험 실시(1989)

④ 외교 정책★★★: 제24회 서울 올림픽 개최(1988), 북방 외교[소련(1990)·중국(1992)], 남북 유엔 동시 가입(1991), 남북 기본 합의서 체결(1991), 한반도 비핵화에 대한 공동 선언(1991)

(2) 김영삼 정부(1993~1998, 문민 정부)
① 수립: 제14대 대통령 김영삼 당선, 5·16 군사 정변 이후 33년 만에 세운 문민 정부
② 개혁 정책: 금융 실명제 실시(1993), 공직자 재산 등록, 지방 자치 제도 전면 시행(1995), 하나회 제거
  └ 공직자 윤리법 개정(1993)
③ 개방 정책: 우루과이 라운드 체결(1994), WTO 출범으로 농산물 시장 개방(1995), 경제 협력 개발 기구(OECD) 가입(1996), 수출 1,000억 달러 돌파
④ 역사 바로 세우기 운동★★: 조선 총독부 건물 철거(1995), 국민학교를 초등학교로 개칭(1996), 12·12 사태를 반란으로 규정, 5·18 민주화 운동 진상 조사(전두환, 노태우 구속 기소)
⑤ 외환 위기★★: 외환 부족으로 경제 위기, 국제 통화 기금(IMF)의 지원(1997)

◉ 김영삼 정부의 금융 실명제 시행

(3) 김대중 정부(1998~2003, 국민의 정부)
① 수립: 제15대 대통령 김대중 당선, 헌정 사상 최초의 평화적 여·야 정권 교체, 김대중 대통령의 노벨 평화상 수상
② 정책 목표
  ㉠ 사회 개혁: 국가 인권 위원회 설치(2001), 국민 기초 생활법 제정(2000)
  ㉡ 외환 위기 극복★★: 2001년 외채 상환(노사정 위원회 설치(1998), 기업의 구조 조정, 외국 자본 유치, 부실 기업 정리, 벤처 기업 육성)
③ 대북 정책★★★
  ㉠ 햇볕 정책: 남북 간의 평화 정착, 금강산 해로 관광 시작(1998)
  ㉡ 제1차 남북 정상 회담(2000): 6·15 남북 공동 선언 발표, 개성 공단 합의(2002), 경의선·동해선 연결 합의(2008)
  └ 착공(2003, 노무현 정부)

◉ 정주영 소떼 방북

정주영은 1998년 6월과 10월, 2차례에 걸쳐 소떼 1,001마리를 이끌고 북한을 방문하여 남북 민간 교류의 물꼬를 텄다.

(4) 노무현 정부(2003~2008, 참여 정부)
① 수립: 제16대 대통령 노무현 당선, 권위주의 청산을 위해 노력
② 정책★
  ㉠ 외교 정책: FTA 체결 → 한·미 자유 무역 협정 체결(2007.4.)
  ㉡ 대북 정책: 제2차 남북 정상 회담(2007) → 10·4 남북 공동 선언 발표(6·15 남북 공동 선언의 내용 고수·실현)
  ㉢ 기타: 호주제 폐지, 국민 참여 재판 채택·시행, 진실·화해를 위한 과거사 정리 기본법(2005), 다문화 가족지원법(2007), 친일 반민족 행위 진상 규명 위원회(2005~2009), 금강산 육로 관광(2003)

◉ 노무현 정부의 국정 지표
국민과 함께 하는 참여 민주주의, 더불어 사는 균형 발전 사회, 평화와 번영의 동북아 시대

(5) 이명박 정부(2008~2013)
① 수립: 제17대 대통령 이명박 당선, 실용주의
② 정책: G20 정상 회의 개최(2010, 서울), 다문화 가족 지원법(2008)

(6) 박근혜 정부(2013~2017): 제18대 대통령 박근혜 당선, 국정농단(國政壟斷)으로 탄핵되어 대통령직에서 파면(2017.3.10.)

(7) 문재인 정부(2017~2022): 제19대 대통령 문재인 당선, 판문점 남북 정상 회담(2018)

(8) 윤석열 정부(2022~2025): 제20대 대통령 윤석열 당선, 비상 계엄 선포(2024)로 탄핵

(9) 이재명 정부(2025~): 제21대 대통령 이재명 당선

03 단골 키워드 문제

VIII. 현대의 한국사
03 대한민국 민주주의의 발전

정답 및 해설 105쪽

기출 선택지 미리보기

- 4·19 혁명 – 대통령 중심제에서 의원 내각제로 바뀌는 계기가 되었다.
- 유신 헌법 – 통일 주체 국민 회의에서 대통령이 선출되었다.
- 5·18 민주화 운동 – 신군부의 비상계엄 확대가 원인이 되어 일어났다.
- 6월 민주 항쟁 – 호헌 철폐와 독재 타도 등의 구호를 내세웠다.
- 6월 민주 항쟁 – 5년 단임의 대통령 직선제 개헌이 이루어졌다.

기출 키워드로 연습하기

01 ① 이승만 정부 • • 3선 개헌
  ② 박정희 정부 • • 6월 민주 항쟁
  ③ 전두환 정부 • • 사사오입 개헌

02 4·19 혁명을 통해 대통령 직선제를 골자로 하는 헌법 개정이 이루어졌다. (○ / ×)

03 박정희 정부는 한·일 협정을 체결하면서 받은 차관에 대한 보답으로 베트남에 국군을 파병하였다. (○ / ×)

04 통일 주체 국민 회의에서 박정희가 대통령으로 선출되었다. (○ / ×)

05 재야 민주 인사들은 박정희 정권 퇴진, 긴급 조치 철폐 등을 요구하는 ( )을/를 발표하였다.

06 전두환 정부는 국민의 민주화 요구에 굴복하여 여당 대통령 후보인 노태우를 통해 직선제 개헌을 수용한다는 ( )을/를 발표하였다.

정답 | 01 ① 사사오입 개헌 ② 3선 개헌 ③ 6월 민주 항쟁 02 ×
03 × 04 ○ 05 3·1 민주 구국 선언 06 6·29 민주화 선언

01 KEYWORD 01 한·미 상호 방위 조약

다음 상황 이후에 일어난 사실로 옳은 것은?

심화 70회 44번

오늘 미합중국 존 포스터 덜레스 국무 장관과 우리나라 변영태 외무 장관 사이에 상호 방위 조약이 체결되었습니다. 이로써 양국은 우호 관계를 바탕으로 한국에 대한 공산주의자들의 침공에 맞서 나란히 싸울 수 있도록 상호 이해와 공동의 이상을 나누게 되었습니다.

① 반민족 행위 특별 조사 위원회가 설치되었다.
② 평화 통일론을 주장한 진보당의 조봉암이 처형되었다.
③ 비상계엄이 선포된 가운데 발췌 개헌안이 통과되었다.
④ 미국의 극동 방위선을 규정한 애치슨 라인이 발표되었다.
⑤ 유상 매수, 유상 분배를 규정한 농지 개혁법이 제정되었다.

02 KEYWORD 02 4·19 혁명

(가)에 들어갈 민주화 운동에 대한 설명으로 옳은 것은?

심화 74회 46번

이것은 2·28 민주 운동을 기념하는 탑입니다. 이 운동은 이승만 독재 정권이 선거를 앞두고 야당 부통령 후보 연설에 참석하는 것을 막기 위해 일요일 등교 조치를 내리자, 이에 반발한 대구 지역의 고등학생들이 시위에 나서며 시작되었습니다. 2·28 민주 운동은 이후 대전의 3·8 민주 의거, 마산의 3·15 의거와 함께 (가) 의 도화선이 되었습니다.

① 시위 도중 대학생 이한열이 희생되었다.
② 시민군이 조직되어 계엄군에 저항하였다.
③ 허정 과도 정부가 출범하는 계기가 되었다.
④ 5년 단임의 대통령 직선제 개헌을 이끌어 냈다.
⑤ 야당 총재의 국회의원직 제명으로 촉발되었다.

03 KEYWORD 03 유신 체제에 대한 저항

(가) 정부 시기에 있었던 사실로 옳은 것은?   심화 67회 49번

① 정부에 비판적인 경향신문이 폐간되었다.
② 국민의 요구에 굴복하여 대통령이 하야하였다.
③ 민주화 시위 도중 대학생 강경대가 희생되었다.
④ 장기 독재에 저항한 3·1 민주 구국 선언이 발표되었다.
⑤ 기존의 헌법을 유지하는 4·13 호헌 조치가 선언되었다.

04 KEYWORD 04 5·18 민주화 운동

(가) 민주화 운동에 대한 설명으로 옳은 것은?   심화 69회 49번

① 3·1 민주 구국 선언을 발표하였다.
② 시위 도중 대학생 이한열이 희생되었다.
③ 호헌 철폐, 독재 타도 등의 구호를 외쳤다.
④ 허정 과도 정부가 출범하는 계기가 되었다.
⑤ 관련 기록물이 유네스코 세계 기록 유산으로 등재되었다.

05 KEYWORD 05 6월 민주 항쟁

밑줄 그은 '민주화 운동'에 대한 설명으로 옳은 것은?   심화 75회 48번

① 유신 체제 붕괴의 배경이 되었다.
② 당시 대통령이 하야하는 결과를 가져왔다.
③ 5년 단임의 대통령 직선제 개헌을 이끌어 냈다.
④ 시위 과정에서 시민군이 자발적으로 조직되었다.
⑤ 굴욕적인 한일 국교 정상화에 반대하여 일어났다.

06 KEYWORD 06 제7차 개헌, 제8차 개헌

(가), (나) 헌법에 대한 설명으로 옳은 것은?   심화 70회 45번

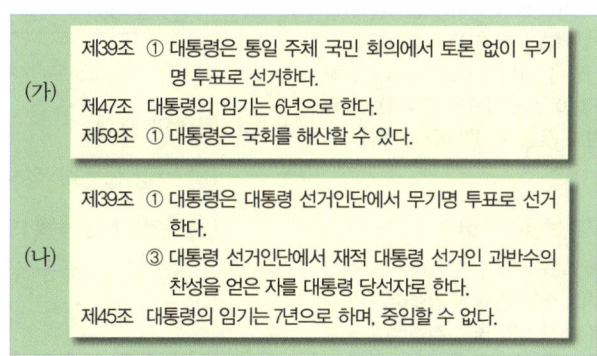

① (가) – 6·25 전쟁 중 부산에서 공포되었다.
② (가) – 대통령의 국회의원 1/3 추천 조항을 담고 있다.
③ (나) – 호헌 동지회 결성의 배경이 되었다.
④ (나) – 3·1 민주 구국 선언에 영향을 주었다.
⑤ (가), (나) – 6월 민주 항쟁 이후에 제정되었다.

04 북한 정권과 통일 정책

01 북한 정권의 형성

1. 북한 정권의 변화와 특성

(1) **조선 민주주의 인민 공화국 성립(1948.9.9.)**: 김일성이 내각 수상에 취임

(2) **김일성 유일 체제 구축**
  ① 권력 장악: 반대 세력들을 숙청하여 독재 기반 강화 → 김일성 1인 지배 체제 구축, 김일성파 권력 독점
  ② 군사 노선(1960년대): 4대 군사 노선 채택, 군수 공업 발전
  　　└ 전인민의 무장화, 전국토의 요새화, 전군의 간부화, 전군의 현대화
  ③ 주체사상 강조(1970년대): 북한의 통치 이념(김일성에 대한 우상 숭배), 자주 노선 확립
  ④ 대남 정책
  　㉠ 표면적: 평화적인 남북 연방제 통일 방안 제시
  　㉡ 내면적: 남한 내부 혁명을 부추겼으며, 무장 군인을 남파하여 무력 도발
  　　　　　　　　　　　　　　　　　　└ 1·21 사태(1968)

(3) **후계 체제의 확립**
  ① 김정일 후계 체제
  　㉠ 정권 2세대: 김정일을 비롯한 김일성의 친인척이 권력 장악
  　㉡ 사회주의 헌법 제정(1972.12.): 김정일을 김일성의 유일한 후계자로 공인

  💬 **김정일의 권력 승계 과정**

구분	내용
1972	사회주의 헌법 제정, 국가 권력 구조를 주석 중심으로 개편(주석 김일성)
1974	김일성의 유일한 후계자로 김정일 내정
1980	권력의 핵심 요직에 진출하면서 후계 체계 공식화
1991	김정일이 인민군 최고 사령관에 취임(2년 뒤 국방위원장으로 격상)
1994	김일성 사망 후 유훈 통치 전개(3년)
1998	헌법 개정을 통해 국방위원회 중심으로 권력 개편, 사실상 국가 수반인 국방위원장에 다시 취임

  ② 김정은 후계 체제: 김정일 사망 후 김정은이 권력 승계(2011)

2. 북한의 경제

(1) **농업 협동화 정책**: 식량·원료 공급의 증가, 농촌 노동력을 공업 부문으로 이전

(2) **천리마 운동❶(1956)**
  ① 목적: 노동 성적이 좋은 사람을 영웅으로 만들어 대중의 생산 경쟁 유도
  ② 내용: 노동 참여 독려, 중공업 우선시, 농업과 상업 분야의 협동화

(3) **경제적 고립과 침체**: 제1차 7개년 계획 실패, 6개년 계획을 통해 경제적 성과를 거두었으나 자립 경제 주장 등으로 경제적 위기 초래

➕ 광복 이후 북한 정권 성립 과정
- 평남 건국 준비 위원회(1945.8.): 조만식
- 북조선 임시 인민 위원회(1946.3.): 중앙 행정 기관의 모태, 토지 개혁법(1946) 제정
- 북조선 인민 회의(1947.2.): 위원장 김일성, 정권 수립 준비

➕ 김일성 독재 체제 강화
광복 직후 북한에서는 소련의 지원을 받은 김일성이 주도 세력으로 부상하였다. 김일성은 6·25 전쟁을 계기로 권력 독점의 토대를 마련하기 위해 박헌영 등에게 전쟁 피해의 책임을 물어 몰아냈다. 1956년 소련에서 스탈린 사후 집권한 흐루쇼프가 집단 지도 체제를 강조하자 이에 영향을 받은 연안파와 소련파가 김일성 독재를 반대하다 숙청되면서(8월 종파 사건) 김일성 중심의 독재 체제가 강화되었다.

➕ 북한의 유훈 통치
유훈(遺訓)의 본뜻은 '세상을 떠난 사람이 생전에 남긴 훈계나 교훈'이다. 김정일은 김일성이 사망한 1994년 7월 이후 약 3년 동안 김일성의 공식적인 직책을 바로 이어 받지 않고, 김일성 생전의 정책과 노선을 답습하면서 그의 후광을 최대한 활용하는 데 주력하였다. 이러한 김정일의 독특한 통치 행태를 유훈 통치라고 불렀다. 이후 김정일이 2011년 12월 17일 사망하고 그 뒤를 이은 김정은이 약 4개월간 북한의 두 번째 유훈 통치를 실시하였다.

❶ 천리마 운동(1956)
하루에 천리를 달리는 천리마처럼 빠른 속도로 사회주의 경제를 건설하기 위해 주민들의 증산 의욕을 고취하려는 노동 정책이자 사상 개조운동이다.

(4) 경제적 위기 극복을 위한 노력(개방 정책)
① 합영법❷과 합작법(1984): 외국인 투자 유치, 외국 기업·자본 도입 추진
② 나진·선봉 무역 지대 설치(1991)
③ 외국인 투자법(1992): 외국인 투자 기업을 창설·운영하는 제도와 원칙 규정
④ 시장 경제 요소의 제한적 도입: 7·1 경제 관리 개선 조치(2002), 경제 지대와 관광 특구 등 지정 → 자본 부족, 에너지난과 식량난 심화, 자연재해 등으로 경제 회복 부진, 핵무기 개발 문제 등으로 국제 사회의 경제적 제재 지속

❷ **합영법(1984)**
서양의 자본과 기술 도입을 위해 제정한 합작 투자법으로, 합작 당사자는 화폐·재산·기술 등을 출자하고 그 가격은 국제 시장 가격에 평가되며 출자자의 소득에 대해서는 북한 세법을 적용하였다.

02 통일 정책 추진

1. **이승만 정부**: 6·25 전쟁 이후 남북의 상호 적대감 확산, 반공 정책(북진 통일)
2. **장면 정부(제2공화국)**
   (1) **정세**: 학생들과 혁신 정당(진보당)을 중심으로 통일 논의 활발(평화 통일, 한반도 중립화 통일론, 남북 협상론 등)
   (2) **전개**
   ① 남북 학생 회담 추진(1961): '가자 북으로, 오라 남으로' 구호, 판문점 회담 개최 추진
   ② 정부의 소극적 태도: 유엔 감시 아래 남북 총선거 주장
   ③ 한계: 5·16 군사 정변으로 통일 논의 중단
3. **박정희 정부**
   (1) **제3공화국**
   ① 8·15 선언(1970): 북한을 대화와 협력 대상으로 인정
   ② 남북 적십자 회담 제의(1971): 남북 이산가족을 찾기 위해 제의(1971) → 북한과 회담 성사(1972)
      └ 닉슨 독트린의 영향으로 냉전이 완화되면서 남북 관계 개선
   ③ 7·4 남북 공동 성명(1972)★★★
      ㉠ 내용: 자주·평화·민족 대단결의 3대 통일 원칙을 성명
      ㉡ 전개: 통일 문제를 협의하기 위한 남북 조절 위원회 설치 합의
      ㉢ 한계: 남북 양측의 독재 체제 강화에 이용됨
      └ 남한은 유신 헌법, 북한은 사회주의 헌법 공포

   📖 사료 읽기
   ▶ **7·4 남북 공동 성명**
   첫째, 통일은 외세에 의존하거나 외세의 간섭을 받음이 없이 자주적으로 해결하여야 한다.
   둘째, 통일은 서로 상대방을 반대하는 무력 행상에 의거하지 않고 평화적 방법으로 실현하여야 한다.
   셋째, 사상과 이념, 제도의 차이를 초월하여 우선 하나의 민족으로서 민족적 대단결을 도모하여야 한다.

   (2) **제4공화국**
   ① 6·23 평화 통일 특별 성명(1973): 남북 유엔 동시 가입 제의, 호혜 평등의 원칙하에 모든 국가에 문호 개방
   ② 남북 상호 불가침 협정 제의(1974): 평화 정착·상호 신뢰 회복·토착 인구 비례에 의한 남북한 자유 총선거를 통한 평화 통일 3대 원칙 발표
4. **전두환 정부(제5공화국)**: 남북 당국 최고 책임자 상호 방문 제의, 민족 화합 민주 통일 방안 제시(1982), 최초 남북 이산가족 상봉❸(1985), 예술 공연단 교환 방문(1985)

✏ check! 필수 암기!
- 1960년대: 유엔 감시 아래 남북한 총선거 주장, 남북 학생 회담 개최 추진
- 1970년대: 7·4 남북 공동 성명
- 1980년대: 이산가족 상봉
- 1990년대: 유엔 동시 가입, 남북 기본 합의서, 비핵화 선언
- 2000년대: 6·15 선언(2000, 제1차 정상 회담), 10·4 선언(2007, 제2차 정상 회담)

➕ **박정희 정부의 반공 정책**
박정희 정부는 '선 건설, 후 통일'을 내세워 경제 발전에 주력하였으며 강력한 반공 정책을 추진하였다. 이 시기 북한도 수차례의 무장 게릴라 침투 사건, 판문점 도끼 만행 사건 등을 일으켜 남북 간의 긴장 상황을 고조시키면서 남과 북에서 전개되던 통일 논의가 중단되기도 하였다.

❸ **남북 이산가족 상봉(1985)**

1985년 5월 27일 서울에서 개최한 제8회 남북 적십자 회담에서는 '이산가족 고향 방문단 및 예술 공연단'의 교환을 추진하기로 합의하여 9월에 양측 고향 방문단과 예술 공연단이 서울과 평양을 각각 방문하였다.

5. 제6공화국

(1) 노태우 정부

① 7·7 특별 선언(1988): 민족의 자존과 통일 번영을 위한 특별 선언, 남북 관계를 ==동반 관계==, 함께 번영해야 할 ==민족 공동체 관계==로 규정
② 한민족 공동체 통일 방안(1989): 자주·평화·민주의 원칙, 남북 연합 단계를 설정, 남북 평의회를 통해 헌법을 제정하고 총선거를 실시하여 통일 민주 공화국을 구성하자는 제안
③ ==남북 유엔 동시 가입(1991.9.)==: 남북 고위급 회담(1990)을 통해 성사
④ ==남북 기본 합의서(1991)==★★: ==화해·상호 불가침·민족 교류==(문화·체육 등)에 합의한 최초의 남북 공식 합의서 └ 남북 화해와 불가침 및 교류 협력에 관한 합의서
⑤ 한반도 비핵화 공동 선언(1991.12.31.): 남측과 북측이 한반도를 비핵화하여 핵전쟁의 위험성을 제거하고 평화의 기반을 조성하기 위해 남북한 비핵화 공동 선언 발표

(2) 김영삼 정부

① 3단계 3기조 통일 방안(1993): 3단계 통일 방안(화해·협력 → 남북 연합 → 통일 국가 완성)과 3대 기조(민주적 국민 합의, 공존·공영, 민족 복리)
② 민족 공동체 통일 방안(1994)
  ㉠ 성격: 한민족 공동체 통일 방안과 3단계 기조 통일 방안의 내용을 종합
  ㉡ 내용: '자주·평화·민주'의 3원칙과 '화해·협력 → 남북 연합 → 통일 국가 완성'의 3단계 통일 방안(민주적 국민 합의, 공존·공영, 민족 복리)
③ ==김일성 사망==으로 정상 회담 무산(1994): 김일성 조문 문제로 남북 관계 다시 냉각(조문 파동)

❗ 남북의 통일 방안 비교

구분	남한	북한
사상	자유민주주의	주체사상
명칭	민족 공동체 통일 방안(1994)	고려 민주 연방 공화국 통일 방안(1980)
통일 원칙	자주·평화·민주	자주·평화·민족 대단결
전제 조건	—	국가 보안법 폐지, 공산주의 합법화, 주한 미군 철수
통일 과정	화해·협력 → 남북 연합 → 통일 국가	연방 국가의 점차적 완성, 국가 체제 존립이 우선
국가 형태	1민족 1국가 1체제 1정부의 통일 국가	1민족 1국가 2체제 2정부의 연방 국가
통일 기구	통일 정부, 통일 국회(양원제)	최고 민족 연방 의회, 연방 상설 위원회
외교권	통일 정부가 가짐(1정부)	연방 정부가 가짐(연방 정부하의 2정부)
군사권	남북 연합 단계에서는 남과 북의 지역 정부가 가짐	낮은 단계의 연방 안에서는 지역 정부가 가짐

(3) 김대중 정부

① ==햇볕 정책==: 민간 교류 확대, 금강산 해로 관광 사업 추진 → 남북 관계 진전
② ==제1차 남북 정상 회담(2000, 평양)==
  ㉠ 6·15 남북 공동 선언(2000)★★★: 자주적 통일, ==남측의 연합제와 북측의 낮은 단계의 연방제 사이의 공통성 인정==, 이산가족 방문단 교환, 경제 협력과 교류 활성화, 대화의 계속

➕ 남북 유엔 동시 가입

➕ 금강산 관광 사업 추진
• 해로: 김대중 정부(1998)
• 육로: 노무현 정부(2003)

> **사료 읽기**
>
> ▶ **6·15 남북 공동 선언(2000)**
> 1. 남과 북은 나라의 통일 문제를 그 주인인 우리 민족끼리 서로 힘을 합쳐 자주적으로 해결해 나가기로 하였다.
> 2. 남과 북은 나라의 통일을 위한 남측의 연합 제안과 북측의 낮은 단계의 연방 제안이 서로 공통성이 있다고 인정하고 앞으로 이 방향에서 통일을 지향시켜 나가기로 하였다.
> 4. 남과 북은 경제 협력을 통하여 민족 경제를 균형적으로 발전시키고 사회·문화·체육·보건·환경 등 제반 분야의 협력과 교류를 활성화하여 서로의 신뢰를 다져 나가기로 하였다.

ⓒ 영향: 북한의 **개성 공업 지구법 제정·공포(2002)**, 경의선 연결 합의(2000.7.), 동해선 연결 합의(2002.4.)
— 개성 공단 조성 사업 합의(2000), 착공 합의(2002), 착공(2003)

(4) 노무현 정부
① 김대중 정부의 대북 화해 협력 정책 계승: 평화 번영 정책 — 남북 관계 발전과 평화 번영을 위한 선언
② **제2차 남북 정상 회담(2007, 평양)**★: **10·4 남북 공동 선언(2007), 6·15 남북 공동 선언의 내용 고수**, 평화 공존·경제 협력·문화 교류 등 여러 제도의 정비에 대해 합의, 한반도 종전 선언에 대한 협력

> **사료 읽기**
>
> ▶ **10·4 남북 공동 선언(2007)**
> 1. 남과 북은 6·15 남북 공동 선언을 고수하고 적극 구현해 나간다.
> 3. 남과 북은 군사적 적대 관계를 종식시키고 한반도에서 긴장 완화와 평화를 보장하기 위해 긴밀히 협력하기로 하였다.
> 6. 남과 북은 민족의 유구한 역사와 우수한 문화를 빛내기 위해 역사, 언어, 교육, 과학 기술, 문화 예술, 체육 등 사회·문화 분야의 교류와 협력을 발전시켜 나가기로 하였다.
> 7. 남과 북은 인도주의 협력 사업을 적극 추진해 나가기로 하였다.

(5) 이명박 정부: 이전 정부의 대북 정책에 비판적, 남북 상호 실익을 우선시, 금강산 관광 중단(2008), 천안함 피격 사건과 연평도 포격 사건 발생 등으로 남북 관계 경색, '비핵·개방 3000'이라는 대북 강경 기조

(6) 박근혜 정부: '한반도 신뢰 프로세스'로 관계 개선을 모색하기도 하였으나 대북 강경 정책 지속, 개성 공단 폐쇄(2016)

(7) 문재인 정부
① 남북 관계 진전: 경색되어 있던 남북 관계 해결을 위해 노력
② **2018년 남북 정상 회담**: 판문점 남측 평화의 집에서 **4·27 남북 공동 선언(판문점 공동 선언)** 발표, 이전의 공동 선언을 고수하고 실현할 것, 자주적 통일, 군사적 긴장 상태 완화, 항구적 평화 체제 구축 등의 내용에 합의

> **사료 읽기**
>
> ▶ **한반도의 평화와 번영, 통일을 위한 판문점 선언(2018)**
> 1. 남과 북은 남북 관계의 전면적이며 획기적인 개선과 발전을 이룩함으로써 끊어진 민족의 혈맥을 잇고 공동 번영과 자주 통일의 미래를 앞당겨 나갈 것이다.
> 2. 남과 북은 한반도에서 첨예한 군사적 긴장 상태를 완화하고 전쟁 위험을 실질적으로 해소하기 위하여 공동으로 노력해 나갈 것이다.
> 3. 남과 북은 한반도의 항구적이며 공고한 평화 체제 구축을 위하여 적극 협력해 나갈 것이다.

◆ **6·15 공동 선언 이후 정책**
- 2000년: 경의선 연결 합의, 남북 면회소 설치 합의, 남북 이산가족 방문단 교환 합의
- 2001년: 남북 이산가족 서신 교환
- 2002년: 개성 공업 지구법(북한)

◆ **개성 공단**

김대중 정부 시기 발표한 6·15 남북 공동 선언(2000)의 영향으로 개성 공업 지구(개성 공단) 사업이 추진되었고, 이후 노무현 정부 때 개성 공단 착공식(2003)이 진행되어 북한 개성에 개성 공단이 조성되었다. 개성 공단은 공업 단지로서 남측의 자본과 기술, 북측의 토지와 인력을 결합하여 남북이 교류·협력할 수 있도록 만든 공간이다. 2006년에는 개성 공단 입주 기업의 생산액이 10억 달러를 넘어섰고, 2012년에는 북측의 근로자가 5만 명을 돌파하였으나 2016년 북한의 핵실험과 장거리 미사일 발사로 인해 남북 관계가 얼어붙으면서 개성 공단 가동이 전면 중단되었다.

04 단골 키워드 문제

VIII. 현대의 한국사
04 북한 정권과 통일 정책

정답 및 해설 107쪽

기출 선택지 미리보기

- 박정희 정부 – 7·4 남북 공동 성명을 발표하였다.
- 노태우 정부 – 남북한 간 최초의 공식 합의서인 남북 기본 합의서를 교환하였다.
- 김대중 정부 – 최초로 남북 정상 회담을 개최하였다.
- 김대중 정부 – 남북한의 교류 협력을 위한 개성 공업 지구 조성에 합의하였다.
- 노무현 정부 – 10·4 남북 공동 선언을 발표하였다.

기출 키워드로 연습하기

01
① 박정희 정부 · · 남북 조절 위원회
② 전두환 정부 · · 6·15 남북 공동 선언
③ 김대중 정부 · · 남북 이산가족 최초 상봉

02 6·25 전쟁 직후인 1950년대 후반 남북 통일 논의가 활발하게 진행되었다. (O / ×)

03 노태우 정부 때 남북이 공동으로 한반도 비핵화 선언을 채택하였다. (O / ×)

04 6·15 남북 공동 선언을 실천하기 위해 남북 조절 위원회를 설치하였다. (O / ×)

05 노태우 정부 때 남북이 (　　)에 동시 가입하였고 남북 기본 합의서를 교환하였다.

06 (　　) 정부 때 제2차 남북 정상 회담이 성사되어 10·4 남북 공동 선언을 발표하고 개성 공단 건설에 착수하였다.

정답 | 01 ① 남북 조절 위원회 ② 남북 이산가족 최초 상봉 ③ 6·15 남북 공동 선언 02 × 03 O 04 × 05 유엔 06 노무현

01 KEYWORD 01 현대 정부의 통일 정책

(가)~(다) 학생이 발표한 내용을 일어난 순서대로 옳게 나열한 것은?

심화 54회 50번

① (가) – (나) – (다)
② (가) – (다) – (나)
③ (나) – (가) – (다)
④ (나) – (다) – (가)
⑤ (다) – (가) – (나)

02 KEYWORD 02 7·4 남북 공동 성명

다음 기사의 사건이 일어난 정부 시기의 통일 정책으로 옳은 것은?

심화 50회 50번

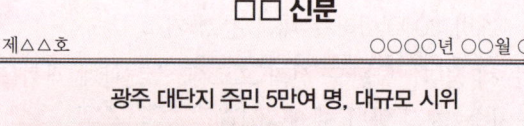

지난 10일, 경기도 광주시 중부면 광주 대단지에서 5만여 명의 주민들이 차량을 탈취하여 대규모 시위를 벌였다. 이번 시위는 서울 도심을 정비하기 위하여 10만여 명의 주민들을 경기도 광주로 이주시키는 과정에서 발생하였다. 서울시가 처음 내건 이주 조건과 달리, 상하수도나 교통 등 기반 시설이 갖추어지지 않은 채 강제로 이주시켰기 때문이다. 시위 과정에서 관공서와 주유소 등이 불에 탔고, 주민과 경찰 다수가 부상을 입었으며, 일부 주민들이 구속되었다.

① 남북한이 유엔에 동시 가입하였다.
② 10·4 남북 공동 선언을 발표하였다.
③ 남북한이 한반도 비핵화 공동 선언에 서명하였다.
④ 남북 조절 위원회를 설치하여 통일 방안을 논의하였다.
⑤ 남북한의 교류 협력을 위한 개성 공업 지구 건설에 착수하였다.

03 KEYWORD 03 전두환 정부

(가) 정부 시기에 볼 수 있는 모습으로 적절한 것은?

심화 52회 48번

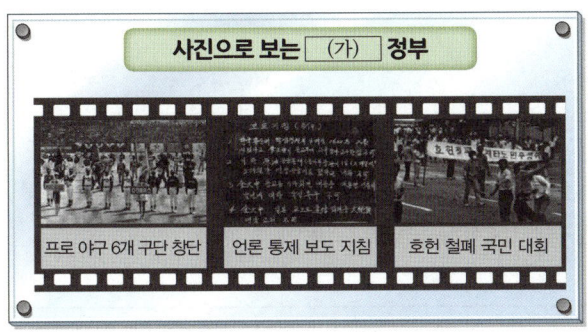

사진으로 보는 (가) 정부
- 프로 야구 6개 구단 창단
- 언론 통제 보도 지침
- 호헌 철폐 국민 대회

① 7·4 남북 공동 성명 발표를 취재하는 기자
② 개성 공단 착공식에 참석하고 있는 정부 관료
③ 금강호를 타고 금강산 관광을 떠나는 단체 여행객
④ 한반도 비핵화 공동 선언문을 발표하는 외교부 당국자
⑤ 최초의 이산가족 상봉 행사에 참여하는 남북 고향 방문단

04 KEYWORD 04 남북 기본 합의서

다음 연설문을 발표한 정부의 통일 노력으로 옳은 것은?

심화 70회 43번

> 제5차 남북 고위급 회담에서 서명된 합의서는 남과 북이 오랜 단절과 대립을 청산하여 상호 신뢰를 바탕으로 이 땅에, 평화의 질서를 구축하고 교류 협력을 통해 민족의 화해와 공동 번영을 이루어가기 위해 필요한 조처들을 망라하고 있습니다. …… 석 달 전 남북한의 유엔 동시 가입과 이에 이은 이번 합의서의 서명은 한반도 문제 해결과 민족 통일을 향한 여정에 획기적인 이정표를 세운 것입니다. …… 나는 올해 안에 한반도의 비핵화를 실현하는 합의를 이루고 밝아오는 새해와 함께 남과 북이 평화와 협력, 평화와 공동 번영의 새로운 시대를 힘차게 열게 되기를 바랍니다.

① 판문점에서 남북 정상 회담을 개최하였다.
② 남북 이산가족의 고향 방문을 최초로 성사시켰다.
③ 민족 자존과 통일 번영을 위한 7·7 선언을 발표하였다.
④ 7·4 남북 공동 성명을 실천하기 위해 남북 조절 위원회를 구성하였다.
⑤ 남북 관계 발전과 평화 번영을 위한 10·4 남북 정상 선언에 서명하였다.

05 KEYWORD 05 노무현 정부

다음 연설이 있었던 정부의 통일 노력으로 옳은 것은?

심화 67회 50번

> 진작부터 꼭 한번 와 보고 싶었습니다. 참여 정부 와서 첫 삽을 떴기 때문에 …… 지금 개성 공단이 매출액의 증가 속도, 그리고 근로자의 증가 속도 같은 것이 눈부시지요. …… 경제적으로 공단이 성공하고, 그것이 남북 관계에서 평화에 대한 믿음을 우리가 가질 수 있게 만드는 것이거든요. 또 함께 번영해 갈 수 있는 가능성에 대해서 우리가 믿음을 갖게 되는 것이기 때문에, 이것이 선순환 되면 앞으로 정말 좋은 결과가 있을 것입니다.

환영 개성 공단 방문

① 남북한이 국제 연합(UN)에 동시 가입하였다.
② 민족 자존과 통일 번영을 위한 7·7 선언을 발표하였다.
③ 남북 이산가족 고향 방문단의 교환 방문을 최초로 성사시켰다.
④ 7·4 남북 공동 성명 실천을 위해 남북 조절 위원회를 구성하였다.
⑤ 남북 관계 발전과 평화 번영을 위한 10·4 남북 정상 선언을 발표하였다.

06 KEYWORD 06 김대중 정부

다음 뉴스가 보도된 정부 시기의 통일 정책으로 옳은 것은?

심화 65회 50번

> 대통령은 오늘 도쿄에서 오부치 일본 총리와 21세기 새로운 한일 파트너십 공동 선언에 합의하였습니다. 이 공동 선언문에는 일본이 과거 한때 식민지 지배로 인하여 한국 국민에게 다대한 손해와 고통을 안겨주었다는 역사적 사실을 겸허히 받아들이면서, 이에 대한 통절한 반성과 마음으로부터 사죄라는 표현이 명문화되어 있습니다.

대통령, 일본 국회 연설에서 일본 대중문화 단계적 개방 약속

① 남북 조절 위원회를 구성하였다.
② 6·15 남북 공동 선언을 채택하였다.
③ 한반도 비핵화 공동 선언에 합의하였다.
④ 판문점에서 남북 정상 회담을 개최하였다.
⑤ 남북 이산가족 고향 방문을 최초로 실현하였다.

05 경제 성장과 사회 변화

check! 필수 암기!

- **삼백 산업**: 제분·제당·섬유 공업 (이승만 정부)
- **2차 경제 개발**: 새마을 운동, 경부 고속도로 건설
- **4차 경제 개발**: 수출 100억 달러 달성(1977)
- **3저 호황**: 저유가·저달러·저금리 (전두환 정부)
- **외환 위기**: IMF 지원(1997), 외채 상환(2001)

01 경제 발전을 위한 노력

1. 경제 정책의 변화

(1) **1950~1960년대**

① **삼백 산업**(이승만 정부)★: 1950년대 미국의 잉여 농산물 원조 정책으로 밀가루·설탕·면직물을 공급 → 제분·제당·섬유 공업으로 발전

② 화폐 개혁(긴급 통화 조치)

제1차 통화 조치 (1950.8.)	6·25 전쟁 발발 직후, 경제 교란 행위 봉쇄를 위해 '대통령 긴급 명령 제10호'에 따라 조선은행권 100원(圓)권 유통 정지, 1950년 9월 15일부터 1951년 4월 30일까지 4차에 걸쳐 조선은행권과 한국은행권을 무제한 등가 교환
제2차 통화 조치 (1953.2.)	6·25 전쟁 발발 후 물가 급상승, 시중 과잉 구매력 흡수와 체납 국세의 일소 및 연체 대출금 회수 등을 목적으로 '대통령 긴급 명령 제13호'에 의해 화폐 단위를 1/100로 변경, 화폐 호칭을 '원'에서 '환'으로 변경한 새로운 화폐 발행(100원 → 1환)
제3차 통화 조치 (1962.6.)	5·16 군사 정변 이후 재정 및 금융면의 확장 정책에 의하여 누적된 과잉 통화 흡수로 물가 상승 요인을 미연에 제거하고 퇴장 자금 양성화 등을 통해 경제 개발 계획에 필요한 산업 자금으로 활용할 목적, '긴급 통화 조치법'에 의해 화폐 단위를 1/10로 변경하고 호칭을 '환'에서 '원'으로 변경한 새로운 화폐 발행(10환 → 1원)

(2) **1960~1970년대**: 경제 개발 5개년 계획 추진★★★

① 실시: 박정희 군사 정부에 의해 재수정되어 1962년부터 실천 ┌ 제2공화국 당시 마련된 계획

시기	내용
1차 (1962~1966)	공업화의 기초 성장기 → 수출 산업 육성, **기간산업**과 사회 간접 자본 확충, 경공업 제품(신발, 의류 등) 위주의 수출
2차 (1967~1971)	산업 구조의 근대화와 자립 경제 확립 → 경공업 중심의 수출 주도형 공업화 정책 추진, **새마을 운동** 시작(1970), **경부 고속도로 건설**(1970), 울산 공업 단지 조성
3차 (1972~1976)	**중화학 공업화** 추진, 수출 증대에 의한 국제 수지 증가, **포항 종합 제철 공장 준공**(1973)
4차 (1977~1981)	자립 성장 구조 확립, 사회 개발, 기술 혁신과 능률 향상, **수출 100억 달러 달성**(1977)

⊕ 수출 100억 달러 달성

② 성과: **경부 고속도로 개통**(1970), 도로·항만·공항 등 시설 확충, 경제 개발의 성공으로 아시아 신흥 공업국으로 성장(한강의 기적)

③ 한계: 빈부 격차 심화, **저임금·저곡가**, **선 성장·후 분배**(노동 운동 증가), 석유 파동(1차 1973, 2차 1979), 정경유착 심화

┌ 북미 제네바 합의의 이행을 위해 한·미·일을 중심으로 설립(핵 비확산 노력)

(3) **1980년대**: **3저 호황**으로 1980년대 중·후반 경제 호황과 시장 개방, 저유가·저달러·저금리로 물가 안정

(4) **1990년대 이후**: 한반도 에너지 개발 기구 설립(1995, KEDO), KTX(고속철도) 개통(2004), **한·미 FTA**(자유 무역 협정) 타결(2007, **노무현 정부**)

┌ 협상 타결(2007, 노무현 정부), 국회 비준안 통과(2011, 이명박 정부), 발효(2012, 이명박 정부)

▲ 고속철도 개통

2. 경제적 위기의 극복과 오늘날의 경제

(1) **외환 위기**(1997)★★

① 배경: 성장 위주의 급격한 경제 성장, 금융권 부실 등

② 경과: 국제 통화 기금(IMF)의 구제 금융(1997), 구조 조정, 부실 기업 정리
③ 극복: 금 모으기 운동, 노사정 위원회 출범, 기업·금융·공공·노동 개혁, IMF 관리 체제 종료(2001, 외채 상환, 김대중 정부)
(2) 경제 성장 과정의 문제점: 성장 위주 경제 정책, 외국에 대한 경제 의존도 높음, 재벌 중심 산업 구조, 빈부 격차와 도시와 농촌 간 격차 심화, 노동 문제와 농촌 문제 발생

➕ 금 모으기 운동

02 산업화에 따른 사회·문화적 변화

1. 현대 사회의 발전

(1) 농촌 문제 ┌ 노동자와 농민의 희생 요구, 빈부 격차 심화
① 1960년대: 박정희 정권의 선 성장 후 분배 정책, 저임금·저곡가 정책 실시
② 1970년대: 새마을 운동❶이 농촌에서 도시로 확대되어 농어촌의 환경 개선·소득 증대에 기여(근면·자조·협동), 정부의 농업 정책에 맞서 전남 함평 고구마 피해 보상 운동 등 전개, 새마을 운동 기록물이 2013년 유네스코 세계 기록 유산으로 등재
③ 1980년대 이후 ─ 외국의 농축산물 시장 개방 압력으로 농촌의 위기 도래
  ㉠ 농축산물 수입 개방 저지 및 제값 받기 전국 농민 대회(1988, 노태우 정부)
  ㉡ 쌀 시장 개방: 우루과이 라운드 체결(1994, 김영삼 정부)
  ㉢ WTO 출범: 농산물 수입 자유화(1995, 김영삼 정부)

(2) 노동 운동
① 배경: 1960년대 이후 급격한 산업화, 저임금 문제 등 노동 환경 열악
② 1970년대: 전태일 분신 사건(1970.11.)을 계기로 노동자의 요구 구체화·본격화, 동일 방직 노동 운동, 광주 대단지 사건(1971), YH 무역 사건(1979), 사북사태(1980.4.) 등
③ 1980년대: 1987년 6월 민주 항쟁 이후 임금 인상, 노동 조건 개선, 기업가의 경영 합리화와 노동자에 대한 인격적 대우 등을 강력하게 주장하며 노동 운동 활성화
④ 1990년대: 전국 민주 노동조합 총연맹(1995, 김영삼 정부), 노사정 위원회 구성(1998, 김대중 정부)

(3) 시민 운동
① 성장: 6월 민주 항쟁 이후 민주화 진전, 광주 대단지 사건 발생 → 발전적 개선안 제시, 정부 정책에도 영향
② 시민의 사회적·정치적 참여 확대: 경제 개발 과정에서 환경 문제의 중요성이 대두되면서 환경 보존 운동 전개, 1987년 이후 여성 운동 활성화로 한국 여성 단체 연합 결성, 1990년대 이후 인터넷을 이용한 시민 운동 전개
└ 호주제 폐지 운동, 법과 제도의 개선 운동 전개

(4) 사회 보장 정책
① 배경: 산업화와 도시화로 노약자·빈곤층·실업자 등 사회적 약자 발생
② 사회 정책
  ㉠ 고용 보험 및 연금 제도: 실업자 문제·노후 생활 개선을 위해 도입
  ㉡ 의료 보험 제도: 모든 국민이 의료 혜택을 받을 수 있도록 제도적 장치 마련(1989, 노태우 정부)
  ㉢ 국민 기초 생활 보장법: 생활이 어려운 계층의 최저 생활을 보장하기 위해 제정(1999, 김대중 정부)
  ㉣ 질병 관리 본부: 국민 보건 증진을 위해 설치(2004, 노무현 정부)

❶ 새마을 운동

농어촌을 발전시키기 위해 1970년대 박정희 정부에서 근면·자조·협동과 '잘 살아 보세'라는 구호를 내걸고 실시한 경제 운동이다. 주택 개량, 농로 개설, 도로와 전기 시설 확충 등 마을 환경 개선과 소득 증대 사업에서 시작되었으나 점차 전국적인 의식 개혁 운동으로 확산되었다.

➕ 광주 대단지 사건

경기도 광주 대단지 주민이 박정희 정부의 무계획적인 도시 행정과 졸속 행정에 반발하여 도시를 점거하였다(1971).

➕ 국가 인권 위원회

김대중 정부는 모든 개인의 기본적 인권을 보호·증진하여 인간으로서의 존엄과 가치를 실현하고 민주적 기본 질서를 확립하기 위해 국가 인권 위원회를 출범시켰다(2001).

➕ 최저 임금법

전두환 정부는 저임금 노동자의 생활 안정을 위해 최저 임금법을 제정하였다(1986).

➕ 복지 제도의 확충

장애인 복지법 제정(1981) → 최저 임금법 제정(1986) → 남녀 고용 평등법 제정(1987) → 국민 연금제 시행(1988) → 전 국민 의료 보험 실시(1989) → 사회 보장 기본법 제정, 고용 보험 제도 실시(1995) → 국민 기초 생활 보장법 제정(1999) → 노인 장기 요양 보험 제도 시행(2008)

➕ **1950년대 교육**
교육 자치제 확립(1952), 문맹국민 완전 퇴치 5개년 계획(1954~1958)

2. 현대의 문화적 성장과 발전

(1) 교육의 확대: 높은 교육열, 경제 성장의 바탕이 되었으나 학교 교육의 파행 등 사회적 문제 양산

① 미 군정기: 6·3·3 학제를 근간으로 하는 교육 제도 마련, 남녀 공학 제도 도입
  └ 교육 이념은 홍익인간, 교육 목표는 민주 시민 양성

② 1960년대: 3대 방침(학원 정상화, 사도 확립, 교육 중립성 확보)

③ 5·16 군사 정변 이후: <mark>국민 교육 헌장</mark> 선포(1968), 민족주의적·국가주의적 교육 이념, 대학 예비고사 제도 실시(1966), 중학교 무시험제(1969), 국사·윤리 교육 강화(1973), 고등학교 평준화(1974)

④ 1980년대: 국민 윤리 교육 강화, 과외 금지, 대입 본고사 폐지, 대학교·전문 대학 설립 증가
  └ 신군부 국가 보위 비상 대책 위원회의 교육 개혁 조치(1980.7.30.)
  └ 고등 교육의 기회 확대

⑤ 1990년대 이후: 대학 수학 능력 시험(1993), <mark>중학교 의무 교육</mark>
  └ 1985년 처음 실시, 2004년부터 전국적 전면 시행

(2) 언론의 발달

① 미 군정기: 조선일보·동아일보 복간, 해방일보, 조선인민보 간행

② 이승만 정부: 국가 보안법을 개정하여 언론 통제, 경향신문 폐간(1959)

③ 4·19 혁명 이후: 경향신문 복간, 신문에 대한 발행 허가제 폐지 → 언론 자유와 개방

④ 박정희 정부: 언론 통폐합 및 규제 강화, 프레스 카드제 실시, 동아일보 기자들의 언론 자유 수호 투쟁(국민들의 지원), 방송국 개국 후 방송법 제정, 방송 윤리 위원회 설치
  └ 정부에 비판적인 기자들의 활동 제한
  └ 프로그램 내용 통제

⑤ 전두환 정부: 언론인 강제 해직, 언론사 통폐합, 보도지침

⑥ 6월 민주 항쟁 이후: 언론 자유 확대, 전국 언론 노동조합 연맹 조직

(3) 대중 문화의 성장

① 대중 미디어 발달: 라디오 보급(1960년대), 영화의 유행(1960년대), TV의 확산과 드라마의 인기(1970년대 이후), 대중 음악의 발전
  └ 제작 활성화

② 한류 열풍: 1990년대 후반부터 아시아에 한국 대중 문화 유행

(4) 문예 활동

① 문학
  ㉠ 4·19 혁명 이후: 참여 문학 등장(신동엽의 「껍데기는 가라」, 김수영의 「꽃잎」, 최인훈의 「광장」)
  ㉡ 1970년대: 독재에 저항, 급격한 산업화 묘사(김지하의 「오적」, 조세희의 「난장이가 쏘아 올린 작은 공」)
  ㉢ 1980년대: 5·18 민주화 운동의 영향으로 민중 문학 형성, 민족 문제에 대한 관심을 바탕으로 분단 문학도 발달

② 미술: 세계 현대 미술의 영향, 백남준의 세계적 활동, 1980년대 민중 미술 등장

③ 음악: 서양 음악의 대중화, 전통 음악에 대한 관심 증대, 정명훈·조수미 등의 세계적 활약

④ 기타: 문예 회관(1981), 국립 현대 미술관(1969), 예술의 전당(1988)
  └ 서울 동숭동

➕ 제24회 서울 올림픽(1988)

(5) 체육 활동

① 1980년대: 프로야구·축구 구단 창설(전두환 정부), 아시안 게임(1986, 전두환 정부), <mark>서울 올림픽(1988, 노태우 정부)</mark>

② 1990년대: 바르셀로나 올림픽(1992, 황영조 마라톤 금메달, 노태우 정부)

③ 2000년대: 시드니 올림픽 남북한 공동 입장(2000, 김대중 정부), <mark>월드컵 한·일 공동 개최(2002, 김대중 정부)</mark>, 평창 동계 올림픽 개최(2018, 문재인 정부)

05 단골 키워드 문제

Ⅷ. 현대의 한국사
05 경제 성장과 사회 변화

정답 및 해설 109쪽

기출 선택지 미리보기

- 이승만 정부 – 삼백 산업 중심의 소비재 산업이 발달하였다.
- 박정희 정부 – 제1차 경제 개발 5개년 계획이 추진되었다.
- 박정희 정부 – 농촌 근대화를 목표로 새마을 운동이 추진되었다.
- 김영삼 정부 – 경제 협력 개발 기구(OECD)에 가입하였다.
- 노무현 정부 – 미국과 자유 무역 협정(FTA)을 체결하였다.

기출 키워드로 연습하기

01
① 박정희 정부 · · 금융 실명제
② 전두환 정부 · · 3저 호황
③ 김영삼 정부 · · 경부 고속 도로

02 새마을 운동은 경제 개발 5개년 계획 추진 시기에 진행되었다. (O / X)

03 1950년대 후반부터 미국의 무상 원조로 밀가루, 설탕, 면직물을 공급 받아 제분 공업, 제당 공업, 섬유 공업 등 (　　) 산업이 성장하였다.

04 박정희 정부 때 정부의 저임금 정책과 열악한 노동 환경에 저항하여 서울 평화시장의 노동자 (　　)이/가 분신하였다.

05 (　　) 정부 때인 1988년 제24회 올림픽 경기가 서울에서 개최되었다.

06 (　　) 정부 때인 1996년 선진국 중심의 경제·사회 정책 협의체인 경제 협력 개발 기구(OECD)에 가입하였다.

정답 | 01 ① 경부 고속 도로 ② 3저 호황 ③ 금융 실명제 02 ○
03 삼백 04 전태일 05 노태우 06 김영삼

01 KEYWORD 01 김영삼 정부

다음 뉴스가 보도된 정부 시기에 있었던 사실로 옳은 것은?

심화 54회 48번

오늘 옛 조선 총독부 건물의 철거가 시작되었습니다. 대통령은 50주년 광복절 경축사에서 옛 조선 총독부 건물의 철거는 식민지 잔재를 청산하고 민족정기를 회복하는 역사적 작업의 시작이라고 밝혔습니다.

① 경제 협력 개발 기구(OECD)에 가입하였다.
② 칠레와 자유 무역 협정(FTA)을 체결하였다.
③ 양성평등의 실현을 위해 호주제가 폐지되었다.
④ 5년 단임의 대통령 직선제 개헌안이 통과되었다.
⑤ 굴욕적인 대일 외교에 반대하는 6·3 시위가 일어났다.

02 KEYWORD 02 이승만 정부

밑줄 그은 '군정청'이 있었던 시기의 사실로 옳은 것은?

심화 61회 45번

□□ 신문

제△△호　　　　　　　　　　○○○○년 ○○월 ○○일

서윤복 선수 환영회, 중앙청 광장에서 개최

제51회 보스턴 세계 마라톤 대회에서 세계 신기록을 세우며 우승한 서윤복 선수의 환영회가 중앙청 광장에서 열렸다. 하지 중장, 헬믹 준장 등 군정청의 주요 인사와 김규식, 여운형, 안재홍 등 정계 인사를 비롯한 수많은 군중이 참석하여, 우리 민족의 의기를 세계에 과시한 서윤복 선수의 우승을 함께 기뻐하였다.

중앙청 광장에 모인 환영 인파

① 한·미 상호 방위 조약이 체결되었다.
② 제1차 경제 개발 5개년 계획이 추진되었다.
③ 반민족 행위 특별 조사 위원회가 설치되었다.
④ 신한 공사가 설립되어 귀속 재산을 관리하였다.
⑤ 국가 보안법 개정안을 통과시킨 보안법 파동이 일어났다.

03 KEYWORD 03 박정희 정부

다음 상황이 나타난 시기를 연표에서 옳게 고른 것은?

심화 65회 47번

□□ 신문
제△△호   ○○○○년 ○○월 ○○일

희망에 찬 전진을

제1차 경제 개발 5개년 계획을 성공적으로 매듭지은 현 시점에서 우리에게는 진실로 기뻐하고 자랑스럽게 생각해야 할 일이 있다. 우리나라가 새롭고 희망에 찬 생활을 향하여 전진을 거듭하고 있다는 사실에 대한 자각이 더욱 높아가고 미래에 대한 자신이 날로 굳어져 가고 있다는 사실이다. …… 여러분이 아시다시피 올해는 제2차 경제 개발 5개년 계획에 착수하여 이미 도약 단계에 들어선 조국의 발전에 일대 박차를 가해야 할 중대한 새 출발의 해인 것이다. 앞으로 4~5년 후에는 아시아에 빛나는 공업 국가를 건설해 보자는 것이 이 계획의 목표인 것이다.

(가)	(나)	(다)	(라)	(마)
1949 농지 개혁법 제정	1965 한·일 협정 체결	1977 100억 달러 수출 달성	1988 서울 올림픽 개최	1996 경제 협력 개발 기구 (OECD) 가입	2007 한·미 자유 무역 협정(FTA) 체결

① (가) ② (나) ③ (다) ④ (라) ⑤ (마)

04 KEYWORD 04 박정희 정부

다음 정부 시기에 볼 수 있는 모습으로 가장 적절한 것은?

심화 62회 45번

실감 콘텐츠로 만나는 ○○○ 정부
포항 제철소 착공식 / 제1차 석유 파동으로 멈춰 선 버스 / 100억 불 수출 달성

① 최저 임금법 제정으로 최저 임금을 심의하는 위원
② 금융 실명제에 따라 신분증 제시를 요구하는 은행원
③ 한·칠레 자유 무역 협정(FTA)의 비준을 보도하는 기자
④ 전국 민주 노동조합 총연맹 창립 대회에 참가하는 노동자
⑤ 정부의 도시 정책에 반발해 시위를 하는 광주 대단지 이주민

05 KEYWORD 05 김대중 정부

다음 연설문을 발표한 정부 시기에 있었던 사실로 옳은 것은?

심화 55회 50번

지난 5년 동안 우리 국민은 세계가 놀라워하는 업적을 이룩해 냈습니다. 외환 위기를 맞이하자 우리 국민은 '금 모으기'를 전개하여 전 세계를 감동시켰습니다. …… 금융, 기업, 공공, 노사의 4대 개혁을 고통과 희생을 감내하면서 지지하고 적극 협력함으로써 우리 경제는 3년을 앞당겨 IMF 관리 체제에서 벗어날 수 있었습니다. …… 고용 보험, 산재 보험, 건강 보험, 국민연금 등 4대 보험의 틀을 갖추고 국민 기초 생활 보장법을 시행한 것을 비롯해 선진국 수준의 복지 체제를 완비했습니다.

① G20 서울 정상 회의가 개최되었다.
② 미국과의 자유 무역 협정(FTA)이 체결되었다.
③ 금융 실명제가 대통령 긴급 명령으로 실시되었다.
④ 8·3 조치로 사채 동결 등의 특혜가 기업에게 제공되었다.
⑤ 남북 경제 교류 증진을 위한 경의선 복원 공사가 시작되었다.

06 KEYWORD 06 노무현 정부

다음 뉴스가 보도된 정부 시기에 있었던 사실로 옳은 것은?

심화 59회 49번

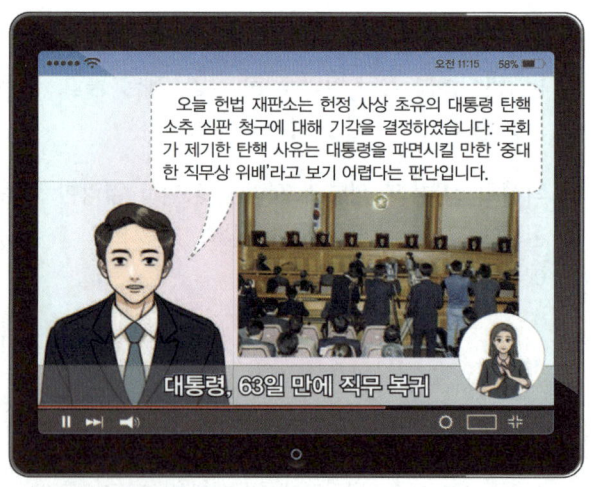

오늘 헌법 재판소는 헌정 사상 초유의 대통령 탄핵 소추 심판 청구에 대해 기각을 결정하였습니다. 국회가 제기한 탄핵 사유는 대통령을 파면시킬 만한 '중대한 직무상 위배'라고 보기 어렵다는 판단입니다.

대통령, 63일 만에 직무 복귀

① 서울 올림픽 대회가 개최되었다.
② 국가 인권 위원회가 설립되었다.
③ 전국 민주 노동조합 총연맹이 창립되었다.
④ 중국과 자유 무역 협정(FTA)이 체결되었다.
⑤ 친일 반민족 행위 진상 규명 위원회가 출범하였다.

VIII 多빈출-多선지 자료 문제

VIII. 현대의 한국사

01 제주 4·3 사건

(가) 사건 이전에 있었던 사실로 옳은 것은?

이것은 냉전과 분단의 상징물인 독일 베를린 장벽의 일부로, (가) 을/를 기념하는 이 공원에 기증되었습니다. 이곳 제주도에서 일어난 (가) 은/는 남한만의 단독 선거에 반대하는 무장대와 이를 진압하는 토벌대 간의 무력 충돌, 그 뒤 토벌대의 진압 과정에서 수많은 제주도민이 희생된 사건으로, 6·25 전쟁이 끝나고 나서야 종결되었습니다.

① 시민군을 조직하여 계엄군에 대항하였다.
② 허정 과도 정부가 구성되는 결과를 가져왔다.
③ 반민족 행위자를 처벌할 수 있는 근거를 마련하였다.
④ 여운형 등의 주도로 좌우 합작 위원회가 구성되었다.
⑤ 국가 보위 비상 대책 위원회가 설치되는 배경이 되었다.
⑥ 장기 독재를 비판하는 3·1 민주 구국 선언을 발표하였다.

정답 | ④

● 문제 해결 TIP!

KEYWORD #남한만의 단독 선거에 반대
#수많은 제주도민이 희생

▶ 다음 자료는 남한 단독 정부 수립을 반대하며 일어난 제주 4·3 사건(1948)을 나타내고 있다.
▶ 좌우 합작 위원회는 남한 단독 선거 실시를 결정한 유엔 소총회 이전에 구성되었다는 사실을 유념하며 풀어야 한다.

✓ 정답 체크
④ 좌우 합작 위원회(1946)

✎ 오답 체크
①, ⑤ 5·18 민주화 운동(1980) ② 4·19 혁명(1960)
③ 반민족 행위 처벌법(1948) ⑥ 3·1 민주 구국 선언(1976)

02 이승만 정부

다음 상황과 관련된 정부 시기에 있었던 사실로 옳은 것은? (정답 2개)

지난 5·10 총선을 통해 구성된 국회가 반민족 행위자를 처벌할 수 있는 법안을 통과시켰습니다. 이 법의 적용을 받는 자는 한일 합방에 협력한 자, 한국의 주권을 침해하는 데 도움을 준 자, 일제 치하 독립운동자나 그 가족을 살상·박해한 자 등입니다. 아울러 반민족 행위를 예비 조사하기 위해 특별 조사 위원회를 설치하기로 했습니다.

① 국가 보안법을 제정하였다.
② 중앙 정보부가 창설되었다.
③ 남북 조절 위원회가 구성되었다.
④ 제주도에서 4·3 사건이 발생하였다.
⑤ 미국의 경제 원조로 삼백 산업이 발달하였다.
⑥ 귀속 재산 처리를 위한 신한 공사가 설립되었다.
⑦ 국회가 민의원과 참의원의 양원제로 운영되었다.

정답 | ①, ⑤

● 문제 해결 TIP!

KEYWORD #5·10 총선을 통해 구성된 국회
#반민족 행위자를 처벌할 수 있는 법안

▶ 독재 정치를 하였던 이승만과 박정희 정부 시기의 일을 구분할 줄 알아야 한다. 국가 보안법은 이승만 정부 때 제정된 것임을 숙지하자.

✓ 정답 체크
①, ⑤ 이승만 정부

✎ 오답 체크
②, ③ 박정희 정부 ④, ⑥ 미 군정 ⑦ 허정 과도 정부

03 [3·1 민주 구국 선언]

다음 선언이 발표된 이후에 있었던 사실에 대하여 옳은 것은? (정답 2개)

> **민주 구국 선언**
> 1. 이 나라는 민주주의 기반 위에 서야 한다.
>   ⋮
> 첫째로 우리는 국민의 자유를 억압하는 긴급 조치를 곧 철폐하고 민주주의를 요구하다가 투옥된 민주 인사들과 학생들을 석방하라고 요구한다. 국민의 의사가 자유로이 표명될 수 있도록 언론, 집회, 출판의 자유를 국민에게 돌리라고 요구한다.
> 둘째로 우리는 유신 헌법으로 허울만 남은 의회 정치가 회복되어야 한다고 주장한다. 자유로이 표현되는 민의를 국회는 입법에 반영해야 하고 정부는 이를 행정에 반영시켜야 한다. 이것을 꺼리고 막는 정권은 국민을 위한다면서 실은 국민을 위하려는 뜻이 없는 정권이다.
>   ⋮

① 남북 기본 합의서에 서명하였다.
② 한·미 상호 방위 조약이 체결되었다.
③ 반민족 행위 특별 조사 위원회가 설치되었다.
④ YH 무역 노동자들이 야당 당사에서 농성하였다.
⑤ 최고 통치 기구인 국가 재건 최고 회의가 구성되었다.
⑥ 평화 통일론을 주장한 진보당의 조봉암이 처형되었다.

정답 | ①, ④

➕ **문제 해결 TIP!**

KEYWORD #민주 구국 선언 #긴급 조치 #유신 헌법

▶ 다음 자료는 박정희 정부의 유신 헌법과 긴급 조치에 대항한 3·1 민주 구국 선언(1976)을 나타내고 있다.
▶ 국가 재건 최고 회의는 5·16 군사 정변으로 정권을 장악한 박정희가 군정 실시를 위해 군사 혁명 위원회를 개칭한 것으로, 유신 헌법 마련 이전의 사실이다.

✅ **정답 체크**
① 노태우 정부(1991)   ④ 박정희 정부(1979)

✏️ **오답 체크**
② 이승만 정부(1953)   ③ 이승만 정부(1948)
⑤ 박정희 정부(1961)   ⑥ 이승만 정부(1959)

04 [6월 민주 항쟁]

(가)에 대한 설명으로 옳은 것은? (정답 2개)

① 3·15 부정 선거가 원인이 되었다.
② 시위 도중 대학생 이한열이 희생되었다.
③ 시민군을 조직하여 계엄군에 대항하였다.
④ 당시 대통령이 하야하는 결과를 가져왔다.
⑤ 대일 외교에 반대하는 6·3 시위가 일어났다.
⑥ 5년 단임의 대통령 직선제 개헌을 이끌어냈다.
⑦ 야당 총재의 국회의원직 제명으로 촉발되었다.

정답 | ②, ⑥

➕ **문제 해결 TIP!**

KEYWORD #박종철 군 고문살인 은폐 조작
#민주 헌법 쟁취 국민 운동 본부
#4·13 호헌 조치 #호헌 철폐

▶ 4·19 혁명, 5·18 민주화 운동, 6월 민주 항쟁의 원인, 내용, 결과는 꼭 비교하여 암기해야 한다.

✅ **정답 체크**
②, ⑥ 6월 민주 항쟁

✏️ **오답 체크**
①, ④ 4·19 혁명   ③ 5·18 민주화 운동   ⑤ 6·3 시위
⑦ 부·마 민주 항쟁

부록

빈출 주제로 보는 한국사

단골 키워드 랭킹!

01 동지
02 정월 대보름
03 한가위
04 한식
05 덕수궁
06 강화도
07 진주

01 세시 풍속 및 유네스코 세계 유산
02 주요 지역
03 주요 궁

76-67회 출제 비율 **6.6%**

01 세시 풍속 및 유네스코 세계 유산

01 세시 풍속

구분	일자	풍습
설날	음력 1월 1일	차례, 세배, 씨름 등 민속놀이
정월 대보름	음력 1월 15일	달맞이, 쥐불놀이, 다리밟기, 부럼깨기, 달집태우기, 귀밝이술 마시기(차가운 술)
연등회	음력 2월 15일경	불교 행사
삼짇날	음력 3월 3일	강남에 간 제비가 돌아와 집을 짓는 때, 화전놀이, 화전(진달래꽃) 만들어 먹기
단오	음력 5월 5일	창포물에 머리 감기, 쑥과 익모초 뜯기, 수리떡 먹기, 대추나무 시집보내기, 그네뛰기 · 격구 · 씨름 · 석전(단오 때 마을과 마을의 사람들이 패를 갈라 돌을 던지는 놀이) · 활쏘기 등 민속놀이
유두	음력 6월 6일	동쪽으로 흐르는 물에 머리 감기
칠석	음력 7월 7일	칠성굿, 밭제, 별보며 글짓기, 걸교제(바느질 솜씨 늘기 기원)
백중	음력 7월 15일	여름철 휴한기에 휴식을 취하는 날[백종(百種), 중원(中元), 망혼일(亡魂日)], 백중놀이
추석(한가위)	음력 8월 15일	차례, 성묘, 민속놀이(강강술래, 씨름, 소싸움), 송편, 토란국, 닭찜
팔관회	개경 11월 15일 (서경 10월 15일)	고려의 불교 행사, 토착 신앙
동지	양력 12월 22일경	밤이 가장 긴 날, 팥죽 먹기, 차례 지내기
한식	동지 후 105일	찬 음식 먹기, 차례 · 성묘하기, 농작물의 씨 뿌리기

→ 단오: 조선 후기에 단오에서 대보름 놀이로 옮겨 감
→ 추석: 가배 · 중추절(仲秋節)

※ 팔관회 : 국가와 왕실의 태평 기원, 불교 · 도교 · 민간 신앙이 융합된 국가적 행사, 여진 · 송 · 일본 상인도 참여, 고려 태조는 훈요 10조에서 강조, 성종 때 최승로의 건의로 잠시 폐지되었다가 현종 때 부활

02 유네스코 지정 세계 유산(2024년 등재 기준)★

◆ 세계 문화 · 자연유산
- 해인사 장경판전(1995)
- 석굴암과 불국사(1995)
- 수원 화성(1997)
- 고창 · 화순 · 강화의 고인돌 유적(2000)
- 조선 왕릉(2009)
- 남한산성(2014)
- 산사, 한국의 산지 승원(2018)
- 한국의 갯벌(2021)
- 가야 고분군(2023)
- 종묘(1995)
- 창덕궁(1997)
- 경주 역사 지구(2000)
- 제주 화산섬과 용암 동굴(2007)
- 한국의 역사 마을(2010, 하회와 양동)
- 백제 역사 유적 지구(2015)
- 한국의 서원(2019)
- 반구천의 암각화(2025)

◆ 인류 무형 구전 및 무형 유산 걸작
- 종묘제례 및 종묘제례악(2001/2008)
- 강릉 단오제(2005)
- 강강술래(2009)
- 남사당놀이(2009)
- 대목장(大木匠)(2010): 한국의 전통 목조 건축
- 가곡(歌曲)(2010): 국악 관현 반주로 부르는 서정적 노래
- 줄타기(2011)
- 아리랑: 한국의 서정 민요(2012)
- 농악(2014)
- 제주 해녀 문화(2016)
- 연등회(2020)
- 한국의 장 담그기 문화(2024)
- 판소리(2003/2008)
- 처용무(2009)
- 제주 칠머리당 영등굿(2009)
- 영산재(2009)
- 매사냥(2010)
- 택견 · 한국의 전통 무술(2011)
- 한산(韓山) 모시 짜기(2011)
- 김장: 김치를 담그고 나누는 문화(2013)
- 줄다리기(2015)
- 씨름(2018)
- 한국의 탈춤(2022)

◆ 세계 기록 유산
- 『조선왕조실록』(1997)
- 『불조직지심체요절』 하권(2001)
- 해인사 고려대장경판 및 제경판(2007)
- 『동의보감』(2009)
- 1980년 5 · 18 광주 민주화 운동 기록물(2011)
- 『난중일기』(2013)
- KBS 특별생방송 '이산가족을 찾습니다' 기록물(2015)
- 조선 통신사에 관한 기록(2017)
- 동학 농민 혁명 기록물(2023)
- 4 · 19 혁명 기록물(2023)
- 산림 녹화 기록물(2025)
- 『훈민정음』(해례본)(1997)
- 『승정원일기』(2001)
- 조선왕조의궤(2007)
- 『일성록』(2011)
- 새마을 운동 기록물(2013)
- 한국의 유교책판(2015)
- 국채 보상 운동 기록물(2017)
- 조선 왕실 어보와 어책(2017)
- 동학 농민 혁명 기록물(2023)
- 제주 4 · 3 기록물(2025)

01 단골 키워드 문제

부록 빈출 주제로 보는 한국사
01 세시 풍속 및 유네스코 세계 유산

01 KEYWORD 01 정월 대보름

(가)에 해당하는 세시 풍속으로 옳은 것은? 중급 41회 30번

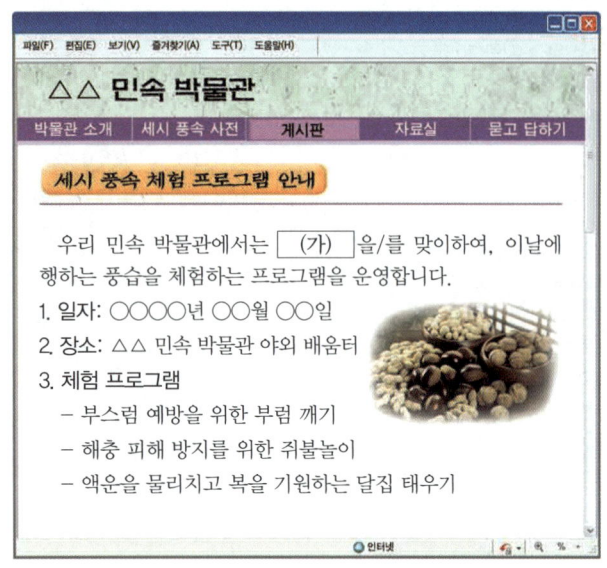

① 단오 ② 칠석 ③ 한식
④ 대보름 ⑤ 한가위

02 KEYWORD 02 삼짇날

다음 세시 풍속에 대한 탐구 활동으로 가장 적절한 것은?

심화 58회 48번

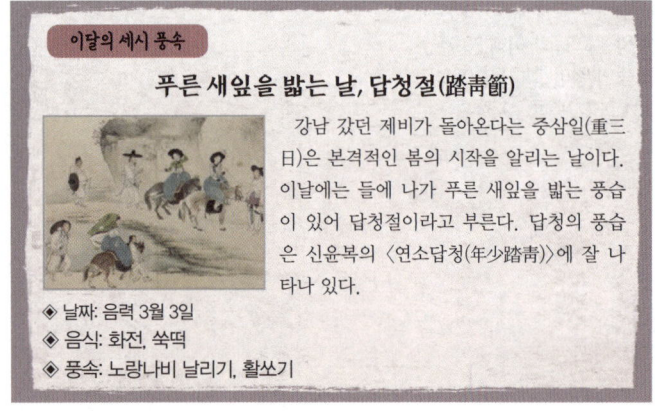

① 칠석날의 전설을 검색한다.
② 한식날의 의미를 파악한다.
③ 삼짇날의 유래를 알아본다.
④ 동짓날에 먹는 음식을 조사한다.
⑤ 단오날에 즐기는 민속놀이를 찾아본다.

03 KEYWORD 03 단오

(가)에 들어갈 세시 풍속으로 옳은 것은? 심화 56회 34번

① 한식 ② 백중 ③ 추석
④ 단오 ⑤ 정월 대보름

04 KEYWORD 04 칠석

밑줄 그은 '이날'에 해당하는 세시 풍속으로 옳은 것은?

심화 60회 50번

① 단오 ② 칠석 ③ 백중
④ 동지 ⑤ 한식

05 KEYWORD 05 동지

(가)와 관련된 세시 음식으로 가장 적절한 것은? 고급 34회 20번

우리나라의 세시 풍속
일 년 중 밤이 가장 긴 날, (가)

1. 개관
 이날은 태양의 부활이라는 의미를 지니고 있어서 민간에서 '작은 설' 혹은 '아세(亞歲)'라고 불렀다. 또 이날은 날씨가 춥고 밤이 길어 호랑이가 교미한다고 하여 '호랑이 장가가는 날'이라고도 하였다.
2. 문헌 자료
 관상감에서는 임금에게 (새해) 달력을 올린다. 그러면 임금은 백관에게 황색 표지 달력과 백색 표지 달력에 '동문지보(同文之寶)'를 찍어 하사하였다.

- 『동국세시기』 -

①  송편
②  팥죽
③  화전
④  오곡밥
⑤  수리취떡

06 KEYWORD 06 한식

(가)에 들어갈 세시 풍속으로 옳은 것은? 중급 43회 20번

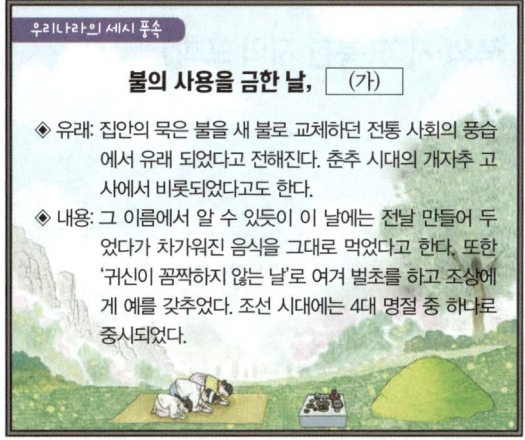

① 단오
② 칠석
③ 한식
④ 대보름
⑤ 삼짇날

02 주요 지역

01 국외 지역(북한 지역 포함)

1. 요서
- 고조선의 영토
- 백제: 근초고왕 요서 진출(4세기)
- 발해: 무왕의 당나라 공격(732, 장문휴)

2. 요동
- 고구려: 요동 진출(4세기 미천왕), 안시성 전투(645, 양만춘)
- 발해: 요동 확보(9세기 선왕)
- 고려: 요동 정벌 추진(우왕)
- 삼국 간섭(1895)

3. 만주
- 고구려: 유리왕이 졸본에서 국내성으로 천도(3), 광개토 대왕릉비(414), 장군총, 각저총
- 안중근 의거(1909, 북만주 하얼빈)
- 의열단 조직(1919, 김원봉)

4. 간도
- 청의 목극등과 국경 협의 지역(1712, 백두산 정계비)
- 봉오동·청산리 전투(1920)
- 용정 대성 중학교(1920년대 초)
- 소설 「토지」의 배경(박경리)

5. 연해주
- 신한촌 건설
- 13도 의군(1910), 성명회(1910), 권업회(1911), 대한 광복군 정부(1914), 대한 국민 의회(1919)

6. 대마도
- 고려: 박위의 정벌(1389)
- 조선: 이종무의 정벌(1419)
- 최익현의 순국 장소(1906)

7. 평북 의주
- 미송리식 토기 발굴(1959)
- 고려: 이성계 위화도 회군(1388)
- 조선: 임진왜란 때 선조 피난(1592), 의주의 만상
- 경의선 철도 부설(1906, 일본의 경제적 침략)

8. 함남 원산
- 신라: 진흥왕의 영토 확장
- 고려: 공민왕의 영토 회복
- 원산 개항(1880)
- 원산 학사 설립(1883)
- 경원선 부설(1914)
- 원산 노동자 총파업(1929)

9. 평남 평양
- 고구려: 장수왕의 평양성 천도(427)
- 고려: 광종(개경 – 황도, 서경 – 서도), 묘청의 서경 천도 운동(1135, 대위국·천개), 조위총의 난(1174), 원종 때 동녕부 설치(1270)
- 조선: 임진왜란 중 평양성 탈환(1593), 홍경래의 난(1811)
- 제너럴셔먼호 사건(1866, 대동강, 평안 감사 박규수)
- 대성 학교 설립(1908, 안창호)
- 송죽회(1913, 독립 자금 모집)
- 물산 장려 운동(1920, 조만식)
- 강주룡의 노동 운동(1931)

10. 개성(개경)
- 후고구려 수도(901, 궁예)
- 고려: 천도(919, 왕건), 나성 축조(1029), 만적의 난(1198), 개경 환도(1270, 원종)
- 조선: 송상(송방 설치)
- 정전 회담 개최(1951.7.10.)
- 개성 공단: 사업 합의(2000), 착공(2003)

02 국내 지역: 서울 · 경기 · 강원

1. 서울

- 신석기 시대 암사동 유적
- 백제 한성(위례성) 유적지
- 신라 진흥왕 북한산 순수비
- 조선: 한양 천도(1394)
- 한성 전기 회사(1900)
- 일제 강점기: 한성 정부(1919)

2. 인천(강화도)

- 고인돌 유적지
- 마니산 참성단: 단군이 하늘에 제사(초제)
- 양명학 연구(강화학파)
- 고려: 강화 천도(1232), 팔만대장경(재조대장경 조판), 삼별초 항쟁(배중손)
- 정족산성(1866, 병인양요, 양헌수)
- 광성보(1871, 신미양요, 어재연)
- 강화도 조약(1876), 개항(1883)
- 경인선(1899)
- 인천 상륙 작전(1950)

3. 경기 수원

수원 화성(정조)

4. 강원 평창

- 오대산 월정사 팔각 구층 탑
- 소설 「메밀꽃 필 무렵」의 배경(이효석)
- 2018년 평창 동계올림픽

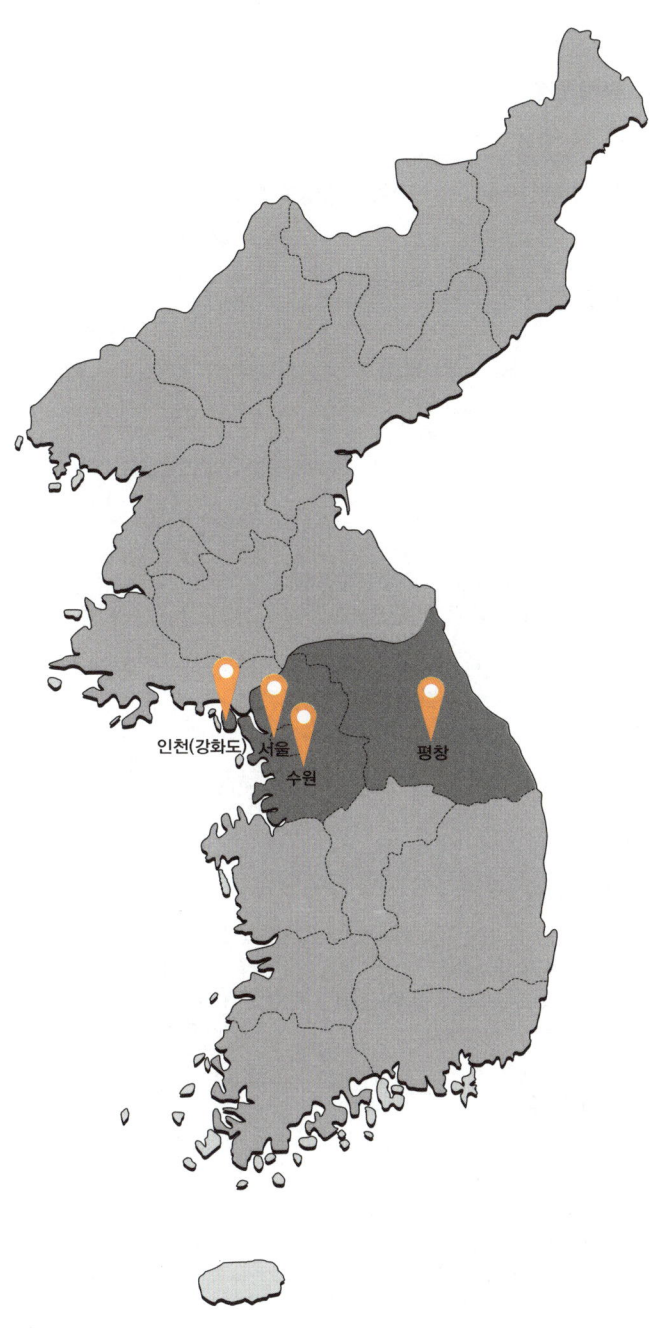

03 국내 지역: 충청

1. 충북 충주

- 고구려: 충주 고구려비(5세기 장수왕)
- 고려: 충주 전투(1252, 김윤후), 다인철소 항전(1254)
- 조선: 임진왜란 충주 탄금대 전투(1592, 신립)

2. 충북 단양

- 구석기 수양개 유적
- 단양 적성비(551, 진흥왕, 한강 상류 점령)

3. 충북 청주

- 신라 민정 문서(서원경)
- 『직지심체요절』(1377, 흥덕사)

4. 충북 보은

- 법주사 팔상전(1624, 목조 오층 탑)
- 보은 집회(1893, 교조 신원 운동)

5. 충남 서산

서산 용현리 마애여래 삼존상

6. 충남 예산

- 수덕사 대웅전
- 오페르트 도굴 사건(1868, 남연군 묘)

7. 충남 공주

- 구석기 시대 석장리 유적
- 백제: 문주왕의 공주 천도(475)
- 무령왕릉
- 김헌창의 난(822)
- 망이·망소이의 난(1170, 공주 명학소)
- 이괄의 난 당시 인조의 피난처(1624, 공주 공산성)
- 동학 농민 운동 우금치 전투(1894)

8. 충남 부여

- 백제 성왕 사비 천도(538)
- 사택지적비(654)
- 정림사지 오층 석탑
- 홍산(부여) 전투(1376, 최영)

9. 충남 논산

- 관촉사 석조 미륵보살 입상
- 동학의 남접·북접 부대 논산 집결(1894)

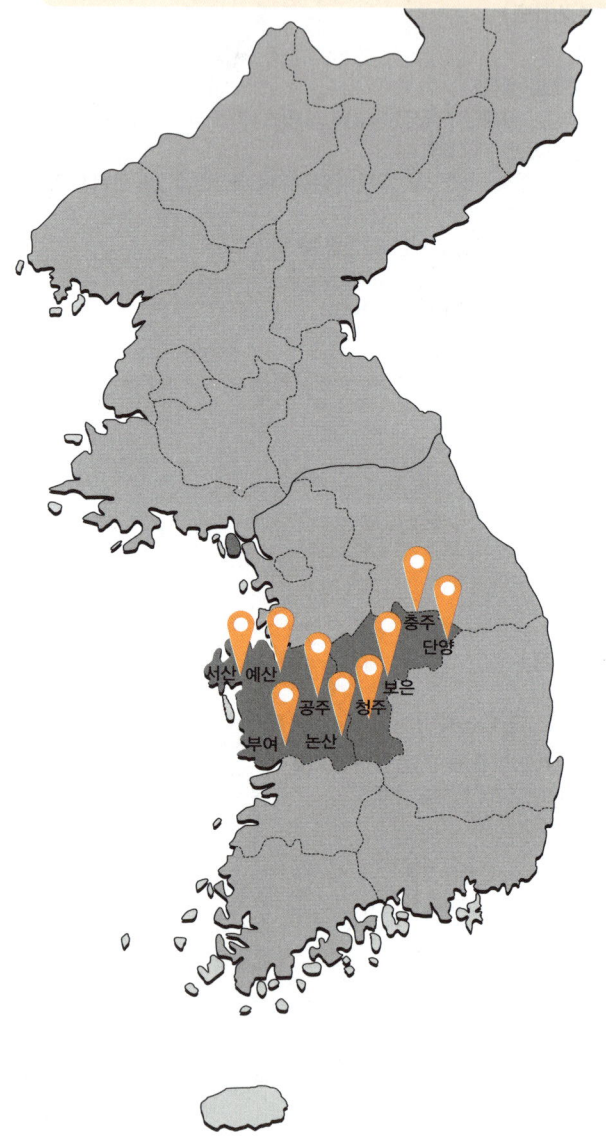

04 국내 지역: 전라·제주

1. 전북 군산

- 고려: 진포 대첩(1380)
- 일제 강점기 쌀 수탈의 전초 기지

2. 전북 익산

- 미륵사지 석탑(사리봉안기)
- 백제 부흥 운동(660~663) → 보덕국(674, 안승)

3. 전북 전주

- 후백제 수도(900, 완산주)
- 고려: 전주 관노의 난(1182)
- 동학 농민 운동(1894, 전주 화약)

4. 전북 정읍

- 동학 농민 운동(1894)
- 을사의병(1905, 최익현, 태인)
- 이승만의 정읍 발언(1946.6.)

5. 전남 여수

거문도 사건(1885, 러시아)

6. 전남 진도

고려: 삼별초의 대몽 항쟁 전개(1270~1271, 배중손)

7. 전남 완도

청해진 설치(828, 장보고)

8. 제주도

- 고려: 삼별초의 항쟁(1271~1273, 김통정), 탐라총관부 설치(1273~1301, 충렬왕)
- 벨테브레이 표류(1628, 귀화, 훈련도감), 하멜 표착(1653, 『하멜 표류기』)
- 김만덕의 제주 빈민 구제(관기 출신 거상)
- 제주 4·3 사건(1948, 남한 단독 정부 수립 반대)

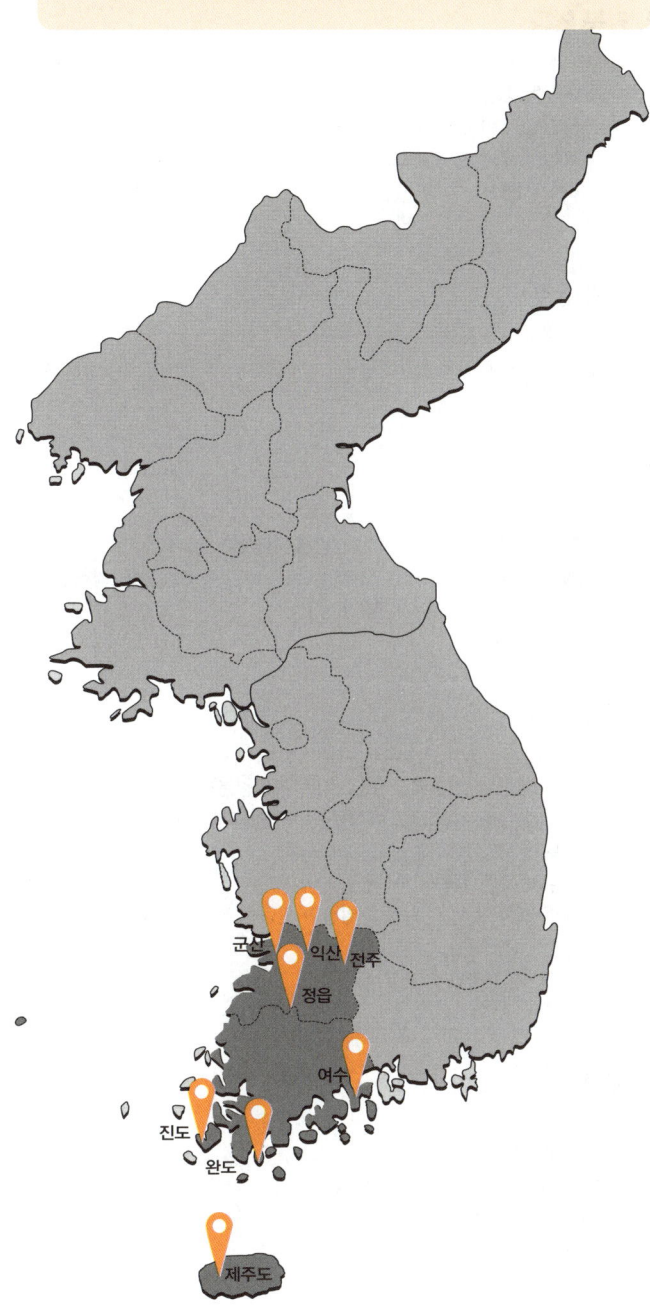

05 국내 지역: 경상

1. 경북 영주

부석사 소조여래 좌상

2. 경북 안동

- 이천동 석불
- 공민왕의 파천(1361, 홍건적 침입)
- 봉정사 극락전(주심포 양식)
- 도산 서원

3. 경북 상주

신라: 원종 · 애노의 난(889)

4. 대구

- 국채 보상 운동 전개(1907, 김광제, 서상돈)
- 일제 강점기: 조선 국권 회복단(1915), 대한 광복회(1915, 박상진)
- 2 · 28 대구 학생 의거(1960)

5. 경북 경주

- 경주 계림로 보검(황금 보검, 경주 미추왕릉)
- 불국사 삼층 석탑(742, 석가탑, 『무구정광대다라니경』 발견)
- 황룡사 구층 목탑(임진왜란 때 소실)
- 분황사 모전 석탑(선덕 여왕)
- 경주 역사 유적 지구(불교 발달과 관련된 유적 · 유물 소장)
- 조선: 옥산 서원
- 동학 창시(1860, 최제우)

6. 울산

- 울주 반구대 바위그림
- 통일 신라: 이슬람 상인의 왕래
- 고려: 효심의 난(1193)
- 조선: 3포 개항(1426, 세종)

7. 경남 합천

합천 해인사 장경판전(15세기 건축, 팔만대장경 보관)

8. 부산

- 조선: 3포 개항(1426, 세종), 임진왜란 부산진 전투(1592, 정발), 동래(일본과의 무역항)
- 강화도 조약(1876, 개항)
- 발췌 개헌(1952)
- 부 · 마 민주 항쟁(1979)

9. 경남 진주

- 고령가야(연맹체 단계에서 멸망)
- 임진왜란 진주 대첩(1592, 김시민)
- 임술 농민 봉기(1862)
- 천민(백정) 계급의 형평 운동(1923)

10. 경남 거제도

6 · 25 전쟁 때 포로 수용소 설치

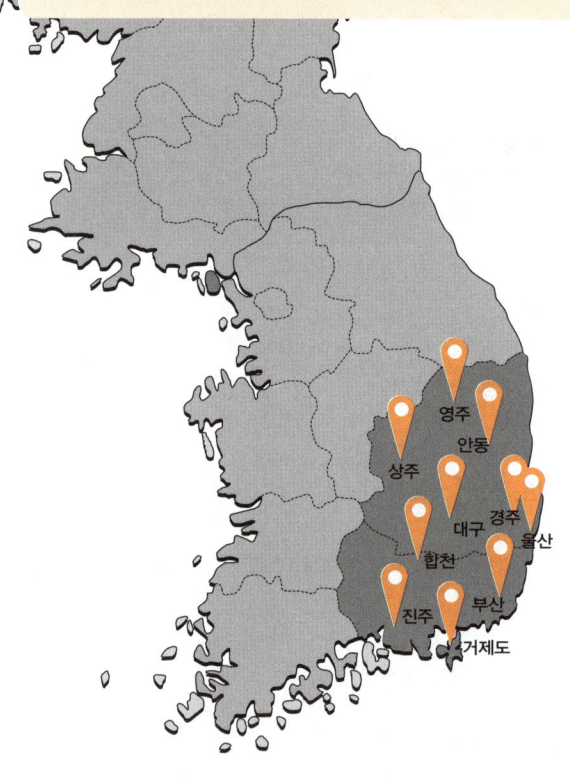

02 단골 키워드 문제

부록 빈출 주제로 보는 한국사
02 주요 지역

정답 및 해설 113쪽

01 KEYWORD 01 강화도

다음 지역에 대한 탐구 활동으로 가장 적절한 것은?

심화 56회 11번

① 대몽 항쟁기에 조성된 왕릉을 조사한다.
② 김만덕의 빈민 구제 활동에 대해 알아본다.
③ 정약전이 자산어보를 저술한 곳을 검색한다.
④ 지증왕이 이사부를 보내 복속한 지역과 부속 도서를 찾아본다.
⑤ 러시아의 남하를 견제하기 위하여 영국군이 점령한 장소를 살펴본다.

02 KEYWORD 02 제주도

밑줄 그은 '이 시기'를 연표에서 옳게 고른 것은? 중급 41회 42번

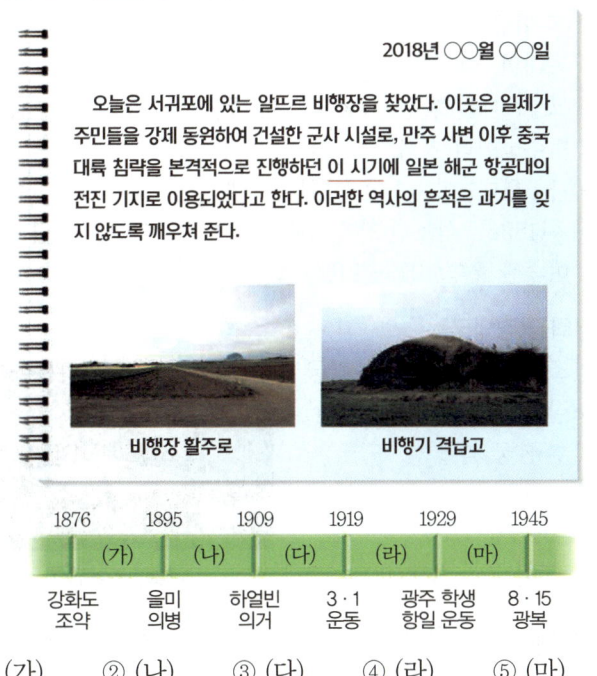

① (가) ② (나) ③ (다) ④ (라) ⑤ (마)

03 KEYWORD 03 개경(개성)

다음 특별전에서 볼 수 있는 도시의 역사에 대한 설명으로 적절하지 않은 것은?

심화 68회 29번

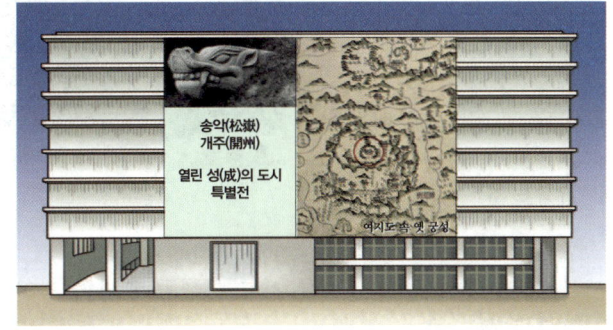

① 고려 태조 왕건이 도읍으로 삼았다.
② 원의 영향을 받은 경천사지 십층 석탑이 축조되었다.
③ 조선 후기 송상이 근거지로 삼아 전국적으로 활동하였다.
④ 일제 강점기 강주룡이 을밀대 지붕 위에서 고공 농성을 하였다.
⑤ 북위 38도선 분할 이후 남한에 속했다가 정전 협정으로 북한 지역이 되었다.

04 KEYWORD 04 부산

다음 지역에서 있었던 사실로 옳은 것은?

심화 52회 39번

① 2·28 민주 운동이 시작되었다.
② 제2차 미·소 공동 위원회가 개최되었다.
③ 강주룡이 을밀대 지붕에서 고공 농성을 전개하였다.
④ 박재혁이 경찰서에서 폭탄을 투척하는 의거를 일으켰다.
⑤ 지주 문재철의 횡포에 맞서 농민들이 소작 쟁의를 벌였다.

03 주요 궁

01 본궁

1. 경복궁
- 창건(태조) → 임진왜란 때 소실(이후 창덕궁이 약 300여 년간 본궁) → 중건 (1865~1868, 흥선 대원군)
- 근정전(정령 반포): 왕이 신하들의 조하를 받거나 정령을 반포하는 본궁
- 사정전(편전): 왕이 정사를 보고 문신들과 함께 경전을 강론하는 곳
- 경회루(누각): 국빈의 접대나 왕의 연회 장소로 사용된 연못 안에 조성된 누각
- 건청궁: 왕과 왕비의 거처, 최초의 전기 설비(1887), 명성 황후 시해 장소

▲경복궁

2. 창덕궁
- 임진왜란 이전: 왕궁 밖에서 국왕이 피서, 피한, 요양 등의 목적으로 머물던 별궁
- 임진왜란 이후: 경복궁 복원 전까지 조선의 본궁 역할

▲창덕궁

- 갑신정변: 고종과 명성 황후가 급진파에 의해 (경우궁에서 창덕궁으로) 납치된 장소
- 인정전(정령 반포): 경복궁의 근정전 역할
- 희정당(편전): 경복궁의 사정전 역할
- 주합루(누각): 정조 때 도서관으로 창건(1층 규장각, 2층 열람실 겸 주합루)

02 별궁·이궁

1. 종묘
조선 시대 역대 왕의 위패가 모셔져 있는 곳(왕·왕비, 추존 왕·왕비의 신주를 모심)

▲종묘

2. 창경궁
- 성종 때 건축된 세조·덕종·예종의 왕후 거처
- 임진왜란 때 소실되어 광해군 때 재건
- 일제에 의해 동물원, 식물원으로 운영(1909)
- 일제에 의해 창경원으로 격하됨(1911)

▲창경궁

3. 덕수궁
- 조선 초 월산 대군(성종의 형)의 집
- 임진왜란 이후: 의주에서 귀궁한 선조의 임시 거처
- 광해군: 창덕궁이 완성된 후 이궁(경운궁 개칭), 인목대비 유폐 장소
- 고종: 아관 파천 이후 환궁한 곳, 1907년 순종 양위 후 덕수궁이라 칭함
- 근·현대: 미·소 공동 위원회 개최 장소(1946), 전화 설치(1896), 석조전 건축(1909, 르네상스 양식), 국립 현대 미술관 운영(1973~1986)

▲덕수궁

4. 경희궁(경덕궁)
인조 때 창덕궁과 창경궁 소실(인조반정, 이괄의 난) 이후 본궁 역할

▲경희궁(경덕궁)

5. 운현궁: 흥선 대원군 집권 당시의 저택(개혁 논의 장소)

03 단골 키워드 문제

부록 빈출 주제로 보는 한국사
03 주요 궁

정답 및 해설 114쪽

01 KEYWORD 01 경복궁

(가) 궁궐에 대한 설명으로 옳은 것은? 심화 60회 19번

> 대왕대비가 전교하였다. "（가）은/는 우리 왕조에서 수도를 세울 때 맨 처음 지은 정궁이다. …… 그러나 불행하게도 전란에 의해 불타버린 후 미처 다시 짓지 못하여 오랫동안 뜻있는 선비들의 개탄을 자아내었다. …… 이 궁궐을 다시 지어 중흥의 큰 업적을 이루려면 여러 대신과 함께 의논해보지 않을 수 없다."
> - 『고종실록』 -

① 근정전을 정전으로 하였다.
② 일제에 의해 동물원 등이 설치되었다.
③ 후원에 왕실 도서관인 규장각이 있었다.
④ 도성 내 서쪽에 있어 서궐이라고 불렸다.
⑤ 인목 대비가 광해군에 의해 유폐된 장소이다.

02 KEYWORD 02 덕수궁

(가) 궁궐에 대한 설명으로 옳은 것은? 심화 70회 31번

돈덕전으로의 초대

돈덕전이 재건되어 전시관으로 개관합니다. 많은 관람 부탁드립니다.

- 주소: 서울특별시 중구 세종대로 99
- 개관일: 2023년 ○○월 ○○일

◉ 소개

돈덕전은 （가） 안에 지어진 유럽풍 외관의 건물로, 고종 즉위 40주년 기념행사를 열기 위해 건립되었다. 1층에는 폐하를 알현하는 폐현실, 2층에는 침실이 자리하여 각국 외교 사절의 폐현 및 연회장, 국빈급 외국인의 숙소로 사용되었다.
러시아 공사관에서 （가） 으로 거처를 옮긴 뒤부터 고종은 중명전을 비롯한 서구식 건축물을 지어 근대 국가로서의 면모를 보여주고자 하였다. 돈덕전 역시 이러한 의도가 투영된 건축물이다.

① 제1차 미·소 공동 위원회가 개최되었다.
② 도성 내 서쪽에 있어 서궐이라고 불렸다.
③ 일제에 의해 창경원으로 격하되기도 하였다.
④ 정도전이 궁궐과 주요 전각의 명칭을 정하였다.
⑤ 태종이 도읍을 한양으로 다시 옮기며 건립하였다.

부록 多빈출-多선지 자료 문제

부록 빈출 주제로 보는 한국사

01 유네스코 세계 유산 – 종묘

(가) 문화유산에 대한 설명으로 옳은 것은?

유네스코 세계 유산, (가)
- 종목: 사적 제125호
- 소개
  태조 이성계가 왕실의 정통성을 확립하고 효를 실천하기 위해 한양으로 천도하면서 가장 먼저 짓기 시작한 공간이다. 건축물들은 임진왜란 때 소실되어 1608년에 중건되었다. 정전은 국보 제227호, 영녕전은 보물 제821호로 지정되었다. 1995년 유네스코 세계 유산에 등재되었다.
- 주요 관람 코스
  향대청 → 재궁 → 전사청 → 정전 → 영녕전

① 거중기를 이용하여 건축하였다.
② 역대 국왕과 왕비의 신주가 모셔져 있다.
③ 팔만대장경을 봉안하기 위한 건축물이다.
④ 공자와 여러 성현들의 위패를 모셔 놓았다.
⑤ 장용영의 외영이 설치된 위치를 파악한다.
⑥ 토지와 곡식의 신에게 제사를 지내는 공간이다.

정답 | ②

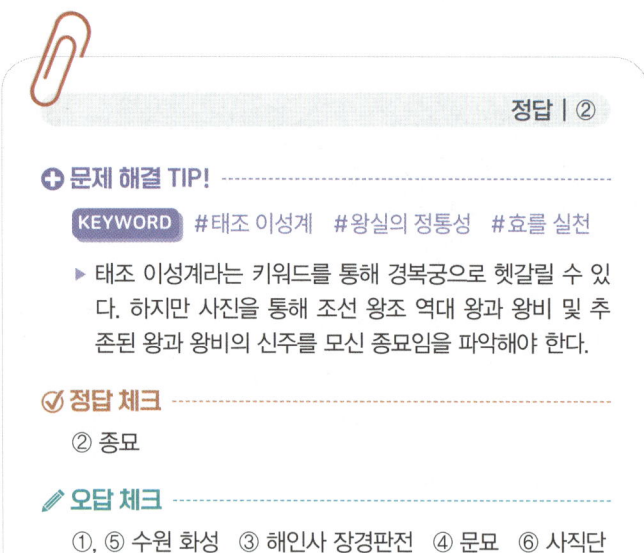

✚ 문제 해결 TIP!

KEYWORD #태조 이성계 #왕실의 정통성 #효를 실천

▶ 태조 이성계라는 키워드를 통해 경복궁으로 헷갈릴 수 있다. 하지만 사진을 통해 조선 왕조 역대 왕과 왕비 및 추존된 왕과 왕비의 신주를 모신 종묘임을 파악해야 한다.

✓ 정답 체크
② 종묘

✎ 오답 체크
①, ⑤ 수원 화성 ③ 해인사 장경판전 ④ 문묘 ⑥ 사직단

02 지역 – 부여

다음 (가) 지역과 관련한 사실로 옳은 것은?

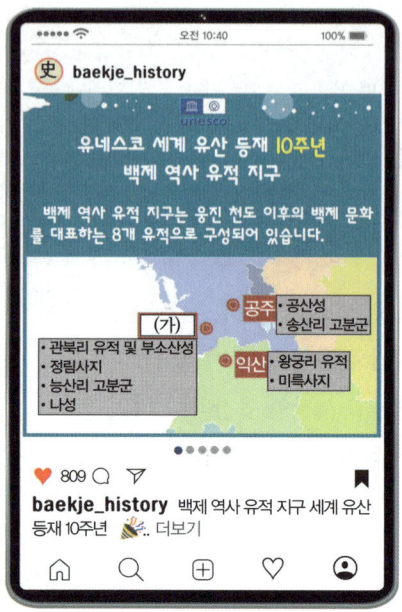

① 문주왕 때 천도한 곳이다.
② 왕궁리 오층 석탑이 있다.
③ 외규장각이 설치된 곳이다.
④ 성왕이 새로운 도읍지로 정한 곳이다.
⑤ 온조가 도읍을 정하고 나라를 세운 곳이다.
⑥ 중국 남조의 영향을 받은 벽돌무덤이 있다.

정답 | ④

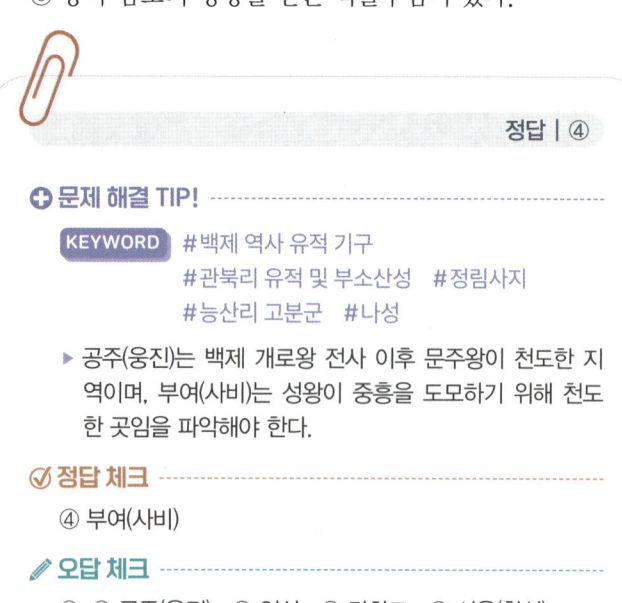

✚ 문제 해결 TIP!

KEYWORD #백제 역사 유적 지구
#관북리 유적 및 부소산성 #정림사지
#능산리 고분군 #나성

▶ 공주(웅진)는 백제 개로왕 전사 이후 문주왕이 천도한 지역이며, 부여(사비)는 성왕이 중흥을 도모하기 위해 천도한 곳임을 파악해야 한다.

✓ 정답 체크
④ 부여(사비)

✎ 오답 체크
①, ⑥ 공주(웅진) ② 익산 ③ 강화도 ⑤ 서울(한성)

03 〔지역 – 서간도〕

(가) 지역에서 있었던 민족 운동에 대한 설명으로 옳은 것은?

> 이것은 (가) 에 세워진 신흥 강습소의 구성원이 만든 신흥 교우단의 기관 지입니다. 이 기관지에는 군사, 교육 역사 등 다양한 분야의 글이 게재되어 동포들의 민족의식을 고취하였습니다. 특히, 신흥 무관 학교의 전신인 신흥 강습소의 조직과 활동을 알려 주는 내용이 많아 (가) 에서 전개된 독립운동을 연구하는 데 가치가 있습니다.

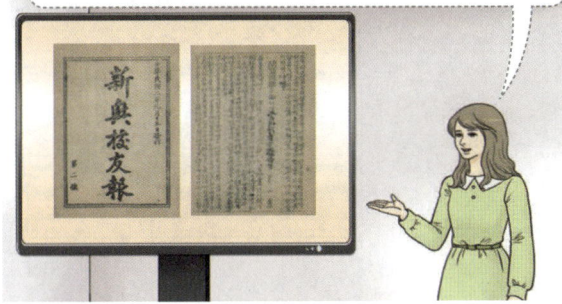

① 한인 자치 기구인 경학사를 조직하였다.
② 권업회가 조직되어 기관지를 발행하였다.
③ 중광단을 결성하여 항일 투쟁을 전개하였다.
④ 유학생을 중심으로 2·8 독립 선언서를 발표하였다.
⑤ 대조선 국민 군단을 조직하여 군사 훈련을 실시하였다.
⑥ 대한 광복군 정부를 수립하여 무장 투쟁을 준비하였다.
⑦ 흥사단이 창립되어 교민들에게 민족의식을 심어주고자 하였다.

정답 | ①

➕ 문제 해결 TIP!

KEYWORD #신흥 강습소(신흥 무관 학교)

▶ 일제 강점기 국외 독립운동 기지(서간도, 북간도, 연해주, 중국 관내, 미주 지역)와 그 특징을 잘 비교할 수 있어야 한다.

☑ 정답 체크
① 서간도

✏ 오답 체크
②, ⑥ 연해주 ③ 북간도 ④ 도쿄 ⑤ 하와이
⑦ 샌프란시스코

---

04 〔창덕궁〕

다음에서 설명하는 궁과 관련한 사실로 옳은 것은?

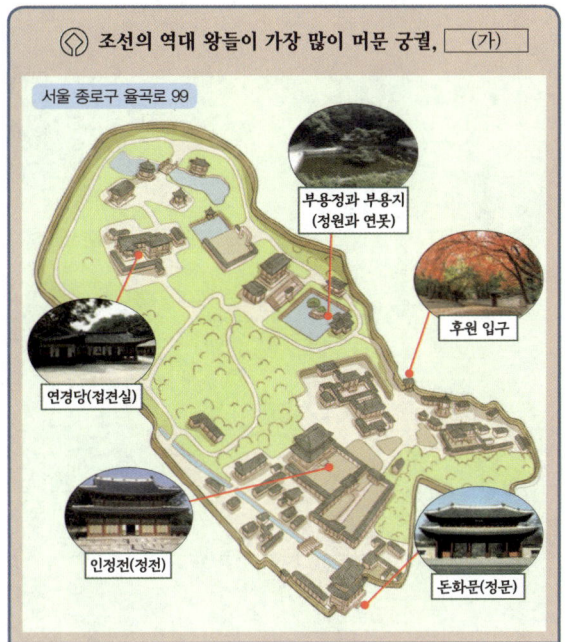

① 후원에 왕실 도서관인 규장각이 있었다.
② 제1차 미·소 공동 위원회가 개최되었다.
③ 도성 내 서쪽에 있어 서궐이라고 불렸다.
④ 인목 대비가 광해군에 의해 유폐된 장소이다.
⑤ 일제에 의해 창경원으로 격하되기도 하였다.
⑥ 정도전이 궁궐과 주요 전각의 명칭을 정하였다.

정답 | ①

➕ 문제 해결 TIP!

KEYWORD #부용정과 부용지 #후원 #돈화문

▶ 다음 자료는 임진왜란 때 경복궁이 소실된 이후, 약 300여 년간 조선의 본궁 역할을 하였던 창덕궁을 나타낸다.

▶ 경복궁(근정전), 창경궁(일제 강점기 당시 창경원, 동물원), 창덕궁(규장각), 경희궁(서궐), 덕수궁(인목 대비 유폐, 을사늑약 체결, 미·소 공동 위원회 개최)은 자주 출제되니 각각의 특징을 확실하게 파악해야 한다.

☑ 정답 체크
① 창덕궁

✏ 오답 체크
② 덕수궁 석조전 ③ 경희궁(경덕궁) ④ 덕수궁(경운궁)
⑤ 창경궁 ⑥ 경복궁

MEMO

WHY?

왜 한국사능력검정시험인가?

※ 시험의 활용 및 요강은 변경될 수 있습니다. 자세한 사항은 한국사능력검정시험 홈페이지(www.historyexam.go.kr)를 통해 확인하시기 바랍니다.

활용할 수 있는 곳이 무궁무진

응시 자격 부여
- 지역인재 7급 수습직원
- 외교관 후보자 선발
- 5급 공무원
- 교원임용

한국사 시험 대체
- 7급/9급(예정) 국가직·지방직 공무원
- 우정서기보(계리) 공무원
- 경찰·소방 공무원
- 군무원

가산점 부여
- 일부 대학의 수시모집
- 공무원 경력경쟁채용
- 사관학교 입시

기타
일부 기업 직원 채용이나 승진 시 반영

인증 등급 》 / 문항 수 / 시간 》

심화: 1급(80점 이상) / 2급(70~79점) / 3급(60~69점) | 50문항(5지 택1형) / 80분
기본: 4급(80점 이상) / 5급(70~79점) / 6급(60~69점) | 50문항(4지 택1형) / 70분

한국사능력검정시험 무료 동영상과 함께 학습하세요!

유튜브 접속 ▶▶▶▶ 시대에듀 채널에서 '한능검' 검색 ▶▶▶▶ '핵심 이론' + '기출 해설' 강의 보기

※ 해당 동영상 강의는 시대에듀(www.sdedu.co.kr)에서도 동일하게 제공됩니다.

시대에듀
공기업 취업을 위한 NCS 직업기초능력평가 시리즈

NCS부터 전공까지 완벽 학습 "통합서" 시리즈

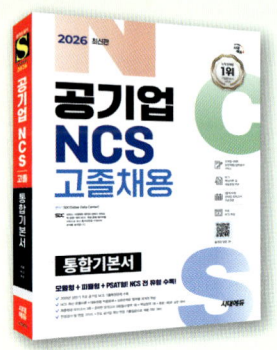  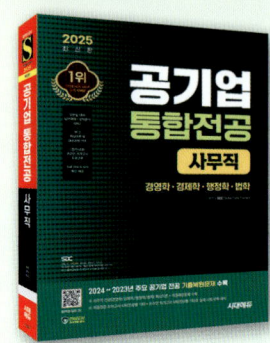 

공기업 취업의 기초부터 차근차근! 취업의 문을 여는 **Master Key!**

NCS 영역 및 유형별 체계적 학습 "집중학습" 시리즈

영역별 이론부터 유형별 모의고사까지! 단계별 학습을 통한 **Only Way!**

2026 특별개정판

PASSCODE ver 6.0

한국사
능력검정시험

심화 1·2·3급

+ 무료 동영상 강의

최종 **모의고사** 1회분 + 빅데이터 50가지 테마 **미니북**

한권으로 끝내기

정답 및 해설

시대에듀

정답 및 해설

Ⅰ 한국사의 시작
01 석기 시대와 청동기·철기 시대 … 002
02 고조선과 연맹 국가 … 005

Ⅱ 고대의 한국사
01 고대의 정치_1 … 007
02 고대의 정치_2 … 009
03 고대의 정치_3 … 011
04 고대의 경제와 사회 … 013
05 고대의 문화 … 016

Ⅲ 중세의 한국사
01 중세의 정치_1 … 018
02 중세의 정치_2 … 021
03 중세의 정치_3 … 024
04 중세의 경제 … 027
05 중세의 사회 … 029
06 중세의 문화_1 … 031
07 중세의 문화_2 … 033

Ⅳ 근세의 한국사
01 근세의 정치_1 … 036
02 근세의 정치_2 … 038
03 근세의 정치_3 … 040
04 근세의 정치_4 … 043
05 근세의 경제 … 046
06 근세의 사회 … 047
07 근세의 문화 … 051

Ⅴ 근대 태동기의 한국사
01 근대 태동기의 정치 … 053
02 근대 태동기의 경제 … 056
03 근대 태동기의 사회 … 059
04 근대 태동기의 문화_1 … 061
05 근대 태동기의 문화_2 … 063

Ⅵ 근대의 한국사
01 근대 사회로의 진전 … 065
02 개화 운동의 추진 … 069
03 동학 농민 운동과 갑오·을미개혁 … 071
04 주권 수호 운동의 전개 … 074
05 개항 이후의 경제·사회·문화 … 076
06 국권 피탈과 항일 운동_1 … 080
07 국권 피탈과 항일 운동_2 … 083

Ⅶ 일제 강점기의 한국사
01 일제의 침략과 민족의 수난 … 087
02 3·1 운동과 대한민국 임시 정부 … 089
03 국내 항일 운동의 전개 … 091
04 민족 문화 수호 운동 … 094
05 무장 독립 투쟁 … 097

Ⅷ 현대의 한국사
01 광복 직후의 정세 … 100
02 대한민국 정부 수립과 6·25 전쟁 … 102
03 대한민국 민주주의의 발전 … 105
04 북한 정권과 통일 정책 … 107
05 경제 성장과 사회 변화 … 109

부록 빈출 주제로 보는 한국사
01 세시 풍속 및 유네스코 세계 유산 … 112
02 주요 지역 … 113
03 주요 궁 … 114

한국사
능력
검정시험
한권으로
끝내기

정답 및 해설

정답 및 해설

I. 한국사의 시작

01 석기 시대와 청동기·철기 시대

기출 키워드로 연습하기

01 ① 뗀석기 ② 빗살무늬 토기 ③ 세형 동검 02 ○ 03 ×
04 × 05 ○ 06 반달 돌칼

01 ① 구석기 시대에는 주먹도끼, 찍개 등의 뗀석기를 사용하였다.
② 신석기 시대에는 빗살무늬 토기에 식량을 저장하였다.
③ 후기 청동기 시대와 철기 시대에는 세형 동검을 제작하였다.

02 구석기 시대와 신석기 시대는 계급의 구분이 없는 평등 사회였다.

03 신석기 시대에는 조·피·수수 등 밭농사 중심의 원시 농경이 시작되었으며, 벼농사는 청동기 시대에 시작되었다.

04 슴베찌르개는 주로 후기 구석기 시대에 사용되었다.

05 고인돌을 완성하기 위해서는 많은 노동력을 동원해야 했기 때문에 당시 지배층의 정치권력을 알 수 있다.

단골 키워드 문제

01 ① 02 ② 03 ③ 04 ⑤ 05 ②
06 ② 07 ④ 08 ④ 09 ④ 10 ④

01 [정답 ①]

> 출제자의 눈: 구석기 시대의 생활 모습을 알아봅니다.
> 사료 속 키워드: #뗀석기 #주먹도끼 #연천 전곡리 유적

구석기 시대에는 주먹도끼, 슴베 찌르개 등 뗀석기가 처음 사용되었으며, 불을 사용하기 시작하여 음식을 조리할 수 있게 되었다. 구석기 시대의 대표적인 유적지로는 연천 전곡리 유적, 공주 석장리 유적, 단양 수양개 유적이 있다.
① 구석기 시대 사람들은 주로 동굴이나 강가에 막집을 짓고 거주하였으며, 계절에 따라 이동 생활을 하였다.

오답 해설
② 청동기 시대에는 의례를 주관할 때 청동 방울을 제작하여 사용하였다.
③ 청동기 시대에는 벼농사가 시작되었으며, 농기구인 따비와 괭이를 사용하였다.
④ 후기 청동기 시대와 초기 철기 시대에는 거푸집을 이용하여 세형 동검을 제작하면서 독자적인 청동기 문화를 발달시켰다.
⑤ 신석기 시대에는 농경과 목축이 시작되어 조·피 등을 재배하였으며, 빗살무늬 토기를 만들어 곡식 등 식량을 저장하였다.

❖ **구석기 시대**

시기	약 70만 년 전
유적지	평남 상원 검은모루 동굴, 경기 연천 전곡리, 충남 공주 석장리, 충북 청원 두루봉, 충북 단양 수양개 등
유물	주먹도끼, 찍개, 팔매돌, 긁개, 밀개 등
사회	무리 생활, 사냥과 채집, 평등한 공동체 생활, 동굴이나 바위 그늘, 강가에 지은 막집, 이동 생활

02 [정답 ②]

> 출제자의 눈: 구석기 시대의 생활 모습을 살펴봅니다.
> 사료 속 키워드: #충청북도 청주시 오송읍 #주먹도끼, 찍개 #뗀석기

② 2021년 충북 청주시 오송읍 일대에서 주먹도끼, 찍개 등 44점의 구석기 시대 유물이 출토되었다. 구석기 시대에는 동굴이나 강가에 막집을 짓고 거주하였으며, 계절에 따라 이동생활을 하였다.

오답 해설
① 철기 시대에는 철제 무기의 발전으로 정복 전쟁이 활발해졌다. 철제 농기구도 함께 등장하여 농업 생산력이 증가하였다.
③ 철기 시대 때 중국과의 활발한 교류로 인해 중국 화폐인 명도전과 반량전이 사용되었다.
④ 청동기 시대에는 조, 보리, 콩 등의 밭농사와 함께 벼농사도 짓기 시작하였으며 반달 돌칼을 이용하여 곡식을 수확하였다.
⑤ 신석기 시대에는 빗살무늬 토기를 이용하여 음식을 조리하거나 저장하였다.

❖ **구석기 시대 유물·유적**

▲주먹 도끼 ▲슴베찌르개 ▲막집

03 [정답 ③]

> 출제자의 눈: 신석기 시대의 생활 모습을 탐구합니다.
> 사료 속 키워드: #제주 고산리 유적 #이른 민무늬 토기 #기원전 8000년경 #화살촉 #갈돌, 갈판

제주 고산리 유적은 초기 신석기 시대 유적지로, 이른 민무늬 토기 등 다량의 석기와 토기 파편 등이 출토되었다. 신석기 시대 사람들은 강가나 바닷가에 움집을 짓고 살면서 화살촉·돌화살·그물·돌창 등을 사용하여 채집·수렵 생활을 하였다. 또한, 갈돌과 갈판으로 곡식을 갈아서 음식을 만들어 먹었으며 가락바퀴로 실을 뽑아 뼈바늘로 옷을 지어 입기도 하였다.

③ 신석기 시대에는 조·피 등을 재배하는 농경 생활이 시작되었으며 가축을 기르기도 하였다.

> 오답 해설

① 청동기 시대에는 정치권력과 경제력을 가진 지배자인 군장이 등장하였다. 이들의 무덤인 고인돌, 돌널무덤 등의 규모를 통해 당시 지배층의 권력을 짐작할 수 있다.
② 철기 시대에는 거푸집을 사용하여 세형 동검 등의 청동검과 무기를 제작하였다.
④ 구석기 시대에는 동굴이나 강가에 막집을 짓고 거주하며 인근에서 사냥과 채집을 하였고 계절에 따라 이동 생활을 하였다.
⑤ 철기 시대 이후 쟁기, 쇠스랑, 호미 등의 철제 농기구가 널리 사용되기 시작하면서 농업 생산량이 늘어났다.

❖ 신석기 시대

시기	기원전 8,000년경에 시작
유적지	제주 한경 고산리, 서울 암사동, 평양 남경, 김해 수가리 등
도구	돌괭이, 돌살, 돌보습, 돌낫, 빗살무늬 토기, 갈돌, 갈판, 가락바퀴, 뼈바늘
사회	부족 사회, 평등 사회, 정착 생활(움집 거주)

04 [정답 ⑤]

> 출제자의 눈 신석기 시대의 생활상을 학습합니다.
> 사료 속 키워드 #갈돌과 갈판 #빗살무늬 토기 #농경과 정착 생활 시작 #토기를 만들어 곡식을 저장하고 음식을 조리

신석기 시대 사람들은 강가나 바닷가에 정착하여 움집을 짓고 살면서 채집·수렵 생활을 하였다. 또한, 이 시기에는 농경 생활이 시작되어 조·피 등을 재배하였으며 빗살무늬 토기를 이용해 곡식을 저장하고 갈돌과 갈판으로 곡식을 갈아 음식을 만들어 먹었다.

⑤ 신석기 시대에는 가락바퀴와 뼈바늘을 이용하여 옷이나 그물을 만들어 사용하기도 하였다.

> 오답 해설

① 신라 지증왕 때 소를 이용한 우경을 실시하자 깊이갈이가 가능해져 농업 생산량이 증대되었고, 고려 시대에 이르러 우경이 일반화되었다.
② 철기 시대에는 중국과의 교류가 활발하여 중국 화폐인 명도전과 반량전이 사용되었다.
③ 청동기 시대에는 의례를 주관할 때 청동 방울을 제작하여 사용하였다.
④ 후기 청동기 시대와 초기 철기 시대에는 거푸집을 이용하여 세형 동검을 제작하면서 독자적인 청동기 문화를 발달시켰다.

❖ 선사 시대 유적지

구분 시기	주요 유적지
구석기	• 연천 전곡리(주먹도끼 발견) • 공주 석장리 • 단양 수양개
신석기	• 부산 동삼동 • 서울 암사동(빗살무늬 토기)
청동기·철기	• 부여 송국리 • 울주 반구대 • 여주 흔암리

05 [정답 ②]

> 출제자의 눈 청동기 시대의 생활상을 살펴봅니다.
> 사료 속 키워드 #부여 송국리 #사유 재산과 계급이 출현 #비파형 동검 #민무늬 토기 #환호와 목책

부여 송국리 유적은 대표적인 청동기 시대 유적지로, 취락을 지키기 위해 설치한 환호와 목책의 흔적과 민무늬 토기, 비파형 동검을 찾아볼 수 있다. 청동기 시대에는 사유 재산이 발생하여 계급이 분화됨에 따라 정치권력과 경제력을 가진 지배자인 군장이 등장하였다.

② 청동기 시대 무덤인 고인돌의 거대한 규모를 통해 당시 많은 사람들이 동원되었다는 것과 무덤의 주인이 지배층이라는 것을 알 수 있다.

> 오답 해설

① 신라 지증왕 때 소를 이용한 우경을 실시하자 깊이갈이가 가능해져 농업 생산량이 증대되었고, 고려 시대에 이르러 일반화되었다.
③ 신석기 시대에는 가락바퀴로 실을 뽑아 뼈바늘로 옷을 지어 입었다.
④ 철기 시대 이후 쟁기, 호미, 쇠스랑 등의 철제 농기구가 널리 사용되면서 농업 생산량이 늘어났다.
⑤ 구석기 시대 사람들은 주로 동굴이나 막집에 거주하였으며 계절에 따라 이동 생활을 하였다.

❖ 청동기 시대 유물

▲비파형 동검　　▲농경문 청동기　　▲미송리식 토기

06 [정답 ②]

출제자의 눈 청동기 시대의 생활 모습을 학습합니다.
사료 속 키워드 #여주 흔암리 선사 유적 #사유 재산과 계급이 발생 #탄화된 쌀 #벼농사 #민무늬 토기 #반달 돌칼

여주 흔암리 선사 유적은 청동기 시대의 집터로, 민무늬 토기, 반달 돌칼을 비롯하여 토기 안의 흙에서 탄화된 쌀·보리·수수 등 곡물이 발견되었다. 이를 통해 한반도에서 청동기 시대에 벼농사가 이루어졌음을 알 수 있다.

② 청동기 시대에는 지배층의 무덤으로 고인돌을 축조하였으며, 고인돌의 규모를 통해 당시 지배층의 권력을 짐작할 수 있다.

오답 해설

① 구석기 시대 사람들은 동굴이나 강가에 막집을 짓고 살았으며, 계절에 따라 이동 생활을 하였다.
③ 신석기 시대에는 농경과 목축을 시작하여 조·피 등을 재배하였으며 빗살무늬 토기를 이용하여 곡식을 저장하였다.
④ 철기 시대에는 호미, 쇠스랑 등의 철제 농기구를 제작하면서 농업 생산량이 늘어났다.
⑤ 구석기 시대에는 주먹도끼, 찍개, 긁개 등의 뗀석기를 처음 제작하여 사용하였다.

07 [정답 ④]

출제자의 눈 신석기 시대의 생활 모습을 알아봅니다.
사료 속 키워드 #강원도 양양군 오산리 #약 8천 년 전에 형성된 집터 #빗살무늬 토기 #덧무늬 토기 #이음낚시, 그물추

강원도 양양 오산리는 대표적인 신석기 시대 유적으로, 집터와 이음낚시, 그물추 등이 출토되었다. 그릇의 표면에 점토 띠를 덧붙여 문양 효과를 낸 토기인 덧무늬 토기와 빗살무늬 토기 등도 함께 발견되었다. 이를 통해 강가나 바닷가에 움집을 짓고 살면서 채집·수렵 생활을 하였던 신석기 시대 사람들의 생활상을 살펴볼 수 있다.

④ 신석기 시대에는 농경 생활의 시작으로 조·피 등을 재배하였고, 가축을 기르는 목축을 통해 식량을 생산하였다.

오답 해설

① 구석기 시대에는 동굴이나 강가에 막집을 짓고 거주하며 인근에서 사냥과 채집을 하였고, 계절에 따라 이동 생활을 하였다.
② 청동기 시대에는 정치권력과 경제력을 가진 지배자인 군장이 등장하였다. 이들의 무덤인 고인돌, 돌널무덤 등의 규모를 통해 당시 지배층의 권력을 짐작할 수 있다.
③ 철기 시대 때 중국과의 활발한 교류로 인해 중국 화폐인 명도전과 반량전이 사용되었다.
⑤ 청동기 시대에는 거푸집으로 비파형 동검을 제작하고, 거친무늬 거울을 만드는 등 독자적인 청동기 문화를 형성하였다.

❖ 신석기 시대의 유적지와 유물

▲ 빗살무늬 토기
▲ 가락바퀴
▲ 갈돌과 갈판

08 [정답 ④]

출제자의 눈 청동기 시대의 생활 모습을 확인합니다.
사료 속 키워드 #환호 #고인돌 #민무늬 토기 #울주 검단리 유적

울주 검단리 유적은 울산 광역시 울주군에서 발견된 청동기 시대 유적지로, 청동기 시대 유물인 민무늬 토기, 고인돌 등이 발굴되었다. 특히, 우리나라에서 처음으로 완전한 환호(취락을 방어하기 위해 설치한 도랑)의 모습이 확인되었다.

④ 청동기 시대에는 의례를 주관할 때 청동 거울이나 방울 등을 제작하여 사용하였으며, 비파형 동검과 같은 무기를 제작하기도 하였다.

오답 해설

① 철기 시대에는 철제 무기의 발전으로 정복 전쟁이 활발하였으며, 철제 농기구도 등장하여 농업 생산력이 증가하였다.
② 구석기 시대에는 주로 동굴이나 막집에 거주하였으며 계절에 따라 이동 생활을 하였다.
③ 신라 지증왕 때 소를 이용한 우경이 시행되면서 깊이갈이가 가능해져 농업 생산량이 증대되었고, 고려 시대에 이르러 일반화되었다.
⑤ 신석기 시대에는 빗살무늬 토기를 이용하여 음식을 조리하거나 저장하였다.

❖ 청동기·철기 시대

구분	청동기 시대	철기 시대
시기	기원전 10세기경	기원전 5세기경
유물	· 고인돌, 돌널무덤, 돌무지무덤 · 반달 돌칼, 비파형 동검, 거친 무늬거울, 미송리식 토기, 민무늬 토기	· 철제 농기구, 세형 동검, 잔무늬거울, 거푸집, 민무늬 토기 · 명도전, 붓 → 중국과 교역 · 청동기의 의기화
사회상	· 밭농사 중심, 벼농사 시작 · 가축 사육 증가, 농업 생산력 향상 · 움집의 지상 가옥화, 배산임수(背山臨水)의 취락 형성 · 사유 재산과 계급의 발생, 선민 사상, 족장의 출현 · 청동제 의기, 토우, 바위그림(풍요를 기원하는 주술적 의미)	

09 [정답 ④]

출제자의 눈: 각 시대에 해당하는 유물들을 사진 자료와 함께 학습합니다.

자료 속 키워드: #주먹도끼 #빗살무늬 토기 #비파형 동검

(가) 구석기 시대의 대표적 뗀석기인 주먹도끼이다. 이와 더불어 대표적인 유물로는 찍개, 팔매돌과 같은 사냥 도구와 긁개, 밀개 등의 조리 도구 등이 있다.
(나) 신석기 시대의 빗살무늬 토기이다. 신석기 시대의 대표적 토기인 빗살무늬 토기는 신석기 중기 이후에 출현하였으며, 전국 각지에 널리 분포되어 있다.
(다) 청동기 시대의 비파형 동검이다. 청동기 시대의 대표적 유물인 비파형 동검과 미송리식 토기는 만주에서 한반도 전역에 이르는 지역에서 출토된다. 비파형 동검은 고인돌, 거친무늬거울, 미송리식 토기 등과 함께 고조선의 특징적인 유물로 간주된다.
④ 청동기 시대에는 계급이 분화되어 부족을 지배하는 족장(군장)이 등장하게 되었다.

오답 해설
① 구석기 시대에는 동굴이나 바위 그늘, 막집에 거주하였다.
② 가락바퀴는 신석기 시대에 출현한 것으로 원시적인 수공업을 시작했음을 알려 준다.
③ 청동기 시대에는 많은 취락들이 구릉에 위치하였으며, 여러 가지 방어 시설이 만들어졌다.
⑤ 신석기 시대부터 돌을 갈아 다양한 모양의 간석기를 만들어 농경 생활에 사용하였다.

10 [정답 ④]

출제자의 눈: 빗살무늬 토기를 사용한 신석기 시대와 미송리식 토기를 사용한 청동기 시대의 모습을 알아봅니다.

자료 속 키워드: #빗살무늬 토기 #미송리식 토기

(가) 빗살무늬 토기는 신석기 시대에 사용되었던 토기이다.
(나) 미송리식 토기는 청동기 시대에 사용되었던 토기이다.
④ 청동기 시대의 유적인 고인돌을 통해 당시 군장의 세력을 확인할 수 있다.

오답 해설
① 널무덤과 독무덤은 철기 시대에 만들어진 무덤이다.
② 철기 시대에 이르러 청동기 문화가 더욱 발달하여 거푸집을 이용하여 세형 동검을 만들었다.
③ 신라 지증왕 때 처음 우경이 시행되었다는 기록을 통해 6세기 이전에 우경이 도입되었을 것을 추정할 수 있다.
⑤ 청동기 시대에 접어들면서 정복 활동과 사유 재산의 형성으로 인해 계급이 분화되며 권력을 가진 군장이 나타났다.

02 고조선과 연맹 국가

기출 키워드로 연습하기

01 ① 영고 ② 민며느리제 ③ 책화 02 ○ 03 × 04 ×
05 × 06 소도

01
① 부여는 매년 12월에 영고라는 제천 행사를 열었다.
② 옥저에는 민며느리제라는 혼인 풍습이 있었다.
③ 동예는 각 부족의 영역을 중요시하여 책화가 있었다.

02 고조선은 사회 질서를 유지하기 위해 8개의 조항으로 이루어진 범금 8조를 두었다.

03 고조선은 왕 밑에 상·대부·장군 등의 관직이 존재하였고, 왕 아래 상가·고추가 등의 대가들이 사자·조의·선인 등의 관리를 거느렸던 것은 고구려이다.

04 고구려는 매년 10월 동맹이라는 제천 행사를 열었다.

05 부여는 남의 물건을 훔쳤을 때 12배로 갚게 하는 1책 12법을 두었다.

단골 키워드 문제

01 ⑤ 02 ⑤ 03 ⑤ 04 ③ 05 ③
06 ③

01 [정답 ⑤]

출제자의 눈: 우리 역사상 최초의 국가인 고조선을 살펴봅니다.

자료 속 키워드: #강화 참성단 #단군왕검 #우리 역사상 최초의 국가 #개천절

강화 참성단은 우리나라 최초의 국가인 고조선을 세운 단군왕검이 제사를 지내던 곳으로 전해진다. 고려·조선 시대에는 이곳에서 단군왕검이 나라를 다스린 공을 기리는 국가 제사가 행해지기도 하였다. 이 의식은 1955년 전국 체전의 성화 채화를 계기로 부활하여 '개천대제'라는 이름으로 매년 양력 10월 3일 개천절에 거행되고 있다.
⑤ 고조선은 기원전 3세기경 왕위 세습이 이루어졌으며, 왕 아래 상, 대부, 장군 등의 관직을 두었다.

오답 해설
① 부여에는 왕 아래 가축의 이름을 딴 마가, 우가, 저가, 구가의 가(加)들이 있었으며, 이들은 행정 구역인 사출도를 다스렸다.
② 고구려는 매년 10월에 추수감사제인 동맹이라는 제천 행사를 개최하였다.
③ 옥저에는 여자가 어렸을 때 혼인할 남자의 집에서 생활하다가 성인이 된 후에 혼인하는 민며느리제가 있었다.
④ 동예에는 각 부족의 영역을 중요시하여 다른 부족의 영역을 침범하는 경우 노비와 소, 말로 변상하게 하는 책화 제도가 있었다.

02 [정답 ⑤]

출제자의 눈 고조선과 관련된 역사적 사실을 확인합니다.
사료 속 키워드 #위만 망명 #준왕에게 투항 #『삼국지』 동이전

중국 진한 교체기에 고조선으로 이주해 온 위만은 준왕의 신임을 받아 서쪽 변경을 수비하는 임무를 맡으면서 세력을 키워 준왕을 몰아내고 고조선의 왕이 되었다.
⑤ 고조선은 사회 질서를 유지하기 위해 범금 8조를 만들었으나 현재는 3개의 조항만 전해진다.

오답 해설
① 백제의 귀족들은 부여 부소산에 있는 천정대라는 바위를 '정사암(政事巖)'이라 불렀는데, 정사암 회의를 통해 재상을 선출하고 국가의 중대사를 결정하였다.
② 신라는 왕(王)이라는 한자식 칭호를 쓰기 전 임금을 '거서간 → 차차웅 → 이사금 → 마립간'의 순서로 칭하였다. 그중 '가장 높은 우두머리'라는 뜻을 지닌 마립간은 제17대 내물왕부터 제22대 지증왕까지 사용되었다.
③ 부여는 왕 아래 마가, 우가, 저가, 구가의 가(加)들이 각자의 행정 구역인 사출도를 다스렸다.
④ 고구려 고국천왕은 국상인 을파소의 건의에 따라 빈민을 구제하기 위해 먹을거리가 부족한 봄에 곡식을 빌려주고 겨울에 갚게 하는 진대법을 실시하였다.

03 [정답 ⑤]

출제자의 눈 고조선 시기의 역사적 사실을 살펴봅니다.
사료 속 키워드 #니계상 참 #우거왕 #왕검성 #대신(大臣) 성기 #한(漢) #좌장군 #상 #진번 #임둔 #낙랑 #현도군

위만의 손자인 우거왕 때 한 무제가 고조선을 침공하였다. 고조선은 1차전인 패수 전투에서 승리하였으나 지배층 내부에서 항복 여부를 두고 분열이 일어나 니계상 참이 우거왕을 암살하였다. 이에 대신(大臣) 성기가 계속해서 한에 저항하였지만, 우거왕의 아들 장항과 조선상 노인의 아들 최가 백성들을 회유하고 성기를 제거하면서 왕검성이 함락되고 고조선이 멸망하였다. 한은 점령한 지역에 진번, 임둔, 낙랑, 현도의 4군을 설치하였다.
⑤ 고조선은 사회 질서를 유지하기 위해 '사람을 죽인 자는 사형에 처한다', '남에게 상처를 입힌 자는 곡식으로 갚는다' 등의 범금 8조를 만들었으나 현재는 3개의 조항만 전해진다.

오답 해설
① 고구려는 매년 10월에 추수감사제인 동맹이라는 제천 행사를 열었다.
② 삼한은 정치적 지배자 외에 천군이라는 제사장을 두는 제정 분리 사회였다. 천군은 제사를 주관하는 소도라는 신성 지역을 다스렸으며, 이곳에는 군장의 세력이 미치지 못하여 죄인이 도망와도 잡아가지 못하였다.
③ 동예는 각 부족의 영역을 중요시하여 다른 부족의 영역을 침범하는 경우 노비와 소, 말로 변상하게 하는 책화 제도를 두었다.
④ 부여는 왕 아래 마가, 우가, 저가, 구가의 가(加)들이 각자의 행정 구역인 사출도를 다스렸다.

04 [정답 ③]

출제자의 눈 부여의 풍습, 유물과 제도에 대해 학습합니다.
사료 속 키워드 #송화강 #제천 행사 영고 #형사취수제 #금동 얼굴 모양 장식

③ 부여는 송화강 유역에 위치하였던 연맹 왕국으로, 왕 아래 가축의 이름을 딴 마가, 우가, 저가, 구가의 가(加)들이 있었다. 이들은 행정 구역인 사출도를 다스렸고, 왕이 통치하는 중앙과 합쳐 5부를 구성하였다. 풍습으로는 1책 12법, 형사취수제 등이 있었으며 매년 12월에 영고라는 제천 행사를 열었다.

오답 해설
① 삼한은 제정 분리 사회였으며, 소도라는 신성 지역을 따로 두어 제사장인 천군이 이곳을 관리하도록 하였다.
② 동예는 각 부족의 영역을 중요시하여 다른 부족의 영역을 침범하는 경우 노비와 소, 말로 변상하게 하는 책화 제도를 두었다.
④ 백제의 귀족들은 정사암이라는 바위에서 회의를 통해 재상을 선출하고 국가의 중대사를 결정하였다.
⑤ 고조선은 사회 질서를 유지하기 위해 8개 조항으로 이루어진 범금 8조를 만들었으나 현재는 3개의 조항만 전해진다.

❖ **연맹 왕국 여러 국가들의 특징**

구분	정치	경제	풍속	제천 행사
부여	사출도: 마가, 우가, 저가, 구가	반농, 반목	• 순장 • 1책 12법 • 우제점법 • 형사취수제	12월 영고
고구려	• 5부족 연맹체 • 제가 회의	약탈 경제(부경)	• 서옥제 • 형사취수제	10월 동맹
옥저	읍군, 삼로 (군장)	• 소금, 해산물 풍부 • 고구려에 공물	• 민며느리제 • 가족 공동묘	-
동예		• 명주, 삼베 • 단궁, 과하마, 반어피 등	• 족외혼 • 책화	10월 무천
삼한	• 제사장: 천군 (소도) • 정치: 신지, 견지, 읍차, 부례 → 제정분리	• 벼농사 → 저수지 축조 • 철 생산 多 → 낙랑, 왜에 수출, 화폐로 이용	두레	• 5월 수릿날 • 10월 계절제

05

[정답 ③]

출제자의 눈: 철기 문화를 바탕으로 등장한 동예에 대해 확인합니다.

사료 속 키워드: #철기 문화 #단궁 #과하마 #반어피

동예는 철기 문화를 바탕으로 함경남도와 강원도의 해안 지역에 등장한 국가로, 읍군이나 삼로라는 군장들이 부족을 다스렸다. 삼베·명주를 생산하였으며, 특산물로 단궁, 과하마, 반어피 등이 유명하였다.

③ 동예는 매년 10월 무천이라는 제천 행사를 열어 하늘에 제사를 지내고 밤낮으로 춤과 노래를 즐겼다.

오답 해설

① 삼한에는 신지, 읍차 등의 정치적 지배자가 있었다.
② 옥저에는 여자가 어렸을 때 혼인할 남자의 집에서 생활하다가 성인이 된 후에 혼인하는 민며느리제가 있었다.
④ 부여는 왕 아래 마가, 우가, 저가, 구가의 가(加)들이 각자의 행정 구역인 사출도를 다스렸다.
⑤ 고구려는 귀족 회의인 제가 회의에서 나라의 중대사를 결정하였다.

06

[정답 ③]

출제자의 눈: 옥저와 삼한을 탐구합니다.

사료 속 키워드: #삼로 #소금, 해산물이 풍부 #가족 공동 목곽 #신지, 읍차 #철 생산 #벼농사 발달 #5월, 10월 제사를 지냄

(가) 옥저: 왕이 없고 읍군, 삼로라는 군장들이 각 부족을 다스렸으며, 함경도 및 강원도 북부의 동해안에 위치하여 소금, 해산물이 풍부하였다. 또한, 가족이 죽으면 가매장하였다가 나중에 큰 목곽에 함께 안치하는 가족 공동 묘의 풍습이 있었다.

(나) 삼한: 마한, 진한, 변한으로 구성된 연맹 왕국이며, 신지, 읍차와 같은 정치적 지배자가 있었다. 벼농사가 발달하여 해마다 씨를 뿌리고 난 뒤인 5월과 농사를 마친 10월에는 계절제를 열어 하늘에 제사를 지냈다. 또한, 삼한 중 변한은 특히 철이 풍부하게 생산되어 낙랑과 왜에 수출하였다.

③ 삼한은 제정 분리 사회로, 정치적 지배자와는 별도로 천군이라고 불리는 제사장을 두었고, 천군이 신성 지역인 소도를 관리하도록 하였다.

오답 해설

① 부여는 매년 12월에 풍성한 수확제이자 감사제의 성격을 지닌 영고라는 제천 행사를 열었다.
② 고조선은 사회 질서를 유지하기 위해 범금 8조를 만들었으나 현재는 3개의 조항만 전해진다.
④ 고구려는 귀족 회의인 제가 회의에서 나라의 중대사를 결정하였다.
⑤ 부여에는 남의 물건을 도둑질한 자에게 12배로 배상하게 하는 1책 12법이라는 엄격한 법률이 있었다.

II 고대의 한국사

01 고대의 정치_1

기출 키워드로 연습하기

01 ① 서안평 점령 ② 왜왕에게 칠지도 하사 ③ 태학 설립
02 × **03** × **04** 영락 **05** 내물왕 **06** 나·제 동맹

01 ① 고구려 미천왕이 위의 서안평을 점령하였다.
② 백제 근초고왕은 왜와 교류하며 칠지도를 하사하였다.
③ 고구려 소수림왕이 태학을 설립하였다.

02 고구려는 소수림왕 때 전진의 순도에 의해 불교를 공인하였다.

03 고구려 장수왕은 남진 정책을 추진하기 위하여 국내성에서 평양성으로 천도하였다.

단골 키워드 문제

01 ① **02** ② **03** ① **04** ④ **05** ②
06 ①

01

[정답 ①]

출제자의 눈: 고구려의 통치 체제를 정비한 소수림왕 시기에 있었던 사실에 대해 학습합니다.

사료 속 키워드: #고구려 제17대 왕 #율령 반포 #전진과 교류 #태학 설립

삼국 시대 각 국가에서는 통치 체제를 정비하고 왕권을 강화하였다. 그중 고구려 소수림왕은 율령을 반포하여 국가 조직을 정비하였고, 교육 기관인 태학을 설립하여 인재를 양성하였다.

① 고구려 소수림왕은 중국 전진의 승려 순도를 통해 불교를 수용하여 왕실의 권위를 높이고자 하였다.

오답 해설

② 고구려 미천왕은 서안평을 공격하여 영토를 확장하였으며, 낙랑군과 대방군 등 한 군현을 한반도 지역에서 몰아냈다.
③ 고구려 광개토 대왕은 영락이라는 독자적 연호를 사용하고, 정복 활동을 통해 영토를 크게 확장하였다.
④ 고구려 영양왕 때 수 양제가 우중문의 30만 별동대로 평양성을 공격하였으나 을지문덕이 살수에서 2,700여 명을 제외한 수의 군대를 전멸시키며 크게 승리하였다.
⑤ 고구려 영양왕 때 태학박사 이문진이 고구려의 역사서 『유기』를 간추려 『신집』 5권으로 편찬하였다.

02 [정답 ②]

출제자의 눈: 고구려 장수왕의 한성 함락이 삼국에 끼친 영향에 대해 알아봅니다.

사료 속 키워드: #문주 #도림 #고구려 #아차성

『삼국사기』에 따르면 백제 개로왕은 고구려 장수왕이 밀사로 파견한 승려 도림의 계략을 듣고 대대적인 토목 공사를 단행하였다. 이에 백제의 국력이 약화되고 장수왕이 남진 정책으로 백제를 침공하며 아차산성 아래에서 개로왕을 살해하고 한성을 함락하였다(475).

② 백제 문주왕의 웅진 천도 이후 즉위한 백제 동성왕은 고구려 장수왕의 남진 정책에 맞서 신라 소지왕과 결혼 동맹을 맺어 백제 비유왕 때 이루어졌던 기존의 나·제 동맹을 더욱 강화하였다(493).

오답 해설

① 고구려 장수왕은 도읍을 국내성에서 평양으로 옮기며 남진 정책을 추진하였다(427).
③ 4세기 중반 백제의 전성기를 이끈 근초고왕은 고구려 평양성을 공격하여 고구려 고국원왕을 전사시켰다(371).
④ 백제 개로왕은 북위에 사신을 보내 함께 고구려를 공격할 것을 요청하는 국서를 보냈다(472).
⑤ 백제가 가야·왜와 연합하여 신라를 침입하자 신라는 고구려에 군사를 청하였다(399). 이에 고구려 광개토 대왕은 보병과 기병 5만 명을 신라에 보내 백제·가야·왜 연합군을 낙동강 유역까지 추격하여 격퇴하였다(400).

03 [정답 ①]

출제자의 눈: 고구려 광개토 대왕이 펼친 정책을 확인합니다.

사료 속 키워드: #백제의 관미성을 빼앗음 #신라에 침입한 왜 격퇴 #후연 공격 #왕자 거련(巨連)을 태자로 삼음

고구려 광개토 대왕은 391년 백제의 수도 한성을 지키는 전략적 요충지인 관미성을 공격하여 함락시켰으며, 400년에는 신라의 원군 요청을 받고 군대를 보내 신라에 침입한 왜를 격퇴하였다. 이 과정에서 전기 가야 연맹의 중심지였던 금관가야가 쇠퇴하였다. 또한, 북쪽으로는 중국 후연을 공격하여 옛 고조선의 영토였던 요동 땅을 차지하였다. 이후 광개토 대왕의 뒤를 이어 아들 거련이 장수왕으로 즉위하여 평양으로 천도하고, 남진 정책을 추진하였다.

① 고구려 광개토 대왕은 영락이라는 독자적 연호를 사용하였고, 정복 활동을 통해 영토를 크게 확장하였다.

오답 해설

② 고구려 소수림왕은 국가 교육 기관인 태학을 설립하여 인재를 양성하였다.
③ 고구려 미천왕은 낙랑군과 대방군 등 한 군현을 한반도 지역에서 몰아내고, 서안평을 공격하여 영토를 확장하였다.
④ 고구려 고국천왕은 국상 을파소의 건의에 따라 빈민을 구제하기 위해 먹을거리가 부족한 봄에 곡식을 빌려주고 겨울에 갚게 하는 진대법을 시행하였다.
⑤ 고구려 영류왕 때 연개소문은 당의 공격에 대비하여 동북의 부여성에서 발해만의 비사성까지 천리장성을 축조하였다.

❖ **고구려 국왕의 업적**

고국천왕	• 왕위 부자 세습 • 진대법 실시(을파소 건의)
미천왕	낙랑군·대방군 축출, 서안평 공격 → 영토 확장
소수림왕	• 불교 수용 • 태학 설립 • 율령 반포
광개토 대왕	• 백제, 금관가야 공격 → 영토 확장 • 신라에 원군 파견(호우총 청동 그릇) • 남진 정책: 평양 천도, 한강 유역 점령
장수왕	광개토 대왕릉비, 충주 고구려비

04 [정답 ④]

출제자의 눈: 삼국의 발전과 상호 간의 항쟁 과정에 대해 살펴봅니다.

사료 속 키워드: #비유왕과 눌지왕이 동맹 체결 #근초고왕 #평양성 공격 #고국원왕 전사 #광개토 대왕 #신라 지원

(나) 근초고왕의 평양성 공격(371): 4세기 중반 백제의 전성기를 이끌었던 근초고왕은 고구려의 평양성을 공격하여 고국원왕을 전사시켰다.
(다) 광개토 대왕의 신라 원군 지원(400): 고구려 광개토 대왕은 신라의 원군 요청을 받고 기병과 보병을 보내 신라에 침입한 왜를 토벌하였다.
(가) 나·제 동맹(433): 광개토 대왕의 뒤를 이어 왕위에 오른 장수왕이 수도를 국내성에서 평양성으로 옮기고 남진 정책을 추진하여 신라와 백제를 공격하였다. 그러자 백제의 비유왕과 신라의 눌지왕이 나·제 동맹을 맺어 이에 대항하였다.

05 [정답 ②]

출제자의 눈: 백제 문주왕이 새로운 도읍으로 정한 웅진(충남 공주)과 관련된 역사적 사실을 파악합니다.

사료 속 키워드: #백제의 새로운 터전 #문주왕 #장수왕의 공격으로 백제의 수도 한성이 파괴 #개로왕이 전사

남진 정책을 추진하던 고구려 장수왕에 의해 백제의 수도 한성이 함락되고 개로왕이 전사하였다. 한강 유역을 빼앗긴 이후 즉위한 백제 문주왕은 위기를 수습하기 위해 웅진(충남 공주)로 천도하였다.

② 백제 무령왕과 왕비의 무덤인 무령왕릉은 당시 백제의 수도였던 공주 송산리 고분군에 위치해 있다. 또한, 중국 양나라의 영향을 받아 벽돌무덤으로 만들어졌다.

> 오답 해설

① 백제 무왕은 금마저(전북 익산)에 미륵사를 창건하였다.
③ 백제 성왕은 신라 진흥왕이 나·제 동맹을 깨고 백제가 차지한 한강 하류 지역을 점령하자 이에 분노하여 신라를 공격하였으나 관산성(충북 옥천) 전투에서 전사하였다.
④ 백제 의자왕은 윤충에게 1만여 명의 병력을 주어 신라의 대야성(경남 합천)을 비롯한 40여 개의 성을 함락시켰다.
⑤ 신라는 당과 동맹을 맺고 나·당 연합군을 결성하여 백제를 공격하였다. 이후 황산벌(충남 논산)에서 김유신이 이끄는 나·당 연합군의 공격에 계백이 이끄는 결사대가 패배하면서 결국 백제는 멸망하게 되었다.

❖ 백제 주요 국왕의 업적

고이왕	• 율령 반포(관등·관복제 정비) • 한강 유역 장악(목지국 공격)
근초고왕	• 해외 진출(요서, 산둥, 규슈), 마한 정복 • 왕위 부자 상속제 확립 • 고구려 평양성 공격 → 고국원왕 전사
침류왕	불교 수용 및 공인
무령왕	• 22담로 설치(왕족 파견) → 지방 통제 강화 • 무령왕릉
성왕	• 사비 천도, 국호 변경(남부여), 중앙 22부 정비 • 불교 진흥(노리사치계 일본 파견) • 나·제 동맹 결렬 → 관산성 전투에서 전사
무왕	• 『삼국유사』에 기록된 서동 설화의 주인공 • 익산에 미륵사 창건
의자왕	• 신라 40여 개 성 차지(대야성 함락) • 백제 멸망(660) ↔ 신라 김춘추(무열왕)

06 [정답 ①]

> 출제자의 눈 백제 성왕을 살펴봅니다.
> 사료 속 키워드 #백제 제26대 왕 #명농 #웅진에서 사비로 도읍을 옮김 #구천(관산성 부근)에서 목숨을 잃음

① 무령왕의 뒤를 이어 즉위한 백제 제26대 왕 성왕(명농)은 웅진에서 사비로 천도하고 국호를 남부여로 고치며 백제의 중흥을 도모하였다. 또한, 신라 진흥왕과 함께 고구려를 공격하여 한강 하류 지역을 차지하였으나 진흥왕이 나·제 동맹을 깨고 백제가 차지한 지역을 점령하자 신라를 공격하였고, 끝내 관산성 전투에서 전사하였다.

> 오답 해설

② 백제 무왕은 금마저(전북 익산)에 미륵사를 창건하였다.
③ 백제 근초고왕은 고흥으로 하여금 역사서인 『서기』를 편찬하게 하였다.
④ 백제 의자왕은 윤충에게 1만여 명의 병력을 주어 신라의 대야성을 비롯한 40여 개의 성을 함락시켰다.
⑤ 백제는 침류왕 때 중국 동진의 승려인 마라난타를 통해 불교를 수용하였다.

02 고대의 정치_2

기출 키워드로 연습하기

01 ① 병부 설치 ② 화랑도 공인 ③ 나·당 전쟁 02 × 03 ×
04 진흥왕 05 을지문덕 06 매소성, 기벌포

01 ① 신라 법흥왕은 병부를 설치하고 관등을 정비하였다.
② 신라 진흥왕은 화랑도를 국가 조직으로 정비하였다.
③ 신라 문무왕은 나·당 전쟁을 승리로 이끌며 삼국 통일을 이룩하였다.

02 고구려는 광개토 대왕 때 요동 및 만주 지역까지 대규모 정복 사업을 단행하였고, 문자왕 때 부여를 복속하여 고구려 최대 영토를 확보하였다.

03 신라 지증왕은 이사부를 보내 우산국을 정복하였다.

단골 키워드 문제

01 ③ 02 ① 03 ④ 04 ④ 05 ⑤
06 ④

01 [정답 ③]

> 출제자의 눈 관산성 전투에서 전사한 백제 성왕의 업적을 학습합니다.
> 사료 속 키워드 #신라가 신주(新州)를 설치 #구천(狗川) #적의 병사들에게 살해됨

무령왕의 뒤를 이어 즉위한 백제 성왕은 신라 진흥왕과 함께 고구려를 공격하여 한강 유역을 차지하면서 백제의 중흥을 도모하였다. 하지만 진흥왕이 나·제 동맹을 깨고 백제가 차지한 지역을 점령하였고, 이에 분노한 성왕은 신라를 공격하였으나 관산성 전투에서 전사하였다.
③ 백제 성왕은 웅진(공주)에서 사비(부여)로 천도하고 국호를 남부여로 고쳐 새롭게 중흥을 도모하였다.

> 오답 해설

① 백제 무왕은 금마저(전북 익산)에 미륵사를 창건하였다.
② 4세기 중반 백제의 최전성기를 이끌었던 근초고왕은 고구려의 평양성을 공격하여 고국원왕을 전사시켰다.
④ 백제 개로왕은 북위에 사신을 보내 함께 고구려를 공격할 것을 요청하는 국서를 전하였다.
⑤ 백제 침류왕은 동진을 거쳐 백제로 건너 온 인도의 승려 마라난타로부터 불교를 수용하였다.

02 [정답 ①]

> 출제자의 눈 고령 지역에서 피어났던 대가야의 역사를 알아봅니다
> 사료 속 키워드 #고령 #궁성지 #지산동 고분군 #주산성

전기 가야 연맹의 중심지였던 금관가야가 고구려 광개토 대왕의 진출로 쇠퇴하자, 경북 고령 지역의 대가야가 5세기 이후 후기 가야 연맹의 중심지가 되었다. 고령에는 대가야의 도성 체계를 보여 주는 궁성지와 왕궁 방어성인 주산성 등의 문화유산이 보존되어 있다. 따라서 고령은 대가야의 정치와 문화의 중심지로서 경북 경주, 충남 부여, 충남 공주, 전북 익산에 이어 다섯 번째 고도(古都)가 되었다.

① 신라 진흥왕은 이사부와 사다함을 보내 대가야를 공격하여 복속시켰다.

오답 해설

② 후고구려는 광평성을 중심으로 중앙 정치 기구를 마련하여 장관인 광치나와 서사, 외서 등의 관원을 두었다.
③ 신라는 귀족 합의체인 화백 회의에서 국가의 중대사를 만장일치로 결정하여 국정을 운영하였다.
④ 고구려는 5부족 연맹체 국가로 왕 아래 상가, 고추가 등의 대가들이 사자, 조의, 선인 등의 관리를 거느렸다.
⑤ 초기 신라는 박, 석, 김의 3성이 교대로 왕위를 계승하였다.

03 [정답 ④]

출제자의 눈 천리장성 공사의 최고 감독자 연개소문이 일으킨 정변을 살펴봅니다.

사료 속 키워드 #당(唐)이 고구려가 세운 경관을 허묾 #동북의 부여성에서 동남의 바다에 이르기까지 천 리 남짓에 걸쳐 장성을 쌓음

고구려 영류왕 때 당 태종의 명령을 받은 사신 장손사가 고구려를 방문하여 고구려가 수와의 전쟁에서 승리한 것을 기념하기 위해 세운 무덤인 경관을 허물었다(631). 이에 당의 침략이 있을 것이라고 예상한 고구려는 동북의 부여성에서 발해만의 비사성에 이르는 천리장성을 축조하였다(631~647).

④ 천리장성 공사의 감독을 맡았던 연개소문은 점점 세력을 키워 정변을 통해 영류왕을 몰아내고, 보장왕을 왕위에 세운 뒤 스스로 대막리지에 올라 국정 및 군사권까지 장악하였다(642).

오답 해설

① 고구려 영양왕 때 수 양제가 우중문의 30만 별동대로 평양성을 공격하였으나, 을지문덕이 살수에서 2,700여 명을 제외한 수군을 전멸시키며 대승을 거두었다(612).
② 고구려 광개토 대왕은 신라의 원군 요청을 받고 군대를 보내 신라에 침입한 왜를 물리쳤다(400).
③ 신라 진흥왕은 백제 성왕과 힘을 합쳐 고구려를 공격하여 한강 유역을 차지하였으나, 백제와의 동맹을 깨고 백제가 차지한 지역을 점령하였다. 이에 성왕이 분노하여 신라의 관산성을 공격하였으나 김무력이 이끈 군대가 관산성에서 백제군을 격파하고, 성왕을 전사시켰다(554).
⑤ 4세기 중반 백제의 최전성기를 이끌었던 근초고왕이 정예군 3만명을 거느리고 고구려의 평양성을 공격하여 고국원왕을 전사시켰다(371). 이를 시작으로 근초고왕은 황해도 일부 지역을 포함한 북방으로 진출하였다.

04 [정답 ③]

출제자의 눈 살수 대첩과 안시성 전투 사이에 벌어진 연개소문의 정변을 파악합니다.

사료 속 키워드 #을지문덕 #우중문 #안시성

(가) 살수 대첩(612): 고구려 영양왕 때 수 양제가 우중문의 30만 별동대로 평양성을 공격하였으나 을지문덕이 살수에서 2,700여 명을 제외한 수군을 전멸시켰다.
(나) 안시성 전투(645): 당은 연개소문의 정변을 구실로 고구려를 공격하여 요동성, 백암성 등을 함락시키고 안시성을 공격하였다. 이에 고구려는 안시성 성주 양만춘을 중심으로 저항하여 당군을 몰아냈다.

③ 연개소문은 정변을 통해 영류왕을 몰아내고 보장왕을 왕위에 세운 뒤 스스로 대막리지가 되어 정권을 장악하였다(연개소문의 정변, 642).

오답 해설

① 고구려 동천왕은 요동 진출로를 놓고 위(魏)를 선제공격하였으나 유주자사 관구검의 침입을 받아 환도성이 함락되었다(244).
② 계백의 결사대는 황산벌에서 김유신이 이끄는 신라군에 맞서 항전하였으나 패배하였다(660).
④ 고구려 광개토 대왕은 신라의 원군 요청을 받고 군대를 보내 신라에 침입한 왜를 격퇴하였다(400).
⑤ 고구려 미천왕은 낙랑군·대방군 등 한 군현을 한반도 지역에서 몰아냈다(343·314).

05 [정답 ⑤]

출제자의 눈 백제 멸망과 신라의 삼국 통일 사이의 시기에 발생한 고구려 부흥 운동에 대해 학습합니다.

사료 속 키워드 #소정방 #의자와 아들 융 #백제 #설인귀 #기벌포

(가) 백제 멸망(660): 백제는 당의 장수 소정방이 이끄는 나·당 연합군에 의해 수도 사비가 함락되고 의자왕과 태자 융이 당으로 송치되면서 멸망하였다.
(나) 신라의 삼국 통일(676): 신라 문무왕은 기벌포 전투에서 설인귀가 이끄는 당군에 승리하고 당의 세력을 한반도에서 몰아내면서 삼국을 통일하였다.

⑤ 고구려 멸망 이후 신라 문무왕은 당 세력을 몰아내기 위해 신라로 망명한 고구려 보장왕의 아들 안승을 보덕국 왕으로 임명하고 금마저에 땅을 주어 고구려 부흥 운동을 지원하였다(674).

오답 해설

① 고구려 고국원왕은 백제 근초고왕이 평양성을 침략하자 이에 항전하다가 전사하였다(371).
② 백제 성왕은 신라 진흥왕이 나·제 동맹을 깨고 백제가 차지한 지역을 점령하자 이에 분노하여 신라를 공격하였으나 관산성 전투에서 피살되었다(554).

③ 신라 김춘추는 당으로 건너가 당 태종으로부터 군사적 지원을 약속받는 데에 성공하며 나·당 동맹을 성사시키고 나·당 연합군을 결성하였다(648).
④ 수 양제는 우중문을 시켜 30만의 별동대로 평양성을 공격하였다. 이에 고구려의 을지문덕이 살수에서 2,700여 명을 제외하고 전멸시켜 대승을 거두었다(살수 대첩, 612).

06 [정답 ④]

출제자의 눈 연개소문의 정변 이후부터 연개소문 사후 고구려 쇠퇴까지의 삼국의 정세를 알아봅니다.

사료 속 키워드 #개소문 #스스로 막리지가 됨 #개소문이 죽고 아들 남생이 막리지가 됨 #아우 남건, 남산 #국내성으로 달아남

(가) 연개소문의 정변(642): 연개소문은 정변을 통해 영류왕을 몰아내고 보장왕을 왕위에 세운 후 대막리지가 되어 정권을 장악하였다.
(나) 연개소문 사후 고구려 멸망(668): 연개소문이 죽자 그의 맏아들 남생이 대막리지가 되어 권력을 장악하였다. 그러나 동생 남건, 남산이 정변을 일으켜 수도를 장악하자 남생은 국내성으로 달아나게 되었다. 이후 세력이 약해진 고구려는 나·당 연합군의 공격으로 평양성이 함락되면서 결국 멸망하였다.
④ 백제가 멸망한 이후 복신과 도침 등이 부여풍을 왕으로 추대하여 주류성을 중심으로 백제 부흥 운동을 전개하였으나 나·당 연합군에 의해 실패하였다(663).

오답 해설
① 고구려 영양왕 때 수 양제가 우중문의 30만 별동대로 평양성을 공격하였으나 을지문덕이 살수에서 2,700여 명을 제외한 수군을 전멸시켰다(살수 대첩, 612).
②·③ 나·당 연합군에 의해 평양성이 함락된 이후 당은 고구려의 옛 땅을 다스리기 위해 평양에 안동 도호부를 설치하였다(668). 그러나 당은 신라와의 매소성 전투(675), 기벌포 전투(676)에서 패배한 후 안동 도호부를 요동으로 옮겼다.
⑤ 신라 문무왕은 신라로 망명한 고구려 보장왕의 아들 안승을 보덕국 왕으로 임명하고 금마저에 땅을 주는 등 고구려 부흥 운동을 지원하여 당 세력을 몰아내려 하였다(674).

03 고대의 정치_3

기출 키워드로 연습하기

01 ① 최초의 진골 출신 왕 ② 독서삼품과 ③ 해동성국 **02** ×
03 × **04** × **05** 독서삼품과 **06** 최치원

01 ① 무열왕은 신라 최초의 진골 출신 왕으로 즉위하였다.
② 통일 신라 원성왕은 독서삼품과를 실시하여 관리를 채용하였다.

③ 발해는 선왕 때 전성기를 누리며 주변 국가로부터 해동성국이라 불렸다.
02 발해 선왕 때 지방 제도를 5경 15부 62주로 정비하였다.
03 발해는 소수의 고구려인이 다수의 말갈인을 지배하는 구조로, 고구려인 지배층은 말갈족의 여러 촌락을 통솔하였다.
04 발해 무왕 때는 인안이라는 연호를 사용하였고, 문왕 때는 대흥이라는 연호를 사용하였다.

단골 키워드 문제

01 ②   **02** ①   **03** ⑤   **04** ④   **05** ④
06 ①

01 [정답 ②]

출제자의 눈 통일 신라 신문왕을 학습합니다.

사료 속 키워드 #국학을 설치하여 유학 보급 #전국을 9주로 나눔 #고구려·백제·말갈인을 포함한 군대를 만듦

통일 신라 신문왕은 국학을 설치하여 유학을 보급하고 인재를 양성하였으며, 확대된 영토를 효율적으로 통치하기 위해 전국에 9주를 설치하였다. 또한, 신라인뿐만 아니라 고구려인·백제인·말갈인을 포함한 중앙 군사 제도로 9서당을 완성하였다.
② 통일 신라 신문왕은 귀족 세력을 약화시키기 위해 관료전을 지급하고 녹읍을 폐지하였다.

오답 해설
① 신라 법흥왕은 중앙 행정 관청인 13부 중 군사 업무를 총괄하는 부서로 병부를 처음으로 설치하였으며, 율령을 반포하여 국가 체제를 완성하였다.
③ 신라 진흥왕은 국가 발전에 일조할 인재를 양성할 목적으로 화랑도를 국가적인 조직으로 개편하였다.
④ 통일 신라 원성왕은 국학의 학생들을 대상으로 독서삼품과를 실시하여 유교 경전의 이해 수준에 따라 관리로 선발하였다.
⑤ 신라 왕족 출신 궁예는 후고구려 건국 후 국호를 마진으로 바꾸었고, 영토를 확장하여 철원으로 도읍을 옮긴 후 국호를 다시 태봉으로 변경하였다.

02 [정답 ①]

출제자의 눈 발해 무왕의 업적에 대해 알아봅니다.

사료 속 키워드 #대문예 #흑수 말갈 #당

① 발해 제2대 국왕인 무왕은 동생인 대문예를 보내 흑수 말갈을 정벌하게 하였지만 대문예가 이를 거부하고 당에 망명하여 양국 관계가 악화되었다. 이에 무왕은 장문휴의 수군으로 당의 등주(산둥 반도)를 공격하였다.

오답 해설

② 통일 신라 신문왕은 중앙군을 9서당, 지방군을 10정으로 편성하여 군사 조직을 갖추었다.
③ 백제 성왕은 웅진(공주)에서 사비(부여)로 천도하고 국호를 남부여로 고쳐 새롭게 중흥을 도모하였다.
④ 통일 신라 문무왕은 삼국 통일 이후 왕권을 강화하고 지방관을 감찰하기 위해 외사정을 파견하였다.
⑤ 고구려 출신 대조영이 유민들을 이끌고 지린성 동모산에서 발해를 건국하였다.

❖ 발해 주요 국왕의 업적

고왕 (대조영)	• 동모산 기슭에 발해 건국 • 고구려 계승 의식
무왕 (대무예)	• 독자적 연호 인안 사용 • 당의 산둥 반도 공격(장문휴) • 돌궐, 일본과 연결하는 외교 관계 수립
문왕 (대흠무)	• 독자적 연호 대흥 사용 • 당과 친선, 신라와 교류(신라도) • 천도(중경 → 상경)
선왕 (대인수)	• 말갈족 복속, 요동 진출(고구려의 옛 땅 대부분 회복) • 발해의 전성기 → 해동성국

03 [정답 ⑤]

출제자의 눈 왕위 계승과 백성들의 봉기로 혼란스러웠던 통일 신라 말의 사회 모습을 살펴봅니다.

사료 속 키워드 #선덕왕 #왕의 조카인 김주원 #김경신이 왕위를 계승 #원종과 애노 #사벌주에 근거하여 반란을 일으킴

(가) 김주원의 왕위 계승 실패(785): 통일 신라 말 선덕왕이 후사가 없이 죽자 왕위 계승을 놓고 갈등이 발생하였다. 여러 신하들이 논의한 결과 선덕왕의 조카였던 무열왕계 인물 김주원을 왕으로 세우기로 결정하였으나, 갑자기 큰 비가 내려 김주원이 건너오지 못하였다. 이에 폭우가 내린 것은 하늘의 뜻이라는 의견이 나오면서 김경신(원성왕)이 왕위를 계승하게 되었다(785).
(나) 원종과 애노의 난(889): 통일 신라 말 진성 여왕 때 왕권이 약화되고 귀족들의 반란이 빈번하였다. 이때 원종과 애노가 사벌주에서 중앙 정권의 무분별한 조세 징수에 반발하여 농민 봉기를 일으켰다(889).
⑤ 통일 신라 말 헌덕왕 때 김주원이 왕위 쟁탈전에서 패배하자 아들인 웅천주 도독 김헌창이 이에 불만을 품고 반란을 일으켰다가 관군에 진압되어 실패하였다(822).

오답 해설

① 고려 태조는 고려를 건국한 뒤 『계백료서』를 통해 관리가 지켜야 할 규범을 제시하였다(936).
② 통일 신라 신문왕은 귀족 세력을 약화시키기 위해 관료전을 지급하고(687) 녹읍을 폐지하였다(689).
③ 고려 충렬왕 때 국학을 성균관으로 개칭한 이후 공민왕 때 순수한 유교 교육 기관으로 개편되었다(1367). 이후 성균관은 조선 시대 최고 교육 기관으로 자리 잡으며 유교 경전을 교육하였다.
④ 고려 현종 때 거란이 강조의 정변을 구실로 2차 침입을 단행하여 개경이 함락되자 현종은 나주까지 피란을 갔다. 이후 현종은 거란의 침입을 불력으로 물리치고자 초조대장경을 제작하기 시작하였다(1011).

❖ 신라 말 사회 모습

왕위 쟁탈	경덕왕 사후 나이 어린 혜공왕 즉위 → 진골 귀족들의 왕위 쟁탈전
지방 세력 반란	웅천주 도독 김헌창의 난(822), 장보고의 난(846)
농민 봉기	원종과 애노의 난(889)
새로운 세력 등장	• 6두품 세력: 골품제 비판, 새로운 정치 이념과 사회상 제시 • 호족 세력: 중앙 정부의 통제에서 벗어나 성주·장군 자처, 지방의 행정권과 군사권 장악
새로운 사상 유행	선종, 풍수지리설, 유교

04 [정답 ④]

출제자의 눈 후고구려를 건국한 궁예에 대해 학습합니다.

사료 속 키워드 #송악 #국호를 마진 #수도를 철원으로 옮김

신라의 왕족 출신인 궁예는 북원 양길의 휘하로 들어가 세력을 키워 송악에 도읍을 정하고 후고구려를 세웠다. 또한, 국호를 마진, 연호를 무태라 하였으며, 영토 확장 후 철원으로 천도하고 다시 국호를 태봉으로 바꾸었다.
④ 궁예는 후고구려를 건국하고 광평성을 중심으로 중앙 정치 조직을 정비하여 장관인 광치나와 서사, 외서 등의 관원을 두었다.

오답 해설

① 후백제를 건국한 견훤은 중국 후당, 오월에 사신을 파견하여 외교 관계를 맺었다.
② 신라 지증왕은 이사부를 보내 우산국(울릉도)과 우산도(독도)를 복속하였다.
③ 고려 원 간섭기에 충목왕은 고려의 개혁을 위해 정치도감을 설치하였으나 정동행성 이문소의 방해로 개혁이 제대로 이루어지지 못하였다.
⑤ 고려 태조는 고려를 건국한 뒤 『정계』와 『계백료서』를 통해 관리가 지켜야 할 규범을 제시하였다.

05 [정답 ④]

출제자의 눈 후백제를 건국하였던 견훤을 파악합니다.

사료 속 키워드 #경주 포석정지 #경애왕 #공산 전투 #고려군에 대승을 거둠

후백제 견훤은 신라의 수도 금성(경주)을 공격하여 경애왕을 죽이고 경순왕을 즉위시켰다. 이에 고려가 군사를 보내 신라를 도왔으나, 공산 전투에서 후백제가 승리하면서 세력을 발전시켰다.
④ 통일 신라 말 상주의 군인 출신인 견훤은 세력을 키워 완산주(전주)에 도읍을 정하고 후백제를 건국하였다.

오답 해설
① 고려 태조는 후대 왕들이 지켜야 할 정책 방향을 제시한 훈요 10조를 남기고, 『정계』와 『계백료서』를 통해 관리가 지켜야 할 규범을 제시하였다.
② 고려 태조 때 신라 경순왕 김부가 스스로 고려에 투항하면서 신라가 멸망하였다. 태조는 김부에게 경주를 식읍으로 하사하고, 김부를 경주의 사심관으로 임명하였다.
③ 백제 무왕은 금마저(익산)에 미륵사를 창건하였다.
⑤ 궁예는 후고구려를 건국하고 광평성을 중심으로 각종 정치 기구를 마련하여 장관인 광치나와 서사, 외서 등의 관원을 두었다.

06 [정답 ①]

출제자의 눈 후삼국의 통일 과정을 살펴봅니다.
사료 속 키워드 #견훤이 신라 왕을 자결하게 함 #고창군을 포위 #유금필

(가) 견훤의 경애왕 피살(927): 후백제 견훤이 신라를 침범하여 신라의 수도 금성(경북 경주)에 이르렀다는 소식을 들은 경애왕이 고려 태조에게 구원을 청하였다. 이에 고려가 신라에 군사 1만 명을 지원하였으나 고려의 구원군이 신라에 도착하기도 전에 견훤이 이미 왕경을 공격하였다. 포석정에서 잔치를 열고 있던 경애왕은 달아나다가 잡혔으며, 견훤은 경애왕에게 자결하게 하고, 경순왕을 즉위시켰다.
(나) 고창 전투(930): 공산 전투에서 승리한 견훤은 교통의 요충지였던 고창(경북 안동)을 포위하여 공격하였으나 8,000여 명의 사상자를 내며 유금필이 이끄는 고려의 선봉대와 왕건에게 크게 패하였다. 그 결과, 왕건은 경상도 일대에서 견훤 세력을 몰아내고 후삼국 통일의 기반을 마련하였다.
① 견훤의 후백제군이 신라의 금성을 급습하자 고려가 신라에 군사를 보내 도왔으나 공산 전투에서 후백제군에 패배하였다. 이때 신숭겸은 후백제군에 포위된 태조 왕건을 구출하고 전사하였다(공산 전투, 927).

오답 해설
② 신라 문무왕은 당 세력을 몰아내기 위해 신라로 망명한 고구려 보장왕의 아들 안승을 보덕국의 왕으로 책봉하고 금마저에 땅을 주어 고구려 부흥 운동을 지원하였다(674).
③ 백제의 멸망 이후 백제 장군 흑치상지는 임존성에서 백제 부흥 운동을 일으켜 소정방이 이끄는 당군을 격퇴하였다(660).
④ 통일 신라 말 최치원은 신라 정부의 개혁을 위해 진성 여왕에게 시무 10여 조를 건의하였으나 받아들여지지 않았다(894).
⑤ 후백제 견훤의 고려 귀순 이후 왕건이 이끄는 고려군은 신검의 후백제군을 상대로 일리천 일대에서 전투를 벌여 크게 승리하였다(936).

04 고대의 경제와 사회

기출 키워드로 연습하기

01 ① 제가 회의 ② 정사암 회의 ③ 화백 회의 02 × 03 ○
04 화랑도 05 지증왕 06 관료전

01 ① 고구려는 귀족 회의인 제가 회의를 통해 정치를 주도하였다.
② 백제는 정사암 회의를 통해 국가의 중대사를 결정하였다.
③ 신라의 귀족들은 화백 회의를 통해 국가의 중대사를 결정하였다.

02 고구려 고국천왕은 국상 을파소의 건의로 진대법을 실시하였다.

03 발해는 목축과 수렵이 발달하였고 솔빈부의 말을 주변 국가에 수출하였다.

단골 키워드 문제

| 01 ③ | 02 ③ | 03 ⑤ | 04 ① | 05 ⑤ |
| 06 ④ | 07 ④ | 08 ③ | 09 ⑤ | 10 ⑤ |

01 [정답 ③]

출제자의 눈 백제와 고구려의 사회 모습을 학습합니다.
사료 속 키워드 #왕의 성은 부여씨 #5부 #5방 #달솔 #덕솔 #60개의 주현 #녹살 #처려근지 #수도는 5부로 나뉨

(가) 백제는 고이왕 때 수도를 5부로 나누어 통치하였으며, 6좌평제와 16관등제를 정비하여 중앙 집권 국가의 기틀을 마련하였다. 성왕 때 이를 대대적으로 정비하여 통치 조직을 완비하였으며, 방(方)이라는 최상위 행정 단위를 만들고 전국을 동, 서, 남, 북, 중의 5방으로 나누어 통치하였다.
(나) 고구려는 지방을 대성, 중성, 소성 3단계로 나누어 통치하였으며, 대성에는 욕살을, 중성에는 처려근지를 장관으로 두었다.
③ 고구려 소수림왕은 국가 교육 기관인 태학을 설립하여 인재를 양성하였으며, 장수왕은 지방에 경당을 설립하여 평민 자제들에게 글과 활쏘기 등을 가르쳤다.

오답 해설
① 고조선은 사회 질서를 유지하기 위해 8개 조항으로 이루어진 범금 8조를 만들었으나 현재는 3개의 조항만 전해진다.
② 발해는 신라도, 거란도, 영주도, 일본도 등 상인과 사신이 이동하는 교통로들을 통해 신라, 당, 일본 등 주변 국가와 교류하였다.
④ 백제의 귀족들은 정사암이라는 바위에서 회의를 통해 재상을 선출하고 국가의 중대사를 논의·결정하였다.
⑤ 신라는 골품제라는 특수한 신분 제도를 운영하여 골품에 따라 관등 승진에 제한을 두었다.

02 [정답 ③]

출제자의 눈 고구려에 대해 알아봅니다.
사료 속 키워드 #안악 3호분 벽화 #책을 읽고 활쏘기를 익힘 #경당 #제가 회의에서 국가 중대사를 결정

고구려의 굴식 돌방무덤은 만주 집안 지역이나 황해도 안악 등지에 분포되어 있는 고분 양식으로, 돌로 널방을 짜고 그 위를 흙으로 덮어 봉분을 만든 것이다. 널방의 벽과 천장에는 수렵도, 씨름도, 사신도 등과 같은 벽화를 그리기도 하였으며 대표적인 고분 벽화로 안악 3호분 벽화가 있다. 또한, 고구려는 국가 중대사를 귀족 회의인 제가 회의에서 결정하였고, 지방에 경당을 설치하여 평민 자제들이 책을 읽고 활쏘기를 익히도록 하였다.

③ 고구려 고국천왕은 국상인 을파소의 건의에 따라 먹을거리가 부족한 봄에 곡식을 빌려주고 겨울에 갚게 하는 진대법을 실시하였다.

오답 해설
① 위만이 고조선으로 건너오기 이전인 기원전 3세기경 고조선은 요서 지방을 경계로 연과 대립하다가 연의 장수 진개의 공격을 받고 서쪽 땅을 상실하였다.
② 신라는 골품제라는 특수한 신분 제도를 운영하여 골품에 따라 관등 승진에 제한을 두는 등 신분 차별이 엄격하였다.
④ 고조선은 사회 질서를 유지하기 위해 8개 조항으로 이루어진 범금 8조를 만들었으나 현재는 3개의 조항만 전해진다.
⑤ 백제의 지배층은 왕족인 부여씨와 8성의 귀족으로 이루어졌다.

03 [정답 ⑤]

출제자의 눈 민정 문서를 통해 당시 통일 신라의 경제 상황을 탐구합니다.
사료 속 키워드 #일본 도다이사 쇼소인 #조세 수취 #5소경 중 하나인 서원경 부근 4개 촌락 #3년마다 조사

민정 문서는 통일 신라 시대 촌락에 대해 기록한 문서로, 755년경 서원경 인근 4개 마을에 대한 인구, 토지, 마전, 가축 등을 조사한 내용이 담겨 있다. 촌주는 3년마다 이를 작성하였으며, 당시의 경제 생활을 세밀하게 파악할 수 있는 중요한 자료이다.

⑤ 통일 신라 때는 한강 하류의 당항성을 중심으로 당의 산둥 반도와 이어지는 해상 무역이 활발하게 이루어졌고, 울산항을 통해 서역 등과 국제 무역을 전개하였다.

오답 해설
① 금관가야는 철이 풍부하고 해상 교통이 발전하여 낙랑과 왜의 규슈 지방을 연결하는 중계 무역이 번성하였다.
② 고구려는 집집마다 부경이라는 작은 창고를 만들어 곡식, 찬거리, 소금 등을 저장하였다.
③ 고려 숙종 때 해동통보, 삼한통보, 해동중보 등의 동전과 활구(은병)를 발행·유통하였다.
④ 발해는 목축과 수렵이 발달하였는데 특히 지방 행정 구역 중 솔빈부의 말이 유명하여 주변 국가에 특산품으로 수출하였다.

04 [정답 ①]

출제자의 눈 통일 신라 신문왕의 왕권 강화 정책을 살펴봅니다.
사료 속 키워드 #왕권 강화 #진골 귀족 김흠돌의 반란 진압 #국학을 설치 #9주를 정비

① 통일 신라 신문왕은 장인이었던 김흠돌이 반란을 도모하다 발각되자 그를 처형하고, 이를 계기로 귀족 세력을 숙청하여 왕권을 강화하였다. 이후 국학을 설치하여 인재를 양성하였으며, 관료전을 지급하고 녹읍을 폐지하였다. 또한, 확대된 영토를 효율적으로 통치하기 위해 전국을 9개의 구역으로 나누어 9주를 설치하였다.

오답 해설
② 신라 내물왕은 마립간이라는 칭호를 처음 사용하였다.
③ 신라 지증왕 때 이사부는 왕의 명령으로 우산국(울릉도)과 우산도(독도)를 정복하고 실직주의 군주가 되었다.
④ 신라 진흥왕은 화랑도를 국가적 조직으로 개편하였다.
⑤ 신라 법흥왕은 이차돈의 순교를 계기로 불교를 국교로 공인하였다.

05 [정답 ⑤]

출제자의 눈 백제의 통치 구조에 대해 학습합니다.
사료 속 키워드 #16품계 #좌평 #5방 #웅진성

백제 고이왕은 6좌평제와 16관등제를 정비하여 중앙 집권 국가의 기틀을 마련하였다. 성왕 때 이를 대대적으로 정비하여 통치 조직을 완비하였으며, 방(方)이라는 최상위 행정 단위를 만들고 전국을 동, 서, 남, 북, 중의 5방으로 나누어 통치하였다.

⑤ 백제의 지배층은 왕족인 부여씨와 8성의 귀족으로 이루어졌다.

오답 해설
① 신라는 골품제라는 특수한 신분 제도를 운영하여 골품에 따라 관등 승진에 제한을 두었다.
② 고구려는 제가 회의를 통해 국가의 중대사를 결정하였다.
③ 고구려는 지방을 대성, 중성, 소성 3단계로 나누어 통치하였으며, 대성에는 욕살을, 중성에는 처려근지를 장관으로 두었다.
④ 통일 신라는 중앙 행정 기구인 집사부를 중심으로 그 아래 위화부, 영객부를 비롯한 13부를 설치하여 행정 업무를 분담하였다.

06 [정답 ④]

출제자의 눈 신라 진흥왕의 업적을 확인합니다.
사료 속 키워드 #황룡 #사찰을 지음 #거칠부 #국사를 편찬

신라 진흥왕은 거칠부에게 역사서인 『국사』를 편찬하게 하였다. 또한, 궁성인 월성 동쪽에 황룡이 나타나자 이를 기이하게 여겨 궁궐 대신 절인 황룡사를 지었다고 전해진다. 이후 황룡사는 경주에 있던 7개의 주요 사찰 중 하나가 되어 신라의 역대 왕들은 나라에 큰일이 있을 때마다 이곳에서 불법 강론회를 열었다.

④ 진흥왕은 화랑도를 국가적인 조직으로 정비하였고, 이들은 진평왕 때 원광이 지은 세속 5계를 생활 규범으로 삼아 명산대천을 찾아다니며 수련을 하였다.

> 오답 해설

① 신라 지증왕 때 이사부는 왕의 명령으로 우산국(울릉도)과 우산도(독도)를 정복하고 실직주의 군주가 되었다.
② 통일 신라 선덕왕 때 예성강 이북에 군사적 특수 구역인 패강진을 설치하였다.
③ 통일 신라 신문왕은 귀족 세력을 약화시키기 위해 관료전을 지급하고 녹읍을 폐지하였다.
⑤ 신라 법흥왕은 이차돈의 순교를 계기로 불교를 국교로 공인하였다.

07 [정답 ④]

> 출제자의 눈 신라의 신분제인 골품 제도의 특징을 탐구합니다.
> 사료 속 키워드 #6두품 #아찬에서 더 이상 올라갈 수 없음

④ 신라는 골품제라는 특수한 신분 제도를 운영하였다. 골품에 따라 관등 승진에 제한을 두었으며, 6두품은 능력이 뛰어나도 17관등 중 제6관등인 아찬까지만 오를 수 있었다. 또한, 골품 제도는 가옥의 규모와 장식물은 물론 복색이나 수레의 크기 등 일상생활까지 규제하였다.

> 오답 해설

① 신라는 화랑도라는 청소년 단체에서 교육적·군사적 기능을 담당하며 인재를 배출하였다. 화랑도는 많은 인물들을 무리지어 놀게 한 뒤 행실을 보고 인재를 뽑는 원화(源花) 제도에 기원을 두었다.
② 고구려 고국천왕은 국상 을파소의 건의에 따라 먹거리가 부족한 봄에 곡식을 빌려주고 겨울에 갚게 하는 진대법을 시행하여 빈민을 구제하려 하였다.
③ 조선 태종 때 서얼 금고법을 제정하여 양반의 자손이라도 서얼(첩의 자식)인 경우 관직에 진출할 수 없도록 하였다.
⑤ 고려는 음서 제도를 통해 공신이나 문무 5품 이상 고위 관리의 자손들을 시험 없이 관리에 등용하였다.

08 [정답 ③]

> 출제자의 눈 통일 신라 말에 활동한 장보고에 대해 알아봅니다.
> 사료 속 키워드 #적산 법화원 #신라인 집단 거주지 #무령군 소장 #흥덕왕 때 귀국 #왕위 쟁탈전에 휘말려 암살당함

③ 통일 신라 때 장보고는 당으로 건너가 서주의 무령군에 입대해 지방의 반란군을 토벌하는 등의 공을 세워 당의 장수가 되었다. 흥덕왕 때 통일 신라로 귀국한 장보고는 완도에 청해진을 설치하여 해적들을 소탕하고 해상 무역권을 장악하면서 당, 신라, 일본을 잇는 국제 무역을 주도하였다. 이후 김우징과 함께 난을 일으켜 민애왕을 죽이고 정권을 장악하였으나 부하 염장에게 암살당하였다.

> 오답 해설

① 통일 신라 때 혜초는 인도와 중앙아시아를 순례하고 『왕오천축국전』을 저술하였다.
② 최치원은 통일 신라 말 6두품 출신 유학자로, 당의 빈공과에 합격하여 관리 생활을 하였다. 이후 신라로 돌아와 신라 정부의 개혁을 위해 진성 여왕에게 시무책 10여 조를 올렸으나 받아들여지지 않았다.
④ 통일 신라 말 지방 호족 세력의 지원을 바탕으로 선종 불교가 성행하였다. 9세기 중반에는 특정 사찰을 중심으로 한 선종 집단인 9산 선문이 형성되었고, 그중 하나로 당에서 귀국한 승려 체징이 전남 가지산의 보림사에서 국사 도의를 종조로 삼아 가지산문을 개창하였다.
⑤ 설총은 강수, 최치원과 함께 통일 신라의 3대 문장가로 꼽히는 인물로, 한자의 음과 훈으로 우리말을 표기하는 이두를 정리하였다.

09 [정답 ⑤]

> 출제자의 눈 발해의 경제 상황에 대해 살펴봅니다.
> 사료 속 키워드 #솔빈부의 말 #고구려 유민 출신 이정기 세력 #상경·중경·서경·동경·남경

발해는 지방 행정 구역을 5경 15부 62주로 나누어 다스렸으며, 그중 5경은 전략적 요충지로서 기능하였다. 또한, 전국 각지에서 말을 사육하였는데 15부 중 하나인 솔빈부의 말은 당에 수출될 정도로 유명하였다.
⑤ 발해는 거란도, 영주도, 신라도, 일본도 등 상인과 사신이 이동하는 교통로를 통해 거란, 신라, 당, 일본 등 주변 국가와 대외 무역을 전개하였다.

> 오답 해설

① 벽란도는 예성강 하구에 위치한 고려의 국제 무역항으로 이곳을 통해 송·아라비아 상인들과 교역을 전개하였다.
② 조선 후기에 감자와 고구마가 전래되어 구황 작물로 재배되었다.
③ 고려 숙종은 상업 활동이 활발해짐에 따라 화폐 유통을 추진하였다. 이에 주전도감에서 삼한통보, 해동통보 등의 동전과 활구(은병)를 만들었으나 널리 유통되지는 못하였다.
④ 신라 지증왕은 수도 경주에 시장을 설치하고 이를 위한 감독·관리 관청으로 동시전을 설치하였다.

10 [정답 ⑤]

> 출제자의 눈 통일 신라의 경제를 탐구합니다.
> 사료 속 키워드 #통일 신라의 경제 #촌락 문서 #서시와 남시 설치

민정 문서라고도 불리는 촌락 문서는 통일 신라 촌락에 대한 기록 문서이다. 이 문서에는 755년경 서원경 인근 4개 마을에 대한 인구, 토지, 마전, 가축 등을 조사한 내용이 담겨 있으며, 촌주는 3년마다 이를 작성하였다. 또한, 통일 신라는 상업이 발달하면서 기존의 동시에 더하여 서시와 남시를 설치하여 시장을 확대하였다.

⑤ 통일 신라는 울산항을 통해 아라비아 상인들과 교류하며 국제 무역을 전개하였다.

오답 해설

① 고려 성종 때 물가 조절을 통한 민생 안정을 위해 개경과 서경 및 12목에 상평창을 설치하였다.
② 은병이 화폐 유통에 미친 영향 고려 시대에는 상업 활동이 활발해지면서 성종 때 건원중보, 숙종 때 해동통보, 삼한통보, 해동중보 등의 동전과 활구(은병)가 발행되었으나, 결과적으로 널리 유통되지는 못하였다.
③ 진대법으로 알아보는 빈민 구제 고구려 고국천왕은 국상 을파소의 건의에 따라 빈민을 구제하기 위해 먹을거리가 부족한 봄에 곡식을 빌려주고 겨울에 갚게 하는 진대법을 시행하였다.
④ 덩이쇠 수출을 통해 본 낙랑과의 교역 금관가야는 철이 풍부하고 해상 교통이 발전하여 낙랑과 왜의 규슈 지방을 연결하는 중계 무역이 번성하였고, 화폐처럼 사용된 덩이쇠가 수출되어 여러 철기의 소재로 활용되었다.

05 고대의 문화

기출 키워드로 연습하기

01 ① 익산 미륵사지 석탑 ② 화엄 사상 ③ 이불 병좌상 02 ×
03 × 04 목탑 05 선덕 여왕 06 스에키

01 ① 백제 무왕 때 익산 미륵사지 석탑을 건립하였다.
② 신라 승려 의상은 당에서 유학하고 돌아와 신라에서 화엄 사상을 펼쳤다.
③ 이불 병좌상은 중국 지린성에서 출토된 발해의 불상이다.

02 모줄임 천장 구조는 굴식 돌방무덤 양식이다.

03 신라 승려 원효는 화쟁 사상을 주장하여 불교의 화합을 추구하였다.

단골 키워드 문제

01 ③   02 ①   03 ④   04 ③   05 ②
06 ④

01 [정답 ③]

출제자의 눈 통일 신라 6두품 출신 유학자 최치원을 탐구합니다.
사료 속 키워드 #도당 유학생 #6두품 #시무책 10여 조

최치원은 통일 신라 6두품 출신 유학자로, 신라 정부의 개혁을 위해 진성 여왕에게 시무책 10여 조를 올렸으나 받아들여지지 않았다.
③ '격황소서'는 최치원이 당에 있을 때의 작품을 간추린 문집인 『계원필경』중 제11권 첫머리에 수록된 격문이다. 당에서 황소의 난이 발생하였을 때 황소에게 항복을 권유하기 위한 격문을 대필한 것으로, 문체와 형식이 뛰어나 후세의 한학자들에게 많은 영향을 끼쳤다.

오답 해설

① 통일 신라의 진성 여왕은 각간 위홍과 대구화상에게 향가 모음집인 『삼대목』을 편찬하게 하였다.
② 신라의 유학자인 강수는 고구려, 백제, 당에 보내는 외교 문서 작성을 전담하였다. 특히, 문무왕 때 당에 억류되어 있던 문무왕의 동생 김인문을 석방해 줄 것을 청한 「청방인문표」를 작성하여 풀려나도록 하였다.
④ 신라의 승려 원측은 유식 사상을 주장하였으며, 『해심밀경』을 풀이한 주석서인 『해심밀경소』를 저술하였다.
⑤ 통일 신라 6두품 출신 유학자인 설총은 임금과 충신, 간신을 꽃에 빗대어 우화로 표현한 「화왕계(花王戒)」를 지어 신문왕에게 바쳤다.

02 [정답 ①]

출제자의 눈 신라의 대표적 승려인 원효에 대해 학습합니다.
사료 속 키워드 #『금강삼매경론』 #『대승기신론소』 #「무애가」 #정토 신앙 #불교 대중화

① 신라의 승려 원효는 불교 종파의 대립과 분열을 종식시키고 화합을 이루기 위한 화쟁 사상을 주장하였다. 또한, 불교의 대중화를 위해 불교의 교리를 쉬운 노래로 표현한 「무애가」를 지었으며, 불교의 사상적 이해 기준을 확립한 『금강삼매경론』, 『대승기신론소』 등을 저술하였다.

오답 해설

② 신라의 승려 혜초는 인도와 중앙아시아 지역을 답사한 뒤 『왕오천축국전』을 지었다.
③ 신라 선덕 여왕 때 승려 자장의 건의로 황룡사 구층 목탑이 세워졌다.
④ 신라 진평왕 때 승려 원광은 고구려의 잦은 침략을 물리치기 위해 수에 도움을 청하는 걸사표를 지었다.
⑤ 고려 승려 각훈은 왕명을 받아 『해동고승전』을 편찬하여 삼국 시대 이래 승려들의 전기를 기록하였는데, 현재는 일부만 남아있다.

03 [정답 ④]

출제자의 눈 신라 승려 의상을 확인합니다.
사료 속 키워드 #진골 출신의 신라 승려 #당으로 건너가 불법을 구하고자 함 #낙산사 창건 #부석사 창건

④ 신라 승려 의상은 당에 건너가 지엄으로부터 화엄에 대한 가르침을 받았다. 귀국 후에는 낙산사로 가 관세음보살을 뵙고자 하는 마음에서 『백화도량발원문』을 지어 기도드리고 이후 낙산사를 창건하였다. 또한, 부석사를 창건하고 이를 중심으로 수많은 제자들을 양성하였으며, 『화엄일승법계도』를 지어 화엄 사상을 정리하고 화엄 교단을 세웠다.

오답 해설

① 고려 승려 균여는 사람들이 따라 부르기 쉬운 노래를 이용하여 「보현십원가」라는 향가를 지어 대중에게 어려운 불교의 교리를 전파하였다.
② 신라 승려 원광은 진평왕 때 화랑도의 규범으로 사군이충(事君以忠)·사친이효(事親以孝)·교우이신(交友以信)·임전무퇴(臨戰無退)·살생유택(殺生有擇)의 내용이 담긴 세속 5계를 제시하였다.
③ 신라 승려 원효는 불교의 사상적 이해 기준을 확립한 『대승기신론소』 등을 저술하였다.
⑤ 고려 승려 의천은 흥왕사에 교장도감을 설치하고, 이곳에서 고려 및 송·거란·일본 등 동아시아 각지의 불교 서적을 수집·정리하여 『신편제종교장총록』을 편찬하였다.

04 [정답 ③]

출제자의 눈 이불 병좌상을 제작한 발해의 특징에 대해 살펴봅니다.
사료 속 키워드 #5경 #동경 용원부 #다보불 #석가불

이불 병좌상은 중국 지린성에서 출토된 발해의 불상이다. 『묘법연화경』의 내용 중 석가불이 다보불과 함께 보탑 안에 나란히 앉아 있는 모습을 형상화한 것이다. 날카로운 광배와 연꽃 표현 등에서 금동 연가 7년명 여래 입상 등과 같은 고구려 불상 조각의 양식을 계승하고 있음을 알 수 있다.
③ 발해는 신라도, 거란도, 영주도, 일본도 등 상인과 사신들이 이동하는 교통로들을 통해 신라, 당, 일본 등 주변 국가와 교류하였다.

오답 해설

① 일본에서 발견된 칠지도는 백제 근초고왕이 왜에 하사하였다고 알려져 있다. 이를 통해 백제가 왜와 교류하면서 다양한 선진 문물을 제공하였다는 것을 확인할 수 있다.
② 고려의 중앙군은 국왕 친위대인 2군과 수도 및 변경의 방비를 담당하는 6위로 구성되었다.
④ 궁예는 후고구려를 건국하고 광평성을 중심으로 한 정치 기구를 마련하기도 하였으나 미륵 신앙을 바탕으로 한 전제 정치로 인해 백성과 신하들의 원성을 사면서 왕건에 의해 축출되었다.
⑤ 통일 신라는 삼국 통일로 확장된 영토를 9주로 나누고 수도 경주의 편재성을 보완하기 위해 5소경을 설치하여 지방 행정 제도를 갖추었다.

05 [정답 ②]

출제자의 눈 고구려의 불상을 사진 자료와 함께 학습합니다.
사료 속 키워드 #고구려 승려들이 만들어 유포 #천불(千佛) #경상남도 의령에서 출토 #연가(延嘉) 7년

② 금동 연가 칠년명 여래 입상은 경남 의령에서 발견된 고구려의 불상이다. 광배 뒷면에 남아있는 글에 따르면 평양의 승려들이 세상에 널리 퍼뜨리고자 만든 불상 중 29번째 것으로, 6세기 후반 고구려의 대표적인 불상이다.

오답 해설

① 금동 관음보살 좌상은 조선 전기의 보살상으로, 한 무릎을 세우고 한 다리는 가부좌를 한 모습이 특징이다. 두꺼운 법의 등을 입은 대다수의 고려 후기나 조선 시대 보살상과는 달리 얇은 천 옷을 걸치고 있다.
③ 이불 병좌상은 『묘법연화경』의 내용 중 석가불이 다보불과 함께 보탑 안에 나란히 앉아 있는 모습을 형상화한 발해의 불상이다. 중국 지린성에서 출토되었으며 날카로운 광배와 연꽃 표현 등이 고구려 불상 조각의 양식을 계승하고 있음을 알려 준다.
④ 경주 구황동 금제 여래 좌상은 경주 황복사지 삼층 석탑 해체 수리 공사 때 나온 사리함에서 발견된 통일 신라의 불상이다. 불상의 손 모양이나 옷 주름, 양감이 강조된 표현 등에서 8세기 초 불상 양식이 잘 나타나 있다.
⑤ 금동 미륵보살 반가 사유상은 머리에 3면이 둥근 산 모양의 관을 쓰고 있어서 삼신 반가 사유상으로도 불리는 삼국 시대의 불상이다.

06 [정답 ④]

출제자의 눈 현존하는 신라 석탑 중 가장 오래된 경주 분황사 모전 석탑을 알아봅니다.
사료 속 키워드 #신라 탑 #돌을 벽돌 모양으로 다듬어 쌓음 #선덕 여왕

④ 경주 분황사 모전 석탑은 선덕 여왕이 재위하고 있던 634년에 제작된 현존하는 신라 석탑 중 가장 오래된 석탑이다. 이 탑은 석재를 벽돌 모양으로 다듬어 쌓았으며 현재는 3층까지만 남아 있다.

오답 해설

① 경주 불국사 삼층 석탑은 통일 신라 경덕왕 때 불국사를 창건하면서 조성된 탑이다. 석탑의 해체 보수 과정에서 세계 최고(最古)의 목판 인쇄물인 『무구정광대다라니경』이 발견되었다.
② 부여 정림사지 오층 석탑은 목탑의 구조와 비슷하지만 돌의 특성을 잘 살린 석탑으로, 익산 미륵사지 석탑과 함께 백제를 대표하는 탑이다.
③ 발해 영광탑은 중국 지린성에 있는 전탑으로 당의 영향을 받았다.
⑤ 익산 미륵사지 석탑은 백제 무왕 때 건립된 목탑 형태의 석탑이다. 석탑 해체 복원 과정에서 금제 사리봉영(안)기가 발견되어 석탑의 건립 연도가 명확하게 밝혀졌다.

III 중세의 한국사

01 중세의 정치_1

기출 키워드로 연습하기

01 ① 훈요 10조 ② 노비안검법 ③ 최승로의 시무 28조 02 ×
03 ○ 04 기인 제도 05 노비안검법 06 12목

01 ① 태조는 훈요 10조를 통해 후대 왕들이 지켜야 할 정책 방향을 제시하였다.
② 광종은 왕권을 강화하기 위해 호족에 의해 노비가 된 자들을 해방시키는 노비안검법을 실시하였다.
③ 성종은 최승로의 시무 28조를 받아들여 통치 체제를 개편하였다.

02 태조 왕건의 정책이다.

03 성종은 전국의 주요 지역에 12목을 설치하고 지방관을 파견하였다.

단골 키워드 문제

| 01 ⑤ | 02 ① | 03 ① | 04 ② | 05 ② |
| 06 ② | 07 ④ | 08 ① | 09 ③ | 10 ② |

01 [정답 ⑤]

> 출제자의 눈: 후삼국을 통일한 고려 태조의 업적을 살펴봅니다.
> 사료 속 키워드: #논산 #개태사지 석조 여래 삼존 입상 #후삼국을 통일

개태사는 충남 논산에 있는 사찰로, 고려 태조 왕건이 후백제를 제압한 후 건립하였다. 특히, 개태사 안에 있는 개태사지 석조 여래 삼존 입상이 세워진 자리는 일리천 전투에서 백제의 신검이 패한 후 항복한 장소로 추정된다.
⑤ 고려 태조는 『정계』와 『계백료서』를 통해 관리가 지켜야 할 규범을 제시하였고, 후대 왕들이 지켜야 할 정책 방향을 담은 훈요 10조를 남겼다.

오답 해설
① 고려 중기 최충의 문헌공도를 대표로 하는 사학 12도의 발전으로 관학이 위축되었다. 이에 예종은 국자감을 재정비하여 7재를 세우고 양현고를 설치하여 관학 진흥책을 추진하였다.
② 광종은 후주 출신 쌍기의 건의를 받아들여 과거 제도를 시행함으로써 신진 세력을 등용하였다.
③ 성종은 최승로의 시무 28조를 받아들여 12목을 설치하고 지방관을 파견하였다.
④ 경종은 관등과 인품을 기준으로 한 전시과 제도를 처음 마련하여 관리에게 관직 복무와 직역의 대가로 토지를 지급하였다(시정 전시과).

02 [정답 ①]

> 출제자의 눈: 고려 태조의 정책을 확인합니다.
> 사료 속 키워드: #경주의 사심관으로 임명 #투항한 김부의 공 치하 #지방 세력 견제

고려를 건국한 태조는 지방 호족을 견제하고 지방 통치를 원활하게 하기 위해 지방 호족 출신자를 그 지역의 사심관으로 임명하였는데, 고려에 항복한 신라의 마지막 왕인 경순왕을 경주의 사심관으로 삼았다.
① 고려 태조는 빈민을 구제하기 위하여 춘궁기에 곡식을 대여해 주고 추수 후에 회수하는 흑창을 설치하였다.

오답 해설
② 예종은 관학 교육의 진흥을 위해 국자감을 재정비하고 장학 재단인 양현고를 설치하였다.
③ 광종은 노비안검법을 실시하여 억울하게 노비가 된 사람들을 구제하고 국가 재정을 확충하면서 호족 세력을 약화시키고자 하였다.
④ 성종은 최승로의 시무 28조를 받아들여 중앙의 통치 기구를 개편하고, 전국 12목에 지방관인 목사를 파견하여 지방 세력을 견제하였다.
⑤ 경종 때 관리를 대상으로 한 토지 제도인 전시과 제도가 실시되었다.

03 [정답 ①]

> 출제자의 눈: 고려 태조의 업적에 대해 학습합니다.
> 사료 속 키워드: #『고려사』 #왕씨 성을 내림 #지방 호족 포섭 #『정계』와 『계백료서』 #관리의 규범 제시 #흑창 #민생 안정

고려를 건국하고 후삼국을 통일한 태조 왕건은 지방 호족들과 정략 결혼하고 왕씨 성을 하사하면서 그들을 포섭하고자 했다. 또한, 『정계』와 『계백료서』를 통해 관리가 지켜야 할 규범을 제시하였으며 후대 왕들이 지켜야 할 정책 방향을 당부한 훈요 10조를 남기기도 하였다. 더불어 빈민 구제와 민생 안정을 위해 춘대추납의 빈민 구휼 제도인 흑창을 설치하였다.
① 고려 태조는 후삼국 통일에 공을 세운 공신들에게 관등에 관계없이 공로, 인품 등을 기준으로 차등을 두어 역분전을 지급하였다.

오답 해설
② 정종 때 최광윤의 의견을 받아들여 거란의 침입을 대비하기 위한 광군을 조직하였다.
③ 광종은 공신과 호족의 세력을 약화시키고 왕권을 강화하고자 국왕을 황제라 칭하고 광덕, 준풍 등의 독자적 연호를 사용하였다.

④ 고려 중기 최충의 문헌공도를 대표로 하는 사학 12도의 발전으로 관학이 위축되자 예종이 국자감을 재정비하여 7재를 세우고 양현고를 설치하는 등 관학 진흥책을 추진하였다.
⑤ 숙종 때 승려 의천의 건의에 따라 화폐 주조를 전담하는 주전도감을 설치하고 해동통보와 삼한통보, 해동중보 등의 동전과 활구(은병)를 발행·유통하였다.

04 [정답 ②]

출제자의 눈 고려 시대의 역사적 사실을 일어난 순서대로 학습합니다.

사료 속 키워드 #왕규 #경학박사와 의학박사 #12목 #쌍기

(가) 왕규의 난(945): 왕규는 두 딸을 고려 태조의 비로 들여 왕실의 외척으로서 권력을 행사하였다. 왕규는 태조가 죽고 혜종이 왕위에 오르자 외손자 광주원군을 왕위에 세우기 위하여 반란을 도모하였으나 왕식렴의 군대에 의해 실패하였다.
(다) 과거 제도 실시(958): 고려 광종은 후주 출신 쌍기의 건의에 따라 과거 제도를 시행하여 신진 세력을 등용하였다. 첫 과거 시험이 치러졌을 때에 광종은 위봉루라는 누각에서 과거 급제자를 발표하기도 하였다.
(나) 경학박사·의학박사 파견(986): 고려 성종은 최승로의 시무 28조를 받아들여 통치 체제를 정비하고 다양한 제도를 시행하였다. 전국의 주요 지역에 12목을 설치하고 지방관인 목사를 파견하였으며, 경학박사와 의학박사를 파견하여 유학 교육을 활성화하고자 하였다.

❖ 고려 초기 국왕들의 업적

태조 왕건	민생 안정, 호족 통합 정책(결혼, 사성, 기인, 사심관), 북진 정책(고구려 계승 의식)
광종	노비안검법, 과거 제도, 공복 제정, 칭제 건원
경종	전시과 제정(시정 전시과)
성종	최승로의 건의 수용, 지방관 파견, 향리 제도 마련, 중앙 통치 기구, 유학 교육 진흥(국자감), 과거 제도 정비

05 [정답 ②]

출제자의 눈 빈민 구제 기구로서 상평창을 설치하였던 고려 성종을 알아봅니다.

사료 속 키워드 #상평창 #12목 #경시서

고려 성종은 물가 조절을 통한 민생 안정을 위해 개경과 서경에 상평창을 설치하였으며, 최승로의 시무 28조를 받아들여 다양한 제도를 시행하고 통치 체제를 정비하였다. 당의 제도를 모방하여 2성 6부로 이루어진 중앙 관제를 구성하였고, 전국의 주요 지역에 12목을 설치하고 목사를 파견하였으며, 향리제를 마련하여 지방의 중소 호족을 향리로 편입하여 통제하였다.

② 고려 성종은 중앙에 최고 교육 기관인 국자감을 설치하고 지방에 경학박사와 의학박사를 파견하여 유학 교육을 활성화하고자 하였다.

오답 해설

① 숙종 때 최고 국립 교육 기관인 국자감에 서적포를 설치하여 모든 책판을 옮기고 인쇄와 출판을 담당하게 하였다.
③ 고려 중기 최충의 문헌공도를 대표로 하는 사학 12도의 발전으로 관학이 위축되자 예종이 국자감을 재정비하여 7재를 세우고 양현고를 설치하는 등 관학 진흥책을 추진하였다.
④ 문종 때 사학이 크게 발전하였고, 그중 가장 번성한 최충의 9재 학당은 유학 교육을 실시하며 후진을 양성하였다.
⑤ 예종은 관학을 진흥시키기 위해 궁중에 청연각·보문각을 설치하여 학문 연구를 장려하였다.

06 [정답 ②]

출제자의 눈 12목 제도를 시행하였던 고려 성종의 재위 시기를 살펴봅니다.

사료 속 키워드 #12목을 설치 #『우서(虞書)』의 12목 제도를 본받아 시행

② 고려 성종은 최승로의 시무 28조를 받아들여 전국의 주요 지역에 12목을 설치하고 지방관인 목사를 파견하였다(983). 또한, 거란이 침략하여 고려가 차지하고 있는 옛 고구려 땅을 내놓고, 송과 교류를 끊을 것을 요구하자 성종은 서희를 보내 소손녕과 외교 담판을 벌이게 하여 강동 6주를 획득하였다(거란의 1차 침입, 993). 이후 강조가 목종을 폐위시키고 현종을 옹립하자(강조의 정변, 1009) 거란은 이를 구실로 2차 침입을 단행하였다(1010).

❖ 최승로의 시무 28조 주요 내용
• 관리의 의복과 백성의 의복을 달리해야 한다.
• 임금과 신하, 부모와 자식 간의 도리는 중국의 것을 따른다.
• 연등회, 팔관회는 백성의 부담이 크므로 삼간다.
• 불교보다는 유교에 따라 통치한다.
• 왕은 교만하지 말고, 아랫사람을 공손히 대한다.
• 관리를 공정히 선발한다.
• 양인과 천인의 구별을 뚜렷이 해 아랫사람이 윗사람을 모욕하지 못하게 한다.

07 [정답 ④]

출제자의 눈 고려 성종의 업적을 확인합니다.

사료 속 키워드 #12목 #경학박사 #의학박사

④ 고려 성종은 최승로의 시무 28조를 받아들여 다양한 제도를 시행하고 통치 체제를 정비하였다. 당의 제도를 모방하여 2성 6부로 이루어진 중앙 관제를 구성하였고, 12목에 지방관을 파견하여 지방 세력을 견제하였다. 또한, 중앙에 최고 교육 기구인 국자감을 설치하고 지방에 경학박사와 의학박사를 파견하여 유학 교육을 활성화하고자 하였다.

오답 해설
① 예종은 관학 교육의 진흥을 위해 국자감을 재정비하고 장학 재단인 양현고를 설치하였다.
② 광종은 노비안검법 실시를 통해 억울하게 노비가 된 사람들을 구제하는 동시에 호족 세력을 약화시키려 하였다.
③ 공민왕은 전민변정도감을 설치하여 권문세족이 부당하게 빼앗은 토지를 본래 주인에게 돌려주고 억울하게 노비가 된 사람들을 양민으로 해방시켜 주었다.
⑤ 태조는 『정계』와 『계백료서』를 지어 관리가 지켜야 할 규범을 제시하였다.

08 [정답 ①]

출제자의 눈 거란과 고려의 대외 관계를 파악합니다.
사료 속 키워드 #낙타 #발해와 화목하다가 멸망시킴 #만부교

제시된 자료는 만부교 사건으로 고려 태조가 거란이 발해를 멸망시켰기 때문에 화친할 수 없다는 이유로 거란에서 보낸 낙타를 만부교에 묶어 굶어 죽게 한 사건이다. 따라서 (가) 국가는 거란이다.
① 고려 정종 때 최광윤의 의견을 받아들여 거란의 침입에 대비하기 위한 광군(사)을 창설하였다.

오답 해설
② 고려의 최무선은 화통도감의 설치를 건의하여 화약과 화포를 제작하였고, 이를 활용하여 진포에서 왜구를 격퇴하였다.
③ 조선 세조 때 전국을 여러 개의 진관으로 개편한 진관 체제를 완성하여 국방을 강화하였다.
④ 조선 시대 임진왜란 중 유성룡의 건의에 따라 포수, 사수, 살수의 삼수병으로 편성된 훈련도감을 설치하였다.
⑤ 고려 무신 정권 시기 최우가 치안 유지를 위해 설치한 야별초가 확대되어, 좌별초와 우별초로 나누고, 몽골의 포로가 되었다가 탈출한 신의군이 합류하여 삼별초를 구성하였다. 이후 고려 정부가 강화도에서 개경으로 환도하자 배중손을 중심으로 한 삼별초는 이에 반대하며, 강화도, 진도, 제주도로 이동하여 대몽 항쟁을 전개하였다.

09 [정답 ③]

출제자의 눈 고려 광종의 업적을 함께 알아봅니다.
사료 속 키워드 #훈요 10조 #최승로 #시무 28조

- 고려 태조의 훈요 10조(943): 고려 태조 왕건은 후대 왕들이 지켜야 할 정책 방향을 당부한 훈요 10조를 남겼다. 또한, 『정계』와 『계백료서』를 통해 관리가 지켜야 할 규범을 제시하였다.
- 최승로의 시무 28조(983): 최승로는 고려 성종에게 시무 28조를 건의하여 유교 정치를 시행할 것과 중앙에 지방관을 파견할 것을 주장하였다. 성종은 이를 받아들여 전국의 주요 지역에 12목을 설치하고 지방관인 목사를 파견하였다.

③ 고려 광종은 호족의 세력을 약화시키기 위해 노비안검법을 실시하였다(956).

오답 해설
① 무신 정권 시기 최충헌의 뒤를 이어 집권한 최우는 자신의 집에 정방을 설치하고 인사 행정을 담당하는 기관으로 삼아 인사권을 완전히 장악하였다(1225).
② 숙종 때 부족을 통일한 여진족이 고려의 국경을 자주 침입하자 윤관이 왕에게 건의하여 신기군, 신보군, 항마군으로 구성된 별무반을 편성하였다(1104).
④ 통일 신라 원성왕은 국학의 학생들을 대상으로 독서삼품과를 시행하여 유교 경전의 이해 수준에 따라 관리를 채용하였다(788).
⑤ 공민왕은 반원 자주 정책을 추진하여 기철 등 친원 세력을 숙청하고, 정동행성 이문소를 폐지하였다(1356).

10 [정답 ②]

출제자의 눈 왕권 강화책을 꾀하였던 고려 광종을 학습합니다.
사료 속 키워드 #호족 세력을 숙청 #왕권을 강화 #노비안검법을 실시 #후주와의 사신 왕래 #제위보를 설치

고려 광종은 공신과 호족의 세력을 약화시키고 왕권을 강화하고자 억울하게 노비가 된 사람을 양인으로 풀어 주는 노비안검법을 실시하였다. 또한, 중국의 선진 제도를 수용하여 개혁 정치를 펼치고자 하였다. 이를 위해 중국에서 귀화한 사람들을 우대하였는데, 후주 출신의 쌍기가 대표적인 귀화인이다. 특히, 쌍기는 광종에게 과거제를 건의하여 고려 내에 신분적 특권보다 학문적 소양을 중시하는 문화가 형성되는 데 큰 도움을 주었다. 광종은 기금을 모아 백성에게 빌려 주고 그 이자로 빈민을 구휼하도록 하는 제위보를 운영하기도 하였다.
② 광종은 국왕을 황제라 칭하고 광덕, 준풍 등의 독자적 연호를 사용하였다.

오답 해설
① 고려 원 간섭기에 충목왕은 고려의 폐정 개혁을 위해 정치도감을 설치하였으나, 정동행성 이문소의 방해로 개혁이 제대로 이루어지지 못하였다.
③ 예종 때 관학이 발달하여 예제를 관장할 관청으로 예의상정소를 설치하였다. 이후 인종 때 유교적 예제를 정비하기 위해 최윤의가 『상정고금예문』을 편찬하였으며, 현존하지는 않지만 고종 때 금속 활자로 인쇄(1234)하였다는 기록이 남아 있는 것을 통해 현존하는 세계 최고(最古) 금속활자본 직지(1377)보다 앞선 것을 알 수 있다.
④ 성종은 최승로의 시무 28조를 받아들여 12목을 설치하고 지방 관리를 파견하였다.
⑤ 경종 때 처음 시행된 시정 전시과는 인품과 관등에 따라 전지와 시지를 지급하였다. 이후 목종이 실시한 개정 전시과는 인품에 관계없이 관등을 기준으로 지급하였다.

02 중세의 정치_2

기출 키워드로 연습하기

01 ① 국방 문제 논의 ② 화폐·곡식의 출납 ③ 중앙군 02 ○
03 × 04 과거 제도 05 강동 6주 06 천리장성

01 ① 고려의 도병마사는 국방 및 군사 문제를 논의하던 회의 기구이다.
② 고려의 삼사는 화폐·곡식의 출납과 회계를 담당하였다.
③ 고려의 중앙군은 국왕 친위 부대인 2군과 수도 방어를 담당하는 6위로 구성되었다.

02 고려의 어사대와 조선의 사헌부는 관리의 비리를 감찰하였다.

03 고려 인종 때 묘청 등의 서경파는 서경 천도 운동을 일으켰다. 중방은 고려 무신 정권 시기에 설치된 기구이다.

단골 키워드 문제

01 ①   02 ⑤   03 ③   04 ②   05 ④
06 ③   07 ③   08 ④   09 ③   10 ③

01 [정답 ①]

> **출제자의 눈** 고려의 중앙 행정 기구에 대해 알아봅니다.
> **사료 속 키워드** #이자겸 #추밀원(중추원) #어사대 #상서성 #중서문하성

ㄱ. 고려의 추밀원(중추원)은 비서 기구로 군사 기밀(추밀)과 왕명 출납(승선)을 담당하였다.
ㄴ. 고려의 어사대는 정치의 잘잘못을 논의하고 풍속을 교정하며 관리의 비리를 감찰하고 탄핵하였다. 또한, 어사대의 관원은 중서문하성의 낭사와 함께 대간이라고 불리며 서경·간쟁·봉박의 권한을 가지고 있었다. 이러한 권한은 왕이나 고위 관리들의 활동을 제약하여 정치 운영에 견제와 균형을 이루었다.

오답 해설

ㄷ. 서경·간쟁·봉박 등의 권한을 가지고 있었던 조선의 삼사와 달리 고려의 삼사는 화폐·곡식의 출납과 회계를 담당하였다.
ㄹ. 고려의 도병마사는 재신(중서문하성의 2품 이상)과 추밀(중추원의 2품 이상)이 국방 및 군사 문제를 논의하는 임시적인 회의 기구였다. 그러나 원 간섭기인 충렬왕 때 도평의사사로 명칭이 바뀌었고 최고 정무 기구로서 국사 전반에 관여하게 되었다.

❖ 고려의 중앙 행정 기구

2성 6부	• 당의 제도를 모방하여 2성 6부로 이루어진 중앙 관제 구성 • 중서문하성(국정 총괄)과 상서성(6부 관리) → 수상은 문하시중
중추원	송의 제도 모방, 왕의 비서 기구로 군사 기밀(추밀)과 왕명 출납(승선) 담당
귀족 합의체	• 도병마사(국방 문제 논의), 식목도감(법률·제도의 제정) • 고려의 독자적인 기구, 중서문하성과 중추원의 고관인 재신과 추밀의 합의제로 운영
어사대	감찰 기구, 풍속 교정
삼사	화폐·곡식의 출납, 회계
대간	어사대의 관원은 중서문하성의 낭사와 함께 대간으로 불림 → 간쟁, 봉박, 서경권

02 [정답 ⑤]

> **출제자의 눈** 고려의 중앙 행정 기구인 어사대의 역할과 특징을 학습합니다.
> **사료 속 키워드** #시정 논박 #풍속 규정 #규찰과 탄핵 업무 #사헌대(司憲臺)

고려의 어사대는 정치의 잘잘못을 논의하고 풍속을 교정하며 관리의 비리를 규찰하고 탄핵하였다. 고려 초에는 사헌대라고 불렸으나 성종 때 어사대로, 현종 때 금오대로 바뀌었다가 이듬해 다시 사헌대로 바뀌었다.
⑤ 고려 어사대의 소속 관원과 중서문하성의 낭사는 대간으로 불리며 간쟁·봉박권과 함께 관리 임명에 대한 서경권을 행사할 수 있었다.

오답 해설

① 고려의 중서문하성은 국정을 총괄하고 정책을 결정하는 최고 중앙 관서였다.
② 고려 무신 정권 시기에 최충헌이 설치한 교정도감은 최고 권력 기구로서 국정 전반을 장악하였고, 최고 관직인 교정별감이 인사 및 재정 등을 주관하였다.
③ 조선의 사헌부는 사간원, 홍문관과 함께 삼사로 불리며 서경·간쟁·봉박 등의 권한을 가지고 있었다.
④ 고려의 도병마사는 재신(중서문하성의 2품 이상)과 추밀(중추원의 2품 이상)이 국방 및 군사 문제를 논의하는 임시적인 회의 기구였다. 그러나 원 간섭기인 충렬왕 때 도평의사사로 명칭이 바뀌었고 최고 정무 기구로서 국사 전반에 관여하게 되었다.

03 [정답 ③]

> **출제자의 눈** 묘청, 정지상 등의 서경 세력이 일으킨 서경 천도 운동이 일어난 시기를 확인합니다.
> **사료 속 키워드** #고려 시대 #정지상 #서경 #묘청 #수도를 옮길 것을 주장 #개경 세력과 정치적으로 대립 #김부식에 의해 죽임을 당함

• 이자겸의 난(1126): 고려 인종 때 문벌 귀족 이자겸이 왕의 외척으로서 최고 권력을 누리며 왕의 자리까지 넘보자 인종은 이자겸을 제거하려 하였으나 실패하였다. 이에 이자겸은 척준경과 함께 난을 일으켰다.

- 개경 환도(1270): 무신 정권이 해체되고 강화도에 있던 고려 조정이 개경으로 환도하면서 몽골과의 강화가 성립되었다.

③ 고려 인종은 이자겸의 난 이후 왕권 회복을 위해 정치 개혁을 추진하였다. 이 과정에서 묘청, 정지상을 중심으로 한 서경 세력과 김부식을 중심으로 한 개경 세력 간의 대립이 발생하였다. 서경 세력은 서경 천도와 칭제 건원, 금 정벌을 주장하였으나 받아들여지지 않았다. 이에 묘청이 서경에서 반란을 일으켰고(묘청의 난, 1135), 김부식의 관군에 의해 진압되었다(1136).

❖ 서경파와 개경파의 비교

구분	서경파(묘청)	개경파(김부식)
배경	지방 출신	문벌귀족
사상	풍수지리, 불교	유교
성격	자주적	사대적, 보수적
외교 정책	북진 정책, 금 정벌	사대 정책
역사의식	고구려 계승	신라 계승
주장	서경 천도, 칭제 건원, 금국 정벌	서경 천도 반대, 금에 대한 사대 관계 인정
주요 인물	묘청, 정지상	김부식

04 [정답 ②]

출제자의 눈 서경(평양)과 관련된 역사적 사실을 파악합니다.
사료 속 키워드 #서도 #호경 #유수 조위총 #동녕부

서경은 고려 태조 때부터 고구려의 옛 수도이자 북진 정책의 기점으로 여겨져 중시되었다. 고려의 황제국 체제를 표방하였던 광종은 개경을 황도, 서경을 서도로 삼기도 하였으며, 목종은 서경을 호경으로 개칭해 태조 대 이래 시행된 서경 중시책을 이어나갔다. 무신 정권 시기인 명종 때에는 서경 유수 조위총이 난을 일으켜 의종을 폐위시키고 명종을 옹립한 정중부 등의 무신 집권자들을 제거하려 하였다. 원 간섭기인 원종 때 원은 서경을 포함한 자비령 이북 지역에 동녕부를 설치하여 원의 통치기관으로 삼았다.

② 묘청, 정지상을 중심으로 한 서경 세력은 서경 천도와 칭제 건원, 금 정벌을 주장하였으나 받아들여지지 않았다. 이에 묘청이 국호를 대위, 연호를 천개로 하여 서경에서 반란을 일으켰으나, 김부식의 관군에 의해 진압되었다(묘청의 서경 천도 운동, 1135).

오답 해설

① 고려의 충신 정몽주는 개성에 있는 선죽교에서 이방원 세력에게 철퇴를 맞아 피살되었다.
③ 신라 선덕 여왕 때 자장의 건의로 수도 경주에 세워진 황룡사 구층 목탑이 고려 때 몽골의 침략으로 인하여 소실되었다.
④ 고려 때 청주 흥덕사에서 현존 세계 최고(最古) 금속 활자본인 『직지심체요절』이 간행되었다.
⑤ 고려의 문신 정서는 유배지인 동래(부산)에서 임금을 그리워하는 정을 담아 정과정이라는 고려 가요를 지었다.

05 [정답 ④]

출제자의 눈 고려 중기의 주요 역사적 사건들을 학습합니다.
사료 속 키워드 #윤관 #북계 9성 #처인부곡 #적의 괴수인 살리타

(가) 윤관의 동북 9성 설치(1107): 고려 숙종 때 부족을 통일한 여진족이 고려의 국경을 자주 침입하자 윤관이 왕에게 건의하여 별무반을 편성하였다(1104). 이후 예종 때 윤관은 별무반을 이끌고 여진을 토벌하여 동북 9성을 설치하였다.

(나) 김윤후의 처인성 전투(1232): 몽골의 2차 침입 때 승장 김윤후가 이끈 민병과 승군이 처인성에서 몽골군에 대항하여 적장 살리타를 사살하고 승리를 거두었다.

④ 12세기에 여진은 세력을 확장하여 만주 지역을 장악하고 금을 건국한 뒤 고려에 군신 관계를 요구하였다. 이에 금에 대한 사대를 주장하는 개경파와 금 정벌을 주장하는 서경파의 대립이 지속되었다. 대표적인 서경파인 묘청은 서경 천도와 금 정벌, 칭제 건원 등을 주장하였으나, 개경파인 이자겸이 금과의 무력 충돌을 피하고자 금의 사대 요구를 받아들였다(1126).

오답 해설

① 정종 때 거란의 침입에 대비하기 위한 군사 조직으로 광군을 조직하고, 광군사를 설치하여 이를 관장하였다(947).
② 성종 때 거란이 침략하자 서희가 소손녕과의 외교 담판을 통해 강동 6주를 획득하였다(993).
③ 충선왕은 왕위에서 물러난 뒤 원의 연경에 만권당을 세우고 원의 학자와 문인들을 드나들게 했는데, 이때 이제현 등의 성리학자들을 고려에서 데려와 교류하게 하였다.
⑤ 현종 때 강감찬의 건의로 나성을 쌓아 개경을 방비하였고, 압록강 하구부터 시작하여 동해안 도련포에 이르는 천리장성을 쌓아 국경 수비를 강화하였다.

❖ 고려 시대 대외 관계(이민족의 침입)

거란(요)	북진 정책: 거란의 침입 → 서희의 강동 6주 획득, 강감찬의 귀주 대첩
여진(금)	윤관의 여진 정벌(동북 9성)
몽골(원)	• 대몽 항쟁(김윤후의 처인성 전투, 삼별초의 항쟁) • 고려의 개경 환도, 원 간섭기
홍건적 왜구	• 공민왕, 우왕 • 최영(홍산 전투), 최무선(진포 대첩), 이성계(황산 전투), 박위(쓰시마 섬 정벌)

06 [정답 ③]

출제자의 눈 고려와 금의 대외 관계를 알아봅니다.
사료 속 키워드 #금의 군주 아구다 #거란을 섬멸함 #형제의 관계 #윤관 #여진인 #성을 쌓음 #정지상 #대동강

(나) 윤관의 동북 9성 축조(1107): 고려 숙종 때 여진이 고려의 국경을 자주 침입하자 윤관이 왕에게 건의하여 신기군, 신보군, 항마군으로 구성된 별무반을 조직하였다. 이후 예종 때 윤관은 별무반을 이끌고 여진을 물리친 뒤 고려 동북쪽의 변경 지역을 개척하기 위하여 동북 지방 일대에 9개의 성을 쌓았다.

(가) 금의 형제 관계 요구(1117): 여진의 아구다(아골타)가 금을 건국하고 거란을 멸망시킨 후, 고려에게 형제 관계를 요구하였다.

(다) 묘청의 서경 천도 운동(1135): 이자겸의 난 이후, 고려 인종은 왕권을 회복시키고자 정치 개혁을 추진하였다. 이 과정에서 묘청, 정지상을 중심으로 한 서경 세력과 김부식을 중심으로 한 개경 세력 간의 대립이 발생하였다. 서경 세력은 서경 천도와 칭제 건원, 금 정벌을 주장하였으나 받아들여지지 않자 서경에서 반란을 일으켰고 김부식의 관군에 의해 진압되었다.

07 [정답 ③]

출제자의 눈 거란의 침입에 맞선 고려의 대응을 살펴봅니다.

사료 속 키워드 #나주로 피난 #고려 현종 #부처의 힘으로 국난을 극복 #초조대장경

거란은 고려 현종이 강조의 정변을 통해 즉위한 것을 구실로 삼아 고려 성종 때의 1차 침입에 이어 2차로 침략하였다. 현종은 수도 개경이 함락되자 나주까지 피난하였고 거란의 침입을 불력으로 물리치고자 초조대장경을 제작하기 시작하였다.

③ 세 차례에 걸쳐 거란의 침입을 받은 고려는 이를 대비하고자 고려 현종 때 강감찬의 건의를 받아들여 나성을 쌓아 개경을 방비하고, 압록강 하구부터 시작하여 동해안에 이르는 천리장성을 쌓아 국경 수비를 강화하였다.

오답 해설

① 고려 말 창왕 때 박위를 파견하여 왜구의 본거지인 쓰시마섬을 정벌하였다.

② 조선 효종 때 러시아가 만주 지역까지 침략해오자 청은 조선에 원병을 요청하였고, 조선에서는 두 차례에 걸쳐 조총 부대를 출병시켜 나선 정벌을 단행하였다.

④ 조선 세종 때 여진을 몰아낸 뒤 최윤덕이 압록강 상류 지역에 4군을 설치하고, 김종서가 두만강 하류 지역에 6진을 설치하였다.

⑤ 조선 중종 때 삼포왜란이 일어나자 외적의 침입에 대비하기 위한 임시 기구로 비변사가 처음 설치되었다. 이후 명종 때 발생한 을묘왜변을 계기로 상설 기구화되었다.

❖ 거란의 침입 과정

1차 침입	소손녕의 침입 → 서희의 외교 담판 → 강동 6주 획득
2차 침입	거란에 의해 개경 함락 → 양규의 활약
3차 침입	소배압의 침입 → 강감찬의 귀주 대첩 → 천리장성 축조

08 [정답 ④]

출제자의 눈 고려 중기의 주요 역사적 사건들을 순서대로 파악합니다.

사료 속 키워드 #보현원 #문관 및 대소 신료, 환관들을 모두 살해 #정중부 #이자겸과 척준경이 왕을 위협 #묘청 #서경을 근거지로 삼고 반란을 일으킴 #국호를 대위 #연호를 천개

(나) 이자겸의 난(1126): 고려 중기 문벌 귀족인 이자겸은 자신의 딸들을 예종과 인종의 왕비로 삼고 외척 세력으로서 막강한 권력을 행사하였다. 그러자 위협을 느낀 인종이 이자겸을 제거하려 하였지만 실패하였고, 이에 이자겸이 반발하면서 무신 척준경과 함께 난을 일으켰다.

(다) 묘청의 서경 천도 운동(1135): 이자겸의 난 이후, 인종은 왕권 회복을 위해 정치 개혁을 추진하였다. 이 과정에서 김부식을 중심으로 한 개경 세력과 묘청, 정지상을 중심으로 한 서경 세력 간의 갈등이 발생하였다. 서경 세력이 서경 천도와 칭제 건원, 금 정벌을 주장하였으나 조정에서는 이를 받아들이지 않았다. 이에 묘청이 국호를 대위, 연호를 천개, 군대를 천견충의군으로 하여 서경에서 반란을 일으켰으나, 김부식의 관군에 의해 진압되었다.

(가) 무신 정변(1170): 고려 의종이 무신들을 천대하고 향락에 빠져 실정을 일삼자 무신들의 불만이 쌓여갔다. 그러던 중 보현원에서 수박희를 하다가 대장군 이소응이 문신 한뢰에게 뺨을 맞는 사건이 발생하였고, 이를 계기로 분노가 폭발한 무신들이 정변을 일으켰다. 정중부와 이의방을 중심으로 조정을 장악한 무신들은 의종을 폐위하여 거제도로 추방한 뒤 명종을 즉위시켰다.

09 [정답 ③]

출제자의 눈 거란에 대한 고려의 대응을 알아봅니다.

사료 속 키워드 #초조대장경 #현종이 피란을 감 #개경이 함락됨 #부처의 힘

고려 현종 때 강조의 정변을 구실로 거란이 2차 침입을 단행하여 개경이 함락되고 현종은 나주로 피란을 갔다. 이후 현종은 거란의 침입을 부처의 힘으로 물리치고자 우리나라 최초의 대장경인 초조대장경을 제작하기 시작하였다.

③ 정종 때 최광윤의 의견을 받아들여 거란의 침입에 대비하기 위한 군사 조직으로 광군을 조직하고, 광군사를 설치하여 이를 관장하게 하였다

오답 해설

① 예종 때 윤관의 별무반이 여진을 물리치고, 동북 9성을 개척하였다.

② 화통도감을 두어 화포를 제작하였다. 우왕 때 최무선은 화통도감에서 화약과 화포를 제작하였고, 이를 활용하여 진포 대첩에서 왜구를 격퇴하였다.

④ 박위를 파견하여 근거지를 토벌하였다. 고려 말 창왕 때 박위를 파견하여 왜구의 본거지인 쓰시마섬을 정벌하였다.
⑤ 철령위 설치에 반발해 요동 정벌을 추진하였다. 우왕 때 명이 원의 쌍성총관부가 있던 철령 이북의 땅에 철령위를 설치하겠다며 반환을 요구하였다. 이에 고려가 반발하면서 최영을 중심으로 요동 정벌을 추진하였다.

10 [정답 ③]

출제자의 눈 여진 정벌을 위해 설치된 별무반에 대해 알아봅니다.
사료 속 키워드 #신기군, 신보군, 항마군

고려 예종 때 동계병마사였던 오연총은 별무반의 부원수로서 윤관과 함께 여진 정복 활동을 벌였다. 이후 조선 선조 때 함경도 경성에 오연총을 기리기 위한 사당이 세워졌으며, 흥선 대원군의 서원 정리 때 철폐되었다가 1935년에 전남 곡성 덕산사로 옮겨졌다.
③ 고려 숙종 때 윤관의 건의로 설치된 별무반은 신기군, 신보군, 항마군으로 구성되었으며, 여진을 공격하여 동북 9성을 축조하였다.

오답 해설
① 조선 세종 때 여진족을 몰아낸 뒤 최윤덕이 압록강 상류 지역에 4군을 설치하고, 김종서가 두만강 하류 지역에 6진을 설치하여 조선의 국경을 넓혔다.
② 원 간섭기인 충렬왕 때 김방경은 원의 요청으로 일본 원정에 동원되어 도원수로서 고려군 8천여 명을 이끌고 참전하였다. 초기에는 대마도에서 전과를 올렸으나 일본의 강한 저항과 태풍 등 자연재해로 인해 결국 실패하였다.
④ 몽골의 2차 침입 때 고려의 승려 출신 장군 김윤후는 민병과 승군을 이끌고 처인성에서 몽골군에 대항하여 적장 살리타를 사살하고 승리를 거두었다.
⑤ 고려 무신 정권 시기 최우가 치안 유지를 위해 설치한 야별초가 확대되어 좌별초와 우별초로 나뉘고, 몽골의 포로가 되었다가 탈출한 신의군과 함께 삼별초가 구성되었다. 이후 삼별초는 최씨 무신 정권의 군사적 기반이 되었다.

03 중세의 정치_3

기출 키워드로 연습하기

01 ① 교정도감 ② 살리타 사살 ③ 전민변정도감 02 × 03 ○
04 삼별초 05 쌍성총관부 06 화통도감

01 ① 무신 정권 시기에 최충헌은 국정을 총괄하는 기구로 교정도감을 설치하였다.
② 몽골이 고려를 침입하자 승려 출신 장군 김윤후가 처인성 전투에서 적장 살리타를 사살하고 승리를 거두었다.
③ 고려 말 공민왕은 권문세족을 견제하기 위해 전민변정도감을 운영하였다.

02 정방은 공민왕 때 폐지되었다.
03 몽골은 사신 저고여의 피살을 구실로 침략하였다.

단골 키워드 문제

| 01 ④ | 02 ① | 03 ① | 04 ③ | 05 ③ |
| 06 ② | 07 ⑤ | 08 ③ | 09 ③ | 10 ① |

01 [정답 ④]

출제자의 눈 고려 무신 정변에 대해 확인합니다.
사료 속 키워드 #거제 둔덕기성 #정중부 #폐위된 의종 #김보당

고려 의종이 무신들을 천대하고 향락에 빠져 실정을 일삼자 무신들의 불만이 쌓여갔다. 그러던 중 보현원에서 수박희를 하다가 대장군 이소응이 문신 한뢰에게 뺨을 맞는 사건이 발생하였고, 이를 계기로 분노가 폭발한 무신들이 정변을 일으켰다. 정중부와 이의방을 중심으로 조정을 장악한 무신들은 의종을 폐위하여 거제도로 추방한 뒤 명종을 즉위시켰다. 동북면 병마사로 있던 고려의 문신 김보당은 무신 정변으로 정권을 잡은 정중부, 이의방 등을 토벌하고 폐위된 의종을 다시 세우고자 난을 일으켰으나 실패하였다.
④ 고려 무신 정권 시기 서경유수 조위총은 군사를 일으켜 정중부 등의 무신 집권자들을 제거하려 하였으나 실패하였다.

오답 해설
① 충렬왕 때 원은 고려를 일본 원정에 동원하기 위해 정동행성을 설치하고 여몽 연합군을 구성하였다.
② 우왕 때 명이 원의 쌍성총관부가 있던 철령 이북의 땅에 철령위를 설치하겠다며 반환을 요구하였다. 이에 고려가 반발하면서 최영을 중심으로 요동 정벌이 추진되었다.
③ 대표적인 서경파인 묘청과 정지상은 서경 천도와 칭제 건원, 금국 정벌 등을 주장하였다.
⑤ 고려 말 홍건적과 왜구의 침입으로 어수선한 상황에서 고려를 위해 싸운 무인 세력들이 중요한 정치 세력으로 성장하였다.

02 [정답 ①]

출제자의 눈 무신 정권 시기와 그 시기 몽골에게 끝까지 항전한 삼별초를 살펴봅니다.
사료 속 키워드 #최우 #정년도목(政年都目) #정방을 자기 집에 두고 백관의 인사 행정 처리 #『고려사절요』

무신 정권 시기 최충헌의 뒤를 이어 집권한 최우는 자신의 집에 정방을 설치하고 인사 행정을 담당하는 기관으로 삼아 인사권을 완전히 장악하였다. 또한, 최우가 치안 유지를 위해 설치한 야별초가 확대되어 좌별초와 우별초로 나뉘고, 몽골의 포로가 되었다가 탈출한 신의군이 합쳐져 삼별초가 구성되었다.

① 최씨 무신 정권의 군사적 기반이었던 삼별초는 고려 조정의 개경 환도에 반발하여 대몽 항쟁을 전개하였다.

오답 해설

② 고려 동북면 병마사였던 문신 김보당은 무신 정변으로 정권을 잡은 정중부, 이의방 등을 토벌하고 폐위된 의종을 다시 세우고자 난을 일으켰으나 실패하였다.
③ 태조 때 빈민 구휼을 위해 흑창을 설치하여 춘궁기에 곡식을 대여해 주고 추수 후에 회수하였다.
④ 고려 무신 정권 시기에 공주 명학소에서 망이·망소이가 과도한 부역과 소 주민에 대한 차별 대우에 항의하여 농민 반란을 일으켰다.
⑤ 고려 무신 정권 시기에 최충헌은 국정을 총괄하는 중심 기구인 교정도감을 설치하고 스스로 기구의 최고 관직인 교정별감이 되어 인사 및 재정 등을 장악하였다.

❖ **무신 집권기 최씨 정권의 권력 기구**
- 정치 기구
  - 교정도감: 최충헌 설치, 국정을 총괄하는 최고 권력 기구
  - 정방: 최우 설치, 인사 행정 기구
  - 서방: 최우 설치, 능력 있는 문신을 등용하여 자문을 하는 기구
- 군사 기구
  - 도방: 경대승 설치, 무신 정권의 사병 기관
  - 삼별초: 최우가 설치한 군사 조직, 치안과 전투 담당

03 [정답 ①]

출제자의 눈 몽골의 침입에 대한 고려의 대응을 살펴봅니다.
사료 속 키워드 #방호별감 #김윤후 #충주산성 #군인과 백성이 결사 항전 #1253

몽골의 고려 5차 침입 때 충주산성의 방호별감이었던 김윤후는 전투에서 승리하면 신분의 고하를 막론하고 모두 관작을 주겠다고 독려하였다. 그 결과, 군인과 백성, 관노들이 다함께 몽골군에 항전하며 승리하였다.

① 무신 정권 시기에 몽골이 침입하자, 고려 고종과 당시 실권자였던 최우는 강화도로 도읍을 옮겨 몽골에 대한 장기 항전을 준비하였다.

오답 해설

② 고려 정종 때 최광윤의 의견을 받아들여 거란의 침입에 대비하기 위한 군사 조직으로 광군을 조직하고, 지방에 있는 광군을 관하하도록 수도 개경에 광군사를 설치하였다.
③ 임진왜란 중 유성룡이 조선 선조에게 건의하여 포수, 사수, 살수의 삼수병으로 구성된 훈련도감을 설치하였다.
④ 고려 숙종 때 여진에게 대항하기 위해 윤관이 별무반을 조직하였으며, 고려 예종 때 윤관의 별무반이 여진을 물리치고, 동북 9성을 축조하였다.
⑤ 우왕 때 명이 원의 쌍성총관부가 있던 철령 이북의 땅에 철령위를 설치하겠다며 반환을 요구하였다. 이에 고려가 반발하면서 최영을 중심으로 요동 정벌을 추진하였다.

04 [정답 ③]

출제자의 눈 원의 침입에 대한 고려의 대응을 학습합니다.
사료 속 키워드 #강화중성 #고려가 강화도로 천도

ㄴ. 몽골의 고려 5차 침입 때 충주산성의 방호별감이었던 김윤후는 관노들과 함께 몽골군에 항전한 끝에 승리하였다(충주성 전투).
ㄷ. 몽골의 고려 1차 침입 때 귀주성에서 몽골군의 공격을 물리치는 데 공을 세운 송문주는 몽골군이 3차 침입을 단행하며 중부 내륙의 길목인 죽주산성을 침략하자 귀주성에서의 경험을 바탕으로 몽골군에 승리하였다.

오답 해설

ㄱ. 거란이 강조의 정변을 구실로 성종 때의 1차 침입에 이어 다시 고려를 침입하여 흥화진을 공격하였다. 이때 고려 장수 양규는 무로대에서 거란을 기습 공격하여 포로로 잡힌 백성을 되찾았다.
ㄹ. 예종 때 윤관의 별무반이 여진을 물리치고, 동북 9성을 설치하였다. 이후 여진이 고려에 조공을 약속하며 동북 9성의 반환을 요청하자 고려는 이를 수락하고 동북 9성을 되돌려 주었다.

05 [정답 ③]

출제자의 눈 고려 원 간섭기의 사회 모습을 알아봅니다.
사료 속 키워드 #제국 대장 공주 #잣과 인삼 #원의 강남 지역으로 보냄

③ 고려 원 간섭기에는 지배층을 중심으로 몽골의 풍습인 변발과 호복 등이 유행하였다. 또한, 고려 세자가 왕위를 계승할 때까지 원에 머무는 것이 상례였으며, 충렬왕은 제국 대장 공주와 혼인한 후 스스로 변발과 호복을 입고 고려로 귀국하였다. 이 시기에 원은 공녀라 하여 고려의 처녀들을 뽑아가고, 금, 은, 베를 비롯한 잣, 인삼, 약재 등의 특산물을 징발하여 농민들의 고통을 가중시켰다.

오답 해설

① 통일 신라 말 진성 여왕 때 원종과 애노가 사벌주에서 중앙 정권의 무분별한 조세 징수에 반발하여 농민 봉기를 일으켰다(889).
② 고려의 승려 의천은 교종과 선종의 불교 통합 운동을 전개하였으며, 국청사를 창건하고 해동 천태종을 개창하였다(1097).
④ 조선 명종 때 흉년으로 기근이 극심해지자 발생하는 각종 문제를 해결하기 위해 이에 대비하는 방법을 정리한 『구황촬요』를 간행하였다(1554).
⑤ 고려 현종 때 거란이 강조의 정변을 구실로 2차 침입을 단행하였고, 개경이 함락되자 현종은 나주까지 피란을 갔다. 이후 현종은 거란의 침입을 불력으로 물리치고자 초조대장경을 제작하기 시작하였다(1011).

❖ 고려 후기의 정치적 격변

원의 내정 간섭	
• 일본 원정에 동원 • 관제 격하 • 경제 수탈	• 영토 상실 • 내정 간섭 • 풍속 변화

↓

공민왕의 개혁 정책	
• 친원 세력 숙청 • 정동행성 이문소 폐지 • 요동 지방 공략 • 정방 폐지	• 관제 복구 • 쌍성총관부 수복 • 몽골풍 금지 • 전민변정도감 설치

06 [정답 ②]

출제자의 눈 몽골에 맞서 항쟁하였던 삼별초를 확인합니다.

사료 속 키워드 #항파두리성 #개경 환도 결정에 반발 #강화도에서 봉기 #진도를 거쳐 제주도로 옮겨와 항쟁

고려 조정이 몽골과 강화를 맺고 개경으로 환도하자 배중손은 이에 반발하여 삼별초를 이끌고 진도 용장산성에서 항전하였다. 고려 무신 김방경이 진도의 삼별초를 진압하였으나, 일부 삼별초는 김통정의 지휘 아래 탐라(제주도)로 들어와 성을 쌓고 대몽 항쟁을 이어 나갔다. 항파두리성은 제주시 애월읍에 위치한 성곽으로, 삼별초가 최후로 항쟁하였던 곳이다.

② 고려 무신 정권 시기에 최충헌의 뒤를 이어 집권한 최우는 치안 유지를 위해 야별초를 설치하였다. 이것이 확대되어 좌별초와 우별초로 나뉘고, 몽골의 포로가 되었다가 탈출한 신의군이 합쳐져 삼별초가 구성되었다.

오답 해설

① 정종 때 최광윤의 의견을 받아들여 거란의 침입에 대비하기 위한 군사 조직으로 광군을 조직하고, 광군사를 설치하여 이를 관장하게 하였다.

③ 원 간섭기인 충렬왕 때 김방경은 원의 요청으로 일본 원정에 동원되어 도원수로서 고려군 8천여 명을 이끌고 참전하였다. 초기에는 대마도에서 전과를 올렸으나 일본의 강한 저항과 태풍 등의 자연재해로 인해 결국 실패하였다.

④ 숙종 때 부족을 통일한 여진이 고려의 국경을 자주 침입하자 윤관이 왕에게 건의하여 신기군, 신보군, 항마군으로 구성된 별무반을 조직하였다.

⑤ 고려 말 최영은 충남 내륙 지역까지 올라온 왜구를 홍산에서 격퇴시키며 크게 승리하였다.

07 [정답 ⑤]

출제자의 눈 고려 원 간섭기 공민왕 때 조일신이 일으킨 난을 살펴봅니다.

사료 속 키워드 #조일신 #기철 등을 제거할 것을 모의

⑤ 조일신의 난(1352): 원 간섭기인 공민왕 때 원의 세력을 등에 업은 부원배들이 득세하자 공민왕은 왕권을 강화하고 원의 간섭을 배제하기 위하여 반원 자주 정책을 펼치고자 하였다. 고려의 판삼사사였던 조일신은 공민왕의 개혁 정치를 기회로 삼아 자신의 정치적 입지를 다지고자 기철을 비롯한 부원배들을 제거하려 하였다. 이 과정에서 조일신이 공민왕을 협박하여 관직을 얻어내고 최측근을 요직에 배치하자 공민왕은 정동행성의 도움을 받아 난을 진압하였다. 이로 인하여 고려 내에 원의 정치적 간섭이 더욱 심해졌고, 부원배들의 세력도 강화되었다.

❖ 공민왕의 개혁 정책

반원 자주 정책	• 친원 세력 숙청 • 몽골풍 금지 • 왕실 호칭 및 관제 복구 • 쌍성총관부 탈환
왕권 강화 정책	• 정방 폐지(인사권 장악) • 신진 사대부 등용(성균관 정비) • 전민변정도감 설치(신돈 등용)

08 [정답 ③]

출제자의 눈 고려와 일본의 대외 관계를 확인합니다.

사료 속 키워드 #최무선 #화포 #진포 대첩 #나세 #심덕부

고려 우왕 때 최무선이 화통도감의 설치를 건의하고 화약과 화포를 제작하여 군사력을 증강하였다. 이후 진포에 왜선 500여 척이 나타나자 최무선은 나세, 심덕부 등과 함께 자신이 설계한 80여 척의 병선과 우리나라 최초의 화약 병기인 화통, 화포로 왜구를 격퇴하였다(진포 대첩).

③ 고려 창왕 때 왜구의 본거지인 쓰시마섬에 박위를 파견하여 토벌하였다.

오답 해설

① 고려 정종 때 최광윤의 의견을 받아들여 거란의 침입에 대비하기 위한 군사 조직으로 광군을 조직하고, 지방에 있는 광군들을 관리하도록 수도 개경에 광군사를 설치하였다.

② 조선 태종 때 여진에 대한 회유책으로 경성과 경원에 무역소를 설치하여 국경 무역을 할 수 있도록 하였다.

④ 조선 인조 때 후금과의 관계가 악화되자 국방력 강화를 위해 어영청을 창설하여 국왕을 호위하게 하였다. 이후 효종이 어영청을 중심으로 북벌을 추진하였다.

⑤ 고려 고종 때 몽골이 침입하자 부처의 힘으로 몽골군을 물리치기 위해 대장도감을 설치하여 16년에 걸쳐 팔만대장경을 간행하였다.

09 [정답 ③]

출제자의 눈 이성계의 고려 말 활동 내용에 대해 알아봅니다.
사료 속 키워드 #황산에서 왜구 격퇴 #대첩비 #적장 아지발도를 죽임

고려 말 도순찰사였던 이성계가 황산에서 왜구를 물리친 황산 대첩은 홍산 대첩, 진포 대첩과 함께 왜구와의 3대 대첩 중 하나로 꼽힌다. 조선 선조 때 황산 대첩의 승리를 후대에 널리 알리기 위하여 대첩비를 세웠다. 이는 일제 강점기 때 파괴되었으나 탁본이 남아 있어 적장 아지발도를 죽이고 대승을 거둔 이성계의 활약상을 상세히 알 수 있으며, 1957년 남원에 다시 만들어 세웠다.
③ 고려 우왕 때 최영을 중심으로 요동 정벌을 추진하였다. 이성계는 4불가론을 제시하며 반대하였으나 왕명에 의해 출병하게 되었고, 의주 부근의 위화도에서 개경으로 회군하여 최영을 제거하고 우왕을 폐위하며 정권을 장악하였다.

오답 해설
① 조선 세종 때 여진을 몰아낸 뒤 최윤덕이 압록강 상류 지역에 4군을 설치하고, 김종서가 두만강 하류 지역에 6진을 설치하여 영토를 확장하였다.
② 고려 시대에 동북면 병마사였던 문신 김보당은 무신 정변으로 정권을 잡은 정중부, 이의방 등을 토벌하고 폐위된 의종을 다시 세우고자 난을 일으켰으나 실패하였다.
④ 고려 숙종 때 부족을 통일한 여진족이 고려의 국경을 자주 침입하자 윤관이 왕에게 건의하여 별무반을 조직하였다. 신기군, 신보군, 항마군으로 구성된 별무반은 이후 여진을 정벌하고 예종 때 동북 9성을 설치하였다.
⑤ 고려 무신 정권 시기 최우가 치안 유지를 위해 설치한 야별초가 확대되어 좌별초와 우별초로 나뉘고, 몽골의 포로가 되었다가 탈출한 신의군과 함께 삼별초가 구성되었다.

10 [정답 ①]

출제자의 눈 고려의 충신이었던 최영에 대해 학습합니다.
사료 속 키워드 #명의 철령위 설치에 반발 #요동 정벌을 추진 #이성계가 위화도 회군으로 정권을 장악하면서 죽임을 당함

고려 우왕 때 명이 원의 쌍성총관부가 있던 철령 이북의 땅에 철령위를 설치하겠다고 반환을 요구하였다. 이에 고려의 무신이자 팔도도통사였던 최영은 이를 반대하고 요동 정벌을 추진하였다. 당시 급부상하는 신흥 무인 세력이었던 이성계는 4불가론을 제시하며 반대하였으나 왕명에 의하여 출정하였다. 이후 이성계가 의주 부근의 위화도에서 개경으로 회군하여 최영을 제거하고 우왕을 폐위시키며 정권을 장악하였다(위화도 회군, 1388).
① 고려 말 최영은 충남 내륙 지역까지 올라온 왜구를 홍산에서 전멸시키며 크게 승리하였다(홍산 전투, 1376).

오답 해설
② 우왕 때 최무선은 화통도감 설치를 건의하여 화약과 화포를 제작하였고, 이를 활용하여 진포 대첩에서 왜구를 격퇴하였다.
③ 고려의 무신 강조는 국가의 혼란을 바로잡고자 정변을 일으켜 목종의 외척인 김치양을 제거하고 목종을 폐위시킨 뒤 현종을 옹립시켰다. 이후 거란은 강조의 정변을 구실로 2차 침입을 단행하였다.
④ 동북면 병마사로 있던 고려의 문신 김보당은 무신 정변 이후 정권을 잡은 정중부, 이의방 등을 토벌하고 폐위된 의종을 복위시키겠다며 난을 일으켰으나 실패하였다.
⑤ 고려 무신 정권 시기에 최충헌은 국정을 총괄하는 중심 기구인 교정도감을 설치하고 스스로 기구의 최고 관직인 교정별감이 되어 인사 및 재정 등을 장악하였다.

04 중세의 경제

기출 키워드로 연습하기

01 ① 수도의 시전 감독 ② 국제 무역항 ③ 『농상집요』 소개
02 × 03 × 04 과전법 05 숙종 06 벽란도

01 ① 고려는 수도 개경의 시전을 감독하기 위해 경시서를 두었다.
② 고려는 예성강 하구에 위치한 국제 무역항 벽란도를 통해 송, 아라비아 상인과 교류하였다.
③ 고려 충정왕 때 이암이 중국의 농서인 『농상집요』를 소개하였다.

02 전시과 제도는 토지의 소유권이 아닌 수조권을 지급하는 것이다.

03 민전은 농민의 사유지로 소유권이 보장된 토지였다.

단골 키워드 문제

01 ④ 02 ① 03 ⑤ 04 ④ 05 ①
06 ②

01 [정답 ④]

출제자의 눈 전시과 제도가 실시된 고려 시대의 경제 상황을 살펴봅니다.
사료 속 키워드 #토지 제도 #인품 배제 #관직과 위계의 높고 낮음을 기준으로 전지와 시지 지급 #지급 기준 점차 정비

고려 경종 때 처음 시행된 전시과는 관직 복무와 직역의 대가로 토지를 나눠 주는 제도였다. 관리부터 군인, 한인까지 총 18등급으로 나누어 곡물을 수취할 수 있는 전지와 땔감을 얻을 수 있는 시지를 주었고, 수급자들은 지급된 토지에 대해 수조권만 가졌다. 이후 목종 때의 개정 전시과 제도는 인품에 관계없이 관등을 기준으로 지급하였고, 문종 때의 경정 전시과는 현직 관리에게만 지급하는 등 지급 기준이 점차 정비되었다.

④ 고려 시대에는 상업 활동이 활발해지면서 화폐를 발행하였다. 고려 성종 때에는 우리나라 최초의 주화인 건원중보가 발행되었고, 이후 숙종 때 삼한통보, 해동통보, 해동중보 등의 동전과 활구(은병)를 만들어 통용을 추진하였으나 결과적으로 널리 유통되지는 못하였다.

> **오답 해설**

① 조선 후기에는 임진왜란 이후 왜와 단절되었던 국교가 재개되면서 초량 왜관이 설치되었고(1678), 내상은 왜관에서 인삼을 판매하며 일본 상인과의 무역을 주도하였다.
② 조선 후기에는 생산력 증대와 유통 경제의 발달로 상업이 발전하였고, 상품의 매점이나 독점을 통해 가격을 조작하고 이익을 취하는 도고가 등장하였다.
③ 신라 지증왕은 경주에 시장을 설치하고 이를 감독, 관리하기 위한 기구인 동시전을 설치하였다(509).
⑤ 조선 초기에는 민간에서 광산을 개발하는 것을 금지하였으나 조선 후기인 효종 때 설점수세제를 시행하여 민간 광산의 개발을 허가해 주고 세금을 징수하였다(1651).

❖ **고려의 경제 상황**

농업	• 소를 이용한 우경 일반화, 시비법 발달 • 문익점의 목화씨 전래 • 원의 농법을 소개한 농서 『농상집요』(이암)
상업	• 개경에 시전, 경시서 설치 • 예성강 하구 벽란도에서 국제 무역 번성 • 화폐: 건원중보, 삼한통보, 해동통보, 은병(활구) 등 → 결과적으로 유통 부진

02 [정답 ①]

> **출제자의 눈** 고려 말 위화도 회군과 과전법에 대해 확인합니다.
>
> **사료 속 키워드** #우왕 #요동을 공격 #최영 #압록강 #위화도 #이성계가 회군 #과전을 지급 #경기 #현직, 산직(散職)을 불문 #과(科)에 따라 받음

(가) 고려 우왕 때 명이 원의 쌍성총관부가 있던 철령 이북의 땅에 철령위를 설치하겠다며 반환을 요구하자 이에 반발한 고려는 최영을 중심으로 요동 정벌을 추진하였다(1388).
(나) 고려 우왕 때 최영을 중심으로 요동 정벌이 추진되자 이성계는 4불가론을 제시하며 반대하였으나 왕명에 의해 출병하게 되었다. 이후 의주 부근의 위화도에서 개경으로 회군하여 최영을 제거하고 우왕을 폐위하며 정권을 장악하였다(1388).
(다) 고려 말 공양왕 때 신진 사대부의 건의로 토지 개혁법인 과전법이 시행되었다(1391). 이는 원칙적으로 현직과 산직을 불문하고 경기 지역에 한정하여 토지를 지급하였다.

❖ **고려의 토지 제도**

역분전(태조 왕건)		후삼국 통일 공신에게 지급
전시과	시정 전시과 (경종)	• 전시과 처음 시행(전지, 시지 지급) • 관등과 인품에 따라 지급
	개정 전시과 (목종)	18과로 구분한 관등에 따라 지급
	경정 전시과 (문종)	• 현직 관리에게만 지급 • 토지 지급액 감소, 무신 차별 완화

03 [정답 ⑤]

> **출제자의 눈** 화폐가 발행·유통되었던 고려 시대의 경제 상황에 대해 알아봅니다.
>
> **사료 속 키워드** #화폐 유통의 필요성 주장 #여진 정벌 #동북 9성 축조 #송에 다녀옴 #해동 천태종 개창

고려 시대에는 상업 활동이 활발해지면서 국가 재정 관리의 효율성을 위해 화폐 발행·유통의 필요성이 대두되었다. 이에 별무반을 이끌고 여진을 정벌하여 동북 9성을 쌓은 윤관은 화폐 사용을 주청하였다. 또한, 해동 천태종을 개창한 승려 의천은 당시 상업이 발전하여 화폐가 널리 유통되고 있는 송에 다녀온 후 운반의 편리 등을 주장하며 화폐 유통을 건의하였다. 이에 주전도감이 설치되고 해동통보, 삼한통보 등 동전과 활구(은병)가 주조되었다.
⑤ 고려는 개경에 시전을 설치하고, 경시서를 두어 물가를 조절하고 상인에게 세금을 부과하는 등 시전의 상행위를 감독하였다.

> **오답 해설**

① 고구려는 집집마다 부경이라는 작은 창고를 만들어 곡식, 찬거리, 소금 등을 저장하였다.
② 통일 신라 신문왕은 녹읍을 폐지하고 관료전을 지급하여 귀족의 경제 기반을 약화시키고자 하였다. 이후 왕권이 미약하였던 경덕왕 때 귀족들의 반발로 녹읍이 부활되었다.
③ 조선 숙종 때 허적의 제안으로 상평통보를 주조하고 법화로 유통하였다.
④ 통일 신라는 삼국 통일 이후 해상 무역이 발전하여 한강 하류의 당항성과 전남 영암 등이 국제 무역항으로 번성하였다.

❖ **고려 시대의 화폐**

고려	• 성종: 건원중보 • 숙종: 삼한통보, 해동통보, 해동중보, 은병(활구) • 충렬왕: 쇄은 • 충혜왕: 소은병 • 공양왕: 저화

04　　　　　　　　　　　　　　　　　　　　　[정답 ④]

> **출제자의 눈** 화폐를 발행하였던 고려 시대의 경제 상황에 대해 탐구합니다.
> **사료 속 키워드** #주전도감 #동전 사용의 이로움 #은병을 화폐로 삼음 #활구 #저포, 은병 #쌀로 가격 계산

고려 시대에는 상업 활동이 활발해지면서 국가 재정 관리의 효율성을 위해 화폐 발행의 필요성이 대두되었다. 이에 따라 숙종 때 화폐 주조를 전담하는 관서인 주전도감을 설치하고 삼한통보, 해동통보, 해동중보 등의 동전과 활구(은병)를 만들어 통용을 추진하였다.
④ 고려 문종 때 경시서를 설치하여 수도 개경의 시전을 감독하였다. 또한, 충렬왕 때에는 경시서에서 매년 그해의 풍흉에 따라 은병의 품질 저하와 가치 하락에 대응하기 위해서 미곡과의 교환 비율을 공표하여 그 가치를 조절하도록 하였다.

오답 해설
①·② 조선 후기에는 상업이 발전하여 사상(私商)이 전국 각지에서 활발한 상업 활동을 전개하였다. 의주의 만상은 압록강 밖 책문에서 행해지던 사무역인 책문 후시를 통해 청과의 무역 활동을 주도하며 성장하였다. 또한, 개성의 송상은 전국에 송방이라는 지점을 설치하고, 청과 일본 사이의 중계 무역으로 많은 부를 축적하였다.
③ 조선 후기에 감자와 고구마가 구황 작물로 전래되어 재배되기 시작하였다.
⑤ 조선 후기 광산 개발이 활성화되면서 전문적으로 광산을 경영하는 덕대가 등장하였다.

05　　　　　　　　　　　　　　　　　　　　　[정답 ①]

> **출제자의 눈** 고려의 경제 상황을 파악합니다.
> **사료 속 키워드** #작황 #촌전이 수령에게 보고 #호부 #삼사 #안찰사 #조세

고려는 농사의 작황을 직접 조사하여 작황의 등급에 따라 전세를 감면해 주는 수취 제도를 시행하였다. 이때 촌락마다 수령의 지시를 받아 촌락의 각종 행정 업무를 처리하는 촌전이 있었으며, 촌전이 수령에게 작황에 대해 아뢰면 수령이 직접 나가 조사한 후 국가의 재정을 담당하는 호부에게 보고하였다. 이후 호부는 작황 상황을 삼사에게, 삼사는 해당 지역을 관할하는 안찰사에게 전달하여 조사할 인원을 파견하도록 한 후 흉년이 들면 그 지역의 조세를 감면하도록 하였다.
① 고려 시대 예성강 하구에 위치한 벽란도는 국제 무역항으로 번성하였으며, 이곳을 통해 송·아라비아 상인들과 교역을 전개하였다.

오답 해설
② 조선 후기에는 장시가 증가하고 상품 유통 경제가 발달하면서 농민들이 고추, 담배 등 상품 작물을 활발하게 재배하였다.
③ 신라 지증왕은 경주에 시장을 설치하고 이를 감독하기 위한 기구인 동시전을 설치하였다.
④ 조선 후기에 광산 개발이 활성화되면서 물주로부터 자금을 지원받아 전문적으로 광산을 경영하는 덕대가 활동하였다.
⑤ 조선 세종은 정초, 변효문 등을 시켜 우리 풍토에 맞는 농법을 소개한 『농사직설』을 간행 및 보급하였다.

06　　　　　　　　　　　　　　　　　　　　　[정답 ②]

> **출제자의 눈** 고려의 경제 상황에 대해 살펴봅니다.
> **사료 속 키워드** #이규보 #예성강 하구 #벽란도 #국제 무역항 #송과 아라비아 상인들이 왕래

고려 시대 예성강 하구에 위치한 벽란도는 국제 무역항으로 번성하였으며, 이곳을 통해 송·아라비아 상인들과 교역을 전개하였다.
② 고려 숙종 때 해동통보, 삼한통보, 해동중보 등의 동전과 활구(은병)를 발행·유통하였다.

오답 해설
① 조선 후기 개성의 송상은 전국에 송방이라는 지점을 설치하고 청과 일본 사이의 중계 무역으로 많은 부를 축적하였다.
③ 신라 지증왕은 경주에 시장을 설치하고 이를 감독하기 위한 기구인 동시전을 설치하였다.
④ 조선 후기에 상업의 발달로 인삼, 담배, 면화, 생강 등 상품 작물의 재배가 활발해졌다.
⑤ 조선 세종 때 대마도주의 요구를 받아들여 부산포, 제포, 염포의 삼포를 개방하였고, 이후 제한된 범위 내에서 무역을 허락하는 계해약조를 체결하였다.

05 중세의 사회

기출 키워드로 연습하기

01 ○　02 ×　03 ○　04 ×　05 관습법　06 향도　07 연령순

01 고려의 문벌귀족은 과거 없이 관리에 등용될 수 있는 음서와 5품 이상 관리에게 지급하는 토지인 공음전 등의 혜택을 받으며 권력을 세습하였다.

02 특수 행정 구역인 향·부곡·소민은 거주 이전의 자유가 제한되었으며, 세금을 과중하게 부담하는 등 차별 대우를 받았다.

03 태조는 빈민 구제를 위해 춘궁기에 곡식을 빌려 주고 추수 후에 회수하는 흑창을 설치하였다.

04 고려 예종 때 설치된 혜민국은 빈민의 질병 치료와 의약품을 관리하던 관청이다.

단골 키워드 문제

01 ⑤　02 ④　03 ④　04 ④　05 ⑤
06 ③

01 [정답 ⑤]

> **출제자의 눈** 고려 전기의 집권 세력인 문벌귀족에 대해 알아봅니다.
> **사료 속 키워드** #호족 #무신 #권문세족 #향리 #신진 사대부

(가)는 고려 전기 여러 세대에 걸쳐 고위 관직자를 배출한 몇몇 가문이 특권층으로 자리잡은 문벌귀족이다. 문벌귀족은 고려 성종 시기부터 형성되었으며 11세기 문종 때에 문벌귀족 사회의 전성기를 이루었다. 해주 최씨, 파평 윤씨, 경원 이씨 등은 이들 가문끼리 중첩된 혼인 관계를 맺거나 왕실과 혼인하여 왕실의 외척으로서 정권을 장악하기도 하였다.
⑤ 문벌귀족은 과거와 음서를 통하여 관직을 독점하고, 공음전의 혜택을 통해 경제적 기반을 확보하였다.

오답 해설
① 향리는 지방의 중소 지주 출신으로 무신 정권 이래로 과거를 통해 중앙의 관리로 진출하여 신진 사대부로 성장하게 되었다.
② 고려 말의 신진 사대부는 성리학적 교양과 실무 능력을 갖춘 학자적 관료로서 사회 개혁을 추진하였으며, 불교의 폐단을 비판하였다.
③ 고려 무신 정권의 정중부는 중방을 기반으로 정권을 장악하였다.
④ 친원적 성향의 권문세족은 원 간섭기에 도평의사사를 통해 정치적 실권을 장악한 최고 권력층으로 음서를 통해 신분을 세습하고 대규모 농장과 노비를 소유하였다.

02 [정답 ④]

> **출제자의 눈** 고려 시대의 신분 계층인 중류층의 역할에 대해 살펴봅니다.
> **사료 속 키워드** #중간 계층 #중류층 #잡류 #남반 #향리 #군반 #역리

고려의 귀족과 양민층 사이에는 중류층이 존재하였으며, 중앙 관청의 말단 행정직인 잡류, 궁중 실무 관리인 남반, 지방 행정의 실무를 담당하는 향리(호장), 직업 군인 군반(하급 장교), 지방의 역(驛)을 관리하는 역리, 잡과 출신의 역관과 의관 등이 있었다. 중류층은 통치 체제의 하부 구조에서 중간 역할을 담당하는 집단으로서, 직역을 세습적으로 물려받았으며 국가로부터 그에 상응하는 토지를 받았다.
④ 고려 시대의 중인층 중 상층 향리는 과거를 통해 중앙에 진출하였으며 향촌의 실질적 지배 세력이었다.

오답 해설
① 잡과에서는 법률, 의학, 회계, 지리, 역학 등 실용 기술학을 시험하여 역관, 의관 등의 기술관을 등용하였다.
② 하급 장교인 군반은 직업 군인으로 중류층에 포함되었다.
③ 중앙 관청의 말단 서리인 잡류는 중류층에 포함되었다.
⑤ 고려 시대에는 향리의 공복을 제정하여 중앙 관료들과의 신분적 위계질서를 구분하였다.

03 [정답 ④]

> **출제자의 눈** 고려의 사회 모습을 확인합니다.
> **사료 속 키워드** #7재 #무학은 강예재 #무학이 점차 번성 #무학재의 호칭은 모두 혁파

고려 중기 예종은 관학 진흥을 위해 국자감을 재정비하여 문무 양학의 과목을 독립 강좌로 설치하는 7재를 세웠다. 이때 여진과의 대립으로 무학에 대한 관심이 높아져 무술을 전문적으로 교육하는 기관인 무학재(강예재)가 7재 안에 설치되기도 하였다. 그러나 무학재 출신들이 상대적으로 급제하기가 쉬워 문신의 견제를 받게 되면서 고려 인종 때 무학재가 폐지되었다.
④ 고려 예종 때 혜민국을 설치하여 서민의 질병 치료를 위한 의약을 관리하였다.

오답 해설
① 조선 후기 서얼들은 신분 상승 운동인 통청 운동을 전개하면서 청요직으로 진출하는 것을 허용해 달라는 상소를 올렸다.
② 사창제는 조선 시대에 각 고을의 곡식을 저장해 둔 뒤 백성들에게 대여해 주던 제도이다. 흥선 대원군은 일시적으로 시행되었던 사창제를 부활시켜 「사창절목」에 따라 경기·삼남·해서 등 5도에 실시하였다.
③ 조선 후기에는 『정감록』과 같은 예언 사상이 유행하였고, 말세의 도래, 왕조 교체 등의 낭설로 민심이 혼란스러웠다.
⑤ 조선 세종 때 우리 풍토에 맞는 약재와 치료 방법을 개발하여 정리한 의학서인 『향약집성방』이 간행되었다.

04 [정답 ④]

> **출제자의 눈** 고려 시대에 민생 안정을 위한 빈민 구제 정책을 파악합니다.
> **사료 속 키워드** #구제도감 #재해 #전염병 퇴치 #병자 치료 #백성 구호

고려 시대에는 구제도감과 구급도감 등을 임시 기관으로 설치하여 재해가 발생하였을 때 백성을 구제하였다. 그중 구제도감은 질병 환자를 치료하고 병사자의 매장을 관장하며 감염병 확산 등에 대처하는 기능을 담당하였다.
ㄴ. 고려는 환자 치료 및 빈민 구제를 위해 개경에 동서 대비원을 설치하였다.
ㄹ. 고려 광종 때 제위보를 운영하여 기금을 모았다가 백성에게 빌려주고 그 이자로 빈민을 구제하도록 하였다.

오답 해설
ㄱ. 조선 명종 때 『구황촬요』를 간행하여 흉년으로 기근이 극심한 때에 발생하는 각종 문제에 대비하는 방법을 정리하였다.
ㄷ. 조선 후기 실권을 잡은 흥선 대원군은 환곡의 폐단을 해결하기 위해 호조에서 사창의 설치와 운영에 대해 규정한 「사창절목」에 따라 향촌에서 마을 단위로 운영하던 사창제를 전국적으로 실시하였다.

05

[정답 ⑤]

출제자의 눈 고려 시대에 백성들을 구휼하기 위해 시행한 사회 시책에 대해 파악합니다.

사료 속 키워드 #역질 #구제도감 #중서성 #사창 #의창

- 구제도감: 고려 시대에 재해 발생 시 백성을 구제하기 위해 설치한 임시기관이다. 질병 환자를 치료하고 병사자의 매장을 관장하며, 감염병 확산 등에 대처하는 기능을 담당하였다.
- 의창: 고려 태조 때 실시한 흑창은 춘궁기에 곡식을 대여해 주고 추수 후에 회수하던 빈민 구휼 제도이다. 이후 성종 때 쌀을 1만 석 보충하여 시행하면서 명칭을 의창으로 바꾸었다.
⑤ 고려 광종 때 제위보를 운영하여 기금을 모았다가 백성에게 빌려주고 그 이자로 빈민을 구제하도록 하였다.

오답 해설

① 고려 시대에 빈민 구제를 위해 설치한 동서 대비원을 계승하여 조선 시대에 도성 내 병든 빈민들의 치료와 사망자의 매장을 위해 활인서를 설치하였다. 동활인서와 서활인서를 합쳐 동서 활인서라 불렀다.
② 고구려 고국천왕은 국상 을파소의 건의에 따라 빈민을 구제하기 위해 먹을거리가 부족한 봄에 곡식을 빌려주고 겨울에 갚게 하는 진대법을 실시하였다.
③ 조선 세종 때 우리 풍토에 맞는 약재와 치료 방법을 개발하여 정리한 의학서인 『향약집성방』을 편찬하였다.
④ 조선 명종 때 흉년으로 기근이 극심해지자 발생하는 각종 문제를 해결하기 위해 이에 대비하는 방법을 정리한 『구황촬요』를 간행하였다.

06

[정답 ③]

출제자의 눈 의창 제도를 실시한 고려 성종의 정책을 살펴봅니다.

사료 속 키워드 #가난한 백성에게 진대 #이름을 의창(義倉)으로 고침

고려 태조 때 실시한 흑창은 춘궁기에 곡식을 대여해 주고 추수 후에 회수하던 빈민 구휼 제도이다. 이후 성종 때 쌀을 1만 석 보충하여 시행하면서 명칭을 의창으로 바꾸었다.
③ 고려 성종은 최승로의 시무 28조를 받아들여 중앙의 통치 기구를 개편하고, 전국 12목에 지방관을 파견하여 지방 세력을 견제하였다.

오답 해설

① 문종은 풍수지리설의 영향을 받아 한양을 중요하게 여겨 남경으로 승격시키며 궁궐을 지었다.
② 숙종 때 최고 국립 교육 기관인 국자감에 서적포를 설치하여 모든 책판을 옮기고 인쇄와 출판을 담당하게 하였다.
④ 공민왕은 왕권을 강화하기 위해 무신 정권 시기 인사 행정을 장악하였던 정방을 폐지하였다.
⑤ 광종은 왕권을 강화하기 위해 개경에 화엄종 계열의 귀법사를 창건하고 균여를 주지로 삼은 뒤 제위보를 설치하여 민심을 수습하는 등 불교 정책을 펼쳤다.

❖ 고려의 민생 안정 기구

사회 시설	의창, 상평창
의료 기관	동서 대비원, 혜민국, 구제도감, 구급도감
빈민 구제 기금	제위보

06 중세의 문화_1

기출 키워드로 연습하기

01 ① 『삼국사기』 ② 9재 학당 ③ 교관겸수 02 × 03 ○
04 서적포 05 의천 06 지눌

01 ① 김부식은 인종의 명을 받아 역사서 『삼국사기』를 편찬하였다.
② 고려 시대의 문신 최충은 9재 학당을 세워 사학 12도 중 가장 번성하였다.
③ 고려 승려 의천은 이론의 연마와 실천을 강조하는 교관겸수를 강조하였다.

02 이승휴의 『제왕운기』는 우리 역사를 단군에서부터 서술하여 고조선 계승 의식을 반영하였다.

03 고려 중기에 사학이 발전하자 관학을 진흥시키기 위해 예종 때 국자감을 재정비하여 전문 강좌인 7재를 설치하였다.

단골 키워드 문제

01 ② 02 ④ 03 ④ 04 ① 05 ①
06 ③

01

[정답 ②]

출제자의 눈 승려 일연이 저술한 『삼국유사』를 학습합니다.

사료 속 키워드 #승려 일연 #불교사 중심 #민간 설화 수록 #역사서 저술

② 고려 원 간섭기 때 승려 일연이 저술한 『삼국유사』에는 불교사를 중심으로 왕력(王歷)편과 함께 기이(紀異)편을 두어 설화나 전래 기록 등을 수록하였으며, 특히 단군을 우리 민족의 시초로 여겨 고조선의 건국 이야기를 수록하였다.

오답 해설

① 편년체는 역사를 시대순으로 기록하는 방식으로, 편년체 역사서로는 조선 성종 때 편찬된 『동국통감』, 조선 정종 때 창설된 승정원에서 기록한 『승정원일기』, 조선 태조 때부터 철종 때까지의 역사를 기록한 『조선왕조실록』 등이 있다.
③ 조선 정조 때 서얼 출신 유득공이 저술한 『발해고』에서는 발해를 우리의 역사로 인식하고 최초로 '남북국'이라는 용어를 사용하였다.

④ 고려 승려 각훈은 왕명을 받아 『해동고승전』을 편찬하여, 삼국 시대 이래 승려들의 전기를 기록하였는데, 현재는 일부만 남아있다.
⑤ 고려 무신 정권 시기 문인 이규보는 『동국이상국집』을 저술하였다. 그 중 권3의 「동명왕편」은 한국 문학 최초의 서사시로, 고구려를 건국한 동명왕의 업적을 칭송하고 고려가 고구려를 계승하였다는 고려인의 자부심을 표현하였다.

02 [정답 ④]

출제자의 눈 김부식이 편찬한 『삼국사기』에 대해 알아봅니다.
사료 속 키워드 #왕명을 받아 편찬한 역사서 #묘청의 난 진압 #유교 사관 #삼국의 역사 기록

④ 『삼국사기』는 고려 인종의 명을 받아 김부식이 편찬한 현존하는 우리나라 최고(最古)의 역사서이다. 이는 유교적 사관을 바탕으로 본기, 연표, 지, 열전 등으로 구성된 기전체 형식으로 서술되었다.

오답 해설
① 조선 정조 때 서얼 출신 유득공이 저술한 『발해고』에서는 발해를 우리의 역사로 인식하고 최초로 '남북국'이라는 용어를 사용하였다.
② 조선 시대에는 국왕의 사후에 실록청을 설치하고 사관이 기록한 사초, 시정기를 정리하여 『조선왕조실록』을 편찬하였다.
③ 고려 원 간섭기 때 승려 일연이 저술한 『삼국유사』에는 불교사를 중심으로 왕력과 함께 기이(紀異)편을 통해 전래 기록이 수록되어 있으며, 특히 단군을 우리 민족의 시초로 여겨 고조선 건국 설화를 수록하였다.
⑤ 고려 무신 정권기의 문인 이규보는 『동국이상국집』을 저술하였다. 권3의 「동명왕편」은 한국 문학 최초의 서사시로, 고구려를 건국한 동명왕의 업적을 칭송하고 고려가 고구려를 계승하였다는 고려인의 자부심을 표현하였다.

03 [정답 ④]

출제자의 눈 고려 시대에 실시된 관학 진흥책을 살펴봅니다.
사료 속 키워드 #최충의 9재 학당 #위축된 관학 진흥 #서적포 #국자감 #7재

④ 고려 중기 최충의 문헌공도를 대표로 하는 사학 12도의 발전으로 관학이 위축되자 숙종 때 관학 진흥책의 일환으로 최고 국립 교육 기관인 국자감에 서적포를 설치하여 모든 책판을 옮기고 인쇄와 출판을 담당하게 하였다. 예종 때는 국자감을 재정비하여 7재를 세우고 양현고를 설치하는 등 관학 진흥책을 추진하였다.

오답 해설
① 통일 신라 원성왕은 국학의 학생들을 대상으로 독서삼품과를 실시하여 유교 경전의 이해 수준에 따라 관리로 채용하였다.
② 조선 시대에는 국가의 공식 승인을 받은 사액 서원에 토지와 노비, 서적을 지급하고 면세와 면역의 특권을 부여하였다.
③ 조선은 수도 한양에 중등 교육 기관으로 4부 학당을 설립하였다.
⑤ 조선 후기 정조는 새롭게 관직에 오른 자 또는 기존 관리들 중 능력 있는 관리들을 규장각에서 재교육시키는 초계문신제를 시행하였다.

❖ **고려의 교육 제도**

사학	최충의 문헌공도(9재 학당) 등 사학 12도 융성

관학	• 중앙 – 국자감, 지방 – 향교
	• 관학 진흥책
	  – 숙종: 서적포(도서 출판)
	  – 예종: 국학(국자감)에 7재(전문 강좌) 설치, 양현고(장학 재단)
	  – 인종: 경사 6학(개경)
	  – 충렬왕: 섬학전(장학 기금), 국학에 대성전(공자의 사당) 설립

04 [정답 ①]

출제자의 눈 고려 시대 승려 지눌에 대해 탐구합니다.
사료 속 키워드 #선종의 승려 #교종을 포용 #불일보조국사 #전라남도 순천 송광사 #결사 운동 #수행에 힘쓸 것을 주창

① 고려의 승려 지눌은 불교의 타락을 비판하며 정혜사에서 승려의 기본인 독경, 수행, 노동에 힘쓸 것을 주장하는 정혜 결사 운동(수선사 결사 운동)을 전개하였다. 정혜사는 이후 수선사로 개칭되었으며, 고려 말 송광사로 바뀌었다. 지눌은 정혜쌍수를 사상적 바탕으로 철저한 수행을 강조하였으며, 내가 곧 부처라는 깨달음을 위한 노력과 함께 꾸준한 수행으로 깨달음을 확인하는 돈오점수를 강조하였다.

오답 해설
② 문종의 넷째 아들로 승려가 된 의천은 송에서 유학하고 돌아와 개경(개성) 흥왕사에서 교종과 선종의 불교 통합 운동을 전개하였으며, 국청사를 중심으로 해동 천태종을 개창하였다.
③ 고려의 승려 혜심은 역대 선사들의 어록을 모은 공안집인 『선문염송집』을 편찬하고, 유불 일치설을 주장하여 성리학을 수용할 수 있는 사상적 토대를 마련하였다.
④ 고려 승려 각훈은 왕명을 받아 『해동고승전』을 편찬하여 삼국 시대 이래 승려들의 전기를 기록하였는데, 현재는 일부만 남아있다.
⑤ 고려 승려 균여는 어려운 불교의 교리를 설파하기 위해 사람들이 따라 부르기 쉬운 노래를 이용하여 「보현십원가」라는 향가를 만들었다.

05 [정답 ①]

출제자의 눈 천태종을 개창한 승려 의천의 활동에 대해 알아봅니다.
사료 속 키워드 #왕후 #왕자로 태어나 승려가 됨 #문종의 아들 #송에 유학 #흥왕사 #『신편제종교장총록』 #송·거란·일본 등 동아시아 각지의 불교 서적을 수집하여 정리

고려 승려 의천은 문종의 넷째 아들로 송에서 유학하고 돌아와 흥왕사에 교장도감을 설치하였다. 이곳에서 고려 및 송·거란·일본 등 동아시아 각지의 불교 서적을 수집·정리하여 『신편제종교장총록』을 편찬하였다.

① 의천은 교종을 중심으로 선종을 통합하고자 국청사를 창건하고 해동 천태종을 개창하였다. 교선 통합 운동을 뒷받침하기 위한 사상적 바탕으로 이론의 연마와 실천을 강조하는 교관겸수와 내외겸전을 제시하였다.

오답 해설

② 고려 중기의 보조국사 지눌은 타락한 고려의 불교를 바로잡고자 송광사를 중심으로 수선사 결사를 조직하였다.
③ 고려의 승려 혜심은 역대 선사들의 어록을 모은 공안집인 『선문염송집』을 편찬하고, 유불 일치설을 주장하여 성리학을 수용할 수 있는 사상적 토대를 마련하였다.
④ 고려 원 간섭기인 충렬왕 때 승려 일연이 불교사를 중심으로 왕력(王歷), 기이(紀異) 등 9편을 두어 고대의 민간 설화나 전래 기록 등을 수록한 『삼국유사』를 집필하였다.
⑤ 통일 신라 때 승려 혜초는 인도와 중앙아시아를 순례하고 『왕오천축국전』을 저술하였다.

❖ **고대·고려의 주요 승려**

고대	원효	• 불교의 사상적 이해 기준 확립(『금강삼매경론』, 『대승기신론소』) • 종파 간의 사상적 대립 극복·조화(『십문화쟁론』) • 불교의 대중화(나무아미타불, 『무애가』), 정토종, 법성종 창시
	의상	• 화엄 사상 정립(『화엄일승법계도』) • 관음 신앙: 현세에서의 고난 구제 • 부석사 건립, 불교 문화의 폭 확대
	혜초	인도, 중앙아시아 기행기 『왕오천축국전』
고려	의천	• 교단 통합 운동: 해동 천태종 창시 • 교관겸수·내외겸전 주장: 이론의 연마와 실천을 강조
	지눌	• 수선사 결사 운동(송광사): 독경과 선 수행, 노동에 힘쓰는 운동 • 돈오점수·정혜쌍수 제창: 참선(선종)과 지혜(교종)를 함께 수행
	혜심	유불 일치설 주장: 심성의 도야를 강조하여 장차 성리학 수용의 사상적 토대 마련
	요세	백련 결사 제창: 자신의 행동을 진정으로 참회하는 법화 신앙 강조

06 [정답 ③]

출제자의 눈 유불 일치설을 제창한 고려의 승려 혜심에 대해 학습합니다.

사료 속 키워드 #지눌의 제자 #수선사의 제2대 사주 #당시 집권자인 최우

③ 지눌의 제자인 혜심은 지눌이 입적한 후 수선사의 제2대 사주가 되었으며, 최우의 후원을 받아 수선사의 교단을 발전시키고 최우의 두 아들을 출가시키기도 하였다. 또한, 역대 선사들의 어록을 모은 공안집인 『선문염송집』을 편찬하고, 유불 일치설을 주장하여 성리학을 수용할 수 있는 사상적 토대를 마련하였다.

오답 해설

① 신라의 승려 의상은 부석사를 중심으로 수많은 제자들을 양성하였으며, 『화엄일승법계도』를 저술하여 화엄 사상을 정립하고 화엄 교단을 세웠다.
② 고려의 승려 의천은 흥왕사에서 화엄종을 중심으로 교종을 통합하였으며, 국청사를 창건한 뒤 해동 천태종을 개창하여 교종 중심으로 선종을 통합하고자 하였다.
④ 고려의 보조국사 지눌은 승려들이 참선과 지혜를 함께 닦을 것을 호소하면서 권수정혜결사문을 작성하여 정혜쌍수와 돈오점수를 강조하였다.
⑤ 고려 승려 균여는 사람들이 따라 부르기 쉬운 노래를 이용하여 「보현십원가」라는 향가를 만들어 대중에게 어려운 불교의 교리를 전파하였다.

07 중세의 문화_2

기출 키워드로 연습하기

01 ① 개성 경천사지 십층 석탑 ② 평창 월정사 팔각 구층 석탑 ③ 논산 관촉사 석조 미륵보살 입상 **02** × **03** ○ **04** ×

01 ① 개성 경천사지 십층 석탑은 원의 석탑 양식의 영향을 받아 만들어진 고려 원 간섭기의 석탑이다.
② 평창 월정사 팔각 구층 석탑은 고려 전기의 대표적인 석탑이다.
③ 논산 관촉사 석조 미륵보살 입상은 대형 불상이 유행하던 고려 시대 최대 규모의 불상이다.

02 초조대장경은 현종 때 거란의 침입을 물리치고자 제작하였다.

03 『직지심체요절』은 현존하는 세계 최고(最古)의 금속 활자본으로, 유네스코 세계 기록 유산으로 등재되었다.

04 영주 부석사 무량수전은 주심포 양식이 사용되었다.

단골 키워드 문제

01 ② **02** ③ **03** ① **04** ① **05** ①
06 ③

01 [정답 ②]

> **출제자의 눈** 현존하는 세계 최고(最古) 금속 활자본인 『직지심체요절』에 대해 학습합니다.
>
> **사료 속 키워드** #프랑스 국립 도서관 #'인쇄하다! 구텐베르크의 유럽' #승려 백운이 편찬한 불서 #청주 흥덕사에서 인쇄

② 『직지심체요절』은 고려 우왕 때 청주 흥덕사에서 금속 활자로 인쇄된 금속 활자본이다. 이는 구한말 프랑스 공사로 왔던 콜랭드 플랑시가 수집한 후 귀국하면서 프랑스로 유출되었다. 이후 1967년 프랑스 국립 도서관 연구원에서 일하던 박병선이 『직지심체요절』을 발견하였고, 정확한 인쇄 장소와 연대가 기록되어 있어서 독일의 구텐베르크 성서보다 78년이나 앞서 만들어진 세계 최고(最古)의 금속 활자본임을 공인받았다.

오답 해설
① 제너럴셔먼호 사건을 구실로 미국의 로저스 제독이 함대를 이끌고 강화도를 공격하여 신미양요가 발생하였다. 미군은 강화도 덕진진을 점거한 후 광성보로 진격하였고, 이에 어재연이 맞서 싸우다가 전사하며 조선군이 패배하였다. 승리한 미군은 어재연의 수자기를 전리품으로 탈취하였다.
③ 고려 현종 때 거란의 침입을 불력으로 물리치고자 우리나라 최초의 대장경인 초조대장경을 제작하기 시작하였다.
④ 조선 초기 금속 활자인 계미자와 경자자의 미흡한 점을 보완하기 위해 세종은 장영실, 이천 등 기술자에게 새로운 활자 제작을 명하였다. 이에 갑인자가 주조되어 조선의 인쇄 기술이 한층 더 발달하였다.
⑤ 경주 불국사 삼층 석탑의 보수 과정에서 세계 최고(最古)의 목판 인쇄물인 무구정광대다라니경이 발견되었다.

❖ 금속 활자본 정리

『상정고금예문』	문헌상 가장 오래된 금속 활자본
『직지심체요절』	• 현존하는 가장 오래된 금속 활자본 • 프랑스로 유출, 유네스코 세계 기록 유산

02 [정답 ③]

> **출제자의 눈** 고려 시대 자기 공예 문화를 사진 자료와 함께 탐구합니다.
>
> **사료 속 키워드** #고려 시대 귀족 문화 #비색의 순청자 #상감 청자

③ 청자 상감운학문 매병은 그릇 표면을 파낸 자리에 백토와 흑토 등을 메워 무늬를 내는 고려의 상감 기법이 잘 드러나 있다.

오답 해설
① 도기 연유인화문 항아리 일괄은 통일 신라 때 제작된 것으로, 대호(大壺)와 소호(小壺) 총 2점으로 구성되어 있다. 입자가 미세한 점토를 활용하였고, 몸체 전반에 걸쳐 종류가 다른 인화문(印花文)을 찍어 시각적인 다양함을 추구하였다.
② 청동 은입사 포류수금문 정병은 고려 시대의 대표적인 금속 공예품 중 하나로, 문양 부분을 파낸 뒤 은을 박아 장식한 은입사 기법이 사용되었다.
④ 백자 청화매죽문 항아리는 조선 전기 15세기경에 제작된 청화 백자 항아리로, 문양과 소재를 통해 명의 영향을 받았음을 알 수 있다.
⑤ 분청사기 상감운룡문 항아리는 조선 전기에 제작된 분청사기 항아리이다. 인화 기법과 상감 기법을 이용해 목둘레를 국화 무늬로 새겼으며, 몸통 가운데에는 용과 구름을 표현하였다.

03 [정답 ①]

> **출제자의 눈** 고려 시대 대표 불교 건축물을 사진과 함께 확인합니다.
>
> **사료 속 키워드** #우리나라에 현존하는 가장 오래된 목조 건축물 #공민왕 때 지붕 수리 #주심포 양식 #맞배지붕

① 안동 봉정사 극락전은 경북 안동시 봉정사에 위치한 고려 시대 건축물로, 우리나라 현존하는 가장 오래된 목조 건물이다. 건물이 세워지고 다시 지어진 내력 등을 써 두는 상량문에 고려 공민왕 때 지붕을 수리하였다는 기록이 남아있어 극락전의 건축 연대를 추정할 수 있다. 지붕 처마를 받치기 위한 구조인 공포를 기둥 위에만 배열하는 주심포 양식으로 지어졌으며, 지붕의 형태는 맞배지붕이다.

오답 해설
② 충북 보은군에 위치한 보은 법주사 팔상전은 우리나라 목조 건축 중 가장 높은 건축물이자 현존하는 유일한 목탑이다. 석가모니의 일생을 여덟 폭의 그림으로 나누어 그린 팔상도가 있어 팔상전이라고 불린다.
③ 전남 구례군의 구례 화엄사 각황전은 조선 숙종 때 창건되었고 정면 7칸, 측면 5칸의 다포계 중층 팔작지붕 건물로 내부 공간이 통층으로 구성되어 있다.
④ 충남 덕숭산에 있는 예산 수덕사 대웅전은 고려 충렬왕 때 지은 건물이다. 맞배지붕과 건물 옆면의 장식 요소가 특징적이다.
⑤ 고려 시대의 목조 건축물인 영주 부석사 무량수전은 부석사의 중심 건물로 기둥 중간이 굵은 배흘림기둥이 사용되었으며, 공포를 기둥 위에만 짜 올린 주심포 양식으로 축조되었다.

04 [정답 ①]

> **출제자의 눈** 고려의 대표적인 석탑인 평창 월정사 팔각 구층 석탑에 대해 살펴봅니다.
>
> **사료 속 키워드** #강원도 평창군 #고려 시대 다각 다층 석탑을 대표 #탑의 꼭대기 머리 장식

① 평창 월정사 팔각 구층 석탑은 신라의 승려 자장이 창건한 월정사 경내에 있는 고려 시대 석탑으로, 지붕돌 위에 있는 금동 머리 장식이 특징적이다.

한국사능력검정시험 최종 모의고사

정답 및 해설을 확인하세요!

01 (가), (나) 유물이 등장한 시대의 생활 모습으로 옳은 것은?

[1점]

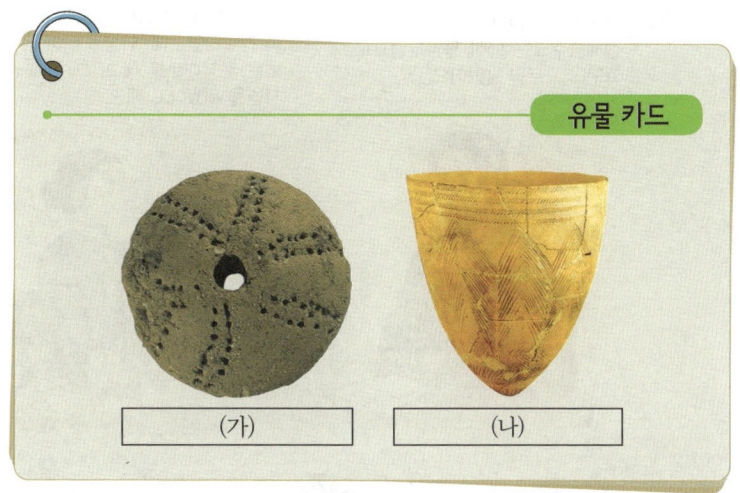

유물 카드

(가)   (나)

① 철제 농기구로 농사를 지었다.
② 비파형 동검을 의식에 사용하였다.
③ 취사와 난방이 가능한 움집에 살았다.
④ 정복 전쟁을 거치며 지배 계급이 등장하였다.
⑤ 반량전, 오수전 등의 중국 화폐가 사용되었다.

03 (가) 왕조에 대한 설명으로 옳지 않은 것은?

[2점]

> (가) 은/는 고조선에 들어올 때 상투를 틀고 조선인의 옷을 입었다. 왕이 된 뒤에도 나라 이름을 그대로 조선이라 하였고, 그의 정권에는 토착민 출신으로 높은 지위에 오른 자가 많았다.

① 군장의 영향력이 미치지 못하는 소도가 있었다.
② 상·대부·장군 등으로 관직이 분화되어 있었다.
③ 한의 침략에 맞서 패수에서 대승을 거두기도 하였다.
④ 중계 무역의 이득을 독점하여 중국 왕조와 대립하였다.
⑤ 철기 문화가 본격적으로 수용되어 철제 무기와 농기구가 제작되었다.

한국사능력검정시험 최종 모의고사

05 (가), (나) 사이의 시기에 있었던 사실로 옳은 것은? [3점]

(가) 국호를 신라로 바꾸고, 왕의 칭호도 마립간에서 왕으로 고쳤다. 대외적으로는 우산국을 복속시켰다.

(나) 한강 유역을 빼앗고, 고령 지역의 대가야를 정복하였다. 북쪽으로는 함경도 지역까지 진출하였다.

① 백제 동성왕과 결혼 동맹을 맺었다.
② 김씨에 의한 왕위 계승권이 확립되었다.
③ 이차돈의 순교를 계기로 불교를 공인하였다.
④ 진골 귀족 세력의 반발로 녹읍이 부활되었다.
⑤ 유학 교육의 진흥을 위해 국학을 설립하였다.

07 (가) 나라의 문화유산으로 옳은 것은? [1점]

(가) 의 도읍지를 중심으로 많은 무덤이 남아 있는데, 그중 정혜공주묘는 굴식 돌방무덤으로 고구려 고분과 닮았어요.

상경은 당시 당의 수도인 장안을 본떠 건설하였는데, 외성을 쌓아 남북으로 넓은 주작대로를 내고, 그 안에 궁궐과 사원을 세웠다고 해요.

02 (가)~(다) 국가에 대한 설명으로 옳은 것은? [3점]

- (가) 은/는 토질은 오곡에 알맞고, 동이 지역 중에서 가장 넓고 평탄한 곳이다.
- (나) 에는 큰 산과 깊은 골짜기가 많고, 사람들의 성품이 흉악하고 노략질을 좋아한다.
- (다) 에서 큰 세력을 가진 이는 스스로 신지(臣智)라 하고, 그 다음은 읍차(邑借)라 한다.

- 『삼국지』 동이전 -

① (가) - 사회 질서를 유지하기 위하여 8조법을 만들었다.
② (가) - 남의 물건을 훔치면 물건 값의 12배를 배상하게 하는 법이 있었다.
③ (나) - 자신의 생활권을 침범하면 노비나 소와 말로 변상하게 하였다.
④ (나) - 가족이 죽으면 시체를 가매장했다가 뼈만 추려서 커다란 목곽에 안치하였다.
⑤ (다) - 중대한 범죄자가 있으면 제가 회의를 통하여 사형에 처하였다.

04 다음 기록의 훼손된 부분에 해당하는 시기의 사실로 옳은 것은? [3점]

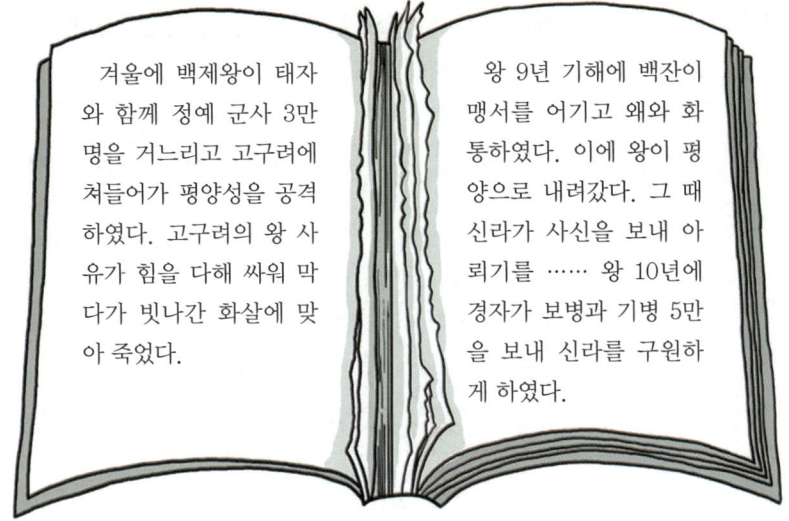

겨울에 백제왕이 태자와 함께 정예 군사 3만 명을 거느리고 고구려에 쳐들어가 평양성을 공격하였다. 고구려의 왕 사유가 힘을 다해 싸워 막다가 빗나간 화살에 맞아 죽었다.

왕 9년 기해에 백잔이 맹서를 어기고 왜와 화통하였다. 이에 왕이 평양으로 내려갔다. 그 때 신라가 사신을 보내 아뢰기를 …… 왕 10년에 경자가 보병과 기병 5만을 보내 신라를 구원하게 하였다.

① 한반도에서 낙랑군과 대방군을 몰아내었다.
② 옥저를 정복하여 소금, 어물 등을 공물로 받았다.
③ 태학을 설치하여 유학의 보급과 학문 진흥에 힘썼다.
④ 부여성에서 비사성까지 천리장성을 쌓아 외침에 대비하였다.
⑤ 남진 정책을 추진하여 평양으로 천도하고 한강 유역을 차지하였다.

06 다음 신분제에 대한 설명으로 옳은 것을 〈보기〉에서 고른 것은?

[2점]

> 4두품에서 백성에 이르기까지는 방의 길이와 너비가 15척을 넘지 못한다. 느릅나무를 쓰지 못하고, 우물 천장을 만들지 못하며, 당기와를 덮지 못하고, 짐승 머리 모양의 지붕 장식이나 높은 처마 …… 등을 두지 못하며, 금은이나 구리 …… 등으로 장식하지 못한다. 섬돌로는 산의 돌을 쓰지 못한다. 담장은 6척을 넘지 못한다.
>
> — 『삼국사기』 —

보기

ㄱ. 5두품은 10등급인 대나마까지 오를 수 있었다.
ㄴ. 계층 간의 갈등을 조절·완화하는 기능을 하였다.
ㄷ. 사회적·정치적 활동의 범위를 엄격히 제한하였다.
ㄹ. 신분에 관계없이 능력과 실력이 우선시되는 사회였다.

① ㄱ, ㄴ ② ㄱ, ㄷ ③ ㄴ, ㄷ
④ ㄴ, ㄹ ⑤ ㄷ, ㄹ

08 밑줄 그은 '북국(北國)'에 대한 설명으로 옳지 않은 것은?

[3점]

> 원성왕 6년 3월 <u>북국(北國)</u>에 사신을 보내 빙문(聘問)하였다. …… 요동 땅에서 일어나 고구려의 북쪽 땅을 병합하고 신라와 더불어 경계를 맞대었지만, 교빙한 일이 역사에 전하는 것이 없었다. 이때에 와서 일길찬 백어(佰魚)를 보내 교빙하였다.
>
> — 『동사강목』 —

① 부족을 통일한 여진족의 침략으로 멸망하였다.
② 전성기에 중국인들로부터 해동성국이라 불렸다.
③ 장문휴가 이끄는 수군이 당의 산둥 지방을 공격하였다.
④ 신라도를 통해 신라와의 대립 관계를 해소하려 노력하였다.
⑤ 중국과 대등한 지위에 있음을 과시하기 위해 독자적인 연호를 사용하였다.

10 밑줄 그은 '이 섬'에 대한 일본 측 주장을 반박하기 위한 탐구 활동으로 적절하지 않은 것은? [1점]

이 문서는 1905년 일본의 내각 회의에서 결정된 내용입니다. 이 결정문에서 드러난 주장을 반박할 수 있는 방법을 알아볼까요?

다른 나라가 이 무인도를 점유했다고 인정할 만한 증거가 없다. 기록에 따르면 1903년 이래 나카이란 자가 이 섬에 이주하여 어업에 종사한바, 국제법상 점령한 사실이 있는 것으로 인정되므로 이 섬을 본국 소속으로 하고 시마네 현에서 관할하도록 한다.

― 일본 내각 회의 결정(1905) ―

① 조선 후기 숙종 때 안용복의 활약을 파악한다.
② 일본의 무주지 선점 주장의 국제법상 문제점을 살펴본다.
③ 일본의 침탈에 대응한 대한 제국 정부의 활동을 조사한다.
④ 우리 영토임을 확인할 수 있는 1905년 이전의 일본 문서를 찾아본다.
⑤ 일본이 만주의 이권 확보를 위해 청과 체결한 협약의 내용을 검토한다.

12 (가), (나) 지역에 대한 설명으로 옳지 않은 것은? [3점]

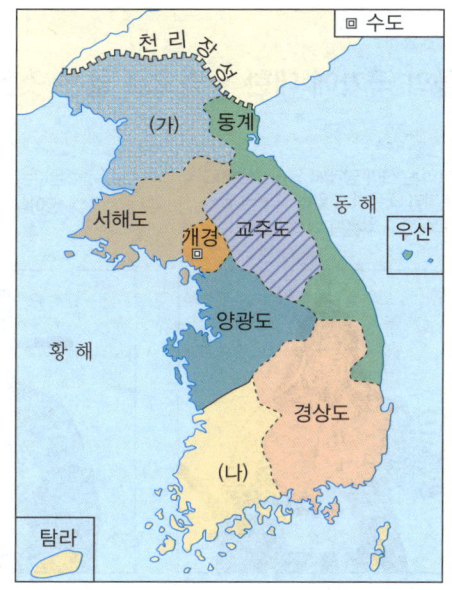

① (가) ― 외적 방어를 위해 진이 설치되었다.
② (가) ― 북진 정책의 전진 기지 역할을 하였다.
③ (가) ― 거란 침입 이후 강동 6주가 설치되기도 하였다.
④ (나) ― 안찰사가 파견되어 도내의 지방을 순찰하였다.
⑤ (나) ― 모든 군현에 지방관이 파견되어 행정을 담당하였다.

14 (가) 인물의 국가에 대한 설명으로 옳은 것은? [2점]

고려는 신라 땅에서 일어났는데도 우리가 소유하고 있는 고구려 땅을 침식하고 있으니 땅을 내 놓아라.
(가)

우리나라가 바로 고구려의 옛 땅이니 어찌 침식했다고 할 수 있느냐?
서희

① 발해를 공격하여 멸망시켰다.
② 금을 건국하고 고려에 군신 관계를 요구하였다.
③ 고려는 이들의 침입을 물리치고 동북 9성을 쌓았다.
④ 철령위를 설치하고 철령 이북의 땅을 차지하려 하였다.
⑤ 자국의 사신이 피살되자 이를 구실로 고려를 침략하였다.

16 (가), (나) 사이의 시기에 있었던 사실로 옳은 것은? [2점]

(가) 거란의 군사가 귀주를 지나니 강감찬 등이 동쪽 들에서 맞아 싸웠는데, …… 죽은 적의 시체가 들판을 덮고 사로잡은 군사와 말, 낙타, 갑옷, 투구, 병기는 이루 다 헤아릴 수가 없었다.

(나) 여진의 추장들은 땅을 돌려달라고 떼를 쓰면서 해마다 와서 분쟁을 벌였다. …… 이에 왕은 신하들을 모아 의논한 후에 그들의 요구에 따라 9성을 돌려주었다.

① 묘청이 서경 천도 운동을 전개하였다.
② 북쪽 국경 일대에 천리장성을 축조하였다.
③ 새로운 군사 기구로 만호부를 설치하였다.
④ 처인성에서 김윤후가 적장 살리타를 사살하였다.
⑤ 강동 6주를 얻어 압록강 유역까지 국경을 넓혔다.

18 다음 소설의 배경이 되는 시기에 있었던 사실로 옳지 않은 것은? [2점]

> 이세화는 세상이 바뀌자 왕의 근위대에 들어갔다. 충렬왕은 자신의 근위대를 창설하여 왕의 통치 행위 전반을 보좌하는 근시(近侍) 기구로 만들었다. 이런 까닭에 몽고 옷에 변발을 한 이세화는 순풍에 돛을 단 듯 세도가 당당해졌다. …… 출세한 이세화가 안현을 찾아와 "이젠 문학 공부는 헛일이니 나와 함께 몽고 말이나 배우자."라고 권한 적이 있었다.
> - 『시인의 별』-

① 중방이 처음으로 설치되었다.
② 친원 세력이 정치적 실권을 장악하였다.
③ 응방의 횡포로 농민들이 고통을 겪었다.
④ 결혼도감을 설치하여 공녀를 차출하였다.
⑤ 다루가치가 파견되어 내정을 간섭하였다.

20 다음 설명에 해당하는 탑으로 옳은 것은? [1점]

- 원의 석탑 양식을 모방하였으며 대리석으로 만들어졌다.
- 일본으로 무단 반출되었던 것을 되돌려 받아, 1960년에 경복궁에 복원하여 세웠다가 현재 국립 중앙 박물관에 옮겨 놓았다.

①
②
③
④
⑤

① 조선경국전을 편찬하여 통치 규범을 마련하였다.
② 언관의 활동을 억제하기 위하여 집현전을 혁파하였다.
③ 국가 통치를 위하여 경국대전 편찬 사업에 착수하였다.
④ 언론 기관인 사간원을 독립시켜 대신을 견제하게 하였다.
⑤ 연분9등법을 실시하여 세금을 낮추고 공평하게 부과하였다.

23 (가) 기구에 대한 설명으로 옳지 않은 것은? [2점]

① 향리를 중심으로 운영되었다.
② 주로 지방 유생들이 참여하였다.
③ 현재 지방 의회와 같은 역할을 하였다.
④ 임진왜란 이후에는 향청이라고도 불렸다.
⑤ 향회를 소집하여 지방의 여론을 수렴하였다.

25 밑줄 그은 '이 기구'에 대한 설명으로 옳은 것을 <보기>에서 고른 것은? [2점]

본래 왜구와 여진족의 침입을 막기 위하여 설치한 임시 기구였으나, 점차 국방의 중요성이 강조되어 16세기 중엽에는 상설화되었고, 국가 비상시에는 더욱 중요한 기구로 부상하게 되었다. 조선 후기로 갈수록 이 기구의 기능이 더욱 강화되어 국방 문제뿐만 아니라 외교와 내정까지도 관장하게 되었다.

보기
ㄱ. 인조반정 이후 서인의 군사적 기반이 되었다.
ㄴ. 임진왜란을 거치며 구성원이 고위 관원으로 확대되었다.
ㄷ. 세도 정치기에 핵심적인 정치 기구의 역할을 수행하였다.
ㄹ. 17세기에는 러시아를 정벌하기도 하였다.

① ㄱ, ㄴ   ② ㄱ, ㄷ   ③ ㄴ, ㄷ
④ ㄴ, ㄹ   ⑤ ㄷ, ㄹ

27 (가) 인물의 신분에 대한 설명으로 옳지 않은 것은? [2점]

> (가) 은/는 열일곱에 사역원(司譯院) 한학과에 합격하여, 틈이 나면 성현의 책을 부지런히 연구해 쉬는 일이 없었다. 경전과 백가에 두루 통달하여 드디어 세상에 이름이 났다. …… 공은 평생 고문(古文)을 좋아하였다. 일에 종사하느라 거기에 힘을 오로지 쏟지 못했지만 공의 시와 문장은 당시 안목 있는 사람들에게 인정을 받았다.
> – 『완암집』 –

① 서역에 사절단으로 파견되기도 하였다.
② 개화사상 형성에 중요한 역할을 하였다.
③ 문과와 생원, 진사시에 응시할 수 있었다.
④ 청과의 무역에 관여하여 부를 축적하였다.
⑤ 역에 근무하는 역졸도 이에 해당되었으며 칠반역천이라 불리기도 하였다.

29 밑줄 그은 '임금'의 정책으로 옳지 않은 것은? [2점]

> 임금이 말하기를, "빨리 망한 나라는 늘 가혹한 법으로 말미암았으니, 지금 법전을 편찬하는 자는 이를 생각해야 한다." …… 친히 속대전의 서문을 쓰고 인쇄를 명하였다.

① 억울한 백성들을 위한 신문고를 부활시켰다.
② 군역의 부담을 줄이기 위해 균역법을 시행하였다.
③ 규장각을 설치하고 서얼 출신을 검서관으로 등용하였다.
④ 산림(山林)의 존재를 인정하지 않고 그들의 본거지인 서원을 정리하였다.
⑤ 강력한 왕권을 행사하여 붕당 사이의 치열한 다툼을 일시적으로 억압하였다.

31 (가) 종교에 대한 설명으로 옳지 않은 것은? [1점]

교리를 정리한 책으로는 동경대전이 있으며, 최제우가 창시한 이 종교는 무엇일까요?

① 위정척사파의 적극적 지지를 받았다.
② 포접제를 활용하여 교세를 확장하였다.
③ 제3대 교주인 손병희가 천도교로 개칭하였다.
④ 삼남 지방의 농민을 중심으로 교세가 확장되었다.
⑤ 최시형이 교리를 정리하고 교단 조직을 정비하였다.

33 다음과 같이 주장한 실학자에 대한 설명으로 옳은 것은? [3점]

> 무릇 땅덩어리는 하루에 한 바퀴를 돈다. 땅의 둘레는 9만 리이고 하루는 12시이다. 9만 리 넓은 둘레를 12시간에 도니 그 빠름이 번개보다 빠르고 포환보다도 급하다. 땅이 빨리 도니 허공의 기(氣)가 격하게 부딪쳐 허공에서 쌓이고 땅에서 모이게 된다.

① 동국지도를 만들어 지도 제작의 과학화에 기여하였다.
② 농지의 공동 소유, 공동 경작, 공동 분배 등을 주장하였다.
③ 동국지리지를 저술하여 역사 지리 연구의 발전에 기여하였다.
④ 부국강병을 위해 성리학 극복과 문벌 제도 철폐를 주장하였다.
⑤ 동사에서 조선의 자연 환경과 풍속, 인성의 독자성을 강조하였다.

35 다음 자료가 국내에 유입된 직후 체결된 조약에 대한 설명으로 옳은 것은? [2점]

> 조선의 땅은 실로 아시아의 요충을 차지하고 있어 형세가 반드시 다투게 마련이며, 조선이 위태로우면 중국도 위급해질 것이다. 러시아가 영토를 넓히려고 한다면 반드시 조선으로부터 시작할 것이다. …… 그렇다면 오늘날 조선의 책략은 러시아를 막는 일보다 더 급한 것이 없을 것이다. 러시아를 막는 책략은 무엇인가?
> — 황쭌셴, 『조선책략』 —

① 함포의 위협하에서 체결되었다.
② 임오군란의 영향으로 체결되었다.
③ 영사 재판에 의한 치외 법권을 허용하였다.
④ 천주교 포교 문제로 조약 체결이 지체되었다.
⑤ 개항장의 객주와 보부상이 성장하는 계기가 되었다.

37 다음 자료와 관련된 단체에 대한 설명으로 옳은 것은? [2점]

제시된 자료는 고종의 환궁을 요구하기도 하였던 이 단체와 관련된 것입니다.

① 전제 황권 강화를 주장하였다.
② 만주에 신흥 강습소를 설립하였다.
③ 양전 사업을 추진하여 지계를 발급하였다.
④ 민족 교육을 위해 대성 학교를 설립하였다.
⑤ 만민 공동회를 개최하여 민권 신장에 기여하였다.

① 민영환, 조병세 등이 자결로서 항거하였다.
② 신돌석이 평해, 울진 등지에서 활약하였다.
③ 나철, 오기호 등이 5적 암살단을 조직하였다.
④ 고종이 제2차 만국 평화 회의에 특사를 파견하였다.
⑤ 서재필이 독립 협회를 조직하여 국권 회복 운동을 전개하였다.

40 다음 법령이 적용되던 시기의 일제 식민 통치 방식으로 옳지 않은 것은?

[2점]

> 제1조 3월 이하의 징역 또는 구류에 처하여야 할 자는 그 정상에 따라 태형에 처할 수 있다.
>   ⋮
> 제11조 태형은 감옥 또는 즉결 관서에서 비밀리에 집행한다.
> 제13조 본령은 조선인에 한하여 적용한다.

① 교원 및 관리들이 제복을 입고 칼을 차고 다녔다.
② 헌병 경찰이 민간의 치안 및 행정 업무를 처리하도록 하였다.
③ 토지 조사령을 공포한 후 전국적인 토지 조사 사업을 실시하였다.
④ 치안 유지법을 적용하여 한국인에 대한 사상적 탄압과 감시를 강화하였다.
⑤ 회사령을 제정하여 총독의 허가를 받아야 회사를 설립할 수 있도록 하였다.

42 다음 일기에 나타난 민족 운동에 대한 설명으로 옳은 것은?

[2점]

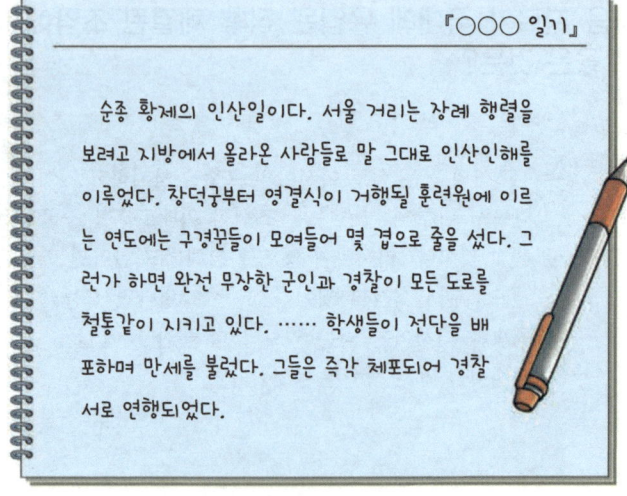

① 중국의 5·4 운동에 영향을 주었다.
② 신간회가 진상 조사단을 파견하였다.
③ 학생들이 운동의 구심체 역할을 하였다.
④ 민족 자결주의의 영향을 받아 발생하였다.
⑤ 독립 선언서를 낭독하고 만세 운동을 전개하였다.

44 밑줄 그은 '그'가 일으킨 사건의 결과로 옳은 것은? [2점]

□□신문

제△△호   ○○○○년 ○○월 ○○일

일본 전승 축하 기념식, 폭탄 투척 사건

일본은 시라카와[白川] 대장을 사령관으로 삼아 중국과의 전쟁을 승리로 이끌었다. …… 그는 이해 봄 야채상으로 가장하여 일본군의 정보를 탐지한 뒤, 4월 29일 이른바 천장절 겸 전승 축하 기념식에 폭탄을 투척하기로 하였다. 식장에 참석하여 수류탄을 투척함으로써 파견군 사령관 시라카와, 일본 거류민 단장 가와바다 등은 즉사하였다.

① 신간회가 결성되었다.
② 미쓰야 협정이 체결되었다.
③ 한국 광복군이 창설되었다.
④ 만주에서 참의부가 조직되었다.
⑤ 민족 유일당 운동이 전개되었다.

46 다음 내용을 합의한 국제 회담 직후에 나타난 사실로 옳은 것은? [1점]

○ 한반도에 독립 국가를 건설하기 위한 임시 정부를 수립한다.
○ 임시 정부 수립을 논의하기 위해 미·소 공동 위원회를 설치한다.
○ 4개국이 공동으로 최고 5년간 한반도를 통치한다.

① 8·15 광복
② 38도선 설정
③ 남북 협상 개최
④ 대한민국 정부 수립
⑤ 신탁 통치 반대 운동

48 다음 상황에 대한 설명으로 옳지 <u>않은</u> 것은? [2점]

> 3·15 부정 선거에 항거하여 마산에서 시위하던 김주열 군의 시신이 경찰이 쏜 최루탄에 맞아 숨진 채 마산 앞바다에서 발견되었다. 이를 계기로 정부에 항의하는 시민들의 시위가 전국으로 확산되었다.

① 대학 교수들이 정권 퇴진을 요구하는 시위에 나섰다.
② 대통령 직선제의 헌법 개정이 이루어지는 계기가 되었다.
③ 이승만의 대통령 당선 가능성이 높은 상황에서 실시되었다.
④ 시위를 진압하기 위해 계엄령이 선포되고 군대가 동원되었다.
⑤ 청년과 학생들이 주도로 진행되었으며 민중의 참여로 확대되었다.

50 다음 제도를 실시한 정부의 정책으로 옳은 것을 〈보기〉에서 고른 것은? [1점]

〈보기〉
ㄱ. 금강산 관광 시작
ㄴ. 남북 유엔 동시 가입
ㄷ. 공직자 재산 등록제 실시
ㄹ. 지방 자치제 전면 실시

① ㄱ, ㄴ   ② ㄱ, ㄷ   ③ ㄴ, ㄷ
④ ㄴ, ㄹ   ⑤ ㄷ, ㄹ

한국사능력검정시험 최종 모의고사

09 (가)~(다)에 대한 설명으로 옳은 것은? [2점]

① (가) - 목탑 양식의 모습이 많이 남아있다.
② (가) - 중앙의 거대한 목탑 좌우에 있던 석탑 중 하나이다.
③ (나) - 기단과 탑신에 불상이 새겨져 있다.
④ (다) - 사리 장치에서 무구정광대다라니경이 발견되었다.
⑤ (가), (나) - 훼손이 심하여 원형 복원 작업이 진행 중이다.

11 밑줄 그은 '왕'의 업적에 대한 설명으로 옳은 것은? [2점]

> 왕이 쌍기를 등용한 것을 옛 글대로 현인을 발탁함에 제한을 두지 않은 것이라 평가할 수 있을까. 쌍기가 인품이 있었다면 왕이 참소를 믿어 형벌을 남발하는 것을 왜 막지 못했는가. 과거를 설치하여 선비를 뽑은 일은 왕이 본래 문(文)을 써서 풍속을 변화시킬 뜻이 있는 것을 쌍기가 받들어 이루었으니 도움이 없다고는 할 수 없다.

① 노비안검법을 시행하여 왕권을 강화하였다.
② 신돈을 등용하여 전민변정도감을 설치하였다.
③ 2성 6부제를 중심으로 하는 중앙 관제를 마련하였다.
④ 국정을 총괄하는 정치 기구인 교정도감을 설치하였다.
⑤ 호족을 견제하기 위해 사심관과 기인 제도를 마련하였다.

한국사능력검정시험 최종 모의고사

13 밑줄 그은 '이들' 세력에 대한 설명으로 옳지 <u>않은</u> 것은? [2점]

> 이들이 왕을 설득하여 말하기를, "서경에 궁궐을 세워 옮기고, 위로는 천심에 응하고 아래로는 백성들의 바람에 따르시어 금나라를 타도하소서."라 하였다. …… 국호를 대위라 하고, 연호를 천개라 하며, 군대의 칭호를 천견충의군이라 하여 난을 일으켰다.
> - 『고려사』 -

① 신라 계승 의식을 지니고 있었다.
② 서경을 중요시하여 천도하려 하였다.
③ 금국을 정벌하여 자주 의식을 확립하려 하였다.
④ 묘청, 정지상 등을 중심으로 한 개혁적 세력이었다.
⑤ 풍수지리설을 근거로 한 자주적 사상을 강조하였다.

15 (가)~(다)에 대한 설명으로 옳지 <u>않은</u> 것은? [3점]

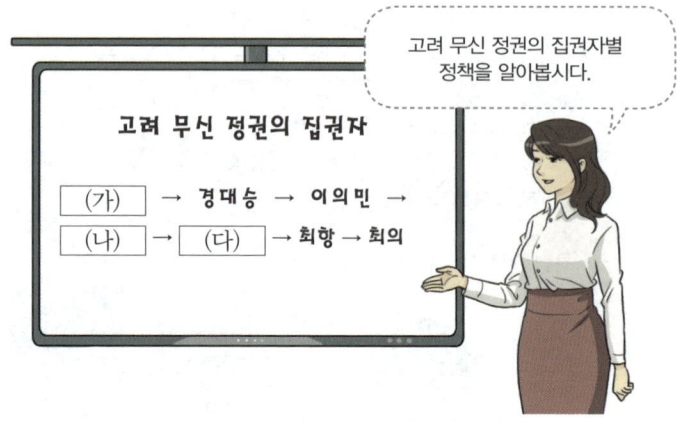

① (가) - 보현원 사건을 계기로 정권을 장악하였다.
② (가) - 중방을 중심으로 권력을 행사하며 주요 관직을 독점하였다.
③ (나) - 최고 집정부인 교정도감을 설치하고, 도방을 확대하여 군사적 기반을 확립하였다.
④ (다) - 좌별초와 우별초 및 몽골에 포로로 잡혀갔다가 돌아온 신의군으로 구성된 삼별초를 조직하였다.
⑤ (다) - 문무백관의 인사 행정을 담당하는 서방과 능력 있는 문신을 등용하기 위한 정방을 설치하였다.

한국사능력검정시험 최종 모의고사

17 다음 검색창 (가)에 들어갈 불상으로 옳은 것은? [1점]

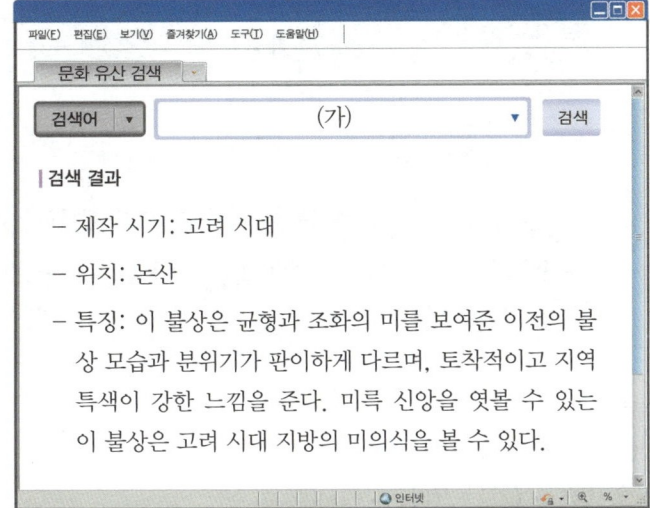

①    ②    ③

④    ⑤

19 (가) 역사서에 대한 설명으로 옳은 것은? [3점]

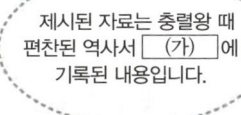

제시된 자료는 충렬왕 때 편찬된 역사서 (가) 에 기록된 내용입니다.

① 현존하는 가장 오래된 역사서이다.
② 본기, 세가, 지, 열전, 연표 등으로 나누어 서술하였다.
③ 유교적 합리주의 사관에 기초하여 기전체로 서술하였다.
④ 우리의 고유 문화와 전통을 중시하여 자주성을 강조하였다.
⑤ 삼국 시대부터 고려 시대 고승들의 전기를 정리하여 편찬한 책이다.

한국사능력검정시험 최종 모의고사

21 (가) 인물에 대한 설명으로 옳은 것은? [2점]

◆ 이달의 문화 인물 ◆

승려, (가)

(가) 의 사상은 돈오점수와 정혜쌍수로 요약할 수 있다. 이는 인간의 마음이 곧 부처라는 사실을 깨닫고(선 돈오) 이를 바탕으로 수련을 계속해야 하며 (후 점수) 그 수행에 있어서는 정과 혜를 함께 닦아야 한다는 것이다.

① 선종을 통합하기 위하여 국청사를 창건하였다.
② 화엄 사상을 바탕으로 많은 제자를 양성하였다.
③ 불교의 대중화를 위하여 아미타 신앙을 전파하였다.
④ 성리학을 수용할 수 있는 사상적 토대를 마련하였다.
⑤ 선종을 중심으로 교종을 포용하려는 개혁 운동을 전개하였다.

22 (가) 정책을 시행한 국왕에 대한 설명으로 옳은 것은? [2점]

(가) 은/는 조선 시대 사람들이 차고 다닌 것으로, 오늘날 주민 등록증과 같은 것이다. 조선 초기에 처음 실시되어 1675년 숙종 때까지 폐지와 실행을 거듭하였으며, 숙종 이후 고종까지 지속적으로 사용되었다.

24 (가)~(라)를 일어난 순서대로 옳게 나열한 것은? [2점]

(가) 김일손이 스승 김종직의 조의제문을 사초에 수록하려 하였다.
(나) 조광조가 사림 세력의 등용을 위해 현량과 시행을 주장하였다.
(다) 명종을 해치려 했다는 이유로 윤임 일파가 몰락하였다.
(라) 연산군의 생모 윤씨 폐비 사건에 관여한 사림 세력이 숙청 당하였다.

① (가) - (나) - (다) - (라)
② (가) - (라) - (나) - (다)
③ (나) - (가) - (다) - (라)
④ (나) - (다) - (라) - (가)
⑤ (다) - (나) - (가) - (라)

26 (가), (나) 사이의 시기에 있었던 사실로 옳은 것은? [2점]

(가) 적선이 바다를 덮어오니 부산 첨사 정발은 마침 절영도에서 사냥을 하다가, 조공하러 오는 왜라 여기고 대비하지 않았는데 미처 진(鎭)에 돌아오기도 전에 적이 이미 성에 올랐다. 이튿날 동래부가 함락되고 부사 송상현이 죽었다.

(나) 세력을 더욱 확장한 후금은 국호를 청으로 고친 뒤 우리 조선에 군신 관계를 맺자고 요구하였다. 명을 거의 정복한 청은 다시 대군을 이끌고 우리를 침입해 왔다. 임경업은 백마산성을 굳게 지키면서 항전하였으나, 적은 이 길을 피해 한양으로 직행하여 10여 일만에 한양에 도착하였다.

① 사화가 발생하여 사림이 피해를 입었다.
② 광해군의 정책에 반발하여 반정이 일어났다.
③ 왕의 정통성 문제로 예송 논쟁이 전개되었다.
④ 정국이 급격하게 변화하는 환국이 발생하였다.
⑤ 송시열, 이완 등을 등용하여 북벌을 준비하였다.

28 (가), (나) 인물에 대한 설명으로 옳은 것은? [3점]

역사 인물 조사 보고서

성리학의 융성

(가) 은/는 주자의 이론에 조선의 현실을 반영하여 나름대로의 체계를 세우고자 하였다. 근본적이며 이상주의적인 성격이 강하였으며, 도덕적 행위의 근거로서 인간 심성을 중시하였다. 대표적 저서인 성학십도를 남겼다.

(나) 은/는 현실적이며 개혁적인 성격의 사상을 가지고 있었으며 성학집요 등을 저술하였다. 또한, 16세기 조선 사회의 모순을 극복하기 위하여 통치 체제의 정비와 수취 제도의 개혁 등 다양한 방안을 제시하였다.

① (가)의 사상은 일본 성리학 발전에 영향을 끼쳤다.
② (가)는 방납의 폐단을 개혁하기 위해 수미법을 주장하였다.
③ (나)는 군주 스스로 성학을 따를 것을 강조하였다.
④ (나)는 왕에게 청하여 소수 서원이라는 편액을 하사받았다.
⑤ (가), (나)의 학문은 사회 모순을 해결하고자 한 실증적 학문이었다.

30 (가)~(라) 지역에서 활동한 조선 후기의 상인들에 대한 설명으로 옳은 것은? [2점]

① (가) - 주로 인삼 재배와 유통에 관여하였다.
② (나) - 전국적 유통망으로 송방을 설치하였다.
③ (다) - 대동법 시행 이후 등장하여 도고로 성장하였다.
④ (라) - 조창의 조세와 공물을 경창으로 운반하였다.
⑤ (나), (다) - 국가로부터 금난전권을 부여받았다.

32 (가) 시기에 볼 수 있는 서화로 옳지 않은 것은? [1점]

①  ②  ③

④  ⑤

한국사능력검정시험 최종 모의고사

34 (가)~(라)를 일어난 순서대로 옳게 나열한 것은? [2점]

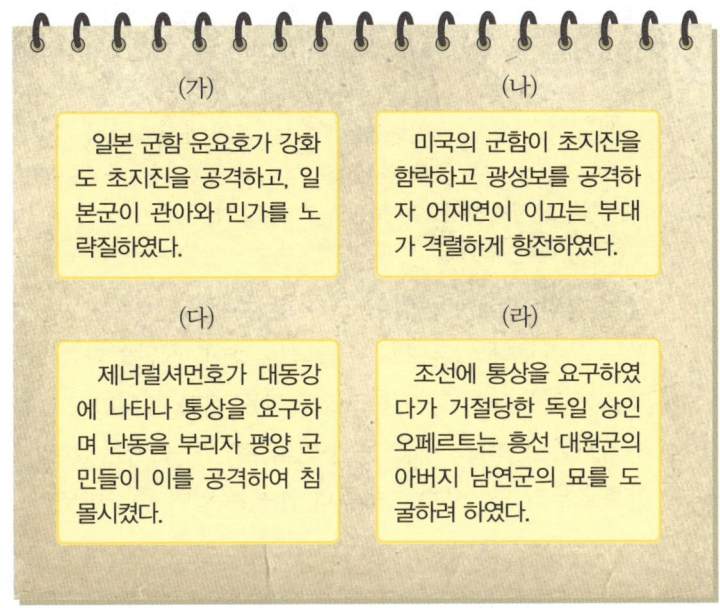

(가) 일본 군함 운요호가 강화도 초지진을 공격하고, 일본군이 관아와 민가를 노략질하였다.

(나) 미국의 군함이 초지진을 함락하고 광성보를 공격하자 어재연이 이끄는 부대가 격렬하게 항전하였다.

(다) 제너럴셔먼호가 대동강에 나타나 통상을 요구하며 난동을 부리자 평양 군민들이 이를 공격하여 침몰시켰다.

(라) 조선에 통상을 요구하였다가 거절당한 독일 상인 오페르트는 흥선 대원군의 아버지 남연군의 묘를 도굴하려 하였다.

① (가) - (다) - (라) - (나)
② (나) - (다) - (라) - (가)
③ (다) - (가) - (나) - (라)
④ (다) - (라) - (나) - (가)
⑤ (라) - (나) - (가) - (다)

36 (가)에 들어갈 역사적 사실로 옳은 것은? [2점]

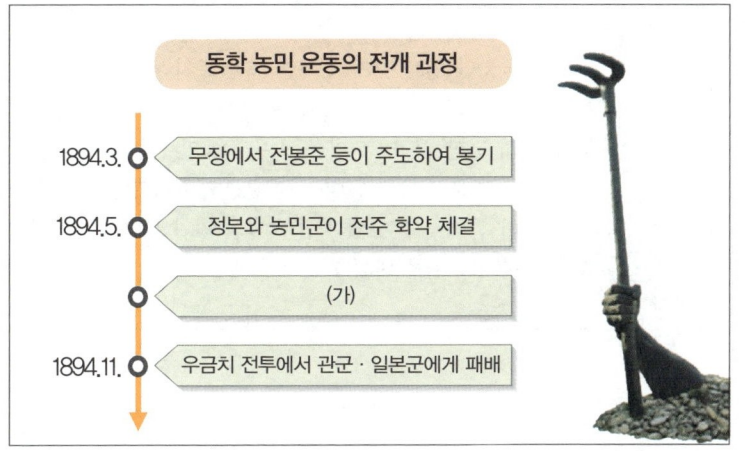

동학 농민 운동의 전개 과정
- 1894.3. 무장에서 전봉준 등이 주도하여 봉기
- 1894.5. 정부와 농민군이 전주 화약 체결
- (가)
- 1894.11. 우금치 전투에서 관군·일본군에게 패배

① 황룡촌 전투에서 농민군 승리
② 삼례에서 교조 신원 운동 전개
③ 백산에서 농민군 4대 강령 발표
④ 집강소를 설치하여 폐정 개혁안 추진
⑤ 조병갑의 학정에 분노하여 고부 관아 습격

한국사능력검정시험 최종 모의고사

38 다음 내용과 관련된 사건에 대한 설명으로 옳은 것은? [2점]

> 국채 1300만 원을 갚지 못하면 장차 토지라도 허급할 것인데, 지금 국고금으로는 갚지 못 할지라, 우리 2000만 동포가 담배를 석 달만 끊고 그 대금을 매달 매인마다 20전씩만 수합하면 그 빚을 갚을 터인데 …… 설사 사람마다 못 끊더라도 일 원에서 천백 원까지 낼 사람이 많을 지니 무엇을 근심하리오. 나부터 800원을 내겠노라.

① 대한매일신보가 후원하였다.
② 평양에서 시작되어 전국으로 확산되었다.
③ 고종 황제의 강제 퇴위에 반대하여 일어났다.
④ '내 살림, 내 것으로'라는 구호를 내세우며 확산되었다.
⑤ '한민족 1천만 한 사람이 1원씩'이라는 구호를 내세웠다.

39 밑줄 그은 '이 조약'에 대한 우리 민족의 대응으로 옳지 않은 것은? [2점]

> 이 조약은 일본과 같은 문명국이 도덕적으로 비열한 방법과 물리적인 강박에 의하여 한국 정부에 강요하여 체결되었다. …… 대신들은 조약에 서명하였지만, 황제는 즉시 강대국에 대표를 보내어 가해진 강박에 대하여 맹렬히 이의를 제기하였다.

41 (가)의 추진 결과 나타난 현상으로 옳지 않은 것은? [2점]

> 일본은 1910년대 이후 자본주의 경제가 급속하게 발전하면서 농민들이 도시에 몰려 식량 조달에 큰 차질이 빚어졌다. 이를 해결하기 위해 (가) 을/를 추진하였는데, 이는 토지 개량과 농사 개량을 통해 식량 생산을 대폭 늘려 일본으로 더 많은 쌀을 가져가고 우리나라 농민 생활도 안정시킨다는 목표로 추진되었다.

① 쌀 중심의 단작형 농업 구조가 형성되었다.
② 쌀 증산량보다 일본으로 수탈되는 양이 더 많았다.
③ 많은 소작농들이 자작농으로 바뀌는 계기가 되었다.
④ 수리조합비, 비료 대금 등 농민의 부담이 증가하였다.
⑤ 만주로부터 조, 수수, 콩 등의 잡곡 수입이 증가하였다.

한국사능력검정시험 최종 모의고사

43 다음 강령을 채택한 단체에 대한 설명으로 옳지 않은 것은?

[2점]

○ 우리는 조선 민족의 정치적·경제적 해방의 실현을 도모한다.
○ 우리는 전 민족의 총역량을 집중하여 민족적 대표 기관이 되기를 기한다.
○ 우리는 일체의 개량주의 운동을 배척하여 전 민족의 현실적인 공동 이익을 위하여 투쟁한다.

① 6·10 만세 운동을 전개하였다.
② 민족 유일당 운동의 일환으로 조직되었다.
③ 여성 단체 근우회의 결성에 영향을 주었다.
④ 민중 대회 및 순회 강연을 통해 민족의식을 고취시켰다.
⑤ 광주 학생 항일 운동 진상 보고를 위한 민중 대회를 계획하였다.

45 (가)에 대한 설명으로 옳은 것은?

[3점]

선포문

대한민국 임시 정부는 1919년 정부가 공포한 군사 조직법에 의거하여 중화민국 총통 장개석 원수의 특별 허락으로 중화민국 영토 내에서 (가) 을/를 창설함을 선포한다. 중화민국 국민과 합작하여 우리 두 나라의 독립을 회복하고자 공동의 적인 일본 제국주의자들을 타도하기 위하여 연합군의 일원으로 항전을 계속한다.

① 전력을 보전하기 위하여 자유시로 이동하였다.
② 쌍성보와 대전자령 전투에서 대승을 거두었다.
③ 중국군과 화북 지방에서 공동 작전을 전개하였다.
④ 조선 의용군과 연합하여 일본에 선전포고를 하였다.
⑤ 국내 진공 작전을 계획하였으나 일본의 패망으로 무산되었다.

47 (가)~(다)를 발생한 순서대로 옳게 나열한 것은? [1점]

(가) 좌우 합작 위원회에서 좌우 합작 7원칙을 발표하였다.
(나) 친일파 청산을 위한 반민족 행위 처벌법이 제정되었다.
(다) 모스크바 3국 외상 회의에서 최고 5년간의 신탁 통치 등을 결정하였다.

① (가) - (나) - (다)
② (나) - (가) - (다)
③ (나) - (다) - (가)
④ (다) - (가) - (나)
⑤ (다) - (나) - (가)

49 다음 자료와 관련된 민주화 운동에 대한 설명으로 옳은 것은? [2점]

□□신문
제△△호 1987년 ○○월 ○○일

지난 6월 9일 오후 교내 시위 도중 경찰이 쏜 최루탄 파편에 맞아 중상을 입고 입원중인 연세대생 이한열군은 4일째 의식을 회복하지 못한 채 중태다. 연세대 상경대 교수 일동은 '이한열군 사건에 당하여'라는 제목의 성명서를 작성하여 "이번 불상사에 대한 책임을 통감하여 학생 시위와 이 같은 불상사를 유발하는 오늘의 현실을 개탄한다."라며, 최루탄 난사를 포함한 과잉 진압을 금지하고 이 같은 사태의 재발을 방지하기 위한 근본적인 대책을 수립하라고 요구하였다.

① 국가 보위 비상 대책 위원회가 구성되었다.
② 5년 단임의 대통령 직선제 개헌이 이루어졌다.
③ 학생들은 비상계엄령 해제와 신군부 퇴진을 요구하였다.
④ 전국에 계엄령을 선포하고 모든 정치 활동을 정지시켰다.
⑤ 대통령의 중임 제한 철폐와 간선제를 골자로 하는 헌법을 제정하였다.

오답 해설

② 경주 정혜사지 십삼층 석탑은 통일 신라의 석탑으로 초층에 비하여 2층 이상의 탑신부가 일반적인 비례를 무시하고 줄어든 독특한 형태를 띠고 있다.
③ 개성 경천사지 십층 석탑은 원의 석탑 양식의 영향을 받아 대리석으로 만들어진 고려 원 간섭기의 석탑이다. 이는 조선 세조 때 대리석으로 제작된 서울 원각사지 십층 석탑에 영향을 주었다.
④ 발해 영광탑은 중국 지린성에 있는 전탑으로 당의 영향을 받았다.
⑤ 정선 정암사 수마노탑은 돌을 벽돌 모양으로 깎아 쌓은 모전 석탑으로 형태가 세련되고 수법이 정교하다.

05 [정답 ①]

출제자의 눈 고려의 대표적인 불상인 파주 용미리 마애이불 입상의 특징을 사진 자료와 함께 학습합니다.

사료 속 키워드 #천연 암벽 이용 #거대한 느낌 #지방화된 불상 양식 #경기도 파주시

① 파주 용미리 마애이불 입상은 자연 암벽에 2구의 신체를 새기고 머리 위에 돌갓을 얹어 토속적인 분위기를 풍기는 거대 불상이다. 자연석을 그대로 사용하여 신체 비율이 맞지 않고 거대한 느낌을 주는 고려 시대 불상의 특징이 잘 나타난다. 마애불의 바위 측면에서는 조선 세조와 정희 왕후에 대해 새겨진 발원문이 발견되었다.

오답 해설

② 경산 팔공산 관봉 석조여래 좌상은 경북 경산 팔공산 관봉의 정상에 병풍처럼 둘러진 암벽을 배경으로 만들어진 통일 신라의 불상으로, 불상의 머리 위에 갓처럼 생긴 돌이 올려져 있어 관봉(갓바위)이라고 불리게 되었다. 경직된 얼굴과 형식화된 옷 주름 등 9세기 불상의 특징이 나타나 있다.
③ 안동 이천동 마애여래 입상은 자연 암벽에 신체를 새기고 머리를 따로 올려놓은 거대 불상으로, 고려 시대에 유행하던 형식을 따르고 있다.
④ 논산 관촉사 석조 미륵보살 입상은 대형 철불이 유행하였던 고려 시대 최대 규모의 불상이다.
⑤ 충주 원평리 석조 여래 입상은 머리 위에 8각형의 갓을 쓰고 있는 거대 석불이다. 고려 시대 경기·충청 지역에서 유행하던 석불 입상 형식을 따르고 있다.

06 [정답 ③]

출제자의 눈 고려를 대표하는 불상인 논산 관촉사 석조 미륵보살 입상에 대해 파악합니다.

사료 속 키워드 #관촉사 #크나큰 석상 미륵존

고려의 문신 목은 이색은 문집 『목은집』에 「관촉사」라는 한시를 실어 논산 관촉사 석조 미륵보살 입상을 감상한 경험을 기록하였다.

③ 논산 관촉사 석조 미륵보살 입상은 대형 철불이 유행하였던 고려 시대의 불상으로, 충남 논산시에 위치하고 있다.

오답 해설

① 파주 용미리 마애이불 입상은 자연 암벽에 2구의 신체를 새기고 머리 위에 돌갓을 얹어 토속적인 분위기를 풍기는 거대 불상이다. 자연석을 그대로 사용하여 신체 비율이 맞지 않고 거대한 느낌을 주는 고려 시대 대형 불상의 특징이 잘 나타나 있다.
② 경산 팔공산 관봉 석조여래 좌상은 경산 팔공산 관봉의 정상에 병풍처럼 둘러진 암벽을 배경으로 만들어진 통일 신라 시대의 불상으로, 불상의 머리 위에 갓처럼 생긴 돌이 올려져 있어 관봉(갓바위)이라고 불리게 되었다.
④ 서산 용현리 마애여래 삼존상은 서산 가야산 층암절벽에 조각된 거대한 백제의 화강석 불상으로, '백제의 미소'로도 알려져 있다.
⑤ 안동 이천동 마애여래 입상은 자연 암벽에 신체를 새기고 머리를 따로 올려놓은 거대 불상으로, 고려 시대에 유행하던 불상 양식을 띠고 있다.

❖ 고대·고려의 주요 불상

금동 연가 칠년명 여래 입상 (고구려)	서산 용현리 마애여래 삼존상 (백제)	경주 석굴암 본존불 (통일 신라)
철원 도피안사 철조 비로자나불 좌상 (통일 신라)	이불 병좌상 (발해)	하남 하사창동 철조 석가여래 좌상 (고려)
파주 용미리 마애이불 입상 (고려)	논산 관촉사 석조 미륵보살 입상 (고려)	영주 부석사 소조여래 좌상 (고려)

Ⅳ 근세의 한국사

01 근세의 정치_1

기출 키워드로 연습하기

01 ① 호패법 ② 의정부 서사제 ③ 경연 폐지 02 × 03 ×
04 이종무 05 세조 06 성종

01 ① 태종은 정확한 호구 파악을 통한 조세 징수와 군역 부과를 위해 16세 이상의 남자들에게 호패를 발행하는 호패법을 실시하였다.
② 세종 때 의정부 서사제를 실시하였다.
③ 계유정난을 통해 즉위한 세조는 왕권 강화를 위해 집현전을 폐지하고 경연을 정지시켰다.

02 정도전의 활동에 대한 내용이다.

03 태종 때 6조 직계제를 시행하며 의정부의 권한을 약화시켰을 뿐 폐지한 것이 아니다.

단골 키워드 문제

01 ④   02 ③   03 ③   04 ④   05 ⑤
06 ③

01 [정답 ④]

출제자의 눈 조선 왕조의 개국공신인 정도전에 대해 알아봅니다.

사료 속 키워드 #『불씨잡변』 #불교를 비판 #도성의 축조 계획을 세움 #경복궁 #이방원에게 죽임을 당함

고려 말 급진 개혁파를 이끌었던 정도전은 신흥 무인 세력인 이성계와 연합하여 조선 건국을 주도하였다. 정도전은 조선 건국 이후 한양으로 도읍을 옮긴 후 도성을 쌓고 왕조의 기틀을 마련하는 데 공헌하였다. 또한, 『불씨잡변』을 통해 유학의 입장에서 불교의 진리를 논파하며 불교의 배척을 주장하였다. 이후 정도전은 세자 책봉 문제로 발생한 제1차 왕자의 난 때 이방원에 의해 죽임을 당하였다.
④ 정도전은 조선의 유교적 이념을 성문화하여 통치 제도를 정비하기 위해 『조선경국전』을 저술하였다.

오답 해설
① 중종 때 풍기 군수 주세붕은 성리학을 전래한 고려 말의 학자 안향을 기리기 위해 최초의 서원인 백운동 서원을 건립하였다. 백운동 서원은 이황의 건의로 소수 서원이라는 명종의 사액을 받아 최초의 사액 서원이 되었다.
② 신숙주는 세종 때 통신사로 일본에 다녀온 후 성종 때 일본의 지리와 국정, 외교 관계 등을 기록한 『해동제국기』를 편찬하였다.
③ 조선 중기의 성리학자 퇴계 이황은 조선의 성리학이 발전하는 데 크게 기여하였으며, 군주의 도를 도식으로 설명한 『성학십도』를 저술하였다.
⑤ 정약용은 신유박해로 인해 강진에서 유배 생활을 하던 중 중앙 행정 개혁에 대한 내용을 다룬 『경세유표』를 저술하였다.

02 [정답 ③]

출제자의 눈 조선 건국 초기 태종이 왕권 강화를 위해 시행한 정책에 대해 학습합니다.

사료 속 키워드 #원통하고 억울한 일을 당한 백성들 #신문고 설치 #의정부 설치 #문하부 낭사를 사간원으로 독립

③ 조선 초기 두 차례의 왕자의 난을 겪고 왕위에 오른 태종은 왕권을 강화하여 국왕 중심의 통치 체계를 확립하고자 하였다. 문하부를 혁파하여 의정부에 통합시키고, 6조 직계제를 실시하여 6조에서 의정부를 거치지 않고 국왕이 바로 재가를 내리도록 하였다. 문하부 산하의 낭사는 분리하여 사간원으로 따로 독립시켜 신하들을 견제하는 기능을 하도록 하였다. 또한, 신문고를 설치하여 백성이 억울하고 원통한 일을 호소할 수 있도록 하였다.

오답 해설
① 숙종 때 임진왜란 당시 지원군을 보내준 명 신종을 기리기 위한 제단인 대보단을 설치하였다.
② 세종 때 집현전 학자들은 당시까지 전해 오던 여러 의서의 의학 이론을 정리·수집한 『의방유취』를 편찬하였다.
④ 세조 때 편찬되기 시작한 『경국대전』은 조선의 기본 법전으로, 성종 때 완성되어 반포되었다.
⑤ 영조 때 각종 제도의 연혁과 내용을 정리한 『동국문헌비고』를 편찬하여 문물제도를 정비하였다.

❖ 조선 전기 주요 국왕의 업적

태조	조선 건국, 한양 천도
태종	6조 직계제 실시, 사간원 독립, 사병 철폐, 호패법 실시, 계미자 주조, 신문고 설치, 혼일강리역대국도지도 제작
세종	의정부 서사제 실시, 집현전 설치, 훈민정음 창제, 『농사직설』·『칠정산』 편찬, 4군 6진 개척, 공법 제정
세조	6조 직계제 부활, 직전법 실시, 『경국대전』 편찬 시작, 진관 체제 실시
성종	『경국대전』 완성, 홍문관 설치, 『동국통감』·『악학궤범』 등 편찬

03 [정답 ③]

출제자의 눈 금속 활자인 경자자와 갑인자를 주조하였던 조선 세종의 업적을 파악합니다.

사료 속 키워드 #활자 #경자자 #갑인자

조선 세종은 태종 때 만들어진 계미자의 모양이 크고 가지런하지 않으며, 주조가 거칠어 인쇄하는 데 어려움을 겪자 이를 보완하기 위해 주자소에서 경자자를 주조하였다. 이후 경자자보다 조금 더 큰 활자의 필요성을 느껴 갑인자를 주조하였다.

③ 조선 세종은 정초, 변효문 등을 시켜 우리 풍토에 맞는 농서인 『농사직설』을 간행하였다.

오답 해설
① 성종은 세조 때 편찬되기 시작한 조선의 기본 법전인 『경국대전』을 완성하고 반포하였다.
② 영조 때 각종 제도의 연혁과 내용을 정리한 『동국문헌비고』를 편찬하여 문물제도를 정비하였다.
④ 인조는 개간을 권장하여 경작지를 확충하고, 농민 부담을 줄이기 위해 영정법을 실시하여 풍흉에 관계없이 토지 1결당 쌀 4~6두로 전세를 고정하였다.
⑤ 철종은 임술 농민 봉기의 수습을 위해 파견된 안핵사 박규수의 건의를 받아들여 삼정이정청을 설치하고, 삼정의 문란을 해결하고자 하였다.

04 [정답 ④]

> **출제자의 눈** 조선 세종 때 설치된 집현전을 살펴봅니다.
> **사료 속 키워드** #만리재로 #조선의 문신 최만리 #세종이 학문 연구, 편찬 사업 등을 수행하도록 설치

조선 세종은 집현전을 설치하고 학문 연구와 경연, 서연을 담당하게 하여 유교 정치의 활성화를 꾀하였다. 최만리는 집현전의 장관인 부제학에까지 올라 활약하였으나, 훈민정음 창제에 대한 반대 상소를 올려 세종이 직접 중죄를 신문하고 옥에 가두라는 명까지 내리며 세종과 갈등을 빚었다.

④ 조선 세조는 수양 대군 시절 계유정난을 일으켜 단종을 몰아내고 왕으로 즉위하였다. 이후 성삼문, 박팽년 등 이른바 사육신(死六臣)이 단종 복위를 계획하다가 발각되자 세조는 관련 신하들을 모두 사형에 처하였으며, 집현전을 폐지하고 경연을 정지시켰다.

오답 해설
① 승정원은 왕명의 출납을 담당하고 모든 기밀을 취급하던 조선 시대 국왕의 비서 기관으로, 은대(銀臺), 후원(喉院), 정원(政院), 대언사(代言司) 등으로 불리기도 하였다.
② 고려 중기에 최충의 문헌공도를 대표로 하는 사학 12도의 발전으로 관학이 위축되자 예종 때 국자감을 재정비하여 전문 강좌인 7재를 운영하였다.
③ 고려 시대의 삼사는 화폐·곡식의 출납과 회계를 담당하였으며, 고려의 삼사와 같은 기능을 수행한 조선의 행정 기관으로는 호조가 있다.
⑤ 성균관은 조선 시대 최고의 국립 교육 기관으로, 정3품의 당상관직인 대사성을 수장으로 하였으며, 그 밑으로 좨주, 직강 등의 관직을 두었다.

05 [정답 ⑤]

> **출제자의 눈** 육조 직계제를 실시한 조선 세조의 업적에 대해 탐구합니다.
> **사료 속 키워드** #육조 직계제 부활 #계유년 #황보인 등을 제거하고 권력 장악 #강력한 왕권 행사 #형조의 사형수 판결을 제외한 육조의 서무를 직접 왕에게 보고하도록 함

조선 태종 때 육조가 직접 조정에 참여하도록 하는 등 육조 직계제를 시행하였다가 세종 때 다시 의정부 서사제로 바뀌었다. 이후 계유정난을 통해 즉위한 세조는 왕권을 강화하기 위해 육조 직계제를 부활시켜 의정부를 거치지 않고 국왕이 바로 재가를 내리게 하였다.

⑤ 세조는 과전의 세습화로 과전 부족 등을 초래하였던 과전법의 폐단을 바로잡기 위해 현직 관리에게만 수조권을 지급하는 직전법을 시행하였다(1466).

오답 해설
① 태종 때 왕명으로 주자소를 설치하여 금속 활자인 계미자를 주조하였다(1403).
② 연산군 때 사관 김일손이 영남 사림파의 영수인 김종직의 조의제문을 실록에 기록하였는데, 사림 세력과 대립 관계였던 유자광, 이극돈 등의 훈구 세력과 연산군이 이를 문제 삼으면서 무오사화가 일어났다(1498).
③ 흥선 대원군은 기존의 『대전통편』을 보완하고 각종 조례를 정리한 법전인 『대전회통』을 편찬하여 통치 체제를 정비하였다(1865).
④ 세종은 대마도주의 요구를 받아들여 부산포, 제포, 염포를 개방하였고(1426), 이후 제한된 범위 내에서 무역을 허락하는 계해약조를 체결하였다(1443).

06 [정답 ③]

> **출제자의 눈** 조선 성종의 재위 시기에 있었던 사실에 대해 파악합니다.
> **사료 속 키워드** #예문관 #옛 집현전의 직제 분리 #홍문관으로 이관 #경연

조선 성종은 세조 때 폐지한 집현전을 계승하여 홍문관을 설치하였다. 홍문관은 옥당·옥서 등의 별칭으로 불리기도 하였으며, 왕의 자문 역할과 경연·경서·사적 관리 등의 업무를 담당하였다.

③ 조선 성종 때 국가 의례 정비 사업의 일환으로 오례(五禮)의 예법과 절차 등을 그림과 함께 정리하여 『국조오례의』를 편찬하였다.

오답 해설
① 정조는 국왕 친위 부대인 장용영을 설치하여 왕권을 강화하였다.
② 중종 때 풍기 군수 주세붕이 세운 최초의 서원인 백운동 서원은 명종 때 이황의 건의로 사액을 받아 최초의 사액 서원이 되었다.
④ 영조는 『경국대전』 편찬 이후에 시행된 법령을 통합한 『속대전』을 편찬하여 통치 체제를 정비하였다.

⑤ 세조 때 관리의 유가족에게 세습되었던 수신전과 휼양전을 폐지하고 직전법을 실시하여 현직 관리에게만 토지의 수조권을 지급하였다.

02 근세의 정치_2

기출 키워드로 연습하기

01 ① 왕명 출납 ② 감찰 기구 ③ 간쟁, 서경 02 × 03 ×
04 양인(평민) 05 수령 06 유향소

01 ① 승정원은 조선 시대 왕의 비서 기관으로서 왕명 출납을 관장하였다.
② 사헌부는 고려의 어사대와 비슷한 감찰 기관이었다.
③ 사간원은 홍문관, 사헌부와 함께 삼사를 구성하였고, 정책에 대한 간쟁과 서경 등을 담당하였다.

02 이조는 문관의 인사를 담당하였고, 무관의 인사는 병조에서 담당하였다.

03 문과의 경우 탐관오리의 아들, 서얼, 재가한 여성의 자손에게는 응시를 제한하였다.

단골 키워드 문제

01 ①   02 ⑤   03 ①   04 ④   05 ②
06 ②

01 [정답 ①]

> 출제자의 눈 조선 시대 특별 사법 기구인 의금부에 대해 학습합니다.
> 사료 속 키워드 #조선 시대 #왕명으로 중죄인을 추국 #강상죄·반역죄 등을 처결

① 의금부는 강상죄, 반역죄 등을 저지른 중죄인을 다루도록 하여 왕조 창립과 왕권 확립에 기여하였다. 이와 같은 의금부의 활동은 조선 시대 중죄인의 조사·판결문을 모아 엮은 관찬서인 『추안급국안』에 기록되어 있다.

오답 해설
② 소격서는 궁중에서 지내는 도교적 제사인 초제를 주관하는 기관으로, 중종 때 조광조를 비롯한 사림 세력이 도교를 이단으로 배척하여 혁파되었다.
③ 홍문관은 조선 성종 때 집현전을 계승하여 설치된 기구로, 왕의 자문 역할과 경연, 경서, 사적 관리 등의 업무를 담당하였으며 사헌부, 사간원과 함께 3사를 구성하였다.
④ 사헌부와 사간원은 양사 또는 대간이라 하며 5품 이하 관리의 임명과 관련된 서경권을 행사하였다.

⑤ 규장각은 어제(국왕의 글이나 글씨)를 보관하고 각종 서적을 수집·편찬하는 작업을 수행하였으며, 점차 학술 및 정책을 연구하는 기능도 담당하게 되었다. 정조는 탕평 정치와 고른 인재 등용을 위해 서얼 출신을 규장각 검서관으로 등용하기도 하였다.

02 [정답 ⑤]

> 출제자의 눈 조선 시대의 대표적인 언론 기관인 사헌부에 대해 확인합니다.
> 사료 속 키워드 #대사헌 #관리의 위법 사항을 규찰

총마(驄馬)는 사헌부 감찰의 별칭으로, 「총마계회도(驄馬契會圖)」는 24명의 사헌부 감찰(총마)들의 모임을 그린 그림이다. 이 작품은 서울의 궁궐을 배경으로 감찰이 총마를 타고 사헌부 청사로 가는 모습을 사실적으로 표현하였다.
⑤ 사헌부는 조선 시대에 언론 활동, 풍속 교정, 백관에 대한 규찰과 탄핵 등을 관장하던 관청이다. 수장은 대사헌으로, 사간원과 함께 양사 또는 대간이라 불렀으며, 5품 이하 관리의 임명과 관련된 서경권을 행사하였다.

오답 해설
① 조선은 한성부를 두어 수도 한성의 치안과 행정을 담당하도록 하였다.
② 승정원은 조선 시대 왕의 비서 기관으로서 왕명의 출납을 관장하였으며, 은대(銀臺), 후원(喉院), 정원(政院), 대언사(代言司) 등으로 불리기도 하였다.
③ 조선 시대 옥당, 옥서 등의 별칭으로 불리기도 한 홍문관은 왕의 자문 역할과 경연, 경서, 궁중 서적 및 문서 관리 등의 업무를 담당하였다.
④ 조선 시대에 역사서를 관리하고 사고(史庫)에 보관하는 업무를 맡은 관청으로 춘추관을 두었으며, 이곳에 설치된 실록청에서 실록 편찬을 담당하였다.

03 [정답 ①]

> 출제자의 눈 조선 시대 왕명 출납 기구인 승정원에 대해 알아봅니다.
> 사료 속 키워드 #은대조례 #흥선 대원군 #업무 처리 규정 #승지

① 승정원은 조선 시대 왕명의 출납을 관장하던 관청으로, 은대(銀臺), 후원(喉院), 정원(政院), 대언사(代言司) 등으로 불리기도 하였다. 1870년 흥선 대원군은 승정원에서 정부를 전달·집행하는 과정을 기록한 『은대조례』를 편찬하게 하여 승정원의 관리인 승지들의 사무에 참고하도록 하였다.

오답 해설
② 조선의 홍문관은 성종 때 집현전을 계승하여 설치되었으며, 대표적인 언론 기관인 사헌부, 사간원과 함께 3사를 구성하였다.
③ 조선의 관상감은 천문, 지리, 기후 등에 관한 업무를 담당하였다.

④ 조선의 춘추관은 역사서를 보관·관리하기 위해 설치된 관청으로, 이곳에 설치된 실록청에서 실록 편찬을 담당하였다.
⑤ 조선의 의금부는 고려 충렬왕 때 설치한 순마소가 조선 태종 때 개편되면서 국왕 직속 사법 기구가 되었으며, 강상죄, 반역죄 등을 저지른 중죄인을 다루었다.

04 [정답 ④]

출제자의 눈 조선의 관청인 승정원에 대해 파악합니다.
사료 속 키워드 #「은대계회도」 #우부승지 이현보 #도승지 #은대 #정원

④ 승정원은 조선 시대 왕명의 출납을 관장하던 관청으로, 은대(銀臺), 후원(喉院), 정원(政院), 대언사(代言司) 등으로 불리었다. 이에 따라 소속 승지 6인을 은대 학사라고 부르기도 하였다.

오답 해설
① 조선의 사헌부는 사간원, 홍문관과 함께 삼사로 불리며 서경·간쟁·봉박 등의 권한을 가지고 있었다.
② 조선의 사역원은 외국과의 교류에 필요한 역관을 양성하고 관리하였으며, 통역 실무 등을 담당하였다.
③ 조선의 관상감은 천문, 지리, 기후 등에 관한 업무를 담당하였다.
⑤ 의금부는 고려 충렬왕 때 설치한 순마소가 조선 태종 때 개편되면서 국왕 직속 사법 기구가 되었다. 반역죄, 강상죄 등을 저지른 중죄인을 다루도록 하여 왕권 확립에 기여하였다.

05 [정답 ②]

출제자의 눈 왕의 자문 기관을 담당하였던 홍문관에 대해 학습합니다.
사료 속 키워드 #옥당 #궁중의 도서 관리 #문한(文翰)과 왕의 자문 담당

② 홍문관은 조선 성종 때 집현전을 계승하여 설치되었으며, 옥당, 옥서 등의 별칭으로 불리기도 하였다. 왕의 자문 역할과 경연, 경서, 사적 관리 등의 업무를 담당하였고, 대표적인 언론 기관인 사헌부, 사간원과 함께 3사로 불렸다.

오답 해설
① 한성부는 수도 한성의 치안과 행정을 담당하던 기관이었다.
③ 성균관은 조선 시대 최고의 국립 교육 기관으로, 정3품의 당상관직인 대사성을 수장으로 하였으며, 그 밑으로 좨주, 직강 등의 관직이 있었다.
④ 승정원은 왕명 출납을 맡고 모든 기밀을 취급하던 조선 시대 왕의 비서 기관이었다.
⑤ 춘추관은 조선 시대에 역사서를 보관·관리하던 관청이다. 국왕의 사후 춘추관 내에 임시로 실록청을 설치하고 사관이 기록한 사초, 시정기를 정리하여 『조선왕조실록』을 편찬하였다.

❖ 조선의 중앙 통치 조직

구분		역할 및 특징	
의정부		최고 관부, 재상의 합의로 국정 총괄	
6조		직능에 따라 행정 분담(이·호·예·병·형·공), 정책 집행	
삼사(대간)	사헌부	관리의 비리를 감찰	권력의 독점과 부정을 방지
	사간원	간쟁(정사를 비판)	
	홍문관	왕의 자문(고문) 역할, 경연 주관	
승정원		왕명 출납	왕권 강화 기구
의금부		국가의 중죄인 처벌, 국왕 직속 사법 기구	
춘추관		역사서 편찬과 보관	
예문관		외교 문서, 국왕의 교서 관리	
성균관		조선의 최고 교육 기구	
한성부		수도의 행정과 치안 담당	

06 [정답 ②]

출제자의 눈 지방에서 향리를 감찰하고 향촌의 풍속을 교화하는 역할을 수행한 유향소에 대해 알아봅니다.
사료 속 키워드 #향리들의 불법을 규찰 #이시애의 난 이후 혁파됨

② 조선은 전국을 8도로 나누어 모든 군현에 수령을 파견하였다. 또한, 지방에 유향소를 두어 수령 보좌, 향리(아전) 감찰, 향촌 풍속 교화 등의 역할을 수행하도록 하였으며, 좌수와 별감 등의 향임이 선발되어 회의를 주도하였다. 이후 유향소는 세조 때 중앙 집권적 정책으로 발생한 이시애의 난을 진압하던 과정에서 폐지되었고, 성종 때 다시 설치되어 향사례, 향음주례 등을 시행하는 역할을 하였다.

오답 해설
① 조광조를 비롯한 사림 세력은 도교를 이단으로 배척하였다. 이에 따라 궁중에서 지내는 도교적 제사인 초제를 주관하는 소격서의 폐지를 주장하여 이를 혁파하였다.
③ 중종 때 풍기 군수 주세붕이 성리학을 전래한 고려 말의 성리학자 안향을 기리기 위해 최초로 백운동 서원을 건립하였다.
④ 성균관은 조선 시대 최고의 국립 교육 기관으로, 정3품의 당상관직인 대사성을 중심으로 아래에 좨주, 사성, 직강 등의 관직을 두었다.
⑤ 향도는 불교 신앙을 바탕으로 고려, 조선 초기부터 시작된 향촌 조직으로 석탑·사찰의 조성 또는 매향 활동 등 각종 불교 행사를 주관하였다.

03 근세의 정치_3

기출 키워드로 연습하기

01 ① 갑자사화 ② 기모사화 ③ 을사사화 02 ○ 03 × 04 ○
05 남인, 북인 06 최윤덕, 김종서

01 ① 갑자사화는 연산군 때 생모 폐비 윤씨 사건의 전말이 알려지면서 발생하였다.
② 기묘사화는 중종 때 조광조의 개혁 정치에 대한 훈구의 반발로 인해 발생하였다.
③ 을사사화는 명종 때 왕실 외척 간 다툼으로 인해 발생하였다.

02 김종직의 제자인 김일손이 조의제문을 사초에 기록한 것이 무오사화의 발단이 되었다.

03 중종 때 등용된 사림 조광조는 훈구를 견제하기 위해 천거제의 일종인 현량과 실시를 건의하였다.

04 선조 때 사림 세력은 이조 전랑 임명권을 놓고 김효원을 중심으로 한 동인과 심의겸을 중심으로 한 서인으로 분열되었다.

단골 키워드 문제

01 ② 02 ⑤ 03 ③ 04 ④ 05 ③
06 ④ 07 ② 08 ④ 09 ① 10 ①

01 [정답 ②]

출제자의 눈 무오사화가 일어난 시기를 알아봅니다.
사료 속 키워드 #김종직 #제자 김일손 #조의제문

② 조선 전기 영남 사림파의 영수 김종직은 문하에 정여창, 김굉필, 김일손 등 많은 제자들을 길러냈다. 그중 김일손은 스승 김종직이 작성한 조의제문을 사초에 기록하였는데, 사림 세력과 대립 관계였던 유자광, 이극돈 등의 훈구 세력과 연산군이 이를 문제 삼으면서 무오사화가 발생하였다(1498).

02 [정답 ⑤]

출제자의 눈 조선 명종 때 일어났던 정치적 사건들을 살펴봅니다.
사료 속 키워드 #왕이 어려서 즉위 #모후(母后)가 수렴청정 #사림 간에 큰 옥사가 연달아 일어남 #흉년으로 백성들이 고달픔 #문정 왕후 #을사사화

⑤ 조선 인종의 뒤를 이어 명종이 어린 나이로 즉위하자 명종의 어머니인 문정 왕후가 수렴청정하였다. 이후 인종의 외척 윤임을 중심으로 하는 대윤 세력과 명종의 외척 윤원형 중심이 된 소윤 세력의 대립이 심화되어 을사사화가 발생하였다. 또한, 명종의 재위 시기 여러 해 동안 흉년이 계속되어 기근이 극심해지자 이에 대비하는 방법을 정리하며 『구황촬요』를 간행하였다.

오답 해설

① 조선 건국 이후 왕위 계승권을 둘러싸고 태조 이성계의 아들 사이에 두 차례 왕자의 난이 일어났다. 정도전, 남은, 심효생 등의 주장으로 태조의 막내 아들인 이방석이 세자로 책봉되자 이에 반발한 이방원이 세자 이방석과 정도전 등을 제거하였다(제1차 왕자의 난).

② 순조 때 천주교 전파에 앞장섰던 실학자들과 많은 천주교 신자들이 신유박해로 피해를 입게 되었다. 이후 황사영이 베이징에 있는 주교에게 조선으로 군대를 보내 달라는 내용의 편지를 보내려다 발각되어 더욱 큰 탄압을 받았다.

③ 현종 때 효종과 효종비의 국상 당시 자의 대비의 복상 문제를 놓고 두 번의 예송 논쟁이 발생하여 서인과 남인 사이의 대립이 심화되었다.

④ 서인 세력을 중심으로 기사환국 때 폐비되었던 인현 왕후의 복위 운동이 전개되었다. 이에 남인인 민암 등이 서인들을 국문하다 숙종의 불신을 받게 되어 몰락하고 다시 서인이 집권하게 되었다(갑술환국). 이후 인현 왕후가 복위되고 장씨는 다시 희빈으로 강등되었다.

❖ **조선 시대 사화**

무오사화 (1498)	• 훈구파(유자광, 이극돈)와 사림파(김일손)의 대립 • 김일손이 스승 김종직의 조의제문을 사초에 기록한 사건이 발단
갑자사화 (1504)	• 폐비 윤씨 사사 사건이 배경 • 무오사화 때 피해를 면한 사림과 일부 훈구 세력까지 피해
기묘사화 (1519)	• 조광조의 개혁 정치 • 위훈 삭제로 인한 훈구 세력의 반발 • 주초위왕 사건
을사사화 (1545)	• 인종의 외척 윤임(대윤파)과 명종의 외척 윤원형(소윤파)의 대립 • 명종의 즉위로 문정 왕후 수렴청정 → 집권한 소윤파가 대윤파를 공격

03 [정답 ③]

출제자의 눈 사림 세력인 조광조의 개혁 정치에 대해 파악합니다.
사료 속 키워드 #조광조 #소격서가 요사하고 허탄함 #천거로 인재를 뽑는 일 #현량과

③ 조선 중종 때 등용된 조광조를 비롯한 사림 세력은 도교를 이단으로 배척하였다. 이에 따라 궁중 도교 행사인 초제를 주관하는 소격서의 폐지를 주장하여 이를 혁파하였다. 또한, 현량과 실시, 반정 공신의 위훈 삭제 등의 급진적인 개혁을 실시하였다. 이에 반발한 훈구 세력들이 주초위왕 사건을 일으켜 기묘사화가 발생하면서 조광조를 비롯한 사림들이 피해를 입었다.

오답 해설

① 흥선 대원군은 군정의 문란을 해결하기 위해 호포제를 실시하여 양반에게도 군포를 부과하였다.
② 현종 때 발생한 기해예송은 효종의 국상 당시 인조의 계비인 자의 대비의 복상 문제를 놓고 효종의 왕위 계승에 대한 정통성과 관련하여 서인과 남인 사이에 발생하였다. 자의 대비의 복상 기간에 대해 서인은 1년, 남인은 3년으로 주장하였으나 서인이 승리하였다.
④ 선조 때 발생한 정여립 모반 사건으로 기축옥사가 일어나 서인이 정국을 주도하게 되었고, 이때 피해를 입은 동인이 북인과 남인으로 분화되었다.
⑤ 숙종 때 희빈 장씨의 소생에 대한 원자 책봉 문제로 기사환국이 발생하여 서인이 물러나고 남인이 집권하였다. 이때 서인 세력의 영수인 송시열이 사사되고 중전이었던 인현 왕후가 폐위되었다.

04 [정답 ④]

출제자의 눈 조선 중종 때 등용된 사림으로서 개혁을 추진하였던 조광조의 활동에 대해 알아봅니다.

사료 속 키워드 #반정 공신의 위훈 삭제 #개혁을 추진하다가 사사됨 #호는 정암 #소격서 폐지

④ 정암 조광조는 사림으로 훈구파를 견제하고자 하였던 조선 중종에 의해 정계에 진출하였다. 그는 천거제의 일종인 현량과 실시를 건의하여 사림이 대거 등용될 수 있는 발판을 마련하였고 반정 공신의 위훈 삭제, 소학 보급, 소격서 폐지 등을 주장하였다. 그러나 위훈 삭제에 대한 훈구 세력의 반발로 발생한 기묘사화로 인해 사사되었다. 이후 효종 때 조광조의 학문과 덕행을 추모하기 위해 현재 경기도 용인에 심곡 서원을 세우고 위패를 모셨다.

오답 해설

① 조선 중기의 성리학자 율곡 이이는 군주가 수양해야 할 덕목을 정리한 『성학집요』를 저술하여 선조에게 바쳤다.
② 연산군 때 김일손은 스승인 김종직의 조의제문을 사초에 포함시켰다. 유자광, 이극돈 등의 훈구 세력이 이를 사림 세력에 불만을 가지고 있던 연산군에게 알리면서 무오사화가 발생하였다.
③ 중종 때 풍기 군수 주세붕은 고려 말 성리학을 전래시킨 안향을 기리고 사림 및 자제들을 교육하기 위해 최초의 서원인 백운동 서원을 건립하였다. 이후 명종 때 백운동 서원은 이황의 건의로 최초의 사액 서원인 소수 서원으로 사액되었다.
⑤ 조선의 개국공신인 정도전은 조선의 유교 이념을 성문화하여 조선의 현실에 맞는 통치 체제를 정비한 『조선경국전』을 저술하였다.

05 [정답 ③]

출제자의 눈 갑자사화와 을사사화 사이에 발생한 사건에 대해 살펴봅니다.

사료 속 키워드 #어머니 윤씨 폐위 #엄씨, 정씨 #이덕응 #윤임 #대윤 #소윤 #윤원로

(가) 갑자사화(1504): 연산군이 생모인 폐비 윤씨 사건의 전말을 알게 되면서 갑자사화가 발생하였다. 이로 인해 김굉필 등 당시 폐비 윤씨 사건에 관련된 인물들과 무오사화 때 피해를 면했던 사림들까지 큰 화를 입었다.
(나) 을사사화(1545): 인종의 뒤를 이어 명종이 어린 나이로 즉위하자 명종의 어머니 문정 왕후가 수렴청정을 하였다. 인종의 외척인 윤임을 중심으로 한 대윤 세력과 명종의 외척인 윤원형을 중심으로 한 소윤 세력의 대립으로 을사사화가 발생하여 윤임을 비롯한 대윤 세력과 사림들이 큰 피해를 입었다.
③ 중종은 반정으로 왕위에 오른 뒤 훈구파를 견제하기 위해 사림파를 중용하여 유교 정치를 발전시키고자 하였다. 이에 따라 등용된 조광조는 천거제의 일종인 현량과 실시를 건의하여 사림이 대거 등용될 수 있는 발판을 마련하였다. 또한, 반정 공신들의 위훈 삭제, 소격서 폐지, 향약 시행, 소학 보급 등을 주장하였으나 이에 반발한 훈구 세력들이 주초위왕 사건을 일으켜 기묘사화가 발생하면서 조광조를 비롯한 사림들이 피해를 입었다(1519).

오답 해설

① 숙종 때 남인의 영수인 허적이 궁중에서 쓰는 천막을 허락 없이 사용한 문제로 왕과 갈등을 겪었다. 이후 허적의 서자 허견의 역모 사건으로 첫 환국이 발생하여 허적, 윤휴 등의 남인이 대거 축출되고 서인이 집권하게 되었다(경신환국, 1680).
② 선조 때 정여립 모반 사건 당시 서인은 정권을 장악하기 위해 모반 사건을 확대하여 수많은 동인 인사들이 큰 타격을 입었다(기축옥사, 1589).
④ 연산군 때 김일손이 스승인 김종직의 조의제문을 실록에 기록한 것을 유자광, 이극돈 등의 훈구 세력이 사림 세력에 불만을 가지고 있던 연산군에게 알리면서 무오사화가 발생하였다(1498).
⑤ 영조는 붕당 정치의 폐해를 막고 능력에 따른 인재를 등용하기 위해 탕평책을 실시하였고, 성균관에 탕평비를 건립하였다(1742).

06 [정답 ④]

출제자의 눈 무오사화와 중종반정 사이에 일어난 갑자사화를 파악합니다.

사료 속 키워드 #유자광 #김종직의 조의제문 #부도한 말 #박원종 #대비(大妃) #임금이 도리를 잃어 정치가 혼란함 #진성대군

(가) 무오사화(1498): 연산군 때 김일손이 스승인 김종직의 조의제문을 실록에 기록한 것을 유자광, 이극돈 등의 훈구 세력이 사림 세력에 불만을 가지고 있던 연산군에게 알리면서 무오사화가 발생하였다.
(나) 중종반정(1506): 연산군의 폭정을 계기로 박원종, 성희안, 유순정 등에 의해 반정이 일어나 연산군이 폐위되고 진성대군이 중종으로 즉위하였다.

④ 연산군이 생모인 폐비 윤씨 사사 사건의 전말을 알게 되면서 갑자사화가 발생하였다. 이로 인해 김굉필 등 당시 폐비 윤씨 사건에 관련된 인물들과 무오사화 때 피해를 면하였던 사림들까지 큰 화를 입었다(1504).

오답 해설

① 서인 세력은 광해군의 중립 외교 정책과 영창대군 사사 사건, 인목 대비 유폐 문제를 빌미로 인조반정을 일으켰다. 이에 광해군이 폐위되고 인조가 왕위에 올랐으며, 북인 세력인 이이첨, 정인홍 등은 처형되었다(1623).
② 중종은 반정으로 왕위에 오른 후 훈구파를 견제하고 연산군의 폐정을 개혁하기 위해 사림파를 중용하였다. 이때 등용된 조광조는 반정 공신들의 위훈 삭제를 주장하였으나 훈구파들의 반발로 기묘사화가 발생하면서 많은 사림파들이 정계에서 축출되었다(1519).
③ 영조 때 이인좌, 정희량 등 정권에서 소외된 소론 세력이 남인 일부와 연합하여 경종의 죽음과 영조의 정통성에 대해 의문을 제기하면서 반란을 일으켰으나 진압되었다(1728).
⑤ 숙종 때 희빈 장씨의 소생에 대한 원자 책봉 문제로 기사환국이 발생하여 서인이 물러나고 남인이 집권하였다. 이때 서인 세력의 영수인 송시열이 사사되고 중전이었던 인현 왕후가 폐위되었다(1689).

07 [정답 ②]

출제자의 눈 정여립 모반 사건으로 발생한 기축옥사 등 이후 붕당 정치의 전개 과정을 학습합니다.

사료 속 키워드 #정여립 토벌 #진안 죽도

② 조선 선조 때 동인 출신 정여립은 파직 후 고향인 전주 진안 죽도에서 고을의 여러 무사들과 공·사노비를 모아 궁술을 익히는 대동계를 조직하였다. 이는 정철 등 조정의 서인 세력에 의해 정여립이 역모를 꾀하기 위해 만든 조직으로 지목되었고, 이로 인해 발생한 기축옥사로 동인의 영수 이발 등을 비롯한 많은 동인들이 탄압을 받게 되었다(1589).

오답 해설

① 세조 때 중앙 집권적 정책으로 인해 북방민의 등용이 억제되자 이시애가 함길도민을 규합하여 길주에서 반란을 일으켰다(1467).
③ 명종 때 문정 왕후의 수렴청정을 비판한 양재역 벽서 사건으로 정미사화가 발생하였다(1547). 이때 이언적, 권벌 등이 유배되는 등 많은 사림 세력들이 화를 입었다.
④ 세조는 수양 대군 시절 계유정난을 일으켜 황보인, 김종서 등을 제거하고 권력을 장악한 뒤 단종을 몰아내고 왕으로 즉위하였다(1453).
⑤ 선조 때 사림 세력은 이조 전랑 임명권을 놓고 김효원을 중심으로 한 동인과 심의겸을 중심으로 한 서인으로 분화되었고, 이를 계기로 붕당 정치가 시작되었다(1575).

❖ **조선 붕당 정치의 전개**

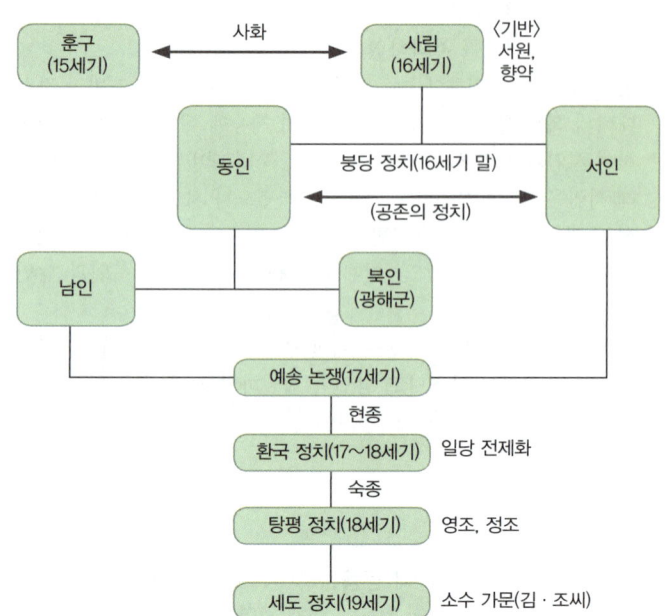

08 [정답 ④]

출제자의 눈 조선 중종 때 일어난 기묘사화에 대해 파악합니다.

사료 속 키워드 #훈구와 사림의 대립 #반정(反正)으로 연산군이 폐위 #3포에서 왜인들이 난을 일으킴

④ 조선 중종은 반정으로 연산군을 폐위하여 왕위에 오른 후 삼포왜란을 진압하였으며 훈구파를 견제하기 위해 사림파를 중용하였다. 이에 따라 등용된 조광조는 천거제의 일종인 현량과 실시를 건의하여 사림이 대거 등용될 수 있는 발판을 마련하였다. 또한, 반정 공신들의 위훈 삭제, 소격서 폐지, 향약 시행 등을 주장하였으나 위훈 삭제에 대한 훈구 세력의 반발로 기묘사화가 발생하여 조광조와 사림 세력이 대부분 축출되었다.

오답 해설

① 인조반정에서 큰 공을 세웠던 이괄이 2등 공신을 받은 것에 대해 불만을 품고 이괄의 난을 일으켰다.
② 숙종 때 남인의 영수인 허적이 궁중에서 쓰는 천막을 허락 없이 사용한 문제로 왕과 갈등을 겪었다. 이후 허적의 서자 허견의 역모 사건으로 첫 환국이 발생하여 허적, 윤휴 등의 남인이 대거 축출되고 서인이 집권하게 되었다.
③ 선조 때 발생한 정여립 모반 사건으로 기축옥사가 일어나 서인이 정국을 주도하였고, 이때 피해를 입은 동인이 북인과 남인으로 분화되었다.
⑤ 연산군 때 사관 김일손이 영남 사림파 스승인 김종직의 조의제문을 사초에 기록하였다. 그러자 사림 세력과 대립 관계였던 유자광, 이극돈 등의 훈구 세력이 이를 문제 삼아 연산군에게 알리면서 무오사화가 발생하였다.

09 [정답 ①]

> 출제자의 눈: 조선의 문신 김종서의 업적에 대해 알아봅니다.
> 사료 속 키워드: #함길도 #『야연사준도』 #병마도절제사 #문종 #『고려사절요』 편찬 총괄 #계유정난 때 살해됨

조선의 문신 김종서는 세종 대 함길도 병마도절제사로 활약을 하였으며, 문종 때에는 고려의 역사를 서술한 편년체 형식의 『고려사절요』를 편찬하였다. 단종의 즉위년에는 좌의정으로서 단종을 모시다가 세조가 일으킨 계유정난에 의해 살해되었다.

① 함길도 병마도절제사였던 김종서는 조선 세종의 명으로 두만강 하류 지역에 6진을 개척하여 조선의 국경선을 확장하였다.

오답 해설

② 임진왜란이 발발하자 신립은 충주 탄금대에서 배수의 진을 치고 맞서 싸웠으나 왜군에 크게 패하여 강물에 몸을 던져 자결하였다.
③ 조선 효종 때 러시아가 만주 지역까지 침략해오자 청은 조선에 원병을 요청하였고, 조선에서는 두 차례에 걸쳐 조총 부대를 이끌고 나선 정벌에 나섰다.
④ 조선 세종은 왜구의 침입이 빈번하자 이종무를 보내 왜구의 근거지인 쓰시마섬을 정벌하였다.
⑤ 고려 성종 때 거란이 침략하자 서희가 소손녕과의 외교 담판을 통해 강동 6주를 획득하였다.

10 [정답 ①]

> 출제자의 눈: 『고려사절요』를 편찬하고 계유정난 때 제거된 김종서의 활동을 파악합니다.
> 사료 속 키워드: #『고려사절요』를 찬술 #계유정난 때 살해됨

조선 세종의 신임을 받은 문신 김종서는 함길도 병마도절제사로 활약하였으며, 문종 때 고려의 역사를 서술한 편년체 형식의 『고려사절요』를 편찬하였다. 단종 대에는 좌의정의 자리에 올랐으나 세조가 일으킨 계유정난에 의해 살해되었다.

① 김종서는 조선 세종의 명으로 여진을 정벌하고 두만강 하류 지역에 6진을 개척하여 조선의 국경선을 확장하였다.

오답 해설

② 이성계와 함께 조선 건국을 주도한 정도전은 『불씨잡변』을 저술하여 성리학적 관점에서 불교의 교리를 비판하였고, 유교적 이념에 따라 통치할 것을 강조하였다.
③ 조선 중종 때 등용된 조광조는 현량과 실시, 소격서 폐지, 반정 공신의 위훈 삭제 등의 급진적인 개혁을 실시하였다. 이에 반발한 훈구 세력들이 주초위왕 사건을 일으켜 기묘사화가 발생하면서 조광조를 비롯한 사림들이 피해를 입었다.
④ 고려 말 창왕 때 박위는 왜구의 근거지인 쓰시마섬을 정벌하였으며, 조선 전기 이종무는 세종의 명으로 쓰시마섬을 정벌하여 왜구를 토벌하였다.
⑤ 조선 효종 때 김육은 광해군 때부터 시행되었던 대동법을 충청도까지 확대할 것을 건의하여 시행을 주관하였다.

04 근세의 정치_4

기출 키워드로 연습하기

01 ① 권율 ② 김시민 ③ 효종 02 × 03 × 04 × 05 ○
06 ×

01
① 임진왜란 중 권율이 행주산성에서 왜군을 격파한 행주 대첩은 진주 대첩, 한산도 대첩과 함께 임진왜란의 3대 대첩으로 불린다.
② 임진왜란 발발 이후 김시민은 진주 대첩에서 왜군을 물리치며 활약하였다.
③ 효종 때 청의 원병 요청으로 두 차례 조총 부대를 파견해 나선 정벌에 나섰다.

02 이순신은 한산도 대첩에서 학익진 전법을 활용하여 100여 척의 적선을 격파하였다.

03 임진왜란 중 유성룡의 건의로 포수·사수·살수의 삼수병으로 구성된 훈련도감이 구성되었다.

04 광해군의 중립 외교 정책에 반대하여 인조반정을 일으킨 것은 서인 세력이다.

05 중종 때 임시 기구로 설치된 비변사는 임진왜란을 거치며 기능이 강화되었다.

06 현종 때 효종의 왕위 계승에 대한 정통성과 관련하여 자의 대비의 복상 문제를 놓고 서인과 남인 사이에 예송 논쟁이 전개되었다.

단골 키워드 문제

01 ③ 02 ③ 03 ① 04 ② 05 ③
06 ②

01 [정답 ③]

> 출제자의 눈: 임진왜란 이후에 있었던 일을 학습합니다.
> 사료 속 키워드: #강화 교섭 결렬 #일본의 재침 #일본군을 격퇴 #삼도수군통제사 이순신

임진왜란 중 일본과의 강화 교섭이 결렬되면서 일본이 조선을 재침입하였다(정유재란, 1597~1598). 정유재란 당시 일본군이 흥양 지역을 세 차례 침입하였으나, 흥양현감 최희량이 이순신의 휘하에서 일본군을 격퇴하면서 공을 세웠다(1598).

③ 조선 선조는 임진왜란 이후 단절되었던 일본과의 관계를 회복하기 위해 승려 유정 등을 회답 겸 쇄환사로 파견하였고(1604), 이들은 전쟁 중 잡혀간 포로 3,000여 명을 데리고 귀국하였다.

> 오답 해설

① 신숙주는 조선 세종 때 통신사로 일본에 다녀온 후 성종 때 일본의 지리와 국정 등을 기록한 『해동제국기』를 저술하였다(1471).
② 진포에 왜선 500여 척이 나타나자 고려 우왕은 나세, 심덕부, 최무선 등의 장군들로 하여금 최무선이 설계한 우리나라 최초의 화약 병기인 화통, 화포로 왜구를 격퇴하게 하였다(1380).
④ 삼포왜란 이후 임신약조를 통해 조선 정부가 왜구의 교역을 제한하자 왜구가 반발하며 사량진을 약탈하였다. 이에 조선은 일본과의 국교를 단절하였다(1544).
⑤ 조선 중종 때 변방의 국방 문제를 논의하고 외적의 침입에 대비하고자 비변사를 임시 기구로 설치하였고, 을묘왜변을 계기로 상설 기구화하였다(1555).

02 [정답 ③]

출제자의 눈 임진왜란 때 일어난 행주대첩 이후에 전개된 사실을 살펴봅니다.

사료 속 키워드 #권율 #행주산 #책(柵)을 설치하여 방비 #『선조수정실록』

임진왜란 때 조·명 연합군의 공격으로 후퇴하던 왜군이 행주산성을 공격하였다. 이에 권율을 중심으로 한 조선 군대와 백성들이 항전하여 왜군에 승리를 거두었다(1593.2.).
③ 임진왜란 때 명이 원군을 보내면서 전쟁이 장기화될 조짐이 보이자 명과 일본은 휴전 회담을 진행하였다. 회담은 결국 결렬되었고, 일본이 다시 조선을 침략하여 정유재란이 발발하였다(1957.1.).

> 오답 해설

① 고려 말 최영은 홍산에서 충남 내륙 지역까지 올라온 왜구를 전멸시키며 크게 승리하였다(1376).
② 임진왜란 때 이순신의 수군은 학익진 전법 등을 활용하여 한산도 대첩에서 왜군을 크게 물리쳤다(1592.7.).
④ 조선 세종은 왜구의 침입이 빈번하자 이종무를 보내 왜구의 근거지인 쓰시마를 정벌하였다(1419).
⑤ 조선 선조 때 임진왜란이 발발하자 신립은 충주 탄금대에서 배수의 진을 치고 맞서 싸웠으나 왜군에 크게 패하여 강물에 몸을 던져 자결하였다(1592.4.).

❖ 왜란의 전개 과정

시기		전투 내용
1592.	4.13.	임진왜란 발발(부산포)
	4.14.	부산진성 전투(첫 전투)
	4.28.	충주 탄금대 전투 패배(신립) → 선조 의주 피난
	5.2.	한양 함락
	5.7.	옥포 해전(이순신), 첫 승리
	5.29.	사천포 해전(거북선 사용)
	7.	한산도 대첩(학익진 전법)
	10.	진주 대첩(김시민 전사)
1593.	1.	평양성 탈환(조·명 연합군)
	2.	행주 대첩(권율)
1597.	1.	정유재란
	9.	명량 해전
	11.	노량 해전(이순신 전사)

03 [정답 ①]

출제자의 눈 의병의 활약이 컸던 임진왜란에 대해 알아봅니다.

사료 속 키워드 #홍계남 #의병 #고경명 #조헌 #『쇄미록』

조선 선조 때 왜군이 침입하여 임진왜란이 발발하였다(1592). 이에 농민, 전직 관리, 사림, 승려 등이 자발적으로 의병을 조직하여 왜군에 맞섰다. 안성에서는 홍계남, 금산에서는 고경명과 조헌 등 많은 의병이 왜군에 대항하였으며, 전라도의 김천일, 함경도(길주)의 정문부, 경상도의 곽재우, 금강산의 사명 대사(유정) 등이 의병장으로 활약하였다.
① 유성룡은 선조에게 건의하여 포수, 사수, 살수의 삼수병으로 구성된 훈련도감을 설치하였으며(1593), 이후 임진왜란 당시의 기록을 담은 『징비록』을 저술하였다.

> 오답 해설

② 후금이 청으로 국호를 바꾸고 조선에게 군신 관계를 요구하였지만, 거부당하자 병자호란을 일으켰다. 이때 인조는 강화도로 피신하려 했으나 도중에 길이 막혀 남한산성으로 피란하였다(1636).
③ 인조 때 후금과의 관계가 악화되자 국방력 강화를 위해 어영청을 창설하여 국왕을 호위하게 하였다(1623). 이후 효종은 어영청을 중심으로 송시열, 이완 등과 함께 북벌을 추진하였다.
④ 중종 때 외적의 침입에 대비하기 위해 임시 기구로 비변사가 신설되었고(1510), 명종 때 을묘왜변을 계기로 상설 기구화되었다(1555).
⑤ 세종은 대마도주의 요구를 받아들여 부산포, 제포, 염포의 3포를 개방하였고, 이후 제한된 범위 내에서 일본과의 무역을 허용하는 계해약조를 체결하였다(1443).

04 [정답 ②]

출제자의 눈 영창 대군 사사 사건 이후부터 이괄의 난 사이의 시기에 발생한 사건을 파악합니다.

사료 속 키워드 #영창 대군 이의(李㼁)를 왕으로 옹립하기로 했다는 설 #역적 #이괄 #이전 #금부도사 등을 죽이고 난을 일으킴

(가) 광해군의 영창 대군 사사(1614): 광해군 때 선조의 아들 중 유일한 정비의 소생인 영창 대군을 왕으로 옹립하려 역모를 꾸몄다는 7서의 옥이 발생하여 영창 대군이 강화도에 유배되었다. 이후 광해군은 왕위를 위협할 요소를 제거하기 위해 영창 대군을 사사하였다.

(나) 이괄의 난(1624): 인조반정 때 큰 공을 세웠던 이괄이 공신 책봉 과정에서 2등 공신을 받자 불만을 품고 반란을 일으켜 도성을 장악하였다.

② 서인 세력이 광해군의 중립 외교 정책과 영창 대군 사사 사건, 인목 대비 유폐 문제를 빌미로 인조반정을 일으켜 광해군이 폐위되고 인조가 왕위에 올랐다(1623).

오답 해설

① 정조는 왕권을 뒷받침하는 군사적 기반을 갖추기 위해 친위 부대인 장용영을 설치하였다(1793).
③ 선조 때 정여립 모반 사건 당시 기축옥사가 발생하여 서인의 공격으로 동인이 큰 타격을 입었다(1589). 이는 동인이 북인과 남인으로 분화되는 계기가 되었다.
④ 숙종 때 남인의 영수인 허적이 궁중에서 쓰는 천막을 허락 없이 사용한 문제로 왕과 갈등을 겪었다. 이후 허적의 서자 허견의 역모 사건으로 첫 환국이 발생하여 허적, 윤휴 등 남인이 대거 축출되고 서인이 집권하게 되었다(경신환국, 1680).
⑤ 현종 때 효종과 효종비의 국상 당시 자의 대비의 복상 문제로 기해예송(1659)과 갑인예송(1674)이 발생하였고, 서인과 남인 사이의 대립이 심화되었다.

05 [정답 ③]

출제자의 눈 강홍립 부대 파견과 삼전도의 굴욕 사이의 시기에 발생한 사건에 대해 알아봅니다.

사료 속 키워드 #후금에 투항한 강홍립 #삼전도

- 강홍립의 사르후 전투 투항(1619): 광해군 때 명의 요청으로 후금과의 사르후 전투에 강홍립 부대를 파견하였다. 그러나 명과 후금 사이에서 실리를 추구하는 중립 외교 정책에 따라 무모한 싸움을 계속하지 않고 후금에 투항하도록 명령하였다.
- 삼전도의 굴욕(1637): 정묘호란 이후 후금이 국호를 청으로 고치고 조선에 군신 관계를 강요하자 조선에서는 척화론과 주화론이 첨예하게 대립하였고 결국 조선이 사대 요청을 거부하여 병자호란이 일어났다. 남한산성으로 피난하였던 인조는 강화도로 보낸 왕족과 신하들이 인질로 잡히자 남한산성에서 나와 삼전도에서 굴욕적인 항복을 하였다.

③ 조선 인조 때 정묘호란이 발발하자 후금에 맞서 정봉수와 이립이 용골 산성에서 의병을 이끌며 항전하였다(1627).

오답 해설

① 효종 때 러시아가 만주 지역까지 침략해오자 청이 조선에 원병을 요청하였다. 이에 조선에서는 나선 정벌을 위해 두 차례에 걸쳐 조총 부대를 파견하였다(1654, 1658).
② 임진왜란 때 권율이 행주산성에서 왜군을 대파한 행주 대첩(1593)은 한산도 대첩, 진주 대첩과 함께 임진왜란의 3대 대첩으로 불린다.
④ 병자호란 때 인조가 삼전도에서 굴욕적인 항복을 하였고, 소현 세자와 봉림 대군 등이 청에 인질로 압송되었다(1637).
⑤ 중종 때 삼포왜란이 발생하자 이를 계기로 외적의 침입에 대비하기 위한 임시 기구로 비변사를 처음 설치하였고(1510), 명종 때 을묘왜변을 계기로 상설 기구화되었다.

06 [정답 ②]

출제자의 눈 삼학사가 척화론을 주장하였던 병자호란 시기에 일어난 일을 살펴봅니다.

사료 속 키워드 #남한산성 무너진 날 #송시열이 펴낸 『삼학사전』 #척화론 주장 #인조의 뒤를 이어 즉위한 효종이 치욕을 씻기 위해 북벌 추진

후금이 청으로 국호를 바꾸고 조선에게 군신 관계를 요구하였으나 거부당하자 병자호란을 일으켰다(1636). 인조는 이를 피해 세자와 신하들을 이끌고 남한산성으로 피란하였다. 청군이 남한산성을 포위하자 척화파는 청과의 화의에 반대하였으며, 주화파는 화의를 주장하였다. 논쟁이 거듭된 끝에 조선 조정은 청에 항복을 청하였고, 척화파인 홍익한, 윤집, 오달제는 청으로 압송되었다. 이들은 청의 수도 심양으로 끌려가 모진 고문과 회유를 당하였으나, 척화의 뜻을 굽히지 않고 모두 죽임을 당하였다. 이후 인조는 홍익한, 윤집, 오달제의 가족들에게 식량을 매달 지급하도록 하며 예를 표하였고, 인조의 뒤를 이은 효종은 이들의 관직을 추증하고, 후손을 등용하도록 하였다. 또한, 효종은 청에게 당한 수모를 되갚아 주고자 북벌을 계획하였는데, 이때 송시열이 『기축봉사』를 지으면서 북벌의 당위성을 제기하였다(1649). 이후 송시열은 『삼학사전』을 펴내어 홍익한, 윤집, 오달제를 '삼학사'로 칭하고, 이들의 절개와 비극적 최후를 부각하며 북벌에 대한 의지를 표현하였다.

② 조선의 무신 김준룡은 병자호란이 발생하자 근왕병을 이끌고 청에게 포위당한 남한산성으로 진군하였다. 그리고 곳곳의 군사를 모아 병력을 보강한 뒤 용인의 광교산을 거점으로 적장을 사살하며 청과의 전투에서 승리하였다(1637).

오답 해설

① 선조 때 왜군이 침입하여 임진왜란이 발발하였고, 곧바로 부산진성을 함락시킨 왜군은 동래성을 침공하였다. 이때 동래부사 송상현은 왜적에 맞서 싸웠으나 패배하여 동래성이 함락되고 송상현은 전사하였다(1592).
③ 인조반정 때 큰 공을 세웠던 이괄은 공신 책봉 과정에서 2등 공신을 받은 것에 불만을 품었다. 이에 이괄이 반역을 일으킬지도 모른다는 구실로 아들인 이전을 잡아오라는 명까지 떨어지자 이괄은 반란을 일으켜 도성을 장악하였다(1624).
④ 광해군은 명의 요청으로 후금과의 사르후 전투에 강홍립 부대가 참전하도록 하였으나 중립 외교를 추진하여 강홍립에게 사르후 전투에서 싸움을 계속하지 않고 투항하도록 명령하였다(1619).

⑤ 효종 때 러시아가 만주 지역까지 침략해 오자 청은 조선에 원병을 요청하였다. 이에 신류는 흑룡강 방면에 파견되어 조총 부대를 이끌고 나선 정벌에 나섰다(1658).

05 근세의 경제

기출 키워드로 연습하기

01 × 02 × 03 ○ 04 ○ 05 연분9등법 06 농사직설
07 구황촬요 08 육의전

01 과전법으로 지급된 토지는 소유권이 아닌 수조권만 행사할 수 있었다.

02 신진 사대부의 경제적 기반을 마련하기 위해 시행한 것은 과전법이다.

03 성종 때 국가가 직접 수확량을 조사하여 조세를 징수한 뒤 관리에게 지급하는 관수관급제를 실시하였다.

04 명종 때 재정이 악화되어 수조권을 지급하는 직전법을 폐지하고 녹봉만 지급하자 양반과 농민의 지주전호제가 강화되었다.

단골 키워드 문제

01 ④ 02 ③ 03 ② 04 ③ 05 ①
06 ③

01 [정답 ④]

출제자의 눈 전시과부터 과전법까지 시대별 고려의 토지 제도를 확인합니다.

사료 속 키워드 #문종 #전시과를 다시 개정 #공양왕 #과전의 지급에 관한 법 제정

(가) 시정 전시과: 고려 경종 때 처음 시행되었으며, 관직 복무와 직역의 대가로 토지를 나눠 주는 제도였다. 관리부터 군인, 한인까지 인품과 총 18등급으로 나눈 관등에 따라 곡물을 수취할 수 있는 전지와 땔감을 얻을 수 있는 시지를 주었고, 수급자들은 지급된 토지에 대해 수조권만 가졌다. 이후 목종 때의 개정 전시과 제도는 인품에 관계없이 관등을 기준으로 지급하였고, 문종 때의 경정 전시과는 현직 관리에게만 지급하는 등 지급 기준이 점차 정비되었다.
(나) 과전법: 고려 말 공양왕 때 신진 사대부의 건의로 시행되었으며, 직관과 산관에게 수조권을 부여하였다.

④ 고려 말 시행된 과전법은 원칙적으로 경기 지역에 한정하여 토지를 지급하였다.

오답 해설

① 고려 말 신진 사대부 조준 등의 건의로 제정된 토지 제도는 과전법이다.
② 관등과 인품을 기준으로 수조권을 지급한 제도는 고려 경종 때 시행된 시정 전시과이다.
③ 고려 태조는 후삼국 통일에 공을 세운 공신들에게 관등에 관계없이 공로, 인품 등을 기준으로 차등을 두어 역분전을 지급하였다.
⑤ 신라는 귀족 관리에게 직무를 수행하는 대가로 수조권과 노동력을 징발할 수 있는 권한인 녹읍을 지급하였다.

02 [정답 ③]

출제자의 눈 조선 시대에 편찬된 농업 서적에 대해 알아봅니다.

사료 속 키워드 #조선의 농업 서적 #『구황촬요』 #『금양잡록』 #『농사직설』 #『산림경제』 #『임원경제지』

③ 조선 세종은 정초, 변효문 등을 시켜 우리 풍토에 맞는 농법을 기술한 『농사직설』을 간행하였다(1429).

오답 해설

① 고려 충정왕 때 이암이 목화 재배와 양잠 등 중국 화북 지방의 농법을 소개한 『농상집요』를 처음 들여왔으나 우리의 농업 실정과 맞지 않았다.
② 조선 숙종 때 홍만선이 인삼·고추 등 상품 작물 농법과 일상생활에 관한 내용을 기록한 『산림경제』를 저술하였다.
④ 조선 후기의 실학자 서유구는 농업과 임업, 의식주를 포함한 일상 문화를 집대성하여 당시 농업 정책과 경제론에 대한 내용을 백과사전 형식으로 기술한 『임원경제지』를 저술하였다.
⑤ 조선 성종 때 강희맹은 사계절의 농법과 농작물에 대한 주의사항 등에 대해 직접 경험한 것을 종합하여 『금양잡록』을 저술하였다.

03 [정답 ②]

출제자의 눈 공법 실시 등 백성을 위한 정책을 실시하였던 조선 세종에 대해 학습합니다.

사료 속 키워드 #공법 #전국적인 찬반 조사 #토지의 비옥도와 풍흉에 따라 조세를 차등 징수

조선 초기에는 수취 제도로서 답험손실법을 실시하여 해당 연도의 작황에 따라 생산량의 1/10을 세금으로 징수하였으나 농민에 대한 수탈이 과중해지자 조선 세종 때 공법을 실시하였다. 공법의 제정과 실시에 앞서 세종은 전국적으로 여론조사를 시행하여 공법 시행에 대한 백성들의 찬반을 물었다. 백성들의 과반수 찬성으로 공법 시행이 결정되었고 여러 차례의 수정과 보완을 거쳐 공법이 제정되었다. 세종은 내용의 공법의 실시를 위해 전제상정소를 설치하여 토지의 등급을 매기도록 하였고 그 결과, 토지의 비옥도와 풍흉에 따라 조세를 차등 징수하는 내용의 공법인 전분6등법과 연분9등법이 제정되었다.
② 세종은 정초, 변효문 등을 시켜 우리 풍토에 맞는 농서인 『농사직설』을 간행하였다.

오답 해설

① 태종 때 김사형, 이무, 이회 등이 우리나라 최초의 세계 지도이자 현존하는 최고(最古)의 지도인 혼일강리역대국도지도를 제작하였다.
③ 정조는 인재 양성을 위하여 새롭게 관직에 오르거나 기존 관리들 중 능력 있는 문신들을 규장각에서 재교육시키는 초계문신제를 실시하였다.
④ 선조의 명을 받아 허준이 집필하기 시작한 『동의보감』은 각종 의학 지식과 치료법에 관한 의서로 광해군 때 완성되었다.
⑤ 성종 때 노사신, 양성지, 강희맹 등이 각 도의 지리, 풍속, 인물 등이 기록된 관찬 지리지인 『동국여지승람』을 편찬하였다.

04 [정답 ③]

출제자의 눈 공법을 실시한 조선 세종의 업적을 살펴봅니다.
사료 속 키워드 #공법 #전품을 6등급, 풍흉을 9등급으로 나누어 전세 수취 #전제상정소

조선 전기 세종은 공법을 제정하고 실시하기 위해 전제상정소를 설립하였다. 이에 따라 풍흉과 토지 비옥도에 따라 전세를 차등 징수하는 연분9등법과 전분6등법을 전라도부터 시행하기 시작하였고, 성종 때 함경도를 마지막으로 전국에서 실시되었다.
③ 조선 세종 때 정초, 변효문 등을 시켜 우리 풍토에 맞는 농법을 소개한 농서인 『농사직설』을 간행하였다.

오답 해설

① 성종 때 성현 등이 왕명에 따라 의궤와 악보를 정리한 『악학궤범』을 저술하였다.
② 조선 전기에는 민간에서 광산을 개발하는 것을 금지하였으나 조선 후기 효종 때 설점수세제를 시행하여 민간의 광산 개발을 허용하고 세금을 징수하였다.
④ 세조 때 직전법을 실시하여 과전의 지급 대상을 현직 관리로 제한하고, 관리의 유가족에게 지급하던 수신전과 휼양전을 폐지하였다.
⑤ 선조의 명으로 허준이 집필하기 시작한 『동의보감』은 우리나라와 중국 의서의 각종 의학 지식과 치료법을 집대성한 의서로 광해군 때 완성되었다.

05 [정답 ①]

출제자의 눈 직전법을 실시하였던 조선 세조의 정책에 대해 파악합니다.
사료 속 키워드 #수신전 #휼양전 #이 제도를 폐지 #현직 관리에게 전지를 줌 #직전

조선 시대의 과전법은 전·현직 관리에게 토지를 지급하고, 수신전과 휼양전의 명목으로 세습까지 가능하였다. 이로 인해 지급할 토지가 부족해지자 세조 때 수신전과 휼양전을 없애 과전법을 폐지하고 직전법을 실시하여 현직 관리에게만 토지의 수조권을 지급하였다.

① 조선 세조는 적극적인 불교 진흥책을 실시하여 불서의 간행을 담당하는 기관으로서 간경도감을 설치하고, 그곳에서 『월인석보』를 간행하였다.

오답 해설

② 성종 때 성현 등이 왕명에 따라 의궤와 악보를 정리한 『악학궤범』을 저술하였다.
③ 태종 때 김사형, 이무, 이회 등이 우리나라 최초의 세계 지도이자 현존하는 최고(最古)의 지도인 혼일강리역대국도지도를 제작하였다.
④ 정조는 인재 양성을 위하여 새롭게 관직에 오르거나 기존 관리들 중 능력 있는 문신들을 규장각에서 재교육시키는 초계문신제를 실시하였다.
⑤ 세종은 정초, 변효문 등을 시켜 우리 풍토에 맞는 농법을 기술한 『농사직설』을 편찬하였다.

06 [정답 ③]

출제자의 눈 조선의 토지 제도인 직전법을 알아봅니다.
사료 속 키워드 #성종 #토지 제도 개혁 #수신전, 휼양전 #일이 없는 자가 이익을 누림 #세조 #과전을 없앰

③ 조선 시대의 과전법 제도하에서는 전·현직 관리에게 토지가 지급되었고, 수신전과 휼양전의 명목으로 세습까지 가능하였다. 이로 인해 지급할 토지가 부족해지자 조선 세조 때 수신전과 휼양전을 폐지하고 직전법을 실시하여 현직 관리에게만 토지의 수조권을 지급하였다.

오답 해설

① 고려 경종 때 처음 시행된 전시과는 관직 복무와 직역의 대가로 관료에게 토지를 나눠 주는 제도였다. 관리부터 군인, 한인까지 총 18등급으로 나누어 곡물을 수취할 수 있는 전지와 땔감을 얻을 수 있는 시지를 주었고, 수급자들은 지급된 토지에 대해 수조권만 가졌다.
② 조선 인조는 농민 부담을 줄이기 위해 영정법을 실시하여 풍흉에 관계없이 토지 1결당 쌀 4~6두로 전세 부담액을 고정하였다.
④ 조선 명종 때 직전이 부족해지고 재정이 악화되자 수조권을 지급하는 직전법을 폐지하고 관리에게는 녹봉만 지급하였다.
⑤ 고려 태조는 후삼국 통일에 공을 세운 공신들에게 관등에 관계없이 공로, 인품 등을 기준으로 역분전을 지급하였다.

06 근세의 사회

기출 키워드로 연습하기

01 ×   02 ○   03 ×   04 중인   05 향리   06 유향소   07 주세붕

01 조선의 신분 제도는 양반, 중인, 상민, 천민으로 구분되었다.
02 향약은 조선 시대 향촌 사회의 교화를 위한 자치 규약이다.
03 조선 시대에 서얼은 문과 응시에 제한이 있었다.

단골 키워드 문제

| 01 ④ | 02 ② | 03 ④ | 04 ③ | 05 ② |
| 06 ① | 07 ⑤ | 08 ④ | 09 ④ | 10 ⑤ |

01 [정답 ④]

출제자의 눈 조선 시대 지방 행정 실무를 담당하였던 향리에 대해 살펴봅니다.

사료 속 키워드 #조선 시대 직역(職役) #단안(壇案) #『연조귀감』 #지방 행정 실무 담당

④ 조선의 향리는 수령의 행정 실무를 보좌하는 지방 말단직이었으며, 이방, 호방 등의 6방으로 나뉘어 각기 업무를 맡아 처리하였다. 향리는 세습직이었으며 국가로부터 녹봉을 받지 못하였고, 문과에 응시할 수 없었다.

오답 해설

① 상피제는 일정한 범위의 친족 간에는 같은 관서나 직속 관서의 관원이 되지 못하도록 한 규정이다. 조선 시대에는 인사권을 가지고 있는 관리, 비리를 감찰하는 관리, 지방의 수령 등이 상피제의 적용을 받았다.

② 조선 시대 수령은 문·무과를 통해 선발되었으며 향리는 세습직이었다. 잡과를 통해서는 기술관이 등용되었다.

③ 조선 시대에는 군현의 각 지방에 수령을 감독하고, 근무 성적을 평가하는 관찰사를 파견하였다. 이들을 감사, 방백, 도백이라고도 불렀다.

⑤ 고려 시대 문벌 귀족은 자손에게 수조권을 상속할 수 있는 토지인 공음전을 지급받아 세력을 강화하였다.

❖ **조선 전기의 신분 제도**

양인	• 토지와 노비 소유, 주요 관직 독점, 녹봉과 과전 지급 • 문무 관직자의 의미에서 사족(士族)의 의미로 변천
중인	• 하급 관직에서 실무 담당, 직역 세습 • 기술관 및 향리·서리·토관·군교·역리 등 경외 아전, 서얼(양반에서 격하)
상민	• 농민, 수공업자, 상인 • 대다수가 농민, 조세·공납·역의 의무
천민	• 노비, 백정, 광대, 무당 등 • 노비가 대부분(공노비와 사노비, 외거 노비와 솔거 노비)

02 [정답 ②]

출제자의 눈 조선 시대의 지방 사립 교육 기관인 서원에 대해 학습합니다.

사료 속 키워드 #조선의 교육 기관 #풍기 군수 주세붕이 처음 건립 #국왕으로부터 현판과 토지, 노비 등을 받음 #흥선 대원군에 의해 정리되어 47곳이 남음 #유네스코 세계 유산 #사당 #강당 #서재 #동재

서원은 조선의 지방 사립 교육 기관으로, 사림 세력이 주로 설립하면서 이들의 세력 기반이 되었다. 조선 중종 때 풍기 군수 주세붕이 성리학을 전래한 고려 말의 학자 안향을 기리기 위해 최초로 백운동 서원을 건립하였고, 조선 명종 때 이황의 건의로 최초의 사액 서원인 소수 서원으로 사액되었다. 국가의 공식 승인을 받은 사액 서원은 국가로부터 토지와 노비, 서적을 받고 면세·면역의 특권을 부여받았다. 그러나 지방의 서원이 면세 등의 혜택으로 국가 재정을 악화시키고 백성을 수탈하는 폐해를 저지르자 흥선 대원군 때 47개를 제외한 전국의 서원을 철폐시켰다. 2019년에는 조선의 성리학 교육 기관을 대표하는 서원 9곳(소수 서원, 남계 서원, 옥산 서원, 도산 서원, 필암 서원, 도동 서원, 병산 서원, 무성 서원, 돈암 서원)이 함께 연속 유산으로 유네스코 세계 유산에 등재되었다.

② 서원은 선현에 대한 제사와 양반 자제의 교육을 담당하였다.

오답 해설

①·④ 향교는 조선 시대 성균관의 하급 관학으로서 전국 부·목·군·현에 하나씩 설립된 지방 국립 교육 기관이다. 중앙에서는 향교의 규모나 지역에 따라 교관으로 교수나 훈도를 파견하였다.

③ 고려 중기에 최충헌의 문헌공도를 대표로 하는 사학 12도의 발전으로 관학이 위축되자 예종 때 국자감을 재정비하여 전문 강좌인 7재를 설치하였다.

⑤ 성균관은 조선 시대 최고의 국립 교육 기관으로, 초시인 생원시와 진사시에 합격한 유생들이 우선적으로 입학할 수 있었다.

❖ **조선의 교육 기관**

교육 기관	역할
성균관	생원, 진사시에 합격자에게 입학 자격
향교	중등 교육 기관 → 모든 군현에 설립
4부 학당	수도 한양에 설치한 중등 교육 기관
서원	지방 사림이 세운 사립 교육 기관
서당	초등 사립 교육 기관

03 [정답 ④]

출제자의 눈 『율곡전서』를 통해 조선 시대 향촌 자치 규약인 향약에 대해 탐구합니다.

사료 속 키워드 #약문(約文) #약계(約契) #약법(約法) #도약정(都約正) #직월(直月) #사화(司貨) #『율곡전서』

④ 조선 향약은 지방 사족들이 향촌 사회를 운영하기 위해 만든 자치 규약으로 풍속 교화와 향촌 자치 등의 역할을 하였다. 조선 중종 때 조광조가 처음 향약을 시행하였으며, 율곡 이이의 해주 향약과 퇴계 이황의 예안 향약을 통해 전국적으로 확산되었다. 해주 향약에서 향민 전원은 회원(약원)으로 편성되었고 지방 사족은 주로 간부직인 도약정, 부약정, 직월, 사화에 임명되었다.

오답 해설
① 고려 중기에 최충의 문헌공도를 대표로 하는 사학 12도의 발전으로 관학이 위축되자 예종이 국자감을 재정비하여 전문 강좌인 7재를 설치하였다.
② 홍문관은 조선 성종 때 집현전을 계승하여 설치되었으며 옥당, 옥서 등의 별칭으로 불리기도 하였다. 또한, 왕의 자문 역할과 경연, 경서, 궁중 서적 및 문서 관리 등의 업무를 담당하였고 사헌부, 사간원과 함께 3사를 구성하였다.
③ 향교는 조선 시대 성균관의 하급 관학이자 지방민의 교육을 위해 부·목·군·현에 하나씩 설립되었던 국립 교육 기관으로, 중앙에서 파견된 교수나 훈도가 지도하였다.
⑤ 향도는 불교 신앙을 바탕으로 고려·조선 초기부터 시작된 향촌 조직이며 석탑·사찰의 조성 또는 매향 활동 등 각종 불교 행사를 주관하였다.

04 [정답 ③]

출제자의 눈 조선 중기의 대표적 성리학자 이황의 활동에 대해 알아봅니다.

사료 속 키워드 #『성학십도』 #성리학에 대한 체계적 이해 #군주가 스스로 노력해야 함을 강조

조선 중기의 성리학자 퇴계 이황은 조선의 성리학이 발전하는 데 크게 기여하였으며, 군주의 도를 도식으로 설명한 『성학십도』를 저술하였다(1568).
③ 이황은 향촌 사회의 교화를 위한 향약의 4대 덕목 가운데 '과실상규'를 강조하는 예안 향약을 만들었다.

오답 해설
① 조선 후기 정제두는 지행합일을 중요시하는 양명학을 체계적으로 연구하였고, 강화도에서 후진 양성에 힘을 기울여 강화학파를 발전시켰다.
② 세종 때 통신사로 일본에 다녀온 신숙주는 일본의 지리와 국정, 외교 관계 등을 기록한 『해동제국기』를 성종 때 편찬하였다.
④ 조선 후기의 문신 박세당은 『사변록』을 통해 주자의 경전 해석을 비판하며 독자적인 해석을 시도하였으나 노론 세력에 의해 사문난적으로 몰렸다.
⑤ 조선 중기의 대표적인 예학파 유학자 김장생은 『주자가례』의 본문을 기본으로 하여 조선의 현실에 맞는 예학을 정리한 『가례집람』을 저술하였다.

05 [정답 ②]

출제자의 눈 조선 시대 향촌 자치 기구인 유향소를 학습합니다.

사료 속 키워드 #경재소 #향리의 범법 행위 규찰 #풍속 유지 #향임 #수령

- 경재소: 조선 전기 중앙의 지방 통치 체제 강화를 위해 설치한 기구이다. 중앙의 고위 관리에게 출신 지역의 경재소를 관장하게 하고 그 지역의 유향소 품관을 임명·감독하게 하였다.
- 유향소: 조선 초기 지방 수령의 통치를 돕거나 향리를 감찰하고 풍속을 바로잡기 위해 지방 품관들이 자발적으로 설치한 조직이다. 태종 때 혁파된 유향소는 세종 때 그 기능을 축소하여 재설치되었지만 수령과 결탁하여 부정을 일으키자 다시 폐지되었다. 이후 성종 때 다시 설치되어 향사례, 향음주례 등을 시행하는 역할을 하였다.
② 조선은 전국을 8도로 나누어 모든 군현에 수령을 파견하였다. 이때 지방에 유향소를 두었고, 내부에서 좌수와 별감 등의 향임이 선발되어 회의를 주도하였다.

오답 해설
①·⑤ 서원은 선현에 대한 제사와 양반 자제의 교육을 담당한 기관으로, 중종 때 풍기 군수 주세붕이 성리학을 전래한 고려 말의 학자 안향을 기리기 위해 최초로 백운동 서원을 건립하였다. 그러나 지방의 서원이 면세 등의 혜택으로 국가 재정을 악화시키고 백성을 수탈하는 폐해를 저지르자 흥선 대원군 때 47개를 제외한 전국의 서원을 철폐시켰다.
③·④ 향교는 조선 시대 성균관의 하급 관학으로서 전국 부·목·군·현에 하나씩 설립된 지방 국립 교육 기관이다. 중앙에서는 향교의 규모나 지역에 따라 교관으로 교수나 훈도를 파견하였다. 공자를 비롯한 옛 성현에 대해 제사를 지내는 대성전과 유학을 강의하는 명륜당, 기숙사인 동·서재 등으로 이루어져 있었다.

06 [정답 ①]

출제자의 눈 조선 시대 향촌 자치 기구인 유향소에 대해 탐구합니다.

사료 속 키워드 #수령이 다 감찰할 수 없음 #중앙의 경재소 #교활한 아전을 억제 #향촌의 풍속 유지 #『성종실록』

① 조선은 전국을 8도로 나누어 모든 군현에 수령을 파견하였다. 이때 지방에 유향소를 두어 수령 보좌, 향리(아전) 감찰, 향촌 풍속 교화 등의 역할을 수행하도록 하였으며, 좌수와 별감 등의 향임이 선발되어 회의를 주도하였다.

오답 해설
② 조선의 수령은 지방의 행정·사법·군사권을 행사하였다.
③ 사헌부와 사간원은 양사 또는 대간이라 하여 5품 이하 관리의 임명과 관련된 서경권을 행사하였다.
④ 조광조를 비롯한 사림 세력은 도교를 이단으로 배척하였으며, 이에 따라 궁중에서 지내는 도교적 제사인 초제를 주관하는 소격서의 폐지를 주장하여 이를 혁파하였다.
⑤ 향교는 조선 시대 성균관의 하급 관학으로서 지방민의 교육을 위해 부·목·군·현에 하나씩 설립되었던 국립 교육 기관이다. 중앙에서는 향교의 규모와 지역에 따라 교관인 교수 또는 훈도를 파견하였다.

07 [정답 ⑤]

출제자의 눈: 조선 시대의 지방 교육 기관인 향교에 대해 살펴봅니다.

사료 속 키워드: #조선 시대 유학 교육 #지방에 설립된 교육 기관

⑤ 향교는 조선 시대 지방민의 교육을 위해 부·목·군·현에 하나씩 설립되었던 국립 교육 기관이다. 공자를 받드는 문묘와 대성전, 교육을 담당하였던 명륜당 등으로 이루어져 있었으며, 중앙에서는 향교의 규모와 지역에 따라 교관인 교수 또는 훈도를 파견하였다.

오답 해설
① 조선 시대 지방의 유향소는 수령을 보좌하고 향리를 감찰하는 기구였으며, 좌수와 별감 등의 향임이 회의를 주도하였다.
②·④ 서원은 선현에 대한 제사와 양반 자제의 교육을 담당하는 조선의 지방 사립 교육 기관으로, 사림 세력이 주로 설립하면서 이들의 세력 기반이 되었다. 이후 서원이 면세 등의 혜택을 받으며 국가 재정을 악화시키고 백성을 수탈하는 폐단이 발생하자 흥선 대원군이 47개의 서원을 제외하고 모두 철폐시켰다.
③ 성균관의 입학 자격은 소과 합격을 원칙으로 하였다.

08 [정답 ④]

출제자의 눈: 조선 시대의 지방 교육 기관인 향교에 대해 학습합니다.

사료 속 키워드: #조선 시대 지방 교육 기관 #제향 공간 대성전 #강학 공간 명륜당 #기숙사 동재, 서재

향교는 조선 시대 성균관의 하급 관학으로서 지방민의 교육을 위해 부·목·군·현에 하나씩 설립되었던 국립 교육 기관이다. 공자를 비롯한 옛 성현에 대해 제사를 지내는 대성전과 유학을 강의하는 명륜당, 기숙사인 동·서재 등으로 이루어져 있었다.
④ 중앙에서는 향교의 규모와 지역에 따라 교관인 교수 또는 훈도를 파견하였다.

오답 해설
① 고려 중기에 최충의 문헌공도를 대표로 하는 사학 12도의 발전으로 관학이 위축되자 예종 때 국자감을 재정비하여 전문 강좌인 7재를 설치하였다.
② 조선 중종 때 풍기 군수 주세붕이 성리학을 전래한 고려 말의 학자 안향을 기리기 위해 최초로 백운동 서원을 건립하였다. 백운동 서원은 이황의 건의로 최초의 사액 서원인 소수 서원으로 사액되었다. 사액 서원은 국가의 공식 승인을 받은 서원을 의미하며 국가로부터 토지와 노비, 서적을 받고 면세와 면역의 특권을 부여받았다.
③ 성균관은 조선 시대 최고의 국립 교육 기관으로, 초시인 생원시와 진사시에 합격한 유생들이 우선적으로 입학할 수 있었다.
⑤ 고려 성종 때 설치된 국립 교육 기관인 국자감은 유학부와 기술학부로 나뉘어 유학부에서는 국자학·태학·사문학을, 기술학부에서는 율학·서학·산학을 교육하였다.

09 [정답 ④]

출제자의 눈: 조선 시대 신분 제도의 변화에 대해 공부합니다.

사료 속 키워드: #15세기 #양인 #천민 #16세기 #양반 #중인 #상민 #천민

조선 전기에는 법제상 과거에 응시할 수 있는 양인과 천역을 담당하는 비자유민인 천민으로 구분되는 양천 제도가 존재하였다. 이는 점차 양반, 중인, 상민, 천민으로 분화되어 지배층인 양반과 피지배층인 상민 사이에 차별을 두는 반상 제도로 변화하였다. 문반과 무반 관료만을 일컫던 양반은 문·무반 관료와 그 가족까지 포함하는 하나의 신분으로 정착되었고, 서리·향리·기술관 등의 중인이 독립된 신분층으로 형성되었다. 또한, 농민·수공업자·상인 등은 상민 계층에 속하였고 백정·노비 등은 천민 계층에 속하였다.
④ 기술관·역리·서리 등의 중인 신분은 군역을 지지 않았다.

오답 해설
①·③ 양반은 조선 건국 초기에 문반·무반을 아울러 부르는 명칭으로, 과거에 응시하여 취득할 수 있는 성취 신분이었지만 점차 관료와 그 가족까지 포함하는 신분 개념으로 변화하였다.
② 일천즉천은 부모 중 한쪽이 노비이면 그 자식도 노비가 되는 제도로, 고려 시대부터 조선 전기까지 적용되었다.
⑤ 조선 시대 천민 계층 중 노비는 매매, 상속, 증여의 대상으로서 재산으로 취급되었다.

10 [정답 ⑤]

출제자의 눈: 최상층의 중인인 조선 시대 역관에 대해 확인합니다.

사료 속 키워드: #역관 #통역 #연행사 #변승업

조선 시대 역관은 중인들 중에서도 최상위층으로, 통역 등 역학에 관한 일을 담당하였던 관리이다. 그들은 사역원에서 근무하면서 한어(韓語), 왜어(倭語), 여진어 등을 가르쳐 외국과의 교류에 필요한 역관을 양성하고 관리하였으며, 통역 실무 또한 담당하였다. 조선 후기에는 청의 수도인 연경으로 가는 사신단인 연행사에 참여하여 통역, 무역, 정보 수집, 궁중 물품 구매 등의 업무를 수행하였다. 역관은 관직 승진에 제한이 있었지만 중국, 일본 등에 사행을 갔을 때 개인적으로 무역을 할 수 있었기 때문에 상당한 부를 축적할 수 있었다. 특히, 왜학 역관(일본어 역관)이었던 변승업은 청과 일본 사이의 중개 무역을 통해 이윤을 많이 남겨 박지원의 소설 「허생전」에 나오는 서울 최고 부자 변씨의 실제 모델이 되기도 하였다.
⑤ 역관은 사역원에서 중국어 회화책인 「노걸대언해」를 통해 행상인들의 교역에 관한 일상 회화를 교육받았다.

> 오답 해설

① 사간원의 관원은 사헌부와 함께 간쟁과 논박 등 언론의 역할을 담당하면서 왕권을 견제하였다.
② 조선 시대의 계층인 천민 중 노비는 재산으로 취급되어 매매·상속·증여의 대상이 되었다.
③ 조선 시대에 신분은 양인이지만 천한 직역에 종사하는 계층을 신량역천이라 불렀다. 이들은 과거에 응시하여 관료가 될 수 없었으며, 주로 수군, 봉수, 역졸의 업무를 담당하였다.
④ 조선 시대의 향리는 수령의 행정 실무를 보좌하는 지방 말단직이었으며, 호장, 기관, 장교, 통인 등으로 분류되었다. 향리직은 세습되었으나 국가로부터 녹봉을 받지 못하였고, 문과에 응시할 수 없었다.

07 근세의 문화

기출 키워드로 연습하기

01 ①「동호문답」 ②「몽유도원도」 ③「고사관수도」 02 ○
03 × 04 칠정산 05 성학십도 06 분청사기

01 ① 이이는 왕도 정치의 이상을 문답식으로 저술한 『동호문답』을 저술하였다.
② 조선 전기의 화가 안견은 「몽유도원도」를 그렸다.
③ 조선 전기의 화가 강희안은 「고사관수도」를 그렸다.

02 『조선왕조실록』은 태조부터 철종까지 편년체로 기록하였고, 1997년 유네스코 세계 기록 유산으로 지정되었다.

03 세종 때 윤리서인 『삼강행실도』를 간행하였다.

단골 키워드 문제

01 ① 02 ① 03 ④ 04 ⑤ 05 ①
06 ①

01 [정답 ①]

> 출제자의 눈 조선 전기 과학 기술의 발전상을 파악합니다.
> 사료 속 키워드 #15세기 조선 #과학 기술 분야 #앙부일구 #신기전 #화차

조선 전기 세종은 부국강병과 민생 안정을 위해 과학 기술 발전에 힘썼다. 이에 따라 장영실은 물시계인 자격루와 해시계인 앙부일구, 강우량을 측정하는 측우기를 제작하는 등 과학 기술 분야에서 뚜렷한 성과를 남겼다. 또한, 고려 말 최무선이 제작한 주화를 개량하여 로켓형 화기인 신기전을 개발하였고, 문종 때 화차가 개발되자 주로 화차에서 신기전을 발사하였다.
① 조선 후기 정조 때 정약용은 『기기도설』을 참고하여 거중기를 만들었다.

> 오답 해설

② 세종 때 우리 풍토에 맞는 약재와 치료 방법을 개발하여 정리한 의학서인 『향약집성방』을 편찬하였다.
③ 세종 때 중국의 수시력과 아라비아의 회회력을 참고한 역법서인 『칠정산』을 편찬하였다. 칠정산은 최초로 한양을 기준으로 천체 운동을 계산하였으며, 내편(內篇)과 외편(外篇)으로 이루어졌다.
④ 태종 때는 주자소를 설치하여 계미자를 주조하였고, 세종 때는 금속 활자인 갑인자가 주조되어 조선의 금속 활자 인쇄술이 한층 더 발전하였다.
⑤ 세종 때 정초, 변효문 등을 시켜 우리 풍토에 맞는 농서인 『농사직설』을 간행하였다.

02 [정답 ①]

> 출제자의 눈 조선 시대 유학자 이황에 대해 알아봅니다.
> 사료 속 키워드 #성학십도 #경(敬) 사상 #성균관 대사성 #도산 서당 설립

① 조선 중기의 대표적인 유학자 이황과 기대승은 유학의 수양론 중 사단과 칠정의 개념에 대해 논쟁을 벌였다. 이황은 '사단은 이가 발하고 기가 따르는 것, 칠정은 기가 발하고 이가 따르는 것'이라고 주장하였으나 기대승은 '칠정이 사단을 내포한 것'이라고 주장하였다.

> 오답 해설

② 세종 때 통신사로 일본에 다녀온 신숙주는 성종 때 일본의 지리와 국정, 외교 관계 등을 기록한 『해동제국기』를 편찬하였다.
③ 조선 후기 정제두는 지행합일을 중요시하는 양명학을 체계적으로 연구하였고, 강화도에서 후진 양성에 힘을 기울여 강화학파를 형성하였다.
④ 송시열은 노론의 영수로, 명에 대한 의리를 지키고 청에게 당한 수모를 갚자는 북벌론을 주장하며 효종에게 「기축봉사」를 올려 북벌 계획의 핵심 인물이 되었다.
⑤ 연산군 때 사관이었던 김일손이 스승인 김종직의 조의제문을 실록에 기록한 것을 유자광, 이극돈 등의 훈구 세력이 사림 세력에 불만을 가지고 있던 연산군에게 알리면서 무오사화가 발생하였다.

03 [정답 ④]

> 출제자의 눈 조선 전기의 자기를 사진 자료와 함께 학습합니다.
> 사료 속 키워드 #조선 전기 #도자기 #회색 태토 #백토 표면 #유약

④ 조선 전기에 제작된 분청사기 음각어문 편병은 백토 위에 무늬를 그리고 유약을 칠해 구운 자기이다.

> 오답 해설

① 그릇 표면을 파낸 자리에 백토나 흑토 등을 메워 무늬를 낸 고려의 상감 기법이 나타난 청자 매병이다.

② 조선 전기 15세기경에 제작된 청화 백자 항아리로, 문양 구도와 소재를 통해 명의 영향을 받은 것을 알 수 있다.
③ 고려청자의 전성기인 12세기 초에 만들어진 대표적 비색 청자로, 고려 인종의 능에서 발견되었다.
⑤ 만주 흑룡강성 삼령둔(삼릉둔) 고분군의 4호분에서 출토된 발해의 문화유산이다.

04 [정답 ⑤]

> **출제자의 눈** 조선 중기의 대표적 성리학자 이이의 활동에 대해 살펴봅니다.
> **사료 속 키워드** #해주향약 #『동호문답』 #개혁 방안 제시 #『격몽요결』

조선 중기의 성리학자 율곡 이이는 왕도 정치의 이상을 문답식으로 저술한 『동호문답』을 통해 다양한 개혁 방안을 제시하였다. 은퇴한 뒤에는 우리나라의 지방 행정 조직 실정에 맞는 향약인 해주 향약을 만들었으며, 아동의 입문 교재로 『격몽요결』을 편찬하였다.
⑤ 이이는 군주가 수양해야 할 덕목을 정리한 『성학집요』를 저술하여 선조에게 바쳤다.

오답 해설
① 송시열은 명에 대한 의리를 지키고 청에게 당한 수모를 갚자는 북벌론을 주장하며 효종에게 「기축봉사」를 올렸다.
② 인조 때 김육은 청으로부터 태음력에 태양력의 원리를 적용하여 24절기의 시각과 하루의 시각을 정밀하게 계산하여 만든 역법인 시헌력의 도입을 건의하였다.
③ 박지원은 「양반전」, 「허생전」, 「호질」 등을 통해 양반의 허례와 무능을 풍자하고 비판하였다.
④ 조선 중기의 예학파 유학자 김장생은 『주자가례』의 본문을 기본으로 하여 조선의 현실에 맞는 예학을 정리한 『가례집람』을 저술하였다.

05 [정답 ①]

> **출제자의 눈** 조선 전기의 원각사지 십층 석탑을 사진과 함께 확인합니다.
> **사료 속 키워드** #세조 #대리석 #탑의 각 면에 부처, 보살, 천인상 등이 새겨져 있음 #박지원, 이덕무 #백탑파

① 조선 전기 불교는 숭유 억불 정책으로 억압받았으나 세조 때 왕실의 지원을 받아 원각사지 십층 석탑이 건립되었다. 이 탑은 고려의 개성 경천사지 십층 석탑을 본떠 만든 것으로 대리석을 재료로 하여 백탑으로 불리기도 하였다. 탑 근처에 살던 박지원, 이덕무 등이 이곳에 모여 학문적으로 교류하여 백탑파로 불리었다.

오답 해설
② 백제 무왕 때 건립된 익산 미륵사지 석탑은 현존하는 삼국 시대의 석탑 중 가장 크다. 석탑 해체 복원 과정 중 1층 첫 번째 심주석에서 금제 사리봉영(안)기가 발견되어 석탑의 건립 연도가 명확하게 밝혀졌다.
③ 경주 불국사 다보탑은 경주 불국사에 있는 통일 신라의 화강석 석탑이며, 다보여래의 사리를 모신 탑이다.
④ 부여 정림사지 오층 석탑은 익산 미륵사지 석탑과 함께 백제의 대표적인 석탑이며, 목탑의 구조와 비슷하지만 돌의 특성을 잘 살린 석탑이다.
⑤ 발해 영광탑은 중국 지린성에 있는 오층 전탑으로, 당의 영향을 받았다.

06 [정답 ①]

> **출제자의 눈** 안평 대군의 꿈을 묘사한 안견의 「몽유도원도」에 대해 알아봅니다.
> **사료 속 키워드** #안견 #안평 대군의 꿈 이야기를 듣고 그린 것 #현실 세계와 이상 세계가 대비를 이룸

① 조선 전기의 화가 안견은 예술에 조예가 깊은 안평 대군과 교유하였다. 안평 대군이 박팽년과 함께 복사꽃밭을 거니는 꿈을 꾸자 안견에게 그 내용을 들려주며 그리도록 하였다. 이에 안견은 비단 바탕에 수묵담채로 산수화를 그려내「몽유도원도」를 완성하였다. 「몽유도원도」는 그림과 더불어 안평 대군의 제서(題書)와 발문, 박팽년의 서문, 신숙주와 최항의 제영(정해진 제목에 따라 읊는 시) 등이 어우러져 있다. 이에 조선 전기 최고 수준의 시, 서, 화가 집약된 걸작으로 평가받으며 현재 일본 덴리대학에 소장되어 있다.

오답 해설
② 조선 후기 추사 김정희가 제주도 유배 중에 그를 찾아온 제자에게 그려준 문인화이다.
③ 조선 후기 화가 김홍도가 그린 산수와 화조 그림 20폭으로 이루어져 있다.
④ 조선 전기 화가 강희안이 그린 산수인물화로, 화가만의 독특한 화풍을 보이고 있다.
⑤ 조선 후기 화가 겸재 정선의 대표적인 진경산수화이다.

V 근대 태동기의 한국사

01 근대 태동기의 정치

기출 키워드로 연습하기

01 ① 갑술환국 ② 장용영 ③ 임술 농민 봉기 02 × 03 ×
04 초계문신제 05 서얼 06 삼정이정청

01 ① 숙종 때 서인과 남인 사이에 갑술환국이 발생하였다.
② 정조 때 국왕 친위 부대인 장용영이 조직되었다.
③ 철종 때 삼정의 문란으로 인해 진주에서 임술 농민 봉기가 발생하였다.

02 영조의 업적이다.

03 『대전회통』은 고종 때 편찬되었으며, 영조 때 편찬한 법전은 『속대전』이다.

단골 키워드 문제

| 01 ② | 02 ② | 03 ③ | 04 ④ | 05 ③ |
| 06 ② | 07 ⑤ | 08 ③ | 09 ④ | 10 ⑤ |

01 [정답 ②]

 출제자의 눈 조선 숙종 때 일어난 환국에 대해 파악합니다.
사료 속 키워드 #희빈 장씨 #왕후의 지위를 거둠

- 희빈 장씨의 소생 원자 책봉(1688): 조선 숙종은 인현 왕후가 아들을 낳지 못하자 총애하던 희빈 장씨의 소생을 원자로 책봉하였다.
- 갑술환국(1694): 서인 세력을 중심으로 기사환국 때 폐비되었던 인현 왕후의 복위 운동이 전개되었다. 이에 민암 등의 남인이 서인을 국문하다 숙종의 불신을 받게 되어 몰락하고 다시 서인이 집권하게 되었다. 이후 인현 왕후가 복위되고 장씨는 다시 희빈으로 강등되었다.
② 숙종은 희빈 장씨 소생의 원자 책봉을 반대하는 송시열의 관작을 삭탈하고 제주도로 유배시켜 사사(賜死)하였다. 이와 함께 서인 세력이 대거 축출되고 남인이 집권하는 기사환국이 발생하였다(1689).

오답 해설
① 단종 때 함길도 도절제사 이징옥은 수양 대군이 계유정난을 일으키며 김종서를 죽인 뒤 자신까지 제거하려 하자 수양 대군에 맞서 군사를 일으켰다(이징옥의 난, 1453).

③ 현종 때 효종의 국상 당시 자의 대비의 복상 문제를 놓고, 효종의 왕위 계승에 대한 정통성과 관련하여 서인과 남인 사이에 예송 논쟁이 발생하였다(기해예송, 1659). 서인은 효종이 둘째 아들이므로 자의 대비의 복상 기간을 1년으로 해야 한다고 주장하였고, 남인은 효종을 장자로 대우하여 복상 기간을 3년으로 할 것을 주장하였으나 서인 세력이 승리하였다.

④ 선조 때 발생한 정여립 모반 사건으로 기축옥사가 일어나 서인이 정국을 주도하게 되었고(1589), 이때 피해를 입은 동인이 북인과 남인으로 분화하였다.

⑤ 영조는 붕당 정치의 폐해를 막고 능력에 따라 인재를 등용하기 위해 탕평책을 실시하고, 성균관에 탕평비를 건립하였다(1742).

❖ **조선 시대 환국**

경신환국 (1680)	남인의 영수인 허적이 궁중에서 쓰는 천막을 허락 없이 사용한 문제로 숙종과 갈등을 빚었다. 이후 허적의 서자인 허견의 역모 사건으로 허적을 비롯한 남인이 몰락하고 서인이 집권하게 되었다.
기사환국 (1689)	희빈 장씨의 소생에 대한 원자 책봉 문제로 서인이 물러나고 남인이 집권하게 되었다.
갑술환국 (1694)	서인인 김춘택 등이 인현 왕후의 복위 운동을 전개하자 남인인 민암 등이 서인들을 국문하다 숙종의 불신을 받아 몰락하고 서인이 집권하게 되었다. 이후 인현 왕후가 복위되고 장씨는 다시 희빈으로 강등되었다.

02 [정답 ②]

출제자의 눈 조선 숙종 때 일어난 세 번의 환국을 순서대로 확인합니다.
사료 속 키워드 #기름 먹인 장막 #허적 #왕비가 복위 #희빈 #송시열 #원자(元子)의 명호를 정한 것

(가) 경신환국(1680): 숙종 때 남인의 영수인 허적이 궁중에서 쓰는 천막을 허락 없이 사용한 문제로 왕과 갈등을 겪었다. 이후 허적의 서자 허견의 역모 사건으로 첫 환국이 발생하여 허적, 윤휴 등의 남인이 대거 축출되고 서인이 집권하게 되었다.

(다) 기사환국(1689): 숙종은 인현 왕후가 아들을 낳지 못하자 총애하던 희빈 장씨의 소생을 원자로 책봉하였다(1688). 서인 송시열 등이 후궁의 소생을 원자로 정하는 것의 부당함을 주장하며 반대하자 숙종은 송시열의 관작을 삭탈하고 제주도로 유배시켜 사사(賜死)하였다. 이로 인해 서인 세력은 대거 축출되고 남인이 집권하게 되었다.

(나) 갑술환국(1694): 서인 세력을 중심으로 인현 왕후 복위 운동이 전개되자 남인인 민암 등이 서인들을 국문하다 숙종의 불신을 받게 되어 몰락하고 다시 서인이 집권하게 되었다. 이후 인현 왕후가 복위되고 장씨는 다시 희빈으로 강등되었으며, 기사환국으로 사사된 송시열을 비롯하여 김수항 등에게 작위가 내려졌다.

03 [정답 ③]

> 출제자의 눈: 조선 시대 비변사에 대해 살펴봅니다.
> 사료 속 키워드: #의정부는 한갓 헛이름 #6조는 모두 직임을 상실 #변방의 방비를 담당하는 것

조선 중종 때 삼포왜란이 일어나자 외적의 침입에 대비하기 위한 임시 기구로 비변사를 처음 설치하였고, 명종 때 을묘왜변을 계기로 상설 기구화되었다. 임진왜란을 거치면서 조직과 기능이 확대되어 중앙 기구로 자리 잡았고, 의정부를 대신하여 국정 전반을 총괄하는 실질적인 최고의 관청으로 성장하였다.
③ 고종 즉위 이후 정치적 실권을 잡은 흥선 대원군은 비변사를 폐지하고 의정부의 권한을 강화하였다.

오답 해설
① 홍문관은 성종 때 집현전을 계승하여 설치되었으며, 대표적인 언론 기관인 사헌부, 사간원과 함께 3사를 구성하였다.
② 정조 때 창덕궁 후원에 지은 왕실 도서관인 규장각은 별도 서고에서 서적들을 보관하였다. 또한, 새로운 정책을 개발하는 연구 기관의 기능을 하였으며, 서얼 출신 학자들이 검서관으로 등용되었다.
④ 정조는 왕권을 뒷받침하는 군사적 기반을 갖추기 위해 국왕 친위 부대인 장용영을 설치하였으며, 서울 도성에는 내영, 수원 화성에는 외영을 두었다.
⑤ 성균관은 조선 시대 최고의 국립 교육 기관으로, 정3품의 당상관직인 대사성을 중심으로 아래에 좨주, 사성, 직강 등의 관직을 두었다.

04 [정답 ④]

> 출제자의 눈: 조선 정조가 건축한 수원 화성을 학습합니다.
> 사료 속 키워드: #정조 #정치적 이상을 담아 축조 #행궁 #장용영 #서장대

ㄴ·ㄹ. 조선 후기 정조는 수원 화성을 축조하여 사도 세자의 묘를 옮기고 국왕 친위 부대인 장용영의 외영을 설치하는 등 화성에 정치적·군사적 기능을 부여하였다. 또한, 성벽의 일부를 밖으로 돌출시키고 그 안에 화포 등을 감춘 포루, 적의 동향을 살핌과 동시에 공격도 가능한 공심돈 등의 방어 시설을 설치하였다. 화성 축조 시에는 정약용이 고안한 거중기 등이 이용되어 공사 기간과 비용을 줄이는 데 크게 기여하였다.

오답 해설
ㄱ. 고종은 아관 파천 이후 경운궁(덕수궁)으로 환궁하여 대한 제국을 수립하고 환구단에서 황제 즉위식을 거행하였다.
ㄷ. 고종 때 흥선 대원군은 경복궁 중건에 필요한 비용을 마련하기 위해 당백전을 발행하였다.

05 [정답 ③]

> 출제자의 눈: 아버지 사도세자의 묘인 현륭원을 방문하며 못다한 효를 행했던 정조의 정책을 공부합니다.
> 사료 속 키워드: #「화성능행도」 #혜경궁 홍씨 #현륭원

「화성능행도」는 조선 정조가 어머니 혜경궁 홍씨를 모시고 사도세자의 묘인 현륭원을 행차한 뒤 성대한 연회를 베풀었던 일을 여덟 폭의 그림으로 기록한 기록화이다. 이 그림은 국왕을 호위하는 군사 행렬의 위용을 표현하였으며, 구경나온 백성들의 모습을 해학적으로 그리고 있는 것이 특징이다.
③ 조선 정조는 새롭게 관직에 오른 자 또는 기존 관리들 중 능력 있는 관리들을 규장각에서 재교육시키는 초계문신제를 시행하였다.

오답 해설
① 현종 때 효종의 국상 당시 자의 대비의 복상 문제를 놓고, 효종의 왕위 계승에 대한 정통성과 관련하여 서인과 남인 사이에 예송 논쟁이 발생하였다(기해예송). 서인은 효종이 둘째 아들이므로 자의 대비의 복상 기간을 1년으로 해야 한다고 주장하였고, 남인은 효종을 장자로 대우하여 3년 복상을 할 것을 주장하였으나 서인 세력이 승리하였다.
② 숙종 때 명 황제인 신종과 의종의 제사를 지내기 위해 만동묘가 설치되었다. 이후 만동묘가 유생들의 집합 장소가 되어 경제·사회적 폐단을 일으키자 흥선 대원군은 이를 철폐하였다.
④ 영조는 붕당 정치의 폐해를 막고 능력에 따른 인재를 등용하기 위해 탕평책을 실시하고, 성균관에 탕평비를 건립하였다.
⑤ 고종의 즉위 이후 정치적 실권을 잡은 흥선 대원군은 비변사를 폐지하고 의정부의 권한을 강화하였으며, 삼군부를 부활시켜 군사 및 국방 문제를 전담하게 하였다.

06 [정답 ②]

> 출제자의 눈: 조선 정조의 다양한 업적을 확인합니다.
> 사료 속 키워드: #주합루 #문체반정 #탕평책 #『무예도보통지』 #신해통공 #홍재 #정약용 #사도 세자 #수원 화성

- 탕평책: 정조는 영조의 탕평 정치를 계승하여 붕당을 가리지 않고 인재를 등용하되 특권 정치 세력을 배제하는 적극적인 탕평책(준론탕평)을 실시하였다.
- 수원 화성: 정조는 사도 세자의 묘를 수원으로 옮기고 장용영의 외영을 이곳에 설치하는 등 정치적·군사적 기능을 부여하였다.
- 문체반정: 정조는 당시 유행하던 패관 소설 등 조선풍의 문학을 비판하고 문체를 혁신하여 보수적인 고문의 문체로 돌아가려 하였다.
- 주합루: 정조는 왕실 도서관인 규장각을 건립하고 2층 열람실을 주합루라고 하였으며, 현재는 건물 전체를 주합루라고 부르기도 한다.
- 『무예도보통지』: 이덕무, 박제가 등은 정조의 명에 따라 군사의 무예 훈련을 위하여 선조 때 편찬한 『무예제보』와 영조 때 간행된 『무예신보』의 내용에 새로운 훈련법을 더하여 군사 서적을 편찬하였다.

- 신해통공: 정조는 신해통공을 통해 육의전을 제외한 시전 상인들의 금난전권을 폐지하여 자유로운 상업 활동을 도모하였다.

② 조선 정조는 국왕 친위 부대인 장용영을 설치하여 왕권을 강화하였다.

오답 해설

① 효종은 인조 때 국왕 호위 목적으로 설치하였던 어영청을 중심으로 북벌을 추진하였다.
③ 조선의 기본 법전인 『경국대전』은 세조 때 편찬되기 시작하여 성종 때 완성·반포되었다.
④ 숙종 때 간도 지역을 두고 청과 국경 분쟁이 발생하자 두 나라 대표가 백두산 일대를 답사하고 국경을 확정하여 백두산 정계비를 세웠다.
⑤ 영조는 백성들의 군역 부담을 줄여주기 위해 기존 1년에 2필씩 납부하던 군포를 1필로 줄이는 균역법을 실시하였다.

07 [정답 ⑤]

출제자의 눈 조선 후기를 대표하는 영조의 정책을 파악합니다.
사료 속 키워드 #연잉군 #탕평 교서 #탕평비 #준천사 #신문고

조선 영조는 잦은 홍수에 대비하기 위해 도성 안에 하수도인 개천(현재 청계천)을 준설하였고, 백악, 인왕, 목멱, 낙산의 나무를 보호하기 위해 준천사라는 관청을 설치하였다. 또한, 당파에 상관없이 능력에 따라 인재를 등용하기 위해 탕평책을 실시하였으며, 신문고를 부활시켜 백성들이 억울함을 알릴 수 있도록 하였다. 또한, 『속오례의』, 『속대전』, 『동국문헌비고』 등을 편찬하여 문물제도를 정비하였다.

⑤ 조선 후기 군역으로 인한 농민들의 부담이 가중되자 영조는 균역법을 제정하였고, 이에 따라 농민들은 1년에 2필이었던 군포를 1필만 부담하게 되었다.

오답 해설

① 흥선 대원군은 정조 때 편찬된 『대전통편』을 보완하고 각종 조례를 정리한 법전인 『대전회통』을 편찬하여 통치 체제를 정비하였다.
② 정조는 왕권을 뒷받침하는 군사적 기반을 갖추기 위해 친위 부대인 장용영을 설치하고 서울 도성에는 내영, 수원 화성에는 외영을 두었다.
③ 순조 때 법적으로 각 궁방과 중앙 관서의 공노비 6만여 명을 해방시켜 양민으로 삼았다.
④ 인조 때 후금과의 관계가 악화되자 국방력 강화를 위해 어영청을 창설하여 국왕을 호위하게 하였다. 이후 효종은 어영청을 중심으로 북벌을 추진하였다.

❖ **영조와 정조의 업적 비교**

영조	• 탕평책 실시, 신문고 부활 • 균역법 시행, 『속대전』, 『속오례의』 편찬
정조	• 탕평책 시행, 장용영 설치 → 왕권 강화 • 규장각 설치, 초계문신제 시행 → 인재 등용 • 『대전통편』, 『동문휘고』 편찬, 수원 화성 축조, 신해통공 시행 등

08 [정답 ③]

출제자의 눈 삼정이정청이 설치된 배경인 임술 농민 봉기에 대해 학습합니다.
사료 속 키워드 #진주 안핵사 박규수 #전에 없던 변괴 #포리(逋吏)를 처단할 방법

③ 조선 철종 때 삼정의 문란과 경상 우병사 백낙신의 가혹한 수탈에 견디다 못한 진주 지역의 농민들이 임술 농민 봉기를 일으켰다. 이에 안핵사로 파견된 박규수는 삼정이정청을 설치하여 삼정의 문란을 해결하고자 하였다.

오답 해설

① 순조 때 세도 정치로 인한 삼정의 문란과 서북 지역 차별 대우에 불만을 품은 평안도 지방 사람들이 몰락 양반 출신 홍경래를 중심으로 봉기를 일으켰다. 평안북도 가산에서 우군칙 등과 함께 정주성을 점령하고 청천강 이북 지역을 차지하기도 하였으나 관군에게 진압되었다.
② 동학 농민군은 백산에서 봉기하여 황토현·황룡촌 전투에서 관군에 승리하며 전주성을 점령하고 전라도 일대를 장악하였다. 이후 외국 군대의 개입을 우려하여 정부와 전주 화약을 체결하고 해산하였으나 청·일 전쟁이 발발하고 일본의 내정 간섭이 심해지자 동학 농민군의 남접과 북접이 연합하여 다시 봉기하였다. 그러나 우금치 전투에서 관군과 일본군에게 패하여 전봉준이 서울로 압송되면서 농민군은 해산되었다.
④ 임오군란 이후 청의 내정 간섭이 심화되자 급진 개화파는 근대화 추진과 민씨 세력 제거를 위해 일본의 군사적 지원을 받아 우정총국 개국 축하연 자리에서 갑신정변을 일으켰다.
⑤ 명종 때 외척 간의 갈등과 관리들의 수탈이 심화되어 민생이 어려워지자 양주의 백정 출신 임꺽정이 이끄는 도적 무리가 등장하였다. 이들은 경기도와 황해도 일대의 관아 창고를 털어 백성들에게 나누어 주는 등 의적 활동을 벌이다가 약 3년 만에 관군에게 잡혀 처형되었다.

09 [정답 ④]

출제자의 눈 세도 정치가 전개되었던 조선 순조의 재위 시기에 있었던 사실을 살펴봅니다.
사료 속 키워드 #세도 정치 #장인인 김조순 #세도가였던 안동 김씨

조선 후기 안동 김씨의 핵심 인물인 김조순은 자신의 딸을 순조의 비로 들이면서 왕의 장인의 지위를 얻었다. 그후 김조순은 국정의 주도권을 잡고 세도 정치를 펼치며 권력을 장악하였다.

④ 순조 때 세도 정치로 인한 삼정의 문란과 서북 지역에 대한 차별 대우에 불만을 품은 평안도 지방 사람들이 몰락 양반 출신 홍경래를 중심으로 봉기를 일으켰다. 이들은 평안북도 가산에서 우군칙 등과 함께 정주성을 점령하고 청천강 이북 지역을 차지하기도 하였으나 관군에게 진압되었다(1811).

> **오답 해설**

① 오페르트를 비롯한 서양인들이 충남 예산군 덕산면에 위치한 흥선 대원군의 아버지 남연군의 묘를 도굴하려다가 실패하였다(1868).
② 김홍집이 『조선책략』을 들여온 이후 미국과 외교 관계를 맺어야 한다는 여론이 형성되자, 이만손은 이에 반대하며 영남 유생들과 함께 영남 만인소를 올렸다(1881).
③ 세조의 중앙 집권적 정책으로 인해 북방민의 등용이 억제되자 이시애가 함길도민을 규합하여 길주를 근거지로 난을 일으켰다(1467).
⑤ 선조 때 왜군이 침입하여 임진왜란이 발발하였다(1592). 이에 농민, 전직 관리, 사림, 승려 등이 자발적으로 의병을 조직하여 왜군에 맞섰는데 경상도에서는 곽재우가, 전라도에서는 고경명이 의병장으로 활약하였다.

10 [정답 ⑤]

출제자의 눈 조선 후기 철종의 재위 시기에 일어난 일을 알아봅니다.

사료 속 키워드 #조선 시대 #강화도령 #안동 김씨 순원 왕후 #임술 농민 봉기

⑤ 조선 제25대 왕 철종은 가족과 함께 강화도에 유배되어 농사를 짓던 중 헌종이 후사가 없이 죽자 순원 왕후의 명으로 왕위에 올랐다(1849). 어린 나이에 즉위한 철종을 대신하여 순원 왕후가 수렴청정을 하였는데, 이는 당시 집권하던 안동 김씨의 세도 정치를 강화시킨 원인이 되었다. 세도 정치로 인한 폐단으로 임술 농민 봉기를 비롯한 민란이 발생하여 이를 바로잡고자 하였으나, 실패하였고 33세의 나이로 승하하였다.

> **오답 해설**

① 정조 때 진산의 윤지충은 모친의 신주를 모시는 대신 천주교 의식으로 상을 치렀으며 권상연이 이를 옹호하자 모두 사형에 처해졌다(1791).
② 오페르트를 비롯한 서양인들이 충남 예산군 덕산면에 위치한 흥선 대원군의 아버지 남연군의 묘를 도굴하려다가 실패하였다(1868).
③ 정조는 왕권을 뒷받침하는 군사적 기반을 갖추기 위해 친위 부대인 장용영을 창설하였다(1793).
④ 숙종 때 남인 허견의 역모 사건으로 허적을 비롯한 남인이 몰락하고 서인이 집권하게 되는 경신환국이 발생하였다(1680). 이후에도 숙종은 서인과 남인 사이에서 기사환국과 갑술환국을 주도하면서 왕권을 강화하였다(1689, 1694).

02 근대 태동기의 경제

기출 키워드로 연습하기

01 ① 한양 ② 의주 ③ 개성 02 × 03 공인 04 영정법
05 균역법 06 신해통공

01 ① 조선 후기 수도 한양을 중심으로 경강 상인이 활동하였다.
② 조선 후기의 사상 중 만상은 의주에서 활동하였다.
③ 조선 후기 송상은 개성에서 활동하였다.

02 대동법은 광해군 때 선혜청을 설치하여 경기도에서 시험적으로 시행하다가 점차 전국으로 확대하여 숙종 때 함경도와 평안도를 제외한 전국에서 실시하였다.

단골 키워드 문제

| 01 ② | 02 ⑤ | 03 ② | 04 ② | 05 ① |
| 06 ③ | 07 ③ | 08 ② | 09 ④ | 10 ① |

01 [정답 ②]

출제자의 눈 조선 광해군 때 시행된 대동법에 대해 파악합니다.

사료 속 키워드 #이원익 #경기도에서 시행 #방납의 폐단을 막음 #공물을 현물 대신 #토지의 결 수에 따라 쌀로 납부

ㄱ·ㄷ. 조선 광해군 때 방납의 폐단으로 국가 재정이 악화되고 농민의 부담이 커지자 이원익이 해결 방법으로 대동법 시행을 건의하였다. 이에 선혜청을 설치하고 대동법을 실시하여 토지의 결 수에 따라 쌀로 공납을 납부하게 하고 삼베, 무명, 동전 등을 공납 대신 징수하였다. 지주들의 반발이 심하여 경기도에서만 처음 시행되었다가, 숙종 때 이르러 평안도와 함경도를 제외하고 전국적으로 실시되었다. 조선 후기 대동법의 시행으로 인해 국가에서 필요한 물품을 관청에 직접 조달하는 공인이 등장하게 되었다.

> **오답 해설**

ㄴ·ㄹ. 조선 후기 군역으로 인한 농민들의 부담이 가중되자 영조는 균역법을 제정하였다. 이로 인해 감소된 재정을 보충하기 위해 지주에게 결작을 부과하고, 어장세, 선박세, 염세 등의 잡세를 걷어 국가 재정으로 귀속하였다.

❖ **조선 전·후기 수취 제도**

구분	전기	후기
전세	공법(연분9등법, 전분6등법)	영정법(토지 1결당 쌀 4두)
공납	가호별로 수취	대동법(토지 1결당 쌀 12두)
군역	양인 개병제(방군 수포제, 군적 수포제 폐단 발생)	균역법(1년에 군포 2필 → 1필)

02 [정답 ⑤]

출제자의 눈 방납의 폐단을 해결하기 위해 시행된 대동법을 탐구합니다.

사료 속 키워드 #공물을 방납 #김육 #호서(湖西)에 먼저 행하기로 정함

조선 광해군 때 이원익의 건의로 대동법이 경기 지역에 한하여 시행되었으며, 효종 때 김육의 주장으로 대동법이 전라·충청 지역까지 확대되었다. 숙종 때 이르러 평안도와 함경도를 제외하고 전국적으로 실시되었다.

⑤ 조선 후기 대동법의 시행으로 국가에서 필요한 물품을 관청에 직접 조달하는 공인이 등장하게 되었다.

오답 해설

① 고려 경종 때 처음 시행된 시정 전시과는 인품과 관등에 따라 전지와 시지를 지급하였다. 이후 목종이 실시한 개정 전시과는 인품에 관계없이 관등을 기준으로 지급하였다.

② 조선 영조는 군역으로 인한 농민의 부담을 줄이기 위해 균역법을 제정하여 기존 1년에 2필이었던 군포를 1필만 부담하게 하였다. 이로 인해 부족해진 재정을 보충하고자 일부 부유한 양민에게 선무군관이라는 칭호를 주고 군포 1필을 납부하게 하였다.

③ 조선 시대의 과전법은 전·현직 관리에게 토지를 지급하고, 수신전과 휼양전의 명목으로 세습까지 가능하였다. 이로 인해 지급할 토지가 부족해지자 세조 때 수신전과 휼양전을 없애 과전법을 폐지하고 직전법을 실시하여 현직 관리에게만 토지의 수조권을 지급하였다.

④ 조선 인조는 개간을 권장하여 경작지를 확충하고, 농민 부담을 줄이기 위해 영정법을 실시하여 풍흉에 관계없이 토지 1결당 쌀 4~6두로 전세를 고정하였다.

03 [정답 ②]

출제자의 눈 균역법 보충 제도인 선무군관포를 파악합니다.

사료 속 키워드 #선무군관 #벼슬이 없는 자들 중 선정 #사족이 아니거나 음서를 받지 않는 자들을 대상으로 함 #베 1필을 받음

② 조선 후기 군역으로 인해 농민들의 부담이 가중되자 영조는 균역법을 제정하여 기존 1년에 2필이었던 군포를 1필만 납부하게 하였다. 이로 인해 부족해진 재정을 보충하고자 일부 부유한 양민에게 선무군관이라는 칭호를 주고 군포 1필을 납부하게 하였다.

오답 해설

① 광해군 때 방납의 폐단으로 국가 재정이 악화되고 농민의 부담이 커지자 이를 해결하기 위해 대동법을 실시하였다. 이에 토산물 대신 토지의 결수에 따라 쌀을 공납으로 납부하게 하고 산간 지역은 쌀을 동전, 삼베, 무명 등으로 대신하게 하였다.

③ 조선 후기에 사상(私商)들이 점차 확대되면서 시전의 상권을 장악하자 시전 상인들은 난전을 단속할 수 있는 특권인 금난전권을 행사하여 사상의 활동을 억압하였다. 그러나 정조 때 채제공의 건의에 따라 신해통공을 단행하여 육의전을 제외한 시전 상인들의 금난전권을 폐지하였다.

④ 조선 초기에는 수취 제도로서 답험손실법을 실시하여 해당 연도의 작황에 따라 생산량의 1/10을 세금으로 징수하였다. 그러나 농민에 대한 수탈이 과중해지자 세종 때 공법을 제정하여 토지의 풍흉과 비옥도에 따라 세금을 차등 부과하는 연분 9등법과 전분 6등법을 시행하였다.

⑤ 조선 전기에는 정부 주도로 광산을 개발하며 농민을 사역하거나 공납으로 광물을 바치게 하였으나, 채굴 과정이 힘들어 백성들이 요역을 기피하였다. 이에 조선 후기 효종 때 설점수세제를 시행하여 민간의 광산 개발을 허용하고 세금을 징수하였다.

04 [정답 ②]

출제자의 눈 균역법을 실시한 조선 영조의 정책에 대해 알아봅니다.

사료 속 키워드 #농경 장려 #친경(親耕)과 친잠(親蠶) #균역법

조선 후기 영조는 민생 안정을 위해 농본 정책을 실시하였고, 농경과 양잠을 장려하기 위해 직접 농사를 짓는 친경(親耕)과 직접 누에를 치는 친잠(親蠶)을 거행하기도 하였다. 또한, 백성들의 군역 부담을 덜어주기 위해 균역법을 실시하여 기존 1년에 2필씩 납부하던 군포를 1필로 줄였다.

② 조선 영조는 붕당 정치의 폐해를 막고 능력에 따른 인재 등용을 위해 탕평책을 실시하였고, 성균관에 탕평비를 건립하였다.

오답 해설

① 조선의 기본 법전인 『경국대전』은 세조 때 편찬되기 시작하여 성종 때 완성·반포되었다.

③ 정조는 채제공의 건의로 신해통공을 실시하여 육의전을 제외한 시전 상인들의 금난전권을 폐지하고 자유로운 상업 활동을 도모하였다.

④ 인조는 개간을 권장하여 경작지를 확충하고 농민 부담을 줄이기 위해 영정법을 실시하여 풍흉에 관계없이 토지 1결당 쌀 4~6두로 전세를 고정하였다.

⑤ 순조 때 법적으로 각 궁방과 중앙 관서의 공노비를 해방시켜 양민으로 삼았다.

05 [정답 ①]

> **출제자의 눈** 서민 문화와 상품 화폐 경제가 발달하였던 조선 후기 사회 상황을 살펴봅니다.
> **사료 속 키워드** #송파장 #산대놀이 #상평통보 #쌀, 고추, 담배

송파장은 전국의 온갖 산물이 모이는 중심지로 일찍부터 상설 점포가 형성된 조선 시대 15대 장터 중 하나였으며, 주변에는 여각·객주·술집·대장간 등 각종 수공업 점포가 발달하였다. 조선 후기 상공업이 발달함에 따라 금속 화폐인 상평통보가 전국적으로 유통되었으며, 상품 화폐가 발달하면서 농민들이 목화·담배·인삼·고추 등 상품 작물을 활발하게 재배하였다.

① 고려 시대의 국제 무역항으로 번성하였던 벽란도는 예성강 하구에 위치하였고, 이곳을 통해 송·아라비아 상인들과 교역을 전개하였다.

오답 해설

② 조선 후기 상업의 발달로 전국 각지에서 장시가 활성화되었으며, 서민 문화가 발달하여 판소리, 민화, 탈춤이 유행하였다.
③ 조선 후기에 광산 개발이 활성화되면서 물주로부터 자금을 지원받아 전문적으로 광산을 경영하는 덕대가 등장하였다.
④ 조선 후기 상업의 발달로 전국 각지에서 장시가 활성화되면서 보부상들은 장날에 따라 이동하며 각 장시들을 연계한 하나의 유통망을 형성하였다.
⑤ 조선 후기 소설의 대중화에 따라 직업적으로 소설을 낭독하는 이야기꾼인 전기수가 등장하였다.

06 [정답 ③]

> **출제자의 눈** 조선 후기 경제 상황을 확인합니다.
> **사료 속 키워드** #거상(巨商) 임상옥 #연행사 #만상(灣商) #인삼 무역 #북경 상인

조선 후기 상업의 발달로 인삼, 담배, 면화 등 상품 작물의 재배가 활발해지고, 의주의 만상(灣商)은 사무역인 책문 후시를 통해 청과의 무역 활동을 주도하면서 성장하였다. 특히 임상옥은 조선 후기 대표적인 거상(巨商)으로, 북경 상인들이 중국에서 인기가 많은 인삼을 헐값에 사기 위해 담합하여 불매 동맹을 맺자 인삼과 홍삼을 쌓아놓고 그 위에 불을 지르는 기지를 발휘해 높은 가격에 인삼을 매각하여 상인으로서 그 이름을 떨치기도 하였다.

③ 임진왜란 이후 일본의 요청으로 조선 선조 때 부산포를 개항하여 두모포 포구에 왜관을 설치하였고, 광해군 즉위 직후에는 기유약조를 체결하여 일본과의 국교를 재개하였다. 이후 무역 규모가 점차 확대되자 숙종 때 초량 왜관을 설치하였다.

오답 해설

① 고려 숙종 때 승려 의천의 건의에 따라 화폐 주조를 전담하는 주전도감을 설치하고, 해동통보와 삼한통보, 해동중보 등의 동전과 활구(은병)를 발행·유통하였다.
② 발해는 목축과 수렵이 발달하였는데 특히 지방 행정 구역 중 솔빈부의 말이 유명하여 주변 국가에 특산품으로 수출하였다.
④ 통일 신라는 삼국 통일 이후 해상 무역이 발전하여 한강 하류의 당항성, 전남 영암 등이 국제 무역항으로 번성하였다.
⑤ 고려 문종 때 경시서를 설치하여 수도 개경의 시전을 감독하였다.

07 [정답 ③]

> **출제자의 눈** 조선 정조 때 채제공의 건의로 시행된 신해통공을 학습합니다.
> **사료 속 키워드** #채제공 #난전(亂廛)으로 몰아서 결박함 #물건 값이 날마다 치솟음

③ 조선 후기 시전 상인들은 난전을 단속할 수 있는 권리인 금난전권을 행사할 수 있었다. 정조는 채제공의 건의에 따라 신해통공을 시행하여 육의전을 제외한 시전 상인들의 금난전권을 폐지하고 일반 상인들의 자유로운 상업 활동을 도모하였다.

오답 해설

① 세종은 대마도주의 요구를 받아들여 부산포, 제포, 염포의 삼포를 개방하였고, 이후 제한된 범위 내에서 일본과의 무역을 허용하는 계해약조를 체결하였다.
② 오가작통법은 5가구를 1통으로 편성한 조선 시대 행정 제도로, 연대 책임을 통해 거주지 이탈, 절도 등을 방지하였다.
④ 조선 후기 군역으로 인해 농민들의 부담이 가중되자 영조는 균역법을 제정하였다. 균역법으로 인해 감소된 재정을 보충하기 위해 지주에게 결작을 부과하였다.
⑤ 세종은 농사의 풍흉을 9등급으로 나누고, 최고 20두(상상년)~최하 4두(하하년)의 전세를 차등 부과하는 연분 9등법을 시행하였다.

08 [정답 ②]

> **출제자의 눈** 상공업이 발달한 조선 후기 경제 상황에 대해 파악합니다.
> **사료 속 키워드** #만상 #송상 #밀무역

조선 후기 상업의 발달로 등장한 사상이 전국 각지에서 활발한 상업 활동을 전개하였다. 그중 개성의 송상과 의주의 만상과 같은 사상들이 사무역인 책문 후시를 통해 청과의 무역 활동을 주도하면서 성장하였다.

② 고려 시대의 국제 무역항으로 번성하였던 벽란도는 예성강 하구에 위치하였고, 이곳을 통해 송·아라비아 상인들과 교역을 전개하였다.

오답 해설

① 조선 후기에 광산 개발이 활성화되면서 채굴 노동자를 고용하고 물주로부터 자금을 지원받아 전문적으로 광산을 경영하는 덕대가 등장하였다.

③ 조선 후기 상공업이 발달함에 따라 금속 화폐인 상평통보가 전국적으로 유통되었다.
④ 조선의 대외 무역 규모가 커지면서 포구에는 물품의 매매를 중개하는 여각을 비롯하여 객주, 술집, 대장간 등 각종 수공업 점포가 발달하였다.
⑤ 장시가 증가하고 상품 유통 경제가 발달하면서 농민들이 담배·인삼·목화·고추 등 상품 작물을 활발하게 재배하였다.

09 [정답 ④]

출제자의 눈 도고가 등장하였던 조선 후기 사회적·경제적 특징에 대해 알아봅니다.
사료 속 키워드 #물건의 이익을 중간에서 독점 #도고(都庫)의 폐단 #물건 가격 폭등 #평시서(平市署)

조선 후기에는 생산력 증대와 유통 경제의 발달로 상업이 발전하면서 사상(私商)이 성장하여 개성, 의주, 평양 등의 지역에서 송상, 만상 등이 무역으로 부를 축적하였다. 또한, 상품의 매점이나 독점을 통해 가격을 조작하고 이익을 취하는 도고가 등장하기도 하였다.
④ 조선 전기인 세종 때 대마도주의 요구에 따라 부산포, 제포, 염포의 삼포를 개방하였으며, 이후 계해약조를 체결하여 왜관 등 제한된 범위 내에서 무역을 허락하였다.

오답 해설
① 조선 후기 서얼들은 통청 운동이라는 신분 상승 운동을 전개하면서 청요직으로 진출하는 것을 허용해 달라는 상소를 올렸다.
②·⑤ 조선 후기에는 서민 문화가 발달하여 허균의 「홍길동전」과 「춘향전」 등 한글 소설이 간행되었고, 판소리가 유행하였다.
③ 영조는 각종 제도의 연혁과 내용을 정리한 『동국문헌비고』를 편찬하여 문물제도를 정비하였다.

10 [정답 ①]

출제자의 눈 조선 후기의 경제 모습을 살펴봅니다.
사료 속 키워드 #흉년이 들었을 때 기근을 구제 #고구마 #모내기

고려 말 일부 남부 지방에 도입되었으나 조선 전기까지 금지되었던 모내기법이 조선 후기에 전국적으로 확산되었다. 또한, 이 시기 구황 작물로 감자, 고구마 등이 전래되기 시작하였다.
① 조선 전기 세종 때 대마도주의 요청에 따라 부산포와 제포에 이어 염포를 개항하고, 개항장에 왜관을 설치하여 교역 및 외교를 하였다.

오답 해설
② 조선 후기 상공업이 발달함에 따라 금속 화폐인 상평통보가 발행되어 전국적으로 사용되었다.
③ 조선 후기 대동법의 시행으로 국가에서 필요한 물품을 관청에 직접 조달하는 공인이 활동하였다.

④ 조선 후기 상업의 발달로 전국 각지에 사상이 등장하였고, 그중 개성의 송상과 의주의 만상이 대청 무역으로 부를 축적하였다.
⑤ 조선 후기 광산 개발이 활성화되면서 물주에게 자금을 받아 전문적으로 광산을 경영하는 덕대가 활동하였다.

03 근대 태동기의 사회

기출 키워드로 연습하기
01 ○ 02 × 03 ○ 04 × 05 서학 06 신유박해 07 최제우

01 조선 후기 양반은 군현을 단위로 농민을 지배하기 어렵게 되자 촌락 단위의 동약을 실시하였다.

02 중인들은 신분 상승 운동을 전개하며 청요직으로 진출하는 것을 허용해 달라는 상소를 올렸다.

03 조선 후기 신분의 변동이 활발하게 일어나면서 재력이 있는 상민은 납속책과 공명첩을 활용하여 신분을 상승시켜 군역의 부담에서 벗어나고자 하였다.

04 순조 때 공노비를 해방하였다.

단골 키워드 문제
01 ② 02 ④ 03 ② 04 ① 05 ③
06 ⑤

01 [정답 ②]

출제자의 눈 공노비가 해방된 조선 후기의 사회·경제 모습을 학습합니다.
사료 속 키워드 #각 궁방과 중앙 관청에 소속된 노비를 모두 양민으로 삼음 #노비 문서를 거두어 불태우라고 명함 #선왕께서 노비추쇄관을 혁파

조선 시대의 계층인 천민 중 노비는 재산으로 취급되어 매매·상속·증여의 대상이었다. 조선 후기에는 정조 때 도망간 노비를 찾아내어 본 고장으로 돌려 보내는 일을 하는 추쇄관을 혁파하여 노비들이 자신의 생활을 이루어 갈 수 있도록 하였으며, 순조 때는 법적으로 각 궁방과 중앙 관청의 공노비 6만여 명을 해방시켜 양민으로 삼았다.
② 조선 세종 때 삼포(염포·제포·부산포)의 개항으로 염포 왜관이 설치되었으나, 중종 때 발생한 삼포왜란으로 인해 삼포가 폐쇄되었다. 이후 임신약조로 제포(나중에 부산포로 옮김)만 개항하게 되었고, 숙종 때 동래(부산)에 초량 왜관이 설치되었다.

오답 해설
① 조선 후기에는 장시가 증가하고 상품 유통 경제가 발달하면서 농민들이 담배, 인삼, 목화, 고추 등 상품 작물을 활발하게 재배하였다.

③ 조선 후기에는 서민 문화가 발달함에 따라 『홍길동전』과 『춘향전』 등 한글 소설이 널리 읽혔으며, 책을 빌려주는 책방인 세책가가 성행하였다.
④ 조선 후기 대동법의 시행으로 인해 국가에서 필요한 물품을 관청에 직접 납품하는 공인이 등장하게 되었다.
⑤ 송파장은 전국의 온갖 산물이 모이는 중심지로 일찍부터 상설 점포가 형성된 조선 후기 15대 장터 중 하나였으며, 장시에서 발달한 탈놀이 중 하나인 '송파 산대놀이'는 현실 폭로와 사회 풍자 등의 내용을 바탕으로 하였다.

02 [정답 ④]

출제자의 눈 경제·사회·문화 등에서 많은 변화가 있었던 조선 후기의 상황을 확인합니다.
사료 속 키워드 #신향(新鄕) #서인이 향교를 장악 #구향(舊鄕)과 마찰

ㄴ. 조선 후기에는 중인층과 서민층의 문학 창작 활동이 활발해지면서 시사(詩社)를 조직하기도 하였다.
ㄹ. 조선 후기 상공업의 발달로 상평통보가 전국적으로 유통되었다.

오답 해설
ㄱ. 조선 전기 세종 때 대마도주의 요구를 받아들여 삼포인 부산포, 제포, 염포를 개방하였다. 이후 제한된 범위 내에서 무역을 허락하는 계해약조를 체결하였다.
ㄷ. 고려와 조선 시대에 시전 상인들의 불법적인 상행위를 관리·감독하기 위한 경시서를 설치하였다.

03 [정답 ②]

출제자의 눈 서얼 출신 학자들을 검서관에 등용하였던 조선 정조의 정책을 탐구합니다.
사료 속 키워드 #서얼들을 적자와 똑같이 대우 #규장각 검서관 #이덕무, 박제가, 유득공, 서이수

조선 태종 때 서얼 금고법을 제정하여 양반의 자손이라도 서얼(첩의 자식)인 경우 관직에 진출할 수 없도록 하였다. 이로 인해 뛰어난 재능을 지녔음에도 능력을 펼치지 못하는 경우가 많았다. 정조는 이러한 상황을 극복하기 위해 이덕무, 박제가, 유득공 등의 서얼을 규장각 검서관으로 등용하였다.
② 정조는 수원 화성을 축조하여 사도세자의 묘를 옮기고 국왕 친위 부대인 장용영의 외영을 설치하는 등 정치적·군사적 기능을 부여하였다. 수원 화성 축조에 사용된 거중기는 공사 기간과 비용을 줄이는 데 기여하였다.

오답 해설
① 태종은 왕권 강화와 국왕 중심의 통치 체제 확립을 위해 6조 직계제를 시행하여 6조에서 의정부를 거치지 않고 국왕이 바로 재가를 내리도록 하였다. 이후 세종 때 의정부의 권한을 강화한 의정부 서사제를 채택하였다가 세조 때 6조 직계제를 부활시켰다.

③ 숙종 때 간도 지역을 두고 청과 국경 분쟁이 발생하자 두 나라 대표가 백두산 일대를 답사하고 국경을 확정하여 백두산 정계비를 건립하였다.
④ 흥선 대원군은 정조 때 편찬된 『대전통편』을 보완하고 각종 조례를 정리한 법전인 『대전회통』을 편찬하여 통치 체제를 정비하였다.
⑤ 철종 때 임술 농민 봉기의 수습을 위해 파견된 안핵사 박규수는 원인이 삼정의 문란에 있다고 보고 삼정이정청을 설치하였다.

04 [정답 ①]

출제자의 눈 제2대 교주인 최시형 때 교세가 확장되었던 동학을 살펴봅니다.
사료 속 키워드 #해월 최시형 #포교를 위해 잠행 #교조 최제우의 처형 #2대 교주 #손병희에게 도통을 전수 #고부 학정의 원흉 조병갑

① 조선 후기 최제우가 유·불·선을 바탕으로 민간 신앙까지 포함하여 동학을 창시하였으나, 세상을 어지럽히고 백성을 속인다는 혹세무민의 죄목으로 처형당하였다. 이에 최시형은 동학의 제2대 교주에 올라 교세를 확장하면서 최제우가 저술한 교리책인 『동경대전』과 『용담유사』를 경전으로 삼고, 교조 최제우의 신원을 요구하는 삼례·보은 집회를 전개하였다. 이후 고부 군수 조병갑의 학정으로 동학교도 전봉준이 고부 민란을 일으키면서 동학 농민 운동이 시작되자 이를 적극적으로 도왔고, 동학 농민 운동이 진압된 후에는 포교에 다시 힘써 제3대 교주 손병희에게 도통을 전수하였다.

오답 해설
② 나철이 창시한 대종교는 단군 숭배를 통해 민족의식을 고취하고 간도에서 항일 무장 단체인 중광단, 북로 군정서 등을 조직하여 적극적인 항일 투쟁을 전개하였다.
③ 박중빈이 창시한 원불교는 새생활 운동을 추진하여 허례허식 폐지, 근검절약, 금주·단연 등을 추구하고, 개간 및 간척 사업과 저축 운동을 적극적으로 장려하였다.
④ 미국인 개신교 선교사 아펜젤러가 세운 배재 학당은 근대적 사립 학교로 신학문 보급에 기여하였다.
⑤ 조선과 프랑스가 조·불 수호 통상 조약을 체결하면서 천주교 포교가 허용되었다.

05 [정답 ③]

출제자의 눈 천주교 신자 박해에 대한 대응으로 발발한 황사영 백서 사건을 알아봅니다.
사료 속 키워드 #사학(邪學) #황사영 #백서 #북경의 천주당에 전하려고 한 것

③ 조선 정조 때 발생한 신해박해에 이어 순조 때 신유박해가 일어나 천주교 전파에 앞장섰던 실학자들과 많은 천주교 신자들이 피해를 입게 되었다. 이에 황사영이 베이징 주교에게 조선으로 군대를 보내 달라는 내용의 편지를 보내려다 발각되어 신유박해가 더욱 심화되었다(황사영 백서 사건, 1801).

❖ **조선 후기 천주교 박해**

신해박해 (1791)	진산 사건: 천주교 의식으로 모친상을 치름, 신주 소각 → 윤지충, 권상연 처형
신유박해 (1801)	• 본격적인 천주교 탄압: 노론 벽파가 남인 시파 제거 • 주문모(중국인 신부), 이승훈, 정약종 처형 • 정약용, 정약전 유배 • 황사영 백서 사건: 천주교 탄압
기해박해 (1839)	• 벽파인 풍양 조씨가 시파인 안동 김씨 공격 • 프랑스 선교사 3명 처형
병오박해 (1846)	최초의 한국인 신부 김대건 순교

06 [정답 ⑤]

출제자의 눈 조선 순조 때 일어난 신유박해를 학습합니다.
사료 속 키워드 #제천 배론성지 #순조 1년 #정부의 탄압을 피한 천주교 교인 #황사영 #백서

조선 후기 천주교 박해가 시행되자 천주교인들은 배론으로 숨었고, 이에 따라 천주교 신자촌인 교우촌이 형성되었다. 황사영은 순조 때 발생한 신유박해 당시, 배론의 토굴로 들어가 베이징에 있는 주교에게 천주교 박해를 멈추기 위해 조선으로 군대를 보내 달라는 내용의 백서를 집필하기도 하였다.
⑤ 조선 후기에 순조가 어린 나이로 즉위하자 정순 왕후의 수렴청정이 시작되고 사교와 서교를 근절하라는 금압령이 내려졌다. 이에 천주교도에 대한 탄압이 심화되어 천주교 전파에 앞장섰던 실학자들과 많은 천주교 신자들이 피해를 입는 신유박해가 발생하였다. 이때 한국인 최초로 세례를 받은 이승훈은 처형당하였고, 이승훈과 접촉하며 천주교에 관심을 가졌던 정약용은 유배당하였다.

오답 해설
① 갑신정변의 영향으로 일본은 당시 사망한 일본인에 대한 배상과 일본 공사관 신축 부지 제공 및 신축비 지불을 요구하면서 조선과 한성 조약을 체결하였다.
② 신식 군대인 별기군에 비해 차별 대우를 받던 구식 군대가 임오군란을 일으키자 조선 정부가 청에 군사 지원을 요청하면서 청군이 이를 진압하였다. 이후 김옥균, 박영효, 서광범 등을 중심으로 한 급진 개화파가 개혁을 추진하고자 갑신정변을 일으켰을 당시에도 조선 정부의 요청으로 청군이 이를 진압하였다.
③ 철종 때 일어난 임술 농민 봉기의 수습을 위해 박규수를 안핵사로 파견했지만 근본적인 문제를 해결하지는 못하였다.
④ 고종 때 동학교도 이필제는 교주 최제우가 억울하게 처형되고, 농민 생활이 도탄에 빠지자 동학 제2대 교주인 최시형과 함께 영해 지역을 중심으로 교조 신원 운동과 반봉건 투쟁을 일으켰다.

04 근대 태동기의 문화_1

기출 키워드로 연습하기

01 ① 양명학 ② 한전론 ③ 균전론 02 ○ 03 × 04 박지원
05 홍대용 06 금석과안록

01 ① 조선 후기 정제두는 지행합일을 중요시하는 양명학을 체계적으로 연구하였다.
② 조선 후기의 실학자 이익은 『성호사설』을 통해 한전론을 주장하였다.
③ 조선 후기의 실학자 유형원은 『반계수록』을 저술하여 신분에 따라 토지를 차등 분배하고, 자영농을 육성하자는 균전론을 주장하였다.

02 정약용은 여전론을 통해 마을 단위로 토지의 공동 소유, 공동 경작, 노동력에 따른 수확물의 분배를 주장하였다.

03 이익은 나라를 좀먹는 여섯 가지 사회 병폐를 제시하였다.

단골 키워드 문제

01 ①   02 ④   03 ④   04 ③   05 ④
06 ②

01 [정답 ①]

출제자의 눈 『발해고』를 저술한 유득공에 대해 알아봅니다.
사료 속 키워드 #『발해고』 #왕씨가 고구려의 옛 강역을 회복하지 못하였음을 탄식

① 서얼 출신인 유득공은 조선 정조 때 규장각 검서관으로 등용되었다. 역사서인 『발해고』를 저술하여 발해를 우리의 역사로 인식하고 최초로 '남북국'이라는 용어를 사용하였다.

오답 해설
② 조선 후기 정제두는 지행합일을 중요시하는 양명학을 체계적으로 연구하였고, 강화도에서 후진 양성에 힘을 기울여 강화학파를 형성하였다.
③ 조선 후기 홍대용은 『의산문답』을 통해 지전설과 무한 우주론을 주장하며 중국 중심의 성리학적 세계관을 비판하였다.
④ 조선 후기 김정희는 금석학 연구를 통해 저술한 『금석과안록』에서 북한산비가 진흥왕 순수비임을 밝혀냈다.
⑤ 고종 때 이제마는 『동의수세보원』을 저술하여 사상 의학을 확립하였다.

02 [정답 ④]

출제자의 눈 『성호사설』을 저술한 조선 후기 실학자 이익에 대해 파악합니다.

사료 속 키워드 #성호사설 #6가지 좀 #과거를 준비하는 유생들은 글공부만 하고 있음 #나라를 좀먹는 존재

조선 후기 중농학파 실학자 이익은 『성호사설』을 통해 나라를 좀먹는 6가지의 폐단(노비제, 과거제, 양반 문벌제, 사치와 미신, 승려, 게으름)에 대해 비판하였다.

④ 이익은 『곽우록』에서 한 가정의 생활을 유지하는 데 필요한 규모의 토지를 영업전으로 정하고, 영업전의 매매를 금지하는 한전론을 주장하였다.

오답 해설

① 조선 후기 정약용은 홍역에 대해 연구한 의서인 『마과회통』을 편찬하였다.
② 조선 후기 홍대용은 『의산문답』을 통해 지전설과 무한 우주론을 주장하며 중국 중심의 성리학적 세계관을 비판하였다.
③ 조선 후기 서얼 출신인 유득공은 역사서인 『발해고』를 저술하여 발해를 우리의 역사로 인식하고 최초로 '남북국'이라는 용어를 사용하였다.
⑤ 조선 후기 김정희는 금석학 연구를 통해 『금석과안록』을 저술하여 북한산비가 진흥왕 순수비임을 밝혀냈다.

03 [정답 ④]

출제자의 눈 거중기를 설계한 조선 후기의 실학자 정약용의 활동에 대해 알아봅니다.

사료 속 키워드 #수원 화성 건설을 위해 설계 #거중기 #『기기도설』에 실린 도르래의 원리 활용 #비용 절약

정약용은 조선 후기의 대표적인 실학자로 정치·경제 등 여러 분야에 걸쳐 영향력을 펼쳤다. 정조 때 정약용은 『기기도설』을 참고하여 거중기를 제작하였다. 이는 수원 화성을 축조할 때 사용되면서 공사 기간과 비용을 줄이는 데 크게 기여하였다.

④ 정약용은 홍역에 대해 연구한 의서인 『마과회통』을 편찬하였다.

오답 해설

① 조선 후기 실학자 박제가는 연행사의 일원으로 청에 가서 보고 들은 것을 정리해 『북학의』를 저술하였다. 『북학의』를 통해 수레, 배의 이용과 함께 적극적인 소비를 권장하였다.
② 조선 후기 실학자 홍대용은 『의산문답』을 저술하여 지전설을 주장하고 중국 중심의 성리학적 세계관을 비판하였다.
③ 조선 후기 실학자 유수원은 저서 『우서』를 통해 상공업의 진흥과 기술의 혁신을 강조하는 동시에 사농공상의 직업적 평등을 주장하였다.
⑤ 조선 후기 실학자 김정희는 금석학 연구를 통해 저술한 『금석과안록』에서 북한산비가 무학비가 아닌 진흥왕 순수비임을 고증하였다.

04 [정답 ③]

출제자의 눈 『북학의』를 저술한 조선 후기 실학자 박제가의 활동에 대해 살펴봅니다.

사료 속 키워드 #실학자 #연경 #우물물 #연행사 #청의 문물 경험 #서얼 출신 #규장각 검서관 #소비 촉진

조선 후기 청에 파견되었던 연행사 출신 박제가는 4차례에 걸쳐 청의 선진 문물을 견학하였다. 이후 저서 『북학의』에서 소비와 생산의 관계를 우물물에 비유하여 소비를 통해 생산을 발전시켜야 한다고 주장하였다. 또한, 정조로부터 뛰어난 학문적 능력을 인정받아 서얼 출신임에도 규장각 검서관으로 등용되었다.

③ 박제가는 『북학의』를 저술하여 수레와 배의 이용을 권장하면서 상품의 유통을 주장하였다.

오답 해설

① 정조 때 정약용은 『기기도설』을 참고하여 거중기를 제작하였고, 이는 수원 화성을 축조할 때 사용되었다.
② 조선 후기 정제두는 지행합일을 중요시하는 양명학을 체계적으로 연구하였고, 강화도에서 강화학파를 형성하였다.
④ 박지원은 연행사를 따라 청에 다녀온 뒤 『열하일기』를 저술하여 상공업 진흥과 화폐 유통의 필요성을 주장하였다.
⑤ 유수원은 『우서』에서 사농공상의 직업적 평등을 주장하였다.

05 [정답 ④]

출제자의 눈 조선 후기 북학파 실학자였던 박지원에 대해 학습합니다.

사료 속 키워드 #조선 후기 실학자 #『열하일기』 #상공업 진흥 #청의 문물 수용 #화폐 유통의 필요성

- 홍대용: 조선 후기 중상학파 실학자로 『의산문답』을 통해 지전설과 무한 우주론을 주장하며, 중국 중심의 성리학적 세계관을 비판하였다.
- 이익: 조선 후기 중농학파 실학자로 『성호사설』을 통해 한 가정의 생활을 유지하는 데 필요한 규모의 토지를 영업전으로 정하고, 영업전의 매매를 금지하는 한전론을 주장하였다.
- 박지원: 조선 후기 청의 문물 수용을 주장하였던 북학파 실학자이다. 그는 청에 다녀온 뒤 『열하일기』를 저술하여 상공업의 진흥과 화폐 유통의 필요성을 주장하였으며, 교역의 중요성을 인식하여 수레와 선박의 이용을 권장하였다.

④ 박지원은 「양반전」, 「허생전」, 「호질」 등을 통해 양반의 허례와 무능을 풍자하고 비판하였다.

오답 해설

① 철종 때 김정희는 금석학 연구를 통해 『금석과안록』을 저술하여 북한산비가 진흥왕 순수비임을 고증하였다.
② 인조 때 김육은 청으로부터 태음력에 태양력의 원리를 적용하여 24절기의 시각과 하루의 시각을 정밀하게 계산하여 만든 역법인 시헌력의 도입을 건의하였다.

③ 영조 때 중상학파 실학자 유수원은 『우서』를 저술하여 사농공상의 직업적 평등을 주장하고, 상공업의 진흥과 기술의 혁신을 강조하였다.
⑤ 철종 때 김정호는 10리마다 눈금을 표시하여 거리를 알 수 있게 한 『대동여지도』를 제작하였으며, 이는 목판으로 만들어져 대량 인쇄가 가능하였다.

❖ 조선 후기 대표 실학자와 저서

	유형원	『반계수록』
중농학파	이익	『성호사설』, 『곽우록』
	정약용	『목민심서』, 『경세유표』, 『흠흠신서』
	유수원	『우서』
중상학파	홍대용	『의산문답』, 『임하경륜』, 『연기』
	박지원	『열하일기』, 『양반전』, 『허생전』
	박제가	『북학의』

06 [정답 ②]

출제자의 눈 조선의 실학자 홍대용에 대해 파악합니다.
사료 속 키워드 #담헌 #조선의 실학자 #천문을 관측 #연행사 #『연기』 #『을병연행록』

조선 후기 북학파 실학자였던 담헌 홍대용은 서양 과학을 적극적으로 수용하고 기존의 혼천의를 개량하여 천체의 운행과 위치를 측정하는 등 천문 과학 연구에 큰 관심을 보였다. 또한, 연행사의 일원으로 청에 다녀와 당시 청의 정치·경제·풍속 등이 담긴 『연기』와 『을병연행록』을 저술하기도 하였다.

② 조선 후기 홍대용은 『의산문답』에서 지전설과 무한 우주론을 주장하고 중국 중심의 성리학적 세계관을 비판하였다.

오답 해설
① 이수광은 백과사전식 서적인 『지봉유설』을 편찬하면서 이에 천주교리서인 『천주실의』를 소개하였다.
③ 박지원은 「양반전」, 「허생전」, 「호질」 등을 통해 양반의 허례와 무능을 풍자하고 비판하였다.
④ 박제가는 『북학의』를 저술하여 청의 문물을 적극적으로 수용할 것과 수레와 배의 이용, 적극적인 소비를 강조하였다.
⑤ 이제마는 『동의수세보원』을 편찬하여 사상 의학을 정립하였다.

05 근대 태동기의 문화_2

기출 키워드로 연습하기

01 ① 「영통동구도」 ② 거중기 ③ 「양반전」 02 × 03 진경산수화 04 김홍도 05 추사체 06 법주사 팔상전

01 ① 조선 후기 강세황의 대표작은 「영통동구도」이다.
② 정조 때 정약용은 『기기도설』을 참고하여 거중기를 제작하였다.
③ 박지원은 「양반전」, 「허생전」 등을 통해 양반의 무능과 허례를 풍자하고 비판하였다.

02 인조 때 시헌력 도입을 건의한 것은 김육이다.

단골 키워드 문제

01 ①　02 ①　03 ①　04 ③　05 ④
06 ②　07 ①

01 [정답 ①]

출제자의 눈 새로운 진경산수화를 탄생시킨 겸재 정선을 확인합니다.
사료 속 키워드 #겸재 #우리 산천의 아름다움을 사실적으로 표현 #진경산수화

조선 후기 겸재 정선은 옛 작품을 모방하던 전통적인 산수화와는 달리 진경산수화라는 화풍을 개척하여 우리나라의 빼어난 명승지를 보고 느낀 감정을 그림으로 표현하였다. 『해악전신첩』은 정선이 금강산을 여행하며 그 일대를 그린 진경산수화 시화첩으로, 철원 삼부연 폭포를 그린 「삼부연」 등이 수록되어 있다.

① 정선의 「금강내산」은 『해악전신첩』에 실린 그림 중 한 폭으로, 내금강 전경을 담아낸 진경산수화이다.

오답 해설
② 조선 후기 화가 김홍도가 거대한 절벽과 폭포 배경으로 배를 타고 있는 어부들을 그린 산수인물화 「어부모수도」이다.
③ 조선 후기 화가 신윤복이 눈썹 같은 달 아래 남녀가 몰래 만나는 장면을 그린 풍속화 「월하정인」이다.
④ 조선 후기 화가 강세황이 송도(지금의 개성)를 여행하면서 그린 진경산수화 「영통동구도」이다.
⑤ 조선 전기 화가 안견이 그린 산수화 「몽유도원도」로, 안평대군이 박팽년과 함께 복사꽃밭을 거니는 꿈의 내용을 담았다.

02 [정답 ①]

출제자의 눈 조선 후기 대표적 풍속 화가인 단원 김홍도의 작품을 알아봅니다.
사료 속 키워드 #조선 후기 대표적 풍속 화가 #단원

조선 후기 대표적 풍속 화가인 단원 김홍도는 도화서 출신으로 서민을 주인공으로 하여 농촌의 생활상을 나타내는 풍속화를 주로 그렸다. 『행려풍속도병』은 그의 대표적인 풍속화로 총 8폭의 병풍으로 꾸며져 있으며, 나그네가 나귀를 타고 산천을 유람하며 지방의 풍속을 살펴보는 모습이 나타난다.

① 김홍도의 「씨름」은 조선 시대 풍속화를 대표하는 작품으로, 그림 중심에 두 사람의 씨름꾼을 그려 넣고 위아래로 두 무리의 구경꾼을 배치하는 등 빈틈없이 짜인 구성과 간결한 붓질로 인물의 표정과 분위기를 묘사하였다.

오답 해설
② 조선 후기 겸재 정선이 그린 진경산수화 「금강전도」이다.
③ 조선 후기 김득신이 그린 풍속화 「파적도」이다.
④ 조선 후기 신윤복이 그린 풍속화 「월하정인」이다.
⑤ 조선 후기 강세황이 그린 진경산수화 「영통동구도」이다.

03 [정답 ①]

출제자의 눈 현존하는 유일한 조선 시대 목탑인 보은 법주사 팔상전을 확인합니다.
사료 속 키워드 #불교 건축 #정유재란으로 소실 #인조 때 중건 #현존하는 유일한 조선 시대 목탑

① 충북 보은군에 위치한 보은 법주사 팔상전은 정유재란 당시 불에 타 없어진 후 선조 때 공사를 시작하여 인조 때 완성된 것으로, 1968년 복원 공사를 통해 현재의 모습을 하고 있다. 현존하는 유일한 조선 시대 목탑이자 우리나라의 목조 탑 중 가장 높은 건축물이다. 또한, 석가모니의 일생을 여덟 폭의 그림으로 나누어 그린 팔상도가 있어 팔상전이라고 불린다.

오답 해설
② 구례 화엄사 각황전은 전남 구례군 화엄사에 있는 목조 건물이다. 조선 숙종 때 창건되었고 정면 7칸, 측면 5칸의 다포 양식의 중층 팔작지붕 건물로 내부 공간이 통층으로 구성되어 있다.
③ 김제 금산사 미륵전은 전북 김제시 금산사에 있는 조선 시대의 목조 건물로, 다포 양식의 팔작지붕을 따르며 내부는 3층 전체가 하나로 트인 통층 구조이다.
④ 부여 무량사 극락전은 충남 부여군 무량사에 있으며 2층 사찰로 내부는 통층 구조로 되어 있다. 임진왜란 당시 소실된 것을 조선 인조 때 다시 중창하였다.
⑤ 공주 마곡사 대웅보전은 충남 공주시에 있으며 2층으로 된 팔작지붕 건물로 백제 무왕 때 창건되었으며, 임진왜란 때 소실된 것을 조선 효종 때 중건하였다.

04 [정답 ③]

출제자의 눈 조선 후기에 활동한 추사 김정희에 대해 알아봅니다.
사료 속 키워드 #세한도 #완당 #제주도에서 유배 생활 #제자 이상적

조선 후기의 문신이자 실학자 추사 김정희는 문인화의 대가이기도 하였다. 제주도에서 유배 생활을 하던 중 제자 이상적이 북경에서 귀한 책들을 구해다 주자 답례로 그의 인품을 소나무와 잣나무에 비유한 「세한도」를 그려 주었다. 이는 조선 후기 문인화의 특징을 잘 살린 시서화(그림에 시적 요소를 넣은 작품)로 인정받은 작품이다.

③ 조선 후기 김정희는 금석학 연구를 통해 저술한 『금석과안록』에서 북한산비가 진흥왕 순수비임을 밝혀냈다.

오답 해설
① 정조 때 서얼 출신 유득공이 저술한 『발해고』에서는 발해를 우리의 역사로 인식하고 최초로 '남북국'이라는 용어를 사용하였다.
② 정약용은 수원 화성 축조 시에 공사 기간과 비용을 줄일 수 있도록 『기기도설』을 참고한 거중기를 제작하였다.
④ 조선 후기 정제두는 지행합일을 중요시하는 양명학을 체계적으로 연구하였고, 강화도에서 후진 양성에 힘을 기울여 강화학파를 형성하였다.
⑤ 조선 전기 안견은 안평 대군의 꿈을 소재로 한 「몽유도원도」를 그렸다.

05 [정답 ④]

출제자의 눈 조선 후기 실학자 정약용에 학습합니다.
사료 속 키워드 #『마과회통』 #홍역과 천연두 치료법 #강진 유배 #『목민심서』

정약용은 조선 후기의 대표적인 실학자로 정치·경제 등 여러 분야에 걸쳐 학문적 업적을 남겼다. 홍역에 대해 연구한 의서인 『마과회통』을 편찬하였으며, 지방 행정 개혁 방향을 제시한 『목민심서』, 형법 개혁에 대한 『흠흠신서』 등을 편찬하였다. 또한, 수원 화성 축조 시에는 『기기도설』을 참고하여 만든 거중기로 공사 기간과 비용을 줄이는 데 도움을 주었다. 이외에도 마을 단위의 토지 공동 소유·경작, 노동력에 따른 수확물의 분배 내용이 담긴 여전론을 주장하였다.
④ 정약용은 신유박해로 인해 강진에서 유배 생활을 하던 중 중앙 행정 개혁에 대한 내용을 다룬 『경세유표』를 저술하였다.

오답 해설
① 조선 후기 이수광은 백과사전식 서적인 『지봉유설』을 편찬하면서 이에 천주 교리서인 『천주실의』를 언급하며 조선에 소개하였다.
② 조선 후기 홍대용은 『의산문답』을 통해 지전설과 무한 우주론을 주장하며 중국 중심의 세계관을 비판하였다.
③ 조선 후기 박지원은 「양반전」, 「허생전」, 「호질」 등을 통해 양반의 허례와 무능을 풍자하였다.
⑤ 조선 후기 김정희는 금석학 연구를 통해 『금석과안록』을 저술하여 북한산비가 무학비가 아닌 진흥왕 순수비임을 알아냈다.

06 [정답 ②]

출제자의 눈 조선 후기의 사회 모습을 탈춤과 함께 알아봅니다.
사료 속 키워드 #탈춤 #상품 화폐 경제 발달 #서당 교육 확대 #해학과 풍자 #서민들의 삶과 애환

조선 후기에는 농업 생산력의 증가로 상품 화폐 경제가 발달하고, 서민층의 경제적 여유도 확대되었다. 이에 따라 자녀 교육에 대한 수요가 증가하면서 서당 교육이 확대되었고, 서민의 의식 수준도 향상되었다. 이러한 변화는 서민 문화의 발달을 이끌며, 서민을 문화의 주체이자 향유층으로 자리 잡게 하였다. 특히, 이 시기 탈춤은 양반의 위선과 무능, 신분제 사회 등을 풍자하는 내용을 담으면서 전국적으로 대중화되었다.

② 태종 때 왕명으로 주자소를 설치하여 금속 활자인 계미자를 주조하였다.

오답 해설

①·④·⑤ 조선 후기에 서민 문화가 발달하면서 판소리, 한글 소설, 민화, 탈춤이 유행하였다. 또한, 소설이 대중화되면서 소설책을 빌려주는 세책가도 등장하였다.

③ 조선 후기에는 중인층과 서민층의 문학 창작 활동이 활발해지면서 시사(詩社)를 조직하기도 하였다. 옥계 시사는 정조 때 천수경을 비롯한 13명의 위항 시인들이 옥류동 옥계에서 결성한 시사이다.

07 [정답 ①]

출제자의 눈 판소리와 한글 소설이 유행하였던 조선 후기의 문화를 살펴봅니다.

사료 속 키워드 #판소리 #신재효에 의해 체계적으로 정리 #한글 소설

조선 후기에는 서민 문화가 발달함에 따라 판소리와 민화, 탈춤이 유행하였고, 『홍길동전』과 『춘향전』 등 한글 소설이 널리 읽혔다. 특히, 신재효는 「광대가」를 지어서 판소리의 이론을 수립하고 「춘향가」·「심청가」·「박타령」·「토별가」·「적벽가」·「변강쇠가」의 판소리 여섯 마당을 골라 사설을 개작하여 체계적인 구성을 갖추도록 하였다.

① 조선 전기 태종 때 주자소를 설치하고 계미자를 주조하여 조선의 금속 활자 인쇄술이 한층 더 발전하였다.

오답 해설

② 송파장은 전국의 온갖 산물이 모이는 중심지로 일찍부터 상설 점포가 형성된 조선 시대 15대 장터 중 하나였으며, 주변에는 여각·객주·술집·대장간 등 각종 수공업 점포가 발달하였다. 조선 후기 장시에서 발달한 탈놀이 중 하나인 '송파 산대놀이'는 현실 폭로와 사회 풍자 등의 내용을 바탕으로 하였다.

③ 조선 후기에는 생산력 증대와 유통 경제의 발달로 상업이 발전하였고, 상품의 매점이나 독점을 통해 가격을 조작하고 이익을 취하는 도고가 등장하였다.

④ 조선 후기에는 중인층과 서민층의 문학 창작 활동이 활발해지면서 시사(詩社)를 조직하기도 하였다.

⑤ 조선 후기에 상업의 발달로 인삼, 담배, 면화, 고추 등 상품 작물의 재배가 활발해졌다.

VI 근대의 한국사

01 근대 사회로의 진전

기출 키워드로 연습하기

01 ① 의정부, 삼군부 부활 ② 만동묘 철폐 ③ 당백전 발행
02 ○ 03 × 04 × 05 부산 06 조·미 수호 통상 조약

01 ① 흥선 대원군은 세도 정치기의 중심 기구였던 비변사를 폐지하고 의정부와 삼군부를 부활시켰다.
② 흥선 대원군은 서원이 면세 등의 혜택으로 국가 재정을 악화시키고 백성을 수탈하는 폐해를 저지르자 만동묘 등 전국의 서원을 47개소만 남겨두고 정리하였다.
③ 흥선 대원군은 왕권 강화를 위해 경복궁을 중건하였으며, 당백전을 발행하여 이에 필요한 재정을 확보하고자 하였다.

02 흥선 대원군은 양반에게도 군포 1필씩을 징수하는 호포법을 시행하였다.

03 미국이 제너럴셔먼호 사건을 구실로 강화도에 침략하여 초지진을 점령하고 광성보를 공격하자 어재연이 이끄는 부대가 격렬하게 항전하였다.

04 프랑스가 병인박해를 구실로 강화도를 침략하며 통상 수교를 요구하였다.

단골 키워드 문제

| 01 ④ | 02 ③ | 03 ③ | 04 ⑤ | 05 ④ |
| 06 ③ | 07 ① | 08 ② | 09 ④ | 10 ③ |

01 [정답 ④]

출제자의 눈 통상 수교 거부 정책을 펼쳤던 흥선 대원군의 집권 시기에 일어난 사실을 살펴봅니다.

사료 속 키워드 #익성군 #흥선 대원군 #종로에 비석을 세움 #서양 오랑캐가 침범 #화친을 주장함은 나라를 팔아먹는 것

(가) 고종의 왕위 즉위(1863): 조선 철종이 사망하자 조대비에 의해 흥선군의 둘째 아들 이명복이 익성군에 봉해지고 고종으로 왕위에 올랐다. 이후 흥선군이 흥선 대원군으로 봉해지면서 임금의 아버지로서 국정의 전권을 쥐게 되었다.

(나) 흥선 대원군의 척화비 건립(1871): 병인양요와 신미양요를 극복한 흥선 대원군은 종로와 전국 각지에 척화비를 세웠다. 척화비에는 '서양 오랑캐가 침입할 때 싸우지 않으면 화친하자는 것이고, 화친을 주장하면 매국하는 것이 된다. 우리 만대의 자손에게 경계한다. 병인년에 짓고 신미년에 세우다.'라는 내용의 문구를 적어 서양과의 통상 수교 반대 의지를 알렸다.

④ 병인양요 이후 독일 상인 오페르트가 충남 예산군 덕산면에 위치한 흥선 대원군의 아버지 남연군의 묘를 도굴하려다 실패한 사건이 발생하였다(오페르트 도굴 사건, 1868).

오답 해설

① 갑신정변 이후 서구 열강들이 경합하던 당시 조선에 대한 러시아의 세력 확장에 불안을 느낀 영국은 러시아의 남하를 막는다는 구실로 거문도를 불법 점령하였다(1885~1887).

② 일본은 운요호 사건을 구실로 조선에 통상 조약 체결을 요구하였다. 이로 인해 최초의 근대적 조약이자 불평등 조약인 강화도 조약(조·일 수호 조규)이 체결되었다(1876).

③ 러시아가 조선의 용암포를 강제 점령하여 조차를 요구하였다(1903). 이는 일본과 영국의 간섭으로 실패하였지만 이후 러·일 전쟁의 발단이 되었다.

⑤ 미국과 맺은 조·미 수호 통상 조약은 조선이 서양 국가와 맺은 최초의 조약으로, 청이 러시아와 일본을 견제하고 조선에 대한 청의 종주권을 확인할 목적으로 체결을 알선하였다(1882). 이후 조선 주재 미국 공사로 푸트가 파견되면서 조선 정부는 미국에 보빙사를 보내 미국 대통령을 만나고 다양한 기관들을 시찰하도록 하였다(1883).

❖ **흥선 대원군의 개혁 정책**
- 세도 가문의 인물 축출, 고른 인재 등용
- 경복궁 중건: 왕실의 권위 회복
- 서원 정리: 47개소만 남기고 600여 개 정리
- 삼정(전정, 군정, 환곡)의 문란 개혁: 양전 사업 실시, 호포제, 사창제 실시
- 비변사 폐지: 의정부와 삼군부의 기능 회복
- 『대전회통』, 『육전조례』 편찬

02 [정답 ③]

출제자의 눈 경복궁을 중건한 흥선 대원군의 업적에 대해 알아봅니다.

사료 속 키워드 #『경복궁 영건일기』 #경복궁 중건

『경복궁 영건일기』는 흥선 대원군이 즉위한 이후 왕실의 권위를 회복하기 위해 임진왜란 때 불탔던 경복궁을 중건하는 과정에서 건물의 용도와 명칭, 배수로, 공사 진행 사항 등을 기록한 문서로, 당시 한성부 주부 원세철이 작성하였다. 이에 따르면 광화문 현판이 검은색 바탕에 금색 글자임을 뜻하는 '묵질금자'로 기록되어 있어 옛 광화문의 현판 모습을 고증하는 근거가 되었다.

ㄴ·ㄷ. 흥선 대원군은 환곡의 폐단을 해결하기 위해 향촌에서 마을 단위로 운영하던 사창제를 전국적으로 실시하였다(1866). 또한, 경복궁을 중건하면서 백성들에게 원납전을 기부금 명목으로 징수하여 공사비로 충당하였다(1865).

오답 해설

ㄱ. 중종 때 삼포왜란이 발생하자 이를 계기로 외적의 침입에 대비하기 위한 임시 기구로 비변사를 처음 설치하였고(1510), 명종 때 을묘왜변을 계기로 상설 기구화되었다(1555).

ㄹ. 정조 때 문물제도 및 통치 체제를 정리한 『대전통편』을 편찬하여 왕조의 통치 규범을 재정비하였다(1785).

03 [정답 ③]

출제자의 눈 외국과 맺은 최초의 근대적 조약이자 불평등 조약인 강화도 조약에 대해 확인합니다.

사료 속 키워드 #운요호 #일본 전권변리대신 구로다 기요타카 #조선 접견대관 신헌

일본 군함인 운요호가 강화도 초지진에 침입한 후 영종도에 상륙하여 조선인들을 죽이거나 약탈하는 등의 만행을 저질렀다(운요호 사건, 1875). 이후 일본 전권변리대신 구로다 기요타카는 조선 접견대관 신헌과의 회담에서 운요호 사건을 구실로 삼아 개항을 요구하였다. 그 결과 조선은 일본의 개항 요구를 받아들여 강화도 조약을 체결하였다.

③ 강화도 조약은 우리나라가 외국과 맺은 최초의 근대적 조약이자 불평등 조약으로, 일본이 조선의 해안을 자유로이 측량할 수 있는 해안 측량권을 허용하였다.

오답 해설

① 조선이 프랑스와 조·불 수호 통상 조약을 체결하면서 천주교 포교를 허용하였다.

② 일본은 갑신정변 당시 사망한 일본인에 대한 배상과 일본 공사관 신축 부지 제공 및 신축비 지불을 요구하면서 조선과 한성 조약을 체결하였다. 또한, 청과 일본은 갑신정변 이후 톈진 조약을 체결하여 향후 조선에 군대를 파견할 때 상호 통보를 약속하고 한쪽이라도 조선에 군대를 파견하면 다른 쪽도 바로 군대를 파견할 수 있도록 규정하였다.

④ 조선 태종 때 일본에 파견되는 사절단을 통신사라고 처음 칭하였으나 파견이 중단되면서, 세종 때 처음으로 통신사라는 명칭을 사용하여 일본과 교류하였다. 임진왜란 이후에는 일본과 국교가 잠시 중단되었으나, 기유약조를 통해 재개되면서 일본에 조선의 선진 문화를 전파하였다.

⑤ 임오군란 이후 조선과 청이 체결한 조·청 상민 수륙 무역 장정에서 최초로 외국 상인의 내지 통상권을 규정하였다.

❖ **열강과의 조약 체결**

국가	조약	내용
일본	강화도 조약(1876)	• 청의 종주권 부인 • 치외 법권, 해안 측량권
미국	조·미 수호 통상 조약(1882)	• 치외 법권 • 최혜국 대우 • 서양과 맺은 최초의 조약
청	조·청 상민 수륙 무역 장정(1882)	• 치외 법권 • 최혜국 대우 • 청 상인에 대한 통상 특권
러시아	조·러 수호 통상 조약(1884)	• 최혜국 대우
프랑스	조·프 수호 통상 조약(1886)	• 천주교 신앙의 자유 • 선교 허용

04 [정답 ⑤]

> **출제자의 눈** 조선이 외국과 맺은 최초의 조약인 강화도 조약에 대해 파악합니다.
> **사료 속 키워드** #조·일 수호 조규 #1876년 #신헌 #조선은 자주국 #조선국 연해를 일본 항해자가 자유롭게 측량

⑤ 일본이 운요호 사건을 구실로 조선에 통상 조약 체결을 요구하여 강화도 연무당에서 우리나라 최초의 근대적 조약이자 불평등 조약인 강화도 조약이 체결되었다. 일본의 요구에 따라 부산, 원산, 인천 3곳을 개항하였으며, 개항장에 조계를 설정하여 일본 상인의 자유로운 무역과 거주를 허용할 것을 규정하였다.

오답 해설

① 조·미 수호 통상 조약은 조선이 서양 국가와 맺은 최초의 조약으로, 최혜국 대우를 처음으로 규정하였다. 또한, 치외 법권, 국가 간의 분쟁을 제3국이 해결하는 거중 조정 조항 등이 포함된 불평등 조약이었다.
② 을사늑약이 체결되면서 대한 제국의 외교권이 박탈되고 서울에 통감부가 설치되었다. 이후 조약 체결의 원흉인 이토 히로부미가 초대 통감으로 부임하여 외교뿐만 아니라 내정에도 간섭하였다.
③ 조선과 프랑스가 조·불 수호 통상 조약을 체결하면서 천주교 포교가 허용되었다.
④ 조선은 임오군란의 피해를 보상하라는 일본의 요구로 일본인 교관 피살에 대한 사과 사절단 파견, 주모자 처벌, 배상금 지불, 공사관 경비병 주둔 등을 명시한 제물포 조약을 체결하였다.

05 [정답 ④]

> **출제자의 눈** 박규수의 활약이 돋보였던 제너럴셔먼호 사건에 대해 공부합니다.
> **사료 속 키워드** #평양부 #이양선 #상선을 약탈하고 총을 쏴 백성들을 살상 #평안 감사 박규수

흥선 대원군 때 미국의 상선 제너럴셔먼호가 평양 대동강까지 들어와 교역을 요구하자 당시 평안 감사였던 박규수는 공격 명령을 내리고 백성들과 함께 제너럴셔먼호를 불태웠다(1866).
④ 제너럴셔먼호 사건을 구실로 미국의 로저스 제독이 함대를 이끌고 강화도를 공격하여 신미양요가 발생하였다(1871). 미군은 강화도 덕진진을 점거한 후 광성보로 진격하였고, 이에 어재연이 맞서 싸우다가 전사하는 등 조선군은 수많은 사상자를 내며 패배하였다.

오답 해설

① 전라도 고부 군수 조병갑의 횡포에 견디다 못한 농민들이 동학교도 전봉준을 중심으로 고부에서 봉기를 일으켰고, 이를 수습하기 위해 안핵사 이용태가 파견되었다(1894).

② 광해군 때 이원익이 방납의 폐단을 해결하고자 대동법 시행을 건의하여 토지의 결수에 따라 쌀로 공납을 납부하고 삼베, 무명, 동전 등을 공납 대신 징수하는 대동법이 경기 지역에 한해 처음 시행되었다(1608).
③·⑤ 순조 때 천주교를 대대적으로 탄압하면서 정약종을 비롯한 천주교 신자들이 처형되었다(신유박해, 1801). 이에 황사영은 베이징에 있는 주교에게 천주교 박해를 멈추기 위해 조선으로 군대를 보내 달라는 내용의 청원서를 보내려다 발각되었다(황사영 백서 사건, 1801).

06 [정답 ③]

> **출제자의 눈** 양헌수 장군이 프랑스군에 맞서 승리를 거둔 병인양요에 대해 학습합니다.
> **사료 속 키워드** #강화도 #정족산성 #프랑스군을 물리친 양헌수 장군

③ 병인박해를 빌미로 로즈 제독의 프랑스군이 함대를 이끌고 강화도에 침입하면서 병인양요가 발생하였다. 양헌수 부대는 정족산성에서 매복하였다가 기습하여 프랑스군을 물리치고 승리를 거두었다. 그러나 당시 프랑스군이 『조선왕조실록』이 보관되어 있던 정족산사고에 있는 일부 도서를 약탈해 갔다.

오답 해설

① 일본은 운요호 사건을 빌미로 조선에 개항을 요구하였고, 그 결과 조선은 일본과 강화도 조약을 체결하였다.
② 인조반정 때 큰 공을 세웠던 이괄은 공신 책봉 과정에서 2등 공신이 되자 이에 불만을 품고 반란을 일으켰다. 인조는 반란 세력이 도성을 장악하자 공주 공산성으로 피란하였다.
④ 전라도 고부 군수 조병갑의 횡포에 견디다 못한 농민들이 동학교도 전봉준을 중심으로 고부에서 봉기를 일으켰고, 이를 수습하기 위해 안핵사 이용태가 파견되었다.
⑤ 순조 때 대대적으로 천주교를 탄압하여 신유박해가 발생하자, 천주교 신자 황사영이 베이징에 있는 주교에게 조선으로 군대를 보내 달라는 내용의 백서를 보내려다 발각되었다.

❖ **서양의 침략과 흥선 대원군의 척화비**

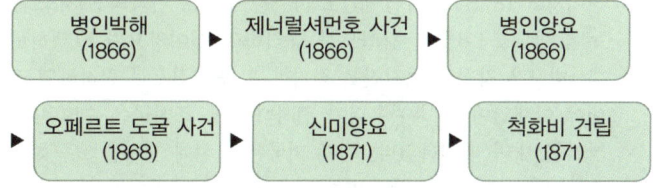

07 [정답 ①]

> **출제자의 눈** 어재연 장군이 미군에 맞서 항전한 신미양요 이후에 일어난 사건을 알아봅니다.
> **사료 속 키워드** #어재연 장군 #광성보 #로저스 제독 #미군에 맞서 결사 항전함

정답 및 해설 **67**

제너럴셔먼호 사건을 구실로 미국의 로저스 제독이 함대를 이끌고 강화도를 공격하여 신미양요가 발생하였다(1871). 미군은 강화도 덕진진을 점거하고 광성보로 진격하였고, 조선군은 어재연을 중심으로 맞서 싸웠으나 수많은 사상자를 내며 패배하였다. 이후 미국은 조선에 개항을 요구하였으나 흥선 대원군의 강력한 통상 수교 거부 정책으로 인해 함대를 철수하였다.

① 병인양요와 신미양요를 극복한 흥선 대원군은 외세의 침입을 경계하고 서양과의 통상 수교 반대 의지를 알리기 위해 종로와 전국 각지에 척화비를 세웠다(1871).

오답 해설

② 흥선 대원군 때 미국의 상선 제너럴셔먼호가 평양 대동강까지 들어와 교역을 요구하자 평양 관민들은 이를 거부하고 배를 불태워 버렸다(1866. 7.).

③ 프랑스 로즈 제독이 함대를 이끌고 강화도에 침입하면서 병인양요가 발생하였다(1866. 9.). 이에 한성근 부대는 문수산성에서 프랑스군에 맞서 항쟁하였으나 무기와 병력의 열세로 후퇴하였다.

④ 조선 후기에 어린 나이로 순조가 즉위하자 정순 왕후의 수렴청정이 시작되고 사교와 서교를 근절하라는 금압령이 내려졌다. 이에 천주교도에 대한 탄압이 심화되어 천주교 전파에 앞장섰던 실학자들과 많은 천주교 신자들이 피해를 입는 신유박해가 발생하였다(1801).

⑤ 오페르트를 비롯한 서양인들이 덕산에 위치한 흥선 대원군의 아버지 남연군의 묘를 도굴하려다가 실패하였다(1868).

08 [정답 ②]

출제자의 눈 병인양요와 신미양요 사이에 일어난 오페르트 도굴 사건을 공부합니다.

사료 속 키워드 #정족산성 #양헌수 #미국 배 #광성진 #어재연

(가) 병인양요(1866): 병인박해를 빌미로 로즈 제독이 이끄는 프랑스군이 강화도 양화진을 점령하며 병인양요가 발생하였다. 이에 양헌수 부대는 정족산성에서 프랑스군을 기습하여 승리를 거두었다.

(나) 신미양요(1871): 제너럴셔먼호 사건을 구실로 미국의 로저스 제독이 함대를 이끌고 강화도를 공격하여 신미양요가 발생하였다. 미군은 강화도 덕진진을 점거한 후 광성진으로 진격하였고, 이에 어재연이 맞서 싸우다가 전사하는 등 조선군은 수많은 사상자를 내며 패배하였다. 이후 미국은 조선에 개항을 요구하였으나 흥선 대원군의 강력한 통상 수교 거부 정책으로 인해 함대를 철수하였다.

② 독일 상인 오페르트는 충남 예산군 덕산면에 위치한 흥선 대원군의 아버지 남연군의 묘를 도굴하려다가 실패하였다(1868).

오답 해설

① 일본 군함인 운요호가 강화도 초지진에 침입해 공격한 후 영종도에 상륙해 조선인들을 죽이거나 약탈하는 등의 만행을 저질렀다(1875).

③ 임오군란 이후 청은 조선에 대한 내정 간섭을 강화하고자 마젠창과 독일인 묄렌도르프를 정치 및 외교 고문으로 파견하였다(1882).

④ 영국은 조선에 대한 러시아의 세력 확장을 저지하기 위해 거문도를 불법으로 점령하였다(1885).

⑤ 조선 순조 때 천주교 전파에 앞장섰던 실학자들과 많은 천주교 신자들이 신유박해로 피해를 입게 되었다. 이후 황사영은 베이징에 있는 주교에게 조선으로 군대를 보내 달라는 내용의 편지를 보내려다 발각되어 더욱 큰 탄압을 받았다(1801).

09 [정답 ④]

출제자의 눈 인천 해관 창설에 영향을 끼친 조·미 수호 통상 조약을 살펴봅니다.

사료 속 키워드 #조선 정부 #인천 해관 #통리교섭통상사무아문 협판 묄렌도르프 #관세 부과 업무를 시작

④ 조선은 일본과 조일 수호 조규(강화도 조약)를 맺어 인천, 원산, 부산 3개의 항구를 개항하였으며, 일본에게 해안측량권과 치외법권을 인정해 주었다. 하지만 관세에 대해서는 규정하지 않아 1870년대에 조일 간에는 무관세 무역이 전개되었다. 이후 무관세 무역에 부당함을 느낀 조선 정부는 일본과의 관세 교섭에 나섰고, 미국과 체결한 조·미 수호 통상 조약에는 관세 규정을 포함하면서 관세 행정을 담당할 기구가 필요하게 되었다. 이에 조선은 청의 이홍장의 추천을 받아 묄렌도르프에게 해관 창설의 업무를 맡기면서, 관세 행정 기구로 인천 해관을 창설하였다.

오답 해설

① 대한 제국은 대외 중립을 선언하였으나 일본은 이를 무시하고 러일 전쟁 직후 대한 제국과 한·일 의정서를 체결하여 한반도 내 군사 거점을 확보하였다.

② 일본은 만주 지역에서 활동하는 독립군을 색출하기 위해 만주 군벌과 미쓰야 협정을 체결하였다. 이로 인해 만주 지역의 독립운동이 큰 제약을 받게 되었다.

③ 일본이 운요호 사건을 구실로 조선에 통상 조약 체결을 요구하여 우리나라 최초의 근대적 조약이자 불평등 조약인 강화도 조약이 체결되었다.

⑤ 고종은 을사늑약의 부당성을 알리기 위해 이상설, 이준, 이위종을 헤이그에서 열린 만국 평화 회의에 특사로 파견하였다.

10 [정답 ③]

출제자의 눈 중국, 일본과 각각 맺은 조·청 상민 수륙 무역 장정과 조·일 통상 장정의 내용을 학습합니다.

사료 속 키워드 #조선 상인 #중국 상인 #양화진 #일시 쌀 수출을 금지 #1개월 전에 통지

(가) 조·청 상민 수륙 무역 장정(1882): 신식 군대인 별기군에 비해 차별 대우를 받던 구식 군대가 반발하여 임오군란을 일으켰으나 청의 군대에 의해 진압되었다. 이를 계기로 조선에 대한 청의 내정 간섭이 심화되었고, 청과 조·청 상민 수륙 무역 장정을 체결하게 되었다. 이 조약을 통해 청은 치외 법권과 함께 양화진 점포 개설권, 내륙 통상권, 연안 무역권을 인정받았다.

(나) 조·일 통상 장정(1883): 조선은 일본과의 무역에 대한 관세권을 회복하기 위해 조·일 통상 장정을 체결하였다. 조항 중에는 일본에 대한 최혜국 대우 규정과 천재·변란 등에 의한 식량 부족의 우려가 있을 때 방곡령을 선포하는 조항이 포함되어 있었다.

오답 해설

① 을사늑약이 체결되면서 대한 제국의 외교권이 박탈되고 서울에 통감부가 설치되었다.
② 조·미 수호 통상 조약은 조선이 서양 국가와 맺은 최초의 조약으로 관세 자주권을 최초로 인정하였다. 그러나 최혜국 대우, 치외 법권, 거중 조정 조항 등이 포함되어 있어 불평등 조약이었다.
④ 조선은 임오군란의 피해를 보상하라는 일본의 요구로 일본인 교관 피살에 대한 사과 사절단 파견, 주모자 처벌, 배상금 지불, 공사관 경비병 주둔 등을 명시한 제물포 조약을 체결하였다.
⑤ 일본은 갑신정변 당시 사망한 일본인에 대한 배상과 일본 공사관 신축 부지 제공 및 신축비 지불을 요구하면서 조선과 한성 조약을 체결하였다. 또한, 청과 일본은 톈진 조약을 체결하여 향후 조선에 군대를 파견할 때 상호 통보를 약속하고 한쪽이라도 조선에 군대를 파견하면 다른 쪽도 바로 군대를 파견할 수 있도록 규정하였다.

02 개화 운동의 추진

기출 키워드로 연습하기

01 ①『조선책략』 ②기기창 ③『서유견문』 02 × 03 통리기무아문 04 제물포 조약 05 갑신정변 06 일본, 청

01 ① 김홍집이 들여온 『조선책략』으로 인해 미국과 외교 관계를 맺어야 한다는 여론이 형성되었다.
② 김윤식을 중심으로 청에 파견된 영선사는 톈진에서 근대 무기 제조 기술과 군사 훈련법을 배우고 돌아와 국내에 무기 제조 공장인 기기창을 설치하였다.
③ 유길준은 미국 유학을 다녀온 뒤 서양 각국의 지리, 역사, 정치, 교육 등을 다룬 『서유견문』을 집필하여 서양 근대 문물을 소개하였다.

02 급진 개화파는 일본의 메이지 유신을 모델로 입헌 군주제를 지향하였다.

단골 키워드 문제

01 ④　02 ⑤　03 ③　04 ①　05 ⑤
06 ③

---

01 [정답 ④]

출제자의 눈 구식 군인에 대한 차별로 발생한 임오군란에 대해 파악합니다.

사료 속 키워드 #각영(各營)에 소속된 군인 #봉급은 몇 달 동안 나누어 주지 않음

④ 신식 군대인 별기군과의 차별 대우에 반발한 구식 군대가 선혜청을 습격하면서 임오군란이 발생하였다. 구식 군인들은 흥선 대원군을 찾아가 지지를 요청하였고, 정부 고관들의 집과 일본 공사관을 습격하였다. 조선 조정의 요청으로 군대를 보낸 청은 군란을 진압하고 흥선 대원군을 청으로 압송하였다. 조선은 임오군란의 피해를 보상하라는 일본의 요구로 일본인 교관 피살에 대한 사과 사절단 파견, 주모자 처벌, 배상금 지불, 일본 공사관 경비 명목의 경비병 주둔 등을 명시한 제물포 조약을 체결하였다.

오답 해설

① 일본이 운요호 사건을 구실로 조선에 통상 조약 체결을 요구하여 우리나라 최초의 근대적 조약이자 불평등 조약인 강화도 조약이 체결되었다.
② 강화도 조약 이후 일본에 수신사로 파견된 김기수는 일본에서 신식 기관과 각종 근대 시설을 시찰하고 돌아와 일본의 발전을 고종에게 보고하였다.
③ 병인양요와 신미양요 등 외세의 침략을 극복한 흥선 대원군은 서양과의 통상 수교 반대 의지를 알리기 위해 종로와 전국 각지에 척화비를 세웠다.
⑤ 고종은 국내외의 군국 기무와 개화 정책을 총괄하는 업무를 맡은 관청인 통리기무아문을 설치하고 그 아래 12사(司)를 두어 행정 업무를 맡게 하였다.

02 [정답 ⑤]

출제자의 눈 구식 군인들에 대한 차별로 발생한 임오군란에 대해 알아봅니다.

사료 속 키워드 #훈련도감 #하도감 #군사를 훈련시키고 무기를 제작했던 곳 #1881년부터 이듬해 #구식 군인들에 대한 차별대우로 발생

⑤ 신식 군대인 별기군에 비해 차별 대우를 받던 구식 군대가 밀린 급료를 썩은 쌀과 모래로 지급한 선혜청을 습격하면서 임오군란이 발생하였다(1882). 구식 군인들은 정부 고위 관료들의 집과 일본 공사관을 습격하였다. 조선 정부의 요청으로 군대를 파견한 청은 군란을 진압하고 임오군란 이후 재집권한 흥선 대원군을 청으로 압송하였다. 조선은 임오군란의 피해를 보상하라는 일본의 요구를 받아들여 일본인 교관 피살에 대한 사과 사절단 파견, 주모자 처벌, 배상금 지불, 공사관 경비병 주둔 등을 명시한 제물포 조약을 체결하였다.

정답 및 해설 **69**

오답 해설

① · ③ 김옥균을 중심으로 한 급진 개화파는 일본의 군사적 지원을 받아 우정총국 개국 축하연 자리에서 갑신정변을 일으켰다. 정권을 잡은 이들은 청과의 사대 관계 폐지, 입헌 군주제, 능력에 따른 인재 등용을 주장하였으나 청군의 개입으로 3일 만에 실패하였다(1884).

② 조선 총독부는 1910년 한 · 일 병합 조약이 체결된 이후 설치되었으며 초대 총독으로 데라우치, 총리 대신으로 이완용이 부임하였다.

④ 김홍집 내각은 제2차 갑오개혁 때 홍범 14조를 반포하였다. 이를 통해 근대적 개혁의 기본 방향을 제시하고 청에 대한 자주 독립을 공고히 하였다(1895).

03 [정답 ③]

출제자의 눈 급진 개화파들이 새로운 세상을 꿈꾸며 일으킨 갑신정변에 대해 파악합니다.

사료 속 키워드 #우정총국 개국 축하연 #청과의 사대 관계 청산 #급진 개화파 #개혁 정강 #청군의 개입 #3일 만에 실패 #김옥균

김옥균, 박영효, 서광범 등을 중심으로 한 급진 개화파는 일본의 군사적 지원을 약속받고 우정총국 개국 축하연 자리에서 갑신정변을 일으켰다. 이들은 국왕과 왕후를 경우궁으로 옮기고 수구파 고관들을 살해하여 정권을 장악하였다. 이후 14개조 개혁 정강을 발표하여 청과의 사대 관계 청산, 입헌 군주제, 능력에 따른 인재 등용 등의 개혁을 추진하였다. 그러나 조선 정부의 요청으로 청군이 이를 진압하기 위해 개입하였고, 일본의 군사 지원이 약속대로 이행되지 않아 3일 만에 실패하였다. 이후 갑신정변을 일으켰던 김옥균, 박영효 등은 일본으로 망명하였다.

③ 일본은 갑신정변 때 사망한 일본인에 대한 배상과 일본 공사관 신축 부지 제공 및 신축 비용을 요구하면서 한성 조약을 체결하였다.

오답 해설

① 동학 농민 운동 당시 농민군은 황토현 전투에서 관군에 승리하고 전주성을 점령하여 전라도 일대를 장악하였다. 이후 정부와 전주 화약을 맺어 자치 개혁 기구인 집강소를 설치하고 폐정 개혁을 실시하였다.

② 조선은 강화도 조약 체결을 계기로 문호를 개방한 뒤 개화 정책을 추진하였다. 이에 일본에 1차 수신사로 파견된 김기수는 신식 기관과 각종 근대 시설을 시찰하고 돌아와 일본의 발전을 고종에게 보고하였다. 이후 임오군란이 발생하자 일본 공사관이 파괴되었고 이에 대한 사과 사절단으로서 4차 수신사가 파견되었다.

④ 조선 후기 철종 때 발생한 임술 농민 봉기에 안핵사로 파견된 박규수는 삼정이정청을 설치하여 삼정의 문란을 해결하고자 하였다.

⑤ 신식 군대인 별기군에 비해 차별 대우를 받던 구식 군대가 임오군란을 일으켜 선혜청과 일본 공사관을 습격하였다.

04 [정답 ①]

출제자의 눈 갑신정변이 일어난 이후 전개된 사실에 대해 알아봅니다.

사료 속 키워드 #홍영식 #우정국에서 개업식 #독립당 #사변 #박영효, 김옥균, 서광범 #혜상공국

임오군란 이후 청의 내정 간섭이 심화되자 홍영식, 박영효, 김옥균, 서광범 등으로 구성된 급진 개화파는 근대화 추진과 민씨 세력 제거를 위해 일본의 군사적 지원을 받아 우정총국 개국 축하연 자리에서 갑신정변을 일으켰다(1884). 이후 개화당(독립당) 정부를 수립하고 14개조 개혁 정강을 발표하여 입헌 군주제, 청과의 사대 관계 폐지, 능력에 따른 인재 등용 등의 개혁을 추진하였다. 그러나 청군이 개입하고 일본의 군사 지원이 약속대로 이행되지 않아 3일 만에 실패하였으며 김옥균, 박영효 등은 일본으로 망명하였다.

① 일본은 갑신정변 때 사망한 일본인에 대한 배상과 일본 공사관 신축 부지 및 비용을 요구하면서 한성 조약을 체결하였다(1884).

오답 해설

② 고종은 개화 정책의 일환으로 기존 5군영을 무위영과 장어영의 2영으로 개편하고 신식 군대인 별기군을 창설하였다(1881).

③ 고종 때 김윤식을 중심으로 한 영선사는 근대 무기 제조 기술과 군사 훈련법을 배우기 위해 청의 톈진으로 파견되었다(1881).

④ 일본 군함인 운요호가 강화도 초지진에 침입해 공격한 후 영종도에 상륙해 조선인들을 죽이거나 약탈하는 등의 만행을 저질렀다(운요호 사건, 1875).

⑤ 고종은 강화도 조약 이후 실시된 개화 정책에 따라 국내외의 군국 기무와 개화 정책을 총괄하는 관청인 통리기무아문을 설치하였다(1880).

05 [정답 ⑤]

출제자의 눈 미국에 파견된 사절단인 보빙사를 학습합니다.

사료 속 키워드 #미국 공사의 부임에 대한 답례 #미국에 체류하면서 시찰

⑤ 조 · 미 수호 통상 조약이 체결된 후 조선 주재 미국 공사 푸트가 파견되자 조선 정부는 답례로 미국에 보빙사를 파견하였다. 민영익, 홍영식, 서광범을 중심으로 한 보빙사는 서양 국가에 파견된 최초의 사절단으로 40여 일간 미국에 체류하면서 미국 대통령을 만나고 뉴욕의 전등 시설, 우체국, 보스턴 박람회 등 다양한 선진 문물을 시찰하였다.

오답 해설

① 임진왜란 이후 일본 에도 막부는 꾸준히 조선에 국교 재개와 사절 파견을 요청하였다. 이에 조선은 1607년부터 1811년까지 12회에 걸쳐 일본에 통신사를 파견하면서 조선의 선진 문물을 전파하였다.

② 고종은 국내외의 군국 기무를 총괄하는 업무를 맡은 관청인 통리기무아문을 설치하였다. 통리기무아문은 기존 5군영을 무위영과 장어영의 2영으로 개편하고, 신식 군대로서 별기군을 설치하였다.

③ 1880년대에 김홍집은 청의 황준헌이 저술한 『조선책략』을 국내에 처음 소개하였다. 러시아의 남하 정책에 대비하기 위한 조선, 일본, 청국 등 동양 3국의 외교 정책 방향을 제시한 내용이 서술되어 있으며, 미국과 외교 관계를 맺어야 한다는 여론이 형성되는 계기가 되었다.

④ 영선사는 청의 톈진 기기국에서 서양의 근대식 무기 제조 기술과 군사 훈련법을 시찰하고 돌아와 국내에 근대식 무기 제조 공장인 기기창을 설립하였다.

❖ 개항 이후 사절단

구분	내용
수신사 (일본)	• 강화도 조약 체결 후 근대 문물 시찰(1차 수신사) • 김홍집이 『조선책략』 유입(2차 수신사)
조사 시찰단 (일본)	• 국내 위정척사파의 반대로 암행어사로 위장해 일본에 파견 • 근대 시설 시찰
영선사 (청)	• 김윤식을 중심으로 청 톈진 일대에서 무기 공장 시찰 및 견습 • 임오군란과 풍토병으로 1년 만에 조기 귀국 • 근대식 무기 제조 공장 기기창 설립
보빙사 (미국)	• 조 · 미 수호 통상 조약 체결 • 미국 공사 부임에 답하여 민영익, 서광범, 홍영식 등 파견

06 [정답 ③]

출제자의 눈 영국이 거문도를 불법 점령한 시기를 살펴봅니다.

사료 속 키워드 #영국군 #섬에 병영을 짓고 머무름 #러시아의 남진을 막는다는 구실

③ 갑신정변 이후 청의 내정 간섭이 심화되자 조선은 이를 견제하기 위해 러시아를 끌어들였다. 이에 영국은 3척의 함대를 파견하여 러시아의 남하를 막는다는 구실로 거문도를 불법 점령하였다. 이후 거문도에 포대와 병영을 건설하고 섬 전체를 요새화하였으며, 이 사실을 조선 정부에 일방적으로 통고하였다. 조선은 영국 공사관에 공식 항의하였고 영국은 결국 점령 2년 만에 청의 중재로 거문도에서 철수하였다(거문도 사건, 1885~1887).

03 동학 농민 운동과 갑오 · 을미개혁

기출 키워드로 연습하기

01 ① 군국기무처 ② 홍범 14조 ③ 건양 연호 02 × 03 ×
04 집강소 05 을미개혁 06 을미사변, 단발령

01 ① 김홍집과 박정양 등을 중심으로 한 군국기무처를 통해 제1차 갑오개혁이 실시되었다.
② 김홍집 내각은 제2차 갑오개혁 때 홍범 14조를 개혁의 기본 방향으로 제시하였다.
③ 을미개혁이 추진되어 건양 연호를 사용하게 되었다.

02 독립 협회에서 의회 설립 운동을 추진하였다.

03 톈진 조약에 의해 동학 농민 운동 당시 청과 일본이 조선에 군대를 파견하였다.

단골 키워드 문제

| 01 ① | 02 ④ | 03 ① | 04 ④ | 05 ① |
| 06 ④ | 07 ① | 08 ① | 09 ③ | 10 ③ |

01 [정답 ①]

출제자의 눈 고부 농민 봉기, 일본의 경복궁 점령, 시모노세키 조약의 체결로 이어지는 동학 농민 운동의 전개 과정을 확인합니다.

사료 속 키워드 #고부에서 민란 #이용태 #고부군 안핵사 #전봉준 #집강소 #통문 #일본이 경복궁을 침범 #마관(馬關, 시모노세키) 조약

(가) 고부 농민 봉기(1894.1.10.): 전라도 고부 군수 조병갑의 횡포에 견디다 못한 농민들이 동학교도 전봉준을 중심으로 고부에서 봉기를 일으켜 고부 관아를 점령하였다. 이를 해결하기 위해 파견된 안핵사 이용태 역시 이들을 탄압하자 농민군은 보국안민, 제폭구민을 기치로 내걸고 백산에서 봉기하여 4대 강령을 발표하였다(1차 봉기, 1894.3.).

(나) 일본의 경복궁 점령(1894.6.21.): 조선 정부가 동학 농민 운동을 진압하기 위해 청에게 군대를 요청하자 일본군은 톈진 조약에 의거하여 청군과 함께 조선에 상륙하였다. 동학 농민군과 정부가 전주 화약을 맺는 등 사건이 일단락되었음에도 일본군은 조선에 계속 주둔하였다. 이후 일본은 경복궁을 점령하여 친일적인 정부를 세우면서 조선의 내정에 간섭하였다.

(다) 시모노세키 조약 체결(1895.3.23.): 일본이 경복궁을 점령한 후 풍도 앞바다에 있는 청군 함대를 습격하면서 청 · 일 전쟁이 발발하였다(1894.6.23.). 청 · 일 전쟁에서 승리한 일본은 청과 시모노세키 조약을 체결하여 요동 반도와 타이완을 장악하였다.

02 [정답 ④]

출제자의 눈 동학 농민 운동의 전개 과정 중 보은 집회와 황토현 전투 사이에 발생한 사건에 대해 알아봅니다.

사료 속 키워드 #최시형 #최제우 #보은 집회 #동학 농민군 #황토현

(가) 보은 집회(1893): 동학교도들은 억울하게 처형된 교주 최제우에 대한 교조 신원과 동학 탄압 금지 등을 요구하며 충청도 보은에서 집회를 개최하였다. 이때 농민군은 척왜양창의(斥倭洋倡義)를 기치로 내걸었는데, 이는 일본과 서양 세력을 배척하여 의병을 일으킨다는 뜻이다.

(나) 황토현 전투(1894. 4.): 농민군은 황토현·황룡촌 전투에서 관군에 승리하고 전주성을 점령하여 전라도 일대를 장악하였다. 정부는 농민군을 진압하기 위해 청에 군대를 요청하였고, 톈진 조약으로 인해 일본도 군대를 파견하였다(1894. 5.).

④ 전라도 고부 군수 조병갑이 만석보를 쌓는다는 명분으로 농민들을 동원하고 수세를 강제로 징수하자 견디다 못한 농민들은 동학교도 전봉준을 중심으로 동학 농민 운동을 일으키고 만석보를 파괴하였다(1894. 1.).

오답 해설
①·②·③·⑤ 청과 일본의 군대 개입을 우려한 농민군은 정부와 전주 화약을 맺은 뒤 자치 개혁 기구인 집강소를 설치하였다(1894. 5.). 이후 조선 정부에서는 교정청을 설치하여 자주적인 개혁을 시도하였지만(1894. 6. 11.), 일본군이 경복궁을 점령하고 고종을 협박하여 내정 개혁 기구로 군국기무처를 설치하였다(1894. 6. 25.). 또한, 청·일 전쟁의 발발로 일본의 내정 간섭이 심해지자 동학 농민군은 외세를 몰아내기 위해 남접과 북접이 연합하여 다시 봉기하였으나(1894. 9.) 우금치 전투에서 관군과 일본군에게 패하여 전봉준이 서울로 압송되면서 해산되었다(1894. 11.).

03 [정답 ①]

출제자의 눈 동학 농민 운동 당시 백산 봉기와 전주성 점령 사이에 발생한 사건에 대해 학습합니다.

사료 속 키워드 #백산 봉기 #전주성 점령

① 동학 농민군은 보국안민과 제폭구민을 기치로 내걸고 백산에서 4대 강령을 발표하며 봉기하였다(1894. 3.). 이후 황토현 전투와 황룡촌 전투에서 관군에 승리하며 전주성을 점령하고 전라도 일대를 장악하였다(1894. 4.).

오답 해설
②·③·④·⑤ 전라도 고부 군수 조병갑의 횡포에 견디다 못한 농민들은 동학교도 전봉준을 중심으로 동학 농민 운동을 일으켰다(1894. 1.). 농민군이 전주성을 점령하자 이들을 진압하기 위해 청에 원군을 요청하였고, 톈진 조약에 의거하여 일본도 군대를 파견하였다. 이에 외국 군대의 개입을 우려한 농민군은 정부와 전주 화약을 체결하고(1894. 5.) 집강소를 설치하여 폐정 개혁안을 실천하였다. 그러나 청·일 전쟁이 발발하고 일본의 내정 간섭이 심해지자 동학 농민군의 남접과 북접이 연합하여 다시 봉기하였으나 우금치 전투(1894. 11.)에서 관군과 일본군에게 패하여 전봉준이 서울로 압송되면서 농민군은 해산되었다.

04 [정답 ④]

출제자의 눈 동학 농민 운동의 전개 과정을 알아봅니다.

사료 속 키워드 #통문 #군수 조병갑 #동학 도당 #전주성이 삽시간에 함락

(가) 고부 농민 봉기(1894. 1.): 전라도 고부 군수 조병갑이 만석보를 쌓는다는 명분으로 농민을 동원하고 수세를 강제로 징수하였다. 이를 참다 못한 농민들은 동학교도 전봉준을 중심으로 고부 농민 봉기를 일으키고 만석보를 파괴하였다.

(나) 동학 농민군의 전주성 점령(1894. 4. 27.): 동학 농민군은 전라감사의 집무실인 선화당을 접수하면서 전주성을 점령하고, 전라도 일대를 장악하였다.

④ 동학 농민군은 장성 황룡촌의 지리를 잘 알고 있는 점을 이용하여 홍계훈이 이끄는 관군에 승리하였다(1894. 4. 23.).

오답 해설
①·③·⑤ 조선 정부가 동학 농민 운동을 진압하기 위해 청에게 군대를 요청하자 일본군은 톈진 조약에 의거하여 청군과 함께 조선에 상륙하였다. 동학 농민군과 정부가 전주 화약을 맺는 등 사건이 일단락되었음에도 일본군은 조선에 계속 주둔하였다. 이후 일본은 경복궁을 점령하여 친일적인 정부를 세우면서 조선의 내정에 간섭하였다(1894. 6.). 이에 동학 농민군의 남접과 북접이 논산에서 연합하여 다시 봉기하였다(2차 봉기, 1894. 9.). 그러나 우금치 전투에서 농민군이 관군과 일본군에게 패하였고(1894. 11.), 전봉준이 서울로 압송되면서 농민군은 해산되었다.

② 세도 정치 시기인 철종 때 최제우는 천주교의 확산에 대항하여 동학을 창시하고 마음속에 한울님을 모시는 시천주와 사람이 곧 하늘이라는 인내천 사상을 강조하였다. 이후 동학이 일반 백성들로부터 큰 지지를 받고 교세가 확장되자 이를 경계한 정부는 최제우를 체포하여 세상을 어지럽히고 백성을 속인다는 혹세무민의 죄로 처형하였다(1864).

05 [정답 ①]

출제자의 눈 군국기무처를 통해 실시된 제1차 갑오개혁의 내용에 대해 살펴봅니다.

사료 속 키워드 #군국기무처 #총재 김홍집 #유길준 #박준양 #개혁을 추진

① 김홍집 중심의 군국기무처를 통해 제1차 갑오개혁이 실시되었다. 이에 따라 탁지아문이 재정 사무를 관장하게 하고 은 본위 화폐 제도와 조세 금납제를 시행하였다. 또한, 공사 노비법이 혁파되어 신분제가 법적으로 폐지되었으며, 과부의 재가를 허용하고 연좌제와 조혼을 금지하는 등 악습을 혁파하였다.

오답 해설
② 고종이 강화도 조약 체결 이후 근대적인 개혁을 위해 설치한 통리기무아문은 기존 5군영을 무위영과 장어영의 2영으로 통합하고, 신식 군대인 별기군을 창설하였다.

③ 을미사변 이후 을미개혁이 추진되어 건양이라는 독자적인 연호를 제정하고 태양력을 사용하게 되었다.

④ 제2차 갑오개혁의 시행으로 한성 사범 학교 관제가 반포되었고, 한성 사범 학교가 설립되었다.

⑤ 대한 제국은 광무개혁 때 양지아문을 설치하여 양전 사업을 실시하였고, 지계아문을 설치하여 토지 소유 문서인 지계를 발급하였다.

❖ 갑오개혁의 배경과 주요 내용

구분	제1차 갑오개혁	제2차 갑오개혁
배경	• 일본군의 경복궁 무력 점령, 민씨 정권 붕괴 → 흥선 대원군 섭정, 김홍집 내각 수립 • 군국기무처 설치: 갑오개혁을 추진하기 위한 초법적 기구 → 개혁 추진	• 청·일 전쟁에서 승기를 잡은 일본이 제2차 김홍집 내각(김홍집·박영효 연립 내각)을 수립하고 군국기무처 폐지 • 고종이 국정 개혁의 기본 강령인 홍범 14조 반포
정치	• 개국 기년 사용 • 왕실 사무와 정부 사무 분리 (의정부와 궁내부 설치) • 6조를 80아문으로 개편 • 과거제 폐지, 경무청 설치	• 의정부·80아문을 내각·7부로 개편 • 지방 행정 구역을 8도에서 23부로 개편 • 사법권을 행정권으로부터 분리 (재판소 설치)
경제	• 재정의 일원화(탁지아문) • 왕실과 정부 재정 분리 • 은 본위 화폐 제도 실시, 조세의 금납화, 도량형 통일	탁지아문 아래 관세사와 징세사 설치(징세 사무 담당)
사회	• 신분 제도 철폐(노비 제도 폐지, 인신 매매 금지) • 과부의 재가 허용, 조혼 금지 • 고문과 연좌법 폐지	교육 입국 조서에 따라 한성 사범 학교·외국어 학교 관제 반포

06 [정답 ④]

출제자의 눈 제1차 갑오개혁의 내용에 대해 확인합니다.

사료 속 키워드 #개혁 위원회[군국기무처] #혁신적인 개혁안 발표 #왕권 수호를 위해 봉기

ㄴ·ㄹ. 김홍집을 중심으로 한 군국기무처를 통해 제1차 갑오개혁이 실시되었다. 이에 따라 탁지아문이 재정 사무를 관장하게 하고 은 본위 화폐 제도와 조세 금납제를 시행하였다. 또한, 공사 노비법이 혁파되어 신분제가 법적으로 폐지되었으며, 과부의 재가를 허용하고 연좌제와 조혼을 금지하는 등 악습을 혁파하였다.

오답 해설

ㄱ. 을미사변 이후 을미개혁이 추진되어 건양이라는 연호와 태양력을 사용하게 되었고, 단발령이 시행되었다.
ㄷ. 대한 제국은 광무개혁 때 양지아문을 설치하여 양전 사업을 실시하고, 지계아문을 통해 토지 소유 문서인 지계를 발급하여 근대적 토지 소유권을 확립하고자 하였다.

07 [정답 ①]

출제자의 눈 을미의병과 아관 파천이 발생한 상황에 대해 알아봅니다.

사료 속 키워드 #근일에 의병을 일으킨 이들 #대군주 폐하께서 외국 공사관에 파천

① 개항 이후 민씨 세력이 러시아를 통하여 일본을 견제하려 하자 일본이 자객을 보내 경복궁 내 건천궁을 습격하여 명성 황후를 시해하였다(을미사변, 1895). 뒤이어 친일 내각이 을미개혁을 추진하며 단발령을 실시하자 유인석, 이소응 등의 유생이 이에 반발하며 전국적으로 을미의병을 일으켰으나, 아관 파천 이후 단발령이 철회되고 고종이 해산 권고 조칙을 내리자 자진 해산하였다.

오답 해설

② 러·일 전쟁에서 승리한 일본이 사실상 열강들로부터 한국에 대한 지배를 인정받자 일본은 을사늑약을 체결하여 대한 제국의 외교권을 박탈하고 한국을 식민지로 만들려는 계획을 진행하였다(1905).
③ 러시아가 조선의 용암포를 강제 점령하여 조차를 요구하였다(1903). 이는 일본과 영국의 간섭으로 실패하였지만 이후 러·일 전쟁의 발단이 되었다.
④·⑤ 고종은 네덜란드 헤이그에서 열린 만국 평화 회의에 이준, 이상설, 이위종을 특사로 파견하여 을사늑약의 무효를 알리고자 하였다. 그러나 을사늑약으로 인해 외교권이 없던 대한 제국은 일본의 방해와 주최국의 거부로 큰 성과를 거두지 못하였다. 이후 일본은 헤이그 특사 파견을 구실로 고종을 강제 퇴위시켰으며, 한·일 신협약(정미 7조약)을 체결하여 대한 제국의 군대를 강제 해산시키고 내정을 완전히 장악하고자 하였다(1907).

08 [정답 ①]

출제자의 눈 아관 파천이 발생하게 된 배경에 대해 탐구합니다.

사료 속 키워드 #고무라(일본국 변리공사) #사이온지(일본국 외무대신) #대군주 #외국 공사관에 피신 #러시아 공사관으로 이어

① 삼국 간섭 이후 일본의 세력이 위축되고 민씨 세력은 러시아를 통해 일본을 견제하려 하자, 일본은 자객을 보내 경복궁을 습격하여 을미사변을 일으켰다(1895). 을미사변으로 신변의 위협을 느낀 고종은 러시아 공사관으로 피신하였다(아관 파천, 1896).

오답 해설

② 대한 제국을 선포한 고종은 대한국 국제를 제정한 후 원수부를 설치하여 대원수로서 모든 군대를 통솔하고자 하였다(1899).
③ 한반도와 만주 지역에 대한 지배권을 두고 러·일 전쟁이 벌어졌다(1904). 결국 일본이 러시아에 승리하고 한국과 만주 지역에 대한 지배권을 확립하였다.
④ 일제는 을사늑약 체결 이후 고종의 헤이그 특사 파견 사건을 구실로 한·일 신협약(정미 7조약)을 체결하여 대한 제국의 군대를 강제 해산시키고 내정을 완전히 장악하고자 하였다(1907).
⑤ 만주에 주둔하고 있던 러시아군이 군사적 근거지 확보를 위해 용암포와 압록강 하구를 강제 점령하여 대한 제국에 조차를 요구하였다. 이후 이 사건은 러·일 전쟁의 발단이 되었다(1903).

09 [정답 ③]

출제자의 눈 을미사변 이후 시행된 을미개혁에 대해 살펴봅니다.
사료 속 키워드 #국모 시해 사건 #김홍집 내각에서 추진한 개혁
#태양력을 시행 #새로운 연호는 건양

③ 개항 이후 민씨 세력은 러시아를 통해 일본을 견제하려 하였다. 그러자 일본이 자객을 보내 경복궁 내 건천궁을 습격하여 명성 황후를 시해하는 을미사변이 발생하였다. 을미사변 직후 성립된 김홍집 내각에 의해 을미개혁이 추진되어 건양이라는 독자적인 연호를 제정하고 태양력을 사용하게 되었다. 또한, 단발령을 시행하고 군제를 개편하여 친위대와 진위대를 설치하였다.

오답 해설

① 대한 제국은 광무개혁 때 양지아문을 설치하여 양전 사업을 실시하고, 지계아문을 통해 토지 소유 문서인 지계를 발급하여 근대적 토지 소유권을 확립하고자 하였다.
② 제2차 갑오개혁 때 홍범 14조를 반포하여 개혁의 기본 방향을 제시하였고, 지방 행정 구역을 8도에서 23부로 개편하였다.
④ 제1차 갑오개혁 때 공사 노비법을 혁파하여 신분제가 법적으로 폐지되었으며, 과부의 재가를 허용하고 연좌제와 조혼을 금지하는 등 악습을 혁파하였다.
⑤ 제2차 갑오개혁으로 고종은 교육 입국 조서를 발표하고 교육의 중요성을 강조하면서 교사 양성을 위해 한성 사범 학교를 세웠다.

10 [정답 ③]

출제자의 눈 을미개혁 때 시행된 정책에 대해 학습합니다.
사료 속 키워드 #고종 32년 #1895 #『고종실록』 #태양력 도입

③ 을미사변 이후 을미개혁이 추진되어 건양 연호와 태양력을 사용하게 되었고 단발령이 시행되었다. 단발령은 을미사변으로 격해진 반일 감정의 기폭제가 되어 의병 운동으로 이어지게 되었다.

오답 해설

① 대한 제국은 광무개혁 당시 양지아문을 통해 양전 사업을 실시하였고, 지계아문을 통해 토지 소유 문서인 지계를 발급하였다.
② 대한 제국을 선포하고 황제로 즉위한 고종은 대한국 국제를 반포하였다. 이후 군 통수권 장악을 위해 원수부를 설치하고 대원수로서 모든 군대를 통솔하고자 하였다.
④ 동학 농민군과 전주 화약을 체결한 후 조선 정부에서는 교정청을 설치하여 자주적인 내정 개혁을 시도하였다.
⑤ 고종은 개화 정책의 일환으로 기존 5군영을 무위영과 장어영의 2영으로 개편하고 신식 군대인 별기군을 창설하였다.

04 주권 수호 운동의 전개

기출 키워드로 연습하기

01 ① 독립문 ② 구본신참 ③ 이범윤 02 ○ 03 × 04 ○
05 지계 06 독도

01 ① 독립 협회는 청의 사신을 맞던 영은문을 헐고 그 자리 부근에 독립문을 건립하였다.
② 대한 제국 선포 직후 고종은 '옛 법을 근본으로 삼고 새로운 것을 첨가한다'는 의미의 구본신참을 기본 정신으로 하여 광무개혁을 실시하였다.
③ 대한 제국은 간도에 살고 있는 조선인을 보호하기 위해 이범윤을 간도 관리사로 파견하였다.

02 독립 협회는 중추원 개편을 통한 근대적 의회 설립을 추진하였다.

03 대한 제국의 황제 고종은 대한국 국제를 반포하여 전제 황권을 강화하려 하였다.

04 제2차 갑오개혁 당시 교육 입국 조서를 발표하면서 근대적인 교육 제도를 마련하였다.

단골 키워드 문제

01 ③   02 ②   03 ③   04 ④   05 ①
06 ②

01 [정답 ③]

출제자의 눈 대한 제국이 자주 독립을 유지하기 바랐던 독립 협회의 활동을 파악합니다.
사료 속 키워드 #독립문 #독립문 세우는 데 돈을 보조하는 사람들

아관 파천 이후 열강들의 이권 침탈이 심화되고 조선 내에서 친러 내각에 대한 반감이 고조되자 서재필은 남궁억, 이상재, 정교 등과 함께 독립 협회를 창립하였다. 독립 협회는 대한 제국이 입헌 군주제를 실현하고 자주 독립을 유지하는 나라가 되기를 바랐다. 이에 모금 활동을 전개하여 청의 사신을 맞던 영은문을 헐고 독립문을 건립하였으며, 만민 공동회와 관민 공동회를 개최하여 국권·민권 신장 운동을 전개하였다.

③ 독립 협회가 근대적 입헌 군주제를 추진하고자 중추원의 의회 개편을 제안하였다. 이에 박정양 내각과 협의하여 정부 대신들을 합석시킨 관민 공동회를 개최하고 헌의 6조라는 건의문을 채택하였다. 고종은 이를 받아들여 중추원 관제를 제정·공포하였고, 이에 따라 국왕 자문 기구인 중추원을 근대적인 상원 형태로 개편하게 되었다.

오답 해설

① 대한 자강회는 교육과 산업 활동을 바탕으로 한 국권 회복을 목표로 활동하였고, 고종의 강제 퇴위 반대 운동을 전개하다가 일제의 탄압으로 해산되었다.
② 보안회는 일본의 황무지 개간권 요구를 반대하는 운동을 전개하여 요구를 저지시키는 데 성공하였다.
④ 안창호와 양기탁 등이 결성한 신민회는 민족의 실력 양성을 위해 대성 학교와 오산 학교를 설립하여 민족 교육을 실시하였다.
⑤ 대한민국 임시 정부는 국외 거주 동포들에게 독립 공채를 발행하여 독립운동 자금을 마련하였다.

❖ **독립 협회의 활동**

국권	• 독립문 건립, 독립신문 발간 • 고종의 환궁 요구(1897.2.) • 자주 독립 수호 • 러시아의 절영도 조차 요구 저지 • 러시아의 군사 교련단과 재정 고문단을 철수시킴, 한·러 은행 폐쇄
민권	• 신체·재산권 보호 운동(1898.3.) • 언론·집회의 자유권 쟁취 운동 전개(1898.10.)
자강 개혁	• 헌의 6조 채택(관민 공동회, 국권 수호, 민권 보장, 국정 개혁) • 박정양 진보 내각 설립(의회 설립 운동) → 중추원 관제(관선 25명, 민선 25명) 반포

02 [정답 ②]

출제자의 눈 대한 제국이 선포될 당시 독립 협회의 활동에 대해 알아봅니다.

사료 속 키워드 #독립관 #황제 폐하 #계천(繼天) 경축일 #대한의 신민 #관민 공동회 #헌의 6조

독립 협회는 청의 사신을 맞던 영은문을 헐고 독립문을 건립하였다. 또한, 아관 파천 이후 러시아 공사관에 머무르고 있던 고종에게 환궁을 요구한 결과, 고종이 대한 제국을 선포하고 황제로 즉위하였다. 대한 제국이 입헌 군주제이자 자주 독립을 유지하는 나라가 되기를 바랐던 독립 협회는 관민 공동회를 개최하여 고종에게 헌의 6조를 건의하였으나, 독립 협회에 대항하여 조직된 어용 단체인 황국 협회의 방해와 고종의 해산 명령으로 3년 만에 해산되었다.
② 독립 협회는 만민 공동회를 개최하고 이권 수호 운동을 전개하여 러시아의 절영도 조차 요구를 저지하였다.

오답 해설

① 보안회는 일본이 대한 제국에 황무지 개간권을 요구하자 반대 운동을 전개하여 이를 저지하였다.
③ 신민회 조직에 참여한 이승훈은 평양에서 계몽 서적이나 유인물을 출판·보급하고자 태극 서관을 설립하여 민족 기업을 육성하였다.
④ 1920년대에 일제가 문화 통치를 표방하자 민족 운동가들은 한국인을 위한 고등 교육 기관인 민립 대학 설립 운동을 추진하여 이상재, 이승훈, 윤치호 등이 조선 민립 대학 기성회를 조직하고 대학 설립을 위한 모금 활동도 전개하였다.
⑤ 대한민국 임시 정부는 충칭에서 조소앙의 삼균주의를 정치 이념으로 하여 독립운동의 방향과 독립 후의 건국 과정을 명시한 건국 강령을 발표하였다.

03 [정답 ③]

출제자의 눈 러시아의 절영도 조차 요구를 저지하였던 독립 협회의 활동에 대해 공부합니다.

사료 속 키워드 #이상재, 정교 #러시아의 요구 #절영도 #석탄고

아관 파천 이후 열강들의 이권 침탈이 심화되고 조선 내에서 친러 내각에 대한 반감이 고조되자 서재필은 남궁억, 이상재, 정교 등과 함께 독립 협회를 창립하였다. 이후 러시아가 저탄소 저장소 설치를 위해 절영도(영도) 조차를 요구하자 독립 협회는 이권 수호 운동을 전개하여 이를 저지하였다.
③ 독립 협회는 관민 공동회를 개최하여 중추원 개편을 통한 의회 설립 방안이 담긴 헌의 6조를 고종에게 건의하였고 고종이 이를 채택하였다.

오답 해설

① 6·10 만세 운동의 준비 과정에서 사회주의 세력과 비타협적 민족주의 세력이 연대하여 민족 유일당을 결성할 수 있다는 공감대가 형성되었다. 이에 따라 국내의 민족 해방 운동 진영은 정우회 선언을 발표하고, 좌우 합작 조직인 신간회를 결성하였다.
② 손병희를 중심으로 한 천도교는 국한문 혼용체 기관지인 만세보를 발행하여 민중 계몽 운동을 전개하였다.
④ 방정환, 김기전 등이 주축이 된 천도교 소년회는 어린이날을 제정하고, 『어린이』라는 잡지를 간행하는 등 소년 운동을 주도하였다.
⑤ 신민회 조직에 참여한 이승훈은 평양에서 계몽 서적이나 유인물을 출판·보급하고자 태극 서관을 설립하여 민족 기업을 육성하였다.

04 [정답 ④]

출제자의 눈 고종이 황제로 즉위한 대한 제국을 파악합니다.

사료 속 키워드 #고종이 황제로 즉위 #구본신참 #대한국 국제 반포 #지계 발급

아관 파천 이후 경운궁으로 환궁한 고종은 대한 제국을 선포하고 연호를 광무로 하여 환구단에서 황제로 즉위하였다. 이후 고종은 구본신참을 기본 정신으로 하여 광무개혁을 추진하여 대한국 국제의 반포를 통해 전제 황권을 강화하였다. 또한, 양지아문을 설치하여 양전 사업을 실시하고, 지계아문을 통해 토지 소유 문서인 지계를 발급하여 근대적 토지 소유권을 확립하고자 하였다.
④ 대한 제국을 선포한 고종은 대한국 국제를 제정한 후, 군 통수권 장악을 위해 원수부를 설치하여 대원수로서 모든 군대를 통솔하고자 하였다.

> **오답 해설**

① 조선 정부는 외국어 통역관을 양성하기 위한 외국어 교육 기관으로 동문학을 설립하여 영어 교육을 실시하였다.
② 홍범 14조는 청의 종주권 배제, 탁지아문으로 재정 일원화, 왕실과 국정 사무 분리 등의 내용을 담고 있었다. 이는 제1차 갑오개혁의 내용을 재확인하고 제2차 갑오개혁의 기본 방향을 제시하는 역할을 하였다.
③ 고종은 개화 정책의 일환으로 국내외의 군국 기무를 총괄하는 통리기무아문을 설치하고, 그 아래 12사(司)를 두어 행정 업무를 맡게 하였다.
⑤ 제2차 갑오개혁 때 지방 행정 구역을 8도에서 23부로 개편하였다. 또한, 지방관의 사법권과 군사권을 배제하고 행정권만 행사하게 하는 등 지방관의 권한을 축소하였다.

❖ **대한 제국과 광무개혁**
• 대한 제국의 성립
  – 자주 국가임을 내외에 선포
  – 국호(대한 제국), 연호(광무) 사용
• 광무개혁
  – 방향: 구본신참, 복고주의적
  – 정치: 대한국 국제 제정(1899)
  – 경제: 양전 사업 후 지계 발급(근대적 토지 소유권), 상공업 진흥책
  – 교육: 실업 → 교육 기관 설립

05 [정답 ①]

> **출제자의 눈** 고종이 대한 제국의 황제로 즉위하면서 발표한 대한국 국제를 파악합니다.
> **사료 속 키워드** #대황제 폐하 #대원수 #원수부를 설치

아관 파천 이후 경운궁(현재의 덕수궁)으로 환궁한 고종은 국호를 '대한 제국', 연호를 '광무'로 하여 황제로 즉위하였다(1897). 이후 고종은 광무개혁을 실시함에 따라 대한국 국제를 제정하여 원수부를 설치하는 등 대원수로서 모든 군대를 통솔하고자 하였다(1899).
① 대한 제국은 광무개혁 때 양지아문을 설치하여 양전 사업을 실시하고(1898), 지계아문을 통해 토지 소유 문서인 지계를 발급하여 근대적 토지 소유권을 확립하고자 하였다(1901).

> **오답 해설**

② 동학 농민군과 전주 화약을 체결한 뒤 조선 정부에서는 교정청을 설치하여 자주적인 개혁을 시도하였다. 그러나 일본군은 내정 개혁 기구인 군국기무처를 설치하여 김홍집과 박정양 등을 중심으로 제1차 갑오개혁을 추진하였다(1894).
③ 고종은 개화 정책의 일환으로 기존 5군영을 무위영과 장어영의 2영으로 개편하고 신식 군대인 별기군을 창설하였다(1881).
④ 제2차 갑오개혁 때 고종은 교육 입국 조서를 발표하고 교육의 중요성을 강조하면서 교사 양성을 위해 한성 사범 학교를 세웠다(1895).
⑤ 을미사변 이후 을미개혁이 추진되어 건양이라는 독자적인 연호와 태양력을 사용하게 되었고 단발령이 시행되었다(1895).

06 [정답 ②]

> **출제자의 눈** 우리나라 영토인 독도에 대해 학습합니다.
> **사료 속 키워드** #1946년 1월 #연합국 최고 사령부 문서 #우리나라 동쪽 끝에 있는 섬

② 갑신정변 이후 청의 내정 간섭이 심화되자 조선은 이를 견제하기 위해 러시아를 끌어들였다. 이에 영국은 러시아의 남하를 막는다는 구실로 세 척의 함대를 파견하여 거문도를 불법 점령하였다.

> **오답 해설**

① 조선 숙종 때에 동래에 살던 안용복이 울릉도와 독도에 왕래하던 일본 어부들을 쫓아내고 일본에 건너가 독도가 우리나라의 영토임을 확인받았다.
③ 일본은 러·일 전쟁 중 불법으로 독도를 일본 영토로 편입시키고, 현재는 다케시마(竹島)라는 이름으로 시마네현 행정구역에 포함시켰다.
④ 대한 제국은 울릉도, 독도의 행정 관리를 강화하기 위해 대한 제국 칙령 제41호를 통해 울릉도를 군으로 승격시키고 독도를 관할하게 하여 우리의 영토임을 명시하였다.
⑤ 1877년 당시 일본의 최고 국가 기관인 태정관이 외교 문서에 울릉도와 독도가 일본의 영토가 아님을 명시하였다.

05 개항 이후의 경제·사회·문화

기출 키워드로 연습하기

01 ① 최초의 근대적 사립 학교 ② 최초의 근대적 관립 학교
③ 주시경 02 × 03 ○ 04 × 05 일본 06 한성순보

01 ① 원산 학사는 우리나라 최초의 근대적 사립 학교로, 외국어 교육 등 근대 교육을 실시하였다.
② 육영 공원은 우리나라 최초의 근대식 관립 학교로, 상류층 자제에게 영어와 근대 교육을 실시하였다.
③ 지석영과 주시경을 중심으로 국문 연구소가 설립되어 한글의 정리와 국어의 이해 체계 확립에 힘썼다.

02 일본인 재정 고문 메가타가 주도한 화폐 정리 사업으로 인해 조선인이 보유한 화폐 자산이 줄어들고, 조선 상인과 회사가 줄지어 도산하거나 화폐 부족으로 인한 금융 공황이 발생하였다.

03 국채 보상 운동은 대구에서 시작하여 전국적으로 확산되었다.

04 개항 초기 성장하였던 객주, 여각, 보부상 등은 1880년대 외국 상인의 내륙 진출이 허용되면서 큰 타격을 받게 되었다.

단골 키워드 문제

| 01 ⑤ | 02 ① | 03 ④ | 04 ③ | 05 ⑤ |
| 06 ⑤ | 07 ⑤ | 08 ⑤ | 09 ① | 10 ④ |

01 [정답 ⑤]

출제자의 눈: 대한 제국의 경제권 장악을 위해 일제가 시행한 화폐 정리 사업을 파악합니다.

사료 속 키워드: #재정 고문으로 임명된 메가타 다네타로 #전환국을 폐지 #백동화와 엽전을 일본 제일 은행권으로 교환

⑤ 제1차 한·일 협약 체결을 통해 재정 고문으로 임명된 메가타는 대한 제국의 경제권을 장악하기 위해 탁지부를 중심으로 화폐 정리 사업을 시작하였다. 백동화를 품질에 따라 갑·을·병종으로 구분하고 제일 은행권으로 교환 및 회수하였다. 이로 인해 국내 경제가 악화되고 많은 기업이 일제의 소유가 되었다.

오답 해설

① 김홍집을 중심으로 한 군국기무처를 통해 제1차 갑오개혁이 실시되었다. 이에 따라 탁지아문이 재정 사무를 관장하게 하고 은 본위 화폐 제도와 조세 금납제를 시행하였다. 또한, 공사 노비법을 혁파하여 신분제를 법적으로 폐지하였으며, 과부의 재가를 허용하고 연좌제와 조혼을 금지하는 등 악습을 혁파하였다.
② 당오전은 재정난을 겪는 고종 정부에서 국가 재정을 충당하기 위해 주조한 화폐이다. 당오전은 상평통보의 5배의 가치를 지녔다는 의미를 가지고 있지만 실제로는 2배에 불과했고, 조선의 물가가 폭등되는 결과를 가져왔다.
③ 청·일 전쟁에서 승리한 일본은 청과 시모노세키 조약을 체결하여 요동 반도와 타이완을 장악하였으나, 러시아, 독일, 프랑스의 삼국 간섭으로 요동 반도를 반환하게 되었다.
④ 대한 광복회는 박상진에 의해 대한 제국의 국권을 회복하고 공화 정체의 근대 국민 국가를 세우고자 비밀 결사 운동 단체로 결성되었다. 대한 광복회는 박상진이 총사령, 김좌진이 부사령으로 구성되는 등 군대식 조직을 갖추었으며 군자금 조달과 친일파 처단 활동도 전개하였다.

02 [정답 ①]

출제자의 눈: 일본에게 진 빚을 갚기 위해 전개된 국채 보상 운동을 알아봅니다.

사료 속 키워드: #양기탁 #일본에서 들여온 차관을 갚기 위해 일어남 #의연금을 횡령하였다는 이유로 기소

① 국채 보상 운동은 김광제, 서상돈 등의 제안으로 대구에서 시작된 경제적 주권 수호 운동으로, 일본에서 도입한 차관 1,300만 원을 갚아 주권을 회복하고자 하였다. 대한매일신보는 국채 보상 운동을 지원하여 보도뿐만 아니라 국채 보상 의연금을 수령하고 접수된 의연금의 액수와 성명을 매일 신문에 실어 발표하였다. 이에 국채 보상 운동이 전국으로 확산되자 일제는 대한매일신보의 총무 양기탁을 국채 보상 의연금 횡령이라는 누명을 씌우고 구속하였다. 그러나 대한매일신보의 사장 베델이 공소 사실의 허위 조작에 대한 증거를 제시하자 양기탁은 무죄를 선고받고 출감하였다.

오답 해설

② 국채 보상 운동은 통감부의 방해와 탄압으로 인해 중단되었다. 조선 총독부는 국채 보상 운동이 전개된 이후 한·일 병합 조약이 체결되고 나서 설치되었다.
③ 갑오개혁 이후 신분제가 폐지되었음에도 일제 강점기 때 백정에 대한 사회적 차별은 더욱 심해졌다. 백정들은 이러한 차별을 철폐하기 위해 진주에서 조선 형평사를 창립하고 형평 운동을 전개하였다.
④ 1920년대에 일제가 문화 통치를 표방하자 민족 운동가들은 한국인을 위한 고등 교육 기관으로서 민립 대학을 설립하기 위해 민립 대학 설립 운동을 전개하였다. 이때 이상재, 이승훈, 윤치호 등은 조선 민립 대학 기성회를 조직하고 대학 설립을 위한 모금 활동을 주도하였다.
⑤ 원산 노동자 총파업은 영국인이 경영하는 회사에서 일본인 감독이 조선인 노동자를 구타한 사건을 계기로 시작되었다. 파업 후 회사가 요구 조건을 이행하지 않자 원산 노동 연합회를 중심으로 총파업에 돌입하였으며, 전국 각지의 노동조합, 청년 단체, 농민 단체 등의 후원과 일본·프랑스·중국·소련의 노동 단체로부터 격려 전문을 받기도 하였다.

03 [정답 ④]

출제자의 눈: 서재필이 창간한 근대적 민간 신문인 독립신문에 대해 학습합니다.

사료 속 키워드: #1896년 서재필이 창간 #근대적 민간 신문 #한글판 #영어판 #띄어쓰기 시행

④ 갑신정변 이후 미국에서 돌아온 서재필은 1896년 정부의 지원을 바탕으로 우리나라 최초의 민간 신문인 독립신문을 창간하였다. 독립신문은 최초로 한글판으로 발행되었으며 동시에 외국인을 위한 영문판도 제작되었다. 또한, 미국인 선교사 헐버트의 제안으로 최초로 한글 띄어쓰기가 적용되었다.

오답 해설

① 연해주 동포들은 순 한글 신문인 해조신문을 발간하였다.
② 제국신문은 이종일이 한글로 간행한 신문으로, 주로 서민층과 부녀자들을 대상으로 하였다.
③ 최초의 근대 신문인 한성순보는 순 한문을 사용하였고, 10일마다 발간되었으며 국내외 정세를 소개하였다.
⑤ 을사늑약이 체결되자 황성신문은 장지연의 논설 「시일야방성대곡」을 게재하여 조약의 부당성을 비판하였다.

❖ **근대 신문의 종류와 특징**

신문	특징
한성순보	• 순 한문, 최초의 근대적 신문, 10일마다 발간 • 개화 정책의 취지 설명, 국내외 정세 소개
한성주보	• 한문 혼용 　　　　• 최초로 상업 광고 기재
독립신문	• 한글판과 영문판 발행 　• 최초 민간 신문, 일간지 • 국민 계몽

황성신문	• 국한문 혼용 • 일제의 침략 정책과 매국노 규탄 • 보안회 지원, 을사늑약에 대한 항일 논설 「시일야방성대곡」
제국신문	• 순 한글, 일반 서민층, 부녀자 대상 • 민중 계몽, 자주 독립 의식 고취
대한매일 신보	• 순 한글, 국한문, 영문판 • 발행인: 영국인 베델 • 항일 적극 지원, 국채 보상 운동 주도(황성신문, 제국신문 동참)
만세보	• 국한문 혼용 • 천도교 기관지, 민중 계몽과 여성 교육에 관심

04 [정답 ③]

출제자의 눈 양기탁과 베델이 창간한 대한매일신보의 활동에 대해 살펴봅니다.

사료 속 키워드 #경천사지 십층 석탑에 대한 일본인의 약탈 행위 보도 #헐버트 #양기탁과 베델이 창간

대한 제국 시기 양기탁과 영국인 베델을 중심으로 창간된 대한매일신보는 항일 민족 운동을 적극적으로 지원하였다. 1907년 순종의 가례에 일본 특사로 온 궁내대신 다나카 미스야키가 경천사지 십층 석탑을 무단 반출하자 베델은 대한매일신보를 통해 일본인의 약탈 행위를 알렸다. 또한, 헐버트는 사건 현장을 방문하여 사진을 촬영하고 목격자 의견을 청취한 후 일본의 영자 신문과 미국의 뉴욕 포스트에 일본의 석탑 밀반출을 제보하였다.

③ 대한매일신보는 1907년 대구에서 시작된 국채 보상 운동을 지원하여 운동이 전국 각지로 확산되는 데 기여하였다.

오답 해설

① 한성순보를 계승한 한성주보는 일주일에 한 번 발간되는 우리나라 최초의 주간 신문으로, 최초로 상업 광고를 실었다.
② 손병희를 중심으로 한 천도교는 국한문 혼용체 기관지인 만세보를 발행하여 민중 계몽 운동을 전개하였다.
④ 동아일보 등 일부 신문들이 베를린 올림픽 마라톤 대회에서 우승한 손기정 선수의 가슴에 있는 일장기를 삭제하여 보도하였고, 이 사건으로 해당 신문들은 무기 정간 등 일제의 언론 탄압을 받았다.
⑤ 개항 이후 박문국에서 최초의 근대 신문인 한성순보를 발간하였다. 한성순보는 순 한문을 사용하고 열흘마다 발행되었으며, 정부 관보의 성격을 가지고 있었다.

05 [정답 ⑤]

출제자의 눈 박문국에서 발행된 한성순보를 탐구합니다.

사료 속 키워드 #박문국에서 창간 #근대 신문 #정부의 개화 정책을 홍보

⑤ 개항 이후 개화 정책의 일환으로 출판 기관인 박문국이 설치되었고 이곳에서 최초의 근대적 신문인 한성순보를 발행하였다.

오답 해설

① 서울 북촌의 양반 여성들이 황성신문과 독립신문을 통해 한국 최초의 여성 인권 선언문인 여권통문을 발표하였다. 이는 여성이 정치에 참여할 권리, 남성과 평등하게 직업을 가질 권리, 교육을 받을 권리 등이 담겨 있었다.
② 황성신문과 대한매일신보는 국채 보상 운동을 지원하면서 전국 각지로 확산하는 데 기여하였다. 특히 황성신문은 논설 「단연보국채」를 실어 국민들이 스스로 국채 보상 운동에 동참할 것을 호소하였다.
③ 대한매일신보는 13도 창의군을 이끌었던 의병대장 이인영에 대한 기사를 싣고 의병의 활동을 소개하는 항목을 따로 만드는 등 의병 투쟁에 호의적이었다.
④ 우리나라 최초의 민간 신문인 독립신문은 최초의 한글 신문이기도 하며 외국인을 위한 영문판도 제작되었다. 또한, 최초로 한글 띄어쓰기가 사용되기도 하였다.

06 [정답 ⑤]

출제자의 눈 최초의 근대식 공립 학교인 육영 공원을 학습합니다.

사료 속 키워드 #관립 교육 기관 #좌원과 우원으로 구성

⑤ 고종은 헐버트, 길모어 등의 미국인 교사를 초빙하여 최초의 근대식 공립 학교인 육영 공원을 설립하였다. 좌원과 우원으로 나누어 좌원에는 젊은 현직 관리를, 우원에는 아직 관직에 나아가지 않은 명문가 자제들을 입학시켜 영어, 수학 등 근대 교육을 실시하였다.

오답 해설

① 고려 중기에 최충의 문헌공도를 대표로 하는 사학 12도의 발전으로 관학이 위축되자 예종 때 국자감을 재정비하여 전문 강좌인 7재를 설치하였다.
② 조선 총독부는 사립학교 규칙과 서당 규칙을 제정하여 민족 교육을 행하는 학교를 폐교시키며 탄압하였다.
③ 제2차 갑오개혁 때 교육 입국 조서가 반포되어 근대적 교육의 기본 방향이 제시되었고, 이에 따라 소학교, 중학교, 한성 사범 학교 등이 세워졌다.
④ 조선 시대 최고 국립 교육 기관인 성균관은 공자를 비롯한 옛 성현에 대해 제사를 지내는 대성전과 유학을 강의하는 명륜당, 도서관인 존경각, 숙소인 동·서재 등으로 이루어져 있었다.

07 [정답 ⑤]

출제자의 눈 나철이 단군 신앙을 기반으로 창시한 대종교에 대해 알아봅니다.

사료 속 키워드 #개천절 #나철 #단군 신앙을 기반으로 창시

나철, 오기호 등은 일제의 탄압에 대항하기 위해서는 국가의 기틀을 튼튼히 하고 민족을 부흥시켜야 한다는 이념에 따라 단군을 숭상하는 대종교를 창시하였다.
⑤ 대종교는 교리를 체계화하고, 항일 독립 운동 단체로 북로 군정서의 모체가 된 중광단을 조직하여 만주 지역에서 무장 투쟁을 전개하였다.

오답 해설

① 천도교는 『개벽』, 『신여성』 등의 잡지를 발간하여 민족의식을 높였다.
② 한용운 등이 조직한 조선 불교 유신회는 일제가 시행한 사찰령의 폐지를 주장하며 민족 불교의 자주성을 지키고자 하였다.
③ 박중빈이 창시한 원불교는 새생활 운동을 추진하여 허례허식 폐지, 근검절약, 금주·단연 등을 추구하고, 개간 및 간척 사업과 저축 운동을 적극적으로 장려하였다.
④ 김창숙은 3·1 운동이 일어나자 전국의 유림을 규합하여 한국 독립을 호소하는 유림단의 진정서를 작성하였다. 이후 이를 프랑스 파리에서 개최된 만국 평화 회의에 우편으로 제출하였으나 좌절되었다.

08 [정답 ⑤]

출제자의 눈 일본이 경인선 철도를 개통하였던 시기의 모습을 탐구합니다.

사료 속 키워드 #경인선 #미국인 모스로부터 부설권을 사들인 일본 #서울에서 인천을 잇는 철도 #서대문 정거장 #경부선 #경의선

우리나라 최초의 철도인 경인선은 1896년 미국인 제임스 모스(James R. Morse)에 의해 공사가 시작되었으나, 자금 부족으로 일본인이 경영하는 경인 철도 회사가 부설권을 인수하여 서울에서 인천을 잇는 철도로 개통하였다(1899). 경인선에 이어 서울과 부산을 잇는 경부선, 서울과 의주를 잇는 경의선도 일본에 의해 차례로 개통되었다(1905, 1906). 이 과정에서 일본은 철도 부지를 거의 무상으로 매입하고 철도 건설을 위해 조선인을 강제로 동원하였다.
⑤ 제2차 갑오개혁으로 고종은 교육 입국 조서를 발표하고 교육의 중요성을 강조하면서 교사 양성을 위해 한성 사범 학교를 세웠다(1895).

오답 해설

① 일제는 태평양 전쟁을 위해 한반도에 전시 동원 체제를 도입하였다. 이에 학도 지원병 제도를 실시하여 젊은이들을 전쟁터로 강제 징집하였다(1943).
② 조선 후기 정조는 채제공의 건의를 받아들여 육의전을 제외한 시전 상인들의 금난전권을 폐지하였다(1791).
③ 신간회의 자매단체로 조직된 근우회는 강연회 개최 등 여성 계몽 활동과 여성 지위 향상 운동을 전개하며 여성의 권익을 옹호하였다(1927).
④ 일본과 강화도 조약을 체결한 조선 정부는 부산 두모포에 해관을 설치한 후 수출입 품목에 관세를 부과하였다. 그러나 일본이 조일 수호 조규의 무관세 규정에 따라 이를 철폐해야 한다며 무력시위를 벌였고, 조선 정부는 3개월 만에 관세를 철회하였다(1878).

09 [정답 ①]

출제자의 눈 한글 연구에 힘쓴 주시경의 활동을 살펴봅니다.

사료 속 키워드 #국어 연구 #한힌샘 #독립신문사의 교보원으로 활동 #주보따리

① 한힌샘 주시경은 우리의 말과 글로 나라를 지키고자 한 한글 학자이자 독립운동가로, 일생을 한글 연구에 바쳤다. 그는 책을 큰 보따리에 들고 다니며 바쁜 수업 일정을 소화한 탓에 '주보따리'라고 불리기도 하였다. 주시경과 지석영을 중심으로 국문 연구소가 설립된 이후 주시경은 국문 연구소 위원으로 한글의 정리와 국어의 이해 체계 확립에 힘쓰면서 국문법을 정리하였다.

오답 해설

② 1942년 일제가 조선어 학회를 독립운동 단체로 간주하고 관련 인사를 체포한 후 학회를 강제 해산시키는 조선어 학회 사건이 발생하여, 이극로, 최현배 등이 구속되어 옥고를 치렀다.
③ 박은식은 독립을 위해 국혼(國魂)을 강조하였으며, 고종 즉위 다음해부터 국권 피탈 직후까지의 역사를 기록한 『한국통사』를 저술하였다.
④ 육영 공원의 교사 헐버트는 세계의 지리 지식과 문화를 소개하는 내용을 담은 교과서인 『사민필지』를 한글로 저술하였다.
⑤ 정인보는 안재홍 등과 함께 조선학 운동을 주도하여 정약용의 저술을 모은 『여유당전서』를 간행하였다.

10 [정답 ④]

출제자의 눈 근대 기관과 관련된 역사적 사실을 알아봅니다.

사료 속 키워드 #근대 역사 #기기창 #제중원 #박문국 #중명전 #원각사

④ 중명전은 황실 도서관으로 사용하기 위해 지어졌다가 1904년 경운궁(덕수궁)이 불타자 고종의 집무실로 사용되었던 곳으로, 이후 대한 제국의 외교권을 박탈당한 을사늑약이 체결된 장소이기도 하다.

오답 해설

① 개항 이후 박문국이 설치되었고 이곳에서 최초의 근대 신문인 한성순보를 발행하였다.
② 고종은 아관 파천 이후 경운궁(덕수궁)으로 환궁하여 대한 제국을 수립하고 환구단에서 황제 즉위식을 거행하였다.
③ 조선은 개항 이후 전환국을 설치하고 상평통보를 대신할 새로운 화폐인 백동화를 주조하여 발행하였다.
⑤ 단성사에서 나운규의 「아리랑」이 처음 개봉·상영되었다.

06 국권 피탈과 항일 운동_1

기출 키워드로 연습하기

01 ① 고문 통치 ② 통감 통치 ③ 국권 강탈 02 × 03 ○
04 포츠머스 강화 조약 05 헤이그 06 조선 총독부

01 ① 제1차 한·일 협약을 통해 외교 고문 스티븐스, 재정 고문 메가타가 임명되며 대한 제국의 내정에 간섭하는 고문 정치가 시작되었다.
② 을사늑약 체결로 대한 제국의 외교권이 박탈되고 통감 정치를 규정하였다.
③ 1910년 한·일 병합 조약을 통해 대한 제국의 주권이 완전히 상실되었다.

02 일제는 한·일 신협약으로 대한 제국의 군대를 강제 해산시켰다.

03 일본과 미국의 비밀 협상으로서 일본이 필리핀에서의 미국의 독점 권익을 인정하고, 한국에 대한 일본의 독점적 지배권을 묵인한 것이다.

단골 키워드 문제

01 ②   02 ④   03 ①   04 ⑤   05 ⑤
06 ⑤   07 ⑤   08 ③   09 ④   10 ④

01 [정답 ②]

출제자의 눈 포츠머스 강화 조약이 체결된 이후에 있었던 사실을 학습합니다.
사료 속 키워드 #러시아 #일본국이 한국에서 정치·군사·경제상의 이익을 갖는 것을 인정

한반도와 만주 지역에 대한 지배권을 두고 제국주의 전쟁인 러·일 전쟁이 벌어졌다(1904). 일본은 인천 제물포에 있던 러시아 군함을 격침시키고 선전 포고한 뒤 압록강을 거쳐 만주까지 진입하였다. 결국 미국의 중재로 러·일 양국이 포츠머스 강화 조약을 체결하였고 이를 통해 일본이 한국과 만주 지역에 대한 지배권을 확립하며 승리를 거두었다(1905).
② 포츠머스 강화 조약을 통해 열강들로부터 사실상 한국에 대한 지배를 인정받은 일본은 을사늑약을 체결하여 대한 제국의 외교권을 박탈하였고, 한국을 식민지로 만들려는 계획을 진행하였다. 이에 고종은 을사늑약의 부당함을 알리고자 이준, 이상설, 이위종을 네덜란드 헤이그 만국 평화 회의에 특사로 파견하였다(1907).

오답 해설
① 영국은 조선에 대한 러시아의 세력 확장을 저지하기 위해 거문도를 불법으로 점령하였다(1885).

③ 조·청 상민 수륙 무역 장정이 체결되어 외국 상인들로 인해 어려움에 처한 서울 도성의 시전 상인들은 황국 중앙 총상회를 조직하여 상권 수호 운동을 전개하였다(1898).
④ 을미사변에 반발하여 일어난 을미의병 때 유생 출신 유인석이 이끄는 의병이 충주성을 점령하였으나 관군과 일본군의 반격으로 패배하였다(1896).
⑤ 강화도 조약 체결 이후 관세권의 중요성을 인식하게 된 조선 정부는 부산의 두모포에 해관을 설치하여 수출입 품목에 관세를 부과하였다. 그러나 일본이 조·일 수호 조규의 무관세 규정에 따라 이를 철폐해야 한다며 무력시위를 벌이자 조선은 관세를 철회하였다(두모포 수세 사건, 1878).

02 [정답 ④]

출제자의 눈 러·일 전쟁 중에 있었던 사실에 대해 살펴봅니다.
사료 속 키워드 #이토 히로부미 살해 #포츠머스 조약으로 전쟁이 종결

일본과의 러·일 전쟁에서 패배한 러시아는 포츠머스 조약을 통해 한국에 대한 일본의 독점적인 지배권을 국제적으로 인정하게 되었으며, 일본의 강압으로 을사늑약이 체결되어 대한 제국의 외교권이 박탈되고 통감부가 설치되었다(1905). 이후 이토 히로부미가 초대 통감으로 부임하면서 일제의 내정 간섭이 공식화되자 안중근은 만주 하얼빈 역에서 이토 히로부미를 사살하였다(1909).
④ 기유각서는 한·일 신협약(정미 7조약, 1907)의 세부 사항을 시행하기 위해 일제의 강압으로 조인되었다(1909). 이 조약으로 인해 우리나라는 일제에게 사법권 및 감옥 사무를 위임하였다.

오답 해설
① 일본은 러·일 전쟁 중 불법으로 독도를 일본 영토로 편입하였다(1904).
② 러·일 전쟁에서 승리한 일본은 미국과 가쓰라·태프트 밀약을 체결하여 일본의 한국 지배와 미국의 필리핀 지배를 서로 묵인하였다(1905).
③ 제1차 한·일 협약을 통해 재정 고문으로 임명된 메가타는 대한 제국의 경제권을 장악하기 위해 탁지부를 중심으로 화폐 정리 사업을 실시하였다(1905).
⑤ 대한 제국 때 일본은 한·일 의정서를 체결하고 군사 전략상 필요한 지역을 차지하기 위해 황무지 개간권을 요구하였다(1904).

03 [정답 ①]

출제자의 눈 장인환과 전명운이 스티븐스를 저격하게 된 이유인 제1차 한·일 협약을 파악합니다.
사료 속 키워드 #스티븐스를 쏨 #대한 제국의 외교 고문 #한국인에게 잔인한 일을 자행

① 제1차 한·일 협약을 통해 스티븐스는 외교 고문으로, 메가타는 재정 고문으로 임명되어 대한 제국의 내정에 간섭하였다. 이후 스티븐스는 샌프란시스코에서 '일본의 한국 지배는 한국에 유익하다'는 제목의 친일 성명서를 발표하였다. 이에 분개한 장인환과 전명운은 스티븐스를 저격하여 사살하였다.

오답 해설

② 청·일 전쟁에서 승리한 일본은 청과 시모노세키 조약을 체결하여 요동 반도와 타이완을 장악하였으나, 러시아, 독일, 프랑스의 삼국 간섭으로 요동 반도를 반환하게 되었다.
③ 신민회는 조선 총독부가 데라우치 총독 암살 미수 사건을 조작하여 많은 민족 운동가들을 체포한 105인 사건으로 인해 와해되었다.
④ 고종 때 영국은 조선에 대한 러시아의 세력 확장을 저지하기 위해 거문도를 불법으로 점령하였다.
⑤ 삼국 간섭 이후 일본의 세력이 위축되면서 민씨 세력이 러시아를 통해 일본을 견제하려 하자, 일본은 자객을 보내 경복궁을 습격하여 을미사변을 일으켰다. 이에 신변의 위협을 느낀 고종은 러시아 공사관으로 피신하였다(아관 파천).

04 [정답 ⑤]

출제자의 눈 제1차 한·일 협약과 한·일 신협약 사이에 일어난 사실에 대해 알아봅니다.

사료 속 키워드 #메가타 #탁지부의 재정 고문 #군대를 해산 #일부는 의병에 합류

(가) 제1차 한·일 협약(1904): 제1차 한·일 협약을 통해 스티븐스가 외교 고문, 메가타가 재정 고문으로 임명되어 대한 제국의 내정에 간섭하였다. 이에 재정 고문 메가타는 대한 제국의 경제권을 장악하기 위해 탁지부를 중심으로 화폐 정리 사업을 시작하여 백동화를 갑·을·병종으로 구분하고 제일 은행권으로 교환하였다(1905).
(나) 한·일 신협약(정미 7조약, 1907.7.): 헤이그 특사 파견 사건을 빌미로 고종을 강제 퇴위하고 순종을 즉위시킨 일본은 한·일 신협약을 체결하여 각 부에 일본인 차관을 배치하고 대한 제국의 군대를 해산시켰다. 이에 해산된 군인들이 의병에 합류하여 정미의병을 전개하였다.
⑤ 고종은 을사늑약의 부당함을 알리고자 이준, 이상설, 이위종을 네덜란드 헤이그 만국 평화 회의에 특사로 파견하였다(1907.6.).

오답 해설

① 일제는 한·일 병합 조약을 맺고, 대한 제국을 조선으로 개칭하였다. 또한, 일체의 정무를 관할하는 조선 총독부를 설치하여 초대 총독으로 데라우치를 임명하였다(1910).
② 한·일 신협약(정미 7조약)으로 대한 제국 군대가 해산되자 이에 반발하여 정미의병이 전국적으로 전개되었고, 해산 군인들이 의병 활동에 가담하며 의병 부대가 조직화되었다. 이후 이인영을 총대장으로 한 13도 창의군이 결성되어 서울 진공 작전을 전개하였다(1908).
③ 기유각서는 1907년 체결한 한·일 신협약(정미 7조약)의 세부 사항을 시행하기 위해 일제의 강압으로 조인된 협약으로, 우리나라의 사법권 및 감옥 사무를 일제에 위임하게 되었다(1909).
④ 조·청 상민 수륙 무역 장정의 체결로 조선의 내지에서 상업 활동을 전개하는 외국 상인들로 인해 서울 도성의 시전 상인들이 어려움에 처하였다. 이에 시전 상인들은 황국 중앙 총상회를 조직하여 상권 수호 운동을 전개하였다(1898).

❖ **일제의 국권 피탈 과정**
한·일 의정서(1904) → 제1차 한·일 협약(1904) → 가쓰라·태프트 밀약(1905.7.) → 2차 영·일 동맹(1905.8.) → 포츠머스 강화 조약(1905.9.) → 을사늑약(1905.11.) → 한·일 신협약(1907) → 한·일 병합 조약(1910)

05 [정답 ⑤]

출제자의 눈 을사늑약과 그 이후의 사건에 대해 살펴봅니다.

사료 속 키워드 #강화(講和) 조약 #러시아 #일본이 조선의 내정을 지도·보호 및 감리(監理) #『윤치호 일기』

러·일 전쟁에서 승리한 일본이 사실상 열강들로부터 한국에 대한 지배를 인정받자 을사늑약을 체결하여 대한 제국의 외교권을 박탈하였다(1905). 을사늑약 체결 이듬해 통감부가 설치되고 이토 히로부미가 초대 통감으로 부임하여 외교뿐만 아니라 내정에도 간섭하였다.
⑤ 을사늑약 체결 이후 유생, 평민 출신 의병들이 을사의병을 주도하였다. 그중 민종식은 충청도 홍주성을 점령하고 일본군과 대혈전을 치렀다(1906).

오답 해설

① 제1차 한·일 협약을 통해 재정 고문으로 임명된 메가타는 대한 제국의 경제권 장악을 위해 화폐 정리 사업을 시작하였다(1904).
② 삼국 간섭 이후 일본의 세력이 위축되면서 민씨 세력이 러시아를 통해 일본을 견제하려 하자, 일본은 자객을 보내 경복궁을 습격하여 을미사변을 일으켰다(1895). 이에 신변의 위협을 느낀 고종은 러시아 공사관으로 피신하였다(아관 파천, 1896).
③ 대한 제국 때 양기탁은 영국인 베델과 함께 대한매일신보를 창간하여 항일 민족 운동을 적극적으로 지원하였다(1904).
④ 독립 협회가 관민 공동회를 개최하고 중추원 개편을 통한 의회 설립 방안이 담겨 있는 헌의 6조를 건의하여 고종이 이를 채택하였다(1898).

06 [정답 ⑤]

출제자의 눈 을사늑약과 한·일 신협약 체결 사이의 시기에 발생한 사건을 탐구합니다.

사료 속 키워드 #통감은 외교에 관한 사항 관리 #통감의 동의하에 한국 고등 관리 임명·해임 #통감이 추천한 일본인을 한국 관리로 임명

(가) 을사늑약(1905): 대한 제국의 외교권을 박탈하고 통감 정치를 규정하였다. 조약 체결 이후 통감부가 설치되었고, 이토 히로부미가 초대 통감으로 부임하여 외교와 내정에 간섭하였다.

(나) 한·일 신협약(정미 7조약, 1907.7.): 일제는 고종의 헤이그 특사 파견을 구실로 한·일 신협약을 체결하여 대한 제국 군대를 강제 해산시키는 등 대한 제국의 내정을 완전히 장악하고자 하였다.

⑤ 고종은 네덜란드 헤이그에서 열린 만국 평화 회의에 이준, 이상설, 이위종을 특사로 파견하여 을사늑약의 무효를 알리고자 하였다(1907.4.). 그러나 을사늑약으로 인해 외교권이 없던 대한 제국은 일본의 방해와 주최국의 거부로 큰 성과를 거두지 못하였다.

오답 해설

① 한·일 신협약으로 대한 제국 군인들이 해산되자 이에 반발하여 정미의병이 전국적으로 전개되었고, 해산 군인들이 의병 활동에 가담하며 의병 부대가 조직화되었다. 이후 이인영을 총대장으로 추대하고 13도 창의군을 결성하여 서울 진공 작전을 전개하였다(1908).

② 독립 협회는 관민 공동회를 개최하고 중추원 개편을 통한 의회 설립 방안이 담겨 있는 헌의 6조를 결의하였다(1898).

③ 일본의 내정 간섭이 심해지자 반외세를 내걸고 재봉기한 동학 농민군은 우금치 전투에서 관군 및 일본군에게 패하였다(1894).

④ 영국은 조선에 대한 러시아의 세력 확장을 저지하기 위해 거문도를 불법으로 점령하였다(1885).

07 [정답 ⑤]

출제자의 눈 고종의 헤이그 특사 파견에 대해 파악합니다.
사료 속 키워드 #통감 이토 #네덜란드에 파견 #평화 회의

⑤ 고종은 네덜란드 헤이그에서 열린 만국 평화 회의에 이준, 이상설, 이위종을 특사로 파견하여 을사늑약의 무효를 알리고자 하였다(1907.6.). 그러나 을사늑약으로 인해 외교권이 없던 대한 제국은 일본의 방해와 주최국의 거부로 큰 성과를 거두지 못하였다. 이후 일본은 헤이그 특사 파견을 구실로 고종을 강제 퇴위시켰으며 한·일 신협약(정미 7조약)을 체결하여 일본인을 행정 각 부의 차관으로 임명하고 일본인 통감이 대한 제국의 내정을 완전히 장악하도록 하였다(1907.7.).

08 [정답 ③]

출제자의 눈 헤이그 특사를 파견하게 된 배경인 을사늑약 체결에 대해 학습합니다.
사료 속 키워드 #이위종 #네덜란드에서 열린 만국 평화 회의 #특사 파견

을사늑약 체결로 각국 주재 한국 공사관이 폐쇄되었지만 이상설은 아버지 이범진과 함께 러시아에 체류하며 비공식 외교 활동을 전개하였다. 이후 고종의 명을 받고 을사늑약의 부당함을 알리기 위해 이상설, 이준과 함께 네덜란드 헤이그 만국 평화 회의에 특사로 파견되었다. 또한, 연해주에서 이범진, 최재형, 안중근 등을 중심으로 설립된 한인 구국 운동 단체인 동의회의 회장으로 활동하며 의병 활동 기금을 지원하기도 하였다.

③ 1905년 을사늑약의 체결로 대한 제국의 외교권이 강탈되었다. 이듬해 서울에 통감부가 설치되었고, 조약 체결의 원흉인 이토히로부미가 초대 통감으로 부임하여 외교뿐만 아니라 내정에도 간섭하였다.

오답 해설

① 일본은 헤이그 특사 사건을 빌미로 고종을 강제로 퇴위시키고 순종을 즉위시켰다.

② 1910년 한·일 병합 조약을 통해 대한 제국의 주권이 완전히 상실되었다. 일제는 대한 제국을 조선으로 개칭하였고, 일체의 정무를 관할하는 조선 총독부를 설치하여 초대 총독으로 데라우치를 임명하였다.

④ 기유각서는 1907년 체결한 한·일 신협약의 세부 사항을 시행하기 위해 일제의 강압으로 조인된 협약으로, 우리나라의 사법권 및 감옥 사무를 일제에 위임하게 되었다.

⑤ 제1차 세계 대전 이후 미국 대통령 윌슨은 한민족은 타국의 간섭을 받지 않고 스스로 운명을 결정해야 한다는 민족 자결주의를 제창하였고, 국내에서도 이에 영향을 받아 3·1 운동이 전개되었다.

09 [정답 ④]

출제자의 눈 고종의 강제 퇴위 사건과 그 이후에 체결된 기유각서에 대해 알아봅니다.
사료 속 키워드 #황태자 전하께 대리를 명하는 조칙 #일본 군대의 삼엄한 경계 #양위식 #황제께서 퇴위당하신 셈

고종은 네덜란드 헤이그에서 열린 만국 평화 회의에 이준, 이상설, 이위종을 특사로 파견하여 을사늑약의 무효를 알리고자 하였다. 그러나 을사늑약으로 인해 외교권이 없던 대한 제국은 일본의 방해로 큰 성과를 거두지 못하였다. 이후 일본은 헤이그 특사 파견을 빌미로 고종 황제를 강제로 퇴위시키고 황태자인 순종을 즉위시키고자 양위식을 강행하였다. 또한, 한·일 신협약(정미 7조약)을 체결하여 각부에 일본인 차관을 배치하는 등 내정을 장악하고 대한 제국의 군대를 해산시켰다(1907).

④ 기유각서는 한·일 신협약(정미 7조약)의 세부 사항을 시행하기 위해 일제의 강압으로 조인된 협약이며, 기유각서로 인해 우리나라의 감옥 사무 및 사법권을 일제에 박탈당하였다(1909).

오답 해설

① 고종은 개화 정책의 일환으로 기존 5군영을 무위영과 장어영의 2영으로 개편하고, 신식 군대인 별기군을 창설하였다(1881).

② 임오군란 이후 청은 조선에 대한 내정 간섭을 강화하고자 독일인 묄렌도르프를 외교 고문으로 파견하였다(1882).
③ 일본은 을사늑약 체결로 대한 제국의 외교권을 박탈하고 통감부를 설치하였다. 이후 이토 히로부미가 초대 통감으로 부임하면서 일제의 내정 간섭이 공식화되었다(1905).
⑤ 독립 협회는 관민 공동회를 개최하며 중추원 개편을 통한 의회 설립 방안이 담겨 있는 헌의 6조를 고종에게 건의하였고, 고종이 이를 채택하였다(1898).

10 [정답 ④]

출제자의 눈: 한·일 신협약(정미 7조약)이 체결된 이후의 상황을 학습합니다.

사료 속 키워드: #한성에서 시위대 부대원들과 일본군 사이에 시가전 #군대 해산 명령 #대대장 박승환 자결

일제는 을사늑약 체결 이후 고종의 헤이그 특사 파견 사건을 구실로 한·일 신협약(정미 7조약)을 체결하여 대한 제국의 군대를 강제 해산시키고 내정을 완전히 장악하고자 하였다(1907.7.). 이와 같은 조치에 반발하며 대한 제국 시위대 대대장 박승환이 자결하자, 박승환이 이끌던 시위대 제1연대 제1대대 장병들은 군대 해산을 거부하면서 일본군과 남대문에서 시가전을 전개하였다(1907.8.).
④ 한·일 신협약으로 대한 제국 군대가 해산되자 이에 반발하여 정미의병이 전국적으로 전개되었고, 해산 군인들이 의병 활동에 가담하며 의병 부대가 조직화되었다. 이후 이인영을 총대장으로 한 13도 창의군이 결성되어 서울 진공 작전을 전개하였다(1908).

오답 해설
① 최익현은 유생 임병찬 등과 태인에서 을사늑약에 반대하는 을사의병을 일으켰다(1906).
② 일본은 러·일 전쟁 중 불법으로 독도를 일본 영토로 편입시켰으며(1905), 현재는 다케시마(竹島)라는 이름으로 시마네현 행정구역에 포함시켰다.
③ 제1차 한·일 협약을 통해 스티븐스가 외교 고문, 메가타가 재정 고문으로 임명되었다(1904).
⑤ 을미사변에 반발하여 유인석을 중심으로 제천 일대의 유생들이 의병을 일으켰다. 유인석이 이끄는 부대는 충주성을 점령하기도 하였으나 관군과 일본군의 반격으로 패배하였다(1895).

07 국권 피탈과 항일 운동_2

기출 키워드로 연습하기

01 ① 나철, 오기호 ② 황무지 개간권 요구 반대 운동 ③ 고종 강제 퇴위 반대 운동 **02** ○ **03** 13도 창의군 **04** 신민회 **05** 샌프란시스코 **06** 하얼빈

01 ① 나철, 오기호는 을사늑약을 체결하는 데 협조한 을사오적을 암살하기 위해 5적 암살단을 조직하였다.
② 보안회는 일본이 대한 제국에 황무지 개간권을 요구하자 반대 운동을 전개하여 이를 저지하였다.
③ 대한 자강회는 고종의 강제 퇴위 반대 운동을 전개하였다.

02 을사늑약을 계기로 일어난 을사의병에서 신돌석 등의 평민 의병장이 출현하였다.

단골 키워드 문제

| 01 ③ | 02 ③ | 03 ⑤ | 04 ⑤ | 05 ⑤ |
| 06 ⑤ | 07 ② | 08 ① | 09 ① | 10 ③ |

01 [정답 ③]

출제자의 눈: 동양 삼국의 협력을 주장하였던 안중근을 알아봅니다.

사료 속 키워드: #동양 평화 #한국 독립 #청국 #일본 #의로운 싸움을 하얼빈에서 시작 #옳고 그름을 가리는 자리는 뤼순으로 정함

③ 1909년 안중근은 을사늑약 체결을 주도하고 초대 통감을 지낸 이토 히로부미를 만주 하얼빈 역에서 사살하였고, 현장에서 체포되어 재판을 받은 후 뤼순 감옥에 수감되었다. 안중근은 뤼순 감옥에서 한국, 일본, 청 동양 3국이 협력하여 서양 세력의 침략을 방어하고 동양 평화를 실현해야 한다는 사상을 담은 『동양 평화론』을 집필하였으나, 일제가 사형을 앞당겨 집행하면서 이는 미완성으로 남게 되었다.

오답 해설
① 안창호는 미국 샌프란시스코에서 국권 회복 및 민족의식 고양을 위해 민족 운동 단체인 흥사단을 창립하였다.
② 1880년대에 일본에 제2차 수신사로 파견된 김홍집은 청의 황준헌이 쓴 『조선책략』을 국내에 처음 들여왔다. 『조선책략』에 러시아의 남하 정책에 대비하기 위한 동양 3국의 외교 정책 방향을 제시한 내용이 서술되어 있어, 미국과 외교 관계를 맺어야 한다는 여론이 형성되는 계기가 만들어졌다.
④ 유만수, 조문기 등 대한 애국 청년당원들이 친일 단체 대의당이 개최한 아세아 민족 분격 대회가 열리던 부민관을 폭파하였다.
⑤ 박은식은 독립을 위해 국혼(國魂)을 강조하였으며, 고종 즉위 다음 해부터 국권 피탈 직후까지의 과정을 정리한 『한국통사』를 저술하였다.

02 [정답 ③]

> 출제자의 눈: 항일 의병 운동의 전개 과정에 대해 확인합니다.
> 사료 속 키워드: #항일 의병 운동 #을사늑약 체결 반대 #최익현, 신돌석 #을미사변과 단발령 시행에 반발 #유인석, 이소응 #13도 창의군 #서울 진공 작전

(나) 을미의병(1895): 을미사변이 발생하고 을미개혁으로 단발령이 실시되자 유인석, 이소응 등의 유생들이 이에 반대하여 전국적으로 을미의병을 전개하였다.

(가) 을사의병(1905): 을사늑약이 체결되자 이에 반대하여 유생 출신 최익현, 민종식, 평민 출신 신돌석 등의 의병장이 주도하여 을사의병을 전개하였다.

(다) 정미의병(1907): 한·일 신협약으로 대한 제국 군대가 해산되자 이에 반발하여 정미의병이 전국적으로 전개되었고, 해산 군인들이 의병 활동에 가담하며 의병 부대가 조직화되었다. 이후 이인영을 총대장으로 추대하고 13도 창의군을 결성하여 서울 진공 작전을 전개하였다.

03 [정답 ⑤]

> 출제자의 눈: 윤희순이 여성 의병장으로서 활약한 정미의병을 알아봅니다.
> 사료 속 키워드: #윤희순 #고종의 강제 퇴위와 군대 해산에 반발

고종 때 을미사변이 일어나고 단발령이 시행되자 유홍석이 을미의병을 주도하였다. 이때 며느리 윤희순은 「안사람 의병가」, 「병정의 노래」 등을 창작하여 여성의 의병 참여를 독려하고 의병의 사기를 진작시켰다. 또한, 정미의병 당시에 30여 명의 여성으로 의병대를 조직하면서 최초의 여성 의병장으로 활약하였으며, 군자금을 모집하여 무기와 탄환을 만들어 공급하였다. 한·일 병합 이후에도 만주로 망명하여 항일 의병 운동을 도모하였다.

⑤ 일제가 을사늑약 체결 후 고종의 헤이그 특사 파견을 구실로 한·일 신협약(정미 7조약)을 체결하고 대한 제국 군대를 강제 해산시키자 이에 반발하여 정미의병이 전국적으로 전개되었으며, 해산 군인들이 의병 활동에 가담하며 의병 부대가 조직화되었다. 이후 총대장 이인영이 13도 창의군을 지휘하여 서울 진공 작전을 전개하였다.

오답 해설

① 최익현은 유생 임병찬 등과 태인에서 을사의병을 주도하다가 체포되었으며, 쓰시마섬에 유배되어 그곳에서 순국하였다.

② 고종 때 을미사변이 일어나고 단발령이 시행되자 유인석, 이소응 등의 유생이 이에 반발하며 전국적으로 을미의병을 일으켰다. 아관 파천 이후 단발령이 철회되고 고종이 해산 권고 조칙을 내리자 을미의병은 자진 해산하였다.

③ 을사늑약 체결 이후 유생 출신의 민종식, 최익현과 평민 의병장 출신 신돌석 등이 을사의병을 주도하였다. 그중 민종식이 이끄는 부대는 충청도 홍주성을 점령하고 일본군과 대혈전을 치렀다.

④ 임병찬은 고종의 밀명을 받아 독립 의군부를 조직하였다. 이후 조선 총독부에 국권 반환 요구서 제출을 시도하고, 복벽주의를 내세워 의병 전쟁을 준비하였다.

04 [정답 ⑤]

> 출제자의 눈: 고종의 강제 퇴위와 군대 해산에 반발하여 일어난 정미의병에 대해 공부합니다.
> 사료 속 키워드: #이인영을 총대장으로 추대 #허위를 군사장으로 삼음 #서울로 진군하여 국권을 회복 #의병

⑤ 1907년 고종이 강제 퇴위되고 한·일 신협약(정미 7조약)으로 인해 대한 제국의 군대가 해산되자 해산된 군인들이 의병을 일으켰다(정미의병). 이듬해 양주에 집결한 의병들은 군사장 허위와 총대장 이인영을 중심으로 13도 창의군을 조직하고 서울 진공 작전을 전개하였으나 실패하였다.

오답 해설

① 김원봉이 결성한 의열단은 신채호가 작성한 조선 혁명 선언을 기본 행동 강령으로 하여 독립운동을 전개하였다.

② 김홍집이 『조선책략』을 들여온 이후 미국과 외교 관계를 맺어야 한다는 여론이 형성되자 이만손을 중심으로 한 영남 유생들이 만인소를 올려 이를 반대하였다.

③ 박상진이 공화 정체의 근대 국민 국가의 수립을 지향하면서 조직한 대한 광복회는 비밀 연락 거점지로서 상덕태상회를 설립하고 이를 통하여 군자금을 모집하였다.

④ 독립 의군부는 임병찬이 고종의 밀명을 받아 조직한 항일 비밀 결사이다. 독립 의군부는 조선 총독부에 국권 반환 요구서를 제출하고자 하였으며, 복벽주의를 내세워 의병 전쟁을 준비하였다.

05 [정답 ⑤]

> 출제자의 눈: 우리나라의 독립을 위해 애국 계몽 운동을 전개하였던 신민회의 활동을 살펴봅니다.
> 사료 속 키워드: #안창호 #양기탁 #비밀 결사 #태극 서관 #쇠퇴한 교육과 산업을 개량

안창호와 양기탁 등이 결성한 비밀 결사 단체 신민회는 '대한신민회 통용장정'을 통해 활동 목적을 규정하였다. 이 장정에 따르면 신민회의 궁극적인 목적은 국권을 회복하여 공화 정체의 자유 독립국을 세우는 것이며, 이 목적을 달성하기 위해서는 실력 양성에 힘써야 한다고 강조하였다. 또한, 이러한 실력 양성은 쇠퇴한 교육과 산업을 개량함으로써 얻을 수 있다고 주장하였다. 이에 따라 신민회는 평양에 대성 학교, 정주에 오산 학교를 세워 민족 교육을 실시하였으며, 평양에 태극 서관을 설립하여 계몽 서적이나 유인물을 출판·보급하고 회원들이 연락하는 장소로서 기능하도록 하였다.

⑤ 조선 총독부가 데라우치 총독 암살 미수 사건을 조작하여 많은 민족 운동가들을 체포한 105인 사건으로 인해 신민회가 와해되었다.

> 오답 해설

① 유생 의병장 출신 임병찬이 고종의 밀명을 받아 조직한 항일 비밀 결사인 독립 의군부는 조선 총독부에 국권 반환 요구서를 보내려고 시도하였다. 또한, 대한 제국의 회복을 목표로 복벽주의를 내세워 의병 전쟁을 준비하였다.
② 한일 신협약(정미 7조약, 1907)으로 대한 제국 군대가 해산되자 이에 반발하여 정미의병이 전국적으로 전개되었고, 해산 군인들이 의병 활동에 가담하며 의병 부대가 조직화되었다. 이후 이인영을 총대장으로 한 13도 창의군이 결성되어 서울 진공 작전을 전개하였다.
③ 보안회는 일본의 황무지 개간권 요구를 반대하는 운동을 전개하여 요구를 철회시키는 데 성공하였다.
④ 미국인 개신교 선교사 아펜젤러는 근대적 사립 학교로 배재 학당을 설립하여 근대 교육을 실시하였다.

06 [정답 ⑤]

> 출제자의 눈: 105인 사건으로 해체된 신민회에 대해 알아봅니다.
> 사료 속 키워드: #비밀 결사 #안창호 #105인 사건 #양기탁, 이승훈 #대성 학교

안창호와 양기탁 등이 1907년 결성한 비밀 결사 단체 신민회는 민족의 실력 양성을 위해 평양 대성 학교와 정주 오산 학교를 세워 민족 교육을 실시하였다. 그러나 조선 총독부가 총독 암살 미수 사건을 조작하여 많은 민족 운동가들을 체포한 105인 사건으로 인해 단체가 와해되었다.
⑤ 신민회 조직에 참여한 이승훈은 평양에서 계몽 서적이나 유인물을 출판·보급하고자 태극 서관을 설립하여 민족 기업을 육성하였다.

> 오답 해설

① 1920년대 중반 사회주의 세력과 민족주의 세력이 연대하여 민족 유일 당을 결성할 수 있다는 공감대가 형성되었다. 이에 따라 국내의 민족 해방 운동 진영은 정우회 선언을 계기로 좌우 합작 조직인 신간회를 결성하였다.
② 김원봉이 결성한 의열단은 신채호가 작성한 조선 혁명 선언을 기본 행동 강령으로 하여 독립운동을 전개하였다.
③ 보안회는 일본이 대한 제국에 황무지 개간권을 요구하자 반대 운동을 전개하여 이를 저지하였다.
④ 서재필은 남궁억, 이상재 등과 독립 협회를 창립하고 중추원 개편을 통한 의회 설립과 근대식 입헌 군주제 실현을 목표로 활동하였다.

07 [정답 ②]

> 출제자의 눈: 일본의 황무지 개간 요구를 철회시킨 보안회에 대해 파악합니다.
> 사료 속 키워드: #일본 공사 #황무지에 대한 권리를 청구

② 대한 제국 때 일본은 한·일 의정서를 체결하고 황무지 개간권을 요구하였다. 이에 송수만이 심상진 등과 함께 보안회를 조직하고 전국에 통문을 돌리며 황무지 개간권 요구 반대 운동을 전개하여 저지에 성공하였다.

> 오답 해설

① 갑신정변 이후 미국에서 돌아온 서재필은 독립신문을 창간하고 독립 협회를 창립하였으며, 청의 사신을 맞던 영은문을 헐어 그 자리에 독립문을 건립하였다.
③ 조선은 일본과의 무역에서 관세권을 회복하기 위해 조·일 통상 장정을 체결하였다. 조항 중에는 일본에 대한 최혜국 대우 규정과 천재·변란 등에 의한 식량 부족의 우려가 있을 때 선포할 수 있는 방곡령 규정이 포함되었다.
④ 제1차 한·일 협약을 통해 스티븐스가 외교 고문, 메가타가 재정 고문으로 임명되었다. 이후 메가타는 대한 제국의 경제권을 장악하기 위해 탁지부를 중심으로 화폐 정리 사업을 실시하여 백동화를 제일 은행권으로 교환하였으며, 이로 인해 국내 경제가 악화되고 많은 기업이 일제의 소유가 되었다.
⑤ 조·청 상민 수륙 무역 장정의 체결로 외국 상인들이 유입되자 서울 도성의 시전 상인들은 황국 중앙 총상회를 조직하여 상권 수호 운동을 전개하였다.

❖ 애국 계몽 단체들의 활동

보안회 (1904)	• 독립 협회의 정신 계승 • 황무지 개간권 요구 반대 운동
헌정 연구회 (1905)	• 입헌 정체 수립 목적 • 일진회 규탄 중 해산
대한 자강회 (1906)	• 교육과 산업의 진흥 • 전국에 25개 지회를 두고 월보 간행 • 고종의 강제 퇴위 반대 운동 중 강제 해산
신민회 (1907)	• 안창호, 양기탁 등이 조직한 항일 비밀 결사 단체 • 최초로 공화 정체 지향 • 실력 양성 운동(태극 서관, 평양 자기 회사, 대성 학교, 오산 학교, 경학사) • 군사력 양성(신흥 무관 학교) • 국채 보상 운동 지원 • 105인 사건으로 해산

08 [정답 ①]

> 출제자의 눈: 일본의 경제 침탈에 대응하여 일어났던 경제적 구국 운동을 살펴봅니다.
> 사료 속 키워드: #상권을 수호 #황국 중앙 총상회 #일본의 황무지 개간권 요구를 저지 #보안회 #대구에서 서상돈을 중심으로 시작 #국채 보상 운동

(가) 서울 상인들의 상권 수호 운동(1898): 조·청 상민 수륙 무역 장정의 체결로 외국 상인들의 상권 침탈이 심화되자 서울 도성의 시전 상인들은 파업을 하고 황국 중앙 총상회를 조직하여 상권 수호 운동을 전개하였다.

(나) 황무지 개간권 요구 반대 운동(1904): 보안회는 일본이 대한 제국에 황무지 개간권을 요구하자 반대 운동을 전개하여 이를 저지하였다.

(다) 국채 보상 운동(1907): 일본의 차관 강요로 대한 제국의 빚이 1,300만 원에 달하자 서상돈, 김광제 등이 대구에서 국채 보상 운동을 전개하였다. 이후 서울에서 국채 보상 기성회를 조직하여 전국적인 모금 운동을 실시하고, 대한매일신보를 비롯한 여러 언론 기관의 지원을 받아 국채 보상 운동이 전국으로 확산되었으나 통감부의 방해와 탄압으로 중단되었다.

09 [정답 ①]

출제자의 눈 일제 강점기에 독립을 위해 활동한 나철에 대해 확인합니다.

사료 속 키워드 #전라남도 보성군 #오기호 #대종교 창시 #독립운동 #홍암사

① 나철은 을사늑약을 체결하는 데 협력한 친일파 을사오적(박제순, 이지용, 이근택, 이완용, 권중현)을 암살하기 위해 자신회를 조직하여 활동하였다. 그러나 계획이 사전에 드러나면서 유배를 가게 되었다. 1909년 이후 대종교를 창시하고 단군 숭배를 통해 민족의식을 고취하며 교세를 확장하였다.

오답 해설

② 이재명은 명동 성당 앞에서 을사오적 중 한 명인 이완용을 습격하여 중상을 입혔다.

③ 안중근은 을사늑약 체결을 주도하고 초대 통감을 지낸 이토 히로부미를 만주 하얼빈 역에서 사살하였다.

④ 조명하는 타이완에서 일본 육군 대장 구니노미야 구니히코를 저격한 후 체포되어 사형되었지만 이로 인해 식민지 조선의 항일 의지를 아시아 전역에 알리게 되었다.

⑤ 의열단원인 나석주는 동양 척식 주식회사와 식산 은행에 폭탄을 투척하였다.

10 [정답 ③]

출제자의 눈 최익현이 전개한 위정척사 운동을 상소와 함께 학습합니다.

사료 속 키워드 #흥선 대원군의 하야를 요구하는 상소 #지부복궐척화의소 #왜양일체론 #단발령에 반대하는 상소

최익현은 어린 나이에 즉위한 고종을 대신하여 집권한 흥선 대원군의 하야를 요구하는 계유상소를 올렸다. 또한, 위정척사 운동을 전개하여 왜양일체론에 입각한 지부복궐척화의소(도끼를 가지고 궐 앞에 엎드려 화친에 반대하는 상소)를 올리며 일본과의 강화도 조약 체결을 반대하였다. 이후 을미사변이 일어나고 을미개혁으로 단발령이 시행되자 이에 반대하는 청토역복의제소를 올렸다.

③ 최익현은 유생 임병찬 등과 태인에서 을사늑약에 반대하는 항일 의병을 주도하다가 체포되었으며, 쓰시마섬에 유배되어 그곳에서 순국하였다.

오답 해설

① 박상진은 공화 정체의 근대 국민 국가의 수립을 지향하는 대한 광복회를 조직하고 초대 총사령으로서 독립군 양성에 힘쓰는 한편, 친일파 처단 활동도 함께 전개하였다.

② 박은식은 독립을 위해 국혼(國魂)을 강조하였으며, 고종 즉위 다음 해부터 국권 피탈 직후까지의 역사를 기록한 『한국통사』를 저술하였다.

④ 한·일 신협약으로 대한 제국 군대가 해산되자 이에 반발하여 정미의병이 전국적으로 전개되었고, 해산 군인들이 의병 활동에 가담하며 의병 부대가 조직화되었다. 이후 총대장 이인영이 13도 창의군을 지휘하여 서울 진공 작전을 전개하였다.

⑤ 전봉준을 중심으로 '보국안민, 제폭구민'을 기치로 동학 농민 운동이 일어났다. 동학 농민군은 황토현·황룡촌 전투에서 승리하면서 전주성을 점령하였으며, 정부와 전주 화약을 맺어 개혁을 실시하였다. 청·일 전쟁이 발발한 후 일본의 내정 간섭이 심해지자 남·북접이 연합하여 2차 봉기를 일으켰으나 우금치 전투에서 일본군 및 관군에 패배하였다.

VII 일제 강점기의 한국사

01 일제의 침략과 민족의 수난

기출 키워드로 연습하기

01 ① 회사령 ② 치안 유지법 ③ 병참기지화 정책 02 ✕ 03 ✕
04 ◯ 05 황국 신민화 06 창씨개명

01 ① 일제는 1910년대 민족 기업과 민족 자본의 성장을 억제하기 위해 회사 설립 시 총독의 허가를 받도록 하는 회사령을 제정하였다.
② 1920년대 사회주의가 확산되자 일제는 치안 유지법을 시행하여 식민지 지배에 저항하는 민족 해방 운동과 사회주의 및 독립운동을 탄압하였다.
③ 일제는 1930년대 이후 민족 말살 통치기에 대륙 침략을 위해 한반도를 병참기지화하였다.

02 일제의 토지 조사 사업으로 대다수 소작농이 가지고 있던 관습적 경작권이 부정되었다.

03 일제가 산미 증식 계획을 실시하여 부족한 쌀을 조선에서 수탈하자 국내 농촌 경제가 악화되었다.

04 1920년대 일제는 문화 통치를 표방하고 조선일보와 동아일보 등 우리 민족의 신문 발행을 허가하였으나, 철저한 사전 검열 제도를 시행하였고, 기사 삭제·정간·압수·폐간 등을 일삼았다.

단골 키워드 문제

01 ③ 02 ③ 03 ① 04 ⑤ 05 ⑤
06 ③

01 [정답 ③]

> **출제자의 눈** 토지 조사 사업이 실시되었던 1910년대에 일제가 시행한 무단 통치 정책을 학습합니다.
> **사료 속 키워드** #토지 조사 사업 #조선 총독부 임시 토지 조사국

조선 총독부는 식민 지배를 위해 안정적으로 조세를 확보하고자 토지 조사 사업을 시행하였다(1910~1918). 이에 일제는 임시 토지 조사국을 설치하고 토지 조사령을 발표하여 일정 기간 내 토지를 신고하도록 하였으며, 신고하지 않은 토지는 총독부에서 몰수하여 일본인에게 헐값으로 불하하였다.
③ 일제는 무단 통치기에 조선 태형령을 제정하였고, 이에 따라 곳곳에 배치된 헌병 경찰들이 조선인들에게 태형을 통한 형벌을 가하였다(1912).

오답 해설

①·⑤ 1930년대 이후 일제는 우리 민족의 정체성을 말살하기 위해 황국 신민화 정책을 시행하여 내선일체의 구호를 내세우고 황국 신민 서사 암송(1937)과 창씨개명(1939), 신사 참배 등을 강요하였다. 또한, 대륙 침략을 위해 한반도를 병참 기지화하고 중·일 전쟁을 일으키면서 전시 동원 체제를 수립하였다. 이에 국가 총동원령을 시행하고 국민 정신 총동원 조선 연맹(애국반)을 조직하여 우리의 인적·물적 수탈을 강화하고 우리 민족의 생활을 감시하였다(1938).
② 일제 통감부는 반일 보도를 통제하고자 신문에 대한 사전 검열을 시도하는 신문지법을 제정하면서 민족 언론을 탄압하였다(1907).
④ 1920년대 일본에서 쌀값이 폭등하며 식량 부족 문제가 발생하자 자국의 부족한 쌀을 조선에서 수탈하기 위해 산미 증식 계획을 실시하였다(1920).

02 [정답 ③]

> **출제자의 눈** 회사령이 제정되었던 1910년대 무단 통치기에 일제가 시행한 정책을 확인합니다.
> **사료 속 키워드** #회사를 설립할 때 조선 총독의 허가를 받도록 하는 법령 #한인의 회사는 상업 경쟁에 밀림

일제는 무단 통치기인 1910년대에 민족 기업과 민족 자본의 성장을 억제하기 위해 회사 설립 시 총독의 허가를 받도록 하는 회사령을 제정하였다(1910).
③ 조선 총독부는 식민 지배를 위한 조세를 안정적으로 확보하고자 토지 조사 사업을 시행하였다(1910~1918). 이에 임시 토지 조사국을 설치하고(1910) 토지 조사령을 발표하여(1912) 일정 기간 내 토지를 신고하도록 하였으며, 신고하지 않은 토지는 총독부에서 몰수하여 일본인에게 헐값으로 불하하였다.

오답 해설

① 일제 통감부는 반일 보도를 통제하고자 신문에 대한 사전 검열을 시도하여 신문지법을 제정하면서 민족 언론을 탄압하였다(1907).
② 1920년대 만주 지역에서 항일 무장 투쟁이 활발하게 전개되자 조선 총독부 경무국장 미쓰야와 만주 군벌 장쭤린은 미쓰야 협정을 체결하였다(1925).
④ 일제는 조선 민립 대학 설립 운동을 저지하고 여론을 무마하기 위해 경성 제국 대학을 설립하였다(1924).
⑤ 일제는 민족 말살 통치기에 조선 사상범 예방 구금령을 공포하여 사상 및 행동을 관찰한다는 명목으로 조선인들의 독립운동을 탄압하였다(1941).

❖ 일제 강점기 경제 수탈

1910년대	• 토지 조사 사업: 총독부의 토지 약탈 • 회사령, 어업령, 광업령 → 회사 설립과 주요 산업의 허가제 전환
1920년대	• 산미 증식 계획: 일본 본토의 식량 부족 문제를 해결하기 위해 쌀 유출 → 국내 식량 사정 악화, 몰락 농민 증가 • 회사령 철폐: 일본인의 용이한 회사 설립 목적 • 일본 상품에 대한 관세 철폐
1930년대	• 남면북양 정책 • 병참 기지화 정책: 전쟁 수행에 필요한 물자 조달 • 국가 총동원법: 침략 전쟁을 위한 인적·물적 자원의 수탈

03 [정답 ①]

출제자의 눈 조선 총독부가 토지 조사 사업을 실시한 1910년대 일제의 무단 통치를 살펴봅니다.

사료 속 키워드 #임시 토지 조사국 #강계(疆界) 조사 #토지 신고서 #지목(地目) #지위(地位) #조선 총독부

조선 총독부는 식민 지배를 위해 안정적으로 조세를 확보하고자 토지 조사 사업을 시행하였다. 이에 토지 조사국을 설치하고 토지 조사령을 발표하여 일정 기간 내 토지를 신고하도록 하였으며, 신고하지 않은 토지는 총독부에서 몰수하여 일본인에게 헐값으로 불하하였다.
① 일제는 민족 기업과 민족 자본의 성장을 억제하기 위해 회사 설립 시 총독의 허가를 받도록 하는 회사령을 제정하였다(1910).

오답 해설
② 영국인이 경영하는 회사에서 일본인 감독이 조선인 노동자를 구타하는 사건이 발생하자 원산의 전 노동자가 파업을 단행하여 원산 총파업 사건이 발생하였다(1929).
③ 1930년대 이후 일제는 대륙 침략을 위해 한반도를 병참 기지화하고 중·일 전쟁과 태평양 전쟁을 일으켰다. 이에 조선에 국가 총동원법을 제정하고(1938) 미곡 공출제를 실시하는(1939) 등 인적·물적 자원을 수탈하였다.
④ 조선 노동 공제회는 우리나라 역사에서 처음으로 조직된 전국 규모의 노동 단체이다. 개인 자격으로 가입을 받았으며 노동자들을 지역 지부와 직업별 노동조합으로 조직하는 등 노동자들을 단결시키기 위해 노력하였다(1920).
⑤ 일제는 민족 말살 통치기에 조선 사상범 예방 구금령을 공포하여 사상 및 행동을 관찰한다는 명목으로 조선인들의 독립운동을 탄압하였다(1941).

❖ 일제 강점기 식민 통치

구분 시기	통치 내용	경제 침탈
무단 통치 (1910~1919)	• 조선 총독부 설치 • 헌병 경찰제 • 조선 태형령	• 토지 조사 사업 • 회사령 실시
문화 통치 (1919~1931)	• 3·1 운동 이후 통치 체제의 변화 • 보통 경찰제 • 경성 제국 대학 설립	• 산미 증식 계획 시행 → 식량의 일본 본토 반출 • 회사령 폐지 → 일본 자본의 유입
민족 말살 통치 (1931~1945)	• 황국 신민화 정책 • 신사 참배 강요 • 창씨개명 강요 • 황국 신민 서사 암송 • 조선어, 역사 과목 등 폐지	• 국가 총동원령 시행 • 병참 기지화 정책 • 남면북양 정책

04 [정답 ⑤]

출제자의 눈 일본 내의 식량 부족 문제를 해결하고자 실시하였던 산미 증식 계획에 대해 알아봅니다.

사료 속 키워드 #수리 조합비 부담이 커졌음 #개량 종자 구입비 #소작농으로 전락 #만주에서 들여온

⑤ 1920년대 일본에서 쌀값이 폭등하면서 식량 부족 문제가 발생하였다. 일본은 자국의 부족한 쌀 생산을 조선에서의 수탈을 통해 극복하고자 산미 증식 계획을 실시하였다. 산미 증식 계획은 토지 개간 사업과 농사 개량 사업으로 구분되어 시행되었으며, 관개 개선 사업과 품종 개량 등을 통해 경작지와 쌀 수확량을 증대하고자 하였다. 이 과정에서 중소지주와 자작농은 과중한 수리 조합비와 비료 대금을 요구받으면서 소작농으로 전락하기도 하였다. 또한, 전체적인 쌀 생산은 증가하였지만 일본으로의 반출이 늘어나 조선 내의 쌀 부족 문제가 심각하였고, 이를 해결하기 위해 만주산 잡곡을 수입하였다.

오답 해설
① 아관 파천 이후 열강들의 이권 침탈이 심화되고 조선 내에서 친러 내각에 대한 반감이 고조되자 서재필은 남궁억, 이상재, 정교 등과 함께 독립 협회를 창립하였다(1896).
② · ③ 제1차 한·일 협약을 통해 재정 고문으로 임명된 메가타는 대한 제국의 경제권을 장악하기 위해 탁지부를 중심으로 화폐 정리 사업을 시작하여 백동화를 갑·을·병종으로 구분하고 제일 은행권으로 교환하였다(1905). 이 과정에서 대한 제국은 외국으로부터 막대한 차관을 도입하게 되었다. 서상돈, 김광제 등은 1,300만 원에 달하는 막대한 빚을 진 대한 제국의 주권을 회복하고자 대구에서 국채 보상 운동을 전개하였다(1907).
④ 일제는 근대적 토지 소유 제도를 확립한다는 명분으로 토지 조사국을 설치하고 토지 조사령을 발표하면서 토지 조사 사업을 시행하였다(1912).

05 [정답 ⑤]

출제자의 눈 일제의 민족 말살 통치기에 시행된 정책을 탐구합니다.

사료 속 키워드 #우리 역사를 왜곡 #중·일 전쟁 이후 일제가 침략 전쟁을 확대하던 시기 #한국인 강제 동원

일본은 1930년대 이후 침략 전쟁 수행을 위해 한반도를 병참 기지화하고 중·일 전쟁을 일으키면서 전시 동원 체제를 수립하였다. 이에 국가 총동원령을 시행하여 한국인을 전쟁에 강제 동원하였다.

⑤ 조선 총독부는 1910년대에 토지 조사 사업을 위해 토지 조사국을 설치하고 토지 조사령을 발표하여 일정 기간 내 토지를 신고하도록 하였다. 신고하지 않은 토지는 총독부에서 몰수하여 일본인에게 헐값으로 불하하였다.

오답 해설

① 일제는 여자 정신 근로령(1944)을 공포하여 젊은 여성들을 군수 공장 등에서 강제 노동시키거나 전선에 끌고 가 일본군 '위안부'로 삼는 만행을 저질렀다.

②·③ 일제는 1930년대에 침략 전쟁 수행을 위해 육군 특별 지원병령과 해군 특별 지원병령 등을 공포하여 한국인을 전쟁에 강제로 동원하였다. 또한, 물적 수탈과 군량미 확보를 위한 식량 배급 및 미곡 공출 제도를 실시하였다.

④ 일제는 1936년에는 조선 사상범 보호 관찰령을, 1941년에는 조선 사상범 예방 구금령을 공포하여 사상 및 행동을 관찰한다는 명목으로 조선인들의 독립운동을 탄압하였다.

06 [정답 ③]

출제자의 눈 1930년대 이후 일제가 시행한 정책에 대해 알아봅니다.

사료 속 키워드 #일제가 연합국을 상대로 한 전쟁을 벌임 #쌀을 강제로 공출

1930년대 이후 일제는 우리 민족의 정체성을 말살하기 위해 황국 신민화 정책을 시행하여 내선일체의 구호를 내세우고 황국 신민 서사 암송(1937)과 창씨개명(1939), 신사 참배 등을 강요하였다. 또한, 대륙 침략을 위해 한반도를 병참 기지화하고 중·일 전쟁을 일으켜 국가 총동원령을 시행하였다. 물적 수탈을 위해 양곡 배급제와 미곡 공출제(1939)를 실시하였으며, 국민 징용령(1939)으로 한국인의 노동력을 착취하였다. 태평양 전쟁(1941)을 일으킨 후에는 학도 지원병 제도(1943), 징병 제도(1944) 등을 실시하여 젊은이들을 전쟁터로 강제 징집하였다.

③ 일제는 여자 정신 근로령(1944)을 통해 젊은 여성들을 강제로 군수 공장 등에 노동력을 동원하거나 전선에 일본군 '위안부'를 강요하였다.

오답 해설

① 제1차 한·일 협약을 통해 스티븐스가 외교 고문, 메가타가 재정 고문으로 임명되었다(1904). 이후 메가타는 대한 제국의 경제권을 장악하기 위해 탁지부를 중심으로 화폐 정리 사업을 실시하였다(1905).

② 1920년대 만주 지역에서 항일 무장 투쟁이 활발하게 전개되자 조선 총독부 경무 국장 미쓰야와 만주 군벌 장쭤린은 독립군을 체포하여 넘기면 일본이 그 대가로 상금을 지불하는 내용의 미쓰야 협정을 체결하였다(1925).

④ 전남 신안군 암태도에서는 한국인 지주 문재철의 횡포와 이를 비호하는 일본 경찰에 맞서 일제 강점기 최대 규모의 암태도 소작 쟁의가 발생하였다(1923).

⑤ 일제는 민족 기업과 민족 자본의 성장을 억제하기 위해 회사 설립 시 총독의 허가를 받도록 하는 회사령을 제정하였다(1910).

02 3·1 운동과 대한민국 임시 정부

기출 키워드로 연습하기

01 ① 상하이 ② 연해주 ③ 미주 **02** × **03** ○ **04** × **05** 3·1 운동 **06** 한국 광복군

01 ① 상하이에서 신규식 등이 신한 청년당을 결성하였다.
② 이상설 등은 연해주에서 한인 자치 조직인 권업회를 설립하였다.
③ 미국 샌프란시스코에서 한인 자치 단체인 대한인 국민회가 조직되었다.

02 신간회에 대한 설명이다.

03 연해주 지역에서 조직된 대한 광복군 정부는 이상설과 이동휘를 정·부통령에 선임하고 독립운동을 전개하였다.

04 박용만은 하와이에 대조선 국민 군단을 조직하여 독립군 사관 양성을 바탕으로 한 무장 투쟁을 준비하였다.

단골 키워드 문제

| 01 ② | 02 ⑤ | 03 ① | 04 ④ | 05 ① |
| 06 ⑤ | | | | |

01 [정답 ②]

출제자의 눈 박상진을 중심으로 조직된 대한 광복회의 활동을 학습합니다.

사료 속 키워드 #박상진 #구한국의 국권 회복 #조선 각도의 자산가에게 공갈로 돈을 받아냄

② 대한 광복회는 박상진이 대한 제국의 국권을 회복하고, 공화 정체의 근대 국민 국가를 수립하고자 수립한 비밀 결사 운동 단체이다. 박상진이 총사령, 김좌진이 부사령으로 구성되는 등 군대식 조직을 갖추었으며 군자금 조달과 친일파 처단 활동도 전개하였다.

> **오답 해설**

① 조선 의용대는 김원봉이 주도하여 중국 국민당의 지원을 받아 중국 관내에서 결성된 최초의 한인 무장 부대로, 중·일 전쟁 발발 이후 중국 우한에서 창설되었다.
③ 대한민국 임시 정부의 모체인 신한 청년당 소속인 김규식은 파리 강화 회의에 파견되어 독립 청원서를 제출하였다.
④ 조선 총독부는 데라우치 총독 암살 미수 사건을 조작한 105인 사건으로 많은 민족 운동가들을 체포하였고, 이로 인해 신민회가 해산되었다.
⑤ 독립 협회는 만민 공동회를 개최하고 이권 수호 운동을 전개하여 러시아의 절영도 조차 요구를 저지하였다.

02 [정답 ⑤]

> **출제자의 눈** 임병찬이 조직한 독립 의군부에 대해 살펴봅니다.
> **사료 속 키워드** #임병찬 #고종의 밀지 #복벽주의

⑤ 임병찬은 고종의 밀명을 받아 독립 의군부를 조직하였다. 이후 조선 총독부에 국권 반환 요구서를 보내고, 복벽주의를 내세워 의병 전쟁을 준비하였다.

> **오답 해설**

① 일본 도쿄 유학생들이 중심이 되어 결성한 조선 청년 독립단은 대표 11인을 중심으로 도쿄에서 2·8 독립 선언서를 발표하였다.
② 1920년대 사회주의가 확산되자 일제는 치안 유지법을 시행하여 식민지 지배에 저항하는 민족 해방 운동과 사회주의 및 독립운동을 탄압하였다.
③ 서간도 삼원보 지역에서 신민회 회원인 이상룡, 이회영 등은 독립군 양성 학교인 신흥 강습소를 설립하여 독립군을 양성하였다.
④ 대한민국 임시 정부는 국외 거주 동포들에게 독립 공채를 발행하여 독립운동 자금을 마련하였다.

03 [정답 ①]

> **출제자의 눈** 신흥 무관 학교가 위치한 서간도(남만주) 지역에서 있었던 민족 운동을 알아봅니다.
> **사료 속 키워드** #국외 민족 운동 #신흥 무관 학교 #국권 피탈 이후 망명해 온 독립지사들

국외 독립운동 기지를 건설하고자 서간도(남만주) 삼원보 지역으로 이주한 신민회원 이상룡, 이회영 등은 독립군 양성 학교인 신흥 무관 학교를 설립하였다. 『원병상 회고록』은 신흥 무관 학교 졸업생이자 교관으로 활동하였던 원병상이 쓴 회고록으로, 서간도(남만주)로 망명하게 된 배경부터 신흥 무관 학교에 관련된 내용까지 서술되어 있다.

① 신민회는 서간도(남만주) 삼원보에 한인 자치 기관인 경학사를 설립하였다.

> **오답 해설**

② 연해주 지역에서 이상설은 한인 자치 단체인 권업회를 조직하고 기관지인 권업신문을 발행하였다.
③ 일본 도쿄 유학생들이 중심이 되어 결성한 조선 청년 독립단은 대표 11인을 중심으로 도쿄에서 2·8 독립 선언서를 발표하였다.
④ 하와이 지역에서 박용만은 대조선 국민 군단을 조직하여 독립군 사관 양성을 바탕으로 한 무장 투쟁을 준비하였다.
⑤ 미국 샌프란시스코에서 안창호가 국권 회복 및 민족의식 고양을 위해 민족 운동 단체인 흥사단을 창립하였다.

❖ **국외 이주 동포의 독립운동**

구분	이주 배경	활동	시련
간도 (만주)	생계 유지 → 항일 운동 목적	• 독립 전쟁 기지(남만주 삼원보) • 신흥 무관 학교	간도 참변, 만보산 사건
연해주	러시아 변방 개혁을 위해 조선인 이주 허용, 한인촌 형성	• 13도 창의군 • 대한 광복군 정부 • 대한 국민 의회 • 권업회, 권업신문	자유시 참변, 중앙 아시아 강제 이주
일본	유학생 → 산업 노동자, 징용	2·8 독립 선언	관동 대학살
미주	하와이 사탕수수 농장 노동자	• 대한인 국민회 • 대조선 국민 군단 • 구미 위원부 • 흥사단	애니깽

04 [정답 ④]

> **출제자의 눈** 독립 공채를 발행하며 독립운동을 전개하였던 대한민국 임시 정부의 활동을 탐구합니다.
> **사료 속 키워드** #조선인 관리·기타 조선인 부호 #불온 문서를 배부 #독립 공채 #조선 내부와의 연락 및 기타 기관

국내외 독립운동가들은 3·1 운동을 계기로 민족의 주체성을 확인한 뒤, 조직적인 독립운동을 전개하기 위해 중국 상하이에서 대한민국 임시 정부를 수립하였다. 대한민국 임시 정부는 비밀 행정 조직으로 연통제와 교통국을 두어 국내와의 연락망을 확보하였으며 국외 거주 동포들에게 독립 공채를 발행하여 독립운동 자금을 마련하였다. 또한, 임시 사료 편찬소를 설치하고 국제 연맹에 우리 민족의 독립을 요청하기 위한 자료로『한일 관계 사료집』을 간행하기도 하였다.
④ 대한민국 임시 정부는 대미 외교 업무를 수행하기 위해 미국에 구미 위원부를 두었다.

> **오답 해설**

① 북간도로 이주한 한인들이 대종교를 중심으로 중광단을 조직하여 항일 무장 투쟁을 전개하였다.
② 이상설 등이 한인 집단촌인 만주 용정촌에 서전서숙을 설립하여 민족 교육을 실시하였다.

③ 서간도 삼원보 지역에서 신민회 회원인 이상룡, 이회영 등이 중심이 되어 독립군 양성 학교인 신흥 강습소를 설립하였다. 이는 1919년에 본부를 옮기면서 신흥 무관 학교로 명칭이 바뀌었다.
⑤ 조선일보, 동아일보 등의 언론사를 중심으로 농촌 계몽 운동이 전개되었다. 조선일보는 한글 교재의 보급과 순회 강연을 통한 문자 보급 운동을 전개하였고, 동아일보는 문맹 퇴치 운동인 브나로드 운동을 전개하였다.

05 [정답 ①]

출제자의 눈 대한민국 임시 정부의 재편을 통해 독립운동의 활로를 모색하고자 실시하였던 국민 대표 회의를 학습합니다.

사료 속 키워드 #국민적 대회합 #광복 대업의 근본 방침을 수립

① 대한민국 임시 정부의 교통국과 연통제 조직이 일제의 방해와 탄압으로 어려움을 겪게 되자 독립운동 단체 대표들이 상하이에 모여 국민 대표 회의를 개최하였다. 임시 정부의 활동과 독립운동의 방법을 놓고 격론을 벌였으나 창조파와 개조파로 분열되면서 눈에 띄는 성과를 거두지는 못하였다.

오답 해설
② 일본군의 진주만 기습 공격으로 연합국과의 태평양 전쟁이 발발하자 대한민국 임시 정부는 김구 주석과 조소앙 외교부장 명의로 대일 선전 성명서를 발표하여 일본에 대한 선전 포고를 명문화하였다.
③ 대한민국 임시 정부는 충칭에서 조소앙의 삼균주의를 정치 이념으로 하여 독립운동의 방향과 독립 후의 건국 과정을 명시한 건국 강령을 발표하였다.
④ 대한민국 임시 정부는 파리 강화 회의에 김규식을 파견하여 독립 청원서를 제출하는 등 외교 활동을 전개하였다.
⑤ 대한민국 임시 정부는 직할 부대로서 충칭에 한국 광복군을 창설하였으며 지청천을 총사령, 이범석을 참모장으로 두었다.

06 [정답 ⑤]

출제자의 눈 3·1 운동을 파악합니다.

사료 속 키워드 #파리 강화 회의 #일제 강점기 최대 규모의 독립운동 #일본 당국의 가혹한 탄압

⑤ 1919년 미국 대통령 윌슨이 민족 자결주의를 제창하고 고종의 독살설이 돌면서 항일 의식이 고조되었다. 이에 고종의 인산일을 계기로 민족 대표 33인이 태화관에서 독립 선언식을 거행하고, 탑골 공원에서 학생과 시민들이 독립 선언서를 낭독하면서 전국적인 만세 운동인 3·1 운동이 전개되었다. 당시 미국, 영국 등의 언론에서 3·1 운동 소식을 보도하여 그 실상이 전 세계에 알려졌고, 프랑스 일간지에서는 3·1 운동에 대해 '혁명'이라고 표현하였다.

오답 해설
① 일본군은 봉오동 전투와 청산리 전투의 패배에 대한 보복으로 독립군의 근거지를 소탕하기 위해 간도 지역의 수많은 민간인을 학살하는 만행을 저질렀다(1920).
② 민영익, 홍영식, 서광범, 유길준 등은 보빙사로 미국에 파견되어 40여일간 체류하면서 미국 대통령을 만나 선진 문물을 시찰하였다(1883).
③ 사회주의 세력과 천도교를 중심으로 한 민족주의 세력이 연대하여 학생들과 함께 순종의 인산일에 맞추어 만세 운동을 계획하였다. 그러나 사회주의자들이 사전에 일본에 발각되면서 학생들을 중심으로 서울 시내에서 만세 시위를 전개하였다(6·10 만세 운동, 1926).
④ 1930년대 초 언론사의 주도로 농촌 계몽 운동이 전개되었고 동아일보는 문맹 퇴치 운동인 브나로드 운동을 전개하였다.

03 국내 항일 운동의 전개

기출 키워드로 연습하기

01 ① 근우회 ② 조선 형평사 ③ 동아일보 02 × 03 × 04 ○
05 정우회 06 경성 제국 대학

01 ① 신간회의 자매단체로 조직된 근우회는 여성 계몽 활동과 여성 지위 향상 운동을 전개하였다.
② 조선 형평사를 중심으로 백정에 대한 차별 철폐를 위한 형평 운동이 전개되었다.
③ 1930년대 초 언론사를 중심으로 농촌 계몽 운동이 전개되었으며, 동아일보는 문맹 퇴치 운동의 일환으로 브나로드 운동을 전개하였다.

02 천도교 소년회의 활동에 대한 설명이다.

03 물산 장려 운동은 1920년대, 브나로드 운동은 1930년대 초반에 전개되었다.

04 6·10 만세 운동은 민족주의계와 사회주의계의 갈등을 극복하는 계기가 되었고, 이는 민족 유일당 운동으로 이어져 신간회 결성에 영향을 주었다.

단골 키워드 문제

| 01 ⑤ | 02 ② | 03 ② | 04 ③ | 05 ② |
| 06 ② | 07 ② | 08 ④ | 09 ① | 10 ② |

01 [정답 ⑤]

출제자의 눈 6·10 만세 운동의 전개 과정과 결과를 확인합니다.

사료 속 키워드 #이왕(李王) 전하 국장 의식 #경성부 #조선 독립운동 #조선 독립 만세

1920년대 조선 공산당을 중심으로 한 사회주의 세력과 천도교를 중심으로 한 민족주의 세력이 연대하여 순종의 인산일을 기회로 삼아 6·10 만세 운동을 준비하였다. 그러나 권오설 등 사회주의자들이 사전에 일본에 체포되면서 학생들을 중심으로 순종의 국장 의식에 맞추어 서울(경성) 종로 일대에서 6·10 만세 운동이 전개되었다(1926).

⑤ 사회주의 세력과 민족주의 세력이 연대하여 6·10 만세 운동을 준비하는 과정에서 민족 유일당을 결성할 수 있다는 공감대가 형성되었고, 이를 계기로 좌우 합작 조직인 신간회가 창립되었다(1927).

오답 해설

① 한·일 신협약으로 대한 제국 군대가 해산되자 이에 반발하여 정미의병이 전국적으로 전개되었고, 해산 군인들이 의병 활동에 가담하며 의병 부대가 조직화되었다. 이후 이인영을 총대장으로 한 13도 창의군이 결성되어 서울 진공 작전을 전개하였다(1908).

② 임병찬은 고종의 밀명을 받아 독립 의군부를 조직하였다(1912). 이후 조선 총독부에 국권 반환 요구서를 제출하려 하고, 복벽주의를 내세워 의병 전쟁을 준비하였다.

③ 국채 보상 운동은 김광제, 서상돈 등의 제안으로 대구에서 시작되었다(1907). 이후 서울에서 조직된 국채 보상 기성회를 중심으로 전국적으로 확산되어 일본에서 도입한 차관 1,300만 원을 갚아 주권을 회복하고자 하였다.

④ 병인양요와 신미양요를 극복한 흥선 대원군은 외세의 침입을 경계하고 서양과의 통상 수교 반대 의지를 알리기 위해 종로와 전국 각지에 척화비를 세웠다(1871).

02 [정답 ②]

출제자의 눈: 광주 학생 항일 운동을 학습합니다.

사료 속 키워드: #한일 학생 간의 충돌을 계기로 시작 #민족 차별에 분노한 광주 지역 학생

ㄱ. 광주 학생 항일 운동은 광주에서 벌어진 한일 학생 간의 우발적 충돌 사건을 계기로 발생하였으나, 일제의 조선인 학생에 대한 차별과 식민지 교육 현실에 저항하는 항일 운동으로 발전하였다.

ㄷ. 광주 학생 항일 운동은 3·1 운동 이후 가장 큰 규모의 항일 운동이었으며 신간회가 진상 조사단을 파견하여 지원하기도 하였다.

오답 해설

ㄴ. 국채 보상 운동은 김광제, 서상돈 등의 제안으로 대구에서 시작된 경제적 주권 수호 운동으로, 일본에서 도입한 차관 1,300만 원을 갚아 주권을 회복하고자 하였다. 이 운동은 대한매일신보를 비롯한 여러 언론 기관의 지원을 받아 전국으로 확산될 수 있었다.

ㄹ. 일제는 전국적인 민족 운동인 3·1 운동이 일어난 이후 국제 여론 악화와 무단 통치의 한계를 인식하여 1920년대에 들어 문화 통치로 통치 방식을 전환하였다.

03 [정답 ②]

출제자의 눈: 민족 유일당 운동의 결과로 결성된 신간회의 활동에 대해 알아봅니다.

사료 속 키워드: #허헌, 홍명희 #광주 학생 항일 운동의 확산을 위한 민중 대회 개최 추진 #사건 진상 보고 #유인물 배포 및 연설회 개최

1920년대 중반 사회주의 세력과 민족주의 세력이 연대하여 민족 유일당을 결성할 수 있다는 공감대가 형성되었다. 이에 따라 국내의 민족 해방 운동 진영은 민족 협동 전선을 주장한 정우회 선언을 계기로 좌우 합작 조직인 신간회를 결성하고 이상재를 초대 회장으로, 홍명희를 부회장으로 추대하였다. 이후 전국에 120~150여 개의 지회를 두는 등 일제 강점기 최대 규모의 사회단체로 성장한 신간회는 전국 순회 강연과 농민 운동 지원 등의 활동을 전개하였다. 이후 한국인 학생과 일본인 학생 간의 충돌로 광주 학생 항일 운동이 발생하자 신간회가 진상 조사단을 파견하고 민중 대회 개최를 추진하였다.

② 신간회는 사회주의 세력과 민족주의 세력이 연대한 민족 협동 전선으로 결성되었다.

오답 해설

① 전남 신안군 암태도에서는 한국인 지주 문재철의 횡포와 이를 비호하는 일본 경찰에 맞서 일제 강점기 최대 규모의 암태도 소작 쟁의가 발생하였다. 이에 전국 각지 사회단체가 지원하였으며, 동아일보는 암태도 소작 쟁의를 보도하여 전국적으로 관심을 집중시키는 데 기여하였다.

③ 조문기, 유만수 등 대한 애국 청년당원들이 친일 단체 대의당이 개최한 아세아 민족 분격 대회가 열리던 부민관을 폭파하였다.

④ 김원봉이 결성한 의열단은 신채호가 작성한 조선 혁명 선언을 활동 지침으로 하여 독립운동을 전개하였다.

⑤ 방정환, 김기전 등이 주축이 된 천도교 소년회는 어린이날을 제정하고, 『어린이』라는 잡지를 간행하는 등 소년 운동을 주도하였다.

04 [정답 ③]

출제자의 눈: 신간회의 자매단체인 근우회를 살펴봅니다.

사료 속 키워드: #1927년에 결성된 여성 운동 단체 #조선 여성의 공고한 단결과 정치·경제·사회 등 전반적인 이익 옹호

③ 민족 유일당 운동의 결과 신간회가 조직되면서 여성계에서도 여성 운동의 통합론이 일어났다. 이에 민족주의 계열과 사회주의 계열이 통합하여 신간회의 자매단체로 근우회를 조직하였다. 근우회는 여성의 공고한 단결과 정치·경제·사회에서의 지위 향상을 강령으로 삼아 활동하다가, 신간회가 해소됨에 따라 해체되었다.

오답 해설

① 천도교는 『개벽』, 『신여성』 등의 잡지를 발행하여 민족의식을 높였다.

② 미국의 선교사 스크랜턴 부인은 최초의 여성 교육 기관인 이화 학당을 설립하여 근대적 여성 교육을 실시하였다.
④ 정인보는 안재홍 등과 함께 조선학 운동을 전개하여 정약용의 저술을 모은 『여유당전서』를 간행하였다.
⑤ 서울 북촌의 양반 여성들이 황성신문과 독립신문을 통해 한국 최초의 여성 인권 선언문인 여권통문을 발표하였다. 이를 통해 여성이 정치에 참여할 권리, 남성과 평등하게 직업을 가질 권리, 교육을 받을 권리 등을 주장하였다.

05 [정답 ②]

출제자의 눈 1920년대 일제의 경제 침탈 속 경제적 자립을 위해 전개된 물산 장려 운동에 대해 파악합니다.

사료 속 키워드 #경성 방직 주식회사 #조선인 기업이 만든 상품의 사용을 장려 #조선 사람의 자본과 기술로 된 광목

ㄱ·ㄷ. 1920년대 회사령 폐지 이후 일본의 경제적 침탈이 더욱 심화되었고, 일본과 조선 사이의 관세도 폐지되었다. 이로 인해 일본산 완제품이 조선으로 유입되면서 조선은 일본의 경제권에 예속되었다. 이에 조만식은 민족 기업을 통해 경제 자립을 이루고자 평양 물산 장려회를 조직하였고, 이를 중심으로 '조선 사람 조선 것'이라는 구호를 내세우며 국산품을 장려하는 물산 장려 운동을 전개하였다. 물산 장려 운동은 서울에서 조선 물산 장려회가 조직되면서 전국적으로 확산되었다. 민족주의 계열이 주도했기에 사회주의 계열에게 자본가의 이익만을 추구하는 운동이라는 비판을 받기도 하였다.

오답 해설
ㄴ. 조·청 상민 수륙 무역 장정이 체결되어 들어 온 외국 상인들로 인해 서울 도성의 시전 상인들이 어려움에 처하게 되었다. 이에 서울 상인들은 황국 중앙 총상회를 조직하여 상권 수호 운동을 전개하였다.
ㄹ. 개항 이후 외국 상인들이 내륙으로 진출하면서 조선의 상인들이 경제 침탈을 당하였다. 이에 고종 때 평안도 상인들은 평양에 근대적 상회사인 대동 상회를 설립하였다.

06 [정답 ②]

출제자의 눈 관세 폐지로 인해 전국적으로 확산된 물산 장려 운동을 탐구합니다.

사료 속 키워드 #평양 #조만식 등의 주도로 시작 #'조선 사람 조선 것' #자본가의 이익만을 추구하는 운동이라 비판받음

② 1920년대 회사령 폐지 이후 일본의 경제적 침탈이 더욱 심화되었고, 일본과 조선 사이의 관세령도 폐지되었다. 이로 인해 일본산 완제품이 조선으로 유입되면서 조선은 일본의 경제권에 예속되었다. 이에 조만식은 민족 기업을 통해 경제 자립을 이루고자 평양 물산 장려회를 조직하였고, 이를 중심으로 '조선 사람 조선 것'이라는 구호를 내세우며 국산품을 장려하는 물산 장려 운동을 전개하였다. 물산 장려 운동은 서울에서 조선 물산 장려회가 조직되면서 전국적으로 확산되었으며, 민족주의 계열이 주도했었기에 사회주의 계열에게 자본가의 이익만을 추구하는 운동이라는 비판을 받기도 하였다.

오답 해설
① 김광제, 서상돈 등은 대구에서 국채 보상 운동을 전개하여 일본에서 도입한 차관 1,300만 원을 갚아 주권을 회복하고자 하였으나 통감부의 탄압과 방해로 중단되었다.
③ 조·청 상민 수륙 무역 장정이 체결되어 외국 상인들로 인해 서울 도성의 시전 상인들이 어려움에 처하자 서울 상인들은 황국 중앙 총상회를 조직하여 상권 수호 운동을 전개하였다.
④ 대한 제국 선포 직후 고종은 '옛 법을 근본으로 삼고 새로운 것을 첨가한다'는 의미의 구본신참을 기본 정신으로 하여 광무개혁을 실시하였다. 이에 따라 근대적 금융 기관인 한성 은행과 대한 천일 은행 등이 설립되었다.
⑤ 영국인이 경영하는 회사에서 일본인 감독이 조선인 노동자를 구타하는 사건이 발생하자 원산의 전 노동자가 파업을 단행하여 원산 총파업 사건이 발생하였다. 이들은 일본, 프랑스 등지의 노동 단체로부터 격려 전문을 받기도 하였다(1929).

07 [정답 ②]

출제자의 눈 일제의 지배에 대항하여 일어난 노동 운동 중 하나인 원산 노동자 총파업을 알아봅니다.

사료 속 키워드 #라이징 선 석유 주식회사 #일본인 감독이 조선인 노동자를 구타 #일제 강점기 최대 규모의 노동 운동 #중국 지역의 여러 노동 단체도 격려와 후원을 함

영국인이 경영하는 라이징 선 석유 회사에서 일본인 감독이 한국인 노동자를 구타한 사건을 계기로 파업이 일어난 후 회사가 요구 조건을 이행하지 않자 원산 노동 연합회를 중심으로 원산 총파업에 들어갔다. 당시 중국, 프랑스 등 세계 각국의 노동자들이 격려와 후원을 하였다(1929).
② 평양 평원 고무 공장의 노동자 강주룡은 을밀대 지붕에서 고공 농성을 벌이며 일제의 노동 착취를 규탄하고 노동 조건 개선을 주장하였다(1931).

오답 해설
① 일제 통감부는 대한 제국의 식산흥업을 장려한다는 명목으로 한일합자 회사인 동양 척식 주식회사를 설립하였다(1908).
③ 대한 제국 선포 직후 고종은 구본신참의 원칙에 바탕을 둔 광무개혁을 실시하였다(1897). 이에 따라 황실의 지원을 얻어 민간 은행인 천일 은행이 설립되었다(1899).
④ 3·1 운동 이후 사회주의 사상이 유입되면서 노동·농민 운동 등 사회 운동이 활성화되었다. 이에 소작 쟁의가 다수 발생하였고 통일된 조직의 필요성을 느껴 조선 노농 총동맹이 결성되었다(1924).

⑤ 전남 신안군 암태도에서는 한국인 지주 문재철의 횡포와 이를 비호하는 일본 경찰에 맞서 일제 강점기 최대 규모의 암태도 소작 쟁의가 발생하였다. 이에 전국 각지 사회단체가 지원하였으며, 동아일보는 암태도 소작 쟁의를 보도하여 전국적으로 관심을 집중시키는 데 기여하였다(1923).

08 [정답 ④]

> **출제자의 눈** 1920년대 형평 운동에 대해 살펴봅니다.
> **사료 속 키워드** #모히라! 자유평등의 기치하에로 #진주 #공평은 사회의 근본이요, 애정은 인류의 본량(本良)

④ 갑오개혁 이후 공사 노비법이 혁파되어 법적으로는 신분제가 폐지되었으나 일제 강점기 때 백정에 대한 사회적 차별은 더욱 심해졌다. 백정들은 이러한 차별을 철폐하기 위해 진주에서 조선 형평사 창립 대회를 개최하고 형평 운동을 전개하였다.

오답 해설
① 김광제, 서상돈 등은 대구에서 국채 보상 운동을 전개하여 일본에서 도입한 차관 1,300만 원을 갚아 주권을 회복하고자 하였으나 통감부의 방해로 실패하였다.
② 3·1 운동은 고종의 인산일을 계기로 일어난 전국적인 민족 운동으로 중국의 5·4 운동에 영향을 주었다.
③ 을사늑약을 계기로 결성된 대한 자강회는 교육과 산업 활동을 바탕으로 한 국권 회복을 목표로 활동하였고, 고종의 강제 퇴위 반대 운동을 전개하다가 일제의 탄압으로 해산되었다.
⑤ 서울 북촌의 양반 여성들이 모여 한국 최초의 여성 인권 선언서인 여권통문을 발표하였다.

09 [정답 ①]

> **출제자의 눈** 사회적인 차별 대우에 대항하여 백정들이 일으킨 형평 운동을 확인합니다.
> **사료 속 키워드** #백정 #신분제가 폐지되었음에도 끊임없이 차별받음 #저울처럼 평등한 세상 #평등한 대우

① 갑오개혁 이후 신분제가 폐지되었음에도 이력서에 백정임을 표시해야 하는 등 백정에 대한 사회적 차별이 계속되었다. 백정들은 저울처럼 평등한 세상을 바라며 진주에서 조선 형평사를 결성하고 형평 운동을 전개하였다.

오답 해설
② 김광제, 서상돈 등은 대구에서 국채 보상 운동을 주도하여 일본에서 도입한 차관 1,300만 원을 갚아 주권을 회복하고자 하였다. 국채 보상 운동은 각종 계몽 단체와 대한매일신보 등 언론 기관의 지원을 받아 전국 각지로 확산되었으나 통감부의 방해와 탄압으로 중단되었다.
③ 평양에서 조만식을 중심으로 조직된 조선 물산 장려회는 '조선 사람 조선 것'을 주장하며, 국산품을 장려하는 물산 장려 운동을 전개하였다.
④ 1920년대 사회주의가 유입되기 시작하였고 사회주의자와 학생들이 함께 순종의 인산일에 맞추어 만세 운동을 계획하였다. 그러나 사회주의자들이 사전에 일본에 발각되면서 학생들을 중심으로 순종의 국장일인 1926년 6월 10일 서울 시내에서 만세 시위를 전개하였다.
⑤ 영국인이 경영하는 라이징 선 석유 회사에서 일본인 감독이 한국인 노동자를 구타한 사건을 계기로 파업이 일어난 후 회사가 요구 조건을 이행하지 않자 원산 노동 연합회를 중심으로 원산 노동자 총파업에 들어갔다.

10 [정답 ②]

> **출제자의 눈** 방정환을 중심으로 소년 운동을 전개하였던 천도교의 활동을 알아봅니다.
> **사료 속 키워드** #방정환 #『어린이』 #동학을 계승한 종교

동학의 제3대 교주 손병희는 동학을 천도교로 개칭하고 항일 운동 및 문화 운동을 전개하였다. 이에 방정환, 김기전 등이 주축이 된 천도교 소년회는 어린이날을 제정하고, 잡지 『어린이』를 발간하는 등 소년 운동을 주도하였다.
② 천도교는 국한문 혼용체 기관지인 만세보를 발행하여 민중 계몽 운동을 전개하였다.

오답 해설
① 한용운 등이 조직한 조선 불교 유신회는 일제가 시행한 사찰령에 저항하여 민족 불교의 자주성을 지키고자 하였다.
③ 원불교는 허례허식 폐지, 남녀평등, 미신 타파, 금주·단연 등 새 생활 운동을 전개하였다. 또한, 개간 및 간척 사업과 저축 운동을 적극적으로 추진하기도 하였다.
④ 배재 학당은 미국인 개신교 선교사 아펜젤러가 세운 근대적 사립 학교로, 신학문 보급을 위해 노력하였다.
⑤ 만주 지역에서 천주교도를 중심으로 독립운동 단체인 의민단이 조직되어 항일 무장 투쟁을 전개하였다.

04 민족 문화 수호 운동

기출 키워드로 연습하기

01 ① 『우리말 큰사전』 ② 『한국통사』 ③ 『조선사회경제사』
02 × 03 × 04 한용운 05 박은식 06 백남운

01 ① 조선어 학회는 『우리말 큰사전』의 편찬을 시작하여 해방 이후 완성하였다.
② 박은식은 독립운동의 수단으로 민족사 연구에 몰두하여 일본의 침략 과정을 다룬 『한국통사』를 저술하였다.
③ 백남운은 『조선사회경제사』에서 식민주의 사학의 정체성 이론을 반박하였다.

02 의민단에 대한 설명이다.

03 박은식은 유교 개혁을 주장하는 『유교 구신론』을 제창하였다.

단골 키워드 문제

01 ④　　02 ①　　03 ⑤　　04 ①　　05 ③
06 ⑤

01　　　　　　　　　　　　　　　　　　　　[정답 ④]

출제자의 눈 한글 맞춤법 통일안을 발표한 조선어 학회를 탐구합니다.

사료 속 키워드 #잡지 「한글」 #한글 맞춤법 통일안 #한글날을 창제일에 맞춰 10월 9일로 시정

조선의 말과 글을 연구·정리하고자 설립된 조선어 학회는 1933년 「한글 맞춤법 통일안」을 완성하여 초판 발행하였으며, 이후 여러 차례 수정을 거치며 개정판을 발매하였다. 또한, 1940년에 발견된 「훈민정음 해례본」에 창제의 완성일이 '1446년 구월 상순'이라고 나온 것에 따라 9월 상순의 마지막 날인 9월 10일을 반포일로 여기고, 기존의 음력 한글날을 양력 날짜인 10월 9일로 시정하였다.
④ 조선어 학회는 「조선말(우리말) 큰사전」의 편찬 사업을 추진하였으나, 일제의 탄압으로 조선어 학회가 강제 해산되면서 편찬 사업을 중단하였다. 해방 이후 석방된 조선어 학회 회원들이 학회를 재건하여 사전의 편찬을 완성하였다.

오답 해설

① 스코틀랜드 출신 선교사 존 로스는 외국인들이 한글을 배울 수 있도록 최초로 한글에 띄어쓰기를 도입해 한국어 교재 「조선어 첫걸음」을 만들었다. 이후 순한글판 신문인 독립신문이 간행물로는 최초로 한글에 띄어쓰기를 적용하였다.
② 「대한문전」은 유길준이 국어의 문법 및 특징을 기술하여 우리말의 체계를 종합적으로 정리한 책으로, 우리나라 최초의 국어 문법서이다.
③ 신민회는 평양에 태극 서관을 설립하여 계몽 서적이나 유인물을 출판·보급하고 회원들이 연락하는 장소로서 기능하도록 하였다.
⑤ 학부대신 이재곤의 건의로 학부 안에 설치된 국문 연구소는 지석영과 주시경을 중심으로 한글의 정리와 국어의 이해 체계 확립에 힘썼다.

02　　　　　　　　　　　　　　　　　　　　[정답 ①]

출제자의 눈 일제 강점기 국어학자이자 국어 운동가였던 최현배의 일생을 파악합니다.

사료 속 키워드 #주시경의 영향을 받음 #국어 운동의 길로 들어섬

① 외솔 최현배는 울산 출신으로 1910년 보성중학교에서 열리는 조선어 강습원에서 주시경의 가르침을 받은 것을 계기로 국어학 연구를 시작하였다. 또한, 조선어 사전 편찬 위원회의 집행 위원으로서 활동하며 국어 운동을 전개하였으며, 조선어 학회에서 국어 보급을 위한 지방 순회에 참여하여 대중에게 국어의 과학적 가치와 문법적 기초 지식을 이해시키기도 하였다. 조선어 학회 사건으로 4년 간 옥고를 치르고 광복을 맞이한 후에도 국어학을 연구하고 운동을 활발히 전개하여 국어 교재 편찬과 교사 양성에 힘썼다.

오답 해설

② 김규식은 대한민국 임시 정부의 모체인 신한 청년당 소속으로 파리 강화 회의에 파견되어 독립 청원서를 제출하였다.
③ 임병찬은 고종의 밀명을 받아 독립 의군부를 조직하였다. 이후 조선 총독부에 국권 반환 요구서를 제출하려 하고, 복벽주의를 내세워 의병 전쟁을 준비하였다.
④ 박은식은 독립을 위해 국혼(國魂)을 강조하였으며, 고종 즉위 다음 해부터 국권 피탈 직후까지의 역사를 기록한 「한국통사」를 저술하였다.
⑤ 조선 총독부는 데라우치 총독 암살 미수 사건을 조작하여 많은 민족 운동가들을 체포하였으며, 이로 인해 신민회가 해산되었다(105인 사건).

03　　　　　　　　　　　　　　　　　　　　[정답 ⑤]

출제자의 눈 일제가 규정한 식민지 교육 방침인 제2차 조선 교육령에 대해 학습합니다.

사료 속 키워드 #보통 교육 #보통 학교의 수업 연한은 6년

제2차 조선 교육령은 일제가 문화 통치를 표방하며 조선인에게 일본인과 동등한 교육을 실시한다는 원칙하에 개정되었다(1922). 제1차 조선 교육령(1911)은 보통·실업·전문 기술 교육과 일본어 학습을 강요하고 보통 교육의 수업 연한을 4년으로 단축하였다. 제2차 조선 교육령은 이를 수정하여 조선어를 필수 과목으로 지정하고 보통 학교의 수업 연한을 6년으로 연장하였다.
⑤ 일제는 제2차 조선 교육령을 발표하여 사범학교 설립 및 대학에 관한 규정을 마련하였다. 이에 이상재, 윤치호 등은 조선인 본위의 교육을 위해 조선 민립 대학 설립 기성회를 조직하고(1923) 민립 대학 설립 운동을 전개하였다. 일제는 이를 저지하고자 경성 제국 대학령을 발의하여 경성 제국 대학을 설립하였고(1924), 민립 대학 설립 운동은 실패하였다.

오답 해설

① 일제의 사립 학교 규칙으로 인해 전국적으로 개량 서당 운동이 확산되자 일제는 서당 규칙을 만들어 개량 서당 설립을 방해하였다(1918).
② 일본 도쿄 유학생들이 조선 청년 독립단을 조직하고 2·8 독립 선언을 발표하였으며(1919), 이는 3·1 운동의 발단에 직접적인 영향을 미쳤다.
③ 주시경을 중심으로 조선어의 정확한 법리를 연구하고자 조선어 연구회가 결성되었다. 이후, 조선어 연구회는 조선어 학회로 개편되어 한글 맞춤법 통일안과 표준어를 제정하고 「조선말 큰사전」 편찬을 시작하였으나 일제에 의해 강제 해산되었다(조선어 학회 사건, 1942).

④ 1920년 서울에서 차미리사의 주도로 조직된 조선 여자 교육회는 순회강연회를 진행하는 등 여성 계몽 운동을 전개하였으며, 여학교 설립을 도모하여 근화 학원을 세우기도 하였다.

04 [정답 ①]

출제자의 눈 단재 신채호의 활동을 살펴봅니다.
사료 속 키워드 #신민회 #대한매일신보 필진 #조선 혁명 선언 #『조선상고사』

민족주의 사학자이자 독립운동가인 신채호는 신민회 활동에 참여하여 논설을 통해 국채 보상 운동을 적극 지원하였다. 또한, 대한매일신보의 필진으로 근무하면서 「독사신론」을 발표하여 민족을 역사 서술의 중심에 두었다. 이후 일제 강점기 때는 중국 상하이로 가서 대한민국 임시 정부 수립에 참여하여 임시 의정원의 의원으로 활동하였으며, 김원봉의 요청으로 의열단의 행동 지침으로서 조선 혁명 선언을 작성하여 폭력에 의한 민중 직접 혁명을 주장하였다. 이후 타이완에서 무정부주의 동방 연맹 창립 대회에 참여하면서 자유·평등·폭력 혁명을 외치는 무정부주의의 길을 걷게 되었다. 그는 본격적인 국사 연구에도 돌입하여 단군부터 백제의 멸망과 부흥 운동까지 서술한 『조선상고사』를 연재하였다. 타이완에서 외국 위체 위조 사건에 휘말려 체포된 후 뤼순 감옥에서 복역하다가 뇌일혈로 순국하였다.
① 한국인 학생과 일본인 학생 간의 충돌로 광주 학생 항일 운동이 발생하자 신간회 중앙 본부가 진상 조사단을 파견하여 지원하였다.

오답 해설
② 대한민국 임시 정부는 중국 안동에 설립된 무역 선박 회사인 이륭양행에 교통국을 설치하여 국내와의 연락망을 확보하였다.
③ 조선 혁명 선언은 김원봉의 요청을 받아 신채호가 작성한 의열단의 활동 지침이다.
④ 신채호는 『조선상고사』를 통해 '역사는 아(我)와 비아(非我)의 투쟁'이라고 정의하였다. 이때 아(我)는 주관적 입장, 비아(非我)는 대립적 입장으로 보았다.
⑤ 이토 히로부미를 만주 하얼빈 역에서 사살한 안중근은 뤼순 감옥에 수감되어 그곳에서 순국하였다.

05 [정답 ③]

출제자의 눈 『조선사회경제사』를 저술한 백남운에 대해 알아봅니다.
사료 속 키워드 #『조선사회경제사』 #우리 역사의 전개 과정을 세계사의 보편적인 발전 법칙에 따라 네 단계로 나눔

③ 백남운은 『조선사회경제사』와 『조선봉건사회경제사』를 저술하면서 사적 유물론의 원리를 적용하여 주체적으로 역사를 해석하였다. 이를 통해 한국사가 세계사의 보편적인 발전 법칙에 맞게 발전하였음을 강조하면서 식민 사학의 정체성론을 반박하였다.

오답 해설
① 이병도, 손진태는 한국 및 지역 문화를 연구하기 위해 진단 학회를 창립하여 실증주의 사학을 발전시켰다.
② 박은식은 갑신정변부터 3·1 운동까지의 역사에 초점을 맞춰 우리 민족의 항일 운동 역사를 다룬 『한국독립운동지혈사』를 저술하였다.
④ 조선어 학회는 『우리말 큰사전(조선말 큰사전)』의 편찬 사업을 추진하였다. 그러나 일제의 탄압으로 조선어 학회가 강제 해산되면서 중단되었고 해방 이후에 완성되었다.
⑤ 정인보는 「5천 년간 조선의 얼」이라는 글을 동아일보에 연재하여 민족의 얼을 강조하였고, 안재홍과 함께 조선학 운동을 주도하여 정약용의 저술을 모은 『여유당전서』를 간행하였다.

❖ **일제 강점기 국학 연구**

민족주의 사학	박은식	• 혼(魂) 강조 • 『한국통사』, 『한국독립운동지혈사』
	신채호	• 민족주의 역사학 기반 확립 • 고대사 연구 • 「독사신론」, 『조선상고사』, 『조선사연구초』
사회·경제 사학	백남운	• 유물 사관에 바탕을 둠 • 세계사의 보편 법칙에 따라 발전 강조(정체성론 비판) • 『조선사회경제사』, 『조선봉건사회경제사』
실증 사학	손진태, 이병도	• 문헌 고증 강조 • 진단 학회 조직

06 [정답 ⑤]

출제자의 눈 나운규의 「아리랑」이 발표되었던 1920년대 일제 강점기의 사회 모습을 탐구합니다.
사료 속 키워드 #「아리랑」 #나운규

「아리랑」은 일제 강점기인 1920년대에 극장 단성사에서 개봉한 영화로, 나운규가 감독과 주연을 맡아 제작하였다. 이 영화는 일본의 식민지 정책이 확립되던 시기에 우리 민족의 항일 정신을 반영한 작품으로, 조국을 잃은 백성의 울분과 설움이 표현되어 있다. 노래 「아리랑」은 이 영화의 주제가로서 서사 전개 과정과 밀접하게 연계되면서 관객의 집중력을 높이는 역할을 하였다.
⑤ 1920년대 후반 사회주의의 영향으로 계급 모순을 비판하는 신경향파가 등장하였고, 신경향파 작가들은 카프(KAPF)라는 단체를 조직하여 문학의 현실 반영을 강조하였다(1925).

오답 해설
① 독립 협회는 민중에게 근대적 지식과 국권·민권 사상을 고취시키기 위해 관민 공동회를 개최하였다. 정부 대신 박정양, 윤치호가 참석한 이 자리에는 가장 천대받던 계층인 백정 박성춘이 연설을 하는 등 관민이 함께 국정에 대하여 논의하였다(1898).
② 제2차 갑오개혁 때 교육 입국 조서가 반포되어 근대적 교육의 기본 방향이 제시되었고, 이에 따라 소학교, 중학교, 한성 사범 학교 등이 세워졌다(1895).

③ 한국 최초의 서양식 극장인 원각사에서 「은세계」, 「치악산」 등의 신극이 공연되었다(1908).
④ 대한 제국 황실과 미국인의 합작으로 한성 전기 회사가 세워졌다 (1898). 한성 전기 회사는 발전소를 세우고 서울에 전차를 가설하면서 전차 개통식을 거행하였다(1899).

05 무장 독립 투쟁

기출 키워드로 연습하기

01 ① 홍범도 ② 윤봉길 ③ 영릉가 전투 02 × 03 ○ 04 ×
05 조선 의용대 06 김구

01 ① 홍범도는 의병장 출신으로 대한 독립군을 이끌면서 봉오동 전투에서 일본군에 큰 승리를 거두었다.
② 한인 애국단원 윤봉길은 상하이 홍커우 공원에서 열린 일본군 전승 축하 기념식장에서 폭탄을 던졌다.
③ 조선 혁명군은 중국 의용군과 연합하여 영릉가 전투를 승리로 이끌었다.

02 의열단원 나석주가 동양 척식 주식회사에 폭탄을 투척하였다.

03 김좌진을 중심으로 한 북로 군정서와 홍범도가 이끄는 대한 독립군, 대한 국민군 등이 주축이 된 독립군 연합 부대가 청산리 전투에서 일본군에 큰 승리를 거두었다.

04 의열단은 일제 식민 통치 기관을 공격 대상으로 삼고 민중의 직접 혁명을 통한 일제 타도를 주장하였다.

단골 키워드 문제

01 ① 02 ③ 03 ⑤ 04 ⑤ 05 ①
06 ② 07 ① 08 ④ 09 ⑤ 10 ⑤

01 [정답 ①]

> 출제자의 눈 일제에 대항하여 폭력 투쟁을 전개하였던 의열단에 대해 알아봅니다.
> 사료 속 키워드 #김원봉 #일제 기관의 파괴 #조선 총독 이하의 관리 및 매국노의 암살

황상규는 1918년에 만주로 망명한 이후 김동삼, 김좌진, 안창호 등과 대한 독립 선언서를 발표하며 우리나라가 완전한 자주독립국임을 선포하였다. 1919년에는 폭력 투쟁을 전개하고자 김원봉 등과 함께 의열단을 창단하였다. 1920년 그는 의열단원들과 함께 국내 거사를 준비하였으나 밀양에 숨겨 두었던 폭탄이 밀정의 누설로 일본 경찰에게 발각되면서 거사는 수포로 돌아가게 되었다.
① 항일 비밀 결사 조직인 의열단은 신채호가 작성한 조선 혁명 선언을 기본 활동 지침으로 삼으며 폭력 투쟁을 전개하였다.

오답 해설
② 조소앙은 삼균주의에 입각하여 대한민국 임시 정부의 건국 강령을 만들어 독립운동의 방향과 독립 후의 건국 과정을 명시하였다.
③ 천도교는 제2의 3·1 운동을 계획하여 자주 독립 선언문을 발표하였고, 『개벽』, 『신여성』 등의 잡지를 간행하여 민족의식을 높였다.
④ 김구가 결성한 한인 애국단은 적극적인 투쟁 활동을 전개하였으며 일본군 전승 축하 기념식이 열리는 상하이 홍커우 공원에서 일어난 윤봉길 폭탄 의거를 계획 및 실행하였다.
⑤ 독립 의군부의 임병찬은 고종의 밀명을 받아 독립 의군부를 조직하여 조선 총독부에 국권 반환 요구서 제출을 시도하였다.

❖ 의열단의 의거 활동

인물	내용
박재혁	부산 경찰서에 폭탄 투척(1920)
최수봉	밀양 경찰서에 폭탄 투척(1920)
김익상	조선 총독부에 폭탄 투척(1921)
김상옥	종로 경찰서에 폭탄 투척, 일경과 교전·처단(1923)
김지섭	일본 도쿄 왕궁에 폭탄 투척(1924)
나석주	동양 척식 주식회사와 조선 식산 은행에 폭탄 투척(1926)

02 [정답 ③]

> 출제자의 눈 폭력 투쟁을 전개하였던 의열단의 활동에 대해 확인합니다.
> 사료 속 키워드 #김상옥 #단장 김원봉 #조선 내 관리를 암살 #주요 관아, 공서를 폭파

김원봉이 결성한 항일 비밀 결사 조직 의열단은 신채호가 작성한 조선 혁명 선언을 기본 행동 강령으로 하여 폭력 투쟁을 전개하였다. 의열단은 식민 지배 기구를 파괴하고, 조선 총독부의 고위 관리 및 친일파 처단 활동을 목표로 행동하였다.
③ 의열단원인 나석주는 동양 척식 주식회사와 조선 식산 은행에 폭탄을 투척하였다.

오답 해설
① 보안회는 일본이 대한 제국에 황무지 개간권을 요구하자 반대 운동을 전개하여 이를 저지하였다.
② 신민회는 조선 총독부가 데라우치 총독 암살 미수 사건을 조작하여 많은 민족 운동가들을 체포한 105인 사건으로 인해 와해되었다.
④ 독립 의군부의 임병찬은 고종의 밀명을 받아 독립 의군부를 조직하여 조선 총독부에 국권 반환 요구서를 보내려고 시도하였다.
⑤ 중국 안동에 설립된 무역 선박 회사인 이륭양행은 비밀리에 대한민국 임시 정부의 교통국 역할을 수행하였다.

03 [정답 ⑤]

출제자의 눈 민족주의 독립운동의 이념으로 삼균주의를 정립한 조소앙을 탐구합니다.

사료 속 키워드 #동제사 #대동단결 선언 #공화정 지향 #한국 독립당 창당 #대한민국 임시 정부 건국 강령

⑤ 조소앙은 일제 강점기 독립운동가이자 정치 사상가로, 해방 이후에도 건국 운동을 주도하였다. 그는 민족 운동가로서 활동하기 위해 상하이로 망명하여 상하이 최초의 한국인 독립운동 단체인 동제사에 참여하였다. 신규식, 박은식, 신채호 등과 함께 대동단결 선언을 작성하여 국민 주권론을 밝히고 임시 정부의 필요성을 주장하기도 하였다. 또한, 안창호와 함께 대한민국 임시 정부의 여당으로 한국 독립당을 창당하고, 새로운 국가 건설을 위한 이념으로 삼균주의를 주장하였다. 이후 그는 삼균주의를 정치 이념으로 하여 독립운동의 방향과 독립 후의 건국 과정을 명시한 대한민국 임시 정부 건국 강령 초안을 작성하였다.

오답 해설

① 신채호는 김원봉의 요청을 받아 의열단의 기본 행동 강령인 조선 혁명 선언을 작성하였다.
② 박은식은 갑신정변부터 3·1 운동까지의 역사에 초점을 맞춰 우리 민족의 항일 운동 역사를 다룬 『한국독립운동지혈사』를 저술하였다.
③ 김규식과 여운형은 동아시아 지역의 공산주의 운동과 민족 해방 운동을 지원하기 위해 열린 극동 인민 대표 대회의 의장단으로 선출되었다.
④ 이준, 이상설, 이위종은 고종의 명으로 네덜란드 헤이그에서 열린 만국 평화 회의에 특사로 파견되어 을사늑약의 무효를 알리고자 하였다.

04 [정답 ⑤]

출제자의 눈 한국 독립군의 활동을 공부합니다.

사료 속 키워드 #총사령관 지청천 #중국군과 연합 #대전자령에서 일본군을 상대로 대승을 거둠

⑤ 북만주에서 결성된 한국 독립당 산하의 군사 조직인 한국 독립군은 중국 호로군과 연합하여 한중 연합군을 조직하였다. 이후 중국 의용군이 분화하면서 길림구국군과 함께 대전자령 전투를 전개하였는데, 이때 한국 독립당 의용군 중대장이었던 오광선은 지청천과 함께 활약하여 전투를 승리로 이끌었다.

오답 해설

① 홍범도의 대한 독립군은 대한 국민회군, 군무도독부 등의 독립군과 연합하여 봉오동 전투에서 일본군을 상대로 큰 승리를 거두었다.
② 대한민국 임시 정부의 직할 부대인 한국 광복군은 영국군의 요청을 받아 인도, 미얀마 전선에 파견되었으며, 미국의 협조를 받아 국내 진공 작전을 계획하였다.
③ 남만주 지역에서 양세봉이 이끈 조선 혁명군은 중국 의용군과 연합하여 흥경성, 영릉가 전투에서 승리하였다.
④ 조선 의용대는 중국 관내에서 창설한 최초의 한인 군사 조직으로 조선 민족 전선 연맹 산하에 있었다.

05 [정답 ①]

출제자의 눈 양세봉이 총사령관으로 활약하였던 조선 혁명군의 항일 투쟁에 대해 알아봅니다.

사료 속 키워드 #국립현충원 애국지사 묘역 #양세봉의 묘 #남만주 일대에서 조직 #중국 의용군과 함께 항일 투쟁

① 1930년대 초 남만주 지역에서 조선 혁명군을 이끈 양세봉은 중국 의용군과 연합하여 영릉가 전투에서 일본군에 승리하였다.

오답 해설

② 북로 군정서는 북간도에서 서일 등의 대종교도를 중심으로 결성된 중광단이 3·1 운동 직후 무장 독립운동을 수행하기 위해 정의단으로 확대·개편되면서 조직한 단체이다. 이후 김좌진이 이끄는 북로 군정서는 일본군과의 청산리 전투에서 큰 승리를 거두었다.
③ 대한 독립 군단은 간도 참변으로 인해 러시아 자유시로 근거지를 옮겼으나 군 지휘권을 둘러싼 분쟁에 휘말려 자유시 참변을 겪으며 세력이 약화되었다.
④ 김원봉과 의열단 지도부는 난징에 조선 혁명 간부 학교를 설립하여 군사력을 강화하였다.
⑤ 대한민국 임시 정부의 직할 부대로 창설된 한국 광복군은 영국군의 요청을 받아 인도, 미얀마 전선에 파견되었다.

06 [정답 ②]

출제자의 눈 조선 의용대의 활동에 대해 살펴봅니다.

사료 속 키워드 #중국 국민당 정부의 지원 #김원봉 등을 중심으로 창설됨 #중국 관내(關內)에서 만들어진 최초의 한인 무장 부대

② 조선 의용대는 김원봉의 주도로 중국 국민당의 지원을 받아 중국 관내에서 결성된 최초의 한인 무장 부대이다. 조선 의용대의 일부 대원은 충칭 지역의 한국 광복군에 합류하여 항일 전선에 참여하였고, 나머지 주력 부대는 화북 지역으로 이동하여 조선 의용대 화북 지대를 조직한 뒤 중국 팔로군과 함께 무장 투쟁을 전개하였다.

오답 해설

① 대한 독립 군단은 간도 참변으로 인해 러시아 자유시로 근거지를 옮겼으나 군 지휘권을 둘러싼 분쟁에 휘말려 자유시 참변을 겪으면서 세력이 약화되었다.
③ 지청천을 중심으로 북만주에서 결성된 한국 독립군은 쌍성보 전투에서 중국 호로군과 연합 작전을 전개하여 승리하였다.

④ 박용만은 미국 네브래스카에서 독립운동과 인재 양성을 목적으로 한인 소년병 학교를 설립하였다.
⑤ 김좌진이 이끄는 북로 군정서는 홍범도가 이끄는 대한 독립군과 연합하여 청산리 전투에서 일본군을 상대로 대승을 거두었다.

07 [정답 ①]

출제자의 눈 대한민국 임시 정부의 직할 부대인 한국 광복군의 활약을 알아봅니다.

사료 속 키워드 #대한민국 임시 정부 #충칭 #지청천을 총사령 #중국 관내 #독립군 중에서 모집

① 한국 광복군은 충칭에서 창설되었던 대한민국 임시 정부의 직할 부대이다. 지청천을 총사령, 이범석을 참모장으로 두었으며, 태평양 전쟁이 발발한 이후 김원봉이 주도하던 조선 의용대가 한국 광복군으로 편입되었다. 또한, 한국 광복군은 영국군의 요청을 받아 인도, 미얀마 전선에 파견되어 활동하고, 미국과 연계하여 국내 진공 작전을 계획하였으나 실현하지 못하였다.

오답 해설
② 지청천을 중심으로 북만주에서 결성된 한국 독립군은 중국 호로군과 연합하여 쌍성보 전투, 사도하자 전투, 대전자령 전투에서 일본군에 승리하였다.
③ 조선 의용대는 김원봉이 중국 국민당의 지원을 받아 중국 관내에서 결성한 최초의 한인 무장 부대로, 조선 민족 전선 연맹 산하에 있었다.
④ 남만주 지역의 조선 혁명당 산하 군사 조직인 조선 혁명군은 양세봉의 주도로 중국 의용군과 연합하여 영릉가 전투에서 일본군에 승리하였다.
⑤ 대한 독립 군단은 간도 참변으로 인해 러시아 자유시로 근거지를 옮겼으나 군 지휘권을 둘러싼 분쟁에 휘말려 자유시 참변을 겪으면서 세력이 약화되었다.

08 [정답 ④]

출제자의 눈 김좌진을 사령관으로 하여 청산리 전투에서 일본군에게 대승을 거두었던 북로 군정서를 확인합니다.

사료 속 키워드 #독립군 교본 #김좌진이 지휘 #청산리 전투

최해는 최신식의 군사 기술을 가르쳐 독립군을 양성하는 신흥 무관 학교를 졸업한 후 북로 군정서의 교관과 여단장에 임명되었다. 신흥 무관 학교에서 군사 교육을 받은 경험을 살려 북로 군정서 훈련 교본을 저술하였으며, 청산리 전투에 참여하여 일본군에게 큰 승리를 거두기도 하였다.
④ 북간도에서 서일 등의 대종교 세력을 중심으로 결성된 중광단이 3·1 운동 직후 무장 독립운동을 수행하기 위해 정의단으로 확대·개편되면서 북로 군정서를 조직하였다.

오답 해설
① 지청천을 총사령으로 하여 북만주에서 결성된 한국 독립군은 한·중 연합 작전하에 중국 호로군과 함께 쌍성보 전투, 사도하자 전투, 대전자령 전투에서 일본군에 승리하였다.
② 남만주 지역에서 양세봉이 이끈 조선 혁명군은 중국 의용군과 연합하여 영릉가 전투에서 일본군에 승리하였다.
③ 중국 공산당은 항일 세력의 규합과 노동자의 주도권 강화를 강조하면서 만주에서 활동하고 있는 조선인과 중국인의 유격대를 통합하여 동북 인민 혁명군을 편성하였다. 이후 동북 항일 연군으로 개편하여 유격 활동을 계속하였다.
⑤ 한국 광복군은 충칭에서 대한민국 임시 정부의 직할 부대로 창설되었다. 이후 영국군의 요청으로 인도·미얀마 전선에 파견되었으며, 미군과 협조하여 국내 진공 작전을 추진하였다.

09 [정답 ⑤]

출제자의 눈 북만주에서 지청천을 중심으로 결성된 한국 독립군의 활동을 파악합니다.

사료 속 키워드 #대전자령 #일본군 #중국 의용군 #한·중 연합군 #『청천장군의 혁명투쟁사』

지청천을 중심으로 북만주에서 결성된 한국 독립군은 중국 호로군과 연합하여 한·중 연합군을 조직하였다. 이후 중국 의용군이 분화하면서 길림구국군과 함께 대전자령 전투를 전개하여 일본군에 승리하였다.
⑤ 한국 독립당 산하의 군사 조직인 한국 독립군은 북만주에서 결성되었다. 또한, 중국 호로군과 함께 한중 연합 작전을 전개하여 쌍성보 전투, 사도하자 전투, 동경성 전투 등에서 일본군에 승리하였다.

오답 해설
① 대한민국 임시 정부의 직할 부대인 한국 광복군은 영국군의 요청으로 인도·미얀마 전선에 파견되었으며, 미군과 협조하여 국내 진공 작전을 추진하였다.
② 대한 독립 군단은 간도 참변으로 인해 러시아 자유시로 근거지를 옮기고 조직을 정비하였으나 군 지휘권을 둘러싼 분쟁에 휘말려 자유시 참변을 겪으면서 다수의 사상자가 발생하였다.
③ 조선 의용대는 김원봉의 주도로 중국 국민당의 지원을 받아 중국 관내에서 결성된 최초의 한인 무장 부대로, 조선 민족 전선 연맹 산하에 있었다.
④ 김좌진이 이끄는 북로 군정서와 홍범도가 이끄는 대한 독립군을 중심으로 한 독립군 연합 부대는 청산리 전투에서 일본군에 대승을 거두었다.

❖ 대한민국 임시 정부와 통일 전선

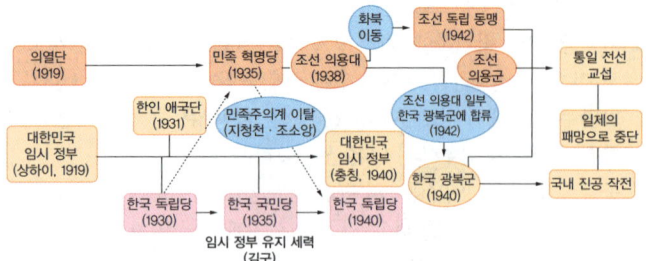

10 [정답 ⑤]

출제자의 눈 1920년대 국외에서 전개된 항일 무장 투쟁에 대해 알아봅니다.

사료 속 키워드 #북간도 #봉오동 #홍범도 #최진동 #『독립신문』 #조선 혁명군 #총사령 양세봉 #참모장 김학규 #중국 의용군과 합세 #영릉가성 #『광복』

(가) 봉오동 전투(1920.6.): 홍범도는 의병장 출신으로 대한 독립군을 이끌면서 대한 국민회군, 군무도독부 등의 독립군과 연합하여 봉오동 전투에서 일본군을 상대로 큰 승리를 거두었다.
(나) 영릉가 전투(1932): 양세봉이 주도하여 남만주 지역 조선 혁명당 산하의 군사 조직으로 조선 혁명군이 조직되었다. 이들은 중국 의용군과 연합 작전을 전개하여 영릉가 전투에서 일본군에 승리하였다.
⑤ 스탈린은 만주 지역이 일본의 침략을 받기 시작하자 극동 지방의 안보를 우려하여 국경 지방에 거주하는 한인 강제 이주 정책을 실시하였다(1937). 이로 인해 연해주에 살고 있던 한인 약 20만 명이 중앙아시아로 강제 이주되었다.

오답 해설
①·④ 연해주의 자유시로 근거지를 옮긴 대한 독립 군단은 군 지휘권을 둘러싼 분쟁에 휘말려 자유시 참변으로 큰 타격을 입었고(1921), 만주로 돌아와 참의부·정의부·신민부의 3부를 결성하였다. 이후 일본은 만주 지역의 독립운동을 탄압하기 위해 만주 군벌 장쭤린(장작림)과 미쓰야 협정을 체결하였다(1925). 협정에는 '만주에서 활약하는 독립군을 체포하여 일본에게 넘길 것', '이때 일본은 대가로 상금을 지불할 것' 등의 내용이 담겨 있어 만주 지역 독립운동이 큰 제약을 받게 되었다.
② 일제는 봉오동 전투와 청산리 전투의 패배에 대한 보복으로 독립군의 근거지를 소탕하기 위해 간도 지역의 수많은 한국인을 학살하는 만행을 저질렀는데 이를 간도 참변이라 한다(1920).
③ 김좌진이 이끄는 북로 군정서와 홍범도가 이끄는 대한 독립군이 주축이 된 독립군 연합 부대는 청산리 전투에서 일본군에 큰 승리를 거두었다(1920.10.).

VIII 현대의 한국사

01 광복 직후의 정세

기출 키워드로 연습하기

01 ① 한국 독립 약속 ② 덕수궁 석조전 개최 ③ 남한 단독 정부 수립 주장 **02** × **03** ○ **04** ○ **05** × **06** 신탁 통치 반대(반탁)

01 ① 해방 이후 열린 카이로 회담에서 한국 독립을 명기한 카이로 선언이 발표되었다.
② 모스크바 3국 외상 회의의 결정에 따라 미·소 공동 위원회가 서울 덕수궁 석조전에서 개최되었다.
③ 미·소 공동 위원회 결렬 이후 이승만이 정읍 발언을 통해 남한만의 단독 정부 수립을 주장하였다.

02 조선 건국 준비 위원회는 여운형(중도 좌파)과 안재홍(중도 우파)이 조직한 좌우 합작 단체로, 광복 직후 전국에 지부를 설치하여 국내의 치안을 담당하였다.

03 포츠담 선언에서 일본의 무조건적 항복을 요구하고 카이로 회담의 내용을 재확인하였다.

04 모스크바 3국 외상 회의에서는 미국, 영국, 소련의 외상들이 모여 한국 임시 정부 수립과 신탁 통치 방안 등을 결정하였다.

05 미·소 공동 위원회가 결렬되어 모스크바 3국 외상 회의에서 결정된 신탁 통치는 시행되지 않았다.

단골 키워드 문제

| 01 ③ | 02 ① | 03 ③ | 04 ② | 05 ④ |
| 06 ④ | | | | |

01 [정답 ③]

출제자의 눈 한반도 신탁 통치를 논의한 모스크바 3국 외상 회의의 개최 배경을 살펴봅니다.

사료 속 키워드 #군정 장관 아놀드 소장 #신탁 통치 #조선 임시 민주 정부 #4개국

③ 1945년 8월 15일 일본이 항복하면서 북위 38도 이남 한반도에 미군이 진주하게 되었고, 1948년 8월 15일 대한민국이 수립될 때까지 3년간 미 군정이 실시되었다. 그러던 중 세계 대전 전후 문제 처리를 위해 소련의 모스크바에서 열린 모스크바 3국 외상 회의에서 한반도 미·소 공동 위원회 설치와 최대 5년간의 신탁 통치 협정이 결정되었다(1945.12.).

오답 해설
① 해방 이후 좌우 대립이 격화되면서 분단의 위기를 느낀 중도파 세력들은 여운형, 김규식을 중심으로 좌우 합작 위원회를 수립하였다. 이후 중도적 사상의 통일 정부를 수립하는 것을 목적으로 좌우 합작 7원칙을 합의하여 제정하였다(1946).
② 모스크바 3국 외상 회의의 결정에 따라 서울 덕수궁 석조전에서 제1차 미·소 공동 위원회가 개최되었다. 그러나 미국과 소련의 입장 차이로 결렬되었다(1946).
④ 5·10 총선거를 통해 구성된 제헌 국회는 일제의 잔재를 청산하고 민족정기를 바로 잡기 위해 반민족 행위 처벌법을 제정하였고, 이에 따라 반민족 행위 특별 조사 위원회가 구성되었다(1948).
⑤ 제2차 미·소 공동 위원회가 결렬되자 미국은 유엔 총회에 한반도 문제를 상정하였고 유엔 총회는 한반도에서 인구 비례에 따른 총선거 실시를 결의하였다. 그러나 소련이 38선 이북 지역의 입북을 거부하자 유엔 소총회는 선거 실시가 가능한 남한만의 단독 선거를 지시하고 임시 위원단을 파견하여 선거를 감시하라는 결정을 내렸다(1947).

02 [정답 ①]

출제자의 눈 광복 직후 국내외 정세에 대하여 알아봅니다.

사료 속 키워드 #북위 38도 이남의 조선에서는 오직 한 정부 #미 군정 장관 육군 소장 아놀드

미 육군 총사령관 맥아더는 광복 직후 일본군 무장 해제를 위해 북위 38도선 이남에 미 군정을 설치한다는 내용의 포고령 1호를 발표하였다(1945.9.).
① 여운형은 일제의 패망에 대비하여 광복 이후 민주주의 국가 건설을 목표로 조선 건국 동맹을 결성하였다(1944).

오답 해설
② 광복 직후 여운형, 김규식 등의 중도파 세력들은 좌우 합작 위원회를 수립하고 좌우 합작 7원칙을 제정하여 중도적 사상의 통일 정부를 수립을 목표로 하였다(1946.10.).
③ 유엔 총회는 한반도에서 인구 비례에 따른 총선거 실시를 결의하고 유엔 한국 임시 위원단을 구성하였다(1947).
④ 제헌 국회는 일제의 잔재를 청산하고 민족정기를 바로잡기 위해 반민족 행위 처벌법을 제정하여 반민족 행위 특별 조사 위원회를 조직하였다(1948).
⑤ 광복 이후 미 군정은 식민지 시기 동양 척식 주식회사의 소유였던 토지, 일본인 및 일본 회사의 소유였던 토지와 귀속 재산을 관할·처리하기 위하여 신한 공사를 설립하였다(1946).

03 [정답 ③]

출제자의 눈 조선 건국 준비 위원회를 조직하였던 여운형에 대해 살펴봅니다.

사료 속 키워드 #정무총감 엔도 #조선 건국 준비 위원회를 만듦

일본이 태평양 전쟁에서 패배할 조짐이 보이자, 조선 총독부는 조선에 거주하던 일본인의 안전한 귀국을 보장하는 조건으로 여운형에게 행정권의 일부를 이양하였으며, 일본의 항복 선언 후, 여운형은 안재홍과 함께 조선 건국 준비 위원회를 결성하였다.
③ 광복 이후 좌우 대립이 격화되면서 분단의 위기감을 느낀 중도파 세력들은 여운형, 김규식을 중심으로 좌우 합작 위원회를 수립하고 좌우 합작 7원칙을 발표하는 등 좌우 합작 운동을 전개하였다.

오답 해설
① 안창호는 국권 회복을 위해 샌프란시스코에 대한인 국민회를 조직하고, 흥사단을 창립하였다.
② 일제가 조선어 학회를 독립운동 단체로 간주하고 관련 인사를 체포한 후 학회를 강제 해산시키는 조선어 학회 사건이 발생하여, 이극로, 최현배 등이 구속되어 옥고를 치렀다.
④ 제헌 국회는 일제의 잔재를 청산하고 민족정기를 바로잡기 위해 반민족 행위 처벌법을 제정하고, 반민족 행위 특별 조사 위원회를 구성하였다.
⑤ 광복 이후 이승만은 미국에서 귀국하여 좌·우익을 망라한 정치 단체인 독립 촉성 중앙 협의회를 조직하였다.

04 [정답 ②]

출제자의 눈 김구와 여운형의 활동을 확인합니다.

사료 속 키워드 #백범 #대한민국 임시 정부 주석 #남북 협상 참여 #몽양 #신한 청년당 결성 #좌우 합작 위원회 조직

(가) 김구는 대한민국 임시 정부의 곤경을 타개하고 침체된 독립운동의 새로운 활로를 모색하기 위해 상하이에서 한인 애국단을 결성하여 적극적인 투쟁 활동을 전개하였다. 해방 이후에는 남한만의 단독 선거에 반대하여 김규식과 남북 협상을 전개하기도 하였다(ㄱ).
(나) 여운형은 김규식과 상하이에서 신한 청년당을 결성하여 독립운동을 전개하였고, 조선 독립을 알리기 위해 파리 강화 회의에 대표를 파견하였다. 또한, 광복 이후에는 조선 건국 준비 위원회를 결성하였다(ㄷ).

오답 해설
ㄴ. 김원봉은 난징에서 의열단 지도부와 함께 조선 혁명 간부 학교를 설립하여 무장 항일 투쟁을 위한 군사력을 강화하였다.
ㄹ. 이승만과 민족주의 정당을 중심으로 각 정당과 단체들이 자주독립 촉진을 목표로 하는 독립 촉성 중앙 협의회를 결성하였다.

05 [정답 ④]

> **출제자의 눈** 이승만의 정읍 발언과 제2차 미·소 공동 위원회 개최 사이에 일어난 사건을 파악합니다.
>
> **사료 속 키워드** #정읍 #이승만이 단독 정부 수립 시사하는 발언 #한국 독립당 #소련 #제1차 미·소 공동 위원회 #미국 #신탁 통치에 반대하는 단체를 제외하는 것은 부당

- 이승만의 정읍 발언: 모스크바 3국 외상 회의의 결과, 한국에 임시 정부 수립이 결정되었다. 이에 대한 논의를 위해 서울 덕수궁 석조전에서 제1차 미·소 공동 위원회가 개최되었다(1946.3.). 소련은 모스크바 3국 외상 회의의 결정에 찬성하는 정당만을 참여할 것을 주장한 반면, 미국은 이를 반대하면서 미국과 소련의 입장 차이로 제1차 미·소 공동 위원회가 결렬되었다. 이후 이승만은 정읍 발언을 통해 남한 단독 정부 수립을 주장하였다(1946.6.).
- 제2차 미·소 공동 위원회: 제2차 미·소 공동 위원회가 개최되었으나 의견 차이를 좁히지 못하고 결렬되었다(1947.5.). 이에 미국은 유엔에 한반도 문제를 상정하였다(1947.9.).
- ④ 해방 이후 좌우 대립이 격화되자 분단의 위기를 느낀 중도파 세력들은 여운형, 김규식을 중심으로 좌우 합작 위원회를 수립하였다. 이후 중도적 사상의 통일 정부를 수립하는 것을 목적으로 좌우 합작 7원칙을 합의하여 제정하였다(1946.7.).

오답 해설

① 전남 여수에 주둔하던 국방 경비대 제14연대 소속의 일부 군인들이 남한 단독 정부 수립에 반대하여 일어난 제주 4·3 사건의 진압을 거부하며 여수와 순천 지역 일대를 장악하였다(1948).
② 제2차 미·소 공동 위원회가 결렬되자 미국은 유엔 총회에 한반도 문제를 상정하였고 유엔 총회는 한반도에서 인구 비례에 따른 총선거 실시를 결의하였다(1947.11.). 그러나 소련이 38선 이북 지역의 입북을 거부하자 유엔 소총회는 선거 실시가 가능한 남한만의 단독 선거를 지시하고 임시 위원단을 파견하여 선거를 감시하라는 결정을 내렸다. 이에 따라 남한에서만 우리나라 최초의 보통 선거인 5·10 총선거가 실시되었다(1948).
③ 광복 직후 송진우, 김성수 등이 한국 민주당을 창당하였다(1945). 한국 민주당은 조선 인민 공화국을 부정하고 충칭에 있는 대한민국 임시 정부를 지지하는 것을 방침으로 하였으나 이후 이승만의 정읍 발언에 동조하며 보수 정당의 역할을 하였다.
⑤ 광복 직후 조직된 조선 건국 준비 위원회의 좌익 세력은 미군의 진주에 대비하여 서둘러 국가 체제를 갖추고자 조선 인민 공화국을 선포·수립하고 각 지방에 인민 위원회를 조직하였다(1945).

06 [정답 ④]

> **출제자의 눈** 대한민국 정부 수립 과정 중 제1·2차 미·소 공동 위원회 개최 사이에 일어난 사건을 탐구합니다.
>
> **사료 속 키워드** #하지 중장 #미·소 공동 위원회 무기 휴회 #제2차 미·소 공동 위원회 개막

광복 직후 모스크바 3국 외상 회의의 결정에 따라 덕수궁 석조전에서 두 차례에 걸쳐 미·소 공동 위원회가 개최되었으나(1946.3., 1947.5.) 미국과 소련의 입장 차이로 결렬되었다.
④ 해방 이후 좌우 대립이 격화되자 분단의 위기를 느낀 중도파 세력들은 여운형, 김규식을 중심으로 좌우 합작 위원회를 수립하였다. 이후 중도적 사상의 통일 정부를 수립하는 것을 목적으로 좌우 합작 7원칙을 합의하여 제정하였다(1946.7.).

오답 해설

① 제주 4·3 사건이 발생하자 전남 여수에 주둔하던 국방 경비대 제14연대에 출동 명령이 떨어졌으나 이들은 진압을 거부하며 여수와 순천 지역 일대를 장악하였다(1948.10.19.).
② 세계 대전 전후 문제 처리를 위해 개최된 모스크바 3국 외상 회의에서 한반도 미·소 공동 위원회 설치와 최대 5년간의 신탁 통치 협정이 결정되었다(1945).
③ 제헌 국회는 일제의 잔재를 청산하고 민족정기를 바로잡기 위해 반민족 행위 처벌법을 제정하고 반민족 행위 특별 조사 위원회를 설치하였다(1948.10.22.).
⑤ 제2차 미·소 공동 위원회가 결렬되자 미국은 유엔에 한반도 문제를 상정하였고 유엔 총회는 한반도에서 인구 비례에 따른 총선거 실시를 결의하였다(1947.11.).

02 대한민국 정부 수립과 6·25 전쟁

기출 키워드로 연습하기

01 × 02 × 03 반민족 행위 처벌법 04 농지 개혁법 05 애치슨 선언 06 인천 상륙 07 한·미 상호 방위 조약

01 김구와 김규식은 분단을 막기 위해 평양에서 남북 협상을 개최하였으나 큰 성과를 거두지는 못하였다.

02 5·10 총선거의 결과로 이승만과 김구 등 198명의 국회의원이 선출되어 제헌 국회가 구성되었다.

단골 키워드 문제

| 01 ⑤ | 02 ③ | 03 ④ | 04 ⑤ | 05 ④ |
| 06 ① | | | | |

01 [정답 ⑤]

> **출제자의 눈** 대한민국의 분단을 막고자 김구와 김규식이 추진하였던 남북 협상이 진행된 시기를 파악합니다.
> **사료 속 키워드** #남북 지도자 회담 #김구, 김규식

⑤ 유엔 총회에서 결의한 남북한 총선거가 무산되자 유엔 소총회에서 가능한 지역에서만 선거를 실시하라는 결정이 내려졌다(1947). 남북 분단을 우려한 김구와 김규식은 남북 협상을 추진하였고, 남북 지도자 회담(남북 연석 회담)에 참여하여 북한에서 김일성을 만나 협상을 개최하였으나 큰 성과를 거두지는 못하였다(남북 협상, 1948). 김구와 김규식이 남북 협상을 위해 북한에 가 있는 동안 남한에서는 5·10 총선거가 시행되어 제헌 국회가 구성되었다(1948). 이외의 사건들인 8·15 광복은 1945년 8월, 모스크바 3국 외상 회의는 1945년 12월, 이승만 정읍 발언은 1946년 6월, 좌우 합작 7원칙 발표는 1946년 10월, 유엔 총회 남북한 총선거 결정은 1947년이다.

❖ 대한민국 정부 수립 과정

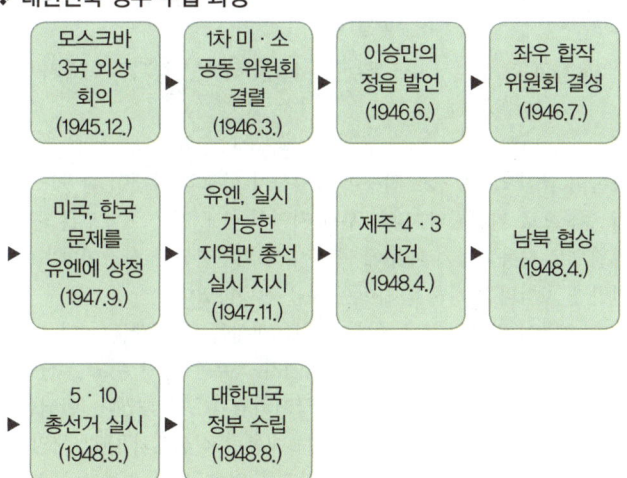

02 [정답 ③]

> **출제자의 눈** 5·10 총선거를 통해 구성된 제헌 국회에 대해 알아봅니다.
> **사료 속 키워드** #우리나라 최초로 실시된 총선거 #보통·직접·평등·비밀 선거 원칙 #국회 의원의 임기는 2년

③ 발췌 개헌과 허정 과도 정부의 제3차 개헌에서는 국회를 참의원과 민의원으로 구성하는 양원제를 채택하였다. 이를 바탕으로 내각 책임제와 양원제가 적용된 장면 내각이 출범하였다(1960).

오답 해설
①·②·④·⑤ 북한이 유엔 한국 임시 위원단의 입북을 거부하여 유엔 총회의 결정에 따라 남한에서만 우리나라 최초의 보통 선거인 5·10 총선거가 실시되었다. 이 당시 남한만의 단독 정부 수립에 반대한 남로당 제주도당의 무장 봉기와 이에 대한 미 군정 및 경찰 토벌대의 강경 진압이 원인이 되어 발생한 4·3 사건으로 인해 제주도는 선거에서 제외되었다. 5·10 총선거를 통해 구성된 제헌 국회는 제헌 헌법을 제정하였으며, 이를 바탕으로 이승만이 국회에서 대통령으로 선출되어 제1공화국이 출범하였다(1948). 이후 일제의 잔재를 청산하고 민족정기를 바로 잡기 위해 반민족 행위 처벌법을 제정하였고, 이에 따라 반민족 행위 특별 조사 위원회가 구성되어 활동하였다. 또한, 농지 개혁법을 제정하여 유상 매수, 유상 분배를 원칙으로 농지 개혁을 실시하였다.

03 [정답 ④]

> **출제자의 눈** 신한 공사 설립과 농지 개혁법 사이에 이루어진 5·10 총선거를 확인합니다.
> **사료 속 키워드** #신한 공사 #동양 척식 주식회사 #일본인 재산 #신한 공사에 귀속 #농지의 분배

(가) 신한 공사(1946): 1945년 8월 15일 일본이 항복하면서 북위 38도 이남 한반도에 미군이 주둔하게 되었고, 1948년 8월 15일 대한민국이 수립될 때까지 3년간 미 군정이 실시되었다. 광복 직후 미 군정은 일제 강점기 때 동양 척식 주식회사와 일본인·일본 회사의 소유였던 토지 및 귀속 재산을 관할·처리하기 위하여 신한 공사를 설립하였다(1946).

(나) 농지 개혁법: 5·10 총선거를 통해 구성된 제헌 국회를 바탕으로 이승만이 국회에서 대통령으로 선출되었다. 이승만 정부는 농지 개혁법을 제정하여(1949) 유상 매수, 유상 분배를 원칙으로 농지 개혁을 실시하였으며(1950), 이에 따라 지주에게 지가 증권을 발급하였다.

④ 북한이 유엔 한국 임시 위원단의 입북을 거부하여 유엔 총회의 결정에 따라 남한에서만 5·10 총선거가 실시되었다. 5·10 총선거를 통해 구성된 제헌 국회는 제헌 헌법을 제정하였다(1948).

오답 해설
① 여운형은 일제의 패망에 대비하여 광복 이후 민주주의 국가 건설을 목표로 조선 건국 동맹을 결성하였다(1944).
② 이승만 정부는 6·25 전쟁 휴전 이후 한·미 상호 방위 조약을 체결하여 미국과 군사적 동맹을 맺었다(1953).
③ 민족 말살 통치기에 일제는 조선 사상범 예방 구금령을 공포하여 사상 및 행동을 관찰한다는 명목으로 조선인들의 독립운동을 탄압하였다(1941).
⑤ 이승만 정권은 여당에 비판적인 보도를 하였던 경향신문을 폐간시키며 언론 탄압을 자행하였다(1959).

04　[정답 ⑤]

> **출제자의 눈** 제주 4·3 사건을 알아봅니다.
>
> **사료 속 키워드** #유네스코 세계 기록 유산 #남한만의 단독 선거에 반대하는 무장대 #진압하는 토벌대 간의 무력 충돌 #수많은 제주도민이 희생된 비극 #국가 폭력

⑤ 제주 4·3 사건은 1948년 남한만의 단독 선거에 반대하며 일어난 남로당 무장대의 무장 봉기와 이에 대한 미 군정 및 경찰 토벌대의 강경 진압이 원인이 되어 발생하였다. 진압 과정에서 법적 절차를 거치지 않고 총기 등을 사용하여 민간인을 학살하면서 제주도민들이 큰 피해를 입었다. 이에 2000년에 제주 4·3 사건 진상 규명 및 희생자 명예 회복에 관한 특별법이 제정되면서 제주 4·3 사건에 대한 정부 차원의 진상 조사가 착수되었다. 이후 2021년 제주 4·3 사건 수형인 명예 회복과 희생자 및 유족에 대한 위자료 지급, 추가 진상 조사 등을 위한 특별법이 제정되었으며, 2025년 4월에는 군법회의 수형인 명부와 희생자 유족 증언, 진상 조사 등의 기록물이 유네스코 세계 기록 유산으로 등재되었다.

> **오답 해설**

① 이승만 대통령이 장기 집권을 위해 3·15 부정 선거를 자행하자 이에 반발하며 4·19 혁명이 전국적으로 일어났다. 4·19 혁명의 결과 이승만 대통령이 하야하였다.
② 전두환 정부의 4·13 호헌 조치가 발표되고 박종철 고문치사 사건이 발생하자 이에 반발한 시민들은 호헌 철폐와 독재 타도 등의 구호를 내세우면서 6월 민주 항쟁을 일으켰다.
③ 1972년 10월, 박정희 대통령이 제정한 유신 헌법 하에 통일 주체 국민 회의라는 헌법 최고 기구가 구성되었다.
④ 박정희 정부가 한일 회담 진행 과정에서 추진한 한일 국교 정상화의 협정 내용이 공개되자, 학생과 야당을 주축으로 굴욕적인 대일 외교에 반대하는 6·3 시위가 전개되었다. 시위가 경무대 인근까지 확산되는 것을 본 박정희 정부는 비상계엄을 선포하였다.

05　[정답 ④]

> **출제자의 눈** 6·25 전쟁 중 서울을 수복하고 난 이후 발생하였던 상황을 학습합니다.
>
> **사료 속 키워드** #6·25 전쟁이 발발 #북한군에 점령당했던 서울을 되찾음

④ 1950년 북한의 남침으로 6·25 전쟁이 시작되어 서울이 점령당하였고, 이승만 정부는 전쟁에 제대로 대응하지 못한 채 후퇴하다가 부산을 임시 수도로 정하였다. 유엔군 파병 이후 국군은 낙동강을 사이에 두고 공산군과 치열한 공방전을 벌인 끝에 인천 상륙 작전의 성공으로 전세가 역전되어 서울을 수복하고 압록강까지 진격하였다. 1965년 박정희 정부 때는 6·25 전쟁 당시의 수도 탈환 15주년을 기념하여 우표를 발행하였다.

> **오답 해설**

① 6·25 전쟁 당시 이승만 정부는 유엔군의 휴전 협상 진행에 반대하여 전국 8개 포로수용소(부산 거제리, 부산 가야리, 광주, 논산, 마산, 영천, 부평, 대구)의 반공 포로를 석방하였다(1953.6.).
② 이승만 정부는 6·25 전쟁 휴전 이후 한·미 상호 방위 조약을 체결하여 미국과 군사적 동맹을 맺었다(1953.10.).
③ 국군과 유엔군은 인천 상륙 작전의 성공으로 전세가 역전되어 압록강까지 진격하였다. 그러나 중국군의 개입으로 전세가 불리해져 후퇴하는 과정에서 함경남도 흥남에 고립되었다. 이에 흥남 철수 작전을 전개하여 수많은 피란민을 구출하였다(1950.12.).
⑤ 6·25 전쟁 중 자유당은 이승만의 대통령 재선을 위해 부산 지역에 비상계엄을 선포하고 대통령 직선제와 내각 책임제를 포함한 개헌안을 국회에 제출하여 토론 없이 기립 표결로 통과시키는 발췌 개헌을 단행하였다(1952).

06　[정답 ①]

> **출제자의 눈** 임시 수도 부산으로 피란하였던 6·25 전쟁 중의 사건을 살펴봅니다.
>
> **사료 속 키워드** #임시 수도 부산 #서울을 비롯한 각지의 학교가 피란해 옴

북한의 남침으로 6·25 전쟁이 발발하자 학교와 학생이 한반도 남쪽인 부산으로 피란왔다. 당시 부산 지역의 학교 건물은 대부분 군대나 병원으로 사용되었기 때문에, 상당수의 피란학교가 산간이나 노천에 천막을 치거나 가건물을 지어 수업을 진행하였다.
① 이승만이 6·25 전쟁 중에 대통령 재선을 위해 제출한 대통령 직선제 개헌안을 국회에서 부결시키자 정부는 임시 수도 부산을 중심으로 계엄을 선포하고 일부 국회의원을 구속하였다. 이러한 여야의 대립 속에서 이승만 정부는 대통령 직선제와 내각 책임제를 발췌·혼합한 새로운 개헌안을 토론 없이 기립 표결로 통과시켰다(1952).

> **오답 해설**

② 민주화 운동을 진압하고 무력으로 정권을 잡은 전두환 정부는 전국 각지 군부대 내에 삼청 교육대를 설치하여 사회 정화책이라는 명분하에 가혹 행위와 인권 유린을 행하였다(1980).
③ 이승만 정부는 6·25 전쟁 휴전 이후 북한의 재침입을 우려하여 미국 정부에 군사 동맹을 요구하였다. 그 결과 한·미 상호 방위 조약을 체결하여 주한 미군이 주둔하게 되었다(1953).
④ 전남 여수에 주둔하던 국방 경비대 제14연대 소속의 일부 군인들이 남한 단독 정부 수립에 반대하여 일어난 제주 4·3 사건의 진압을 거부하며 여수와 순천 지역 일대를 장악하였다(1948).
⑤ 신군부는 5·18 민주화 운동을 무력으로 진압한 후 국가 주요 조직을 장악하고, 정치권력을 사유화하기 위해 대통령을 보좌하는 임시 행정 기구인 국가 보위 비상 대책 위원회를 구성하였다(1980).

❖ 6·25 전쟁의 전개 과정

북한의 남침 (1950.6.25.)	북한군이 서울 점령 → 유엔군의 참전 → 낙동강을 사이에 두고 치열한 공방전
국군과 유엔군의 반격	인천 상륙 작전으로 전세 역전(1950.9.15.) → 압록강까지 진격(1950.10.)
중국군의 개입 (1950.10.)	서울 함락(1951.1.4.) → 서울 재탈환 → 38도선 일대 교착 상태
휴전 회담 개최 (1951.7.)	소련이 유엔에 휴전 제의, 이승만 정부의 휴전 반대, 범국민 휴전 반대 운동 → 반공 포로 석방(1953.6.18.)
휴전 협정 체결 (1953.7.27.)	한·미 상호 방위 조약 체결(1953.10.)

03 대한민국 민주주의의 발전

기출 키워드로 연습하기

01 ① 사사오입 개헌 ② 3선 개헌 ③ 6월 민주 항쟁 02 ×
03 × 04 ○ 05 3·1 민주 구국 선언 06 6·29 민주화 선언

01 ① 이승만은 자신의 대통령 3선을 위한 초대 대통령에 한해 중임 제한 철폐를 규정한다는 내용의 사사오입 개헌을 단행하였다.
② 박정희는 자신의 장기 집권을 위해 대통령의 3선 연임을 허용하는 내용의 3선 개헌안을 통과시켰다.
③ 전두환 정부 때 박종철 고문치사 사건과 4·13 호헌 조치에 반발하여 대통령 직선제 개헌과 민주 헌법 제정을 요구하는 6월 민주 항쟁이 전국적으로 전개되었다.

02 4·19 혁명 이후 이루어진 3차 개헌에서 내각 책임제(의원 내각제) 헌법이 성립되었다.

03 제3공화국의 박정희 정부는 베트남에 국군을 파병하는 대가로 미국으로부터 한국군 현대화를 위한 장비와 경제 원조를 제공받았다.

04 박정희 정부는 유신 헌법을 통해 통일 주체 국민 회의를 통한 대통령 간접 선거를 규정하였다.

단골 키워드 문제

01 ② 02 ③ 03 ④ 04 ⑤ 05 ③
06 ②

---

01 [정답 ②]

출제자의 눈 미국과 한국이 맺은 한·미 상호 방위 조약 이후에 일어난 사실을 탐구합니다.

사료 속 키워드 #미합중국 #상호 방위 조약 #공산주의자들의 침공에 맞서 나란히 싸움

이승만 정부는 6·25 전쟁 휴전 이후 한·미 상호 방위 조약을 체결하여 미국과 군사적 동맹을 맺었다(1953.10.). 이 조약은 북한의 도발을 막는 안보의 핵심 기제이자 주한 미군이 주둔하게 된 근거가 되었다.
② 이승만 정권 시기 조봉암은 제3대 대통령 선거에 출마하였으나 낙선하였다. 이후 그는 진보당을 창당하고 평화 통일론을 주장하다가 국가 변란, 간첩죄 혐의로 체포되어 처형되었으며 진보당은 해체되었다(진보당 사건, 1958).

오답 해설
① 제헌 국회는 일제의 잔재를 청산하고 민족정기를 바로잡기 위해 반민족 행위 처벌법을 제정하고, 반민족 행위 특별 조사 위원회를 설치하였다(1948).
③ 이승만이 6·25 전쟁 중에 제출한 개헌안을 국회에서 부결시키자 정부는 임시 수도 부산을 중심으로 비상계엄을 선포하고 일부 국회의원을 구속하였다. 이러한 여야의 대립 속에서 대통령 직선제와 내각 책임제를 발췌·혼합한 새로운 개헌안을 토론 없이 기립 표결로 통과시켰다(1952).
④ 애치슨 라인은 미 국무 장관인 애치슨이 한국을 미국의 극동 방위선에서 제외한다는 내용을 포함하여 발표한 것으로, 6·25 전쟁 발발의 원인을 제공하였다(1950).
⑤ 이승만 정부의 제헌 국회에서 유상 매수, 유상 분배를 규정한 농지 개혁법을 제정하였다(1949).

02 [정답 ③]

출제자의 눈 4·19 혁명을 학습합니다.

사료 속 키워드 #2·28 민주 운동 #이승만 독재 정권 #대구 지역 고등학생들이 시위 #대전의 3·8 민주 의거 #마산의 3·15 의거

이승만 정권이 1960년 2월 28일에 예정된 민주당 부통령 후보 장면의 연설에 학생들이 참여할 것을 우려하여 대구의 8개 공립 고등학교에 일요일 등교 지시를 내렸다. 대구 지역의 고등학생들은 이러한 조치의 부당함을 지적하고 일요일 등교 지시에 대한 철회를 요구하였으나 받아들여지지 않자 2·28 민주 운동을 전개하였다. 2·28 민주 운동과 더불어 대전의 3·8 민주 의거, 3·15 부정 선거에 반발한 마산의 3·15 의거가 도화선이 되어 4·19 혁명이 발발하였다.
③ 4·19 혁명의 결과로 이승만이 대통령직에서 하야하고 내각 책임제를 기본으로 하는 허정 과도 정부가 출범하였다.

오답 해설

① · ④ 박종철 고문치사 사건과 4 · 13 호헌 조치가 원인이 되어 발생한 6월 민주 항쟁은 시위 도중 대학생 이한열이 경찰이 쏜 최루탄에 맞아 희생되면서 전국적으로 확산되었다. 시민들은 호헌 철폐와 독재 타도 등의 구호를 내세워 민주적인 헌법 개정을 요구하였다. 이 결과 정부는 5년 단임의 대통령 직선제를 골자로 하는 6 · 29 민주화 선언을 발표하였다.

② 신군부의 비상계엄 확대에 항거하여 광주에서 일어난 5 · 18 민주화 운동은 신군부가 공수 부대를 동원하여 무력 진압에 나서자 학생과 시민들이 시민군을 조직하여 계엄군에 저항하면서 격화되었다.

⑤ YH 무역 노동자들이 폐업에 항의하여 일으킨 농성이 신민당사 앞에서 일어나자 박정희 정부는 신민당 총재 김영삼을 국회의원직에서 제명하였다. 이로 인해 김영삼의 정치적 근거지인 부산, 마산에서 유신 정권에 반대하는 부 · 마 민주 항쟁이 전개되었다.

03 [정답 ④]

출제자의 눈 민청학련 사건이 일어났던 박정희 정부 시기의 상황을 알아봅니다.

사료 속 키워드 #민주화 운동 탄압 사례 #민청학련 사건

박정희 정부가 유신 헌법을 통해 장기 집권을 시도하자 전국적으로 유신 반대 투쟁이 일어났다. 이에 정부는 긴급조치 1, 2호를 발동하여 반체제 운동을 억압하였으나, 여러 대학의 운동권 학생들이 모여 전국 민주 청년 학생 총연맹(민청학련)을 조직하고 전국 각지에서 반독재 시위를 전개하였다. 긴급조치 4호에 의해 민청학련 관련자들은 대통령 긴급조치 위반 내란 예비 음모죄로 구속되었다(민청학련 사건, 1974). 또한, 중앙 정보부는 민청학련의 배후에 북한의 지령을 받고 국가 변란을 기도한 '인혁당 재건위'가 있다고 조작 · 발표하면서 관련자 천여 명을 체포하고, 그중 도예종 등 8명의 사형을 집행하였다(인민 혁명당 재건위 사건, 1974).

④ 박정희 정부의 유신 독재 체제에 저항하기 위해 김대중, 함석헌 등의 정치인과 기독교 목사, 대학 교수 등은 긴급 조치 철폐 등을 요구하면서 3 · 1 민주 구국 선언을 발표하였다(1976).

오답 해설

① 이승만 정권은 여당에 비판적인 보도를 하였던 경향신문을 폐간시키며 언론 탄압을 자행하였다(1959).

② 이승만의 장기 집권과 자유당 정권의 3 · 15 부정 선거에 저항하여 4 · 19 혁명이 발발하였다. 대학 교수단이 대통령의 하야를 요구하는 행진을 전개하는 등 시위가 전국적으로 확산되자, 결국 이승만 대통령이 하야하고 내각 책임제를 기본으로 하는 허정 과도 정부가 구성되었다(1960).

③ 노태우 정부는 6월 민주 항쟁 이후 민주화 운동을 탄압하기 위해 공안 통치를 자행하였다. 이에 명지대학교 학생 강경대가 노태우 정권 타도, 학원 자율화 정책 완전화 등을 주장하며 시위를 전개하다가 사복 경찰에게 집단 구타를 당해 사망하였다(1991).

⑤ 전두환 대통령이 국민들의 민주화 요구를 거부하고, 일체의 개헌 논의를 중단시킨 4 · 13 호헌 조치를 발표하였다(1987.4.). 이와 더불어 박종철 고문치사 사건이 불거지면서 6월 민주 항쟁이 전국적으로 확산되었다(1987.6.).

04 [정답 ⑤]

출제자의 눈 5 · 18 민주화 운동에 대해 살펴봅니다.

사료 속 키워드 #옛 전남도청 본관 #시민군이 계엄군에 항쟁

옛 전남도청 본관은 전두환 정부 시기인 1980년에 일어난 5 · 18 민주화 운동 당시 시민군이 계엄군에 항쟁한 장소이다. 전두환을 비롯한 신군부 세력의 12 · 12 쿠데타에 저항하여 '서울의 봄'이라는 대규모 민주화 운동이 일어나자, 신군부는 비상계엄 조치를 전국적으로 확대하였다. 5월 18일, 비상계엄 해제와 신군부 퇴진, 김대중 석방 등을 요구하는 광주 시민들의 항거가 이어지자 신군부는 공수 부대를 동원한 무력 진압을 강행하였고, 학생과 시민들이 자발적으로 시민군을 조직하여 이에 대항하면서 시위가 격화되었다.

⑤ 5 · 18 민주화 운동은 1980년대 우리나라 민주화 운동의 밑거름이 되었고, 2011년에는 관련 기록물이 유네스코 세계 기록 유산으로 등재되었다.

오답 해설

① 박정희 정부 시기 김대중, 함석헌 등의 정치인과 기독교 목사, 대학 교수 등이 유신 독재 체제에 저항하여 긴급 조치 철폐 등을 요구하는 3 · 1 민주 구국 선언을 발표하였다.

② · ③ 전두환 정부 시기 박종철 고문치사 사건과 4 · 13 호헌 조치에 반발하여 대통령 직선제 개헌과 민주 헌법 제정을 요구하는 시위가 전개되었다. 시위 도중 경찰의 최루탄에 맞은 연세대 재학생 이한열이 사망하자 시위는 더욱 격화되어 6월 민주 항쟁이 전국적으로 확산되었다. 시위가 전국적으로 확산되면서 호헌 철폐와 독재 타도를 요구하는 6 · 10 국민 대회가 개최되었다.

④ 4 · 19 혁명의 결과로 이승만이 대통령직에서 하야하고 내각 책임제를 기본으로 하는 허정 과도 정부가 출범하였다.

05 [정답 ③]

출제자의 눈 전국적으로 확산된 6월 민주화 운동을 확인합니다.

사료 속 키워드 #최루탄에 피격된 이한열 #호헌 철폐 #독재 타도 #민주화 운동

③ 박종철 고문치사 사건과 4 · 13 호헌 조치가 원인이 되어 발생한 6월 민주화 운동은 시위 도중 대학생 이한열이 경찰이 쏜 최루탄에 맞아 희생되면서 전국적으로 확산되었다. 시민들은 호헌 철폐와 독재 타도 등의 구호를 내세워 민주적인 헌법 개정을 요구하였다. 이 결과 전두환 정부는 6 · 29 민주화 선언을 발표하고 5년 단임의 대통령 직선제를 골자로 하는 제9차 개헌을 단행하였다.

> **오답 해설**

① YH 무역 노동자들의 폐업 항의 농성이 신민당사 앞에서 일어나자 박정희 정부는 야당 총재 김영삼을 국회의원직에서 제명하였다. 이로 인해 김영삼의 정치적 근거지인 부산, 마산에서 유신 정권에 반대하는 부·마 민주 항쟁이 전개되었다. 집권층 내에서 부·마 민주 항쟁 진압 문제를 두고 대립하던 도중 박정희 대통령이 피살되는 10·26 사태가 일어나면서 유신 체제가 붕괴되었다.
② 이승만 대통령이 장기 집권을 위해 3·15 부정 선거를 자행하자 이에 반발하며 4·19 혁명이 일어났다. 4·19 혁명이 전국적으로 확산되며 결국, 이승만 대통령이 하야하는 결과를 가져왔다.
④ 전두환을 비롯한 신군부 세력의 12·12 쿠데타에 저항하여 '서울의 봄'이라는 대규모 민주화 운동이 일어나자, 5월 17일 신군부는 비상계엄 조치를 전국적으로 확대하였다. 5월 18일, 비상계엄 해제와 신군부 퇴진, 김대중 석방 등을 요구하는 광주 시민들의 항거가 이어지자 신군부는 공수 부대를 동원한 무력 진압을 강행하였다. 이에 학생과 시민들이 시민군을 자발적으로 조직하여 대항하면서 5·18 민주화 운동이 전개되었다.
⑤ 박정희 정부가 한일 회담 진행 과정에서 추진한 한일 국교 정상화의 협정 내용이 공개되자 학생과 야당을 주축으로 굴욕적인 대일 외교에 반대하는 6·3 시위가 전개되었다.

06 [정답 ②]

> **출제자의 눈** 박정희 정부 시기의 제7차 개헌(유신 헌법), 전두환 정부 시기의 제8차 개헌에 대해 살펴봅니다.
>
> **사료 속 키워드** #통일 주체 국민 회의 #대통령의 임기는 6년 #국회를 해산할 수 있음 #대통령 선거인단 #대통령의 임기는 7년 #중임할 수 없음

(가) 제7차 개헌(유신 헌법, 1972): 박정희 정부가 개정한 헌법으로, 대통령 임기 6년과 중임 제한 조항 삭제 및 통일 주체 국민 회의를 통한 대통령 간접 선거, 긴급 조치권, 대통령의 국회 해산권 등의 내용을 담고 있다.
(나) 제8차 개헌(1980): 전두환 정부가 개정한 헌법으로, 대통령 선거인단에서 7년 단임의 대통령을 선출하는 대통령 간선제를 실시하는 내용을 담고 있다.
② 박정희 정부는 장기 집권을 위해 제7차 개헌(유신 헌법)을 선포하여 대통령에게 국회의원 1/3 추천 조항, 긴급 조치권 등 강력한 권한을 부여하였다.

> **오답 해설**

① 6·25 전쟁 중 이승만 정부와 자유당은 부산 지역에 비상계엄을 선포하고 대통령 직선제와 내각 책임제를 포함한 개헌안을 국회에 제출하여 토론 없이 기립 표결로 통과시키는 발췌 개헌(제1차 개헌)을 공포하였다(1952).
③ 사사오입 개헌(제2차 개헌)이 단행되자 야당 측 의원들은 범야당 연합 전선을 형성하고 자유당의 분열과 와해를 목적으로 투쟁하기 위하여 호헌 동지회라는 원내 교섭 단체를 결성하였다(1954).

④ 박정희 정부 시기 김대중, 함석헌 등의 정치인과 기독교 목사, 대학 교수 등이 유신 헌법 하의 유신 독재 체제에 저항하여 긴급 조치 철폐 등을 요구하는 3·1 민주 구국 선언을 발표하였다(1976).
⑤ 6월 민주 항쟁 이후 노태우 정부는 6·29 민주화 선언을 발표하여 5년 단임의 대통령 직선제를 골자로 하는 제9차 개헌안을 제정하였다(1987).

04 북한 정권과 통일 정책

기출 키워드로 연습하기

01 ① 남북 조절 위원회 ② 남북 이산가족 최초 상봉 ③ 6·15 남북 공동 선언 **02** × **03** ○ **04** × **05** 유엔 **06** 노무현

01 ① 박정희 정부 시기 서울과 평양에서 7·4 남북 공동 성명을 발표하고 남북 조절 위원회를 설치하였다.
② 전두환 정부 때 서울과 평양에서 최초로 남북한의 이산가족 상봉이 이루어졌다.
③ 김대중 정부 때 평양에서 최초로 남북 정상 회담을 개최하고 6·15 남북 공동 선언을 발표하였다.

02 6·25 전쟁 직후 상호 적대감으로 인하여 통일을 위한 논의가 이루어지지 않았다.

03 1991년 노태우 정부 때 한반도의 비핵화 공동 선언이 채택되었다.

04 남북 조절 위원회는 1972년 7·4 남북 공동 성명을 실천하기 위해 설치되었다.

단골 키워드 문제

01 ③ **02** ④ **03** ⑤ **04** ③ **05** ⑤
06 ②

01 [정답 ③]

> **출제자의 눈** 현대 정부별 통일 노력에 대해 파악합니다.
>
> **사료 속 키워드** #7·7 선언 #이산가족 상봉 #개성 공단 조성 합의

(나) 남북 이산가족 최초 상봉(1985): 전두환 정부 때 서울과 평양에서 최초로 남북 이산가족 상봉이 이루어졌다.
(가) 7·7 선언(1988): 노태우 정부 때 6개 조항으로 구성된 민족 자존과 통일 번영을 위한 대통령 특별 선언을 발표하였다. 이는 남북한 동포 간의 상호 교류, 문호 개방, 사회주의 국가와의 수교 등의 내용을 담고 있다.
(다) 개성 공단 조성 합의(2000): 김대중 정부는 북한과의 화해 협력 기조를 유지하며 교류를 확대하였고, 평양에서 최초로 남북 정상 회담을 개최하여 6·15 남북 공동 선언을 발표하였다. 이를 통해 금강산 관광 사업 활성화와 개성 공단 조성에 합의하였다.

❖ 현대 정부의 통일 노력

박정희 정부	• 남북 적십자 회담(1971): 이산가족 문제 협의 • 7·4 남북 공동 성명(1972): 자주·평화·민족 대단결의 3대 통일 원칙 제시(서울과 평양에서 동시 발표), 실무 진행을 위해 남북 조절 위원회 설치 • 6·23 평화 통일 선언(1973): 남북 동시 유엔 가입 제의, 공산권에 문호 개방 제시
전두환 정부	• 민족 화합 민주 통일 방안(1982): 민족 통일 협의회 구성 • 남북 적십자 회담 재개: 북한의 수해 물자 제공이 계기 → 최초의 이산가족 고향 방문(1985)
노태우 정부	• 북방 외교의 추진: 동유럽 사회주의 체제의 붕괴, 독일의 통일(1990) 등 국제 정세의 변화 → 동유럽의 여러 나라와 수교, 소련(1990)·중국(1992)과 외교 관계 수립 • 남북 관계 진전: 남북 고위급 회담 개최, 남북한 유엔 동시 가입(1991), 한민족 공동체 통일 방안 제안(1989) • 남북 기본 합의서 채택(1991): 남북한 정부 간 최초의 공식 합의서 • 한반도 비핵화 공동 선언(1991)
김영삼 정부	• 한민족 공동체 건설을 위한 3단계 통일 방안 제시(1994): '화해·협력 → 남북 연합 → 통일 국가 완성'의 3단계 통일 방안 제시 • 북한 경수로 원자력 발전소 건설 사업 지원
김대중 정부	대북 화해 협력 정책(햇볕 정책) 추진 → 금강산 관광 사업 전개(1998) → 남북 정상 회담과 6·15 남북 공동 선언 발표(2000) → 경의선 복구 사업, 금강산 육로 관광 등 추진, 개성 공단과 이산가족 상봉 및 면회소 설치 합의
노무현 정부	대북 화해 협력 정책 계승, 제2차 남북 정상 회담 개최(2007, 남북 관계의 발전과 평화 번영을 위한 10·4 남북 공동 선언 채택)
이명박 정부	북한의 핵 개발, 미사일 발사 실험, 무력 도발 등으로 남북 관계 악화

02 [정답 ④]

출제자의 눈: 광주 대단지 사건이 일어났던 박정희 정부 시기의 통일 노력에 대해 알아봅니다.

사료 속 키워드: #광주 대단지 주민 5만여 명, 대규모 시위 #서울 도심 정비 #10만여 명의 주민들 경기도 광주로 이주 #상하수도나 교통 등 기반 시설이 갖추어지지 않은 채 강제로 이주

박정희 정부는 철거민 대책 중 하나로 이주 정책을 시행하였다. 이에 따라 광주 대단지(현재 경기도 성남시)를 지정하여 철거민 이주를 위해 서울시에 땅을 분양하였으나 기반 시설을 전혀 조성하지 않고 상하수도 시설조차 없는 곳에서 이주민들을 생활하도록 하였다. 이러한 정부의 무계획적인 도시 정책과 졸속 행정에 반발한 주민들이 관공서를 파괴·방화하고 차량을 탈취하는 등 대규모 시위를 전개하였다(1971).

④ 박정희 정부는 남북 간의 교류를 제의하여 서울과 평양에서 7·4 남북 공동 성명을 발표하고 남북 조절 위원회를 설치하였다(1972).

오답 해설

① · ③ 노태우 정부 시기 적극적인 북방 외교 정책을 추진하여 남북한의 유엔 동시 가입이 이루어졌으며, 남북 기본 합의서와 한반도 비핵화 공동 선언이 채택되었다(1991).
② 노무현 정부는 제2차 남북 정상 회담을 진행하여 10·4 남북 공동 선언을 발표하였다(2007).
⑤ 김대중 정부 시기 평양에서 최초의 남북 정상 회담이 이루어져 개성 공단 건설 운영에 관한 합의서를 체결하였으나, 노무현 정부에 이르러서 비로소 개성 공단 착공식이 진행되었다(2003).

03 [정답 ⑤]

출제자의 눈: 전두환 정부 시기의 통일 정책에 대해 학습합니다.

사료 속 키워드: #프로 야구 6개 구단 창단 #언론 통제 보도 지침 #호헌 철폐 국민 대회

민주화 운동을 진압하고 무력으로 정권을 잡은 전두환 정부는 언론을 규제하기 위해 언론 통폐합을 단행하였고(1980), 각 언론사에 기사 보도용 가이드라인인 보도 지침을 전달하여 언론을 통제하였다. 또한, 국민 유화 정책으로 해외 여행 자유화(1981), 프로 야구 창단(1982), 중고생 두발 및 교복 자율화(1983) 등을 실시하였다. 이후 대통령 간선제 헌법을 고수하겠다는 4·13 호헌 조치와 박종철 고문 치사 사건을 계기로 부산에서 대통령 직선제 헌법 개정을 요구하는 '호헌 철폐 국민 대회'가 개최되었고 6월 민주 항쟁이 전국적으로 확산되었다(1987).

⑤ 전두환 정부 시기에 최초로 남북 이산가족 고향 방문이 성사되었다(1985).

오답 해설

① 박정희 정부 시기 서울과 평양에서 7·4 남북 공동 성명이 발표되었다(1972).
② 김대중 정부 시기인 2000년 남북 정상 회담이 이루어져 개성 공단 건설 운영에 관한 합의서를 체결하였으나, 노무현 정부에 이르러서 비로소 개성 공단의 착공이 추진되었다(2003).
③ 김대중 정부는 햇볕 정책을 실시하여 화해와 협력을 통한 평화 통일을 추구하였다. 이러한 정책의 일환으로 해로를 통한 금강산 관광 사업을 추진하여 금강산 관광선인 금강호가 처음으로 출항하였다(1998).
④ 노태우 정부 시기에는 핵전쟁 위협을 제거하고 평화 통일에 유리한 조건을 조성하기 위한 한반도 비핵화 공동 선언을 채택하였다(1991).

04 [정답 ③]

출제자의 눈: 노태우 정부 시기 시행된 통일 정책을 탐구합니다.

사료 속 키워드: #제5차 남북 고위급 회담 #남북한 유엔 동시 가입 #한반도 비핵화

노태우 정부는 사회주의 국가 및 북한을 대상으로 북방 외교 정책을 추진하였으며, 이에 따라 북한과 유엔에 동시 가입하였다. 또한, 남북 간의 긴장을 완화하고 관계를 개선하기 위해 8차례에 거쳐 남북 고위급 회담을 개최하였다. 그중 제5차 회담에서는 남북 간의 화해와 불가침 및 교류·협력에 관한 합의서(남북 기본 합의서)를 채택하였으며, 핵전쟁의 위협을 제거하고 평화 통일에 유리한 조건을 조성하고자 한반도 비핵화 공동 선언을 채택하였다.

③ 노태우 정부는 6개 조항으로 구성된 민족 자존과 통일 번영을 위한 7·7 선언(대통령 특별 선언)을 발표하였다. 이는 남북한 동포 간의 상호 교류, 문호 개방, 사회주의 국가와의 수교 등의 내용을 담고 있다.

오답 해설

① 문재인 정부는 판문점에서 4·27 남북 정상 회담을 개최하고 한반도의 평화와 번영, 통일을 위한 4·27 판문점 선언을 발표하였다.
② 전두환 정부 때 분단 이후 최초로 남북 이산가족 고향 방문단 및 예술 공연단 등 총 151명이 서울과 평양을 동시에 방문하였다.
④ 박정희 정부 시기 서울과 평양에서 7·4 남북 공동 성명을 발표하고 남북 조절 위원회를 구성하였다.
⑤ 노무현 정부 때 제2차 남북 정상 회담을 개최하고 남북 관계 발전과 평화 번영을 위한 10·4 남북 공동 선언을 발표하였다.

05 [정답 ⑤]

출제자의 눈 개성 공단 착공식이 이루어졌던 노무현 정부의 통일 노력을 파악합니다.

사료 속 키워드 #참여 정부 와서 첫 삽을 뜸 #개성 공단

김대중 정부 시기인 2000년에 남북 정상 회담이 이루어져 개성 공단 건설 운영에 관한 합의서를 체결하였으나, 노무현 정부(참여 정부)에 이르러서 비로소 개성 공단 착공식이 추진되었다(2003). 개성 공단은 북한 개성에 세워진 공업 단지로서 남측의 자본과 기술, 북측의 토지와 인력을 결합하여 남북이 교류·협력할 수 있도록 조성한 공간이다. 2006년에는 개성 공단 입주 기업의 생산액이 10억 달러를 넘어섰고, 2012년에는 북측의 근로자가 5만 명을 돌파하였으나 2016년 북한의 핵실험과 장거리 미사일 발사로 인해 남북 관계가 얼어붙으면서 개성 공단 가동이 전면 중단되었다.

⑤ 노무현 정부는 제2차 남북 정상 회담을 진행하여 10·4 남북 정상 선언을 발표하였다(2007).

오답 해설

① 노태우 정부에서 적극적인 북방 외교 정책을 추진하여 남북한의 국제 연합(UN) 동시 가입이 이루어졌다(1991).
② 노태우 정부에서 6개 조항으로 구성된 민족 자존과 통일 번영을 위한 7·7 선언을 발표하였다. 이는 남북한 동포 간의 상호 교류, 문호 개방, 사회주의 국가와의 수교 등의 내용을 담고 있다(1988).
③ 전두환 정부 시기에 분단 이후 최초로 남북 이산가족 고향 방문단 및 예술 공연단 등 총 151명이 서울과 평양을 동시에 방문하였다(1985).
④ 박정희 정부 시기 서울과 평양에서 7·4 남북 공동 성명을 발표하고, 남북 조절 위원회를 설치하였다(1972).

06 [정답 ②]

출제자의 눈 김대중 정부의 통일 정책에 대해 학습합니다.

사료 속 키워드 #도쿄 #오부치 일본 총리 #21세기 새로운 한일 파트너십 공동 선언 #일본 대중문화 단계적 개방 약속

1998년 김대중 대통령과 오부치 일본 총리는 한일 양국 간 불행한 역사를 극복하고 미래 지향적인 관계를 발전시키기 위해 과거사 인식을 포함한 11개 항의 '21세기 새로운 한일 파트너십 공동 선언'을 발표하였다. 이는 1995년 무라야마 전 총리의 '전후 50주년 특별 담화'를 기초로 과거 식민지 지배에 대해 '통절한 반성과 마음으로부터 사죄'를 문서화한 것이며, 선언과 더불어 한국 내 일본 대중문화의 단계적 개방을 약속하였다.

② 김대중 정부 당시 북한과의 교류가 크게 확대되어 평양에서 최초로 남북 정상 회담이 이루어지면서 6·15 남북 공동 선언이 발표되었다(2000).

오답 해설

① 박정희 정부 시기 서울과 평양에서 7·4 남북 공동 성명을 발표하고 통일 문제를 협의하기 위해 남북 조절 위원회를 설치하였다(1972).
③ 노태우 정부 때 핵전쟁 위협을 제거하고 평화 통일에 유리한 조건을 조성하기 위한 한반도 비핵화 공동 선언이 채택되었다(1991).
④ 문재인 정부는 판문점에서 4·27 남북 정상 회담을 개최하고, 한반도의 평화와 번영, 통일을 위한 4·27 판문점 선언을 발표하였다(2018).
⑤ 전두환 정부 때 분단 이후 최초로 이산가족 고향 방문단 및 예술 공연단이 서울과 평양을 동시에 방문하였다(1985).

05 경제 성장과 사회 변화

기출 키워드로 연습하기

01 ① 경부 고속 도로 ② 3저 호황 ③ 금융 실명제 02 ○
03 삼백 04 전태일 05 노태우 06 김영삼

01 ① 박정희 정부 시기인 1968년 경부 고속 도로가 착공되었다.
② 전두환 정부 때 저금리, 저유가, 저달러의 3저 호황으로 물가가 안정되고 수출이 증가하여 높은 경제 성장률을 기록하였다.
③ 김영삼 정부 때 탈세와 부정부패를 없애기 위해 대통령 긴급 명령으로 금융 실명제를 실시하였다.

02 새마을 운동은 제2차 경제 개발 5개년 계획(1967~1971)이 진행되던 1970년에 시행되었다.

단골 키워드 문제

01 ① 02 ④ 03 ② 04 ⑤ 05 ⑤
06 ⑤

01
[정답 ①]

출제자의 눈 조선 총독부 건물을 철거한 김영삼 정부 시기에 대해 탐구합니다.

사료 속 키워드 #조선 총독부 건물 철거 #50주년 광복절 #식민지 잔재 청산

김영삼 정부는 역사 바로 세우기와 민족정기 회복을 위해 국립 중앙 박물관으로 쓰고 있던 조선 총독부 청사 해체를 추진하였다. 아픈 역사를 되풀이하지 않기 위한 반면교사로 삼아 보존하자는 의견이 대두되며 논쟁이 일기도 하였으나 김영삼 정부는 일제의 잔재를 청산하기 위해 철거를 강력하게 추진하였다. 이후 광복 50주년인 1995년 8월 15일에 해체가 진행되었고, 이듬해 11월 철거가 완료된 뒤 해체된 건물의 부재들은 천안 독립기념관으로 이전되어 전시되었다.

① 김영삼 정부 시기 한국 경제의 세계화를 위해 경제 협력 개발 기구(OECD)에 가입하였다(1996).

오답 해설

② 노무현 정부 시기에 칠레와 자유 무역 협정(FTA)을 체결하였다(2004).
③ 노무현 정부 시기 호주제를 폐지하여 양성평등을 실현하고자 하였다(2005).
④ 6월 민주 항쟁의 결과 정부는 국민들의 민주화 요구를 수용하여 6·29 민주화 선언을 통해 5년 단임의 대통령 직선제 개헌을 단행하였다(1987).
⑤ 박정희 정부의 한일 회담 진행 과정에서 한·일 국교 정상화 추진에 대한 협정 내용이 공개되자 학생과 야당을 주축으로 굴욕적 대일 외교에 반대하는 6·3 시위가 전개되었다(1964).

02
[정답 ④]

출제자의 눈 광복 직후 미 군정 시기에 있었던 사실을 알아봅니다.

사료 속 키워드 #서윤복 선수 #제51회 보스턴 세계 마라톤 대회 #하지 중장, 헬믹 준장 #군정청 #김규식, 여운형, 안재홍

④ 1945년 8월 15일 일본이 항복하면서 북위 38도 이남 한반도에 미군이 진주하게 되었고, 1948년 8월 15일 대한민국이 수립될 때까지 3년간 미 군정이 실시되었다. 이 시기 미 군정은 일제 강점기 때 동양 척식 주식회사의 소유였던 토지와 일본인 및 일본 회사의 소유였던 토지, 귀속 재산을 관할·처리하기 위하여 신한 공사를 설립하였다.

오답 해설

① 이승만 정부는 6·25 전쟁 휴전 이후 한·미 상호 방위 조약을 체결하여 미국과 군사적 동맹을 맺었다(1953.10.).
② 박정희 정부 때 제1차 경제 개발 5개년 계획이 추진되었다(1962).
③ 제헌 국회는 일제의 잔재를 청산하고 민족정기를 바로잡기 위해 반민족 행위 처벌법을 제정하고 반민족 행위 특별 조사 위원회를 설치하였다(1948).
⑤ 이승만의 자유당 정권은 정부에 대한 비판 세력과 국민 여론을 통제하기 위해 국가 보안법 개정안을 마련하여 여당 단독으로 통과시키는 보안법 파동을 일으켰다(1958).

03
[정답 ②]

출제자의 눈 박정희 정부의 주도로 제2차 경제 개발 5개년 계획이 수립되었던 시기를 파악합니다.

사료 속 키워드 #제1차 경제 개발 5개년 계획을 성공적으로 매듭지음 #제2차 경제 개발 5개년 계획에 착수

② 박정희 정부는 경제 개발 5개년 계획(1962~1981)을 통해 외국에서 자본을 끌어와 수출 산업을 특별히 지원하는 '국가 주도 – 대외지향적 방식'으로 산업화·공업화 정책을 추진하였다. 제1·2차 경제 개발 5개년 계획은 경공업을 중심으로 수출 산업을 성장시키는 것이 목표였다. 제1차 경제 개발 5개년 계획(1962~1966)을 성공적으로 마친 박정희 정부는 경제 개발 계획에 필요한 자본을 확보하기 위해 일본과의 국교 정상화를 추진하여 한·일 기본 조약(한·일 협정)을 체결하였다(1965). 이후 1967년부터 1971년까지 제2차 경제 개발 5개년 계획이 실시되었으며, 1968년에 착공된 경부 고속 도로는 1970년에 준공되었다. 1972년부터 1981년까지 중화학 공업이 중심이 된 제3·4차 경제 개발 5개년 계획을 실시하면서 100억 달러 수출 달성을 이루기도 하였다(1977).

04
[정답 ⑤]

출제자의 눈 박정희 정부 시기의 경제 상황에 대해 살펴봅니다.

사료 속 키워드 #포항 제철소 착공식 #제1차 석유 파동 #100억 불 수출 달성

박정희 정부는 경제 발전을 위해 중화학 공업화를 추진하였다. 이에 따라 1970년에는 경부 고속도로를, 1973년에는 포항 제철소 1기 설비를 준공하였다. 그 후 제1차 석유 파동의 발생으로 국내 경제가 위기에 처하여 정책 추진이 부진하였으나 1970년대 중반에 들어서 중화학 공업화 정책이 조금씩 성과를 보이기 시작하였다. 이러한 정책 추진의 성공으로 1977년에는 수출액 100억 달러를 달성하였다.

⑤ 박정희 정부는 철거민 대책 중 하나로 이주 정책을 시행하였다. 이에 따라 광주 대단지(현재 경기도 성남시)를 지정하여 철거민 이주를 위해 서울시에 땅을 분양하였으나 기반 시설을 전혀 조성하지 않고 상하수도 시설조차 없는 곳에서 이주민들을 생활하도록 하였다. 이러한 정부의 무계획적인 도시 정책과 졸속 행정에 반발한 주민들이 관공서를 파괴·방화하고 차량을 탈취하는 등 대규모 시위를 전개하였다(광주 대단지 사건, 1971).

오답 해설

① 전두환 정부 때 최저 임금법을 제정하고, 최저 임금 심의 위원회를 설치하였다. 2000년에 최저 임금법이 개정되면서 최저 임금 위원회로 명칭이 변경되었다.
② 김영삼 정부 때 부정부패와 탈세를 뿌리 뽑기 위해 대통령 긴급 명령으로 금융 실명제를 실시하여 경제 개혁을 추진하였다.
③ 노무현 정부 때 한국 – 칠레 간 자유 무역 협정(FTA)을 체결하였다.
④ 김영삼 정부 때 전국의 진보 계열 노동조합이 모여 전국 민주 노동조합 총연맹을 창립하였다.

❖ 각 정부별 경제 상황

이승만 정부	• 전후 복구: 국민과 정부의 노력, 미국의 원조(면직물, 밀가루, 설탕 등 소비재 산업의 원료) → 삼백 산업 발달 • 미국 경제 원조의 영향: 식량 문제 해결에 기여, 농업 기반 파괴
5·16 군정	제1차 경제 개발 5개년 계획 발표(1962)
박정희 정부	• 제1·2차 경제 개발 5개년 계획(경공업 중심, 수출 주도형) • 제3·4차 경제 개발 5개년 계획(중화학 공업 중심)
전두환 정부	3저 호황(저유가, 저달러, 저금리)
김영삼 정부	• 경제 협력 개발 기구(OECD) 가입 • 무역 적자, 금융 기관 부실 • 외환 위기
김대중 정부	신자유주의 정책을 바탕으로 구조 조정 → 외환 위기 극복

05 [정답 ⑤]

출제자의 눈 외환 위기를 극복한 김대중 정부의 정책에 대해 확인합니다.

사료 속 키워드 #외환 위기 #금 모으기 #IMF 관리 체제에서 벗어남 #4대 보험 #국민 기초 생활 보장법

김영삼 정부 말 외환 위기로 인해 국제 통화 기금(IMF)으로부터 구제 금융 지원을 받게 되었고, 김대중 정부는 이를 극복하기 위해 다각적인 노력을 기울였다. 국민들은 자발적으로 금 모으기 운동을 전개하였고, 정부는 기업 구조 조정, 노사정 위원회 설치 등을 실시하여 외환 위기와 IMF 관리 체제를 조기에 극복할 수 있었다. 또한, 극심한 양극화 해소를 위해 생활 유지 능력이 없거나 생활이 어려운 국민의 최저 생활을 국가가 보장하는 국민 기초 생활 보장법을 제정하였으며, 고용·산재·건강 보험, 국민연금 등 4대 보험의 틀을 갖추면서 복지 체제를 완비하였다.

⑤ 김대중 정부는 적극적으로 북한과의 교류를 확대하여 평양에서 최초로 남북 정상 회담을 개최하고 6·15 남북 공동 선언을 발표하였다(2000). 이를 통해 금강산 관광 사업 활성화, 개성 공단 건설 합의서 체결, 경의선 복원 등이 실현되었다.

오답 해설

① 이명박 정부 때 세계 경제 문제를 다루는 최상위급 정상 회의인 G20 정상 회의를 아시아 국가 최초로 서울에서 개최하였다(2010).
② 노무현 정부 때 한·미 자유 무역 협정(FTA)이 체결되었다(2007).
③ 김영삼 정부 때 경제적 부정부패와 탈세를 없애기 위해 대통령 긴급 명령으로 금융 실명제를 실시하였다(1993).
④ 박정희 정부는 열악한 금융 사정으로 수많은 기업들이 고리 사채로 파산 직전의 상황에 몰리자 긴급 명령권을 사용하여 사채를 전면 동결하였다(8·3 조치, 1972).

06 [정답 ⑤]

출제자의 눈 헌정 사상 처음으로 탄핵 소추 심판을 받은 노무현 정부에 대해 알아봅니다.

사료 속 키워드 #헌법 재판소 #헌정 사상 초유 #대통령 탄핵 소추 심판 청구 기각 #63일 만에 직무 복귀

노무현이 정치적 중립 의무를 위반하였다는 이유로 야당 연합의 주도하에 대통령 탄핵 소추안이 통과되었다. 이에 노무현의 직무가 임시 정지되고 국무총리 고건이 대통령의 권한을 대행하였다. 헌법 재판소가 탄핵 소추안을 기각하여 노무현은 63일 만에 대통령 직무에 복귀하였다(2004).

⑤ 노무현 정부는 친일 반민족 행위의 진상을 규명하고 역사의 진실과 민족의 정통성을 확인하기 위해 친일 반민족 행위 진상 규명 위원회를 출범하였다(2005).

오답 해설

① 노태우 정부는 자본주의 국가와 공산주의 국가가 함께 참여한 서울 올림픽 대회를 성공적으로 개최하였으며(1988), 이를 기점으로 적극적인 북방 외교 정책을 추진하였다.
② 김대중 정부 시기 제정된 인권법에 따라 국가 공권력과 사회적 차별 행위에 의한 인권 침해를 구제하기 위하여 국가 인권 위원회가 출범하였다(2001).
③ 김영삼 정부 때 전국의 진보 계열 노동조합이 모여 전국 민주 노동조합 총연맹을 창립하였다(1995).
④ 박근혜 정부 때 한·중 자유 무역 협정(FTA)을 체결하였다(2015).

부록 빈출 주제로 보는 한국사

01 세시 풍속 및 유네스코 세계 유산

단골 키워드 문제

01 ④ 02 ③ 03 ④ 04 ② 05 ②
06 ③

01 [정답 ④]

출제자의 눈 정월 대보름에 행하는 풍습에 대해 학습합니다.
사료 속 키워드 #부스럼 예방 #부럼 깨기 #쥐불놀이 #달집 태우기

④ 음력 1월 15일 정월 대보름에는 한 해의 풍농을 기원하여 쌀, 조, 수수, 팥, 콩 등을 섞은 오곡밥을 먹고, 건강과 안녕을 기원하는 의미로 땅콩이나 호두, 밤 등 부럼을 깨물기도 한다.

오답 해설
① 단오는 음력 5월 5일로 창포물에 머리 감기, 그네뛰기, 씨름 등의 놀이를 즐기고 수리취떡을 만들어 먹었다.
② 칠석은 음력 7월 7일로 견우와 직녀가 까치들이 놓은 오작교에서 일 년에 한 번 만난다는 전설이 있는 날이다.
③ 한식은 동지에서 105일째 되는 날로 양력 4월 5, 6일경이다. 이 날에는 일정 기간 동안 불의 사용을 금하여 찬 음식을 먹거나 성 묘를 하고 조상의 묘를 돌보았다.
⑤ 한가위는 음력 8월 15일로 추석이라 불리며 일 년 동안 기른 곡식을 거둬들이고 송편과 각종 음식을 만들어 조상들에게 차례를 지내고 성묘를 하였다.

02 [정답 ③]

출제자의 눈 삼짇날의 세시 풍속에 대해 알아봅니다.
사료 속 키워드 #답청절(踏靑節) #중삼일(重三日) #봄의 시작을 알 리는 날 #신윤복 #「연소답청(年少踏靑)」

③ 삼짇날은 음력 3월 3일로 답청절(踏靑節)이라고도 한다. 찹쌀가 루에 진달래꽃을 섞어 반죽한 것에 참기름을 발라가며 둥글게 지 진 화전(花煎)을 먹었다.

오답 해설
① 칠석은 음력 7월 7일로 견우와 직녀가 까치들이 놓은 오작교에서 일 년에 한 번 만난다는 전설이 있는 날이다. 칠석날 별을 보며 처녀들은 바느질 솜씨가 좋아지기를 빌었고, 서당의 학동들은 시를 짓거나 글공부를 잘할 수 있기를 빌었다.
② 한식은 동지에서 105일째 되는 날로 양력 4월 5, 6일경이다. 이 날에는 일정 기간 동안 불의 사용을 금하여 찬 음식을 먹거나 성 묘하였다.
④ 동지는 일 년 중 낮이 가장 짧고 밤이 가장 긴 날로 음기가 극성 한 가운데 양기가 새로 생겨나는 때라 여겨 한 해의 시작으로 간 주하였다. 예부터 이날에는 각 가정에서 팥죽을 쑤어 먹었고, 관 상감에서는 달력을 만들어 벼슬아치들에게 나누어 주었다고 한다.
⑤ 음력 5월 5일인 단오 때는 씨름, 그네뛰기, 창포물에 머리 감기, 앵두로 화채 만들어 먹기 등을 하였다.

03 [정답 ④]

출제자의 눈 단오의 세시 풍속에 대해 살펴봅니다.
사료 속 키워드 #음력 5월 5일 #수릿날 #1년 중 양기가 가장 왕성 한 날 #왕이 신하들에게 부채 선물 #씨름, 그네뛰기 #수리취떡 만들어 먹기 #창포물에 머리 감기

④ 음력 5월 5일인 단오는 삼한에서 수릿날에 풍년을 기원하였던 행 사가 세시 풍속으로 이어지면서 발전하였다. 이날에는 왕이 신하 들에게 무더위를 잘 견디라는 의미로 부채를 선물하였으며, 씨 름, 그네뛰기, 창포물에 머리 감기, 앵두로 화채 만들어 먹기 등 을 하였다.

오답 해설
① 한식은 동지에서 105일째 되는 날로 양력 4월 5, 6일경이다. 이 날에는 일정 기간 동안 불의 사용을 금하여 찬 음식을 먹거나 조 상의 묘를 돌보았다.
② 백중은 음력 7월 15일로 백종이라고도 한다. 이 무렵에 과실이 많 이 나와 백 가지 곡식의 씨앗을 갖추어 놓았다 하여 유래된 명칭 이다. 이날에는 농가에서 머슴을 하루 쉬게 하고 돈을 주어 장에 가서 술과 음식을 사먹거나 물건을 살 수 있게 하기도 하였다.
③ 추석은 음력 8월 15일로 한가위라 불리며 일 년 동안 기른 곡식을 거두어들인다. 이날에는 송편과 각종 음식을 만들어 조상들에게 차례를 지내고 성묘를 하였다.
⑤ 정월 대보름은 한 해의 첫 보름으로 음력 1월 15일이다. 이날에는 생솔가지나 나뭇더미를 쌓아 달집을 짓고 달이 떠오르면 불을 놓 아 복을 기원하는 달집태우기를 하였다.

04 [정답 ②]

출제자의 눈 칠석의 세시 풍속에 대해 탐구합니다.
사료 속 키워드 #남원 광한루원의 오작교 #견우와 직녀 #음력 7월 7일 #여인들이 바느질 솜씨가 좋아지기를 비는 풍속

② 음력 7월 7일인 칠석은 견우와 직녀가 까치들이 놓은 오작교에서 일 년에 한 번 만난다는 전설이 전해 내려오는 날이다. 칠석날 별 을 보며 처녀들은 바느질 솜씨가 좋아지기를 빌었고, 서당의 학 동들은 시를 짓거나 글공부를 잘할 수 있기를 빌었다.

> 오답 해설

① 단오는 음력 5월 5일로 그네뛰기, 씨름 등의 놀이와 창포물에 머리 감기를 하고 수리취떡과 앵두 화채를 만들어 먹었다.
③ 음력 7월 15일인 백중에는 농가에서 머슴을 하루 쉬게 하고 돈을 주어 장에 가서 술과 음식을 사먹거나 물건을 살 수 있게 하기도 하였다.
④ 동지는 일 년 중 낮이 가장 짧고 밤이 가장 긴 날로 음기가 극성한 가운데 양기가 새로 생겨나는 때라 여겨 한 해의 시작으로 간주하였다. 예부터 이날에는 각 가정에서 팥죽을 쑤어 먹었고, 관상감에서는 달력을 만들어 벼슬아치들에게 나누어 주었다고 한다.
⑤ 한식은 동지에서 105일째 되는 날로 양력 4월 5, 6일경이다. 이날에는 일정 기간 동안 불의 사용을 금하여 찬 음식을 먹거나 조상의 묘를 돌보았다.

05 [정답 ②]

> 출제자의 눈: 24절기 중 하나인 동지와 관련된 풍속을 확인합니다.
> 사료 속 키워드: #밤이 가장 긴 날 #작은 설 #아세

② 24절기의 하나인 동지는 북반구에서 일 년 중 낮이 가장 짧고 밤이 가장 긴 날로, 양력 12월 22일이나 23일경이다. 이날이면 가정에서는 팥죽을 쑤어 먹었고 관상감에서는 달력을 만들어 벼슬아치들에게 나누어 주었다고 한다.

> 오답 해설

① 한가위는 음력 8월 15일로 추석이라 불리며 일 년 동안 기른 곡식을 거둬들이고 송편과 각종 음식을 만들어 조상들에게 차례를 지내고 성묘를 하였다.
③ 음력 3월 3일인 삼짇날에는 진달래꽃을 꺾어 찹쌀가루에 반죽하여 참기름을 발라가면서 둥글게 지져 먹었는데, 이것을 화전(花煎)이라고 하였다.
④ 대보름은 음력 1월 15일로 상원으로 불린다. 한 해의 풍농을 기원하여 쌀, 조, 수수, 팥, 콩 등을 섞은 오곡밥을 먹고, 건강의 안녕을 기원하는 의미로 땅콩이나 호두, 밤 등 부럼을 깨물기도 하였다.
⑤ 단오는 음력 5월 5일로 창포물에 머리 감기, 그네뛰기, 씨름 등의 놀이를 즐기고 수리취떡을 만들어 먹었다.

06 [정답 ③]

> 출제자의 눈: 세시 풍속 중 한식과 관련된 내용을 학습합니다.
> 사료 속 키워드: #불의 사용을 금한 날 #개자추 고사 #차가워진 음식 #벌초 #4대 명절 중 하나

③ 한식은 동지에서 105일째 되는 날로 양력 4월 5, 6일경이다. 이날에는 일정 기간 동안 불의 사용을 금하여 찬 음식을 먹거나 성묘를 하고 조상의 묘가 헐었으면 떼를 입혔으며 산신제, 제기차기, 그네뛰기 등을 하였다.

> 오답 해설

① 음력 5월 5일인 단오에는 창포물에 머리 감기, 그네뛰기, 씨름 등의 놀이를 즐기고 수리취떡과 앵두 화채 만들어 먹었다.
② 칠석은 음력 7월 7일로 견우와 직녀가 까치들이 놓은 오작교에서 일 년에 한 번 만난다는 전설이 있는 날이다.
④ 정월 대보름은 음력 1월 15일로, 상원이라고도 불린다. 이날에는 풍농을 기원하며 오곡밥을 먹고, 땅콩이나 호두, 밤 등 부럼을 깨문다.
⑤ 삼짇날은 음력 3월 3일로, 강남에 간 제비가 돌아와 집을 짓는 때를 뜻한다. 이날에는 화전놀이를 하고 화전을 만들어 먹었다.

02 주요 지역

단골 키워드 문제

01 ① 02 ⑤ 03 ④ 04 ④

01 [정답 ①]

> 출제자의 눈: 강화도 지역과 관련된 역사적 사실을 알아봅니다.
> 사료 속 키워드: #고인돌 #참성단 #광성보

- 고인돌: 강화도에는 청동기 시대 지배층의 무덤인 고인돌 160여 기가 분포되어 있다. 세계에서 고인돌이 가장 밀집되어 있는 동북아시아 중에서도 우리나라가 그 중심이며, 고창·화순·강화 고인돌 유적이 함께 유네스코 세계 유산으로도 등재되어 있다.
- 참성단: 강화도 마니산에 위치한 참성단은 단군이 하늘에 제사를 올리기 위해 쌓은 제단이라고 전해진다. 고려와 조선 시대에도 이곳에서 국가의 안정과 평화를 기원하는 도교식 제사를 거행하였다.
- 광성보: 고려가 몽골의 침략에 대항하기 위해 강화도로 도읍을 옮기면서 쌓았던 외성을 조선 광해군 때 다시 고쳐 쌓았고, 이후 효종 때 광성보를 설치하였다. 1871년에는 광성보에서 신미양요 때 미군과 전투를 벌였으며, 이때 문의 누각과 담이 파괴되었던 것을 다시 복원하였다.

① 강화 홍릉은 강화도로 천도하였던 고려 대몽 항쟁기 당시 국왕이었던 고종의 무덤이다.

> 오답 해설

② 조선 후기의 상인 김만덕은 상업을 통해 모은 재산을 모두 기부하여 흉년으로 고통 받는 제주도민을 구제하였다.
③ 조선 순조 때 정약전은 흑산도에서 유배 중에 인근 바다의 수산생물 종류와 분포, 습성 등을 기록한 『자산어보』를 집필하였다.
④ 신라 지증왕 때 이사부를 시켜 우산국(울릉도)과 우산도(독도)를 복속하고 실직주의 군주로 삼았다.
⑤ 조선 고종 때 영국은 조선에 대한 러시아의 세력 확장을 저지하기 위해 거문도를 불법으로 점령하였다.

02

[정답 ⑤]

출제자의 눈 일제가 대륙 침략을 본격적으로 시작한 시기를 파악합니다.

사료 속 키워드 #알뜨르 비행장 #군사 시설 #중국 대륙 침략 #해군 항공대의 전진 기지

⑤ 1931년 만주 사변과 1937년 중·일 전쟁을 통해 일본은 대륙 침략을 본격적으로 시작하였다. 이를 위해 한반도를 병참 기지화한 일제는 제주 서귀포에 알뜨르 비행장을 세워 일본 해군 항공대의 전진 기지로 사용하였다.

03

[정답 ④]

출제자의 눈 고려의 수도였던 개경(개성)에 대해 확인합니다.

사료 속 키워드 #송악(松嶽) #개주(開州) #열린 성(城)의 도

고려 태조 왕건은 송악 남쪽을 도읍으로 정하여 고려를 건국하였다. 후삼국을 통일한 이후에는 송악을 중심으로 개성군 등 5개 지역을 묶어 개주라고 칭하였으며, 광종 때는 개경으로 개칭하였다. 이후 성종은 송악군과 개성군을 통합하여 개성부를 만들었다.

④ 일제 강점기 때 평양 평원 고무 공장의 노동자 강주룡은 을밀대 지붕에서 고공 농성을 벌이며 일제의 노동 착취를 규탄하고 노동 조건 개선을 주장하였다.

오답 해설

① 고려 태조 왕건은 철원에서 왕으로 즉위한 다음 조상 대대로 살아온 지역인 송악(개성)을 고려의 도읍으로 삼았다.
② 개성에 세워진 원 간섭기 고려의 석탑인 경천사지 십층 석탑은 원의 석탑 양식에 영향을 받아 축조되었으며, 현재 국립 중앙 박물관에 위치해 있다.
③ 조선 후기 상업의 발달로 등장한 사상이 전국 각지에서 활발한 상업 활동을 전개하였다. 그중 개성의 송상과 의주의 만상은 대청 무역을 통해 부를 축적하였다.
⑤ 광복 이후 북위 38도선을 기준으로 이남은 미군이, 이북은 소련군이 분할 통치하였다. 당시 개성은 남한에 속하였으나, 6·25 전쟁의 정전 협정에서 확정된 군사 분계선에 따라 북한에 속하게 되었다.

04

[정답 ④]

출제자의 눈 부산 지역과 관련된 역사적 사실에 대해 학습합니다.

사료 속 키워드 #동삼동 패총 #정공단 #안희제 #백산 상회 #임시 수도 대통령 관저

④ 의열단의 단원 박재혁은 부산 경찰서 서장 하시모토에게 폭탄을 투척하는 의거를 일으켜 중상을 입혔고, 대구 형무소에 수감되어 옥사하였다.

오답 해설

① 이승만 정권과 자유당이 3·15 정·부통령 선거 당선을 위해 부당한 선거 운동을 벌이자, 이에 항거한 대구 학생들이 2·28 민주 운동을 주도하였다.
② 모스크바 3국 외상 회의의 결정에 따라 임시 정부 수립을 위해 서울 덕수궁 석조전에서 제1·2차 미·소 공동 위원회가 개최되었다.
③ 평양 평원 고무 공장의 노동자 강주룡은 을밀대 지붕에서 고공 농성을 벌이며 일제의 노동 착취를 규탄하고 노동 조건 개선을 주장하였다.
⑤ 전남 신안군 암태도에서는 한국인 지주 문재철의 횡포와 이를 비호하는 일본 경찰에 맞서 일제 강점기 최대의 소작 쟁의가 발생하였다.

03 주요 궁

단골 키워드 문제

01 ①   02 ①

01

[정답 ①]

출제자의 눈 조선의 대표 궁궐인 경복궁에 대해 알아봅니다.

사료 속 키워드 #수도를 세울 때 맨 처음 지은 정궁 #전란에 의해 불탐 #궁궐을 다시 지어 중흥의 큰 업적을 이룸

조선 태조는 조선을 건국한 후 도읍을 개경에서 한양으로 옮기면서 심덕부 등에게 경복궁을 창건하게 하였다. 이후 경복궁은 임진왜란 때 불에 탄 뒤 방치되었다가 흥선 대원군 즉위 이후 왕실의 권위 회복을 위해 중건되었다.

① 조선 태조 때 정도전은 왕의 즉위식, 조회(朝會) 등 국가의 중요한 의식을 다루는 경복궁의 중심 건물을 부지런히 나라를 다스린다는 의미로 근정전이라 이름 지었다.

오답 해설

② 조선 성종 때 세 왕후(정희 왕후, 소혜 왕후, 안순 왕후)를 모시기 위해 수강궁을 확장하여 별궁인 창경궁을 조성하였다. 일제 강점기 때 창경궁 안에는 동물원, 식물원 등이 설치되었다.
③ 조선 정조 때 창덕궁 후원에 지은 왕실 도서관인 규장각은 별도 서고에서 서적들을 보관하였으며, 새로운 정책을 개발하는 연구 기관의 기능도 담당하였다.
④ 조선 후기에 유사시 왕이 머무는 이궁으로 경덕궁을 건립하였다. 인조반정 이후 인조가 이곳에서 정사를 보기도 하였으며, 도성의 서쪽에 위치하여 서궐로 불리었다. 이후 영조 때 경희궁으로 이름을 바꾸었다.
⑤ 조선 광해군은 왕위를 위협할 요소를 제거하기 위해 형 임해군과 동생 영창 대군을 살해하고, 인목 대비를 폐위시켜 경운궁(덕수궁)에 가두었다.

02 [정답 ①]

> **출제자의 눈** 서구식 건축물인 돈덕전이 자리한 덕수궁에 대해 살펴봅니다.
> **사료 속 키워드** #돈덕전 #러시아 공사관에서 거처를 옮김 #서구식 건축물

돈덕전은 덕수궁 안에 위치한 대한 제국의 서구식 건축물로, 고종 즉위 40주년 기념행사에 맞추어 서양 열강과 대등한 근대 국가로서의 면모와 주권 수호 의지를 내비치기 위해 건립되었다. 완공 이후에는 고종이 외교 사절을 만나는 연회장으로 사용되거나 국빈급 외국인을 위한 영빈관 등으로 활용되었으나, 고종의 승하 이후 덕수궁과 함께 방치되었다. 이에 2015년부터 복원·정비 사업이 시작되어 현재는 정식 개관하였다.

① 광복 직후 모스크바 3국 외상 회의의 결정에 따라 덕수궁 석조전에서 제1·2차 미·소 공동 위원회가 개최되었다.

오답 해설

② 경덕궁은 조선 후기에 유사시 왕이 머무는 이궁이었다. 인조반정 이후 인조가 이곳에서 정사를 보기도 하였으며, 도성 내 서쪽에 위치하여 서궐로 불렸다. 이후 영조 때 경희궁으로 이름을 바꾸었다.
③ 일제 강점기 일본은 창경궁의 이름을 창경원으로 격하시켰다. 또한, 창경궁의 전각을 헐고 그 자리에 동물원과 식물원을 만들었다.
④ 조선 개국의 핵심 인물인 정도전은 태조의 명에 따라 경복궁이라는 궁궐 이름을 비롯해 강녕전, 교태전, 연생전, 경성전, 근정전 등 주요 전각의 명칭을 정하였다.
⑤ 조선 태종은 수도를 개경에서 한양으로 다시 옮기면서 창덕궁을 새로 건립하였다.

MEMO

MEMO

좋은 책을 만드는 길, 독자님과 함께 하겠습니다.

2026 시대에듀 PASSCODE 한국사능력검정시험 한권으로 끝내기 심화(1·2·3급)

개정7판1쇄 발행	2026년 01월 15일 (인쇄 2025년 11월 27일)
초 판 발 행	2020년 04월 03일 (인쇄 2020년 03월 05일)
발 행 인	박영일
책 임 편 집	이해욱
편 저	황의방 · 한국사수험연구소
편 집 진 행	이미림 · 백나현 · 박누리별
표지디자인	조혜령
편집디자인	홍영란 · 임창규 · 김휘주 · 조성아
발 행 처	(주)시대고시기획
출 판 등 록	제10-1521호
주 소	서울시 마포구 큰우물로 75 [도화동 538 성지 B/D] 9F
전 화	1600-3600
팩 스	02-701-8823
홈 페 이 지	www.sdedu.co.kr
I S B N	979-11-434-0435-0 (13900)
정 가	26,000원

※ 이 책은 저작권법의 보호를 받는 저작물이므로 동영상 제작 및 무단전재와 배포를 금합니다.
※ 잘못된 책은 구입하신 서점에서 바꾸어 드립니다.

한국사 능력검정시험
심화 1·2·3급
한권으로 끝내기

✓ **개념과 기출을 한 권으로 정리**
학습 자료: 최종 모의고사 1회분, 시대별 연표
별책 부록: PASSCODE 빅데이터 50가지 테마 미니북

✓ **저자 직강 무료 제공**
리뉴얼 고득점 핵심 이론 + 20유형 문제 풀이 스킬 특강
회차별 30분 벼락치기 키워드 + 등급 UP! 족집게 특강
전 문항 기출 해설 특강

유튜브 시대에듀 채널
시대에듀 www.sdedu.co.kr

기업별 맞춤 학습 "기본서" 시리즈

공기업 취업의 기초부터 심화까지! 합격의 문을 여는 **Hidden Key!**

기업별 시험 직전 마무리 "모의고사" 시리즈

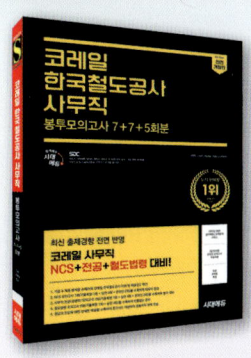   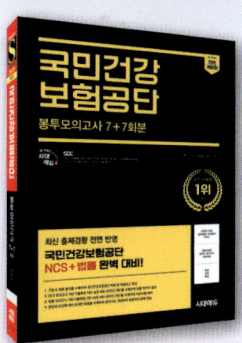

실제 시험과 동일하게 마무리! 합격을 향한 **Last Spurt!**

※ **기업별 시리즈:** HUG 주택도시보증공사/LH 한국토지주택공사/강원랜드/건강보험심사평가원/국가철도공단/국민건강보험공단/국민연금공단/근로복지공단/발전회사/부산교통공사/서울교통공사/인천국제공항공사/코레일 한국철도공사/한국농어촌공사/한국도로공사/한국산업인력공단/한국수력원자력/한국수자원공사/한국전력공사/한전KPS/항만공사 등

※도서의 이미지 및 구성은 변동될 수 있습니다.

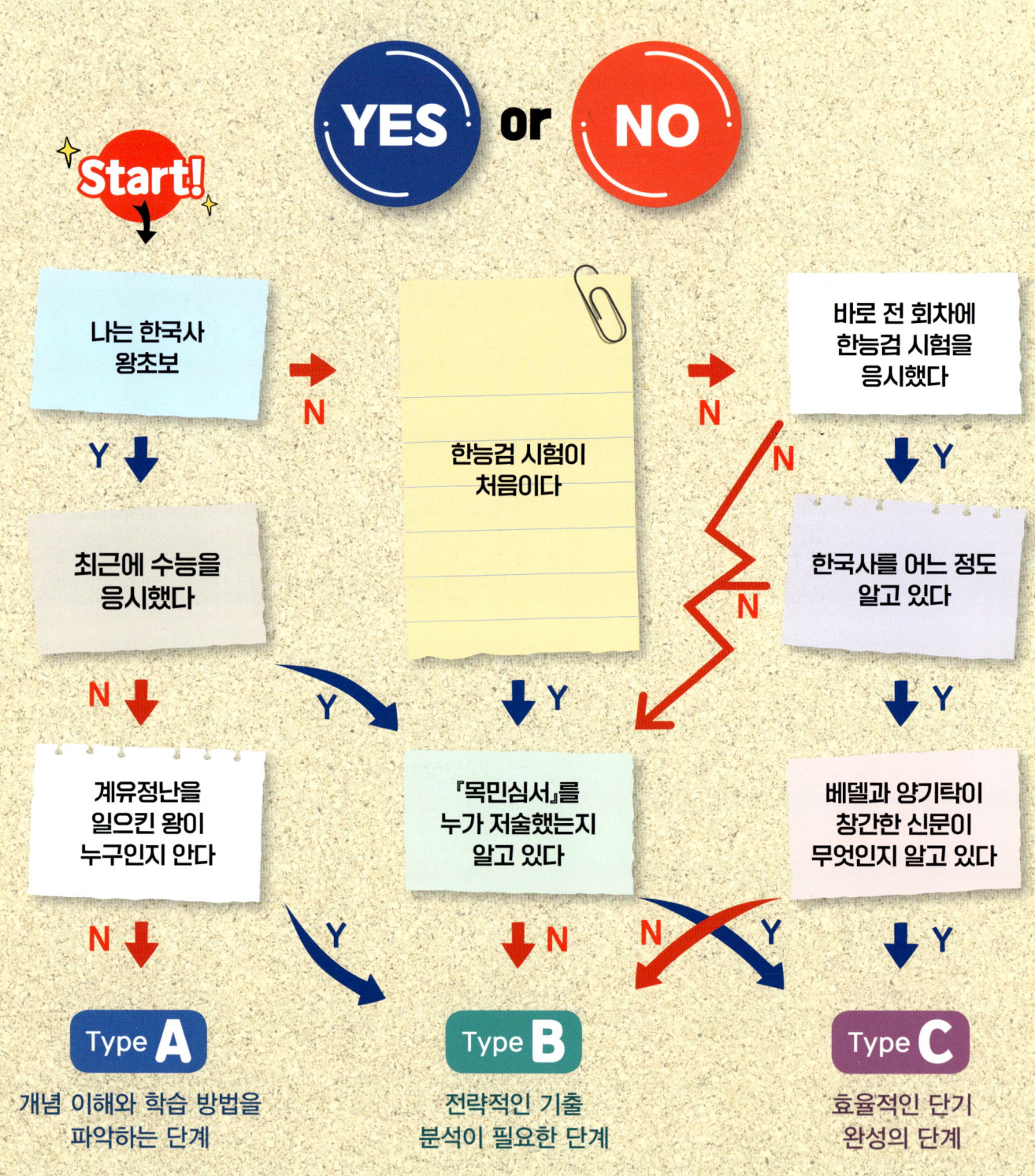